Naturalismus

Manifeste und Dokumente zur deutschen
Literatur 1880–1900

Naturalismus

Manifeste und Dokumente zur deutschen Literatur 1880–1900

Herausgegeben von Manfred Brauneck und
Christine Müller

J. B. METZLERSCHE VERLAGSBUCHHANDLUNG
STUTTGART

320136

CIP-Kurztitelaufnahme der Deutschen Bibliothek

Manifeste und Dokumente zur deutschen Literatur. -
Stuttgart : Metzler

1880 - 1900, Naturalismus /
hrsg. von Manfred Brauneck u. Christine Müller. -
1987.
ISBN 3-476-00602-6 kart.
ISBN 3-476-00601-8 geb.

NE: Brauneck, Manfred [Hrsg.]

© J.B. Metzlersche Verlagsbuchhandlung
und Carl Ernst Poeschel Verlag GmbH in Stuttgart 1987
Satz: Typobauer Filmsatz GmbH, Scharnhausen
Druck: Ludwig Auer GmbH, Donauwörth
Printed in Germany

Inhalt

d) Kunsttheoretische Positionen

e) Naturalismus und die Tendenzproblematik

f) »Über den Naturalismus hinaus«

II Die Gattungen

a) Der naturalistische Roman

i) Die Rezeption von Gerhart Hauptmanns Stück »Die Weber«

Vorwort

»Da alle Naturgesetze, welche die mechanischen Vorgänge
in der physischen Welt regeln, auch alle geistigen Vorgänge
bestimmen, so ist auch die Kunst genau denselben Gesetzen
unterworfen wie die mechanische Welt.«
(Conrad Alberti: *Glaubensbekenntnis*)

»Als ob schon je ein Mensch irgendein Ding selbst reproduziert hätte und nicht bloß immer sein betreffendes Vorstel-
lungsbild!«
(Arno Holz)

»Der Naturalismus an und für sich hat mit der Kunst nichts
zu schaffen.«
(Samuel Lublinski 1900 im *Kunstwart*)

I

Aus der Sicht des aktuellen literarischen Lebens gehört der Naturalismus ohne Zweifel zu
jenen Erscheinungen der neueren deutschen Literatur, denen Leser eher mit frostiger Zurückhaltung gegenüberstehen. Kaum eine Erzählung, ein Roman, weniger noch die Lyrik des
deutschen Naturalismus gehören zum Bestand historischer Werke, die dauerhaften Eingang
in ein Literaturrepertoire gefunden haben, dessen stets neue Aneignung Element literarischer
Kultur geworden ist. Allenfalls im Theater sind zwei, drei Stücke des jungen Gerhart Hauptmann gelegentlich zu sehen.

Reserviertheit kennzeichnet diese bemerkenswerte Rezeptionsgeschichte. Kunstlosigkeit,
Trivialität und Tendenz – das sind die Stichworte unter denen ästhetische Naturalismuskritik
sich von Anfang an weitgehend einig ist. So konstatiert auch Peter Bürger »eine beinahe
einhellige Ablehnung« der Programmatik des Naturalismus, »und zwar von seiten von Autoren, die sehr verschiedene politische und literaturtheoretische Positionen vertreten«; und: »Es
ist nicht schwierig, dieses Ärgernis ausfindig zu machen; es liegt in dem Versuch, Literatur der
Wissenschaft anzunähern. Damit droht die Spezifizität der Literatur verlorenzugehen.«[1]
Dieser Vorbehalt wird aus der Sicht postmoderner Aufklärungsskepsis allenfalls noch verschärft; erhebt doch gerade der Naturalismus für sich den Anspruch einer programmatischen
Moderne par excellence. Wann schon wurde eine ästhetische Formel von der Eingängigkeit
des Arno Holzschen Kunstgesetzes gefunden: »Kunst = Natur – x«.

Leichter im Umgang mit dem Naturalismus tun sich sozialistisch-materialistische Positionen der Literaturwissenschaft; immerhin läßt sich der Naturalismus für die Rekonstruktion
realistischer Tradition – mit gewissen Einschränkungen freilich – beanspruchen[2]; auch stellt
sich unter diesem Blickwinkel das Verhältnis von Kunst und Wissenschaft spannungsfreier
dar.

Diese Sachverhalte gilt es zu überprüfen. Schreibt die Forschung hier Positionen zeitgenössischer Kritik oder naturalistischer Selbstdarstellung lediglich weiter? Hat sich dabei ein Bild
verfestigt, das sich zu einseitig an Programmpunkte hält, die für einzelne Autoren oder

Richtungen, für Teilpositionen also, kennzeichnend sein mögen, nicht aber für die ganze Bewegung? Wie geschlossen, wie einheitlich in Programmatik und literarischer Erscheinungsweise ist der deutsche Naturalismus überhaupt; liegen hier die Verhältnisse vielleicht ähnlich wie bei dem sich vom Naturalismus stets schroff abgrenzenden Expressionismus, für den die Forschung mehrfach schon die Aufgabe des verklammernden, die Divergenzen der Standpunkte aber zu sehr verwischenden Begriffsetiketts reklamiert hat?[3] Dieter Borchmeyer nennt den Naturalismus »eine ästhetische Grenzposition, die zwar fast alle bedeutenden Schriftsteller vor 1900 irgendwann einmal eingenommen oder gestreift haben, die jedoch keine eigentliche ›Epoche‹ gebildet hat«[4].

Die vorliegende Dokumentation bietet Texte, in denen sich die ästhetische und weltanschauliche Programmatik des Naturalismus, die Vielfalt seiner Positionen, Richtungen und Gruppierungen, vor allem auch deren Wandlungen über eineinhalb Jahrzehnte hin manifestieren. Dabei werden auch wesentliche Paradigmen der zeitgenössischen Rezeption und Kritik einbezogen, da sich in diesen Diskussionsfeldern die Standpunkte in besonders pointierter Weise artikulieren.

Ziel dieser Textsammlung ist es, das bestehende Bild der naturalistischen Bewegung überprüfbar zu machen, neue Fragestellungen aufzuwerfen und eine umfassende Arbeitsgrundlage für Forschung und Lehre zu schaffen.

Einige Anmerkungen zur Verständigung über den historischen Rahmen und die theoretischen Grundannahmen des Naturalismus: In Deutschland sind die Naturalisten seit ca. 1883 in Berlin und nur wenig später auch in München als neue Autorengeneration in der Öffentlichkeit präsent, sie reagieren mit ihrer literarischen Produktion, insbesondere auch mit einer Fülle programmatischer Erklärungen auf die Probleme der sich entwickelnden Industriegesellschaft, vor allem auch auf die desolate geistige Situation des Kaiserreiches nach den Gründerzeitjahren. Wissenschaft und Sozialismus, Volk und Nation sind die großen Themen dieser Frühphase; »Revolution der Literatur« (1887), so lautet das weitgesteckte Ziel. Dennoch enttäuschen die künstlerischen Resultate dieser stürmischen Proklamationen aus heutiger Sicht, verbleiben sie zunächst doch ganz in den konventionellen Genres und Techniken des literarischen Schreibens. Erst Arno Holz geht Anfang der 90er Jahre neue Wege, aber da ist der Naturalismus fast schon wieder am Ende. Daß Kunst von ihrem schöpferischen Ausgang her frei sein müsse von jeglicher Tendenz, ist für keinen der deutschen Naturalisten eine Frage, die er anders beantworten würde als sein konservativster Kritiker, freilich divergieren die Begründungen. Wenn die zeitgenössische Rezeption hier dennoch ein anderes Bild bietet, dann resultiert das nicht zuletzt auch daraus, daß die Ablehnung der Tendenz bei den Naturalisten nicht gleichzeitig verbunden ist mit der Anerkennung der Kunst als einem zweckfreien Reich des Schönen, sondern daß sie, die Tendenz als kunstfeindlich ablehnend, dennoch die Trennung von Kunst und Leben, Kunst und Gesellschaft, Kunst und Volk zu überwinden suchen. Verbindendes Element sind die neuen Inhalte.

Abbildlichkeit vermittelt in der Ästhetik des Naturalismus das Verhältnis von Kunst und Natur, von Kunst und Leben. Freilich erfährt der Abbildbegriff im Verlauf der naturalistischen Bewegung äußerst variierende inhaltliche Bestimmungen, die von einem ausgeprägten Subjektivismus bis zu einem positivistischen Objektivismus die verschiedensten Positionen umfassen. Arno Holz und Johannes Schlaf sind um Reproduktion der Alltagsrealität bemüht, die rigoros einer positivistischen Realitätsauffassung folgt; ihren Sekundenstilexperimenten ist aus anderen Epochen nichts Vergleichbares an die Seite zu stellen. Die Begründung von Holz' Kunsttheorie erfolgt unter Zuhilfenahme eines umfassenden, von den Naturwissenschaften adaptierten Gesetzesbegriffs. Kunst und Leben unterliegen aus dieser Sicht einem gleichen Determinationszusammenhang, der als Konstruktionsprinzip naturalistischer Wirklichkeitsgestaltung deren Wahrheitsgehalt garantieren soll. Auf eine »Soziologie der Kunst« (Arno Holz) hin entwickelt sich deswegen auch die naturalistische Kunsttheorie in Deutschland. Sie ist in ihren Konstitutionsprinzipien nicht weniger normativ als die mit Vehemenz verworfene idealistische Tradition, sie verlagert lediglich den Begründungszusammenhang ästhetischer Normativität, die freilich dem historischen Wandel überantwortet, damit aber nicht aufgehoben ist. Mit einem emphatisch proklamierten Wahrheitsbegriff, wie er etwa in Michael Georg Conrads Eröffnungserklärung für seine Zeitschrift *Die Gesellschaft* (1885) aber auch in zahllosen anderen Schriften der naturalistischen Essayistik zu finden ist, wird diesem Programm nachdrücklich moralische Legitimation verschafft. Der Wahrheitsbegriff verklammert Kunst und Leben, in ihm fallen die ethischen, erkenntniskritischen und ästhetischen Postulate des Naturalismus zusammen. Naturalistische Kunst spiegelt zwar nicht mehr das Schöne und Gute wider, jedoch Wahrheit und Wirklichkeit, kurzum: »modernes Leben«. Und darum ging es vor allem. Es sollten die Probleme der Gegenwart mit angemessenen Methoden der Darstellung und der Bewertung Eingang in die Kunst finden, anstelle idyllischer oder historistischer Daseinsverklärung und bloßer Formspielerei.

War die Frühphase des Naturalismus, Roman und Lyrik vor allem, kaum über die Vorgaben der literarischen Konvention, in Erzählweise und in der lyrischen Formensprache, hinausgekommen, wird um 1890 der Zugriff auf die neuen Stoffe freier, erhält naturalistisches Schreiben eigene Kontur, vor allem im Drama. Wo hier die Darstellung an die Grenzen der konventionellen Abbildverfahren und deren poetologischer Matrizen gerät, reagieren die Naturalisten nun mit der Auflösung gattungsgebundener Sprach- und Dramaturgiestrukturen. Unter dem Begriff der Episierung des Dramatischen werden diese Entwicklungen subsumiert, von der Kritik zunächst noch als Regelverstoß geahndet. Die Geschlossenheit der Werkform als struktureller Entsprechung der Autonomie des Kunstwerks ist jedoch die verbindliche Grenze jedweden naturalistischen Formexperiments. Das Drama mit dem offenen Schluß, »endlos wie die Natur«, bleibt ein Gedanke, der nicht weiterverfolgt wird; seine Stücke beendet Gerhart Hauptmann streng der Regel entsprechend. Konstruktionsprinzipien, die den mimetischen Rahmen sprengen würden, bleiben unter den Bedingungen naturalistischer Kunsttheorie ausgeschlossen. So erweist sich der Naturalismus letzendlich als das, was er in seiner Programmatik auch stets zu sein vorgab: »konsequenter Realismus« – in der Folge und als Endpunkt der Realismusentwicklungen des 19. Jahrhunderts.

Damit ist der kunsttheoretische Ort des Naturalismus umschrieben, zugleich aber auch

seine Begrenztheit als ästhetisches Verfahren erkennbar. Nur in Ansätzen gelingt es dem
Naturalismus, für die komplexen Umbruchsprozesse, denen die soziale Wirklichkeit und die
weltanschaulichen Orientierungen in den Jahrzehnten des ausgehenden 19. Jahrhunderts
unterworfen sind, eine künstlerische Form zu finden, die über die Bedingtheiten dieser Zeit
hinausweist.

In der zeitgenössischen Rezeption steht die naturalistische Literatur in den aktuellen Widersprüchen der gesellschaftlichen Situation und wird daraus auch bewertet. Dabei ist zumindest
von zwei Gegebenheiten auszugehen: von dem Engagement vieler Naturalisten für den Sozialismus und die politische Arbeiterbewegung, Anfang der 90er Jahre in der spannungsreichen
Rolle einer Linksopposition gegenüber der sozialdemokratischen Parteiführung; und – von
der politischen Bewertung naturalistischer Literatur durch die konservative Literaturkritik
und durch die Ordnungsbehörden, letztere insbesondere im Zusammenhang von Zensurverfahren. Ihnen gilt der Naturalismus als internationalistisch, sozialistisch, schließlich gar als
anarchistisch. In diesen Bewertungen schlägt die Dynamik der zeitgeschichtlichen politischen
und weltanschaulichen Auseinandersetzungen in aller Schärfe in den Kulturbetrieb durch.
Daß davon in erster Linie der Naturalismus betroffen war, ist wohl mehr ein Beweis für die
Irritation, die diese Literatur für die Zeitgenossen offenbar darstellte, als für die eher halbher-
zigen Bekenntnisse naturalistischer Autoren zu den politischen Zielen der »Umsturzpartei«,
als welche die Sozialdemokratie den Konservativen in jenen Jahren erschien. Die nachdrück-
liche Distanzierung der Sozialdemokratie vom Naturalismus entlastete diesen keineswegs
gegenüber dem konservativen Verdikt. Ein weiterer Aspekt kommt hinzu; er betrifft das
Theater, das um 1890 zur wichtigsten und öffentlich wirksamsten Vermittlungsinstitution
naturalistischer Literatur wird. Die Freie Bühne und zeitweilig auch die Freie Volksbühne sind
im Berlin der frühen 90er Jahre, dem Brennpunkt aller geistigen und politischen Auseinandersetzungen der Zeit, die exponiertesten Neuerungen im Kulturbetrieb. Sie sind es durch ihre
Kritik am bestehenden Theaterwesen, die ihren Ausdruck gerade im Engagement für den
deutschen und außerdeutschen Naturalismus findet, in der Durchsetzung neuer Stücke und
Autoren, einer naturalistischen Schauspielkunst und Dramaturgie (Otto Brahm); und sie sind
es vor allem auch auf Grund des Umgehens der geltenden Zensurverordnungen, wozu sie ihr
Status als private Vereine in die Lage versetzt. Bei der Freien Volksbühne kommt eine
politisch motivierte Veränderung der Distributions- und Rezeptionspraktiken des Theaters
hinzu. Für eine kurze Zeit wird im Kontext dieser neuen Vermittlungsstrukturen eine Art
proletarische Gegenöffentlichkeit organisiert. Die neue Literatur wird einem Arbeiterpublikum nahegebracht; die politische Dimension, die den Stücken an sich fehlt, wird durch die
Produktions- und Rezeptionsstrukturen der Aufführung hergestellt. Tendenziell ist damit ein
Bruch mit der bürgerlichen Auffassung von Kunst als einer zweckfreien Sphäre vollzogen.
Wenn sich in diesem Zusammenhang aber auch darüberhinaus zeitweilig und auf wenige
Werke bezogen eine politische Diskussion naturalistischer Literatur ergibt, begründet in der
für den autoritären Staat charakteristischen Verschränkung von Politik, Kunst und Moral, so
ist dies freilich ein Vorgang, der in der ästhetischen Theorie des Naturalismus kaum einen

Rückhalt findet, sondern seine Bedingungen insbesondere der Dialektik der Rezeption verdankt. [5]

II

Der Aufbau der Dokumentation erfolgt in drei großen Kapiteln: Programmatik und Kunsttheorie (I), die Gattungen Roman, Drama und Theater, Lyrik (II), zeitgenössische Rezeption und Kritik (III). Ein Kapitel »Literarisches Leben« wurde nicht eingerichtet, da für Bereiche wie Verlagswesen, Bibliotheken, Leseverhalten, Situation der Schriftsteller etc. spezifische, nur für den Naturalismus charakteristische Gegebenheiten bislang von der Forschung nur sporadisch untersucht wurden. Der heutige Forschungsstand, an dem sich Dokumentationen wie die vorliegende letztendlich orientieren müssen, läßt eine umfassende Darstellung dieses Bereichs noch nicht zu. Hier liegen offenbar die größten Defizite in der Erforschung dieser Periode. Selbst Einrichtungen wie die Freie Bühne oder die Freie Volksbühne, deren Bedeutung für den Naturalismus offenkundig ist, können in diesem Zusammenhang nur begrenzt beansprucht werden, da deren Repertoiregestaltung keineswegs nur auf die naturalistische Theaterliteratur festgelegt war. Das Kapitel Rezeption bringt allerdings eine Reihe von Texten, die für diese Problematik einschlägig sind: Dokumente zu den Zensurverfahren, zur Literaturdebatte innerhalb der Sozialdemokratie, Charakterisierung von Lesergruppen im Zusammenhang literarischer Kritik u. a.

Der vorliegende Band war ursprünglich als Überarbeitung und zweite Auflage der von Erich Ruprecht 1962 herausgegebenen Textsammlung *Literarische Manifeste des Naturalismus 1880–1892* geplant. Die Neukonzeption der gesamten Reihe der *Manifeste* führte dann jedoch zu einer völligen Neugestaltung auch des Naturalismus-Bandes, zu neuen inhaltlichen Schwerpunktsetzungen, einer neuen Form der Textkommentierung, vor allem auch einer beträchtlichen Umfangserweiterung.

Ein Bestreben bei der Textauswahl war es, die Dokumente in ihrer Argumentationsstruktur möglichst zu erhalten, sie nicht auf einschlägige »Kernstellen« zu verkürzen. Wo es vertretbar erschien, wurden einzelne Texte auch ungekürzt wiedergegeben.

Bei diesem Vorgehen wurde in Kauf genommen, daß gelegentlich Zuordnungsprobleme gegenüber der Gliederung der Dokumentation entstanden. In jedem der Texte steht zwar die Auseinandersetzung mit einer Thematik eindeutig im Mittelpunkt, dies bestimmt dann auch den Standort des Dokuments in der Gliederungssystematik; oft aber werden im gleichen Text auch Probleme mitangesprochen, die in der Systematik des Bandes an anderer Stelle aufgenommen werden. So ließen sich manche Beiträge mit guten Gründen auch unter anderen Gliederungstiteln subsumieren; z. B. finden sich in Texten zur Romantheorie (Kapitel II) oder in Rezeptionsdokumenten (Kapitel III) gelegentlich längere Passagen, die allgemeine Probleme der Kunsttheorie (Kapitel I) erörtern. Der Leser ist hier angewiesen, »quer« zu lesen;

der Kommentar ist dabei behilflich und bietet die entsprechenden Verweisungen. Innerhalb der Kapitel und Abschnitte sind die Texte in der Regel chronologisch geordnet.

In einem ersten Abschnitt des Theoriekapitels (I) werden früheste Positionen dokumentiert, in denen sich Neuorientierungen einer literarischen Opposition Anfang der 80er Jahre abzeichnen. Entsprechend ihrer herausragenden Rolle in diesem Zusammenhang stehen hier die Beiträge der Brüder Hart im Mittelpunkt. Durch Gründungen von Zeitschriften und ihre maßgebliche Mitarbeit in den in diesen Jahren wie Pilze aus dem Boden schießenden literarischen Clubs und Vereinen nehmen sie eine Schlüsselstellung im Berliner Literaturbetrieb ein; ihre publizistische Ausstrahlung reicht jedoch weit über diesen lokalen Bereich hinaus. In den Beiträgen von Heinrich und Julius Hart zeichnet sich noch vor der Ausformulierung eines dezidiert naturalistischen Literaturprogramms das Konzept einer literarischen Moderne ab. Dabei geht es um die Begründung einer Reform des gesamten literarischen und weiter gefaßt auch des kulturellen Lebens in Deutschland, getragen vom Pathos nationalen Erneuerungswillens und unter Inanspruchnahme der Naturwissenschaften als Grundlage einer neuen, kritisch verstandenen und als realistisch propagierten Kunstauffassung: Nationalismus und Naturwissenschaft als Gegengift zur »Literatur der Salons«. In diesem auf das Nationale und eine neue Moralität verpflichteten Literaturprogramm erscheint das »Volk«, ganz im Sinne romantisch-nationaler Auffassung, als Träger und Garant der neuen Richtung. Nur wenige Jahre später wird dieses Programm von den Harts, in deutlicher Abgrenzung zu dem inzwischen etablierten Naturalismus, in die Forderung nach einer »neuen Klassik« weitergeführt.

In der Phase des Frühnaturalismus sind inhaltliche Verflachung, formales Epigonentum und Dilettantismus die erklärten gegnerischen Positionen, denen gegenüber eine Literaturbewegung der »nationalen Wiedergeburt« initiiert wird. Neben der Naturwissenschaft sind der Sozialismus und die Arbeiterbewegung die Fundamente, auf die der neue »realistische« Geist sich gründet. Der Beitrag von Ernst Lehmann, *Die Kunst und der Sozialismus*, der in diesen Zusammenhang gehört, markiert jenen letzteren Aspekt in aller Deutlichkeit und eröffnet die theoretische Diskussion über den die naturalistische Kunstprogrammatik durchgehend – und in den unterschiedlichsten Facettierungen schillernd – begleitenden Reflexionszusammenhang zwischen naturalistischer Literatur und Arbeiterbewegung (soziale Frage, Sozialismus, Sozialdemokratie, Anarchismus).

Aus diesem Umfeld bilden sich bald erste Gruppierungen heraus, in denen die neue Bewegung Kontur, vor allem auch ein bestimmteres Programm erhält. Neben dem Hart-Kreis und der ebenfalls Berliner literarischen Vereinigung »Durch!« (seit 1886) sind es vor allem die beiden Gruppen Münchner bzw. Berliner Literaten, versammelt um die Zeitschriften *Die Gesellschaft* (seit 1885) und *Die Freie Bühne* (seit 1889), die in der Dokumentation vorgestellt werden. In München ist es der Kreis um Michael Georg Conrad, dem Herausgeber der *Gesellschaft*. Programmatisch verschärft sich hier der allgemeine kulturkritische Gestus der neuen Bewegung, verbunden mit einer vehement zur Schau gestellten Antibürgerlichkeit. »Wahrheit« wird das Schlagwort der Münchner Gruppe, das bekennerhaft in dem Programmessay der Zeitschrift proklamiert wird. Wahrheitssinn als kulturkritische Haltung und Realismus werden zu Synonymen. Hinzu kommt, für die Münchner charakteristisch, ein romantizistischer Geniekult, der wesentlich von Conrads Wagner-Begeisterung und einer allgemeinen Nietzsche-Verehrung geprägt ist. Entscheidende Impulse für die Formulierung der naturalistischen Literaturprogrammatik gewinnen die Münchner vor allem aus der Rezeption des Werkes von Emile Zola. Allerdings wird Zolas Konzeption einer Angleichung von Kunst und Wissenschaft auch hier nicht angenommen, sondern findet, wie die Beiträge von Julius Hillebrand, Carl Bleibtreu und Conrad Alberti zeigen, bestenfalls im Sinne eines naturwissenschaftlich fundierten Realismus Eingang in die eigenen Positionsbestimmungen. Dabei werden erste Naturalismusdefinitionen formuliert; das neue Kunstprinzip erhält Systematik in verbindlich erklärten Grundsätzen (Conrad Albertis *Glaubensbekenntnis*). Ausgeführt wird die Grundlegung des naturalistischen Verfahrens in den modernen Naturwissenschaften und in der Auseinandersetzung mit der sozialen Frage, als den beiden »Zeichen der Zeit«. Zugleich entwickelt sich eine Gegensätzlichkeit der Lager bis hin zur polemischen Attacke: München versus Berlin. 1889 wird dort der Theaterverein »Freie Bühne« gegründet, 1890 erscheint die gleichnamige Zeitschrift, die bald *Die Gesellschaft* als programmatisches publizistisches Forum des Naturalismus ablöst und die Theoriediskussion in eine neue Phase überführt. Otto Brahm setzt gegenüber den Münchnern neue Akzente durch Anknüpfung an frühnaturalistische Positionen. Der künstlerische Subjektivismus wird zum unverzichtbaren Bestandteil naturalistischer Programmatik erklärt und gegen den konsequenten Objektivismus naturwissenschaftlicher Prägung abgegrenzt. Auch die Abgrenzung gegenüber Zolas Kunsttheorie wird fortgesetzt, insbesondere von Arno Holz. Insgesamt – und das ist die entscheidende Nuance der Berliner gegenüber dem Münchner Kreis, wird die Wissenschaftsorientierung von der Naturwissenschaft auf die Sozialwissenschaften erweitert, später zur Psychologie und zu lebensphilosophischen Positionen hin.

Eine zentrale Stellung nehmen in diesem ersten Teil der Dokumentation die Kapitel »Grundlagen der Kunsttheorie« und »Kunsttheoretische Positionen« ein. Neben den für die gesamte Naturalismusbewegung als Grundlagen geltenden Texten von Hippolyte Taine und Emile Zola stehen Bölsches *Prolegomena* als Versuch einer naturwissenschaftlichen Fundierung der Poesie auf der Basis eines idealistischen Monismus sowie der bisher von der Forschung kaum beachtete spätere Aufsatz *Die sozialen Grundlagen der modernen Dichtung*, dazu Texte von Heinrich und Julius Hart und vor allem von Arno Holz im Mittelpunkt.

Taine war der erste, der Darwins Idee einer durchgängigen Gesetzmäßigkeit natürlicher Entwicklungsprozesse auf das Gebiet der Geschichte der Literatur- und Kunstwissenschaft übertrug und über die Adaptionen einer aus den Naturwissenschaften übernommenen, monistisch-mechanistischen Methodologie diese Wissenschaften auf eine neue, »moderne« Grundlage zu stellen versprach. Alle Phänomene von Geschichte, Kunst und Literatur schienen Taine verursacht durch eine Trias von Bedingungsfaktoren, die er mit »race«, »milieu« und »moment« zusammenfaßte. Diesen Bedingungsfaktoren nachzuspüren und sie in möglichst lückenloser Kette zu rekonstruieren, sei alleinige Aufgabe der Wissenschaften: »In diesem Verstande verdammt die Wissenschaft weder noch begnadigt sie – sie stellt fest und erklärt«.

Damit war der Positivismus in der Geschichtswissenschaft und in den Kulturwissenschaften grundgelegt. Emile Zola greift dieses Tainesche Konzept der Übertragung naturwissenschaftlicher Methodologie und Erkenntnisziele auf die Geschichtswissenschaft auf und systematisiert es in enger Anlehnung an die Experimenttheorie des Medizintheoretikers Claude Bernard zu seiner Theorie des Experimentalromans, einer weit über die Romantheorie hinausgehenden, auf die Gleichsetzung von Kunst und Wissenschaft zielenden kunsttheoretischen Programmatik. Zolas Schrift stand im Mittelpunkt der naturalistischen Theoriediskussion, sowohl bei den enthusiastischen Zola-Anhängern der *Gesellschaft* als auch bei den zunehmend auf Distanz zu Zola insistierenden Berliner Naturalisten. Die zentralen Problemstellungen naturalistischer Literaturtheorie sind in dieser Schrift vorgegeben. Die Beiträge von Bölsche, Max Kretzer, den Harts und Arno Holz markieren die Spielräume der ästhetischen Grundlagendiskussion im deutschen Naturalismus. Dabei ist Wilhelm Bölsches Entwicklung von der Schrift über die *Naturwissenschaftlichen Grundlagen der Poesie* (1887) hin zu dem zehn Jahre später vorgetragenen Konzept der *Sozialen Grundlagen der modernen Dichtung* (1897) symptomatisch für die Gesamtbewegung. Die Entwicklung verläuft von einer zunächst rigoros auf die Naturwissenschaften bezogenen Theorieorientierung (»Die Basis unseres gesamten modernen Denkens bilden die Naturwissenschaften«) zu einer Ausweitung des kunsttheoretischen Reflexionshorizonts (»Endlos lange vernachlässigt, treten heute zum ersten Mal die sozialen, die Massenbewegungen in der Geschichte hervor, das ›Volk‹ tritt allenthalben in Aktion«). Die Diskussion wird in der Spanne dieser Entwicklung zunehmend über den produktionsästhetischen Aspekt (Abbildproblematik) hinaus auf die Komplexität des bürgerlichen Kulturbetriebs als dem letztlich bestimmenden Rahmen literarischer Produktion und Rezeption bezogen. Das in dieser Verschiebung des Theorienansatzes angelegte Moment einer Politisierung der ästhetischen Diskussion wird freilich – entsprechend der Lagerbildung innerhalb der Sozialdemokratie – von Bölsche im Sinne des revisionistischen Flügels der Partei gelöst. Die Gegenposition, am markantesten vertreten durch Franz Mehring, ist zu diesem Zeitpunkt längst zu einer dezidiert politischen Kritik des Naturalismus gekommen. Diesen Zusammenhängen ist ein eigenes Kapitel (III,f) innerhalb dieser Dokumentation gewidmet.

In den Schriften von Heinrich und Julius Hart wird deutlich, in welchem Maße die Theoriediskussion im Umfeld des Naturalismus von Anfang an durch traditionalistische Vorstellungen mitbestimmt ist, die bei allem Neuerungswillen weniger auf einen konsequenten Neuansatz hinarbeiten, als vielmehr eine Reform der Literatur und des literarischen Lebens auf der Grundlage letzthin idealistischer Postulate anstreben: »Ideal-Realismus« heißt das Konzept der Harts in den 80er Jahren. Gerade in der Gegenüberstellung der von den Harts einerseits und Holz andererseits vertretenen Positionen ist erkennbar, welche Spannweite diese Diskussion umfaßt, aber auch welche konzeptionellen Gegensätze, ja Widersprüche unter der Bezeichnung Naturalismus hier subsumiert sind. So wird der Naturalismus als ein Prozeß erkennbar, in dessen Mittelpunkt die Auseinandersetzung um die Neugewinnung einer kritisch-eingreifenden, dem modernen Wissensstand adäquaten realistischen Ästhetik steht, bis von Arno Holz schießlich die Position eines ästhetizistischen Formalismus erreicht wird, der zugleich auch den Übergang in einen neuen Abschnitt des kunsttheoretischen Diskurses markiert.

»Kunst = Natur – x«, diese handliche Formel, von Arno Holz geprägt, ist, bei aller Mißverständlichkeit, die sie birgt, als Manifestation naturalistischer Kunstauffassung in den allgemeinen Wissensstand über den Naturalismus eingegangen. Wie sehr damit aber nur ein Aspekt dieses Diskussionsspektrums repräsentiert und diese Position im ganzen der naturalistischen Literaturdebatte doch relativiert wird, wird aus der Gegenüberstellung mit den Texten der anderen Autoren deutlich. Damit wird freilich die überragende Bedeutung von Arno Holz als Theoretiker des deutschen Naturalismus keineswegs in Frage gestellt.

In einem eigenen Kapitel ausgegrenzt ist die im Zusammenhang mit der Naturalismusrezeption in Deutschland erneut aufgekommene Tendenzdiskussion. Dieser von der konservativen Naturalismuskritik eingeführte Aspekt stellt insofern für die Naturalisten eine besondere Herausforderung dar, als durch den Tendenzvorwurf der Objektivitätsanspruch des naturalistischen Programms grundlegend in Frage gestellt ist. Die Stellungnahmen zu dieser Frage, die wesentlich auch die Rezeptionsauseinandersetzungen mit dem Naturalismus bestimmen, erhellen einmal mehr die Gegensätzlichkeiten und Widersprüche der Standpunkte innerhalb der Naturalisten selbst wie im Lager ihrer Kritiker. Außer in den in dieses Kapitel aufgenommenen Texten der Brüder Hart, Otto Ernsts und Hans Merians ist die Auseinandersetzung mit dieser Frage ein durchgängiges Problem auch in den Beiträgen von Leo Berg, Wilhelm Bölsche u. a. Der Kommentar erläutert diese Bezüge.

»Über den Naturalismus hinaus« ist das letzte Kapitel des ersten Teils überschrieben. Die Texte von Hermann Bahr und Leo Berg bezeichnen Positionen der Erweiterung des naturalistischen Programms, die bereits in neue Richtungen weisen, generell bestimmt durch den Abbau der objektivistischen Aspekte der Kunsttheorie und die Vorbereitung ihrer Subjektivierung. Psychologisierung der Kunst tritt an die Stelle ihrer positivistisch-mechanistischen bzw. soziologischen Grundlegung.

Der zweite Teil der Dokumentation (II) bringt Texte, die die Diskussion der literarischen Gattungen unter den Prämissen naturalistischer Kunstauffassung belegen. Einige der Positionen sind vom Standpunkt der Rezeption bzw. der Naturalismuskritik aus entwickelt. Dabei sind die Gewichtungen durchaus unterschiedlich. Entsprechend der Bedeutung innerhalb der literarischen Produktion spielt hier die Lyrik nur eine untergeordnete Rolle gegenüber Roman und Drama. Darstellungen der Romantheorie werden – dem methodischen Ansatz von Zola entsprechend – weitgehend auch zu ästhetischen Grundsatzerklärungen. Die Theorie des Dramas wird in ihrem zentralen Aspekt in die Nähe der Theoriereflexion epischer Gestaltung und damit zu grundsätzlichen Abbildproblemen gerückt: »Episches Drama« ist das Stichwort, unter dem das naturalistische Drama poetologisch definiert, aber auch kritisiert wird.

Die theoretisch-kritische Auseinandersetzung um den naturalistischen Roman, die diesen Gattungsteil einleitet, setzt in Deutschland an bei einer Kritik der Zolaschen »analytisch-induktiven« (Kapff-Essenther) Methode, Poesie mit Wissenschaft gleichzusetzen. Demgegen-

über steht die Forderung der frühnaturalistischen Kritiker, mit dem Ton des nationalen
Pathos' vorgetragen, nach einem realistischen Roman, der ein umfassendes Zeitbild entwirft.
Um die Erschließung also der ganzen Breite modernen Lebens als Romansujet geht es in den
Beiträgen der Harts, Irma von Troll-Borostyanis und Franziska von Kapff-Essenthers, ebenso
aber um Abgrenzung von der einseitigen Darstellung des Pathologischen, Kriminellen und
der sozialen Randmilieus, wie dies offenbar für eine als naturalistisch geltende Modeschrift-
stellerei dieser Jahre typisch geworden war. Dieser Kritik fällt freilich auch Zola als der
vermeintliche Urheber dieser Richtung zum Opfer.

Die »großen Probleme unserer Zeit literarisch [...] fassen« (Bleibtreu), diese Forderung
kristallisiert sich immer mehr zur zentralen These naturalistischer Literaturprogrammatik,
für deren Umsetzung der Roman als das geeignetste Darstellungsmedium erscheint. Dabei
wird aber auch deutlich, daß die theoretischen Begründungen dafür durchaus heterogen, ja
oft kaum vermittelbar nebeneinander stehen (Beispiel: Bleibtreu, Bölsche). Die Erschließung
neuer Stoffbereiche, die Erweiterung der künstlerischen Gestaltung in Randbereiche der
sozialen und psychischen Lebenswirklichkeit hinein wird als die entscheidende historische
Leistung naturalistischer Kunstdoktrin, insbesondere für den Roman, angesehen (Litzmann).

Im Rahmen des naturalistischen Romanschaffens spielt der Berlin-Roman eine herausra-
gende Rolle, ja er kann fast als spezifisch naturalistisches Romangenre gelten. Von vorbild-
hafter Bedeutung für diese Entwicklung in Deutschland waren sicherlich Zolas Paris-Ro-
mane, denen ja auch Michael Georg Conrad eine München-Adaption nachschrieb. Im Groß-
stadt-Roman, und hier bot sich in der deutschen Situation lediglich Berlin als Sujet an, konnte
der allgemeinen Forderung nach Gestaltung modernen Lebens in seiner avanciertesten Form
und im ganzen Spektrum seiner Probleme entsprochen werden. Hinzu kommt, daß der
einzige aus der Durchschnittlichkeit naturalistischer Romanproduktion sich abhebende und
deswegen vielfach besprochene Roman Max Kretzers, *Meister Timpe*, ein Berlin-Roman ist.

Drama und Theater des Naturalismus stehen zunächst in durchaus ambivalentem Verhältnis zur naturalistischen Kunsttheorie. Einerseits scheint gerade das Theater die Möglichkeit
zu besonders authentischer Wirklichkeitsdarstellung zu bieten, vor allem in der Form einer
konsequent illusionistischen Inszenierung, die den Zuschauer in die Haltung des distanziert
betrachtenden »Experimentators« versetzt, – andererseits gerät das Drama in seiner konventionellen Bauform in Konflikt mit der Forderung nach Darstellung der Komplexität modernen Lebens und mit der naturalistischen Auffassung vom Menschen als eines von Milieu und
Vererbung determinierten, mithin als dramatischer Handlungsträger ungeeigneten Wesens.
Solchen Vorstellungen entsprachen weit mehr die epischen Darstellungsmittel. So setzt die
Diskussion über »Wesen und Zweck des Theaters« bereits zu Beginn der 80er Jahre ein und
begleitet die gesamte Periode. Am Anfang, anlaßgebunden durch den Plan einer Theaterneu-
gründung in Berlin, verbindet sich mit der Forderung nach einem modernen Gegenwarts-
drama noch die Vorstellung einer Erneuerung der Nationaltheateridee, im Zusammenhang
der für den Frühnaturalismus charakteristischen nationalen Erneuerungspostulate (Heinrich
und Julius Hart). Das moderne Drama sollte zugleich ein nationales sein. Diese Vorstellungen

sind Ende der 80er Jahre zwar abgeschwächt aber noch immer ein Aspekt der Theaterdiskussion. Verstärkt setzt zu dieser Zeit allerdings die Auseinandersetzung mit Dramaturgieproblemen ein als Suche nach einer naturalistischen Form des Dramas. Die Gründung der Freien Bühne Berlin 1889 bedeutet für das naturalistische Drama und Theater einen entscheidenden Durchbruch in der Öffentlichkeit. »Das moderne Theater wird naturalistisch sein – oder es wird gar nicht sein«, erklärt lapidar Otto Brahm, dessen Arbeit als Dramaturg, Theaterleiter und Kritiker der Theaternaturalismus wesentliche Impulse verdankt. Entscheidend für diese Entwicklung ist vor allem auch die Freundschaft und Zusammenarbeit Brahms mit Gerhart Hauptmann. Neben diesem wird Arno Holz zum wichtigsten Neuerer des naturalistischen Dramas; weniger durch seine zusammen mit Johannes Schlaf verfaßten experimentellen Stücke als vielmehr aufgrund seiner sprachkritischen Forderungen: »Sprache des Lebens« als die Sprachform des neuen Dramas. Um »naturgetreue penible Reproduktion der Wirklichkeit« (Paul Ernst) geht es.

Der Durchbruch des naturalistischen Dramas auf der Bühne brachte die Diskussion um eine moderne Dramaturgie (Holz, Schlaf, Spielhagen) in Gang und verschärfte die konservative Kritik erheblich. Der Naturalismus wurde nun in einer eklatanten Form öffentlich, nämlich über die als »moralische Anstalt« hochgehaltene Theaterinstitution. Als das Deutsche Theater Berlin 1894 Hauptmanns *Weber* aufführte, kündigte Wilhelm II die königliche Loge und strich die staatliche Subvention des Theaters. Beispiele für diese Verschärfung der Naturalismuskritik sind die Beiträge von Gustav Schwarzkopf und Richard Dehmel, die in ihrer Polemik aber zugleich wesentliche Strukturmerkmale der »neuen deutschen Alltagstragödie« (Dehmel) aufzeigen.

Ein eigenes Kapitel widmet die Dokumentation der Freien Bühne Berlin, der Freien Volksbühne Berlin und den Auseinandersetzungen des naturalistischen Theaters mit der Zensur. Gerade in diesem Problemfeld wird der allgemeinpolitische Wirkungszusammenhang erkennbar, in dem der Naturalismus in den frühen 90er Jahren steht. Die Beiträge von Otto Brahm referieren und kommentieren die Geschichte der beiden Theatervereine; wobei die Freie Volksbühne als kulturpolitische Einrichtung der Arbeiterbewegung noch weit mehr im Kreuzfeuer konservativer Kritik steht als der bürgerliche Theaterverein nach Pariser Vorbild. In der Darstellung von Heinrich Bulthaupt werden mit aller Eindeutigkeit die Feindbildstereotypen benannt, unter denen die Konservativen und die Ordnungsbehörden den Naturalismus insgesamt bewerten: als »Kunst des Anarchismus«. Die Darstellungen von Richard Grelling und Paul Schlenther erörtern die »Maßregelungen« (Grelling) der Freien Volksbühne durch Zensurbehörden und Gerichte. Die Verschärfung des politischen Kampfes gegen die Sozialdemokratie, zugespitzt durch die Diskussion der Umsturzvorlage (Dezember 1894 bis Januar 1895) schlug voll durch auf den der sozialdemokratischen Parteigängerschaft bezichtigten Theaternaturalismus.

Die Lyrik ist die im ganzen der Entwicklung des Naturalismus wohl am unprofiliertesten gebliebene Literaturgattung und dies, obwohl die Anthologie *Moderne Dichter-Charaktere* (1885) als erstes programmatisches Literaturzeugnis die Bewegung in Deutschland öffentlich vorstellt. »*Unser Credo*«, so lautet die bekennerhaft überschriebene Einleitung dazu, von Hermann Conradi verfaßt, einem der frühesten Wortführer des Naturalismus. »Wahr und groß, intim und confessionell« sollte die neue Lyrik sein. Gleichermaßen weitgespannte Erwartungen formuliert Karl Henckell; um die »Poesie der Zukunft« geht es, um »große Poesie« schlechthin. 1890 wird von Julius Hart ein erstes Resumee gezogen. Wenn auch eine eigene künstlerische Formensprache hier noch nicht gefunden wird, so hat die naturalistische Lyrik nun doch ein spezifisches Themenrepertoire entwickelt, die Gestaltung der Beziehungen des Menschen »von Klasse zu Klasse«. Hart betont ausdrücklich auch die Anklänge an die Revolutionsdichtung der Vormärzzeit. Das Buch *Revolution der Lyrik* (1899) von Arno Holz ist eine Art Nachruf auf den Naturalismus und weist deutlich schon auf künftige Entwicklungen hin: »Man revolutioniert eine Kunst also nur, indem man ihre Mittel revolutioniert.« Mit dieser konsequenten Schlußfolgerung aus seiner bereits 1891 vorgelegten Kunsttheorie sind wesentliche Grundpositionen des Naturalismus, nämlich sein thematischer Zeit- und Gesellschaftsbezug, aufgegeben. Das Formexperiment tritt in den Mittelpunkt.

Insgesamt zeichnet das Gattungskapitel den großen Bogen der Entwicklung einer naturalistischen Formensprache nach und dokumentiert, an die Thesen und Forderungen des Grundlagenkapitels anschließend, die naturalistische Literaturprogrammatik in ihrer gattungsspezifischen Brechung, zeigt ebenso aber die Erweiterung, Modifikation, ja tendentielle Auflösung der konventionellen Gattungsschemata als Folge der kunsttheoretischen Prämissen.

Der dritte Teil der Dokumentation (III) ist der zeitgenössischen Rezeption des Naturalismus vorbehalten. Alle Themen und Problemfelder, die im ersten (Grundlagen) und im zweiten Teil (Gattungen) behandelt wurden, erscheinen hier erneut, in spezifische Diskussionszusammenhänge gestellt und aus parteilicher Sicht bewertet: Naturalismusdiskussion im Spannungsfeld der politischen und literaturkritischen Auseinandersetzungen der Zeit. Die hier zusammengestellten Dokumente sind zu ergänzen durch Texte aus den vorangegangenen Kapiteln, soweit diese aus Rezeptionspositionen heraus geschrieben sind, z. B. die Auseinandersetzungen um den naturalistischen Roman, um Drama und Theater (vgl. dazu die jeweiligen Kommentare).

In einer ersten Gruppe sind Texte zusammengefaßt, die den Naturalismus als Zeitsymptom (»Ausdruck unserer Zeit«) interpretieren, die Abgrenzungen und historische Standortbestimmungen formulieren. So stellt Leopold von Sacher-Masoch den Naturalismus seiner vermeintlichen prinzipiellen Tendenzhaftigkeit wegen als Kunstrichtung generell in Frage: »Eine kranke Literatur für ein krankes Publikum«. Ähnlich argumentiert Karl Frenzel, der auf den Zusammenhang von Naturalismus und Sozialdemokratie hinweist; »Umsturz« im Politischen wie im Ästhetischen ist für ihn der gemeinsame Nenner. Der Naturalismus erscheint Frenzel deswegen als Reflex einer dekadenten Gesellschaft, als Erzeugnis einer gährenden Zeit. Um ein ausgewogenes Urteil ist der liberale Kritiker Max Lorenz bemüht, der die Verdienste der naturalistischen Periode in einer »Erneuerung des künstlerischen Stoffes« sieht, den Naturalismus aber insgesamt – 1899 bereits aus der Erfahrung seiner Auflösung in eine Vielzahl neuer Richtungen und Positionen – als »Übergangsphänomen« bewertet.

Gleichermaßen um Positionsbestimmungen geht es in den Texten von Wolfgang Kirchbach, der den naturalistischen Autor dem Typus des »sentimentalischen Idealisten« zuordnet und auf das konstruktive Moment (Theorieorientierung) naturalistischer Realitätsauffassung hinweist, und von Maximilian Harden (»In Decadence-Zeiten blüht die Technik immer zu kaum geahnter Höhe empor«). Ernst v. Wolzogen stellt dem naturalistischen »Gesichtswinkel der Bestialität« die künstlerische Sichtweise des »Humors« gegenüber; vor allem aber zieht Wolzogen Verbindungslinien vom Naturalismus zu den vorausgegangenen Realismusbewegungen des 19. Jahrhunderts. Ebenso bemühen sich Moritz Carriere, Friedrich M. Fels und Christian Ehrenfels um Standortbestimmungen des Naturalismus als Kunstrichtung wie als Weltanschauung. Das ganze Spektrum solcher Standortdiskussionen repräsentiert eine Umfrage, die Kurt Grottewitz im *Magazin für Litteratur (des In- und Auslandes)* 1892 veranstaltet, und in der Vertreter aller weltanschaulichen und literarischen Richtungen zu Wort kommen. »*Die Zukunft der deutschen Literatur im Urteil unserer Dichter und Denker*« ist die Frage dieser Enquête und zugleich die Perspektive, unter der hier der Naturalismus beurteilt wird.

Als Gruppe für sich sind in dieser Diskussion Dokumente ausgegliedert, die den Naturalismus vom Standpunkt nationalkonservativer, ideologisch sicherlich als präfaschistisch einzuschätzender Sicht diffamieren und sich durch ihren Gestus rigoroser Polemik von anderen Formen zeitgenössischer literarischer Kritik durchaus unterscheiden. Die Texte von Erwin Bauer und Fritz Lienhardt machen heutige Leser betroffen durch die Radikalität, in der hier militanter Antisemitismus und antidemokratische Gesinnung Literaturkritik zum Instrument national-chauvinistischer Agitation werden lassen. Eine Literatur des Deutschtums und der »Rasse-Eigenthümlichkeiten« wird als kulturpolitische Forderung den »internationalen und jüdischen Kopfräsonneurs«, den »Berliner Geschäftssemiten Otto Brahm, S. Fischer und Genossen« entgegengehalten. Wie auch in einigen Dokumenten zu den Verbotsprozessen naturalistischer Literatur, insbesondere in Stellungnahmen zu Gerhart Hauptmanns Stück *Die Weber*, wird hier in aller Deutlichkeit erkennbar, wie die zeitgenössische Naturalismusdiskussion weit über den internen Diskussionsrahmen von Literatur- und Kunstkritik hinaus zu einer weltanschaulichen und politischen Auseinandersetzung wurde, in der erstmals in aller Eindeutigkeit jenes Diffamierungsvokabular faschistischer Literatur- und Kunstkritik zur Anwendung kommt, das 40 Jahre später den faschistischen Kulturkampf bestimmen sollte.

Anschließend an das Kapitel »Über den Naturalismus hinaus« im Rahmen der Dokumentation der kunsttheoretischen Programatik (Teil I) werden im Zusammenhang der Rezeptionsproblematik weitere Texte vorgelegt, die Naturalismuskritik verbinden mit dem Aufzeigen weiterführender Entwicklungen und um »Gesamtwürdigung« bemüht sind (Bahr, Bartels, Lublinski).

Einen Zusammenhang besonderer Art bilden die Dokumente, die unter dem zeitgenössischen Titel *Naturalismus vor Gericht* zusammengefaßt sind, die Texte von Conrad Alberti, Julius Röhr, anonyme Dokumete im Zusammenhang mit Zensurprozessen, schließlich Richard Grellings (Gerhart Hauptmanns Anwalt) *Glossen zum Weberprozeß*. Diese Texte reflektieren über die konkreten Rechtsfragen hinaus, aus der Perspektive der allgemeinen Zensurverhältnisse der Zeit, noch einmal das gesamte Bewertungsspektrum, dem der Naturalismus ausgesetzt war. Dabei ist für die Einschätzung durch die Obrigkeitsvertreter entscheidend, daß in die Erörterung des vermeintlichen Rechtsbruchs im Einzelfalle stets die gesamte »neue Richtung« einbezogen und inkriminiert wird. Deutlich wird in der zugespitzten Konfliktsituation der Zensurprozesse aber auch die widersprüchliche Haltung der Naturalisten selbst (Hauptmann) und ihrer Anhänger (Grelling) hinsichtlich konkreter politischer Parteinahmen. Diese Problematik führt unmittelbar in den Problemkreis der Auseinandersetzung der Sozialdemokratie mit dem Naturalismus. Dieser Diskussion wird in der vorliegenden Dokumentation deswegen eine besondere Stellung innerhalb der Rezeptionsdarstellung eingeräumt, weil hier wesentliche Aspekte naturalistischen Selbstverständnisses (Engagement für den Sozialismus und die Arbeiterbewegung, Darstellung des Menschen in seinen sozialen Bezügen, Thematisierung der sozialen Frage) in die kritische Befragung und unmittelbare Konfrontation mit den politisch »zuständigen« Repräsentanten dieser Ideen geraten. Weiterhin wird an diesen Kontroversen erkennbar, wie inhaltlich heterogen im Grunde zentrale Begriffe naturalistischer Programmatik sind und wie schwierig offenbar eine politische Standortfindung für die oppositionelle literarische Intelligenz in den 80er und 90er Jahren des 19. Jahrhunderts war. Zudem konturiert sich in diesen Debatten eine in der Folgezeit zunehmend wichtiger werdende kunsttheoretische Problematik, nämlich die Stellung des Proletariats zur Kunst und die Formulierung von Bedingungen und Zielsetzung einer proletarischen Ästhetik (Franz Mehring). Die Naturalismuskontroverse zeigt, in wie hohem Maße die dabei entwickelten Stellungnahmen abhängig sind von der allgemeinen politischen und kulturkritischen Theoriereflexion innerhalb der linken Gruppierungen.

In den Texten von Paul Ernst, Wilhelm Liebknecht und Robert Schweichel wird erstmals von sozialdemokratischer Seite aus eine Fundamentalkritik gegen die literarische Moderne formuliert, offenbar als Antwort auf Naturalismus-Sympathisanten im linksoppositionellen Lager der eigenen Partei (Berliner Volkstribüne). Zu diesen Äußerungen nehmen die naturalistischen Autoren unmittelbar Stellung: Brahm, Conrad und Julius Hart antworten auf den »sozialdemokratischen Angriff auf das ›jüngste Deutschland‹« (Hart). Die Beiträge von Franz Mehring zum Naturalismus nehmen eine Sonderstellung ein; dazu gehören auch Mehrings Essays zu Ibsen, Zola und Hauptmann, die an anderer Stelle dieses Rezeptionskapitels abgedruckt sind. Es sind eben dies die Beiträge, in denen sich eine programmatische Abgrenzung von bürgerlicher und proletarischer Ästhetik abzeichnet. Ebenfalls einen Block für sich bilden die Dokumente zur Naturalismus-Diskussion der Sozialdemokratie während ihres Parteitags 1896 in Gotha, bei dem es vor allem um die Frage geht, inwieweit der Naturalismus den Interessen einer proletarischen Leserschaft entgegenkommt. In den Zusammenhang dieser Debatte gehören auch die Beiträge von Edgar Steiger, der zu den sozialdemokratischen Anhängern des Naturalismus zählt und der in seiner Funktion als Redakteur der *Neuen Welt*, einer Unterhaltungsbeilage sozialdemokratischer Zeitungen, im Mittelpunkt der Attacken des Parteitags stand.

Um 1880 und besonders um 1890 erscheinen die Stücke von Henrik Ibsen auf den Spielplänen der deutschen Bühnen, insbesondere der Berliner. Ibsens dramatisches Werk macht die deutsche Öffentlichkeit mit der literarischen Moderne bekannt, leitet die Diskussion um diese Bewegung mit ein. Der Norweger gilt den Konservativen wie den Sozialdemokraten als »pessimistischer Realist« (Paul Ernst); den Pessimismusvorwurf wiederholt auch noch im Jahre 1900 Franz Mehring in seinem großen Ibsen-Essay. Der jungen Opposition dagegen ist Ibsen das große Vorbild, bringt er doch in seinen Stücken das auf die Bühne, was die Jüngstdeutschen für eine neue Literatur nachdrücklich fordern: Zeitfragen, vor allem die schonungslose Enthüllung der moralischen Korruption der bürgerlichen Gesellschaft. Wie kein anderes literarisches Werk der Zeit wird Ibsens *Nora* zum Kristallisationspunkt der Diskussion um die Problematik der Frauenemanzipation. Zur Popularität Ibsens in Deutschland trägt sicherlich bei, daß der norwegische Dichter mehrere Jahre auch in Deutschland lebte, in Dresden und in München. Sein Werk ist in diesen Jahren auf den deutschen Bühnen populärer als in seiner norwegischen Heimat.

Die Texte spiegeln das Spektrum der Meinungen und Kontroversen wider, die die Ibsen-Auseinandersetzung in Deutschland kennzeichnet. Die Beiträge von Otto Brahm und Hermann Bahr argumentieren von Positionen aus, die die positive Bedeutung Ibsens herausarbeiten; Brahm, aus der Haltung großer Bewunderung, weist auf die formalen Neuerungen hin, die Ibsen für die moderne Theaterliteratur gebracht hat; Bahr, mehr um kritische Würdigung bemüht, sieht in Ibsen weniger den Vollender der literarischen Moderne als vielmehr deren Ankündiger. Auch für Emil Reich ist Ibsen, neben Wagner und Nietzsche, der »Prophet dieser neuen Zeit«. Das Feld der Ibsen-Kritiker dagegen ist in sich äußerst heterogen. Dem Sozialdemokraten Paul Ernst gilt Ibsen als Pessimist und damit als Vertreter einer weltanschaulichen Haltung, die dem proletarisch klassenkämpferischen Optimismus zutiefst widerspricht. Für Max Nordau ist der »Ibsenianismus« mit seiner vermeintlichen »Ichsüchtigkeit« Syndrom einer Verfallskultur. Laura Marholm wiederum verweigert der emanzipatorischen aufklärerischen Komponente in Ibsens Werk ihre Zustimmung. Dagegen propagiert sie einen neuen Weibmythos, der sich erklärtermaßen in einen Gegensatz zu Ibsens »Programm der Emanzipationsdamen« stellt.

Im Kreuzfeuer konservativer Naturalismuskritik steht Emile Zola von Anfang an und das aus vielfachen Gründen. Deutsch-nationalem Kulturchauvinismus mußte gerade der Franzose Zola als Inbegriff des Undeutschen (Langbehn) erscheinen. Mit dem Schlagwort vom »Zolaismus« (dem bald auch der Begriff »Ibsenianismus« nachgebildet wurde) faßt die konservative Kulturkritik alle Negativmomente des Naturalismus zusammen; insbesondere auch den internationalistischen Aspekt, der die naturalistische Bewegung auszeichnet, der aus konservativer Sicht freilich als Kulturverrat gebrandmarkt wird. Es sind vor allem zwei Angriffsziele, die Zola bietet: einmal die Thematisierung asozialen Milieus (Verbrechen, Prostitution) und die Schilderung pathologischen psychischen und physischen Verhaltens (Alkoholismus, Wahnsinn); zum andern Zolas theoretisches Programm, das Literatur der Wissenschaft gleichsetzt, verbunden damit die dokumentaristische Methode. Gerade darin sieht die konservative Kritik ihr traditionelles Kunstverständnis fundamental in Frage gestellt. Das Verwissenschaftlichungspostulat Zolas ist freilich ein Punkt, an welchem auch die deutschen Naturalisten Zola nicht bedingungslos folgen. Auch wenn dessen Schrift *Der Experimentalroman* als eine der wichtigsten theoretischen Grundlagen der oppositionellen Moderne in Deutschland gilt, wird die Gleichsetzung von Kunst und Wissenschaft nicht nachvollzogen. Hier nehmen die verschiedenen Naturalistengruppen durchaus unterschiedliche Positionen ein. Für die sozialdemokratischen Kritiker, die sich verhältnismäßig spät erst in die Zola-Diskussion einschalten, ist Zola vor allem der Autor des *Germinal,* des bedeutendsten sozialen Romans der Zeit mit eindeutig politischer Aussage. Das sozialdemokratische Zola-Bild ist deswegen insgesamt eher positiv; Franz Mehring schreibt in seinem Nachruf (1902): »Zola stand turmhoch über seinem kleinen Nachwuchs in Deutschland«. Die Dokumentation versucht das Spektrum dieses vielschichtigen Rezeptionsvorgangs wiederzugeben. Die Texte von Ludwig Pfau, den Brüdern Hart und von Eugen Wolff formulieren die kunsttheoretischen Vorbehalte gegen Zolas Experimental- bzw. Dokumetar-Ästhetik. Diese sei, so resümiert Wolff, der »Tod der Poesie«, und er trägt damit die Grundthese jener Zola-Kritiker vor, die sich in ihrer Auseinandersetzung argumentativ auf den kunsttheoretischen Ansatz des Franzosen einlassen, diesem freilich ihre andere Position entgegenhalten. Eine Gruppe militanter Zola-Gegner wird erkennbar in den Beiträgen von Amyntor, Langbehn und auch von Fritz Mauthner. Diese Autoren verurteilen Zola vom moralischen Standpunkt aus rigoros, sie tragen jene Anschuldigungen vor, die beinahe stereotyp gegen die gesamte Moderne vorgebracht werden: Pornographie, Schmutzliteratur und opportunistische Geschäftemacherei mit der literarischen Sensation, Volksverderber. Selbst so differenziert argumentierende Kritiker wie Maximilian Harden sprechen Zola, den er als den »Schlachtenmaler des animalischen Lebens« apostrophiert, aus moralischem Vorbehalt jedwede Künstlerschaft ab.

Für Michael Georg Conrad dagegen, den Herausgeber der *Gesellschaft,* ist Zola der »Großmeister des Naturalismus«. Conrads Beiträge sind aus einer Haltung ergebener Parteigängerschaft, ja fast schon der Huldigung geschrieben. Um eine positive Würdigung Zolas ist auch Hermann Bahr bemüht, obwohl sich für ihn doch deutlich die Begrenztheit von dessen Ästhetik abzeichnet und er bald der ganzen naturalistischen Bewegung absagen wird. Der Zola- Essay von Georg Brandes stellt in diesem Rahmen die wohl substantiellste und umfassendste Charakteristik Zolas als Künstler dar. Diesen rundum positiven Zola-Bildern schließen sich mit gleicher Tendenz die Beiträge von Lafargue und Franz Mehring an, die beide in der sozialdemokratischen Zeitschrift *Die neue Zeit* erschienen sind; für beide Autoren ist Zola der einzige moderne Autor, der den Menschen in der ganzen Komplexität seiner sozialen Bindungen und Zwänge gestaltet: »Schilderung und Analyse der ökonomischen Riesenorganismen der Neuzeit« (Lafargue).

Texte zur Dokumentation der Rezeption von Gerhart Hauptmanns Stück *Die Weber* schließen den Rezeptionsteil ab. *Die Weber* waren ohne Zweifel das die zeitgenössische Öffentlichkeit provozierendste Werk des naturalistischen Theaters – ja darüber hinaus wohl auch der gesamten naturalistischen Bewegung in Deutschland. In vieler Hinsicht stellt dieses

Stück einen Ausnahmefall dar, gleichwohl bündeln sich hier alle Linien naturalistischer Grundsatzdiskussionen. In einer kaum übersehbaren Serie von Zensurprozessen werden alle Argumente für und gegen den Naturalismus erneut diskutiert; es ist eine Diskussion, die immer wieder auch die grundsätzliche Frage der Kunst- und Meinungsfreiheit in den Mittelpunkt rückt.

Ausgewählt wurden Texte, die die Buchausgabe der *Weber* (1892), die Aufführung an der »Freien Bühne Berlin« (1893) und schließlich am »Deutschen Theater« zu Berlin (1894) besprechen. Wie an keinem anderen Werk des Naturalismus gerät am Beispiel der *Weber* das ästhetische Programm des Naturalismus in die kritische Befragung nach dem sozialen Sinn von Literatur, ihrer Stellung zu den »großen Fragen der Zeit«. Diesen Fragen sich in aller Konsequenz zu stellen, war das Programm mit dem der Naturalismus angetreten war.

III

Die Arbeitsteilung der Herausgeber gestaltete sich so, daß die Kommentierung der Dokumente von Christine Müller erarbeitet wurde. Es sind Sachkommentare, vor allem aber Einführungen in die Problemzusammenhänge, in denen die einzelnen Texte stehen. Um den Kommentar zu entlasten, sind Daten zu Werken und Personen, die über die üblichen Nachschlagewerke leicht zugänglich sind, nicht aufgenommen. Eingehend erläutert werden dagegen die zum Verständnis der Texte erforderlichen kunstprogrammatischen und weltanschaulichen Standpunkte der Autoren, ein Aspekt, der insbesondere für die Analyse der Rezeptionsproblematik von Bedeutung ist, ebenso aber auch für die Differenzierung der Positionen innerhalb der Gruppen der naturalistischen Autoren. In der Regel ist deswegen auch über den jeweiligen Text hinaus Bezug genommen auf das Problemumfeld, auf Positionen und Diskussionen, die nicht in die Dokumentation aufgenommen wurden, jedoch in den Kontext der Auseinandersetzung gehören. Die dem Dokumententeil angeschlosssene Bibliographie verzeichnet die einschlägige Forschungsliteratur und ergänzende Quellensammlungen.

Die editorische Gestaltung der Texte entspricht den Gepflogenheiten der Reihe der *Manifeste*. Die Texte wurden möglichst in ihrer originalen Form belassen. Orthographische Fehler oder offensichtliche Druckfehler wurden stillschweigend korrigiert. Die Interpunktion der Vorlage wurde übernommen, Hervorhebungen durch Sperrdruck, Kursivsatz oder Fettdruck sind einheitlich kursiv gesetzt. Kursiv erscheinen außerdem alle Werktitel und die Namen von Zeitschriften, Jahrbüchern etc. Der genaue bibliographische Nachweis ist dem jeweiligen Text vorangestellt. In der Regel wurde der Erstdruck als Druckvorlage herangezogen.

Das für die Dokumentation durchgesehene Material ist ein Vielfaches von dem, was letztendlich in den Band aufgenommen werden konnte. In Ermangelung bibliographischer Hilfsmittel für diesen Bereich (eine Naturalismusbibliographie bleibt weiterhin ein Desiderat der historischen Forschung), mußte systematisch recherchiert werden; die Durchsicht von Zeitschriften erhielt dabei ein besonderes Gewicht, entsprechend der Absicht, auch die zeitgenössische Rezeption des Naturalismus, die sich weitgehend in der Zeitschriftenpublizistik niederschlug, in die Dokumentation mit einzuarbeiten. Tageszeitungen wurden nur auf spezifische Diskussionen begrenzt einbezogen. Für die Beschaffung des vielfältigen, oft entlegenen Materials ist vor allem der Hamburger Staats- und Universitätsbibliothek zu danken, für Teilbereiche auch der Staatsbibliothek Berlin.

Besonderer Dank gebührt Dr. Bernd Lutz, der dieses Buch als Lektor mit großem Engagement betreut hat und über Jahre hin ein geduldiger Gesprächspartner war.

Hamburg, im Juni 1987   Manfred Brauneck

1 P. Bürger: *Naturalismus – Ästhetizismus und das Problem der Subjektivität.* In: *Naturalismus/Ästhetizismus.* Hrsg. v. Ch. Bürger, P. Bürger, J. Schulte-Sasse. Frankfurt 1979, S. 21
2 Vgl. *Geschichte der deutschen Literatur von 1830 bis zum Ausgang des 19. Jahrhunderts.* Bd. 8, 2 (von einem Autorenkollektiv, Leitung u. Gesamtbearbeitung K. Böttcher zs. mit P. G. Krohn u. P. Wruck) Berlin (Ost) 1975, S. 1005; insbesondere auch der Hinweis auf die *Geschichte der deutschen Literatur.* Hrsg. v. Institut für Weltliteratur A. M. Gorki der Akademie der Wissenschaften der UdSSR. Bd. 4 (Red. R. M. Samarin u. J. M. Fradkin). Moskau 1968
3 Vgl. R. Brinkmann: *Expressionismus. Forschungs-Probleme.* 1952–1960. Stuttgart 1961
4 D. Borchmeyer: *Der Naturalismus und seine Ausläufer.* In: *Geschichte der deutschen Literatur vom 18. Jahrhundert bis zur Gegenwart.* Hrsg. v. V. Žmegač. Bd. II,1. Königstein/Ts. 1980, S. 158.
5 Vgl. M. Brauneck: *Literatur und Öffentlichkeit im ausgehenden 19. Jahrhundert. Studien zur Rezeption des naturalistischen Theaters in Deutschland.* Stuttgart 1974, S. 20ff.

I Programmatik und Kunsttheorie

a) Früheste Positionen

1

Heinrich Hart: *Die Entwicklung der Künste.* In: *Deutsche Dichtung. Organ für Dichtung und Kritik.* Hrsg. v. Westfälischen Verein für Literatur. Münster (Coppenrath) 1877, Heft 1, S. 28–30.

Die Kunst ist die Objektivation des Schönen, – das Schöne die harmonische Verbindung des Idealen und Realen, die Versöhnung des Sinnlichen und Geistigen. Das ist ein erstes Princip aller Aesthetik. Daneben stehe nun die Behauptung der Culturgeschichte, daß vor allem Hellas das Land der Schönheit gewesen, daß der griechische Geist die innigste Vermittlung zwischen Ideal und Wirklichkeit repräsentire – und es wird offenbar, daß entweder die nachhellenische Kunst keine wahre Kunst mehr ist, oder die obigen Sätze zu viel behaupten. Das Letztere ist der Fall, Aesthetik und Geschichte – beide haben Recht und Unrecht zugleich. Allerdings sind die Griechen die edelsten Vertreter einer harmonisch ausgebildeten Menschlichkeit. Wie konnt' es anders sein! Ueber sich die milde Klarheit des südlichen Himmels, rings umrauscht von blauen Fluthen, im Angesicht ewiger, frischer Lebensfülle – mußte der Hellene mit Nothwendigkeit seiner ganzen Herzens-, Geistes- und Lebensgestaltung den Stempel tiefer Selbstbefriedigung aufprägen. Und es bedarf ja keines Beweises durch Worte für den, dessen Betrachtung sich einmal in die göttlichen Meisterwerke griechischer Kunst versenkt hat. Oder gibt es irgend eine Schöpfung neueren Ursprungs, welche Form und Gehalt derart in eins gebildet zeigt, wie die Venus von Medici, oder die Gruppen des Parthenonfrieses? Harmonie der Harmonie! Und dennoch hat die Kunst seit dem Verfall des hellenischen Geistes keinen Rückschritt gemacht, weil es für sie noch höhere Ideale gibt, als griechische Formvollendung. Nicht das Volk der Schönheit überhaupt, nur das Volk der plastischen Schönheit waren die Griechen. Aber auch die Aesthetik irrt, und ihre Formel würde zur Consequenz haben, daß Wahrheit und Sittlichkeit nicht für die Kunst als solche existirten. Wer ethisch handeln will, kümmert sich nicht darum, ob sein Handeln den Gesetzen der Schönheit entspricht, weshalb sollte der Künstler nach Ethik fragen! Und doch thut er es, muß er es thun, – weil die Kunst in ihrer höchsten Entwicklung Höheres als die Objektivation der Schönheit, – das Gegenbild, die Verkörperung der Allkraft und des Geistes selbst sein soll. Das beweist mit siegreicher Klarheit die Entwicklungsgeschichte der Kunst, die sich eng und unmittelbar an die Geschichte des Geistes anschließt. Die letztere entwickelt Schasler in folgender Stufenordnung. Die Materie hält den Geist gefesselt – in den sämmtlichen Lebenserscheinungen des Orients, Materie und Geist versöhnen sich – diese Versöhnung repräsentirt die hellenische Cultur, der Geist wird Herr der Materie – seit der weltumwandelnden Zeit des Christenthums. Einen gleichen Entwicklungsgang nimmt die Kunst. Die hellenische *Plastik* bemächtigt sich des Geistes nur insofern, als derselbe in der *leiblichen* Gestaltung zum *Ausdruck* kommt. Die Form gilt ihr das Höchste und sie wirkt auch nur in diesem Sinne. Und diesen Charakter tragen auch die übrigen Künste der Griechen, Architektur, Musik und Dichtkunst. Aber die Kunst bleibt nicht auf diesem Standpunkte stehen, sie entwickelt sich entschieden über die formale Richtung hinaus in eine geistig ideale. Schon die mittelalterliche Gothik, sowie das überwiegende Streben der Skulptur aufs Relief hin, deuten die neue Periode an, welche ihren Gipfel in der Kunst des Cinquecento erreicht. Statt der Plastik tritt uns die *Malerei* entgegen, die Schönheit des Ausdrucks und des Auges tritt an Stelle der leiblichen Grazie, es ist das Herz, das von nun zum Herzen, das Gemüth, das zum Gemüthe spricht.

Und nicht genug – auch die übrigen Künste werden malerisch, am meisten die Poesie, Ariost, Tasso, Camoens! Aber der Geist dringt unaufhaltsam vor, er wird sich immer mehr seiner selbst bewußt, und rüttelt die geheimsten Tiefen des Seins und Wollens auf. Ihm genügt nicht mehr das bunte Phantasiegepränge, aber er bringt es auch noch nicht zur morgenlichten Klarheit – er gebiert Reformation und Revolution, beide nur negative Errungenschaften. Noch sieht er nur im Dämmerheimlichkeit sein Ziel – die Malerei wird überwunden, die *Musik* bricht allergreifend in die Welt. Nicht mehr das Auge bleibt der Sinn, durch den sie ins Innere dringt, sondern das Ohr – das Auge haftet zu sehr an Aeußerem, das Ohr ist ganz Organ der Innerlichkeit. Nur auf das Gemüth gerichtet, ist die Musik die Kunst der Menge – Vorzug und Nachtheil zugleich. Den Geist befriedigt sie nicht mehr, je *klarer er sich selbst* wird, und nun ist es – *die Poesie*, die ganz und gar sein Kind, sich mit und an ihm entwickelt. Die Kunsterscheinungen der Gegenwart sind ohne Zweifel in dieser Weise aufzufassen; *Wagner* fühlt den Zug der Zeit, aber er ist nicht der Bahnbrecher, sondern der Vermittler zwischen Altem und Neuem, der letzte Ritter. Seine Musik will Ideen zur Gestaltung bringen, aber das vermag nur die Poesie und ohne Hülfe der Tonkunst. Auf dieser Stufe der Entwicklung angelangt, geht eigentlich die Kunst über sich selbst hinaus. Ihr Material wird die Sprache, das Material des Geistes selbst, aber ihr Gehalt beruht auf Intuition, *und so vereinigt sie Kunst und Wissenschaft in einem höheren Dritten.* Dasselbe behauptet *Goethe* und er nennt sie deshalb *Genius.*

Die Poesie anticipirt in herrlichster Weise den Plan der Lebenskunst, wozu sich alles Leben einst gestalten soll, gleichsam die heilverkündende Theorie einstiger Praxis, das Evangelium künftiger Herrlichkeit. – Es möchte hier aber auch der Ort sein, einige Worte über eine Ansicht zu sagen, welche der meinigen stark entgegensteht. Ich meine das »eherne« Gesetz von der Ergänzung der Künste, welches Professor *Riehl*, der berühmte Culturhistoriker, jüngst entworfen hat. Nach ihm bieten nämlich zu jeder beliebigen Zeit die Künste, als ein großes Ganzes betrachtet, dasselbe Schauspiel dar, nur mit immer wechselnder Vertheilung der Rollen. Wenn etwa in der Musik die Melodie an der Tagesordnung, wird in der Malerei die Historie herrschen, in der Dichtkunst das Epos. Die Beweise, die Prof. *Riehl* in der

Jetztzeit für seine Hypothese findet, sind äußerst willkürlich gewählt und vielen derselben läßt sich mit gleichem Recht eine ganz entgegengesetzte Behauptung zur Seite stellen. Versuche man nur, das Gesetz auf die Blüthezeit der hellenischen und italienischen Kunst anzuwenden – das Resultat wird ein klägliches sein. Prof. *Riehl* übersieht gänzlich die Domination einzelner Künste in den Hauptepochen der Kunstgeschichte, eine Domination, welche meistens nicht nur keine Ergänzung zuläßt, sondern sogar den übrigen Künsten durchaus den Charakter der Gebieterin gibt. Auf das Einzelne einzugehen, mag einer anderweitigen Erörterung anheim gegeben werden, an dieser Stelle nur noch eins. Prof. *Riehl* erklärt nämlich, jeder historisch gebildete Dichter gebe zu, die heutige Poesie sei Epigonenkunst. Was muß Prof. *Riehl* unter »heutiger Zeit« verstehen! Der historisch gebildetste aller Poeten der Jetztzeit, *Rudolf Gottschall*, behauptet geradezu das Gegentheil und mit vollem Recht – *Hamerling, Jordan* u. m. a. es sind keine Epigonen, Progonen sind es neuer Blüthezeit. In herrlicher Weise führt eine Freundin*[1] diesen Gedanken aus, und ich glaube nicht besser, als mit ihren Worten, diese kurze Darstellung schließen zu können. »Ich meine, die Zeit sei gekommen, wo man mit dem Herzblut des Mitleids für alle schreibt; ich meine, die Zeit sei gekommen, wo das Gedicht die Diamant gewordene Thräne der Nächstenliebe ist. Unsere Poesie ist diejenige, welche sich nicht vom Leben abwendet, sondern ihr göttliches Gewand schürzt, die strahlende Stirn neigt und Bausteine aufrafft und mit starker Hand mittragen hilft zum großen, erhabenen Bau einer besseren Zukunft. Und ich fühle es tief im Herzen, wie eine neue Dichterschaft entsteht, eine, *die in der Wahrheit, die in der Liebe lebt, Mittlerin zwischen Gott und den Menschen, Führerin der ganzen Menschheit empor.*« –

Die Brüder Heinrich Hart (1855–1906) und Julius Hart (1859–1930) trugen bereits seit Ende der 70er Jahre durch ihre literaturkritischen und publizistischen Aktivitäten zur Herausbildung einer literarischen Oppositionsbewegung wesentlich bei. Als Herausgeber mehrerer Zeitschriften, durch eigene literarische Veröffentlichungen, mit ihrer Literaturkritik und Aufsätzen zur Theorie des Realismus/Naturalismus gestalteten sie rund eineinhalb Jahrzehnte naturalistischer Bewegung in Deutschland mit.

Eigene literarische Werke: Heinricht Hart, *Weltpfingsten, Gedichte eines Idealisten*, 1872; *Sedan, Tragödie*, 1882; *Lied der Menschheit*, 1887ff.; Julius Hart, *Sansara, Gedichte*, 1879; *Sumpf, Schauspiel*, 1886; *Homo sum, Gedichte*, 1889; *Triumph des Lebens*, 1898; *Der neue Gott*, 1899.

Heinrich Hart begründete 1879 den *Deutschen Literaturkalender*, der später von Kürschner übernommen wurde.

Die Harts kamen aus Westfalen. In Münster erschien daher die erste von Heinrich Hart zusammen mit Albert Gierse redigierte Literaturzeitschrift, die *Deutsche Dichtung* (3 Hefte, 1877). Aufschlußreich im Hinblick auf die Entwicklung von Grundpositionen der Naturalisten erscheint eine Stellungnahme der Redaktion am Ende des ersten Heftes. Unter der Überschrift »Zur Beachtung!« bat sie bei den Lesern um Verständnis dafür, daß dieses Heft nicht schon »nach *allen Seiten* hin« vollendet sei. Gleichzeitig wies sie aber »noch besonders [...] darauf hin, daß wir nicht [...] ein asylum medio crititatis einzurichten gedenken, *sondern mit allen Kräften der Tändel- und Scheinpoesie entgegentreten werden.*« Die Vorstellungen darüber, was der »Tändel- und Scheinpoesie« zuzurechnen sei, wechselte im Verlauf der Jahre und variierte auch zwischen den einzelnen Autoren der naturalistischen Bewegung. Leopold von Sacher-Masoch (vgl. die Dok. 2, 59) und Robert Hamerling (vgl. Dok. 55), die unter den Mitwirkenden der *Deutschen Dichtung* genannt wurden und der älteren Autorengeneration angehörten, genossen allerdings die Anerkennung der oppositionellen Literaten auch noch in den 80er Jahren (zu J. Harts veränderter

---

*) Margarethe Halm, Wetterleuchten. Skizzen und Essays. Leipzig 1877.

Position 1890 vgl. Dok. 57). Von der jungen Schriftstellergeneration tritt neben den Harts hier bereits
Peter Hille (1854–1904) in Erscheinung, ein Freund von Heinrich Hart aus der Schulzeit, der nach 1880
ebenfalls als Schriftsteller in Berlin lebte (von ihm erschien 1886 der Roman *Die Sozialisten*).
Bedeutsam für die Herausbildung einer neuen Literaturauffassung erscheint die in dem ob. dok. dok.
von Hart vorgenommene Historisierung des Schönheitsbegriffes, dessen Bestimmung in Abhängigkeit
von der Entwicklung des Geistes. Hier findet sich auch erstmals die Ablehnung des antiken Kunstideals,
die Hart auch in seinem Aufsatz *Neue Welt*, 1878 (s. Dok. 2), wiederholt. Damit war ein wichtiger Schritt
getan für die Gewinnung neuer ästhetischer Positionen, die sich nicht mehr gegenüber tradierten Formau-
toritäten (wie sie von der Münchner Schule, dem Geibel-Kreis gepflegt wurden) zu legitimieren hatten,
sondern abzuleiten waren aus neuen, zeitgemäßen weltanschaulichen Vorstellungen.

Schließlich erscheint aber in diesem Aufsatz Harts auch bereits der Gedanke, der eine zentrale Rolle für
die oppositionellen Literaten in den 80er Jahren spielen wird. Die von Hart postulierte ethische Aufgabe
des Dichters und die ethische Wahrheitsforderung an die Literatur werden bis zu Arno Holz' und
Johannes Schlafs »konsequentem Naturalismus« (vgl. die Dok. 13, 22) die entscheidende gemeinsame
Grundlage und der Motor der naturalistischen Literaturopposition in den 80er Jahren sein und auch als
Klammer fungieren, die die jungen Autoren trotz divergierender ästhetischer Auffassungen im engeren
Sinne zusammenführte (vgl. hierzu auch C. Alberti, Dok. 9).

In einer *Turgenjeff und Sacher-Masoch* gewidmeten Besprechung von dem erst 18jährigen Julius Hart
wird dieser Gedanke des ethischen Dichterberufs besonders betont. Hart hebt hervor, daß Sacher-
Masoch in seiner Einleitung zu *Das Vermächtniß Kains* (Bern 1877) »den Gedanken durch(führt), daß die
Poesie der Ethik bedürfe [...]. Auf dem Boden der Ethik erst läßt sich eine neue Poesie errichten, als deren
Vorläufer und Morgenheld Sacher-Masoch mit voller Berechtigung sich ansehen kann. Homer huldigte
der schönen *Form*, er schuf das erste Stadium der Poesie – Shakespeare kannte nur den *Gedanken* in der
Ästhetik und führte damit eine andere Dichtung herauf, die Poesie der *Leidenschaft*, der charakteristischen Individualität. – Die ethische Poesie, das Einzelne zum Symbol des Allgemeinen verklärend, ist für
uns aufbewahrt und der Blindheit kann sich dem überall eindringenden Sonnenlichte *dieser* Poesie
verschließen. Die *Deutsche Dichtung* hat den Gedanken überallhin zu vertreten gesucht« (in: *Deutsche
Dichtung*, H. 3, 1877, S. 76).

Grundlage dieser Forderung nach einer »Poesie der Ethik«, und auch darin gehen die Harts der
naturalistischen Bewegung voran, ist die Kritik an Unsittlichkeit und Unmoral der herrschenden gesellschaftlichen Verhältnisse. So schreibt Heinrich Hart in einer anderen Besprechung: »Alles was nicht in
den Kopf des ersten besten Philisters hineingeht, wird als schwärmerisch verschrien, jeder, der sich nicht
in dem Sumpfe gegenwärtiger Ordnung, d.h. Feigheit, Verkäuflichkeit und Faulheit, wohlfühlt, gilt als
Idealist, wer die Dinge beim rechten Namen, unsre Theater Wechslerbuden, unsre Sittlichkeit Unmoral,
unsre Feigheit Lüge nennt, heißt sonderbarer Kauz. Wohin wir's auf diese Art in der Politik gebracht,
fangen auch die Blinden an zu merken, – unsere Wissenschaft hält sich nur mühsam auf der früheren
Höhe, unsere Kunst ist nichts, als ein bettelhaftes Flickwerk, zusammengeflickt aus neueren Resten der
Vergangenheit und lächerlichen Kleinigkeiten des Tages« (s. H. Hart, [*Dramatik*]. In: *Deutsche Dichtung*, H. 3, 1877, S. 78). Julius Hart hob in seiner Besprechung von Sacher-Masochs Novelle *Das Paradies
am Dniester* hervor, daß dieses als ein »kleiner communistischer Staat« geschildert wird, »ein kleines Bild
der großen Welt, wie sie sich Sacher-Masoch in Zukunft vorstellt. Er mag hie und da auf Widerspruch
stoßen, wir begnügen uns damit anzuerkennen, daß der Dichter hier nicht bloß als Dichter auftritt,
sondern auch als Reformator mit den höchsten Zielen und Tendenzen.« (J. Hart, Turgenjeff und Sacher-
Masoch..., S. 78); vgl. dazu auch Dok. 2).

Vorwärtsweisenden Charakter trägt auch ein Gedicht von Julius Hart, mit dem bezeichnender Weise
das erste Heft der *Deutschen Dichtung* eröffnet wird: An die deutsche Poesie. Hart fordert die Dichtung
auf:
»Raffe Dich, Göttin empor/Aus berauschendem Schlafe und üppigen Träumen,/Glänzend steigt die
Sonne auf,/Jauchzend kommt der wolkengetragene Tag,/Und in krachendem Sturm zerbrechen/Die alten
Welten, die Städte vergehen,/...Greife zu schneidig schlagenden Schwerte.../Trage das leuchtend weiße
Banner,/Das der Zukunft weht und den kommenden Tagen,/Unter die trotzigen Feinde des Lichts...
Mächtig zeig' dich auch uns,/Wie die Väter einst Dich sahen,/Schreite lichtgeborner Apostel/Wegebah-
nend und pfadebreitend/Voran der menschenerlösenden Zukunft« (*Deutsche Dichtung*, 1877, S. 3.).

Das in dem ob. dok. Aufsatz von Hart skizzierte System der Künste wird von den Harts 1884 in den *Kritischen Waffengängen* (s. Komm./Dok. 30) mit ähnlicher Tendenz weiter ausgeführt. Da Heinrich Hart bereits 1877 der Poesie den höchsten Rang im System der Künste zuerkennt, entwickelt er auch im Unterschied zu einer bei den Naturalisten in den 80er Jahren, insbesondere bei Michael Georg Conrad ausgeprägten Wagner-Verehrung, eine kritische Haltung gegenüber Wagners Musikdrama. In einem Brief an Friedrich Nietzsche erläuterte er 1877 seine Auffassung:
»Sie [d.i. F. Nietzsche, Chr.M.] haben Recht, wenn Sie sagen, daß die Poësie aus musikalischer Stimmung hervorgeht – … – aber bezeugt dies Abhängigkeit oder wiederum Rang der Poësie! Warum bin ich mit all der dionysischen Trunkenheit in meiner Seele nicht im Stande, statt das Wort- das Musik- drama zu schaffen? Nein, und tausendmal nein; – Richard Wagner hat nicht Recht. – Das heutige Musikdrama enthält nicht implicite das Todesurtheil der Poësie. Die Musik hat ihrem Prinzip nach nichts mit den bildenden Künsten zu thun, aber noch weniger die Poësie, die das ganze All, Kunst und Unkunst, Wille und Vorstellung, Apollo und Dionysos in sich vereint und – versöhnt.
Der Gegensatz zwischen Musik und Poësie ist derselbe, der zwischen dem Ausdruck des »Willens« im Rauschen des Sturmes, der Waldwipfel, und dem Ausdruck in der Sprache menschlichen Geistes besteht. Jenes begeistert vielleicht für den Moment mehr, – im Geiste aber liegt allein ewige Rettung und Heil. –« (zit. nach: *Nietzsche und die deutsche Literatur.* Hrsg. v. Bruno Hillebrand, Bd. 1, Tübingen 1978, S. 57; vgl. hierzu auch das folg. Dok. 2)

1 Margarethe Halm (d.i. Alberta v. Maytner, 1835–1898) lebte ab 1878 als Schriftstellerin in Graz, ab 1887 in Wien. Sie veröffentlichte bereits in der *Deutschen Dichtung* Aufsätze und Gedichte, ebenso in den von den Harts herausgegebenen *Deutschen Monatsblättern.* Ein Briefzyklus von Hermann Conradi an M. Halm wurde 1898 von Michael Georg Conrad u.d.T. *Zur Psychologie der Moderne* herausgegeben. Conrad schrieb dazu in der *Gesellschaft*: »Wie auf Hermann Conradi wirkte damals die Zauberin Halm auf eine Reihe anderer Moderner.« Veröffentlichungen: *Wetterleuchten,* 1877; *Ein weiblicher Prome- theus,* 1885; u.a.

2
Heinrich Hart: *Neue Welt. Literarischer Essay.* In: *Deutsche Monatsblätter. Centralorgan für das literarische Leben der Gegenwart.* Hrsg. v. Heinrich Hart u. Julius Hart. Bremen (J. Kühtmann) 1878, Bd. 1, S. 14–23.

Der 22. März des Jahres 1832 war für die deutsche Literatur ein Wendetag, – sie durfte sich die Frage stellen: Sein oder Nichtsein? Wie spielend hatte der Olympier, der an diesem Tage das mächtige, hohe Haupt zur Ruhe legte, die Welt aus den Angeln gehoben und ihr eine Bahn gewiesen, die kein Horoscop und kein Scharfblick voraussehen konnte. Was war, was galt die deutsche Poesie vor Göthe, – eine schüchterne Magd ging sie von Haus zu Haus und zehrte von den Brosamen, die fremder Reichthum ihr spärlich zuwarf, – niemand ahnte die Schönheit unter dem ärmlichen Kleide, und sie selbst am wenigsten. – Göthe nennt sich irgendwo den Befreier der deutschen Dichter; ja, er war es, – wie ein Heiland erschien er unter uns und vollendete das Erlösungswerk, das Lessing und Herder begonnen hatten. Woher hatte Göthe die Sprache, die mit einem Male im Götz und Werther so klar wie ein Bergquell, so kräftig wie Morgenwind im Walde rauschte, war das die Sprache, in welcher vor kurzem Gellert und Gottsched hüstelten! Seit der ehrliche Simplex Einsiedler geworden, hatten die Deutschen diese Mundart verlernt, denn es war die Mundart des Volkes, und wer dachte ans Volk, wenn es Verse zu *schmieden* und Aesthetik zu schwitzen galt. Was nun? fragten die Armen, als Lessing mit eisernem Kehraus die Unfehlbarkeit Voltaires zerfegte, als Herder das Volkslied entdeckte, *was* nun? Göthe gab ihnen die Antwort in den Liedern aus Sesenheim, im Werther, im Faust, – da quälte sich nicht mehr der Herren eigner Geist, da jauchzten die entfesselten Geister des Volkes, und die Menschheit fand die Sprache wieder. Denn das ist eben von den großen Verdiensten unseres Meisters das größte, daß uns sein ganzes Wirken im Allgemeinen wie jedes seiner Werke im Einzelnen die alte Offenbarung wieder heraufzauberte und verklärte vom Einssein der Menschheit, von den verborgenen Banden zwischen Natur und Geist. Was im *tiefsten* Grunde der Individualität lebt, klingt und zittert, das ist nicht mehr individuell, das findet tausendfachen Wiederhall und setzt den Allgeist in Bewegung. Den Menschen durchschauert es dann plötzlich wie ein glühend Ahnen, der rätselhafte Widerspruch zwischen der Selbstsucht, Kleinlichkeit und Armuth des Einzelnen und dem Reichthum, der Erhabenheit und Liebe, welche der Gesammtheit dieser Einzelnen innewohnt, scheint seine Lösung zu finden. – Göthe ist Realist, aber nicht wie Auerbach und Jeremias Gotthelf, welche die Natur als ein großes Brouillon betrachten, das sie ab- und überschreiben können nach Herzenslust, – er schafft nicht *nach* der Natur, sondern *wie* die Natur, congenial und gleichen Wesens mit ihr. Deshalb war Göthe auch kein Patriot im Sinne der Nationalitätsapostel, deshalb lag ihm alles Parteigefühl so fern, – läßt doch auch die Natur über Gerechte und Ungerechte die Sonne scheinen, unbekümmert um Bitten, Spott und Drohung. Welchen Gang auch die deutsche Literatur in Zukunft nehmen mag, an *einer* Errungenschaft muß sie festhalten, an der Errungenschaft Göthe'scher *Humanität*, an der leuchtenden Devise: *Humani nihil a me alienum puto.* – Wo ist aber der Punkt in Göthe's Schaffen, an dem sich sein Weg und der unsere trennen, oder haben wir Modernen überhaupt nichts anders gethan, als den Boden, den der große Meister gepflügt und aufgeworfen hatte, nach seiner Anleitung weiter kultiviert und ausgesogen? Bei einem oberflächlichen Blick auf die Entwicklung seit Göthe möchte man diese Frage entschieden bejahen, denn weder Rückert, Uhland, Geibel, noch die politischen Parteipoeten haben unserer Dichtung wahrhaft neue Gebiete erobert. Die Bedeutung der Erstgenannten ist eine rein ephemere, sie sangen, wie der Vogel singt, der in den Zweigen wohnt, – der Wandrer lauscht den liebenswürdigen Klängen eine Weile und zieht seines Weges weiter, im Innersten unberührt und von keiner nachhaltig wirkenden Empfindung getroffen, – die Letzteren stiegen und fielen mit dem brandenden Gewühl des Tages. Und doch weist Göthe selbst bereits in seinen Aphorismen auf eine neue Literaturwelt hin, in welcher sich germanisches Urempfinden mit moderner Geistesanschauung vermählen sollte, einer Welt, der er am entschiedensten im »Wilhelm Meister« zusteuerte. Besonders die Wanderjahre müssen Jeden, der Göthe nur mit der landläufigen Schablonenkritik zu beurtheilen pflegt, wie ein Phänomen anmuthen, so modern und unhellenisch tritt uns hier der Schöpfer der »Iphigenie« entgegen. Es sei hier nur auf den großen Entwurf eines Arbeiterstaates hingewiesen, da sich aus diesem nicht nur am deutlichsten die bezeichnete Neurichtung Göthe's ergiebt, sondern auch seine vergebliche Anstrengung, die allzuspät auf ihn eindringenden Ideen künstlerisch zu verarbeiten und organisch durchzubilden. In seiner olympischen Klarsicht und Vollmenschlichkeit verstand und erfaßte er wohl den Zug der Zeit, aber ihr brausender Flügelschlag erschreckte ihn und so wagte er sich nicht mit liebevoller Empfindung an ihn heran, sondern schickte den unglückseligen Mittelsmann – Allegorie. – Grau, Freund, ist alle Theorie, und grün allein des Lebens goldner Baum, – mit dieser Devise hatte einst der junge Göthe gesiegt, – nichts natürlicher, als daß in den Jahren, wo der alte Göthe sich selbst ihrer ewigen Wahrheit entfremdete, ein jüngerer an seiner Statt sie wieder zu Ehren brachte. Dieser Jüngere war Heine. – Heine begriff seine Aufgabe recht gut, aber sie überstieg seine Kräfte, denn er war weder aus dem Vollen geschaffen, wie Göthe – Heine ist Zeitlebens nur ein halber Mann gewesen –, noch machten es ihm seine Zeit und seine Schicksale möglich, die alten, romantischen Grillen zu überwinden. Zudem mangelte es ihm an der Sicherheit und dem sittlichen Ernste, den sein Jahrhundert erforderte; dieser Ernst, diese männliche Wahrheitskraft waren Heine's großem Rivalen, August von Platen, beschieden, aber leider nicht zugleich der schöpferische Genius, – und so kam die Literatur trotz aller Anläufe nicht weit über den Anfang einer neuen gesunden Entwicklung hinaus. Heine ist dem Volke fast nur durch sein Buch der Lieder bekannt, und im Allgemeinen wird deshalb seine Bedeutung nach seiner Lyrik abgemessen, – er gilt für einen talentvollen Götheaner, angekränkelt vom Duft der blauen Romantik und Byron'schen Weltschmerz. Aber Heine's Dichtung ist specifisch, im Grundcharakter verschieden von der Göthe'schen, sie verhält sich zu dieser, wie das 19. zum 18. Jahrhundert. Es geht ein starker Zug bewußter Reflexion, eine nicht zu verkennende Absichtlichkeit durch Heine's Poesie, ein Spiel mit Empfindungen, wie es Göthe ganz und gar fremd war. Man halte diese Bestimmung für keinen Tadel, denn es wäre täppisch, eine geschichtliche Nothwendigkeit zu tadeln, und Heine's Wesen und Schaffen waren eine solche Nothwendigkeit. Ueberall brachen zu seiner Zeit die Ideen unseres Jahrhunderts sich Bahn, aber sie waren den Menschen noch nicht mit Fleisch und Blut verwachsen; sie überwältigten wie befreiende Eroberer, die man herbeigesehnt, die man aber nur durch Dolmetscher sich verständlich machen kann. Es mag hier an das schöne Wort Kürnberger's erinnert werden: Voltaire hat gesprochen, wie ein Sclave, welcher die Kette bricht, – er hat gehöhnt, verspottet, bespieen; – Heine hat nicht mehr gesprochen wie ein Sclave, welcher die Kette bricht, aber doch wie ein Freigelassener, Libertinus' Libertin, welcher der Kette noch gedenkt. – Erst Gottfried Keller behandelt das Heilige, wie ein Freier, welcher die Kette nie gesehen und getragen hat.« – Das ist's! Heine war ein Progon der aufkeimenden modernen Literatur, seine Schriften sind durchtränkt von einem neuen, zukunftssicheren Geiste, er hat vollständig mit dem Hellenismus, etwas weniger vollständig mit dem Christianismus gebrochen, – und doch ist er nur ein Vorläufer der Neuzeit, weil sein *Verstand* ganz unbedingt, seine *Empfindung* nur bedingt modern war.

Schon die Generation, welche ein Jahrzehnt später, als er, auf den Schauplatz trat, war ihm in dieser Hinsicht weit überlegen, – von romantisch-christlichen Bedürfnissen hatte die jungdeutsche Richtung keine Vorstellung mehr.

Wie sicher und bewußt betritt schon Wienbarg in seinen »Aesthetischen Feldzügen« das

Gebiet moderner Anschauungen und Ziele, wie klar übersieht er den bisher vollendeten und den zukünftigen Gang der Poesie, wie sittlich ernst ist der Geist, der jedes seiner Worte durchlodert. Gustav Kühne und Karl Gutzkow blieben nicht bei der Kritik und Aesthetik stehen, – wie George Sand in Frankreich, so pflanzten sie in Deutschland zum erstenmal in umfassenden Schöpfungen das Banner der neuen Literatur auf dem jungfräulichen Boden des Jahrhunderts auf. Karl Gutzkow ist seit Lessing, an den er in tausend Zügen erinnert, ohne Zweifel die Epochemachendste Persönlichkeit unserer Culturgeschichte, und sollte unsrem Volke eine neue Blüthe nationaler Poesie beschieden sein, so wird dieselbe freilich nicht wie die frühere an Lessing, so an Gutzkow anknüpfen, aber doch in engem Contakt mit diesem bleiben müssen. Darf Einer aus der nachgöthe'schen Periode zu den Klassikern gezählt werden, so ist er es, seine Werke bilden zeitlich wie geistig die große Vermittlungsbrücke zwischen 1830 und 1870. Was ihm fehlt, ist nicht die Empfindung überhaupt, aber wohl die *elementare*, aus dem Herzen der Natur aufquellende Empfindung, er blieb auf den einen Pol der Entwicklung beschränkt, und doch war der andre, ich bezeichne ihn gleich hier als Naturalismus, nicht minder wichtig. Jeder großen Geschichtsperiode folgt eine Erschöpfung des geistigen, aber noch weit mehr des Empfindungs- und Phantasielebens, und natürlich vollzieht sich dieser Prozeß am sichtlichsten in der Literaturgeschichte. Fast unsere ganze Epigonendichtung ist ihrem Wesen nach nichts mehr, als ein zweiter Aufguß der klassischen, eine glatte, durch Lektüre vermittelte Reproduktion, nirgendwo ein unendlicher Naturlaut, nirgendwo lebendige Quelle. Ja, noch schlimmer stand die Sache, denn es brach hier und da ein Talent auf, das mit seinen Wurzeln nicht in Büchern, sondern im frischen Mutterboden des Lebens stand, aber die Zeit wußte nicht dasselbe unterzubringen, und es fühlte sich allein, wie eine Weide, zu deren Füßen der alte Bach versiegt ist, und die verkrüppelt im Staub der Landstraße. Solch' eine Weide war Grabbe, war Hebbel, war Otto Ludwig. Alle drei hatten vollen Theil an dem unergründlichen Elementargeist der Poesie, Titanenhaft waren Form und Inhalt ihrer Werke, – aber keiner von ihnen erreichte im ewigen Kampfe ermüdend ein nennenswerthes Ziel, – und Otto Ludwig gestand sich auf dem Höhepunkt seines Schaffens, daß es ihm und seinen Zeitgenossen nicht beschieden sei, mehr als Vorarbeiten einer neuen Entwicklung zu liefern.

Dieser Begriff »Vorarbeiten« kam überhaupt seit der Mitte des Jahrhunderts in ganz bewußter Weise zu Geltung; während noch das junge Deutschland sich mehr oder weniger für eine abgeschlossene, das Jahrhundert repräsentirende Richtung ansah, galt es seit den 50er Jahren als ausgemacht, daß für die deutsche Literatur noch eine *dritte klassische Periode* zu erwarten sei. Den prägnantesten Ausdruck fand diese Erwartung durch Rudolf Gottschall, dessen Anschauungen von der neuen Blüthezeit man nicht zu theilen braucht, dessen Ernst und Begeisterung für die Sache aber entschieden anzuerkennen ist. – Woher kamen nun solche Hoffnungen, wo fanden sie Nahrung und Halt? waren es nur Wünsche gequälter Poetenherzen, utopische Luftgespinste, Phantasien aus Wolkenkukuksheim, oder entsprangen sie aus tiefem Einblick in den Vorwärtsgang der Völker zu immer höherer Humanität und Geisteskultur? – Drei Faktoren wirkten gegen Ende der 50er Jahre zusammen, um der Welt eine neue Basis zu geben, – denn nicht wie Pallas Athene, gegürtet und gerüstet, drang das neue Leben an's Tageslicht, sondern unter heftigen Geburtsschmerzen, gährend und siedend. Noch ist der Werdeprozeß nicht vollendet, aber gleichwohl ist es heute bereits möglich, einigermaßen Klarheit über die bedeutsamsten Vorgänge und Erscheinungen zu gewinnen. Als der erste Faktor kommt die Neubildung der staatlichen und gesellschaftlichen Verhältnisse in Betracht, die einerseits auf den universellen Errungenschaften der französischen Revolution, andrerseits auf den frischerwachten Eifer für nationale Besonderung fußte. Nationalität einerseits, Internationale andrerseits, hier Krieg auf Krieg, dort die Genfer Konvention und die Friedensliga, – unvereinbare Gegensätze, wenn wir nicht tiefer zu blicken verstehen, aber im Grunde einem einzigen großen Drange entsprungen, dem Drange nach organischer Verbindung zwischen Individualität und Gesammtheit. Daß dieser Drang ein unbewußter ist, daß er in zwei anscheinend feindliche Pole auseinandergeht, ist nur ein Beweis für seine ursprüngliche Kraft und Lebensfülle, – es wird sich auch für ihn das Schelling'sche Einheitsmedium finden. Aus diesem Gesichtspunkte betrachtet erscheinen Socialismus und Freihandel in gleicher Weise berechtigt und falsch, erscheint der Constitutionalismus als eine geschichtliche Nothwendigkeit, welche den verschiedensten Strömungen offenen Raum giebt, und so die Einseitigkeit verhütet, welche vom Uebel ist, so lange nicht eine der wirkenden Kräfte ihre unbedingt größere Lebensfähigkeit erwiesen hat. Aus diesem Gesichtspunkte ist es aber auch erlaubt, der Entwicklung der Dinge mit mehr Gleichmuth zu folgen, als den Parteien erwünscht ist, – das große Ziel wahrer Humanität steht zu leuchtend und klar auf der Höhe, als daß nicht jede Richtung, die es aus dem Auge läßt, in sich selbst zerfallen müßte. Und das ist das Haupt! Die Politik, die heute noch immer im Vordergrunde des Interesses steht, wird immer mehr zurückgedrängt werden, sobald die Einsicht wieder Boden gewinnt, daß das sociale und nationale Leben nur den Acker bildet für das Geistesleben eines Volkes, und ein Volk erst dann seiner Blüthe entgegengeht, wenn es die allseitigste und tiefste Theilnahme der Literatur und Kunst entgegenbringt. Unmittelbarer als die politische Entwicklung wirken und wirkten zwei andere Faktoren auf die poetischen Bestrebungen unserer Zeit, – der naturwissenschaftliche Materialismus und Schopenhauer. –

Die moderne Naturwissenschaft hat mit den mythologischen Anschauungen in einer Weise aufgeräumt, wie es keiner Philosophie und Theologie möglich war, sie stellt den Menschen in eine ganz neue kosmische Continuität, die Welt ist in eine ganz andere Beleuchtung gerückt, und Bilder sind uns aufgerollt, wie sie bisher nur die üppigste Phantasie zu ahnen vermochte. Die Sehnsucht nach den Göttern Griechenlands treibt keine Wurzeln mehr in unsrer Seele, die Unendlichkeit ist uns aufgegangen, und das Persönliche erscheint nicht mehr allein als Grundbedingung poetischer Anschauung. Vergegenwärtigen wir uns die Erfolge der Geologie, ihre Entdeckungen in längst vergangenen Jahrtausenden, die Sonnenfahrten der Astronomie, die kaum geahnten Ergebnisse der Darwin-Häckel'schen Biologie, – und wir werden uns gestehen, daß eine Zeit, die der Phantasie so großartige Felder gewinnt, dem gesunden, wenn auch langsamen Fortschritt der poetischen Literatur nicht hindernd im Wege stehen kann. Man hat viel gespöttelt über die phantastischen Romane Jules Verne's und seiner Nachahmer, aber ich finde doch auch in diesen Werken die freilich über alle Grenzen schweifende Tendenz, den dichterischen Bestrebungen eine echt moderne Basis zu geben. »Aber ist denn das Prinzip des Schönen und also auch der Poesie nicht ein formales? Was kommt also auf neue Stoffe an, – die wahrhaft poetischen Empfindungan waren doch zu allen Zeiten dieselben: Liebe, Leid und Lust!« Freilich der Urstoff, nämlich das Leben und Weben des Menschenherzens bleibt immer derselbe, doch der Ausdruck dieses Lebens wechselt unendlich in den verschiedenen Zeiten, und nur der Ausdruck *selbst* ist Form, seine *Ursachen* liegen in Veränderungen des Stoffes begründet. Dasselbe Stück Erdboden trägt im Verlaufe der Jahrtausende Wälder, Aecker, Sümpfe, Wiesen u.s.w., es verändert sich im tiefsten Grunde nicht, aber seine Theile versetzen und zersetzen sich, sein Klima gestaltet sich um, Seen, Gebirge bilden sich in der Nähe, und so war die Wandlung der Form durch Umbildung und Wechsel in der Materie bedingt. Ein solches Stück Boden ist das Herz und besonders das Dichterherz, sein Empfinden nimmt im Auf- und Niedergang der Zeiten so diametrale Gestaltungen an, daß es schwer wird, in denselben das ewig gleiche Grundmotiv zu entdecken. Was in jenem Jahrtausend Patriotismus heißt, rühmt sich im folgenden Religionsbegeisterung, im dritten Humanität zu sein, – und doch stehen sich *anscheinend* diese verschiedenen Formen ein- und desselben Gefühls geradezu feindlich gegenüber. – Erfassen wir so die Einheit und den Zusammenhang von Form und Materie, dann dürfen wir mit Recht den Einfluß der gegenwärtigen Umwälzungen in Technik und Wissenschaft auf die Literatur als einen hochbedeutsamen erachten. Mit demselben wetteifert die Einwirkung der neueren Philosophen, vor allem Schopenhauer's, der für die Kunst fast höhere Bedeutung erlangt hat, als für die Wissenschaft, ein Umstand, der mit den Grundzügen seines Systems zusammenhängt. Nicht umsonst legt Schopenhauer auf die Ausführung seiner ästhetischen Gedanken den höchsten Werth, denn seine Weltanschauung ist eine durchaus ästhetische und zieht ihre besten Säfte weniger aus der strengen Logik, als aus einer tiefinnerlichen, mit mystischen Elementen durchsetzten Phantasie.

Drei große Richtungen in der Literatur gehen schon jetzt von ihm aus, oder sind doch seinem Geiste eng verwandt, – der neudeutsche Quietismus, am strengsten vertreten durch Hieronymus Lorm, die Musikdramatik Richard Wagners und die slavisch-germanische Poesie Turgenjeff's und Sacher-Masoch's. Alle drei haben die Tendenz auf den Naturalismus gemein, fernerhin einen in den Kern der Welt eindringenden Pessimismus, und ihre Vertreter vertiefen sich mit besonderer Vorliebe in die sinnlichen Erscheinungen des Naturlebens. –

Hieronymus Lorm hat neuerdings die Aufmerksamkeit in hohem Grade auf sich gelenkt und sein Einfluß ist im Zunehmen begriffen. Er besitzt keine kräftig pulsirende Dichterader, und seine Produktion hat viel Gemachtes und Gezwungenes, gleichwohl übt er eine eigene Anziehungskraft aus durch sein inniges Naturverständniß und seine unerschütterliche Konsequenz. Sein Quietismus ist nicht identisch mit dem Spinoza's, auch nicht mit dem der altindischen Dichter, wie Kalidasa's, – denn von jenem trennt ihn durch eine tiefe Kluft der Pessimismus, von diesen die allzu häufigen spirituellen Beziehungen. Ihm fehlt fast durchgängig die Naivetät, die Reflexion sickert selbst durch seine gemüthvollsten Dichtungen, und die

Absichtlichkeit, die er kaum einmal zu verbergen weiß, verdirbt den reinen Genuß seiner Schilderungen. Die Form seiner Gedichte ist oft überaus schwerfällig, und der *allzu* leichte Stil seiner Feuilletons söhnt natürlich mit diesem Uebelstande nicht aus – trotzdem bezeichnet er mit dem Gesammtcharakter seiner Individualität eine verheißungsvolle Entwicklungsstufe der germanischen Dichtung. Der hohlen Formlyrik, dieser mattglänzenden Ranunkelblume gegenüber steht seine Poesie wie ein knorriger aber von dunklem Waldgrün sprossender Baum, und durch die optimistisch-bleierne Tagesphrase grollt seine Stimme gleich dem Rauschen eines Eichwaldes. Nirgendwo geht er in die Breite, überall gilt es ihm tief zu sein, und ein moderner Diogenes vollbringt er das Höchste durch seine Einfachheit, mit der er siegreich gegen den Wortschwall und Kling-Klang der Halm-Geibel-Periode reagirt. Viel äußerlicher, als Lorm sucht Richard Wagner den Forderungen einfacher Naturwahrheit gerecht zu werden, und in seiner übertriebenen Sucht nach Charakteristik erblicke ich eher einen Rückgang, als Fortschritt. Auch erscheint mir seine Bedeutung für die Literatur mehr aus seiner Persönlichkeit zu resultiren, als aus seinen Kunstpricipien und Schöpfungen, – mit eiserner Hand hat er in die abwärts rollenden Räderspeichen gegriffen und die Kunst wieder in die Bahn gedrängt, auf der sie allein ihre Gotteskraft erweisen kann. Ihm ist es wieder einmal gelungen, das Volk aus seiner Theilnahmlosigkeit herauszureißen und es zur Ehrfurcht vor dem sittlichen Ernste der Tragödie, zum Abscheu gegen die kleinliche Raffinerie der künstlerischen Marktschreierei zu zwingen. Leider ist ihm die Aesthetik Schopenhauer's verderblich geworden, dessen Hymnus auf die Musik der Ausgangspunkt seiner unseligen Principien ist. Was soll ich unter dem Begriff einer vollkommenen Einigung von Poesie und Musik verstehen, – so lange Wagner nicht eine dritte Kunst schafft, in der weder Ton noch Wort geschieden werden können, muß der alte Gegensatz von Text und musikalischer Composition festgehalten werden. Und ist dies der Fall, dann habe ich ohne Zweifel das Recht, den Text an und für sich auf seinen poetischen Werth hin zu untersuchen, besonders wenn er sich für ein Meisterwerk ausgiebt. –

Wagner ist kein Dichter, – schon seine Form widerspricht dem innersten Wesen der Poesie, denn diese erfordert in Uebereinstimmung mit den Gesetzen der Sprache Ueber- und Unterordnung, malerisches Auf- und Abstufen der einzelnen Theile im Kunstwerk, während Wagner in der Weise Hebbels jede Scene und jedes Wort als gleichwerthig und gleich nothwendig zu charakterisiren sucht. Es ist durchaus falsch, mit der Poesie sich nur an die Empfindung wenden zu wollen, – und Wagner thut das, indem er ganze Verse aus Hauptwörtern bildet, welche gleich den Tönen unmittelbar das Gefühl erregen sollen, – die Poesie wäre dann nicht eine »Schwesterkunst« der Musik, sondern einfach überflüssig.

Der Dichter, der mit dem Materiale des Geistes, der Sprache, arbeitet, wirkt durch die Medien der Empfindung und Phantasie hindurch vor allem auf den Geist, und auf die mit diesem zusammenhängenden sittlichen und contemplativen Gefühle, – die reinen Empfindungsnerven zu erregen ist ihm nur im beschränkten Maße vergönnt. Unsere Zeit hat sich wahrhaft hineingebohrt in den Kultus des Unbewußten, Dunklen, Wunderbaren, und das Bewußte, Sonnige, Einfach-Ernste, dessen Vertreterin die Dichtkunst ist, dem Ersteren untergeordnet.

Es liegt nicht in meiner Absicht, Ed. v. Hartmann's Hypothese zu bekämpfen, denn über das *Princip* des Alls zu streiten erscheint mir unfruchtbar, aber der Weltprozeß, wie er sich gegenwärtig mit und gegen uns entwickelt, hat doch ohne Frage das Bewußte zur Basis wie als Ziel. Und von dieser Gewißheit ausgehend halte ich die Tonkunst für eine freundliche Genossin in stillen, traumumsponnenen Stunden, die *Poesie* aber für eine *ernste Nothwendigkeit.*

Das Leben ist kein Danaergeschenk des Schicksals, das man am besten wieder fortwirft, sondern einmal empfangen, fordert es volle und ganze Hingabe und über dem süßen Glück des Natur- und Kunstgenusses dürfen wir nicht vergessen, an unsrem Selbst zu arbeiten und zu feilen. Wie die Blume nicht nur des Erdbodens, dem sie mit den Wurzeln angehört, sondern auch der Sonne bedarf, um zu knospen und zu blühen, so auch das Leben; in Sittlichkeit und Denken wurzelt es, aber vom Licht der Poesie getränkt, treibt es Blüthen. Ein Prophet kann nur der Dichter sein, denn wo es sich um den vollen Ernst des Daseins handelt, da vermag nur das Wort zu siegen, die Töne verlieren ihre Macht. – Solche Grundunterschiede zwischen den beiden Künsten hat Richard Wagner nicht beachtet, er hatte das Lied, das so leicht zur Melodie verschmilzt, im Auge und glaubte nun auch das Drama in eine unendliche Melodie auflösen zu können. Aber gerade das Drama verhält sich um so spröder zur Musik, je großartiger und echt dramatischer es ist; Hamlet mit fortlaufender Orchesterbegleitung, nicht wahr, ein Gräuel! – und um aller Nibelungen willen wollen wir doch den Hamlet nicht aufgeben. Wie groß daher auch die Verdienste des Baireuther Meisters um die Oper sein mögen, für die Literatur hat er im Großen Ganzen nur eine mittelbare Bedeutung, mittelbar insofern, als er das Kleinliche und Niedere in der Kunst, wie Niemand zuvor, erschüttert und zerbröckelt hat. – Weit bestimmender und lebensvoller tritt dagegen in die Entwicklung unsrer Poesie die dritte der obenerwähnten Richtungen ein, – es ist, als ob aus den Grenzländern Deutschlands ein ganzer, frischer Strom neuen Blutes in unsre Adern überquellen sollte. Der deutschschreibende Galizier Sacher-Masoch und der Russe Turgenjeff sind die Unsren geworden im besten Sinne des Wortes, – sie werden gelesen im Norden wie im Süden, und keine feindliche Kritik hat auf die Dauer ihren Einfluß hindern und zerstören können. In ihren Dichtungen wogt die Luft der Steppe, endlos liegt Himmel und Erde, im Morgenwinde rauscht das hohe Gras, die Wachtel schlägt und ohne Ende zirpen die Grillen. Und was für ein Menschenschlag haust dort in den Ebenen des Pruth und der Wolga, – jungfräulich das Land, jungfräulich seine Bewohner. Aus ihren großen Augen leuchtet jugendliche Kraft, aus ihren schwermüthigen Melodien sprüht ahnungsvoller Tiefsinn, – der Don Juan von Kolomea hält alle Slaven für geborene Schopenhauerianer. Mit den »Skizzen aus dem Tagebuche eines Jägers« trat Turgenjeff in die Literatur, – und es war uns, als ob die Dämmerung wiche und der Morgen seine ersten rothen Lichter durch die Wolken sende. Eine gewisse Kühle lag über den Bildern, die Turgenjeff uns enrollte, aber es war eine frische, anheimelnde Kühle, und die weißen Nebel, die noch am Horizonte hingen, begrenzten wohlthuend den Fernblick. Turgenjeff hat uns seitdem mit manchem Roman beschenkt, – sein letzter »Neuland« ist der beste, – ein wahrhaft plastisches Gemälde des heutigen Rußlands –, aber den Hauptwerth lege ich doch auf seine kleineren Novellen und Skizzen, wie »Mumu« und »Frühlingswogen«. Von deutschen Dichtern möchte ich ihn am liebsten mit Annette von Droste-Hülshoff vergleichen, – beide sind Genremaler, aber ohne kleinliche Beziehung, – in jedem ihrer prächtigen Lebensstücke schlägt der volle Herzensschlag der Natur. Und wie verwandt zeigt sich bei diesem Vergleich das germanische und slavische Urempfinden, – auch die Haidebilder der Westfalin athmen meist eine leise, abgeklärte Wehmuth – wo sich beide unterscheiden, ist der Nachtheil freilich nicht auf Seiten der deutschen Dichterin. Ihr Empfinden ist kräftiger, concentrirter, das des Slaven weichlicher und angekränkelter, – aber sein Einfluß erscheint trotzdem für den Augenblick als der mächtigere, weil er eben noch ganz uns angehört, mitlebend und mitstrebend. Näher übrigens, als Turgenjeff, steht uns Sacher-Masoch, nicht nur, weil er in deutscher Sprache dichtet, sondern auch, weil seine Weltanschauung umfassender, seine Tendenzen weittragender, seine Persönlichkeit bedeutender ist. Sacher-Masoch ist wirklich, wie er von sich selbst sagt, einer der bestverleumdetsten Männer in der Gegenwart, und verleumdet nicht ohne Grund. Durch Uebertreibung eines richtigen Princips, der Naturwahrheit, hat er es über sich vermocht, einige Werke zu schaffen, welche nicht scharf genug zu verurtheilen sind; die »Messalinen Wiens« und andres dergleichen haben mit der Poesie kaum an einzelnen Stellen zu thun, – denn der Kunst ist alles gestattet, aber Ekel erregen darf sie nicht, wenn sie nicht unter den Naturabklatsch untersinken will. Zwischen Abscheu und Ekel liegt eine Welt, – letzterer richtet sich auf das Gebiet des Unnatürlichen, des Unmenschlichen, und die wahre Aesthetik findet ihre Grenzen eben in dem Natürlichen, dem Menschlichen, – freilich auch nur da. Der Teufel ist so lange eine ästhetische Figur, als er nicht zum Caliban wird, der Engel nur dann, wenn er noch Abadonnah heißt. – Aber Sacher-Masoch schafft das »Vermächtniß Kains«, und ich vergesse leicht alle früheren Eindrücke über der Wirkung dieser grandiosen Dichtung, einer modernen Divina Comedia. Der Dichter hat ganz Recht, wenn er meint, daß in dieser Sammlung nicht eine Novelle zu verwerfen sei, – jedes Glied ist ein nothwendiges, ein von höchster Kunst beseeltes, jede der Schöpfungen eine poetische und wahrhaft kulturgeschichtliche That. Es mag sein, daß manche der Erzählungen nicht vollkommen durchcomponirt ist, doch ich brauche ja nicht zu kritteln, ich darf mich dem großen, eigenartigen Zauber des Werkes mit ganzer Seele hingeben. Nicht nur daß es eine Welt von Charaktern enthält, die sich der Erinnerung, wie antike Marmorstatuen einprägen, nicht nur daß es in farbenprächtige Schilderungen, wie eine Blume in Morgenthau getaucht ist, – vor allem bildet er auch den ersten, großartigen Versuch, wurzelnd im fruchtbaren Boden des Naturalismus die Darstellung modernen Lebens und moderner Anschauung mit den höchsten ethischen Tendenzen zu verknüpfen. Göthe's Realismus und Schiller's Idealismus – in dieser Poesie finden wir die Elemente beider Richtungen organisch vereint, und so glaube ich allerdings, daß wir den Wendepunkt der deutschen Literaturentwicklung erreicht haben, daß eine neue Welt, ein neues Leben unserer harrt. Sacher-Masoch selbst will freilich von einer germanischen Zukunft nichts wissen, er hofft auf eine slavische, wahrscheinlich weil er annimmt, daß unser Blut schon zu schlaff geworden, oder daß unsere Natur weniger seinen socialen und ethischen

Idealen zugänglich sei. Auf letzteren Gedanken einzugehen, brächte mich zu weit abseits, den andern widerlegte ich bald, wenn ich Sacher-Masoch einmal durch Thüringen, Friesland oder durch meine Heimath, die rothe Erde, führen dürfte. – Doch nicht der slavische Osten allein, auch der hohe Norden und der Westen mahnen uns, aufzustehen und die Natur nicht länger durch die trüben Gläser der Reflexion und Bücherweisheit zu betrachten. Die ausländischen Literaturen, die wir bisher der Aufmerksamkeit für werth hielten, waren hauptsächlich die englische und französische, von der letzteren nahmen wir unterschiedslos Gutes und Schlechtes herüber, ja dieses überwog. Besonders pflegten wir in diesen Tagen den elenden Zwitter, das Conversationsdrama, und bedenken nicht, daß uns diese Pflege von unsrer Bahn zu einer wahrhaft nationalen Poesie ganz ab – und auf die staubige Landstraße zurückführt. Da thut es denn wohl, wenigstens kleinere germanische Volksstämme auf dem richtigen Wege, und ihre Poeten auch in Deutschland beachtet zu sehen; auf die Dauer kann ein beschämendes Gefühl bei uns nicht ausbleiben. Besondere Wirkung üben freilich nur die Norweger Björnson und Ibsen und der Kalifornier Bret Harte aus, alle drei aber auch in ziemlich populärer Weise. Typen wie der Spieler Oakhurst, die Minengräber im Brüllerlager offenbaren uns wieder einmal deutlich die unversiegliche Gefühlsquelle der germanischen Volksseele, die selbst unter den denkbar ungünstigsten Umständen immer von neuem den Felsen durchbricht. Bret Harte ist kein Genius, der siegreich neue Bahnen erschließt und in weltumfassenden Werken Tausende mitzureißen vermag, sein Gesichtskreis ist ein ziemlich beschränkter, – aber unsrer Literatur that auch nicht so sehr der Einblick noth in eine große, als vielmehr in eine ächte tiefe Natur. Engländer und Franzosen haben uns mit endlosen Romanen überschüttet, unsere Phantasie wurde stumpf unter dem Druck ewiger Spannung und Bizarrerie, unser Zustand beim Lesen hatte etwas Fieberartiges, und unser Interesse an der Dichtung war dasselbe, womit wir den Gang einer Criminalverhandlung verfolgen. Welcher Muth, uns auf einmal mit Erzählungen zu überraschen, welche, nichts weniger als spannend, die Aufmerksamkeit auf eine Menge kleiner Einzelheiten, reizender Miniaturmalereien, ausgeführter Landschaftsskizzen zu richten nöthigten. Der Muth blieb nicht unbelohnt, wir lernten uns wohl fühlen in der frischen, gesunden Atmosphäre, die Parfüms und Causerien der Salons verloren an Anziehungskraft, und der Zauber wahrer *Poesie* wurde uns wieder verständlich. – Mit Bret Harte haben Björnson und Ibsen den naturalistischen Untergrund gemein, wenn auch freilich die Natur ihrer Heimath wieder ganz andere Schönheit athmet, als der amerikanische Westen, doch treiben ihre Hauptkräfte nicht auf dem epischen, sondern auf dem dramatischen Dichtungsfelde. Und zwar sind Beide stark verwandt, beide haben neben dem realistischen einen stark spritituellen Zug, ich erinnere nur an Björnson's »Neuvermählte« und Ibsen's »Brand«, beide haben mit Erfolg in letzter Zeit den modernen Konflikten sich zugewandt. Schon jetzt zeigen sich vielfache Spuren von den Anregungen, welche die deutsche Bühne ihnen verdankt, und besonders die jüngere Poetengeneration scheint ihre Richtung der des französischen Dramas vorziehen zu wollen; vielleicht erhalten wir auf diesem Wege allmälig ein gesundes, kerniges Volksdrama. – Werfen wir nun einen Blick zurück auf die Entwicklung, welche wir bis auf die Gegenwart verfolgt, so wird die Hoffnung gerechtfertigt sein, daß all das neue Blut, das dem deutschen Liede, wie der deutschen Epik und Dramatik in so reichen Strömen zufließt, nicht vergebens strömt, sondern daß uns in Wahrheit ein neues Leben bevorsteht, eine neue Welt auch für die Poesie aus dem Boden der alten emporsteigt. Eine neue Welt! Utopisch sind unsere Hoffnungen nicht mehr, denn auch bei uns fängt es an zu drängen und zu gähren, wie nur der *Frühling* möglich macht, so vielseitig und umfassend, wie nur dem Hereinbruch einer *großen* Literaturepoche vorangehen kann. Möge ihr beschieden sein, zu vollenden, was Lessing und Schiller, Herder und Göthe erstrebt, was Heine, Platen und Gutzkow begonnen, wofür die Gegenwart ihre beste Kraft und Neigung einsetzt. Möge sie das rechte Medium finden zwischen erdfrischem Realismus und sittlich hoher Idealität, zwischen kosmopolitischer Humanität und gesundem Nationalismus, zwischen ernster Männlichkeit und tiefquellender Empfindung. Vor allem aber werde die neue Poesie ein wahres Eigenthum, ein Schatz des Volkes. – Von den Tagen an, wo die Menschen Donner und Wind zu Göttern machten, und an jeden Baum, an jede Höhle ein sinniges Märchen knüpften, bis in unsere Zeit, wo das Volkslied abzusterben droht, hat die Phantasie des Volkes nicht geruht noch gerastet, und die Kunst hat ihr Bestes aus ihr heraus geholt und geschaffen. Alles Leben aber ist ein Geben und Nehmen, jeder Organismus erhält sich, indem er Säfte ausscheidet und Säfte einzieht, – und ein solcher Organismus ist die Literatur. *Aus dem Volke hervorgegangen, muß sie ins Volk zurück* – dieses wird sie jedoch nur dann willkommen heißen, wenn sie der wahren Poesie gehört, wenn die neue Kunst gemäß den Merkmalen aller echten Kunst aus dem vollen Born der *Gegenwart* schöpfend ursprüngliche, individuell gefärbte *Natur* zum *Ideal* zu verklären weiß. –

Harts ob. dok. Essay erschien in der ersten von den Brüdern Hart selbst herausgegebenen Zeitschrift, die in drei Bänden zwischen April 1878 und September 1879 herauskam. Hierfür gelang es den beiden Herausgebern bereits, so wichtige neue Mitarbeiter zu gewinnen wie Björnsterne Björnson (1832–1910), Ferdinand Avenarius (1856–1923), den späteren Herausgeber des *Kunstwart*, den Schriftsteller Wolfgang Kirchbach (vgl. Dok. 38, 62), Fritz Mauthner (vgl. Dok. 100, 117) und von den Autoren der älteren Generation Ernst von Wildenbruch (1845–1909).
  Der ob. dok. Essay von Heinrich Hart kann als eines der frühesten Dokumente bezeichnet werden, in dem zentrale Ideologeme der naturalistischen Literaturopposition der 80er Jahre vorformuliert wurden. Hart versuchte hier erstmals, sich abzeichnende Konturen einer »neuen Welt« der Poesie genauer zu beschreiben und zugleich eine Orientierung für eine zeitgemäße literarische Entwicklung zu geben. Es gelang ihm dabei, wesentliche Elemente, die, in unterschiedlichen Ausprägungen und mit zeitlichen Verschiebungen, die Literaturkonzeptionen der naturalistischen Bewegung in den 80er Jahren bestimmten, zu benennen.
  Hart sieht die »Basis« der literarischen Veränderungen im gesellschaftlichen Bereich, in der Entwicklung der Naturwissenschaften und in der Philosophie. Dabei erscheint es bedeutsam, daß Hart an erster Stelle ein gesellschaftliches Ziel angibt, dem auch die »neue Welt« der Kunst zugeordnet wird: »... das große Ziel der Humanität steht leuchtend und klar auf der Höhe, als daß nicht jede Richtung, die es aus dem Auge läßt, in sich selber zerfallen müßte« (s. Dok. 2).
  Weiterhin spielt Sacher-Masoch eine wichtige Rolle als Vorbild für die neue Literaturentwicklung (vgl. Komm./Dok. 1, Dok. 59). Bei ihm findet Hart den »ersten, großartigen Versuch, wurzelnd im fruchtbaren Boden des Naturalismus die Darstellung des modernen Lebens und moderner Anschauung mit den höchsten ethischen Tendenzen zu verknüpfen« (s. Dok. 2) Mit ähnlicher Tendenz schrieb Hermann Conradi (s. auch Dok. 55) 1885 über den Autor: »Was uns bei Sacher-Masoch so merkwürdig reizt und anzieht, ist die elementare Kraft und Leidenschaft seiner Diktion, die ursprüngliche, noch nicht abgegrif-

fene Poesie seiner Darstellung, der exotische Charakter seiner Motive; und last not least die apodiktische Betonung der modernen Emanzipationsgedanken. Es läßt sich kein größerer Gegensatz denken als der ist, in dem die Naturen *Ibsens* und *Björnsons* einerseits zu der *Sacher-Masochs* andrerseits stehen. Und doch harmoniert der Slawe mit den Germanen, wo es sich um die Verfechtung radikaler Prinzipien sozialphilosophischen Charakters handelt. – « (H. Conradi, *Ein neuer Roman aus der Gegenwart*. In: *Die Gesellschaft*, Jg. 1, 1885, S. 411).

Hart bekennt sich hier erstmals zum Naturalismus als der *»elementaren, aus dem Herzen der Natur aufquellenden Empfindung«* (s. Dok. 2). Daneben spricht er von der »Forderung nach einfacher Naturwahrheit«, bei Hieronymus Lorm stellt er ein »inniges Naturverständnis«, bei Bret Harte, Henrik Ibsen und Björnsterne Björnson eine Gemeinsamkeit im »naturalistischen Untergrund« fest. Der Begriff Naturalismus wird hier von Hart zwar als richtunggebend für eine neue »Blütheperiode« der Literatur eingeführt, sein abschließendes Resümee zeigt jedoch, daß damit nur ein Aspekt der *»dritten klassischen Periode«* benannt war, die Heinrich Hart als das eigentliche Ziel vorschwebte. Sie sollte insgesamt gekennzeichnet sein durch »erfrischenden Realismus«, »sittlich hohe Idealität«, »kosmopolitische Humanität«, »gesunden Nationalismus«, »ernste Männlichkeit«, »tiefquellende Empfindung« und ein »Schatz des Volkes« werden (s. ebd.).

Harts Aufsatz verdeutlicht wesentliche Triebkräfte, artikuliert das subjektive Anliegen einer sich herausbildenden literarischen Opposition: Nationalgefühl, Opposition gegen »Parfüms und Causerien der Salons«, ethische Aufgabe der Literatur, Wiedergewinnung einer großen Literatur durch Hinwendung zum modernen Leben, zur »Natur«. Veränderungen innerhalb der naturalistischen Bewegung insbesondere in der zweiten Hälfte der 80er Jahre vollzogen sich als Differenzierungen, Weiterentwicklungen dieser Grundanliegen (modernes Leben, wissenschaftliche Lebensauffassung; Natur, Wirklichkeit, Wahrheit; Wahrheit u. Wissenschaft).

Darüberhinaus klingt bei Hart ein weiteres Moment an, das für die naturalistische Literaturopposition der 80er Jahre charakteristisch wird: die Annäherung der jungen Autoren an die Arbeiterbewegung, Sympathien für den Sozialismus als Zukunftsideal. So wie in der Besprechung von Julius Hart zu *Turgenjeff und Sacher-Masoch* (s. Komm./Dok. 1) nicht der Hinweis auf den »communistischen Staat« fehlte, so verzichtet auch Heinrich Hart in seinem Essay nicht darauf, an Goethes »Arbeiterstaat« zu erinnern (s. Dok. 2). Ebenso enthält der Titel *Neue Welt* selbst mehrere konkrete Verweisungen: »Neue Welt« hießen seit den 60er Jahren häufig Arbeiterlokale, *Die Neue Welt* war der Titel der seit 1873 zu den sozialdemokratischen Zeitungen erscheinenden wöchentlichen Unterhaltungsbeilage und schließlich wurden so die Vereinigten Staaten von Amerika hoffnungsvoll bezeichnet. Die Harts selbst waren nach einem zunächst kurzen Aufenthalt in Berlin 1877 begeistert von der Arbeiterbewegung nach Westfalen zurückgekehrt (vgl. Heinrich Hart, *Gesammelte Werke*. Hrsg. v. Julius Hart, Berlin 1907, Bd. 3, S. 21, 31 ff.). Bereits in der *Deutschen Dichtung* waren von Heinrich Hart *Fragmente aus der dramatischen Trilogie »Lucifer«* erschienen, einer »*Trilogie über die große Revolution*«. Hierin läßt er Babeuf zu den Arbeitern sagen:

> »Und hier das Volk, – vergiß dich selber nicht,
> Du hungerndes Volk, und laß die Narren laufen,
> Als Leiter brauchen alle dich, und dann, und dann. –
> Wirst du ins alte Nichts zurückgeworfen.
> O denk' an dich', schlag nicht die müden Arme
> Für fremde Thorheit wund, denk deiner Kinder –
> sie seufzen sterbend um ein Stückchen Brod...
> Paris ist reich, warum erträgst du alles,
> Warum soll einer hungern, einer prassen, –
> Warum gebrauchst du nicht des Armes Wucht,
> Den Unglücksbau der Welt entzwei zu schlagen!
> Steh auf, du armes Volk, und denk an dich,
> Auch dir gehört der hellen Häuser Pracht...«
> (s. *Deutsche Dichtung*, 1877, H. 1, S. 59 f.).

b) Gruppenbildungen

Der »Hart-Kreis« (Berlin)

3
Heinrich Hart und Julius Hart: *Graf Schack als Dichter.* In: *Kritische Waffengänge.* 5. Heft, Leipzig (O. Wigand) 1883, S. 3–64; hier: S. 4, 8–9.

[...]

[...] Ja, wir *wollen* eine große, nationale Literatur, welche weder auf Hellenismus noch auf Gallicismus sich gründet, eine Literatur, welche, genährt mit den Errungenschaften der gesammten *modernen* Kultur, den Quell ihres Blutes in den Tiefen der germanischen Volksseele hat und alles Beste, was andere Nationen geschaffen, in das eigene Fleisch und Wesen überführt, aber nicht es nachahmt und in formalen Spielereien verzettelt. Wir wollen eine Literatur, die eigenartig wurzelt und wipfelt, die dem Ernste und der Größe *dieser Zeit* entspricht und aus ihren Strebungen heraus geboren ist, eine Literatur, welche nicht immer wieder und wieder den ausgepreßten Ideen und Empfindungen unsrer Väter letzte magre Tropfen entkeltert, eine Literatur, welche *wirkt* und nicht spielt. Wir wollen eine Literatur, welche nicht dem Salon, sondern dem *Volke* gehört, welche erfrischt und nicht amusirt, welche *führt* und nicht schmeichelt. In unsren Tagen des Zweifels und der Unruhe, da die alte Religion zahllosen Seelen keinen Frieden mehr gewährt, und statt neuen Trostes nur neue Stürme drohen, in diesen Tagen hat die Poesie mehr als sonst zu leisten. Freilich nicht an die Stelle treten der Religion, diese ersetzen soll sie, wol aber muß auch sie eine Führerin sein, ein Gegenpol wider die Genußsucht und den Materialismus, nicht deren Dienerin; aus dem Leben geboren, muß sie *Leben* zeugen, harmonisches Leben, *Gesundung* und nicht Fieber. Und diesem Ziele gilt es zuzustreben durch Mahnung und That, durch Kritik und Schöpfung, diesem Ideal gilt es dienstbar zu machen *alle* Kräfte, so viele ihrer *können* und guten Geistes sind. Dieses Ideal muß aber auch, das sagen wir den Freunden, ohne Schwanken und Zweideutelei, ohne Furcht und ohne Mitleid erstritten werden. [...]

[...] Was sie auch Herrliches und Göttliches hervorgebracht, die Altmeister von Homer bis Shakspeare und Goethe herauf, wie auch der Hauch des Ewig Menschlichen über ihren Werken ruht, eines fehlt ihnen doch, das Fleisch und Blut unsrer, gerade unsrer Zeit. Mit ihren Dichtungen geht es uns, wie mit der Bibel; zu allen Zeiten ist diese dem Christen der edelste Schatz gewesen, aber dennoch hat sie ihm niemals zu seiner Erbauung genügt, er bedurfte immer neuer Hymnen, Lieder, Gebete und Breviere. Die Poesie ist die Blüthe einer Weltanschauung, und ich meine, unsre Anschauungen von heute treiben einer so neuen, eigenen Richtung zu, daß unsrem Empfinden in seinen letzten Verzweigungen kein Dichter der Vergangenheit voll Genüge leistet. Deshalb sehnen wir uns nach *einer modernen, in unserem eigenen Leben wurzelnden Dichtung.* Wol werden unsere Dichtungen, – wer wäre so vermessen, anders zu denken, – nicht an absolutem Werth die eines Shakspeare, eines Sophokles erreichen, aber dennoch wird unsere Tragödie an Gewalt der Konflikte dem Drama der Meister gleichkommen, in Form und Sprache ihm nacheifern und an geistiger Idealität es übertreffen. Auch unsere Lyrik ist mit Goethe nicht erschöpft; all die Zweifel, die in uns toben, all die Träume von dem Einssein der Kreatur, all die Stürme, mit welchen das brausende Treiben, Kämpfen und Wandern der gesammten Menschheit uns überrauscht, all die Hoffnungen und Strebungen unserer wiedererwachten Nation, – so wie wir, hat sie noch Niemand empfunden und also noch Niemand in Dichtung umgegossen. Und das Gleiche gilt von der Epik, vom Roman. Ein moderner Dichter wird zugleich ein Prophet sein, er wird den ringenden und müden Mitlebenden voranschreiten wie ein Tyrtäus, und das Ziel ihnen sichtbar erhalten, damit sie nicht erlahmen und erkalten. Er wird ein Denker sein, der alle Regungen der Zeit in sich zusammenfaßt, ein Charakter, der niemanden fürchtet und dem Gotte seines Inneren unwandelbare Treue hält, ein Helfer, der nicht aufhören wird, von Liebe zu künden und Liebe zu wecken, göttliche Liebe. Wenn die Epoche nach Goethe, welche durch Rückert und Geibel begrenzt wird, ihre hauptsächliche Bedeutung darin findet, daß sie Formen und Sprache ausgefeilt, bereichert und bis zum Zerfließen biegsam gemacht, so haben wir die Aufgabe, diesen Besitz durch großen ideal-realistischen Gehalt zu einem lebendigen zu machen. Das faustische Ringen der Kleist, Immermann und Ludwig, die mitten in ihrer Laufbahn zusammenbrachen, weil sie nur eine Gesellschaft fanden, nicht ein Volk, für das sie dichten konnten, wir müssen es zur Wirklichkeit gestalten, denn wir haben ein Volk, und an uns liegt es, nicht um kleinlicher Mißstände willen an der nationalen Wiedergeburt zu verzweifeln, sondern auf dieser Grundlage fortzubauen, auf die Nation uns zu stützen, damit durch wechselseitiges Vertrauen, wechselseitiges Durchdringen wir uns und sie befestigen. Nur dann wird es uns gelingen, die endlose Mittelmäßigkeit zu überwinden, welche, wie natürlich, in einer Zeit, wo die Form alles ist und die Sprache selbst für den Skribenten dichtet, üppig ins Kraut geschossen, denn ein mächtiger Gehalt gährt nur in mächtigen Geistern, ein gewisses Sprach- und Formtalent jedoch, wenn auch nicht der höchsten Art, wird anerzogen. [...]

[...]

1881 waren die Harts endgültig nach Berlin gezogen. Ihre *Kritischen Waffengänge*, in denen der vorliegende Artikel erschien, bildeten den ersten wichtigen Ausgangspunkt für die Zusammenführung junger oppositioneller Literaten in dieser Stadt Anfang der 80er Jahre. In dem Prospekt zu dem ersten Heft schrieben die Harts: »Die Herausgeber, denen sich wahrscheinlich ein kleiner Kreis gleichgesinnter

Mitarbeiter anschließen wird, gehen von der Ueberzeugung aus, daß die deutsche Literatur der Gegenwart nicht auf der Höhe steht, welche die Besten unsres Volkes ersehnen und die unsre nationale Wiedergeburt erhoffen ließ, und daß ein jeder, der es ernst nimmt mit unsrer Cultur, das Recht hat, seiner Ansicht, wie es besser werden mag, öffentlich Ausdruck zu geben.

Kritische Zeitschriften jedoch, in denen es möglich wäre, ausführlich ein eigenes Prinzip und eigene Anschauungen zu entwickeln, besitzen wir nicht, und so haben sich die Herausgeber ein besonderes Organ geschaffen, um eine fortdauernde vollkommen unabhängige Kritik üben zu können. Zu fördern beabsichtigen sie damit alle Bestrebungen, welche auf eine echt nationale, realistische und ideenstarke Dichtung gerichtet sind, entgegentreten aber wollen sie mit Entschiedenheit allem Cliquewesen, allem Reklamethum, allem Greisenhaften, allem Dilettantismus und aller Ideallosigkeit – zum Heile des schaffenden Jungdeutschlands und unsrem schwankenden, zweifelnden Publikum zur Lehre« (s. *Kritische Waffengänge*, H. 1, 1882). Zwischen Frühjahr 1882 und Frühsommer 1884 veröffentlichten die Harts ingesamt 6 Hefte der *Kritischen Waffengänge*, deren Beiträge sie jedoch ausschließlich selbst verfaßten. Mit dieser Publikation wurden sie aber zu einem ersten wichtigen Kristallisationspunkt einer neuen literarischen Oppositionsbewegung. Die *Waffengänge*, schrieb Heinrich Hart später, »führten uns denn auch nach und nach ganze Schwärme von Stürmern und Drängern zu...« (s. H. Hart, *Gesammelte Werke*. Hrsg. v. Julius Hart. Berlin 1907, Bd. 3, S. 51).

Bereits der Titel dieser Heftreihe sprach eine kämpferische Grundstimmung an, und in dem einleitenden Artikel *Wozu? Wogegen? Wofür?* formulierten die Brüder Hart ihr aktivistisches Programm gegen alles Konventionelle, gegen oberflächliche Amüsierkunst, gegen »conventionell erstarrte« Sprache, gegen das »Überwuchern des eklektischen Diletantismus«, gegen die »Fluthwoge novellistischer Fabrikarbeit«, gegen das »Haschen nach stofflichen Effekten«, gegen die »maßlose Verflachung des Theaters« (Heft 1, Berlin 1882, S. 5f.). Emphatisch rufen sie aus: »Hinweg also mit der schmarotzenden Mittelmäßigkeit, hinweg alle Greisenhaftigkeit und alle Blasiertheit, hinweg das verlogene Recensententhum, hinweg mit der Gleichgültigkeit des Publikums und hinweg mit allem sonstigen Geröll und Gerümpel. Reißen wir die jungen Geister los aus dem Banne, der sie umfängt...« (ebd., S. 7). Sie propagieren eine »volksnahe« Dichtung, die jeglichen »Formalismus« durch einen »Naturalismus im höchsten Sinne des Begriffs« überwindet, d.h. durch »elementare, aus dem Herzen der Natur aufquellende Empfindung,...das Genie.« Vorbild hierfür war ihnen der junge Goethe und der Sturm und Drang. Die Erneuerung der Literatur erhofften sich die Harts von einer »echt nationalen Dichtung«, geschaffen »aus der germanischen Volksseele heraus«, statt »Formenglätte« fordern sie »mehr Tiefe, mehr Glut, mehr Größe« (ebd.).

In einem *Offenen Brief an den Fürsten Bismarck* (Heft 2, 1882), in dem die Harts die Notwendigkeit einer staatlichen Unterstützung für die Literatur begründen, erklären sie noch einmal sehr anschaulich Ausgangspunkt und Richtung ihres literarischen Reformwillens: »Elf Jahre sind nunmehr vergangen, seit aus dem Chaos des großen Krieges das neue Reich emporstieg. Wer gedenkt nicht mit Wehmuth jener Tage, deren Begeisterung auf allen Gebieten das Höchste erhoffte und es im Sturm erreichen wollte. Auch die Literatur sollte einer neuen Blüthezeit entgegengehen, nationale Epen, nationale Dramen, nationale Theater erwartete man von einem Tag zum andern. Die Ernüchterung folgt bald, man hatte eben vergessen, daß nicht die Alten, die Langbewährten... plötzlich in einem neuen Geiste schreiben, [...] sondern daß erst die Jugend heranwachsen müsse, deren Geist unter dem Einfluß der gewaltigen Ereignisse gehämmert und geschmiedet worden. Nun aber ist die Zeit, wo diese Jugend hervortritt...« (ebd., S. 4).

Als Vertreter der oberflächlichen Plauderei und des Dilettantismus kritisieren die Harts in den *Waffengängen* den Kritiker und Dramatiker Paul Lindau (1839–1919), den von der Schillerstiftung 1868 ausgezeichneten Dramatiker Heinrich Kruse (1815–1902) und Hugo Bürger, d.i. Hugo Lubliner (1846–1911), ein Liebling des Theaterpublikums. Neben Graf Schack erfahren Emile Zola und Friedrich Spielhagen eine ernsthafte Auseinandersetzung bzw. Würdigung (vgl. hierzu die Dok. 30, 102); Heft 4 der *Waffengänge* ist der Theaterentwicklung und insbesondere der Gründung des »Deutschen Theaters« gewidmet (s. Dok. 40).

Der ob. dok. Auszug aus Heft 5 der *Waffengänge* ist Teil eines umfangreichen Essays. Adolf Friedrich Graf von Schack (1815–1894) wurde allgemein dem klassizistischen Münchner Geibel-Heyse-Kreis zugerechnet und machte sich insbesondere auch einen Namen als Sammler einer berühmten Gemäldegalerie zeitgenössischer Künstler in München. Als Schriftsteller veröffentlichte er Verserzählungen, in denen er die Entwicklung der Menschheit als naturgesetzlichen Prozeß darstellte, der auf die Entfaltung des Germanentums gerichtet sei. Bereits in den *Deutschen Monatsblättern* (vgl. Dok. 2) waren zwei Artikel über den Autor Schack erschienen, in denen er u.a. als Vertreter einer »modernen wissenschaftlichen Weltanschauung« gewürdigt wurde (vgl. J. Bendel, *Neue Werke von Adolf Friedrich Grafen von Schack*. In: *Deutsche Monatsblätter*, Bd. 2, 1878/79, S. 559ff.).

Die Harts bezeichnen nun Graf Schack als einen der »wahren und großen Dichter unsrer Zeit« (*Kritische Waffengänge*, H. 5, S. 7), und sie lasten es der »Kritik der Grabwächter« an, daß »unserm Publikum noch immer der Name Schack weniger geläufig ist, als all die kleinen Tagesgrößen, die auf unsrer Literatur schmarotzen...« (ebd.). Gegenüber dem »widerlichen Geschäfts- und Fabrikantenthum«, das sich in der Literatur breit mache, bezeichnen sie es als »ein Bedürfniß, in Schack einen jener Dichter hinzustellen, welche von modernem Geiste erfüllt in nationaler Begeisterung und Zuversicht an unsres Volkes und unsrer Dichtung Triebkraft glauben, welche ebenso allseitig wie ideenmächtig an der Schwelle einer neuen Blütezeit zu stehen scheinen« (ebd., S. 10). In der Entwicklung der Literatur seit Ende der 50er Jahre sei Schack »der Erste, dessen [...] Thätigkeit den Stempel eines neuen, großen Geistes trägt, er ist der umfassendste, nationalste und modernste Dichter unsrer gegenwärtigen Epoche« (ebd., S. 17).

Abschließend erklären sie, daß »seine großen Epen, Dramen und Hymnen zeigen, daß das Ideal des modernen und nationalen Dichters in ihm den Sieg behalten, daß er jenes Ziel vor Augen hat, welches Georg Brandes als das Ziel der neueren Dichtung bezeichnet. Wahrheit durch realistischen Gehalt, Sittlichkeit durch Erfassung der reinsten, höchsten Ideen, Schönheit durch kraftgesättigte Form, – das sind die drei Attribute, welche der moderne Dichter aufzuweisen hat « (ebd., S. 64). Nicht dem Geburtsjahre nach, aber nach seinen Dichtungen zähle Schack »mit einer wachsenden Zahl jüngerer Dichter und Kritiker zu den Bahnbrechern einer Poesie, welche in den Tiefen unsrer Zeit und unsres Volkes wurzelt...« (ebd.).

Eine ähnliche, wenn auch nicht so umfassende Wertschätzung erfuhr Graf Schack auch durch Arno Holz in seinem 1886 erschienenen Lyrik-Band *Buch der Zeit* sowie auch in dem Vorwort von Hermann Conradi zu den *Modernen Dichter-Charakteren* (vgl. Dok. 55).

In den *Berliner Monatsheften*, von den Brüdern Hart 1885 herausgegeben, erschien in Heft 1 ein Aufruf an alle Schriftsteller, Beiträge einzusenden für ein Album zum 70. Geburtstag des Dichters.

Das vorliegende Dokument betont das nationale Interesse der Harts und ihre Forderung nach einer gesellschaftlich wirksamen Literatur. Es enthält die für die jungen Autoren charakteristische Verurteilung der Salonliteratur und demgegenüber die Forderung nach einer Dichtung von »großem ideal-realistischen Gehalt.« Diese Forderung charakterisiert dabei nicht nur die kunsttheoretische Position der Harts, sondern zugleich auch den Abschnitt der naturalistischen Bewegung, in dem es den jungen Autoren zunächst rein inhaltlich um eine dichterische Aneignung des modernen Lebens ging.

4
Hermann Conradi: *Unser Credo* (1885)

Wortlaut s. Dok. 55.

Mit der Herausgabe der *Kritischen Waffengänge* wurden die Harts zu den ersten Wortführern der jungen Literaten, die nach Berlin kamen. Es sammelte sich um sie ein Freundeskreis, in dem die Lyrikanthologie *Moderne Dichter-Charaktere* entstand, mit der die jungen Autoren erstmals als Gruppe und mit einer gemeinsamen Programmatik an die Öffentlichkeit traten. Zu den Literaten, die sich um die beiden rührigen Publizisten versammelten, gehörten Karl Henckell aus Hannover (geb. 1864), der 1883 in Berlin zu studieren begann, und sein Jugendfreund Otto Erich Hartleben (geb. 1864), Peter Hille (geb. 1854), ein Schulfreund von den Harts, Wilhelm Arent (geb. 1864) und Oskar Linke (geb. 1854), Hermann Conradi (geb. 1862), der 1884 zum Studium nach Berlin kam, und wahrscheinlich auch Johannes Schlaf (geb.

1862), der allerdings erst 1885 in Berlin zu studieren begann. Die beiden letzteren waren Freunde aus der Schulzeit in Magdeburg (vgl. Komm./Dok. 55].

Den Harts war es offenbar gelungen, zutreffend das Lebensgefühl und die literarisch-künstlerischen Sehnsüchte der Jugend zu artikulieren. Über diese Situation schrieb Hermann Bahr rückblickend 1894: »Das jüngste Deutschland hat sich ursprünglich erhoben, nicht gegen eine bestimmte Litteratur, sondern weil es überhaupt keine Litteratur gab, und mit keinem anderen Programme als der unwiderstehlichen Sehnsucht, wieder eine Litteratur zu schaffen.

Es gab keine deutsche Litteratur mehr – das war die tägliche Klage der jungen Leute; damit sprachen sie Tausenden aus dem Herzen, dem ganzen neuen Geschlechte das seit 1870 auf die Hochschulen gekommen war. Das klingt nun freilich ein bisschen paradox: denn es gab Paul Heyse und Martin Greif, Theodor Storm und Wilhelm Raabe, Gottfried Keller und Konrad Ferdinand Meyer, Anzengruber und Fitger, die Ebner-Eschenbach und Ferdinand v. Saar, eine stattliche Reihe stolzer Namen, mit denen sie wohl zufrieden sein konnten. Sie meinten es auch nicht so, als ob sie diesen ihre Größe und Würde hätten bestreiten wollen. [...] Es fehlte ihnen eine Litteratur, die sie selber ausgedrückt hätte, das Neue, Eigene und Besondere an Gedanken, Wünschen und Hoffnungen, das sie von ihren Vätern unterschied, die ganze veränderte Tonart des Lebens; [...] es fehlte ihnen vor Allem die lebendige Theilnahme der Nation an der Kunst, der rege Streit, Austausch und Wetteifer der Meinungen [...], der Zusammenhang der Kunst mit dem Volke. [...]

Eine Litteratur, welche nicht mehr Privatsache einiger auserlesener Schöngeister, sondern, als der höchste Ausdruck des allgemeinen Geistes, eine öffentliche Angelegenheit des ganzen Volkes wäre; und eine Litteratur, welche, statt den Blick nach entschwundenen Idealen rückwärts zu kehren, in das Antlitz der Zukunft sähe und das geheimste Eigenthum der Gegenwart an Gedanken, Urtheilen und Entschlüssen, gleichsam wie in einem unerbittlichen Steckbriefe der Volksseele, auf die Nachkommen vererbe – das waren die zwei constitutiven Ideen der neuen Bewegung« (Hermann Bahr, *Studien zur Kritik der Moderne*. Frankfurt a. M. 1894, S. 46f.).

Der Kreis junger Literaten, der sich um die Harts versammelt hatte, erfuhr 1886 wichtige Veränderungen. Zum einen dadurch, daß Conradi und Hartleben nach Leipzig gingen und Henckell in die Schweiz emigrierte. Andererseits brachte die Gründung des literarischen Vereins »Durch«, der ab Mai 1886 tagte, eine wichtige Erweiterung der Berliner Naturalisten-Gruppe (vgl. die Dok. 10, 11). Mit diesen Gruppenbildungen reagierten die jungen, oppositionellen Autoren in Deutschland auf die repressiven gesellschaftlichen und kulturellen Verhältnisse. Zugleich nahm darin auch ihr gesellschaftliches Wirkungsinteresse sichtbare Gestalt an.

5

Ernst Henriet Lehnsmann: *Die Kunst und der Sozialismus*. In: *Berliner Monatshefte für Literatur, Kritik und Theater*. Hrsg. von Heinrich Hart. Minden (J. C. C. Bruns) 1885. Bd. 1, Heft 4, S. 370–380 u. Heft 5, S. 462–480; hier: S. 370, 371–374, 474–477, 478–480.

Ein bis vor Kurzem dem Volksbewußtsein verborgenes Element europäischer Kultur ist in unseren Tagen zu der Allen sichtbaren Oberfläche unseres öffentlichen Lebens aufgestiegen.

Wie die Wellen des Ozeans dem Kundigen von verborgenen Tiefen der Meere erzählen, von dem ewigen Kampfe der Wasser und den nie endenden Umgestaltungen drunten im Grunde, so deutet der mit ungeheurer Gewalt in unser gesellschaftliches und politisches Leben eingedrungene Sozialismus in den Anschauungen und dem Ideengange der europäischen Völkerfamilie auf eine Umwälzung, wie die erstaunte Welt bis dahin noch keine erblickt. Obgleich wir Alle, ohne jede Ausnahme, vom Fürsten bis zum Bettler, sei es willig, sei es widerwillig, an dieser Bewegung theil haben, obgleich wir selbst Mitspieler und Zuschauer zugleich des mit unerwarteter Gewalt fortschreitenden Schauspiels sind, vermögen wir uns doch kaum von dem zwingenden Zusammenhange dieser sozialistischen Bewegung genugsam Rechenschaft abzulegen. Nur *Eines* ist sicher: Sie ergreift alle Gebiete ohne Ausnahme und verschont, obgleich scheinbar nur auf das Materielle gerichtet, dennoch auch unsere idealsten Interessen nicht.

Diejenigen, die den Sozialismus als *Magen*frage betrachtet wissen wollten, werden von Tag zu Tag mehr Lügen gestraft, und die, die in vornehmer künstlerischer Abgeschlossenheit als Hüter und Hort des Ideals glauben ein Recht, ja, die Pflicht zu haben, den reißenden zu unbekannten Zielen eilenden Strom von sich abzuwehren, scheinen das Schicksal der Götter Walhall's zu theilen, welche erblaßten und alterten, da ihnen Freya, die Göttin ewiger Jugend, von den täppischen Riesen geraubt ward. [...]

[...]

Jedenfalls ist Eines sicher: Die materielle und ideale Welt sind nicht etwa zwei getrennte Ganze, ohne jede gegenseitige innere Beziehung und ohne Verbindung untereinander; vielmehr sind es nur verschiedenartige Theile ein und desselben Instrumentes, das wir in der Sprache des täglichen Lebens die »menschliche Natur« nennen. Auf diesem Instrumente ertönen bald die Stimmen materieller, bald die idealer Lebenszwecke voller und vernehmlicher; jedesmal aber, wenn in der Geschichte die hehren Harmonieen des Ideals in dem wirren und wild durcheinanderwogenden Getobe des Tages untergegangen schienen, stiegen sie bald darauf in reineren und stets voller, mächtiger anschwellenden Akkorden auf's Neue wieder zum Lichte empor. Ein reiches, seine materiellen Interessen förderndes Volk ist an und für sich nicht nur kein Hinderniß, sondern vielmehr die nothwendige Voraussetzung für das Gedeihen von Kunst und Wissenschaft. Nicht die äußere Noth um das tägliche Dasein, sondern die innerste, die Seelennoth, gebiert große Werke der Kunst, und wenn auch gewiß zuzugeben ist, daß diese beiden unter gewissen Voraussetzungen untereinander zusammenhängen können, so wird doch die Seele des Künstlers erst dann zum fruchtbaren Boden für ideale, die Menschheit begeisternde Thaten, wenn der Künstler, durch die Fähigkeit des Mitempfindens und der Selbstentäußerung getrieben, die allgemeinen Leiden, die Leiden der Volksseele, wie eigene, wie ihn persönlich angehende Leiden zu durchkosten vermag.

Wie thöricht ist es also, als Schaffender sich gerade von *Dem* abschließen zu wollen, was das lebende Geschlecht am nachhaltigsten und tiefsten bewegt; wie anmaßend, zu wähnen, man könne große Dauer verheißende Kunstwerke schaffen, ohne daß der schaffende Genius unseres Volkes, ja, der Menschheit, uns zu dem Heiligthum der Muse geleitet. Und dann! Zeigt denn das in die Massen gedrungene allgemeine Bewußtsein ihres Elends etwas Anderes an, als das Streben zu den reineren Sphären des Lebens? Nicht Derjenige beansprucht mit irgend welchem Rechte den Namen einer dem Idealen zugewandten Natur, der auf dem Papiere oder auf der Rednertribüne Ideale verficht, sondern vielmehr Der, welcher mit werkthätiger Hülfe und nachfühlendem Herzen dem Ideale in's Leben Eingang zu verschaffen sucht.

Der überwiegende Theil unserer Künstler und Dichter zeigt eine angstvolle Zurückhaltung von dem großen die Welt bewegenden Probleme, weil er – um mit dem Pedanten Wagner aus »Goethe's Faust« zu reden – »ein Feind von allem Rohen ist«.

Die Rücksicht auf die nervös übertriebene Feinheit des individuellen Gefühles drückt die Mehrheit unserer Geistesarbeiter zu bloßen Schöngeistern herab; das heißt, zu Charakteren, die in die Dunstwolke ästhetischer Thees und Salons gehüllt, jede markige Kraft echten und gesund-tiefen Empfindens verlieren, um einer seelischen Selbstverzärtelung zu verfallen, die höchstens bei einem hysterischen jungen Mädchen entschuldbar ist. In diesem Zustande liegt eine jener tieferen Ursachen verborgen, daß, von wenigen Ausnahmen abgesehen, die herrschende Richtung in Kunst und Litteratur den Typus einer Kraftlosigkeit zeigt, welche stellenweise der vollkommenen Entmannung gleich kommt.

Es kann gar nicht nachdrücklich genug betont werden: Diese Art geistigen Schaffens hat mit dem idealen Streben unserer großen deutschen künstlerischen Vergangenheit durchaus nichts gemeinsam. Die großen Dichter und Künstler der deutschen Vergangenheit schufen für die Besten, gleichviel ob Männer und Frauen; Kunst, Theater und Litteratur unserer Tage dagegen, scheinen, wenn man die Mehrzahl der zeitigen namhaften Schöpfungen in's Auge faßt, nur Schwächlinge und – höhere Töchterschulen als ihr Publikum vorauszusetzen. Und auch dieser Zustand, doppelt entwürdigend nach dem markerschütternden Donner dreier siegreicher Kriege, unter welchem die Jüngeren des lebenden Geschlechtes zur geistigen Selbstständigkeit herangereift, findet einzig und allein darin seine Erklärung, daß unsere zeitgenössische Kunst sich voller Scheu gerade *von dem Gebiete* fern hält, welches bestimmt wäre, ihr die Grundlage eines neu aufquellenden Lebens zu bieten. Unsere geistigen Heroen des achtzehnten Jahrhunderts traten, wie allbekannt, mit ihren Schöpfungen für eine zur Zeit durchaus neue, von hohen Zielen geleitete Weltanschauung ein! Die Befreiung des Individuums aus den Fesseln einer ungesunden Pedanterie und eines naturwidrigen Philisterthums war die allgemeine Kampfeslosung. Goethe und Schiller, Mozart und Beethoven, Carstens und Kornelius, erstrebten die Einen in voller und klarer Bewußtheit, die Anderen mehr unbewußt, ein und dasselbe Ziel: die Befreiung des Privatmenschen.

Für die Nation als Ganzes und für die Einzelnen, als Glieder eines selbstbewußten Volkes zu schaffen, waren sie dagegen außer Stande, weil es bei der Zerrissenheit Deutschlands im eigentlichen Sinne des Wortes keine Nation und noch *weniger* ein öffentliches nationales Leben gab, als dessen werkthätiger und mitschaffender Träger der Einzelne angesehen werden konnte. Schiller vermochte wohl Briefe über die ästhetische Erziehung des Menschengeschlechtes zu schreiben; aber selbst bei diesen theoretisch das ganze Volk in allen seinen Ständen und Schichten berücksichtigenden Untersuchungen konnte er sich nur an die Wenigen, ja, Vereinzelten wenden, die, gleich dem Dichter des Tell, von denselben Zielen begeistert waren.

Ganz anders heute.

Was unser großer Volksdenker und Volksdichter von dem Standpunkte einer philosophischen Theorie aus als nur ideale Forderung aufstellte, das verlangen jetzt, mehr oder minder
klar, Millionen für sich, nicht dazu geleitet durch die Denkabstraktionen müßiger Stunden,
sondern aus innerster, aus tiefster Daseinsnot heraus. Was die Besten und Edelsten des
achtzehnten Jahrhunderts kaum als erfüllbar zu hoffen wagten, beginnt Lebenswirklichkeit
zu werden. Denn welch' einen anderen Grund hat die sozialistische Bewegung, als die Forderung Aller, auch der Geringsten und Aermsten, aus einem menschenunwürdigen Dasein zu
einem Leben erlöst zu werden, das Jedermann eine möglichst harmonische Ausbildung seiner
Kräfte als Mensch und eine möglichste gleich freie Bethätigung seiner Rechte als Bürger eines
großen Staates und Reiches gewährleistet!

Will also unsere Litteratur und unsere Kunst die großen Ueberlieferungen des klassischen
achtzehnten Jahrhunderts selbstständig fortsetzen; will sie fast noch jungfräulichen Boden
gewinnen für neues eigenartiges und großes Wirken, dann muß sie gerade das in ihr Bereich
ziehen, was sie bis jetzt auf das Aengstlichste umgangen hat. Deshalb hat sie noch nicht
nöthig, in den Hader der Parteien hinabzusteigen; nicht nöthig, um mich eines Wortes von
Paul Heyse zu bedienen, eine *ars* und *poësia militans* zu werden; es sei denn, daß man unter
einer solchen *ars militans* auch eine solche Kunst verstehe, die, in Folge der unbeirrten
Wahrheit ihrer Schilderungen, dem Menschengeiste die Standarte des Fortschritts voranträgt.
Die »Perser« des Aeschylus verlieren nichts an der Idealität künstlerischen Gehaltes und an
allgemein menschlichem Werthe, weil der gewaltige Tragiker darin den Sieg seines Volkes
über den Nationalfeind feierte und unseres Schiller's Trauerspiel »Kabale und Liebe« ist
deshalb von nicht geringerer dramatischer Gewalt, weil dieses Schauspiel brutaler Fürsten-
willkür für die Befreiung des deutschen Bürgers eintrat. Das zeitige Gerede von dem »allgemein menschlichen durch keine Zeitideen bestimmten Gehalte« eines Kunstwerkes ist, genauer betrachtet, nur unklare ästhetische Faselei. Noch niemals, so lange es eine Kunst, so
lange es eine Litteratur giebt, ist ein großes Kunstwerk geboren worden, das nicht im Herzen
seines Schöpfers mit dem mehr oder minder heißen Lebenssafte des Zeitalters genährt worden wäre. Das gilt von Goethe's »Werther« gerade so gut, wie von Mozart's »Don Juan«;
und von Wagner's »Tannhäuser« ebenso, wie von den Bildwerken eines Makart und Adolf
Menzel.

Jedes wahrhaft große, jedes Epoche machende Kunstwerk bedarf neben seiner allgemeinen,
für alle Zeiten verständlichen Bedeutung durchaus eines bestimmten nur temporären Gehaltes; es muß, um ein zum Ueberflusse angeführtes Wort Shakespeare's zu gebrauchen, »ein
Spiegel des Zeitalters, ein Abdruck seiner Gestalt« vorstellen, wenn es nicht wesenslos und
leblos bleiben soll; ein Kunstwerk, das dieses temporären, dieses reinen zeitlichen Gehaltes
gänzlich entbehrt, gleicht jenen Schattengestalten der Unterwelt, welche sich mit dem lebensvollen Odysseus, d.h. mit der im Lichte der Sonne lebenden Menschheit nicht verständigen
konnten. Also die Furcht, als könnte ein Griff in das volle Leben der sozialen Bewegung
unsere ausübenden Künstler und Dichter in der Idealität ihrer Berufsausübung zu Gunsten
einer bestimmten politischen, vergänglichen Partei schädigen, ist nicht nur durchaus grund-

los, sondern zugleich ein deutlicher Beweis dafür, daß der herrschenden Kunst und Litteratur-richtung die ihr durch die zeitige Weltbewegung vorgezeichneten idealen Ziele bis jetzt kaum noch zum Bewußtsein gekommen sind.

[...]

Aus dem bisher Gesagten ergiebt sich, daß drei von einander gänzlich verschiedene Elemente um die geistige Beherrschung des deutschen Lebens und Volksbewußtseins unter einander ringen: Die von der idealen Anschauung unserer Klassiker getragene Lebensauffassung, welche allerdings, wie bereits ausgeführt wurde, zum vollen Besitzthum von nur sehr wenigen Kreisen zu werden vermochte; ferner die neuere und neueste französische Kultur, welche besonders die höheren und wohlhabenderen Kreise beherrscht; und endlich diejenige Strömung, die, äußerlich hervorgerufen durch die schwere materielle Bedrängniß der arbeitenden Klassen, eine gänzlich neue Gestaltung unseres Staats- und Gesellschaftslebens anstrebt. Etwas Gemeinschaftliches ist allen Dreien eigen, insofern sie einen über die Grenzen der *Einzel*nationalität hinausgehenden Charakter an sich tragen. Allerdings tritt dieses Gemeinsame in sehr verschiedenartiger Richtung hervor. Die in den arbeitenden Klassen zum Durchbruch gekommene sozialistische Bewegung wird dadurch zu einer internationalen und weltumfassenden, daß die ihr Zugethanen durch Verbindungen in allen zivilisirten Ländern ihre thatsächliche Macht möglichst zu verstärken suchen. Aber während die Millionen, die sich dieser Bewegung hingeben, das eiserne Band materieller Noth zusammenführt und zusammenschmiedet, ist ihr schärfster Gegensatz, nämlich unsere vornehme europäische Gesellschaft, durch nichts anderes zusammengehalten, als durch die Gleichheit glatter, gesellschaftlicher Formen, durch das sehr oberflächliche Interesse eines gewissen geistigen und materiellen Luxusbedürfnisses und durch die damit verbundene Sucht gegenseitigen Amüsements.

Die Entstehung dieser international-vornehmen Gesellschaft hat sich uns früher bereits als das Ergebniß dargestellt von einer Uebertragung bloßer Kulturformen ohne den entsprechenden kulturellen und sozialen Gehalt. Losgelöst von dem großen Volkskörper, dem sie ihren Ursprung verdankte, wurde sie, unterstützt von dem zufälligen Zusammentreffen mit ganz anders gearteten und weit entlegenen geschichtlichen Entwickelungen, zunächst der Ausdruck für die selbstsüchtigen Daseinsbedingungen räumlich sehr beschränkter Gesellschaftskreise, die von dem bürgerlichen, geistigen und sittlichen Untergange der größeren Mehrheit des Volkes ihr Leben fristeten. Die litterarische Umwälzung, welche dieser Entwicklung zur Seite ging, verlängerte und untergrub zu gleicher Zeit das weitere Fortbestehen dieser vornehmen Gesellschaft. Dadurch, daß das vornehme und reiche Frankreich des achtzehnten Jahrhunderts den Witzwerken eines Voltaire, den philosophischen Elegieen eines Jean Jacques Rousseau und den übermüthig-frivolen Komödien eines Beaumarchais Beifall klatschte, erhöhte es in den Augen der großen Menge die Bedeutung der revolutionären Idee und gab so selbst den Anlaß, daß das Volk in seiner Gesammtheit die soziale Ungerechtigkeit des materiellen Elends begriff, durch das es sich zu Boden gedrückt und ausgesaugt fühlte. Andererseits hätte eine gänzliche Enthaltung von dem neu hereinfluthenden Gedankenstrome den herrschenden Kreisen die letzte Herrschaft über die Weiterentwicklung der Dinge genommen. Aus Rücksichten ihrer eigenen Lebenserhaltung dazu getrieben, Erscheinungen und Bestrebungen Schutz und Förderung zu leihen, die ihrem innersten Wesen doch durchaus fremd waren und bleiben mußten, fanden sich die leitenden Kreise in der wenig beneidenswerthen Lage, mit einem Feuer zu spielen, in dessen immer mächtiger und heller aufschlagenden Flammen sie ihren Untergang finden mußten. Was konnte dieser modischen Gesellschaft wohl auch im Grunde gleichgültiger sein, als die tiefen und ernsten Gedanken, welche in der peinlichsten inneren und äußeren Noth ihre eigentlichste Ursache hatten? Diese Gesellschaft – sie ist im wesentlichen dieselbe geblieben seit nun einem Jahrhundert – hat nur noch einen einzigen Daseinszweck, den Zweck der Bethätigung des Willens zum Leben, das will sagen, im besten Falle den Zweck, die Gattung fortzupflanzen. Folgerichtig kennt sie daher nur zwei Dinge, die für sie eine wirkliche Bedeutung haben: Das Geld als Mittel zur Befriedigung augenblicklicher Bedürfnisse und den Kitzel des Sinnengenusses. Was sonst noch an sie herantritt, besitzt für sie nur die Bedeutung einer angenehmen Zerstreuung; und es ist dabei ganz gleichgültig, ob es sich um Dinge der Religion, der Wissenschaft oder der Kunst handelt. Ist ihr doch die Religion nicht selten der fromme Ausdruck eines persönlichen, sittlichen Katzenjammers oder auch eine heuchlerische Maske, die man vor das Gesicht nimmt, weil man meint, daß Glaubenssätze bei der größeren Zahl aller Menschen Furcht und persönliche Enthaltsamkeit erzeugen; die Wissenschaft wird als angenehme Dekoration für den Salon geachtet, dem sie dazu noch einen geistigen Nimbus verleiht, ohne seine Eigner mit anstrengender Arbeit zu beschweren; die Kunst endlich hat außerdem noch den Vorzug, die Sinnlichkeit anzuregen und angenehme Bilder hervorzuzaubern. Was letztere sonst noch an seelischem Leben enthält, kümmert die vornehme europäische Gesellschaft nicht. Deshalb steht ihr die Komödie (Die *echte* Komödie sicherlich nicht. D.H.) und die übermüthig-sinnlose Posse höher, als das gedankenreichste und vollendetste Schauspiel. Sogar das Wagner'sche musikalische Drama wirkt auf sie nur als Evangelium freier, ja zügelloser Sinnlichkeit. Die eigentlichste dieser Gesellschaftsschicht vollkommen entsprechende Kunstgattung aber ist die moderne Operette. Sie spielt innerhalb der modernen Welt dieselbe Rolle, welche in den Tagen des Perikles die Komödien des Aristophanes spielten, nur mit dem Unterschiede, daß aus den übermüthigsten Szenen des griechischen Lieblings der Grazien immer noch ein tiefsittlicher Ernst hervorleuchtet, während die moderne Operette nur die lascivste, durch nichts geläuterte Ausgelassenheit zur Anschauung kommen läßt. Die Operette ist so recht das Spiegelbild der Gesellschaftsbildung, die vom Augenblicke lebt, um mit dem Augenblick verzehrt zu werden. Ihre Melodie, bald offen, bald verschämt, ist der Cancan; ihr Thema der Ehebruch oder zum Mindesten die Bloßstellung des Weibes; ihr Grundton selbstverständlich die Satyre. Offenbach, eine wahrhaft klassische Erscheinung für die künstlerische Periode des zweiten französischen Kaiserreiches, begann mit der Blasphemie auf die griechische Göttersage, und seine Nachfolger handelten nur folgerichtig, wenn sie in bald mehr, bald minder durchsichtiger Verkleidung das Leben der vornehmen Gesellschaft in seiner gänzlichen Nichtigkeit dem von der Musik begleiteten allgemeinen Gelächter preisgaben. Verdient doch der von ihnen begünstigte Stoff keine andere Behandlung; er ist einer solchen nicht einmal fähig, und jeder Versuch, ihn mit edlerer Seele und einem sittlichen Gehalte zu erfüllen, müßte den Verfall der ganzen Kunstgattung zur Folge haben.

Die Operette ist demnach durch ihr innerstes Wesen künstlerisch international, während das moderne französische Drama und der Roman gleicher Art international nur dadurch sind, daß sie rein konventionell bleiben. Aber dieses konventionelle Element wird gehoben, wenn auch nicht durch einen tieferen modernen Gehalt, so doch durch einen ganz und gar modernen Stoff. Kein Wunder also, daß die Schöpfungen französischen Geistes den Arbeiten gleicher Art, die in Deutschland entstehen, um ein ganz Bedeutendes überlegen sind.

Bei den Franzosen besteht das Konventionelle als Ausdruck einer sich scharf abhebenden inneren Entwicklung; bei den Deutschen ist es nur glatte Nachahmung und dem Wesen des eigenen Volkscharakters durchaus widerstrebend. Dort das Original; hier eine zage, gekünstelte Imitation. Dort eine Reihe von Situationen und Konflikten, die sich uns als Produkt von einer Reihe geschichtlicher und gesellschaftlicher Entwickelungen darstellen; hier ein künstliches und erkünsteltes Stöbern nach Motiven gleicher Art, denen es in der deutschen Wirklichkeit an jedem Anhalt gebricht. Höchstens kann in Deutschland bei dieser Art künstlerischer Erzeugnisse eben jene vornehme Gesellschaft internationalen Charakters in Betracht kommen, die ja selbst, wie wir genugsam wissen, nur eine Kopie der gleichgearteten französischen Gesellschaft ist.

Die deutsche Kunst und Litteratur hat deshalb, wie sie in der Gegenwart sich beschaffen zeigt, kaum irgend ein bedeutendes Schwergewicht gegen die zeitige französische Kunst und Litteratur in die Wagschale zu werfen. Die vereinzelten Versuche einer Reihe jüngerer hervorragender Talente, unser zeitiges deutsches Leben in seinem innersten Wesen durch künstlerische Schöpfungen zu vergegenwärtigen, haben bisher nur in sehr wenigen Fällen einen Erfolg, um Vieles häufiger dagegen einen starken Widerstand gefunden. Eine heuchlerische Prüderie in den weitesten Kreisen unseres Volkes verbietet es seinen Künstlern und Schriftstellern, ein Gemälde voll reiner Wahrheit zu entrollen. In den seichten Gewässern, die unter dem Namen der Familienjournale Deutschland überfluthen, läuft der deutsche Geist Gefahr, in seiner Mannbarkeit und Wahrheit erstickt zu werden. Und so kommt es, daß die größten Talente, statt Stoffe unseres zeitigen Lebens zu gestalten, solchen einer fernen Vergangenheit sich zuwenden. Ist es da ein Wunder, wenn gerade *der* Theil der Nation, welcher an unserem zeitigen gesellschaftlichen und staatlichen Fortschreiten den regsten Antheil nimmt, entweder den zeitigen künstlerischen Schöpfungen jede Theilnahme versagt, oder, soweit eine solche durch die seelische Forderung Einzelner unabweisbar wird, diese Aufmerksamkeit den Arbeiten unserer westlichen Nachbaren zuwendet? Man muß es durchaus für gerechtfertigt finden, wenn Litteraturfreunde bei der Wahl zwischen einem Romane von Georg Ebers, dem jeder künstlerische Gehalt abgeht, und der modernen Dichtung eines Alphons Daudet sich für den Letzteren entscheiden. Und selbst ein Emile Zola muß trotz all' seiner Mängel durch die Wahrheit seiner Schilderungen gegenüber der glatten Schönfärberei eines Spielhagen den Sieg davon tragen. Ueber unsere gesammte deutsche Litteratur, wie sie gegenwärtig als Versuch einer Gestaltung moderner Stoffe beschaffen, könnte man mit vollem Recht die Worte als Motto setzen:»Kaum berührt, aber nie erschöpft!«, denn ihre Leistungen lassen uns zum größeren Theile gerade dort im Stiche, wo eine tiefere Beseelung und Belebung der gestellten Aufgaben erst beginnen würden. Schein und innere Unwahrheit bei einer charakterlosen Glätte der Form sind die besonderen Merkmale der eben betrachteten Kunstrichtung. Sie hat ebenso wenig, ja, noch weniger ein näheres seelisches Verhältniß zu dem eigentlichen Volksgeiste, wie die internationale vornehme Gesellschaft, der diese durchaus nichtssagende Kunst ihren Ursprung verdankt. [...]

[...]

Die Noth gebiert die Wahrhaftigkeit. Auch dieser Umstand muß für die Kunst, welche ihren eigentlichsten Zweck erfüllt, von einem sie durchaus neu belebenden Einflusse sein. Denn Wahrhaftigkeit und ungeschminkter, prägnanter Ausdruck ist die erste Nothwendigkeit einer jeden künstlerischen Schöpfung großen Styls. Idealisiren heißt nicht beschönigen, sondern wahrer sein, als die Wirklichkeit. Von dem echten Künstler verlangen wir, daß er uns Menschen zeichnet, deren Individualität und Charakter sich in allen Daseinswendungen gleich treu bleibt, nicht aber solche, deren Charakter und Individualität durch äußere Umstände verwischt und gefälscht wird. Wir lassen uns in Kunstwerken, besonders aller ernsten Gattungen, wohl die Heuchelei als Laster, nicht aber als Schwäche und Muthlosigkeit gegen das eigene Wesen gefallen. Wo die äußeren Verhältnisse eine eigentliche Entfaltung unseres innersten Wesens, sei es nun im guten oder schlimmen Sinne, nicht aufkommen lassen, entbehrt die Kunst aller Lebensbedingungen, und das ist ein neuer Grund, der uns in unseren werthvolleren künstlerischen Bestrebungen auf die Welt der Noth und des Elends, die sich zum besseren Dasein emporringt, als auf ein besonders fruchtbares Feld hinweisen sollte. In den Qualen der Millionen, welche nach Bethätigung reinerer Menschenrechte ringen, ringt der Genius des Jahrhunderts; in dem Treiben unserer vornehmen europäischen Gesellschaft dagegen schlägt nur der Puls einer absterbenden Zivilisation.

Die durch den Sozialismus begonnene neue Epoche der Menschheit verhält sich zu der geistigen Bewegung des achtzehnten Jahrhunderts, wie die Praxis zur Theorie, wie das Ideal zu seiner Verwirklichung. Wenn das vorige Jahrhundert nur auf die innere Ausbildung der Individualität sich beschränkte, und, besonders bei uns in Deutschland, selbst für diese nur bevorzugtere Kreise in Betracht kommen durften, schon deshalb, weil das Menschheitsideal unserer deutschen Geisteskünder zunächst ein rein ästhetisch-philosophisches blieb, so verlangt das gegenwärtige Geschlecht, daß dieses rein ästhetisch-philosophische Ideal auf jede praktische Lebensführung übertragen werde. Von der Erkenntniß geleitet, daß seelisches Wohlbehagen und geistige Bildung durchaus abhängig sind von der Förderung des körperlichen Wohls und der Ausbildung körperlicher Kräfte, fordert die Gegenwart zunächst einen möglichst breiten Spielraum für Gründung und Entwickelung jeder Existenz. Streng genommen ist erst durch die Erfüllung einer solchen Forderung die Ausdehnung einer gewissen geistigen, sittlichen und körperlichen Kultur auf alle Volksschichten ohne Unterschied denkbar. Man kann also ohne Uebertreibung sagen: Die sozialistische Bewegung unserer Tage hat zum Zweck, das ästhetisch-philosophische Ideal zu ergänzen und zum Allgemeingut der Lebensführung alles Volkes zu machen. Doch mit All'dem sind nur die nächsten Folgen bezeichnet, welche der Sozialismus für Kunst und Leben unserer Zeit bald genug nach sich ziehen muß.

Sein internationaler Charakter, mag er immerhin für den Augenblick das Leben der einzelnen Staaten gefährden, eröffnet uns die Aussicht in eine weitere glückliche Zukunft, besonders, da ihm durch die Entdeckungen in der fast märchenhaften Aufhebung aller örtlichen Entfernungen der Naturwissenschaft für den Einzelnen und für ganze Völker ein riesenstarker Bundesgenosse zur Seite steht. Je mehr sich die einzelnen Theile der europäischen Menschheit nähern, um so enger werden sie auch, nicht nur, wie wir bereits oben ausgeführt, in ihren ärmeren Schichten, sondern in ihrer vollen Gesammtheit durch das eigenste Interesse gegenseitig auf sich angewiesen. So wird es denn nicht ausbleiben können, daß zum Mindesten die europäische Menschheit nach nicht allzulanger Zeit zu einem einzigen großen Organismus zusammenwächst, innerhalb dessen das Wort Goethe's von einer Weltlitteratur und Weltkunst in einem viel umfassenderen und eigentlicheren Sinne zur Wahrheit werden muß, als der Dichter des »Faust« vom Standpunkte *seines* Zeitalters aus voraussetzen konnte. In der hier von uns in's Auge gefaßten, allerdings noch sehr fernen Zukunft werden sich vielleicht die verschiedenen Sprachen der europäischen Völker zu einander verhalten, wie heutzutage die verschiedenen Dialekte ein und derselben Sprache. Täuscht nicht Alles, so wird in dieser Entwickelung, welche aller einengenden rein nationalen Schranken ledig sein muß, deutsche Sprache und deutsches Wesen von ausschlaggebendem Einflusse werden. Auch das wird die Welt jener geistigen Dreieinigkeit zu verdanken haben, welche die einzigen festen Grundlagen des deutschen Lebens und der deutschen Kultur bildet, nämlich dem für unser Volk durch unsere Geistesheroen neu gewonnenen Menschheitsideal, dem deutschen Heere und dem vielgeschmähten deutschen Sozialismus, der in seiner Wahrhaftigkeit aus dem Banne allgemeiner und verworrener Theorieen zu einer stetig durch die geschichtlichen Voraussetzungen gestützten Fortschritte sich durchringen muß. Welch eine Fülle von neuen Möglichkeiten für das künstlerische Schaffen der Zukunft sich aus dem hier nur angedeuteten gesellschaftlich-staatlichen Zustande der europäischen Menschheit nothwendiger Weise ergeben muß, leuchtet von selbst ein; dagegen würde es als unnütze Phantasterei erscheinen, sich Verhältnisse und Zustände ausmalen zu wollen, für die es uns bis jetzt an jeder thatsächlichen Erfahrung gebricht.

Halten wir vorläufig nur das Eine fest: Der Sozialismus und die mit ihm verbundenen gesellschaftlichen Erscheinungen stehen, wie wir genugsam gezeigt, nicht als Hindernisse dem Aufblühen einer neuen Kunst im Wege, sondern gerade im Gegentheil bieten sie den ausreichendsten Stoff für eine solche neue Kunst. Die herrschende Kunstrichtung gleicht einem menschlichen Wesen, das, zuwider den Gesetzen der Natur, in einem künstlich erzeugten, wenig Erquickung und Lebenskraft bietenden Aether athmet: Die neue Kunst, welche den neu in der Bildung begriffenen Lebensgestaltungen sich zuwendet, muß dem Riesen Antaeus an innerer Gewalt gleich werden, der seine volle Kraft erst wiederfand, sobald er die vorher verschmähte Mutter Erde wieder unter seinen Füßen fühlte.

Ernst Henriet Lehnsmann, (d.i. Ernst Lehmann, 1848–1892), begann 1871 die Mitarbeit in der Redaktion der *Spenerschen Zeitung*, lebte seit Mitte der 70er Jahre als Schriftsteller in Berlin. 1886 erschien von ihm im *Magazin für die Litteratur des In- und Auslandes* ein Aufsatz über Friedrich Nietzsche u.d. Titel: *Eine neue Krankheit*, in dem er u.a. Nietzsches »Heroenmoral« kritisierte. Die *Berliner Monatshefte*, in denen der Aufsatz von Lehmann veröffentlicht wurde, erschienen in 6 Heften zwischen April und September 1885. Die Leser der Zeitschrift wurden danach auf die Münchner *Gesellschaft* (vgl. Dok. 6) verwiesen.

Berücksichtigt man, was die Brüder Hart noch vor dem Sozialistengesetz (s. Komm./Dok. 1) zum Thema Sozialismus veröffentlichten, so steht der ob. dok. Aufsatz Lehmanns durchaus in engem Zusammenhang mit gesellschaftlichen Vorstellungen der Harts. Unmittelbar nach dem Fall des Sozialistengesetzes erschien von Heinrich Hart der Aufsatz *Die Moderne* (s. *Der Kunstwart*, Jg. 4, 1890/91, 10. St.), in dem er die Zukunftsvision einer gleichen und freien Gesellschaft, des Sozialismus beschreibt. Es ist aber zugleich charakteristisch für die meisten der jungen oppositionellen Autoren im Hart-Kreis und darüber hinaus, daß die nationale Einstellung zunächst durch eine soziale Haltung, tendenziell sogar durch sozialistische Sympathien ergänzt wurde, so z.b. bei Hermann Bahr (Komm./Dok. 27), bei Arno Holz (Komm./Dok. 13), Karl Henckell (Komm./Dok. 56), Hermann Conradi (Komm./Dok. 55), Wilhelm Bölsche (Komm./Dok. 17), Otto Erich Hartleben und selbst bei Conrad Alberti (Komm./Dok. 9). Ähnlich wie Lehmann kritisierten später auch Alberti (vgl. Komm./Dok. 9) und Bölsche (Dok. 23) die Kunstfeindlichkeit der Bourgeoisie und der kapitalistischen Gesellschaft, die durch ihre soziale Struktur als grundsätzlich hemmend für die kulturelle Entwicklung betrachtet wurde.

Wenn Lehmann hier aus seiner Kritik an den sozialen und kulturellen Verhältnissen den Sozialismus als Chance für eine neue kulturelle Blüte erklärt, so artikuliert er damit eine gerade bei den Berliner Naturalisten, im Hart-Kreis, danach im Verein »Durch« und auch in dem Friedrichshagener-Kreis in der zweiten Hälfte der 80er Jahre vielfach vorhandene Hoffnung auf grundlegende soziale Veränderungen. – In den 90er Jahren kommt es dagegen weitgehend zu einer Abwendung der Autoren von der sozialistischen Perspektive. Zu dem widerspruchsvollen Verhältnis zwischen naturalistischen Autoren und Arbeiterklasse vgl.: Klaus Michael Bogdal, *Schaurige Bilder. Der Arbeiter im Blick des Bürgers am Beispiel des Naturalismus*. Frankfurt a.M. 1978. Zum Verhältnis Naturalismus/Sozialdemokratie ab 1890 s. die Dok. 78–92.

»Die Gesellschaft« (München):

6
Redaktion und Verlag der Zeitschrift »Die Gesellschaft«:
Zur Einführung. In: *Die Gesellschaft. Realistische Wochenschrift für Litteratur, Kunst und öffentliches Leben.* Hrsg. v. Michael Georg Conrad. 1. Jg. München (G. Franz) 1885, Heft 1, S. 1–3; hier: S. 1–2.

Unsere *Gesellschaft* bezweckt zunächst die Emanzipation der periodischen schöngeistigen Litteratur und Kritik von der Tyrannei der »höheren Töchter« und der »alten Weiber beiderlei Geschlechts«; sie will mit jener geist- und freiheitmörderischen Verwechslung von Familie und Kinderstube aufräumen, wie solche durch den journalistischen Industrialismus, der nur auf Abonnentenfang ausgeht, zum größten Schaden unserer nationalen Litteratur und Kunst bei uns landläufig geworden.

Wir wollen die von der spekulativen Rücksichtsnehmerei auf den schöngeistigen Dusel, auf die gefühlvollen Lieblingsthorheiten und moralischen Vorurteile der sogenannten »Familie« (im weibischen Sinne) arg gefährdete Mannhaftigkeit und Tapferkeit im Erkennen, Dichten und Kritisieren wieder zu Ehren bringen.

Fort, ruft unsere *Gesellschaft*, mit der geheiligten Backfisch-Litteratur, mit der angestaunten phrasenseligen Altweiber-Kritik, mit der verehrten kastrirten Sozialwissenschaft! Wir brauchen ein Organ des ganzen, freien, humanen Gedankens, des unbeirrten Wahrheitssinnes, der resolut realistischen Weltauffassung!

Was für herzbrechend zahmes und lahmes Zeug läßt sich heute die Nation der Denker und Dichter als idealistische Weisheitsblüte auf den Familientisch legen! Was für breite Bettelsuppen läßt sie sich von den vielgepriesenen Familienblätterköchen anrichten! Das litterarische und künstlerische Küchenpersonal hat es allerdings bis zur höchsten Meisterschaft gebracht in der Sparkunst und Nachahmung des berühmten Kartoffelgastmahls, worüber schon Jean Paul so weidlich spottete. Da kommen nämlich zwölf Gänge, jeder die Kartoffel in anderer Zurichtung bietend, und am Schluß werden, den elend getäuschten Magen wieder aufzurichten, Konfekt und Schnäpse aufgewartet, die ebenfalls aus Kartoffeln hergestellt sind. Wir werden später nicht ermangeln, Einzelfälle dieser Familienblätterkocherei gründlich zu zergliedern und rücksichtslos die gemeingefährlichen Praktiken zu schildern.

Unsere *Gesellschaft* wird keine Anstrengung scheuen, der herrschenden jammervollen Verflachung und Verwässerung des litterarischen, künstlerischen und sozialen Geistes starke, mannhafte Leistungen entgegenzusetzen, um die entsittlichende Verlogenheit, die romantische Flunkerei und entnervende Phantasterei durch das positive Gegenteil wirksam zu bekämpfen. Wir künden Fehde dem Verlegenheits-Idealismus des Philistertums, der Moralitäts-Notlüge der alten Parteien- und Cliquenwirtschaft auf allen Gebieten des modernen Lebens.

Unsere *Gesellschaft* wird sich bestreben, jene ächte, natürliche, deutsche Vornehmheit zu pflegen,welche in der Reinlichkeit des Denkens, in der Kraft des Empfindens und in der Lauterkeit und Offenheit der Sprache wurzelt, dagegen jene heute so gepriesene falsche Vornehmheit bekämpfen, welche aus den einschläfernd und verdummend wirkenden Denk- und Gefühlsweisen der höheren Kinderstuben, der pedantischen Bildungsschwätzer und der polizeifrommen Gesinnungsheuchler herausgezüchtet worden ist.

Dabei werden wir von Zeit zu Zeit unter Mithilfe berufener Fachmänner unsere kritische Leuchte auf die beliebte Instituts- und Pensions-Erziehung selbst richten und in Studien nach der Natur jene Lebenskreise beschreiben, welche alle gute Sitte, Weisheit und Schönheit unseres Volkstums in Erbpacht genommen zu haben wähnen. Die Kulturlügner mögen sich auf interessante Entschleierungen gefaßt machen. Wir werden den Schwindel stets beim rechten Namen nennen und der überlieferten Dummheit den Spruch des ehrlichen heißblütigen Denkers ins Gesicht sagen. Gerhard von Amyntor hat freilich Recht: »Es ist weit leichter, dem gebildeten Pöbel zehn Lügen aufzubinden, als ihm einen einzigen seiner lieb gewordenen Irrtümer als solchen zu entlarven.« Aber die Schwierigkeit einer Sache wird uns nur reizen, sie desto kühner anzugreifen, desto energischer festzuhalten.

Unsere *Gesellschaft* wird sich zu einer Pflegestätte jener wahrhaften Geistesaristokratie entwickeln, welche berufen ist, in der Litteratur, Kunst und öffentlichen Lebensgestaltung die oberste Führung zu übernehmen, wenn es den Völkern deutscher Zunge gelingen soll, als Vorarbeiter und Muster menschlicher Kultur sich in Geltung zu erhalten.

Darum laden wir alle geistesverwandten Männer und Frauen ein, sich mit uns thatkräftig zu vereinen, damit wir in gemeinsamer, froher, flotter Arbeit unser hochgestecktes Ziel erreichen. Denn nicht zum verschlaffenden kritischen Geplauder, nicht zum schöngeistigen Müssiggang wollen wir verleiten. Alles Wissen, bei dem die Schaffenslust erlahmt, alle Belehrung, die nicht zugleich Belebung und treibende Willenssteigerung bedeutet, alle Gelehrsamkeit, die sich nicht in den Dienst des gesunden schöpferischen Lebens stellen will, hat unsere Anerkennung verloren.

[...]

Die Gesellschaft wurde erstmals von Michael Georg Conrad (1846–1927) in München herausgegeben und gilt als das führende Organ der naturalistischen Bewegung zwischen 1885 und 1890. Die Zeitschrift, die Conrad zunächst auf eigene Kosten auch verlegte, erschien bereits ab 1886 nicht mehr als Wochen- sondern als Monatsschrift. Ab 1. 1. 1887 übernahm der für den Naturalismus der 80er Jahre wohl wichtigste Verleger Wilhelm Friedrich in Leipzig die Zeitschrift probeweise, ab 1888 dann endgültig in seinen Verlag. 1888 wurde Karl Bleibtreu die Mitredaktion der *Gesellschaft* übertragen und in demselben Jahr auch die Leitung der *Litterarisch-kritischen Rundschau*, einer Beilage der *Gesellschaft*. Nachdem es zu einem Zerwürfnis zwischen Conrad und seinem Verleger Friedrich wahrscheinlich vor allem wegen Karl Bleibtreu gekommen war, übernahm Hans Merian 1892 die verantwortliche Redaktion der Zeitschrift (vgl. auch Komm./Dok. 8 u. 26).

Michael Georg Conrad, einer der ältesten in der naturalistischen Bewegung, verbrachte viele Jahre im Ausland, ehe er 1882 wieder nach Deutschland zurückkehrte. Er verdiente sich seinen Lebensunterhalt durch Lehrtätigkeit und lebte so 1868–1870 in Genf; 1871 siedelte er nach Italien über, von wo er 1878 nach Paris ging. Conrad war Freimaurer und veröffentlichte bereits zwischen 1871 und 1878 kritische Schriften zur Bildungsfrage, zu Christentum und Kirche. In Paris pflegte Conrad bis zu seiner Rückkehr nach Deutschland intensiven Kontakt zu Zola. 1879 übernahm er von Max Nordau (vgl. Dok. 98) das Pariser Feuilleton der *Frankfurter Zeitung*. Seine Beiträge erschienen nochmals in den Bänden *Parisiana* (Leipzig 1880) und *Französische Charakterköpfe* (Leipzig 1881). Nach seinen eigenen Angaben beschäftigte er sich schon früh mit den klassischen und romantischen Autoren Frankreichs, er las Renan, Taine, Stendhal, Balzac und Flaubert, Daudet, aber auch Ibsen und Björnson. 1876 lernte Conrad Nietzsche in Sorrent kennen, der ihn als »Denker und Stilist« faszinierte. Über seine Rückkehr nach Deutschland schrieb Conrad: »Im Sommer 1882 brach ich mein Zelt in Paris ab und schlug es in München [...] auf [...]. Die Lehr- und Wanderjahre waren beendet, die Arbeits- und Kampfjahre begannen« (M.G. Conrad, *Von Emile Zola bis Gerhart Hauptmann*. Leipzig 1904, S. 67).

Nach 1880 erschienen von Conrad immer wieder Sammlungen zeitkritischer Aufsätze (z.B. *Gelüftete Masken. Allerlei Charakterköpfe*, Leipzig 1890; *Ketzerblut. Sozialpolitische Stimmungen und kritische Abschlüsse*, München 1893) und sein Roman *Was die Isar rauscht* (2 Bde., Leipzig 1888); außerdem veröffentlichte er (zusammen mit L. Willfried) das Drama *Die Emanzipierten. Lustspiel in 4 Akten*. Leipzig 1888.

Conrads *Einführung* formuliert als Programm der Zeitschrift die bereits vielfach schon von ihm und anderen oppositionellen Literaten artikulierte Kritik an einer oberflächlichen Unterhaltungsliteratur, die sich den Regeln eines vordergründigen Moralkodex unterwarf und dabei das Netz gesellschaftlicher Lüge und Heuchelei immer undurchdringlicher machte. *Die Gesellschaft* stellte er dagegen als ein Organ der Aufklärung vor, des »ganzen, freien, humanen Gedankens, des unbeirrten Wahrheitssinnes, der resolut realistischen Weltauffassung!« (s. Dok. 6). Conrad vertrat dabei im Sinne von Emile Zola, Henrik Ibsen und auch der jungen deutschen Literaten und Kritiker, wie den Harts und vielen anderen, einen ethischen Wahrheitsbegriff, der nicht erkenntniskritisch, sondern als Gegensatz zur Lüge, zu »entsittlichender Verlogenheit«, zur »Moralitäts-Notlüge« definiert war. Im Unterschied zu den Harts, die sich betont für eine neue literarische Blüteperiode einsetzten, vertrat Conrad mit der *Gesellschaft*, wie die *Einführung* zeigt, ein umfassenderes Interesse zur Durchsetzung einer aufgeklärten, nationalen Kultur. Hierfür schien die Herausbildung einer »wahren Geistesaristokratie« nötig, die für Conrad bisher insbesondere durch Namen wie Bismarck, Wagner und Nietzsche verkörpert war, »große« Individuen, deren Auszeichnung in ihrer »Kraft«, in »wirklicher Leistung« lag. Die starke Persönlichkeit, immer nur in Begriffen von Männlichkeit und Mannhaftigkeit umschrieben, sollte zum einen eine neue Sittlichkeit durchsetzen, zum andern wurde sie gefordert als dichterisches Genie, als starke Subjektivität, die zunächst auch noch nicht im Widerspruch zum Postulat der Wahrheit, der Objektivität aufgefaßt wurde.

Als zentrale Forderungen an die »moderne« Literatur ergaben sich für Conrad daher: nationaler Charakter und geniale Größe. So formulierte er 1885, daß der Naturalismus »als Kunstprinzip [...] im Grunde nur eine Verstärkung des sozialen Nationalprinzips, eine Bejahung des künstlerischen Willens zum Ausleben des modernen Nationalmenschen und der ihn bestimmenden Umgebung in dichterischer Nachschöpfung« sei (s. M.G. Conrad, *Weltpolitische Zukunftsbilder*. In: *Die Gesellschaft*, Jg. 1, 1885, S. 843). Bereits 1887 läßt Conrad auch in einem von ihm verfaßten »Redaktions-Stimmungsbild« einen Vertreter des Naturalismus davon sprechen, daß der »Naturalismus« in »Politik, Volkswirtschaft, Wissenschaft und Kunst« eine längst »siegreiche Tatsache« sei. Die wichtigsten Vertreter dieser neuen Richtung heißen: »das Genie Bismarck«, »das Genie Wagner«, das »Genie Adolf Menzel« (in: *Die Gesellschaft*, Jg. 3, 1887, S. 5).

Gerade Wagner hat nach Auffassung Conrads wesentliches »zur Förderung der vaterländischen litterarischen Revolution und zur Entfaltung des kernechten Naturalismus in Deutschland« beigetragen. »Nicht durch Zola, sondern durch Wagner habe ich den Naturalisten in mir entdeckt. Sein Buch ›Oper und Drama‹ ist meine ästhetische Fibel gewesen« (s. M.G. Conrad, *Professor Volkelt und der deutsche Realismus*. In: *Die Gesellschaft*, Jg. 6/1, 1890, S. 321). Bereits 1883 hatte Conrad kritisch festgestellt, daß sich die deutsche erzählende Literatur noch nicht »bis zu dem Punkte« entwickelt habe, »wo die deutsche Musik seit Wagners ›Nibelungen‹ und ›Tristan und Isolde‹ steht. Unserer erzählenden Prosadichtung thut ein Richard Wagner not« (s. M.G. Conrad, *Madame Lutetia!*, Leipzig 1883, S. 57). Gleichwohl war Conrad ein glühender Verehrer Zolas (s. Dok. 104), und er benützte die *Gesellschaft*, um die Auseinandersetzung mit Zola innerhalb der naturalistischen Bewegung zu verstärken.

Nachdem die von den Brüdern Hart herausgegebenen *Berliner Monatshefte* nach sechs Nummern wieder eingestellt wurden, war die *Gesellschaft* unangefochten das führende Organ der naturalistischen

Bewegung bis 1890. Daneben entwickelte Bleibtreu das *Magazin für die Litteratur des In- und Auslandes*, das er zwischen 1886 und 1888 redigierte, in dieser Zeit ebenfalls zu einem Sprachrohr der oppositionellen Literaturbewegung. 1890 wurde die *Gesellschaft* in ihrer führenden Rolle durch die *Freie Bühne* (s. auch Dok. 12) abgelöst. Dies hing zum einen damit zusammen, daß sich mit der Gründung des Theatervereins »Freie Bühne« (s. Dok. 50) und der Verbindung Otto Brahm-Gerhart Hauptmann und S. Fischer ein neues literarisch-künstlerisches Zentrum in Berlin gebildet hatte. Im Unterschied zu Conrads Naturalismus-Konzeption vertrat Brahm ein ästhetisches Konzept, das künstlerischen Wandel als zentrales Prinzip anerkannte und sich von daher den Veränderungen in der naturalistischen Ästhetik besser anzupassen verstand.

Zur Kerngruppe der Autoren der *Gesellschaft* zwischen 1885 und 1890 gehörten Conrad Alberti und Karl Bleibtreu, die in den bereits ab 1885/86 beginnenden Auseinandersetzungen um die Richtung der literarischen Moderne auf Seiten Conrads standen. (vgl. u.a. Dok. 8, u. 9).

Zu der für die naturalistische Bewegung kennzeichnenden nationalen (bis teilweise nationalistischen) Grundhaltung ist in bezug auf Conrad anzumerken, daß sich diese bei ihm mit einer ausgeprägten antimilitaristischen und freiheitlich-demokratischen Gesinnung verband. So schrieb Conrad 1891 an Bertha von Suttner anläßlich der Gründung der Österreichischen Friedensgesellschaft: »Allen Friedensfreunden meinen hochachtungsvollen Gruß! Nur die Bestie im Menschen kann den Krieg wollen. Also behandle man alle Urheber und Veranstalter von Kriegen wie Bestien und entferne sie aus der gesitteten Gesellschaft der Kulturmenschen. Wer aber in der Presse zum Kriege hetzt und dem Massenmorde das Wort redet, den stelle man wie einen gemeinen Bravo und Totschläger vor das Gericht« (zit. nach: Bertha von Suttner, *Lebenserinnerungen*. Hrsg. u. bearb. v. Fritz Böttiger, 3. Aufl. Berlin 1970, S. 241). Als Mitglied des Reichstages gehörte Conrad 1896 der Internationalen Parlamentarischen Konferenz zur Verhinderung von Kriegen an.

7

Julius Hillebrand: *Naturalismus schlechtweg!* In: *Die Gesellschaft. Realistische Monatsschrift für Kunst, Litteratur und öffentliches Leben.* Hrsg. v. Michael Georg Conrad. 2. Jg. München (G. Franz) 1886, Heft 4, S. 232–237.

Jeden Unbefangenen, der nur die Litteratur selbst und nicht die Litteratur *über* die Litteratur kennt, muß es befremden, daß überhaupt noch ein Streit bestehen kann über die Berechtigung des *realistischen* Kunststils.

Ist doch Realismus nichts anderes als die künstlerische *Zurückspiegelung* des Seienden, was ja die echten, großen Dichter von jeher bewußt oder unbewußt als ihre Aufgabe anerkannten.

Hierauf nun lautet der stereotype Einwand: Der Dichter hat nicht die Natur einfach abzuschreiben, er soll nicht Photograph sein, sondern *Maler* der Wirklichkeit. Das ist nichts als ein leeres Sophisma. Kann denn der radikalste Realist – nennen wir gleich Zola, diesen Schrecken aller Litteraturspießbürger und solcher die es werden wollen – die Wirklichkeit anders abspiegeln, als sie sich in seiner Individualität reflektiert? Ist denn die künstlerische Arbeit des Realisten ihrer *innern* Natur nach eine andere als die des Idealisten? Wie unzutreffend ist daher dieser ewige Vergleich mit der Photographie! Diese wird hergestellt mit mechanischen Mitteln; an Stelle der geistigen Konzeption tritt die *Technik*. Die Photographie ist lediglich aus diesem Grunde kein Kunstwerk und nicht darum, weil sie die wirkliche Wirklichkeit darstellt.

Jede Volksdichtung (allerdings nicht immer die gedruckte, dafür desto öfter die gesungene) ist realistisch. Allerdings hat sie auch ihre idealistischen Seiten, diese treten aber weniger hervor, weil das Volk selten in der Lage ist, »die höheren Regionen, wo die reinen Formen wohnen«, zu besuchen.

Homer und Hesiod, die Nibelungen, die schottische Ballade wie das slavische Volkslied, sie alle wurzeln in dem fruchtbaren Boden der Wirklichkeit und darum (weniger um ihrer formellen Vollendung wegen) ist ihr Ruhm ein unverwelklicher. Homer, um das nächstbeste Beispiel herauszugreifen, scheut sich nicht die geheimen Wünsche der Freier beim Eintritt Penelopeias also wiederzugeben (Odyssee I,366):

> »Aber nun lärmten die Freier umher in dem schattigen Saale;
> Denn sie wünschten sich Alle mit ihr das Bette zu teilen.«

Da höre ich meinen braven Bildungsphilister und Moralpächter: »Shocking! Wie kann man so unsittlich sein! *Cela se fait, mais cela ne se dit pas.* Der Dichter soll uns über das Gemeine des Alltagslebens erheben, nicht in demselben wohlgefällig herumwühlen. Nehmen Sie sich an Paul Heyse ein Muster, in welch' sittliche Atmosphäre der sogar den alten Sünder Don Juan erhoben hat (u.s.w. nach bekannter Melodie)!«

Daher die frommen Ratschläge für einen heutigen Epiker, wenn er es wagen wollte, so homerisch naturwahr zu schildern; aber den Alten verzeiht man Vieles »auf Kosten des damaligen Zeitgeschmacks.«

Ueberhaupt, wenn unsere Rhadamantusse keinen andern Ausweg mehr wissen, dann muß die Zeitrichtung des Dichters herhalten, »die solche Ausschreitungen zur Genüge entschuldigt.« Daß der Dichter Sohn seines Jahrhunderts ist (und gerade der größte Dichter seinem Jahrhundert am ähnlichsten), das wissen wir so gut wie Ihr; daß es aber nur der Vergangenheit gestattet sein soll, wahrhaftig die Wahrheit zu sagen, das freilich ist uns *neu*.

Armer Aristophanes, ärmster Shakespeare, wenn Ihr Titanen durch die Kraft Euerer Poesie die heutigen Pygmäen erschreckt, dann machen sie dafür – Euere Zeit verantwortlich und glauben damit ihre eigene Jämmerlichkeit genugsam entschuldigt! Der Hauptirrtum der Gegner der neuen realistischen Kunstrichtung liegt aber noch tiefer. Sie verkennen nämlich ganz den untrennbaren Grund und Zusammenhang der Poesie mit dem sozialen Leben und der Wissenschaft. Die Kunst ist ebenso ein Produkt der jeweiligen Gesellschaftszustände wie etwa Ethik oder Politik. Es giebt daher auch keine absolute Aesthetik. Ist z.B. der Gesellschaftszustand ein religiös-feudaler, so ist auch die Poesie (infolge ihrer notwendigen Beziehung zum geistigen und materiellen Leben) religiös-feudal. Daher heißen die beiden Heroen der mittelalterlichen Poesie Dante und Calderon. Und während der letztere noch einmal die katholisch-feudale Weltanschauung in ihrem Brennpunkte Spanien poetisch verklärte, stellte schon Cervantes in Don Quixote die erhabene Dummheit des historischen Rittertums dar.

Mag sein, daß der Held von Lepanto nur eine Satire auf die schlechten Rittergeschichten schreiben wollte, in Wirklichkeit schrieb er eine Satire auf die Geschichte der Ritter. Durch den Mund des sterbenden Don Quixote spricht das an sich selbst verzweifelnde, dem Tode geweihte Mittelalter. Mit Shakespeare aber offenbarte die neue Weltanschauung des Humanismus ihre welterobernde Kraft auch in der Poesie, wie sie solche schon früher in der Wissenschaft bewiesen. Aber dieser Humanismus ist noch in den Fesseln nationaler, religiöser und sozialer Beschränktheit. Daraus erklärt sich wohl zur Genüge die manchmal bis zur Widersinnigkeit getriebene Phantastik in der Fabel seiner Stücke neben dem nackt-schönen Realismus der Charaktere. Der Unsterbliche hat selbst dieser Doppelnatur seines Dichtens Ausdruck gegeben in seiner unerreichten Bildersprache:

> Des Dichters Aug' in schönem Wahnsinn rollend
> Blitzt auf *zum Himmel*, blitzt *zur Erd'* hinab.«

Shakespeare war ein, auch in wissenschaftlicher Beziehung auf der Höhe seiner Zeit stehender, aber zum Glück kein akademisch gelehrter Dichter; darum galt ihm das Leben allzeit mehr als die antiquarische Studie. Zugegeben, daß sein Troilus oder Timon keine Griechen sind (indeß wer von uns weiß, wie es so einem alten Griechen wirklich zu leben und zu sprechen beliebte?) jedenfalls sind es vollblütige Menschen, was man von berühmteren, vielleicht sogar griechischer empfundenen Gestalten Schiller's oder Goethe's sicherlich nicht behaupten kann. Macht doch Goethe selbst in seinen späteren Jahren das Geständnis, daß ihm das Griechentum mehr galt als seine frühere Göttin – die Natur!

Im vorigen Jahrhundert nun gelangte der Rationalismus, *die Weltanschauung des dritten Stands*, gegenüber der Kirche zur Herrschaft über die Geister. Voltaire und Lessing sind die Bannerträger des modernen Gedankens. Der dritte Stand erobert sich mit der Weltbühne auch die Schaubühne. Das erste lebensfähige deutsche Drama war zugleich ein Drama des dritten Standes. Lessings Werk führen die Stürmer und Dränger in ihrer Weise fort. Schiller schreibt das republikanische Trauerspiel Fiesko und setzt die Menschenrechte in Jamben um. Goethe dichtet den Prometheus.

Zwar folgte der politischen Reaktion eine poetische, aber die eine war so gemacht wie die andere.

Niemanden liegt es ferner als uns die Schönheit und Erhabenheit der mittelalterlichen Poesie zu läugnen; aber was im 17. Jahrhundert noch, weil dem Volksgeist entsprungen, tiefe Berechtigung hatte, das kann im 19. Jahrhunderte leicht dem Fluche der Lächerlichkeit oder Vergessenheit verfallen. Aber es gab neben dieser Litteratur der Vergangenheit noch eine andere, die gleichen Schritt hielt mit der gesellschaftlichen Entwicklung. Wie Auflösung der Solidarität, Bruch mit der Tradition das soziale Leben seit der französischen Revolution kennzeichnet, so zerbrach auf litterarischem Gebiete der Subjektivismus alle ihm seither gesetzten Schranken. Die alten Dichter vermenschlichten die Gottheit, die neuern vergöttlichen den Menschen, d. h. zumeist sich selbst. Byron ist ihr Prophet. In ihm wie in Leopardi und Lenau offenbart sich vorwiegend die philosophische, in Heine, Alfred de Musset, Giusti und Puschkin mehr die *soziale* Dissonanz, natürlich in verschiedenster nationaler Färbung. Seit Darwin ist nun eine neue *Gedankenwende* eingetreten: *der Evolutionismus*. Wenn sich diese Neuerung noch nicht in dem Maße geltend macht, als zu erwarten wäre, so liegt der Hauptgrund darin, daß die Bildung des größten Teils der tonangebenden Männer eine antinaturwissenschaftliche (sogenannte humanistische, besser: grammatikalisch-scholastische) ist. Daß auch in *sozialer* Beziehung neue Probleme ihrer Lösung harren, braucht nicht ausgeführt zu werden. Das Gegenteil könnte nur Jemand behaupten, der noch keine Großstadt betreten, keine Fabrik gesehen, keine Zeitung gelesen hätte.

Diese beiden Strömungen, die philosophisch materialistische und die soziale andererseits haben in der Litteratur auch ein neues Kunstprinzip erzeugt – den Naturalismus. Während der Realismus so alt ist wie die Kunst, ist der Naturalismus etwas Neues, so wenig schon dagewesenes, wie etwa die Darwin'sche Abstammlungslehre oder die moderne Industrie. Skizzieren wir ihn kurz nach seiner sozial-philosophischen Doppelnatur. Zunächst erklärt sich schon aus dem oben gegebenen Begriff des Wortes, daß der Naturalismus international ist; ebenso international wie die moderne Weltanschauung und Kulturbewegung, deren Ausdruck auf litterarischem Gebiete er darstellt. In der That bricht sich das neue Kunstprinzip ja nicht bloß in Frankreich, sondern in der ganzen übrigen zivilisierten Welt Bahn, besonders in den germanischen und slavischen Sprachgebieten. Indessen die Beschränktheit will ihr Schlagwort haben; darum nennen die »mit der Nase lesenden« Kritiker die deutschen Naturalisten – »Zola-Affen«.

Nun mag zugegeben werden, daß vielfach zu weit gegangen wird in der Verherrlichung Zolas; allein der Personenkultus hat in der Kunst jedenfalls noch die meiste Berechtigung, weil diese in jedem ihrer Jünger sich neu gebiert, mit andern Worten: weil sie nicht wie die Wissenschaft oder Gesetzgebung Kollektiv- sondern Individualarbeit ist. Im Uebrigen bitte ich die betreffenden Kritiker, mir den französischen Schriftsteller zu nennen, aus welchem z.B. Conrad's urbajuwarische Typen im »Totentanz der Liebe« oder die echt berlinerischen »Verkommenen« in Kretzer's gleichnamigem Romane »abgeschrieben« sind! Diese antizolaistischen Kritiker sind von so enormer Geistesimpotenz, daß ihre einzige Ausflucht darin besteht, die Weisheit der von Heine gegeißelten politischen Krähwinkler auch auf das litterarische Gebiet zu übertragen:

> »Ausländer, Fremde sind es meist,
> Die unter uns gesät den Geist
> Der Rebellion. Dergleichen Sünder
> Gottlob! sind selten Landeskinder.«

Wenn unsere sozialen Verhältnisse denen Frankreichs gleichen, ist denn das die Schuld der Darsteller?

> »Nicht den Spiegel klage an, die Fratze rührt von dir selbst her.«

Schleicht nicht auch durch unsere Straßen allabendlich »Nana«, die Verworfene und – Begehrte, die Rächerin ihres Geschlechts? Braucht man sie erst von Zola abzuschreiben? Die Beispiele ließen sich mit Leichtigkeit vermehren, das eine möge genügen. – Der Naturalismus stellt Typen dar; aber er stellt nicht Durchschnittstypen dar, noch hat er das je beabsichtigt. Nordaus Angriffe treffen ihn daher nicht. Der Naturalismus will darstellen, *was ist* und *wie es* geworden ist. Aber um ein richtiges Bild des Seienden geben zu können, muß er es in seinen *charakteristischen* Momenten auffassen und nicht im Durchschnitte. Diesen stellt die Wissenschaft (z. B. die Statistik) viel besser dar als die individualisirende Kunst. Weder im »Assommoir« noch in »Nana«, weder in »Pot-bouille« noch in »Abbé Mouret«, noch in »Germinal« sind Durchschnittsbegebenheiten. Auch die Protagonisten in diesen Romanen sind keine Dutzendmenschen; es mögen zum Teil geistig und körperlich herabgekommene Menschen sein, aber es sind streng *individualisierte Typen*. Der Dichter suchte eben immer das Packende im Leben, die Katastrophe herauszugreifen, gerade wie in den Akten eines Kriminalprozesses oder in einem ärztlichen Krankheitsbericht nur das berücksichtigt wird, was auf den Fall oder auf die Krankheit Bezug hat, sie von andern unterscheidet.

Zola giebt in der Vorrede zum dramatisierten »Totschläger« folgendes mustergiltige Programm des Naturalismus:

»Das Uebernatürliche und Vernunftwidrige zu vernichten, unerbittlich alle Metaphysik zu verbannen, die Rhetorik nur als Hilfswerkzeug zuzulassen, einzig und allein die physiologische Betrachtung des Menschen festzuhalten und alle sinnlichen und sittlichen Erfahrungen auf den erfahrungsgemäß richtigen Beweggrund zurückzuführen in der hochmoralischen Absicht, dieser Erscheinungen Herr zu werden – danach strebe ich und aus diesem Grunde verstehen wir, die landläufige Kritik und ich, uns nie und nimmer.« –

Am bewundernswertesten schien mir immer Zolas Objektivismus. Hierin ist er wirklich Shakespeare vergleichbar. Er ist einer der wenigen Autoren, die nicht sich selbst, sondern den Menschen darstellen. Daher seine plastische Kraft; er braucht nicht immer denselben Charakter in verschiedene Masken zu stecken, wie es Byron gethan (um gleich den Bedeutendsten von allen – den Gegenpol Shakespeares zu nennen), der einen Kain, Sardanapal, Childe Harold, Don Juan u.s.w. im Grunde aber immer sich selbst beschrieben hat. Wir haben aber seit dem Heiden Mark Aurel und dem alten Christen Augustin bis herein auf Rousseau und Stilling genug mehr oder minder moralische Selbstbekenntnisse, aber sehr wenig Dokumente des großen Lebensprozesses der Menschheit. Während nun in der Romanlitteratur das sozialphysiologische Prinzip Sieg auf Sieg erringt, ist das Bühnendrama (das deutsche noch mehr als das französische) ganz in den Banden des Konventionalismus, besonders des sexuellen und sozialen. Indessen nur das Bühnendrama; denn zum Glück giebt es in Deutschland auch ein – von den Erfolgsanbetern selbstverständlich sehr verachtetes Buchdrama, welches sich seit Goethe und Lenz bis auf unsere Zeit erhalten hat. Wie meist die Praxis der Theorie, so hinkt auch die Bühne langsam der Produktion nach; sie ist abhängig von der Laune des Tags oder des Intendanten oder des – Kassiers, abhängig vor allen vom – »verehrlichen Publikum.« Daher steht in der Regel der dramatische Dichter vor dem Dilemma, entweder auf die Bühne zu verzichten, oder aber »sich möglich zu machen durch Anpassung« an den Geschmack der Logenabonnenten. Dem scheint zu widersprechen, daß noch an den Repertoires der Hofbühnen der Riese Shakespeare dominiert. Aber verdankt er diesen Erfolg seinem Genie? Nur sehr mittelbar. Zunächst verdankt er ihn der vielgeschmähten Reklame, der tausendzüngigen Fama, die einem berittenen Herolde gleich ausruft: »Platz da! Shakespeare kommt. Hamlet-Possart! Aufgepaßt!« Ich will dem Leser eine Illustration zu meiner oben aufgestellten Behauptung geben. Während Grabbe (den Heine mit Shakespeare vergleicht) sich aufrieb im Bemühen, die gewaltigsten Probleme der Sage und Geschichte dramatisch zu bewältigen, beherrschte Raupach, Ernst Benjamin Salomo Raupach, der Verfasser von »Der Müller und sein Kind« die weltbedeutenden Bretter!

Infolge der eigentümlichen Beschaffenheit unseres Theaterwesens – ist es so weit gekommen, daß das, an die mächtiger arbeitende Phantasie des *Lesers* sich wendende Buchdrama mehr den Forderungen der realistischen Kunst entspricht als das Bühnendrama. Aber den Vertretern des erstern fehlte der Erfolg. Isoliert kämpfend, müde, umsonst stets »Nesseln zu schwingen und Disteln zu köpfen« fielen die meisten einem frühen Tode, wenn nicht gar baldiger Vergessenheit anheim, so Lenz, Grabbe, Kleist, Georg Büchner u.A.

Einer drang durch – der stahlharte Dietmarsche *Hebbel.* Seine »Maria Magdalene« scheint mir in der dramatischen Litteratur unserer Zeit, was »Miß Sara Sampson« im vorigen Jahrhundert war. Wie nämlich mit diesem Drama das *bürgerliche* Trauerspiel begründet wurde, so ist »Marie Magdalene« als der erste Versuch des *sozialen Dramas* zu betrachten, welchem die nächste Zukunft gehört.

Dieses nun unterscheidet sich vom herkömmlichen bürgerlichen Trauerspiel vor allem dadurch, daß es nicht blos Honoratioren, also Pfarrer, Kommerzienräte, Sekretärs oder Lieutnants, sondern auch den vierten Stand auf die Bühne bringt, zweitens dadurch, daß es in tiefem Erfassen der Motive auch die physiologische und pathologische Seite des Charakters zu beleuchten und an Stelle der abgedroschenen Spießbürgerkonflikte die großen Geisteskämpfe der Wirklichkeit auf die Bühne zu bringen sucht, endlich dadurch, daß es den konventionellen Theaterjargon durch die *Sprache des Lebens* ersetzt.

Die Kunst des modernen Dramatikers besteht mithin weder in Idealisierung, noch in der bald bei allen Denkenden wahrhaft berüchtigten »schönen Sprache«, sondern einzig in der richtigen Charakterisierung der Handelnden und Konzentrierung der Idee.

Was das Leben zerstückt, durch Räume und Zeit getrennt bietet, das muß des Dichters nachschaffende Phantasie, verbündet mit der Technik des Regisseurs, in wenig Stunden zusammendrängen, etwa wie ein Maler, der mittels seiner Kunst ähnliche Affekte in uns hervorzurufen versucht wie die Natur mit ungleich gewaltigern Mitteln. Was ist uns Hekuba? Oder Klytämnestra? Warum sollen wir uns ewig in griechische oder römische Masken stekken? Aber freilich, der Fluch des Epigonentums ist die – Reminiszenz.

Zum Dichten gehört eben nicht nur Talent, sondern auch Mut. *Aude sapere.* Wunderbar bewährt sich die Wahrheit dieses Wortes bei dem bedeutendsten der jetzt lebenden Dramatiker, bei Henrik Ibsen. Das ist keiner von den Dichtern, die ein paar aus der dramatischen Kostümschneiderei geborgte Drahtpuppen und etliche Dutzend gebrochene Herzen verbrauchen, bei deren tragischem Weh und Ach man gemütlich verdauen und – einschlafen kann, das ist ein Dichter *generis masculini,* eine nordische Eiche inmitten von Zwerggestrüpp! –

Gerade in Deutschland, dessen größter Dichter die Verherrlichung der Weiblichkeit soweit trieb, daß er die meisten seiner Männer an den Weibern zu Grunde gehen läßt, gerade hier könnte Ibsen der Leitstern sein für die neue Generation.

Sei es, daß Ibsen unbarmherzig die scheinbar glücklichste Ehe als lasterhaften Konkubinat entlarvt, oder daß er schildert, wie das Ansehen des hochgeachteten Kaufmanns, einer Hauptstütze der Gesellschaft, auf der Lüge beruht, oder daß er unerschrocken nachweist, wie der Sohn seines Vaters Sünden und seiner Mutter konventionelle Moral zu büßen hat, oder daß er den Festredner, der in Begeisterung und Schwindel macht, an den wohlverdienten Pranger stellt, stets ist er der Todfeind der Lüge und des Scheins. Er kämpft die Konflikte durch, die er begonnen, er löst die Zweifelfragen, die er aufgeworfen hat – deshalb ist er dem ästhetischen Philister so zuwider, der immer einen »versöhnenden« Abschluß haben will; wenigstens bei allen Stücken, welche die moderne Gesellschaft darstellt. In der historischen Tragödie ist er Dank der vereinten Arbeit einiger Genies und vieler Stümper derart an Gift, Dolch und Revolver gewöhnt, »daß ihn nichts mehr angreift.«

Aber daß z.B. Nora ihre lieben Kinderchen verläßt, ist doch zu »peinlich«, zu herzlos; wie schön wäre es, wenn sie diesen zu Liebe das »Opfer« brächte, sich wieder mit ihrem Manne auszusöhnen! Ibsen verzichtet auf solche Taschentüchereffekte, er schließt disharmonisch ab, gerade so disharmonisch, wie die Wirklichkeit. Aber auch Ibsen in seiner nordischen Kraft und Herbheit ist erst der Marlow, bestimmt, dem künftigen Shakespeare die Wege zu bereiten. Wird er kommen? Oder ist er eine Unmöglichkeit in unserer sozial zerklüfteten, geistig blasierten, physisch degenerierten Zeit? Gehört vielleicht unsere Epoche zu jenen, in welchen der Genius der Geschichte die so oft mißbrauchte Lyra zürnend zu Boden wirft und sich ein Schwert umgürtet, ein blankes, ehrliches Schwert? –

Julius Hillebrand (Ps. Julius Brand, 1862–1895), Schweizer Professorensohn, ging nach dem Tode seines Vaters in Würzburg und München zur Schule. Nach Abschluß des Gymnasiums 1880 studierte Hillebrand in München Philosophie, Geschichte und Rechtswissenschaft, ab 1890 befand er sich als Jurist im Staatsdienst in Bayern. Hillebrand verfaßte epische und dramatische Dichtungen (*Thomas Münzer, Drama,* 1889 u.a.) und veröffentlichte Beiträge in der *Gesellschaft.*

Im Unterschied zu bisherigen programmatischen Aussagen z.B. von den Harts oder von Conrad stellt Hillebrand den Naturalismus erstmals als das folgerichtige Produkt einer bestimmten historisch-gesellschaftlichen Entwicklungsstufe dar. Er verfolgt gleichsam eine historisch-materialistische Betrachtungsweise, wenn er erklärt:»Der Hauptirrtum der Gegner der neuen realistischen Kunstrichtung liegt aber noch tiefer. Sie verkennen nämlich ganz den untrennbaren Grund und Zusammenhang der Poesie mit dem sozialen Leben und der Wissenschaft« (s. Dok. 7; ein ähnlicher Ansatz zeigt sich auch in Hillebrands Kritik an Bahrs Ibsen-Aufsatz, vgl. hierzu Komm./Dok. 95).

Daher kommt Hillebrand auch zu einer neuen Charakterisierung des Naturalismus als der den modernen sozialen Veränderungen und dem neuen naturwissenschaftlichen Erkenntnisstand adäquaten künstlerischen Ausdrucksform. Während die Harts in ihren *Kritischen Waffengängen* eine nationale Profilierung von Kunst und Literatur gefordert hatten, legitimiert Hillebrand den Naturalismus bereits als spezifischen Realismus einer spezifischen Entwicklungsstufe gesellschaftlicher Widersprüche.

Hillebrands Naturalismus-Definition zeigt gegenüber den anderen zeitgenössischen Selbstdarstellungen ein deutlich eigenständiges Profil, wenn man berücksichtigt, daß bis dahin die sozialen Veränderungen erst vereinzelt Eingang in die theoretische Bestimmung der literarischen Moderne gefunden hatten (vgl. Dok. 5). Hillebrand stellt so seine These und Forderung, daß dem sozialen Drama die »nächste Zukunft« gehören werde, in einen neuen systematischen Zusammenhang. Die Diskussion in der naturalistischen Bewegung verfolgte den von Hillebrand entwickelten Ansatz zur Begründung der eigenen Position jedoch zunächst nicht weiter. Vielmehr wurden durch Bölsche und Alberti die Akzente auf die Einbeziehung des naturwissenschaftlichen Diskurses in die ästhetische Theorie verlagert (vgl. Dok. 9, 17).

In dem Monat, in dem Hillebrands Aufsatz erschien (April 1886), fand in Augsburg die deutsche Erstaufführung der *Gespenster* von Henrik Ibsen vor einem geladenen Publikum statt (vgl. Dok. 93). Nachdem der Herausgeber der *Gesellschaft* sich vor allem für Zola als den »Großmeister des Naturalismus« eingesetzt hatte (vgl. die Dok. 104), begann nun auch das Hauptorgan der naturalistischen Bewegung, sich stärker mit Ibsen zu beschäftigen (zur Ibsen-Rezeption vgl. die Dok. 93–100).

8
Karl Bleibtreu: *Revolution der Litteratur*. Neue verb. u. verm. Aufl., Leipzig (W. Friedrich) o. J. [1887], S. 13–14, 29–30, 31, 36–37, 86–88.

[...]

Es ist daher die erste und wichtigste Aufgabe der Poesie, sich der grossen Zeitfragen zu bemächtigen. Zugleich gilt es, das alte Thema der Liebe in modernem Sinne, losgelöst von den Satzungen conventioneller Moral, zu beleuchten.

Von diesen hohen Anforderungen aus wird man natürlich fast die ganze zeitgenössische Literatur verdammen müssen. Für jede Sorte von Süssholzraspelei ist die Zeit zu ernst. »Wir brauchen eine Kunst, bei der uns wohl wird«, jammert die Theetischästhetik. Es ist nur die Frage, wer die »uns« sind. Wer bei dem verlogenen Gesalbader der Afterpoeten sich wohlfühlt, der hat natürlich den gesunden Sinn für das wahrhaft Sittliche eingebüsst. Müssige Spiele schwärmender Phantasie sind keine aus dem Innern geborene Dichtung. »Poesie ist nur Leidenschaft«, »Ich hasse alle Poesie, die blosse Fiction ist« – diese zwei goldenen Aussprüche Lord Byron's legen das Grundwesen der poetischen Zeugung bloss.

Das Feldgeschrei »L'art pour l'art« ist schon deswegen ein Unding, weil es die Form über den Inhalt stellt. Wahre Poesie wird nie aus abstrakter Liebe zur Kunst, sondern aus leidenschaftlicher Theilnahme an den Schmerzen und Freuden der Mitwelt geboren.

Es gährt und wogt, die Dämmerung beginnt sich zu lichten. Aber die Morgenröthe wird noch von breitem Nebelwust verzögert, der Tag ist noch weit. Denn mit der blossen Erkenntnis der Nichtigkeit bisheriger Literaturentwickelung ist's nicht gethan: es bedarf der schöpferischen Geister. Und diesen wird all ihr Schaffen nichts nützen, wenn sie nicht verstehen, demselben Geltung zu verschaffen. Vor Goethe und Schiller schritt wenigstens Lessing her, um die kritische Herkulesarbeit in dem Augiasstall der Pseudo-Literatur zu verrichten. Bei uns aber werden die Herkulesse schon in der Wiege verkrüppelt und die heilige Dreieinigkeit der Dummheit, Heuchelei und Trägheit hat ihren Schmutzhaufen allzuhoch gethürmt. Und doch muss man heut sein eigner Lessing sein, um für positive Originalarbeit festen Grund zu finden.

Die echte Muse zieht sich meist in keuscher Scheu vom Markte zurück, wo das Hexengold und Talmi der Reklamepoetaster als geprägte Münze gilt. Diese reservirte Vornehmheit muss aber ein Ende nehmen. Wenn die Schwäne in stiller Einsamkeit ihr Sterbelied den Lüften anvertrauen, die Nachtigallen in Nacht und Dunkel schlagen, so kann wenigstens der Löwe seine donnernde Stimme erheben und im grollenden Ausbruch majestätischen Zornes das Gepiepse der Zaunkönige und das Heulen der Schakals übertönen. Den Löwen erkennt man an der Tatze, und wenn diese unmanierlich genug grobe Wunden reisst, so mögen nicht Diejenigen Waih schreien, die ihn am Bart gezupft. Ein solcher Leu erschien uns *noch nicht*, aber er *muss* einst kommen.

[...]

Der Realismus

Unter diesem Namen versteht man diejenige Richtung der Kunst, welche allem Wolkenku-kuksheim entsagt und den Boden der Realität bei Wiederspiegelung des Lebens möglichst innehält.

Von einer »Realistischen Schule«, wovon auch Hirsch fabelt, ohne klare Begriffe damit zu verbinden, kann bei uns noch gar keine Rede sein. Ich hätte es auch gern gesehen, wenn Hirsch es unterlassen hätte, allerlei Nullen als »Realisten« anzuführen – nächstens werden Kotzebu und Birch-Pfeiffer wohl Ehrensäulen im Tempel der realistischen Zukunftsliteratur beanspru-chen! Ein Literarhistoriker hat mit seinem Schiller zu denken:

>>Den lauten Markt mag Momus unterhalten,
Ein edler Sinn liebt edlere Gestalten.<<

Die wirklichen Realisten zerfallen in mehrere Klassen.

Die erste ist diejenige der *Naturalisten*. Es sind dies oft unreife Jünglinge, welche glauben, das Wesen des Realismus bestehe darin, gemeine Situationen und Conflicte zu pflegen. Ich enthalte mich hier der Beispiele. Wenn z.B. der Salon-Promethide Voss ein Cabinetsstück der Lüderlichkeit »Von der Gasse« leistet, so hält er diese auf einem Misthaufen gefundene »Scherbe« (2. Auflage) für »realistisch«. Guten Appetit! –

Die zweite Klasse glaubt die Wiedergabe des Platten und Alltäglichen als Kunstprinzip aufstellen zu müssen. Es sind dies die Niederländer, die *Genremaler* des Realismus. [...]

[...]

Der wirkliche Realist wird die Dinge erst recht sub specie aeterni betrachten und je wahrer und krasser er die Realität schildert, um so tiefer wird er in die Geheimnisse jener wahren Romantik eindringen, welche trotz alledem in den Erscheinungsformen des Lebens schlummert.

[...]

Und das ist die Hauptsache. Nicht die sogenannte »Wahrscheinlichkeit« der Fabel, welche ein Heissporn des Realismus, der alte Carlos von Gagern, mit der Beharrlichkeit unproductiver Schablonenkritiker forderte, ist von Nöthen – das Leben steckt ja voll Unwahrscheinlichkeit! Zola und Maupassant leiden ja selbst fortwährend an romantischen Anfällen.

Die *Neue Poesie* wird vielmehr darin bestehen, Realismus und Romantik derartig zu verschmelzen, dass die naturalistische Wahrheit der trockenen und ausdruckslosen Photographie sich mit der künstlerischen Lebendigkeit idealer Composition verbindet. Das Haupterforderniss des Realismus ist die *Wahrhaftigkeit des Lokaltons*, der *Erdgeruch der Selbstbeobachtung*, die dralle *Gegenständlichkeit des Ausdrucks*. Nur der ist zum Realisten tauglich, der die Gabe des *technischen Sehens* und die Kraft, *mechanische Dinge plastisch zu modelliren*, besitzt. Diese Gabe wird ihn dann auch befähigen, die seelischen Vorgänge in ihren intimsten Verschlingungen mit dem Mikroskop psychologischer Forschung zu verfolgen und, wie ein beliebiges mechanisches Geschehniss der Aussenwelt, mit sinnlich greifbarer Gestaltung zu photographiren.

[...]

Die höchste Gattung des Realismus ist der *sociale* Roman. Hier nun leuchtet ein grossgedachtes Werk uns Allen vor, dessen sich, wie ich zuversichtlich glaube, die Nachwelt erinnern wird. Urwüchsig, ganz aus sich selbst heraus, fern von jeder Modeströmung hat ein Bahnbrecher den *Berliner Roman* geschaffen. Er verdient daher als Schöpfer des deutschen Realismus in Ehren gehalten zu werden.

Max Kretzer, der ebenbürtige Jünger Zola's, ist der Realist par excellence. Mit unwiderstehlicher Faust reisst dieser Dichter die Menschen sozusagen von der Strasse weg und schleudert sie in das furchtbare Gewühl seines dämonischen Todtentanzes hinein – so das wir rufen: Ja, *das* sind Menschen, leider, leider! Und trotz des grauenhaften Pessimismus, der Kretzer's Werke durchzieht, aber in seinem mannhaften Grimm nichts mit weibischer Weltschmerzelei zu thun hat, findet der Dichter würdevolle Worte der Versöhnung, wenn er die Macht der heiligen allüberwindenden Liebe feiert.

Allerdings bricht eine dumpfe unheimliche Wuth gegen die bestehende Gesellschaft manchmal schreckenerregend hervor. Die ganze socialpolitische Gährung, welche den Boden unsrer Zeit erschüttert, hat an Kretzer's Poesie mitgearbeitet. So müssen denn die lauernden Raubtierinstinkte des vierten Standes hier ebenso ihren Ausdruck finden, wie das heroische Ringen desselben gegen die Noth.

Aber über dem allen schwebt des Dichters reiches Gemüth und weiss im Schlamm noch so manches Goldkorn zu entdecken.

All dieses gilt freilich in voller Anwendung nur für »*Die Verkommenen*«, da trotz herrlicher Einzelheiten die übrigen Romane nicht entfernt auf gleicher Höhe stehen. Kretzer kann oft seine Perioden nicht künstlerisch überschauen, wohl aber überschaut er mit gewaltigem Blick das Leben. Er ringt noch mit der Sprache; seine Sätze enthalten, wenn man sie näher durch die Loupe betrachtet, oft etwas Verrenktes und Incorrektes; er beherrscht nicht immer die deutsche Grammatik, wohl aber das Herz der Zeit. Er ist ein Vollmensch seiner Epoche. Und die Nachwelt wird von den Andern viel schöne Bücher erhalten – für ihre Bibliotheken; aber der Mensch wird leben. Noch unsre Enkel, ich hoffe und weiss es, werden den wildgenialen Schluss der »Verkommenen« mit schaudernder Erschütterung lesen und – begreifen, wenn all die Modehelden todt und vergessen sind. Bleiben wird der knorrige brutale Realist, mit dem die Idee der Zukunft dröhnend dahinschreitet. Denn eine solche Kraft der Seelenmalerei, eine solche Tiefe der Charakterzeichnung, eine solche Gewalt der Leidenschaft, eine solche rücksichtslose Energie und Unerschrockenheit im dichterischen Anpacken der furchtbarsten Leiden und Sünden, eine solche Shakespeare'sche Wucht der Tragik *ist in der deutschen Literatur noch nicht dagewesen.*

Würde nach dem Grundsatz: Eins ist noth (d. h. Wahrheit und Grösse) verfahren, so möchte ich nicht anstehen, Kretzer unter die *grossen Dichter* zu rechnen. Man lese »Die Verkommenen« nach Zola's Germinal – Kretzer kann die Probe aushalten! Ich erkläre ausdrücklich, dass meiner Ansicht nach Dickens in manchen dichterischen und ethischen Kategorien von Kretzer überholt und dass in dem kommenden Roman des Autors »Drei Weiber« eine objective Sicherheit der Satire erreicht ist, wie sie Thakeray selten bekundet – eine eherne Ruhe der Menschenbeobachtung, der ich meine tiefste Bewunderung zolle.

[...]

Dem Realismus allein gehört die Zukunft der Literatur. Allerdings nicht dem Pseudo-Realismus. Denn wer diesen darin sucht, des Menschen Wesen als reines Ergebniss thierischer Instinkte, als eine maschinenhafte Logik des krassen Egoismus hinzustellen – der macht sich derselben Sünde der Unwahrhaftigkeit schuldig, wie der gefühllose Süssholzraspler und phraseologische »Idealist«. Der Mensch ist weder Maschine noch Thier, er ist halt ein – Mensch d. h. ein räthselhaftes unseliges Wesen, in dem sich psychische Aspiration und physische Instinkte bis in den Tod und bis an den Tod befehden.

Muth allerdings bedürfen Dichter wie Leser, um den *wahren* Realismus zu ertragen – Muth und Charakter. Wer einen schwachen Magen hat, mag seekrank werden beim Anblick der aufgeregten Daseinselemente. Ist das stürmische Meer darum minder schön, minder erhaben, weil ihr es nicht vertragen könnt?

Dasjenige Buch, welches mit erschütterndem Ernst den Sohn unsrer Zeit in jeder Fiber packt, ist Zola's »Germinal«, die grandiose Allegorie der modernen Gesellschaft und ihres Verhältnisses zu den Gesetzen der ehernen Nothwendigkeit – ein Buch der Mannhaftigkeit, das alle Weiber beiderlei Geschlechts wie das Bild von Saïs vor Schreck versteinern könnte. Der Weltschmerz der politischen Revolutionszeit hat in Werther, René, Childe Harold seinen Ausdruck erhalten. Der Weltschmerz der heutigen Eisenzeit hat in »Germinal« seine ewige Formel gefunden. Und das ist das Höchste, was der Dichter erreichen kann. Dass Zola ein grosser Dichter ist, weiss Jeder, der sich ein Quentchen gesunden Menschenverstandes bewahrt hat und das blitzartige Beleuchten seelischer Abgründe sowie die riesenhafte Wucht der Situationen zu verstehen vermag. Aber Zola ist doch noch mehr.

Ich unterscheide – die Afterdichter und Anempfindler ganz bei Seite lassend – drei Dichterarten!

Die *Conventionellen*, welche bei hoher Begabung und Bedeutendheit doch nur in ausgetretenen Gleisen wandeln und in veralteten Formen weiterweben. Die *Schöpfer*, welche Neues aus sich herausgestalten. Die *Weltdichter*, welche ihrer Eigenart zugleich den Stempel des Ewigen aufdrücken und, Dichter- und Denkerkraft verschmelzend, einen ewigen Gedanken in eigenartige künstlerische Form umgiessen.

Zola ist der einzige Weltdichter seit Lord Byron, obwohl in beschränkter Form.

Wenn nun aber Fritz Mauthner seine Besprechung »Germinals« mit dem merkwürdigen Satze schloss: *»Vielleicht wird aus seiner Schule der grosse Dichter der Gegenwart hervorgehen, der auf Zola's Schultern stehen wird«*, so gilt diese Prophezeiung für uns Deutsche sicherlich nicht. Deutschland ist literarisch zu weit zurück, seine Kritik zu erbärmlich und sein Publicum zu verächtlich, um das Entstehen eines Zola, geschweige denn – siehe Hirsch »Sturm- und Drangperiode« – eines Goethe zu ermöglichen. Wohl schlummert der Stoff für eine grosse befreiende Dichtung in unsrer Zeit, den eine kühne Hand wohl heben mag; doch das müsste eine stählerne Hand sein.

Aber in einigen Geistern lebt wenigstens etwas von dem Heiligen Geist, der von Aera zu Aera in der Literatur urplötzlich aufzutauchen pflegt.

Ueber »Germinal«, der Bibel des dichterischen Naturalismus, möchte man den kernigen Bajuvarenruf der »Coming race« entgegenrufen: »Habt's a Schneid!«

Denn auch wir wandern im Hochgebirg auf gefahrvoll beschwerlichen Bahnen.

[...]

Der Berliner Literat Carl, meist Karl Bleibtreu (1859–1928) stieß erst nach einem Bruch mit seiner schon entwickelten schriftstellerischen Tätigkeit zu den oppositionellen Autoren. Er lernte 1884 Michael Georg Conrad kennen und las auf dessen Anregung hin Zola. Die Lektüre von *Germinal* (1885 in deutscher Übersetzung erschienen) wurde für Bleibtreu zu seinem »Damaskus«. Er zählte sich von da an selbst zu den »Zolajüngern«, wobei seine Bewunderung für Zola primär dem Kraftgenie, dem »Herkules« galt. Nach der Lektüre von *Germinal*, erklärte Bleibtreu, sei »der Geist des Gewaltigen« mit »allesüberwältigender Kraft« über ihn gekommen, und er kürte deshalb diesen Roman Zolas zur »künstlerischen Bibel des dichterischen Naturalismus.« Dessen Lektüre wirke »stählend, geistig mannbar machend« (s. Karl Bleibtreu, *Berliner Briefe III. Zola und die Berliner Kritik*. In: *Die Gesellschaft*, Jg. 1, 1885, S. 465 und 471).

In Berlin bildete sich um Bleibtreu in dieser Zeit ein kleiner Freundeskreis, dem u.a. Max Kretzer angehörte (vgl. Dok. 18, 36) und man traf sich auch mit dem Kreis der Autoren, die sich um die Brüder Hart geschart hatten. Als im Frühsommer 1885 die *Modernen Dichter-Charaktere* (mit Gedichten von Bleibtreu im Anhang) erschienen, stellte sich dieser zunächst auf die Seite der jungen »Stürmer und Dränger«.

Im Januar 1886 erschien Bleibtreus Broschüre *Revolution der Litteratur* in erster, 14 Tage später bereits in zweiter und nach 17 Monaten, 1887, in dritter Auflage. Die Broschüre, die in veränderten Auflagen herauskam, enthielt Aufsätze, die vorher bereits im *Magazin für die Litteratur des In- und Auslandes* oder in der *Gesellschaft* veröffentlicht worden waren. Daß dieser Veröffentlichung wiederholt eine Art Manifestcharakter bescheinigt wurde, resultiert wohl weniger aus ihrem substantiellen Gehalt, als vielmehr aus ihrer zugespitzten Polemik und dem Aufforderungscharakter des Titels, der Unterstützung für den Oppositionsgeist der jungen Autorengruppe versprach. Dabei ist wiederum bezeichnend für die Widersprüche in dieser Gruppe, daß Bleibtreu zwar ebenfalls ein ethisches Postulat gegenüber der Literatur vertratt, was im wesentlichen Wahrheit verlangte, »Talmipoesie« verurteilte und das l'art pour l'art-Prinzip ablehnte, im übrigen aber, trotz Zola-Begeisterung und entgegen der zunehmenden Auseinandersetzung mit den Naturwissenschaften, bereits die Verbindung von Realismus und Romantik forderte (vgl. hierzu auch die Dok. 19, 50, 95). Es gab also in der naturalistischen Literaturopposition einen bestimmten, weltanschaulich-philosophischen Grundkonsens, aus dem heraus sich jedoch in kurzer Folge sehr divergierende ästhetische Einzelauffassungen herausbildeten. Bei Bleibtreu lag dabei, wie seine Berufung auf Byron und sein spezifisches Zola-Verständnis zeigen, das Schwergewicht auf der dichterischen Subjektivität, das Genie triumphierte. Daher galt für ihn auch nicht mehr die Gleichsetzung von Wahrheit und Objektivität: »Denn die reine Objektivität, von der Laien so viel Wesens machen, ist eine Phrase. Subjektivität ist Wahrheit, sogar das einzig bestimmbare Wahre, und Wahrheit das Erforderniss des literarischen Werthes« (s. K. Bleibtreu, *Revolution der Litteratur*, 3. Aufl., Leipzig 1887, S. 90).

So erscheint es nur folgerichtig, wenn Byron von ihm als die »Spitze der poetischen Capacität und Ausbildung derselben« erkannt wird, da dieser »zugleich die *Subjektivität der Idee* [...] mit der *Subjektivität des Persönlich-Figürlichen* vereint« (ebd.).

Dementsprechend widmete Bleibtreu dem Verhältnis Kunst und Wissenschaft auch nur eine kurze Bemerkung in der Einleitung seiner »Revolutions«-Broschüre: »Die guten Rathschläge und Empfehlungen naturwissenschaftlicher Studien und gelehrter Experimentalmethode wirken in hohem Grade *unwissenschaftlich d.h. unwissend über den psychologischen Prozeß der wahren Dichtung*, dieses nur dem Dichterdenker erschlossenen Räthsels« (ebd., S. IX). So erscheint es auch nicht verwunderlich, daß Bleibtreu bereits 1888 seine Position zu Zola neu formuliert und diesen nur mehr als Ausgangspunkt für eine Weiterentwicklung des Realismus anerkennt (s. Dok. 33).

Bleibtreu gehörte ab 1885 zur Kerngruppe der Autoren, die für die *Gesellschaft* schrieben. Im Mai 1886 übernahm er die Redaktion der angesehenen Literaturzeitschrift *Das Magazin für die Litteratur des In- und Auslandes*, die von ihm zu einem Organ der naturalistischen Bewegung umgestaltet wurde. Zahlreiche Autoren veröffentlichten nun gleichzeitig in der *Gesellschaft* und im *Magazin*, wie z.B. Wilhelm Arent (vgl. Komm./Dok. 55), Leo Berg (s. Dok. 29), Conrad Alberti (s. Dok. 9), Hermann Heiberg (1840–1910), Edgar Steiger (s. die Dok. 88 u. 89), Eugen Wolff (s. Dok. 112), Max Kretzer (s. Dok. 36). Bleibtreus ausfallende Polemik sowie seine einseitige Verengung des literarischen Programms führten jedoch zum wirtschaftlichen Ruin des Verlegers Wilhelm Friedrich deshalb zum 1. 4. 1888 verkaufte. Damit endete auch Bleibtreus Funktion. Er wurde nun durch den Verleger Friedrich zum Mitredakteur der *Gesellschaft* ernannt und Redaktionsleiter der Beilage *Litterarisch-kritische Rundschau*. 1888 erschien Bleibtreus Roman *Größenwahn*, u.a. eine Parodie auf den Verein »Durch« als einem »Verein von Größenwahnsinnigen« (vgl. hierzu auch Dok. 33). Der verleumderische und beleidigende Stil seiner Literaturkritik sowie ein unerlaubter Nachdruck trugen Bleibtreu 1888 und 1889 drei Prozesse ein. Mit diesen Prozessen, die er verlor, endete schließlich auch das Freundschaftsverhältnis Conrad-Bleibtreu.

9

Conrad Alberti: *Die zwölf Artikel des Realismus. Ein litterarisches Glaubensbekenntnis.* In: *Die Gesellschaft. Monatsschrift für Litteratur und Kunst.* Hrsg. v. Michael Georg Conrad und Carl Bleibtreu. 5. Jg. Leipzig (W. Friedrich) 1889, Bd. 1, Januar-Heft, S. 2–11.

1.

Die Kunst ist nicht ein überirdisches Ding, welches die gnädige Gottheit der schönheitsbedürftigen Menschheit fertig in den Schoß warf, sondern sie ist rein menschlichen Ursprungs. Sie ist ein natürliches und notwendiges Erzeugnis der Einrichtung des menschlichen Geistes, wie diese ein natürliches Ergebnis des Baues des menschlichen Gehirns ist. Sie ist eine rechte und leibliche Schwester der Politik, Technik, Wissenschaft, Religion, mit denen sie vereinigt die menschliche Kultur bildet. Sie ist ein wesentlicher Teil der menschlichen Kultur, zu der sie sich verhält wie eine Farbe aus dem Sonnenspektrum zum ungebrochenen Lichtstrahl. Ursprünglich ward sie lediglich und ausschließlich zur Erfüllung realer Zwecke geschaffen, und zu solchen hat sie allen Völkern in den ersten Stadien ihrer Kultur gedient, – zu Zwecken der Religionsübung, der ehelichen Auslese, der Befestigung dynastischer Herrschaft, der Übung von Zaubereien u.s.w. – und auch in ihren höchsten Entwickelungsphasen, in den anerkanntesten und unsterblichsten Kunstwerken lassen sich ihre rein ästhetischen Zwecke niemals von eng damit verbundenen realen, praktischen, außerästhetischen trennen, also politischen, sozialen und dergleichen z.B. in der Oresteia, der Göttlichen Komödie, dem Don Quixote, dem Tell, den vatikanischen Stanzen, den Medicäergräbern, der Neunten Sinfonie.

2.

Als wesentlicher Faktor der menschlichen Kultur ist die Kunst dem Gesetz der organischen Fortentwicklung unterworfen, dem obersten aller Naturgesetze. Die Kunst ist in beständiger organischer Fortentwickelung begriffen, sowohl als Ganzes betrachtet, wie jede einzelne Kunst im besonderen. Nur von dem Gesichtspunkte einer beständigen organischen Fortentwickelung aus den in natürlicher Notwendigkeit der menschlichen Organisation in ihrer Eigentümlichkeit begründeten Anlagen läßt sich ein sachliches und positives Urteil über Kunstperioden, Künstler und Kunstwerke gewinnen. Da die Nationalität, die Rasse eine natürliche und wie zu vermuten, ursprüngliche, nicht erworbene, mindestens aber uralte Einrichtung der Menschheit ist, so ist die Forderung einer nationalen Kultur und somit auch einer nationalen, den Charakter ihres Volkes in seinen Entwickelungsphasen widerspiegelnden Kunst eine berechtigte. Jede Nationalkunst ist also ein organisches Ganzes, entweder in sich abgeschlossen, oder sich noch beständig fortentwickelnd, aus dem eigentümlichen Geiste der Nation herausgeboren und mit demselben fortschreitend, nicht aber etwa eine Pyramide

zufällig entstandener und zusammengeworfener guter, schlechter, mittelmäßiger Bücher, Bilder, Statuen u. s. w.

3.

Da alle Naturgesetze, welche die mechanischen Vorgänge in der physischen Welt regeln, auch
alle geistigen Vorgänge und Erscheinungen bestimmen, so ist auch die Kunst genau denselben
Gesetzen unterworfen wie die mechanische Welt. Die Prinzipien des Kampfes ums Dasein,
der natürlichen Auslese, der Vererbung und der Anpassung haben in Kunst und Kunstgeschichte ebenso unbedingte Geltung wie in der physiologischen Entwickelung der Organismen. Z. B. behauptet sich unter allen Kunstwerken, welche ein und dasselbe Motiv verkörpern, dasjenige am längsten und unterdrückt die andern, welches die kräftigste Organisation
besitzt, das heißt, welches das ihm eigene Motiv am stärksten, deutlichsten, klarsten und
einfachsten, ohne Hinzuziehung fremder, die Aufmerksamkeit ablenkender Motive darstellt,
welches daher den Betrachter am leichtesten zu fesseln und am längsten festzuhalten vermag.
So überstrahlt Goethes Faust alle anderen gleichzeitigen Fauste und tötet dieselben litterarisch. Alle großen und ewigen Naturgesetze sehen wir auch in der Kunst herrschen. Das
Gesetz der Erhaltung der Energie ist das Grundprinzip der Tragödie, besonders der Forderung der Katharsis, sowie überhaupt des organischen Abschlusses eines jeden Kunstwerkes.
Das Gesetz der Konstanz der Materie wird hier dadurch bewiesen, daß alle poetischen
Motive der Weltlitteratur sich bereits in der ältesten aller Litteraturen, in der indischen
vorfinden, und von da in immer neuen Kombinationen bis zu Shakespeare, Goethe, Dumas in
allen Litteraturen auftreten und sich wiederholen, so daß nur die Erscheinungsformen, die
Fassungen sich verändern, die Summe der poetischen Motive selbst sich aber nicht vermehrt.
Das Gesetz des kleinsten Kraftmaßes ist das natürliche Prinzip des Reims, ja auch das Prinzip
der ästhetischen Zweckmäßigkeit, welches früher irrtümlich als das oberste ästhetische Prinzip galt. Denn zweckmäßig und darum künstlerisch schön erscheint nur diejenige Handlung,
zu der das Minimum der zu ihr erforderlichen Kraft aufgewendet wird, jedes Zuviel, wie
jedes Unzureichend an Kraftaufwendung läßt sie unästhetisch erscheinen.

4.

Mithin erscheint jedes ästhetische Gesetz nur dann gerechtfertigt, wenn es sich als die Anwendung eines allgemeinen Naturgesetzes auf die besonderen Bedingungen der Kunst darstellt.

5.

Als notwendiges Naturprodukt hat die Kunst keinen absoluten Zweck: sie ist, weil sie sein
muß. Als Kulturfaktor aber hat sie einen bestimmten Zweck. Dieser besteht nicht in der
Verbreitung eines wesenlosen Vergnügens, eines unrealen, ästhetischen, scheinhaften Lustge-

fühls, eines bloßen Nervenkitzels, einer leeren Erhöhung der Stimmung, eines unklaren Wohlgefallens an dem dargestellten Gegenstande, wie die bisherige Ästhetik will, sondern er ist ein realer Zweck: die Förderung und Fortbildung der menschlichen Kultur, deren letztes Endziel die Erkenntnis des Wesens der Welt, die Erkenntnis unserer selbst ist. Die Kunst ist Ringen nach höchster Erkenntnis in den eigentümlichen Formen, mit den eigentümlichen Mitteln der Kunst.

6.

Alle Zweige der menschlichen Kultur, von der die Kunst ein Teil ist, streben zu diesem Ziele. Die Naturgesetze sind wohl an sich nichts wirkliches, denn die unbewußt schaffende, aus sich fortentwickelnde Natur weiß nichts von Gesetzen, aber sie sind die einzige Form, in welcher uns das Wesen der Natur, die derselben immanente Vernunft, zu erscheinen vermag. Die Wissenschaft ist die rein theoretische Analyse der Naturgesetze auf allen Gebieten des Daseins, die Politik ist die Übertragung derselben auf das Zusammenleben der Menschen, die Ethik auf das Seelenleben und Verhalten des Einzelnen – die Kunst ist die Synthese der Naturgesetze, die plastische, gestaltliche, lebendige Verkörperung eines derselben oder einer Anzahl einander kreuzenden, in individuellen Formen.

7.

Alle Kunst ist symbolisch, von außen individuell, von innen naturgesetzmäßig. Jedes Kunstwerk ist eine Diaphanie: durch die individuellen Formen (Gestalten, Farben, Worte) scheint in jedem Augenblick das Naturgesetz oder scheinen die Gesetze hindurch, welcher oder deren Gegenwirkung das Kunstwerk verkörpern will, doch ist die gegenseitige Durchdringung eine vollständige chemische, so daß es dem Auge unmöglich ist, beides zu trennen: beides erscheint vielmehr in jedem Teile des Kunstwerks, jedem Moment des Genusses als eines einheitlichen Wesens ohne die Spur einer künstlichen Zusammensetzung, eines Widerspruchs zwischen dem ewig-naturgesetzmäßigen Kern und der zufällig-individuellen Schale. Diese Doppelnatur des Kunstwerks, die doch zugleich einen einheitlichen Eindruck hervorruft, ist der Grund des sogenannten ästhetischen Scheins. Sie ist das Wesen der Kunst, unter ihrem Gesichtspunkt erscheint die Natur selbst in ihren Einzelformen als das höchste Kunstwerk, und allen Kunstgattungen, alle ästhetischen Begriffe leiten sich aus ihr her. Das Tragische z. B. ist die Selbsttäuschung des Individuums über sein eigenes Ich, die Annahme eines freien individuellen Willens und der Versuch denselben dem Naturgesetz entgegen zu setzen, indes dieser freie Wille in Wirklichkeit nur Schein ist, nur die Folge einer Gegenwirkung mehrerer Naturgesetze ist, und bei der ersten Berührung mit dem natürlichen Prinzip zerbricht. Die Alten sahen das Naturgesetz nur in der Form des Schicksals: in diesem Sinne ward für sie Ödipus eine tragische Gestalt. Der Renaissance erschien es (längst vor Kant) als der Kategorische Imperativ, als das Willengesetz, und der Versuch, dasselbe durch den individuellen

Willen zu umgehen oder zu durchbrechen, galt ihr als tragisch (Hamlet, Macbeth, Wallenstein). Uns erscheint es in seiner einfachsten mechanisch-physiologischen Form, und der
Kampf mit demselben ist das Prinzip der modernen Tragödie (Oswald in den »Gespenstern«).

8.

Es giebt nicht eine Kunst für alle Zeiten, jede Zeit hat vielmehr ihre eigene Kunst, indem die
Kunst jederzeit die Kulturhöhe ihrer Zeit verkörpert, und diese, das heißt der Umfang der
Erkenntnis, in beständiger Fortentwickelung begriffen ist. Es giebt daher auch keine feste
Kunstlehre mit ewigen Regeln und Wahrheiten, da dieselbe aus der Auffassung der Natur
abgeleitet ist, und diese beständig wechselt. Eine Kunst ist gesund, sobald sie die Kulturhöhe
ihrer Zeit darstellt und widerspiegelt; krank, sobald dies nicht der Fall. Sophokles, Phidias
sind die ganze Antike, Shakespeare, Raphael die ganze Renaissance. Eine Kunst, ein jedes
Kunstwerk lebt so lange, als die Kulturanschauung lebt, welche sie verkörpern, und lebt
wieder auf mit dem Augenblick des Wiederauflebens derselben. Homer und Virgil waren tot
mit dem Beginn der Herrschaft des Christentums und lebten wieder auf mit der Renaissance,
die an die Antike anknüpfte. Das deutsche Heldengedicht ging unter mit dem nationalen
Rittertum, mit dem Verfall des nationalen Gedankens und lebte wieder auf zu Friedrichs des
Großen Zeit, mit dem Wiedererwachen des deutschen Nationalbewußtseins.

9.

Die vier Wurzeln der modernen Kunst sind Nationalität, Demokratie, subjektiver und objektiver Realismus. Durch sie saugt die Kunst gesundes, echtes, kräftiges Leben ein, den Saft der
Wahrheit, den Nahrungsstoff der festen Erde, welcher sich an ihrem Stamme zu herrlichen
Blättern und Blüten umwandelt. Die moderne Kunst sei national, sie spiegle in ihren Formen,
ihren Auffassungen, ihren Empfindungen den Geist der Rasse des Künstlers wieder, denn das
beste, was der Mensch und der Künstler besitzt, verdankt er seinem Volke: nationale Unterschiede und Eigenheiten sind natürlich und berechtigt, nicht nur in der äußeren Erscheinung,
sondern auch in der geistigen und seelischen Anlage, Weltauffassung, Charakterbildung. Je
schärfer ein Künstler, ein Kunstwerk den Geist seiner Nationalität widerspiegelt, eine desto
schärfer ausgeprägte Eigenart sichern sie sich, desto größeres Interesse werden sie auch
anderen Nationen einflößen. Die moderne Kunst sei demokratisch – freilich nicht in dem
alltäglichen politischen Parteisinne, nicht als die Trägerin einer politisch-doktrinären Tendenz, sondern in dem höheren, allgemein-menschlichen Sinne, daß es vor ihr wie vor dem
Gesetz keine Standesunterschiede giebt, daß vor ihrer Theorie alle Menschen gleich sind und
der Kaiser so viel gilt wie der Proletarier. Nicht dadurch adelt der Künstler sein Werk, daß er
nur Könige und Fürsten zu Helden seiner Darstellungen macht, sondern durch die Tiefe
seiner Gedanken, die Vollendung seiner Behandlung. Im Proletarier lebt dieselbe Leiden-

schaft, verkörpert sich dasselbe Menschentum, dasselbe Naturgesetz so gut wie im Fürsten und in derselben Stärke, nur daß er sich in anderen, doch künstlerisch gleichstehenden Formen ausdrückt. Im Gegenteil, jede Empfindung drückt sich bei dem Manne und der Frau aus dem Volke elementarer, schlichter, natürlicher aus, weil diese durch keinerlei konventionelle Rücksichten gehemmt sind. Das geheimnisvolle, mächtige Walten der ehernen Naturgesetze, der Gegenstand der künstlerischen Darstellung, prägt sich in den Vorgängen, im Leben des Volkes ebenso wohl und oft schärfer aus als in dem Leben und Treiben der Herrscher und Helden, und darum ist jenes als Gegenstand der Kunst so gut und mehr geeignet als dieses. Der Künstler sei subjektiver Realist, das heißt, er stelle nicht dar, was er nicht wirklich mit eigenen Nerven durchlebt hätte. Durchlebt, nicht erlebt! Im Geiste, in seinem Gehirn durchlebt. Nicht, was er nicht aufs genaueste erforscht, geprüft, studiert hätte, darein er sich nicht durch Autosuggestion bis zur vollendeten Selbstdurchlebung versetzt hätte. Er lasse den Stoff fallen, der ihm solche Selbsthineinversetzung unmöglich macht. Kein Klügeln, kein talmudisch-kasuistisches Kombinieren, kein Aushecken unmöglicher Probleme am Schreibtisch, die nur eine Spielerei des Geistes, die Freude gelungener Seifenblasen erwecken können! Er erhebe seine Gefühle in die höchsten Potenzen – nur daß er richtig rechne! Aber er schildert kein Gefühl, zu dem er in seinem Innern nicht die rechte Grundzahl oder nicht die zu seiner Erzeugung nötigen Faktoren besitzt, denn er wird sonst nur kalte, nüchterne, glatte Klügeleien nach Art eines Paul Heyse zustande bringen, die nicht vermögen, wie ein echtes Kunstwerk, unmittelbar, gleichsam elektrisch auf den Betrachter zu wirken, sondern Zweifel, Bedenken, Streit hervorrufen.

10.

Jedes Kunstwerk sei objektiv realistisch. Die reale Natur ist das einzig Erkennbare, mithin für uns Menschen das einzig Wahre und daher der einzig berechtigte Gegenstand künstlerischer Darstellung, ihr unablässiges Studium die einzige Aufgabe des Künstlers. Was nicht reale Natur ist, was nicht den Gesetzen und Erscheinungen derselben entspricht, ist Fratze, Thorheit, Phantasterei. Die Natur selbst erschöpft in ihrer unermeßlichen Kraft alle Kombinationen, welche im Reiche der Materie und des Geistes kraft ihrer eigenen, ewigen, unumstößlichen Gesetze möglich sind, und jede Abweichung von der Natur, jedes Darüberhinauswollen, jedes Schminken derselben ist eine Fälschung der Natur, eine Verletzung ihrer Gesetze und ästhetisch verboten. Als solche, und daher künstlerisch verwerflich erscheinen phantastische Schöpfungen wie Engel, Centauren, Tritone und dergleichen. Das Altertum hatte ein Recht, solche Gebilde zu schaffen, weil es dieselben für wirklich hielt, weil es an ihre Existenz glaubte, weil es seine Anschauungen vom Wesen der Natur in denselben verkörperte. Wir glauben nicht mehr daran, unsere Erkenntnis der Natur ist eine andere, für uns sind sie Fratzen und Lügen.

Wie die Natur das einzig Reale und darum das einzige Gebiet des Künstlers ist, so ist auch kein Winkel, kein Fleck, kein Geschöpf, kein Vorgang in derselben, der nicht der künstlerischen Verkörperung würdig und fähig wäre. Denn auch in dem unbedeutendsten Geschöpfe, dem verborgensten Winkel, dem gleichgültigsten Vorgang offenbart sich die Größe und Herrlichkeit der allwaltenden Naturgesetze. Überall ist die Natur in dem gleichen Grade von dem göttlichen Hauche ihrer Größe und Vernunft erfüllt, die uns in der Form der Gesetzmäßigkeit erscheint. Darum giebt es für den Künstler keine Stoffe zweiten oder dritten Ranges, sondern rein stofflich betrachtet, steht jedes natürliche Objekt, jeder Vorgang gleich hoch, weil der göttliche Geist in einem jeden wohnt; Sache des Künstlers ist es nur, den natürlichen Stoff zum Kunstwerk zu adeln, indem er in seiner Nachahmung das demselben innewohnende natürliche Gesetz, den Geist, der denselben beseelt, zur klaren Anschauung bringt und ihm doch seine individuelle Form und Erscheinung wahrt. Und der Künstler steht um so höher, je reiner und wahrer er in seiner Darstellung die Natur in ihrer unermeßlichen Größe, ihrer allwaltenden Schönheit, ihrer Vermischung des gesetzmäßigen Wesens und des individuellen Scheins hervortreten läßt, mit möglichster Unterdrückung seiner Persönlichkeit. Also giebt es in der Natur nichts an sich Häßliches, Schmutziges, Gemeines, Unkünstlerisches. Und in der Kunst ist häßlich und schmutzig nur das Phantastische, Naturwidrige, der realen Beziehung Entbehrende, das Gesetz seines Daseins Verschleiernde, der individuellen Erscheinung Ermangelnde.

12.

Die schlimmste, verbreitetste und gefährlichste Fälschung der Natur, welche die heute herrschende Kunstrichtung übt und welche diese jedem klar und vernünftig denkenden, modern empfindenden Menschen völlig ungenießbar macht, ist das einseitige Hervorkehren des psychischen Motivs der Liebe, das heißt des Verlangens nach dem geschlechtlichen Genusse, welches das immer wiederkehrende Motiv aller Schöpfungen Paul Heyses, Grillparzers und der ganzen nachklassischen Litteratur bildet. Die Liebe, das heißt die Sinnlichkeit, der geschlechtliche Genuß ist keineswegs der einzig würdige oder auch nur der vorzüglichste Gegenstand künstlerischer Darstellung, sie als solchen ausgeben, heißt an der Wahrheit grobe Fälschung begehen, denn das Prinzip der Zuchtwahl, das sich im Menschen als Liebe verkörpert, ist keineswegs das einzige weltbewegende Naturgesetz, oder nur das vorzüglichste derselben, sondern nur eines unter anderen. Die Liebe nimmt keineswegs im Organismus der Welt, im Dasein der Menschheit eine so allseitig beherrschende Stellung ein, wie die heutigen Künstler uns glauben machen wollen, welche daher das Bild der Welt fälschen, sondern sie ist nur ein psychisches Motiv unter vielen ebenso starken und wirksamen, wie Kampf ums Dasein, Vererbung – das heißt Eigensucht, Trägheit, Stolz u.s.w. Es ist aber Aufgabe der Kunst, ein wahres und vollkommenes Bild der Welt zu geben und daher die Gesamtwirkung aller gleich starken, wichtigen und einflußreichen Naturgesetze zu verkörpern, von denen die Liebe nur eines ist. Auch Shakespeare schrieb unter seinen Macbeth, Lear, Othello, Richard nur ein »Romeo und Julia«.

Ich bin weit entfernt zu glauben, mit diesen wenigen Bemerkungen den Gedankengang und die Kunstanschauung des Realismus etwa verkörpert zu haben. Ich hoffe, daß mir dies allerdings in einer umfangreichen Schrift gelingen wird, welche ich schon seit geraumer Zeit unter der Feder habe und deren ersten Teil ich, falls keine äußeren Störungen eintreten, bis zum Herbst übernächsten Jahres zu vollenden hoffe. In derselben will ich versuchen, zum ersten Male, unter Benutzung der neuesten Studien Hartmanns, der verstorbenen Fechner und Scherer und Anderer, auf dem Grunde der darwinistischen Weltanschauung die Fundamente einer induktiven Kunstlehre zu errichten, welche sich nicht wie die bisherige Schul-Ästhetik auf apriorischen, transcendentalen Spekulationen aufbaut, deren Ergebnisse nicht die geringste Fühlung mit der wirklichen, bestehenden und lebendigen Kunst haben, sondern welche die Bedingungen der Entstehung der Kunst bei den Urvölkern, die höchsten Kunstwerke, die Art des Schaffens der größten Künstler aller Länder und Zeiten untersucht, die übereinstimmenden Züge zusammenstellt und die Wirkungen der künstlerischen Werke auf den Geist betrachtet. Eine Ästhetik auf dem Grunde der Ethnographie, der Kulturgeschichte und der Psychophysik: das ist es, was mir als letztes Ziel vorschwebt. Eine Arbeit von Jahren, von Jahrzehnten vielleicht, möglich sogar die Arbeit eines Menschenalters! Doch das soll mich nicht abschrecken, und wenn ich auch über die Sammlung und Sichtung des Materials nicht hinauskommen sollte. Die Einleitung dazu hoffe ich wenigstens bis zum Herbst 1890 fertig zu stellen.

Im Vorliegenden habe ich mehrere der Hauptgedanken aufgezeichnet, zu denen mich meine, ich darf sagen nicht ohne einigen Fleiß geführten Untersuchungen geleitet haben – die Grundsätze, welche bei diesen Untersuchungen für mich maßgebend sind und es meiner Meinung nach für die ganze moderne Ästhetik sein müßten, habe ich im Dezember-Heft in dem Artikel »Karl Frenzel und der Realismus« angedeutet. Natürlich konnte ich hier im Rahmen einer Zeitschrift nur die Folgerungen mitteilen, nicht das ganze Material der Untersuchungen selbst. Ich glaube, daß diese zwölf angeführten Punkte so ziemlich die Kreislinie der Bestrebungen des deutschen Realismus umschreiben, seine Anschauungen zusammenfassen dürften, daß sie das Wesen des deutschen Realismus knapp zum Ausdruck bringen.

Nur aus einem triftigen und dringenden Grunde habe ich mich zu dieser vorzeitigen Veröffentlichung entschlossen, nur um gewissen böswilligen und niederträchtigen Gegnern den Mund zu stopfen und das Handwerk zu legen, welche nicht müde werden, uns mit dem Kote ihrer gemeinsten Verleumdungen zu bewerfen, wie z.B. die ehrenwerten Kritiker der »Magdeburgischen Zeitung«, der »Frankfurter Zeitung«, und ähnliche Dunkelmänner, welche sich immer wieder darin gefallen, in ihren Blättern die gemeinsten Entstellungen und absichtlichen Verdrehungen unserer Ziele und Anschauungen dem denkträgen Lesepöbel vorzukauen. Sie treiben die Schamlosigkeit so weit, der Wahrheit Faustschläge ins Gesicht zu erteilen und unablässig zu wiederholen, wir, die deutschen Realisten, die Vorkämpfer des Rechts der Nationalität in der Kunst, seien Nacheiferer des Auslandes, wir, deren Ziel die Darstellung des Wirkens der ehernen Naturgesetze, schilderten nur die »platte, nüchterne Alltäglichkeit« und »wühlten mit Behagen im Schmutz«, wir wollten die ganze vorhandene deutsche Litteratur stürzen, während unser oberstes Prinzip das der organischen Entwicklung ist, – und was dergleichen wissentliche Lügen und Gemeinheiten mehr sind. Um diesen ein für alle Mal entgegenzutreten, habe ich versucht, unsere Kunstanschauung in eine kurze systematische Zusammenfassung zu bringen, welche das eigentliche Wesen derselben in jedermann verständlicher Weise darlegt. Diese zwölf Artikel sind mein – und ich glaube unser Gleichstrebender Aller – litterarisches Glaubensbekenntnis; unsere ganze Lehre, unser ganzes Schaffen folgt aus demselben; nur sie erkenne ich an, nur aus ihnen verlange ich beurteilt zu werden, nur auf diese ist meine litterarische Thätigkeit gegründet. Ich werde daher von jetzt an jeden Kritikaster, der mir andere Anschauungen und Behauptungen unterschiebt, als diese hier eben aufgezeichneten, der die alten Lügen wiederholt, wir deutsche Realisten seien Knechte des Auslandes, wir wollten nur die platten Alltäglichkeiten abschreiben, wir wühlten mit Behagen im Schmutz, wir pflegten nur den Kultus der Sinnlichkeiten, wir wollten die ganze bisherige Kunst umstürzen, oder ähnliche unwahre Behauptungen, *ich werde jeden Lügner dieser Art* in Zukunft *öffentlich mit Namensnennung einen gemeinen Verleumder, niederträchtigen Lumpen und Ehrabschneider heißen*, und fordere alle meine Mitkämpfer auf, in demselben Falle das Gleiche zu thun. Denn auf andere Weise ist dieser Sorte litterarischer Wegelagerer à la »Magdeburger Zeitung«, »Frankfurter Zeitung« u.s.w. nicht beizukommen, da diese nur darauf ausgehen, anständige, im Schweiße ihres Angesichts mit Ernst arbeitende Schriftsteller vor dem denkträgen, jede Selbstüberzeugung hassenden Publikum zu verleumden, alle selbständigen geistigen Bestrebungen im Keime zu unterdrücken, um nur ja in ihren alten, ausgefahrenen, gewohnten Geleisen ruhig weiter schmieren zu können und der Gefahr zu entgehen, sich etwa selbst eigener ernster Geistesarbeit unterziehen und an einer neuen, modernen, dem Geiste unserer Zeit angepaßten Kunst mitarbeiten zu müssen.

Conrad Alberti (d.i. Carl Sittenfeld, 1862–1918) lebte in Berlin und veröffentlichte ab 1884 Dramen (z.B. das Thomas-Münzer-Drama *Brot!*, 1888) Romane (z.B. die Romanserie *Kampf ums Dasein*, T. 1: *Wer ist der Stärkere*, Leipzig 1888, T. 2: *Die Alten und die Jungen*, 1889, T. 3: *Das Recht auf Liebe*, 1890), Novellen und literarhistorische Studien. Zwischen 1888 und 1891 erschienen von ihm in der *Gesellschaft* regelmäßig Aufsätze zu aktuellen politischen, kulturpolitischen und ästhetischen Themen. Zusammen mit Hermann Conradi und Wilhelm Walloth war er wegen seinem Roman *Die Alten und die Jungen* einer der Angeklagten im Leipziger »Realistenprozeß« von 1890 (s. Dok. 74). Nach der Gründung der »Freien Bühne« in Berlin unterstützte Alberti M.G. Conrad in seiner Polemik gegen die Berliner Naturalisten, insbesondere gegen Gerhart Hauptmann und Arno Holz. Mit Bleibtreu u.a. gründete er 1890 die »Deutsche Bühne« als Konkurrenzunternehmen gegen den Theaterverein »Freie Bühne« (vgl. Komm./Dok. 50). Alberti verband mit Conradi ein vehement vorgetragener romantischer Antikapitalismus, der ebenfalls die politische Anerkennung der gegenwärtigen Monarchie einschloß. Trotz der grundsätzlichen Ablehnung sozialer Revolutionen fühlte er sich im Unterschied zu Conrad gleichzeitig auch der Sozialdemokratie verbunden, da er, wie »tausende« seiner Zeit von ihr »die Vernichtung des nur von der Bourgeoisie großgezogenen Materialismus« erhoffte (in: *Die Gesellschaft*, Jg. 6/1,2, 1890, S. 483). Alberti vertrat ein naturwissenschaftlich orientiertes, monistisches Weltbild und propagierte, obwohl selbst Jude, einen aggressiven antisemitischen Rassismus.

Sein Aufsatz *Die Bourgeoisie und die Kunst. Eine soziologische Studie* (in: *Die Gesellschaft*, Jg. 4/2, 1888, S. 822–841) zeigt beispielhaft die konservativ-antikapitalistische Haltung eines Teils der jungen literarischen Opposition der 80er Jahre. Alberti kritisiert scharf die Bourgeois-Gesellschaft, die die »Ansammlung toten Kapitals« zu ihrem »Hauptzweck« macht. Er verurteilt auch die daraus resultierende Kunstfeindlichkeit der kapitalistischen Gesellschaft: »Zwischen Bourgeoisie und Kunst gibt es keine Vermittlung, keinen Vertrag: hier heißt es siegen oder sterben, niederwerfen oder untergehen«

(ebd., S. 824). Die Blütezeit der Kunst liegt für Alberti jedoch in der Vergangenheit, unter der Herrschaft von Kirche, Königtum, Adel:»Alle gaben ihr, was sie [d.i. die Kunst, Ch.M.] zu ihrem Bestehen, zu gesunder Entwicklung bedarf wie die Pflanze das Licht: Ehre und Freiheit« (ebd., S. 824).

Albertis Bestreben, Grundsätze für eine naturwissenschaftlich fundierte Ästhetik zu finden sowie programmatische Grundsätze für einen dem naturwissenschaftlichen Wahrheitsbegriff adäquaten Realismus zu formulieren, knüpft direkt an Bölsches 1887 erschienene *Prolegomena* (vgl. Dok. 17), aber auch an Taines Kunstphilosophie an (vgl. Dok. 15).

Mit Bölsche und Alberti erweitert sich in der programmatischen und kunsttheoretischen Diskussion unter den deutschen Naturalisten die Auseinandersetzung über die Bedeutung von Darwins Evolutionstheorie für die moderne Kunstauffassung. So verlangt Alberti erstmals in der naturalistischen Kunstdiskussion in Anlehnung an Taine, auch die Kunst als ein den Gesetzen der Natur unterworfenes Phänomen zu betrachten. Das Vorbild Taine verrät auch Albertis Einordnung der Kunst in das allgemeine menschliche »Ringen nach höchster Erkenntnis«, wobei der Kunst dabei nur andere Formen und Mittel nicht auch eigene Inhalte und Erkenntnisziele zugestanden werden. Bis dahin hatte die Übertragung von Darwins Evolutionstheorie in die Kunstphilosophie bei der Suche der Naturalisten nach einer Theorie der literarischen Moderne noch keine wesentliche Rolle gespielt.

Zur Entwicklung von Albertis Position vgl. auch seine früheren Aufsätze: Conrad Alberti, *Kunst und Darwinismus*. In: *Das Magazin für die Litteratur des In- und Auslandes*, Jg. 56, 1887, Nr. 22 u. 23, S. 313–316, 330–333; ders., *Idealismus und Philistertum. Ein Beitrag zur Ästhetik des Realismus*. In: Ebd., Jg. 57, 1888, S. 141–143, 162–166; ders., *Karl Frenzel und der Realismus*. In: *Die Gesellschaft*, Jg. 4, 1888, S. 1032–1042.

Gleichzeitig ist in Albertis Thesen zu beobachten, daß seine Postulate für eine realistische Literatur geprägt sind von dem idealistischen Monismus, wie ihn bereits Bölsche von Ernst Haeckel und Gustav Theodor Fechner übernommen hatte (vgl. hierzu Komm./Dok. 17) und gleichzeitig einem positivistischen Realismus-, bzw. Abbildbegriff. Der Umschlag von naturwissenschaftlicher Betrachtungsweise in Naturreligion vollzieht sich bei Alberti in Abschnitt 11, wenn er von der »Größe und Herrlichkeit der allwaltenden Naturgesetze« spricht und die Gesetzmäßigkeit der Natur als Form bezeichnet, in der die Göttlichkeit der Natur erscheint. (vgl. hierzu Bölsche Dok. 17). Einem positivistischen Erkenntnisbegriff wiederum folgt Alberti, wenn er dem Kunstwerk jede »Abweichung von der Natur« als nicht-realistisch verbietet.

Während die ob. dok. *Artikel* noch eine widersprüchliche Mischung aus verdecktem Pantheismus, Darwinismus und Positivismus beinhalten, zeigen die Reaktionen Albertis auf Arno Holz und die Freie Bühne deutlicher, worauf es ihm eigentlich ankam. In seiner Ablehnung des »konsequenten Naturalismus« von Arno Holz wird deutlich, daß Alberti in seinem Realismus-Verständnis dem idealistischen Monismus, wie ihn Bölsche in die naturalistische Diskussion eingeführt hatte, verpflichtet blieb. Alberti nannte »Papa Hamlet« »ein Machwerk traurigster Sorte« und setzte seine Polemik wie folgt fort: »Glaubt der Verfasser ein Realist zu sein, wenn er nichts thut als platte Ausdrücke anzuwenden und ekelhafte Einzelzüge auf einen Haufen zusammen zu tragen, dann täuscht er sich – – – . Der Realismus ist eine ernste, heilige Sache [...] Wir müssen auch Herrn Holmsen von unseren Rockschössen abschütteln« (in: *Die Gesellschaft*, Jg. 5/1,2, 1889, S. 569).

Anfang 1890 erklärte Alberti in der *Gesellschaft*, daß die Freie Bühne »die Welt von Aussichtslosigkeit des sogenannten ›Naturalismus‹ oder ›konsequenten Realismus‹ überzeugt und bewiesen (hatte), daß die bloß virtuose Anhäufung roher und gemeiner Züge aus dem Alltagsleben nie imstande sein wird, eine lebendige, die großen seelischen Kämpfe umfassende Kunst zu schaffen, daß die Entwicklung der Zukunft der deutschen Literatur sich lediglich auf der Bahn des Realismus und nicht des Naturalismus bewegen wird, jenes Realismus, dem nicht die Nachahmung der kleinlichen Tagestrivialitäten, sondern die Verkörperung der großen Gesetze unseres Seelenlebens Hauptaufgabe ist« (in: *Die Gesellschaft*, Jg. 6/2,1, 1890, S. 1353).

Interessant ist auch die Antwort, die Alberti bereits in Heft 5 desselben Jahrgangs der *Gesellschaft* von Otto Julius Bierbaum (1865–1910) erhielt, der sich in der Grundaussage auch der Herausgeber Michael Georg Conrad in einer Fußnote anschloß. Bierbaum argumentierte bereits von einem neueren Standpunkt der Zola-Rezeption aus, der durch Georg Brandes 1888 in die Diskussion eingebracht wurde, indem dieser die kunsttheoretische Aussage des jungen Zola »Une œuvre d'art est un coin...« (s.

Dok. 107) in den Mittelpunkt rückte und darüberhinaus Zola als Symbolisten entdeckte. Bierbaum
kritisiert nun ausgehend von diesem Zola-Zitat den positivistisch verengten Realismus-Begriff Albertis,
durch den er sich »die Wege zum Verständnis« auch einer phantastisch-realistischen Dichtkunst »verram-
melt« hätte (Otto Julius Bierbaum, *Bemerkungen zu Conrad Albertis »Zwölf Artikeln des Realismus«.*
In: *Die Gesellschaft*, Jg. 5/1,2, 1889, S. 671)
    1890 erschien außerdem eine Parodie Albertis auf den »sogenannten ›Naturalismus‹«. Mit seinem
Drama »Im Suff. Eine naturalistische Spitalkatastrophe« wollte er beweisen, »wie alle Wirkungen dieser
Art rein äußerlich auf komödiantischer Effekthascherei beruhten« (in: *Die Gesellschaft*, Jg. 6/2,1, 1890,
S. 1350).

»Durch!« (Berlin)

10
[Anonym]: *[Thesen der freien litterarischen Vereinigung »Durch!«].*
In: *Das Magazin für die Litteratur des In- und Auslandes.* Hrsg. v.
Karl Bleibtreu. 55. Jg. Leipzig (W. Friedrich) 1886, Nr. 51, S. 810.

Die unter dem Namen und Wahlspruch »*Durch!*« zusammengetretene freie litterarische
Vereinigung junger Dichter, Schriftsteller und Litteraturfreunde hat keinerlei bindende Satzung; doch lassen sich die in diesem Kreise lebenden litterarischen Anschauungen durch
folgende Sätze versinnbildlichen, welche zugleich den Charakter aller modernen Dichtung
darstellen:
    1. Die deutsche Litteratur ist gegenwärtig allen Anzeichen nach an einem Wendepunkt
ihrer Entwicklung angelangt, von welchem sich der Blick auf eine eigenartige bedeutsame
Epoche eröffnet.
    2. Wie alle Dichtung den Geist des zeitgenössischen Lebens künstlerisch verklären soll, so
gehört es zu den Aufgaben des Dichters der Gegenwart, alle bedeutungsvollen und nach
Bedeutung ringenden Gewalten des gegenwärtigen Lebens in ihren Licht- und Schattenseiten
poetisch zu gestalten und der Zukunft prophetisch und bahnbrechend vorzukämpfen. Demnach sind soziale, nationale, religiös-philosophische und litterarische Kämpfe specifische
Hauptelemente der gegenwärtigen Dichtung, ohne dass sich dieselbe tendenziös dem Dienste
von Parteien und Tagesströmungen hingiebt.
    3. Unsere Litteratur soll ihrem Wesen, ihrem Gehalte nach eine moderne sein; sie ist
geboren aus einer trotz allen Widerstreits täglich mehr an Boden gewinnenden Weltanschauung, die ein Ergebnis der deutschen idealistischen Philosophie, der siegreich die Geheimnisse
der Natur entschleiernden Naturwissenschaft und der alle Kräfte aufrüttelnden, die Materie
umwandelnden, alle Klüfte überbrückenden technischen Kulturarbeit ist. Diese Weltanschauung ist eine humane im reinen Sinne des Wortes und sie macht sich geltend zunächst und vor

allem in der Neugestaltung der menschlichen Gesellschaft, wie sie unsere Zeit von verschiedenen Seiten her anbahnt.

4. Bei sorgsamer Pflege des Zusammenhanges aller Glieder der Weltlitteratur muss die
deutsche Dichtung einen dem deutschen Volksgeist entsprechenden Charakter erstreben.

5. Die moderne Dichtung soll den Menschen mit Fleisch und Blut und mit seinen Leidenschaften in unerbittlicher Wahrheit zeichnen, ohne dabei die durch das Kunstwerk sich selbst
gezogene Grenze zu überschreiten, vielmehr um durch die Grösse der Naturwahrheit die
ästhetische Wirkung zu erhöhen.

6. Unser höchstes Kunstideal ist nicht mehr die Antike, sondern die Moderne.

7. Bei solchen Grundsätzen erscheint ein Kampf geboten gegen die überlebte Epigonenklassizität, gegen das sich spreizende Raffinement und gegen den blaustrumpfartigen Dilettantismus.

8. In gleichem Maße als förderlich für die moderne Dichtung sind Bestrebungen zu betrachten, welche auf entschiedene, gesunde Reform der herrschenden Litteraturzustände abzielen,
wie der Drang, eine Revolution in der Litteratur zu Gunsten des modernen Grundprinzips
herbeizuführen.

9. Als ein wichtiges und unentbehrliches Kampfmittel zur Vorarbeit für eine neue Littera-
turblüte erscheint die Kunstkritik. Die Säuberung derselben von unberufenen, verständnislo-
sen und übelwollenden Elementen und die Heranbildung einer reifen Kritik gilt daher neben
echt künstlerischer Produktion als Hauptaufgabe einer modernen Litteraturströmung.

10. Zu einer Zeit, in welcher wie gegenwärtig jeder neuen, von eigenartigem Geiste
erfüllten Poesie eine eng geschlossene Phalanx entgegensteht, ist es notwendig, dass alle
gleichstrebenden Geister, fern aller Cliquen- oder auch nur Schulbildung, zu gemeinsamem
Kampfe zusammentreten.

Die freie litterarische Vereinigung »Durch« wurde von Leo Berg (1862–1908, vgl. Dok. 29), Eugen Wolff
(vgl. Dok. 112) und Konrad Küster gegründet. Konrad Küster war ein Berliner Arzt, der die beiden
Zeitschriften *Deutsche Studentenzeitung* und *Akademische Zeitschrift* gegründet hatte, die sich auch in
das Berliner Literarleben Mitte der 80er Jahre einmischten. In der *Akademischen Zeitschrift* gewann
Leo Berg besonderen Einfluß, der »das junge Schiff mit vollen Segeln in das Fahrwasser der litterarischen
Revolution (steuerte)« (zit. nach: Adalbert v. Hanstein, *Das jüngste Deutschland.* Leipzig 1900, S. 69f.).
Eugen Wolff (1863–1919) war, wie Adalbert v. Hanstein (1861–1904), der ebenfalls an den Sitzungen
des Vereins »Durch« teilnahm, Literarhistoriker (später Direktor des von ihm gegründeten Instituts für
Literatur und Theaterwissenschaft in Kiel). Der Verein »Durch« war ein Sammelpunkt junger Literaten
und literarisch Interessierter mit neuen Ideen, Forum zur Diskussion über Probleme der neuen Dichtung,
ohne spezifische Programmatik und ohne Satzung. An den Sitzungen des Vereins, die im Mai 1886
begannen, nahmen mehr oder weniger regelmäßig teil: Heinrich und Julius Hart, Johannes Schlaf, der
bereits den Hart-Kreis besucht hatte, Julius Türk, ehemaliger Wanderschauspieler und Sozialdemokrat
(an seiner Person entzündete sich u.a. 1892 der Streit in der Freien Volksbühne, der zur Spaltung der
Volksbühne führte.), Paul Ernst (vgl. die Dok. 44, 79 u. 96), der Theologie studierte und 1886 nach Berlin
kam, Bruno Wille (1860–1928) Student der Theologie, dann Philosophie, Mathematik und Naturwissenschaften in Bonn, 1885/86 Hauslehrer in Bukarest. 1887 erscheint Wille im Verein »Durch« und ist dort
auch häufiger Protokollant. Wille sympathisierte mit sozialistischen Ideen, war um 1890 einer der Führer
der oppositionellen »Jungen« in der Sozialdemokratie und veröffentlichte 1890 den Aufruf zur Gründung
der Freien Volksbühne (vgl. Dok. 52). Außerdem kamen Arno Holz (vgl. Dok. 13, 22 u. 58), Wilhelm

Bölsche (vgl. Dok. 17), John Henry Mackay (1864–1933) zu den Sitzungen, und im Mai 1887 wurde Gerhart Hauptmann als Mitglied in den Verein aufgenommen. »Durch« war als Name des Vereins von Küster vorgeschlagen worden und sollte bereits auf das Programm dieser Vereinigung hinweisen. Bruno Wille erklärte die Namensgebung als Ausdruck dafür, daß die Mitglieder beweisen würden, »daß sie sich *durch*setzen, und zwar als Bahnbrecher naturalistischer Dichtung« (zit. nach: K. Günther, *Literarische Gruppenbildung im Berliner Naturalismus*. Bonn 1972, S. 52).

Im Unterschied zu dem privaten literarischen Kreis um Hart hatte der Verein »Durch« von Anfang an einen Vorsitzenden, Leo Berg. Ab Juni 1886 gab es im Verein ein *Bundesbuch*, eine Art Stammbuch, in das jeder Bemerkungen eintragen konnte. Ab 18. Februar 1887 wird ein »Protokollbuch« geführt (s. auch Dok. 11), in dem Inhalt und Verlauf der wöchentlich stattfindenden Sitzungen festgehalten wurden.

Die ob. dok. »Thesen«, mit denen sich der Verein Ende 1886 erstmals der Öffentlichkeit vorstellte, wurden wahrscheinlich von Eugen Wolff verfaßt. Sie erschienen kurz danach nochmals am 1. 1. 1887 in der von Konrad Küster gegründeten *Deutschen Universitätszeitung* unter dem Namen von Eugen Wolff. Diese Zeitung, die Eugen Wolff, Leo Berg und Adalbert v. Hanstein wesentlich mitgestalteten, wurde durch die Mitarbeit von Gerhart Hauptmann, Heinrich und Julius Hart, Arno Holz u.a. zu einem inoffiziellen Organ des Vereins »Durch«. Darüberhinaus gaben Eugen Wolff und Leo Berg ab 1887 zusammen die *Litterarischen Volkshefte* heraus, die es sich zur Aufgabe machten, »an litterarische Tagesfragen« anzuknüpfen, »den Sinn für wahre Kritik und das Verständnis für echte Poesie in den weitesten Kreisen« zu »wecken« und zu »pflegen«. In dieser Selbstdarstellung (zit. nach Heft 4, Rückseite) heißt es weiter: »Die litterarischen Volkshefte kämpfen demnach gegen den Dilettantismus und das Raffinement wie nicht minder gegen die Epigonenklassicität, für modernen Gehalt und moderne Gestalt der Dichtung.« Man hoffte auf die »Unterstützung all derer die ein warmes Herz haben *für deutsche Kunst und deutschen Geist*!« Für die *Volkshefte* schrieben u.a. Heinrich Bulthaupt (vgl. Dok. 51), Leo Berg, Eugen Wolff, Julius Wolff, Wolfgang Kirchbach (vgl. Dok. 62) und Georg Brandes (vgl. Dok. 107).

Die *Thesen* zeigen deutlich das nach wie vor im Mittelpunkt stehende gesellschaftlich-soziale Anliegen der literarischen Opposition, wenn sie feststellen, daß es zu den »Aufgaben des Dichters der Gegenwart« gehöre, »der Zukunft prophetisch und bahnbrechend vorzukämpfen«, und daß Grundlage der modernen Dichtung eine »humane« Weltanschauung sei, die sich »zunächst und vor allem in der Neugestaltung der menschlichen Gesellschaft« geltend mache. Gleichzeitig geht es weiterhin vorrangig um die inhaltliche Aneignung der Gegenwart und ihrer spezifischen Widersprüche. Darin lag das eigentlich neue »Kunstideal« der »Moderne« zu diesem Zeitpunkt. Gegen die vor allem von der Kritik betonte einseitige Hervorkehrung des Negativen, Häßlichen, bekennen sich die *Thesen* zu der Notwendigkeit, »Licht- und Schattenseiten poetisch zu gestalten«. Darüberhinaus zeigt These 5 den für die deutsche naturalistische Bewegung in den 80er Jahren so charakteristischen Widerspruch zwischen der Forderung nach künstlerischer Aneignung des modernen Lebens (»Menschen mit Fleisch und Blut und mit Leidenschaften«) und dem gleichzeitigen Postulat bestimmter, »vom Kunstwerk« selbst gezogener »Grenzen«. Zielt diese Feststellung der »Grenzen« des Kunstwerks zum einen gegen Zolas Konzeption einer Entwicklung der Kunst hin zur Wissenschaft (vgl. Dok. 16), so wurde damit gleichzeitig eine Kunstnorm festgeschrieben, die dem inhaltlich definierten Modernitäts- und Wahrheitsanspruch nicht gerecht werden konnte. Das Postulat, daß »alle Dichtung den Geist des zeitgenössischen Lebens künstlerisch verklären soll«, galt den oppositionellen Autoren als durchaus vereinbar mit dem zentralen Wahrheitspostulat (vgl. u.a. die Dok. 17, 31, 32).

11
Bruno Wille: [Protokoll der Sitzung des Vereins »Durch!«
vom 22. April 1887]. In: *Verein Durch. Facsimile der Protokolle 1887.*
Hrsg. v. Institut für Literatur- und Theaterwissenschaft zu Kiel.
Kiel 1932.

Berg hielt einen Vortrag über die Begriffe Naturalismus und Idealismus. Aus der Debatte, welche zahlreiche willkürliche und dem Sprachgebrauch entgegengesetzte Definitionen hervorbrachte, rangen sich schließlich etwa folgende Anschauungen empor, die von Wille, Lenz, Türk und wesentlich auch Münzer vertreten wurden:

1) Idealismus ist eine Richtung der künstlerischen Phantasie, welche die Natur nicht, wie sie *ist*, darstellt, sondern wie sie irgend einem Ideal gemäß sein *sollte*; (Anstandsideale der alten Griechen, des höfischen Rittertums, des modernen Salons).

2) Naturalismus ist die entgegengesetzte Geschmacksrichtung, welche die Natur darstellen will, wie sie *ist*, dabei aber in tendenziöse Färbung verfällt und mit Vorliebe das auswählt, was *nicht* so ist, wie es sein *sollte*, also das aesthetisch und moralisch Beleidigende.

3) Realismus ist diejenige Geschmacksrichtung, welche die Natur darstellen will, wie sie ist, und dabei nicht in Übertreibung verfällt. Der Realist weiß, daß die Wahrheit allein frei macht; sein Ideal ist daher Wahrhaftigkeit in der Darstellung. Durch die objektive Betrachtung der gesellschaftlichen Verhältnisse wird ferner der moderne Realist in eine Gemütsverfassung geraten, welche ihn über die Stoffe seiner Darstellung eine eigentümliche Beleuchtung ausgießen läßt (Gerechtigkeitsgefühl und Erbarmen). Der Realismus ist also ideal, aber nicht idealistisch; er stellt ideal dar, aber nicht Ideale.

Bruno Wille

Wie das »Protokollbuch« des literarischen Vereins »Durch« für das Jahr 1887 zeigt, wurden die Sitzungen genutzt zur Diskussion über Fragen des eigenen künstlerischen Standortes. Am 18. Februar 1887 sprach Leo Berg über Ibsens ›Gespenster‹ *und die Grundgesetze des Dramas,* worüber in der folgenden Sitzung ein lebhafter Streit entbrannte. Während alle übereinstimmten, daß die *Gespenster* ein »fast ohne gleichen dastehendes Erzeugniß moderner Poesie genannt werden müssen«, gingen die Meinungen über die Berechtigung der Vererbungstheorie in der Dichtung auseinander. Während Berg u.a. dies bejahten, lehnte Wolff diese als »unkünstlerisch« ab (hier u.i. folg. zit. nach: *Verein Durch.Facsimile der Protokolle 1887.* Hrsg. v. Institut f. Literatur- und Theaterwissenschaft zu Kiel. Kiel 1932) Am 18. März war Wilhelm Bölsche als Gast anwesend und las aus seinen *Prolegomena* (s. Dok. 17) den Abschnitt über die »Liebe« vor. Auch hier vermerkt der Protokollant Eugen Wolff über die anschließende Diskussion: »Auf daß die Poesie nicht in ihrem Zwecke mit der Wissenschaft zusammenfalle, wurde hervorgehoben.« Am 25. März referiert Berg seinen Aufsatz *Kritische Betrachtungen über die Kritik,* eine Woche später hält Türk einen Vortrag über »moderne Poesie«. Es folgt am 22. April die oben dok. Aussprache über einen Vortrag von Leo Berg. Im Mai veranstaltet der Verein sein Stiftungsfest und als Nachfeier findet ein gemeinsamer Besuch bei Gerhart Hauptmann in Erkner statt. Ende Mai wird Hauptmann schließlich auch Mitglied des Vereins. Es folgen ein Abend über Ibsens *Rosmersholm,* ein Vortrag Willes über *Die psychologischen Ursachen des Wohlgefallens am Formschönen,* ein Vortrag Gerhart Hauptmanns über Georg Büchner (17. Juni). In den anschließenden Sitzungen werden u.a. literarische Produktionen von Eugen Wolff, Julius Hart und Wille vorgetragen. Heinrich Hart referiert am 5. August über *Poesie und Tendenz,* und am 26. August Adalbert v. Hanstein über *Die poetische Gerechtigkeit.*

Die ob. dok. Zusammenfassung der Debatte über den Vortrag von Leo Berg verdeutlicht die Spezifik der Begrifflichkeit, die eigenartige inhaltliche Ausprägung der Begriffe in der ästhetischen Diskussion der Naturalisten. Idealismus erscheint hier als der eigentliche Gegenbegriff nicht zu Materialismus, sondern zu Wirklichkeit, Wahrheit, Objektivität (vgl. auch H. Hart, Dok. 19). Auch Naturalismus war, bis auf Ausnahmen (vgl. Hillebrand, Dok. 7, Conrad, Dok. 104) ein bei den oppositionellen Literaten in den 80er Jahren zunehmend weniger beliebter Begriff, was sicherlich im Zusammenhang mit dem Klima der literarischen Kritik gesehen werden muß. Der Begriff Realismus wurde allgemein für die Charakterisierung der eigenen künstlerischen Ziele als passender verstanden. In verschiedener Weise wurde er immer wieder mit dem Begriff des Ideals, der von Idealisierung streng unterschieden wurde, verknüpft. So forderten die Harts einen Ideal-Realismus, Bölsche lieferte einen besonderen Nachweis, inwiefern das Ideal in einer von naturwissenschaftlicher Weltanschauung durchdrungenen Poesie seine Berechtigung habe. (vgl. die Dok. 2, 17, 30)

Auch in der ob. dok. Definition des Realismus im Gegensatz zum Naturalismus zeigt sich das Bemühen, eine Verbindung von Realismus, Wahrheit, Objektivität und Idealität zu erhalten und zu begründen. Dieses Bestreben, Wahrheit und Idealität in Übereinstimmung zu bringen, kennzeichnet die Diskussionen innerhalb der naturalistischen Bewegung in den 80er Jahren und war einer der Gründe für die überwiegend sehr kritische Haltung unter den deutschen Naturalisten gegenüber Zolas Theorie des Experimentalromans (vgl. die Dok. 31, 102). Neue Akzentuierungen ergeben sich insbesondere mit dem Erscheinen des »konsequenten Naturalismus« von Arno Holz (vgl. die Dok. 13, 22) und der Konstituierung der Freien Bühne als Theaterverein und Zeitschrift mit Otto Brahm als leitender Persönlichkeit, der den Naturalismus als künstlerisch-formale Weiterentwicklung förderte und in der Formentwicklung der Kunst ihre eigentliche Bedeutsamkeit erkannte. Die literarische Vereinigung »Durch« bestand bis Ende der 80er Jahre.

Die Gründung des Theatervereins Freie Bühne 1889 bedeutete einen entscheidenden praktischen Schritt in Richtung auf die von dem Verein »Durch« angestrebte Durchsetzung des Naturalismus. Eine weitere Veränderung ergab sich wohl auch dadurch, daß 1888 Bruno Wille, Wilhelm Bölsche, Heinrich und Julius Hart nach Friedrichshagen zogen, in die Nähe von Gerhart Hauptmann, der in Erkner wohnte. Friedrichshagen wurde dadurch zu einem neuen Mittelpunkt des oppositionellen literarischen Lebens. Hier erweiterte sich noch einmal der Kreis moderner Literaten, die zeitweise hier wohnten oder zu gemeinsamen Gesprächen hier zusammenkamen. Heinrich Hart nennt in seinen Erinnerungen Gerhart und Carl Hauptmann, Max Halbe, Frank Wedekind, John Henry Mackay, Richard Dehmel, Hanns von Gumppenberg, Wilhelm Hegeler, Georg Hirschfeld, Arne Garborg, Ola Hansson und Laura Marholm, seine Frau, Stanislaw Przybyszewski, Wilhelm von Polenz. Auch Sozialisten gehörten zu dem Kreis wie Paul und Gerhard Kampffmeyer, Gustav Landauer und Erich Mühsam (vgl. Heinrich Hart, *Literarische Erinnerungen*. In: *Heinrich Hart, Gesammelte Werke*. Hrsg. v. Julius Hart, Bd. 3, Berlin 1907, S. 66 f.).

Ein anderer Versuch, die Aktivitäten des Vereins »Durch!« fortzusetzen wird auch in folgendem deutlich: Am 8. November 1890 erschien im *Magazin für Litteratur* (Nr. 45, S. 712) ein Aufruf der »Freien literarischen Gesellschaft«, deren Name noch erkennbar an »Durch!«, die »freie litterarische Vereinigung«, erinnert. In dem Aufruf heißt es: »Bei allem unleugbaren Aufschwung der neuesten Dichtung ist doch zu befürchten, daß sich mit der Zeit eine ›Schriftsteller-Litteratur‹ entwickelt, wenn nicht mehr, wie bisher eine stärkere Fühlung mit dem Publikum gewonnen wird. Die ›Freie litterarische Gesellschaft‹ ist begründet worden, um diese Gefahr abzuwenden. Sie will die moderne Dichtung in möglichst weite Kreise tragen...« Als Vorstand unterzeichneten den Aufruf u.a.: Theodor Fontane, Heinrich Hart, Leo Berg, Franz Held, Hermann Bahr, Ernst von Wolzogen, Otto v. Leixner, Wilhelm Bölsche.

»Freie Bühne für modernes Leben« (Berlin):

12
[Redaktion der Zeitschrift *Freie Bühne*]: *Zum Beginn.* In:
Freie Bühne für modernes Leben. Hrsg. v. Otto Brahm. 1. Jg.
Berlin (S. Fischer) 1890, Heft 1, S. 1–2.

Eine freie Bühne für das moderne Leben schlagen wir auf.

Im Mittelpunkt unserer Bestrebungen soll die Kunst stehen; die neue Kunst, die die Wirklichkeit anschaut und das gegenwärtige Dasein.

Einst gab es eine Kunst, die vor dem Tage auswich, die nur im Dämmerschein der Vergangenheit Poesie suchte und mit scheuer Wirklichkeitsflucht zu jenen idealen Fernen strebte, wo in ewiger Jugend blüht, was sich nie und nirgends hat begeben. Die Kunst der Heutigen umfaßt mit klammernden Organen alles was lebt, Natur und Gesellschaft; darum knüpfen die engsten und die feinsten Wechselwirkungen moderne Kunst und modernes Leben an einander, und wer jene ergreifen will, muß streben, auch dieses zu durchdringen in seinen tausend verfließenden Linien, seinen sich kreuzenden und bekämpfenden Daseinstrieben.

Der Bannerspruch der neuen Kunst, mit goldenen Lettern von den führenden Geistern aufgezeichnet, ist das eine Wort: Wahrheit; und Wahrheit, Wahrheit auf jedem Lebenspfade ist es, die auch wir erstreben und fordern. Nicht die objective Wahrheit, die dem Kämpfenden entgeht, sondern die individuelle Wahrheit, welche aus der innersten Ueberzeugung frei geschöpft ist und frei ausgesprochen: die Wahrheit des unabhängigen Geistes, der nichts zu beschönigen und nichts zu vertuschen hat. Und der darum nur einen Gegner kennt, seinen Erbfeind und Todfeind: die Lüge in jeglicher Gestalt.

Kein anderes Programm zeichnen wir in diese Blätter ein. Wir schwören auf keine Formel und wollen nicht wagen, was in ewiger Bewegung ist, Leben und Kunst, an starren Zwang der Regel anzuketten.

Dem Werdenden gilt unser Streben, und aufmerksamer richtet sich der Blick auf das, was kommen will, als auf jenes ewig Gestrige, das sich vermißt, in Conventionen und Satzungen unendliche Möglichkeiten der Menschheit, einmal für immer, festzuhalten. Wir neigen uns in Ehrfurcht vor allem Großen, was gewesene Epochen uns überliefert haben, aber nicht aus ihnen gewinnen wir uns Richtschnur und Normen des Daseins; denn nicht, wer den Anschauungen einer versunkenen Welt sich zu eigen giebt, – nur wer die Forderungen der gegenwärtigen Stunde im Innern frei empfindet, wird die bewegenden geistigen Mächte der Zeit durchdringen, als ein moderner Mensch.

Der in kriegerischen Tagen das Ohr zur Erde neigt, vernimmt den Schall des Kommenden, noch Ungeschauten; und so, mit offenen Sinnen wollen auch wir, inmitten einer Zeit voll Schaffensdrang und Werdelust, dem geheimnißvoll Künftigen lauschen, dem stürmend Neuen in all seiner gährenden Regellosigkeit. Kein Schlagbaum der Theorie, kein heiliggesprochenes

Muster der Vergangenheit hemme die Unendlichkeit der Entwickelung, in welcher das Wesen unseres Geschlechtes ruht.

Wo das Neue mit freudigem Zuruf begrüßt wird, muß dem Alten Fehde angesagt werden, mit allen Waffen des Geistes.

Nicht das Alte, welches lebt, nicht die großen Führer der Menschheit sind uns die Feinde; aber das todte Alte, die erstarrte Regel und die abgelebte Kritik, die mit angelernter Buchstabenweisheit dem Werdenden sich entgegenstemmt – sie sind es, denen unser Kampfruf gilt. Die Sache meinen wir, nicht die Personen; aber wo immer der Gegensatz der Anschauungen die Jungen aufruft gegen die Alten, wo wir die Sache nicht treffen können, ohne die Person zu treffen, wollen wir mit freiem Sinn, der ersessenen Autorität nicht unterthan, für die Forderungen unserer Generation streiten. Und weil denn diese Blätter dem Lebenden sich geben, dem was wird und vorwärtsschreitet zu unbekannten Zielen, wollen wir streben, zumeist die Jugend um uns zu versammeln, die frischen, unverbrauchten Begabungen; nur die geblähte Talentlosigkeit bleibe uns fern, die mit lärmenden Uebertreibungen eine gute Sache zu entstellen droht: denn gegen die kläglichen Mitläufer der neuen Kunst, gegen die Marodeure ihrer Erfolge sind wir zum Kampfe so gut gerüstet, wie gegen blind eifernde Widersacher.

Die moderne Kunst, wo sie ihre lebensvollsten Triebe ansetzt, hat auf dem Boden des Naturalismus Wurzel geschlagen. Sie hat, einem tiefinnern Zuge dieser Zeit gehorchend, sich auf die Erkenntniß der natürlichen Daseinsmächte gerichtet und zeigt uns mit rücksichtslosem Wahrheitstriebe die Welt wie sie ist. Dem Naturalismus Freund, wollen wir eine gute Strecke Weges mit ihm schreiten, allein es soll uns nicht erstaunen, wenn im Verlauf der Wanderschaft, an einem Punkt, den wir heute noch nicht überschauen, die Straße plötzlich sich biegt und überraschende neue Blicke in Kunst und Leben sich aufthun. Denn an keine Formel, auch an die jüngste nicht, ist die unendliche Entwickelung menschlicher Cultur gebunden; und in dieser Zuversicht, im Glauben an das ewig Werdende, haben wir eine freie Bühne aufgeschlagen, für das moderne Leben.

Verfasser dieser programmatischen Einleitung war Otto Brahm, der erste Redakteur der Zeitschrift *Freie Bühne*. Otto Brahm (d.i. Otto Abrahamson, 1856–1912) entstammt einer Hamburger Kaufmannsfamilie. Nach Abbruch einer Banklehre 1875 ging Brahm nach Berlin, studierte Literaturwissenschaft (bei Wilhelm Scherer) und promovierte 1879. Er arbeitete als Kritiker der *Nationalzeitung*, der *Augsburger Allgemeinen*, der *Deutschen Rundschau* und des *Deutschen Montagsblattes*. 1882–1885 war er Rezensent an der *Vossischen Zeitung*. In dieser Zeit begann seine Freundschaft mit Th. Fontane. 1884 erhielt er den gut dotierten Preis des »Vereins für deutsche Literatur«; zwischen 1885 und 1890 und ab 1892 schrieb er Kritiken für die Zeitschrift *Die Nation*. Obwohl O. Brahm ab 1889 eine zentrale Rolle bei der Förderung und Durchsetzung des naturalistischen Dramas und Theaters zukam, stand er während der 80er Jahre noch außerhalb der naturalistischen Bewegung. Seine bevorzugten Autoren waren Gottfried Keller, Ludwig Anzengruber und Heinrich v. Kleist und der von den jungen Literaten heftig bekämpfte Paul Heyse. Der »Sprung« von Heyse zu Hauptmann, wie Brahm 1890 in der *Freien Bühne* schrieb, vollzog sich dabei mehr als eine Entwicklung, für die Brahm durch den dänischen Prof. Hoffory, der als Dozent in Berlin lehrte, wichtige Anregungen erhielt. Hoffory zeigte Brahm den Weg zu Ibsen. 1884 schrieb Brahm über Ibsens *Gespenster*, »daß das Werk in der kühnen Größe des Wurfs, in der Lebendigkeit seiner Charaktere und der Kunst seines Baues über die meisten neueren entscheidend hinauswächst« (zit. nach: O. Brahm, *Kritiken und Essays*. Hrsg. v. F. Martini, Zürich und Stuttgart 1964, S. 152). 1887 wiederholt Brahm dieses Urteil: »... so ist kein neuerer Dramatiker kühner und großartiger nach vorwärts geschritten als der Verfasser der ›Gespenster‹« (s. Dok. 94).

Als Ibsen-Verehrer entdeckte Brahm 1889 den Dramatiker Gerhart Hauptmann, dessen Förderung als Brahms wichtigste literarhistorische Leistung gilt. Während die *Gesellschaft* den Abdruck von Hauptmanns erstem Drama *Vor Sonnenaufgang* ablehnte, veröffentlichte Brahm nach der Lektüre eine Besprechung des Stücks in der *Nation* (14. 9. 89), die er mit einer Bemerkung schloß, für die er bis dahin noch keinen der »jüngstdeutschen« Dichter für Wert befunden hatte: »... eine so originelle Begabung, wie sie uns hier überraschend entgegengetreten, mag ihren Weg unbeirrt weiterschreiten, von niemandem beraten als von dem eigenen Talent« (zit. nach: O. Brahm, *Kritiken*, S. 295). Als im März 1889 die erste Zusammenkunft zur Gründung eines Theaters nach dem Vorbild des Pariser Théâtre libre stattfand, war O. Brahm auch anwesend. Am 28. August 1889 wurde dann der Verein Freie Bühne gegründet.

Otto Brahm wurde zum ersten Präsidenten des Vorstands und zum Vorsitzenden des Vereins gewählt. Besondere Bedeutung für die Entwicklung des deutschen Theaters kommt dabei den ersten zwei Jahren der Freien Bühne zu, die mit Henrik Ibsen und Gerhart Hauptmann dem Naturalismus auf dem Theater zum Durchbruch verhalf. Nachdem am 21. März 1891 Hauptmanns *Einsame Menschen* im Deutschen Theater in Berlin aufgeführt worden waren, schrieb Brahm: »Tempora mutantur! Gerhart Hauptmann, dessen erstes Drama am 20. Oktober 1889 in der Freien Bühne nur unter Kämpfen zu Ende gespielt werden konnte [...], hat den warmen und einmütigen Beifall einer tiefergriffenen Hörerschaft empfangen, am 21. März 1891. In anderthalb Jahren von den heißen Brettern unserer Versuchsbühne auf das künstlerisch vornehmste Berliner Theater – die Zeiten ändern sich, schneller denn je, im Jahrhundert des Dampfes« (in: *Freie Bühne*, Jg. 2, 1891, S. 202.). 1894 übergab O. Brahm den Vorsitz des Vereins Freie Bühne an Paul Schlenther, er selbst übernahm die Leitung des Deutschen Theaters.

Die Idee zur Gründung der Zeitschrift *Freie Bühne* entstand im Dezember 1889, als im Vorstand des Vereins über die Schwierigkeiten diskutiert wurde, die die Presse dem Verein Freie Bühne machte. Der Vorschlag für die Schaffung eines eigenen Organs wurde von dem Verleger S. Fischer und Brahm unterstützt. Chefredakteur der neuen Zeitschrift *Freie Bühne für modernes Leben* wurde Otto Brahm, weitere Redakteure waren zunächst Arno Holz und Hermann Bahr. Die beiden letzteren verließen die Zeitschrift aber bereits wieder Ende Juli 1890 wegen Meinungsverschiedenheiten mit Brahm. Brahm selbst zog sich von der Zeitschrift im Herbst 1890 zurück, sein Nachfolger wurde Wilhelm Bölsche. Neben seiner Tätigkeit im Verein Freie Bühne war Otto Brahm aber auch an der Gründung des Vereins Freie Volksbühne beteiligt; neben Julius Hart und Wilhelm Bölsche gehörte er dem sechs-köpfigen Vorstand des am 8. August 1890 gegründeten Vereins an.

Nach den *Kritischen Waffengängen*, der *Gesellschaft*, und dem *Magazin für die Litteratur des In- und Auslandes* war die Zeitschrift *Freie Bühne* ab 1890 das wichtigste Organ des Naturalismus. Die Zeitschrift bekannte sich auch erstmals ausdrücklich zum »Naturalismus«, den sie allerdings nur »eine gute Strecke Weges« begleiten wollte, bis sich »neue Blicke in Kunst und Leben aufthun«. Dabei betont das Vorwort durchgängig die Bedeutung, die der künstlerischen Subjektivität und Individualität in der ästhetischen Bewertung zukommen soll. Die *Freie Bühne* knüpft dabei an die genieästhetischen Konzeptionen an, die in der naturalistischen Literaturdebatte der 80er Jahre dominierten: »gegen den starren Zwang der Regeln«, gegen »erstarrte Regeln«, gegen »geblähte Talentlosigkeit«. Sie übernimmt auch den zentralen Kampfbegriff der naturalistischen Bewegung gegen Salonkunst und Epigonenklassizität, den »Bannerspruch [...] Wahrheit«, allerdings nur als »individuelle Wahrheit, welche aus der innersten Überzeugung frei geschöpft ist: die Wahrheit des unabhängigen Geistes...« (s. Dok. 12). Die Objektivität der Wahrheitskategorie löst sich dabei tendenziell auf in die Subjektivität des künstlerischen Genies. Damit reduziert sich auch der Gegensatz von Wahrheit und Lüge auf einen eher formalen Gegensatz von Leben/resp. Entwicklung und Erstarrung/resp. Regel.

Neu ist eine sich in der Wortwahl abzeichnende lebensphilosophisch geprägte Wirklichkeitssicht. Nicht mehr »Natur« und mit ihr die sie bestimmende Gesetzmäßigkeit erscheint als der allumfassende Begriff, sondern »Leben«, das »Werdende«, das nicht mehr wissenschaftlich untersucht, sondern empfunden werden will: »... nur wer die Forderungen der gegenwärtigen Stunde im Innern frei empfindet, wird die bewegenden geistigen Mächte der Zeit durchdringen, als ein moderner Mensch« (ebd.).

Neben diesen neuen Akzentsetzungen zur Bestimmung des Verhältnisses von Kunst und Wirklichkeit liegt eine Neuorientierung dieser programmatischen Einleitung von Brahm auch darin, daß das bis dahin die naturalistische Bewegung tragende ethisch-humanistische Postulat, die Zielsetzung der Autoren, Leben, Wirklichkeit in die Kunst aufzunehmen, um dann in die Wirklichkeit zurückzuwirken, von Brahm so nicht übernommen wird. Brahm erkannte ab Mitte der 80er Jahre die Produktivität des Naturalismus für das Theater in der Hinwendung der Kunst zum Leben, zur Wirklichkeit. Er bekannte sich zum Naturalismus als einem zeitweise künstlerisch produktiven Programm. In seinem Rückblick auf die Geschichte der Freien Bühne formuliert Brahm deutlich, wo für ihn der Weg der literarisch-dramatischen Weiterentwicklung lag. Hauptmanns *Hanneles Himmelfahrt* bedeutete ihm »die alte Synthesis [...], die lang gewünschte: Diesseits und Jenseits, Wirklichkeit und Phantasie, Naturalismus und Traum« (s. Komm./Dok. 50).

Als Organ des Naturalismus bestand die *Freie Bühne* nur bis März 1894. Sie erscheint danach unter dem Namen *Neue deutsche Rundschau* und erfüllt von da an die Aufgaben einer konservativen Kulturzeitschrift.

13
Arno Holz: *Zola als Theoretiker*. In: *Freie Bühne für modernes Leben*. Hrsg. v. Otto Brahm. 1. Jg. Berlin (S. Fischer) 1890, Heft 3, S. 101–104.

Als Praktiker geht Zola von Balzac aus, als Theoretiker von Taine. Seine »*Œuvres critiques*« stehen genau in demselben Abhängigkeitsverhältnisse zur »*Philosophie de l'art*« des Einen, wie sein Rougon – Macquart-Cyclus zur »Menschlichen Komödie« des Andern. Beide Werke wären ohne diese Vorgänger nicht geschrieben worden. Den Beweis für diese Behauptung, wenigstens insofern sie den Praktiker Zola berührt, erlassen wir uns hier, wir halten uns nur an den Theoretiker.

I.

Mit Taine hob in der Kunstwissenschaft eine neue Aera an. Er war der Erste, der die naturwissenschaftliche Methode in sie einführte; der sie nicht mehr auf Dogmen gegründet wissen wollte, sondern auf Gesetzen. Hat er dieses sein Ideal verwirklicht? Ist es ihm thatsächlich gelungen – wie er es beabsichtigte –, aus der Kunstwissenschaft eine Naturwissenschaft zu machen, »*une sorte de botanique appliquée, non aux plantes, mais aux œuvres humaines*«? Nein! Seine »*Philosophie de l'art*« ist ein Gemisch aus Gesetzen *und* Dogmen!

Welches nun *sind* diese Gesetze, und welches *sind* diese Dogmen?

Beide von diesen Gruppen lassen sich mühelos auf je einen Kerngrundsatz zurückleiten, und es leuchtet also wohl ein, daß man nur *diese* beiden wiederzugeben braucht, um auch zugleich *jene* beiden damit anzudeuten. Das Gesetz, aus dem sich dann alle übrigen von Taine gefundenen entwickelt haben, lautet: »Jedes Kunstwerk resultirt aus seinem Milieu«, das Dogma: »In der exacten Reproduction der Natur besteht das Wesen der Kunst *nicht*.«

Das Gesetz war urneu, das Dogma uralt.

Noch nie und nirgends hat es eine Aesthetik gegeben, deren tiefunterstes Fundament dieses

Dogma *nicht* gewesen wäre. In ihm wurzelte und wurzelt auch heute noch Alles, was je über Kunst gedacht und geschrieben worden ist; und so erbittert allenthalben auch sonst der Kampf tobte und tobt, über ihm reichte und reicht man sich auch heute noch versöhnt die Hände; in ihm begegnen sich ganz ernsthaft Sophokles und Schmidt-Cabanis...

Doch ist es vielleicht darum, fragen wir, auch nur um ein Haar breit weniger ein Dogma? Falls man unter einem »Dogma« nichts anderes versteht, als was wir darunter verstehen, nämlich eine unbewiesene Behauptung, dann sicher nicht! Oder – irren wir uns? *Hat* sie schon jemand bewiesen? Dann tausend Verzeihung! Die Beweise, die Taine anführt, und die, soweit wenigstens unsere Kenntniß davon reicht, die üblichen zu sein scheinen, leiden leider an einer derartigen Fadenscheinigkeit, daß es vollkommen unverständlich wäre, wie ein so kluger und scharfsinniger Kopf wie Taine sich überhaupt ihrer hatte bedienen können, wenn man sich nicht eben sagte, daß er sie offenbar nur so *pro forma* angeführt hatte. Wozu etwas verteidigen, was noch niemand angegriffen? Er hatte sich in diesem Pünktchen offenbar so total eins mit aller Vergangenheit gefühlt, so durchaus congruent mit allem bis dahin Gewesenen, daß ihm das Problematische darin offenbar gar nicht zum Bewußtsein gekommen war. Er war darüber hinweggeglitten, wie man über ein Axiom hinweggleitet. »Wenn zwei Größen einer Dritten gleich sind, so sind sie unter einander gleich.« »In der exacten Reproduction der Natur besteht das Wesen der Kunst *nicht.*« Der eine von diesen beiden Sätzen ist aus Granit gehauen, der andere aus Wachs geformt; und es wäre nur die herrliche Krönung seiner eigenen Methode gewesen, die er ja selber die nicht dogmatische genannt hat, wenn Taine eben dieses Wachs zum Schmelzen gebracht hätte! Aber seine Energie war nicht groß genug, grade im entscheidendsten Momente verließ ihn sein Positivismus, und so kam es denn, daß die Welt auch heute noch jenes Wachsklümpchen für einen Granitblock hält...

II.

Und Zola? Wie verhält sich nun Zola zu Taine? Ist er über ihn als Theoretiker ähnlich hinausgegangen, wie über Balzac als Praktiker? Lassen seine »Œuvres critiques« die »*Philosophie de l'art*« gleich weit hinter sich zurück, oder auch nur annähernd so weit, wie sein Rougon – Macquart-Cyclus die »Menschliche Komödie«?

Wollte man so liebenswürdig sein und gewisse Rhetorika von ihm für baare Münze hinnehmen, so müßte mindestens das Letzte der Fall sein. Mit zwanzig Jahren war ihm Taine seinem eigenen Geständnisse nach »die höchste Offenbarung unseres Erkenntnißdranges« gewesen, »unseres modernen Bedürfnisses, Alles einer Analyse zu unterwerfen, unseres unwiderstehlichen Hanges, Alles zu dem einfachen Mechanismus der mathematischen Wissenschaften zurückzuführen«, mit vierzig Jahren nannte er ihn einen »zimperlichen Akademicus«, einen »Trembleur« der Philosophie, einen »Equilibristen« der Kritik.

Nun, er hätte sich diese Titulaturen sparen sollen. Er besaß kein Recht auf sie. Der »Equilibrist« hielt die Intelligenz des Vierzigjährigen noch mit genau denselben Brettern umnagelt, die die »höchste Offenbarung« bereits um die Intelligenz des Zwanzigjährigen gehämmert hatte. Irgend ein Sonnenstrahl von Außen her war unterdessen auf sie auch nicht durch ein einziges Ritzchen geschimmert!

Alle die hundert und aber hundert Kritiken, die uns Zola heute in sieben Bänden gesammelt vorgelegt hat, sind nichts weiter als immer wieder und wieder machtvoll wiederholte Variationen über einunddasselbe Doppelthema: »Jedes Kunstwerk resultirt aus seinem Milieu« und: »In der exacten Reproduction der Natur besteht das Wesen der Kunst nicht.«

Irgend ein Zweifel, ob diese beiden, ihrem innersten Bau nach so grundverschiedenen Melodieen nicht am Ende doch in eine unauflösliche Dissonanz ausklingen möchten, ist ihm, dem Schüler, ebenso wenig aufgestiegen, wie vordem seinem Meister. Er hat nur einfach weitergegeben, was ihm von diesem überliefert worden war. Mit einem Wort: Der Praktiker Zola bedeutete einen Fortschritt, der Theoretiker Zola einen Stillstand.

III.

Aber, wendet man uns hier vielleicht ein, stammen denn nicht wenigstens gewisse Schlagworte von Zola? Schlagworte, ohne die wir in unserer modernen litterarischen Discussion einfach gar nicht mehr auskommen können? Und widerlegt nicht schon diese eine Thatsache allein unsere Behauptung? Unsere Behauptung nämlich, daß die »Œuvres critiques« dem durch die »Philosophie de l'art« so erheblich emporgeschraubten Niveau unserer Kunstwissenschaft auch nicht die Größe eines Sandkörnchens hinzugefügt hätten?

Nein! Denn diese berühmten Schlagworte gliedern sich, wie alle derartigen Zeitproducte naturgemäß in zwei Rubriken: die eine enthält alle diejenigen, denen eine Wahrheit zu Grunde liegt; die andere alle diejenigen, die ihr – wahrscheinlich nur sehr kurz bemessenes – Dasein einem Irrthume verdanken. Und es ist das eigenthümliche Mißgeschick Zolas, daß immer nur die Nummern der zweiten Rubrik sein geistiges Eigenthum sind.

Wir wählen zwei Beispiele, die Schlagworte: »documents humains« und »roman expérimental«; jenes mag die erste Rubrik charakterisiren, dieses die zweite.

Die documents humains würden in der That heute in unsere Discussion geplatzt sein, auch wenn Zola sie nie zu Papier gebracht hätte. Man gestatte uns hier die folgende Stelle von Georg Brandes zu citiren, aus seinem bekannten, Essay über den Dichter:

»Nichts von dem, was Taine geschrieben, hatte solchen Eindruck auf ihn gemacht, wie der Aufsatz über Balzac, in dem er seinen zweiten großen Führer fand. Dieser Aufsatz, der damals für eine der verwegensten litterarischen Handlungen galt, stellte mit einem herausfordernden und übertreibenden Vergleich einen noch umstrittenen Roman-Verfasser an die Seite Shakespeare's; aber er macht Epoche und führte in die Litteratur einen neuen Ausdruck und einen neuen Maßestab für den Werth dichterischer und historischer Werke ein: Zeugnisse darüber, wie der Mensch ist.

Taine schloß nämlich folgendermaßen: »Mit Shakespeare und Saint-Simon ist Balzac das größte Magazin von Zeugnissen, das wir über die Beschaffenheit der menschlichen Natur besitzen« (documents sur la nature humaine).

Zola machte hieraus sein ungenaues Stichwort: »*documents humains*«.

Dieser letzte Passus beruht auf einem kleinen Versehen von Brandes. Nicht Zola war es, der aus der Taine'schen Phrase das »ungenaue Stichwort« machte, sondern das Brüderpaar der Goncourts. In ihren gesammelten »*Préfaces et manifestes littéraires*« (Paris 1888, pag. 60) bemerkt Edmond in einer Fußnote zu dem Worte »*documents humain*« ausdrücklich: »Cette expression, très blaguée dans le moment, j'en réclame la paternité, la regardant, cette expression, comme la formule définissant le mieux et le plus significativement le mode nouveau de travail de l'école qui a succédé au romantisme: l'école *du document humain.*«

Mithin liegen die Thatsachen so, daß Taine die Idee dieses Schlagwortes gehört, den Goncourts seine Form und Zola nur seine Verbreitung. Man versuche einmal eine ähnliche Probe mit den übrigen Formeln dieser Rubrik, und die Resultate werden sicher keine allzu auseinandergehenden sein!

Bleibt uns also nur noch die zweite übrig, und das typische Beispiel, derselben: »*roman expérimental*«. Dieses Schlagwort scheint Zola in der That zuzugehören, als das natürliche Product seiner Individualität, etwa wie sein »*L'Assommoir*«, oder wie sein »*Germinal*«. Enthält es aber eine Wahrheit, d.h., ist es wirklich der adäquate Ausdruck eines bis dahin völlig übersehen gebliebenen Thatsachenbestandes?

Sehen wir zu! Zunächst: was *ist* ein Experiment?

Ein Chemiker hält in seiner Hand zwei Stoffe, den Stoff x und den Stoff y. Er kennt ihre beiderseitigen Eigenschaften, weiß aber noch nicht, welches Resultat ihre Vereinigung ergeben würde. Seiner Berechnung nach freilich x plus y, vielleicht aber auch u, vielleicht sogar z. Selbst weitere Möglichkeiten sind keineswegs ausgeschlossen. Um sich also zu überführen, wird ihm nichts anderes übrig bleiben, als jene Vereinigung eben vor sich gehen zu lassen, d.h. ein Experiment zu machen – »une observation provoquée dans un but quelconque«, wie Zola in Anlehnung zu Claude Bernhard, seinen dritten großen Meister, gesagt hat.

Inwiefern identifizirt sich nun mit diesem Chemiker der Romanschriftsteller? Auch er hält, wie wir annehmen wollen, zwei Stoffe in seiner Hand, auch er kennt, wie wir annehmen wollen, ihre beiderseitigen Eigenschaften, aber auch er weiß, wie wir annehmen wollen, noch nicht genau, welches Resultat ihre Vereinigung ergeben würde. Wie nun zu diesem gelangen? Nichts einfacher als das, erwidert darauf Zola, der Theoretiker: er läßt eben, genau wie sein gelehrter Muster-College, jene Vereinigung vor sich gehen, und die Beobachtung derselben giebt ihm dann das gewünschte Resultat ganz von selbst: »Ce n'est là qu'une question de degrés dans la même voie, de la chimie à la physiologie, puis de la physiologie à l'anthropologie et à sociologie. *Le roman expérimental est au bout.*« Freilich, freilich! Aber vielleicht ist es gestattet, vorher eine kleine Einwendung zu machen?

Jene Vereinigung der beiden Stoffe des Chemikers, wo geht sie vor sich? In seiner Handfläche, in seinem Porzellannäpfchen, in seiner Retorte. Also jedenfalls in der Realität. Und die Vereinigung der beiden Stoffe des Dichters? Doch wohl nur in seinem Hirn, in seiner Phantasie, also jedenfalls *nicht* in der Realität. Und ist es nicht gerade das *Wesen* des Experiments, daß es nur in dieser und ausschließlich in dieser vor sich geht?

Ein Experiment, das sich blos im Hirne des Experimentators abspielt, *ist* eben gar kein Experiment, auch wenn es zehnmal fixirt wäre; es kann im günstigsten Falle das Rückerinnerungsbild eines in der Realität bereits gemachten Experiments sein, nichts weiter. »Ein in der *Phantasie* durchgeführtes Experiment«, wie man ja allerdings den Rougon-Macquart-Cyclus bereits geistvoll betauft hat, ist ein einfaches Unding, ein Kaninchen, das zugleich ein Meerschweinchen ist, und ein Meerschweinchen, das zugleich ein Kaninchen ist. Ein solches Kaninchen und ein solches Meerschweinchen hat es nie gegeben und wird es nie geben, gottseidank! Abgesehen natürlich von den Vorstellungen der Theoretiker. Bei denen ist eben Alles möglich, auch Mondkälber und Experimentalromane...

Nein, nicht die Funkelnagelneuheit seiner »Ideen« war es, nicht die mehr als zweifelhafte Tiefe seiner »Wahrheiten«, die Zola auch als Theoretiker so hoch über den trivialen Haufen emporragen ließ, sondern die wunderbare Wärme seiner Ueberzeugung, das Pathetische seiner Perioden, das ganze unnachahmlich Machtvolle seiner Persönlichkeit, das, wie seinen übrigen Werken, so auch seinen kritischen Schriften zur Folie dient.

IV.

Buckle, der Unvergessene, hat in seiner großen »Einleitung zur Geschichte der englischen Civilisation«, wie bekannt, folgenden Satz aufgestellt: »Der Fortschritt der Menschen hängt von dem Erfolge ab, mit welchem die Gesetze der Erscheinung erforscht werden, und von der Ausdehnung, in welcher eine Kenntniß dieser Gesetze verbreitet ist.« Dann führt er fort: »Bevor eine solche Erforschung beginnen kann, muß ein Geist des Zweifels erwachen, welcher zuerst die Forschung unterstützt, um nachher von ihr unterstützt zu werden.«

Uns scheint, dieser Geist des Zweifels ist heute in Deutschland bei uns erwacht. Wir erinnern hier nur an Einen, dessen Intellect ganz von ihm erfüllt war: an Friedrich Nietzsche. Zwar sein »Hammer« ist seinen müden Händen bereits entsunken, aber seine ganze Arbeit hat er darum noch nicht gethan. Es wäre hohe Zeit, mit ihm endlich auch an das alte Götzenmysterium zu klopfen, das sich »Kunstphilosophie« nennt. Vielleicht, daß man dann die Entdeckung macht: Es giebt keins, das hohler klingt.

Arno Holz (1863–1929) war Anfang der achtziger Jahre geprägt von einem allgemein verbreiteten romantischen Nationalismus, auf den sich zunächst die Hoffnungen vieler junger Literaten und Studenten stützten. 1883 war Holz Mitglied der Vereinigung »Wartburg«, in deren Kreis man sich für mittelalterliche und nationale Dichtung begeisterte. Ende 1883 wandte er sich neuen literarischen Vorbildern zu, wie Georg Herwegh, Hoffmann v. Fallersleben und Ferdinand Freiligrath. 1884 beteiligte sich Holz mit sozialer, zeitbezogener Lyrik an der Anthologie *Moderne Dichter-Charaktere*, die im Frühsommer 1885 erschien. Holz' Beiträge, die von Bleibtreu als »naturalistische Prosa in Metren und Reimen« abgelehnt wurden, fallen sowohl durch inhaltliche (Großstadt-Thematik) als auch durch formale Neuerungen auf. Ende 1884 bekennt Holz erstmals von sich selbst, er sei »Demokrat, Darwinianer, Kosmopolit.« Sein Gedichtband *Das Buch der Zeit*, der 1886 in Zürich bei Schabelitz erschien, dem Verleger oppositioneller deutscher Autoren insbesondere auch während des Sozialistengesetzes, erregte großes Aufsehen. Detlef v. Liliencron entdeckte in A. Holz den »wüsten, rohesten Socialdemokraten«. Zahlreiche Lieder aus dieser Sammlung wurden auch in der illegalen sozialdemokratischen Presse wieder abgedruckt. Franz Mehring urteilte 1896 anläßlich einer Neuauflage dieser Gedichtsammlung (1892) über Holz: »Hier zeigt

er sich als ein Lyriker von hinreißendem Feuer, der größte wohl, den Deutschland seit einem Menschenalter gesehen hat« (zit. nach: F. Mehrung, *Gesammelte Schriften*. Hrsg. v. Th. Höhle u.a., Bd. 11, Berlin 1961, S. 230). Zur Zeit des Erscheinens schon der ersten Auflage dieses Gedichtbandes schwor Holz seinem sozialen Engagement jedoch wieder ab. Am 23. April 1885 schrieb er an seinen Freund Jerschke: »Um die Sozialdemokratie kümmere ich mich jetzt ebensowenig, als um allen anderen Quark. Die Lyrik hat mit Politik nichts zu thun. Und mein Talent ist nur ein lyrisches« (zit. nach: H. Scheuer, *Arno Holz im literarischen Leben des ausgehenden 19. Jahrhunderts (1883–1896)*. München 1971, S. 185). So fügte Holz in der erweiterten Auflage des *Buches der Zeit* folgendes Gedicht ein:
Ein für allemal!

> Verhaßt sind mir bis in den Tod
> Popogescheitelte Manieren –
> Doch zehnmal lieber schwarzweißroth,
> Als mit dem *Mob* fraternisieren!　　　　　　　　　　(s. Ausg. 1892, S. 474)

1886 nahm Holz auch an den Sitzungen des Vereins »Durch« teil. B. Wille schreibt über ihn: »A. Holz, damals durch sein Buch der Zeit bekannt, gehörte zu den unrastig drängenden Elementen des ›Durch‹.« Im Frühjahr 1887 reist A. Holz nach Paris, wo er die Schriften Zolas für sich entdeckt, das Werk von Flaubert und den Brüdern Goncourt kennenlernt. Im Frühjahr 1888 begann Holz in Berlin die Zusammenarbeit mit Johannes Schlaf, die bis 1892 andauert. Im Sommer desselben Jahres vertiefte Holz sich in theoretische Studien. Er las Zola, Taine, Mill, Spencer und Kant. Parallel dazu entstand, zusammen mit Schlaf die Sammlung *Papa Hamlet*, die im Januar 1889 erschien. Anfang 1890 übernahm Holz die Schriftleitung der *Freien Bühne*. Im April dieses Jahres fand im Theater der Freien Bühne die Première der *Familie Selicke* statt, einer weiteren Gemeinschaftsarbeit von Holz und Schlaf. Im September 1890 verließ Holz zusammen mit sieben weiteren Mitarbeitern die Zeitschrift *Freie Bühne*, da sie die Zeitschrift nicht mehr »als Organ ihrer Anschauungen« anerkannten (s. *Die Gesellschaft*, Jg. 6/2,1, 1890, S. 1367). 1891 erschien Holz' theoretisches Hauptwerk *Die Kunst*, 1892 die erweiterte neue Auflage des *Buches der Zeit* und unter dem Titel *Neue Gleise* eine Zusammenstellung der Gemeinschaftsarbeiten von Holz und Schlaf, sowie 1892 ein Band *Die Kunst. Neue Folge*. 1895 begann eine zweijährige Freundschaft mit Paul Ernst. 1896 erschien das Drama *Socialaristokraten*, eine Satire auf den Kreis der Friedrichshagener Literaten. Holz zog damit öffentlich einen Schlußstrich unter seine Kampfzeit innerhalb der naturalistischen Literaturopposition.

Arno Holz lebte bis zu seinen z.T. bühnenwirksamen Dramen, die er nach 1900 verfaßte, in großer Armut. 1890 äußert sich in der *Freien Bühne* zur Frage einer staatlichen Unterstützung für Künstler dennnoch scharf ablehnend. In seinem Aufsatz *Die neue Kunst und die neue Regierung* schreibt er: »Das Gesetz der natürlichen Zuchtwahl herrscht unerbittlich auch in der Kunst [...] Wem die Luft seiner Epoche den Athem benimmt, der thut uns nur einen Gefallen, wenn er an ihr erstickt. Die Kunst ist kein Spital für Asthmatische. Sie ist die große Welt der Gesunden, und wer fühlt, daß er auf Krücken und Lathwergen nicht verzichten darf, der mag nur immer hübsch daheim in seiner Ofenecke bleiben und auf die Musik Acht geben, die die Bratäpfel machen« (s. *Freie Bühne*, Jg. 1, 1890, S. 166). In den 90er Jahren wurde Holz' finanzielle Lage jedoch so schlecht, daß er auf fremde Hilfe angewiesen war. 1896 veröffentlichte der Herausgeber der *Zukunft*, Maximilian Harden, einen Spendenaufruf für den Dichter. In einem Artikel *Der Fall Holz* würdigte F. Mehring den Künstler A. Holz, »der zehn Jahre und länger für seine Ideale zu hungern gewußt hat« und kritisierte scharf den »Klingelbeutel« des Maximilian Harden, der aus »der Tragödie die Posse« mache (zit. nach: F. Mehring, *Ges. Schriften*, Bd. 11, S. 236).

In dem hier dok. Aufsatz gibt Holz wichtige theoretische Schritte wieder, die zur Entwicklung seiner eigenen Kunsttheorie erforderlich waren. Die Kritik an Taine und Zola zeigt, daß Holz an den theoretischen Positionen anknüpfte, die in der Umsetzung naturwissenschaftlicher Weltsicht im Bereich der Kunsttheorie am weitesten fortgeschritten waren. Seine Ablehnung eines auch von Taine trotz Anwendung naturwissenschaftlicher Betrachtungsweise weiterhin anerkannten Abbild- bzw. Nachahmungsverhältnisses zwischen Kunst und Natur ist Voraussetzung für seine Grundthese von einer Tendenz der Kunst selbst Natur zu werden (s. Dok. 22). Die Frage drängt sich allerdings auf, warum auch Holz die innerhalb der deutschen naturalistischen Bewegung bereits so vielfach widerlegte Theorie des Experimentalromans ebenfalls noch einmal als unbrauchbar zurückweisen mußte. Hierbei ist zu beachten, daß Holz' Kritik aus einer gänzlich neuen Perspektive erfolgte. Während es den Naturalisten vor ihm darum ging, die Kunst vor ihrer Verwandlung in Wissenschaft zu retten, sah Holz, daß auch in der Verwissenschaftlichung ein Abbildverhältnis erhalten blieb, das er aufheben wollte.

14
Julius Röhr: *Das Milieu in Kunst und Wissenschaft.* In:
Freie Bühne für modernes Leben. Red.: Wilhelm Bölsche. 2. Jg.
Berlin (S. Fischer) 1891, S. 341–345; hier: 341–343, 343, 344, 343.

Der Hauptgegenstand der Dichtung ist der Mensch, insbesondere des Menschen Seele mit ihren Leiden und Freuden, ihren Strebungen und Gedanken. Aber der Mensch ist tief eingesenkt in die Natur; in jeder Sekunde wirken ihre Einflüsse auf ihn, und besonders seine Seele enthält viele Bestandtheile, welche wir den Einflüssen der Außenwelt zuschreiben. Dies konnte der *Dichtung* nicht entgehen, und so finden wir denn seit den ältesten Zeiten mehr oder weniger die Umgebung mitberücksichtigt. Aber hierbei zeigen sich die größten Unterschiede: bald ist das Milieu, wie die Franzosen, Umgebung und Umstände zusammenfassend, sagen, nur schattenhaft angedeutet, bald ist es ausführlich geschildert, aber es macht den Eindruck, als ob der Dichter nur sein Talent auch als Maler des Leblosen üben wolle; die Hauptsache, der Zusammenhang zwischen der Umgebung und dem Menschen, fehlt. Die höchste bisher erreichte Stufe war, daß der Dichter die ästhetischen Stimmungen ahnen ließ, welche das Milieu auf die sich in ihm bewegenden Personen hervorbrachte. Ein Muster dieser Darstellung der Einflüsse der Umgebung ist z.B. der Werther. Auch der Romanticismus schilderte den Einfluß des Milieu besonders in Gestalt ästhetischer Stimmungen, welche romantische Umgebungen: alte Ruinen, mondbeglänzte Gärten, schaurige Schluchten u.s.w. hervorbringen.

Die neuere *Naturforschung* entdeckte aber noch andere weit wichtigere Einflüsse der Umgebung auf den Menschen. Das Problem der Wechselwirkung zwischen beiden tritt schon im vorigen Jahrhundert der Menschheit ins Bewußtsein. Zuerst suchte man die Einwirkung der Umgebung, des Wohnsitzes und des Klimas auf ganze Völker darzulegen. Montesquieu und Herder gaben dazu geistreiche Beiträge. Dann bemächtigte sich vor allem der tiefe Geist Ritters dieses Problems. Die Erde ist ihm das Wohnhaus des Menschen, er ist von ihr ebensowenig zu trennen, wie Thier und Pflanze. Körper und Seele werden in gleicher Weise von der umgebenden Natur beeinflußt und aus ihrer so beeinflußten ursprünglichen Anlage entspringen nun alle Sitten, Gebräuche, Einrichtungen, Schicksale, kurz die ganze Geschichte eines Volkes. Den angeborenen Nationalcharakter in seinen Wirkungen und seiner Widerstandskraft oft unterschätzend, suchte man zu zeigen, wie nach Maßgabe der umgebenden Natur ernste, ruhige, thatkräftige, schlaffe, stumpfsinnige, heitere, trübsinnige, phantasiebegabte Nationen entstehen mußten. Vor allem zeigte man, daß wenige Ideen mehr den Bodencharakter an sich tragen, als die religiösen. Neben die so entstandene Wissenschaft, die man in neuster Zeit passend Anthropogeographie genannt hat, trat in der Mitte dieses Jahrhunderts die eigentliche Naturwissenschaft mit ähnlichen Erklärungsversuchen, indem sie mehr den Einfluß auf das Individuum, nicht, wie es bisher geschehen, auf ganze Nationen ins Auge faßte. Vogt sprach es im Einklang mit den übrigen deutschen Materialisten aus, daß der Mensch die Summe sei von Eltern und Amme, von Ort und Zeit, von Luft und Wetter, von Licht und Schall. Vor allem wirkten auch in dieser Hinsicht die Untersuchungen Darwins, obgleich dieser den Einfluß des Milieu nicht allzu hoch und wohl zu niedrig anschlägt. So sagt er in seinem Werke über das Variieren der Tiere und Pflanzen: »Die Art der Abänderung hängt in höherem Grade von der Natur und Konstruktion des Organismus, als von der Natur der veränderten Bedingungen ab.« Doch scheint ihm dies später falsch: »Nach meinem eigenen Urteile«, sagt er in einem späteren Briefe, »liegt der große Irrtum, den ich beging, darin, daß ich nicht genügendes Gewicht der unmittelbaren Wirkung der Umgebung (Nahrung, Klima u. s. w.) unabhängig von der natürlichen Auswahl beilegte.«

Mehr aber noch als alles dieses wirkte zur Anerkennung der Einflüsse der Umgebung die immer breiteren Raum einnehmende *socialökonomische* Forschung und die Ausbreitung des Socialismus überhaupt. Der wichtige Fortschritt war besonders, daß man außer dem natürlichen Milieu auch das sociale ins Auge faßte. Die sich immer mehr ausbreitende kapitalistische Produktionsweise führte besonders in dem klassischen Lande derselben, in England, ein bisher in dieser Deutlichkeit noch nicht hervorgetretenes Problem vor Augen: man sah innerhalb derselben Nation eine von der besitzenden nicht blos geistig, sondern auch körperlich durch eine tiefe Kluft geschiedene Bevölkerungsklasse entstehen; eine Klasse voll von bisher ungeahnten körperlichen und moralischen Gebrechen. Man fragte sich: Woher diese? Und man fand als Grund die Armut der herabgekommenen Klasse mit allen ihren Folgen intellektueller, moralischer und körperlicher Not. Besonders in der ersten Zeit, als sich die arbeitenden Klassen eine bessere Lage noch nicht selbst erkämpft, und die Regierungen sich ihrer noch nicht angenommen hatten, sah man mit erschreckender Deutlichkeit den zerrüttenden Einfluß der Not und Ueberarbeitung, der schlechten Nahrung und Wohnung auf Geist und Körper, sah, wie das Leben aus der Hand in den Mund, die Mußelosigkeit und der Mangel an Zeit und Bildungsmitteln den Geist abstumpfe und die Ausbildung von Tugenden verhindere, welche den Besitzenden mühelos in den Schooß fallen, sah endlich, wenn alle diese Umstände concentrierter auf ein Individuum wirkten, dasselbe mit absoluter Notwendigkeit zum Verbrecher werden. Kurz die Bildung des Proletariats zeigte jedem, der sich nicht geflissentlich die Augen verschloß, die ungeheure Macht der Umstände, denen gegenüber der Einzelne als ein willenloses Objekt erscheint.

Diese neue Anschauung von der Wichtigkeit und den Wirkungen – des Milieu konnte nun wiederum an einem so feinfühligen Instrumente, wie es die Dichtung für alle Imponderabilien der jeweiligen Weltanschauung ist, nicht spurlos vorübergehen. Besonders das poetische Pendent des Socialismus, der Naturalismus, hat sich ihrer bemächtigt. Freilich fast nur dem französischen Naturalisten und von diesen wieder Zola ist es gelungen, das Milieu in dieser Weise zu verwenden. Zola verdanken wir auch die besten kritischen Erörterungen hierüber. Er ist (in der Theorie wenigstens) ein Feind aller Beschreibungen des Leblosen zu dem Zwecke, welchen der Maler verfolgt, nämlich dem Auge des Lesers eine Menge von Farben und Formen vorzuführen. Er will vielmehr die Umgebung des Menschen studieren wie der Zoologe die Pflanze studiert, auf der ein Insekt lebt, weil nur so das Insekt, das aus dieser sein ganzes Wesen, sogar seine Form und seine Farbe zieht, vollständig verstanden werden kann. Der Einfluß des Darwinismus ist offenbar. »Wir erachten«, sagt er, »daß der Mensch von seinem Milieu nicht getrennt werden kann, daß er vervollständigt wird durch sein Kleid, durch sein Haus, durch seine Stadt, durch seine Provinz; und in Folge dessen verzeichnen wir kein einziges Phänomen seines Gehirns oder Herzens, ohne die Ursachen oder die Gegenwirkung davon im Milieu zu suchen.« »Wir gestehen nicht zu, daß der Mensch allein existiert, und daß er allein von Wichtigkeit ist, indem wir im Gegenteil überzeugt sind, daß er einfach ein Resultat ist.« – Ganz wie Vogt sagt er, in seinen Romanen sei die Person ein Produkt der Luft und der Sonne geworden, wie die Pflanze. »Der Mensch«, sagt er anderwärts, »ist ein denkendes Tier, welches einen Teil der großen Natur ausmacht und welches den mannigfaltigen Einflüssen des Bodens unterworfen ist, auf dem es emporgewachsen und auf dem es lebt: dies ist der Grund, warum ein Klima, ein Land, ein Horizont, ein Zimmer oft einen entscheidenden Einfluß haben.«

Es ist damit nicht gesagt, daß bei den französischen Naturalisten und besonders Zola sich nicht auch Schilderungen des Milieu fänden, die nur den Zweck haben, die Stimmungen zu veranschaulichen, welche das Milieu in den sich darin bewegenden Personen und damit in dem Leser hervorruft. [...]

Aber der wichtigste Fortschritt des französischen Naturalismus ist eben, daß er das Milieu auch in einer viel ernsthafteren und bedeutsameren Funktion zeigt: nämlich als den Menschen gewissermaßen hervorbringend. In dieser Funktion tritt es bei Zola besonders in den speziell der sozialen Frage gewidmeten Romanen, im Germinal und Assommoir hervor. Hier fühlt man, daß, wenn das Milieu nicht das geschilderte wäre, die darin lebenden Personen ebenfalls nicht die wären, welche sie sind. Die Personen sind durch das Milieu gewissermaßen erklärt, was einen der Hauptreize dieser Romane ausmacht. Im Germinal hat der Voreux diese Rasse verkommener Menschen fast ebenso geschaffen, wie ihre Eltern, nicht blos, weil sie selbst Tag aus Tag ein in Dunkel und Nässe, in erstickender Hitze und eisiger Kälte, unter tausend Gefahren und halb verhungert, sich den ungeheuersten Anstrengungen unterziehen, sondern weil auch ihre Vorfahren Generation um Generation sich dem Ungetüm auf gleiche Weise opferten. [...]

Alles verstehen heißt, alles verzeihen; diese Stimmung weht durch alle naturalistischen Werke der französischen Schule. Oft legt Zola diese Ansicht seinen Figuren in den Mund. Im Germinal erzählt er von Deneulin, welchem die Streikenden seine Gruben zerstören: »Und in der Gewißheit seines Unterganges hatte er keinen Haß mehr gegen die Arbeiter von Montsou; er fühlte, an allen sei die Schuld, eine durch Jahrzehnte aufgehäufte gewaltige Schuld. Die

Arbeiter? Ein roher Haufe, jawohl! Aber doch ein armes Volk, das nicht lesen kann und in Hunger und Elend verkommt.«

Diese Anschauung, welche eins der höchsten Probleme der Philosophie, die Frage nach der menschlichen Willensfreiheit berührt, mag vielen gefährlich vorkommen, weil sie leicht zu einer Laxheit in der Verurteilung des Lasters und der Bestrafung des Verbrechens führen könne. Aber wie dem auch sein möge, sicher ist, daß die Erkenntnis von der außerordentlichen Größe des Einflusses der Verhältnisse auf den Menschen immer mehr zunehmen und einen wichtigen Teil einer vollständig deterministischen Weltanschauung bilden wird, deren erste Vorzeichen sich schon von Tag zu Tag häufen. Die Menschheit wird sich eben mit diesen Thatsachen abfinden müssen und die etwaigen Nachteile einer milderen Bestrafung des Verbrechens durch gewissenhaftere Beteiligung der verführenden und corrumpierenden Umstände kompensieren. Der naturalistische Roman hat sich zur Aufgabe gestellt, Gesetze und Causalzusammenhänge, welche das Menschenleben beherrschen, wahrheitsgetreu darzustellen, um die richtige Einrichtung desselben durch Benutzung dieser Gesetze zu ermöglichen. Er hat deshalb nicht blos das Recht, sondern auch die Pflicht, die Wirkungen des Nichtich auf das Ich, nicht blos die Vorgänge in letzterem zu registrieren, denn diese sind wirklich von hoher Wichtigkeit. Es wäre wie von vielen andern Aufgaben des modernen Romans zu wünschen, daß der deutsche Naturalismus auch dieser Aufgabe sich bewußt würde und ein genaueres Studium des Milieu und seiner Einflüsse mit einem sorgfältigeren Studium der Menschennatur verbinde. Bisher ist in dieser Richtung in Deutschland fast noch nichts geschehen. Nimmt der neuere Roman aber auch diese Aufgabe in sein Programm auf, so arbeitet er an einem schönen Werke. Die Ueberhebung der Glücklichen zu unterdrücken, zu verhüten, daß sie mit Hochmut auf die Unglücklichen herabblicken, als ob der beiderseitige Platz die Folge eigenen Verdienstes und eigener Verschuldung sei und nicht, wie es in neunzig unter hundert Fällen zu sein pflegt, der Macht übermächtiger Umstände, und so die tiefe Kluft zu überbrücken, welche heut zwischen Arm und Reich gähnt, und Milde des Urteils zu verbreiten, das ist eine so erhabene Aufgabe, wie man sie nur immer erdenken kann.

Die Diskussion des Milieu-Begriffs in den naturalistischen Literaturdebatten hatten als eine Grundlage Taines Theorie von den drei Quellen, »race«, »milieu« und »moment«, die nach ihm den Zustand einer Zivilisation bestimmen. Die grundlegenden Thesen hierüber entwickelte Taine bereits 1863 in dem Vorwort zur *Geschichte der englischen Literatur* (dt. Übersetzung: Leipzig 1878). Bei Taine umfaßte der Begriff »milieu« sowohl die physikalische wie die soziale Umwelt der Individuen, wie z.B. Klima, politische und soziale Verhältnisse. Er schrieb dazu: »Haben wir soeben den innern Bau einer Rasse dargelegt, so wollen wir nun die Sphäre [= milieu, Ch.M.] betrachten, in welcher diese lebt. Denn der Mensch steht auf der Welt nicht allein da; die Natur hüllt ihn ein und seine Mitmenschen umgeben ihn. [...] Die physischen oder sozialen Umstände verderben oder vervollkommnen das ihnen in den Weg kommende Naturell. Zuweilen hat das Klima seine Wirkung gethan« (H. Taine, *Geschichte der englischen Literatur*. Leipzig 1878, S. 17f.).

Auch Zola setzte sich in seiner Studie über den roman expérimental mit dem Begriff des »milieu« auseinander, wobei auch er das Milieu sowohl als physiologisches und soziologisches Phänomen auffaßte. Dabei blieb Zola durchaus nicht bei einer mechanistischen Betrachtungsweise des Verhältnisses Individuum-Milieu stehen, sondern erklärte das Milieu als Ursache und Wirkung gleichermaßen: »Der Mensch ist nicht allein, er lebt in einer Gesellschaft, in einer sozialen Umgebung, und von da ab modifiziert diese soziale Umgebung für uns, Romanschriftsteller, unaufhörlich die Erscheinungen. Hier, in der reciproken Wirksamkeit der Gesellschaft auf das Individuum und des Individuums auf die Gesellschaft, liegt sogar unsere große Aufgabe. [...] Und hier liegt der Punkt, der den Experimentalroman ausmacht: den Mechanismus der Erscheinungen beim Menschen zu besitzen, das Räderwerk seines Verstandes- und Empfindungslebens, wie sie uns von der Physiologie erklärt werden, [...] dann den Menschen zu zeigen, wie er in dem sozialen Milieu lebt, das er selbst geschaffen, das er alle Tage verändert, und in dessen Schosse er seinerseits eine beständige Umwandlung erfährt« (s. Dok. 16).

In der Entwicklung der naturalistischen Kunstauffassung in Deutschland kommt die Diskussion um den Milieu-Begriff relativ spät auf. Trotz der Bekenntnisse zur modernen naturwissenschaftlichen Betrachtungsweise (s. H. Hart, *Neue Welt*, Dok. 2) überwiegt zunächst das Bestreben, der Salonliteratur große Dichtung entgegenzustellen. Das Wahrheitspostulat wird erst von Wilhelm Bölsche (s. Dok. 17) auf seine naturwissenschaftlichen Implikate hin genauer untersucht. Die Auseinandersetzung mit den Folgen des naturwissenschaftlichen Denkens für die Kunsttheorie und eine moderne Realismus-Auffassung beginnt in der naturalistischen Bewegung eigentlich erst in der zweiten Hälfte der 80er Jahre, während bis dahin die Wiedergewinnung einer für die nationale Kultur bedeutsamen Dichtung, die kulturelle Vollendung des Nationalstaates und daher auch eine Zurückhaltung bis Kritik an einem zu weit gehenden Einfluß der Wissenschaften auf die Dichtung überwiegen.

Eine zentrale Rolle spielt der Milieu-Begriff in Bölsches Bemühungen, dem Wahrheitsstreben der Naturalisten ein naturwissenschaftliches Fundament zu geben. Bölsche ging dabei soweit zu erklären, daß in der »Thatsache der Willensunfreiheit« für den Dichter »der höchste Gewinn« liege, daß diese »wahre realistische Dichtung« überhaupt erst ermögliche (W. Bölsche, *Die naturwissenschaftlichen Grundlagen der Poesie.* Leipzig 1887, S. 34). Auch Alberti erhoffte sich von der Milieu-Theorie eine Bereicherung der Literatur: »Es ist also ersichtlich, daß die Kunst indem sie sich der Methode des Milieus bedient, eine Stufe der Ausdrucksfähigkeit erlangen kann, welche die frühere bedeutend übertrifft [...]. Alles unbestimmte, unklare, idealistische schwindet, der kleinste Punkt wird bestimmt, charakteristisch, individuell, klar, realistisch« (C. Alberti, *Das Milieu.* In: ders., *Natur und Kunst.* Berlin 1890, S. 62).

Für Hermann Bahr erscheint das Milieu in seinem Aufsatz über Zola (Erstdruck 1890) als eine künstlerisch durchaus annehmbare Voraussetzung, die Darstellung aus dem Milieu als eine Methode, von der verschiedene Konkretionen möglich seien. Zum einen schreibt Bahr, ist es möglich, daß »ein Charakter, ein Ereignis oder eine Psychologie« da ist, die ihn »selbst schlägt, packt, vergewaltigt« und so das Ziel seines Schreibens wird. Das Milieu dient ihm in diesem Fall nur als Mittel, um sein Thema »zu verdichten und mit der jähen Schlagfertigkeit der Wahrheit zu rüsten [...]« (s. Hermann Bahr, *Zola.* In: *Die Überwindung des Naturalismus.* Dresden und Leipzig 1891, S. 175). Daneben sieht Bahr für sich die Möglichkeit, auch vom Milieu auszugehen: »Es kann von allem Anfang an gleich ein Milieu sein, das mich schlägt, packt und vergewaltigt, und das Milieu selber, um es in das Leben der Kunst zu setzen, wird mein Thema: der Handel, das Atelier, die Schauspielerei, das Notariat oder die Börse« (ebd., S. 176). Diese Überlegungen zu der künstlerischen (nicht naturwissenschaftlich-experimentellen) Bedeutung des Milieus formuliert Bahr im Zusammenhang mit der Besprechung von Zolas Roman *La bête humaine*, über den er begeistert schreibt: »Mein Geschmack schwelgt. Aber nur an seiner [d.i. Zolas – Ch.M.] Theorie darf man's nicht messen, an seiner eigenen Theorie« (ebd., S. 178; vgl. auch Dok. 109).

1891 bezog auch Curt Grottewitz den Milieubegriff in seine Überlegungen zur Begründung eines »Neu-Idealismus« ein: »Der Neu-Idealismus, der sich nicht mehr damit abzugeben braucht, tote Ideale noch einmal tot zu schlagen, wird dieselbe Lehre unter anderem dazu benutzen können, zu zeigen, wie ein Mensch, dem Kampf ums Dasein gewachsen, sich auf eine immer höhere und höhere Stufe der Entwicklung emporringt und wie seine Eigenschaften forterbend ein Geschlecht von edler Rasse erzeugen. Diese Fassung der Milieu-und Vererbungsfrage eröffnet neue herrliche Perspektiven, sie ruft ein bisher noch nicht gekanntes Gefühl von Begeisterung hervor, welches die neue Kunst poetisch verwerten, also in neue Schönheitswerte umsetzen wird« (C. Grottewitz, *Die zehn Artikel des Neu-Idealismus.* In: *Der Zeitgenosse*, Jg. 1, 1890/91, S. 154).

Ein etwas späterer Artikel von Grottewitz trug dann bereits den Titel: *Die Überwindung des Milieu* (s. *Das Magazin für Litteratur*, Jg. 60, 1891, S. 455–457). Grottewitz erklärte hier die Lehre vom Milieu als unangemessen für den aristokratischen Menschen: »Die bisherige Lehre vom Milieu war für den Durchschnittsmenschen geschaffen, der, wenig individualisiert, geistig inferior, allerdings den Einflüssen des

Milieus blind gehorchend. Indessen die hervorragender geborenen Aristokraten stellen dem Milieu ihre Berechnung, ihre Erfindungsgabe, ihre Erfahrung und Vermutung, ihren Glauben und ihr Wissen entgegen, und unter ihrem Willen beugt sich die Umwelt zu ihrem Dienst« (ebd., S. 456). Wilhelm Bölsche verteidigte in einer Antwort an Grottewitz den Ansatz der Milieutheorie und forderte Grottewitz auf: »Gestehen Sie rund und frei, daß Ihr Fortschritt über das abscheuliche, verdummende und faule Bäuche zeugende Milieu hinaus der gute, zweifellose Rückschritt zum Alten ist« (W. Bölsche, *Zur Aesthetik der Confusion*. In: *Freie Bühne*, Jg. 2, 1891, S. 773).

Gegen die Milieutheorie als materialistische Irrlehre wandte sich 1891 auch Moritz Carrière (*Das Milieu*. In: *Die Gegenwart*, Bd. 39, 1891, S. 343–345).

Julius Röhr (Lebensdaten nicht zu ermitteln) geht in seinem Aufsatz nicht auf die Angriffe ein, die gegen die Milieutheorie von einem neuen aristokratisch-idealistischen Standpunkt aus vorgebracht werden. Ungeachtet solcher Einwände tritt er für eine Erweiterung des Milieubegriffs ein, der neben naturwissenschaftlichen Erkenntnissen auch die Ergebnisse sozialökonomischer Forderungen berücksichtigen sollte.

c) Grundlagen der Kunsttheorie

15

Hippolyte Taine: *Philosophie der Kunst. Deutsch von Ernst Hardt.*
Bd. I, (E. Diederichs) Leipzig 1902, S. 4–6, 7–8, 10, 12–13, 14–16,
30, 34, 38, 42–43, 49–50, 53–55, 62, 102–104.

[…]

Der Ausgangspunkt dieser Methode besteht darin zu erkennen, daß ein Kunstwerk nichts Vereinzeltes ist, und daher die Gesamtheit zu suchen, von der es abhängt und die es erklärt.

Der erste Schritt ist nicht schwer. Zunächst und augenscheinlich gehört ein Kunstwerk, ein Gemälde, ein Trauerspiel, eine Bildsäule, zu einem Ganzen, ich meine zu dem Gesamtwerk des Künstlers, welcher es schuf. Dieses versteht sich von selbst. Ein jeder weiß, daß die verschiedenen Werke eines Künstlers untereinander alle nahe verwandt sind wie Töchter ein und desselben Vaters, das will sagen, daß es zwischen ihnen ausgesprochene Ähnlichkeiten giebt. Sie wissen, daß jedweder Künstler seinen Stil hat, einen Stil, welcher sich in allen seinen Werken wiederfindet. Wenn er ein Maler ist, hat er seinen Farbton, buntleuchtend oder mattverschleiert, seine bevorzugten Typen, erlesen oder alltäglich, seine Stellungen, seine Kompositionsweise, selbst sein Verfahren bei der Ausführung, seine Farben, seinen Farbenauftrag, seine Formgestaltung, – seine Technik. Wenn es ein Schriftsteller ist, hat er seine Menschen, heftig oder ruhig, seine Verwicklungen, wirr oder einfach, seine Lösungen; tragisch oder komisch, seine bewußten Stilwirkungen, seinen Satzbau und sogar seinen Wörterschatz. Dieses ist so wahr, daß ein Kenner, wenn sie ihm das ungezeichnete Werk eines nur einigermaßen bedeutenden Meisters vorlegen, fähig ist zu erkennen, von welchem Künstler dieses Werk herrührt, und das fast mit Sicherheit; ja, wenn seine Erfahrung groß und sein Gefühl fein genug ist, wird er angeben können, in welchen Lebensabschnitt des Künstlers, in welche Spanne seiner Entwicklung das Kunstwerk gehört, das Sie ihm vorgelegt hatten.

Das ist die erste Gesamtheit, auf welche ein Kunstwerk zurückgeführt werden muß, hier ist die zweite:

Dieser Künstler selber, betrachtet mit seinem gesamten Lebenswerk, ist nicht vereinzelt. Es giebt auch ein Ganzes, in welchem er einbegriffen ist, ein Ganzes viel größer als er selber, und das ist die Schule oder Familie der Künstler desselben Landes und derselben Zeit, zu welcher er gehört. Zum Beispiel: rings um Shakespeare, welcher auf den ersten Blick hin wie ein Wunder erscheint, das vom Himmel fiel, wie ein Meteorstein aus einer anderen Welt, findet man ein Dutzend ausgezeichneter Dramatiker: Webster, Ford, Massinger, Marlowe, Ben

Jonson, Fletcher, Beaumont, welche im gleichen Stile und in demselben Geiste wie er geschrieben haben. Ihre Schaubühne hat dieselben Charaktere wie die seine, Sie treffen dort die gleichen ungestümen und furchtbaren Menschen, die gleichen mörderischen und unvorhergesehenen Lösungen, die gleichen jähen zügellosen Leidenschaften, denselben regellosen, absonderlichen, ausschweifenden und prächtigen Stil, dasselbe zärtliche und poetische Gefühl für die Natur und die Landschaft, und denselben Typus von Frauen, welche zart sind und unergründlich lieben. [...]

Das ist der zweite Schritt. Es bleibt uns noch ein dritter zu machen. Auch diese Künstlerfamilie ist in einer noch größeren Gesamtheit einbegriffen, das ist die Welt, welche sie umgibt und deren Neigungen und Gefühle den ihren gleichen. Denn der Zustand der Sitten und des Geistes ist derselbe für die Menge wie für die Künstler, sie sind keine abgesonderten Menschen. Es ist zwar die Stimme der Künstler allein, welche wir in diesem Augenblicke noch durch die Entfernung der Jahrhunderte vernehmen, aber wir erraten ein Gemurmel in diesem Schall, der schwingend zu uns herankommt: als ein breites dumpfes Summen die tausendfache, unbegrenzte Stimme des Volkes, welches rings um sie im Einklange sang. Nur durch diese Harmonie sind sie groß gewesen – und es ist notwendig, daß dieses so sei: Phidias, Iktinus, die Männer, welche den Parthenon aufgebaut haben und den Olympischen Jupiter, sie waren gleich den anderen Athenern freie Bürger und Heiden, in der Palestra erzogen, sie haben wie jene in Ringkämpfen ihren nackten Körper geübt und gestählt, auf dem Marktplatze im Rate gesessen und ihre Stimme abgegeben, sie hatten die gleichen Gewohnheiten, die gleichen Interessen, die gleichen Vorstellungen, den gleichen Glauben; Menschen derselben Rasse, derselben Erziehung, derselben Sprache fanden sie sich in allen bedeutsamen Teilen ihres Lebens der sie umgebenden zuschauenden Menge ähnlich.

[...]

Wir gelangen also dazu die Regel aufzustellen, daß man sich um ein Kunstwerk, einen Künstler, eine Gruppe von Künstlern richtig zu verstehen, mit Genauigkeit den allgemeinen Zustand des Geistes und der Sitten derjenigen Zeit vorstellen muß, der sie angehören. Dort findet sich die letzte Erklärung, dort steckt die Grundursache, welche alles übrige bestimmt. Diese Wahrheit, meine Herren, wird durch die Erfahrung bestätigt. Wenn man die hauptsächlichsten Epochen der Kunstgeschichte durchläuft, findet man in der That, daß die Künste plötzlich erscheinen und dann wieder verschwinden zu der gleichen Zeit wie bestimmte geistige und sittliche Zustände, mit denen sie verknüpft sind. – Das griechische Trauerspiel zum Beispiel, das des Äschylos, des Sophokles, des Euripides, kommt zur Zeit des Sieges der Griechen über die Perser zum Vorschein, in der heldenmütigen Epoche der kleinen, freien Stadtgemeinden, in dem Augenblick des großen Aufschwungs, mit welchem sie ihre Unabhängigkeit errangen und ihren Einfluß auf die gesittete Welt begründeten; und wir sehen sie verschwinden zusammen mit dieser Unabhängigkeit und Macht, als die Verweichlichung der Charaktere und die macedonische Eroberung Griechenland an die Fremden ausliefert. [...]

[...] So wie die Werke der lebendigen Natur, so werden auch die des menschlichen Geistes nur verständlich durch ihre Daseinssphäre.

[...]

Setzen Sie den Fall, meine Herren, daß uns diese Untersuchungen gelingen, daß wir dazu
gelangen die verschiedenen geistigen Zustände, welche die Geburt der italienischen Malerei,
ihre Entwickelung, ihre Blüte, ihre Spielarten und ihren Niedergang herbeigeführt haben, mit
vollkommener Deutlichkeit festzustellen. Setzen Sie den Fall, daß die Untersuchung auch für
die anderen Jahrhunderte für die anderen Länder, für die verschiedenen Zweige der Kunst,
für Baukunst, Malerei, Bildhauerei, Dichtkunst und Musik gelänge. Nehmen Sie ferner an,
daß man auf Grund dieser Entdeckungen dazu käme, das Wesen einer jeden Kunst zu
bestimmen und ihre Daseinsbedingungen festzustellen: dann besäßen wir eine vollständige
Erklärung der schönen Künste und der Kunst im allgemeinen, das heißt eine Philosophie der
schönen Künste, das, was man eine Ästhetik nennt. Nach einer von dieser Art, meine Herren,
streben wir und nicht nach einer anderen. Die unsrige ist modern und unterscheidet sich von
der alten dadurch, daß sie historisch ist und nicht dogmatisch, das will sagen, daß sie keine
Vorschriften aufstellt, sondern Gesetze ergründet. Die alte Ästhetik gab zuerst eine Begriffsbestimmung des Schönen und sagte zum Beispiel: das Schöne ist der Ausdruck der sittlichen
Vollkommenheit, oder: das Schöne ist der Ausdruck des Unsichtbaren, oder: das Schöne ist
der Ausdruck der menschlichen Leidenschaften, und dann ging sie von einem solchen Satze
wie von einem Gesetzparagraphen aus und richtete danach, sprach frei, verdammte, rügte
und führte. Ich bin sehr froh, daß ich keine so große Aufgabe zu erfüllen habe, ich habe Sie
nicht zu führen, das würde mich in Verlegenheit bringen. Überdies gestehe ich mir ganz leise,
daß man doch schließlich unter allen Vorschriften, die man gab, bisher nur zwei kluge
entdeckte: Die eine, welche anrät als ein Genie geboren zu sein, das ist Angelegenheit Ihrer
Eltern und nicht die meine; die zweite, welche anrät, viel zu arbeiten um seine Kunst recht zu
besitzen, das ist Ihre Angelegenheit und auch nicht die meine. Meine einzige Pflicht ist es
Ihnen Thatsachen vorzulegen und Ihnen zu zeigen wie diese Thatsachen entstehen konnten.
Die neue Methode, der ich zu folgen bestrebt bin und die sich in alle reinen Geisteswissenschaften einzuführen beginnt, besteht darin die menschlichen Werke und in Sonderheit die
Kunstwerke aufzufassen als Erzeugnisse und Thatsachen, deren Wesen zu bestimmen und
deren Ursachen zu erforschen sind – nichts weiter. In diesem Verstande verdammt die Wissenschaft weder noch begnadigt sie – sie stellt fest und erklärt. Sie sagt Ihnen nicht: Verachte die
holländische Kunst, sie ist zu plump, genieße keine andere als die italienische. Sie sagt Ihnen
auch nicht: Verachte die gotische, sie ist krankhaft und liebe nur die griechische Kunst. Sie
läßt jedem die Freiheit einer besonderen Vorliebe zu folgen und dasjenige zu bevorzugen, was
seine Gemütsart am tiefsten ergreift, dasjenige mit größerer Hingabe zu studieren, was
seinem eigenen Geiste am verwandtesten ist. Was die Wissenschaft selber anbetrifft, so hat sie
gleiche Neigungen zu allen Weisen der Kunst und zu allen Schulen, selbst zu denen, welche
einander am meisten entgegengesetzt erscheinen, sie faßt sie auf als ebensoviele Verkörper-
lichungen des menschlichen Geistes, sie glaubt, daß jene desto zahlreichere und neue Möglichkeiten des menschlichen Geistes offenbaren, je zahlreicher und einander widersprechender
sie sind, sie macht es wie die Botanik, welche mit der gleichen Liebe sowohl den Lorbeer- und

den Orangenbaum als auch die Tanne und die Birke betrachtet, sie ist selber eine Art angewandter Botanik – nicht an Pflanzen, sondern an Menschenwerken. Unter dieser Überschrift folgt sie der allgemeinen Bewegung, welche heute die reinen Geisteswissenschaften den beschreibenden Naturwissenschaften nahe bringt und Ihnen, indem sie den ersteren die Grundsätze, Vorsichtigkeiten und Geleise der letzteren giebt, eine gleiche Zuverlässigkeit vermittelt und einen gleichen Aufschwung zusichert.

[...]

Kurz, im dichterischen wie im malerischen Werke handelt es sich darum nicht das sinnlich wahrnehmbare Äußere der Wesen und Begebenheiten zu übertragen, sondern die Gesamtheit ihrer Beziehungen und ihrer Abhängigkeiten, das heißt ihre Logik. In der Regel ist also das, was uns an einem wirklichen Wesen anregt und was wir den Künstler auszuziehen und wiederzugeben bitten, die innere und äußere Logik desselben, mit anderen Worten, sein Aufbau, seine Zusammensetzung und sein Gefüge.

[...]

Diese zwei Beispiele beweisen Ihnen, daß der Künstler, indem er die Beziehungen der Teile verändert, sie verändert in gleichem Sinne und mit Absicht, um einen bestimmten, *wesentlichen* Charakter des Gegenstandes fühlbar zu machen und – in der Folge – die hauptsächlichste Vorstellung, welche er sich von ihm gemacht hat. Merken wir uns dieses Wort meine Herren! Dieser Charakter ist das, was die Philosophen das *Wesen* der Dinge nennen, und auf Grund dessen sagen sie, daß es das Ziel der Kunst sei das Wesen der Dinge zu offenbaren. Dieses Wort: *Wesen*, welches technisch ist, wollen wir beiseite lassen und einfach sagen, daß die Kunst das Ziel hat den Hauptcharakter, einige hervorragende und bedeutende Eigenschaften, einen wichtigen Gesichtspunkt und eine hauptsächlichste Wesensart des Gegenstandes zu offenbaren.

Hier berühren wir die wahre Begriffsbestimmung der Kunst und wir haben nun vollständige Klarheit nötig: wir dürfen nicht nachlassen und müssen mit Genauigkeit bezeichnen, was das ist: ein wesentlicher Charakter? Ich antworte sogleich, daß es sei: *eine Eigenschaft, von der alle anderen oder doch wenigstens viele der anderen sich herleiten auf Grund fester Verbindungen* [...].

[...]

[...] In allen Einzelheiten dieses alltäglichen Lebens, in all diesen Anzeichen von inniger Zufriedenheit und dauernder Wohlfahrt werden Sie die Wirkungen des Grundcharakters erkennen, welcher sich dem Klima und dem Boden, den Gewächsen und den Tieren, dem Menschen und seinem Werke, der Gesellschaft und dem Einzelnen aufgedrückt hat.

Von diesen unzähligen Wirkungen schließen Sie auf seine Bedeutsamkeit! Er ist es, welchen die Kunst zu Tage fördern will als ihr Ziel, und wenn sie sich diese Aufgabe stellt, so geschieht es, weil die Natur dazu nicht ausreicht. Denn in der Natur ist der Charakter nur vorherrschend, in der Kunst handelt es sich darum ihn zum Alleinherrscher zu machen. Dieser Charakter gestaltet die wirklichen Dinge, aber er gestaltet sie nicht vollständig. Er wird in seinem Wirken gehemmt durch die Dazwischenkunft anderer Ursachen. Er hat sich nicht mit einem ausreichend starken und ausreichend sichtbaren Abdruck ganz in die Dinge vertiefen können, welche seine Zeichen tragen. – Der Mensch fühlte diese Lücke und um sie auszufüllen, erfand er die Kunst.

[...]

Hier sind wir nun also bei der Begriffsbestimmung des Kunstwerkes angelangt. Wenden Sie, meine Herren, Ihre Blicke für einen Augenblick rückwärts und betrachten Sie den Weg, den wir zurückgelegt haben. Wir sind schrittweise zu einer immer und immer höheren Auffassung der Kunst und folglich zu einer immer und immer genaueren gekommen. Wir haben zuerst geglaubt, ihr Ziel sei die *Nachahmung der sichtbaren Erscheinung*. Dann haben wir, indem wir die stoffliche Nachahmung von der geistigen trennten, gefunden, daß das, was sie in der sichtbaren Erscheinung nachahmen will, die *Beziehungen der Teile* seien. Endlich, als wir bemerkten, daß diese Beziehungen verwandelt werden können und dürfen, um die Kunst zu ihrer Vollendung zu führen, haben wir aufgestellt, daß, wenn man die Beziehungen der Teile studiert, man es thut, *um in ihnen einen wesentlichen Charakter herrschend* zu machen. Keine dieser Begriffsbestimmungen zerstört die vorhergehende, sondern jede von ihnen verbessert und vergenauert sie, und wir können, indem wir sie alle vereinigen und die niederen den höheren unterordnen, unsere ganze Arbeit in Kürze folgendermaßen zusammenfassen: Das Kunstwerk hat das Ziel, »irgend einen wesentlichen oder hervorspringenden Charakter, folglich irgend eine wichtige Vorstellung, klarer und vollständiger als es die wirklichen Dinge thun, zu offenbaren. Es gelangt dazu, indem es eine Gesamtheit von verbundenen Teilen verwendet, deren Beziehungen es systematisch ändert. In den drei nachahmenden Künsten, Bildhauerei, Malerei und Dichtkunst, entsprechen diese Gesamtheiten wirklichen Gegenständen«.

[...]

Nachdem nun das Wesen des Kunstwerkes vor Ihnen untersucht worden ist, bleibt uns noch das Gesetz seiner Erzeugung zu erforschen. Dieses Gesetz kann auf den ersten Blick hin folgendermaßen ausgedrückt werden: *Das Kunstwerk wird bestimmt durch eine Gesamtheit, welche der allgemeine Zustand des Geistes und der umgebenden Sitten ist.* Ich habe es Ihnen schon früher genannt, jetzt soll es begründet werden.

Es beruht auf zwei Arten von Beweisen, auf einem der Erfahrung und auf einem der verstandesmäßigen Überlegung. Der erste besteht in der Aufzählung der zahlreichen Fälle, in welchen das Gesetz sich bestätigt, einige davon habe ich Ihnen schon genannt, und ich werde Ihnen deren sogleich noch mehrere zeigen – überdies kann man versichern, daß es keine Kenntnis eines Falles giebt, auf den es sich gar nicht anwenden ließe; in allen denen, die man untersucht hat, trifft es genau zu, und nicht nur für die Gesamtheit, sondern auch für das Einzelne, nicht nur für das Aufglühen und Verlöschen der großen Schulen, sondern auch für alle Spielarten und Schwankungen der Kunst. – Der zweite Beweis besteht darin, zu zeigen, daß diese Abhängigkeit thatsächlich nicht nur unumstößlich ist, sondern auch, daß sie es sein muß. Hierzu zergliedert man das, was wir den allgemeinen Zustand des Geistes und der Sitten genannt haben, und sucht die Wirkungen auf, welche nach den gewöhnlichen Regeln der menschlichen Natur ein derartiger Zustand auf die Menge und auf die Künstler, folglich auch auf das Kunstwerk ausüben muß. Man folgert daraus eine bedingte Verkettung und einen festen Zusammenhang und stellt als eine notwendige Harmonie auf, was man als ein einfaches Zusammentreffen beobachtet hatte. Der zweite Beweis beweist als Notwendigkeit, was der erste als Thatsache festgestellt hatte.

[…]

Man kann sich also das Wärmemaß und die körperlichen Umstände als *eine Wahl treffend* und unter mehr oder weniger vollständigem Ausschluß aller anderen, nur das Bestehen und Ausbreiten einer Baumart zulassend vorstellen. Das körperliche Wärmemaß wirkt durch Aussonderungen und Unterdrückungen, durch *natürliche Zuchtwahl*. So heißt das große Gesetz, auf Grund dessen man heute den Ursprung und den Aufbau der verschiedenen, lebenden Formen erklärt und es ist auf das Geistige ebenso anwendbar wie auf das Körperliche, in der Geschichte ebenso wie in der Botanik und in der Zoologie, auf die Begabungen und auf die Charaktere ebenso wie auf die Pflanzen und auf die Tiere.

Es giebt in der That eine vergeistigte Wärme, welche der allgemeine Zustand der Sitten und der Geister ist, und welche auf genau dieselbe Weise wie jene andere wirkt. Sie bringt, um es genau zu sagen, die Künstler nicht hervor, die Genies und die Begabungen sind gegeben wie die Samenkörner; ich meine, daß es in demselben Lande in zwei verschiedenen Zeiten sehr wahrscheinlich eine gleiche Zahl begabter und eine gleiche Zahl mittelmäßiger Menschen giebt. – Thatsächlich weiß man durch die Statistik, daß in zwei aufeinanderfolgenden Generationen ungefähr eine gleiche Zahl von Männern den vorgeschriebenen Wuchs für die Aushebung hat, und eine gleiche Zahl zu klein ist, um Soldat zu werden. Aller Wahrscheinlichkeit nach steht es um die Geister wie um die Körper, wahrscheinlich ist die Natur eine Menschensäerin, die, immer mit derselben Hand in denselben Sack greifend, ungefähr die gleiche Menge und die gleiche Beschaffenheit von Körnern in gleichem Verhältnis auf den Boden, den sie regelmäßig und nacheinander besät, herniederstreut. Aber von dieser Handvoll Körner, die sie schnell mit großen Schritten Zeit und Raum durcheilend um sich wirft, gehen nicht alle auf. Ein bestimmtes, geistiges Wärmemaß ist notwendig, damit gewisse Begabungen sich entfalten, wenn es fehlt, verkümmern sie. Daraus folgt, daß die Art der Begabungen sich ändern wird, wenn das Wärmemaß sich ändert. Wenn es entgegengesetzt wird, wird die Art der Begabungen entgegengesetzt werden und im allgemeinen wird man das geistige Wärmemaß auffassen können als *eine Wahl treffend* zwischen den verschiedenen Arten von Begabungen, und unter mehr oder weniger vollständigem Ausschluß aller anderen, nur das Entfalten dieser einen oder jener anderen Art zulassend. Eine solche Einrichtung bewirkt es, daß Sie zu bestimmten Zeiten und in bestimmten Ländern innerhalb der Schulen sich bald das Gefühl des Ideals entwickeln sehen, bald das der Wirklichkeit, bald das der Zeichnung und bald das der Farbe. Es giebt eine herrschende Richtung, welche die Richtung des Jahrhunderts ist. Begabungen, die in einem anderen Sinne auswachsen wollen, finden den Ausweg verschlossen, der Druck des öffentlichen Geistes und der umgebenden Sitten unterdrückt sie oder drängt sie aus ihrer Bahn, indem er ihnen eine bestimmte Art der Blüte aufnötigt.

[...]

Lassen Sie uns also schließen, daß in jedem umständlichen oder einfachen Fall die Daseinssphäre, das heißt der allgemeine Zustand der Sitten und des Geistes, die Kunstwerke bestimmen wird, indem er nur diejenigen erduldet, die ihm gleich sind, alle anderen Arten aber ausstößt durch Aufstellung einer Reihe von Hindernissen und durch Angriffe, welche sich bei jedem Schritt ihrer Entwickelung wiederholen.

[...]

[...] Deshalb muß jede neue Lage einen neuen Geisteszustand und folglich eine Gruppe neuer Werke erzeugen. Deshalb endlich muß die heute im Entstehen begriffene Daseinssphäre ebenso die ihrigen hervorbringen, wie es diejenigen thaten, welche ihr vorangegangen sind. Das ist durchaus keine bloße, von der Kraft des Wunsches und der Hoffnung getragene Voraussetzung, sondern es ist die Folgerung aus einer auf die Macht der Erfahrung und auf das Zeugnis der Geschichte gestützten Regel: wenn ein Gesetz einmal erwiesen ist, gilt es für gestern wie für morgen, und die Verkettungen der Dinge begleiten die Dinge in der Zukunft ebenso wie in der Vergangenheit. Man darf also nicht sagen, daß die Kunst heute erschöpft sei. Es ist wahr, bestimmte Schulen sind tot und können nicht wieder auferstehen, bestimmte Künste liegen im Sterben, und die Zukunft, welcher wir entgegengehen, verspricht ihnen nicht die Nahrung, derer sie bedürfen. Aber die Kunst an sich, welche die Fähigkeit ist den herrschenden Charakter der Gegenstände zu erkennen und auszudrücken, hat dieselbe Dauer wie die menschliche Gesittung, deren bestes Werk und deren Erstgeburt sie ist. Wir sind nicht verpflichtet heute zu untersuchen, welches ihre Gestaltungen sein werden und welche der fünf großen Künste die geeignete Form für die zukünftigen Empfindungen abgeben wird. Aber wir haben das Recht zu versichern, daß neue Gestaltungen erscheinen werden und daß die Form sich finden wird. Denn wir brauchen nur die Augen aufzuthun um in der Lebensbedingung und folglich in dem Geiste der Menschen eine so tiefe, so allumfassende und so schnelle Wandlung festzustellen, wie sie noch kein Jahrhundert gesehen hat. Die drei Ursachen, welche den heutigen Geist gebildet haben, fahren fort mit wachsender Kraft zu wirken. Jeder von Ihnen weiß, daß die Entdeckungen der positiven Wissenschaften sich alle Tage vervielfältigen und fortschreiten, daß die Geologie, die organische Chemie, die Geschichte und ganze Zweige der Zoologie und Physik zeitgenössische Errungenschaften sind, daß der Fortschritt der Erfahrung unendlich ist, daß die Anwendungen der Entdeckungen unbegrenzt sind, daß in allen Zweigen der Arbeit, – Beförderungs- und Verkehrswesen, Ackerbau, Handwerk und Gewerbe –, die menschliche Macht sich vergrößert und sich jedes Jahr über alles Erwarten hinaus ausbreitet. Jeder von Ihnen weiß auch, daß die Staatsmaschine sich in demselben Maße verbessert, daß die Gesellschaft vernünftiger und menschenfreundlicher geworden ist, daß sie den inneren Frieden bewacht, die Begabungen beschützt und den Schwachen und Armen Hülfe leistet, kurz, daß in allen Teilen und in jeder Hinsicht der Mensch seine Einsicht steigert und seine Lebensbedingungen verbessert. Man kann also weder leugnen, daß der Zustand, die Sitten und die Vorstellungen der Menschen sich wandeln, noch sich vor der Folgerung verschließen, daß diese Neuerung der Dinge und der Seelen eine Neuerung der Kunst nach sich ziehen muß. [...]

[...]

Hippolyte Taine (1828–1891) veröffentlichte ab 1853 Arbeiten zur Geschichte, Philosophie, Literatur und Kunst. Nach Zola gehörte er »au petit groupe des novateurs qui cherchent à introduire dans l'étude des faits moraux, l'observation pure, l'analyse exacte employées dans celle des faits physiques. Il y a en lui un philosophe naturaliste qui déclare que le monde intellectuel est soumis à des lois comme le monde matériel, et qu'il s'agit avant tout de trouver ces lois si l'on veut avancer sûrement dans la connaissance de l'esprit humain« (zit. nach: J.C. Lapp, *Taine et Zola*. In: *Revue des sciences humaines*. N.S., no. 87, 1957, S. 321). Aus dieser »groupe des novateurs« wurde Taine der profilierteste und übte zwischen 1857 und 1890 einen dominierenden Einfluß auf das französische Geistesleben aus. Bereits 1851 berichtet er über seine Lektüre naturwissenschaftlicher Untersuchungen von K.-Fr. Burdach (Anatom u. Physiologe) u. G. Saint-Hilaire (Zoologe), durch deren Werke er »naturaliste« (= Naturwissenschaftler) geworden sei. 1852 besuchte er Kurse über Anatomie und Physiologie an der Sorbonne: »Ces lois qui répètent dans tous les corps les mêmes organes aux mêmes places, sont magnifiques [...]. C'est une pensée terrible et grandiose que celle du somnambule éternel, la nature« (Brief v. 28. 11. 1852, s.: H. Taine, *Sa vie et sa correspondance I*. Paris 1901, S. 312f.). Als zwanzigjähriger (1848) sprach Taine in bezug auf die Lektüre von Guizot *(Histoire de la civilization européenne)*, die in ihm das Interesse an der Erforschung allgemeiner Gesetzmäßigkeiten in der Geschichte und der Kunst geweckt hätte, bereits in der Vergangenheit: »Je me souviens encore du transport extraordinaire où je fus, lorsque je lus les leçons de M. Guizot sur la civilisation européenne. Ce fut comme une révélation, je me mis à chercher les lois générales de l'histoire, puis les lois générales de l'art d'écrire« (ebd., S. 21f.). 1857 formulierte Taine im Vorwort zur 1. Auflage seiner *Essais de critique et d'histoire*: »Or, il y a une anatomie dans l'histoire humaine comme dans l'histoire naturelle« (S. IX). Im Vorwort zur *Geschichte der englischen Literatur* (Paris 1863) entwickelte Taine erstmals seine Theorie von den »drei verschiedenen Quellen«, der »Rasse« (la race), »der Sphäre« (le milieu) und des »Zeitpunktes« (le moment), die den »elementaren moralischen Zustand« einer Zivilisation hervorbringen (zit. nach: H. Taine, *Geschichte der englischen Literatur*. Bd. 1, Leipzig 1878, S. 15f.). Taine war auch einer der ersten, der Darwins Entdeckungen in das Gebiet der Geschichts- bzw. Kulturwissenschaften übertrug. Darwins Hauptwerk *On the Origin of Species* war 1859 erschienen. In dem Vorwort zur 2. Auflage der *Essais de critique et d'histoire* (1866), das die wissenschaftliche Methode erläutert, fügte Taine in Ergänzung der Erstfassung von 1857 bereits Darwins Gesetz der natürlichen Zuchtwahl ein und bezog sich dabei auch namentlich auf ihn. »Durch ähnliche Beobachtungen und Überlegungen können die Historiker nachweisen, daß in einer Gruppe von Menschen die Individuen, welche das höchste Ansehen und die höchste Entwicklung erreichen, diejenigen sind, [...] die fähig sind, den Gedanken ihres Zeitalters oder ihrer Rasse zu verdolmetschen oder zu vollenden, wie sie auf die Bühne der Natur die Arten von Tieren und Pflanzen führt, die am meisten dazu fähig sind, sich ihrem Klima und ihrem Boden anzupassen (Darwins Prinzip von der natürlichen Auslese)« (H. Taine, *Studien zur Kritik und Geschichte*. 1898, S. XXVIf.). Die zentrale These Taines, die die Notwendigkeit einer neuen Methode der Literaturkritik begründete, resultierte aus seiner monistisch-mechanistischen Auffassung, »daß die Dinge in der Moral wie in der Physik Folgen und Ursachen haben« (ebd., XVII). Daraus leitete sich für Taine auch zwingend die Ablehnung jeglicher Autonomie-Konzeption für den Bereich der Kunst und Literatur ab. Kunst sollte als »Folge« von »Ursachen«, d.h. in erster Linie von »race«, »milieu« und »moment«, untersucht werden.

Damit wurde Taine auch zum Wegbereiter bei der Herausbildung der naturalistischen Kunstauffassung in Frankreich. Darüberhinaus »entdeckte« er 1858 in einem Essay (erstm. veröff. in *Le Journal de Débats*) Honoré Balzac als bedeutenden Schriftsteller und als »naturaliste«. Durch diese Untersuchung wurde Balzac in Frankreich zum Protagonisten einer modernen Literatur des wissenschaftlichen Zeitalters. In diesem Aufsatz Taines findet auch der erste Beleg für die Bezeichnung eines Schriftstellers als »naturaliste«. Taine erkannte in Balzac einen »naturaliste« insofern, als dieser die Menschen und ihre Sitten nach naturwissenschaftlichen Methoden untersuchte, als »Arzt« (s. H. Taine, *Studien zur Kritik und Geschichte*, S. 304), als »Anatom« (ebd., S. 288), der die Wirklichkeit »seziert«, als »Physiologe« (ebd., S. 295), »Beobachter« (ebd.) und »Naturforscher« (ebd., S. 309). Balzac fehlte das Ideal, bemerkte Taine, und er bejahte diesen Mangel: »...er beschreibt die Dinge, wie sie sind, d.h. sehr häßlich und unverhüllt, ohne zu verschonen und zu verschönern« (ebd., S. 308); »er verhäßlicht das Häßliche« (ebd., S. 309)«.

In dem »abscheulichen Geschmeiß«, den »seltsamen oder kranken Geschöpfen« (ebd., S. 316), die Balzac untersuchte, erkannte Taine den eigentlichen »Gegenstand der Naturalisten«, die »besonderen Fälle der Gesellschaft« seien seine »Helden« (ebd., S. 317). Als Naturalist erwies sich Balzac für Taine auch dadurch, daß er nach den Ursachen von Wirkungen forschte. Denn, so Taine, für den Naturalisten ist »die Tugend ein Produkt wie Wein oder Essig, in der That ein ausgezeichnetes Produkt [...], das aber wie die andern fabriziert wird durch eine bekannte Reihe von feststehenden Vorgängen mit einer meßbaren und bestimmten Wirkung« (ebd., S. 315). Taine führte dazu zahlreiche Beispiele an, in denen Balzac die verachtenswerten Quellen selbst tugendhafter Verhaltensweisen aufzeigte. Taine entdeckte aber schließlich bei Balzac doch noch ein Ideal: »Er betrachtet den Menschen als eine Kraft; er hat die Kraft zu seinem Ideal gemacht. Er hat sie von seinen Fesseln befreit; er hat sie vollständig frei geschildert, losgelöst von der Vernunft, die sie verhindert, sich selbst zu schaden, gleichgültig gegenüber der Gesellschaft, die sie verhindert, andern zu schaden; er hat sie vergrößert, er hat sie genährt, entfaltet und an erster Stelle zur Schau gestellt als Heldin und als Herrscherin, in den Monomanen und den Verbrechern« (ebd., S. 317 f.).

Zola hatte in den 60er Jahren Taines Überlegungen zur Anwendung naturwissenschaftlicher Methoden in der Literaturkritik unmittelbar aufgegriffen. In einer Besprechung der 2. Auflage der *Studien zur Kritik und Geschichte* (vom 25. Juli 1866) bezeichnete sich Zola bereits als »humble disciple de M. Taine«. Den vielzitierten Satz Taines aus der Einleitung zur *Geschichte der englischen Literatur* (1863): »Le vice et la vertu sont des produits comme vitriol et sucre« verwendete er 1867 als Epigraph zu seinem Roman *Thérèse Raquin*. Zwischen Zola und Taine entspann sich ein reger Briefwechsel, der allerdings im Jahre 1875 abbrach. Erstaunlicherweise hat Taine über Zola nie etwas veröffentlicht.

Taines *Philosophie de l'art* erschien 1882 als Zusammenfassung einer Vorlesung, die er in der Akademie der Schönen Künste gehalten hatte (1864 ff.). In der »Vorrede des Verfassers« erklärte Taine sein wissenschaftliches Erkenntnisinteresse. Seine Hypothese lautete: »Denn von allen menschlichen Werken scheint das Kunstwerk das unbestimmbarste zu sein, man möchte glauben, daß es, ganz dem Zufall, der Willkür, dem Vonungefähr überlassen, aufs Geradewohl entsteht, ohne Gesetz noch Ursache [...]. Erdichtungen der Künstler und Beifall der Menge, das Alles ist unabhängig, eigenwillig und scheinbar ganz so launenhaft wie der Wind [...]. Nichtsdestoweniger hat auch dieses Alles gleich dem Winde, der weht, bestimmbare Bedingungen und feste Gesetze: die Ergründung derselben würde von Nutzen sein« (a.a.o., S. 2). Was Taine in dem Abschnitt über das »Wesen der Kunst« entwickelte, prägte in einer bestimmten Phase auch die Literaturdiskussion in der deutschen naturalistischen Bewegung (vgl. Dok. 9). Taine reduzierte die Kunst in seiner theoretischen Bestimmung im Grunde auf die Illustration wissenschaftlich anerkannter Wahrheiten, d.h. »irgendeinen wesentlichen oder hervorspringenden Charakter, folglich irgend eine wichtige Vorstellung, klarer und vollständiger als es die wirklichen Dinge thun, zu offenbaren« (s. Dok. 15). Daher erklärte Taine die Kunst zusammen mit der Wissenschaft als einen von zwei »Wegen« zur Erreichung ein und desselben Ziels: zur Erforschung der »erzeugenden Ursachen«, von denen das menschliche »Dasein und das seiner Art« abhänge (s. H. Taine, *Philosophie der Kunst*, S. 47 f.). In den Erläuterungen hierzu erscheint Kunst geradezu als Popularisator wissenschaftlicher Erkenntnisse: Der eine Weg, »das ist die Wissenschaft, vermittelst welcher er [d.i. der Mensch, Ch.M.] jene Ursachen und grundlegenden Gesetze ausschält und sie ausdrückt in genauen Formeln und abstrakten Sätzen; der andere, das ist die Kunst, vermittelst welcher er die Ursachen und diese grundlegenden Gesetze offenbart, nicht in trockenen Begriffsbestimmungen, die der Menge unzugänglich und nur einigen besonderen Menschen verständlich sind, sondern auf sichtbare Weise und nicht nur an den Verstand gerichtet, sondern auch an die Sinne und an das Herz des allergewöhnlichsten Menschen. Es ist die Besonderheit der Kunst, daß sie zugleich *erhaben* und *volksthümlich* ist: Sie offenbart das Höchste und sie offenbart es für alle« (ebd., S. 48).

Bereits in den von den Brüdern Hart 1878 herausgegebenen *Deutschen Monatsblättern* erschien ein Aufsatz über H. Taine von Leopold Katscher, seinem deutschen Übersetzer: *Hippolyte Adolphe Taine. Ein literarisches Portrait.* In: *Deutsche Monatsblätter*, Bd. 1, 1878, S. 447–457. Katscher stellte einleitend fest, daß Taines Ruf »in Deutschland [...] auf engere literarische Kreise beschränkt« geblieben war, »es wurde wenig über ihn geschrieben, bis die seit einiger Zeit erscheinenden Uebersetzungen seiner beiden Hauptwerke die Aufmerksamkeit des Publikums und der Kritik in größerem Maßstabe auf ihn lenkten.« Die »Anerkennung, die er seit einem Jahre fast bei der gesammten Presse« finde, sei eine »außerordentlich warme« (ebd., S. 447). Katscher selbst nahm eine sehr kritische Haltung gegenüber dem Theoretiker und Philosophen Taine ein. So sagte er über Taines *Geschichte der englischen Literatur*, daß es eigentlich keine »Geschichte der *Literatur*« genannt werden könne, da Taine das »Hauptgewicht auf die Behandlung der *Psychologie* Englands« lege. »Die Literatur benutzt er nur als feinen empfindlichen Apparat, mit dem er alle Abstufungen und Wandlungen einer Civilisation mißt, alle Merkmale, Eigenschaften und Nüancen der Seele eines Volkes erfaßt« (ebd., S. 458). Darüberhinaus stellte Katscher aber auch Taines Anspruch, mit seiner Methode den Ergebnissen der Literaturkritik »dieselbe Gewißheit« zu verleihen, wie sie den »Beweisführungen der Mathematik innewohnen«, grundsätzlich infrage. Taines kritische Methode sei keine Wissenschaft, »seine Urtheile sind *keine Beweise*; sie sind, im Gegentheil, oft falsch. Seine Methode hat allerdings den Vortheil, durch fortwährende Gruppierung von Fakten und durch stetiges *Erstreben von Beweisen* mehr Verläßlichkeit in die Kritik zu bringen. Andrerseits wird diese Tugend wieder zum Fehler, und der Umstand, daß er oft *zuviel* beweisen will, verleitet ihn, oft falsche Wege zu betreten« (ebd., S. 456). Positive Würdigung erfährt jedoch der Schriftsteller und Künstler Taine. Der »echte Taine« sei nicht der »Gedankenmathematiker«, wie ihn Zola nennt, sondern er müsse gesucht werden »in seinem Stil, seinen Gemälden, seinen Erzählungen« (ebd. S. 457).

Bis 1880 erschienen nur folgende Übersetzungen: H. Taine, *Die Entstehung des modernen Frankreich.* 1. Bd. u. 2. Bd. 1. Abt., Leipzig 1877 und 1878; H. Taine, *Geschichte der englischen Literatur.* Leipzig 1878–1880; H. Taine, *Eine Reise in den Pyrenäen.* Berlin 1878.

16
Emile Zola: *Der Experimentalroman. Eine Studie.* Leipzig (J. Zeitler) 1904; hier: S. 7, 9–10, 11–15, 16–17, 23–24, 25–27, 28–29, 30–32, 37, 51–52, 55–56, 61–62.

[...]

In meinen literarischen Studien habe ich häufig von der experimentellen Methode in ihrer Anwendung auf den Roman und aufs Drama gesprochen. Die Rückkehr zur Natur, die naturwissenschaftliche Entwicklung, die das Jahrhundert mit sich fortreisst, drängt nach und nach alle Offenbarungen des menschlichen Geistes auf die gleiche wissenschaftliche Bahn. Allein der Gedanke einer von der Wissenschaft determinierten Literatur konnte, weil er nicht genau bestimmt und begriffen wurde, befremden. Es scheint mir also nützlich, klar herauszusagen, was man nach meiner Meinung unter dem Experimentalroman zu verstehen hat.

Ich werde hier nur eine angleichende Arbeit zu verrichten haben, denn die experimentelle Methode ist mit einer wunderbaren Kraft und Klarheit von Claude Bernard in seiner *Introduction à l'étude de la médecine expérimentale* aufgestellt worden. Dieses Buch eines Gelehrten, dessen Autorität entscheidend ist, soll mir zur festen Grundlage dienen. Ich werde hier die ganze Frage behandelt finden und will mich darauf beschränken als unwiderlegbare Argumente die Anführungen daraus zu bringen, die mir notwendig sind. [...]

[...]

[...] Das Ziel der experimentellen Methode, der Ausgang jeder wissenschaftlichen Untersuchung, ist (daher) für die organischen wie für die anorganischen Körper das gleiche: es besteht in der Auffindung der Beziehungen, die irgend eine Erscheinung mit ihrer nächsten Ursache verknüpfen, oder mit anderen Worten, in der Bestimmung der Umstände, die zur Manifestation dieser Erscheinung notwendig sind. Die Experimentelle Wissenschaft darf sich über das »Warum« der Dinge nicht beunruhigen; sie erklärt das »Wie«, nichts weiter.

[...]

Vor allem erhebt sich die Frage: Ist in der Literatur, in der bisher die Beobachtung allein angewendet worden zu sein scheint, das Experiment möglich?

Claude Bernard widmet der Beobachtung und dem Experiment eine lange Diskussion. Zunächst besteht eine sehr genaue Grenzlinie. Nämlich diese: »Beobachter« nennt man den, der die einfachen oder zusammengesetzten Forschungsmethoden auf das Studium der Erscheinungen anwendet, die er nicht zur Veränderung bringt und daher so nimmt, wie sie ihm von der Natur geboten werden; »Experimentator« den, der die einfachen oder zusammengesetzten Forschungsmethoden anwendet, um die natürlichen Erscheinungen zu irgend einem Zweck zu verändern oder zu modifizieren und sie unter Bedingungen oder Umständen auftreten zu lassen, unter denen sie von der Natur nicht geboten werden.« Zum Beispiel ist die Astronomie eine Beobachtungswissenschaft, weil man von einem Astronomen, der auf die Gestirne wirkt, keinen Begriff hat; dagegen ist die Chemie eine experimentelle Wissenschaft, denn der Chemiker wirkt auf die Natur ein und modifiziert sie. Das ist nach Claude Bernard der wahrhaft wichtige Unterschied, der den Beobachter vom Experimentator trennt.

Ich kann ihm in seiner Erörterung der verschiedenen bis heute gegebenen Definitionen nicht folgen. Er schliesst, wie gesagt, endlich damit, dass das Experiment im Grunde nur eine gewollte, absichtlich herbeigeführte Beobachtung ist. Ich zitiere: »In der experimentellen Methode ist die Untersuchung der Tatsachen, d.h. die Forschung, stets mit einem Urteil verknüpft, so zwar, dass der Experimentator meistens ein Experiment macht, um den Wert einer experimentellen Idee zu kontrolieren oder zu verifizieren. In diesem Fall kann man sagen, ist das Experiment eine zum Zweck der Kontrolle absichtlich gemachte Beobachtung.«

Um zur Bestimmung dessen zu kommen, was es an Beobachtung und experimentellem Verfahren im naturalistischen Roman geben kann, brauche ich schliesslich nur die folgenden Stellen:

»Der Beobachter konstatiert klar und einfach die Erscheinungen, die vor seinen Augen liegen... Er hat der Photograph der Erscheinungen zu sein; seine Beobachtung muss die Natur in exakter Weise darstellen... er behorcht die Natur und schreibt unter ihrem Diktat. Ist aber die Tatsache einmal konstatiert, die Erscheinung genau beobachtet, so tritt die Idee hinzu, das Urteil mengt sich ein, und es erscheint der Experimentator, um das Phänomen zu interpretieren. Der Experimentator ist derjenige, der kraft einer mehr oder weniger wahrscheinlichen, jedoch antizipierten Interpretation der beobachteten Erscheinungen das Experiment so einrichtet, dass es nach der logischen Folge der Vermutungen ein Resultat gibt, das der Hypothese oder der vorgefassten Idee zur Kontrolle dient... Von dem Augenblick an, in dem das

Resultat des Experiments zum Vorschein kommt, steht der Experimentator einer echten Beobachtung gegenüber, die er hervorrief und die er, wie jede Beobachtung, ohne vorgefasste Idee konstatieren muss. Der Experimentator muss dann verschwinden, oder vielmehr, er muss sich augenblicklich in den Beobachter umwandeln; und erst, nachdem er die Resultate des Experiments ganz genau wie die einer gewöhnlichen Beobachtung konstatiert hat, kann sich sein Geist wieder daran machen, zu denken, zu vergleichen und zu urteilen, ob die experimentelle Hypothese beglaubigt oder von den gleichen Resultaten entkräftigt wird.«

Das ist der ganze Mechanismus. Er ist etwas verwickelt und Claude Bernard ist veranlasst zu sagen: »Wenn dies alles sich zu gleicher Zeit im Kopf eines Gelehrten abspielt, der sich in einer so dunkeln Wissenschaft, wie noch die Medizin ist, der Forschung widmet, dann gibt es eine solche Verwirrung zwischen dem, was der Beobachtung entstammt, und dem, was dem Experiment zugehört, dass es unmöglich und überdies unnütz wäre, jeden dieser Standpunkte in ihrer unentwirrbaren Mischung analysieren zu wollen. Alles in allem kann man sagen, dass die Beobachtung »zeigt« und dass das Experiment »belehrt«.

Nun! Kommen wir jetzt auf den Roman zurück, sehen wir gleichfalls, dass der Romanschriftsteller aus einem Beobachter und einem Experimentator besteht. Der Beobachter in ihm gibt die Tatsachen so, wie er sie beobachtet hat, setzt den Ausgangspunkt fest und stellt den festen Grund und Boden her, auf dem die Personen aufmarschieren und die Erscheinungen sich entwickeln können. Dann erscheint der Experimentator und bringt das Experiment zur Durchführung, d. h. er gibt den Personen ihre Bewegung in einer besonderen Handlung, um darin zu zeigen, dass die Aufeinanderfolge der Tatsachen dabei eine solche ist, wie sie der zur Untersuchung stehende Determinismus der Erscheinungen ist. Hier liegt fast stets ein Experiment »zum Greifen« vor, wie Claude Bernard es meint. Der Romanschriftsteller geht auf die Erforschung einer Wahrheit aus. Ich will als Beispiel die Figur des Baron Hulot, in der *Cousine Bette* von Balzac, nehmen. Die von Balzac beobachtete Haupttatsache ist das Unheil, das von der Liebesleidenschaft eines Mannes in ihm selbst, in seiner Familie und in der Gesellschaft erzeugt wird. Sobald die Wahl seines Gegenstandes getroffen war, ging Balzac von den beobachteten Tatsachen aus, dann führte er sein Experiment ein, indem er Hulot durch verschiedene Lebenskreise hindurch einer Reihe von Prüfungen unterwarf, um damit die Tätigkeit des Mechanismus seiner Leidenschaft darzutun. Es ist also offenbar, dass hier nicht bloss eine Beobachtung, sondern auch ein experimentelles Verfahren stattfindet, da Balzac sich zu den von ihm gesammelten Tatsachen nicht genau als Photograph verhält, da er sich in einer unmittelbaren Weise einmischt, um seine Person in Verhältnisse zu bringen, deren Meister er bleibt. Das Problem besteht darin, zu wissen, was eine solche Leidenschaft, die in einem solchen Milieu und unter solchen Verhältnissen tätig ist, im Hinblick auf das Individuum und auf die Gesellschaft für Wirkung tun wird; und ein Experimentalroman, die *Cousine Bette* zum Beispiel, ist einfach das Protokoll des Experiments, das der Romanschriftsteller vor den Augen des Publikums wiederholt. Kurz, das ganze Verfahren besteht darin, dass man die Tatsachen der Natur entnimmt, dann den Mechanismus der Tatsachen studiert, indem man durch die Modifikationen der Umstände und Lebenskreise auf sie wirkt, ohne dass man sich je von den Naturgesetzen entfernt. Am Ende hat man die Erkenntnis, die wissenschaftliche Erkenntnis des Menschen in seiner individuellen und sozialen Betätigung. Ohne Zweifel sind wir hier weit von den Gewissheiten der Chemie und sogar der Physiologie entfernt. Wir kennen noch keineswegs die Reagentien, die eine Zerlegung der Leidenschaften herbeiführen und sie zu analysieren erlauben. Oftmals werde ich so in dieser Studie daran erinnern, dass der Experimentalroman jünger ist als die experimentelle Medizin, die doch kaum erst geboren ist. Ich beabsichtige jedoch nicht, die erlangten Resultate zu konstatieren, ich wünsche einfach nur eine Methode klar auseinanderzusetzen. Wenn der experimentelle Romanschriftsteller in der dunkelsten und verwickeltsten der Wissenschaften noch im Finstern tappt, so verhindert das diese Wissenschaft nicht, zu existieren. Unleugbar ist der naturalistische Roman, wie wir ihn zur Zeit verstehen, ein wirkliches Experiment, das der Romanschriftsteller am Menschen macht, indem er die Beobachtung zur Hilfe nimmt.

[...]

Noch ein Bild von Claude Bernard will ich anführen, das einen starken Eindruck auf mich gemacht hat: »Der Experimentator ist der Untersuchungsrichter der Natur.« Wir Romanschriftsteller, wir sind die Untersuchungsrichter der Menschen und ihrer Leidenschaften.

Aber man sehe doch, welch höchste Klarheit quillt, wenn man sich bezüglich des Romans mit der ganzen wissenschaftlichen Strenge, die der Gegenstand heute fordert, auf den Gesichtspunkt der experimentellen Methode stellt. Ein dummer Vorwurf, den man uns macht, uns naturalistischen Schriftstellern, ist, dass wir einzig und allein, Photographen sein wollten. Es hilft uns nichts, wenn wir erklären, dass wir das Temperament, den persönlichen Ausdruck anerkennen, man fährt nicht weniger damit fort, uns mit einfältigen Argumenten zu antworten, die der Unmöglichkeit, absolut wahr zu sein, und der Nötigung gelten, die Tatsachen zur Herstellung irgend eines Kunstwerkes arrangieren zu müssen. Nun! mit der Anwendung der experimentellen Methode auf den Roman hört jeder Streit auf. Die experimentelle Idee bringt die der Modifikation mit sich. Wir gehen so wohl von den wahren Tatsachen aus, die unsere unzerstörbare Grundlage ausmachen; um jedoch den Mechanismus der Tatsachen aufzuzeigen, müssen wir die Erscheinungen erzeugen und leiten; hier liegt, was wir an Erfindung, an Genie im Werke zu leisten haben. Ohne uns um die Fragen der Form, des Stils zu kümmern, die ich später untersuchen werde, stelle ich daher schon jetzt fest, dass wir die Natur, ohne aus ihr herauszutreten, modifizieren müssen, wenn wir in unseren Romanen die experimentelle Methode anwenden. Versetzt man sich in die Definition: »Die Beobachtung zeigt auf, das Experiment belehrt«, so können wir diese hohe Lehre, die es gibt, von nun ab für unsere Bücher fordern.

[...]

Von diesem Tage an tritt also die Wissenschaft in unser Reich, zu uns Romanschriftstellern, die wir jetzt Analytiker des Menschen in seiner individuellen und sozialen Tätigkeit sind. Mit unseren Beobachtungen und Experimenten setzen wir die Arbeit des Physiologen fort, der seinerseits die des Physikers und des Chemikers fortgeführt hat. Wir schaffen in irgend einem Sinne wissenschaftliche Psychologie zur Ergänzung der wissenschaftlichen Physiologie; und zur Vollendung der Entwicklung haben wir in unsere Forschungen über die Natur und den Menschen nur das entscheidende Werkzeug der experimentellen Methode hineinzutragen. Kurz, wir müssen mit den Charakteren, den Leidenschaften, den menschlichen und sozialen Handlungen operieren, wie es der Chemiker und der Physiker mit den starren Körpern, der Physiologe mit den lebenden Wesen tut. Der Determinismus beherrscht alles. Die wissenschaftliche Forschung, die experimentelle Urteilsweise besiegen eine nach der andern die Hypothesen der Idealisten und setzen an stelle des Romans der reinen Imagination den Beobachtungs- und Experimentalroman.

Ich beabsichtige sicherlich nicht, hier Gesetze aufzustellen. Beim gegenwärtigen Stande der Wissenschaft vom Menschen ist die Verwirrung und die Dunkelheit noch viel zu gross, als dass man die geringste Synthese wagte. Alles, was man sagen kann, ist, dass es für alle menschlichen Erscheinungen einen absoluten Determinismus gibt. Von nun ab ist die Forschung eine Pflicht. Wir haben die Methode, wir müssen vorwärts gehen, selbst wenn ein ganzes Leben voll Anstrengungen nur auf die Eroberung eines Stückchens Wahrheit hinausliefe. [...]

Ohne mich zu unterfangen, Gesetze zu formulieren, glaube ich, dass die Vererbung einen grossen Einfluss auf die Kundgebungen des menschlichen Verstandes- und Gemütslebens hat. Auch dem Milieu spreche ich eine hohe Bedeutung zu. Nun müsste man auf die Darwinschen Theorien kommen; hier handelt es sich aber nur um eine allgemeine Studie über die experimentelle Methode in ihrer Anwendung auf den Roman, und ich würde mich verlieren, wollte ich auf die Details eingehen. Ich will nur ein Wort über die Milieus, die Lebenskreise sagen. Wir sahen soeben die entscheidende Bedeutung, die Claude Bernard dem Studium des innerorganischen Lebensraumes zuschreibt, den man in Rechnung zu ziehen hat, will man den Determinismus der Erscheinungen bei den lebenden Wesen finden. Nun gut! Im Studium einer Familie, einer Gruppe lebender Wesen, hat, glaube ich, die soziale Umwelt gleichfalls eine Hauptbedeutung. Eines Tages wird uns ohne Zweifel die Physiologie den Mechanismus des Denkens und Fühlens erklären; wir werden erfahren, wie die individuelle menschliche Maschine funktioniert, wie der Mensch denkt, wie er liebt, wie er von der Vernunft zur Leidenschaft und zur Torheit kommt; diese Erscheinungen aber, diese Tatsachen des Mechanismus der Organe, die unter dem Einfluss des inneren Lebensraumes wirken, kommen nicht isoliert nach aussen und im leeren Raum zur Erzeugung. Der Mensch ist nicht allein, er lebt in einer Gesellschaft, in einer sozialen Umgebung, und von da ab modifiziert diese soziale Umgebung für uns, Romanschriftsteller, unaufhörlich die Erscheinungen. Hier, in der reciproken Wirksamkeit der Gesellschaft auf das Individuum und des Individuums auf die Gesellschaft, liegt sogar unsre grosse Aufgabe. Für den Physiologen sind das äussere und das innere Milieu rein chemisch und physikalisch, und das erlaubt ihm, deren Gesetze leicht zu finden. Wir sind nicht im stande, beweisen zu können, dass auch das soziale Milieu nur chemisch und physisch ist. Es ist es ganz gewiss, oder vielmehr, es ist das variable Produkt einer Gruppe lebender Wesen, die ihrerseits den physikalischen und chemischen Gesetzen absolut unterworfen sind, die die organischen ebenso wie die anorganischen Körper beherrschen. Von hier ab werden wir sehen, dass man auf das soziale Milieu einwirken kann, indem man auf die Erscheinungen einwirkt, über die man sich beim Menschen zum Herrn gemacht hat. Und hier liegt der Punkt, der den Experimentalroman ausmacht: den Mechanismus der Erscheinungen beim Menschen zu besitzen, das Räderwerk der Kundgebungen seines Verstandes- und Empfindungslebens, wie sie uns von der Physiologie erklärt werden, unter den Einflüssen der Vererbung und der umgebenden Verhältnisse aufzuzeigen, dann den Menschen zu zeigen, wie er in dem sozialen Milieu lebt, das er selbst geschaffen, das er alle Tage verändert, und in dessen Schosse er seinerseits eine beständige Umwandlung erfährt. So stützen wir uns also auf die Physiologie, wir nehmen den isolierten Menschen aus den Händen des Physiologen, um die Lösung des Problems fortzusetzen und wissenschaftlich die Frage zu entscheiden, wie sich die Menschen verhalten, sobald sie vergesellschaftet sind.

[...]

Ich muss noch ein Wort von den Schranken sagen, die Claude Bernard der Wissenschaft zieht. Vom »*Warum*« der Dinge werden wir nach ihm nie etwas wissen; nur das »*Wie*« können wir wissen. Hierin sehen wir weiter, als das Ziel, das uns zu erreichen gegeben ist; denn die Erfahrung lehrt uns bald, dass wir über das »*Wie*«, d.h. über die nächste Ursache oder nächsten Existenzgründe der Erscheinungen nicht hinausgehen dürfen.« Weiterhin gibt er das Beispiel: »Wenn wir nicht wissen können, *warum* das Opium und seine Alkaloide in Schlaf versetzen, so werden wir doch den Mechanismus dieses Schlafs erkennen und wissen können, *wie* das Opium oder seine Grundstoffe den Schlaf herbeiführen; denn der Schlaf tritt nur ein, weil sich die aktive Substanz mit gewissen organischen Elementen in Kontakt setzt, die sie modifiziert.« Und der praktische Schluss ist folgender: »Die Wissenschaft hat gerade das Privileg, uns, was wir nicht wissen, zu lehren, indem sie das Urteil und die Erfahrung an Stelle des Gefühls setzt, und uns die Grenze unserer gegenwärtigen Erkenntnis klar zeigt. Kraft einer wunderbaren Kompensation aber mehrt die Wissenschaft in dem Masse, in dem sie unsern Stolz mindert, unsere Macht.« Alle diese Beobachtungen können genau auf den Experimentalroman angewendet werden. Damit man sich in den philosophischen Spekulationen nicht irrt, damit man die idealistischen Hypothesen durch die langsame Eroberung des Unbekannten ersetzt, muss man sich an die Erforschung des *Warum* der Dinge halten. Hier liegt seine exakte Aufgabe, hier schöpft er, wie wir sehen werden, seine Berechtigung und seine Moral.

Ich bin damit also auf diesem Punkt angekommen: der experimentelle Roman ist eine Folge der wissenschaftlichen Entwicklung des Jahrhunderts; er setzt die Physiologie fort und ergänzt sie; die sich selbst auf die Chemie und die Physik stützt; an die Stelle des Studiums des abstrakten, des metaphysischen Menschen setzt er das Studium des natürlichen Menschen, der den physikalisch-chemischen Gesetzen unterworfen und durch die Einflüsse der Umgebung bestimmt ist; es ist mit einem Wort die Literatur unseres wissenschaftlichen Zeitalters, wie die klassische und die romantische Literatur einem Zeitalter der Scholastik und der Theologie entsprachen. [...]

[...]

Dies also ist das Ziel, dies die Lehre in der experimentellen Physiologie und Medizin: das Leben zu beherrschen, um es zu lenken. Nehmen wir an, die Wissenschaft sei vorgeschritten, die Eroberung des Unbekannten sei vollständig, so wird das wissenschaftliche Zeitalter, das Claude Bernard im Traum gesehen hat, Wirklichkeit sein. Von da ab wird der Arzt Herr der Krankheiten sein; er wird mit Bestimmtheit heilen, er wird zum Glück und zur Blüte der Gattung auf die lebenden Wesen einwirken. Man wird in ein Jahrhundert eintreten, in dem der allmächtige Mensch die Natur dienstbar gemacht und ihre Gesetze dazu brauchen wird, das grösstmögliche Mass von Gerechtigkeit und Freiheit auf dieser Erde herrschend zu machen. Es gibt kein edleres, kein höheres, kein grösseres Ziel. Hier müssen wir unsern Verstand üben: in das Warum der Dinge eindringen, damit wir ihnen überlegen werden und sie auf die Funktion gehorsamer Werkzeuge reduzieren.

Nun wohl! dieser Traum des experimentellen Physiologen und Mediziners ist auch der des Romanschriftstellers, der die experimentelle Methode auf das natürliche und soziale Studium des Menschen anwendet. Unser Ziel ist das ihre; auch wir, wir wollen die Herren der Erscheinungen der intellektuellen und persönlichen Elemente sein, um sie lenken zu können. Wir sind mit einem Wort experimentierende Sittenbildner, indem wir experimentell zeigen, wie sich eine Leidenschaft in einem sozialen Milieu verhält. An dem Tage, an dem wir den Mechanismus dieser Leidenschaft besitzen, wird man sie behandeln und ableiten oder doch mindestens so unschädlich wie möglich machen können. Hier findet sich auch der praktische Nutzen und die hohe Moral unserer naturalistischen Werke, die mit dem Menschen experimentieren, die die menschliche Maschine Stück um Stück zerlegen und wieder aufbauen, um sie unter dem Einfluss der Lebensweise funktionieren zu lassen. Wenn die Zeiten fortgeschritten sein werden, wenn man die Gesetze hat, handelt es sich nur mehr darum, auf die Individuen und die Milieus einzuwirken, wenn man zum besten sozialen Zustand kommen will. Auf diese Weise treiben wir praktische Soziologie, auf diese Weise unterstützen unsere Arbeiten die politischen und ökonomischen Wissenschaften. Ich kenne, um es zu wiederholen, keine vornehmere Arbeit, keine weiter reichende Betätigung. Das Gute und das Böse beherrschen, das Leben regulieren, die Gesellschaft ordnen, mit der Zeit alle Probleme des Sozialismus lösen, besonders der Rechtsprechung eine feste Grundlage geben, indem man die Fragen der Kriminalität durchs Experiment entscheidet, heisst das nicht der nützlichste und sittenförderndste Arbeiter am menschlichen Werke sein?

[...]

[...] Wir zeigen den Mechanismus des Nützlichen und des Schädlichen, wir legen den Determinismus der menschlichen und der sozialen Erscheinungen bloss, damit man sie eines Tages beherrschen und lenken kann. Mit einem Wort, wir arbeiten mit dem ganzen Jahrhundert an dem grossen Werke der Eroberung der Natur, der Verzehnfachung der menschlichen Macht. Man sehe neben der unsrigen die Tätigkeit der idealistischen Schriftsteller, die sich auf das irrationelle und übernatürliche stützen, und bei denen jedem Aufschwung ein tiefer Sturz in das metaphysische Chaos folgt. Wir haben die Kraft, wir haben die Moral.

[...]

Aus diesem Grunde sagte ich oftmals, der Naturalismus sei keine Schule, z.B. incarniere er sich nicht in dem Genie eines Menschen oder in der Verrücktheit einer Gruppe, wie die Romantik, er bestehe einfach in der Anwendung der experimentellen Methode auf das Studium der Natur und des Menschen. Von da ab gibt es nur mehr eine umfassende Entwicklung, einen Vormarsch, an dem jedermann seinem Genie entsprechend mitarbeitet. Alle Theorien sind zugelassen und die Theorie, die den Sieg davonträgt, ist jene, die am meisten erklärt. Es scheint keinen literarischen oder wissenschaftlichen Weg zu geben, der breiter oder gerader wäre. Die Grossen wie die Kleinen, alle bewegen sich frei auf ihm, sie arbeiten an der gemeinsamen Forschung, jeder in seinem besonderen Fach, und erkennen keine andere Autorität an als die durchs Experiment bewiesene Autorität der Tatsachen. Im Naturalismus kann es also weder Neuerer, noch Häupter einer Schule geben. Es gibt einfach Arbeiter, von denen die einen mächtiger sind, wie die anderen.

[...]

Ich habe bisher die Frage der Form bei dem naturalistischen Schriftsteller vernachlässigt, weil gerade sie die Literatur spezialisiert. Das Genie liegt in bezug auf den Schriftsteller nicht allein im Gefühl, in der apriorischen Idee, sondern auch in der Form, im Stil. Allein, die Frage der Methode und die Frage der Rhetorik sind verschieden. Und der Naturalismus besteht, ich sage es nochmals, einzig und allein in der experimentellen Methode, in der Anwendung der Beobachtung und des Experiments auf die Literatur. Für den Augenblick hat also die Rhetorik nichts hier zu schaffen. Stellen wir die Methode auf, die gemeinsam sein muss, und akzeptieren wir dann in der Literatur alle rednerischen Künste, die hervorgebracht werden; betrachten wir sie als den Ausdruck der literarischen Temperamente der Schriftsteller.

Wenn man meine runde Meinung haben will, so gibt man heute der Form ein übertriebenes Übergewicht. Ich hätte viel darüber zu sagen; es würde jedoch die Grenzen dieser Studie überschreiten. Im Grunde halte ich dafür, dass die Methode die Form selbst trifft, dass eine Sprache nur eine Logik, eine natürliche und wissenschaftliche Konstruktion ist. Am besten wird nicht der schreiben, der am tollsten unter den Hypothesen herumgaloppiert, sondern der, der gerade mitten auf die Wahrheiten zusteuert. Wir sind gegenwärtig angefault von Lyrismus, wir glauben sehr zu Unrecht, dass der grosse Stil einem erhabenen Aussersichsein entstammt, das stets nahe daran ist, in den Wahnsinn zu purzeln; der grosse Stil besteht aus Logik und Klarheit.

[...]

[...] Experimenteller Romanschriftsteller ist also derjenige, der die bewiesenen Tatsachen akzeptiert, der im Menschen und in der Gesellschaft den Mechanismus der Erscheinungen aufzeigt, die von der Wissenschaft beherrscht werden, und der seine persönliche Meinung nur bei den Erscheinungen zur Geltung bringt, deren Determinismus überhaupt noch nicht festgestellt ist, indem er diese persönliche Meinung, diese apriorische Idee so sehr wie möglich durch Beobachtung und Erfahrung zu kontrollieren versucht.

Anderswie kann ich unsere naturalistische Literatur nicht verstehen. Ich sprach nur vom experimentellen Roman, ich lebe indessen in der festen Überzeugung, dass die Methode, nachdem sie in der Geschichte und in der Kritik triumphiert hat, überall, auf dem Theater und sogar in der Poesie triumphieren wird. Es ist eine Entwicklung voller Notwendigkeit. Was man auch sagen kann, die Literatur liegt nicht vollständig in dem Arbeiter, sie liegt auch in der Natur, die sie schildert und in dem Menschen, den sie studiert. Oder wenn die Gelehrten die Naturbegriffe wechseln, wenn sie den wirklichen Mechanismus des Lebens finden, zwingen sie uns, ihnen zu folgen, ja sie zu überholen, damit wir unsere Rolle in den neuen Hypothesen spielen. Der metaphysische Mensch ist tot. Unser ganzer Boden wandelt sich mit dem physiologischen Menschen um. Zweifellos werden der Zorn des Achilles, die Liebe der Dido ewig schöne Gemälde bleiben; aber nun haben wir das Bedürfnis, Zorn und Liebe zu analysieren und aufs genaueste zu sehen, wie diese Leidenschaften im menschlichen Wesen funktionieren. Der Standpunkt ist neu, er wird experimentell, anstatt philosophisch zu sein. Kurz alles liegt in dieser grossen Tatsache beschlossen. Die experimentelle Methode ist ebenso in der Literatur wie in der Wissenschaft, auf dem Weg, die natürlichen, die individuellen und die sozialen Erscheinungen zu determinieren, über die bisher die Metaphysik nur irrationelle und übernatürliche Erklärungen gegeben hatte.

Die Studie *Le roman expérimental* erschien erstmals im September 1879 in der russischen Zeitschrift *Le Messager d'Europe*, in der Zola zwischen 1875 und 1880 über 50 literaturkritische Artikel veröffentlichte. Im Oktober 1879 machte die Zeitung *Le Voltaire* die Abhandlung auch der französischen Öffentlichkeit bekannt. 1880 erschien derselbe Aufsatz zusammen mit anderen literaturkritischen Arbeiten in einem Sammelband mit dem Titel *Le roman expérimental*. Die hier dokumentierte Übersetzung aus dem Jahre 1904 ist die erste deutsche Übersetzung, da die von Leo Berg im Vorwort (1892) zur deutschen Ausgabe von Zola *Der naturalistische Roman* (1893) angekündigten weiteren Übersetzungen von Zolas theoretischen Schriften nicht erschienen sind. Dennoch stand diese Abhandlung vor allem zwischen 1880 und 1890 im Mittelpunkt sowohl der konservativ-idealistischen als auch der naturalistischen Zola-Rezeption und -Kritik. Die Auseinandersetzung mit Zolas Theorie des Experimentalromans war dabei jedoch generell durch die Tatsache geprägt, daß sich die deutsche Literaturkritik erst ab 1879/80 intensiver für den inzwischen in Frankreich zum Erfolgsautor avancierten Emile Zola zu interessieren begann. Die Entwicklung der kunst- und literaturtheoretischen Position Zolas zwischen 1864 und 1879 blieb zunächst weitgehend unbekannt. Die Konzeption des Experimentalromans erschien daher mehr oder weniger als ein Kuriosum, als eine eher zufällige, auf jeden Fall willkürliche Adaption naturwissenschaftlicher Methoden im Kunstbereich, die der nachträglichen Legitimation von Zolas Romanschaffen diente. (vgl. die Dok. 31, 102, 112)

Zola wies seine Leser jedoch gleich zu Beginn der Abhandlung auf »andere literarische Studien« hin, in denen er schon »häufig von der experimentellen Methode in der Anwendung auf den Roman und auf das Drama gesprochen« habe. Die Kontinuität seiner literaturtheoretischen Bemühungen betonte Zola auch in einem Beitrag für den *Voltaire* vom 2. 7. 79: »La vérité est que mes idées d'aujourd'hui sont les mêmes que mes idées d'il y a quatorze ans [...]. Depuis le premier jour de mes débuts, je n'ai fait que développer la formule naturaliste« (zit. nach: Halina Suwała, *Naissance d'une doctrine. Formation des idées littéraires et esthétiques de Zola (1859–1865)*. Warszawa 1976, S. 179).

Zola ordnete seine Theorie des experimentellen Romans ein in sein Verständnis der Entwicklung des menschlichen Geistes, d.h. daß die »naturwissenschaftliche Entwicklung [...] alle Offenbarungen des menschlichen Geistes auf die gleiche wissenschaftliche Bahn« dränge. Er sah den Fortschritt der Naturwissenschaften darin, daß durch die Anwendung der experimentellen Methode zunächst in der Chemie und in der Physik das Irrationale überwunden wurde und sich nun die Erkenntnis durchsetzte, daß auch die lebenden Körper den allgemeinen Gesetzen der Materie unterworfen seien. So wie es daher eine experimentelle Physiologie geben werde, werde es im Bereich der Literatur auch den experimentellen Roman geben.

Bereits 1864 hatte Zola in einem Artikel *(Du progrès dans les sciences et dans la poésie)* versucht, das Verhältnis von Wissenschaft und Kunst als einen Prozeß zu erklären: »...aux premiers jours la science et la poésie ne firent qu'un. L'imagination aidant, les œuvres furent pleines de grandioses erreurs, splendides manifestations de la jeunesse du monde. Mais bientôt certains hommes, lassés de décrire sans comprendre, laissèrent là les effets et achevèrent les véritables causes. La science naquit et se sépara de la poésie« (zit. nach: *Emile Zola. Œuvres complètes.* Edition établie sous la direction de Henri Mitterand. Paris 1968, tome X, S. 311). Zola verstand daher die Trennung von Kunst und Wissenschaft nur als eine spezifische Entwicklungsstufe des menschlichen Geistes, die durch die Entwicklung der Naturwissenschaften wieder überwunden werde. Die Fortschritte der Wissenschaften galten Zola durchaus nicht als etwas Kunstfeindliches, im Gegenteil, er erwartete, »que ces conquêtes de l'homme sur la matière, dont on effraie le poète, deviendront eux-mêmes la source des inspirations les plus élevées« (ebd., S. 314).

Zola folgte in diesen Überlegungen einer Entwicklung der französischen Literaturkritik in den 60er Jahren, die das immer engere Zusammenrücken von Wissenschaft und Literatur in der neueren Romanliteratur konstatierte und diese bereits als »empirique et expérimentale« bezeichnete. Man sprach von einer »poésie scientifique« und verglich Schriftsteller und Kritiker mit dem »médecin chirurgien«, »anatomiste« oder »psychologiste«. Metaphern aus dem medizinischen Bereich wurden besonders häufig verwendet: als wichtiges Handwerkzeug dieser Autoren galten »scalpel«, »loupe«, »microscope« und das Ergebnis ihrer literarischen Tätigkeit waren dementsprechend »experiences cliniques« oder »comptes rendus d'un cours clinique.«

Zola selbst charakterisierte das wissenschaftliche und literarische Interesse seiner Zeitgenossen 1865 folgendermaßen: »Aujourd'hui le cœur humain a réclamé ses droits. Il a voulu être patiemment etudié et fibre par fibre; le spectacle des plaies et des ses misères, lorsqu'on l'a ouvert au grand jour, a paru si navrant que toute la jeune génération en a frémi et qu'elle a déclaré ne plus vouloir lire que les descriptions des maladies du pauvre blessé. Les chirurgiens se sont mis à l'œuvre, le scalpel à la main, et nous nous sommes apitoyés devant chacune de leurs dècouvertes [...]. Le désir d'amuser a fait place au désir d'être vrai [...]. Nous avons donc, en nos jours de psychologie et de naturalisme, un certain dédain pour ces contes en dix volumes que nos mères ont dévorés et dévorent encore, je crois« (ebd., S. 334).

Der Beitrag, den Zola für den im Dezember 1866 in Aix stattfindenden Congrès scientifique de France verfaßte, *Deux définitions du roman*, gilt schließlich als erstes Manifest seiner Theorie des naturalistischen Romans. Er skizzierte darin sein Bild des »romancier analyste«, der seiner Meinung nach in den »romanciers de génie« des 19. Jahrhunderts bereits mehrfach existierte: »Il est, avant tout, un savant, un savant de l'ordre morale [...] comme le chirurgien, il n'a ni honte ni répugnance, lorsqu'il fouille des plaies humaines. Il n'a souci que de vérité [...]. Les sciences modernes lui ont donné pour instrument l'analyse et la méthode expérimentale. Il procède comme nos chimistes et nos mathématiciens...« (ebd., S. 281).

Zolas Studie über den Experimentalroman war daher nur ein neuerlicher Versuch, die Entwicklung des Romans zur Wissenschaft, die Verwissenschaftlichung des literarischen Schaffens zu begründen und zu erklären. Diese Abhandlung war ein Teil jener »bataille littéraire«, die Zola zwischen 1875 und 1881 für die Anerkennung der naturalistischen Literatur führte. Das Neuartige dieser Veröffentlichung lag darin, daß Zola hier versuchte Entwicklungen aus dem Bereich der Medizin direkt auf den literarischen Schaffensprozeß zu übertragen. In Claude Bernards *Introduction à l'étude de la médicine expérimentale* glaubte Zola, eine wichtige Unterstützung für seine literaturtheoretischen Auffassungen gefunden zu haben. Denn in seiner *Introduction* ging es Claude Bernard darum aufzuzeigen, wie die von vielen noch als Kunst angesehene Medizin durch die Anwendung der experimentellen Methode zu einer Wissenschaft weiterentwickelt werden konnte. Daraus schlußfolgerte Zola: »Le raisonnement sera ensuite des plus simples: si la méthode a pu être portée de la chimie et de la physique dans la physiologie et la médicine, elle peut l'être de la physiologie dans le roman naturaliste« (ebd., S. 1181).

Die Entwicklung des kunsttheoretischen Denkens bei Zola läßt erkennen, daß der Begriff »naturaliste« = der Naturwissenschaftler/naturwissenschaftlich in seiner unmittelbaren Wortbedeutung in die ästhetische Diskussion übernommen wurde. Bereits Ende der 50er Jahre traten die Begriffe »naturaliste/naturalisme« in Konkurrenz zu den Begriffen »réaliste/réalisme« auf, die zunehmend in abwertendem Sinne zur Kennzeichnung von Kunst als bloßer Kopie von Wirklichkeit, photographisch getreuer Nachahmung verwendet wurden. Während »réalisme« mehr die bloße Reproduktion von Oberflächenerscheinungen bezeichnete, sollte »naturalisme« demgegenüber den wissenschaftlich fundierten Wahrheitsanspruch von Kunst zum Ausdruck bringen. Zola hat diese Verwendung des Begriffs »naturaliste« wahrscheinlich von Taine übernommen, der bereits 1858 Balzacs Methode mit der eines Naturwissenschaftlers verglich: »L'idéal manque au naturaliste; il manque encore plus au naturaliste Balzac« (vgl. Komm./Dok. 15). Zola selbst verwandte diesen Begriff zur Charakterisierung eines literarisch-philosophischen Schriftstellers wahrscheinlich erstmals 1866, als er Taine »le naturaliste du monde moral« nannte, der den Geist wie eine Pflanze »examine en naturaliste« (vgl. J.C. Lapp, *Taine et Zola: Autour d'une correspondance*. In: *Revue des sciences humaines*. N.S., no. 87, 1957, S. 319–326). Obwohl Claude Bernards *Introduction* bereits 1865 erschienen war, wird diese von Zola bis zu seiner Studie über den Experimentalroman nicht erwähnt. Es ist bisher auch nicht endgültig geklärt, wann Zola diese Schrift Bernards kennenlernte. Bisher ist nur bekannt, daß Zola 1878/79 von seinem Freund Céard ein Exemplar der *Introduction* erhielt, die er dann auch unmittelbar für seine »bataille littéraire« verwandte. Berücksichtigt man die Entwicklung der kunsttheoretischen Überlegungen Zolas in den 60er Jahren, die vor dem Hintergrund eines verbreiteten Wissenschafts- und Fortschrittsoptimismus stattfand, so erscheint es durchaus möglich, daß Zola 1878/79 erstmals Bernards Schrift zur Kenntnis nahm.

d) Kunsttheoretische Positionen

17

Wilhelm Bölsche: *Die naturwissenschaftlichen Grundlagen der Poesie. Prolegomena einer realistischen Aesthetik.* Leipzig: (C. Reissner) 1887, S. III, III–IV, 1–5, 15–16, 34–36, 53–54, 64–67, 69–74, 81–85, 85–87, 89–93.

[...] Realistisch nenne ich diese Aesthetik, weil sie unserm gegenwärtigen Denken entsprechend nicht vom metaphysischen Standpuncte, sondern vom realen, durch vorurtheilsfreie Forschung bezeichneten ausgehen soll. [...]

Der Realismus ist nicht gekommen, die bestehende Literatur in wüster Revolution zu zerstören, sondern er bedeutet das einfache Resultat einer langsamen Fortentwicklung, wie die gewaltige Machtstellung der modernen Naturwissenschaften es nicht mehr und nicht minder ist. Jene Utopien von einer Literatur der Kraft und der Leidenschaft, die in jähem Anprall unsere Literatur der Convenienz und der sanften Bemäntelung wegfegen soll, bedeuten mir gar nichts: was ich von dem aufwachsenden Dichtergeschlecht fordere und hoffe, ist eine geschickte Bethätigung besseren Wissens auf psychologischem Gebiete, besserer Beobachtung, gesunderen Empfindens, und die Grundlage dazu ist Fühlung mit den Naturwissenschaften. [...]

Durch die gesammte – und nicht zum Wenigsten die deutsche – Literatur geht seit einiger Zeit eine lebhafte Bewegung. Die Schaufenster der Buchhandlungen wie die Spalten der Journale sind überfüllt mit Streitschriften und Streitartikeln, die bereits durch die Kühnheit der Titel von der Hitze der Kämpfenden Zeugniss ablegen. Aber auch abgesehen von diesen Kundgebungen der eigentlichen Ritter des Tourniers fühlt sich jeder Einzelne im grossen Publicum mehr oder weniger berufen, seinen Wahlzettel in die Urne zu werfen. Denn das Wort ist gefunden, welches in neun Buchstaben die Loosung des Ganzen enthüllen soll. Dieses schicksalsschwere Wort heisst Realismus.

Für die eine Partei ein goldenes Wort, eins aus jener Reihe unvergänglicher Schlagwörter, die mit ihrer prächtigen Kürze gleichsam die Stenographie der Culturgeschichte darstellen, – ist es der andern ein Gräuel, ein Hemmniss aller Fortentwicklung, der Name einer bösen, wenn auch glücklicherweise vergänglichen Krankheit.

Revolution der Literatur für jene. Aufdämmern eines neuen Tages, weit heller und strahlender noch als der junge Morgen, der sich einst in dem klaren Auge Lessing's spiegelte und durch dessen weichende Frühnebel der rasselnde Schritt des eisernen Ritters von Berlichingen erklang, ist dieser die gleiche Erscheinung die hässliche Brandröthe eines Zerstörungskampfes, das Blutmal am Himmel, das über der Stätte des Mordens und Brennens plündernder Vandalenhorden loht, es fehlt nicht an alten Fritzen, die im Sanssouci ihrer unerschütterlichen Kunsttheorieen zweifelnd die schönen, geraden Terrassen und Orangerieen abschreiten und sich kopfschüttelnd fragen: Was soll der Lärm?

Verbrüderung aller nationalen Literaturen durch die Blutsgemeinschaft gleicher Methode für die Schwärmer, erscheint den Skeptikern der ganze Aufstand bei uns in Deutschland nur als der feige Abklatsch einer widerwärtigen Krankheitserscheinung im schlechteren in alter Sünde absterbenden oder in unwissender Roheit der Halbbildung haltlos hin und her schwankenden Nachbarlande, und, dem Franzosen gleich, der das deutsche Bier als fremdes Gift verbannen möchte, wäre ihnen nichts lieber, als eine literarische Grenzsperre für alle fremden Einflüsse.

Und endlich, was das Seltsamste ist: während die Einen glauben, der Reinheit ihrer Gesinnung und dem Genius poetischer Sittlichkeit nicht besser dienen zu können, als in dem Gewande der neuen Ritterschaft, meinen die Andern das Schwert gegen diese erheben zu müssen zum Schutze der unschuldigen Gemüther in der Welt, zum Schutze ihrer Söhne und Töchter, denen der weihende Tempel des dichterischen Ideals kein Sündenhaus werden soll und keine Schnapsschenke.

Jeder Vernünftige sieht, dass unter dem einen Worte Realismus thatsächlich nicht immer das Gleiche verstanden wird und dass sich hier Begriffe mischen, die strenge Sonderung fordern. Es fehlt denn auch nicht an besonneneren Stimmen, die sich bemühen, Realismus in einer Weise zu definiren, die jeden gröberen Irrthum ausschliesst.

Ich gebe diese Definition zunächst in möglichst allgemeiner Fassung wieder, um später den speciellen Punct herauszugreifen, dem ich eine eingehendere Betrachtung zu widmen gedenke.

Die Basis unseres gesammten modernen Denkens bilden die Naturwissenschaften. Wir hören täglich mehr auf, die Welt und die Menschen nach metaphysischen Gesichtspuncten zu betrachten, die Erscheinungen der Natur selbst haben uns allmählich das Bild einer unerschütterlichen Gesetzmässigkeit alles kosmischen Geschehens eingeprägt, dessen letzte Gründe wir nicht kennen, von dessen lebendiger Bethätigung wir aber unausgesetzt Zeuge sind. Das vornehmste Object naturwissenschaftlicher Forschung ist dabei selbstverständlich der Mensch geblieben, und es ist der fortschreitenden Wissenschaft gelungen, über das Wesen seiner geistigen und körperlichen Existenz ein ausserordentlich grosses Thatsachenmaterial festzustellen, das noch mit jeder Stunde wächst, aber bereits jetzt von einer derartigen beweisenden Kraft ist, dass die gesammten älteren Vorstellungen, die sich die Menschheit von ihrer eigenen Natur auf Grund weniger exacter Forschung gebildet, in den entscheidensten Puncten über den Haufen geworfen werden. Da, wo diese ältern Ansichten sich während der Dauer ihrer langen Alleinherrschaft mit andern Gebieten menschlicher Geistesthätigkeit eng verknotet hatten, bedeutete dieser Sturz nothwendig eine gänzliche Umbildung und Neugestaltung auch auf diesen verwandten Gebieten. Das bekannteste Beispiel hierfür ist die Religion, deren einseitig dogmatischer Theil durch die Naturwissenschaften zersetzt und zu völliger Umwandlung gezwungen wurde. Ein zweites Gebiet aber, das auch wesentlich in Frage kommt, ist die Poesie. Welche besondern Zwecke diese auch immer verfolgen mag und wie sehr sie in ihrem innersten Wesen sich von den exacten Naturwissenschaften unterscheiden mag, – eine Sonderung, die wir so wenig, wie die Sonderstellung einer vernünftigen Religion, antasten, – ganz unbezweifelbar hat sie unausgesetzt, um zu ihren besondern Zielen zu gelangen, mit Menschen und Naturerscheinungen zu thun und zwar, so fern sie im Geringsten gewissenhafte Poesie, also Poesie im echten und edeln Sinne und nicht ein Fabuliren für Kinder sein will, mit eben denselben Menschen und Naturerscheinungen, von denen die Wissenschaft uns gegenwärtig jenen Schatz sicherer Erkenntnisse darbietet. Nothwendig muss sie auch von letzteren Notiz nehmen und frühere irrige Grundanschauungen fahren lassen. Es kann ihr, was Jedermann einsieht, von dem Puncte ab, wo das Dasein von Gespenstern wissenschaftlich widerlegt ist, nicht mehr gestattet werden, dass sie zum Zwecke irgend welcher Aufklärung einen Geist aus dem Jenseits erscheinen lässt, weil sie sich sonst durchaus lächerlich und verächtlich machen würde. Es kann ihr, was zwar nicht so bekannt, aber ebenso wahr ist, auch nicht mehr ungerügt hingehen, wenn sie eine Psychologie bei den lebendigen Figuren ihrer Erzeugnisse verwerthet, die durch die Fortschritte, der modernen wissenschaftlichen Psychologie entschieden als falsch dargethan ist. Eine Anpassung an die neuen Resultate der Forschung ist durchweg das Einfachste, was man verlangen kann. Der gesunde Realismus ermöglicht diese Anpassung. Indem er einerseits die hohen Güter der Poesie wahrt, ersetzt er andererseits die veralteten Grundanschauungen in geschicktem Umtausch durch neue, der exacten Wissenschaft entsprechende. Mit Genugthuung gewahrt er dabei, dass die neuen Stützen nicht nur relativ, sondern auch absolut besser sind, als die alten, und dass er bei Gelegenheit dieser Anpassung der Poesie ein frisches Lebensprinzip zuführt, das nach vollkommener Eingewöhnung höchstwahrscheinlich ganz neue Blüthen am edeln Stamme des dichterischen Schaffens zeitigen wird, die vormals Niemand ahnen konnte. Das ist in abstracter Kürze die eigentlich verstandesgemässe Definition des Realismus.

[...]

Ich will als Dichter einen Menschen, den ich in eine bestimmte Lage des Lebens gebracht habe, eine Handlung begehen lassen und zwar diejenige, welche ein wirklicher Mensch in gleicher Lage wahrscheinlich oder sogar sicher begehen würde.

Ich will als Kritiker einer Dichtung beurtheilen, ob eine bestimmte Handlung, die ein bestimmter Held dieser Dichtung unter bestimmten Umständen begeht, wirklich richtig, das heisst den Gesetzen der Wirklichkeit entsprechend, erfunden ist.

In beiden Fällen werde ich beim geringsten Nachdenken auf die allgemeine Frage der Willensfreiheit geführt.

Diese Frage aber ist weder eine dichterische, noch eine philosophische, sondern eine naturwissenschaftliche. In ihr kreuzen sich die sämmtlichen Grundfragen der wissenschaftlichen Psychologie, und sie ist meiner Ansicht nach die erste und wichtigste Frage, mit der sich die Prämissen der realistischen Poesie und Aesthetik zu befassen haben.

Die oberflächlichste Anschauung der wahren Dinge in der Welt lehrt, dass die menschliche

Willensfreiheit nicht ist, was das Wort nahe legt: eine absolute Freiheit. Wir sehen nicht nur die Macht des Willens physikalisch beschränkt, sondern gewahren auch in dem eigenthümlichen Gefüge und Bau der Gedanken, die den Willen zu irgend etwas schliesslich als äussern Act entstehen lassen, beständig sehr eigenthümliche, subjective Factoren, die in uns sofort das Gefühl eines eingeschränkten Laufes der Gedankenketten entstehen lassen. [...]

[...]

[...] Naturwissenschaftlich sind wir als ehrliche Beobachter gezwungen, die Bedingtheit aller menschlichen Willensacte der Art des geistigen Apparates gemäss als eine Thatsache auszusprechen, die weder juristische noch theologische Forderungen irgendwie erschüttern können.

Diese Forderungen müssen sich mit der Thatsache abfinden. Die Genesis seiner Gedanken und Handlungen zugestanden, bleibt ja praktisch der Mensch mit lauter Gedankenketten, die im Verbrechen gipfeln, schlecht und strafbar und der Mensch, der durch den Zwang seiner Gehirnfurchen zu moralischem Denken und Thun gezwungen wird, gut.

Für den Dichter aber scheint mir in der Thatsache der Willensunfreiheit der höchste Gewinn zu liegen. Ich wage es auszusprechen: wenn sie nicht bestände, wäre eine wahre realistische Dichtung überhaupt unmöglich. Erst indem wir uns dazu aufschwingen, im menschlichen Denken Gesetze zu ergründen, erst indem wir einsehen, dass eine menschliche Handlung, wie immer sie beschaffen sei, das restlose Ergebniss gewisser Factoren, einer äussern Veranlassung und einer innern Disposition, sein müsse und dass auch diese Disposition sich aus gegebenen Grössen ableiten lasse, – erst so können wir hoffen, jemals zu einer wahren mathematischen Durchdringung der ganzen Handlungsweise eines Menschen zu gelangen und Gestalten vor unserm Auge aufwachsen zu lassen, die logisch sind, wie die Natur.

Im Angesicht von Gesetzen können wir die Frage aufwerfen: Wie wird der Held meiner Dichtung unter diesen oder jenen Umständen handeln? Wir fragen zuerst: Wie wird er denken? Hier habe ich die äussere Ursache: was findet sie in ihm vor? Was liegt als Erbe in seinem Geistesapparate, was hat die Bildung und Uebung des Lebens darin angebahnt, welche fertigen Gedankenlinien wird jene äussere Thatsache erregen, wie werden diese sich hemmen oder befördern, welche wird siegen und den Willen schaffen, der die Handlung macht? Ich habe das Wort »mathematisch« gebraucht. Ja, eine derartige Dichtung wäre in der That eine Art von Mathematik, und indem sie es wäre, hätte sie ein Recht, ihr Phantasiewerk mit dem stolzen Namen eines psychologischen Experimentes zu bezeichnen.

Ich glaube gezeigt zu haben, wie gross unsere Unkenntniss im Einzelnen besonders bei der Vererbungsfrage noch ist. Jene Dichtung, von der ich rede, ist in ihrer Vollendung noch ein Traum. Aber das soll uns nicht hindern, rüstig am grossen Bau mitzuschaffen. Einstweilen möge sich vor allem die Klarheit über die Hauptprobleme Bahn brechen. Der Dichter soll anfangen, sich bei der Unzahl von Phrasen etwas zu denken, die auf seinem Gebiete umherschwirren, die Sätze wie: »Es lag in ihm so zu handeln«, »Die Natur brach sich gewaltsam Bahn«, »Er fühlte etwas, was seinen Gedanken blitzschnell eine andere Richtung gab« und

ähnliches, sollen ihm einen Inhalt bekommen, er soll einsehen, dass es im Geiste so wenig
Sprünge giebt, wie bei einem festen Verkehrsnetz, wo jede alte Strasse so lange wie möglich
benutzt wird und eine neue nicht von heute auf morgen gebaut wird, er soll endlich alle die
grossen Namen: Schicksal, Erbsünde, Zufall und wie sie heissen mögen, im Einzelnen neu
prüfen und auf die Principien hin modificiren, wo es Noth thut. Ich gebe hier keine Aesthetik,
sondern beschränke mich auf die naturwissenschaftlichen Grundlagen, es liegt mir fern, in
jene Fragen näher einzutreten, die sich daran anknüpfen. Man sagt wohl, die Poesie werde
roh und alltäglich, wenn sie sich an die Fragen der Physiologie um Auskunft wende. Wenn ich
die Probleme überblicke, auf die der Gang dieser Studie mich geführt hat, so weiss ich nicht,
was das heissen soll. Diese Probleme sind die höchsten, die ich mir denken kann. Wir stehen
dicht vor der Schwelle des Ewigen, des Unerreichten, und wandeln doch noch auf dem
sicheren Boden der Wirklichkeit. Giebt es einen höheren Genuss?

[...]

Geheimnisse für den gegenwärtigen Stand der Wissenschaft giebt es hier im Einzelnen die
Menge, Metaphysik gar nicht. Der Parallelismus des Psychischen und Molecularen wahrt
seine gewöhnliche Rolle, das Geistige zeigt sich durchaus in stufenweisem Aufbau, je nach der
Entwicklungshöhe des Körperlichen, und die menschlichen Seelenregungen äussern sich fol-
gerichtig erst mit Vollendung des menschlichen Gehirns. Wer geneigt ist, den Schauer des
Erhabenen besonders stark vor den Momenten der höchsten Vereinigung des Universellen
und Geschichtlichen mit dem Individuellen und Vorübergehenden zu empfinden und dem
Idealen die wissenschaftlich allein zulässige Bedeutung des Allgemeinen, über das Einzelne als
höhere Einheit Hervorragenden zu geben, der wird in den gesammten Erscheinungen des
Zeugungsprocesses eine hohe, vielleicht die allerhöchste ideale Erhebung des individuell
Menschlichen erblicken müssen und ihnen gegenüber jene Regung stärker als irgendwo
anders empfinden. Wir verdanken den Begleitungsphänomenen des Zeugungsgesetzes überhaupt, wenn nicht sogar den Sinn für Schönheit, so doch das Wichtigste, was wir schön
nennen: die edeln Formen des Weibes in ihrer künstlerischen Gegensätzlichkeit zum Manne,
die Farbenpracht der organischen Natur, deren Blüthen, Federn, Düfte in ihrer höchsten
Entfaltung sämmtlich auf geschlechtlichen Beziehungen beruhen, die reichen Gaben des
Gemüthes, die sich in der Gatten- und Elternliebe durch die höhere Thierwelt ziehen, um
schliesslich in den verallgemeinernden Regungen des menschlichen Mitleids ihre höchsten
Triumphe zu feiern.

[...]

[...] Es ist vor allen Dingen Mission der Poesie, die hier viel gesündigt und viel gelitten, mit
festem Muthe sich mehr und mehr dem Modegeschmacke entgegenzustellen. Sie kann es aber
nur, indem sie echt realistisch wird, das heisst: sich an die Natur anlehnt. Der einfache
Realismus, der den Menschen die wahren Kleider des Lebens anzieht, ist noch lange nicht
ausreichend zum wirklichen Zweck. Es gilt tiefer zu gehen und die Welt wieder an den
Gedanken zu gewöhnen, den sie durch Metaphysik, Sentimentalität und Katzenjammer so
vielfach verloren: dass die Liebe weder etwas überirdisch Göttliches, noch etwas Verrücktes

und Teuflisches, dass sie weder ein Traum, noch eine Gemeinheit sei, sondern diejenige
Erscheinung des menschlichen Geisteslebens darstelle, die den Menschen mit Bewusstsein zu
der folgenreichsten und tiefsten aller physischen Functionen hinleitet, zum Zeugungsacte.
Damit eine derartige Rolle für die Poesie aber ermöglicht werde, ist es allererste Bedingung
für den realistischen Dichter, sich über die näheren Puncte der physiologischen Basis des
Liebesgefühls zu unterrichten. Nur eine strenge Beobachtung der Gesetze und Erscheinungen
des Körperlichen in seinen verschiedenen Phasen kann zu neuen Zielen führen. Das erfordert
freilich auch an dieser Stelle wieder harte Arbeit für den Poeten. Das leichte Fabuliren von
den lustigen oder bösen Abenteuern verliebter Seelchen hört dabei auf, und der Dichter wird
nothgedrungen sogar hin und wieder Pfade wandeln müssen, wo die landläufige Moral
erschreckt zurückschaudert. Wer dazu nicht das Zeug in sich fühlt, der soll dem Liebespro-
blem fern bleiben, besser gar keine Liebesgeschichten mehr, als jene gefälschten; denn der
Dichter mag lügen, wo er Lust hat – es ist alles harmlos gegen das Lügen auf erotischem
Gebiete, dessen Folgen bei dem von Natur gesetzten Nachahmungs- und Gewohnheitstriebe
des menschlichen Geistes unmittelbar in's practische Leben hineingreifen. Ich nehme keinen
Anstand, zu behaupten, dass wir überhaupt eine erschöpfende dichterische Darstellung des
ganzen normalen Liebeslebens in Weib und Mann von seinen ersten Keimen bis zur reifen
Mitte und wiederum abwärts bis zum langsamen Versiegen im alternden Organismus in der
gesammten Weltliteratur noch nicht besitzen. Zola hat in seinem geistvollen und tiefen
Romane »La joie de vivre« wenigstens gelegentlich einmal den Versuch gemacht, an einem
gesunden weiblichen Typus ein vollkommen plastisches Bild zu entwickeln; aber bei seiner
Neigung für das Pathologische, die ihm nun einmal im Blute steckt, ist das Ganze nach
meisterhafter Anlage schliesslich doch einseitig und ohne die natürliche Versöhnung ausge-
laufen. Was ich fordere, ist noch weitaus mehr. Ich fordere neben vollkommen scharfer
Beobachtung eine bestimmte Tendenz. Man rede mir nicht davon, die realistische Dichtung
müsse sich ganz frei machen von jeder Tendenz. Ihre Tendenz ist die Richtung auf das
Normale, das Natürliche, das bewusst Gesetzmässige. Die Poesie hat mit wenigen, allerdings
sehr hoch stehenden Ausnahmen bisher zu allen Sorten abnormer Liebe erzogen. Sie muss in
Zukunft versuchen, dem Leser gerade das Normale als das im eminenten Sinne Ideale,
Anzustrebende auszumalen. Nur dann giebt es noch einen Aufschwung in der erotischen
Poesie. Der vermessene Ausspruch muss mit Macht widerlegt werden: das Gewöhnliche, jene
Liebe, die der einfache Spiessbürger auch erlebt, wenn er gesund ist, sei zu gering für den
edeln Schwung der Poesie. Das ist die schwerste Unwahrheit, die je Geltung gewonnen hat in
der Literatur. Ihre Folge ist gewesen, dass wir hunderttausend Bände über eine sentimentale,
nervös überspannte Liebe und eben so viele über eine unter alles Natürliche herabgesunkene
Liebe besitzen – eine Literatur voller Göttinnen und Cocotten, aber ohne Normalmenschen.
    [...]
    Wir haben gebrochen mit der Metaphysik. Jenseits unseres Erkennens liegt eine andere
Welt, aber wir wissen nichts von ihr; unser Ideal, so fern es eine lebendige Macht sein soll,
muss irdisch, muss ein Theil von uns sein, muss der Welt angehören, die wir bewohnen, die in

uns lebt und webt. Wir haben gebrochen mit den heitern Kinderträumen von Willensfreiheit, von Unsterblichkeit der Seelen in den Grenzen unseres Denkens, von einer göttlichen Liebe, die ein anderes, als das natürliche Dasein lebt. Unser Weg geht aufwärts zwischen zerborstenen Tempelsäulen, zwischen versiegenden Quellen, zwischen verdorrendem Laub. Wir wissen jetzt, dass unsere Visionen, unsere Prophetenstimmen, unsere leidenschaftlich schmachtenden und schwelgenden Gefühle nichts besseres waren, als Krankheit, Delirien des Fiebertraums, dämmernde Nacht des klaren Geisteslichts. Nun denn: wenn dem allem so ist, das Ideale geben wir damit doch nicht auf. Wenn es nicht mehr der Abglanz des Göttlichen sein darf, so ist ihm darum nicht benommen, die Blüthe des Irdischen zu sein, die tiefste, reinste Summe, die der Mensch ziehen kann aus allem, was er sieht, all' dem Unermesslichen, was sich in der Natur, in der Geschichte, in allem Erkennbaren ihm darbietet. Wenn er den Blick schweifen lässt über diese ganze Erde, über sein ganzes Geistesreich, so sieht er im Grunde all' dieser wechselnden Formen ein einziges grosses Princip, nach dem alles strebt, alles ringt: das gesicherte Gleichmass, die fest in beiden Schaalen schwebende Wage, den Zustand des Normalen, die Gesundheit. Ganz vollkommen erfüllt ist dieses Princip allerdings nirgendwo. Aber es schwebt über Allem als das ewige Ziel, niemals ganz realisirt, aber darum doch die unablässige Hoffnung des Realen. Es giebt nur einen Namen für dieses Princip, er lautet: Ideal. Vor diesem Ideale schwindet jeder Unterschied des Bewussten und Mechanischen in der Natur. Der Mensch, indem er sich seiner bewusst wird im Triebe nach Glück, Frieden, Wohlsein, harmonischem Ausleben des Zuerkannten, theilt nur den innern Wunsch, der allem Spiel molecularer Kräfte zu Grunde liegt. Das letzte Ziel des grandiosen Daseinskampfes, der zwischen den frei schwebenden Himmelskörpern wie zwischen den Elementen auf Erden, zwischen den einfachen chemischen Stoffen wie zwischen den geheimnissvollen Bildungen des organischen Lebens tobt, ist nichts anderes, als der dauernde Wohlstand von Generationen, die in Einklang mit der Umgebung gelangt sind. In diesem Sinne ist die Natur selbst erfüllt von einer tiefen, zwangsweisen Idealität, und wo ihre volle Entfaltung zu Tage tritt, äussert sich diese in der höchsten Annäherung an das ideale Princip des grösstmöglichen Glückes der Gesammtheit, an dem jedes Individuum seinen Antheil hat. Dunkel, wie der ganze Untergrund der grossen Daseinswelle, in der wir leben, für unsere Erkenntniss bleibt, ist die ideale Richtung auf das Harmonische, nach allen Seiten Festgefügte, in seiner Existenz Glückliche und Normale uberhaupt die einzige feste Linie, die wir durch das ganze Weltsystem verfolgen können. Es ist die einzige treibende Idee, die aus dem ungeheuren Wirrsal des Geschehens einigermassen deutlich hervortritt, von der wir sagen können: sie verkörpert ein Ziel, einen Endpunct. Die weiteren philosophischen Träumereien, ob man sich die Welt denken solle als etwas ursprünglich Gutes, das schlecht geworden und nun im Banne eines metaphysischen Willens wieder zum Anfänglichen zurückstrebe – ob das absolute Glück denkbar sei als absolute Ruhe oder harmonische Bewegung – das alles geht mich hierbei herzlich wenig an.

Ich wahre durchaus den Standpunct des Naturforschers. Wenn aber ein derartiges ideales Princip sich von diesem aus für die ganze sichtbare Welt ergiebt, so hat auch der realistische

Dichter ein Recht, sich seiner zu bemächtigen, es als »Tendenz« in seinen Dichtungen erscheinen zu lassen. Tendenz zum Harmonischen Gesunden, Glücklichen: – – – was will man mehr von der Kunst? Giebt es einen besseren Boden für die Aesthetik, um ihren menschlichen Begriff des Schönen darauf zu bauen? Es ist hier nicht meine Aufgabe, zu zeigen, wie dieser Begriff des Schönen selbst sich im Einzelnen aus dem Begriffe des Normalen, Gesunden entwickelt, ich beschränke mich auf die Grundlagen. Es wird nicht Wenigen so vorkommen, als sinke die realistische Dichtung durch Anerkennung jener Tendenz von ihrer hohen Sonderstellung jäh wieder herab zum Gewöhnlichen. Wenn die Tendenz zum Glücke wieder oben anstehen soll, so hat ja auch der billigste Liebesroman, dessen einziges Ziel ist, dass »sie sich bekommen«, das Recht der Existenz damit zurück erhalten. In Wahrheit will das nichts heissen. Der realistische Dichter soll das Leben schildern, wie es ist. Im Leben waltet die Tendenz zum Glück, zur Gesundheit als Wunsch, nicht als absolute Erfüllung. Das wird der Dichter durchaus anerkennen müssen. Er wird sich stets fernhalten von dem Unterfangen, uns die Welt als ein heiteres Theater darzustellen, wo alle Conflicte zum Guten auslaufen. Eine unerbittliche Nothwendigkeit wird ihn zu den schärfsten Consequenzen zwingen, und wenn er, was nicht zu vermeiden ist, das Ungesunde in sein Experiment hineinzieht, so ist er verpflichtet, es in seinem ganzen Umfange zur folgerichtigen Entwicklung zu bringen. Seiner Tendenz dient er dann eben bloss im Negativen, im Contraste.

Im Allgemeinen kann ich auch hier nur wiederholen, was bereits öfter gesagt ist: der Realismus hat gar kein Interesse daran, allenthalben mit der Prätention des durchaus »Neuen« aufzutreten. Seine wesentlichste Mission ist, zu zeigen, dass Wissenschaft und Poesie keine principiellen Gegner zu sein brauchen. Das kann aber ebenso gut geschehen, indem wir wissenschaftlichen Factoren in der Dichtung zu ihrem Rechte verhelfen, wie gelegentlichen Falles auch, indem wir einen Zug zum Idealen in der Wissenschaft nachweisen. Nur allein das Metaphysische muss uns fern bleiben. Das Streben nach harmonischem Ausgleich der Kräfte, nach dauerndem Glück ist in jeder Faser etwas Irdisches. Hier auf Erden ringt der Einzelne nach Seligkeit, hier auf Erden pflanzen wir in heiterem Bewusstsein Keime zum Segen der kommenden Geschlechter. Die dunkle Welt des Metaphysischen sagt hier nichts, hilft nichts, hindert nichts; sie kann, wie ich das ausgeführt habe, einen tröstenden Gedanken abgeben beim Tode; an Glück und Unglück im Leben ändert sie nichts.

Jene Schule des Realismus, die gegenwärtig so viel Staub aufwirbelt, hat uns mit beharrlichem Bemühen in einer langen Reihe von psychologischen Gemälden mit dem traurigen Bankerotte des menschlichen Glücksgefühls in Folge krankhafter Verbildung bekannt zu machen gesucht. Ich erwarte eine neue Literatur, die uns mit derselben Schärfe das Gegenstück, den Sieg des Glückes in Folge wachsender, durch Generationen vererbter Gesundheit, in Folge fördernder Verknüpfung des schwachen Individuellen mit einem starken Allgemeinen in Vergangenheit und Gegenwart vorführen soll. Auch dafür giebt es Stoff genug in der Welt, und zwar ist das gerade der Stoff, der in eminentem Sinne das Ideale in der natürlichen Entwickelung darlegen wird. Das Ideale, von dem wir nach Vernichtung so vieler Illusionen noch zu reden wagen, liegt nicht hinter uns wie das Paradies der Christen, nicht nach unserer individuellen Existenz in einer persönlichen Fortdauer im Sinne der Jünger Mohammeds, nicht ganz ausserhalb des practischen Lebens in den Träumen des Genies, des Poeten: es liegt vor uns in der Weise, dass wir selbst unablässig danach streben und in diesem Streben zugleich das Wohl unserer Nachkommen, die Erfüllung derselben im Ideale anbahnen helfen. Das soll uns die Dichtung zeigen. Idealisiren muss für sie nicht heissen, die realen Dinge versetzen mit einem Phantasiestoffe, einem narkotischen Mittel, das Alles rosig macht, aber in seinen schliesslichen Folgen unabänderlich ein Gift bleibt, das den normalen Körper zerstört – sondern es muss heissen, den idealen Faden, den fortwirkenden Hang zum Glücke und zur Gesundheit, der an allem Vorhandenen haftet, durch eine gewisse geschickte Behandlung deutlicher herausleuchten zu lassen, ungefähr wie ein Docent bei einem Experimente sehr wohl die Aufmerksamkeit der Zuschauer auf eine bestimmte Seite desselben lenken kann, ohne darum den natürlichen Lauf zu verfälschen. Die oberste Pflicht des Dichters hierbei muss freilich allezeit Entsagung sein. Wie schon betont: das Wollen, das wir in der Natur sehen, ist selbst noch keine Erfüllung. Je gesunder der Poet selbst ist, desto eher wird er in die Gefahr gerathen, einerseits das Ungesunde zu grell zu malen, andererseits seine Welt gewaltsam als ein Reich der Gesundheit ausmalen zu wollen. Das Wirkliche muss hier als ewiger Corrector die Auswüchse beseitigen. Für den Standpunct des natürlichen Ideals in der allgemeinen Werthschätzung ist es schliesslich immer noch besser, man lässt es zu schwach durchschimmern im Gange der geschilderten Begebenheiten, als man profanirt es in der Weise des alten metaphysischen Ideals durch künstliches Auffärben.

Eine realistische Dichtung aber ganz ohne Ideal – – – das ist mir etwas Unverständliches. Im Märchen mag gelegentlich alles schwarz sein. Im Leben giebt es dunkle Sterne und dunkle Menschenherzen. Aber um den finstern Bruder, mit dem ihn am Himmel das Gesetz der Schwere verkettet, kreist der helle Sirius – neben den kranken Seelen wandeln gesunde. Wer die Welt schildern will, wie sie ist, wird sich dem nicht verschliessen dürfen.

[...]

Ich habe das erfinderische Genie mit Absicht aus der reichen Fülle der Erscheinungen im menschlichen Dasein herausgegriffen, die man im engern Sinne als darwinistische Probleme auffassen kann. Ich denke, dass schon dieses eine Beispiel genügt, um zu zeigen, wie sehr man sich hier vor willkürlicher Uebertragung einfacher biologischer Gesetze auf die complicirten Phänomene des menschlichen Geisteslebens hüten muss. Die Anlage, die Zielscheibe, der Kampf um's Dasein: alles spielt auch hier seine Rolle. Aber der Verlauf ist gerade in wesentlichen Puncten ein anderer. Unendlicher Stoff für den Dichter liegt allerdings auf diesen Gebieten. Sowohl das Aufstreben des Neuen wie das Absterben des Veralteten, die geheimnissvollen Processe, wie das Gesunde verdrängt wird durch ein Gesunderes, wie es zum Ungesunden herabsinkt durch haltlose Opposition gegen das bessere Neue, ohne selbst das alles begreifen zu können – sie sind seit alten Tagen die Domäne der Poesie, ohne dass man sich in der rechten Weise über die eigentlichen Gesetze, die darin walten, und ihre Beziehungen zu den Darwin'schen Gedanken hat klar werden wollen. Man kann wohl verlangen, dass ein realistischer Dichter nach Darwin kein Bedenken mehr trägt, die Dinge beim rechten

Namen zu nennen. Aber es gehört dazu in erster Linie ein ernstes Studium. Allgemeine
Schlagwörter beweisen nichts. Man mache sich daran und entwickele uns zunächst, was noch
nicht ordentlich versucht worden ist, die darwinistischen Linien in der Geschichte; man prüfe
die Werke ausgezeichneter Beobachter, wie Shakespeare im Einzelnen auf das ganze Princip.
Dann wird man dahin kommen, Sätze aufstellen zu können, die den Schlagwörtern einen
lebendigen Zusammenhang mit der ganzen Wissenschaft geben. Zahllose Puncte sind dabei
im Auge zu behalten. Die einfache Zuchtwahl durch persönliches Emporkämpfen und dadurch ermöglichte Gründung einer Familie, die mit jener Ideenneuerung im Genie nichts zu
schaffen hat, bei der neben den geistigen vor allen auch die körperlichen Fähigkeiten, Arbeits-
kraft, weibliche wie männliche Schönheit und anderes, mitspielen, ist beim Menschen natürlich nicht erloschen und wahrt ihre alte Rolle. Das ganze sociale Leben mit all' seinen Klippen
und Irrthümern, seinen Triumphen und Fortschritten fordert die Beleuchtung vom Darwin'-
schen Gesichtspuncte aus. Aber was schon im eng beschränkten Thier- und Pflanzenleben
seine ernsten Schwierigkeiten bietet, wird hier vollends zu einem fast unentwirrbaren Gewebe. Körperliche Gesundheit als Vortheil im Daseinskampfe findet ihr Aequivalent in Geld-
mitteln, die Kraft der Sehnen wird gleichwerthig ersetzt durch die bessere Molecularconstruc-
tion des Gehirns, die unerbittliche Strenge des Gesetzes vom Recht der Stärkern sieht sich
seltsam durchkreuzt von einem bereits gewaltig angesammelten Fond humaner Anschauungen, die wieder von einer das Gesetz überbietenden Brutalität auf der andern Seite paralysirt
werden. Der Dichter, der sich mit Muth der Aufgabe unterzieht, in jeder einzelnen Thatsache
hierbei ein Glied grosser Ketten nachzuweisen, sieht sich allerdings auch darin belohnt, dass
er jede, auch die geringfügigste Erscheinung, so fern sie nur echt dem Leben entspricht, zum
Gegenstande höchst interessanter Darstellungen machen kann. Im Lichte grosser, allgemeiner
Gesetze kann die an und für sich nicht sehr poetische Chronik eines Krämerviertels, das ein
grosses Magazin im modernsten Stile nach und nach vollkommen todt macht, von höchster
dramatischer Wirkung werden, ein Motiv, das Zola in einem seiner besten Romane bereits
mit Geschick durchgeführt hat. Die kleinen Thatsachen in dieses Licht des Allgemeinen,
Gesetzlichen, höheren Zielen Zustrebenden heraufrücken: das ist ja eben die idealisirende
Macht, die der Dichter hat. Das werthlose Gezänk über Werth und Grenzen der Detailmalerei kann hier keine Geltung beanspruchen. Gerade das Studium der biologischen Phänomene
der Artumwandlung, wie es Darwin angebahnt, führt von selbst darauf, dass wir uns gewöhnen, den kleinsten Ursachen, den winzigsten Fortschritten und Störungen unter Umständen
die allergrösste Wichtigkeit beizulegen. Der Dichter, der nur Einiges von Darwin gelesen,
wird mit ganz anderer Werthschätzung an die Dinge des täglichen Lebens herangehen und
sich sagen, dass nicht das Ungeheuere, Welterschütternde allein die geistige Durchdringung
durch die dichterische Anschauung ermögliche, sondern auch das Kleine – wofern nur der
Poet den nöthigen hellen Kopf mitbringt. Denn hohe Ideen aus der Sonne zu lesen ist
unverhältnismässig viel leichter, als aus einem Sandkorn.

Eine andere Bereicherung als Frucht darwinistischer Studien erblicke ich in dem verschärften Verständniss des Dichters für die längere Zeitdauer, die jeder Entwickelungsprocess auch

im Menschenleben in Anspruch nimmt. Wie die Welt nicht in sieben Tagen geschaffen ist, so schafft sich auch keine psychologische Thatsache von heute auf morgen. Unsere Bücher sind zwar voll von einer Liebe, einem Hass, die sich einer geschleuderten Dynamitbombe gleich ohne alle Prämissen entladen; der naturwissenschaftlich gebildete Dichter wird hier sceptischer zu Werke gehen.

Unsere älteren grossen Meister – Shakespeare, der Zeitgenosse Bakons, und Göthe, der unmittelbare Vorgänger Darwin's – bleiben dabei nach wie vor unsere Führer und Lehrer. Gerade auf dem darwinistischen Gebiete scheint mir der allgemeine Werth der Methode die Hauptsache, die den Dichter fördern muss – viel mehr noch als das nähere Eingehen auf Fragen der Zuchtwahl. Ich will, um noch einen dritten dahin gehörigen Punct herauszugreifen, auch Gewicht legen auf die Rolle des oft verkannten Wortes Zufall in der Dichtung. Was ist naturwissenschaftlich gesprochen – Zufall?

Nicht Wenige, die sich im Allgemeinen an das Causalprincip gewöhnt haben, wie es die logische Wissenschaft lehrt, meinen in Folge dessen jeden Zufall, der als Factor in einer Dichtung auftritt, schlechtweg als unerlaubten deus ex machina verwerfen zu müssen. Im letzten Grunde der Erscheinungen hängt ja Alles zusammen, das ist richtig. Trotzdem bietet die Welt von einem Standpuncte wie unserm menschlichen, der gewissermassen sehr weit ab in der grossen Kette liegt, das schematische Bild einer unendlichen Menge in sich geschlossener Linien dar, innerhalb deren alles causal verknüpft ist und ohne fremde Beihilfe weiterläuft. Jede Kreuzung zweier dieser Linien erscheint vom Standpuncte der beiden einzelnen wie ein in keinem ihrer eigenen Richtungsgesetze begründeter grober Stoss von aussen. Diesen jedesmaligen Kreuzungsstoss nennen wir Zufall. Vom hypothetischen Standpuncte einer Kenntniss sämmtlicher anfänglicher Richtungsverhältnisse aller causalen Sonderlinien zueinander, also einer mathematisch exacten Vorstellung von der anfänglichen Atomlagerung der irdischen Welt aus hörten die Empfindungen dieses unerwarteten Stosses und damit der Zufall als Sonderbegriff auf zu existiren. Der menschliche Standpunct den Dingen gegenüber ist hiervon noch sehr weit entfernt. Wenn ich in einer Weltstadt von zwei Millionen Einwohnern an einem Tage mit meiner individuellen Linie ohne jede bewusste Abneigung zu einer zweiten hin vier Mal auf diese zweite treffe, also einem und demselben Bekannten vier Mal an vier verschiedenen Orten, die wir beide ohne Kenntniss von der Anwesenheit des andern aufsuchten, begegne, so bleibt mir das, aller atomistischen Nothwendigkeit unbeschadet, persönlich ein vierfacher Zufall. [...]

Vom Dichter verlangen, dass er diesen Erscheinungen gegenüber seinen menschlichen Betrachtungsstandpunct aufgeben und uns nur noch überall geschlossene Linien vorführen sollte, hiesse denn doch gerade die Wirklichkeit in seinen Bildern antasten. Wir wissen physikalisch sehr gut, dass unsere Auffassung beispielsweise von der Farbe der Gegenstände eine illusorische ist, indem wir die Farbe an den Dingen haftend glauben, während sie in unserm Auge liegt: soll etwa deswegen der Dichter nicht mehr von rothen Rosen oder blauem Himmel sprechen? Ja, man kann geradezu sagen, dass eine schärfere Beachtung des Zufalls in seiner thatsächlichen Erscheinung den Dichter eher darauf führen wird, ihm eine mehr, als eine weniger wichtige Rolle zuzuertheilen. Man führe – was fachwissenschaftlich bei Gelegenheit angeblicher mystischer Phänomene, zweitem Gesicht, Prophezeiungen und Aehnlichem fast zur Pflicht wird – nur eine kurze Zeit seines Lebens einmal Buch über die Zufälle, denen man begegnet, vor allem die mehrfachen in derselben Sache. Man wird selbst staunen, welche Resultate man erhält, wie merkwürdig unwahrscheinlich das alltäglichste Leben im Grunde genommen ist! Hier und da, an einer Spielbank zum Beispiel, sind die tollsten Beobachtungen dieser Art in einem einzigen Tage zusammen zu bringen. In diesem Puncte aber ist das ganze Leben ein ununterbrochenes blindes Glücksspiel. Der Begriff der Wahrscheinlichkeit – und hier liegt der Knoten – der Begriff, den wir in jedem prüfenden Augenblicke hineinschmuggeln, ist eben in Wahrheit nichts Reales. Für unsern Standpunct ist es, wenn wir einen Würfel fallen lassen, selbst wenn er fünf leere Seiten hat, positiv nicht wahrscheinlicher, dass eine der leeren, als dass die einzige bezeichnete Seite nach oben zu liegen kommt. Jede Wahrscheinlichkeit hört der freien Macht des Zufalls in der Welt gegenüber auf, gerade weil der Zufall im letzten Ende auch ein Nothwendiges, uns aber völlig Verhülltes einschliesst. Ich weiss recht wohl, dass sich das ganze Innere des logisch denkenden Kritikers auflehnt, wenn ein Poet uns eine Liebesgeschichte erzählt, die auf fünf oder sechs groben Zufällen, wie ungewolltes Begegnen, aufgebaut ist. Und doch spreche ich es rund als meine Ueberzeugung aus, dass man Bände füllen könnte mit der einfachen Aufzählung der grossen und kleinen Zufälle, die bei einer nicht annähernd gleich verwickelten Geschichte im wahren Leben bei peinlicher Beobachtung sich ergeben würden, denn mit jedem Schritt, den wir thun, kreuzen wir fremde ungeahnte Causalitätsreihen, die in Folge der neuen Reihe, die aus dem Contact hervorgeht, eine Macht innerhalb unserer eigenen Linie werden. Ein ganzes Menschenleben bis in dieses feine Gewebe seines Schicksals hinein zu zergliedern: das wäre ein Kunstwerk, wie wir es noch nicht einmal ahnen. In Wahrheit giebt es wenige Puncte, die dem Beobachter so schmerzlich nahe legen, wie weit unsere Kunst in all' ihrer Erfassung des Menschlichen noch hinter der Wirklichkeit zurücksteht.

Das Wort des alten Malers bei Zola muss uns trösten: »Arbeiten wir!« Arbeit steckt auch in all' diesen darwinistischen Problemen, Arbeit nicht bloss für den Naturforscher, sondern auch für den Dichter. Sagen wir uns unablässig, dass die Arbeit, das harte, mit dem Leben ringende Künstlerstreben, unser wahres Erbe von den grossen Geistern der Vergangenheit her ist, nicht das unklare Träumen. Genialität wird geboren; aber das Ausleben der Genialität ist unablässige Durchdringung des Stoffes, ist ewiges Studium; wenn sie das nicht ist, so ist sie eine Krankheit, für die der schonungslose Kampf um's Dasein die ideale Nemesis wird, indem er sie ausrottet.

[…]

[…] Aber ich möchte diese fragmentarische Behandlung des realistischen Problems nicht schliessen, ohne vorher noch mit ein paar Worten auch dem deutschen Antheil an der Entstehung jener ganzen Richtung – wie immer unsere Besten im Augenblick sich zu ihr stellen mögen – gerecht geworden zu sein. Wenn die Literaturgeschichte dereinst mit dem Werkzeuge einer geläuterten darwinistischen Methode die Wurzeln dessen aufdecken wird, was wir jetzt Realismus in der Poesie nennen, so wird der Hass der gereizten Parteien sich versöhnen müssen in der Erkenntniss ihres gemeinsamen Ursprungs. Einseitige Beurtheiler schmähen heute in Zola das Stück Victor Hugo, das unbezweifelbar in ihm steckt; die einsichtigere Zukunft wird sich mit Ruhe sagen dürfen, dass es sich hier einfach um eine Entwicklung handelt, dass der Zola'sche Realismus sich folgerichtig als zweite Stufe des bessern Theils in Victor Hugo aus dem Hugo'schen Idealismus ergeben musste. Nicht anders ergeht es uns in Deutschland. Indem wir scheinbar neue Wege wandeln werden, werden wir unbewusst doch nur das bessere Theil unserer grossen literarischen Vergangenheit ausbauen. Welch' himmelweite Kluft trennt scheinbar eine deutsche Dichtung, die sich in dem von mir im Vorstehenden ausgeführten Sinne mit den Principien der Naturwissenschaft in Einklang setzt, von einem Freytag'schen Romane! Und doch ist das alles nur scheinbar. Als Freytag den tiefen Ausspruch Julian Schmidt's zum Motto machte: »Die Dichtung soll das Volk bei der Arbeit aufsuchen«, war er nach den Träumen der Romantik im Grunde der Begründer des Realismus. Anderes hat dann, sollte man glauben, die Linie abgelenkt, die Richtung auf das Historische hat den Roman wieder auf ein neues Gebiet gedrängt. In schärferer Beleuchtung erscheint auch das als ein realistisches Symptom. Man wollte die Ahnen in der Dichtung sehen, um die Enkel in ihrer Arbeit zu begreifen. Leichter Sinn sieht in diesen krausen Gängen, die das Princip gewandelt, eine Modekrankheit. Das heisst nichts. Krankhaft war allerdings und ist hier mancher Detailzug geblieben, wie ich das in dem Capitel über die Liebe vielleicht schroff, aber als volle Ueberzeugung ausgesprochen. Doch selbst dieser Tadel trifft kaum die Bessern, fast nur die Kleinen. Die historische Dichtung als Ganzes war eine berechtigte Pionierarbeit – grösser und glänzender als sie, folgt ihr freilich jetzt die Aufgabe, das Geschichtliche nicht darzustellen in künstlich belebten Bildern des Vergangenen, sondern in seiner lebendigen Bethätigung mitten unter uns, in seinen fortschwirrenden Fäden, in seiner Macht über die Gegenwart.

Von diesem freien Standpuncte aus verliert der Kampf um den Realismus seine Bitterkeit. Die grosse Literatur, auf die wir stolz sind, erscheint wieder als Ganzes, wo jeder Bedeutende sein Recht erhält. Und am Ende, wenn auch bei uns in Deutschland der Realismus im neuen Sinne einmal seine grossen Vertreter gefunden hat, wird als Summe sich ergeben, dass wir, die wir auf einer stofflich reicheren und tieferen Literatur fussen, als die Nachbarländer, auch nun in jenem Gebiete fester und sicherer uns ergehen werden, als die Franzosen und Engländer oder die Russen und Skandinavier. Gerade den Jüngeren, die jetzt so viel Lärm schlagen, kann nicht genug an's Herz gelegt werden, dass Realisten sein nicht heissen darf, die Fühlung mit den grossen Traditionen unserer Literatur verlieren. Studirt Zola, achtet ihn, helft die Kurzsichtigen im Publicum aufklären, die keinen Dichter vertragen können, der im Dienste einer Idee selbst das Extreme nicht scheut; aber gebt euch nicht blind für Schüler Zola's aus, als wenn in Paris ein Messias erstanden sei, der alle alten und neuen Testamente auflösen sollte. Studirt, was Zola sich zu thun ehrlich bemüht hat, Naturwissenschaften, beobachtet, wendet Gesetze auf das menschliche Leben an, das ist alles schwere Arbeit, aber es bringt uns vorwärts. Und vor allem: vergesst nicht, dass ihr der deutschen Literatur angehört, dass hinter euch Göthe und Schiller stehen und dass ihr ein Recht habt, euch als deren Enkel selbständig neben den Schüler Balzac's und Nachfolger Victor Hugo's zu stellen, was die Vergangenheit und den Bildungsgrad eures Volkes anbetrifft. Die Wissenschaft ist internationales Gut, Jeder kann sie sich aneignen, der sich der Mühe unterzieht. Aber bildet euch nicht ein, das leere Poltern und Schreien hülfe irgend etwas. Ihr habt jetzt nach Kräften auf den historischen Roman gescholten, obwohl darin doch wenigstens ordentliche Arbeit, ordentliches Studium steckte. Ich will glauben, dass das Schelten begründet war, wenn ihr zeigt, dass ihr mehr könnt, dass ihr das unendlich viel erhabenere Problem zu lösen wisst, wie die Fäden der Geschichte sich verknoten im socialen und ethischen Leben der Gegenwart, wie man historische Dichtungen schreibt, die gestern und heute spielen. Ihr habt die weiche, tändelnde Lyrik ausgepfiffen auf allen Gassen. Auch das soll gut und recht sein, wenn ihr mir eine neue Lyrik zeigt, die an Göthe und Heine organisch anknüpft und doch selbständig das Herzensglück und Herzensweh des modernen Menschen zum Ausdruck bringt. Macht der Welt klar, dass der Realismus in Wahrheit der höchste, der vollkommene Idealismus ist, indem er auch das Kleinste hinaufrückt in's Licht des grossen Ganzen, in's Licht der Idee. Dann werden die Missverständnisse aufhören. Der Leser wird nicht mehr der Ansicht huldigen, wenn er eine realistische Dichtung aufschlüge, so umgellte ihn das Gelächter von Idioten und Cocotten, und wenn man, was überhaupt recht rathsam wäre, sich bloss genöthigt sähe, das Romanlesen bei unreifen Mädchen etwas mehr einzuschränken in Folge des Ueberwiegens der realistischen Richtung, so sollte das unser geringster Schmerz sein. Freilich wird es auch ohne Missverständnisse noch manchen harten Kampf kosten, bis die Mehrzahl der geniessenden Leser sich an das schärfere Instrument des Beobachters gewöhnt haben wird. Das kommt nicht von heute auf morgen. Zunächst muss das Vertrauen in der Menge für den realistischen Dichter gewonnen werden, und wir werden gut thun, die Schauerscenen nach Kräften zu vermeiden, so lange die Vorurtheile noch so sehr gross sind. Auch werden die Lyrik und das Drama, die ja immer mehr zum Herzen sprechen, den harten Tritt des Romanes dämpfen helfen, wenn sie erst einmal zur Stelle sind. Am Ende wird auch die Masse des Volkes besser sehen lernen, und das ist für alle Fälle ein Gewinn. Die Poesie wahrt so nur ihre alte Rolle als Erzieherin des Menschengeschlechtes, und indem sie es thut, darf sie hoffen, auf freundlichem Boden sich mit der Naturwissenschaft zu begegnen. Beide reichen sich dann die Hand in dem Bestreben, den Menschen gesund zu machen.

Wilhelm Bölsche (1861–1939) studierte Philosophie und Archäologie und war insbesondere an den modernen Naturwissenschaften interessiert. Bereits als Schüler hatte er Aufsätze zu naturwissenschaftlichen Themen veröffentlicht. 1885 kam Bölsche nach Berlin. Als naturwissenschaftlich interessierter Autodidakt, vertraut mit den Schriften von Charles Darwin, Ernst Haeckel und Gustav Theodor Fechner, verfaßte Bölsche seine hier dokumentierte Abhandlung, aus der er bereits im März 1887 im Verein »Durch« vorlas.

Um 1888 zog er nach Friedrichshagen, wo er zusammen mit seinem Freund Bruno Wille und den Brüdern Hart den Kern des Friedrichshagener Literatenkreises bildete. Darüberhinaus gehörte er zu dem Kreis der Mitglieder und Sympathisanten der Sozialdemokratie, wie Paul Ernst, Gustav Landauer und Bruno Wille, einem Führer der oppositionellen »Jungen« in der Berliner Sozialdemokratie. So hielt Bölsche auch naturwissenschaftliche Vorträge in Gewerkschaftsveranstaltungen und Arbeitervereinen.

Über diese Jahre schrieb Bruno Wille an Bölsche: »Die Liebe zu Natur und Weltanschauung, Kunst, Dichtung, Muttersprache und Volkstum brachte uns zusammen, dann wurden wir treue Kameraden, kämpfend mit der Feder und der Rede, Waffenbrüder, die im Dichterverein ›Durch‹ neben den Brüdern Hart, Gerhart Hauptmann und anderen Stürmern der naturalistischen Dichtung Bahn zu brechen suchten, im ›Ethischen Club‹ bei geschmierten Weinen, doch echtem Idealismus über Darwinismus und Sozialismus endlos herumstritten, im ›Genie-Convent‹ mit revolutionären Sansculotten die soziale Frage lösten oder die Eingebung unserer Muse vortrugen und Schulter an Schulter dem Volke durch Abendvorträge ohne Zahl dienten...« (zit. nach F. Bolle, *Darwinismus und Zeitgeist*. In: H.-J. Schoeps (Hrsg.), *Zeitgeist im Wandel*. Bd. 1, Stuttgart 1967, S. 265).

1890 nahm Bölsche an der Gründung der Freien Volksbühne aktiv teil. Julius Hart, Otto Brahm und Wilhelm Bölsche waren drei von sechs Beisitzern der Volksbühne im ersten Vereinsjahr. Nach der Spaltung des Vereins und der Konstituierung der Neuen Freien Volksbühne im Jahr 1892 arbeitete Bölsche in deren Gremium der 20 »künstlerischen Sachverständigen« mit. Von Ende 1890 bis 1893 redigierte er die *Freie Bühne* (vgl. Dok. 12). 1891 veröffentlichte er seinen dritten und letzten Roman, *Die Mittagsgöttin*.

Nach 1894 verdiente Bölsche seinen Lebensunterhalt vor allem durch die Popularisierung naturwissenschaftlicher Erkenntnisse in Büchern und Zeitschriftenaufsätzen. Seine *Entwicklungsgeschichte der Natur* (1894/96) gehörte zur Standardlektüre sozialdemokratischer Arbeiter. Literaturkritische und politische Aufsätze veröffentlichte Bölsche wie andere Friedrichshagener ab 1897 in den *Sozialistischen Monatsheften*, dem Organ der Revisionisten in der SPD.

Über die Entstehung der hier dok. Abhandlung schrieb Bölsche rückblickend: »Etwas unklar von Zola und Taine zum Teil her (ich hatte ein Jahr in Paris gelebt) verknüpften sich mir naturwissenschaftliche und poetische Dinge, woraus eine eigene kleine Gelegenheitsschrift entsprang.« (s. W. Bölsche, *Ausgewählte Werke*, Bd. 5, 1931, S. 316f.). Darüberhinaus war Bölsches Denken stark geprägt durch die Arbeiten des Naturwissenschaftlers und Philosophen Gustav Theodor Fechner, der 1876 ebenfalls eine *Vorschule der Ästhetik* veröffentlicht hatte. Bölsche verfolgte zwar Fechners naturwissenschaftlich-experimentellen Ansatz selbst nicht weiter, entwickelte aber seine eigenen *Prolegomena* auf der Grundlage der Fechnerschen Weltanschauung. Dazu schrieb Bölsche 1901: »Die Idee einer naturgesetzlichen Weltentwicklung war ihm an und für sich vollkommen sympathisch. Er sah auch, einmal durch Darwin und Haeckel auf die einschlägigen Tatsachen aufmerksam gemacht, keinen Grund, die Pflanzen- und Tierwelt bis zum Menschen herauf von dieser Entwicklung auszunehmen. Was er für sein Teil bloß nach Kräften durchzudrücken versuchte, das war eine optimistische Auffassung auch dieser Entwicklung im Gegensatz zur pessimistischen« (s. W. Bölsche, *Hinter der Weltstadt*. Jena u. Leipzig 1901, S. 325). Wichtig für Bölsches ästhetische Auffassungen war hierbei, daß dieser Optimismus Fechners auf einem teleologischen Weltbild basierte, wonach die Wirklichkeit sich gesetzmäßig zu Höherem, zu harmonischen Verhältnissen hin entwickelt. Darüberhinaus schloß Fechner, und auch hierin folgte ihm Bölsche, von der Existenz des Psychischen auf eine Allbeseelung der Welt, der Materie überhaupt, so daß sein mechanischer Materialismus in einen objektiven Idealismus mündete. Auf dieser Grundlage verband Bölsche die naturwissenschaftliche Fundierung von Kunst/Literatur und sein Wahrheitspostulat selbstverständlich mit dem Begriff des Ideals (s. Dok. 17). Den von ihm geforderten Realismus bezeichnete er schließlich sogar als den »höchsten, vollkommenen Idealismus« (s. ebd.).

Über diese in der zweiten Hälfte des 19. Jahrhunderts nicht ungewöhnliche Verbindung von Naturwissenschaft und Idealismus, diese »Einpassung des Darwinismus in eine idealistische Weltanschauung«, schrieb Wille 1906 in seinem Brief an Bölsche: »Darwins Ideenrichtung ging darauf aus, die Gestaltung und Geschichte der Natur aus bloßen Naturgesetzen zu erklären, ohne das ›Wunder‹ wie einen ›Deus ex machina‹ eingreifen zu lassen. Aber Darwins Bild einer streng gesetzlichen Welt erfordert keine mechanistische oder materialistische Philosophie, sondern paßt auch in den Rahmen eines idealistischen Naturbegriffs hinein. Wir beide, Freund Bölsche, sind Idealisten, indem wir der gesamten Natur einen seelischen, geistigen Charakter zuschreiben. Zugleich bekennen wir uns zum Darwinismus, weil er bei mancher Lückenhaftigkeit doch im großen ganzen eine durch reine Vernunft klar einleuchtende und daher in gewissem Sinne unwiderlegliche Theorie darstellt. Oft haben wir auf unseren Waldgängen Darwins Lehre in unser panpsychistisches Naturbild hineingezeichnet...« (zit. nach: F. Bolle, *Darwinismus*, S. 265).

Bölsches Schrift leitete einen neuen Abschnitt in der Realismus-Diskussion der naturalistischen Bewegung ein. Neben der ideal-realistischen Dichtungsauffassung der Brüder Hart und einer ähnlichen Auffassung im Verein »Durch«, neben dem subjektivistischen Realismus-Begriff Bleibtreus forderte Bölsche verstärkt eine Auseinandersetzung der realistischen Literatur mit den Ergebnissen der modernen Naturwissenschaften. Er wandte sich dabei direkt gegen »jene Utopien von einer Literatur der Kraft und der Leidenschaft [s. Conrad u. Bleibtreu, Ch. M.], die in jähem Anprall unsere Literatur der Convenienz und der sanften Bemäntelung wegfegen soll...« (s. Dok. 17). Bölsche bekannte sich in dieser Schrift zu Zolas Theorie des Experimentalromans, da diese nach Meinung Bölsches dem naturwissenschaftlich geprägten Menschenbild entsprach. Er war allerdings nicht bereit, damit auch Zolas Konzeption vom Übergang der Kunst zur Wissenschaft mit zu akzeptieren. Er forderte von der Literatur weiterhin lediglich eine »Anpassung an die neuen Resultate der Forschung« (s. Dok. 17). Das bedeutete für Bölsche aber selbstverständlich nicht, daß das Ideal damit aus der Literatur zu verbannen sei, denn »die Natur [ist] selbst erfüllt von einer zwangsweisen Idealität...« (s. ebd.). Er erwartete daher, daß im Gegensatz zu »jener Schule des Realismus, die gegenwärtig so viel Staub aufwirbelt«, eine »neue Literatur« entsteht, die »das Ideale in der natürlichen Entwicklung darlegen wird« (s. ebd.).

Bereits 1890 relativierte Bölsche jedoch seine Auffassung über den Entwicklungsstand der naturwissenschaftlichen Forschung und ihre Bedeutung für die realistische Literatur: »Es dämmern die *naturwissenschaftlichen* Probleme, die in den Realismus hineinragen, und vor denen ich gestehe, im Moment selbst keinen Rath überall zu wissen. Wir wollen die Wahrheit geben, im Drama, im Roman; gut! Sind aber nun beispielsweise die Vererbungsphänomene, die große Pioniere des Realismus aufgegriffen haben, volle Wahrheit? [...] Die Poesie liest sich schon die Augen halbblind an Stellen, wo die Schrift auf den Tafeln der Wissenschaft noch gar nicht deutlich vorhanden ist« (s. W. Bölsche *Hinaus über den Realismus*. In: *Freie Bühne*, Jg. 1, 1890, S. 1049).

18

Max Kretzer: *Objektivität und Subjektivität in der Dichtung*. In: *Der Kunstwart. Rundschau über alle Gebiete des Schönen*. Hrsg. v. Ferdinand Avenarius. 2. Jg. Dresden (Kunstwart-Verlag) 1888/1889, 23. Stück, S. 353–356.

[...]

Man spricht jetzt so viel von der Objektivität in der Dichtung und meint damit die kühle, parteilose, sachliche, »wissenschaftliche« Beobachtung und Wiedergabe der Wirklichkeit. Diejenigen, die in ihr das Allheilmittel erblicken, sind sicherlich keine wahrhaften Dichter; sie werden vielleicht vorzüglich *sehen*, sie werden den Menschen so auffassen, wie sie ihn erblicken, sich über ihn vorzüglich »ausdrücken«, aber sie werden ihn noch lange nicht ergründet haben. Der Blick in die Seele des Andern ist nur dem gestattet, der in der eigenen etwas zu finden hat. Und um dahin zu gelangen, bedarf es eines langen Weges, reich an Enttäuschungen.

In jedem Jahre erscheint mindestens ein Dutzend von Abhandlungen, in denen Vorschläge zur Rettung unserer nationalen Literatur gemacht werden und in welchen jeder der Herren Verfasser seiner eigenen Meinung über die »realistische Schule« Ausdruck verleiht. Das Komische dabei ist, daß die meisten von ihnen vom Realismus als von einer ganz neuen

Kunstform sprechen, die wohl gar erfunden zu haben sie sich nicht selten anmaßen. So ist denn für den oberflächlichen Leser der »Realismus« zu demselben unglückseligen Schlagwort geworden wie ungefähr der »Sozialismus«: die Wenigsten haben eine Ahnung von der tiefern Bedeutung dieser Bezeichnungen. Das Publikum ist heute ebenso freigebig mit dem Worte »realistisch«, wie es vor dreißig Jahren mit dem Worte »romantisch« war. Die Worte haben sich mit der Mode geändert, vom Denken dabei kann kaum noch die Rede sein. »Romantisch« war früher Karl Moor, heute ist er Dank der Meininger »realistisch« geworden. Als »romantisch« wurde zu Großvaters Zeiten irgend eine Ehe zwischen einem Grafen und einer Komödiantin bezeichnet; heute findet man dergleichen »realistisch«. Bei all' dieser »Wortklauberei«, die von jeher in der Entwicklungsgeschichte der Deutschen eine große Rolle gespielt hat, ist das Rein-Menschliche, das seit undenklichen Zeiten den eigentlichen Kern einer Dichtung, falls sie diesen Namen verdiente, gebildet hat, und bis in alle Ewigkeit bilden wird, am Schlechtesten weggekommen.

Man sieht nicht mehr den Menschen an und für sich, sondern man erblickt in ihm den Vertreter seines Berufes, den Träger seiner Rolle, seiner Kleidung; man läßt ihn nicht mehr aus sich heraus sich entwickeln, sondern man diktirt ihm die Handlungen, gleich Kasperl, der seine Marionetten an der Strippe führt. Und das wird dann »über den Dingen stehend«, vulgo »Objektivität« alias »Realismus« genannt. Und doch ist jede wahrhaft große Dichtung zu gleicher Zeit eine große Charakterstudie gewesen, die zumeist um des »nackten« Menschen willen geschaffen worden ist, unbekümmert um das, was darum und daran hing; und doch ist diese Charakterstudie je größer geworden, je mehr der Dichter sich in den Charakter hinein zu denken vermochte, je besser es ihm gelang, die Vorzüge und Mängel der *Gattung* bei Schaffung dieses »Charakters« einheitlich zu verwerten, und nicht zuletzt: je vortrefflicher er *sich selbst erkannte*, um durch Studien an sich selbst andere Menschen lebenswahr zu gestalten. In diesem Sinne bestünde dann die Objektivität in der Dichtung darin: zu versuchen, sich selbst zu ergründen, um die Tugenden und Laster Anderer zu verstehen und menschlich erklärlich zu finden. Das wäre aber in Wirklichkeit der Ausfluß reinster Subjektivität. Denn was heißt: »sich hinein denken« anders als: grübeln, das eigene Ich mit dem fremden verflechten, mit einem Worte: *subjektiv* denken und erfassen. Die Subjektivität bildet dann die Persönlichkeit, und je stärker und umfassender diese, je größer und mächtiger der Dichter, je mehr wird er in *Wahrheit* »über den Dingen stehen«.

[...]

Dichterischer Realismus wäre also in erster Linie die *Kraft*, die Seelenvorgänge des Menschen mit den ihn umgebenden äußeren in Einklang zu bringen und als *wahrscheinlich* hinzustellen. Je größer diese Kraft, je glaubwürdiger werden die Vorgänge erscheinen. In diesem Sinne waren alle großen Dichter Realisten und einige von ihnen haben es sogar zu einem ganz gesunden Naturalismus gebracht.

Es ist also gänzlich falsch, neuerdings den »Realismus« immer als etwas hinzustellen, was vordem nie vorhanden gewesen sei und was man der fortschreitenden Zeit zu verdanken habe: als eine neuerfundene Methode, den Menschen und das, was ihn umgiebt, wahr zu gestalten. Das wäre dasselbe, als wollte man Menschen*beobachter* mit Menschen*kenner* verwechseln. Die Beobachtung ist immer etwas Äußerliches, die Kenntnis etwas Vertieftes. Und auf den Dichter übertragen, ist Beides von weittragender Bedeutung. So ist Shakespeare z. B. ein großer Menschenkenner, Zola ein großer Beobachter der Menschen. Man nehme den Zolaschen Romanen die ganze Schilderung, das sogenannte milieu, und man wird sehen, was von den Menschen übrig bleibt; man lasse die Shakespeareschen Dramen aber ohne jeglichen Kulisseneffekt in Szene gehen und man wird erkennen, was für einen tiefen Eindruck der »Mensch an und für sich« auszuüben vermag. Ja, die Wirkung wird eine um so größere sein, je mehr Bedeutung das *Wort* erhält und je weniger das Auge durch rein nebensächliche Dinge abgelenkt wird, die eigentlich mit der Charakterentwicklung und der Darstellung unserer eigenen Vorzüge und Schwächen, Tugenden und Laster nichts gemein haben. Es ist charakteristisch in dieser Beziehung, daß man die Ausstattungsstücke, die man neuerdings aus den Werken unserer größten Dichter gemacht hat, als »realistisch wohlgelungen« bezeichnet. Der große Widerspruch besteht darin: daß man völlig vergißt, wie wenig die Sprache des Dichters mit dieser »gewöhnlichen« Umgebung gemein hat.

Aus alledem ergiebt sich, daß es nicht die Sprache des Menschen ist, die uns wahrhaft zu fesseln im Stande ist, sondern der *Geist des Dichters*, der *aus* dem Menschen zu uns spricht. Es ist das *Kunst*zeugnis, das uns gefangen nimmt. Hätte der Dichter nicht mehr zu sagen, als was wir tagtäglich um uns vernehmen, so wäre er eben kein Dichter und wir würden uns nicht erhoben fühlen.

Man hat es an Ibsen so außerordentlich gelobt, daß er in seinen Dramen niemals den Monolog anwende, sondern alle Charakteristik aus dem Zwiegespräch hervorgehen lasse. Wenn die Bewunderer des nordischen Dichters das als einen Triumph seiner dramatischen Technik hinstellen, so wird man es ohne Weiteres gelten lassen müssen, wenn man aber den gänzlichen Mangel an Selbstgesprächen als Ausfluß reinster und größter Objektivität bezeichnet, so wird man gerade um dieser Objektivität willen, sobald dieselbe mit der Dichtung etwas zu thun hat, mit Recht Vieles einzuwenden haben.

Es ist richtig, was die Realisten, die sich immer nur an das Wort klammern, behaupten: daß es im gewöhnlichen Leben keinen eigentlichen Monolog gebe, es handle sich denn etwa um Geisteskranke, aber diejenigen, die davon sprechen, verwechseln zumeist *lautes* Selbstgespräch mit *Gedanken*selbstgespräch, sie verkennen ganz und gar die Absicht des Dichters, im Monolog der auftretenden Person nur das laut wieder zu geben, was in ihrem Innersten vorgeht und was die geheime Triebfeder zur demnächst Allen sichtbaren Handlung ist. Wenn die Gedanken die treibenden Kräfte aller menschlichen Thaten sind, so ist der Monolog das Mittel, um den Zuschauern einen Blick in die Seele des geschilderten Menschen thun zu lassen, und da der Gedanke eben so zum Individuum gehört wie das laute Sprechen, so befleißigt sich gerade derjenige Dichter der größten Objektivität, der uns nicht nur das bereits Gewordene vor Augen führt, sondern uns auch den Vorgang des allmählichen Werdens übermittelt. Allerdings wird das wiederum eng mit der subjektiven Auffassung des Dichters zusammen hängen; denn es wird ihm unmöglich sein, im Augenblick anders zu denken als es

der Grübler auf der Bühne thun soll. Nur so hat er sich die innersten Beweggründe zur
folgenden Handlung vorgestellt, gerade *so* würde er zu sich gesprochen haben – in Gedanken
natürlich – wenn er sich in derselben Lage befunden hatte, wenn ihm Dies und Jenes gerade
so geschehen wäre. Er steckt *seinen* Gedanken- und Empfindungsreichtum in die Hülle eines
Anderen.

Und ist in dem »Monolog« wirklich etwas, was mit dem »Realismus« nichts gemein hat?
Man stelle sich einmal Folgendes vor: Ein Mensch hat soeben etwas erlebt, was ihn sehr
bewegt. Er betritt sein Zimmer, denn er hat das Bedürfnis, mit sich allein zu sein und das Für
und Wider der überstandenen Situation und der noch zu erwartenden zu erwägen. Er geht auf
und ab, er setzt sich, erhebt sich wieder. Er faßt Gedanken, verwirft sie wieder, stellt allerlei
Betrachtungen an, die notwendig sind, um seinen Willen zu bestimmen. Alles das wiederholt
sich tagtäglich bei unzähligen Menschen.

Was ist denn dieses Zimmer nun anders, als der Schauplatz, auf dem sich ein Stück Leben
abspielt? Man öffne die Schranken, man lasse die Gedanken laut werden, und die Bühne,
deren Bretter leider so selten die Welt bedeuten, wäre fertig. Natürlich in weiser, künstlerischer Beschränkung gedacht. Aber muß diese künstlerische Beschränkung, dieses Zwängen in
die Form, das allein Zeugnis für die beherrschende Kraft des Gestalters ablegt, muß beides
nicht bereits auch beim Zwiegespräch angewendet werden? Wo gäbe es im gewöhnlichen
Leben ein Drama, das sich mit allen seinen Einzelheiten hintereinander in wohlerwogenen
Worten so abspielte, wie auf der Bühne? Wenn also auch hier die höchste Objektivität die ist:
aus einem Wust von Thatsachen, Schicksalen und wirren Redensarten das Wichtigste und
Wesentlichste, betrachtet mit dem Auge des Dichters, geläutert durch seine geistige und
seelische Empfindung, herauszuziehen und in eine gesetzmäßige Form zu bringen, ohne daß
das Ursprüngliche darunter zu leiden hat, und wenn man *das* mit dem Realismus vereinbar
findet –: so muß auch das Selbstgespräch als ein notwendiger Bestandteil der Wirklichkeitsdichtung gelten gelassen werden. Ja, man darf wohl kühn behaupten, daß jede von einem
Dichter geschaffene Gestalt ohne diese laut gewordene Gedankensprache nur als halb gelungen bezeichnet werden kann. Wenn die Wahrheit Anspruch auf diese Bezeichnung haben soll,
so muß sie sich auch von allen Seiten zeigen können.

[...]

Wenn man die Objektivität als das aufgefaßt sehen will, was sie dem Wortsinne nach ist,
als eine möglichst sachgemäße Darstellung *äußerer* Vorgänge, so wird man zu dem Ergebnis
gelangen, daß sie viel mehr mit der Beobachtung zusammen hängt, als mit der Kenntnis, viel
mehr die Sinne in Anspruch nimmt, als die Seele. Ein Maler, der gut sieht, kann ohne Zweifel
die Kunstfertigkeit besitzen, das erregte *Aussehen* eines Menschen vortrefflich auf der Leine-
wand wieder zu geben, ohne daß er sich um die Ursache dieser Erregung viel zu bekümmern
braucht. Und ein guter Erzähler wird die Vorgänge, die er erlebt hat, so lebenswahr schildern
können, daß man seine »Objektivität« bewundern kann. Er vermag sogar, uns gut zu unterhalten. Ob er uns *überzeugt*, ob gar *ergreift*, wird eine andere Frage sein. »Raskolnikow«
etwa von Lindau gedichtet, hätte den Mord *auch* begangen, aber wir würden den Helden

jedenfalls sobald wie möglich auf die Anklagebank wünschen, um die Genugthuung zu erleben, den »gemeinen Verbrecher« gerichtet zu sehen. Und Dostojewski hätte in den »Armen Mädchen« die Regina ebenfalls unter ähnlichen Umständen »fallen« lassen, aber jeder Leser hätte ohne Zweifel an diesen »Fall« *geglaubt.* Es bleibt Jedem überlassen, zu entscheiden, wer von Beiden gerade durch die Subjektivität zur höchsten Objektivität gelangt wäre.

Max Kretzer (1854–1941) wurde in Posen geboren und gilt aufgrund seiner Herkunft und gemäß seinem Frühwerk als der einzige Arbeiterdichter unter den Naturalisten. Mit 13 Jahren mußte er die Schule verlassen, wurde Fabrikarbeiter in Berlin. 1879 begann Max Kretzer zu schreiben; als Berufsschriftsteller erreichte er mit seinen Werken zum Teil hohe Auflagen, die für ihn jedoch keinen materiellen Erfolg brachten. Bis 1889 veröffentlichte Kretzer bereits zahlreiche Romane, Skizzen und auch ein Drama. So erschienen: *Die Betrogenen. Berliner Sitten-Roman.* 2 Bde., Berlin 1882; *Die beiden Genossen. Roman,* Berlin 1880; *Sonderbare Schwärmer. Roman,* Berlin 1881; *Berliner Novellen und Sittenbilder.* 2 Bde., Jena 1883; *Die Verkommenen. Berliner Roman,* 2 Bde., Berlin 1883; *Im Sturmwind des Sozialismus. Erzählung aus großer Zeit,* Berlin 1884; *Im Riesennest. Berliner Geschichten,* Leipzig 1886; *Im Sündenbabel. Berliner Novellen und Sittenbilder,* Leipzig 1886; *Drei Weiber. Berliner Kultur- und Sittenroman,* 2 Bde., Jena 1886; *Ein verschlossener Mensch. Roman,* Leipzig 1888; *Meister Timpe. Sozialer Roman,* Berlin 1888; *Bürgerlicher Tod. Drama in 5 Aufzügen,* Dresden 1888.

1886 wurde Max Kretzer von Karl Bleibtreu in seiner Broschüre *Revolution der Litteratur* als »ebenbürtiger Jünger Zolas«, als »Realist par excellence« in der naturalistischen Bewegung emphatisch begrüßt. Bleibtreu bekannte sich zu seiner »Kretzer-Schwärmerei«, die vornehmlich der männlichen Kraftnatur, dem Dichter, der »mit unwiderstehlicher Faust die Menschen sozusagen von der Strasse weg(reisst) und sie in das furchtbare Gewühl seines dämonischen Todtentanzes hinein(schleudert)«, gilt (K. Bleibtreu, *Revolution der Litteratur.* 3. Aufl., Leipzig 1887, S. 36). Auch Julius Hart bezeichnete Kretzer 1886 als einen »Hauptvertreter des deutschen Zolaismus«. Nach Meinung Harts verhindert aber gerade die Orientierung an der »Zola'schen Lehre« die eigentliche dichterische Leistung (vgl. Dok. 105).

Kretzer selbst erkannte Zola, wie das vorliegende Dokument zeigt, 1889 nicht mehr als sein Vorbild an, auch nicht dessen Kunsttheorie. Zola war für ihn lediglich noch »ein großer Beobachter der Menschen«, wobei Beobachtung ihm nur etwas Äußerliches war, im Unterschied zur Kenntnis, die »etwas Vertieftes« bedeutete (s. Dok. 18). Kretzers Aufsatz zeigt, wie weit sich sein »Realismus«-Verständnis zu diesem Zeitpunkt von Zolas Naturalismus-Konzeption entfernt hatte. Ausdrücklich wandte er sich gegen die »›wissenschaftliche‹ Beobachtung und Wiedergabe der Wirklichkeit«, die nicht ermöglichten, den Menschen zu ergründen, die den »Blick in die Seele des Andern« nicht freigäben (ebd.). Statt »genaue Schilderung des *Gesehenen*« verlangte Kretzer die »Kraft der *Empfindungsdarstellung*« (ebd.).

In einem Aufsatz von 1885 forderte Kretzer vom realistischen Schriftsteller dagegen noch genaue Beobachtung der Wirklichkeit: »Man kann in eine Welt, die Jeder vor Augen hat, keine imaginäre hinein bauen, ohne nicht auf Widerspruch zu stoßen. Und um die wirkliche Welt mit ihren Höhen und Tiefen kennen zu lernen, dazu gehörten Studien, Studien und nochmals Studien. Auch der Schriftsteller sollte sein litterarisches Skizzenbuch mit sich herumtragen« (s. Dok. 36). Unter dem Einfluß der zeitgenössischen Literaturdiskussion hatte sich Kretzer aber bis 1889 von diesem Standpunkt schon sehr weit entfernt. Besonders deutlich wird dies letztlich auch in dem Umgang mit dem viel strapazierten Begriff der Objektivität. So wie Bleibtreu bereits 1886 die Objektivität in die Subjektivität verlegt hatte, so erklärt auch Kretzer nun, daß die Objektivität der Charakterstudie nur als »Ausfluß reinster Subjektivität« zu erreichen sei (vgl. Dok. 18). Kretzers abschließende Formulierung: »durch Subjektivität zu höchster Objektivität«, bezeichnet eine charakteristische Wendung der naturalistischen Bewegung zum Ende des Jahrzehnts (vgl. auch das Programm der *Freien Bühne,* Dok. 12).

19
Heinrich Hart: *Die realistische Bewegung. Ihr Ursprung, ihr Wesen, ihr Ziel.* In: *Kritisches Jahrbuch. Beiträge zur Charakteristik der zeitgenössischen Literatur sowie zur Verständigung über den modernen Realismus.* Hrsg. v. Heinrich Hart u. Julius Hart. 1. Jg. Hamburg (Verlagsanstalt und Druckerei Actien-Gesellschaft) 1889, Heft 1, S. 40–43, 45–48, 52–56.

Alle Völker, deren Geistesleben in der abendländischen Weltanschauung wurzelt, bilden einen einzigen geistigen Organismus, und zwar in der Gegenwart, dank den Erleichterungen des Verkehrs, mehr denn je. Eine Bewegung, die ein Glied erfaßt, setzt sich fort von Glied zu Glied, dann und wann aber durchfluthet auch eine große Erschütterung alle Glieder auf einmal, daß kaum zu erforschen ist, wo der Sturm sich zuerst erhob. Zu diesen Erschütterungen gehört die literarische Bewegung, welche in unseren Tagen in fast allen Ländern Europas die gleichen geistigen Kämpfe erzeugt, deren Einwirkungen sich Niemand, auch der Widerstrebende nicht, entzieht, und welche selbst die breitere Masse des Publikums beeinflußt, ohne daß diese sich der ästhetischen und geistigen Umformung, welche sich mit ihr vollzieht, unmittelbar bewußt wird. Es ist *ein* Geist, der die französischen Naturalisten Flaubert, Zola, Maupassant, wie die Veristen Italiens, Stecchetti, Verga, Capuana, beseelt, derselbe Geist, welcher die russische Anklageliteratur wie das gesellschaftliche Tendenzdrama der Norweger ins Leben gerufen hat, es sind die gleichen Vorstellungen, welche sich in Polen an den Namen des Erzählers Sinkiewicz und in Spanien an den Namen des Dramatikers Echegaray knüpfen. Ein Geist, aber in tausend Offenbarungen, verschieden je nach der kulturellen und gesellschaftlichen Entwickelung der einzelnen Nationen. Und verschieden ist auch der literarische Ausgangspunkt der Bewegung in diesem und jenem Lande. Der französische Naturalismus betont, sobald er auftritt, seinen *Gegensatz* zur Romantik, zu dem Schwulst der lyrischen Phrase und des phantastischen Unterhaltungsromans, er will in der Sprache des Lebens sich äußern und eine *Anatomie* des Menschen und der Gesellschaft in der Form der Erzählung schaffen. Der Verismus der Italiener dagegen kämpft gegen die formale Hohlheit, die edle Langweiligkeit der *Klassik* an; in dieser Hinsicht bildet er selbst eine Art von Romantik, aber er ist zugleich eine *geistige Revolution*, welche die Fesseln mittelalterlicher Geistesknechtung zu zerbrechen sucht und mit Carducci, der freilich nur dem Inhalt seiner Lyrik nach zu den Realisten zählt, auch den Teufel als Bundesgenossen nicht scheut. Aehnliches gilt von den Realisten Spaniens und Polens. In Norwegen und Rußland ist gleichfalls literarisch die Romantik die Mutter des Realismus, sie gab den Anstoß zu einer Neuerweckung des nationalen Selbstgefühls; dieses Selbstgefühl stieß jedoch, als es sich vertiefen wollte, auf den steinigen Grund veralteter sozialen Einrichtungen und Vorurtheile, und so wurde die Literatur wie durch Naturgewalt zu einer Literatur des *Kampfes* und der *sozialen* Tendenz.

Kein Zufall ist es, daß ich bisher die größeren germanischen Völker nicht erwähnte, daß ich weder die deutsche noch die englische Literatur in Betracht gezogen habe. In diesen Ländern tritt eine realistische Strömung von modernem Ideengehalt erst seit wenigen Jahren und bislang ohne besondere Eigenart zu Tage. Noch *herrscht* in Deutschland der Eklektizismus, ein Gemisch aus dem geistigen Schaffen der Vergangenheit, und die englische Literatur ist auf dem Gebiete der Erzählung, des Dramas beinahe versumpft, auf dem der Lyrik einer mehr betäubenden als erquickenden Ueberreife, in formaler wie ideeller Hinsicht, verfallen. Ich erinnere nur an Browning, Swinburne und Tennyson. Und doch glaube ich zu sehen, daß gerade diese germanischen Nationen dem Realismus die *Zukunft* erobern werden, daß er auch in seiner modernen Gestalt bei ihnen die wahrsten und echtesten Triumphe feiern wird. Vor Allem deshalb, weil dem germanischen Wesen der realistische Trieb *von Natur aus* innewohnt, dem romanischen aber als ein fremdes Reis eingepfropft ist. Ein kurzer geschichtlicher Rückblick wird das erweisen. Sehen wir einmal von der modernen Form und Gestaltung des Realismus ab und fassen wir nur das allgemeine, ewig gültige Prinzip, das er vertritt, ins Auge. In dieser Allgemeinheit bedeutet der Realismus ohne Frage eine Neigung und ein Vermögen, das Wirkliche zu erfassen und wiederzuspiegeln, das Wirkliche im Gegensatze zum blos Erklügelten, mühsam Ausgedachten, künstlich Verschrobenen; Natur und Wahrheit sind ihm das Wesentliche, der Schein des Angenehmen das Nebensächliche, innerer Gehalt gilt ihm mehr als äußere Form. Infolge dessen steht der Realismus überall und zu allen Zeiten im Gegensatze zur Formkunst, zur Akademik, zur rhetorischen Phrase und zur verstandesmäßigen Nüchternheit; allen diesen ist Kunst und symmetrische Ordnung ein und dasselbe, ihr Ziel findet die Kunst in dem wohlgepflegten, von festbegrenzten Wegen säuberlich durchschnittenen, und von zierlich zugestutzten Taxushecken umfriedigten Park. Der Realismus zieht den Wald vor und mit ihm die Wildniß. Er ist darum nicht auf das Formlose versessen, aber er glaubt an eine *Naturform*, die mit dem Inhalt gegeben ist oder doch zwanglos aus ihm erwächst; ihm graut davor, den Gehalt in eine von außen herbeigeholte Form hineinzuzwängen. Dieser Realismus ist so alt wie die Dichtung selbst, alles das, was wir Genie nennen, wurzelte von jeher in ihm. Aber seiner selbst bewußt geworden ist er sich erst in neuerer Zeit, als sein Widerpart, der Geist der Akademik, mit kunstvollen Fesseln das ganze literarische Leben für immer einzuschnüren und alles freie Schaffen durch ein sklavisches Nachzeichnen in überlieferten Schablonen zu ersetzen drohte. Da raffte sich auf, was noch ungeschminkt und ungeschnürt an Geist war. Die Losung »Natur!« wurde von da an immer von neuem ausgegeben, wenn die Literatur verflachte, in Verschnörkelung oder Einförmigkeit ausartete. Von wem, von wo aber ging diese Losung aus? Zunächst von England, als es sich nach den Tagen Pope's und Dryden's wieder auf seine große Vergangenheit besann, auf die jugendfrische Zeit von Chaucer bis Shakespeare, weiterhin aber in noch markigerem Tone von dem Deutschland des Sturmes und Dranges. Mit dem Tage, wo die *Ebbezeit* der *romanischen* Kultur beginnt und der germanische Geist wogend die Literatur durchfluthet, erhebt auch der Realismus sein Haupt und schreitet von Sieg zu Sieg. Formalismus ist die typische Eigenthümlichkeit der romanischen, Realismus die der germanischen Kunst; Realisten waren bereits Hans Sachs und Albrecht Dürer. Als Goethe und Schiller in ihrem Alter die Pfade ihrer Jugend verließen und dem Hellenismus opferten, da bildete selbst die Romantik ursprünglich

eine realistische Gegenbewegung, eine so oberflächliche und wirre freilich, daß sie bald ins
Extrem verfiel und nun gleichfalls in ein dem Realismus widersprechendes Prinzip umschlug.
Dieser Ausartung trat das »junge Deutschland« entgegen; indem es sich der phantastischen
Träumereien der Romantiker entschlug und den Blick auf das Leben, auf die Kämpfe der Zeit
wandte, kehrte es wiederum zum Realismus zurück, aber es erfaßte ihn nur in seiner äußeren,
stofflichen Umhüllung, nur in seinen unwesentlichsten Theilen.

Gleichwohl sind die gesellschaftliche Tendenzliteratur des »jungen Deutschlands«, die
Naturbegeisterung der deutschen Romantik, das revolutionäre Kraftbewußtsein der Stürmer
und Dränger, und zum Theil auch der in die Tiefen des Lebens sich einwühlende humoristische Roman der Engländer ganz ohne Zweifel die *Quellen*, aus denen der romanische wie der
slavische und nordische Realismus der Neuzeit literarisch ihr Wesentlichstes geschöpft haben.
Die Eigenart, welche gleichwohl den Neueren innewohnt, beruht darauf, daß diese sich mit
modernem Lebens- und Ideengehalt erfüllt haben, nicht zum wenigsten aber auch darauf, daß
sie sämmtlich auf Einseitigkeiten aufgebaut sind, die mit Bewußtsein in alle, auch die verderb-
lichsten Konsequenzen hinaus ausgebildet werden. Zu diesen Konsequenzen gehört die Verwechselung der Natur- und Wirklichkeitstreue mit photographischem Abklatsch, der *nur* das
Aeußere, nicht die Seele der Dinge erkennen läßt, gehört die Tendenz pessimistischer Weltbetrachtung, die als *Tendenz* geradezu im Gegensatz zum Wesen des echten Realismus steht,
gehört schließlich die Verwerfung des Verses, dem man die Prosa als Erforderniß des Naturalismus entgegenstellt, als ob die literarische *Prosa* nicht auch eine *Kunstform*, ganz verschieden von der Sprache des Alltags, wäre. Diesen Einseitigkeiten gegenüber will ich versuchen,
ein Bild des *großen*, allumfassenden Realismus zu zeichnen, wie er aus dem Wesen der Poesie
heraus sich ergiebt, des *modernen* Realismus, wie er mit Nothwendigkeit aus dem gesammten
geistigen Leben unserer Zeit heraus erwächst, des *nationalen* Realismus, wie er eine *Eigenart*
bilden soll und muß dem des Auslandes gegenüber, den allerlei kleine Geister verständnißlos
uns aufzuladen suchen.

II.

Was ist Poesie, wo sind ihre Quellen? Sie finden werden wir am ehesten, wenn wir den
Menschen betrachten, nicht wie er ist, sondern in seinem ursprünglichen Wesen, das noch von
keiner Kulturschicht überlagert erscheint. Sobald der Urmensch, der Thierheit entwachsen,
die thierische Dumpfheit von seiner Seele weichen fühlt, sobald er anfängt, in der Welt sich
umzusehen und der tausend Bilder und Vorstellungen, die auf ihn eindringen, sich klar zu
werden, fängt er auch an, innerlich die Welt zu *erleben*. Sein Geist ist wach geworden. Er stellt
sich selbst der Natur gegenüber und merkt, daß er Einwirkungen erfährt und ausübt. Das
erste deutliche Bewußtsein ist zugleich das erste geistige *Schaffen*. Alles geistige Schaffen
erstrebt nichts anderes, als der Natur sich zu bemächtigen, sie zu unterwerfen, das, was
flüchtig und vorübergehend ist, als einen *dauernden Besitz* dem Schaffenden anzueignen.
[...]

Die Wissenschaft gewährt uns nur eine *bedingte*, vor allem nicht die *lebendige* Natur, und der Besitz, den sie uns verschafft, gehört ausschließlich dem Verstande an. Erst der künstlerisch schaffende Geist gelangt über diese Einseitigkeit hinaus. Die Kunst ist wie die Wissenschaft ein Erzeugniß geistigen Lebens. Wie durch die Wissenschaft so sucht sich der Geist auch durch die Kunst zum Herrn über die Natur zu erheben. Aber auf andere Weise. [...]

[...] Das ist es, was die Kunst von der Wissenschaft unterscheidet, daß sie nicht nur erkennt, sondern daß sie auch *gestaltet*, wie die Natur selber, in der Ganzheit, Fülle und Lebendigkeit der Natur selbst. Dichten aber ist ebensowenig wie Erkennen in den Grundwurzeln eine Sondereigenschaft Einzelner, beides ist *Allgemeingut* der Menschheit. Indem der Mensch die bewegten *Atome* der Wirklichkeit zum Weltbild zusammenfaßt, dichtet er bereits. Man könnte dies als ein Dichten *erster Potenz* bezeichnen. Das Dichten zweiter Potenz sucht, wie weiterhin ausgeführt werden soll, die *Wahrheit* des durch Phantasie und Empfindung erschauten Weltbildes *synthetisch* aufzubauen, während die Wissenschaft *analytisch* die dem Weltbild zu *Grunde* liegende Bewegungs-Wirklichkeit erforscht. Die Kunst ist ferner *nicht Darstellung des Schönen*. Kein Poet schreibt eine Dichtung, um etwas Schönes darzustellen. Was den Dichter drängt, das haben die Dichter selbst auch hundertfach ausgesprochen, Goethe voran. Auch der größte Dichter von heute thut im wesentlichen nichts anderes als das, was auch der Wilde, der Poet des Urmenschenthums, gethan. *Poesie ist die Gestaltung alles dessen, was das Innere des Menschen bewegt, und jener Vorgänge, jener Wirklichkeiten, oder auch Gedanken, welche die Bewegung wachgerufen haben, und zwar Gestaltung mittelst des phantasie- und empfindungerregenden Wortes, Wortgefüges und Lautes.* Die ganze Welt ist mithin Stoff der Poesie, nichts kann von der Behandlung durch den Dichter ausgeschlossen werden, denn alles, das Kleinste wie das Größte, das Angenehme wie das Abstoßende, übt Erregungen aus. Aber das Erregende, das Empfundene muß gestaltet werden, wenn es in Poesie umgeschmolzen erscheinen soll; das bloße Empfinden, das eine allgemein menschliche Fähigkeit ist, genügt ebenso wenig wie das blose Aussprechen, denn auch der Philosoph, der Redner sprechen sich aus. Der Philosoph giebt Nachricht von dem, was er empfunden und erforscht hat, der Redner legt dar, bringt Zeugnisse vor für das, was er für wahr hält und für wahr empfindet. Nicht so der Poet. Auch als Lyriker gestaltet er, indem er nicht von seinen Empfindungen einfach berichtet, sondern die Empfindung selbst in Worten gleichsam verkörpert. Gestaltung ist also das Wesen der Poesie, Leidenschaft (Empfindung, Gefühl) und Phantasie (Anschauungskraft) sind ihre Quellen.

III.

Die Wirklichkeit gestalten, heißt aber nicht sie nachahmen; die Poesie thut mehr, sie erhebt die Wirklichkeit zur *Wahrheit*. Goethe hat die Erzählung seines Lebens mit »Wahrheit und Dichtung« überschrieben, also geradezu diese beiden Begriffe in Gegensatz zu einander gebracht. Hätte er das mit Fug gethan, so finge die Poesie dort an, wo die Wahrheit aufhört.

Aber *Goethe* hat dem Klang zu Liebe den Titel dem gewöhnlichen Sprachgebrauch entlehnt und infolge dessen, wie sich alsbald ergeben wird, ein Oxymoron, nichts anderes, zu stande gebracht. *Der Gegensatz von Wahrheit ist Lüge,* ist *Fälschung,* die Poesie fälscht aber nicht die Dinge und Erscheinungen, im Gegentheil, sie verleiht ihnen eine *höhere Wahrheit,* als die Wirklichkeit selbst es vermag. Vielleicht hätte Goethe schreiben sollen: »Wirklichkeit und Dichtung«, doch auch diese Bezeichnung ermangelt der Bestimmtheit, falls ein Kontrast mit den Worten beabsichtigt sein soll, eher bilden sie eine Ergänzung. Es scheint so einfach zu sein, einen Vorgang in der Wirklichkeit von einem nur in der Dichtung vorhandenen zu unterscheiden, und doch sehe ich kaum, wie dies abstrakt und theoretisch möglich sein, wie ich es begrifflich erklären soll. Das Werk des Dichters wird in der Phantasie erzeugt, gewiß, aber auch das Wirkliche vermag ich nicht anders zu erfassen, als daß ich mir *ein Bild von ihm in der Phantasie reproduzire* oder eigentlich sogar ein Bild überhaupt erst produzire. Die Sinne stoßen ja nur auf lauter Einzelheiten, und erst im Hirne entsteht ein Gesammtbild des Ertasteten. Man könnte nun einwenden, daß dieses Wirklichkeitsbild eine mittelbare Schöpfung der Phantasie, ein Erzeugniß ihrer Vereinigung mit der Wirklichkeit, das Gebild des Dichters aber eine unmittelbare, freie und unbedingte ist. Dieser Einwand ist deshalb nicht stichhaltig, weil auch der Dichter nicht aus einer ihm eigenen Quelle schöpft, sondern seine Gesichte aus dem in der Wirklichkeit Erschauten zusammenfügt, oder doch an die Wirklichkeit anknüpft. Ein *wesentlicher Unterschied besteht daher zwischen dem wirklich Erlebten* und dem *dichterisch Geschaffenen nicht,* vor allem kein stofflicher, nur durch die Art und Weise, wie jedes von beiden in der Phantasie behandelt und geknetet wird, durch die formale Gestaltung also kommt die Verschiedenheit zu stande. [...] Die Poesie ist somit eine *höhere Potenz des Seienden,* als die Wirklichkeit, es überragt dieselbe in gleichem Maße, wie die Wirklichkeit den Traum, der außer der Nothwendigkeit auch der Logik und der festen Umgrenzung seiner Bilder entbehrt. Beide, Traum wie Dichtung, beruhen auf der Wirklichkeit, insofern diese ihnen den Stoff liefert; während jener aber die Wirklichkeit *verfälscht,* sinnlos zersetzt und durcheinanderwirft, wird sie von der Poesie dadurch erhöht, daß die *Wahrheit,* die als *innerster Kern in der Wirklichkeit eingeschlossen liegt,* aber von dem Wirrwarr der Erscheinungen verhüllt wird, in der *Dichtung licht und klar zum Vorschein kommt.* Wahrheit, psychologisch genommen, heißt eben nichts, als innere Konsequenz, sicheres Ruhen in einem Schwerpunkt, Gleichgewicht aller Einzeltheile, oder mit einem philosophischen Ausdruck Zielstrebigkeit. Dichterisch schaffen heißt also, wie nochmals gesagt sei, die Wirklichkeit zur Wahrheit erheben. Daraus ergiebt sich von selbst, daß, wie gesagt, die *Wirklichkeit* die *Grundlage der Poesie sein muß,* daß die letztere um so *tiefer* stehen wird, *je verschwommener* und *unklarer* die Grundlage zur Tage tritt, um so *höher,* je bestimmter und *schärfer* sie erscheint. [...] Das Jünglingsalter der Poesie kennzeichnet sich dadurch, daß der Dichter das *Stoffliche* wohl *geistig zu erfassen* sucht, aber *nicht* um das *Wirkliche selbst* zu begreifen, nicht um es zur Idee zu erheben, nicht um es in seiner Wahrheit zu gestalten, sondern nur um es als *Symbol* des *eigenen Empfindens* auszubeuten, um es mit der *eigenen Subjektivität* zu erfüllen, kurz, um es als blose Form zu benutzen, in welche der Dichter sein

Ich hineinzulegen vermag. Während also auf der ersten Stufe der Stoff alles in allem ist, wird er auf der zweiten ganz und gar zur Nebensache, und es ist selbstverständlich, daß der subjektive Dichter keinen Respekt vor dem Wirklichen hat, daß er es verzerrt und modelt, wie es seinen Launen und seiner Willkür gerade paßt. Braucht es noch gesagt zu werden, daß diese zweite Stufe identisch mit der *Romantik* ist? Der Romantiker setzt sein Ich über die Menschheit, über die Welt, nur das Ich ist wirklich, alles, was außerhalb desselben, Schein, der nach Belieben so oder so gedeutet werden kann. Der Romantiker sieht alle Dinge durch die Brille einer maßlosen, unbeschränkten Subjektivität, und deshalb idealisirt er alle Wesen und Dinge entweder nach der guten oder der schlechten Seite hin, nur er kennt Engel und Teufel, nur er ein absolut Gemeines und ein absolut Unreines, nur er Paradies und Hölle. Verwandt mit dem Romantiker ist der *Tendenzdichter*, der die Wirklichkeit nur von *einer Seite* aus erfaßt, der mit dem Stoffe nicht spielt, ihn aber *benutzt*, um aus ihm einen Beweis, ein Zeugniß für irgend welche Anschauungen des Dichters herzuleiten. Diesen *Fälschungen der Wirklichkeit* gegenüber, denn etwas anderes ist weder die *idealisirende*, noch die *Tendenz-Poesie*, und in schroffem Gegensatz zu ihnen bildet sich auf der *dritten Stufe der Realismus*, der ebenso *objektiv* ist, wie die Romantik subjektiv, und nicht wie diese die Wirklichkeit durch die Phantasie, sondern die Phantasie durch die Wirklichkeit korrigirt. Der Romantik ist es um den schönen *Schein* zu thun, um die Verherrlichung des Ichs, der Realismus aber sucht die Wahrheit, er sucht nach dem, was *allgemein*, was ewig *gültig* ist. Diesem auf die Spur zu kommen, darf er die Wirklichkeit nicht betrachten als Gegenstand, eben gut genug zum Spiel, sondern als ein Ernstes, das studirt, erkannt, in allen Tiefen und Höhen durchforscht sein will, wenn es die Geheimnisse, die es in sich schließt, enthüllen soll. Die *getreue Wiedergabe* des *Wirklichen* ist daher der *Grund*, in welchem der *Realismus wurzelt*, aber *nicht sein Ziel*; indem das Wirkliche durch die Phantasie des Dichters hindurchgeht, wird alles *Unwesentliche, Zufällige ausgeschieden* und nur das *Nothwendige*, der Kern der Erscheinungen, ihre Wahrheit bleibt.

[...]

V.

Der Realismus von heute, der wahre, nicht blos scheinbare Realismus, ist aber noch in besonderem Sinne modern. Und zwar als *objektiver* Realismus, als ästhetisches Prinzip, das aus dem innersten Geiste unsres Zeitalters erwachsen ist. Dieser Geist ist kein anderer, als der des *vorurtheilslosen Forschens*, des Forschens, das sich durch keine Wünsche und Neigungen des eigenen Ichs, durch keine Satzungen der Außenwelt, durch kein Glauben und Hoffen beirren läßt, das nur das eine Ziel vor sich sieht, die Wahrheit zu erkennen. Es ist der Geist der absoluten Objektivität, der zugleich die Hingabe an die Allgemeinheit, das *Zurückdrängen des Subjekts* bedeutet. Dieser Geist tritt zu Tage vor allem in unsrer Naturwissenschaft, die sich über die spekulativen Hirngespinste der Naturphilosophie empor zur Naturforschung erhoben hat, die nicht mehr mit einem philosophischen System, mit einer religiösen

Offenbarung sich in Einklang zu bringen sucht, die nicht mehr irgend eine subjektive Voraussetzung beweisen will, sondern die allein die Eingeweide der Natur bloszulegen, Schritt für Schritt alle Gebiete der Natur zu erobern strebt. Er tritt aber kaum geringer zu Tage in dem sozialen und demokratischen Ringen der Zeit, dessen Voraussetzung, dessen Ziel wiederum mit der Unterordnung des Ichs unter die Allgemeinheit, des Einzelwohls unter das Wohl Aller, und der möglichst engen Beschränkung subjektiver Willkür durch objektives Gesetz gleichbedeutend sind. Auch der Literatur stellt dieser Geist der Zeit neue Aufgaben und neue Ziele, neu, eben so wenig wie in der Wissenschaft, ihrem innersten Kerne nach, aber neu wegen der Bestimmtheit, Ausschließlichkeit und Fruchtbarkeit ihrer Anforderungen. Auch die Literatur muß sich von der subjektiven Willkür befreien, von der ausschweifenden romantischen Phantasieseligkeit, die lieber in maßlosen Bildern und Träumen schwelgt, als die Wahrheit des Lebens durchdringt und gestaltet; sie muß erkennen, daß sie mehr als ein Gaukelspiel, eine Byron'sche Phantasmagorie, ein Schmetterlingsnippen an den Blüthen des Daseins, mehr als ein zerstreuendes Vergnügen ist, daß auch sie mitzuarbeiten hat an dem großen Bau der Menschheit, der allumfassenden Humanität, mitzuarbeiten in erster Reihe. Auch sie muß, bildlich gesprochen, aus wirrer, wurzelloser Spekulation zur Wissenschaft emporwachsen, zu einer Psychologie in Gestalten, zu einer allumfassenden Weltansicht in lebenathmenden Bildern. Das Objekt, Natur und Menschheit, ist gegeben. Die Wissenschaft erforscht die Gesetze, welche Natur und Menschheit beherrschen, die Dichtung giebt eine Neuschöpfung beider in typischen Charakteren, in Verkörperung aller Erscheinungen, ihrem Wesen, ihrem ideellen Kerne, nicht ihren zufälligen Aeußerlichkeiten nach. Gesetze dort, hier Typen. Diese Aufgabe erfüllen kann jedoch die Poesie nur, wenn sie objektiv verfährt, wenn der Dichter schafft, wie die Natur selbst. In ihrem großen Buche giebt es nur Erscheinungen und Gestalten, keiner ist ein Zettel angehängt, welcher besagt: diese oder diese Idee vertrete ich. Und gerade deshalb vermag der Leser so vieles, so großes hineinzulegen, herauszulesen. So sei es auch mit den Büchern des Dichters. Je bedeutender er selbst ist, desto bedeutender werden seine Gestalten sein, je mehr er es versteht, Wesen zu schaffen, die ein selbständiges, eigenartiges Leben führen, Wesen von Fleisch und Blut, nicht blos Phonographe, welche Ansichten nachsprechen, deren sich der Dichter gerade entledigen will, desto tiefer und reicher wird die Wirkung sein, die er erzielt. Nicht als ob der objektiv schaffende Dichter sich seiner Subjektivität entäußern sollte, – das vermag Niemand, aber das Subjekt soll nicht selbst rhetorisch oder philosophirend in seinen Werken auftreten, sondern sich in Gestalten auseinanderlegen. Je reicher das Subjekt an Empfindungs- und Phantasiekraft ist, desto mehr, desto bedeutsamere Eindrücke wird es von der Außenwelt erfahren und in sich aufnehmen; diese Eindrücke in Gestalten wiederzugeben, das ist die Art des objektiven Dichters, sie blos in Gedanken umzusetzen, das ist die Beschränktheit, an welcher der Subjektivismus leidet. *Gedanken sind bald ausgeschöpft, Gestalten aber sind unsterblich.* Diese Verschiedenheit des Schaffens hat bereits Schiller durch die Begriffe naiv und sentimental deutlich gekennzeichnet: er irrt nur, wenn er annimmt, daß das naive Schaffen das Wesen der Antike ausmache, das sentimentale dem modernen Dichter eigenthümlich sei. Ich glaube gezeigt zu haben, daß gerade in der objektiven Auffassung des gesammten Lebensinhaltes noch ein literarischer Fortschritt möglich ist, und es liegt in der Natur der Dinge, daß diese objektive Auffassung am sichersten in poetische Form umgesetzt werden kann durch ein *objektiv technisches Verfahren*. Eine Poesie, die in diesem Sinn modern ist, bildet dann auch kein bloses Postulat mehr, sie ist angebahnt durch Männer wie Zola, Ibsen, Tolstoi. Angebahnt, aber noch nicht verwirklicht, denn es unterliegt keinem Zweifel, daß die Weltauffassung dieser Dichter wohl eine tiefdringende, aber doch nur nach einer Richtung hin ist. Das Subjekt erscheint bei ihnen noch nicht überwunden, schon deshalb nicht, weil eine pessimistische Tendenz im allgemeinen bei ihnen unverkennbar ist, eine Tendenz, die vielfach die Gestaltung noch beeinflußt und selbst rhetorische Ergüsse, die nur schwach verdeckt sind, zuläßt. Besonders tritt dies bei Ibsen hervor, dessen Subjekt unter der Maske irgend einer seiner Gestalten sich bestimmend geltend macht und dessen Ideen selten ganz in Gestalt umgesetzt sind; selten läuft eine ohne Zettel herum, und zwar einen sehr vollgeschriebenen Zettel. Angebahnt haben gleichwohl diese Dichter bereits auch den Weg, auf dem der moderne Realismus allein das Ziel der Objektivität erreichen kann. Dieser Weg läßt sich beschreiben durch die zwei Worte: Vertiefung des psychologischen Verfahrens und alles beachtende Genauigkeit in der Schilderung. Auch die bedeutendsten Dichter der Vergangenheit haben die Psychologie ihrer Charaktere mehr oder weniger als ein Nebensächliches behandelt, insofern, als sie sich mit Umrissen, mit Andeutungen begnügt haben. Der moderne Realismus hat dagegen die Aufgabe, auch das Innerste der Charaktere bloßzulegen, jede Handlung, jeden Gedanken bis zu ihren letzten Gründen und Quellen zu verfolgen, zu seziren und mit Tageshelle zu beleuchten. Und was von dem Einzelwesen gilt, gilt auch von der Gesellschaft, von der Menschheit. Auch von der Poesie verlangen wir, daß sie ihre Erscheinungen nicht in mystischem Halbdunkel, sindern in ihrem Kern und Wesen, in jeder Faser erkennen lasse. Nicht Phantasterei, sondern Erkenntniß. Nicht das Was ist zu betonen, sondern das Wie, stärker zu betonen denn je. Was aber die psychologische Vertiefung innerlich bedeutet, das bedeutet äußerlich die Genauigkeit der Schilderung, die Ausmalung der uns umgebenden Welt in möglichst reichen Einzelzügen. Man mag diese Weise als realistische Kleinmalerei bezeichnen, aber sie ist nothwendig, wenn der Zusammenhang zwischen Natur und Mensch deutlich zur Erscheinung kommen soll. Diese Deutlichkeit des Zusammenhanges muß allerdings der Zweck sein, nicht die Kleinmalerei an und für sich. Auch der Realismus hat seinen großen und kleinen Vertreter. Nur der Meister wird das Mittel nicht zum Zwecke werden lassen und über den Einzelheiten nicht das Ganze aus dem Auge verlieren. So betrachtet, bildet der moderne Realismus in keinerlei Hinsicht ein Widerspiel zum Idealismus. Der Realist geht auf der Erde, nichts aber hindert ihn, mit dem Auge in die Sterne zu dringen. Die ganze Fülle der Welt ist sein Eigenthum, er ist der berufene Ideenträger unserer Zeit; und so gewiß die Kämpfe, die wir heute zu kämpfen haben, die Weltanschauung, die sich heute aus dem Schoße neuer Erkenntnisse, neuer Bestrebungen gebiert, der Athem eines Idealismus, der mit dem jeder anderen Zeit wetteifern darf, durchweht, so gewiß ist auch der moderne Realist zugleich Idealist. Idealismus ist eben ein anderes als Idealisirerei. Wer die Aufgabe des Dichters allerdings darin sieht, Menschen und

Dinge zu idealisiren, statt ihre Wahrheit zu gestalten, der wird im Realismus ein Feindliches erblicken. Aber nicht der Realist, der Idealisirer geht in der Irre; die höchste Wahrheit ist das höchste Ideal. Und das wahre, vorurtheilslose Erkennen führt schließlich auch allein zum wahren *Lustempfinden*. Eine Lust, die aus der trüben Quelle der Idealistik fließt, die sich selbst belügt, der Träumerei, die hinwegzugaukeln sucht über alle Abgründe des Daseins, der Beschränktheit, die lieber im Dämmer bleibt, als sich auf den lichten, klaren Höhen des Lebens ergeht, das ist keine Lust, die des Menschen von heute noch würdig ist.

VI.

Ich habe erreicht, was ich gewollt, wenn ich die Ueberzeugung angefacht habe, daß der moderne Realismus kein Prinzip bildet, welches dichterisch bereits erfüllt ist, sondern daß auf ihm die Literatur der Zukunft beruht, daß er Aufgaben stellt, unendlich wie die Welt, wie Erkennen und Forschen selbst. Und nur in Umrissen habe ich Wesen und Bedeutung des Prinzips gezeichnet, weil ja eine der Aufgaben *dieses Jahrbuches* darin besteht, an den Erscheinungen des Tages die näheren Merkmale, die Fortbildung und die Ziele des Realismus in *breiteren Zügen* aufzuweisen. Noch aber habe ich meinen Ausführungen hinzuzufügen, was ich von der *deutschen* Literatur für die Fortbildung des Realismus erwarte. Von so menschheitlicher Bedeutung auch das Prinzip ist, so muß es doch wie alles Menschliche aus dem Boden des Nationalen Lebenssäfte ziehen. Die deutsche Literatur tritt mit am spätesten in die realistische Bewegung ein, soweit diese das Gepräge einer modernen Eigenart trägt. Der Vortheil liegt auf der Hand. Es wird ihr leichter sein, wenn sie nur will, die Fehler, vor allem die Einseitigkeiten zu vermeiden, denen andere Literaturen verfallen sind. Für diese bildete der Uebergang zum Realismus eine nicht nur geistige, sondern auch ästhetische Revolution; eine Revolution macht aber zumeist ungerecht und in gewissem Sinne auch unklar. Diese Unklarheit zeigt sich am deutlichsten bei allen Denen, welche in Deutschland die Realisten des Auslandes einfach nachzuahmen suchen. Ihnen ist der Realismus fast einzig eine Bezugsquelle neuer Stoffe, wie sie dieselben bei Russen, Norwegern oder Franzosen vorgefunden haben. Der Eine nennt sich Realist, weil er mit Zola das Bordelleben zu schildern unternimmt, der Andere, weil er mit Ibsen den konventionellen Lügen der Gesellschaft zu Leibe geht. Und dabei guckt dem Einen wie dem Andern der alte Rock der idealistischen Phrase durch alle Risse des realistischen Mantels. In Deutschland bedarf, wie ich bereits hervorgehoben, der Realismus keiner Revolution der Anschauungen; nicht klarer tritt das zu Tage, als in der Thatsache, daß sobald die realistische Losung ausgegeben wurde, alle deutschen Dichter, die größten, wie die geringsten erklärten, »im Grunde ja auch Realisten« zu sein. Und mancher meinte das zu sein, wenn er auch nichts anderes gethan, als daß er Berlin zum Schauplatze seiner Schöpfungen gewählt und die Straßen und Häusernummern getreu nach dem Adreßbuch wiedergegeben hatte. Mit demselben Recht, wie so mancher unserer Jüngsten sich für ein Genie hält, wenn er in wüstem Wirrwarr sich ergeht, als ob unsere Literatur im Kindesalter und nicht im Mannesalter stehe, als ob Lallen genialer sei, denn Psalmiren.

Vor aller Einseitigkeit also sich zu bewahren, das ist die erste Anforderung, die an den deutschen Realismus zu stellen ist. Er soll das Prinzip in seinem vollen Reichthum, in seiner ganzen Größe zur Durchführung bringen. Nicht diese oder jene Seite der Welt, des modernen Lebens sollen durch ihn zur Gestalt werden, sondern alle Ideen, welche die Menschheit bewegen, die gesammte Weltanschauung des Zeitalters soll er verkörpern. Was aber ist die neue Weltanschauung, was ist die treibende Idee unserer Tage, die uns und welche wir zum Siege führen sollen? Keine Religion mehr holt uns Frieden vom Himmel herab, kein philosophisches System mehr lullt uns ein. Hin und wieder gab es Tage in unserem Jahrhundert, da man glaubte, die Erlösung sei nahe von allem Druck, der auf uns lastet, auf unserem Leib, unserer Seele, unserem Begehren. Eine lange Friedenszeit beglückte die Länder, schien es da nicht, als würde die Menschheit verlernen, Blut gegen Blut zu tauschen, – nun brach das Gewitter der Revolution herein, durften wir da nicht glauben, für immer seien unhaltbare Ruinen gefallen, die Freiheit innerhalb der Gesellschaft zum Siege gelangt? Später waren es die Erfolge der Technik, der adlerkühne Aufflug der Wissenschaft, welche unsere Hoffnungen trunken machten, soziale Propheten fanden tausend und abertausend Gläubige und politische Wiedergeburten von ganzen Nationen begeisterten uns zu endlosen Hymnen auf die allmächtige Zeit, in der es uns vergönnt, zu leben. Diese Träume haben wir ausgeträumt, wir glauben nicht mehr an einen plötzlichen Umschwung des Rades von unten nach oben, wir glauben nicht mehr, daß die Blasirtheit und der Uebermuth der goldenen Zehntausend, daß die Trägheit der Massen mit einem Dekret aus der Welt zu schaffen ist, wir glauben nicht mehr, daß die Wissenschaft unfehlbar, und die Fortschritte der Technik lauter Segensschritte der Menschheit sind. Aber wir sind darum keine Zweifler geworden, noch weniger verzweifeln wir. Aus der Wissenschaft haben wir uns den unüberwindlichen Glauben an das Entwickelungsgesetz gerettet, das die Welt, die Menschheit, die Individuen beherrscht, von den Religionen haben wir nur die dürren Schalen weggeworfen, aber die Mystik der eigenen Seele, die Hoffnung auf Entsühnung, die Kraft der Liebe sollen in uns neue Schößlinge treiben. Und welche Zickzackwege auch die Technik macht, um die Kultur zu fördern, es ist ein Zug der Größe, des Muthes, dem nichts unmöglich dünkt, ein Zug alle Klüfte überbrückender Thatkraft in ihr, der in uns übergegangen und uns gewiß macht: die Welt ist unser, die Tage des Kleinmuthes und des Weltschmerzes, der allein Sinn hatte für die Kümmernisse des lieben Ichs, sind vorüber und das Ich ist erstarkt im opferwilligen Streben für die Allgemeinheit. Weltumspannender Muth, klares Bewußtsein von den Aufgaben der Menschheit, durch die Kenntniß ihrer Entwicklung geweckt und statt der christlichen Askese und Weltverachtung, Weltfreude und Bestreben, die Menschheit mehr und mehr aus den Fesseln zu befreien, mit welcher Natur und rücksichtsloser Egoismus sie gekettet haben, daß schon auf Erden das Ideal, das die Vernunft fordert, sich erfülle, das sind einzelne leuchtende Merkmale der Zeit, die aller Nebel von Dummheit und Gemeinheit, der auch über ihr lagert, nicht verhüllen kann. Freilich, unsere Weltanschauung ist noch im Fluß begriffen, sie hat noch keine Gestalt gewonnen, sie ist noch nicht in Fleisch und Blut der Mitlebenden übergangen. Aber hatte denn das Christenthum des ersten Jahrhunderts eine festumschriebene Gestalt oder war

Gautama's, des Buddhas eigener Glaube mehr als ein Ringen, Kämpfen und Suchen? Heute
wie zu allen Zeiten bildet der große Kampf zwischen dem Göttlichen und Thierischen im
Menschen wie in der Menschheit den Mittelpunkt allen Lebens und Treibens, aber daß er
nicht mehr aussichtslos ist, aber daß er auch nicht mit einem Federstrich, nicht mit dem Worte
eines Propheten zu entscheiden ist, sondern Schritt für Schritt in mühsamem Vorwärtsringen
gewonnen werden muß, das giebt unserer Zeit ihr neues, eigenes Gepräge. Und sicherlich
steckt in dieser Weltanschauung mehr, als bisher die Dichter hervorgeholt haben. Weiterhin
erwarte ich von der deutschen Dichtung, daß sie das Neue aufnimmt, ohne das Große, das sie
bereits gewonnen, aufzugeben. Besonders das reiche Empfindungsleben, das unsere nationale
Eigenart dem Romanismus gegenüber ausmacht, der lyrische Stimmungszauber, der über
dem Besten ruht, was unsere Dichter geschaffen, mit einem Wort den poetischen Urgrund
aller Poesie soll sie nicht, durch unverständiges Geschwätz beirrt, das Realismus und Poesie
als Gegensätze behandelt, sich rauben lassen. Vor allem aber bewahre ein gütiges Geschick
die deutsche Dichtung davor, nur diesem oder jenem Theile ein Lebensquell zu sein, oder
einseitig zur Salon-, zur Gelehrten- , zur Pöbeldichtung zu werden. Was uns mehr denn je
noth thut, ist eine *Volkspoesie* im wahren und großen Sinne des Wortes, eine Poesie, die aus
der Nothwendigkeit unseres nationalen und sozialen Daseins erwächst, die eine Lebensbedingung, kein bloses Beigut ist. Nicht der Dichter, welcher den Neigungen der Masse schmeichelt, sondern wer die Seele des Volkes aufzurütteln versteht, nicht der, welcher Leckereien,
sondern wer Lebensbrot bietet, nicht derjenige, welcher schafft, um sein Ich in den Vordergrund zu stellen, sondern wer sein Ich mit dem Fühlen und Wollen der Allgemeinheit
durchdringt, wer es priesterlich ernst mit den Aufgaben der Nation, der Menschheit, der
Literatur meint, – der wird der Volksdichter der Zukunft sein. Auch für das Volk ist das Beste
eben gut genug. Das Beste aber ist das Bedeutende in lebens- und wirkungsvollster Fassung.

Das *Kritische Jahrbuch* der Harts erschien im März 1889. Im Januar waren von Arno Holz/Johannes
Schlaf die Prosaskizzen *Papa Hamlet* herausgekommen. Ebenfalls im Frühjahr 1889 fand das erste
Treffen zur Gründung der Freien Bühne in Berlin statt. Anfang März begann darüberhinaus in Berlin die
erste Ibsen-Woche, ein wichtiger Erfolg auf dem Weg zur Durchsetzung des Naturalismus auf dem
Theater. Heinrich Hart selbst arbeitete an seinem *Lied der Menschheit*, von dem ein »Probeblatt« bereits
1885 in den *Berliner Monatsheften* erschienen war. Adalbert von Hanstein schrieb darüber 1890 in
seinem Aufsatz *Zwei Dichterbrüder* (gemeint waren die Harts): »Zwischen dem poetischen Naturell
Heinrich Hart's und meiner Empfindungswelt liegt eine sehr breite Kluft, daß ich Zeit und Mühe
gebraucht habe, bevor ich sein ›Lied der Menschheit‹ ganz objektiv zu würdigen im Stande war. Der
Mangel des philosophischen Grundgedankens, der das vierundzwanzigbändige Riesenwerk zusammen-
halten sollte, verleidete mir anfangs gänzlich die Freude am Einzelnen. Die Errungenschaften der modernen Naturwissenschaft und der Völkerkunde in einem poetischen Compendium niederzulegen, erschien
mir bei der Fluktuierung aller Wissenschaft als ein fruchtloses Bemühen. Was ein wissenschaftliches
Lehrbuch heute an Wahrheit bietet, ist morgen schon nicht mehr Wahrheit. [...] Und was sollte man nun
wohl zu der Sysiphusarbeit sagen, die sich ein hochbegabter Poet auferlegt, wenn er die Arbeit eines
Menschenlebens daransetzt, ein gleichsam wissenschaftliches Epos zu dichten, dessen erster Gesang nach
menschlicher Berechnung schon veraltet ist, ehe der vierundzwanzigste erreicht ist.« Allerdings kommt
von Hanstein dann doch zu einer positiven Würdigung, indem er feststellt: »Die Art, wie die wissenschaftlichen Gedanken in plastisches Leben umgearbeitet sind, die Plastik, mit welcher die Gestalten
erschaut sind, die Bildnerkraft, mit der sie geformt sind, müssen geradezu Bewunderung erwecken« (s. A.
v. Hanstein, *Zwei Dichterbrüder*. In: *Der Zeitgenosse*, Jg. 1, 1890/91, S. 132f.).

Heinrich Hart bemühte sich also nicht nur theoretisch um die Integration des naturwissenschaftlichen Weltbildes in sein ideal-realistisches Konzept, sondern seine Überlegungen korrespondierten mit der eigenen literarischen Arbeit. Der ob. dok. Aufsatz zeigt jedoch im Vergleich mit anderen neuen Entwicklungsschritten auf dem Gebiet der Literatur und des Theaters im Frühjahr 1889, daß Heinrich Harts Versuche zur Begründung einer neuen Klassik, einer naturwissenschaftlich fundierten Ewigkeitsdichtung, der literarischen Opposition zu diesem Zeitpunkt keine Impulse mehr zu geben vermochte.

20
Julius Hart: *Phantasie und Wirklichkeit. Eine Betrachtung auf Grund des Voß'schen Romans »Daniel, der Konvertit«.* In: *Kritisches Jahrbuch. Beiträge zur Charakteristik der zeitgenössischen Literatur sowie zur Verständigung über den modernen Realismus.* Hrsg. v. Heinrich Hart u. Julius Hart. 1. Jg. Hamburg (Verlagsanstalt und Druckerei Actien-Gesellschaft) 1889, Heft 1, S. 72–88; hier S. 74, 80–82.

[...]

Unter dem Vielen, das bei einer früheren Zeit unter dem Namen Geniethum zusammengefaßt wurde, später die Gesammtbezeichnung Romantik annahm und heute Realismus sich nennt, bildet ein Element den eigentlichen Kern, um den sich alles andere wirr und ungeordnet herumlegt. Aesthetische Theorien sprechen da gar kein Wort mit, mit Formeln und Begriffsbestimmungen hat's nichts zu thun: das eigentliche Wesen vielmehr ist nur die *Neuerung* und *Erneuerung*, die *Bekämpfung des Alten*, die *Feindschaft gegen das Herkömmliche*. Was einst jung und lebendig war, ist greis und hinfällig geworden, Kraft hat sich in Schwäche verwandelt. Die Jüngeren wenden sich gegen das *Einseitige*, das in der Literatur der Aelteren zum Ausdruck gekommen ist und erst allmählich in seiner zersetzenden und zerstörenden Eigenschaft erkannt wird. Das gerade Entgegengesetzte wird als Allheilmittel angepriesen.

[...]

Ueberall geht alle Kunst auf die Wirklichkeit zurück. Der Künstler schafft und gestaltet wie die Natur, aber er ist darin ihr Sklave, daß er, selbst Geschöpf der Natur, im Banne ihrer Anschauungen, Formen und Gesetze verharrt, über sie sich nicht hinaus schwingen kann. Der Künstler als Mensch kann die Logik ebensowenig aufheben, wie man sagt, daß ein Gott aus zweimal zwei fünf machen kann. Eine absolut subjektive Dichtung, die in sich und nicht in der Wirklichkeit beruht, kann es nach allem menschlichen Ermessen überhaupt nicht geben, und so kommt denn auch die romantische Poesie auf das Objektive zurück. Und die realistische Kunst kann deshalb auch nichts von ihr wesenhaft Unterschiedenes sein, der Realismus der Gegenwart keine im eigenen Sinne neue Poesie hervorbringen, sondern nur eine Veränderung, Erweiterung und Vertiefung der alten und ewigen Kunst, die von den ersten Uranfängen bei den Naturvölkern an bis heute ein Einziges und Untheilbares ist und so lange wir

Menschen Menschen bleiben, sein wird, was sie bisher immer war. Wir müssen nur das Mehr oder Weniger betonen, das Einseitige zurückweisen und zeigen, daß die größte Kunst aus der größten Harmonie der Geisteskräfte erwächst. Dem subjektiven Phantasieleben stellt der Realismus das *objektive* Phantasieleben entgegen. Der Künstler empfindet nicht mehr jene brennende Vorliebe für die Gestalten des Ichs, sondern wendet sich der Außenwelt zu, erfreut sich an allem, was ihn umgiebt, nur weil es lebt und da ist. Auch das Kleinste und Unbedeutendste, das Fernste und Beziehungsloseste gewinnt auf einmal einen ungeheuren Werth; nach Goethe'scher Weisung nimmt der Dichter jeden *realen Gegenstand* auf und erhebt sich über seine Subjektivität. Wendet man die Zola'sche Begriffserläuterung an, so wird in der romantischen Poesie vor allem Gewicht auf das Temperament gelegt, durch welches das Stückchen Natur angeschaut wird, in der realistischen dagegen muß das Temperament vor der Natur zurücktreten. Der reine Realismus sucht nun die Natur, möglichst ungefärbt durch alle Subjektivität, darzustellen, die reine Natur möchte man sagen, wenn es diese gäbe. Die romantische Phantasie nimmt die Blume der Wirklichkeit, setzt sie in fremde Erde und sucht künstlich eine bunte Spielart zu erzielen, die realistische erfreut sich gerade am frischen herben Erd- und Waldgeruch, sucht das Ursprüngliche zu erhalten und zu bewahren. Der Romantiker nimmt nur einen blassen Schein der Wirklichkeit in sich auf, nebelhafte Gebilde, die in seinem Innern Farbe und schärfere Form gewinnen; im Ich geht daher der bedeutendste Prozeß vor sich. Die realistische Phantasie hingegen sucht möglichst klar und gegliedert die Objekte zu erfassen, stellt die sinnliche Auffassung als das Wichtigste voran und ist vor allem bestrebt, das so Gewonnene treu festzuhalten, damit die Bilder, die sie nun in der Dichtung projizirt, der ersten sinnlichen Auffassung möglichst genau entsprechen. Der große Vorzug der objektiven Phantasie vor der subjektiven ist nicht zu verkennen. Der einzelne menschliche Geist ist immer etwas Beschränktes, Enges und Kleines in Hinsicht auf die große, das Bedeutendste wie das Geringste umfassende Natur. Die Romantik verengt die Welt in das Ich, der Realismus erweitert das Ich zur ganzen Welt. Und während die Bilder der subjektiven Phantasie immer etwas unter sich Gleichförmiges, Aehnliches, Einförmiges haben werden, zeichnen sich die der objektiven durch Mannigfaltigkeit und Verschiedenheit aus. Man braucht da nur die Fülle der Charaktere, welche wir in Shakespeare's realistischer Welt antreffen, mit der Armuth zu vergleichen, wie sie bei Byron herrscht, wo einer des anderen Abdruck nur ist, eine und dieselbe Gestalt immer wieder, nur unter verschiedenen Masken auftritt.

Aber wie sich eine absolut subjektive, alles Wirkliche verneinende Kunst gar nicht vorstellen läßt, so ist auch eine vollkommen objektive nicht denkbar. Was ist Wirklichkeit? Alles was vorhanden ist, kommt nur durch unsere Sinne uns zum Bewußtsein, das Wirkliche können wir nicht darstellen, wie es ist, denn das kennen wir nicht, sondern nur, wie es uns, dem Einzelnen, erscheint. Das Subjekt wird daher die durch die Phantasie aufgenommenen Bilder immer in seiner besonderen Weise färben, individuell umgestalten, in mehr oder weniger bewußter Weise. Was dem Einen grün erscheint, erscheint dem Anderen roth, und diese Verschiedenheit des Ichs macht einen absoluten Naturalismus zur Unmöglichkeit. Die Natur nachahmen, heißt die Natur wiederholen. An und für sich wäre es schon eine Thorheit, noch einmal zu machen, was bereits da ist, aber wie sollen wir überhaupt die Natur nachahmen können, die wir selber ein Geschöpf der Natur sind? Wo nehmen wir das Material her? Können wir aus einem Lehmkloß einen lebendigen Menschen schaffen? Der Affe, der dem Menschen nachahmt, bedient sich genau derselben Werkzeuge wie dieser, doch die Poesie, die Nachahmung der Natur sein soll, bringt immer nur Worte hervor, niemals aber wirkliche Bäume und Thiere, die Gestaltung kommt hier also durch ein ganz anderes Medium zustande, als es bei der Natur ist. Sache der Dichtung ist es niemals gewesen, nie hat sie es erstrebt und kann es nie erstreben, das Wirkliche um seiner selbst willen darzustellen. Bei der Unendlichkeit der Natur und bei der Beschränktheit des menschlichen Geistes kann sie immer nur ein unendlich kleines Stückchen der Welt auffassen, und so sehen wir vom ersten Anfang an das Subjekt seine Thätigkeit entfalten. Es sondert und unterscheidet und faßt nur das auf, was ihm Interesse einflößt, wodurch es bewegt und erregt wird. Die Beobachtung, die der künstlerische Realismus verlangt, darf nicht, wie bei der Wissenschaft Selbstzweck werden, sondern kann nur Material zur Verarbeitung liefern. Man muß das betonen, weil allerdings die naturalistische Aesthetik heute im Bestreben, radikal das Romantische zu vertilgen, oder gar im Wahn, eine wirklich neue Kunst hervorbringen zu können, so Abstruses zu Tage fördert und die schaffenden Poeten auf allerhand falsche Bahnen treibt.

Nicht die Natur nachahmen, sondern von der Natur lernen, das muß man vom Künstler verlangen. Dichtung ist Subjekt *und* Objekt, und der größte Dichter muß beides vereinigen, eine große und starke Individualität, große und reiche Kenntniß von Welt und Wirklichkeit. Mit der objektiven Phantasie muß er aufs schärfste die umfassendsten Bilder von der Natur aufnehmen und, wenn er sie innerlich erhöht, vertieft, verallgemeinert, trotzdem die Bestimmtheit und Feinheit darüber nicht verlieren.

[...]

Richard Voß (geb. 1851), dessen neuester Roman den Anlaß für Harts Aufsatz abgab, war ein in den 80er Jahren vielbeachteter Roman- und Dramenautor. Die »Verständigung«, die Julius Hart mit diesem Artikel anstrebt, richtet sich auf zwei Extrempositionen, wie er sie innerhalb der naturalistischen Bewegung sieht. Es geht um die Vermittlung zwischen Subjektivismus einerseits und Objektivismus auf der anderen Seite, einen Weg zwischen Romantik und Wissenschaft. Die Position der Romantik und des Subjektivismus wurde in den 80er Jahren insbesondere von Karl Bleibtreu in seiner Broschüre *Revolution der Litteratur* vertreten. Zwar forderte Bleibtreu hier eine Verbindung von Realismus und Romantik, erklärte aber dennoch: »Subjektivität ist Wahrheit, sogar das einzige bestimmte Wahre...« (K. Bleibtreu, *Revolution der Litteratur*. Leipzig 1887, 3. Aufl., S. 90; vgl. auch H. Bahr, Dok. 27 u. 28). Die Position des Objektivismus, der Hart hier entgegentritt, hatte in der theoretisch-programmatischen Diskussion ihren Hauptvertreter in Wilhelm Bölsche (vgl. Dok. 17) und Conrad Alberti (vgl. Dok. 9) gefunden, selbst wenn diese Zola auf seinem Wege der Verwissenschaftlichung der Kunst nicht gefolgt waren und Kompromißlösungen bevorzugten. So sprach Alberti in seinen *Thesen* vom »objektiven« und »subjektiven« Realismus und W. Bölsche formulierte: »Das Erhabenste dabei ist der Gedanke, daß die Kunst mit der Wissenschaft emporsteigt« (s. W. B., *Die naturwissenschaftlichen Grundlagen der Poesie*, Dresden 1887, S. 11).

21
Julius Hart: *Der Kampf um die Form in der zeitgenössischen Dichtung. Ein Beitrag zugleich zum Verständniß des modernen Realismus.* In: *Kritisches Jahrbuch. Beiträge zur Charakteristik der zeitgenössischen Litteratur sowie zur Verständigung über den modernen Realismus.* Hrsg. v. Heinrich Hart und Julius Hart. 1. Jg. Hamburg (Verlagsanstalt und Actien-Druckerei) 1890, Heft 2, S. 38–77; hier: S. 60–61, 65–67, 68, 69, 73–74, 75–77.

[...]

Viel und mancherlei ist bereits über die geistigen Umwandlungen geschrieben worden, welche die Kunst der Gegenwart unter den Einwirkungen des Realismus an sich vollzogen hat. Das Wort Realismus ist allerdings zuletzt nur ein Schlagwort, unter dem wir die Gesamtheit des neuen Gedankens »Empfindungsinhaltes und Vorstellungsinhaltes begreifen, welchen die europäische Kulturmenschheit in der zweiten Hälfte des neunzehnten Jahrhunderts in sich aufgenommen hat. Die Welt spiegelte sich in der Seele eines Calderon ganz anders wieder, als in der Seele eines Goethe, und das Geschlecht unserer Zeit sieht wiederum, je nach der Weite und Vielfachheit, mit der es die neuen politischen, gesellschaftlichen, religiösen und wissenschaftlichen Ergebnisse in sich verarbeitet hat, die Welt anders an, als der Zögling der Bildung des achtzehnten Jahrhunderts. Poesie ist die reichste und mannigfachste Gestaltung solcher Weltbilder, und ihr Charakter wechselt, wie die Geschlechter sich ändern. Daher müssen wir es als etwas Natürliches und Nothwendiges hinnehmen, daß die immer kraftvoller heranwachsende neue Dichtung, die sogenannte realistische Dichtung, in ihrer ganzen Eigenart sich ziemlich schroff von dem bisher Gewohnten und Bekannten unterscheidet und weder die reingeformten edlen Züge unserer Klassik, noch auch den träumerisch-schwärmerischen Ausdruck der Romantik zur Schau trägt. Alles echt Künstlerische ist aber etwas vollkommen Organisches und die im Innern sich vollziehenden Wandlungen, die Veränderungen des Gefühls, Phantasie- und Gedankenlebens ziehen auch Veränderungen im Ausdruck derselben nach; wie der Inhalt, so wechselt die Form, das ganze Gefühl der Sprachen, welche die Verkörperung der Poesie ermöglicht. Im kleinen und einzelnen sehen wir, wie jeder Dichter – wir müssen nur nicht zu verschwenderisch mit dieser Bezeichnung umgehen – eine besondere Form sich schafft (Form nicht in der rein äußerlichen Auffassung unserer Lehrbücher der Poetik), und so erzeugt sich auch jede neue allgemeine Kunstrichtung einen besonderen und eigenartigen sprachlichen Ausdruck. Man kann es voraussagen, daß die neu aufgehende realistische Dichtung, ebenso wie in ihrem Inhalt, so auch in ihrer Form sich von der unserer klassischen und romantischen Poesie deutlich unterscheiden wird, und man vermag sogar in großen allgemeinen Zügen die kennzeichnenden Umänderungen intuitiv anzugeben, sobald man richtig das Wesen der Form, das Verhältniß der Dichtung zur Sprache, wie auch das Wesen des neueren Realismus erfaßt hat.

Wir stehen heute im Anfang einer solchen Formenbewegung, inmitten einer litterarischen

Revolution, die sich hoffentlich zu einer Reformation klären wird. Da ist es ganz natürlich, daß die Bestrebung sich zunächst negativ äußert, und dieses wesentlich Negative sehe ich in der Feindschaft gegen den Vers, die für unsere deutsche Poesie anhebt mit dem Auftreten der Gutzkow und Laube, des jungen Deutschlands, und heute so weit um sich gegriffen hat. Die Anschauungen Ibsens, Zolas, die Thatsache, daß so viele hervorragenden Vertreter des neuen Geistes die Prosa an Stelle des Verses einführen, sind hochbedeutsamer Natur und aufs schärfste kennzeichnend für die Entwickelung, die unsere Kunst genommen, für den Charakter, der sie augenblicklich beherrscht. Auch unsere jüngeren deutschen Dichter schwören zum Theil, es sind einige der Besten darunter, auf die Fahne der Prosa. Das Neue ist aber nicht immer das Ewige, das Moderne zur Hälfte immer nur ein Modisches, und es sei mir gestattet, das Auge über den Tag hinaus in die Zukunft zu richten.

    [...]

    [...] Zur rechten Zeit noch haben wir Halt gemacht. Auch die Bestrebungen, die heute auf die Umänderungen der Form sich richten, zeigen deutlich, daß sich in unserer Kunst ein neues Leben regt, daß sie nach dem Niedergange wiederum einer Höhe zustrebt. Nicht nur bei uns, sondern auch in den übrigen Litteraturen Europas artete die gebundene Rede in leere und hohle Formalistik aus und hier wie dort bedeutet die Aufnahme der Prosa zunächst eine Rückkehr zu jener wahren und echten Form, die ganz etwas anderes geben will, als nur schöne äußerlich blendende Reize, nämlich die getreueste lebendigste Wiederspiegelung des Inhaltlichen – eine Rückkehr zur Natur, deren Bilder wir selbständig mit eigenen Sinnen aufnehmen wollen, mit unserem eigenen Ich, nicht aber unter dem Gesichtswinkel, unter dem sie von Klassik und Romantik betrachtet ward. Diese Einkehr bei den Quellen der Natur selber, die Aufnahme der Weltbilder durch eigene Anschauung, im Gegensatz zu der Anschauung, die, in Nachahmung befangen, Welt und Natur aus den Büchern, den Werken der großen Meister nur kennen lernt, ist der eigentliche Naturalismus in der Kunst, keine Neuentdeckung unserer Zeit, sondern ein in der Kunstgeschichte sich immer von neuem Wiederholendes. Der Satz hingegen, daß das Wesen des Naturalismus in der Nachahmung und Kopie der Wirklichkeit und der Natur bestehe, zeugt von einem oberflächlichen Denkvermögen, das im Schall des Wortes befangen bleibt und die großen Unterschiede, die zwischen dem Schaffen der Natur und der Kunst vorhanden, nicht bemerkt, vor allem nicht die große Verschiedenheit der Mittel, deren Kunstschöpfung und Naturschöpfung sich bedienen.

    In einem ähnlichen ästhetischen Irrthume sind auch die heutigen Vertreter und Vorkämpfer der Prosaform befangen, wenn sie die Behauptung aufstellen, daß die ungebundene Rede, wie sie in den Zolaschen Romanen, den Dramen Ibsens und Tolstois zur Verwendung kommt, Sprache der Wirklichkeit und des Alltags sei und so etwas wesentlich anderes, als die Versrede von Goethe und Schiller. Die Dichtung, sagt man, ist Nachahmung der Natur und so muß auch der Dichter reden, wie es die Wirklichkeit thut. Aber ebensowenig wie ihre Werke im großen und ganzen Nachahmung der Natur sind – sie sind es nicht mehr und nicht weniger, als es alle echten dichterischen Schöpfungen von Anfang an gewesen sind – so ist auch ihre Prosasprache nicht wesentlich eins mit der des Alltags. Um dieser Erkenntniß willen mäkeln wir nicht an ihrer künstlerischen Bedeutung; sie bleibt darum ganz bestehen, nur als Aesthetiker täuschen sie sich über das wahre Wesen ihrer eigenen Form, vermögen dasselbe nicht zu erfassen, wie ja oft ein großer Künstler doch ein schwacher Aesthetiker und Kunstbeurtheiler sein kann.

Wir haben gesehen, daß gebundene und poetische Rede durchaus nicht ein und dasselbe ist, Verse kennen gelernt, denen das Wesen der dichterischen Sprache vollkommen fremd gegenübersteht. Es liegt dieses Wesen also nicht in Reim und Rhythmus eingeschlossen. Sollte es daher nicht eine dichterische Sprache gebe, die ihren eigentlichen und wahren Zweck auch ohne Zuhülfenahme dieser mächtigen Mittel erreicht? Dieser eigentliche Zweck ist, wie wir wissen, möglichst unmittelbare Erregung von Phantasie und Gefühl; die dichterische Sprache haben wir, das Wesentliche kennzeichnend, als eine Phantasie- und Empfindungssprache bestimmt. Erstrebt und erreicht der Künstler diese Wirkungen durch die ungebundene Rede, so erstrebt und erreicht er doch nichts anderes, als ein anderer Künstler durch Zuhülfenahme des Verses gewinnt. Er schreibt eine dichterische Prosa, die sich nur durch Aeußerlichkeiten, aber keineswegs im inneren Wesen vom dichterischen Vers unterscheidet. *Mit der Prosa des Alltags, der sogenannten Wirklichkeit, der Prosa der Wissenschaft hat diese dichterische Prosa der Zola, Ibsen und Tolstoi jedoch ebenso wenig zu thun, ist von ihr durch eben dieselbe Kluft getrennt, wie auch der künstlerische Vers es ist.*

Das Wesen der Alltagssprache würde der dramatische Dialog nur dann aufweisen, wenn er sich ausschließlich darauf beschränkte, das rein Thatsächliche zu berichten, das für das Verständniß und die Entwickelung der äußeren Handlung nothwendige, wenn er sich, wie die Reporternachrichten einer Zeitung, auf reine Berichterstattung beschränkte. Gewiß, in ganz schlechten Schwänken und Possen treffen wir auch diesen Dialog an, aber wir wollen doch nicht die Oede und Flachheit solcher Arbeiten als das ansehen, was die naturalistische Kunst erstreben soll, wir wollen die nüchterne platte Zeitungssprache mit Spott und Hohn verfolgen, auch wenn sie in sogenannten naturalistischen Romanen und Dramen auftritt, deren Verfasser uns über ihren vollkommenen Mangel an dichterischer Fähigkeit mit dem schönen Worte hinwegtäuschen wollen, daß sie Realisten seien und schreiben müßten, wie man spricht.

Der dramatische Dialog der echten Dichter des Naturalismus will durch ungebundene Rede genau dasselbe erreichen, was die Shakespeare und Goethe mit dem Vers erstrebten. [...]
         [...]
Der Dichter, der den Prosadialog anwendet, sei es, wo es wolle, schreibt eine Sprache, welche mit der Sprache der Wirklichkeit nichts als ein Negatives gemein hat, nichts als das Eine, daß weder diese noch jene in einem unmittelbar uns zum Bewußtsein kommenden Rhythmus einhergehen. Ihrem geistigen Wesen nach sind sie überaus getrennt. Wenn es ihm nicht zum Bewußtsein kommt, so richtet sich doch sein Bestreben ebenso gut, wie das des Versdichters, darauf, den Gegensatz, in welchem die Vernunft- und Wirklichkeitssprache zum Wesen der Dichtkunst steht, auszugleichen und auszumerzen. Er beobachtet dabei auch dieselbe Methode! Wie verarbeitet er denn nun das Material, welches die nur an unser

Verständniß gewandte Sprache des Alltags ihm bietet, wie bildet er aus dem rohen Stoff eine Sprache, die Phantasie und Gefühl entzündet? Er faßt das, was in der Wirklichkeit weitschweifig ausgedrückt wird, in gedrängter Kürze zusammen und schreibt nur das Nothwendige nieder; aus hundert zufälligen Worten greift er ein das Wesen kennzeichnendes heraus, aus zehn charakteristischen das am meisten charakteristische, gruppirt Worte und Sätze, damit die Lichtpunkte deutlich hervortreten, er thut im Wesen genau dasselbe, was, wie wir gesehen, den Anfang aller Verssprache bildet; er wiederholt ein einziges Wort. In der Alltagssprache spricht ein Jeder, wie es ihm gerade in den Sinn kommt, ohne lange zu wägen und zu messen, der Prosadichter aber feilt an seinem Ausdrucke gerade so, wie der Versdichter; in der Alltagssprache theilen wir wesentlich nur Thatsächliches mit, Prosa- und Versdichter formen so, daß das bloß Berichtende aufgesaugt wird vom Wesensausdruck. So viel unsere Naturalisten alles »Komponiren« verachten und verwerfen, die Zola, Ibsen, Tolstoi, sie alle komponiren, vielleicht besser, mehr und anders, als ihre künstlerisch unbefähigteren Gegner. Sie verweisen immer wieder auf die Beobachtungen, die sie mit dem Notizbuch in der Hand anstellen. Mit oder ohne Notizbuch, das ist Sache der Gedächtnißstärke! Gewiß, ohne Beobachtung ist eine Kunst überhaupt unmöglich. Selbständig und unmittelbar von der Natur lernen soll jeder Dichter, und jeder große und echte Dichter hat es von Anfang der Welt an ausgeübt. Aber auch der Naturalist schreibt doch nicht alles auf, was er hört, untersucht nicht jedes Blatt am Baume, sondern nur das, was ihm charakteristisch erscheint. Während des Beobachtens und Hörens scheidet er bereits aus, komponirt er, entwickelt er eine künstlerische Thätigkeit.

[...]

Fassen wir aber die Schilderung eines Zola z.B. ins Auge, oder die Prosa Goethes in »Werthers Leiden«, so wird uns noch viel klarer, daß die ungereimte und unrhythmische Sprache der Dichtung mit der des Alltags nichts zu thun hat. Gerade die peinliche Genauigkeit, die bis ins Kleinste gehende Ausführlichkeit bei dem Dichter des »Germinal« beweist dessen wildes, zehrendes Verlangen, unserer Phantasie, all unseren Sinnen tönende, duftende, farbige Bilder der Wirklichkeit so scharf wie nur eben möglich vorzustellen. Niemals begnügt er sich mit dem platten Alltagswort der Wirklichkeit: »Da stehen ein paar alte Bäume«, sondern all seine Sprachgewalt wendet er an, nicht genug kann er sich in der Ausführlichkeit thun, damit unser geistiges Auge nur eine ganz scharfe individuelle Anschauung empfängt, damit unsere Seele in die Stimmung wirklich versetzt wird, die er gerade bei uns hervorrufen, die er selber empfunden und nun gestalten will. Es kann ja ein anderer Dichter mit Kürze und Knappheit, mit zehnmal so wenig Worten doch dasselbe erreichen, was Zola durch sorgfältige Malerei bis ins Einzelne hinein erstrebt..., aber sein Ziel ist genau dasselbe.

Wir wollen uns deshalb länger keiner Täuschung hingeben, am *Scheine* nicht länger haften bleiben und bloß äußerliche Unterschiede nicht für wesentliche hinnehmen; die Dichtung verkörpert sich in Prosa und Verssprache, aber zwischen der Prosa und der Versform einer vollen echt poetischen Dichtung besteht kein innerlicher Unterschied; auch die Prosa des naturalistischen Dramas ist von der Sprache des Alltags und der Wirklichkeit genau so weit entfernt, wie die Versrede es ist.

Die ästhetischen Theorien, von denen die eine grundsätzlich den Vers, die andere grund-
sätzlich die Prosa verwirft, sind beide falsch, weil sie auf einer Verkennung des inneren
Wesens der Sprache beruhen und nicht den Wesensunterschied erfassen, der zwischen der
Alltagssprache und aller dichterischen Sprache liegen muß, nicht die Wesensgemeinschaft
erkannt haben, welche die dichterische Prosa und die dichterische Versrede miteinander
verknüpft. Immer gab es eine Prosa und immer gab es eine Versdichtung, und unsere ästhetische Theorie erkennt als berechtigt an, was als berechtigt durch die Thatsächlichkeit die
Dichtkunst erwies. Daß unsere Theorie so mit der Erfahrung übereinstimmt, ist vielleicht
auch ein Beweis für ihre Wahrheit.

[...]

Die naturalistische Poesie sucht ausschließlich den Durchschnitts- und Alltagsmenschen
auf. Auch hier ist Ibsen wieder besonders charakteristisch. Große Ideenkämpfe spielen sich in
engen und beschränkten Kreisen ab. Das Bedeutende wird in dumpfe Bezirke hinabgezogen,
und wenn er geistig nach Faustischen und Prometheischen Naturen ausblickt, als Künstler
bewegt er sich in den Niederungen des Lebens und verquickt allgemein menschliche Kämpfe
mit dem Kampf um eine Badeanstalt. Wir haben die dichterische Sprache als eine Sprache des
Empfindungs- und Phantasielebens kennen gelernt, gesehen, wie Reim und Rhythmus in der
unmittelbaren Erregung von Gefühl und Anschauung besondere Kraft besitzen. Der Wanderer in Goethes »Faust«, Faust selber, die ganze Welt, die in diese Dichtung gebannt..., da ist
überall ein mächtiges, erdenüberfliegendes Fühlen, gewaltigste Phantasiekraft, erhabenstes
Denken. Umgekehrt in den Werken des heutigen Naturalismus. Sie wollen uns den Durchschnittsmenschen zeigen, gerade sehen lassen, wie klein und niedrig wir sind, von thierischen
Begierden erfüllt, im Staube kriechen, wie, trotz all unseres Selbstdünkels und unserer Hof-
fart, das Gemeine doch das Mächtigste in uns ist, und wie sehr wir uns Alle belügen, wenn
wir auf die Erhabenheit unserer Menschlichkeit pochen. Die Menschen, die sie uns vorführen,
sind eben Menschen von geringer Intelligenz, von niedrigem Empfinden, oft geradezu von
viehischer Gefühllosigkeit, trocken, nüchtern und ohne allen Schwung der Phantasie. *Suchen*
sie nach der wesenseigenthümlichen Form dafür, so müssen sie auch eine Sprache reden, in
welcher Empfindung und Phantasie nicht allzu starken Ausdruck findet, und werden dahin
gebracht, Reim und Rhythmus auszustoßen, weil diese zu heftig auf uns einwirken müßten.
Wohl kann auch Trockenheit und Plattheit des Seelenlebens durch den Vers charakteristisch
wiedergegeben werden. Das Höchste, wie das Niedrigste bleibt ihm nicht verschlossen. Aber,
wenn Goethe im »Faust« seinen Wagner reden läßt, so geht er darauf aus, geradezu die
eigentlichen Schönheiten des Reimes und Rhythmus zu tödten, indem er ein möglichst eintö-
niges Geklapper hervorruft, freiwillig begiebt er sich aller besondren Vorzüge der Verssprache, seine ganze Tendenz ist gegen dieselbe gerichtet, und es kann der Dichter dadurch gerade
ganz besonders charakteristisch wirken.* Wären jedoch die Helden der Goetheschen Dich-

---

*) Nicht nur Wagner und Marthe Schwertlein, noch viel mehr Grethchen, widerlegen aufs deutlichste die Anschauung
der einseitigen Vertreter der Prosaform, als ob durch den Vers nicht der Schein der Wirklichkeitssprache ebenso
täuschend erreicht werden könnte, wie durch die ungebundene Rede.

tung alle nur Wagnernaturen, sprächen sie alle nur in einer Verssprache, die mit Absicht die Farbe einer gereimten Prosa angenommen, so würde diese uns auf die Dauer zuletzt doch unausstehlich erscheinen, es hätte keinen Zweck mehr, in gebundener Rede zu schreiben, nur um sie nicht zu schreiben, um die Zerstörung ihres Wesens vorzuführen. Die vielen Wagnernaturen, die uns Ibsen und der Naturalismus vorführt, sprechen daher besser in ungebundener Redeform.

Einer der großen Vorzüge der naturalistischen Dichtung der Gegenwart besteht in der geistigen und seelischen Erneuerung, welche die Poesie durch sie erfährt. Sie hat es zum erstenmal unternommen, die Umwandlungen, welche durch all die neuen Entdeckungen und Erfindungen, sowie durch die neuen Erkenntnisse in unserem Gedanken- und Empfindungsleben wachgerufen wurden, künstlerisch zu gestalten, den neuen Inhalt in neuer Form auszuprägen. Aber wir stehen noch in den Anfängen dieser großen allgemeinen Geistesumwälzung, noch sind wir von dem Neuen allzu mächtig erregt und ergriffen, müssen uns geistig noch darüber völlig klar werden, zunächst den Verstand von der Wahrheit überzeugen, bevor unser an das Alte gewöhnte, unser ererbtes Empfindungs- und Phantasieleben wieder eigenartig, der neuen Weltanschauung angepaßt, die Vorgänge und Bilder der Wirklichkeit in sich aufnehmen kann. Wir streiten und reden noch zu viel über das Neue, sind in einer Periode des Kampfes begriffen und brechen zunächst kritisch dem Neuen Bahn. Die Mehrheit versteht noch gar nicht die Ideen, welche die Helden Ibsens und Tolstois verkörpern, und diese sind gezwungen, über sich selbst zu reden, ihre Gedanken und Absichten rein und verstandesmäßig auseinanderzusetzen, nicht wie es der Dichter thut, sondern wie der Philosoph, der Moralist. So gleicht denn oft eine naturalistische Dichtung mehr einem platonischen Dialog, als daß sie eine volle und reine künstlerische Durchgestaltung empfangen hätte, und ihre Menschen tragen einen Zettel im Mund, auf dem ihre geistigen Ueberzeugungen niedergeschrieben stehen. Die Tendenz hat noch das Uebergewicht, das Stoffliche übt zu sehr eine Vorherrschaft aus, und das Was erdrückt das Wie. Auch hierin erblicke ich eine Ursache der Hinneigung zur Form der Prosarede. Der naturalistische Dichter spricht mehr zu unserem Verstande, will unsere Ueberzeugung gewinnen, den Glauben an die Wahrheit seiner Ideen, als daß er schon unmittelbar den Gefühls- und Empfindungswerth ausschöpfen kann. Dieses agitatorische, rhetorische Element, dieses Element des bloß Verständigen, das Sprechen über die Dinge, statt sie in Gestalten und Bilder rein hinzustellen, widerstrebt dem Verse, der reinsten Kunstsprache, die wesentlich Schöpfung der künstlerisch schaffenden Geister ist, mehr als der dichterischen Prosa, welche besser als diese zu rein theoretischen Auseinandersetzungen paßt und das nur Verständige leichter verarbeiten kann.

Die naturalistische Versdichtung. Vorzug des Verses vor der Prosa.

Die ganze Eigenart und das Wesen der naturalistischen Poesie, ihre Vorzüge in gleicher Weise wie ihre Fehler zwingen also mit einer gewissen Nothwendigkeit den Dichter zu der Form der ungebundenen Rede. Alle Erwägungen sprechen aber dafür, daß sie in fortschreitender Entwicklung das Einseitige, das ihr jetzt noch anhaftet, überwinden wird, und ihre Schwäche, die vorwiegend dem Zeitlichen entspringt, abthut. Wenn erst die Ideen, die sie zu gestalten sucht, mehr Allgemeingut geworden sind, wenn sie das Uebergewicht des Tendenziösen und Stofflichen gebrochen hat und aufhört, mit der Einseitigkeit der Gestaltung nur des Alltäglichen, Niederen und Gemeinen, dann wird auch die Prosa wieder zurücktreten und dem Verse Platz machen, wie sie es zu allen Zeiten höchster Kunstentfaltung gethan hat. Denn der vielverschriene »Kultus des Häßlichen« ist nur litterarhistorisch zu begreifen, verständlich als ein nothwendiger Gegenschlag gegen die schwächliche Ueberzierlichkeit, Weibischkeit und schönfärberische Verschwommenheit der älteren Litteratur. Um diesen Geist zu überwinden, mußte die Dichtung durch den Naturalismus radikal-terroristisch vorgehen, mußte den Werth des Charakteristischen betonen. Aber die bloß negative Erkenntniß, daß die Ideale der Vergangenheit zerstört werden müssen, kann auf die Dauer nicht befriedigen, es muß die neue Kunst auch positiv ihre Ideale aufstellen und selbstverständlich kann sie diese nur in großen mächtigen Menschennaturen verkörpern; diese treten alsdann in den Vordergrund, die Gemeinen und Niedrigen zurück, und statt der Menschen von thierischer Intelligenz, des brutalen Empfindens, erstrebt auch der Naturalismus die Darstellung des Höchsten, Geistigen an, die Wiedergabe der Faust-, Hamlet- und Manfredcharaktere.

Eine solche Kunst wird mit derselben Nothwendigkeit in der Form der gebundenen Rede sich ausdrücken, wie der Naturalismus von heute zur Prosa greifen mußte.

Die höchste Macht des Empfindens und der Phantasiekraft bedarf der Aussprache durch den Vers.

Worin liegt es, daß die Prosa das Allerhöchste nicht wiederzugeben vermag?

Wir können bei dieser Frage mit vollem Recht auf das Gesetz vom kleinsten Kraftmaß zurückgreifen. Durch viel geringere Mittel erreicht der Vers doch besser und unmittelbarer das Ziel der Gefühls- und Phantasieerregung, als es die dichterische Prosa vermag. Das Eisen wird zu Stahl gehärtet, drückt sich Victor Hugo aus. Im Verse liegt das musikalische Element, dessen die dichterische Sprache gar nicht entrathen kann, schon von vorneherein gebannt, und was da durch einen einzigen Reimklang erreicht werden kann, durch den rein sinnlichen, inhaltsleeren Ton, darnach müht sich die Prosa ganz vergebens ab, oder sie muß doch, um dieselbe Wirkung zu erzielen, weit mehr Klangworte aufeinanderhäufen, bevor diese aufgefaßt werden. Auch der Prosadichter wird, wenn auch unbewußt, schon infolge des Sprachmaterials, bei der Darstellung des Lieblichen z.B. die weichen Laute mehr verwenden, als die dunklen a, o und u, aber er muß häufen, während der Versdichter weniger häuft, als an bedeutsamer Stelle hinsetzt. Durchbreche ich ein Jambengefüge charakteristisch durch einen Daktylus oder einen Anapäst, so erziele ich durch eine rein formelle Aenderung eine höchste Sinnlichkeit. Wir glauben ordentlich ein Stürzen oder Aufspringen zu sehen, wie wir die Pferde laufen hören, wenn der Rhythmus etwas Beflügeltes und Rasches an sich hat.

Der Vers wirkt aber deshalb so unmittelbar, weil Inhalt des Wortes, Klang und Rhythmus sich völlig durchdrungen haben, weil alle drei Faktoren zu gleicher Zeit auf unsere Phantasie und unser Gefühl zustoßen, während die Prosa vorwiegend nur durch ihr Inhaltliches anregt.

Sie kennt keine plötzlichen Klang- und Rhythmuswirkungen, ihre Daktylen und Reime empfinden wir nicht, weil sie nicht durch den Gegensatz hervorgehoben werden, wie es geschieht, wenn ein Daktylus sich in lauter Jamben eindrängt, und so ist ihre Formbedeutung und ihr Formwerth für die Zwecke der Poesie ziemlich gering.

Um die Sinnlichkeit und Bildlichkeit der Verssprache zu erreichen, muß sie noch mal so inhaltreich sein, wie diese; was in einem einzigen Verse der Dichter konzentrirt, dazu bedarf sie vielleicht einer halben Seite. Ihr droht daher immer die Gefahr der Weitschweifigkeit und der Ueberladung, und gerade die von stärkstem poetischen Geiste erfüllten Prosadichtungen zeugen dafür. Schon jetzt nach hundert Jahren sind für uns ganze Stellen in Werthers Leiden fast unlesbar geworden, und kein Anderer als Zola selbst hat am besten die Uebelstände der dichterischen Prosa erkannt. Er, der von den modernen Naturalisten wohl die höchste künstlerische Kraft besitzt und darum am meisten nach echt dichterischer Prosasprache drängt, der Sinnlichkeit und Bildlichkeit der Verssprache am nächsten kommt, fragt bang, was zu seinem »klingenden und duftenden Stil« wohl die Zukunft sagen wird.

Nein, wie wir noch in den Anfängen einer neuen Kunst überhaupt stehen, so stehen wir auch in den Anfängen der Formbewegung, die, wie früher, von der Prosa zum Verse wieder emporführen wird. Die Dichter des heutigen Naturalismus, der Prosadichtung sind Vorboten eines Kommenden, wie die Lessing und die Dichter des Sturmes und Dranges die Klassik ankündeten. Geklärt und neu wird dann der Vers vor uns stehen, in anderer Kraft, als heute, erlöst und befreit aus den Fesseln des nur äußerlichen Formalismus. Er strebt nicht, wie der Geibelsche, nach dem bloßen Wohllaut, nach einer gefälligen Schönheit, die gleichmäßig einförmig über alles sich ausgebreitet hat, sondern er wird charakteristisch sein und den Schrei des Schmerzes mit der ergreifenden Wahrheit der Natur auch als Schmerzensschrei in der Brust des Zuhörers wieder erklingen lassen.

Charakteristische Verkörperung des Inhalts, das ist sein allgemeines Wesen, wie auch der Vers Goethes es war. Unterscheidet sich die neue Kunst in ihrem Stoff, ihrem ganzen geistigen Wesen, in ihrer Anschauung und Auffassung der Welt, in ihren Empfindungen von der Kunst der Klassik und Romantik, und wir dürfen es mit einer gewissen Bestimmtheit annehmen, da ja die Kunst eines jeden Zeitalters ihr besonderes und bestimmtes Gepräge hat: so wird auch die Versprache der Dichtung der Zukunft im einzelnen wesenseigenthümliche Unterschiede von der unseres jüngsten Blüthezeitalters aufweisen.

[...]

Julius Harts Artikel reiht sich ein in eine insbesondere an Ibsen sich in den 80er Jahren entzündende Auseinandersetzung um die Versform im Drama. Hillebrand, der sich 1886 in der *Gesellschaft* für die Entstehung des sozialen Dramas aussprach, verlangte von diesem nachdrücklich, »daß es den konventionellen Theaterjargon durch die Sprache des Lebens ersetzt« (s. Dok. 7; vgl. auch Max Kretzer, Dok. 18).

Bereits 1884 hatten sich die Harts in ihrem Spielhagen-Essay über das Verhältnis von Vers und Prosa in der Entwicklungsgeschichte des Romans geäußert. In bezug auf den Verfall des »mittelalterlichen Epos« schrieben sie: »Wie zu allen Zeiten wandte sich das realistische Bedürfniß zunächst von der Tändelei der bestehenden Form ab und löste daher das Metrische in Prosa auf, ohne zugleich einen neuen Stoff und neue Ideen finden zu können. In solchen Uebergangsepochen scheint deshalb die neue Form nach neuem Gehalt zu suchen und nicht der neue Gehalt sich in neuen Formen auszuprägen. Aber das ist nur äußerlicher Schein; in Wirklichkeit ist der neue Geist stets das Erste, nur fehlt es ihm im Anfang an der Kraft sich anders als durch das Medium der Form zu neuem Inhalt durchzuringen. So ist es denn ein Zeichen ebenso der Kraft wie der Schwäche, wenn eine Literatur vom Vers zur Prosa übergeht und das Gleichgewicht tritt erst dann wieder ein, sobald die Prosa künstlerische Form annimmt und der Vers von neuem sich mit Idee und realistischem Ernst erfüllt« (s. Heinrich Hart u. Julius Hart, *Friedrich Spielhagen und der deutsche Roman der Gegenwart.* In: *Kritische Waffengänge*, H. 6, Leipzig 1884, S. 4).

1885 bekräftigte Heinrich Hart in den *Berliner Monatsheften* diese Beurteilung der Bedeutung von Prosa und Vers. Gegen Ibsen erklärte er: »Das soziale Zeitdrama war und ist eine geschichtliche Notwendigkeit und die prosaische Form ist ihr ein Bedürfnis, aber dem großen Dichter wird es nicht genügen, um allem, was ihn durchglutet, Ausdruck zu geben, denn er trägt nicht nur die Zeit in sich, sondern auch die Ewigkeit..« (a.a.O., 1885, S. 319). Hier werden die Grenzen deutlich, die dem Streben nach einem modernen Realismus durch die Anerkennung eines traditionalistischen Kunst-, bzw. Formideals von Anfang an gezogen waren.

Hart begründet in dem ob. dok. Aufsatz seinen »Kampf um die Form« in zwei Schritten. Zunächst widerlegt er die auch in Hillebrands Forderung implizit enthaltene These, daß mit der Prosa tatsächlich die »Sprache des Lebens«, also keine Kunst-Sprache, auf die Bühne käme. Darüberhinaus erklärt Hart im Sinne der Aussagen in dem *Spielhagen*-Essay von 1884 die ungebundene Rede prinzipiell als »Ausdruck« des »Übergangs« und die »Dichter des heutigen Naturalismus« als »Vorboten eines Kommenden« (s. Dok. 21). Dieses Kommende sieht Hart in den »Anfängen einer neuen Formbewegung«, die wieder »von der Prosa zum Vers emporführen wird« (s. ebd.). Erscheint Julius Hart mit diesem Aufsatz als Anreger der Neoklassik, wie sie gegen Ende der 90er Jahre insbesondere auch von Paul Ernst verkündet und literarisch praktiziert wurde, so steht fast zeitgleich sein Aufsatz über die *Soziale Lyrik* daneben (s. Dok. 57), indem Hart für die Weiterentwicklung sozialkritischer Lyrik eintritt. (Zur Frage Prosa/Vers vgl. auch Dok. 29)

22
Arno Holz: *Die Kunst. Ihr Wesen und ihre Gesetze.* Berlin (W. Issleib) 1891, S. 86–88, 90–98, 100–119, 122.

[...]

1.

Unter all jenen Errungenschaften, deren wohlthätige Wirkungen die Menschheit im Laufe ihrer Entwicklung bereits zu verzeichnen gehabt hat, giebt es Eine, deren Tragweite so ungeheuer ist, dass man heute, wo man jene Entwicklung zu begreifen besser in den Stand gesetzt ist, als je zuvor, wohl kaum noch einen irgendwie fortgeschrittenen Denker finden wird, der auch nur einen einzigen Augenblick zögern würde, sich nicht etwa blos für die unverhältnissmässig grösste unserer Zeit, sondern gradezu für die weitaus wichtigste der Zeiten überhaupt anzuerkennen. Ja, es darf selbst bezweifelt werden, ob auch in Zukunft eine der nach dieser noch möglichen gewaltig genug sein wird, um überhaupt auch nur an sie heranzureichen. Es ist dies die endliche, grosse Erkenntniss von der durchgängigen Gesetzmässigkeit alles Geschehens.

Mit ihr ist der Menschheit ein neues Zeitalter aufgedämmert! Seine Sonne wird aufgegangen sein, wenn jene Wahrheit, die ihr Keim ist, und deren überwältigende Grösse erst noch von verhältnissmässig wenigen, hervorragenderen Geistern voll erfasst wird, aus den Schädeln dieser Vereinzelten restlos in das Bewusstsein der Menge übergegangen sein wird. Erst durch sie ist uns die Welt aus einem blinden, vernunftlosen Durcheinanderwüthen blinder, vernunftloser Einzeldinge, dessen Widersinnigkeit unserer wachsenden Erkenntniss um so empörender dünken musste, je ernsthafter wir in ihm das Walten eines uns gütigen Wesens verehren sollten, das uns Hunger und Pest, Tod und Krankheit erleiden liess, um uns seiner Liebe zu vergewissern, zu einem einzigen, riesenhaften Organismus geworden, dessen kolossale Glieder logisch ineinandergreifen, in dem jedes Blutskügelchen seinen Sinn und jeder Schweisstropfen seinen Verstand hat. Erst durch sie haben wir jetzt endlich gegründete Hoffnung, durch Arbeit und Selbstzucht, vertrauend auf nichts anderes mehr, als nur noch auf die eigene Kraft, die es immer wieder zu stählen gilt, dermaleinst das zu werden, was zu sein wir uns vorderhand wohl noch nicht recht einreden dürfen, nämlich: »Menschen!«

[...]

3.

Es ist ein Gesetz, dass jedes Ding ein Gesetz hat! Erst dadurch, dass man diese Erkenntniss endlich in ihrer Ganzheit auf sich wirken liess, erst dadurch, dass man endlich aufhörte, an ihr zu drehen und zu deuten, erst dadurch, dass man endlich rund annahm, was sie rund aussagte, und nicht etwas andres, was sie nicht aussagte, erst dadurch ist es möglich geworden, thatkräftig an die Verwirklichung jener grossen Idee von einer einzigen, einheitlichen Wissenschaft zu schreiten, deren natürlichen Abschluss die Wissenschaft von der Menschheit als Menschheit bildet, die Sociologie.

Ihr Wollen ist das Wollen unserer Zeit!

Welches *ist* dieses Wollen?

Es ist das Wollen, durch die Erforschung derjenigen Gesetze, die die Zustände der menschlichen Gesellschaft regeln, nicht allein vollständig zu begreifen, durch welche Ursachen dieselben jedes Mal in allen ihren Einzelheiten zu denen wurden, zu denen sie jedes Mal thatsächlich geworden sind, sondern auch, und das ist das weitaus wichtigste, zu erkennen, zu welchen Veränderungen dieselben wieder hinstreben, welche Wirkungen jeder ihrer einzelnen Bestandtheile voraussichtlich wieder hervorbringen wird, und durch welche Mittel etwa eine oder mehrere dieser Wirkungen, uns zur Wohlfahrt, verhindert, verändert, beschleunigt oder andre Wirkungen an deren Stelle gesetzt werden können. Mit andren Worten, es ist ihr Wollen, die Menschheit, durch die Erforschung der Gesetzmässigkeit der sie bildenden Elemente genau in demselben Masse, in diesem ihr gelingt, aus einer Sclavin ihrer selbst, zu einer Herrscherin ihrer selbst zu machen.

Noch nie hat es in der Welt eine Aufgabe gegeben, die dieser gleichkam. Jener Erkenntniss haben wir sie zu verdanken und jener Erkenntniss auch zugleich die Gewissheit, dass wir auch befähigt sind, sie zu lösen. Dass wir sie noch nicht gelöst haben, thut ihrer Wahrheit keinen Abbruch. Jeder Tag, der sich neigt, jede Minute, die verrinnt, bringt uns unserm Ziele näher.

4.

Wie unser Körper, trotzdem er ein Ganzes bildet, dieses Ganze doch erst durch die vereinigte Thätigkeit der verschiedenen Organe ist, die ihn zusammensetzen, und wie es nicht denkbar ist, dass irgend eins dieser Organe functioniren kann, ohne durch die Functionen aller übrigen fortwährend beeinflusst zu werden, so auch jener grosse, noch bei Weitem complicirtere Körper, der die Gesellschaft ausmacht. Auch aus ihr lässt sich kein einziges Phänomen herausschälen, das unabhängig von allen übrigen eine eigene Existenz besässe, das nur seinem eigenen Gesetz gehorchte und nicht fortwährend durch die aller übrigen in der Offenbarung desselben beeinträchtigt wäre.

Allein genau so, wie sich in unserm Körper wieder Organe vorfinden, deren Constitution eine so kräftige ist, dass sie durch die Functionen der übrigen in einem nur sehr geringen Grade beeinflusst werden, und wie es sich trifft, dass grade diese seine Haupt-Organe sind, genau so giebt es auch eine Classe von gesellschaftlichen Erscheinungen, die, trotzdem ihre augenfällige Abhängigkeit von den jedesmaligen Gesammtzuständen der Gesellschaft gar nicht geleugnet werden kann, doch derart beschaffen ist, dass sie der Hauptsache nach weniger von ihnen, als vielmehr von gewissen gegebenen Ursachen unmittelbar und in erster Reihe abhängig ist. Und es kann wohl keinen Augenblick zweifelhaft sein, dass grade sie es ist, die die wichtigsten von allen umfasst.

Auf diese Thatsache gründet sich das Bestehen von Spezialwissenschaften der Sociologie, wie sich auf ihr das Bestehen von Spezialwissenschaften der Physiologie gründet. Und es ist wohl einleuchtend, dass die Zahl derselben nicht nur vermehrt werden kann, sondern in unserm eigensten Interesse auch vermehrt werden muss, genau in demselben Masse, als es sich erweist, dass sociale Phänomene vorhanden sind, die jene Eigenschaft, nämlich eigenen Gesetzen stärker unterworfen zu sein, als fremden, besitzen.

5.

Bei dem noch so jugendlichen Alter unserer Wissenschaft ist es wohl ziemlich selbstverständlich, dass der Kreis dieser so gearteten gesellschaftlichen Erscheinungen noch lange nicht als geschlossen angesehn werden darf. Es ist der Zukunft sicher vorbehalten, noch eine ganze Reihe von ihnen zu ermitteln. Zu denjenigen aber, die wir mit den uns zu Gebote stehenden Hülfsmitteln bereits heute als solche hinstellen dürfen, scheint mir nun namentlich auch diejenige zu gehören, deren Thatsachen wir in den Sculpturen eines Michel Angelo ebenso zu erblicken gewohnt sind, wie in den Tragödien eines Shakespeare, in den Fresken eines Raphael ebenso wie in den Symphonieen eines Beethoven. Thatsachen, deren Aufzählung ich hier nicht unnütz anschwellen lassen will, da sie jedermann bekannt und jedermann zugänglich sind, und deren Gesammtheit wir unter der Bezeichnung Kunst begreifen.

Dass diese Kunst von der allgemeinen Regel eine Ausnahme bildet, dass sie ihre Werke *keinen* Gesetzen unterworfen sieht, behauptet heute freilich kein auch nur einigermassen gebildeter Mensch mehr. Auch hat man die speziellen Nachweise für das Gegentheil längst gebracht. Ich erinnere nur an die grossen Leistungen Taines und Spencers. Allein so verdienstvoll, ja so nothwendig diese Arbeiten auch gewesen sind: niemand, der bereits fest auf dem Boden jener Erkenntniss, in dem der Gedanke an eine Wissenschaft von der Gesellschaft überhaupt erst Wurzeln zu schlagen vermochte, stand, wird sich verhehlen, dass sie ihm eigentlich nur nachträglich das bewahrheitet haben, was zu bezweifeln ihm bereits von vornherein auch nicht einen Augenblick lang hätte einfallen können. Nämlich, dass die Kunst als ein jedesmaliger Theilzustand des jedesmaligen Gesammtzustandes der Gesellschaft zu diesem in einem Abhängigkeitsverhältniss steht, dass sie sich ändert, wenn dieser sich ändert, und dass das grosse Gesetz der Entwicklung, dem Alles unterthan ist, auch von ihr nicht verletzt wird.

Dass alle diese Nachweise, und zwar in der ganz speziellen Form, in der sie uns heute vorliegen, nothwendig gewesen sind, ich betone es nochmals, verkenne ich nicht; aber ich verkenne auch zugleich nicht, dass sie leider noch lange nicht genügen, um für die *künstlerische* Thätigkeit der Menschheit bereits eine ähnliche Wissenschaft zu ermöglichen, wie sie uns etwa seit Marx für die *wirthschaftliche* Thätigkeit derselben in der Nationalökonomie vorliegt. Dass aber der Aufbau einer derartigen Wissenschaft nichtsdestoweniger äusserst wünschenswerth wäre, und zwar nicht blos im Hinblick auf die Kunst selbst, für deren fernere Entwicklung sie von unberechenbarem Nutzen sein müsste, wird jeder zugeben, der davon unterrichtet ist, wie die einzelnen Wissenschaften dazu berufen sind, sich nicht blos gegenseitig zu ergänzen, sondern sich auch gegenseitig zu berichten.

6.

Ich habe eben die Behauptung niedergeschrieben, dass all unser gegenwärtiges *Wissen* von der Kunst, so umfangreich und so trefflich geordnet dasselbe auch, verglichen mit dem der früheren Zeiten, bereits sein mag, doch noch keineswegs ausreichend ist, um sich bereits für eine *Wissenschaft* von derselben auszugeben. Inwiefern nicht? Ich glaube, meine Gründe hierfür bereits angedeutet zu haben. Indessen, man kann nicht deutlich genug sein. Ich will hier noch einmal auf sie zurückkommen, indem ich sie zugleich präcisire.

All unser gegenwärtiges *Wissen* von der Kunst kann sich deshalb noch keine *Wissenschaft* von der Kunst nennen, weil die Gesetze, die seine einzelnen Thatsachen mit einander verknüpfen, noch sammt und sonders auf ein solches letztes, *ursächliches* zurückweisen, dass ihnen allen ausnahmslos zu Grunde liegt, und das jene Thätigkeit, in deren regelrechten Verlauf sie eben fortwährend störend eingreifen, überhaupt erst ermöglicht. Nie z.B. hätte man nachweisen können, dass das, was wir Kunst nennen, auch der Entwicklung unterworfen ist, wenn das, was wir eben Kunst nennen, gar nicht existirt hätte. Aber es existirt, und eben deshalb können wir heute auch nachweisen, dass es sich entwickelt hat. Welches aber ist nun das Gesetz dieser seiner Existenz selbst? d.h. welche Form hätte diese angenommen, wenn nicht blos das Gesetz jener Erscheinung, die wir Entwicklung nennen, sondern auch die Gesetze aller jener übrigen Erscheinungen, deren Einflüsse auf sie wir in den meisten Fällen noch nicht einmal genügend nachweisen können, obgleich wir durchgehens von ihnen überzeugt sind, keine Macht über sie gehabt hätten?

[...]

Dieses Gesetz ist bisher noch nicht gefunden worden. Weder von Taine noch von Spencer, noch von sonst jemand.

Ja, es scheint sogar, man hat es bisher noch nicht einmal als »Problem« gefühlt!

Wenigstens *dies* herbeizuführen und so, damit aus unserm Wissen von der Kunst endlich eine Wissenschaft von der Kunst wird, den ersten vorläufigen *Anstoss* zum Anstoss zu geben, war für mich der *Zweck* dieser kleinen Arbeit.

Damit war das Rad in Gang getreten, und ich spulte nun weiter runter:

Es ist klar: Das Gesetz einer Erscheinung kann nur aus der Betrachtung dieser Erscheinung selbst geschöpft werden. Um hinter das Gesetz zu kommen, dessen Verkörperung die Kunst ist, würde es also meine erste Aufgabe sein, diese einer Analyse zu unterziehen. Diese Aufgabe ist jedoch für mich unlösbar. Denn, selbst angenommen, das betreffende Thatsachenmaterial wäre bereits ein nach allen Richtungen hin scharf abgegrenztes, was es indessen noch keineswegs ist: der Umfang desselben wäre ein so ungeheurer, dass auch eine weit stärkere Kraft als die meine bereits an dieser einen Klippe ohnmächtig scheitern müsste.

Ich bin also gezwungen, mich nach einem anderen Verfahren umzusehn. Nach einem Verfahren, das geeignet ist, mich auf einem anderen Wege zu demselben Resultat gelangen zu lassen.

Ich sage mir: liegt ein Gesetz einem gewissen Complex von Thatsachen zu Grunde, so liegt dieses selbe Gesetz auch jeder einzelnen Thatsache desselben zu Grunde. Liegt der Kunst in ihrer Gesammterscheinung ein Gesetz zu Grunde, so liegt eben dieses selbe Gesetz auch jeder ihrer Einzelerscheinungen zu Grunde. Ich würde also bereits in den Besitz desselben gelangen, falls es mir glückte, auch nur eine einzige Thatsache derselben einer Analyse zu unterziehen.

Es schien, als ob meine Aufgabe, auf diese Form reducirt, eine leicht zu bewältigende geworden war. Ich brauchte jetzt aus der Masse des Vorhandenen nur die erste beste herauszugreifen, die von mir als nothwendig erachtete Analyse an ihr zu vollziehen, das Ergebniss derselben durch ein mehr oder minder grosses Material zu bewahrheiten, respective betreffend zu rectificiren, und mein Problem war gelöst. Gleichgültig, ob diese Thatsache nun eine indische Pagode, ein Wagner'sches Musikdrama, ein Garten aus der Rokkokozeit, oder eine Kielland'sche Novellette gewesen wäre.

Allein bereits aus diesen vier angeführten Beispielen leuchtet vielleicht ein, dass es hier mit einem willkürlichen Draufzugreifen nicht gethan war. Denn was berechtigte mich wohl, von vorn herein anzunehmen, dass eine Kielland'sche Novellette und eine indische Pagode Ausdrucksformen ein und derselben menschlichen Thätigkeit seien? Dass ein Wagner'sches Musikdrama nichts anders als die Verkörperung desselben Gesetzes sei, dem eine Le Nôtre'sche Gartenanlage ihre verschnörkelte Pedanterie verdankt? Doch wohl nur der Sprachgebrauch. Derselbe, der den Walfisch kein Säugethier sein lässt und das Nilpferd unter die Einhufer rechnet! Aber, wie sich schon Engels damals so drastisch in seiner prachtvollen »Umwälzung« ausdrückte: »Wenn ich eine Schuhbürste unter die Einheit Säugethiere zusammenfasse, so bekommt sie damit noch lange keine Milchdrüsen«!

Und dieser Satz war so köstlich, so *überwältigend*, dass ich, als er mir einfiel, laut auflachen musste. Und ich sagte mit Jobst Sackmann, dem alten biedern Pastor und Bierhuhn: »Ek hebbe düssen Veersch nich maaket, man he dreept gladd in!«

Ich sah also, dass meine Wahlfreiheit nur eine sehr beschränkte war. Der alte Plato, den sie den Göttlichen nannten, zog die Hebeammen- und die Schuhmacherkunst der tragischen vor, der Volkswitz kennt die »unnütze Kunst, Linsen durch ein Nadelöhr zu werfen«, ein Mann wie Herder phantasirte noch von der »schönen Bekleidungskunst«, Barnum hat von der »Kunst, reich zu werden«, ein Anderer über die »Kunst, verheirathet und doch glücklich zu sein« geschrieben, Julius Stettenheim[1] neulich erst eine Broschüre über die »Brodlosen Künste«, unter denen, als letzte, die »Kunst – eine Cigarre anzubieten« florirt, und Goethe, der grosse Goethe, setzt sogar an einer Stelle die Kunst diametral der Poesie gegenüber. Die Poesie wäre ebenso wenig eine »Kunst«, wie eine »Wissenschaft«. Künste und Wissenschaften »erreichte« man »durch Denken, Poesie nicht«; denn diese wäre »Eingebung«: sie wäre in der »Seele« »empfangen«, als sie sich »zuerst regte«. Man solle sie daher »weder Kunst noch Wissenschaft« nennen, sondern »Genius«. Wortwendungen, die, wie man heute vielleicht bereits das Ohr hat, nicht einmal den Vorzug haben, dass sie schön klingen!

Die Grenze zwischen dem, was Kunst ist, und dem, was nicht Kunst ist, soll eben noch erst gezogen werden. Und ich sagte mir, sie zu ziehen, ist naturgemäss erst dann möglich, nachdem das Problem, das hier in Frage steht, gelöst worden ist. Es ist aber noch nicht gelöst, und daher muss ich in der Wahl meiner Thatsache so vorsichtig, als nur irgendwie möglich zu Werke gehn. Ich muss mich nach ihr auf einem Gebiete der Kunst umsehen, das als solches noch nie und nirgends in Frage gestellt worden ist.

Ein solches schien mir nun vor allen anderen dasjenige der Malerei zu sein. Oder irrte ich mich? Sollte es bereits thatsächlich jemand eingefallen sein, ein Werk wie z.B. die Sixtinische Madonna als nicht der Kunst angehörig hinzustellen? Ich durfte das wohl bezweifeln. Und ich glaube auch heute noch: die Malerei hat man überall und zu allen Zeiten als »Kunst« gelten lassen!

Mithin, sagte ich mir, würde es allerdings alle Wahrscheinlichkeit für sich haben, dass jedes ihr angehörige Werk, und zwar ganz gleichgültig welches, einer ausreichenden Analyse unterworfen, mir zur Erkenntniss des von mir gesuchten Gesetzes verhelfen müsste. Ein Bild wie die Sixtinische Madonna musste mir dieses Gesetz eben so gut liefern, wie eine Pompejanische Wandmalerei oder das Menzelsche »Eisenwalzwerk«. Nur sah ich mich aber leider

bereits nach dem oberflächlichsten Nachdenken über diese Werke zu dem Geständniss gezwungen, dass sie mir durchweg zu complicirt waren. Eine ausreichende Analyse irgend eines
derselben, darüber durfte ich mich gar keinen Augenblick einer leichtsinnigen Hoffnung
hingeben, wäre mir schlechterdings unmöglich gewesen.

Und ich war mir nun also darüber klar geworden: Wenn es mir nicht gelang, andere als
diese grossen Thatsachen der Geschichte ausfindig zu machen, deren Bedingungen ich nicht
mehr controlliren konnte, so musste ich auf die Lösung meines Problems wohl oder übel
endgültig verzichten. Es waren einfache Thatsachen, die mir noth thaten! Thatsachen, deren
Zusammensetzung mir weniger zu rathen gab! Thatsachen, die ich übersehn konnte! Denn es
war und ist eben auch heute noch nur ein alter naturwissenschaftlicher Satz: »Die Erkenntniss
eines Gesetzes ist um so leichter, je einfacher die Erscheinung ist, in der es sich äussert.«

Die Idee der Entwicklung, die unsre ganze Zeit beherrscht, die endliche Erkenntniss der
Wesenseinheit der höheren und niederen Formen jedoch machte mir glücklicher Weise die
Auffindung dieser einfachen Thatsachen zu einer spielend leichten. Auf ihr als Basis war ich
gezwungen, die Kritzeleien eines kleinen Jungen auf seiner Schiefertafel für nichts mehr und
nichts weniger als ein Ergebniss genau derselben Thätigkeit anzusehn, die einen Rubens seine
»Kreuzabnahme« und einen Michel Angelo sein »Jüngstes Gericht« schaffen liess, und die
wir, zum Unterschiede von gewissen andern, eben als die »künstlerische« bezeichnen. Es
fragte sich jetzt also nur noch, ob es mir möglich sein würde, eine *dieser* Thatsachen einer
hinreichenden Analyse zu unterziehen. Ich war gezwungen, zu folgern, ich hätte dann thatsächlich gegründete Aussicht, mein Problem zu lösen.

Und ich wagte den Versuch!

Ich grabe ihn hier aus meinen Papieren:

»Vor mir auf meinem Tisch liegt eine Schiefertafel. Mit einem Steingriffel ist eine Figur auf
sie gemalt, aus der ich absolut nicht klug werde. Für ein Dromedar hat sie nicht Beine genug,
und für ein Vexirbild: »Wo ist die Katz?« kommt sie mir wieder zu primitiv vor. Am ehesten
möchte ich sie noch für eine Schlingpflanze, oder für den Grundriss einer Landkarte halten.
Ich würde sie mir vergeblich zu erklären versuchen, wenn ich nicht wüsste, dass ihr Urheber
ein kleiner Junge ist. Ich hole ihn mir also von draussen aus dem Garten her, wo der Bengel
eben auf einen Kirschbaum geklettert ist, und frage ihn: »Du, was ist das hier?«

Und der Junge sieht mich ganz verwundert an, dass ich das überhaupt noch fragen kann,
und sagt: »Ein Suldat!«

Ein »Suldat!« Richtig! Jetzt erkenne ich ihn deutlich! Dieser unfreiwillige Klumpen hier soll
sein Bauch, dieser Mauseschwanz sein Säbel sein und schräg über seinem Rücken hat er sogar
noch so eine Art von zerbrochenem Schwefelholz zu hängen, das natürlich wieder nur seine
Flinte sein kann. In der That! Ein »Suldat«! Und ich schenke dem Jungen einen schönen,
blankgeputzten Groschen, für den er sich nun wahrscheinlich Knallerbsen, Zündhütchen oder
Malzzucker kaufen wird, und er zieht befriedigt ab.

Dieser »Suldat« ist das, was ich suchte.

Nämlich eine jener einfachen künstlerischen Thatsachen, deren Bedingungen ich controlliren kann. Mein Wissen sagt mir, zwischen ihm und der Sixtinischen Madonna in Dresden besteht kein Art- sondern nur ein Gradunterschied. Um ihn in die Aussenwelt treten zu lassen und ihn so und nicht beliebig anders zu gestalten, als er jetzt, hier auf diesem kleinen Schieferviereck, thatsächlich vor mir liegt, ist genau dasselbe Gesetz thätig gewesen, nach dem die Sixtinische Madonna eben die Sixtinische Madonna geworden ist, und nicht etwa ein Wesen, das z.B. sieben Nasen und vierzehn Ohren hat. Dinge, die ja sicher auch nicht ausser aller Welt gelegen hätten! Man braucht nur an die verzwickten mexikanischen Vitzliputzlis und die wunderlichen Oelgötzen Altindiens zu denken. Nur, dass eben die Erforschung dieses Gesetzes mir in diesem primitiven Fall unendlich weniger Schwierigkeiten bereitet.

Dass sie mir indessen trotzdem welche bereiten würde, und zwar wahrscheinlich gar nicht einmal so unerhebliche, glaubte ich bereits voraussehn zu dürfen. Denn wonach ich suchte, war ja ein sogenanntes »ursächliches« Gesetz und über diese hatte schon Mill ausgesagt: »Alle ursächlichen Gesetze sind einer sie scheinbar vereitelnden Gegenwirkung ausgesetzt, indem sie mit anderen Gesetzen in Conflict gerathen, deren Sonder-Ergebnisse dem ihrigen entgegengesetzt oder mehr oder weniger unvereinbar ist.« Woraus denn natürlich resultirt, dass sie dem *naiven* Verstand überhaupt nicht in Erfüllung zu gehen scheinen!

Ich durfte also auf keinen Fall hoffen, das Gesetz, das alle Kunst regiert, durch meine kleine »Thatsache« sofort klar und deutlich wie durch ein Krystall zu sehn. Im Gegentheil! Ich musste mich bereits darauf gefasst machen, es, falls ich es überhaupt fand, fast bis zur Unkenntlichkeit entstellt zu finden. Was aber wieder natürlich absolut nicht verhindern konnte, dass ich mich dann endlich trotzdem in der erwünschten Lage befand. Nämlich aus ihm nicht nur die Gesetzmässigkeit jener complicirteren Thatsache ableiten zu können, zu deren Analyse ich mich platterdings hatte für unfähig erklären müssen, sondern auch die aller übrigen der Kunst. Und zwar ohne Ausnahme! Ganz gleichgültig, ob sie nun der Malerei oder irgend einem anderen ihrer Gebiete angehörten. Die Induction bereits dieses einzigen Falles musste, falls es überhaupt möglich war, sie zu vollziehen, genügen, um, vorausgesetzt natürlich, dass sie richtig vollzogen war, hinreichendes Material für die Deduction aller übrigen zu liefern. Und ich versuchte es. Ich sagte mir:

»Durch den kleinen Jungen selbst weiss ich, dass die unförmige Figur da vor mir nichts anders als ein Soldat sein soll. Nun lehrt mich aber bereits ein einziger flüchtiger Blick auf das Zeug, dass es thatsächlich *kein* Soldat ist. Sondern nur ein lächerliches Gemengsel von Strichen und Punkten auf schwarzem Untergrund.

Ich bin also berechtigt, bereits aus dieser ersten und sich mir geradezu von selbst aufdrängenden Erwägung heraus zu constatiren, dass hier in diesem kleinen Schiefertafel-Opus das Resultat einer Thätigkeit vorliegt, die auch nicht im Entferntesten ihr Ziel erreicht hat. Ihr Ziel war ein Soldat No. 2, und als ihr Resultat offerirt sich mir hier nun dies tragikomische!

Dass ich zugleich in der Lage wäre, auch noch etwas Anderes constatiren zu können, nämlich dass der Junge, seinem eigenen Geständnisse nach, ganz naiv davon überzeugt war, dass das gewesene Ziel seiner Thätigkeit und das erzielte Resultat derselben sich »deckten«, davon will ich vorderhand einmal absehn, weil es offenbar zu meiner Analyse nur mittelbar gehört, aber ich will es mir merken; vielleicht kann ich es noch einmal brauchen.

Ich habe also bis jetzt constatirt, dass zwischen dem Ziel, das sich der Junge gestellt hatte, und dem Resultat, das er in Wirklichkeit, hier auf dem kleinen schwarzen Täfelchen vor mir, erreicht hat, eine Lücke klafft, die grauenhaft gross ist. Ich wiederhole: dass diese Lücke nur für mich klafft, nicht aber auch bereits für ihn existirte, davon sehe ich einstweilen noch ganz ab.

Schiebe ich nun für das Wörtchen Resultat das sicher auch nicht ganz unbezeichnende »Schmierage« unter, für Ziel »Soldat« und für Lücke »x«, so erhalte ich hieraus die folgende niedliche kleine Formel: Schmierage = Soldat − x. Oder weiter, wenn ich für Schmierage »Kunstwerk« und für Soldat das beliebte »Stück Natur« setze: Kunstwerk = Stück Natur − x. Oder noch weiter, wenn ich für Kunstwerk vollends »Kunst« und für Stück Natur »Natur« selbst setze: Kunst = Natur − x.«

Bis hierher war unzweifelhaft alles richtig und die Rechnung stimmte. Nur, was »erklärte« mir das?

Das erklärte mir noch gar nichts! Damit stand ich leider immer noch da wie das bekannte alte schöne vierbeinige Thier vorm Berge. Ich musste mir sagen, und zwar ganz deutlich, dass ich es auch ja recht hörte: so schlau war der gute Emil, der dicke Bürgermeister von Medan, auch schon! Nur freilich, dass er zugleich auch noch so draufzutäppisch war, das verschmitzte Löchelchen x, das ich einstweilen noch so fein vorsichtig offen gelassen, gleich ganz mit seinem dummen, klobigen Temperament zustopfen zu wollen; wodurch sich dann natürlich alles sofort wieder in den schönsten Unsinn verkringelte und der alte Blödsinn wieder in vollster Blüthe blühte.

Als ob z.B. daran, dass an meinem Suldaten keine blanken Knöpfe glitzerten, für die doch der Soldat unter allen Umständen aufzukommen hat, einzig das »Temperament« meines kleinen Bengelchens die Schuld trug! Ich wusste ganz genau: wenn ich ihm zu Weihnachten einen Tuschkasten geschenkt hätte, in dem dann aber natürlich auch noch so ein kleines Muschelschälchen mit Goldbronze hätte drin sein müssen, und der Junge hätte so sein Conterfei, statt mit einem Steingriffel auf eine schwarze Schieferplatte, mit einem Pinsel auf ein weisses Stück Pappe gemalt − die blanken Knöpfe wären sicher nicht ausgeblieben! Und ebenso wenig der blaue Rock und die rothen Aufschläge. Mithin, das x würde dann um ein paar Points verringert und die pp. Lücke nicht mehr ganz so grauenhaft gross geworden sein. Und doch würde dann das »Temperament« meines kleinen Miniatur-Menzels zu diesem Subtractionsexempel aber auch nicht das Mindeste beigetragen haben! Es wäre im Gegentheil haarscharf dasselbe gewesen und nur das Resultat ein anderes geworden.

Nein! Das geheimnissvolle x bestand also auch noch aus ganz andern Factoren. So plump-plausibel, dass es nur aus dem einen simplen »Temperament« zusammengeleimt war, ging es leider nicht zu in der vertracten Realität!

Und ich sagte mir:

»Kunst = Natur − x. Damit locke ich noch keinen Hund hinterm Ofen vor! Gerade um dieses x handelt es sich ja! Aus welchen Elementen es zusammengesetzt ist!

Ob ich sie freilich hier gleich alle und nun gar bis in ihre letzten, feinsten Verzweigungen hinein werde ausfindig machen können, das scheint mir schon jetzt mehr als zweifelhaft. Aber ich ahne, dass es vorderhand, um *überhaupt erst einmal festen Boden unter den Füssen zu fühlen*, bereits genügen würde, wenn es mir glückte, auch nur ihrer gröbsten, allerhandgreiflichsten habhaft zu werden. Die übrigen, feiner geäderten, nüancirten werden sich dann mit der Zeit schon von ganz allein einstellen.«

Und das hob mir, einigermassen wenigstens, wieder den Muth. Und ich spann meinen Faden weiter aus:

»Also Kunst = Natur − x. Schön. Weiter. Woran, in meinem speciellen Falle, hatte es gelegen, dass das x entstanden war? Ja, dass es einfach hatte entstehen müssen? Mit andern Worten also, dass mein Suldat kein Soldat geworden?«

Und ich musste mir antworten:

»Nun, offenbar, in erster Linie wenigstens, doch schon an seinem Material. An seinen Reproductionsbedingungen rein als solchen. Ich kann unmöglich aus einem Wassertropfen eine Billardkugel formen. Aus einem Stück Thon wird mir das schon eher gelingen, aus einem Block Elfenbein vermag ich's vollends.«

Immerhin, musste ich mir aber wieder sagen, wäre es doch möglich gewesen, auch mit diesen primitiven Mitteln, diesem Stift und dieser Schiefertafel hier, ein Resultat zu erzielen, das das vorhandene so unendlich weit hätte hinter sich zurück lassen können, dass ich gezwungen gewesen wäre, das Zugeständnis zu machen: ja, auf ein denkbar noch *geringeres* Minimum lässt sich mit diesen lächerlich unvollkommenen Mitteln hier das verdammte x in der That nicht reduciren! Und ich durfte getrost die Hypothese aufstellen, einem Menzel beispielsweise wäre dies ein spielend Leichtes gewesen. Woraus sich denn sofort ergab, dass die jedesmalige Grösse der betreffenden Lücke x bestimmt wird nicht blos durch die jedesmaligen Reproductionsbedingungen der Kunst rein als solche allein, sondern auch noch durch deren jedesmalige dem immanenten Ziel dieser Thätigkeit mehr oder minder entsprechende Handhabung.

Und damit schien es, hatte ich auch bereits mein Gesetz gefunden; wenn freilich vorderhand auch nur im ersten und gröbsten Umriss; aber das war ja wohl nur selbstverständlich. Und auf Grund der alten, weisen Regel Mills: »Alle ursächlichen Gesetze müssen in Folge der Möglichkeit, dass sie eine Gegenwirkung erleiden (und sie erleiden alle eine solche!) in Worten ausgesprochen werden, die nur *Tendenzen* und nicht wirkliche *Erfolge* behaupten«, hielt ich es für das Beste, es zu formuliren, wie folgt:

»Die Kunst hat die Tendenz, wieder die Natur zu sein. Sie wird sie nach Massgabe ihrer jedweiligen Reproductionsbedingungen und deren Handhabung.«

Ich zweifelte zwar keinen Augenblick daran, dass mit der Zeit auch eine bessere, präcisere Fassung möglich sein würde, aber den Kern wengistens enthielt ja auch diese bereits und das genügte mir.

»Die Kunst hat die Tendenz, wieder die Natur zu sein. Sie wird sie nach Massgabe ihrer Reproductionsbedingungen und deren Handhabung.«

Ja! Das war es! Das hatte mir vorgeschwebt, wenn auch nur dunkel, schon an jenem ersten Winterabend!

Und ich sagte mir:

Ist dieser Satz wahr, d.h. ist das Gesetz, das er aussagt, ein wirkliches, ein in der *Realität* vorhandnes, und nicht blos eins, das ich mir thöricht einbilde, eins in meinem *Schädel*, dann stösst er die ganze bisherige »Aesthetik« über den Haufen. Und zwar rettungslos. Von Aristoteles bis herab auf Taine. Denn Zola ist kaum zu rechnen. Der war nur dessen Papagei. Das klang freilich den Mund etwas voll, aber ich konnte mir wirklich, beim besten Willen, nicht anders helfen. Denn ich war mir darüber schon damals so klar, wie ich es mir noch heute bin. Nämlich, dass Alles, was diese »Disciplin« bisher orakelt hat, genau auf seinem ausgesprochenen Gegentheil fusst. Also, wohlverstanden, dass die Kunst *nicht* die Tendenz hat, wieder die Natur zu sein! Eine Naivität, deren bisherige länger als zweitausendjährige unumschränkte Alleinherrschaft leider nur allzu begreiflich ist. Denn sie ist die Naivität des sogenannten »gesunden Menschenverstandes.« [...]

[...]

Die ganze bisherige Aesthetik war nicht, wie sie schon damit prunkte, eine *Wissenschaft* von der Kunst, sondern vorerst nur eine *Pseudowissenschaft* von ihr. Sie wird sich zu der wahren zukünftigen, die eine *Sociologie* der Kunst sein wird und nicht wie bisher – selbst noch bei Taine – eine *Philosophie* der Kunst, verhalten wie ehedem die Alchemie zur Chemie oder die Astrologie zur Astronomie. [...]

[...]

Die Klärung grundlegender ästhetischer Fragen erfolgte bei Holz in etwa parallel zur Entstehung der Prosaskizzen *Papa Hamlet* und dem Drama *Familie Selicke*. Seine Kunsttheorie markiert einen Höhe- und Wendepunkt in der theoretischen Diskussion des Naturalismus. Holz knüpfte an die in der naturalistischen Literaturopposition entwickelten Positionen für eine moderne Ästhetik an, treibt seine eigenen theoretischen Anschauungen aber in wesentlichen Punkten über die bis dahin anerkannten Voraussetzungen hinaus.

Sein Anknüpfungspunkt an die von den Naturwissenschaften beeinflußte Kunstdebatte ist in der Ausgangsthese festgelegt: »Es ist ein Gesetz, daß jedes Ding ein Gesetz hat!« (s. Dok. 22).

Ein neues Moment bringt Holz gegenüber der bei Wilhelm Bölsche und Conrad Alberti naturwissenschaftlich dominierten Betrachtungsweise in den ästhetischen Diskurs ein, indem er die Ästhetik nicht mehr als Teil der Naturwissenschaften sondern als Soziologie verstanden wissen möchte.

Schließlich hatte Holz bereits in seinem Aufsatz von 1890 (s. Dok. 13) erklärt, inwiefern sich sein eigener kunsttheoretischer Ansatz gegenüber aller bisherigen Ästhetik, auch der Taines, unterscheidet. Holz lehnte hier erstmals, das ästhetische Verfahren der Prosaskizzen gleichsam nachträglich legitimierend, die Auffassung, daß es nicht das Ziel der Kunst sei, die Natur nachzualmen, als traditionalistisch ab. Damit machte Holz die Ablehnung jeglicher Art von Abbild-Beziehung zwischen Kunst und Natur zur grundlegend neuen Voraussetzung seiner theoretischen Überlegungen. Das von Holz formulierte Kunstgesetz: »Kunst = Natur – x« erweist sich so zum einen als Produkt der in der naturalistischen Bewegung geführten Auseinandersetzungen um eine wissenschaftliche Fundierung des Kunstprozesses, dennoch unterscheidet sich die darin enthaltene kunsttheoretische Position grundlegend von allen in der naturalistischen Kunstdiskussion bis dahin entwickelten Auffassungen. Holz' Kunstgesetz, das »in Worten ausgesprochen« lautet: »Die Kunst hat die Tendenz, wieder die Natur zu sein. Sie wird sie nach Maßgabe ihrer jedweiligen Reproductionsbedingungen und deren Handhabung« (s. Dok. 22), rückt das künstlerische Material und die Technik seiner Verarbeitung in das Zentrum der Kunstbetrachtung. Die Gestaltungstechnik, bzw. -fähigkeit und das zur Verfügung stehende Material bestimmen darüber, inwiefern der künstlerische Produktionsprozeß dem Ziele nahe kommt, daß das Kunstprodukt weitestgehend der »Natur« gleicht. Dabei wird deutlich, daß die für die naturalistische Bewegung der 80er Jahre relevanten Implikate des Kunstprozesses ihre Bedeutung verlieren. In Holz' Kunstbegriff entfällt sowohl die Erkenntnisfunktion, wie sie insbesondere von Bölsche und Alberti hervorgehoben wurde; es entfällt aber auch die Funktion der Idealbildung als ein fast durchgängiges Postulat der literarischen Opposition bis 1890. Darüberhinaus wird der ethische Anspruch, der ein wesentlicher Motor für den kämpferischen Geist der jungen Literaten war, in Holz' Kunsttheorie obsolet. Die Wahrheitsforderung als Konkretisierung des ethischen Postulats verliert mit der Negierung des Abbildungsverhältnisses ebenfalls ihre Grundlage.

Die praktisch-ästhetische Konsequenz seiner theoretischen Überlegungen und auch gleichzeitig deren Grundlage war der von Holz zusammen mit Schlaf in den Prosaskizzen der Sammlung *Papa Hamlet* entwickelte »Sekundenstil«. »Sekundenstil« meint den Versuch, das Kunstmittel »Wort« so zu handhaben, daß »x« (Kunst = Natur − x) möglichst klein wird, d.h. das Kunstprodukt sich weitestgehend der Natur annähert. Das bedeutete u.a. aber auch durch die notwendige Zurücknahme des Autors eine Zunahme der direkten Rede, eine Dramatisierung der Prosa und damit auch eine grundlegende Veränderung im traditionellen Gattungsgefüge. Mit ihren Prosaskizzen vermittelten Holz/Schlaf G.Hauptmann wichtige Anregungen. Dieser bekannte sich dazu, indem er sein erstes Drama *Vor Sonnenaufgang* Bjarne P. Holmsen (Pseud. v. Holz/Schlaf) widmete, »dem consequenten Realisten, [...] in freudiger Anerkennung der durch sein Buch empfangenen entscheidenden Anregung.«

1 Julius Stettenheim (1831–1916) ging 1857 zum Studium von Hamburg nach Berlin. Nach drei Jahren kehrte er nach Hamburg zurück und gründete hier die humoristisch-satirische Zeitschrift *Die Wespen*. Als er nach Berlin umsiedelte, gab er die Zeitschrift dort als *Berliner Wespen* heraus (ab 1868). Ab 1893 war er Redakteur des *Wippchen*, einer Beilage des *Kleinen Journal*. Stettenheim schrieb Humoresken, Possen, Lustspiele. 1878–1894 erschienen *Wippchens sämtliche Berichte*.

23
Wilhelm Bölsche: *Die sozialen Grundlagen der modernen Dichtung.*
In: *Sozialistische Monatshefte. Internationale Revue des Sozialismus.*
Red.: Otto Holz. 1. Jg. Berlin (Verlag der Sozialistischen
Monatshefte) 1897 (= 3. Jg. des *Sozialistischen Akademikers*),
S. 23−28, 100−105, 564−567, 663−670; hier: S. 23−24, 25−28,
100−101, 564−565, 566−567, 663−664, 669−670.

Die Frage, wie sich die Dichtung zum Volk, zu den Arbeitern, zur Sozialdemokratie, zum Sozialismus im Allgemeinen verhalten solle, ist, wie man das so nennt, aktuell geworden. Von oben sind Dichtungen gehemmt worden, weil sie zu »sozial« seien. Von unten ist hier und da das Wort gefallen, die Dichtung gehe noch immer viel zu wenig mit dem sozialen Zuge der Zeit. Es reizt, dem Problem im Ganzen nachzuspüren, wie sich »sozial« mit »Dichtung« bei uns verbinde, und ob es sich verbinde. Das ist denn allerdings kein Problem, das man mit drei Schlagworten abthun kann, es erfordert mancherlei Pionierfahrten durch ein zwar, wie gesagt, aktuelles, aber noch verzweifelt wenig gangbar gemachtes Land.

Für eine Betrachtung der Beziehungen, die zwischen dem Sozialleben unserer Zeit und der modernen Dichtung bestehen, ist es vor allem von einer entscheidenden Bedeutung, wie hoch man *Dichtung* überhaupt auf ihren kulturellen Wert schätzt.

Was uns die sozialen Kämpfe besagen, das wissen wir heute alle. Unsere ganze Existenz steht in ihnen als Einsatz, – jeder, er mag wollen oder nicht, spielt mit. Nie ist man sich auch theoretisch darüber klarer gewesen, als jetzt am Ende des neunzehnten Jahrhunderts. Immer hat die soziale Ordnung der menschlichen Dinge auf der Erde eine Kardinalfrage Aller gebildet; aber an uns tritt die Riesenaufgabe, inmitten eines unabwendbaren Zusammenbruchs alter, überlebter Ordnungsversuche dieser Art ein Neues zu bauen, in dem eine bessere soziale Entwicklungsstufe zum Ausdruck kommen soll; kein Wunder, dass das Wort »sozial« durch unsere Zeit braust wie ein Sturm und all unser Sinnen und Handeln zu sich heranzwingt, mächtiger als je zuvor.

Anders steht es um die Werthung der Kunst, der Dichtung. Einer (übrigens oberflächlichen) Betrachtung geschichtlicher Vorgänge will es wohl so scheinen, als habe die Kulturmenschheit wenigstens in einzelnen früheren Zeitmomenten der Kunst eine Rolle zugewiesen, die sie unmittelbar neben, ja über die Beschäftigung mit sozialen Problemen stellte. Gerade diese Betrachtung wird aber für die Gegenwart ein solches Verhältniss auf's entschiedenste verneinen müssen. Es haben sich bei uns eine ganze Menge von Faktoren in die Hände gearbeitet, um den eigentlich universalen Werth der Dichtung auf's ernstlichste in Zweifel zu bringen.

Wir sind durch eine ungeheure religiöse Krise hindurchgegangen, oder gehen, besser gesagt, noch hindurch. Nun steht und fällt die Dichtung an sich gewiss noch nicht mit gewissen religiösen Vorstellungen. Aber geschichtlich steckte sie doch eng damit zusammen, und die grosse Sündfluth, die eine Masse kirchlichen Glaubens fortschwemmte, riss auch hier manches mit, was naive Gemüther vielleicht gerade als das Beste verehrt hatten. Der Bankerott des religiösen Offenbarungsglaubens ist wirklich in gewissem Sinne auch zugleich der Bankerott eines ästhetischen Offenbarungsglaubens gewesen. Mit alten Gottesvorstellungen musste nothwendig auch eine gewisse Form des Gottesgnadenthums, die man als Nimbus um den Dichter entwickelt hat, fallen.

Wer die Dichtung tiefer fasst, der wird sich freilich sagen, dass sie diesen Nimbus nicht so dringlich braucht und dass sie auch ohne ihn fortblühen kann. Aber es begreift sich doch, dass eine augenblickliche Trübung des Bildes für die Massen besteht, – *diese Massen*, die ohnehin stets dem *reinsten*, ausgeläuterten Kunstgehalt am fremdesten geblieben sind.

Und es kam Anderes hinzu. An Stelle des Offenbarungsbildes absterbender Religionssysteme hat die Naturforschung in unseren Tagen ein neues, mühsam erkämpftes Weltbild zu setzen versucht, ein Weltbild, das auf der umsichtigen Erforschung und Eingliederung der natürlichen Vorgänge in uns und ausser uns beruhen soll. Es entstand der Wunsch, in dieses neue Weltbild auch den Dichter und die Dichtung, nackt wie sie dastanden nach dem Fall des Offenbarungs-Nimbus, in einer neuen Weise natürlich einzuordnen. [...]

[...]

Und noch etwas muss genannt werden, was den Hochwerth der Dichtung anzugreifen scheint im strengen Gefüge unseres modernen Denkens. Als sicherstes Bollwerk für die Schätzung des dichterischen Faktors im Lebenswerk der Menschheit galt sonst immer die *geschichtliche* Betrachtungsweise. Der Dichter erschien über die Jahrtausende fort als der innerlichste, vergeistigste Träger der Kulturentwicklung. – an ihren grössten Wendepunkten sah man ihn in erster Reihe. Auch wo der rohere ästhetische Offenbarungsglauben schon dem geläuterten Ahnen einer wirklich einheitlichen, in sich geschlossenen Menschheitsentwickelung gewichen war, blieb der Glaube, dass die besten Dichter ein grosses Theil Menschheitsgeschichte wirklich »gemacht« hätten. Inzwischen haben sich aber scharf eingreifende Wandlungen in unserer Auffassung geschichtlicher Dinge vollzogen, und sie haben sich vollzogen an den besten Stellen, da, wo man nicht eine alte Schablone nachplappert, sondern vom Geist der Stunde aus resolut das Vergangene zu fassen unternimmt. Die Geschichte beginnt aufzuhören, das Werk von ein paar Königen, ein paar Heerführern zu sein. Der Blick fängt an, in die Tiefe der grossen wirthschaftlichen Grundlagen der historischen Dinge zu dringen, er beginnt die Kulturmenschheit als einen Organismus zu fassen, der um seine Existenz rang seit ältesten Tagen, der abhängig war von den Bedingungen dieser Erde, der in den gleichen Naturgesetzen wurzelte, im Bann der gleichen Naturgesetze nur empor kommen konnte wie jedes andere Ding im All. Endlos lange vernachlässigt, treten heute zum ersten Mal die sozialen, die Massenbewegungen in der Geschichte hervor, das »Volk« kommt allenthalben in Aktion. Was nie geahnt wurde, dem glauben wir heute bereits auf der Spur zu sein: der Abhängigkeit selbst so scheinbar »ewigen« Geistesbesitzes wie der Moralbegriffe einer Zeit von der jeweiligen Herrschaft gewisser wirthschaftlich einheitlicher Klassen oder überhaupt der Existenz solcher Klassen. So stolz solche neue, unendlich erweiterte Geschichtsauffassung an sich sein mag: die Dichtung scheint bei erstem Anblick mit ihr am wenigsten zu gewinnen, ja sie scheint unmittelbar zu verlieren. Der Ruhm der Dichtung ruhte auf dem Individuum, von dem durchaus individuelle unberechenbare Wellen sich anregend und aufregend in die grosse Fläche der Kultur werfen sollten. Die neue Geschichtsauffassung aber legt den Schwerpunkt auf das Gemeinsame, die gleichsam ideale »Masse«, gegen die das Individuum zurücktritt. Vom Dichter war gesagt und gesungen worden, er solle mit dem Könige gehen. Jetzt versinkt die unbeschränkte Herrlichkeit des Königthums allenthalben vor dem Blick des Historikers, – selbst in den Zeiten der Tyrannis wird klar, dass auch der Tyrann nur ein Produkt der gesellschaftlichen Dinge ist, nicht die Dinge ein vollzogenes Machtgebot des Tyrannen. Wohl durfte man sagen, jene Verknüpfung von König und Dichter sei verhängnisvoll an sich, die bessere Einheit sei auch theoretisch gerade Dichter und Volk. Aber auch dann blieb stillschweigend vorausgesetzt, dass es sich um einen enormen Rangunterschied handle: in das blinde, mit hausbackener Moral und unbeholfenen Schönheitslinien behaftete Volk trat der freie Poet, um aus der räthselhaften Tiefe des Herzens eine höhere, freiere Moral, eine harmonischere Gestaltung der Erdendinge zu verkünden. Das ist aber wieder nicht oder scheint wenigstens nicht das zu sein, was die neue Geschichtsauffassung will. Gerade in der Moral soll auch der Dichter sich abhängig zeigen vom sozialen Leben seiner Zeit, was man für harmonische Lösungen hielt, das sollen immer nur die harmonischen Lösungen eines bestimmten, letztes Endes wirthschaftlich zu begründenden Standpunktes sein und der Wiederhall, den er damit im Volke findet, soll nicht der Wiederhall einer umwälzend neuen, zunächst ganz individuell geborenen Lehre in einer allmählich miterleuchteten Masse sein, sondern

einfach die Zustimmung nur des Volkstheils, den mit dem Poeten die gleichen sozialen
Wünsche und Möglichkeiten umschliessen und aus denen er hervorgegangen ist als ein
Einzelner, den auch die Stimmungen dieser bestimmten Masse beherrschen. Und so scheint
der Dichter auf jeden Fall eines hohen, wohl gar seines eigenartigsten Verdienstes beraubt.

Hier wie bei den anderen Argumenten wird eine besonnene Betrachtung, die sowohl der
Dichtung wie der modernen Geschichtsauffassung wirklich ins Herz schaut, ihre guten
Gründe finden, die angebliche Beeinträchtigung der Dichtung doch für Irrthum und Schein zu
erklären. Wahrscheinlich steckt vor Allem der verhängnisvolle Irrthum darin, dass man
glaubt, die Dinge würden dadurch kleiner, dass man sie in ihre Faktoren auflöst. Als wenn
der Wunderbau des menschlichen Leibes seinen Reiz verlöre, wenn das Mikroskop ihn in
zahllose organische Zellen zerlegt. Als wenn Zinnober weniger roth leuchtete, nachdem ich
weiss, dass hier nicht ein Element, sondern eine Verbindung von Quecksilber und Schwefel
vorliegt. Oder als ob der Kulturmensch wieder ein Affe würde, weil mir Darwin zeigt, dass er
einstmals einer war! So wird wohl zum grossen Theil als Schädigung der Dichter-Individuali-
tät aufgefasst, was in Wahrheit nur eine Analyse ist. Niemals hebt diese Analyse die grosse
Wirkung der Ganz-Existenz auf, sie geht im Gegentheil davon aus und fügt höchstens noch
einen Sonderreiz hinzu. Aber sagt man, die Analyse zeigt zugleich das Individuum ganz
anders abhängig von einer Menge, als sein Ruhm vertrug, es soll nur zusammengefasst, nicht
neu erfunden haben. Was, frage ich dagegen, wissen wir von Gross und Klein in den Tiefen
der Menschenseele? Ist es nicht vielleicht viel mehr Leistung gewesen, als Einzelner das
Sehnen und Können vieler Tausender in sich so zusammen zu fassen, dass es für alle eine
individuell verklärte, leuchtende Gestalt annahm, in der Jeder sein *Bestes* wiederfand, als
vaterlos, im Banne einer unbekannten Uebermacht, etwas in sich zu gebären, das dann einer
fremden Masse mühsam aufgeredet werden musste? Es kommt aber hinzu, was wir vor Allem
nicht vergessen dürfen: dass jene neue Geschichtsauffassung in die Praxis der Analyse gerade
dichterischer Leistung eigentlich noch garnicht eingetreten ist. Die Legende, dass sie die
Dichtung herabsetzen werde, ist der wirklichen Arbeit weit voraufgeeilt. Niemals hat sich die
Geschichtsschreibung so schwere Probleme gestellt, wie in diesem ihrem neuen Programm
überhaupt, – eine der schwierigsten Ecken vollends darin aber ist die Einordnung der künstlerischen Thätigkeit. Und es wird sich erst zeigen müssen, wie sie darin besteht. Es ist hier einer
der Punkte, wo so recht ersichtlich wird, wie Schlagworte der wahren Forschung unendlich
verfrüht voraufwandern, – wie sie Legenden, Glauben, Entsetzen, Hoffnung und Verzweiflung wecken, die doch alle wahrscheinlich wie Spreu verfliegen müssen, wenn endlich die
wirkliche Forschungssonne aufgeht.

Wägt man so Wahrheit und Irrthum gegeneinander ab, so ist klar, dass *keiner* der mitwirkenden Faktoren heute zu einer verminderten Werthschätzung der Kulturrolle der Dichtung
wirklich *berechtigt*. Aber sie wühlen doch in der Praxis alle zugleich, und wo immer vom
Zusammenhange sozialer und ästhetischer Dinge in unserem Tagesleben die Rede ist, da sieht
man gespenstisch ihre Schatten sich am Rande der Debatte auf und ab bewegen. Mir ist das
immerfort auffällig, wenn ich die Dichtung heute im Streit der Meinungen öffentlich auftau-

chen sehe. Und zwar nicht etwa im wertlosen Dilettantengeschwätz, also dort, wo überhaupt nichts ernst genommen wird. Es tritt gerade am schärfsten heraus da, wo man die Probleme unserer Zeit ganz tief und gross angreifen möchte. Es fehlte der innere Glaube an die grosse kulturelle Kraft, die heute wie vor Jahrtausenden in den scheinbaren Seifenblasen der Dichtung immerzu steckt. Ich glaube so fest, wie man nur eine Ueberzeugung haben kann, dass diese *allgemein* skeptische Periode eben nur eine Periode ist und dass sie vorübergehen wird, wie eine augenblickliche Sonnenblindheit. Aber wo sie besteht, da wird einstweilen alles Reden über den sozialen Gehalt unserer modernen Dichtung wenig fruchten. Wer die Poesie, die Kunst im Ganzen als eines der höchsten Menschheitsgüter in sich verloren hat, dem wird es wenig oder nichts mehr ausmachen, ob diese hohlen Seifenblasen, die da aufsteigen und eine Weile zwecklos gaukeln und wieder zerplatzen, sozialen Gehalt in irgend einem aufsteigenden oder absteigenden Sinne besitzen oder nicht. Für ihn ist folgerichtig die ganze nachfolgende Betrachtung ohne Werth.

Auf der anderen Seite ist zum Glück nach wie vor eine unabsehbare Gemeinde da, die allen theoretischen Zweifeln ganz fern steht und der Wirkung der Dichtung am Ende des neunzehnten Jahrhunderts genau so aufrüttelbar und empfänglich begegnet, wie in früheren, besten Zeiten. Und die Dichtung selbst blüht vor unseren Augen eben mit dieser Jahrhundertwende so stark, so innerlich lebenskräftig allerorten auf, dass von irgend welcher Ankränkelung durch graues Grübeln in ihren eigenen Reihen gewiss keine Rede sein kann. Wohl wehrt sich hier und da auch einmal ein Poet dagegen, dass man »soziale Züge« in seiner Arbeit erkennen wolle. Aber das geschieht nicht aus Geringschätzung der Dichtung an sich. Hier kommt etwas davon zu Tage, was der alte Vischer einmal nicht übel gekennzeichnet hat, wenn er sagte: »Jeder Dichter ist dümmer als er selbst.« Persönliche Angstmeierei spielt hinein, es spricht mit eine allgemeine übertriebene Angst, als solle die Freiheit der Kunst eingeschränkt werden durch philisterhaftes Ausschnüffeln einer bestimmten »Tendenz«, – und schliesslich ist auch ein gut Theil Verworrenheit hinsichtlich des Wörtchens »sozial« überhaupt darin enthalten. Man denkt sich und fürchtet unter den »sozialen« Elementen der Kunst bestimmte politische Meinungen des Dichters, übersieht aber, dass im Sinne gerade echt moderner Auffassung auch die Moral nichts mehr und nichts minder als ein echt soziales Phänomen ist und dass der Poet in jedem Zuge, der das ethische Gebiet streift (also im Grunde mit der Hälfte mindestens seines Herzblutes), Stellung nimmt im tiefsten Kern der brennenden sozialen Fragen unserer Zeit. Ich erinnere nur an Hauptmann's »Weber«, die gegen den »Vorwurf«, ein »soziales« Drama im stürmischen, aktuellen Sinne zu sein, vertheidigt wurden als eine »reine Mitleidsdichtung« – als wenn nicht eben in dem »Mitleid« des grossen, so tief individuell angelegten Dichters mit den armen schlesischen Webern der ganze Strom der Zeit, der unsere »soziale Fragen« mit all ihren schärfsten praktischen Zuspitzungen emporgetrieben hat, quer auch durch die Weberdichtung flösse.

Auf solche Meinungen darf man nicht viel Gewicht legen, wenn man versucht, den Dingen klar in's Auge zu schauen. Und wenn man sich nicht durch die Skeptiker, die an der Dichtung im Ganzen und also auch ihrem eventuellen Sozialgehalt zweifeln, einschüchtern lässt, so wird man sich noch weniger beirren lassen durch ein paar wohlgemeinte, aber schlecht durchdachte Poetenäusserungen, die zwar die Dichtung in den Himmel heben, aber zugleich den Riegel vorschieben möchten: die Dichtung *dürfe* nicht sozial sein. Es handelt sich hier nicht um dürfen, sondern um *sein*. Alle wahrhaft grosse Dichtung aller Jahrhunderte war sozial in irgend einem Sinne. Auch die moderne ist es, und zwar ist sie es eben als moderne, soweit sich in ihr überhaupt einheitliche Züge nachweisen lassen, in einem ganz bestimmten, nach einer Seite hin gerichteten Sinne.

Eine alte Definition sucht das Wesen aller echten und grossen Dichtung darin, dass sie die Dinge der Welt schildere, aber in dieser Schilderung zugleich messe an einem bestimmten *Ideal*. Wie alle Definitionen der Art ist auch diese nicht erschöpfend für den ungeheuren Kreis dessen, was das Wort Dichtung in seiner höchsten Kraft wirklich umspannt. Aber sie lässt sich immerhin als ein Prinzip benutzen, das ein Stück weit auf den Weg hilft. Und gerade für die Betrachtung des sozialen Elements in der Dichtung unserer Tage ist sie beinah von entscheidender Wichtigkeit.

Man hat die Definition anzugreifen versucht, indem man das Wort »Realismus« gegen sie ausspielte. Die moderne Dichtung wurde als im Ganzen realistische bezeichnet, und ihrem realistischen Zuge gegenüber sollte dann die ganze »Idealverwertung« wie ein überwundenes Prinzip erscheinen, so dass die Kunst sich thatsächlich aus ihrer eigenen Definition »herausentwickelt« hätte. Darin steckt nun ein grosser Irrthum. Der Kampf zwischen Idealismus und Realismus in der Kunst, den unsere Zeit in so lebhafter, aufrüttelnder und gesunder Weise erlebt, ist ein Kampf nicht über jenes allgemeine Idealprinzip, sondern *innerhalb* des Prinzips. Auch der schärfste künstlerische Realismus entbehrt der Ideale nicht. Bloss dass er diese Ideale nicht eigentlich in sein Lebensbild, das er giebt, hineinzeichnet, sondern erst durch eine Art Reaktion im *Hörer* entstehen lässt. Zola's »Assomoir« oder Hauptmann's »Weber« stehen in jeder Faser auf Idealen, jeder Zug in ihnen ist innerlich gemessen an ganz bestimmten Idealen. Das besondere Raffinement besteht aber hier darin, dass diese Ideale vom Hörer unwillkürlich als Kehrseite »erschlossen« werden, *ohne* dass sie plump in Worten ausgedrückt oder gar in die Dinge hineingeworfen sind. Das letztere, das direkte Verwandeln der Wirklichkeitsdinge in das Ideal, mindestens als Schlusslösung, war das gangbare Prinzip des sogenannten älteren »Idealismus«. Diese Kunstform ist, weniger in ihren wirklich grossen Beispielen, als in ihrer kleineren Schablonenmache deswegen in Misskredit gekommen, weil sie einen auf die Dauer unerträglichen Zustand zu schaffen drohte, der aus der künstlerischen Wahrheit in die Lüge fiel: sie verfälschte die Wirklichkeit als solche schon in ihrer Darstellung mit dem Ideal und schuf so unhaltbare Zerrbilder. Ob eine Ueberwindung dieser Fehlerquelle nicht doch noch möglich wäre, ob es nicht möglich wäre, in der Darstellung *selbst* und nicht bloss in der Reaktion des Lesers die Ideale zu geben in einer noch raffinirteren Form, die jenen unerträglichen Konflikt ausschlösse, ohne doch auf alle Vortheile des »Idealismus« gegenüber dem »Realismus« zu verzichten, – das ist eine Zukunftsfrage, die ich hier nicht lösen will. Für unsern Zusammenhang bleibt das Entscheidende, dass die jeweilig herrschende Kunstform

Idealismus und Realismus, an dem Grundprinzip nichts ändert, dass überhaupt jedes künstlerische Schaffen zugleich ein Messen an gewissen Idealen ist und bleibt.

[...]

[...] Im Sinne ihres verstärkt auftretenden ästhetischen Realismus hat gerade die moderne Dichtung sich immer mehr darauf beschränkt, die ideale Lösung nicht mehr voll und konkret (etwa im Sinne der Schlussszene vom zweiten Theil des »Faust«) als Schluss vor den Hörer hinzustellen, sondern sie gleichsam nur vage anklingen und aufklingen zu lassen aus der selbst noch ungelösten, scheinbar disharmonischen Handlung heraus, so fein, daß der Hörer eben gerade ihren diskretesten Zauber geniesst, ohne doch aus der Illusion der vollkommenen »Wirklichkeit« zu fallen. Es liegt auf der Hand, dass keine Kunstform besser zu der wachsenden Verwerthung gerade des sozialen Elements als Lösung passt, als diese streng realistische. In alter, sogenannter »idealistischer« Technik müssten Hauptmann's »Weber«, um als Tragödie zur Lösung zu kommen, wirklich und auf der Bühne noch gipfeln in irgend einem utopistischen Zukunftsbilde, das die sozialen Wirrnisse des Weberaufstandes thatsächlich überwunden zeigte. Die neue, »realistische« Technik macht das überflüssig: mit ihr steckt schon in der dunklen Kehrseite das Ideal genügend deutlich, um im *Hörer* die Lösung gleichsam selbstthätig, durch eine Art intuitiver Reaktion entstehen zu lassen. Bei dem Wagniss, heute schon ein konkretes Bild von der wirklichen sozialen *Zukunfts*lösung zu geben, fällt der Vortheil der Methode hier unbedingt dem Dichter zu.

[...]

Es ist sicherlich wahr, dass nicht die Hauptquelle, aber doch eine der Quellen, aus denen der soziale Zug in unserer modernen Dichtung entspringen muss, in der *unmittelbaren wirtschaftlichen Lage des modernen Dichters als Persönlichkeit* steckt. Von der wirthschaftlichen Lage des Dichters heut zu Tage ein allgemein treffendes Bild zu zeichnen, ist allerdings eine ganz verzweifelt schwierige Aufgabe. [...]

[...]

Zunächst tritt offen zu Tage, dass unser »Publikum«, von dem das Wohl und Wehe des Dichters als Persönlichkeit abhängt, nicht das ganze Volk, nicht die ganze Kulturmenschheit ist. Es stellt nur einen relativ ganz geringen Ausschnitt daraus dar: nämlich den Ausschnitt Derer, die die *materiellen Mittel* besitzen, um überhaupt Bücher, also auch Dichtungen, kaufen zu können. Davon, dass der Dichter unmittelbar mit seiner Nation zu thun hätte, ist gar keine Rede. Für ungeheure Massen dieser Nation kommt er garnicht in Betracht, ganz einerlei, ob er nun ein Dichter ersten oder siebenten Ranges ist; und wenn er selbst dort noch hier und da gewissermassen »ideell« eindringt, so bleibt doch gerade das ganz fort, wovon wir ausgingen: er hat absolut gar keinen materiellen Lohn davon, da man ihn vielleicht einmal aus einem zerlumpten Leihexemplar liest, aber niemals kauft. Man *kann* ihn ja nicht kaufen, da die Mittel fehlen

Für einen Schönredner des Bestehenden läge es allerdings hier nahe, einzuwerfen, es gebe einen Umstand, der diese böse Verengung des »Volkes« zu einem relativ kleinen »Publikum« ausreichend paralysire. Jener kleine Ausschnitt, sagt er, ist nicht ein willkürlicher, sondern ein sehr wohl auch sachlich begründeter: es ist einfach der Ausschnitt der *Gebildeten*. Derer, die überhaupt zum Urtheil kompetent sind. Die Besitzenden sind zugleich die Gebildeten. Der unwissende Rest kommt für Euch Poeten doch nicht in Frage, so wenig wie etwa die Hottentoten oder Australneger für Eure moderne Kulturpoesie in Frage kommen.

[...]

Die ästhetische Ignoranz des »Ausschnittes«, mit dem der Dichter es anstatt mit seinem »Volke« allein zu thun hat, äussert sich übrigens nicht bloss in der völligen Ungerechtigkeit, die bei der Abschätzung der Dichtungen zum Ausdruck gelangt. Sie verengt gleichzeitig auch noch diesen Ausschuss selbst an allen Ecken und Enden. Die Besitzenden, die Dichtungen kaufen *können*, denken zum Theil garnicht daran, es wirklich zu thun. Sie betheiligen sich vielfach überhaupt nicht an der Auswahl, weder im Guten noch im Schlimmen, weil sie eben so wenig ästhetische Bedürfnisse haben, dass die ganze Sache sie garnicht berührt. Besonders bei uns im lieben Deutschland ist diese schlechtweg negative Stimmung nur zu sehr verbreitet und sie wächst, je mehr man in den Reihen der Besitzenden nach oben geht, charakteristischer Weise an, anstatt zu sinken. Wäre sie nicht da, so würde im *Ganzen* wenigstens noch viel mehr in die Dichtung hineingesteckt und es könnte vielleicht noch der eine oder andere hungernde Poet dabei mitgeschleift werden. Die grossen Kontraste und Ungerechtigkeiten kämen indessen auch so nicht aus der Welt.

Die Zertrennung der Nation und, in gewissem Sinne, der ganzen Kulturmenschheit in eine relativ kleine besitzende Klasse und eine breite Masse Besitzloser, ist eine *soziale* Thatsache, begründet in dem augenblicklichen Gefüge unserer Gesellschaft. Schäden, die einem wichtigen Kulturgebiete zugefügt werden, als Folge solcher Thatsache nachweisen, heisst immer eine gewisse Kritik gegenüber diesem ganzen Gefüge anstimmen. Die moderne sozialistische Doktrin ist die konkreteste Form solcher Kritik in weitgehendem Maasse. Es ist nun zweifellos, dass auch unser junger Poet, wie wir ihn uns gedacht haben, durch die angedeuteten Gedankengänge zu einer gewissen Kritik geführt werden muss. Jene Zertrennung beschränkt das Gebiet, wo die dichterischen Leistungen auch nur einigermaßen belohnt werden, auf einen engen Kreis. Dort aber herrscht eine so gut wie vollkommen blinde und unvernünftige Wahl, die jeder Gerechtigkeit Hohn spricht. Kein Zweifel: die Dichtung hat keinen Gewinn von dem bestehenden Zustand, sondern Schaden. Und die Dichtung ist ein heiliges Gut der Menschheit. Ohne sie, so sagt sich alles berechtigte Kunstbewußtsein des Beobachters, geht der Kultur ein unersetzlicher Facktor verloren. Wer sie schädigt, der schädigt letzten Endes die Fortentwickelung der Menschheit. Das vorhandene soziale Gefüge, das solche Schädigung wie eine Nothwendigkeit aus sich hervorgehen lässt, kann also unmöglich das »denkbar beste« sein, für das es von seinen Schönrednern ausgegeben wird.

Es hiesse natürlich viel zu weit gehen, wenn man deswegen schon erwarten sollte, unser schlichter Beobachter werde jetzt bereits im negativen wie positiven Sinne etwa Sozialdemokrat werden. Natürlich: ein Zustand, bei dem nicht blos ein kleiner Prozentsatz der Nation, sondern *Alle* im Volke so viel Mittel besässen, um sich auch Dichtungen kaufen (oder, bei dramatischer Form, ansehen) zu können, würde auf den ersten Blick auch dem Dichter weit vorzuziehen sein. Aber die Sache hat ihren Haken, – ganz abgesehen davon, dass der Sozialismus im Allgemeinen oder gar die sozialdemokratische Partei im Engeren solchen Zustand nicht nur vage verheissen, sondern zugleich die Theorie eines ganz bestimmten Weges verfechten, wie man durch negirende Kritik und weiter durch positive Vorschläge dahin kommt, – eine Sache, die unser Poet blos vom Boden jenes Wunsches aus zunächst noch gar nicht kontrolliren kann. Der Haken liegt darin: es kommt ja nach dem Voraufgehenden als eigentlich noch viel wichtigere Sache die Bildungsfrage in Betracht. Was nützte die enorme Erweiterung des kleinen Leser- und Hörer-Ausschnitts zum vollen Kreis, wenn diesem vollen Kreis auch in der Zukunft blos die »Bildung« der heutigen Besitzenden zukäme, – jene Bildung, der das ästhetische Element radikal mangelt! Der Besitz allein scheint da nichts zu garantiren. Wie, wenn in einem sozialen Zustand, der die grelle Besitzdifferenz im sozialistischen Sinne wie Spreu weggefegt hätte, nun doch dieselbe mangelhafte Bildung bliebe? Nach wie vor würden von Millionen ästhetisch unfähiger Leser die jammervollsten Halbdichter bevorzugt und belohnt, während die besten Poeten im günstigen Falle in solcher Gesellschaft wohl nicht gerade mehr verhungern, aber doch in einer für sie selbst höchst beschämenden Weise gleichsam als »Gesellschaftsinvaliden« nur so durchgeschleppt werden würden.

[...]

Es ist sehr wahrscheinlich, dass der logische Gedankenfluss unseres fingirten Poeten an dieser Stelle noch einmal zu dem zurückkehrt, was ich oben als ein (auch in jeder sozialistischen Ausgleichung scheinbar ungelöstes) Problem bezeichnet habe: der ästhetischen Roheit des Publikums. Wer giebt die Gewähr, hiess es dort, dass, wenn *Alle* nun Bücher kaufen *können*, nicht Alle dauernd sich ebenso bornirt in ästhetischen Dingen erweisen werden, wie jetzt der kleine Ausschnitt der Besitzenden, die trotz ihrer Mittel theils gar keine, theils eine Auslese der schlechtesten Dichtungen kaufen? Der weit gediehenen Kritik des kapitalistischen Systems dürfte sich jetzt doch ein Ausweg darbieten. Wir sehen jenen Ausschnitt der Besitzenden von heute innerlich getragen vom Kapitalismus. Ihr ganzes Sein ist bis in jede Faser durchsetzt und gefärbt von ihm. Sollte nicht auch das grosse ästhetische Bildungsdefekt, das dem Dichter so die Arbeit erschwert, in einem wirklichen *Kausalverhältniss zu jenem kapitalistischen Aufbau unserer besitzenden Volkstheile* stehen? In dem engeren Gebiet, wo der Dichter dem kapitalistischen Prinzip zunächst begegnete, stellt sich abschreckend deutlich vor Augen, dass mit dem Eindringen immer energischeren kapitalistischen Geschäftsgeistes die ästhetische Erziehung des Publikums Schritt für Schritt immer mehr in den Hintergrund gedrängt worden ist. Die Verleger, von vorne herein nicht bewegt durch ideale Motive, sondern lediglich durch das Motiv ihres eigenen Geldbeutels, sind auf den Knien gekrochen vor jedem miserabelsten Modegeschmack des Publikums. Sie haben immer aufs Neue versucht, unter den Dichtungen noch vor dem Erscheinen eine künstliche Auslese zu treffen, die nur das herauskommen liess, was voraussichtlich dem rohesten Augenblicksgeschmack der Käufer entsprach. Und an ihnen hat es wahrhaftig nicht gelegen, wenn nicht schliesslich die Ignoranz des dümmsten Publikums geradezu die Poetenleistung ganz majorisirt und zum Plunder umgemodelt hat. Sollte das nicht zu denken geben für den Gesammtzustand? Hat

nicht im Ganzen der kapitalistische Geschäftsstandpunkt die ästhetische Bildung überall
herabgedrückt, niedergehalten, vernachlässigt? Er brauchte sie nicht. So strich er sie kaltblütig aus dem, was er für die heutige besitzende Klasse »Bildung« nannte.

Ist das aber wirklich so, so liesse sich denn doch recht gut denken, dass eine veränderte
Gesellschaft auf nichtkapitalitischer Grundlage dieser Fehlerquelle entbehrte. Das »ganze
Volk«, das auch für den Dichter wieder an die Stelle eines engen Ausschnitts der »Besitzen-
den« träte, könnte sehr wohl nach endgiltigem Fall des alten Bannes auch die *ästhetische*
Forderung wieder in ihr *Bildungsprogramm* aufnehmen. Und dass hiesse denn also doch für
den Poeten Anbruch einer neuen Zeit auch im positiven Sinne.

Ich denke, es genügt vollständig, die Linie bis hierher durchzuführen. Ob unser Dichter sich
schliesslich einem engeren Parteiprogramm genau anschliessen wird, das ist ganz subjektive
Sache. Unbedingt aber hat ihn sein eigenes Erleben und Denken bis zum vollen Verständniss
geführt, dass reformirende Parteien auf sozialem Gebiete, die den Kapitalismus verwerfen
und eine neue wirthschaftliche Grundlage unserer Gesellschaft suchen in einer Form, die den
heutigen Gegensatz von Besitzenden und Besitzlosen aufhebt, überhaupt ihre logische Berechtigung haben und einen Entwickelungsfortschritt verkörpern. Und das Resultat dieser *allgemeinen* Erkenntnis wird für ihn vor allen Dingen direkt *dichterisch* werthvoll werden. Einerlei ob er etwa als Person an die Wahlurne geht und sozialdemokratisch stimmt, oder ob er
sich nach wie vor persönlich von aller aktiven Politik fern hält –: in seine Werke wird ein
sozialer Zug von bestimmter Färbung hinein gerathen. Aus den Bildern, die er entrollt, wird
es sich wie eine Hand recken, die in die Ferne weist. Das Vorhandene der Zeit wird nicht
mehr als ein »Ewiges« gefeiert werden, sondern es wird wie ein Riss hindurchgehen, – ein
Riss, der zugleich andeutet, dass hier etwas schlecht und im Verfall ist – und dass eine
Entwickelung sich anbahnt, unter der auch das scheinbar Festeste bricht wie welkes Laub.

Der Leser lege dieses Blatt bei Seite und greife nach moderner Lyrik, modernen Dramen,
ob er die Hand nicht sieht, den Riss nicht gewahrt. Keine äussere Macht kann das mehr aus
unserer Dichtung herausbringen. Und in Verbindung nun mit jenem andern Motiv, das ich in
meinem vorigen Aufsatz dargelegt habe und das ebenso ins Soziale treibt: welche gewaltige
Flamme, die da lodert, – die da lodern muss…

Die *Sozialistischen Monatshefte*, in denen Bölsche in den 90er Jahren mehrfach publizierte, waren das
Organ der Revisionisten in der SPD. Hier artikulierte sich auch eine spezifisch revisionistische Variante
der Literaturkritik, die sich von der Literaturkritik in der *Neuen Zeit* dadurch unterschied, daß die
Kritiker der *Monatshefte* in den jeweils aktuellen bürgerlichen Kunstrichtungen, wie Naturalismus,
Neuromantik, Symbolismus »sozialistische« Inhalte entdeckten und diese Literatur den sozialdemokrati-
schen Lesern empfahlen. In der Einschätzung des Naturalismus grenzten sich die *Sozialistischen Monatshefte* klar von der »Neuen Zeit« ab. Während Franz Mehring und andere Kritiker der *Neuen Zeit* den
Naturalismus als bürgerliche Kunstrichtung einordneten und nicht als Teil der Kultur der Arbeiterbewegung anerkannten, wurden die *Sozialistischen Monatshefte* das Organ derjenigen Schriftsteller, die
Anfang der 90er Jahre nicht nur als Naturalisten sondern auch als Mitglieder und Sympathisanten mit
der Mehrheit der SPD in Konflikt geraten waren. Zu diesen gehörten Heinrich Hart, W. Bölsche, Gustav
Landauer, Bruno Wille u. a.

Während Bölsche 1887 den Versuch unternommen hatte, die naturwissenschaftlich veränderte Weltsicht in ihrer Bedeutung für ein realistisches Literaturkonzept aufzuzeigen, so setzt er sich nun mit der

Frage auseinander, in welcher Beziehung das »Soziale« zu der modernen Dichtung steht. Das »Soziale«, d.i. für Bölsche zunächst die Gesellschaft, sind die Volksmassen, die durch die marxistische Geschichtsauffassung eine neue historische Rolle zugewiesen bekamen. Damit änderte sich das Bild des Individuums in der Geschichte, des Herrschers ebenso wie des Künstlers. Dennoch berechtigte nach Meinung Bölsches diese neue Geschichtsauffassung nicht zu einer »verminderten Wertschätzung« der Kunst.

Das »Soziale«, d.i. für Bölsche auch der »soziale Gehalt« der modernen Dichtung. Obwohl seit 1890 innerhalb der Sozialdemokratie und zwischen dieser und Teilen der naturalistischen Bewegung eine lebhafte Diskussion geführt wurde gerade über die Bewertung und Einordnung dieser »sozialen« Darstellungen, übergeht Bölsche diesen Meinungsstreit mit der Feststellung, »daß der Poet in jedem Zuge, der das ethische Gebiet streift [...], Stellung nimmt im tiefsten Kern der brennenden sozialen Fragen unserer Zeit« (s. Dok. 23). Schließlich untersucht Bölsche das Verhältnis von Realismus und Ideal, das ihn auch schon im Zusammenhang mit den naturwissenschaftlichen Grundlagen der Poesie beschäftigt hatte. So wie er 1887 das Ideal in der Dichtung als Abbild einer real existierenden Tendenz in der Natur zur Harmonie, zum Idealen hin ästhetisch legitimierte und forderte (vgl. Dok. 17), so vertritt er auch bezogen auf die »sozialen Elemente in der Dichtung« die Behauptung, daß »auch der schärfste Realismus der Ideale nicht [entbehrt].« Bölsche betrachtet es als ein »besonderes Raffinement des modernen Realismus« (bei Zola und Hauptmann), daß »diese Ideale vom Hörer unwillkürlich als Kehrseite ›erschlossen‹ werden, *ohne* daß sie plump in Worten ausgedrückt oder gar in die Dinge hineingeworfen sind« (s. Dok. 23). Gerade die Analyse der *Weber*-Rezeption zeigt aber, wie M. Brauneck nachweisen konnte, die Problematik dieses Wirkungsmodells. Entgegen Bölsches Theorie sind die *Weber* »der ›kulinarischen‹ Verwertung sowenig (entgangen) wie der politischen Fehlinterpretation« (s. M. Brauneck, *Literatur und Öffentlichkeit im ausgehenden 19. Jahrhundert*. Stuttgart 1974, S. 128).

Teil der »sozialen Grundlagen« der Dichtung ist für Bölsche letztlich auch die »Zertrennung der Nation [...] in eine relativ kleine besitzende Klasse und eine breite Masse Besitzloser [...]« (s. ebd.). Dieses »soziale Gefüge« bedeute ein großes Hemmnis für die kulturelle Entwicklung, da bei denen, die die Dichtung bezahlen können, eine »so gut wie vollkommen blinde Wahl herrscht, die jeder Gerechtigkeit Hohn spricht« (s. ebd.). Auch Alberti hatte bereits 1888 scharfe Kritik an der Kunstfeindlichkeit der Bourgeoisie geübt. Im Gegensatz zu ihm sieht Bölsche jedoch eine Lösung des Problems im Sozialismus, der die materiellen und ideellen Voraussetzungen für hohes Kulturniveau der breiten Bevölkerung schaffen könnte (vgl. dazu Dok. 5).

d) Naturalismus und die Tendenzproblematik

24

Heinrich Hart und Julius Hart: *Friedrich Spielhagen und der deutsche Roman der Gegenwart.* (1884).

Abdruck als Dok. 30.

Die Auseinandersetzung mit dem Verhältnis von Tendenz und Kunst in der naturalistischen Bewegung wurde dieser nicht nur von außen durch die konservative Kritik aufgezwungen, sondern bereits 1884 grenzten die Brüder Hart die Tendenzhaftigkeit aus ihrem Dichtungsbegriff aus. Tendenz wird von ihnen gesehen als in »vollem Gegensatz zum Dichterischen wie zum Ästhetischen überhaupt« stehend (s. Dok. 30). Die Tendenz sondert, teilt ein, beurteilt, während für die Kunst diese Trennung nicht zulässig sei, für sie sei »nur ein Reizendes, der genießenden Betrachtung Werthes« gegeben. Darüberhinaus gilt ihnen die Tendenz auch als Gegensatz zur epischen Objektivität: »Ein Mangel an epischer Objektivität wird daher stets aus einem Ueberschuß an Tendenz sich erklären lassen« (s. ebd.). Als besonders schädlich erachten die Harts die Verletzung der »inneren Objektivität«, die als »Parteilichkeit, als Tendenz im schlimmsten Sinne des Begriffs an den Tag tritt« (s. Heinrich Hart u. Julius Hart, *Friedrich Spielhagen.* In: *Kritische Waffengänge*, H. 6, 1884, S. 41). Diese sehen sie dort gegeben, wo der Roman eine »Meinung« verkündet, statt ein »Bild des Zeitlebens zu entwerfen« (s. ebd., S. 42).

Daher fordern sie von der Kunst, daß sie nicht »zur Partei, zu Vorurtheilen« schwört, sondern durch den Humor zur höchsten Form der Objektivität gelangt, die auch »den Feind als gleichberechtigten anerkennen kann« (s. Dok. 30). Diese Ablehnung der Tendenzhaftigkeit in der Kunst bedeutet jedoch nicht, daß die Harts gleichzeitig auch auf der Trennung der Kunst vom Leben bestehen. Die Ablehnung der Tendenz steht vielmehr im Zusammenhang mit ihrem Streben nach einer »dritten klassischen Periode«, nach einer großen Kunst, die sich bestimmt sowohl durch die klare Abgrenzung zur Wissenschaft (vgl. die Stellung der Harts zu Zola, Dok. 102) sowie zu allem Lehrhaften. Gleichzeitig verband sich ihr traditionalistisches Kunstideal aber mit einem klaren ethischen Postulat, das die gesellschaftliche Wirksamkeit von Kunst voraussetzte und verlangte. Somit war ihre Kritik an der Tendenz nicht einfach identisch mit der konservativen Tendenzkritik, die mit dem Verdikt Tendenzdichtung alles belegte, was sich sozialen oder ästhetischen Normen widersetzte.

Die bereits 1884 formulierten Einwände gegen die Tendenz in der Kunst wiederholen die Harts auch in ihren späteren kunsttheoretischen Schriften. 1889 stellt Heinrich Hart den Romantiker auf eine Stufe mit dem »Tendenzdichter« und bezeichnet deren Dichtungen als »*Fälschungen der Wirklichkeit*«, denn etwas anderes seien »weder die *idealisierende*, noch die *Tendenz-Poesie*« (s. Dok. 19). Julius Hart kritisiert in seinem Aufsatz *Kampf um die Form*, daß in der naturalistischen Dichtung (auch bei Ibsen und Tolstoi) »die Tendenz noch das Übergewicht« habe und meint damit, daß zuviel »verstandesmäßig« auseinandergesetzt statt künstlerisch durchgestaltet werde (s. Dok. 21). (Vgl. zu dieser Frage auch die Dok. 82, 83 u. 85)

25

Otto Ernst: *Die Scheu vor der Tendenzdichtung.* In: *Das Magazin für die Litteratur des In- und Auslandes. Wochenschrift der Weltliteratur.* Hrsg. v. Alfred Stössel u. W. v. Reiswitz. 59. Jg. Dresden (Verlag des Magazin f. d. Litteratur d. In- und Auslandes) 1890, Nr. 27, S. 421–424 u. Nr. 28, S. 436–438; hier: Nr. 27, S. 421–424.

I.

Tag für Tag, fast darf man sagen, Stunde für Stunde wird den Künstlern vorgehalten und zugerufen: Ihr verkriecht euch vor eurer Zeit und ihren wichtigsten Bewegungen; ihr flüchtet euch in ein zeitlich (sei es in der Richtung der Vergangenheit oder der Zukunft) entlegenes, oft überhaupt unmögliches Traumland, anstatt, wie es eure Schuldigkeit wäre, die Kämpfe der Gegenwart darzustellen und ein treues Abbild der jeweiligen Epoche zu bieten; eure Kunst ist also keine echte und wahre Kunst; sie ist eine elende Afterkunst. Wo sieht man euch die großen sozialen, oder die politischen, oder die religiösen Fragen der Gegenwart durch kräftig-individuelle Verkörperung beantworten, wo die starren Gegensätze, die unser gesellschaftliches und familiäres Leben zerklüften, mit dem Magnesiumlichte eurer Kunst beleuchten? Lastet nicht noch immer auf euch der geheimnisvolle Alpdruck einer scheinidealistischen Romantik? Ist euch nicht noch immer eine Burgruine das poetische Ding an sich und viel wichtiger als ein Zentralbahnhof? Fabelt ihr nicht noch immer von pyramidenbauenden Pharaonen, von »fahrenden«, saufenden und fressenden Spielmannsdrohnen, von tadellosen Grafen und Reichsbaronen statt von strikenden Bauhandwerkern, von schmunzelnden Kursvermerkern und chauvinistischen Kriegsberserkern? Und die Künstler besinnen sich auf ihre Sendung; sie stürzen sich »ins Rauschen der Zeit, ins Rollen der Begebenheit« und schwimmen im reißenden Strom der Aktualität mit allen Kräften der kämpfenden Leidenschaft. Wehe ihnen aber, daß sie dabei eines fast nie vermeiden können: die Tendenz! Unsere Litteraturgeschichten, so respondiert der Chor der Älteren, lehren uns von alters her, daß eine Tendenzdichtung einen sehr geringen oder gar keinen Kunstwert repräsentiere; die Tendenz schließe ein echt künstlerisches Schaffen überhaupt aus. Und seid ihr nicht tendenziös auf Schritt und Tritt? Ist nicht dieser Romanschreiber ein fanatischer Sozialdemokrat und jener Novellist ein Stockreaktionär? Vertritt nicht dieser Maler den brutalsten Materialismus und entpuppt sich nicht jener andere als der muckerhafteste Pietist? Zudem wühlt ihr nicht selten im Schmutz und tretet die alltäglichsten und gemeinsten Dinge breit. Wir wollen möglichst wenig lesen und möglichst viel erhoben sein. Verschont uns mit eurer Kunst; denn sie ist keine wahre und echte Kunst; sie ist eine elende Afterkunst.

Um Mißverständnissen vorzubeugen, bemerken wir, daß man sich diesen Chor der Älteren von verschiedenen Stimmen gesprochen denken muß; denn es ist keineswegs gesagt, daß, wer z. B. die radikale Tendenz einer Dichtung mit Entrüstung verdammt, die reaktionäre Tendenz einer anderen Dichtung nicht (und zwar mit subjektivem Rechte!) erhaben und echt künstlerisch finde, und das Umgekehrte ist ebensowenig gesagt. Es wird uns Menschen eben recht schwer, ja, es ist nahezu ganz unmöglich, die Tendenz, einen entsprechend künstlerischen Ausdruck derselben vorausgesetzt, auch da zu verurteilen, wo sie uns bequem und angenehm ist. Das aber läßt schon an der Wohlbegründetheit der Tendenzfeindschaft einigermaßen irre werden. Was gleichwohl der Tendenzdichter und -schriftsteller von Kritik und Publikum zu ertragen hat, weiß nur der, der es erfahren. Die »unwandelbaren Gesetze der Kunst« müssen sich als breite Grundlage hergeben für ein himmelhohes Gebäude von giftigen Beschimpfungen, von niederträchtigen Verdächtigungen, Lügen und Verleumdungen, wenn ein Schriftsteller etwas anderes in seine Bücher schreibt als »ewige Gedanken und Gefühle« und dann einem Parteikritiker in die Hände fällt. Wenn schon »Nathan der Weise«, die Erstlingswerke Schillers und Goethes, die Dichtungen eines Gutzkow, Heine, Freiligrath, Herwegh, Hamerling, Fitger u. v. a. wegen ihrer durchgreifenden Tendenz oder doch ihres stark tendenziösen Gehalts in ihrem ästhetischen Werte tief herabgesetzt werden, so darf der Neuling sich mit untrüglicher Sicherheit eines entrüsteten Empfangs gewärtigen, wofern er etwas anderes mitbringt als Urväter Hausrat.

Es ist geraten, bevor man einen Begriff nach Inhalt und Umfang feststellt, ihn in seiner gewohnten Auffassung auseinanderzulegen. Der ästhetische Durchschnittsverstand begrüßt mit wohlgeneigter Zustimmung alle Dichtung, welche Gebiete behandelt, die (nach seiner Meinung!) eine Tendenz überhaupt ausschließen, wie das erotische, die Naturschilderung und das Stimmungsbild, das historische Epos, die objektive, typisierende Charakterzeichnung. Von jeder anderen Dichtung aber verlangt er, daß sie allgemeine »ewige« Ideen verkörpere, daß sie Gedanken und Gefühle variiere, die die Menschheit gewissermaßen ein für allemal bewältigt und zu ihrem festfundierten Vernunftkapital geschlagen hat. Und doch brauchen wir nur hinzuweisen auf die mannigfachen Schattierungen einer mehr oder minder optimistischen oder pessimistischen, materialistischen oder idealistischen Beurteilung des Liebegefühls, auf die Probleme der sogenannten »freien« oder unehelichen Liebe, der monogamistischen oder polygamistischen Auffassung des Geschlechtstriebes sowie der von Byron ernsthaft erwogenen und poetisch verherrlichten Geschwisterliebe, um den Leser an die im eigensten Bezirk der Liebespoesie möglichen zahlreichen Tendenzen und an tausenderlei entsprechende Kunstgenüsse zu erinnern, an denen er mit Beifall oder Widerspruch beteiligt war. Es bedarf nur einer Hindeutung darauf, daß die Schilderungen und Stimmungsbilder der französischen, russischen und deutschen Naturalisten, vor allen anderen diejenigen Zolas, fast immer im höchsten Maße tendenziös sind, um auch hier das Unzutreffende des gewohnten, schablonisierenden Vorurteils erkennen zu lassen. Bekanntlich geißelte Molière in seinen Charakterkomödien, wie im »Geizigen«, im »Misanthropen«, im »Eingebildeten Kranken«, im »Tartüffe«, in den »Gelehrten Frauen« und in den »precieuses ridicules« in stark tendenziöser Weise die Gebrechen seiner Zeit; manchen dieser Stücke und ihrer Personen braucht man nur moderne Namen zu geben, um sie auch für uns noch tendenziös erscheinen zu lassen. Das historische Epos endlich erscheint gegenwärtig nur deshalb regelmäßig mit lyrischen Momenten durchsetzt, weil wir Leser das entschiedene Bedürfnis haben, mit dem Dichter nicht nur wie mit einem objektiven Referenten zu verkehren, sondern ihn als »Auch Einen« kennen zu lernen, der alles, was auf ihn eindringt, individuell und subjektiv verarbeitet. Vollständig aber verliert man den Boden unter den Füßen, wenn man als Gegner der Tendenzdichtung auf die festruhenden allgemeinen Wahrheiten fußen will, die den einzig zulässigen philosophischen Gehalt der Dichtung bilden sollen. Denn sogleich wird hier zum millionten Male die Frage laut: Was ist Wahrheit? eine Frage, die weit älter ist als Pontius Pilatus. Wo ist denn eine philosophische Idee so untrüglich wahr, daß nicht schon irgend ein hervorragender Geist über ihren Feingehalt an Wahrheit die entschiedensten Zweifel gehegt oder ihn ganz geleugnet hätte? Unleugbar allgemein scheint der Egoismus oder das Glückverlangen des Menschen zu sein. Ich brauche wohl kaum hinzuzufügen, daß man sich mit diesem Egoismus die reinsten und edelsten Wallungen vereinbar denken, ja, sie sich geradezu als das Resultat des kultivierten Egoismus vorstellen kann. Hat aber nicht ein Geist wie Schopenhauer diesen Egoismus zu einem instinktiven Streben verflüchtigt und ihn aus dem Individuum in die Gattung verlegt? Ich bin kein geistiger Nihilist und hege die feste persönliche Überzeugung, daß die Kulturmenschheit seither im großen und ganzen auf einem stetigen Vorwärtswege begriffen gewesen ist, gestehe jedoch ohne Scham, daß mich in jüngeren Jahren der große Jean Jacques auf lange Zeit in dieser Überzeugung wankend gemacht hat. Es giebt keinen Zweifel daran, daß ein Mord etwas ungeheuer Abscheuliches ist; haben aber nicht wissenschaftliche Untersuchungen der neueren und neuesten Zeit den Gedanken aufkeimen lassen, daß für das Verbrechen zwingende physische Ursachen vorhanden sein könnten, daß es vielleicht gar eine contagiöse Verbreitung des Verbrechens gebe? Und würden solche Ideen nicht das Sittengesetz nach Seiten der persönlichen und subjektiven Verantwortlichkeit von Grund aus umwälzen? Ich bin durchaus geneigt zuzugeben, daß sich über ein Bedürfnis nach künstlerischer Verwertung solcher Ideen, die über einen engen Kreis von Gelehrten kaum hinausgekommen sind, entschieden streiten läßt. Das zu verneinen, war aber auch nicht meine Absicht. Das eine nur wollte ich darthun, daß die hervorragendsten Geister selbst an solchen theoretischen und praktischen Vernunftideen, die wir als die fundamentalsten Voraussetzungen unseres Urteilens anzusehen gewohnt sind, immer und immer wieder ihren Witz versucht haben und in Zukunft versuchen müssen, daß in Wirklichkeit niemals der »Adlergedanke sein Gefieder senkt« und die Phantasie nirgends »ein mutloses Anker wirft«, daß deshalb die oberflächliche und schnellfertige Rubrikenweisheit, die zwischen zunftmäßigansässigen und unzünftig-fluktuierenden Gedanken streng zu unterscheiden sich anmaßt, hier wie überall ein glänzendes Fiasko erlebt und am allerwenigsten berechtigt ist, dem Gedanken und der Phantasie, dem Denker und dem Künstler nach Willkür ein Halt zu bieten. Man wende uns hier nicht ein, der Kunst sei nicht alles billig, was der Wissenschaft recht sei, und ihre Territorien seien getrennt. Soweit das nicht platte Selbstverständlichkeit ist, ist es Weisheit der oben charakterisierten Art. Denn gerade dahin äußert sich ja das brennendste Kunstbedürfnis der Völker und Generationen, daß die Kunst die Resultante ihrer gesamten geistigen Bewegungen sein, daß die Kunst es ihnen im tiefsten Herzen verdeutlichen und zu konzentrierter Klarheit bringen soll, was bisher Interesse erweckend, lockend, reizend, herausfordernd an der Peripherie ihres Seelenlebens stand. Es ist gewiß greller Wahnwitz, von einer »Darwinistischen Kunst« zu sprechen (man könnte ebenso gut eine Kopernikanische, Kantische oder Virchowsche Kunst fordern); aber womöglich noch unsinniger ist es, der Kunst den Darwinismus zu verbieten. Und doch ist die Zahl derer nicht gering, die mit kräftigen Lungen einstimmen in den Ruf nach »moderner, zeitgemäßer Dichtung«, sich aber schaudernd bekreuzen, wenn in einem Gedicht eine Telegraphenstange oder ein Steinkohlentender erwähnt wird. Es sind das jene winzigen Seelen, die sich darin Genüge thun, der Welt mit großen Forderungen vor die Brust zu springen, um dann, wenn man sie wegen der Verwirklichung solcher Forderungen um ihren gütigen Rat befragt, zufällig nicht zu Hause zu sein.

Haben wir nach Vorstehendem die Unmöglichkeit eingesehen, zwischen Ideen und Ideen hinsichtlich ihrer Dauerhaftigkeit kategorisch zu unterscheiden, soweit dieselben in breiteren Strömen ganze Vereine von Geistern, ja, ganze Kreise von Kulturvölkern durchfließen, so wird jenes Unterfangen noch weit entschiedener zurückzuweisen sein, wenn wir die unzählbaren Wandlungen der Ideen in der künstlerischen Individualität in Betracht gezogen haben. Es ist eine banale Wahrheit, daß zwei Menschen von einiger Selbständigkeit niemals vollkommen in ihren Anschauungen übereinstimmen, und wenn man gleich mit geometrischer Bestimmtheit behaupten darf, diese Zwei sind gleich rationalistisch, jene Zwei gleich pietistisch gesinnt, so sind doch die Raum- und Formverhältnisse der Einzelideen und -vorstellungen so tausendfach verschiedene, daß von einer Kongruenz niemals die Rede sein kann. Dazu kommt in unserem Falle, daß, ein Künstler sein, soviel heißt wie: eine starke Individualität besitzen und daß dies wiederum eine kräftige, scharf umgrenzte Herausbildung einzelner Seelenpartien bedeutet. Danach kommen wir zu dem Resultat, daß jedes echt dichterische, eine Idee verkörpernde Werk, in dem ein künstlerisches Individuum sich selbst giebt und mit charakteristischer Deutlichkeit zur Geltung bringt, tendenziös ist und von großen Partien des Publikums in diesem Sinne aufgenommen wird. Es gehört also nicht einmal die Absicht des Kampfes oder der Herausforderung zum Kampfe zu den notwendigen Merkmalen unseres Tendenzbegriffs. Denn allein schon dadurch, daß der Dichter sein Ich mit freudiger Energie in die Öffentlichkeit hinausträgt, ruft er alle konstrastierenden Seelen zum Widerspruch auf. Tausend Belege dafür bietet die tägliche Erfahrung. Abgesehen von den beschränkten Schwätzern, die mit zwergenhaftem Dünkel das Prinzip der kulturellen Arbeitsteilung dahin verstehen, daß ihnen, weil sie nicht produzieren können, die Pflicht zu schulmeistern zufiele, abgesehen von diesen, hört man doch auch von den verständigsten Lesern fast nie ein Lob, ohne daß sie ihm eine subjektive Einschränkung hinzufügten, etwa so: Die Gedichte sind vortrefflich; aber die Erotik ist mir zu platonisch; die Epigramme sind köstlich; nur müßten einige nicht die Kirche antasten; den Roman habe ich verschlungen; er riecht allerdings stellenweise nach Byzantinismus; das Drama hat gewaltig auf mich gewirkt; aber der Kommerzienrat ist entschieden übertrieben schuftig; sein Arbeiter zu sehr als Opferlamm hingestellt u.s.w. in infinitum. Nicht immer freilich drücken sich die Leute so offen und bestimmt aus. Gewöhnlich reden sie von »nicht konvenablen Partien«, von »unglaubhaften Vorgängen«, von »verzeichneten Charakteren« u. dergl. m. Wir sehen natürlich ab von solchen Aussetzungen, die absolute Berechtigung haben. Hinter jenen allgemeinen Einwänden empfindet man jedoch gewöhnlich sehr bald die Individualseele, die einen Druck empfangen hat und nun emporschnellt. Man denke sich, daß ein Schriftsteller einen sozialen Roman schreibe, der das gegenwärtige Verhältnis zwischen Unternehmern und Arbeitern zum Vorwurf hat. Der Dichter, der wie jeder Künstler niemals Parteimensch sein soll, wird doch selbstverständlich wie jeder andere Mensch Parteimeinungen haben. Wenn er diese gewaltsam unterdrückt und eine Unparteilichkeit heuchelt, die seinen heftigsten Sympathien und Antipathien widerspricht, so kann nach meiner festen Überzeugung im günstigsten Falle nur ein geschicktes schriftstellerisches Experiment, nicht aber ein lebendiger dichterischer Zeugungsakt die Folge sein. Jener Dichter nun wird in seinem Roman die größere Hälfte seiner Sympathie vielleicht dem Arbeitgeber, vielleicht auch dem Arbeitnehmer zuwenden. In jedem Falle hat er für den benachteiligten Stand unzweifelhaft eine Tendenzdichtung geschrieben. Verteilt er aber das Recht mit sorgfältig abgewogener Gleichheit auf beide Seiten, so ist er darum nicht besser daran; denn auch die Hälfte des Rechts ist, wie der soziale Kampf täglich beweist, den einen zu viel, den andern zu wenig. Berührt endlich der Dichter diese Fragen überhaupt nicht, sondern giebt er etwa eine obligate Verlobungs- und Heiratsgeschichte mit einer blassen Untermalung von Strikes, Boykotts, Arbeiterrevolten und sozialpolitischen Staatsaktionen, so narrt er seine Leser auf unverantwortliche Weise, wenn er das auf dem Titelblatt einen sozialen Roman nennt. Er hat allenfalls die Litteratur bereichert, die den Menschen zum Gegenstande nimmt, nicht aber diejenige, welche *den Menschen im sozialen Kampfe* darstellt. [...]

Otto Ernst (d.i. Otto Ernst Schmidt, 1862–1926), Sohn eines Hamburger Zigarrenarbeiters, ab 1883 in Hamburg als Lehrer tätig, veröffentlichte 1888 seine ersten Gedichte, für die er 1889 den Augsburger Schillerpreis erhielt. Als Schriftsteller erreichte er eine wachsende Popularität, so daß er ab 1901 seinen Lehrerberuf aufgab. 1893 war er Mitbegründer der Freien Volksbühne Hamburg-Altona. Seine frühen Gedichte und Novellen wurden von Franz Mehring in der *Neuen Zeit* wohlwollend besprochen, besonders seine »kräftige Satire« und seine Schilderungen des Lebens der Armen. Otto Ernsts proletarische Herkunft (»Aus dem Jungbrunnen der Massen ist Otto Ernst selbst heraufgekommen«) sowie »die Treue, die er seinem Ursprung bewahrt«, ließen Mehring auf seine weitere literarische Entwicklung hoffen. Seine überaus erfolgreiche Komödie *Flachsmann als Erzieher* (1900) nannte Mehring jedoch ein »trauriges Machwerk« und sah, daß der Erfolg Ernsts literarische Entwicklung nachteilig beeinflußte: »... je mehr Beifall Otto Ernsts Art findet, um so unweigerlicher wird der Dichter vor dem Macher kapitulieren« (zit. nach: Franz Mehring, *Gesammelte Schriften*, Bd. 11, Berlin 1961, S. 420 u. 422f.). Otto Ernst, der in seinem ob. dok. Aufsatz den Tendenzvorwurf ideologiekritisch durchleuchtet, versucht ihn damit als Kritik an dem künstlerischen Wert eines Werkes zu entkräften.

Der Verein »Durch« bekannte sich 1886 in seinen »Thesen« zwar zu einer Literatur, die der »Zukunft prophetisch und bahnbrechend vorzukämpfen« hat (s. Dok. 10), verlangte aber von der Dichtung, daß sie sich nicht »tendenziös dem Dienste von Parteien und Tagesströmungen hingibt« (ebd.).

Wilhelm Bölsche legitimierte Tendenz in der realistischen Dichtung als Ausdruck der Entwicklungstendenz der Wirklichkeit selbst. Da die Tendenz zum Glück, zur Harmonie in der Wirklichkeit naturwissenschaftlich bewiesen sei, habe auch der »realistische Dichter ein Recht, sich seiner zu bemächtigen, es als ›Tendenz‹ in seinen Dichtungen erscheinen zu lassen« (W. Bölsche, *Die naturwissenschaftlichen Grundlagen der Poesie*. Leipzig 1887, S. 71).

Leo Berg (vgl. Dok. 29) versucht 1892, den Tendenzbegriff, soweit er als Kriterium zur Unterscheidung von Kunst und Nicht-Kunst diente, ad absurdum zu führen: »Der von der Tendenz ganz eingenommene, ergriffene Zuhörer weiss von keiner Tendenz mehr, so völlig hat sie gesiegt [...]. Das ist, wenn man will, das ›Befreiende‹ in der Kunst. Also gerade die Tendenz befreit. –

Also entweder ist *das Kunstwerk sich selbst Zweck*. Dann hat es auch seinen eigenen Willen und ist *aus sich heraus tendenziös*; oder es ist Mittel zum Zweck für den Dichter, und dann ist es erst recht, sogar im gewöhnlichen Sinne, Tendenzstück.

Die Kunst ist sich selbst Zweck! – [...] Wir sagen hinfort: *Die Kunst ist sich selbst Tendenz!*« (s. Leo Berg, *Der Naturalismus. Zur Psychologie der modernen Kunst*. München 1892, S. 199).

26
Hans Merian: *Lumpe als Helden. Ein Beitrag zur modernen Ästhetik.* In: *Die Gesellschaft. Monatsschrift für Litteratur, Kunst und Sozialpolitik.* Hrsg. v. Michael Georg Conrad. 7. Jg. Leipzig (W. Friedrich) 1891, Bd. 1, Januar-Heft, S. 64–79; hier: S. 64–66, 69–79.

Unter den mannigfachen Vorwürfen, die dem modernen Realismus von den Anhängern des Althergebrachten gemacht werden, ragt besonders der hervor, daß die realistischen Schriftsteller mit einer gewissen Vorliebe starke sittliche Defekte aufweisende Gestalten in den Mittelpunkt ihrer Dichterwerke, besonders ihrer Romane zu rücken pflegen. Da dieser Vorwurf nicht nur von den ewig zeternden literarischen alten Weibern beiderlei Geschlechts, sondern auch von hochgebildeten und denkenden Lesern erhoben wird, so verdient er, daß wir uns einmal eingehender mit ihm beschäftigen.

Am genauesten findet sich dieser Vorwurf in einem schriftlichen Gutachten präzisiert, das der berühmte Denker und Philosoph Eduard von Hartmann seiner Zeit über zwei der drei inkriminierten und vom Leipziger Landgericht, sowie neuerdings auch vom Reichsgericht verurteilten Romane, über »Adam Mensch« von Hermann Conradi und den »Dämon des Neides« von Wilhelm Walloth abgegeben hat. Eduard von Hartmann schreibt in dem betreffenden an den Verleger der genannten Romane, Herrn Wilhelm Friedrich, gerichteten Briefe:

»Sie sagen (in der dem Leipziger Gericht eingereichten Verteidigungsschrift, Seite 176), daß die Darstellung Mitleid mit der Verkommenheit des Helden erwecke; mir scheint, daß je länger je mehr der dégoût (um nicht zu sagen Ekel) über die Verkommenheit so in den Vordergrund tritt, daß das Mitleid keinen Platz mehr in der Seele findet. Das ästhetisch Bedenkliche an solchen Erscheinungen liegt meines Erachtens darin, daß die Darstellung der Verkommenheit, die sonst nur in Episoden, in Nebenfiguren oder im Gegenspiel Platz fand, jetzt wie auf Verabredung in den *Helden* verlegt wird, oder Lumpe zu Helden genommen werden. Dies ist unbewußter Weise der anstößige Punkt für den Staatsanwalt gewesen, der ihn an der ästhetischen Berechtigung dieser Werke und damit an ihrer strafrechtlichen Immunität zweifeln läßt.«

Aus dieser von großem Scharfblick zeugenden Bemerkung geht für uns zunächst zweierlei hervor:

Erstens: *Daß die Darstellung der menschlichen Verkommenheit an sich nichts Unästhetisches und auch gar nichts Neues ist.* In der That, die Dichter aller Zeiten haben sich ihrer bedient; und wie hätten sie auch anders gekonnt? Sie bedurften zur lebenswahren Gestaltung ihrer Schöpfungen des Lasters mit all seinen Schrecken so gut wie der Maler der Schatten, wie der Musiker der Dissonanzen, und daß in der Schilderung von Bösewichten von jeher ganz Erkleckliches geleistet wurde, ist allbekannt. Ich möchte hier nicht an Shakespeare erinnern; denn diesem Riesen erlauben und verzeihen selbst unsere krassesten Philister einfach alles, obgleich er nirgends in die Schablone unserer Schulmeisterästhetik so recht hineinpassen will – wer weiß? vielleicht gerade deswegen. Je weniger Einer Shakespeare versteht, um so tiefer beugt er sich vor ihm; und dabei steht unsere ganze bisherige Ästhetik, wenn wir aufrichtig sein wollen, vor den Werken dieses Genius immer noch wie der Ochs am Berge. Lassen wir also Shakespeare einstweilen ganz beiseite! Wir denken vielmehr hier, wenn wir von der Selbstverständlichkeit der Schilderung von Laster und Verkommenheit sprechen, an die Rührgeschichten aller Gattungen, die klassischen und die unklassischen, die ohne den traditionellen Bösewicht gar nicht bestehen können, die um so »schöner« sind, je gruseliger es darin zugeht. Je mehr Raub, Mord und Totschlag, jemehr abgefeimte Schufterei, jemehr Bangen, Zittern und Herzklopfen – umsomehr »Spannung«. Ja, all dieses Gruselige, Schreckliche, Abscheuliche und Verkommene ist den Menschen von jeher so lieb und wert gewesen, daß man von Aristoteles bis Lessing sogar die höchste Spitze ästhetischer Wirkung, das Wohlgefallen an tragischen Stoffen, ganz dieser Wertschätzung entsprechend, aus »Furcht« und »Mitleid« zu erklären suchte. Die Schilderung des Häßlichen, Schlechten und Gemeinen ist also nicht neu; neu ist nur, wie Hartmann richtig bemerkt, daß das Häßliche und Verkommene mit Vorliebe zum *Mittelpunkt* der Handlung gemacht wird. Wir haben also hier auch nicht die *Berechtigung* des Häßlichen zu untersuchen, sondern nur, *ob das Häßliche zu der bevorzugten Stellung aufrücken darf, die es in vielen modernen Dichterwerken einnimmt.* Diese scheinbar nur formale Frage erhält darum eine tiefgehende reale Bedeutung, weil der nun zum Mittelpunkt des Dichterwerkes emporgerückte Lump oder Bösewicht, als Hauptträger der Handlung, als »Held«, notwendigerweise in dieser oder jener Art das Interesse, ja sogar die Sympathie des Lesers erwecken muß; denn nur dieses nicht gewöhnliche Interesse berechtigt ihn zu dieser bevorzugten Stellung innerhalb des Kunstwerkes. Dadurch könnte nun bei oberflächlicher Betrachtung der Schein erweckt werden, als ob der Dichter in seinem Helden das Häßliche, Verkommene, Unmoralische entschuldigen, beschönigen, verherrlichen oder gar das Schlechte zur Nachahmung empfehlen wolle. Daß dies in realistischen Kunstwerken eben so wenig geschieht und geschehen kann wie in idealistischen, werden wir im Laufe unserer Betrachtung sehen.

Zweitens müssen wir aus der Bemerkung Hartmanns die Worte: »daß die Darstellung der Verkommenheit... *jetzt wie auf Verabredung* in den Helden verlegt wird« hervorheben. Dadurch deutet Hartmann an, daß es sich nicht um vereinzelte, sondern um zahlreiche gleichartig auftretende Fälle handelt. Und wirklich findet sich dieselbe Tendenz gegenwärtig bei den realistischen Schriftstellern nicht nur Deutschlands, sondern aller Länder und Sprachen. Wenn aber verschiedene, nicht immer gemeinsam strebende und räumlich getrennte, denkende Männer dahin gelangen, »wie auf Verabredung« dasselbe zu thun, so muß ihrer Handlungsweise irgend eine innere Notwendigkeit, irgend ein »Gesetz« zugrunde liegen, ein Gesetz, für welches die in Rede stehenden Fälle symptomatisch sind. Könnte das Walten eines solchen Gesetzes, von dem die angefochtenen Kunstwerke nur Äußerungen, naturgemäße Ausflüsse sind, nachgewiesen werden, so dürfte man Dichtungen, in welchen die Verkommenheit zum Mittelpunkt der Handlung gemacht wird, auch »die ästhetische Berechtigung« nicht mehr absprechen.

Es handelt sich also nur darum, dieses Gesetz aufzufinden.

[...]

Wie muß sich die Anschauung vom Bösen in der *modernen-nachchristlichen* Periode gestalten? Hier sehen wir den Menschen nicht nur in physischer, sondern auch in moralischer Beziehung zunächst als ein Produkt seiner Ahnen und der ihn umgebenden Verhältnisse (Erziehung) an; er ist mit all seinen Willensäußerungen ein Glied in der allgemeinen Kausalitätskette. Eine freie Entschließung im Sinne des Mittelalters giebt es also nicht mehr. Dem Willen des Einzelnen sind Schranken gesetzt durch gewisse angeborene (ererbte) oder erworbene (anerzogene) Charaktereigentümlichkeiten, sowie durch die mannigfachen das individuelle Handeln beschränkenden Verhältnisse des modernen Lebens. Der Mensch wird also nicht immer imstande sein, zwischen »Gut« und »Böse« zu *wählen*, oft wird er wider Willen zum Bösen, zu Schuld und Verbrechen geradezu gedrängt werden. Dennoch aber ist er keineswegs so unfrei, wie der unter dem unerbittlichen Schicksal stehende antike Held, es ist ihm im Gegenteil die Möglichkeit gegeben, seinen zum Teil ererbten, zum Teil erworbenen Charakter nach der Richtung des »Guten« hin zu stählen und zu festigen und es ist geradezu seine Pflicht, den angeborenen oder anerzogenen schlechten Charaktereigenschaften aus allen Kräften Widerstand zu leisten. Die zu diesem harten Kampfe erforderliche Willensstärke ist aber schon von Natur unter die Menschen ungleich verteilt, und wenn sie auch im siegreichen Kampfe erstarkt, so erlischt sie bei vergeblichem Mühen, bei resultatloser Anstrengung nur allzu leicht. Das Individuum wird also halb verschuldeter-, halb unverschuldetermaßen auf schlimme Bahnen gedrängt, d.h. leicht zu Handlungen veranlaßt, die ebenso der eigenen Person als der Gesamtheit Schaden zufügen. Aus dem eben Gesagten geht hervor, daß wir modernen Menschen an das Einzelindividuum gar nicht mehr als solches, d.h. losgelöst von der Gesamtheit aller Individuen und von der Entwicklung des Weltganzen vorstellen können. Wo immer wir eine Einzelerscheinung unseres Lebens genauer ins Auge fassen, treten sofort die tausend und abertausend das Individuum mit der Gesellschaft (milieu) und der Vergangenheit (Abstammung – Darwinismus) verbindenden Fäden und Beziehungen zutage. Unsere Weltanschauung ist also einerseits eine *soziale*, andererseits eine *evolutionistische*. Nach dieser ganzen Auffassungsart muß der moderne Bösewicht als ein *Kranker* erscheinen. Wir haben nicht mehr den dem Himmel trotzenden Verbrecher der Antike, nicht mehr den freiwillig vom Himmel abgefallenen Höllenkandidaten des Mittelalters vor uns, sondern einen Degenerierten, einen *Verkommenen.*

Nun stehen wir vor der Frage: *Darf ein solcher moderner Verkommener, darf eine »Krankheitserscheinung« zum Mittelpunkt einer Dichtung gemacht werden? oder mit andern Worten: wirkt ein Lump als Held künstlerisch?*

Die alte Ästhetik behauptet: nein!

Wir Modernen behaupten: ja!

Warum »ja«?

Weil alle ästhetische Befriedigung in letzter Instanz aus dem blitzartigen Erkennen der im Kunstwerk nachgebildeten logischen Kausalität des Weltganzen hervorgeht, und weil gerade in solchen scheinbar widerlichen und abstoßenden Gestalten, wie sie uns Dostojewsky, Zola, die nordischen und jetzt auch die deutschen Realisten vor Augen stellen, dieses Walten der Kausalgesetze und damit der unserm gegenwärtigen Erkennen entsprechende Begriff der von uns an und für sich als höchste Schönheit empfundenen Weltordnung am klarsten und deutlichsten zur Anschauung kommt. Ja wir können geradezu behaupten, daß die Betrachtung solcher Verkommenheiten und die eingehende Analyse solcher Krankheitserscheinungen den höchsten Trost und die höchste Erbauung für den modernen Menschen bilden.

Das stünde zu beweisen.

Der nachstehende Satz enthält drei Behauptungen.

Wir behaupten erstens: *alle ästhetische Befriedigung gehe in letzter Instanz aus dem blitzartigen (d.h. plötzlich aus der Gefühlssphäre ins Bewußtsein tretenden, überraschenden) Erkennen der im Kunstwerk nachgebildeten logischen Kausalität des Weltganzen hervor.*

Die Welt selber, die Welt im weitesten Sinne, wie sie der Mensch, *dem jeweiligen Stand seines Erkennens gemäß, betrachtet,* ist und war für uns und für alle Zeiten die denkbar höchste Schönheit und Vollkommenheit. Sie ist es und sie muß es sein, weil wir, selbst als Pessimisten und allen Spitzfindigkeiten einer in zwei Kulturen stehenden Übergangsphilosophie zum Trotz, uns gar keine schönere und bessere denken können. Das im Kunstwerk zutage tretende verjüngte Abbild des Welt*ganzen* muß also ebenfalls als schön empfunden werden. Daß *alle* ästhetische Befriedigung im Wiedererkennen des Weltspiegelbildes im Kunstwerke beruht, zuerst im modernen Sinne nachgewiesen zu haben, ist das Verdienst *Edgar Steigers,* der in seinem »*Kampf um die neue Dichtung*«, Seite 112, die Sache folgendermaßen erklärt.

»Alles ästhetische Wohlgefallen hat, genau genommen, denselben Grund wie jede wissenschaftliche Befriedigung. Die Einsicht in die Kausalität der Dinge, die Überzeugung von der Notwendigkeit einer Erscheinung, die klare Erkenntnis, daß eine gewisse Reihenfolge von Begebnissen so, wie sie wirklich verläuft, auch verlaufen *müsse,* – das ist im wesentlichen der Grund jenes Wohlgefühls, das uns bei der Entdeckung einer neuen Wahrheit wie bei der Betrachtung eines Kunstwerkes beschleicht. Nur zergliedern wir dort die Kausalität abstrakt als Gesetz, während wir sie hier konkret als Erscheinung erblicken. Dort erkennen wir, hier fühlen wir die Kausalität. Das allgemeine Gebundensein, die Beseitigung jeder bloßen Willkür, das Gesetzmäßige des Universums – das ist gleichsam der ruhende Pol, an dem sich der winzige Erdenwurm, der sich in der Unendlichkeit zu verlieren fürchtet, getrost festklammern kann.«

Obgleich diese Fassung des ästhetischen Problems eine durchaus moderne ist, so läßt sich das Walten des in ihr enthaltenen Gesetzes doch schon in den vergangenen Kulturperioden nachweisen. Auch die antiken, auch die mittelalterlichen Menschen erblickten in den Schöpfungen ihrer Künstler ein Abbild des Weltganzen, aber nicht des Weltganzen, wie es *uns*, sondern wie es *ihnen* erschien. Nach Maßgabe *seiner* Weltanschauung schuf sich der Grieche seinen Helden als einen Liebling der Götter oder als ein Abbild der himmelstürmenden Titanen. Beide Typen sind ihm gleich wert. Im christlichen Mittelalter kann der »Held« natürlich immerdar nur ein Abbild des duldenden, darnach aber die Hölle bezwingenden Christus sein. In jedem andersgestalteten »Helden«typus würde der mittelalterliche Mensch *sein* Weltbild, *seine* Weltkausalität nicht erkennen. Auch deshalb kann das Böse in dieser Periode immer nur im Gegenspiel auftreten. Dieser *eine* Typus des die Hölle besiegenden Dulders wiederholt sich natürlich in unzähligen Variationen und Abschwächungen durch Heiligenlegenden, Sagen und Moralgeschichten hindurch, bis er schließlich, nach dem allmählichen Verfall der christlich-mittelalterlichen Ideenwelt, in unseren Tagen, bis zur Karikatur verändert, als der alle »Hindernisse« möglichst elegant beseitigende und jeder »Unanständigkeit« geschickt ausweichende fad-fromme Idealsalonheld unserer seichten Familienblättermarlittiaden erscheint. Allen Respekt vor der festgefügten und in ihrer Weise großartigen Weltanschauung des Mittelalters! Aber dieser ihr letzter schwächlicher Ausläufer, dieser Damenliebling, dieser Moralfex, dieser Nichtlump, kann eben auf uns »Moderne« nicht mehr ästhetisch wirken; uns erweckt er nur das traurige Bild der Dekadence, wir können in einer solchen sogenannten Idealfigur (wir reden hier *nur* von Schöpfungen der Künstlerphantasie, nicht von lebenden Wesen – in der lebendigen Wirklichkeit kommen übrigens solche Geschöpfe gar nicht vor) nur ein ekelhaftes Zersetzungsprodukt einer abgestorbenen, aber noch nicht begrabenen Kulturperiode erblicken.

Aus dem Gesagten ersehen wir, daß in der That jede Kulturstufe in der künstlerischen Nachgestaltung des ihr eigentümlichen Weltbildes ihre ästhetische Befriedigung findet. Die »Helden« jeder Periode sind die personifizierte Quintessenz der jeweiligen Weltanschauung. Somit wäre unsere erste Behauptung bewiesen.

Wenn wir dies erkannt haben, so können wir uns fragen: In welchen Gestalten kann sich das moderne sozial-evolutionistische Weltbild dem Beschauer am leichtesten enthüllen? oder, mit anderen Worten: Welche Typen wird die Moderne als ihre »Helden« wählen?

Natürlich solche, in denen die sozialen und die evolutionistischen Faktoren, in denen die Einflüsse der Erziehung, Umgebung und der Vererbung am klarsten zum Ausdruck kommen. Es können dies weder Tugendspiegel noch Bösewichter im alten Sinne sein, beides wären von den tausend Fäden der Wirklichkeit künstlich losgelöste und abstrakt gefaßte Typen, in denen sich »unser« Weltbild mit seinen mannigfachen Beziehungen und Verknotungen nicht spiegeln könnte. Wir müssen also vorerst ganz absehen von »Gut« und »Böse«, wir müssen uns auf das zwischen diesen »Werten« liegende indifferente Gebiet, oder, wie Friedrich Nietzsche sich ausdrückt, »jenseits Gut und Böse« begeben, wir müssen für den Augenblick die landläufige moralische Wertschätzung ganz außer acht lassen. Mit einem in der schönen Mitte stehenden Σοφροσύνη- oder Gleichgewichts-Helden, wie er manchen den Charakter der Antike ganz verkennenden Philologenschulmeistern als höchstes Ideal vorschwebt, ist uns aber auch nicht gedient. Gleichgewicht ist Ruhe; wir aber wollen in unserem Helden das Abbild des bewegten Lebens sehen, wir wollen die Kräfte in ihrer mannigfachen Wirksamkeit betrachten. Es müssen also Gleichgewichtsstörungen vorhanden sein, diese können aber zunächst nicht auf dem Gebiet moralischer Wertschätzungen liegen – durch menschliche Wertschätzungen wird das Kausalitätsgesetz überhaupt nicht gestört – sondern sie müssen in die soziale oder in die evolutionistische Sphäre fallen, d.h. der Held des modernen Kunstwerkes ist gesellschaftlich oder erblich belastet, mit anderen Worten: er repräsentiert den Typus einer sozialen oder einer physischen *Krankheit* oder beides zugleich. So gelangen wir zum »Verkommenen«, zum »Lumpen als Helden«.

Verkommenheit und Krankheit erregen, wenn wir sie im Leben oder auf der Straße treffen, ja sogar in bildlicher Darstellung Ekel und Abscheu. Das ist ganz natürlich; denn weder bei den uns flüchtig vor Augen tretenden Erscheinungen des Lebens noch bei dem Werke der bildenden Kunst, das das flüchtige Moment festzuhalten vermag, können wir die Kausalitätskette, deren Glied die uns abstoßende Erscheinung ist, verfolgen. Dem treuen Freunde und Familiengenossen oder dem Arzte aber vielleicht derselbe Fall, der unseren Abscheu hervorgerufen, gar nicht ekelhaft. Warum? Weil sowohl dem Angehörigen des Kranken, als dem Arzte die Kausalitätskette wenigstens zum Teil klar vor Augen liegt. Ähnlich wie beim Arzt oder beim Angehörigen verhält es sich mit der dichterischen Darstellung von Krankheit oder Verkommenheit. Der moderne Dichter hat die Macht, alle Fäden Kausalitätskette bloßzulegen, und wenn ihm dies gelungen, so werden auch die in den Mittelpunkt seiner Werke gerichteten Krankheits- und Verkommensheitstypen nicht mehr Ekel und Abscheu, sondern als Abbilder und Symbole der allgemeinen logischen Weltkausalität ästhetische Befriedigung hervorrufen, ja es werden dies gerade diejenigen Typen sein, an denen er sich bis zu den höchsten Problemen der modernen Erkenntnis emporzuschwingen vermag. Der Dichter befindet sich indessen hier auf einem Gebiet, auf welches ihm die anderen Kunstgattungen nicht mehr zu folgen vermögen; die Grenzlinie ist scharf gezogen, und was dem Poeten erlaubt ist, ist dem Bildner versagt.

Natürlich können auch einzelne Stellen aus guten modernen Dichterwerken Abscheu und Ekel hervorrufen, *wenn sie aus dem Zusammenhang herausgerissen und für sich betrachtet werden*; denn dadurch ist der im ganzen Werke waltende und vom Dichter mit den Mitteln seiner Kunst geschaffene *Kausalnexus*, der, wie wir gesehen haben, der vorzüglichste ästhetische Faktor der modernen (wie aller) Kunstwerke ist, zerstört, und der Leser befindet sich in derselben Lage wie ein Mensch, der *zufällig* auf der Straße einem ekelhaften Gegenstand entgegentritt, oder der ein abstoßendes, widerliches Gemälde betrachtet. Dies sollten sich alle Leute merken, die moderne Dichterwerke nur aus einzelnen in Kriterien zerstreuten sogenannten »starken Stellen« kennen und beurteilen. Ebenso muß sich das Urteil eines in den Büchern nur »herumschmökernden« Kritikers *immer trüben*; eine Kritik, die also den inneren Kausalnexus – wir meinen hier nicht den »äußerlichen« Aufbau, nicht die sogenannte »Inhaltsangabe« – unberücksichtigt läßt, also den Beweis *nicht* erbringt, daß der Kritiker das Kunstwerk in seiner Gesamtheit, in seiner logischen Entwickelung erfaßt hat, eine solche Kritik hat, wenn es sich um »moderne« Dichtungen handelt, *absolut keinen Wert*. An der Wettersäule vor dem Petersthor in Leipzig war seiner Zeit das Thermometer an der Südseite angebracht, den Sonnenstrahlen schonungslos ausgesetzt. Wenn man nun im Januar über Mittag, die Schlittschuhe am Arm, an jener schlau eingerichteten Wettersäule vorbeiging, zeigte dieses nützliche Thermometer gemütlich seine dreißig Grad Hitze – und man hüllte sich fester in den Pelz und schritt vorüber. Ungefähr gleich nützlich und gleich vertrauenswürdig sind die obengenannten Kritiker, und leider gehören unsere Berufskunstrichter fast ausnahmslos zu dieser Sorte.

Zudem aber wirkt die Krankheitserscheinung *an sich* und außer allem jeweiligen Zusammenhang betrachtet anders auf den modernen Beschauer als auf den noch in der christlich-mittelalterlichen Kultur Stehenden. Letzterer befindet sich, was diese Frage anbetrifft, auf ästhetischem Gebiet noch auf einer ähnlich kindlichen Kulturstufe, wie der Wilde, der seine Kranken und Sterbenden verläßt oder vor das Dorf hinaus trägt, nur um die ihm furchtbaren Erscheinungen der Krankheit und des Todes nicht vor Augen zu haben. Auch er fühlt, daß er sich damit die bösen Feinde nicht endgültig vom Halse schafft; er versteckt aber wenigstens den Kopf vor ihnen, wie der Vogel Strauß. Der »moderne« Mensch aber verwirft diese Vogel-Strauß-Theorie, weil er eine ganz andere Auffassung von dem Begriff »Krankheit« hat als die vorangehenden Kulturvölker.

Wir müssen uns also fragen: Was ist Krankheit im modernen Sinne?

Krankheit nennen wir eine Neubildung innerhalb eines geschlossenen Organismus. – Bei wenig oder gar nicht differenzierten Geschöpfen giebt es keine »Krankheiten«, sondern höchstens »Wucherungen«; denn hier erfolgt die Neubildung ohne Störung der benachbarten Organe, weil solche differenzierte Organe überhaupt nicht vorhanden sind. In unentwickelten oder wenig organisierten Formen der menschlichen Gesellschaft giebt es demnach auch wenig oder keine sozialen Zeitkrankheiten, in hochentwickelten dagegen viele und gefährliche, hier können solche »Erkrankungen« zuweilen zum Untergang des Staatswesens, ja der ganzen Kultur führen. Der Untergang einer Kultur bedeutet aber keineswegs den Untergang der Menschheit, nicht einmal den Untergang der wirklichen Errungenschaften der Kultur; denn diese vererbt eine Zeit- (Kultur) Periode der anderen ebenso wie das Individuum die neuerworbenen zur Erhaltung der Art zweckmäßigen Anpassungen und Differenzierungen seiner Organe seinen Nachkommen als unveräußerliches Besitztum hinterläßt. Diese Neubildungen können also innerhalb der menschlichen Gesellschaft wie im Einzelindividuum einerseits zur Zerstörung (Atrophie) zwecklosgewordener, andererseits zur Fortentwicklung zweckentsprechender Organe führen. Sie sind also, wenn sie auch im Einzelfalle verhängnisvoll werden können, an sich und im Zusammenhang mit dem Weltganzen betrachtet, etwas *Zweckdienli-*

ches (Gutes). Intensiv auftretende Zeitkrankheiten mit ihren tiefgehenden Gleichgewichtsstörungen sind zumeist nur die dem Erscheinen einer neuen Kultur vorangehenden Geburtswehen. – So hält beispielsweise Friedrich Nietzsche den weisen Sokrates für eine »Krankheit« des damaligen Hellenentums, und merkwürdigerweise stimmt Aristophanes, der Zeitgenosse des alten Fragestellers in diesem Punkte mit dem modernen Denker überein. Desgleichen werden wohl die meisten konservativen Griechen des Perikleischen Zeitalters den Sokrates für einen krankhaften Auswuchs am Staatskörper gehalten haben, und dazu für einen recht bedenklichen, das beweist seine Verurteilung. Der Platoniker, der Urchrist, der Gottesfreund des Mittelalters, der Hussite, der Jakobiner, waren »Krankheiten« ihrer Zeit, wie die Sozialdemokraten, Nihilisten, wie die »Raskolnikows«, die »Lantiers« und »Coupeaus« (Assommoir) die »Adam Mensch«, die »Bauders« (Dämon des Neides) u.s.w. »Krankheitstypen« unserer Zeit sind.

Es liegt eben ein ungemein tiefgehender Unterschied zwischen der Auffasung des Krankheitsproblems der christlich-mittelalterlichen und der modernen Kultur. Erstere erblickt in der Krankheit etwas was nicht sein soll, etwas vom Teufel Ersonnenes und in die ursprünglich »vollkommene« Welt Hineinpraktiziertes, eine Störung und Verneinung der Weltharmonie; sie muß daher an sich unästhetisch wirken. Dem »modernen« Denken und Fühlen aber erscheint sie als ein logisches Glied in der Welt- und Menschheitsentwicklung, sie stört, sie verneint die Weltharmonie nicht, im Gegenteil, *sie fördert, sie bejaht* sie. Sie bejaht sogar die logische und harmonische Entwicklung des Weltganzen *mehr* und *energischer* als jeder andere, jeder »Gleichgewichtszustand«, weil eben hier in der »Störung« (das Wort ist hier nur im *physikalischen* Sinne gebraucht) die Wirkung der nach unserer heutigen Erkenntnis die Welt aufbauenden und erhaltenden Kräfte am klarsten und deutlichsten zum Ausdruck kommen.

Damit ist die zweite Behauptung des oben aufgestellten Satzes bewiesen, *daß nämlich gerade in den scheinbar widerlichen und abstoßenden Gestalten, wie sie uns die russischen, die französischen, die nordischen und jetzt auch die deutschen, kurz alle »modernen« Realisten vor Augen stellen, das Walten der Kausalgesetze und damit der unserem gegenwärtigen Erkennen entsprechende Begriff der von uns an und für sich als höchste Schönheit empfundenen Weltordnung am klarsten und deutlichsten zum Ausdruck kommt.*

Damit ist der Beweis für die *ästhetische Berechtigung* der »Lumpe als Helden« vollständig erbracht.

Wir haben aber in dem obigen Satze noch eine dritte Behauptung aufgestellt, indem wir sagten, die Betrachtung solcher »Verkommenheiten«, die eingehende Analyse solcher Krankheitserscheinungen *bilden den höchsten Trost und die höchste Erbauung für den modernen Menschen.*

Mit den Begriffen »Trost« und »Erbauung« schreiten wir aus der rein ästhetischen Sphäre hinaus und begeben uns auf das Gebiet der Ethik.

Dieselben Kritiker, die den modernen Dichtungen die ästhetische Berechtigung absprechen, verurteilen sie meist auch vom ethischen Standpunkt. Es werden da allerhand, teils sehr heuchlerische, teils aber auch ernst und redlich gemeinte Jeremiaden angestimmt, worin viel von der Trostlosigkeit der modernen Kunstrichtung oder gar von ihrem »entsittlichenden Einfluß« die Rede ist. Um der wenigen »Gerechten« willen, sei hier auch noch der Beweis für die ethische Berechtigung der »Lumpe als Helden« erbracht.

Wir fragen zuerst: Muß ein Kunstwerk unter allen Umständen auch einen ethischen Gehalt aufweisen, muß es eine »Moral« haben? –

Darauf könnten wir nur mit den Ästhetikern aller Zeiten antworten, daß dies an sich nicht absolut der Fall sein müsse und die beinahe schon zur Banalität gewordenen Sätze wiederholen: »Die Kunst ist sich Selbstzweck. Ein Werk, das ästhetische Befriedigung hervorruft, ist ein vollberechtigtes und ein vollwichtiges Kunstwerk, selbst wenn es aller und jeder Ethik entbehren sollte.« Wir gestehen indessen selber: diese Sätze sind, obgleich an sich richtig, eigentlich grauste Theorie und in der Wirklichkeit verhalten sich die Dinge doch ganz anders. Wir sind im Laufe dieser Betrachtung mehrfach auf die zwischen Ethik und Ästhetik obwaltenden engen Beziehungen gestoßen, wir haben gesehen, daß die Ästhetik in letzter Instanz immer nur ein Ausfluß der Ethik ist, und so werden wir denn auch verstehen, daß es eine rein ästhetische Empfindung in der Wirklichkeit ebensowenig geben kann als z.B. einen »reinen« musikalischen Ton. Wie bei diesem eine Reihe von Obertönen und je nach dem schallgebenden Körper noch eine ganze Anzahl von Geräuschen mitklingen, wir also statt eines einfachen Tones einen ganzen Tönekomplex vor uns haben, so geraten auch bei den ästhetischen Gefühlen immer die engverwandten ethischen gewissermaßen in Mitschwingung. Wir müssen also, um vollständig zu sein und jeden Vorwurf zurückzuweisen, auch diese Seite der Frage beleuchten.

Da wir uns nun auf dem Gebiete der Ethik befinden, so müssen wir die vorhin eliminierten Begriffe »Gut« und »Böse« wieder einfügen, wobei wir allerdings zum voraus bemerken, daß wir, als »moderne« Menschen keinerlei moralische Wertschätzung damit verbinden, sondern sie nur für die gleichwertigen aber umständlichen Bezeichnungen »zweckdienlich« und »zweckwiedrig« setzen. Wir fragen uns also: Wie vertreiben sich und wie wirken diese rein ethischen Faktoren im Dichterwerke? Wir beginnen mit dem Einfachsten und schreiten zum Komplizierteren vor.

Zuerst unterscheidet der Mensch nur Gut und Böse, negativ und positiv, darum wählt er sich seine ethischen Beispiele – wie wir dies noch jetzt thun, wenn wir z.B. Kindern irgend einen Moralgrundsatz in Erzählungsform klar machen wollen – möglichst drastisch. Er übertreibt auf der Seite des Guten, wie auf der des Bösen, und um die Gegensätze möglichst klar hervorzuheben, läßt er das Gute in Widerspruch und Kampf mit dem Bösen treten, wobei er das Gute das Böse besiegen oder von diesem besiegt werden läßt. Immer aber wird das Gute als *Beispiel* aufgestellt, es rückt in den Mittelpunkt der Handlung, es wird zum *Helden*. Diesem »Helden« soll das Böse nur zur Folie dienen; das Gute im Helden soll in der Berührung mit dem Bösen zur Bethätigung gelangen. Bei dieser Darstellungsweise kann das Böse niemals in den Mittelpunkt der Handlung treten, es bleibt immer im Gegenspiel, und der Dichter ist bemüht, all seine Achtung, Verehrung und Bewunderung auf den siegreichen, all sein Mitleid auf den unterliegenden »Helden« (auf das siegende oder unterliegende Gute) zu häufen. Nur für das Gute, nur für seinen »Helden« verlangt er Sympathie, nicht aber für das »Gegenspiel«. Zum Schlusse wird natürlich die Tugend belohnt und das Laster erhält seine Strafe. Triumphiert jedoch das Böse, so ist dies nur scheinbar; denn im Jenseits wird dafür der Gute alle Seligkeit und Himmelswonne genießen, während der Böse hinabgestoßen wird in den tiefsten Pful der Hölle, zu ewiger Qual und Verdammnis. So formt sich der Dichter ein Bild der Welt, *wie sie* (nach seiner christlich-mittelalterlichen Ansicht) *sein sollte*; er wird zum *Idealisten.*

Dieses Weltbild ist aber kein konkretes, sondern eine reine Abstraktion, und wenn der Dichter nun von seinem Werke aufblickt und die lebendige Wirklichkeit betrachtet, so sieht er, daß sein ethisches Schema nicht auf das ihn rings umwogende Leben paßt.

Vor allen Dingen giebt es keinen absolut guten, oder absolut bösen Menschen, selbst im verrufensten Verbrecher schlummert noch ein Funke von Menschlichkeit.

Sodann wird, wenigstens scheinbar und für uns erkennbar, *nicht* immer das Gute belohnt und das Böse bestraft. Das wurde zu allen Zeiten eingesehen. Die christlich-mittelalterliche Weltanschauung sucht sich aus diesem Dilemma dadurch zu retten, daß sie den endlichen Ausgleich der »hienieden« verletzten Gerechtigkeit in eine andere Welt ins »Jenseits« verlegt. Der Glaube an das Jenseits sank mit dieser ganzen Weltanschauung in den Staub, er kann dem modernen Menschen keinen Trost mehr bieten in den Stürmen des Lebens. Eine Folge dieses Absterbens des Glaubens ist der trostlose Pessimismus unserer »Übergangszeit«.

Diesen Pessimismus halten wir, die wir *alles* Mittelalterliche abgestreift haben, wir modernen Weltbejahungsmenschen für ein *Unglück.*

Wir können aber diesen unglückseligen Pessimismus – auch ein faulendes Zersetzungsprodukt der alten noch nicht begrabenen Kultur! – nicht mit sogenannten positiven Glaubenssätzen bekämpfen, noch viel weniger mit den Dogmen des abgestorbenen Christentums. Wir haben aber gesehen, daß die wirklichen und zweckdienlichen, also die »guten« Errungenschaften einer Kultur selbst nach ihrem Absterben nicht verloren gehen, und so hat denn auch das tote Christentum uns Modernen ein köstliches Erbteil hinterlassen, das uns hoffentlich nie mehr verloren gehen wird, es ist dies das Mitleid und die Menschenliebe, jenes Mitleid, das uns auch im Tier das verwandte Lebewesen erkennen, jene Menschenliebe, die uns nicht nur im gesellschaftlich niedrig Stehenden, sondern sogar im Verworfenen, im Verbrecher, den Menschenbruder achten läßt, und das in dem von uns nicht mehr als »Gotteswort«, wohl aber in mancher Beziehung als hohe Kulturerrungenschaft aufgefaßten Evangelium unter dem schönen »dichterischen« Bilde des mit den »Sündern« verkehrenden und die »Verworfenen« tröstenden Christus symbolisiert wird.

In unseren, heute noch vom ästhetischen und ethischen Standpunkte angefochtenen Dichterwerken steigt – um das mittelalterlich-christliche Bild zu brauchen – Christus nicht nur im Geist zu den Sündern hernieder, sondern in der That und in der Wahrheit.

Die Sympathie für den Guten, für den moralisch »Gesunden« versteht sich bei uns von selbst. Die Sympathie für den moralisch Kranken jedoch muß erst erweckt werden. Darum tritt in unseren modernen Dichterwerken der »Kranke« in den Mittelpunkt des Interesses, er wird zum »Helden«. Der Kampf zwischen »Gut« und »Böse«, der früher äußerlich in getrennten Gestalten personifiziert wurde, wird nun in das *Innere* des geschilderten Charakters verlegt. Der Held ist »Held« und »Gegenspiel« zugleich, und das »äußerliche«, »technische« Gegenspiel dient nur als sogenanntes milieu zur Umgrenzung, zur Definierung des jeweiligen Problems.

Durch diese Bloßlegung des *Innern* des Helden und dadurch, daß wir ihn als ein Glied in der großen Kausalitätskette des Weltganzen auffassen, sehen wir aber hinter der scheinbaren Ungerechtigkeit eine höhere, logische Gerechtigkeit walten. Wir sehen, wie der Böse (der Kranke, der Lump) seine Strafe naturgemäß in sich trägt. Wir empfinden keine Sympathie für das Böse, Krankhafte, Verkommene im Helden, sondern für sein *Ankämpfen* gegen die ihm durch das Gesetz der Erblichkeit oder die sozialen Verhältnisse aufgedrungenen moralischen Defekte, und, wenn ihn diese übermächtigen Faktoren zu Falle gebracht, Mitleid mit dem unterliegenden *Streiter*.

So erhalten wir ein dichterisches Abbild der Welt, wie *sie* (unserem »modernen« Erkennen gemäß) ist, wir sind *Realisten*.

Und dieses modern realistische Weltbild verweist und vertröstet uns nicht mehr auf ein überirdisches, ideales Traumreich, dafür wir kein Verständnis mehr haben; nein, wir haben alles vor Augen, wir können, wie Thomas die Finger legen in die Wundmale der Menschheit und an ihre endliche Erlösung glauben. Das Jenseits strahlt in das Diesseits. Wir sehen an unseren »Lumpen-Helden«, die in realster Wirklichkeit vor uns stehen, daß eine höhere Macht hinter aller scheinbaren Willkür waltet, und wir gewinnen dadurch auch den uns im Pessimismus verloren gegangenen Glauben wieder, den Glauben an eine sittliche Weltordnung, den Glauben an eine mächtige transzendentale Gerechtigkeit.

So trösten und erbauen die zu »Helden« erhobenen »Lumpe« den »modernen« Menschen im harten Lebenskampfe. Wollt ihr ihm diesen Trost rauben, ihr nachgeborenen Spätlinge einer schon erstorbenen Kultur?

Hans Merian (1857–1902), schweizer Literatur- und Musikkritiker, lebte seit 1879 in Leipzig. Nach dem Zerwürfnis zwischen Michael Georg Conrad und dem Verleger der *Gesellschaft*, W. Friedrich, übernahm Merian 1892 die verantwortliche Redaktion der *Gesellschaft*, die er 1896 von Friedrich kaufte.

Der hier dokumentierte Beitrag von Merian erörtert eine die naturalistische Bewegung von Anfang an begleitende Thematik, nämlich die der stofflichen Seite der Dichtung, gefaßt in den Begriffen des »Sozialen« ebenso wie des »Gemeinen«, des »Häßlichen«, des »Kranken«. Die Auseinandersetzung hierüber begann spätestens mit der deutschen Zola-Rezeption Ende der 70er Jahre. Die jungen oppositionellen Autoren fanden sich gerade auch in der Ablehnung der moralisierenden Zola-Kritik und der Anerkennung der inhaltlich-stofflichen Seite der Zolaschen Romane zusammen (vgl. J. Hart, Dok. 102 und M.G. Conrad, Dok. 104). Julius Hillebrand erklärte 1886 in der *Gesellschaft* (s. Dok. 7) die sozialen Veränderungen (Großstadt und Industrie) als eine der entscheidenden Voraussetzungen und Grundlagen (neben dem Darwinismus) für die naturalistische Literaturbewegung und er forderte in der Nachfolge Hebbels ein neues soziales Drama.

In der Auseinandersetzung mit den Ergebnissen der Naturwissenschaften entdeckte Bölsche (vgl. Dok. 17) neue Begründungszusammenhänge für die stofflichen Veränderungen der Dichtung. Die naturgesetzliche Betrachtungsweise der Menschen und seiner Umwelt, das deterministische Menschenbild und die daraus resultierende Aufhebung der Auffassung der menschlichen Willensfreiheit, ergaben für Bölsche geradezu die wichtigste Grundlage realistischer Dichtung. Conrad Alberti erklärte in seinen Thesen zum Realismus die Berechtigung neuer sozialer Inhalte aus dem demokratischen Charakter der modernen Kunst. Darüberhinaus präge sich aber auch »das geheimnisvolle, mächtige Walten der ehernen Naturgesetze, der Gegenstand der künstlerischen Darstellung [...] im Leben des Volkes ebenso wohl und oft schärfer aus als in dem Leben und Treiben der Herrscher und Helden...« (s. Dok. 9). Da die »Natur« überall »in dem gleichen Grade von dem göttlichen Hauche ihrer Größe und Vernunft erfüllt« sei, gibt es nach Alberti für den »Künstler keine Stoffe zweiten oder dritten Ranges.« Da es somit auch in der Natur nichts »an sich Häßliches, Schmutziges, Gemeines, Unkünstlerisches« gebe, ist nach Alberti auch in der Kunst »häßlich und schmutzig nur das Phantastische, Naturwidrige [...] das Gesetz des Daseins Verschleiernde [...]« (s. ebd.). Während Bölsche ähnlich wie Alberti die literarische Darstellung des »Häßlichen« durch das der Natur insgesamt zugrundeliegende Ideal (göttliche Idee, Tendenz zur Harmonie u. ä.) ästhetisch legitimiert, geht Merian von dem Zusammenhang von Erkenntnis und ästhetischem Vergnügen aus. Da »der moderne Dichter die Macht« habe, »alle Fäden der Kausalitätskette bloßzulegen, [...] so werden auch die in den Mittelpunkt seiner Werke gerichteten Krankheits- und Verkommenheitstypen nicht mehr Ekel und Abscheu, sondern als Abbilder und Symbole der allgemeinen Weltkausalität ästhetische Befriedigung hervorrufen, ja es werden dies gerade diejenigen Typen sein, an denen er sich bis zu den höchsten Problemen der modernen Erkenntnis emporzuschwingen vermag« (s. Dok. 26). Voraussetzung dieses Wirkungszusammenhangs ist jedoch, daß die in den »Lumpen-Helden« zum Ausdruck kommende »allgemeine Weltkausalität« als »sittliche Weltordnung«, als »mächtige transzendentale Gerechtigkeit« begriffen wird (s. ebd.).

f) »Über den Naturalismus hinaus«

27
Hermann Bahr: *Die Krisis des Naturalismus.* In: Hermann Bahr:
*Die Überwindung des Naturalismus. Als zweite Reihe von
»Zur Kritik der Moderne«.* Dresden u. Leipzig (E. Pierson's) 1891,
S. 65–72.

Zeichen waren lange da, seltsame Boten und Warnungen, daß die Litteratur an eine Wende
rücke, neuen Trieben entgegen, vom Naturalismus, der alterte, weg. Aber der wilde Ungestüm dieser galoppierenden Entwicklung hat alle Voraussicht und Berechnung in Sturm und
Hast überholt und sie ist eben jetzt schon, seit einem halben Jahre bereits, mitten drin in der
Krise, die unsere langsame und bedenkliche Hoffnung kaum für den Anfang des neuen
Jahrhunderts anzukündigen wagte. Die Neugierde der Lesenden und die Neigung der Schreibenden kehren sich von draußen wieder nach innen, vom Bilde des rings um uns zur Beichte
des tief in uns, von dem *rendu de choses visibles* nach den *intérieurs d'âmes* – (das Wort
gehört Stendhal). Zola steht auf der Ehrenliste des eben abgelaufenen Geistes, aber er genügt
nicht mehr dem Bedürfnisse von heute. Und die treuesten Zolaisten verbourgetisieren sich mit
jedem Tage mehr.

Diejenige Litteratur, welche mit der französischen zusammen heute die Weltkultur leitet,
die nordische, hat den nämlichen Prozeß hinter sich. Um Strindberg scharten sich dort zuerst
die bereiten Kräfte; der modernistischesten in der skandinavischen Moderne, mit den an
Feinhörigkeit empfindsamsten Nerven, welche von allen kommenden Rätseln klingen, Ola
Hansson schreibt eben jetzt in seiner »Skandinavischen Litteratur« dieser Revolution ein
Manifest der Zukunft, welches dem späten Forscher einmal ein wunderliches und kostbares
Dokument jener Vergangenheit sein wird; Arne Garborg hat sie mit dem krummen und
unglücklichen Titel »Neu-Idealismus« konstatiert, der nur verwirren kann und den dumpfen
Lese-Pöbel erst völlig kopfscheu macht. Es wird wohl nichts helfen: der säumige Troß der
nachzügelnden Litteraturen wird auch heran müssen, früher oder später, den nämlichen Weg.

Wie wird das nun also werden? Wird die Litteratur einfach von Zola zu Bourget übergehen,
um jetzt dieses Modell nachzuahmen, wie sie zehn Jahre lang jenes nachgeahmt hat? Ist jener
Umschwung wirklich nichts als die Eröffnung einer Ära Bourget?

Ich glaube nicht. Ich glaube es deswegen nicht, weil Paul Bourget nur die vom Zolaismus
verschmähte und gekränkte Forderung einer neuen Psychologie darstellt, nicht ihre Erfüllung,
welche das moderne Bedürfnis verlangt. Das wird sich bald zeigen.

So lange der Naturalismus der *états de choses*, der Sachenstände, an der Herrschaft war, der *roman de moeurs* mit Ausschluß aller *états d'âmes*, aller Seelenstände, und gegen den *roman de caractères*, da mochte sich die unbefriedigte Hoffnung an den einzigen klammern, welcher ihr nur überhaupt Psychologisches gewährte, und alle Reste des modernen Geschmackes, soweit er im Zolaismus nicht aufging, versammelten sich um Bourget. Jetzt, da die Abkehr von der litterarischen Physik vollbracht ist, gilt es mehr. Jetzt wird es sich offenbaren, daß, wenn wir freilich im Grunde unserer Natur zu viel Psychologen sind, um uns an dem objektiven Naturalismus auf die Dauer zu genügen, wir doch schon zu lange unter dem Einfluß des Naturalismus gewesen sind, um jemals zur alten Psychologie wieder zurückzukehren.

Das moderne Bedürfnis verlangt Psychologie, gegen die Einseitigkeit des bisherigen Naturalismus; aber es verlangt eine Psychologie, welche der langen Gewohnheit des Naturalismus Rechnung trägt. Es verlangt eine Psychologie, welche durch den Naturalismus hierdurch und über ihn hinaus gegangen ist. Bei der alten vornaturalistischen kann es sich nicht beruhigen.

Aber Bourget ist ein Neuerer, welcher der Kunst bloß das Alte gebracht hat.

Das klingt nicht bloß paradox, sondern scheint Unrecht und Verleumdung. Wie, Bourget, mit allen letzten Errungenschaften der jüngsten Psychologie, diesseits und jenseits der »Manche«, der unermüdliche Jäger nach *sensations nouvelles*, von dem gilt, was er einmal von Stendhal gerühmt hat: *qu'il tient compte de toutes les vérités psychologiques acquises de son temps et de celles assi qu'il a devinées* – Bourget, der rastlose Spürer alles Besonderen und Unvergleichlichen in unseren Empfindungen, was wir an eigener Art von allen Geschlechtern voraus haben – Bourget, das eigentliche philosophische Gewissen dieser *fin de siècle* – wie kann man nur solche revolutionäre Gewalt als reaktionäre Wirkung behandeln? Und dennoch wirkt er, welchen seiner Romane die Untersuchung auch vornehmen mag, dennoch wirkt er, im Vergleiche mit dem Zolaismus, als Reaktionär: er beleidigt manches aus dem Naturalismus in den allgemeinen Geschmack aufgenommene Gesetz.

Das kommt aber ganz einfach daher, daß Bourget seine übernaturalistische Revolution innerhalb der vornaturalistischen Tradition zu verrichten und die neue Wissenschaft, der eben in einer Kunstform gerecht zu werden gerade die Frage ist, in alte Kunst zu füllen versuchte. So wurde er ein vortreffliches Werkzeug zum Niedergang jenes ersten Naturalismus in der allgemeinen Schätzung, indem er gegen ihn die psychologischen Bedürfnisse der Zeit formulierte, ganz so hilflos außerhalb der neuen Kunst und als eine ohnmächtige Forderung der veränderten und bereicherten Wissenschaft wie diese Formel lange in allen Witternden der Entwickelung schlief. Aber sie nun auch durch die That im Schönen zu erfüllen, zu Kunst zu realisieren, dieses blieb ihm einstweilen versagt.

Alle seine Romane sind »alt«, nach dem traditionellen Modell des psychologischen Romanes, wie es sich von der *Manon Lescaut* des *Prévost*, dem *paysan parvenu* des *Marivaux* und dem *paysan perverti* des *Restif de la Bretone* über Benjamin Constants »Adolphe« und der »Volupté« des Saint-Beuve entwickelt hat. Alle haben dieses unserem gesteigerten, verwöhnten, leicht argwöhnischen Wirklichkeitssinn geradezu Unerträgliche, daß nichts gezeigt, son-

dern jedes bloß erzählt und zwischen uns und die Wahrheit immer der vermittelnde, ergänzende und kommentierende Autor eingeschoben wird, welcher, gerade indem er es verdeutlichen will, alles erst recht verdeckt. Alle vermeiden die Folge der Bilder, welche wir heute als
den natürlichen, unentbehrlichen Verlauf des Epischen empfinden, und statt an die Anschauung, adressieren sie sich immer nur an den Verstand; statt auf die Sinne, wirken sie immer
bloß durch die graue Logik.

Von Beispielen wimmeln seine Bücher, wo man sie nur aufschlägt; ich will auf gut Glück
die allernächsten aus seinem jüngsten herausgreifen, aus diesem *coeur de femme*, welches in
diesen Tagen gerade, seit einer Woche, durch alle Bezirke Frankreichs, von den lauten, heißen
Festlichkeiten des Boulevard bis in die milde, einsame Verschwiegenheit der letzten Provinz
und über die Welt seinen sicheren Sieg geht.

Es handelt sich darum, Madame de Tillières zu charakterisieren, eine sanfte, Neurosen
geneigte Sensitive, abseits von dem Lärm des großen Lebens, welche, was die anderen mit
vollen Händen an den flüchtigen Passanten verstreuen, in gesammelter Güte wenigen dauerhaften Freunden zu gute kommen läßt. Welche Serie lauer, heimlicher Idyllen am Kamin,
während der Thee seufzt, hätte nicht aus diesem Zuge Alphonse Daudet, hätte nicht Coppée
daraus gestaltet! Bourget gestaltete ihn gar nicht, macht nichts aus ihm und läßt ihn überhaupt nicht sehen, sondern in abstrakter und der Wirklichkeit entledigter Formel konstatiert
er ihn bloß, wie eine wissenschaftliche Beobachtung von der Neugierde des Forschers notiert
wird – freilich mit einem jener unvergeßlichen Worte wieder, deren wirksames Geheimnis er
besitzt: »*ces femmes-là ont dû sentir ce que la grande vie mondaine comporte de banalités, de
mensonge et aussi de brutalités voilées. Elles réfléchissent, elles s'affinent, et elles deviennent
par réaction de véritables artistes en intimité*«. Oder: Casal, der zügellose *viveur professionel*
und *connaisseur en impureté* wird von seiner plötzlichen Liebe zu Juliette mit einem Schlage
ins jugendlich Naive zurückverwandelt, *il a des retours soudains d'adolescence, comme une
ivresse de rajeunissement qui fait de lui un personnage nouveau.* Welche Gelegenheit, ein
wahres Rokoko von sanfter und schmachtender Erotik auszumalen, welche Gelegenheit, in
maienholden Szenen ein ganzes Protokoll des Liebeszaubers aufzunehmen, wie durch ihn
seiner Seele Stück für Stück die Verlotterung entrissen und der beständige Segen keuschen
Glückes eingesäet wird! Aber Bourget, auch dieses Mal wieder, begnügt sich, diesen Prozeß
zu konstatieren, mit dessen Auffüllung und Entwickelung die eigentliche Arbeit des Künstlers doch erst begänne, und hängt ihm eine psychologische Dissertation umständlich an, über
die Verjüngung von Wüstlingen durch eine reine Liebe, welche den ganzen Zusammenhang
des Kunstwerks zerreißt und seine Wirkungen aufhebt.

Diese alle Augenblicke in den Lauf des Textes eingezwängten Scholien des psychologischen
Doktors mit sehr kathederhafter Würde sind dem Realismus unseres Gefühles das
schlimmste. Ihrer ist kein Ende. Er läßt einen *fêtard perpétuel* einer anständigen Dame
gefallen – sofort folgt eine klassische Exegese über den *Rédemptorisme* und die *fascination
projetée par les Don Juan sur les Elvire.* Zwei Frauen sind Freundinnen – und sofort wird die
Freundschaft zwischen Frauen kritisch untersucht. Die Heldin träumt – und sofort kommt

eine Abhandlung über die Bedeutung der Träume und ihren Zusammenhang mit dem Unbewußten. Und so weiter. Man wird nicht müde, den Geist, die Tiefe und die Verwegenheit
dieser Kommentare immer von neuem zu bewundern. Aber dennoch möchte man das Kunstwerk ohne sie oder man möchte sie ohne das Kunstwerk haben, eins von beiden. So nämlich
sind wir heute einmal, aus der naturalistischen Lehrzeit her, daß wir es verlernt haben, unser
Interesse zwischen der Kunst und dem Künstler zu teilen, und wenn man uns erst einmal
dahin bringt, uns mit Herrn Casal zu beschäftigen, dann sind wir so lange auch selbst für
Bourget nicht zu sprechen.

Man darf deswegen nicht etwa meinen, er sei kein Künstler. Wer solche Wirkungen bis in
den letzten Grund der Seele vermag wie jene Katastrophe des Disciple, wie die Peripetie der
Mensonges, wie hier wieder den Abschied des Poyanne, der gehört zu den größten für alle
Zeiten. Aber er ist nicht bloß Künstler allein. Es steckt in ihm ein Künstler, der aber nicht zur
Alleinherrschaft empor kann, weil neben ihm noch ein anderer steckt, ebenso thatenbegierig
und ebenso thatenstark: ein Philosoph. Dafür charakteristisch ist es, wie er sich in seinen
literarischen Anfängen gleich mit der Tradition auseinandersetzte. Nicht, was in solchen
tastenden Fragen an die Zukunft das Gebräuchliche und Natürliche des Künstlers, aus ihr das
Verständnis seiner selbst, des Schlummernden in ihm, der eigenen Rätsel zu gewinnen oder
für das schon in dunklem Drängen jäh sich Regende die Form zu erforschen war seine nächste
Sorge, sondern *quelques notes capables de servir à l'historien de la Vie Morale pendant la
seconde moitié du XIX siècle français* wollte er erwerben und dieser Sammler für eine
künftige Geschichte des modernen Geistes ist er geblieben, durch alle seine Romane, neben
und vor seinen künstlerischen Trieben.

Es handelt sich aber nicht darum, die Geheimnisse dieser spältigen Doppelnatur zu ergründen, sondern es handelt sich in dieser Phase der Litteratur jetzt um die Frage: was also, wenn
auch Bourget der modernen Begierde keine Beruhigung gewährt, was also wird jetzt geschehen?

Die Situation ist deutlich: Bourget, an dessen Beispiel sich der moderne Geschmack erst auf
sich selbst besann, vereitelt uns den Frieden im Naturalismus. Der Naturalismus, aus dessen
Gewohnheit sich der moderne Geschmack eine Serie von Bedürfnissen entnahm, vereitelt uns
den Frieden im Bourget. Es gilt, allen beiden zu genügen und dadurch alle beide zu überwinden.

Es gilt einen Bourgetismus, der vor den naturalistischen Geboten besteht. Es gilt einen
Naturalismus, der vor den psychologischen Bedürfnissen besteht. Es gilt aus dem Bourgetismus und aus dem Naturalismus heraus eine neue Formel der neuen Psychologie, in welcher
beide aufgehoben, mitsammen versöhnt und darum in ihrem rechten Gehalte erst erfüllt sind.

Diese Tendenz ist die Signatur der neuen Phase, in welche die Litteratur eben jetzt mit
diesem jähen Ruck eingelenkt hat.

Und in dieser Phase werden zum erstenmale die Dekadents aus der privaten Diskussion
innerhalb des Metiers zu öffentlicher Rolle gelangen: denn während Bourget in der überlieferten Form den neuen Gehalt ausbreitete, da bereiteten sie, die Huysmans, die Rod, die Rosny

einstweilen, aus Stendhal und den Goncourts herüber, die neue Form für diesen Gehalt, den sie selber noch gar nicht hatten.

Hermann Bahr (1863–1934) ist in die Literatur- und Theatergeschichte als führende Persönlichkeit des Jungen Wien eingegangen. Bahr studierte in Österreich zunächst Klassische Philologie, Jurisprudenz und Nationalökonomie. Dieses Studium setzte er ab 1884 bis 1887 in Berlin fort. Bahr vertrat anfänglich einen deutsch-nationalen Standpunkt. In der Berliner Zeit wurde seine weltanschauliche Position dann durch eine intensive Auseinandersetzung mit der Marxschen Erkenntnistheorie und Ökonomie bestimmt. Bereits 1886 hatte Bahr seine Dissertation über Marx, *Die Entwicklung vom Individualismus zum Sozialismus*, abgeschlossen, die jedoch als ungeeignet abgelehnt wurde. In demselben Jahr verteidigte er in der Schrift *Die Einsichtslosigkeit des Herrn Schäffle* die Sozialdemokratie gegen die Angriffe des österreichischen Ministers Schäffle, der unter dem Titel *Die Aussichtslosigkeit der Sozialdemokratie* deren politische Perspektivlosigkeit versucht hatte nachzuweisen. Ab 1885 veröffentlichte Hermann Bahr Aufsätze in der österreichischen Monatsschrift *Deutsche Worte*, die von dem späteren Sozialdemokraten Pernerstorfer herausgegeben wurde, so u. a. Teile seiner nicht angenommenen Dissertation, Artikel zu ökonomischen Fragen oder auch einen Aufsatz *Zur Geschichte der modernen Malerei*. 1887 erschien in dieser Zeitschrift sein Aufsatz über Ibsen (s. Dok. 95). Zwischen 1884 und 1887 entstehen auch bereits vier sozialkritische Erzählungen, die er in der *Deutschen Wochenschrift* (Hrsg. Friedjung) und in der *Gleichheit*, der von dem österreichischen Sozialdemokraten Victor Adler 1886 gegründeten Zeitschrift, erstmals veröffentlichte (wiederveröffentlicht 1891 in dem Novellenband *Fin de siècle*). Als Bahr im Oktober 1887 seinen Militärdienst in Österreich antrat, wurde er regelmäßiger Mitarbeiter der *Gleichheit*, bis er 1888 nach Paris reiste. In seinem Drama *Die neuen Menschen* (1887) hatte Bahr bereits erste Zweifel gegenüber sozialistischen Positionen formuliert. Mit der Reise nach Paris muß Bahrs sozialistische Entwicklungsphase als abgeschlossen betrachtet werden. Am 29. September 1888 schrieb er über seine Suche nach einem politischen Standpunkt an seinen Vater: »Ich bin von einer Partei zur anderen gegangen, weil ich immer die Betrachtung der Angelegenheit sub specie aeternitatis suchte und immer dafür nur die beschränkten Tagessorgen fand. Das ist nun auch bei den Sozialisten nicht anders: Freilich steht außen Freiheit, Gleichheit und Menschenwürde – aber drinnen handelt sich's doch um nichts anderes als um die Arbeitszeit der Bäcker oder den Arbeitslohn der Schmiede – nicht um die Revolutionierung des Menschengeistes, von der Ibsen träumt, sondern um die Sorge für den lieben Menschenleib« (zit. nach: Hermann Bahr, *Briefwechsel mit seinem Vater*. Ausgewählt v. Adalbert Schmidt. Wien 1971, S. 197 f.). Hermann Bahrs Frankreichaufenthalt (und Reisen nach Spanien und Nordafrika) erstreckte sich vom November 1888 bis Ende März 1890. Im Mai 1890 beginnt Bahr in Berlin als Redakteur bei der *Freien Bühne*, verläßt die Zeitschrift aber zusammen mit Arno Holz bereits Ende Juli wieder wegen Meinungsverschiedenheiten mit Otto Brahm. Nach dem Ibsen-Aufsatz von 1887, erscheinen literaturkritische Arbeiten von Bahr erst wieder ab 1890. Bahr veröffentlicht seine Aufsätze in verschiedenen Zeitschriften, neben der *Freien Bühne* arbeitet er bei der Zeitschrift *Moderne Dichtung* mit, außerdem erscheinen von ihm Artikel in *Deutschland*, *Die Gegenwart*, *Das Magazin für die Litteratur des In- und Auslandes* und *Die Gesellschaft*. Bahrs erster Essay-Band *Zur Kritik der Moderne*, der bisherige Veröffentlichungen zusammenfaßt, kommt ebenfalls 1890 heraus. E.M. Kafka begrüßt diesen Band in der Zeitschrift *Moderne Dichtung* emphatisch. Er zahlt Bahr zur Gruppe derer, die aus der »Schule des modernen Sozialismus« kommen und nennt ihn einen »Marxisten striktester Observanz«. Darüberhinaus erscheint ihm Bahr auch als »Wegweiser in die erlösende Zukunft. Sein neuestes Buch stellt ihn mitten in die erste Reihe der kühnen Vorkämpfer der ersehnten neuen Kunst« (E.M. Kafka, *Zur Kritik der Moderne*. In: *Moderne Dichtung*, 1890, Bd. 1, Heft 2, S. 120f). Bahr verläßt Berlin Anfang 1891 für eine Rußlandreise und geht anschließend endgültig nach Wien, wo er Ende des Jahres als Burgtheaterrezensent bei der Wiener *Deutschen Zeitung* die Arbeit aufnimmt.

1890 begann Bahr als einer der ersten deutschen Kritiker, die Ideen der französischen Décadence in Deutschland und Österreich bekannt zu machen. Entscheidend waren hierfür seine Frankreichaufenthalte 1888/89 und 1890. In seinem *Selbstbildnis* (Berlin 1923) schrieb Bahr dazu: »Das war mein Pariser Erlebnis, entscheidend für alle Zukunft: das Geheimnis der Form ging mir auf, die große Form, durch die der Sinn von Urvätern über die Jahrhunderte hin in den Geschlechtern lebendig bleibt« (s. a.a.O., S. 221).

Ein charakteristischer Zug in Bahrs literaturkritischen Arbeiten um 1890 stammt dabei noch aus der Zeit seiner Beschäftigung mit der Marxschen Theorie, nämlich eine gewisse Vorstellung von der Wirklichkeit als einem sich dialektisch bewegenden Prozeß, nun allerdings von materialistischer Gesetzmäßigkeit gereinigt. Sein Suchen nach Veränderung, nach Überwindung erklärt er in einem Brief an seinen Vater vom 14. 3. 1887. »Alles wird in der Welt ohne Unterlaß, und wer einmal Glied dieser Welt, erfüllt seine Aufgabe nur, indem er an diesem ewigen Werden teilnimmt und es nach seinen Kräften unterstützt [...] Nur nichts Beharrendes, nur keine Dauer, nur kein Gleichbleiben! Fluß, Bewegung, Veränderung, Umsturz ohne Unterlaß: denn jedes Neue ist besser, schon weil es jünger ist als das alte« (zit. nach: Hermann Bahr, *Briefwechsel*, S. 154). Mit dieser Denkweise stand Bahr einer Position wie der Otto Brahms nahe, der die Veränderung geradezu als wesentliches Prinzip der Kunst begriff (vgl. Dok. 12, 42). Wie O. Brahm, wenn auch aus anderen ideologischen Quellen herrührend, fordert Bahr die Abkehr von jeglichem Dogmatismus in der Kritik: »Die literarische Kritik, wofern sie modern werden will, muß sich an die Bewegung der Schönheit gewöhnen, an ihr Wachstum in unablässig wechselnder Erscheinung, und, um die Ursachen der Richtung zu begreifen, welche diese Bewegung jeweilig nimmt, ihren Zusammenhang mit ihrer Nachbarschaft suchen, [...] statt dieser langweiligen Predigt, was sein soll, hat sie lesbar, was uns allein interessiert, zu suchen, was ist und aus welchen Ursachen es geworden ist, so wie ist...«. Vorbilder sind Lemaître und auch Brandes (s. H. Bahr, *Zur Kritik der Kritik*. In: *Zur Kritik der Moderne*. Zürich 1890, S. 250 f.). Aus diesen Gründen war Bahr den neuen literarischen Entwicklungen gegenüber, die er in Frankreich kennenlernte, äußerst aufgeschlossen und propagierte diese bereits ab 1890 in zahlreichen Veröffentlichungen.

Bahrs ob. dok. Artikel war erstmals bereits 1890 unter dem Titel *Die Krisis des französischen Naturalismus* in Nr. 36 des *Magazins für die Litteratur des In- und Auslandes* erschienen. Interessant ist dabei zu beobachten, wie Bahr in den literarischen Veränderungen einem dialektischen Entwicklungsprinzip nachspürt und dabei nicht nur Beobachtungen aneinanderreiht, sondern auch Entwicklungslinien in die Zukunft zu projizieren versucht, Forderungen an die literarische Entwicklung stellt. Diese ergeben sich für ihn nicht als einfacher Gegensatz, sondern das wirklich »Neue« kann für ihn nur die Synthese sein, in der das »Alte« nicht verschwunden, sondern »aufgehoben« ist: »Es gilt aus dem Bourgetismus und aus dem Naturalismus heraus eine neue Formel der Psychologie, in welcher beide aufgehoben, mitsammen versöhnt und darum in ihrem rechten Gehalt erst erfüllt sind« (s. Dok. 27).

Beachtenswert erscheint darüber hinaus die Reaktion, die die Veröffentlichung bereits bekannter Aufsätze Bahrs zusammen mit einigen wenigen neuen Beiträgen unter dem Titel *Überwindung des Naturalismus* bei seinem Freund Eduard Michael Kafka, dem Herausgeber der *Modernen Dichtung* (ab 1891 *Moderne Rundschau*), auslöste. Kafka schrieb über diesen Band: »Hermann Bahr ist ein Geist, der stets verblüfft. Auf vieles war ich gefaßt [...]. Aber als Grabredner des Naturalismus: in dieser Rolle habe ich ihn mir freilich nimmer träumen lassen.« Hier zeigt sich wieder, wie nach wie vor äußerst divergierend die ästhetischen Konzeptionen waren, die unter dem Begriff Naturalismus figurierten. Denn für Kafka z.B. rechtfertigte der Inhalt »nicht diesen nekrologischen Titel seines neuesten Buches, der die Vermuthung suggerirt, suggeriren muß, daß in dem Buche selbst von dieser Ueberwindung des Naturalismus als einer in der Wirklichkeit bereits vollzogenen die Rede sei? [...] Es war mir eine überaus interessante Ueberraschung, wie sich das ›antinaturalistische‹ Buch in meiner Betrachtung nach und nach [...], geradezu als eine *Phänomenologie des Naturalismus* darzustellen begann« (s. E.M. Kafka, *Der neueste Bahr*. In: *Moderne Rundschau*, Wien 1891, Bd. 3, S. 221).

28
Hermann Bahr: *Die Überwindung des Naturalismus*. In: Hermann Bahr: *Die Überwindung des Naturalismus. Als zweite Reihe von »Zur Kritik der Moderne«*. Dresden u. Leipzig (E. Pierson's) 1891, S. 152–158.

> La vie dans l'Esprit, comme dans la Nature, échappe à la défini-
> tion. Elle est chose sacrée et qui ne relève que de la Cause
> Inconnue.«   Bourget

Die Herrschaft des Naturalismus ist vorüber, seine Rolle ist ausgespielt, sein Zauber ist gebrochen. In den breiten Massen der Unverständigen, welche hinter der Entwickelung einhertrotten und jede Frage überhaupt erst wahrnehmen, wenn sie längst schon wieder erledigt ist, mag noch von ihm die Rede sein. Aber die Vorhut der Bildung, die Wissenden, die Eroberer der neuen Werte wenden sich ab. Neue Schulen erscheinen, welche von den alten Schlagworten nichts mehr wissen wollen. Sie wollen weg vom Naturalismus und über den Naturalismus hinaus.

Es sind nun zwei Fragen, die sich nicht abweisen lassen.

Erstens die Frage, was das Neue sein wird, das den Naturalismus überwinden soll.

Zweitens die Frage nach dem künftigen Schicksal des Naturalismus. Wie dieser sich neben solcher Neuerung ausnehmen, wofür er dem nächsten Geschlecht gelten und was er am Ende in der Summe der Entwickelungen bedeuten wird.

Spuren des Neuen sind manche vorhanden. Sie erlauben viele Vermutungen. Eine Weile war es die Psychologie, welche den Naturalismus ablöste. Die Bilder der äußeren Welt zu verlassen um lieber die Rätsel der einsamen Seele aufzusuchen – dieses wurde die Losung: Man forschte nach den letzten Geheimnissen, welche im Grunde des Menschen schlummern. Aber diese Zustände der Seele zu konstatieren genügte dem unsteten Fieber der Entwickelung bald nicht mehr, sondern sie verlangten lyrischen Ausdruck, durch welchen erst ihr Drang befriedigt werden könnte. So kam man von der Psychologie, zu welcher man durch einen konsequenten Naturalismus gekommen war, weil ihre Wirklichkeit allein von uns erfaßt werden kann – so kam man von der Psychologie, wie ihren Trieben nachgegeben wurde, notwendig am Ende zum Sturze des Naturalismus: Das Eigene aus sich zu gestalten, statt das Fremde nachzubilden, das Geheime aufzusuchen, statt dem Augenschein zu folgen, und gerade dasjenige auszudrücken, worin wir uns anders fühlen und wissen als die Wirklichkeit. Es verbreitete sich am Ende der langen Wanderung nach der ewig flüchtigen Wahrheit wieder das alte Gefühl des petöfischen Liedes: »Die Träume, Mutter, lügen nimmer«; und wieder wurde die Kunst, die eine Weile die Markthalle der Wirklichkeit gewesen, der »Tempel des Traumes«, wie Maurice Maeterlinck sie genannt hat. Die Ästhetik drehte sich um. Die Natur des Künstlers sollte nicht länger ein Werkzeug der Wirklichkeit sein, um ihr Ebenbild zu vollbringen; sondern umgekehrt, die Wirklichkeit wurde jetzt wieder der Stoff des Künstlers, um seine Natur zu verkünden, in deutlichen und wirksamen Symbolen.

Auf den ersten Blick scheint das schlechtweg Reaktion: Rückkehr zum Klassizismus, den wir so böse verlästert, und zur Romantik. Die Gegner des Naturalismus behalten Recht. Sein ganzer Aufwand ist nur eine Episode gewesen, eine Episode der Verirrung; und hätte man gleich die ehrlichen Warner gehört, welche nicht müde wurden ihn zu verdächtigen und zu beklagen, man hätte sich die ganze Beschämung und manchen Katzenjammer erspart. Man wäre bei der alten Kunst geblieben und brauchte sie sich nicht erst jetzt als die allerneueste Kunst zu erwerben.

Man könnte freilich auch dann manche Verteidigung für ihn finden, manche Entschuldigung und beinahe etwas wie eine geschichtliche Rechtfertigung – selbst wenn der Naturalismus wirklich bloß eine Verirrung vom rechten Wege weggewesen wäre. Man könnte sagen: zugegeben, er war eine Verirrung; aber dann ist er eine von jenen notwendigen, unentbehrlichen und heilsamen Verirrungen gewesen, ohne welche die Kunst nicht weiter, nicht vorwärts kann. Freilich ihr Ziel war immer und immer wird es ihr Ziel sein, eine künstlerische Natur auszudrücken und mit solcher Zwingkraft aus sich heraus zur Wirksamkeit über die anderen zu bringen, daß diese unterjocht und zur Gefolgschaft genötigt werden; aber um dieser Wirksamkeit willen gerade, zur Verbindung mit den anderen bedarf sie des wirklichen Stoffes. Das ist in den alten Zeiten selbstverständlich gewesen; aber die philosophische Verbildung hat es verloren. Der beginnende Mensch, wie er es überhaupt unternahm, sein Inneres auszudrücken, konnte es nicht anders als in den Dingen, die eben sein Inneres formten; sonst hatte er nichts in sich. Er trug die Wirklichkeit, die Urgestalt der Wirklichkeit, so wie er sie empfing, unverwandelt in sich, und wenn er sich nach außen entlud, so konnte es bloß in Wirklichkeit sein; jeder Wunsch, jede Hoffnung, jeder Glaube war Mythologie. Als aber die philosophische Schulung über die Menschheit kam, die Lehre zum Denken, da wurden die gehäuften Erlebnisse der Seele an handsamen Symbolen verkürzt: es lernte der Mensch das Konkrete ins Abstrakte zu verwandeln und als Idee zu bewahren. Und nun hat der nachklassische Idealismus manchmal vergessen, daß, wenn eine Natur nach außen wirken will, sie zuvor den nämlichen Prozeß erst wieder zurückmachen muß, vom Abstrakten wieder zurück zum Konkreten, weil jenes, als Kürzung und Statthalter von diesem, nur auf denjenigen wirkt, der dieses schon lange besitzt. Daran ist der Naturalismus eine nützliche und unvermeidliche Mahnung gewesen. So könnte man ihn schon verteidigen, selbst wenn die neue Kunst wirklich zur alten zurückkehrt.

Aber es ist doch ein Unterschied zwischen der alten Kunst und der neuen – wie man sie nur ein bischen eindringlicher prüft. Freilich: die alte Kunst will den Ausdruck des Menschen und die neue Kunst will den Ausdruck des Menschen; darin stimmen sie überein gegen den Naturalismus. Aber wenn der Klassizismus Mensch sagt, so meint er Vernunft und Gefühl; und wenn die Romantik Mensch sagt, so meint sie Leidenschaft und Sinne; und wenn die Moderne Mensch sagt, so meint sie Nerven. Da ist die große Einigkeit schon wieder vorbei.

Ich glaube also, daß der Naturalismus überwunden werden wird durch eine nervöse Romantik; noch lieber möchte ich sagen: durch eine Mystik der Nerven. Dann freilich wäre der Naturalismus nicht bloß ein Korrektiv der philosophischen Verbildung. Er wäre dann geradezu die Entbindung der Moderne: Denn bloß in dieser dreißigjährigen Reibung der Seele am Wirklichen konnte der Virtuose im Nervösen werden.

Man kann den Naturalismus als eine Besinnung des Idealismus auf die verlorenen Mittel betrachten.

Dem Idealismus war das Material der idealen Ausdrücke ausgegangen. Jetzt ist die nötige Sammlung und Zufuhr geschehen; es braucht bloß die alte Tradition wieder aufgenommen und fortgesetzt zu werden.

Oder man kann den Naturalismus als die hohe Schule der Nerven betrachten: In welcher ganz neue Fühlhörner des Künstlers entwickelt und ausgebildet werden, eine Sensibilität der feinsten und leisesten Nüancen, ein Selbstbewußtsein des Unbewußten, welches ohne Beispiel ist.

Der Naturalismus ist entweder eine Pause zur Erholung der alten Kunst; oder er ist eine Pause zur Vorbereitung der neuen: jedenfalls ist er Zwischenakt.

Die Welt hatte sich erneut; es war alles ganz anders geworden, ringsum. Draußen wurde es zuerst gewahrt. Dahin wendet sich die unstete Neugier zuerst. Das Fremde schildern, das Draußen, eben das Neue. Erste Phase.

Aber gerade darum, damit, dadurch hatte sich auch der Mensch erneut. Den gilt es jetzt: sagen, wie er ist – zweite Phase. Und mehr noch, aussagen, was er will: Das Drängende, Ungestüme, Zügellose – das wilde Begehren, die vielen Fieber, die großen Rätsel.

Ja – auch die Psychologie ist wieder nur Auftakt und Vorgesang: Sie ist nur das Erwachen aus dieser langen Selbstentfremdung des Naturalismus, das Wiederfinden der forschenden Freude an sich, das Horchen nach dem eigenen Drang. Aber der wühlt tiefer: sich verkünden, das Selbstische, die seltsame Besonderheit, das wunderliche Neue. Und dieses ist im Nervösen. – Dritte Phase der Moderne.

Der neue Idealismus ist von dem alten zweifach verschieden: sein Mittel ist das Wirkliche, sein Zweck ist der Befehl der Nerven.

Der alte Idealismus ist richtiges Rokoko. Ja, er drückt Naturen aus. Aber Naturen sind damals Vernunft, Gefühl und Schnörkel: Siehe Wilhelm Meister. Der romantische Idealismus wirft die Vernunft hinaus, hängt das Gefühl an die Steigbügel der durchgehenden Sinne und galoppiert gegen die Schnörkel; er ist überall gotisch maskiert. Aber weder der alte noch der romantische Idealismus denken daran, sich erst aus sich heraus ins Wirkliche zu übersetzen: sie fühlen sich ohne das, in der nackten Innerlichkeit, lebendig genug.

Der neue Idealismus drückt die neuen Menschen aus. Sie sind Nerven; das andere ist abgestorben, welk und dürr. Sie erleben nur mehr mit den Nerven, sie reagieren nur mehr von den Nerven aus. Auf den Nerven geschehen ihre Ereignisse und ihre Wirkungen kommen von den Nerven. Aber das Wort ist vernünftig oder sinnlich; darum können sie es bloß als eine Blumensprache gebrauchen: ihre Rede ist immer Gleichnis und Sinnbild. Sie können sie oft wechseln, weil sie bloß ungefähr und ohne Zwang ist; und immer bleibt es am Ende Verkleidung. Der Inhalt des neuen Idealismus ist Nerven, Nerven, Nerven und – Kostüm: Die Dekadence löst das Rokoko und die gotische Maskerade ab. Die Form ist Wirklichkeit, die tägliche äußere Wirklichkeit von der Straße, die Wirklichkeit des Naturalismus.

Wo ist der neue Idealismus? Aber seine Verkündigungen sind da: Lange, zuverlässige, ganz deutliche Verkündigungen. Da ist Puvis de Chavanne, da ist Degas, da ist Bizet, da ist Maurice Maeterlinck. Die Hoffnung braucht nicht zu zagen.

Wenn erst das Nervöse völlig entbunden und der Mensch, aber besonders der Künstler, ganz an die Nerven hingegeben sein wird, ohne vernünftige und sinnliche Rücksicht, dann kehrt die verlorene Freude in die Kunst zurück. Die Gefangenschaft im Äußeren und die Knechtschaft unter die Wirklichkeit machten den großen Schmerz. Aber jetzt wird eine jubelnde Befreiung und ein zuversichtlicher, schwingenkühner, junger Stolz sein, wenn sich das Nervöse alleinherrisch und zur tyrannischen Gestaltung seiner eigenen Welt fühlt. Es war ein Wehklagen des Künstlers im Naturalismus, weil er dienen mußte; aber jetzt nimmt er die Tafeln aus dem Wirklichen und schreibt darauf seine Gesetze.

Es wird etwas Lachendes, Eilendes, Leichtfüßiges sein. Die logische Last und die schwere Gram der Sinne sind weg; die schauerliche Schadenfreude der Wirklichkeit versinkt. Es ist ein Rosiges, ein Rascheln wie von grünen Trieben, ein Tanzen wie von Frühlingssonne im ersten Morgenwinde – es ist ein geflügeltes, erdenbefreites Steigen und Schweben in azurne Wollust, wenn die entzügelten Nerven träumen.

In diesem Aufsatz, der als einer der wichtigsten programmatischen Artikel Bahrs gilt, wurden wichtige Elemente einer neuen literarischen Strömung genannt, und zugleich versucht Bahr aber wiederum den inneren Zusammenhang zwischen dem Neuen (d. i. die Dekadenz) und dem Alten (d. i. der Naturalismus) zu verdeutlichen. Inhalt der »Dekandence«, des »neuen Idealismus« waren »die Nerven«. Der Naturalismus hatte die Instrumente zur Gestaltung dieser neuen Kunst entwickelt, »die neuen Fühlhörner des Künstlers [...], eine Sensibilität der feinsten und leisesten Nüancen [...]« (s. Dok. 28). Bahr machte auch auf das veränderte Verhältnis von Künstler und Wirklichkeit aufmerksam, d. h. daß der Künstler nun nicht mehr »Werkzeug der Wirklichkeit« sein sollte, sondern umgekehrt wurde die Wirklichkeit »der Stoff des Künstlers, um seine Natur zu verkünden« (s. ebd.).
In seinem Aufsatz *Maurice Maeterlinck* machte Bahr nochmals deutlich, daß er in diesem Dichter die »Erfüllung« der »Decadence« sah: »Die Formel der Decadence stammt von Naturen, in welchen das Nervöse jede andere Potenz austilgt und alle Triebe unterworfen hat, welche überhaupt bloß Nerven sind; man erinnere sich des *homme libre*, des *des Esseintes*. Diese begehren eine Kunst, die ist wie sie selbst, die nur aus den Nerven kommt und nur auf die Nerven geht, die allen Erwerb aller bisherigen Kunst verwendet, um Nervöses auszudrücken und Nervöses mitzuteilen. Davon war die Decadence die lange Verkündigung und Maeterlinck ist davon die endliche Erfüllung« (H. Bahr, *Die Überwindung des Naturalismus*. Dresden und Leipzig 1891, S. 196). Allerdings formulierte Bahr 1891 bereits auch Vorstellungen davon, wie diese Nervenkunst ebenfalls wieder über sich hinaustreibt: »Sensationen, nichts als Sensationen, unverbundene Augenblicksbilder der eiligen Ereignisse auf den Nerven, das charakterisiert diese letzte Phase, in welche die Wahrheit jetzt die Litteratur getrieben hat [...]. Und erst wenn von diesem inneren Naturalismus am Ende alles Nervöse ganz so abgeschrieben und ausgeschrieben sein wird wie von jenem äußeren das Pittoreske, erst dann wird auch diese Phase wieder erledigt sein.« Danach gibt es nicht mehr die »Jagd nach dem Phantom der Wahrheit«, sondern von da aus geht es nur mehr »tief in den Grund des göttlichen, seligen Traumes, wo nichts mehr von der Wahrheit, sondern nur Schönheit ist« (ebd., S. 105f.).

29
Leo Berg: *Der Naturalismus. Zur Psychologie der modernen Kunst*, München (M. Possl) 1892, S. 3–4, 8–9, 13–14, 19–20, 23–24, 58–59, 59, 59–60, 85–86, 87–88, 98–99, 115–117, 123, 129, 131–132, 143–145, 147–148, 168, 169–170, 170–171.

[...]

II.

Naturalismus. Was heisst das Wort alles auf deutsch? So viel Werte, so viel Begriffe das Wort enthält, eben so viel Verdeutschungen sind möglich, von denen aber, wohl gemerkt! keine einzige den ganzen Begriff »Naturalismus« wiedergiebt, deckt oder ausfüllt. Hier stehen einige davon: Natürlichkeit, Naturwahrheit, Naturgemässheit, Naturempfindung, Naturerkenntnis, Naturkraft, Natursinn, Naturgefühl, Rückkehr zur Natur, Annäherung an die Natur, Liebe zur Natur, Naturfreiheit, Natureinfachheit, Naturreinheit, Naturschönheit, Naturwirklichkeit, Naturwissenschaft, Naturfreude, Kampf gegen Unnatur u.s.f. u.s.f. Man kann den Begriff aber noch anders erläutern, ohne das Wort »Natur« selbst zur Hülfe zu nehmen. Man denke nur an die vielen möglichen Gegensätze, die man zum Naturalismus anwenden kann; z.B. Kunst, Convention, Kultur, Gesellschaft, Sitte, Gesetz, Gebundenheit, Formalismus, Schule, Akademismus, Raffinement, Phrase, System, Verhüllung, Romantik, Phantastik, Metaphysik; – Wissenschaft, Philosophie, Idealismus, Personalismus; – das Ueberirdische, Gemachte, Ersonnene, Erfundene, Erlogene, Kranke, Verderbte u.s.w.

III.

Allen diesen vielen Bestimmungen und Gegensätzlichkeiten liesse sich indess noch leicht eine dreifache Anzahl hinzufügen, sofern es auf Vollständigkeit hier irgendwie abgesehen wäre. Ich glaube aber, dass sich aus Allem eine dreifache Erklärung des Naturalismus herleiten wird. Wer im Naturalismus eine *Reaction* erkennt, ist eben so im Recht, als wer ihn als einen *Fortschritt* ansieht. Und zugleich ist er etwas an die *Gegenwart* Gebundenes. Also etwas Vergangenheit, etwas Vergängliches, etwas Zukünftiges. Ich bestimme ihn als: Rückkehr zur Natur, als Annäherung an die Natur und als Zeichen der »Zeit der Naturwissenschaften«, d.h. als den speziellen Ausdruck der modernen Weltanschauung, insbesondere der sozialen Bewegung.

[...]

[...] Und der moderne Naturalismus geht wieder den contrairen Weg. Seine Tendenz ist, soweit er Reaction bedeutet wider die Natur. Er zahlte ihr die Demütigungen Rousseau's, die er dem Menschen vor der Natur zugedacht, zehnfach heim. Er zeigt sie am liebsten in ihrer Nacktheit und krankhaften Entartung. Der moderne Naturalismus reizt die Sinne nicht und ruft keine Leidenschaften wach.

Heines Naturalismus war im Grunde ein Personalismus. Derjenige *Zolas* natürlich ein Anti-Personalismus. Also eine zwiefache Reaction. Zola's ganze Kunstrichtung – und Alles was ihr verwandt ist – Personenfeindlich, entheröisierend. Auch bei ihm ist Mensch und Natur ewig entzweit. Aber die Natur ist bei ihm ohne Naivetät, der Mensch ohne Freiheit und Selbstbestimmung. Die Natur sucht den Menschen, der Mensch die Natur, beide können sich nicht finden, und wenn sie sich finden, nicht verstehen. Seine Natur ist entgöttert, seine Menschheit entsinnlicht.

In einem seiner schönsten Romane hat Zola dieser Entfremdung von Mensch und Natur einen wunderbaren Ausdruck gegeben. *»La Faute de l'Abbé Mouret«* behandelt die Vertreibung der Menschen aus dem Paradiese der Natur (Le paradou). Der entsinnlichte Mensch kann in der Natur keine Heilung mehr finden, die Natur muss am Menschen zu Grunde gehen.

[...]

Natur ist jedem ein Stück seiner selbst, das frei werden möchte; – also Leidenschaft, Kraft, Sinnlichkeit. Aber auch ein Stück seines Gegenteils, das er ersehnt. So tritt dem Manne immer das *Weib* als Natur entgegen. Und deshalb finden wir auch – ja beinahe ausschließlich – das Weib als Symbol der Natur und des Natürlichen, und die Liebe als höchste Feier der Natur gepriesen. Der Mann muss in dem Weibe, d. h. nicht in jedem Weibe, nicht in dem emanzipirten, sondern in seinem, dem weiblichen Weibe, immer einen Ausdruck der Natur finden*, so gewiss, als wie das Weib, wenn es Künstler wäre, die Natur in dem Manne darstellen würde und auch thatsächlich in ihm erblickt. Aber thatsächlich hat es noch keinen weiblichen Künstler gegeben – weiblich und productiv sind die sichersten Gegensätze, die es giebt in der Natur. Wo das Weib bisher künstlerisch thätig war, war sie es nie als Weib, sondern immer in einer Art von Emanzipation mit ihr fremden, mit männlichen Grundtrieben und Instincten. Wenigstens sieht es dann stets mit männlichen Augen. Und das hat sich gerade darin verraten, was das Weib als Liebe und was es als Natur dargestellt hat. Und das war fast immer jenes, das auch dem Manne als Liebe und Natur entgegentritt. – Das Weib, so lang es Weib bleibt, – und von allen andern ist hier füglich gar nicht die Rede – wird sich über seine Art Liebe und Natur auch niemals verraten. Das lässt sein weibliches Schamgefühl schon gar nicht zu – und sein Mangel an Ehrlichkeit. Denn hierin, hinsichtlich seiner Geschlechtsinstincte, ist es immer unehrlich!

[...]

---

* Während unter den modernen Dichtern, Künstlern zum Teil auch Philosophen und Gelehrten – streng genommen unter allen Männern – Uebereinstimmung darüber herrscht, dass in dem Weibe ein Stück ursprünglicherer, vollerer, runderer Natur zu erblicken sei, lässt sich ein Weib unter den Männern also vernehmen: Die Natur will immer den Mann. *Das Weib ist nur ein Missgriff der Natur. So der Naturphilosoph Oken.* Ich nenne ihn das Weib unter den Männern, denn dieser Gedanke verrät ihn. So haben niemals über das Weib die wahren, natürlichen, männlichen Männer gedacht.

Der Mann findet seine natürlichen Feinde nur unter den Männern, wie das Weib so recht von Herzen nur von ihrem eigenen Geschlechte gehasst wird. Weiberhass unter den Männern ist stets ein Zeichen männlicher Geschlechtsdegeneration. Und ob es damit in Zusammenhang steht, dass man den Männerhass gerade so oft unter emanzipierten Frauenzimmern findet?

Unsere Promisskritiker, die keine »Idealisten« mehr sein möchten und doch den »Naturalismus« – bei uns in Deutschland fast immer noch ausschliesslich als »Zolaismus« und besten
Falls als »Ibsenmanier« verstanden – noch nicht zuzugestehen wagen, haben sich, immer »die
mittlere Tugend« übend, auf den »*Realismus* in der Kunst« hin geeinigt. Als ob das nicht, wie
sie den *Realismus* verstehen, die Negation von beiden wäre.

»Realismus« – Wirklichkeits-Sinn, Thatsächlichkeits-Sinn, Erkennbarkeit, Beweisbarkeit,
Vernünftigkeit im gemeinen Verstande des Worts.

Brauch' ich noch zu sagen, dass Naturalismus nichts von alle dem ist. Der Realismus, wie
er sich in unserer zeitgenössischen Litteratur meist äussert, ist augenscheinlich, thatsächlich,
vernünftig. Der Naturalismus aber ist schlechtweg unvernünftig, von der Vernunft unbegriffen. Denn sobald die Vernunft dahinter kommt, ist es mit dem Naturalismus zu Ende. Er
muss erst wieder auf's Neue unvernünftig werden, um Naturalismus zu sein! In seiner
Unvernunft allein dokumentiert er sich. Den Künstlern, die sofort von den Vernünftigen
begriffen werden, prophezeie ich keine lange Dauer. Der Künstler wendet sich daher auch mit
Vorliebe an die Unvernünftigen – das Volk. [...]

[...]

Es giebt einen *dreifachen Naturalismus* d.h. eine *dreifache* Möglichkeit, Schranken zu
durchbrechen, Neuerungen einzuführen in der Kunst: hinsichtlich des Stoffs, hinsichtlich der
Form und hinsichtlich der Idee.

Man denkt heute in erster Linie gewöhnlich an den *Stoff*, wenn man von Naturalismus
oder Verismus spricht; und meist nur an eine bestimmte Art, die niedrigste Gattung von Stoff,
an das Stofflichste am Stoff. Es ist auch ein Fortschritt der Kunst, wenn der Beweis geliefert
wird, dass Dinge, die scheinbar mit der Kunst gar nichts zu thun haben, doch im hohen Grade
künstlerisch wirken oder künstlerisch verwertet werden können. [...]

[...]

Was ist *Wahrheit*? Was ist Lüge in der Kunst? Sind Kunst und Leben und Kunst und
Wahrheit Gegensätze, wie es gewissen Zeitaltern, in denen neue Wahrheiten gelten, z.B. den
ersten Christen, gegenüber einer älteren Kunst erscheint? Es sind dies aber jedesmal Gegensätze zweier Zeitalter, die nur äusserlich zusammen fallen! Die Kunst ist so lange wahr, als
das Leben, das es darstellt und repräsentirt, besteht und Geltung hat. So lange man z.B. noch
an Götter glaubt, hat in der Kunst das Auftreten von Göttern auch objektiv Wahrheit, sind
eben diese Götter Realitäten. Nicht das Geschehene oder Gehörte oder irgend wie durch die
Sinne Wahrnehmbare, sondern immer nur das Geglaubte, das Gewollte und Notwendige ist
wahr. [...]

Was nicht irgend einmal Jemandem als durchaus wahr und notwendig erschienen ist, das
ist, selbst wenn es sich thatsächlich so zugetragen hätte, eben nicht wahr, besitzt gar keine
Realität.

[...]

Realistisch ist daher alle Kunst, die *auf das Leben* (lebendig) wirkt, deren Realismen sich
auf das Leben (den Menschen, Staat, Natur) verpflanzen. Die Realität fliesst also nicht vom

Leben in die Kunst über (oder doch nicht allein), ein Werk ist deshalb nicht realistisch, weil dies geschieht, sondern nur deshalb, weil es auf das Leben (Staat, Menschen, Gesellschaft), *realisirend* einwirkt, und so lange es dies thut. Der verlogene, durch die Kultur idealisirte Mensch soll wieder wirklich, real, Natur werden – durch die moderne Kunst. Der letzte Zweck des Realismus geht also nicht auf die Kunst, sondern auf das Leben selbst.

[…]

Hart, trocken, grausam und schlicht, wie das Leben jugendlicher Völker, ist auch ihre Poesie. Der eigentliche Naturalismus der Kunst findet sich nur, wo auch der Naturalismus des Lebens noch vorherrscht, wenn noch ein Volk in der Gegenwart lebt, in der Natur und in sich selbst. Was ist aller Naturalismus der Deutschen, der Franzosen und Skandinavier gegen den Naturalismus der Russen? Nichts Anderes, als was der Naturalismus eines Juvenal gewesen gegen die früheste Poesie der Germanen! Man vergleiche die älteste deutsche Poesie mit dem Vollendetsten, was Römer und Griechen geschaffen! Bei aller Kunstlosigkeit, welch ungeheurer Fortschritt im Inhalt, in der Realität, eine Realität, die der Römer niemals mehr zu erleben, geschweige denn darzustellen vermochte! Was der Germane erlebte, war etwas ganz Neues – er sah, hörte ja mit anderen Organen, fühlte anders und stellte sich zu allen Dingen des Lebens anders. Er lebte in einer andern, einer neuen Welt; er sah, er erlebte neue Realitäten. Mithin war seine Poesie notgedrungen realistisch. Selbst seine Götter waren Realitäten, selbst sein Mythus wurde eine furchtbare Realität; er machte Alles, selbst das Absurdeste, das Phantastischste zu einer Realität, er glaubte es dieses Absurdeste und Phantastischste, er wusste es, er wollte es und er schuf es. Was sich während der Völkerwanderung ereignete, was war es anderes, als eine Realisierung, ein Wirklich-Werden, ein Sich-Vernehmbar-Machen seines Mythos?!

Diesen Lebens-Realismus und diese vom Leben in die Kunst hinüberspringenden Realitäten finden wir heute, wie gesagt, nur bei den Russen. Wir Deutschen, wir West-Europäer, können eigentlich bloss im andern, im negativen Sinne Realisten sein (wenn wir von den psychologischen Raffinements absehen) – so im Grossen gesprochen. Der Russen Litteratur ist realistischer als unser Leben, d. h. lebensvoller, kräftiger, fernwirkender. Die russischen Dichter leben alle auf Neuland, sie leben gefahrvoller, aufgeregter, von einer grösseren Fülle umströmt. Und mit herzerschütternder Wahrheit dringt überall dieses Neue auf den Leser ein. Das sind Alles neue Erlebnisse, neue Lebenserfahrungen, Ueberraschungen der Seele, die er hier sich herausliest. Die Lektüre selbst wird zum Ereignis.

[…]

Und so sind denn auch die neueren Dichter nicht mehr Realisten im Sinne der Alten (wie etwa Homer ein Realist war). Diesen Realismus kann es nicht mehr geben, denn diesen Glauben an die Realität giebt es gar nicht mehr. Aber eben so wenig sind sie Idealisten, in dem Sinne, wie es etwa Calderon, Dante, Schiller waren; denn auch diesen Idealismus kann es nicht mehr geben, weil der Glaube an die Ideen nirgends mehr in der Welt die alte Macht hat. Künstler sind *Naturalisten*, denn sie sind selbst Natur und betrachten nur sich als Natur – aber nicht, weil sie naiv sind, wie Schiller sich das dachte! In ihnen allein ist, wie die Welt, so das Himmelreich. Der herausfordernde Trotz einer Individualität, der mit Ibsen spricht: »Ich banne euch!« und der mit Raskolnikow eine alte Wucherin zertritt wie eine »Schabe«, weil er für sich die Herren-Rechte einer Herren-Moral in Anspruch nimmt. Die Helden moderner Dichtungen kämpfen nicht um Ideen, wie im christlichen Zeitalter der Poesie (das aber übrigens bis zum Jahre 1805 reicht), sie kämpfen auch nicht um Besitz und Weltherrschaft, wie die homerischen und fast alle epischen Helden; sie kämpfen um sich selbst. Der Mensch ist Kampfplatz und Kämpfer und Kampfobjekt in eins, er ist der Schauplatz der Tragödien, Held, »Schauspieler und Zuschauer zugleich«. Kurz Held und Schöpfer der modernen Kunst ist der Einzelne*, der Einzelne, dessen entschiedenste, wenn auch zuweilen unbewusste Vorkämpfer die Kierkegaard, Stirner, die Feuerbach, Schopenhauer, Nietzsche, die Kleist, Heine, Wagner, Hebbel und Ibsen waren.

[...]

[...] Will man für die individuelle Darstellung einen Halt, wie man ihn früher in der Geschlechterfolge und Ahnenreihe hatte, so kann man nichts Anderes thun, als das einzelne Moment der psychologischen und biographischen Entwicklung zu accentuieren. Dann hat der Geist wieder Spielraum, vor- und rückwärts das Dargestellte zu reflectieren, wie dies die Alten in ihrer Weise gethan haben.

Es versteht sich von selbst, dass ich hier nicht gerade der Moment-Photographie das Wort rede. – Dem modernen Künstler bietet ein Teil des Lebens eben so viel, ja mehr, weit mehr Stoff, als das Leben in seiner ganzen Abfolge dem Dichter älterer Zeiten. Die Kunst des verschärften Sehens, wie sie uns die moderne Psychologie lehrt, ist es nicht allein, die hier zu ihrem Rechte greift. Der moderne Mensch erlebt auch mehr, sein Leben, seine Empfindungs- und Gedankenwelt ist differenzierter, inhaltreicher, problematischer. In dem Leben des modernen Menschen gibt es der Fragezeichen mehr; es gibt Existenzen (einige der berühmtesten, interessantesten und deshalb auch fragwürdigsten Künstler gehören hierher), die aus lauter Fragezeichen bestehen.

Aber man hatte bisher noch nicht gelernt, den Menschen auf seine Fragezeichen hin anzusehen. Man setzt noch immer gern das Fragezeichen ganz an den Schluss des Menschen, hinter den ganzen Menschen. Aber welch' ein Lehrer in der Interpunktionskunst ist der modernen Poesie nicht in Schopenhauer und Nietzsche entstanden! Wie viel Fragezeichen hat man vermittelst der verschärften Brillengläser moderner Wissenschaften nicht entdeckt, wie viel wird man *noch* entdecken? [...]

[...]

Und schliesslich fällt auch auf das Formale der Kunst, auf die Formfrage selbst ein ganz neues Licht, wenn wir beachten, dass häufig gerade von seiten der Formverletzer die höhere Wirkung ausgeht, gerade hier die grössere Zucht herrscht. Es ist wahrhaftig nicht Bequemlichkeit der modernen Dichter, wenn sie sich vom *Verse* emanzipieren! Mit welch' tieferem

---

* Das Wort in dieser Begriffsfassung stammt von Sören Kierkegaard. Der Einzelne! Das ist etwas Anderes, als die »schöne Individualität« Goethe's und Keller's. Der Einzelne macht sich selbst zur Individualität und buhlt nicht mehr um andere Individualitäten.

Ernste wird heute von den Prosaikern gearbeitet! Das feinere Ohr, die grössere Kunst ist bei ihnen. Die hervorragendsten modernen Dichtungen sind jedenfalls *nicht* in Versen geschrieben. Auch heute gilt noch, und, wie es scheint, mit verstärktem Recht das Wort Heines, dass in schönen Versen schon allzuviel gelogen worden sei und die Wahrheit sich scheue, in metrischem Gewande zu erscheinen.

Das zeugt freilich weder für noch gegen den Vers, sowie die sogenannte Einheitslosigkeit der Shakespeare'schen Dramen nichts gegen die Einheiten selbst bewiesen hat. Man hat nur beobachtet, dass Einer ein grosser Dramatiker sein kann, und doch von diesen Einheiten – scheinbar wenigstens – nichts zu wissen braucht. So ist auch heute nichts weiter bewiesen, als dass einer ein grosser Künstler, Dichter und Sprach-Virtuos sein *kann* und doch nicht einen einzigen Vers gemacht zu haben braucht. Aber in unserer Zeit, die, litterarisch genommen, eine grosse Zeit der Abrechnung ist, muss der Dichter der Sprache des gewöhnlichen Lebens lauschen – nicht, weil sie sein Evangelium ist und weil die Gemeinheit und das Philisterium einen Triumph feiern soll in der Kunst, wie allgemein geglaubt wird, – sondern weil er den Feind nicht anders als mit seinen eigenen Waffen schlagen kann – und diese Sprache ist dem Verse unzugänglich!

Vor allem aber, weil er aus der Umgangssprache Nutzen ziehen will. Er will die Kunst anfüllen mit tausend Realitäten, die vorher nicht für die Kunst vorhanden waren, und er darf auch vor der anscheinend prosaischen Bezeichnung dieser Realitäten nicht zurückschrecken. –

Für und wider die Prosa ist schon so unendlich viel beigebracht worden, dass man auch hier nicht weiter kommt, wenn man nicht die ganze Frage auf ein anderes, freieres Feld hinüberspielt.

Man hat gegen die *Prosa* als realistisches Darstellungmittel eingewandt, dass ja das Leben rhythmisch dahin flute, dass im Rollen der Lokomotive, dass im Dengeln der Sense ein Rhythmus rausche, dass aber die Prosa die abgezogene (abstrakte) nachträgliche Denkform sei.

Wer nun aber die Prosa unserer grossen Naturalisten (Zola's z.B.) kennt, der weiss, dass dies auch von den Naturalisten gewusst wird. Was wollen sie denn anders, als dem modernen Leben, dem Treiben der Kessel in den Maschinen, der Menschen in den Strassen den *Rhythmus des Modernen* zu schaffen.

Das aber ist nicht der Rhythmus der Homerischen oder Mozartischen Welt. Wie das Dichten und Thun unserer modernen Dichter nur darauf ausgeht, den modernen Menschen zu suchen, das moderne Leben zu belauschen, – so suchen sie auch seinen Rhythmus zu verstehen und nachzuschaffen. [...]

[...]

Der Begriff der Natur, sobald er im Leben, in der Wissenschaft oder Kunst auftritt, hat nun einmal keine andere Bedeutung als ein Gestern oder ein Morgen, meist ein Vorgestern oder ein Uebermorgen. [...]

[...]

Was der Romantik die Geschichte, ist der modernen Litteratur die Naturwissenschaft. Sie bietet ihr die Messer und Dynamite, mit der sie schneiden und zerstören kann. Dem *genetischen* Roman folgt der *analytische*, dem *historischen* Schauspiele das *soziale*, der *philosophischen* Dichtung die *naturwissenschaftliche*; hinsichtlich der Behandlung der *ideellen* die *materialistische*. Ist jene *individuell*, die moderne ist *generell* in ihrer Auffassung und Tendenz, dem *humanistischen* Ideal jener, entspricht das *altruistische* der andern; wo jene der *Freiheit* singt, verkündigt diese die ehernen *Gesetze der Notwendigkeit*; und wenn jene in ungebändigtem Drange oft ziel- und sinnlos von dannen stürmt, geht diese langsam einher, fest und kompakt, in riesigen Formen und wie mit eisernen Klammern ineinander gekettet. Sie ist *architektonisch*, jene *rhythmisch* und *melodisch*. Hinsichtlich der Kreise, denen sie sich weiht, ist jene *bürgerlich*, die moderne ist die Muse des *vierten Standes*, fast kann man sagen: des Arbeiterstandes, sie ist *tendenziös* und hochpolitisch – trotz allem Leugnen – während die ältere auf ihre *Objektivität* und Zwecklosigkeit sich etwas zu Gute that. *Pantheistisch* war sie in ihrem religiösen Kern, *hedonistisch*, *Natur-* und *Weltvergötternd*, überhaupt *bejahend*, die moderne hingegen ist *atheistisch*, »*kritisch*«, *entheroisierend*, *negativ*. *Schönheit* war die Devise der älteren, *Wahrheit* ist der Schlachtruf der neueren Poesie. Dem *L'ars pour l'ars* gegenüber steht die *hochmoralische Absicht* zu bessern u.s.f.

[...]

Zugegeben also und tausendmal zugegeben, der Naturalismus ist in vielen Stücken das absolute Gegenteil naiver Natur-Auffassung und Wiedergabe der Natur. Ja, er ist auch gewissermassen ein Anti-Naturalismus! Ihm ist es ja gar nicht immer um die Natur, das moderne Leben oder den modernen Menschen zu thun. Es ist vielmehr sein Schicksal, der Rächer des modernen Lebens zu sein.

Man hat auch der modernen Dichtung vorgeworfen, sie beschwöre das alte Schicksals-Drama wieder herauf. Im letzten Grunde ist ja auch alles Zufall, d.h. dunkel, gesetzlos, unsinnig; dass ich bin, dass die Welt existiert, dass 1 nicht gleich 2 ist. Was kann ein Narr dafür, dass er ein Narr ist, was ein Mörder dafür, dass er ein Mörder geworden ist? Es hat ja nur von einem Zufall abgehangen, er hätte den Mord nicht begangen u.s.w. Aber gerade diese Zufalls-Existenzen und Zufalls-Handlungen liegen jenseits der Macht des Schicksals. Das Schicksal eben schliesst den Zufall aus. Was ich als Schicksal noch über mir fühle, fühle ich auch als Notwendigkeit. Aber man muss sich den Begriff vom Schicksal nicht von einem fremden Volke, von einer fremden Zeit borgen, wenn man sich nicht lächerlich machen will! Man muss eben an *sein* Schicksal, an das Schicksal seiner Zeit und seines Volkes *glauben*, – und das heisst ja eigentlich national und modern sein – wenn man tragischer Wirkungen fähig sein will. Jedes Volk hat nur so lange eine Tragödie, als es eine Religion hat; und jede Tragödie wirkt nur so lange tragisch, so lange als die religiöse Grundstimmung Macht hat. Religion als irgend eine Art Ueber-Macht gedacht. Jede Tragödie beginnt daher auch als religiöser Cult und tritt sofort in ihre Décadence, wenn sie sich von der Religion loslöst. –

Deshalb hat das sceptische, rationalistische achtzehnte Jahrhundert keine Tragödie. Und das neunzehnte? Das hat allerdings eine Tragödie! Aber eine furchtbare, eine verhängnisvolle: die medizinische und sexuelle Tragödie. Kein Wunder! In einer Zeit, in welcher die Medizin die geglaubteste Wissenschaft und der Arzt die geweihteste Person ist. In einem Zeitalter endlich, dessen natürlichste Zuchthäuser in seinen Lazarethen bestehen! Und hieraus, aus diesem modernen Glauben, dem Glauben an die Medizin, leitet sich abermals – und diesmal eine negative – Berechtigung des Hässlichen her!

Das nächste Jahrhundert wird uns vermutlich die politische und soziale Tragödie bringen. [...]

[...]

Für meine Behauptung, dass die moderne naturalistische Dichtung die Wandlung der Poesie zur entschlossenen Tendenz, eine Abwehr von der bisherigen ästhetischen Formel bedeutet – der Thatsache zum Trotz, dass ihre Schöpfer selbst vorgeben, eine tendenzlose Kunst zu üben – für diese Behauptung stütze ich mich auf ein paar Momente, die freilich nicht auf der Oberfläche liegen. Aber was bedeutet denn, im Grunde genommen, der Realismus, wenn nicht ein Eingreifen *in's* Leben? Ist denn ein Künstler noch Realist, wenn er in interesseloser Objektivität *über* dem Leben schwebt?

Aber ich habe noch ein greifbareres Argument. Will man sehen, wogegen eine Kunst Opposition macht, so muss man ein Auge haben für das, was sie mit ihrem Odium belegt, was in ihr schlecht wegkommt. In der moralischen, religiösen Poesie sind es die Untugenden des Menschen, in einer aufgeklärten, durchgeistigten: Dummheit, Heuchelei; alle Art menschlicher Bevormundung; und in der heutigen? Oder kennt die heutige kein Odium? Gibt's nichts, das da gegeisselt wurde? Werden Wert-Urteile wirklich nicht mehr gefällt?

Ich glaube vielmehr, nichts lässt sich sicherer erkennen. Ueber das, was eine neue Kunst Neues will, lässt sich stets viel streiten; häufig genug kann man es gar nicht wissen, häufig genug will sie auch gar nicht etwas bestimmtes Neues! Jedenfalls herrscht heute über nichts ein wilderer Streit, als über die Gegend, wo das Neuland der Poesie liegt. Sie schreien nur Alle, dass es ein Neuland der Poesie gibt, dass es ein's geben muss. Dagegen über das Nichtgewollte, Weggewünschte, zu Tode gegeisselte, herrscht seitens der Schaffenden beinahe Uebereinstimmung.

Was ist es! Welches ist das Land, von dem man heute so entschlossen, mit so wildem Grimme fortrudert, zunächst, um nur wegzukommen, und eher gewillt unterzugehen, als hierher zurückzukehren?

Welches ist dies Land? Ist es nicht gerade das Land des ästhetisch Schönen, Reinen, Interesselosen? Man achte nur einmal darauf: Wer bildet in beinahe allen modernen Werken den negativen Pol? Ist es nicht gerade der oder das Aesthetische? Der Interesselose, der unthätige Genüssling, der gerade, weil er nur geniesst und nicht schafft und nicht wertet, jedes Objekt seines Genusses entwertet, oder, um mit H. v. Kleist zu sprechen, »tief entwürdigt«. So schon bei diesem, so bei Hebbel, bei Ludwig, bei Ibsen, bei Bjoernson, bei Dostojewsky, so überhaupt bei den Russen, bei den Norwegern, bei den Deutschen und schliesslich auch bei Zola und den Franzosen, wenn auch hier nicht immer so erkenntlich.

Ibsen speziell hat diese Spezies Menschen ganz besonders mit seiner Satire bedacht und im »Peer Gynt« beinahe vollständig gezeichnet. Er hatte freilich einen genialen Vorgänger in dem

Verfasser von »Entweder-Oder«, der bereits in einer Zeit, als die alte Aesthetik noch vollständig herrschte, das Würdelose und Nichtswürdige eines ästhetischen Genuss-Menschen gegeisselt hat.

Nach der einen Seite ist allerdings diese Stimmung gegen das Aesthetische, Schöne, Abgeklärte und zur Ruhe gekommene eine allgemeine tragische Stimmung, der Hass gigantischer Emporkömmlinge gegen die siegreiche Lichtherrschaft der Olympier, das tragische Sentiment, wie ich es oben gezeichnet habe.

Allein dies ist nur die eine Seite der Erscheinung. Das spezifisch Moderne an derselben ist die *Tendenz gegen die Tendenzlosigkeit*, wie sie die ältere Aesthetik gelehrt hat, die von einer Tendenz *der* Tendenzlosigkeit sprach, – die Negation einer Negation. –

[...]

Tendenz? Was ist Tendenz? Was versteht man nicht Alles unter Tendenz? Macht die leitende Idee eine Dichtung zur Tendenz-Dichtung? Oder sind es die Zwecke, die ein Künstler mit seinem Werke verfolgt, welche es zu einem Tendenz-Stücke machen?

Bald ist es die Idee, bald ist es der Zweck, bald wieder die mathematische Beweisform (die Thesenstücke der Franzosen, Echegaray's etc.) und dann die programmmässige Komposition (Faust, Brand, die göttliche Komödie u.a.); bald wieder die Rhetorik, die Beredsamkeit und Ueberredsamkeit des Künstlers. Alle diese Dinge gelten als unkünstlerisch; denn die Dichtung soll nichts beweisen, sie soll keine Zwecke verfolgen und auch selbst nicht als Zweck dienen. Die Kunst soll nicht auf den Willen wirken und keine Idee die Komposition beeinflussen. Sie sei realistisch!

Vielleicht lassen sich alle diese Forderungen, resp. Negationen von Forderungen aber dennoch auf ein Grund-Prinzip zurückführen? Liegt denn nicht eine gewisse Folgerichtigkeit in diesen Theoremen?

Vielleicht!

Der Kampf um die Tendenz ist im letzten Grunde ein Kampf um die Einheitlichkeit der Poesie!

[...]

[...]

Was ist der Zweck der Dichtung? Und hat sie überhaupt einen Zweck? Oder – die Beantwortung dieser Frage würde in's Endlose führen – was haben die Dichter selbst von dem Zweck ihrer Dichtungen gehalten? Oder hatten sie gar keine Zwecke und bildeten sich nur ein, welche zu haben?

In unserem naturwissenschaftlichen Zeitalter und in unserem alexandrinischen Jahrhundert, in dem man die Poesie durchaus als Wissenschaft behandelt wissen will (erst als Geschichte und Philosophie, dann als Naturwissenschaft, als Psychologie und Physiologie), sind wir sehr geneigt, das Letztere anzunehmen. Wie der Gelehrte steht der Dichter über seinem Stoff, kalt und gefühllos, unbekümmert um die Resultate seines Ruhmes, nur schauend und immer schauend, trennend und wieder zusammenfügend, rechnend und das Gerechnete und Geschaute aufzeichnend.

Also: die Dichtkunst als Dienerin der Wissenschaft, mithin nicht mehr Selbst-Zweck! Denn welch ein Unterschied ist es, ob am Ende die Poesie Dienerin der Theologie oder abhängig von der Physiologie und Soziologie ist?

Die Kunst soll Wissenschaft werden! ruft Zola aus. Die hirnverbrannten Lügen lassen wir den alten Idealisten und Romantikern. Wir, die wir uns der wissenschaftlichen Hilfsmittel bedienen, sind allein im Besitz der Wahrheit, wir sind die eigentlich moralischen Dichter.

Bei uns die Wahrheit, bei uns die Moral! Klingt das wie Zwecklosigkeit? [...]

Zwecklos sei die Dichtung, so wie die Natur, sagen wir heute; vor dreissig bis fünfzig Jahren sagten wir: sie sei es, wie die Geschichte.

Aber ist denn die Natur tendenzlos? Ist es die Geschichte? Für uns Menschen gewiss niemals! Für uns beginnt erst Natur und Geschichte dort, wo wir Zwecke sich realisieren sehen, wo wir eine Entwickelung erkennen. Was sich entwickelt, muss sich doch irgendwozu entwickeln! Auch sprechen wir von der Oekonomie in der Natur, vom Fortschritt in der Geschichte, von der Selbst-Kontrolle in der Natur, von Zwang und Gesetzen, von Kampf und Zuchtwahl und vielen anderen Dingen, die alle in Natur und Geschichte nicht nur ganz allgemein ein Vernunftprinzip, sondern ganz bestimmte Zwecke und Tendenzen voraussetzen. –

Für wen und wozu schreibt der Dichter, schafft der Künstler? Um wessentwillen schafft er? Was ist der Hauptfaktor der Kunst? Ist es die Form, der Stoff, die Idee, das Publikum, das ganze Werk selbst, Gott, die Menschheit, oder was?

Man hat zu sehr verschiedenen Zeiten alle diese Dinge einzeln zur Hauptsache gestempelt. Gegenwärtig ist es wieder vorwiegend der Stoff. Denn der Realismus beugt sich dem Stoffe oder der Natur, dessen oder deren *Treue* ihm das Ideal ist, welches er zu erreichen trachtet. Er will die Realität noch einmal. Das Publikum will dasselbe, oder wenigstens doch die Realität zum ersten Male, in all' den Fällen, wo die Realität selbst noch ungekannt ist. Es will seine Neu-, im besseren Falle, auch seine Wiss-Begierde befriedigt sehen; deshalb verlangt es Romane aus der Grosstadt, historische Romane, auch Proletarier-Romane u.s.w. Alles soll möglichst *wahr* sein, damit der gute Leser sich nicht zuletzt betrogen sehe! [...]

In Wahrheit aber dient dem Künstler Stoff und Idee nur zu Mitteln, das Publikum zu Zwecken. Er muss, je grösser er ist, und vor allem als tragischer Künstler, in fortgesetzter Activität sich bewegen.

Der Künstler schafft nicht für das Publikum, und er schafft nicht um des Stoffes willen; und deshalb kann ihm nicht Objektivität in diesem Sinn als die höchste Norm gelten. Aber er bedient sich des Stoffs, er wirkt auf das Publikum, und deshalb muss er die Eigenschaften beider kennen! Sie dürfen ihm unter Umständen Norm werden. Er ist jetzt objektiv, wenn das Geschaffene, Gesehene auch thatsächlich *sein* Objekt geworden ist; und dann ist die subjektivste Darstellung auch zugleich die objektivste. –

[...]

Leo Berg (1862–1908), Journalist und Kritiker, ergriff zusammen mit dem Literarhistoriker Eugen Wolff und dem Arzt Dr. Konrad Küster die Initiative zur Gründung des literarischen Vereins »Durch«, der wichtigsten literarischen Vereinigung des Naturalismus in der zweiten Hälfte der 80er Jahre (vgl. die Dok. 10, 11). Leo Berg war darüberhinaus in der naturalistischen Bewegung besonders journalistisch und publizistisch engagiert. Er gab zusammen mit Eugen Wolff *Die litterarischen Volkshefte* heraus (Nr. 1–10, 1887 u. 1888). 1889 gab er 3 Hefte der *Deutschen litterarischen Volkshefte* heraus. Im Jahr 1891 gründete er die Halbmonatsschrift *Die Moderne*, von der jedoch nur ein Jahrgang erschien und 1893 die ebenfalls kurzlebige Zeitschrift *Der Zuschauer*. Von Berg erschienen darüberhinaus Beiträge u. a. im *Magazin für die Litteratur des In- und Auslandes*, in der *Gegenwart*, der *Modernen Dichtung /Moderne Rundschau* und in der von Fritz Mauthner herausgegebenen Zeitschrift *Deutschland*. Außerdem veröffentlichte Berg die Aufsatzsammlungen *Zwischen zwei Jahrhunderten. Gesammelte Essays* (Frankfurt a. M. 1896) und *Aus der Zeit-gegen die Zeit* (Berlin 1905). Berg übersetzte darüberhinaus als erster ein größeres literaturkritisches Werk von Zola. 1893 erschien in seiner Übersetzung Zolas Aufsatzsammlung *Les romanciers naturalistes* (Paris 1881) u. d. Titel *Der naturalistische Roman in Frankreich*.

Leo Bergs hier in Auszügen dokumentierte Schrift von 1892 nimmt Stellung gegen verschiedene Veröffentlichungen seit 1890, die die Überwindung des Naturalismus propagierten (vgl. Dok. 27 u. 28). Bereits 1891 wies Berg in einem Aufsatz *Isten, Asten und Janer* ironisch die »Überwindungs«-Versuche zurück: »Sprecht ihr von Übergang, dann fügt doch noch wenigstens hinzu: Woher und Wohin? Zeigt die Linie, von wannen sie kommt und wo sie ausläuft! Sonst ist Alles bloßes Gerede und ihr drescht leeres Stroh. Wohlan, die Contre-Revolution gegen den Naturalismus ist im besten Gange [...]« (zit. nach: E. Ruprecht, *Literarische Manifeste des Naturalismus*. Stuttgart 1967, S. 229f.). Allerdings trägt auch die von Berg 1892 formulierte Kunstauffassung ihren Teil zur Ablösung ästhetischer Grundpositionen der 80er Jahre bei. Was er als Naturalismus verteidigt, ist gekennzeichnet durch einen ausgeprägten Subjektivismus und verstärkt irrationalistische Züge und reiht sich damit als ästhetische Konzeption eher in die Literaturströmungen des Fin de siècle ein. Der Naturalismus ist für Leo Berg im Gegensatz zum Realismus »schlechtweg unvernünftig, von der Vernunft unbegriffen« (s. Dok. 29). Wurden schon in den 80er Jahren mehrfach die Grenzen der Erkennbarkeit der Wirklichkeit benannt, so verschwimmt hier der Realitätsbegriff weitestgehend. Realismus im Sinne der »Alten« ist nach Leo Berg nicht mehr möglich, »denn diesen Glauben an die Realität gibt es nicht mehr«. Realismus bezeichnet daher auch nicht mehr ein spezifisches Abbildungsverhältnis sondern nur noch eine Wirkungsbeziehung: »Realistisch ist daher alle Kunst, die *auf das Leben* [lebendig] wirkt, deren Realismen sich auf das Leben (den Menschen, Staat, Natur) verpflanzen«. Auch der Objektivitätsbegriff löst sich vollständig in Subjektivität auf: »Er [d.i. der Künstler, Ch.M.] ist jetzt objektiv, wenn das Geschaffene, Gesehene auch thatsächlich *sein* Objekt geworden ist; und dann ist die subjektivste Darstellung auch zugleich die objektivste«. Berg bezeichnet die Künstler per se als »*Naturalisten*, denn sie sind selbst Natur und betrachten nur sich als Natur [...]. In ihnen allein ist, wie die Welt, so das Himmelreich« (s. ebd.).

Obwohl sich Leo Berg mit seinem Buch gegen die »Überwinder« des Naturalismus wendet, bestätigt er inhaltlich in vielen Punkten die Beobachtungen Hermann Bahrs über neue literarische Tendenzen: »Die Neugierde der Lesenden und die Neigung der Schreibenden kehren sich von draußen wieder nach drinnen, vom Bilde rings um uns zur Beichte tief in uns« (H. Bahr, *Die Überwindung des Naturalismus*. Dresden 1891, S. 65). Schon der Titel von Bergs Veröffentlichung wendet sich an das von Bahr benannte »moderne Bedürfnis«, das »Psychologie [verlangt], gegen die Einseitigkeit des bisherigen Naturalismus; aber es verlangt eine Psychologie, welche der langen Gewohnheit des Naturalismus Rechnung trägt. Es verlangt eine Psychologie, welche durch den Naturalismus hindurch und über ihn hinaus gegangen ist« (ebd., S. 67).

Berg erklärt die Psychologie zur neuen Ästhetik und diese Psychologie hat die naturgesetzliche Betrachtungsweise gründlich überwunden. Sie ist vielmehr die neue Lehre von der göttlichen Schöpferkraft des Künstlers: »Was schafft der Künstler, wenn sein Werk nur ein Effekt seines Schaffens ist? Er schafft sich selbst, aus sich einen neuen Menschen, und mit sich sein Volk und mit seinem Volke seine Zeit –, d.h. eine neue Zeit. Das Schauspiel des Vogel Phönix.« (s. Leo Berg, *Der Naturalismus*. München 1892, S. 174).

II Die Gattungen

a) Der naturalistische Roman

»tendenziös statt objektiv, moralisierend statt ästhetisch«:

30
Heinrich Hart und Julius Hart: *Friedrich Spielhagen und der deutsche Roman der Gegenwart.* In: *Kritische Waffengänge.* 6. Heft, Leipzig (O. Wigand) 1884, S. 3–74; hier: 14–16, 34–37, 45–47 u. 56–57.

[...]

Karl Hillebrand hat vor Kurzem der Ansicht Ausdruck gegeben, daß der heutige Roman mit geringen Ausnahmen zum bloßen Tendenzroman geworden sei, der, wenn auch in den besseren Dichtungen verdeckt, auf irgend eine Moral oder Spekulation hinauslaufe, die den reinen ästhetischen Genuß desto mehr herabdrücke, je stärker sie hervortrete. Diese Beobachtung ist zweifellos richtig, sie hat auch mir den ersten Anstoß zu diesem Waffengange gegeben, aber Hillebrand gründet sie weder tief genug noch weiß er klare Folgerungen aus ihr zu ziehen. Zunächst hätte Hillebrand seinen Vorwurf nicht allein gegen unsre Zeit, er hätte ihn gegen die Mittelmäßigkeit aller Zeiten richten sollen, denn es war stets ein Bedürfniß der Mittelmäßigkeit, Dichtung und Moral zu verquicken, und hier und da wurden auch große Talente von dieser Seuche ergriffen. Die Pamela und der Grandison leisteten in ihrer Weise dasselbe, was die modernen Naturalisten auf ihre Weise versuchen. Aber der feinsinnige Historiker hat auch die Ursache mißkannt, welche das ästhetische Mißbehagen an derlei Romanen erweckt. Die großen Romandichter, auf welche ich mich bezogen, sind Realisten vom Scheitel bis zur Sohle, sie gestalten die Wirklichkeit, die volle, reiche Wirklichkeit mit allen ihren Flecken, mit allen ihren Verzerrungen. Diese Flecken, diese Verzerrungen sind aber, rein äußerlich betrachtet, nur zu oft so widerwärtig, die Wirklichkeit selbst ist nur zu oft so nüchtern, kleinlich und gemein, daß der ästhetische Sinn abgestoßen wird, statt angezogen, daß an seine Stelle sein Widerpart eintritt, die Enttäuschung, der Ekel. Und dennoch haben die Meister es verstanden, die krasse Realität genießbar, selbst das Widerliche ästhetisch erfreulich zu machen. Wodurch? Sie sahen die Wirklichkeit in dem mildernden Lichte des Humors. Der Humor ist nichts anderes als die auf die Spitze getriebene Objektivität; der Epiker, der nur die Gipfel des Menschlichen sieht, bedarf keiner besonderen Anstrengung, um ruhig, klar und objektiv zu bleiben, der Romandichter jedoch, soll ihn das unendliche Durcheinander nicht verwirren, will er dem Gemeinen gegenüber nicht zum Prediger werden, muß die Besonnenheit so scharf anstacheln, daß ihr alle Dinge nicht bloß als verständlich, sondern als lachenswerth erscheinen, die einen mehr, die anderen weniger. Der Humor ist ein farbiger Spiegel, in welchem das Edle bloß liebenswürdig, das Gewaltige bloß kraftvoll, das Grelle bloß dämmernd erscheint, ebenso aber auch das Finstere bloß dämmernd, das Gemeine bloß toll, das Grausige bloß schauerlich, das Unverständige bloß tölpisch. Damit grenzt die Objektivität an ihr Extrem, die Tendenz, aber sie grenzt auch nur daran und verwandelt sich höchstens in eine allumfassende Theilnahme, welche kein Einzelnes bevorzugt.

Ich komme auf den Punkt zurück, von dem ich ausging. Die Forderungen, welche ich an den Roman stellte, waren: der Roman soll das Denken und Sein einer bestimmten Epoche wiedergeben und zwar soll, wie ich jetzt hinzufügen darf, diese Epoche die Gegenwart des Dichters sein, und weiterhin, der Roman soll das ästhetische Bedürfniß voll und ganz befriedigen. Abstrakt wie geschichtlich glaube ich diese Forderungen genügend begründet zu haben und ich habe sie begründet, obwol sie in dieser Allgemeinheit schwerlich Widerspruch finden werden. Aber ich bedurfte auch nicht um der Forderungen, sondern um ihrer selbst willen, denn sie sollte und hat weit mehr ergeben, als ein bloßes Zeugniß für jene Allgemeinheit, sie hat die Forderungen dahin erweitert, daß die Wiedergabe der Epoche durchaus objektiv und realistisch zu halten ist und das ästhetische Bedürfniß am wirksamsten befriedigt wird, wenn der Humor die Wiedergabe durchleuchtet. Der Roman aber, der heute die Herrschaft hat, mag er sich nun nach Zola oder nach Spielhagen nennen, erfüllt die Forderungen weder im engeren noch im weiteren Sinne, er ist tendenziös statt objektiv, moralisirend statt ästhetisch, er wirkt peinlich statt erhebend, statt humoristisch, er gibt einen Ausschnitt aus einer Epoche statt eines Gesammtbildes, eine Linie statt einer Fläche. [...]

[...]

[...] Hat Cervantes eine andere Absicht verrathen, als den wirren Phantasiegebilden des Ritterromans einen Roman des wirklichen Lebens entgegenzustellen und hat er etwas anderes gethan, als dieses wirkliche Leben so reich wie möglich wiederzugeben? Aber gerade weil er wie die Natur schaffte, hat er auch die Wirkung der Natur erreicht, jedem bietet er etwas, dem einen die höchste Gedankenanregung, dem andern ein frohes Behagen. Das ist der Segen reiner Dichtung. Dagegen halte man den Eindruck, den ein Werk Spielhagens hervorbringt. Wer liest aus ihm mehr heraus, als er selbst hineingelegt hat, als er selbst seinen Anweisungen nach gelesen haben will? Wen gelüstet es, der klaren Bestimmtheit seiner Figuren, seiner vorgetragenen Anschauungen gegenüber verborgene Tiefen zu entdecken, und wer könnte es auch! Spielhagens Wirkung ist freilich eine sehr bestimmte, aber auch ebenso einseitige, beschränkte, oberflächliche. Das ist der Fluch der Lehrhaftigkeit.

Das Didaktische ist übrigens eine Zugabe, welche an und für sich das Aesthetische nicht tödtet, noch den Genuß erstickt, auch im Epos nicht. In seiner höchsten Form, einer allgemeinen ethischen Gesinnung, welche das Ganze einer epischen Schöpfung durchweht, ohne im einzelnen sich aufzudrängen, hat es selten ein Dichter ganz vermieden. Als Didaktiker in diesem Sinne tritt am deutlichsten Dante hervor; seine Hölle ist ohne Zweifel eine Strafpredigt gegen die Zeit des Dichters, aber sein Genie ist so gewaltig, seine Phantasie schmilzt alle Gedanken und Anschauungen so sehr in Bilder glühenden Colorits zusammen, daß ein Ganzes entsteht, welches wirkt, unabhängig von der Absicht des Dichters und manchmal gegen dieselbe. Der Dichter in Dante hat den Didaktiker besiegt. Dort aber, wo es nicht geschehen, vermindert sich die Wirkung des Gedichtes proportional mit der Vorherrschaft des Lehrhaften. Eine Stufe tiefer steht die Didaxis, wie sie bei Goethe im Alter öfter und öfter durchbrach, tiefer, weil sie bestimmter hervortritt. Und wiederum in ganz offenbarem Verhältnis zur Wirkung seiner Dichtungen. Der Didaktiker Goethe wäre längst ein erloschener Stern, wenn er nicht vom Dichter sein Licht erhielte; was wäre uns der zweite Theil des Wilhelm Meister, wenn er nicht die Fortsetzung des ersten bildete, was der zweite Theil des Faust, wenn er nicht den ersten einigermaßen ergänzte! Diesem auch Didaktischen gilt meine kritische Würdigung nicht, es bietet nichts als ein literarhistorisches Zeugniß, daß selbst das Genie nicht in jeder seiner Schöpfungen auf gleicher Höhe steht, nicht immer im reinen Aether schwebt, was ich bekämpfe, ist das stets Didaktische. Dieses Letztere entsteht, wenn ein Individuum, um seinen Anschauungen über irgend welche Fragen oder Angelegenheiten der Gegenwart oder Vergangenheit Ausdruck zu geben, sich der ästhetischen Form der Erzählung bedient und diese Form für seine Zwecke zurecht schneidet. Ich sage absichtlich nicht der Poesie, sondern der Erzählung, weil ich die Frage offen halten will, ob nicht die Lyrik das Didaktische verträgt. Solche epischen Didaktiker waren Pestalozzi und Rousseau, als dieser den Emile, jener Lienhart und Gertrud schuf; sie nahmen nicht wie der echte Dichter die Welt in ihre Phantasie, in ihre Stimmung auf, um sie aus beiden heraus neu zu erzeugen, sondern sie benutzten die Phantasie nur als Magd im Dienste des Verstandes, durch dessen Brille sie die Welt erblickten. Hier trennt sich der Schriftsteller vom Dichter und ein Schriftsteller ist auch Spielhagen. Nur daß er nicht wie jene großen Erzieher ein praktisches Ideal erstrebt, eine große Einseitigkeit, aber auch Einheit bildet, sondern daß er zwischen dem Dichterischen und Schriftstellerischen hin- und herschwankt und keines von beidem ihn ganz erfüllt.

Aus seinen eigenen Worten habe ich nachgewiesen, wie das Lehrhafte die Hauptader seines Schaffens bildet, es liegt mir weiterhin ob, anzudeuten, wie die Didaxis an den einzelnen Seiten dieses Schaffens hervorleuchtet, welchen Einfluß, welche Folgen sie hat. Eigenschaft wie Folge des Didaktischen ist zunächst die Tendenz im engeren Sinne des Wortes. Im wesentlichen ist alle Didaxis zugleich Tendenz, denn der Didaktiker betrachtet die Dinge nur, um an ihnen etwas zu zeigen, die Menschen nur, um sie zu modeln, nur zu diesem Zwecke sind sie ihm betrachtenswerth. Tendenz im engeren Sinne ist aber mehr als bloßes Zweckerstreben und weniger als die Absicht, zu bilden; sie ist nach gewisser Seite hin die Vorstufe des Lehrhaften, indem sie an Menschen und Dingen das Trennende sucht, beide in Gruppen sondert und je nach Stimmung, Weltanschauung, Charakter des Betrachtenden parteilich die eine Gruppe bevorzugt, die andere von sich weist. Durch diese Wesensform tritt die Tendenz in einen vollen Gegensatz zum Dichterischen wie zum Aesthetischen überhaupt. Wenn allerdings das Aesthetische mit dem Schönen einfach gleich wäre, so beruhte auch die Kunst auf Tendenz, sie hätte das Schöne von dem Häßlichen zu sondern, aber die Geschichte der Kunst bezeugt, daß sie auf die Darstellung des Schönen nicht beschränkt ist. Wie die Philosophie auf ihrer höchsten Stufe den Nachweis zu führen hat, daß es ein Wahres und ein Unwahres gar nicht gibt, sondern daß alles ist, und eben als Seiendes des Erkennens werth erscheint, wie die Ethik den Beweis zu erbringen hat, daß es ein Gutes und Böses gar nicht gibt, sondern nur ein Zweckerfüllendes, ein dem großen Weltplan Dienendes, so hat auch die Kunst dafür Zeugniß abzulegen, daß ein Schönes und ein Häßliches als Formen des Seienden gar nicht vorhanden sind, sondern nur ein Reizendes, der genießenden Betrachtung Werthes. Dem nüchternen Auge erscheint eine Scene wie sie Dante's Hölle enthält »Ugolino zerbeißt das Hinterhaupt seines Feindes« einfach häßlich, unter den Händen des Dichters jedoch gewinnt sie eine Form, die den Betrachter zu dem Ausruf zwingt »Das Bild ist schauerlich schön«. Diese Worte schauerlich schön besagen alles, sie drücken das Eingeständniß aus, daß das Häßliche verschwunden ist und an seine Stelle das Packende, Bedeutsame, Anregende getreten ist. Was aber von der Kunst im allgemeinen gilt, das gilt in noch höherem Grade von der Poesie. Diese tritt, indem sie sich der Sprache als Ausdrucksform bedient, aus den Bahnen des blos Aesthetischen heraus, sie umspannt auch das Ethische und das Theoretische und wenn vom philosophischen Ethiker das Wort gilt »wer alles versteht, verzeiht alles«, so muß es vom Dichter heißen »ihn reizt alles, er fühlt alles mit und deshalb liebt er nicht und haßt er nicht, sondern er gebiert alles in sich wieder«. Ein schärferer Gegensatz, als dieser, zur Tendenz ist nicht denkbar.

Daß Spielhagen in seinen Romanen eine tendenziöse Richtung verfolgt, wird allgemein anerkannt; gleichwol tritt sie nicht ganz so offen zu Tage, wie in den Erzeugnissen des jungen Deutschlands. Spielhagen gibt sich Mühe, seine Tendenz dadurch zu verdecken, daß er die Bestrebungen, welche ihm die rechten zu sein dünken, nicht immer, nicht allein durch edle Charaktere vertreten läßt und daß er sie durch die Mittelgruppen, denen das Wort Partei ein leerer Schall ist, in den Vordergrund der Handlung bringt. Aber dieses Bemühen ist eben ein Bemühen und nicht das reine objektive Schaffen eines freien über den Dingen schwebenden Geistes und deshalb ist die Decke, welche Spielhagen benutzt, weder lang noch breit genug, die Tendenz guckt aller Enden hervor. Diese Thatsache läßt sich am besten klarlegen, wenn die Frage nach der Tendenz in eine Frage nach der Objektivität Spielhagens umgekehrt wird. Ist die Tendenz mit dem Dichterischen überhaupt kaum vereinbar, so ist sie es im besonderen nicht mit der epischen Poesie, die in der Objektivität wurzelt. Ein Mangel an epischer Objektivität wird daher stets aus einem Ueberschuß an Tendenz sich erklären lassen. Spielhagen scheint einen besonderen Werth darauf zu legen, daß er die äußere Objektivität, die des Stiles, immer in vollem Maße gewahrt habe, vielleicht weil er hofft, der Untersuchung nach der inneren dadurch entgehen zu können. Und wohl, es ist anzuerkennen, daß wenige unter den lebenden Erzählern so wie er darnach streben, die Handlung nicht durch ein Hineintreten des Erzählers, nicht durch unmittelbare Reflexionen des Verfassers zu stören, aber da er die innere Objektivität zu schroff verletzt und die Grenze zwischen beiden Objektivitäten an manchen Stellen eine haarscharfe ist, so vermag er auch den äußeren Schein nicht immer zu retten. [...]

[...]

[...] Der Roman ist zur Waffe geworden, zum erzählenden Pamphlet, er wendet sich nicht an das ganze Volk, soweit es des Kunstgenusses fähig ist, sondern an eine Partei, in deren Dienst er steht, der Erzähler wetteifert abwechselnd mit dem politischen, dem socialen, dem Kunstschriftsteller, er tritt für den Prediger ein und übernimmt das Amt des Agitators. Es gibt nichts, was dem Roman nicht aufgebürdet wird, er soll Naturkenntnisse verbreiten, er soll ein neues pädagogisches System einschwärzen, er soll für den Darwinismus Propaganda machen und Anhänger werben für den Verein zur Gründung von Kinderheilstätten. Er soll alles, nur nicht das Leben wiedererzählen wie es ist, wie es im Don Quijote, wie es in den Pickwickiern erzählt worden ist. Das sind Schöpfungen, die erfreuen alles Volk, ob es dieser Partei oder jener, diesem Jahrhundert oder jenem angehört; es bleibt ihm auch da nichts verborgen, weder sociale noch religiöse Strömungen, weder Kunst- noch Wissenschaftsleben, aber es sieht die Bilder aufgerollt, wie sie ein Gott sehen würde. Es wird nicht in den Kampf hineingezogen, sondern darf ihn von der Höhe aus wie ein Schauspiel erblicken, nicht sein Pathos wird erregt zum Für und Wider, sondern sein Mitgefühl, das alles Menschliche umfaßt. Was den Menschen im Leben beengt und beschränkt, das soll ihm die Kunst abstreifen, so lange er sie genießt, sie soll ihn fühlen lassen, daß es noch ein Höheres gibt, als zur Partei, zu Vorurtheilen schwören, nämlich Mensch zu sein, daß man die Kämpfe der Zeit mitfechten und doch in Stunden der Muße sie belachen, den Feind als Gleichberechtigten erkennen kann.

Glaubt denn der Tendenzschriftsteller, glaubt Spielhagen wirklich, in seinem »In Reih und Glied« einen Beweis für die Doktrin des Manchesterthums geliefert zu haben? Und wenn in derselben Zeit, wo der Tendenzschriftsteller sein Heil der Disciplin, der nivellirenden Massentaktik ruft, ein Bismarck im Kampfe mit der Masse den Traum der Masse zur Wirklichkeit macht, muß es in diesem Falle nicht heißen: schlechter Seher, schlechter Dichter? Wer allen Werth auf die Tendenz legt, der fällt, wenn die Tendenz zu Falle kommt, mit ihr. Wie jeder Arbeiter seine Fähigkeiten auf den Punkt conzentriren soll, auf dem er sie am reichsten zum Wohle der Menschheit entfalten kann, so soll auch der Erzähler nicht die sociale oder sonst eine Frage zu lösen versuchen, wohlverstanden als Erzähler nicht, denn auf jenem Gebiete wird der nationalökonomische Reformator das Höchste leisten, sondern er soll erzählen.

Tendenz ist gleichbedeutend mit Beschränkung und zwar ist die letztere hauptsächlich eine ideale, eine Beschränkung des Gesichtskreises, aber diese ideale Beschränkung hat eine Reihe von realen Beschränkungen im Gefolge. Doch es kommt dabei nicht nur die Tendenz in Betracht, die Didaxis überhaupt ist auf Beschränkung gerichtet; wer eine Moral predigen will, zu einer Lehre ein Beispiel geben, der wird weniger auf Breite sehen, als vielmehr auf Präcision, zuviel Nebenwerk ermüdet des Hörers Aufmerksamkeit.

Der Roman soll ein Weltbild geben, ein Bild der Zeit, je umfassender, je tiefer, um so besser. Theoretisch ist Spielhagen ein eifriger Vertreter dieser Ansicht, aber in Wirklichkeit sind andere Ziele für ihn lockender. Freilich weiß er sich zu entschuldigen. Er hält es einfach für unmöglich, daß in unsrer vorgeschrittenen Zeit, deren Kultur so unendlich mannigfaltig, so reich verzweigt sei, ein Roman alle Beziehungen, alle Verhältnisse umspannen könne. Als ob es darauf ankäme! Der Roman soll eben aus diesen Beziehungen den einen Geist herauslesen, der in allen waltet, und soll vor Augen führen, wie dieser Geist alle Kräfte des Volkslebens beseelt. Dieser Geist ist allerdings durch ein einziges Verhältniß wie Politik nicht zu erschöpfen, ein wenig tiefer ist der Schlüssel schon vergraben. Nicht der Stoff ist das Hinderniß, sondern die Spielhagen'sche Methode, die Einseitigkeit des Spielhagen'schen Talentes.

[...]

Wodurch unterscheidet sich denn wesentlich das Verfahren Spielhagens von dem Zola's? Keiner von beiden sieht ins Leben, um es voll und ganz, als lebendige Einheit in sich aufzunehmen, sondern beide sehen nur ein begrenztes Stück, der eine die Oberfläche, die Blasen, welche gesellschaftliches und staatliches Leben werfen, der andere den schlammigen Grund, wo dämonische Leidenschaften gähren. Beim Nachsinnen über die Dinge, die er sieht, über die Menschen, die vor seinen Augen einherwallen (in den Zeitungen nämlich) packt Spielhagen ein Gedanke oder eine Idee, die er sich, bewußt oder unbewußt, vornimmt, durch einen Roman zu erweisen. Held, Gegenspieler und andere Hauptfiguren, mögen sie auch mitten aus dem Leben gegriffen sein, werden auf diese Weise zu bloßen Schemen verdammt, zu Schemen, die während der Arbeit nach Belieben lang gezogen oder zusammengepreßt werden können, aber es werden keine lebendigen Charaktere, die auch des Dichters Phantasie, wenn sie einmal von ihr erfaßt sind, wol noch modeln, aber nicht mehr verrücken kann. So klar, so wirklich stehen sie da. Spielhagen nimmt freilich allerlei Ingredienzen aus seinen Lebenserinnerungen, um sie den Figuren, der Handlung, die er braut, zuzusetzen, aber im Großen muß sich alles beugen und richten nach der Moral, die ihm vorschwebt. In fast gleicher Weise verfährt Zola; er will eine Leidenschaft seciren, etwa die Trunkenheit, und nimmt nun von allen Trunkenbolden Züge her, um aus ihnen einen einzigen Säufer zusammenzusetzen, und er gewinnt durch diese Weise eine Leidenschaft, wie sie so, Rad in Rad, Zahn in Zahn greifend, so logisch richtig aufgebaut in der Wirklichkeit kaum einmal in Erscheinung tritt. Er macht aus einem Organismus eine Maschine.

Es ist also kein wesentlicher Unterschied, der zwischen dem Deutschen und dem Franzosen waltet, sondern nur einer der Tendenz und weiterhin des Temperaments. Spielhagen geht um die Dinge herum und schildert ihr Werden und Wachsen an der Hand äußerlicher Geschehnisse, bis er eine Idee aus ihnen herausgeklaubt hat, Zola experimentirt an ihnen, bis er den Kern der Leidenschaft, die er sucht, in seiner ganzen Ekelhaftigkeit herausgeschält hat. Was hätte Zola aus einem Verbrecher, wie Vadder Deep, den Spielhagen in »Platt Land« bloß in seiner Erscheinung kennzeichnet, von dem wir nichts erfahren, als ein paar Thaten und das Ende, was hätte Zola aus dieser Figur gemacht, wie hätte er uns die Fasern dieses Hirnes bloßgelegt und den allmählichen Fortschritt der Fäulniß nachgewiesen. Spielhagen ist reicher, er ist vor allem mehr Künstler, als Zola, der weder zu componiren noch Maß zu halten weiß, aber Zola geht tiefer, es rollt, so sehr er es läugnen möchte, mehr Dichterblut in ihm, als in Spielhagen, der wie ein Feuilletonist an der Schale Genüge hat und vor den tieferen Gründen zurückscheut, und weil er mehr Dichter ist, ist er mehr Realist in Kolorit und Sprache, während Spielhagen über den Salonton nicht hinauskommt und in der Salonfähigkeit, vielleicht unbewußt, sein Ziel findet. Beide sind einseitig und erst eine Verschmelzung ihrer Richtungen in einer höheren Einheit, eine Verschmelzung, die zugleich die Schlacken und Einseitigkeiten aussonderte, ergäbe den Roman, der ein Vollendetes bilden könnte, den realistischen Roman. Realismus in der wahren Bedeutung des Wortes schließt weder Idee noch Idealismus aus, ihm ist das Lichteste, Reinste nicht zu erhaben, aber auch das Nächtigste nicht zu gemein, kein Abgrund zu tief, denn alles ist Realität, Wirklichkeit, und was dem Schöpfer nicht zu gering, zu erbärmlich war zu schaffen, wie könnte das dem Neuschöpfer, dem Dichter, zu gering sein, es durch die klärende und deshalb verklärende Einheitlichkeit, Ganzheit des Kunstwerks neuzuschaffen. In diesem Sinne waren Shakespeare und Goethe Realisten und in diesem Sinne muß auch der Roman realistisch in Inhalt wie Form sein.

[...]

Die Brüder Hart widmeten Friedrich Spielhagen (1829–1911), seinem Romanschaffen und seiner Romantheorie ein eigenes Heft ihrer *Kritischen Waffengänge*, weil sie ihn durchaus als einen Schriftsteller anerkannten, der »in seiner Gesammtheit [...] genügend alle Richtungen der jüngsten Vergangenheit [vertritt], um aus seinen Werken erfahren zu können, auf welche Stufe der deutsche Roman nach einer Entwicklung von fünf Jahrhunderten gelangt ist« (*Kritische Waffengänge*, H. 6, 1884, S. 8). 1883 waren außerdem unter dem Titel *Beiträge zur Theorie und Technik des Romans* Aufsätze von Friedrich Spielhagen erschienen, in deren Mittelpunkt die Frage der Objektivität in der epischen Kunst stand, ein Problem, das auch für die junge literarische Opposition zum Schnittpunkt ihrer ästhetischen und gesellschaftlichen Zielvorstellungen wurde. In dem ob. dok. Abschnitt des Essays beziehen sich die Harts insbesondere auch auf einen Aufsatz von Karl Hillebrand (1829–1884, Historiker und Publizist, Teilnehmer am badischen Aufstand 1849): *Vom alten und vom neuen Roman*. In: *Deutsche Rundschau*, Bd. 38, 1884, S. 422–435.
Der Spielhagen-Essay der Harts ist nicht nur ein Beitrag zur Romandiskussion, sondern er enthält zugleich deren Konzeption über das System der Künste. Die Dichtung nimmt nach Auffassung der Harts nach Architektur und Malerei die höchste Stufe ein, da sie »das wenigst körperliche Material, die Sprache, den reinsten Geistesstoff benutzt«, (s. *Kritische Waffengänge*, H. 6, 1884, S. 10). Diese Stufenfolge, »je nachdem das Leibliche oder das Seelische überwiegt«, ergibt in der Dichtkunst die Einordnung des Epischen an letzter Stelle, da es »freilich auch, wie alle Poesie, einen idealen Kern enthält, ihn aber am meisten mit Schalen des Äußerlichen umhüllt« (ebd.). Dabei verweisen die Harts selbst in diesem Zusammenhang auf die Relativität dieser innerästhetischen Bewertungsmaßstäbe, denn »der Werth künstlerischer Werke beruht wie jedes menschliche Thun auf dem Einfluß, den sie auf die Förderung des Menschlichen und der Menschheit ausüben.«
Schließlich teilt sich für die Harts das Epische selbst in die Reihe des Epos und des Romans, zwischen denen allerdings »ein wesentlicher, nicht etwa formaler Unterschied« bestehe (ebd., S. 11): »...der Romandichter ist Realist, der Epiker (in engerem Sinne) Idealist [...]. Beiden gemeinsam aber ist die epische Objektivität, beide stehen über dem Getriebe und reden nicht in dasselbe hinein« (ebd., S. 14). Der Roman steht also in seiner künstlerischen Bedeutung unter dem Epos und er wird sogar, wie die Brüder Hart abschließend feststellen, »niemals die herrlichsten Ideale der Poesie erfüllen« (ebd., S. 73). Dennoch unterscheiden die Harts noch zwischen einem »Schriftstellerroman« und einem »Dichteroman«, der »die Zeiten aus[füllt], die zu steril sind für die Schöpfung eines Epos« (ebd.). Zur Herausbildung dieses »Dichterromans« wollen sie mit ihrer Kritik »anspornen«.

Ein wichtiger Kritikpunkt der Harts an Spielhagens Romanen war die Vermischung von »Epik und Didaktik«, ihre Tendenzhaftigkeit (ebd., S. 24). Während Spielhagen die Auffassung vertrat, daß der Dichter »immer, weil er gar nicht anders kann, auf einem bestimmten Standpunkt stehen [muß]« (s. *Das Gebiet des Romans* (1873). In: F. Spielhagen, *Beiträge zu einer Theorie und Technik des Romans*. Leipzig 1883, S. 61), erklärten die Harts: »...jeder bestimmte Standpunkt macht parteiisch [...]. Jede Parteilichkeit aber führt zu einer Verletzung der reinen ästhetischen Wirkung, da sie den Genießenden bei Empfindungen packt, welche außerhalb des Ästhetischen liegen« (s. *Kritische Waffengänge*, H. 6, 1884, S. 22). Die Harts grenzen sich ab von einer Romanentwicklung – wie sie außer durch Spielhagen nach ihrer Meinung auch von Levin Schücking u. Gerhart v. Amyntor (vgl. Dok. 103) vertreten wird –, die den Roman in den Dienst gesellschaftlich-politischer Prozesse stellt.

In ihrer Auseinandersetzung mit der Lyrik des Grafen Schack formulierten sie dennoch einen funktionalen Literaturbegriff: »Wir wollen eine Literatur [...], welche *wirkt* und nicht spielt [...], welche *führt* und nicht schmeichelt« (*Kritische Waffengänge*, H. 5, 1884, S. 4). Diese Auffassung versuchen sie auch am Anfang ihres Spielhagen-Aufsatzes als ihre Alternative zur Tendenzliteratur klarzulegen: »Seiner Nation Führer zu sein, ist gewiß des großen Dichters Sache, aber politische, sociale und sonstige Tendenzen sind etwas andres als ethische und nationale Ziele – wahre Epik ist wol mit diesen, mit jenen aber nimmermehr vereinbar« (*Kritische Waffengänge*, H. 6, 1884, S. 6). Diesen Standpunkt erklären sie selbst als das Ergebnis ihrer persönlichen Entwicklung. Einer der beiden Brüder bekennt: »Wie kurze Zeit ist es her, daß ich in Spielhagen das Ideal erblickte [...] eines großen modernen Dichters.« Er schien »die Sehnsucht zu erfüllen nach einem Dichter, der nicht abseits steht vom Wege der Zeit, [...] sondern der als Führer vorangeht.« Inzwischen sind sie jedoch zu der Anschauung gelangt, daß der Dichter »nur durch die Dichtkunst, die reine, die unverfälschte... siegen [kann], jede Zuthat macht ihn kleiner, vermindert seine Wirkung...« (ebd., S. 26). Mit ihrer Kunstauffassung, die Kunst also sehr wohl im Zusammenhang gesellschaftlicher, hier nationaler Ziele begreift, grenzen sie sich deutlich ab von jeder Art l'art pour l'art-Position, selbst wenn dies in vielen Passagen ihrer Ausführungen nicht immer erkennbar bleibt. Dies ist z.B. der Fall, wenn sie die Romandichtung am Epos messen und letztendlich nur dem Epiker die Fähigkeit zusprechen, »jene göttliche Objektivität« zu erreichen, »welche allein das Höchste, Ewigwirkende schafft«, wie z.B. Homer in seiner Ilias (ebd, S. 23). Sie erklären auch, daß der Roman »niemals die herrlichsten Ideale der Poesie erfüllen« wird. Für die »Zeiten [...], die zu steril sind für die Schöpfung eines Epos«, fordern die Harts den »Dichterroman«, im Unterschied zum »didaktischen« Schriftstellerroman. »Der Dichterroman spiegelt die Realität nur durch Erzählung wieder und alles Ethische liegt nicht anders in ihm als in der Natur« (ebd., S. 73).

Wenn die Brüder Hart vom Romandichter fordern, »das Denken und Sein einer bestimmten Epoche«, seiner Gegenwart, wiederzugeben (s. Dok. 30), die Wirklichkeit zugleich »durch die klärende und deshalb verklärende Einheitlichkeit, Ganzheit des Kunstwerks« neuzuschaffen (s. ebd.), und wenn sie darüberhinaus an der klaren Abgrenzung von Dichtung und Wissenschaft festhalten (vgl. Dok. 102), so scheint hinter diesem idealistischen Programm die Trennungslinie zum poetischen Realismus zu verschwimmen. Die Harts erkennen auch durchaus die Leistungen eines Gottfried Keller und Konrad Ferdinand Meyer an, die sie nur stellvertretend erwähnen. Das Neue zeigte sich aber zum einen in ihrem Wirkungsinteresse und es wird weiterhin deutlich, wo sie positiv die »Bestrebungen der Jüngeren« erwähnen: »Wol sind es mehr Feuilletonbilder, als Poesiegestaltungen, welche Max Kretzer in seinen Berliner Romanen bietet, und wol erliegen die Geschichten Wolfgang Kirchbachs, welche in seinen ›Kindern des Reichs‹ vereinigt sind, dem Wust von Tendenz und unkünstlerischem Beiwerk, aber beide erweitern nicht nur stofflich die Kreise des Romans, sie suchen auch nach realistischer Tiefe und Körnigkeit. Es ist noch alles Gährung und viel Wüstheit in diesen Gebilden, aber diese Gährung verheißt mehr Zukunft, als das Stagnieren in alten Formen und alten Idealen« (s. *Kritische Waffengänge*, H. 6, S. 72; die hier noch aufgeschlossene Haltung gegenüber Kretzer weicht 1886 einer scharfen Kritik, vgl. hierzu Dok. 105). Diese »stoffliche« Erweiterung des Romans als Dichtung, das ist das neue Entwicklung, die die Harts unterstützen. So kritisieren sie Spielhagen auch genau in diesem Punkt. Die Handlung von *Hammer und Amboß* (1869) beruhe zwar auf »politischen Gegensätzen«, »...aber was erfahren wir eigentlich vom Elend der Massen, wo führt uns der Autor in die Hütten, wo entrollt er uns Bilder, lebendige Bilder aus dem Dasein des Volkes, in allen und nicht nur in drei oder vier Schichten. An dieser Stelle ist die Achillesferse des Spielhagen'schen Schaffens! [...] Das ganze breite, bunte Leben, das sich in den kleinbürgerlichen, in den Schichten der Arbeiter, des Proletariats, des Vagabundenthums entrollt, ist für Spielhagen so gut wie gar nicht vorhanden; von Verbrecher- und Buhlenthum, das ganz sporadisch hervortritt, ganz zu schweigen« (ebd., S. 48f.).

Aufgrund der in wesentlichen Zügen traditionell-idealistischen Kunstauffassung und Romankonzeption, war für die Harts Zolas Vorstellung von einer Verwissenschaftlichung der Kunst absolut inakzeptabel. Bereits 1882 in ihrem Zola-Aufsatz lehnten die Harts den Gedanken, daß die Poesie selbst zur Wissenschaft werde, entschieden ab. Diese Auffassung führe »zu eben so kleinlichen Beschränkungen der Poesie, wie der falsche Idealismus der Gegner Zola's [...]. Die Wissenschaft sucht das Allgemeine aus dem Individuellen heraus zu extrahiren und in Begriffe aufzulösen; der Roman und nicht minder die Poesie überhaupt sucht im Individuellen das Allgemeine darzustellen und in Formen zu verkörpern.« (s. Dok. 102) In dem Spielhagen-Essay bekräftigen die Harts nochmals ihre Gegnerschaft zu der Zolaschen Romankonzeption: »Der Roman der Zolaisten aber, der nicht mehr als Werk der Kunst, sondern als ein wissenschaftliches Experiment angesehen sein will [...] ist nicht minder einseitig, nicht minder beschränkt als der idealistische Roman und er mag deshalb seinen Namen hernehmen, von wo er will, nur nicht von der Natur, der allumfassenden« (s. *Kritische Waffengänge*, H. 6, 1884, S. 55f.).

Mit den beiden letztgenannten Aufsätzen hatten die Harts wichtige Orientierungen für die Romandiskussion der naturalistischen Bewegung vorgegeben; diese unterschieden sich deutlich von der von Michael Georg Conrad vertretenen Romankonzeption, die Zola als Vorbild propagierte (vgl. Dok. 104). Die wichtigsten Forderungen der Harts an den modernen Roman waren, daß er »objektiv« sei, »ästhetisch«, »erhebend«, ein »Gesammtbild« biete und eine »Fläche« statt einer »Linie«, daß er den historischen ebenso wie den didaktisch-tendenziösen Roman überwinde und Wahrheit in Dichtung umschmelze statt diese in Wissenschaft aufzulösen.

Eine Sonderstellung in der naturalistischen Romandiskussion nehmen die Harts auch mit ihrer Auffassung zum Verhältnis von Realismus und Humor ein. Sie kritisieren Spielhagens Begriff vom Humor, da er darin nur »die Anschauung und Darstellung des Närrischen in der Welt« sehe. Die Harts begreifen Humor jedoch umfassender: »Ebensowenig wie der Idealismus ist der Humor auf die Kunst beschränkt, beides sind Grundstimmungen und Weltanschauungen, die alles Menschliche beseelen; in ihrer Natur aber liegt es, sobald sie mit der Kunst in Verbindung treten, daß der idealistische Künstler pathetisch, der humoristische leidenschaftslos stilisiert. Ebendeswegen habe ich den Humor, mit Bezug auf die Kunst, die auf die Spitze getriebene Objektivität genannt und eben deswegen hat er für den Roman die höchste Bedeutung« (ebd., S. 21).

Bereits 1877 hatte Julius Hart in einer Besprechung von Leopold von Sacher-Masochs Novellenband *Das Vermächtnis Kains* die »wundervollen satyrisch-humoristischen Reden« (s. *Turgenjeff und Sacher-Masoch*. In: *Deutsche Dichtung*, 1877, H. 3, S. 77) hervorgehoben. 1878 veröffentlichten die Harts in ihrer Zeitschrift *Deutsche Monatsblätter* einen Aufsatz von Peter Hille u.d.T. *Die Literatur der Erkenntnis und der Humor*. Hille untersucht ebenfalls Sacher-Masoch, daneben Turgenjew und Bret Harte, bei denen sich bereits »Keime« einer »Literatur der Erkenntnis und des Humors« fänden (ebd., S. 180). Zum Verhältnis von Naturalismus und Humor vgl. auch Dok. 64.

31
Irma von Troll-Borostyani: *Der französische Naturalismus. (= Die
Wahrheit im modernen Roman. 1).* In: *Die Gesellschaft. Realistische
Monatsschrift für Kunst, Litteratur und öffentliches Leben.* Hrsg.
v. Michael Georg Conrad. 2. Jg. München (G. Franz) 1886, Heft 4,
S. 215−226; hier: S. 216−217, 217−218, 219, 220, 221−222.

[...]

Die realistische Richtung, welche darauf ausgeht, in den Dichtungen die nackte Lebenswirklichkeit in möglichster Naturtreue nachzubilden, wird durch ein in neuerer Zeit in Mode
gekommenes Wort bezeichnet: *Naturalismus.* Ein hochbegabter französischer Schriftsteller −
Emil Zola − ist als Bahnbrecher dieser neuen Romandichtung aufgetreten.

Wie das große Weltbild und das des menschlichen Lebens dem Auge des denkenden
Beobachters sich als ein Wechsel von Licht und Schatten, von Schönem und Häßlichem
darstellt, wie jedes selbstbewußte Einzelwesen, als ethisches Objekt beurteilt, eine Mischung
von relativ Gutem und Schlechtem, von Edlem und Gemeinem darbietet, so wird derjenige
Künstler der echteste und eigentlichste Naturalist genannt werden müssen, der in seinen
Bildwerken dieser Doppelnatur allen individuellen Lebens am meisten gerecht wird, der für
die beiden Seiten der Erscheinungswelt, Licht und Dunkel, die schärfste Beobachtung und die
packendste, lebenswahrste Darstellungskraft besitzt.

In dieser der objektiven Wirklichkeit entsprechenden Auffassung des Lebens und seiner
Phänomene und der naturtreuen Nachbildung derselben liegt die *materielle* Seite der Aufgabe
des Künstlers und Dichters. In der in seinem Werke zum Ausdruck zu bringenden *Idee* und in
der *Form* des Darzustellenden liegt die immaterielle, die ideale Seite seines Schaffens.

[...]

Außerordentlichen Scharfblick für die Schattenseiten des Lebens und markante Vorliebe,
dieselben als den herrschenden Charakter des Menschenlebens darzustellen, kennzeichnet
Emil Zola. Seine vorherrschende Darstellung des Häßlichen hat dadurch, daß er gleichzeitig
mit der Verbreitung seiner ersten berühmt gewordenen Romane Artikel und litterar-polemi-
sche Essays schrieb, in welchen er die moderne naturalistische Richtung in ein wissenschaftliches System zu bringen suchte, den allgemein verbreiteten Irrtum hervorgerufen, daß der
Naturalismus gerade in dieser ausschließlichen Darstellung von Häßlichem und Banalem
bestehe. Diese durch Zolas Eigenart hervorgerufene Begriffsverwirrung könnte überraschen,
wenn man nicht wüßte, wie leicht eine große, von Bildungsdünkel geblähte, aber im Grunde
unwissende und urteilslose Menge sich durch ein neu auftauchendes, gelehrt klingendes
Schlagwort irreführen läßt und mit demselben, weil es modern geworden, herumflunkert,
ohne über dessen wirkliche Bedeutung nachzudenken.

Zolas Nachahmer schießen wie Pilze aus dem Boden. Jeder französische Skribent, der sich
die Fähigkeit beimißt, die Brutalitäten und Zoten eines Schnapsbruders, das gleißende oder
auch stinkende Elend einer Dirne recht drastisch zu schildern, fühlt sich von einem unwider-

stehlichen Bedürfnisse gedrängt, ein Blatt von Zolas Ruhmeslorbeeren für seinen eigenen hohlen Kopf, einige tausend Franks von Zolas glänzenden Einnahmen für seine leere Brieftasche zu ergattern. Er setzt sich hin, reiht einige grob gearbeitete Szenen aus den schmutzigsten Tiefen der menschlichen Gesellschaft oder aus dem langweiligsten Getriebe des Alltagslebens, ohne jedwede geistige Bedeutung, ohne jeden inneren Zusammenhang aneinander und flugs ist ein sogenannter »naturalistischer« Roman fertig. [...]

[...]

Mit welchem Rechte nennt man gerade die Darstellung des Häßlichen, des Platten und Ordinären Naturalismus? Ist etwa nur jener Dichter Naturalist, der blind ist für alles Edle, Schöne und Gute, das in der Menschenseele wohnt? Ist der Genius der Menschheit, der sie nach erhabenen, idealen Zielen ringen, im Leben der Völker wie der einzelnen Individuen herrliche Thaten der Selbstbefreiung aus den Ketten niedriger Leidenschaften vollziehen läßt, tod oder von der Erde verbannt, weil es einigen Romanciers gefällt, den idealen Gehalt der Menschenseele zu leugnen und den einzigen Grund ihres Handelns in dem Trieb nach Befriedigung tierischer Begierden zu suchen?

Die Gleichstellung dieser literarischen Richtung mit dem Realismus ist ein schmachvoller und gefährlicher Irrtum, dessen Umsichgreifen die Litteratur auf der schiefen Ebene eines verdorbenen Geschmacks in den Sumpf bodenloser Gemeinheit und ödester Banalität drängen würde. So wenig als der Mensch blos aus Bauch und Magen besteht, sondern auch Kopf und Herz besitzt, ebensowenig ist diese einseitige Auffassung des Menschlichen echter Naturalismus. Die einzig richtige Bezeichnung für litterarische Erzeugnisse dieser Art wäre *Trivialismus*.

[...]

Wenn der Dichter uns nichts darzustellen weiß als des Lebens alltäglichste Banalitäten, die roheste Animalität des Menschen mit absichtlicher Verleugnung seiner geistigen Seite; wenn wir in seinen Werken weder Geschmack, noch Geist, noch Poesie begegnen, wozu bedürfen wir dann seiner?

Ist etwa die Poesie keine Kunst oder gelten die Gesetze der Schönheit nur für die bildende und nicht auch für die dichtende Kunst? Emil Zola sagt: Nein! – Die Romandichtung dürfe nicht zu den Künsten, sondern müsse zu den Wissenschaften gezählt, als solche betrachtet und behandelt werden. Zola irrt. Und in diesem Irrtum liegt die Wurzel zu jener litterarischen Abart und jenem Abhub der Romandichtung, die sich ohne Berechtigung die Bezeichnung Naturalismus anmaßt, wir hingegen Trivialismus nannten, zu jener Abart, in deren Sumpf die talentlosen Nachbeter und Nachtreter Zola's bis an die Schädeldecke versinken, welchen auch der Fuß Zola's, des Führers selbst, gestreift, über den er sich aber kraft seines eminenten Talentes wieder hoch emporgeschwungen.

[...]

Nach aufmerksamer Prüfung der Prinzipien Zola's über die Aufgabe der Romandichtung kann man zu keinem andern Schlusse gelangen als zu dem: »Das Gute ist nicht neu und das Neue ist nicht gut.«

Unbedingt *gut* ist seine Forderung, daß der Romancier sich an die Wahrheit der Erscheinungen halten, dieselben mit objektiver Treue wiedergeben müsse und nicht seine subjektive Auffassung von Welt und Leben an Stelle der Daseinswirklichkeit setzen dürfe. Die Erkenntnis dieser Aufgabe des epischen Dichters ist aber nichts weniger als neu. Ein gewisser uralter Homer scheint dies Gesetz der epischen Dichtung schon gekannt zu haben, da er seine Helden mit so packender »naturalistischer« Treue zeichnete.

Neu hingegen ist Zola's Auffassung, daß die Romandichtung schlechterdings *keine andere* Aufgabe habe, als die Erscheinungen des Lebens in ihrer nackten Wirklichkeit nachzubilden, den »Mechanismus des Menschen und der Gesellschaft« darzustellen, und daß sie – wie die Medizin – nicht in das Reich der Kunst, sondern in jenes der Wissenschaft gehöre. Weil der Schriftsteller, um die Charaktere seiner dichterischen Gestalten richtig zu schildern und durchzuführen, psychologische und – sei es d'rum! – auch physiologische Kenntnisse besitzen muß, darum soll die Romandichtung eine Wissenschaft sein? Mit demselben Rechte müßte man die Skulptur und Malerei Wissenschaften nennen, da Bildhauer und Maler – Anatomie studieren. Aber so wenig als die aus Marmor oder Erz geformte menschliche Figur ein physiologisches Präparat ist; so wenig als die anatomische und physiologische Kenntnis des menschlichen Organismus den bildenden Künstler ausmacht: eben so wenig ist die Romandichtung eine Wissenschaft und wird derjenige Romancier seiner Aufgabe gerecht, der sich damit begnügt, in seinen Werken die Erscheinungen des sozialen und individuellen Lebens – unbekümmert um die in der Kunst waltenden Gesetze der Schönheit – mit der trockenen, ideenlosen Naturtreue eines Kopisten nachzubilden.

Zola's Irrtum liegt in der ästhetischen Anschauung, daß die Idealität der *Gegensatz* des an der Wahrheit der Erscheinungswelt festhaltenden Realismus und mit diesem unvereinbar sei. Weil er – und mit vollem Recht – die realistische Treue als Hauptgebot des Schriftstellers ansieht, so will er den Idealismus, den er für deren unversöhnlichen Feind hält, bekämpft und beseitigt sehen. »Wir naturalistische Schriftsteller haben nur mit dem physiologischen Menschen zu thun, der metaphysische Mensch ist für uns tot!«

Den Idealismus in Kunst und Poesie mit einer religiös-philosophischen Auffassung des Menschen als einem »Ebenbild Gottes« mit einer unsterblichen Seele, welche in der zeitweisen Behausung des sterblichen Körpers einem bessern Jenseits entgegenreift, zu identifizieren – wie Zola thut – ist grundirrig. Der künstlerische Idealismus hat auf Sternenweite nichts zu schaffen mit den Dogmen der Religion und den Thesen der Philosophie. Sein Gott ist das Schöne – und die Wahrheit, künstlerisch schön dargestellt. Seine Mission ist, Werke zu schaffen, welche durch ihre künstlerische Vollkommenheit, durch die sanft siegende Macht der Schönheit erhebend, veredelnd und begeisternd wirken und so ein herrliches Erziehungsmittel der Menschheit bilden.

Dieser Idealismus thut der realistischen Wahrheitstreue keineswegs Abbruch. Im Gegenteil sind das reale und ideale Moment in der dichterischen Produktion höchster Ordnung von einander untrennbar und vereinen sich in versöhnender Harmonie. Die Dichtkunst ist einem Baume vergleichbar, der mit seinen Wurzeln im Boden nüchterner Lebenswirklichkeit haftet, aus dem er seine Nahrung saugt, mit seinem Wipfel aber frei und stolz der Sonne der Idealität entgegenragt. In dem Weltbilde des echten Dichters werden auch die dunkelsten Tiefen des Lebens von den Strahlen der Poesie verklärend berührt. Das Subjektive und veranlassend Gelegentliche dient nur dem Ganzen zur realen Grund- und Vorlage, zum sichern Halt der idealen Stimmung, um sie vor einer Steigerung zu fantastischer Fiktion, zu süßlicher Träumerei eines überirdischen idealen Zustandes zu bewahren.

Das Objekt der Kunst- und Dichtungswerke dieser Gattung ist nicht der »metaphysische« Mensch, mit welchem Zola mit Recht nichts zu thun haben will, sondern der psychologische Mensch in seiner Totalität. [...]

[...]

Irma v. Troll-Borostyani (1849–1912) kam von Salzburg nach Wien, um sich als Pianistin ausbilden zu lassen, arbeitete als Musiklehrerin in Ungarn und nach 1874 als Schriftstellerin. In ihren literarischen und publizistischen Arbeiten wurde sie eine namhafte Vorkämpferin für die Rechte der Frauen, vgl. I. v. Troll-Borostyáni, *Im freien Reich. Ein Memorandum an alle Denkenden und Gesetzgeber zur Beseitigung sozialer Irrtümer und Leiden* (Zürich 1884). Hermann Bahr veröffentlichte eine kritische Würdigung dieser Schrift. Obwohl er bei der Verfasserin das mangelnde Verständnis für die ökonomischen Gründe der Frauenunterdrückung kritisiert, betont er abschließend: »Man kann gar nicht genug Worte finden, den herrlichen Muth, die erquickende Wahrhaftigkeit und die echte Sittlichkeit ihrer Ausführungen gebührend zu würdigen.« Das Beste sei »die Polemik gegen die staatliche Legalisierung der Prostitution und gegen die entartete From der modernen Ehe.« (in: *Deutsche Worte*, Jg. 6, 1886, S. 47) Auch im ersten Jahrgang der *Gesellschaft* verteidigte sie gegen die biologistische Argumentation v. Hartmanns die Forderung nach Frauenemanzipation. Mit ihrem ob. dok. Aufsatz leitet die *Gesellschaft* eine 5-teilige Aufsatz-Reihe ein zum Thema *Die Wahrheit im modernen Roman*. In direkter Folge erschienen: 2. Franziska Kapff-Essenther, *Der Anfang vom Ende des Romans* (s. Dok. 32), 3. Konrad Alberti, *Ein italienisches Urteil über den deutschen Roman und seine Leser*, 4. Julius Hillebrand, *Naturalismus schlechtweg!* (s. Dok. 7), 5. Ferdinand Avenarius, *Der Naturalismus und die Gesellschaft von heute*.

Im Gegensatz zu Michael Georg Conrad, der in seinem Aufsatz *Zola und Daudet* 1885 (s. Dok. 104) die Verwissenschaftlichung des Romans durch Zola und eine gewisse dokumentarische Methode als erster und einer der wenigen unter den Naturalisten anerkannte, lehnt v. Troll-Borostyani Zolas Theorie des Experimentalromans entschieden ab und macht diesen Theorieansatz sogar für gewisse literarische Verfallserscheinungen, den »Trivialismus«, verantwortlich. Sie vertritt eine Romankonzeption, in der sie den modernen Roman als Dichtung sowohl gegen die Unterhaltungsliteratur wie gegen die Wissenschaft abzugrenzen sucht. Sie verlangt vom »Romancier«, daß er sich »an die Wahrheit der Erscheinungen« halte und »dieselben mit objektiver Treue« wiedergebe (s. Dok. 31). Darüber hinaus erweise er sich aber erst als Dichter, wenn er die »realistische Wahrheitstreue« mit »künstlerischem Idealismus« zu »versöhnender Harmonie« vereinige. Die Herausforderung für die Romankunst lag in dem durch die historische Entwicklung veränderten Inhalt der Wahrheitskategorie. Da sie nun auch »die dunkelsten Tiefen des Lebens« mit einschloß, erscheinen die »verklärenden« »Strahlen der Poesie«, der »künstlerische Idealismus« (ebd.) als das wichtigste Instrument, um den realistischen Roman als Kunst gegenüber der Wissenschaft und der Trivialliteratur zu erhalten und zu legitimieren.

32

Franziska von Kapff-Essenther: *Der Anfang vom Ende des Romans.*
(= *Die Wahrheit im modernen Roman.* 2) In: *Die Gesellschaft.*
Realistische Monatsschrift für Kunst, Litteratur und öffentliches
Leben. Hrsg. v. Michael Georg Conrad. 2. Jg. München (G. Franz)
1886, Heft 4, S. 226–229.

Klingt es nicht paradox, ja närrisch, von dem Ende des Romans zu sprechen? Eben jetzt
herrscht und blüht ja der Roman wie niemals vorher! Sein dehnbares Gefüge umfaßt heute
alle möglichen Gebiete des geistigen Lebens, alle erdenklichen Stoffe und Style. Der Roman
allein ist seiner Art nach imstande, der unendlichen Mannigfaltigkeit modernen Lebens
gerecht zu werden. Er hat alle andern dichterischen Formen beinahe verschlungen: er ist
lyrisch in seinen Schilderungen, episch in seiner Entwicklung, dramatisch in der Ausgestaltung der Konflikte, und es giebt kaum mehr einen Dichter, sei er Lyriker oder Dramatiker, der
nicht schließlich seinen Roman schriebe. Denn er ist dann sicher, sein Publikum zu finden,
was ihm vorher nicht immer gelungen ist, und auch Alles sagen zu können, was er auf dem
Herzen hat und doch in die strenge Form der Lyrik und des Dramas nicht hinein bringen
konnte. Der Roman ist das Epos der Gegenwart – heißt das Schlagwort. So universell, so
umfassend, als die Odyssee und das Nibelungenlied für *ihre* Zeit waren, so ist es der Roman
als solcher für unsere Zeit. –

Dies Alles ist unbestreitbare Thatsache. Nur ist der Roman eben kein »Roman« mehr, hat
wenig oder nichts mehr gemein mit dem dichterischen Produkt, das einst diesen Namen trug.
Der Name blieb, weil man keinen bessern hatte, obgleich der Begriff sich im Laufe der Zeiten
zur Unkenntlichkeit verändert hat.

Auf die poetische Urgeschichte zurückgehend, finden wir einerseits das nationale Heldengedicht, wie die Ilias und Odyssee, das Nibelungenlied, anderseits den Sagenkreis der Tafelrunde und die verwandten romantischen Sagen, welche die erste litterarische Blütezeit repräsentieren. Im XIV. und XV. Jahrhundert stockt nicht nur die poetische Produktion, die
poetische Sprache gerät in raschen Verfall. Jetzt beobachten wir, daß man beginnt, einzelne
romantische Sagen in *Prosa* zu erzählen (Sagenkreis der Tafelrunde, Tristan, Wigalois u.a.).
Dies ist der erste und eigentliche Anfang des Romans – d.h. die *Durchdringung des romantischen Inhaltes mit der epischen Prosaform.* Dem Gebiete der *Romantik* entnimmt die neue
Darstellungsgattung durch Jahrhunderte nahezu ausschließlich ihre Stoffe. Es ist hier nicht
der Ort, die ganze Entwicklung zu verfolgen. Wir heben nur hervor: je näher der Roman
seinem Ursprung, desto reicher ist er an romantischen Begebenheiten. In früheren Jahrhunderten strotzt er förmlich von Abenteuern und wunderlichen Dingen aller Art. In diesem
Sinne macht er die verschiedensten Phasen durch, welche die Litteraturgeschichte unter den
Namen Ritter-, Schelmen- und Räuberroman kennt, wozu dann die Robinsonaden, die
romantisch aufgeputzten historischen und endlich die Schauer- und Kriminalromane kommen. – Immer ist es jedoch die Buntheit, Wunderlichkeit, Phantastik und überraschende

Abwechslung des *Inhaltes*, worauf Wert gelegt wird. Bekanntlich entstand »Don Quixote« dadurch, daß sein genialer Autor die abgeschmackte Phantastik der zeitgenössischen Ritterromane verspotten wollte. Zugleich ist dieses klassische Buch das Urbild der *humoristischen* Romane, welchen schon die subjektive Auffassung des Dichters das eigenartige Gepräge giebt und die darum schon eine höhere Entwicklungsstufe bezeichnen. Dasselbe gilt von den »empfindsamen« Romanen, welche zu dem modernen Liebesroman herüberleiten, jenem Roman par excellence, wobei es sich ausschließlich darum handelt, ob die Zwei »sich kriegen« oder nicht. Der Romantiker Walter Scott nimmt z.B. nur gleich ein Stück Weltgeschichte und macht es diesem edlen Zweck dienstbar. Nach wie vor ist der Roman der Schauplatz der seltsamsten, fremdartigsten, zum Teil höchst unwahrscheinlichen Begebenheiten. Menschen, die nirgends auf Erden existieren, Zufälle, die mit der Pünktlichkeit einer Maschinerie ihre Schuldigkeit thun, Katastrophen, welche alle schwierigen Verhältnisse lösen und mit unvergleichlicher Gerechtigkeit den Schuldigen treffen, Geheimnisse, Verwicklungen, wunderbare Vorstellungen und wie der ganze Apparat heißt – das macht den »Roman« aus, der mit dem wirklichen Leben grundsätzlich nichts gemein hat. Man liest ihn, um dieses zu vergessen, und Alles, was dem Wirklichen und Möglichen entrückt – was ganz und gar unwahrscheinlich ist, bezeichnet man, sofern es einen gewissen phantastischen Reiz hat, als »romantisch«. Ebenso wenig wie die früheren, können wir hier die letzte Wandlung des Romans darlegen, durch welche er nach verschiedenen Richtungen den Zauberkreis der Romantik durchbrach. – Jedenfalls folgte *er* dem allgemeinen Zuge der Zeit nach dem Positiven, rein Aktuellen und wandte sich hinsichtlich seiner Stoffe und seiner Darstellungsweise der wirklichen Welt zu. – Was wir in den Romanen von heute lesen, ist nicht im mindesten mehr ein »Roman« – mindestens nicht in den, für unsere Epoche charakteristischen Werken.

Der realistische oder naturalistische Zeitroman geht von der Beobachtung der wirklichen Welt aus; er schildert Menschen und Dinge grundsätzlich wie sie sind. – Wenn er seine Personen und Verhältnisse auch erfindet, so sind sie doch so, daß man ihnen täglich begegnen kann. Der realistische Dichter verfährt nach jener Methode, welche in der Wissenschaft unter dem Namen der induktiven bekannt ist: er nimmt das Konkrete zum Ausgangspunkt und nicht seine Idee – ein Vorgang, der aller modernen Forschung zu Grunde liegt. Auf diese Weise sind die Meisterwerke Turgenjew's, Gogol's, Pisomski's, Zola's, Daudet's, Bret Harte's, Thakeray's, die der neuern italienischen, spanischen und skandinavischen Novellisten entstanden – Turgenjew hat uns auf diese Weise die Gesellschaft seines Vaterlandes geschildert, Sacher-Masoch die westslavische Welt, Franzos die polnischen Juden und ruthenischen Bauern. Die realistische Dichtung erscheint, der Fülle und Mannichfaltigkeit ihres Stoffes entsprechend, in einer langen Reihe von Arten und Schattierungen. Nach verschiedenen Richtungen hin hat sie sich entwickelt und dabei die Grenze der Dichtung als solche überhaupt erreicht.

Wie gewöhnlich hat die französische Litteratur die Führung. Der Löwenanteil an der Vernichtung des »Romanes«, an der Eroberung der Wirklichkeit für die *Form* dieses Namens gebührt natürlich Zola, welcher den Realismus zum Naturalismus steigert, die Nachtseiten

des menschlichen Lebens mit unbarmherziger Treue, mit hinreißender Wahrhaftigkeit schildert – *weil sie wirklich* sind. Mit einer allumfassenden, alldurchdringenden Kraft, wie sie nur
dem wirklichen Genius eigen ist, legt er jene dunklen Gewalten bloß, die aus unerforschter
Tiefe quellend, ihr Spiel mit dem Menschen treiben, gegen alle Vorkehrungen und Palliative
der Zivilisation einen heimlichen, aber unerbittlichen Kampf kämpfend. Dieser Kampf ist so
schrecklich, so widerlich, so tragikomisch bisweilen, daß bis heute die Dichter sich redlich
Mühe gegeben haben, ihn uns vergessen zu machen. Zola ruft: »Das ist *wirkliches* Leben, das
ist *Natur*, und darum ist es mein Stoff.« Er hat Recht, zu behaupten, daß sein »Assommoir«
der erste wirkliche Volksroman sei. – Und dennoch ist es nichts weniger als ein »Roman«, –
denn da ist eben kein einziges gemildertes Wort, kein einziger geschminkter Zug, keine
einzige gemachte Wendung; es ist ein Stück typischen Lebens aus dem großstädtischen Arbei-
terstand und dem Proletariat herausgegriffen, mit einer Klarheit und Tiefe nachempfunden
und wiedergegeben, wie sie eben nur dem ganzen, großen Dichter eigen ist. »Nana« ist
geradezu eine Monographie des Pariser Dirnentums und »Au bonheur des Dames« ist eine
solche der Pariser Modemagazine. In »*La joie de vivre*«, welches pathologische Prozesse und
in »Germinal«, welcher das Leben der Arbeiter in einem Kohlenwerk schildert, entwickelt der
Dichter seine Eigenart fort zugleich mit der absoluten Negation des »Romanes«. Da ist keine
Rede mehr von den »Helden«, oder von »Handlung« im alten Sinne: es sind dichterisch
angeschaute Kultur- und Sittenbilder, wobei die Menschen manchmal zur Staffage herabsin-
ken, ganz so wie es im wirklichen Leben der Fall ist, wo die Institution so oft an die Stelle der
Individualität tritt.

Wieder auf einer andern Seite hat Daudet die Schranke des Romans durchbrochen, um sich
auf den Boden konkreter Wirklichkeit zu begeben. – Er, der unvergleichliche Charakterschil-
derer, schuf eine Art von photo-biographischem Zeitroman, dem authentische zeitgenössische Charaktere in treuer Wiedergabe zu Grunde liegen. So im »Nabob«, »Nouma Roume-
stau«, »die Könige im Exil«, »die Evangelistin«. Es sind stadtbekannte Pariser Persönlichkeiten und ihre Schicksale, die der Dichter zum Modell wählt, und oft hat er, unbeschadet seiner
dichterischen Freiheit, die Grenze erreicht, wo Dichtung und Biographie sich berühren. –
Ueber die unübertreffliche, ergreifende, unmittelbar empfundene Lebenswahrheit seiner
Schilderungen aus dem Pariser Leben ist kein Wort mehr zu verlieren.

Noch eine andere Spezies, welche die Durchdringung von Wirklichkeit und Dichtung
erzeugte, ist der ethnographische Realismus, der ethnographische, kulturhistorische Stoffe
belletristisch ausbeutet, wobei es sich jedoch um das Wirkliche handelt, nicht um das Erdich-
tete. Das Land, die Sitte, das Kostüm sind es, welche man dem Leser vorführen will, nicht der
Mensch als solcher. Aus den entlegensten Winkeln der kultivierten Welt hat man uns schon
derlei Geschichten erzählt; wir haben meist wenig Grund, uns für jene Länder und Völker zu
interessieren und das letzte Argument, mit dem uns solch' ein Buch in die Hand gedrückt
wird, ist immer dieses: Die Schilderungen sind *wirklich*, nicht *erdichtet*! Denn die Herren
schämen sich beinahe zu dichten, und ein begabter Dichter und beliebter Erzähler rühmt sich
mit seiner Mission, durch die Schilderungen seiner polnischen Juden und ruthenischen
Bauern »die Kultur nach Osten zu tragen«.

Wenn wir bisher Spezialitäten erwähnten, die zwar bezeichnend sind, gewissermaßen Schule gemacht haben und den Untergang des Romanes dokumentieren, so knüpften sich dieselben doch mehr an einzelne, illustre Namen. – Die letzte und für seine Entwicklung wichtigste Phase hat der Roman dadurch erreicht, daß er sich auf die *psychologische Analyse* beschränkt. Personen und Verhältnisse der uns umgebenden Welt werden uns, mit Verzicht auf jede Komplikation, auf jedes außergewöhnliche Moment, auf jede äußerlich reizende Zuthat gleichsam von innen geschildert, die Charaktere analysiert, ihre Beziehungen zu einander bloßgelegt. Jede Erfindung ist ausgeschlossen – es handelt sich um die dichterische Nachempfindung und Nachbildung des immanenten Lebens, welches den Erscheinungen inne wohnt. Das Wort des einen Goncourt, der Roman werde in Zukunft nur noch Analyse sein, dünkt uns vor allen andern prophetisch. – Wie bereits erwähnt, müssen wir auch bei diesem Anlaß nach Frankreich blicken. Dumas *fils* hat zum teil in seinen Romanen, vor Allem in der »Affaire Clemenceau«, das bezeichnete Genre begründet, auch Flaubert's »Madame Bovary« gehört hierher.

Die Gegner des Naturalismus, wie Duruy, Halévy, Gréville, schreiben analytisch in diesem Sinne, und die jüngere naturalistische Schule hat sich dieser Methode ebenfalls bemächtigt, wenn sie auch eine Art von litterarischem Nihilismus damit verbindet, denn was diese Herren gewöhnlich schildern und analysieren, ist natürlich das Nichtssagendste und Banalste, was in Paris vorgeht.

Der psychologisch-analytische Roman setzt jedenfalls die Menschen- und Charakterschilderung, welche von den Naturalisten und Kulturhistorikern oft etwas vernachlässigt wurde, wieder in ihre Rechte ein. Aber er wird seinen künstlerischen Zweck darin sehen, die Menschen und Dinge möglichst ohne Absichtlichkeit darzustellen; der Dichter tritt an die Stelle jener alldurchdringenden Naturmacht, welche keine Partei, keine Tendenz und auch keinen Respekt vor der Tradition kennt. –

Wir kommen zu dem Schlusse: das Ende des »Romans« als solcher ist gekommen. Litterarisch hat er aufgehört zu existieren, wenn er auch in Familienblättern, Zeitungsfeuilletons, Leihbibliotheken und Kolportagespekulationen noch sein Wesen forttreibt, wenn wir auch – *faute de mieux* – seinen Namen beibehalten müssen, obgleich längst jede Spur von Romantik aus den analytischen Schilderungen geschwunden ist, welche diesen Namen noch tragen. –

Das Auge des Dichters sieht heute nicht mehr in's Blaue hinein; es sieht dieselben Dinge wie wir – es sieht nur tiefer in sie hinein, es sieht das Ineinander, wo wir nur das Nach- und Nebeneinander sehen. Wir sehen das Einzelne als solches, der Dichter sieht das Ganze im Einzelnen und stellt es aus den zergliederten Teilen neu schöpferisch zusammen. Mit einem Wort: er folgt heute eben jener Methode, welche längst die Wissenschaft beherrscht – der analytisch-induktiven – sein Resultat aber ist die poetische Wahrheit, welche sich der Spekulation entzieht.

Franziska Blumenreich (1849–1899), bekannt als Schriftstellerin unter dem Namen F. Essenther, später v. Kapff-Essenther, wuchs in Böhmen auf, war Lehrerin und Leiterin einer Privatschule; sie ging später nach Wien und 1887 nach Berlin, wo sie mit Unterbrechung bis zu ihrem Freitod 1899 lebte. Bereits 1875 nahm Franziska Essenther Fragen zur Entwicklung des modernen Romans zum Anlaß eines fiktiven literarischen Streitgesprächs (*Zur Naturgeschichte des Romanes. Eine Plauderei.* In: *Neue Monatshefte für Dichtkunst und Kritik.* 2 (1875), S. 141–145). Die »Dame des Hauses« erklärt darin, daß im Roman bereits wesentliche moderne Tendenzen verwirklicht seien: »Unser Roman ist es, welcher das gesamte soziale und politische, wissenschaftliche, religiöse und erziehliche Leben unsrer Tage in das Bereich seiner Darstellung zieht, dadurch ein wahrhaftiges Spiegelbild des grandiosen Kämpfens und Ringens des Zeitgeistes abgibt und deshalb, wie mir dünkt, [...] mit vollem Recht das moderne Epos genannt zu werden verdient« (ebd., S. 141). 1885 hatte v. Kapff-Essenther das Verschwinden von Romanhelden aus der realistischen Literatur als notwendig gerechtfertigt und zugleich auch erklärt, inwiefern der Roman als Kunst auch ohne den Helden weiterbestehen kann: »...denn das ewig Menschliche, ewig Wahre und daher ewig Poetische liegt in *jeder* Erscheinung des Lebens verborgen.« Die Romanhelden seien verzicht-bar, »wir wünschen aber, daß der Dichter seines Amtes walte und uns die unermessliche Welt der menschlichen Seele erschließe, daß er Menschen zu finden wisse, welche ein reiches inneres Leben in sich tragen [...], die darum auch ›real‹ sind« (*Romanhelden von Einst und Jetzt.* In: *Das Magazin für die Litteratur des In- und Auslandes.* Jg. 54, 1885, Nr. 20, S. 308). Ebenfalls 1885 hatte v. Kapff-Essenther in den von den Brüdern Hart herausgegebenen *Berliner Monatsheften* unter dem Titel *Wahrheit und Wirklichkeit* vom Roman Wahrheit statt bloße Oberflächenbeschreibung der Wirklichkeit verlangt. Gerade die Wahrheit sollte den Roman als Kunstform erhalten, da der Ewigkeitswert der Kunst erst durch sie gegeben sei (s. *Berliner Monatshefte,* Bd. 1, 1885, H. 2, S. 176–180). In dem ob. dok. Aufsatz setzte sich v. Kapff-Essenther wiederum mit einer Grundfrage der modernen Romanentwicklung ausein-ander, nämlich inwiefern durch die »fortschreitende Durchdringung von Wirklichkeit und Dichtung« im Roman nicht die »Grenze der Dichtung als solche überhaupt erreicht« werde (s. Dok. 32).

In einem im März 1886 im *Magazin für die Litteratur des In- und Auslandes* erschienenen Aufsatz bekannte sie sich ausdrücklich zum Realismus nicht als Mode, sondern als »notwendiges Endresultat eines Entwicklungsprozesses, welcher die Gesamtphysiognomie des geistigen Lebens unserer Zeit verän-dert und unerlässlicher Weise auch den Charakter der Litteratur bedingt hat.« Diese Veränderung sah sie in einem Kulturzustand, der »vorwiegend materialistisch, dem rein Imaginären abgeneigt ist«, begründet, so daß auch die Literatur »eine Tendenz zum Aktuellen, zum Wirklichen annehmen [mußte]« (*Nationa-ler Realismus in der neuen Literatur.* In: *Das Magazin für die Litteratur des In- und Auslandes,* Jg. 55, 1886, Nr. 12, S. 199). Der Roman habe die Aufgabe, als »die charakteristische Form unserer Litteratur, [...] ein Bild seiner Zeit zu geben, und er wird es nur dann vermögen, wenn er die Zeit und die Zeitgenossen so schildert wie sie sind« (ebd., S. 200). Zu »besten Hoffnungen« sah v. Kapff-Essenther sich für den deutschen Roman berechtigt durch das Auftreten einer »jungen Schule« – sie nennt Hermann Heiberg (1842–1910, Unterhaltungsschriftsteller, der von Naturalisten durchaus als moderner Autor anerkannt wurde), Max Kretzer (vgl. Dok. 36), Karl Bleibtreu (vgl. Dok. 8), Michael Georg Conrad (vgl. Dok. 6, 104) und Richard Voß (1851–1918, vgl. Komm./Dok. 20), welche »die realistische Strömung« in der deutschen Literatur repräsentierten (s. ebd., S. 199; vgl. demgegenüber die Kritik von Julius Hart an dem »deutschen Zolaismus«, Dok. 102). Sie ging dabei auch auf die Vorwürfe der konservativen Litera-turkritik ein, die diese neue, realistische Literatur als Un-Kunst zu isolieren suchte: »Man sage nicht: Der Gegenstand der Poesie das Schöne und das wirkliche Leben ist häßlich. Die Schönheit ist nichts als Wahrheit in vollendeter Form, ist die Idee, die vollkommen in der Form aufgegangen ist. Alle Schönheit, alle Poesie ist nur Verkörperung eines an sich nicht Sichtbaren« (ebd., S. 200).

Obwohl v. Kapff-Essenther sich in ihren Äußerungen zum Roman positiv auf M.G. Conrad bezog, vertrat dieser in Anlehnung an Zola eine Romankonzeption, die sich nicht gegenüber traditionellen Maßstäben der Ästhetik zu legitimieren bemühte, sondern sich primär aus der ethischen Wahrheitsforde-rung ableitete (vgl. Dok. 104).

»die großen Probleme unserer Zeit literarisch ... fassen«:

33
Karl Bleibtreu: *»Größenwahn«*. In: Karl Bleibtreu: *Der Kampf um's Dasein der Literatur.* Leipzig (W. Friedrich) 1888, S. 68–83; hier: S. 69–77.

[...]
Der Geist wissenschaftlicher Forschung muss sich verbinden mit dem Geist der Dichtung. Denn die Einbildungskraft bildet das eigentliche Element jeder schöpferischen Fähigkeit. In ihr liegt etwas Göttliches und Prophetisches, indem sie eine intuitive Einsicht in das Wesen der Dinge erzeugt, die selber zeugend wirkt. Man möchte sagen, dass die Neue Welt von Columbus entdeckt werden *musste*, weil er sie geträumt und gehofft und geglaubt. Denn der Glaube kann Berge versetzen, weil er eine Urgewalt unsichtbarer Wahrheit vorstellt. Ob auch die einzelne Welle verschäumt, das Meer rollt fort durch Aeonen, und was die Träumer schauten, erbauen spätere Jahrhunderte.

Das Denken allein führt ebensowenig zum Ziele, wie das Dichten allein; sondern erst die Verschmelzung beider Kräfte: der Dichterdenker. Das Dichten ist ein Theil des Denkens. Denn die Leidenschaften und Empfindungen bilden ja einen Hauptbestandtheil des Geistes und gehorchen gleichmässigen Gesetzen logischer Folgerichtigkeit. Daher wird nie eine grosse Entdeckung erfolgen ohne den kühnen Flug der Phantasie. Wenn man nur unzusammenhängende Massen von Thatsachen und Beobachtungen anhäuft, so wird man nie zu stoffbeherrschender Denkfreiheit emporsteigen.

Die Eselsbrücke scholastischer Maulwurfsgelehrsamkeit verachtend, richten die Dichter den klaren Blick auf die Natur. Sie beobachten das Leben und die Seele als psychologische Forscher zugleich induktiv und deduktiv. Wer ihnen zu lauschen versteht, den erheben sie in's Unsichtbare und verleihen der Weltanschauung ihrer Generation eine Sehnsucht nach Erforschung höherer Lebensgesetze, als die gemeine Wirklichkeit sie bietet.

Die grossen Dichter der Vergangenheit vermögen uns diese Grösse nur unvollkommen einzuflössen. Wir verdauen sie durch das Medium literarhistorischen Wissens. Wir sind nicht eng mit ihnen verbunden. Ihre Formen und ihr Inhalt, ihre Mittel und ihre Zwecke gleichen den unsern nicht mehr. Nur Dichter, die aus der Zeit selbst geboren, beeinflussen ihre Zeit.

Wir haben keine grossen Dichter. Daher der materielle unheroische Charakter unsrer Gegenwartsmenschen. Die Rohheit der Kaserne und des Waarenmagazins, welche heute allein das Gesellschaftsgebäude bilden – sie verpönt, zerreibt, zermalmt, erdrückt das Bewusstsein jeder auf sich selber ruhenden Individualität, die zur moralischen oder zur geistigen Grösse beanlagt. Unbefriedigter Schönheitstrieb, unbefriedigte Grösse.

In Ausführung dieser Weltbeobachtung liegt der symptomatische Werth meines Werkes. Der banausische Codex unsrer profanen Augenblicksästhetik zwängt die Kunstbegriffe in ein schematischdogmatisches Prokrustesbett. In der Kleinkinderbewahranstalt der Tageskritik begreift man nicht, dass ungewöhnliche Werke ihr *einziges Gesetz in sich selber tragen als Produkt der Natur*. Ich erinnere nur an den »Faust« eures Götzen Goethe, dessen Form sich doch wirklich unter keine der bestehenden Etiketten unterbringen lässt – es sei denn als sogenanntes »Plagiat« des Marlowe'schen »Faust«, wovon euch freulich nichts träumt.

Im Gegensatz zu Drama und Verspoesie, welche bisher in der falschen »Idealität« der Klassicität befangen blieben, suchte man den sogenannten Realismus im Roman darin, möglichst »lebenswahr« die nüchterne Prosa des »wirklichen«, soll heissen des Alltags-Lebens wiederzuspiegeln. So wurde der Roman zur Familienlektüre des grossen Haufens, der sich unfähig fühlt, zu den Höhen der wahren Poesie aufzusteigen. So wurde er auch zugleich zur Lieblingsgattung aller Durchschnittsliteraten, aller Erzählungshandwerker, während noch kein grosser Dichter das sogenannte »Fabuliren« (»spannend!«) von Indianergeschichten für grosse Kinder als ein würdiges Gebiet seines Schaffens erkannte. Allerdings haben seither Zola und die Russen den Roman zu einer ungeahnten Höhe erhoben. Allein man vergesse nicht, dass diese theils eine fertige, in sich geschlossene, theils eine phantastisch gährende Gesellschaft zu schildern unternahmen, also einen ungeheuren Vorsprung vor dem deutschen Romanzier besitzen, der sich einem vielfältigen Chaos gegenübersieht, das überhaupt erst seit 1870 eine äusserliche Abrundung fand. Will man uns etwa glauben machen, dass Spielhagen's gefärbte Darstellung preussischer Junker oder Freytag's altfränkische Skizzen aus dem bürgerlichen Leben der Provinzstädte und Duodezhöfe nun auch typisch seien für die deutsche Gesellschaft in ihrer Gesammtheit?

Ja, ich hoffe und glaube, dass ein »Shakespeare des Romans« uns erstehen wird, welcher das neudeutsche Leben in seiner ganzen Breite erfasst, welcher uns Moltke und einen Unteroffizier, Bleichröder und einen Lastträger, den Börsenräuber und den adligen Spiritusbrenner, die Prinzessin und Confectionneuse, die Commerzienräthin und die Strassendirne, den Fabrikanten und den Maschinenarbeiter »bei der Arbeit« vorführt. Ob in mir *dieser* »Messias« schlummert, weiss ich nicht. Wohl aber weiss ich, dass ich als der einzige geborene Berliner unter all' den patentirten Berlin-Beschreibern und als der Einzige unter ihnen, der in Folge privater Verhältnisse einen Einblick in *alle* Kreise der Gesellschaft besitzt, allein befähigt sein *sollte*, dereinst die Berliner Gesellschaft zu zergliedern.

Bis dahin also scheint mir, der erdrückenden Fülle der Erscheinungen gegenüber, der *symbolische Roman* auf naturalistischer Grundlage (in der äusseren Form der Darstellungsmethode) das einzig Mögliche und Erreichbare für denjenigen, dessen Ewigkeitsanschauung über das Zeitliche trivialer Kunsthandwerkerei hinausgipfelt. Was ich darunter verstehe, muss man aus den Novellen »Schlechte Gesellschaft« *diesem Symbol der erotischen Leidenschaft in allen Mysterien der Venus Urania und Venus Vulgivaga*, und aus vorliegendem Roman errathen, der *innerlich alle Elemente unsrer Zeit symbolisch zusammenfasst*. Aeusserlich freilich stellt er sich im beschränkten Kreise einer Fabel dar, die noch am ehesten an Zola's Künstlerroman »L'Oeuvre« erinnern möchte, indem auch dort das verzweifelte Ringen des Künstlers gegen die Uebermacht der Realität sich austobt. Aber diese dürftige Fabel, welche wenig äusserliche und viel innerliche »Handlung« umrahmt, saugt mit versteckten Fangarmen alles Geisteslebens unsrer Tage in sich auf. Hier liegt der unveräusserliche Werth einer symbolischen Dichtung, in welcher sonst jeder Schulbube der kritikastrirten Oberflächlichkeit nach äusserlichen Fehlern herumschnüffeln mag. *Fehlerlos ist nur die Mittelmässigkeit.* Je grösser das Werk, desto leichter wächst es über die conventionellen Linien hinaus. Diese benörgelt man bei Lebzeiten der Dichter (ich erinnere nur an Shakespeare und Byron, um die Grössten zu nennen), während die Nachwelt das Naturereigniss als Naturerzeugniss dankbar hinnimmt.

Aus dem oben Gesagten schliesst die Feinfühlige wohl auch, wie ich über die sogenannte »Wahrscheinlichkeit« denke. Von einem landläufigen Roman erwarte ich dieselbe unbedingt. Wenn Herr Paul Lindau in seinem possirlichen Opus »Arme Mädchen«, das einige Biedermänner sich nicht entblödeten den »jungen Realisten« als Muster vorzuhalten, wahre Ungeheuerlichkeiten von Lebensunmöglichkeit (Regine Bössow und das Benehmen der alten Gräfin, wohl das Tollste, was je in diesem Genre geleistet wurde) als geprüfter Weltmann uns vorsetzt, so endet meine Geduld. In meinem Roman ist alles und jedes motivirt, von weither analytisch-induktiv vorbereitet, aber dass trotzdem *der Zufall (wie im wirklichen Leben)* bei mir eine allzu ausgedehnte Rolle spielt, läugne ich nicht. Dies hat jedoch mit der inneren Wesenart dieses Buches rein gar nichts zu schaffen, das eben vom »Roman« *nur die äussere Schale borgt.* »Ich bin anders wie die andern und ihre Gesetze sind daher für mich nicht da«, äusserte Napoleon sehr richtig.

Wenn aber wieder ein altes Weib jammern sollte, dass auch hier Scenen vorkommen und Worte fallen, die zwar leider gründlich zum Leben, aber nicht zum Familientisch gehören, so weise ich unsre Wohlweisen, welche Shakespeare's angebliche »Rohheiten« aus seiner Zeit erklären, darauf hin, dass *Keiner* seiner Zeitgenossen, und mochten sie sonst stofflich knietief in Gräuel und Unzucht waten, auch nur annähernd ein Naturalist von solcher Derbheit war, wie eben der Grösste aller Dichter. Warum er das war und sein *musste*, das begreift eben nur ein Mann, der mit *reinem* Gemüth und unbestechlichem Wahrheitseifer in den Abgrund des Lebens schaute. Zu diesem Realismus meines hohen Meisters bekenne ich mich, zu keinem andern, nach dessen Kanon eigentlich jeder leidlich sachgemässe Durchschnittsroman eine gediegenere Arbeit vorstellt, als die genialsten »Extravaganzen«.

Zola hat neuerdings in »La Terre« versucht, die ganze Bestialität der Menschennatur anschaulich zu machen, so weit dies eben im Worte möglich. Denn die Weltgemeinheit übertrifft ja jede Möglichkeit der Wiedergabe. Allein, so unnachahmlich gross und ehrwürdig der gewaltige Mann in der unentwegten Verfolgung seiner speziellen Ziele bis zur äussersten Grenze auch erscheinen mag, dürfen wir doch das berechtigte Bedenken wagen, ob seine Auffassung der Kunst bestehen bleiben dürfe. Das rhetorische Element in ihm, das balletartige Gruppiren auf den Effekt hin, erscheint ohnehin als national-französisch, ebenso wie das koloritlose Grau in Grau der spitzfindigen Norweger und die unheimliche Selbstzerwühlung der Russen einfach die Nationalität der Autoren abspiegeln. Der deutsche Geist aber scheint seiner Anlage und Erziehung nach so grundverschieden, dass nur undeutsche Schwätzer in blinder Nachahmung der französischen Technik ein Heil für uns erblicken können. Der deutsche Geist ist *lyrisch* und *philosophisch* angelegt; er verlangt ein *Aufschwingen über die Materie* und eine Vertiefung des Gemüthslebens in der Dichtung. Daher muss der deutsche Realismus eine völlig verschiedene Form wählen, respective erfinden. Uns befriedigt nicht die Kunst an sich; das »*l'art por l'art*« ist eine romanische Formel, welche dem germanischen Instinkt widerspricht. Wir verlangen nicht mit Moritz Carrière »eine Kunst, bei der uns wohl wird«, und wie das doctrinäre Getüftele nun lauten mag; wohl aber verlangen wir eine Kunst, welche uns *erhebt*. In solchem Sinne haftet auch Zola etwas Pedantisches an; statt »*l'art pour l'art*« setzt er nur: »*La vérité pour la vérité*«, also auch eine dogmatische Formel. Aus diesem Grunde erfüllte er nur einmal die Anforderung der höheren Dichtung, nämlich im »Germinal«, wo er sich zum Symbolischen aufschwang.

Ein altkluger Anfänger hat eine Broschüre herausgegeben, wo er ein Langes und Breites über die naturwissenschaftlichen Grundlagen des Realismus fabelt. Er empfiehlt darin unter Anderem als grossartigste Aufgabe: das Werden und Weben eines abnormen Geistesheros streng psychologisch zu zergliedern und darzustellen. Ich musste lächeln, als ich dies las. Denn hieraufhin zielt ja eben die Absicht meines neuen Romans. Alle Niedrigkeit und Nichtigkeit der umgebenden Aussenwelt sowohl, als auch die Mängel und Flecken der Innenwelt eines solchen abnormen Wesens habe ich erschöpfend dargestellt. Sollte Jemand naiv genug sein, an der absoluten Richtigkeit dieser Darstellung zu zweifeln, so würde ich ihm mit solchen »Dokumenten« des thatsächlichen Beweises alsbald aufwarten, dass ihm die Augen übergehn.

Was aber die Schale des Inhalts betrifft, nun, so muss es als Fundament jeder echten Kritik in unsrer Sturmzeit gelten: allen sogenannten Kunstregeln des Formalismus (wonach z.B. ein richtiger Roman eine fortlaufende glatte »Erzählung« sein müsste, womöglich »spannend«), kurz allen Aeusserlichkeiten eine secundäre Geltung beizumessen und immer nur das Ganze in's Auge zu fassen. O auch ich leide an der Idiosynkrasie, der fixen Idee, der Künstlerkrankheit, in meinen Werken nach den tausend Fehlerchen herumzustöbern. Nun scheint aber eine wahre Dichtung ein *organisches Naturprodukt* und der Dichter hatte beim Schaffen stets zwingende Gründe, wenigstens für seine Individualität, warum er so und nicht anders verfuhr. Die erste Frage sei: Ist dies Werk *bedeutend*? Die zweite: Ist es *originell*? Nachher kommt das Andere an die Reihe.

Dieser Standpunkt bedeutet freilich die Vernichtung des verwerflichen »Künstlerthums«. Nur die stümperhaften Regeln des Formalismus, die jeder Knabe wiederkäuen kann, haben die Pseudo-Kritik von jeher befähigt, das wirklich Geniale zu bemängeln und zu übergehn, um das Hübsche, Seichte, Oberflächliche gross zu schreien.

Bezüglich des »Realismus« verfolgen diese sonderbaren Schwärmer, theils aus Infamie, theils aus Dummheit, eine originelle Methode. Auf der einen Seite nämlich schimpfen sie über den Realismus der *blossen Lebensabschreibung* und verlangen eine *höhere ideale Auffassung*. Wird ihnen aber ein Werk geboten, das zum ersten Mal dieser Anforderung genügt, so verdammen sie es, mit allem Aufwand ihrer Bosheit und Unreife, weil es nicht »realistisch« genug das frivole Leben abschreibe!

Zola durfte seine Wesensart bis zur äussersten Consequenz (»La Terre«) ausleben. Ihm daraus einen Vorwurf zu machen, dünkt mich ebenso lächerlich, wie sein und seiner Götzendiener Forderung, diese Individualitäts-Dokumente als ewig gültige Kunstbibel zu verehren. Auf Zola's Princip muss man weiter bauen, aber er selbst bezeichnet noch keinen abschliessenden Höhepunkt der realistischen Bewegung. Zola's Realismus bildet den gesunden derben Kuhmist, welcher den Acker der Mutter Erde düngt. Aber der preiswürdigste gediegenste Dünger ist noch nicht selber das Weizenkorn und Salz der Erde.

Heut gilt es gar nicht, im landläufigen Sinne zu *dichten*. *Das gestaltende* und das *fabulirende* Element der Dichtkunst hat sich in Shakespeare und Anderen so völlig erschöpft, dass man hier kein neues Gebiet des Poesie-Wissens entdecken kann. Heut gilt es in erster Linie zu *denken*. Wir müssen wenigstens den Versuch machen, die grossen Probleme unsrer Zeit literarisch zu erfassen. Der misslungenste Versuch in dieser Richtung erscheint mir ehrwürdig und hundertmal wichtiger, als die technisch gelungenste erotisch-ästhetische Rabbinerei des alten Stils, all' diese verwerflichen Drechseleien des »Künstlerthums«, welche dem wahren Geistesschatz der Literatur auch nicht einen Gran hinzufügen.

[...]

In der zweiten Hälfte der 80er Jahre verstärkt sich bei Karl Bleibtreu (vgl. Dok. 8) die Tendenz einer romantischen Naturalismuskonzeption, in deren Mittelpunkt das geniale Dichtersubjekt steht, der literarische Übermensch, der sich gleich Napoleon über alle Gesetze hinwegsetzt (vgl. Dok. 33). Der ob. dok. Aufsatz behandelt »Thema und Zweck« von Bleibtreus dreibändigem Roman mit dem gleichnamigen Titel *Größenwahn. Ein pathologischer Roman* (Leipzig 1888). Für den zeitgenössischen Leser und Kenner des literarischen Lebens waren in diesem Schlüsselroman die Hinweise auf den Hart-Kreis unverkennbar und Otto v. Leixner, konservativer Kritiker, Literaturhistoriker und Lyriker, strengte gegen die abfällige Darstellung seiner Person einen Prozeß gegen Bleibtreu an.

Aufgrund seiner Verherrlichung kraftgenialischen Schöpfertums lehnte Bleibtreu jede Regelhaftigkeit ab und forderte von Literatur und Roman einzig Bedeutung und Originalität. Statt den »verklärenden Strahlen der Poesie« (vgl. v. Kapff-Essenther, Dok. 31) verlangte Bleibtreu vom Roman einzig die Darstellung von Größe, auch Größe des Häßlichen. Für ihn zeichnete sich Zola gerade dadurch aus, daß er in *La Terre* »die ganze Bestialität der Menschennatur anschaulich zu machen [versucht]...« (s. Dok. 33). Auffällig ist in diesem Aufsatz Bleibtreus veränderte Position gegenüber Zola. Hatte er 1885 in der *Gesellschaft* sich zu Zola mit den Worten bekannt: »Nun, ich habe mein Damaskus gefunden. Mit allesüberwältigender Kraft ist der Geist des Gewaltigen über mich gekommen« (s. K. Bleibtreu, *Berliner Briefe III. Zola und die Kritik*. In: *Die Gesellschaft*, Jg. 1, 1885, S. 469), so erkannte er nun Zola nur mehr als Ausgangspunkt der realistischen Bewegung an. Die Weiterentwicklung, die Bleibtreu für den Roman vorschlägt, beinhaltete eine deutliche Reduktion der realistischen Positionen. 1886/87 hatte sich Bleibtreu in seiner Schrift *Revolution der Litteratur* (vgl. Dok. 8) für die Verbindung von Realismus und Romantik eingesetzt und dabei den »*socialen* Roman« als die »höchste Gattung des Realismus« bezeichnet (s. ebd.). 1888 vertrat Bleibtreu den »symbolischen Roman«, der seine »naturalistische Grundlage« nur mehr in »der äußeren Form der Darstellungsmethode« haben solle und sich dadurch auszeichne, daß er »alles Geistesleben unserer Tage in sich auf[saugt]« (s. ebd.). Vgl. hierzu auch die »Entdeckung« Zolas als Symbolisten durch Georg Brandes, Dok. 107 und H. Bahr, Dok. 109.

So beinhaltet auch Bleibtreus Kennzeichnung des Romanautors als »Dichterdenker« weniger ein Zugeständnis an den naturwissenschaftlichen Zeitgeist als vielmehr die Forderung an das dichterische Subjekt als eine Art Übermensch, »ein Aufschwingen über die Materie und eine Vertiefung des Gemüthlebens in der Dichtung« zu erreichen (s. Dok. 33). Bleibtreu erwartet zwar von diesem »Dichterdenker«, daß sich »Schöpferische Wesenbestimmungen in weit verzweigtem Schaffen mit Taine'scher Analyse und Schopenhauer'scher Gedankenbohrung vereinen«, aber in einem anderen ebenfalls 1888 erschienenen

Artikel bezieht Bleibtreu entschieden Position gegen wissenschaftliche Erkenntnismethoden. Unter der Überschrift *Realismus und Naturwissenschaft* bezeichnet er die »sogenannte Objektivität«, wie er den »Grundzug des Realismus« nennt, als »Humbug«, denn »alle Kunst ist subjektive Nachahmung, ob sie nun ins eigne Ich oder in die Natur hineinschaut. Hieraus folgert auch, daß man den kleinen und kleinlichen Äußerlichkeiten nicht trauen darf, weder im Leben noch in der Kunst. Allgemeine Ideen sind wichtiger als Tatsachen und enthalten die wahre Realität der Logik« (in: *Die Gesellschaft. Litterarisch-kritische Rundschau*, 1888, S. 4). Im Vorwort zu seiner Schrift *Revolution der Litteratur* wies Bleibtreu bereits 1887 die »guten Rathschläge und Empfehlungen naturwissenschaftlicher Studien und gelehrter Experimentalmethode« als »in hohem Grade *unwissenschaftlich*« zurück. Der *»psychologische Prozess der wahren Dichtung«* sei ein »nur dem Dichterdenker erschlossenes Räthsel« (s. Karl Bleibtreu, *Revolution der Litteratur*. Leipzig 1887, 3. Aufl., S. IX). Bereits 1885 unterschied Bleibtreu drei Dichterarten, die »Konventionellen«, die »Schöpfer« und die »Weltdichter, welche [...] Dichter- und Denkerkraft verschmelzend, einen ewigen Gedanken in eigenartig künstlerischer Form verkörpern« (in: *Die Gesellschaft*, Jg. 1, 1885, S. 469; vgl. auch Dok. 8).

34
Wilhelm Bölsche: *Goethes Wahlverwandtschaften im Lichte moderner Naturwissenschaft.* In: *Die Gesellschaft. Monatsschrift für Litteratur und Kunst.* Hrsg. v. Michael Georg Conrad u. Karl Bleibtreu. 5. Jg. Leipzig (W. Friedrich) 1889, Bd. 2, September-Heft, S. 1330–1340.

I.

Es ist eine alte, auch heute noch nicht ganz überwundene Neigung in uns Deutschen, unsere Größe auf fremde Wurzeln zurückzuführen und mit scheinbarer Objektivität anderen Nationen den Löwenanteil an unsern eigensten Errungenschaften zuzugestehen. Zumal in der Litteraturgeschichte wuchert das Unkraut solcher Liebhabereien oft noch in erstaunlicher Üppigkeit. Da belehrte uns der Eine, unsere ganze goldene Litteraturperiode von Schiller und Goethe verdankten wir lediglich dem Wiederaufleben des klassischen Altertums, das doch bloß eine – nicht einmal immer fördernde – Begleiterscheinung war; der Andere fabelt viele Seiten hindurch vom Einfluß Byrons auf die deutsche Poesie und übersieht vollkommen, daß wir ein so durch und durch originales Genie besessen haben, wie Heinrich Heine, der dem Britten wahrhaftig ebenbürtig gegenüberstand.

Nun ist in unsern Tagen auf dem Gebiete des Romans eine starke Schwenkung eingetreten. Ich will hier nicht von grobem Naturalismus reden, sondern von jener gesunden Neigung zu einer schärferen Betonung des Wirklichen, zu einem feinen Realismus, der für die Fortentwicklung der Poesie bloß förderlich ist und durch seine strengeren Gesetze dem bedeutenden Dichter kein Hemmnis auferlegt, vielmehr ihn in seiner Arbeit stählt und über sich selbst hinauswachsen läßt. Man findet kaum noch einen besseren Roman des Tages, in dem jene Bewegung sich nicht mehr oder minder geltend machte. Kein Mensch wird bestreiten wollen, daß, ehe die neue Richtung bei uns in Deutschland entscheidend durchschlug, in Frankreich und in England schon weit mehr Lärm davon gemacht worden war. Ich will bloß an die Namen Balzac und Eliot erinnern. Unverzüglich aber hat man darauf den Schluß gebaut, auch in diesem Falle seien wir Deutschen wieder bloß fremdem Antriebe gefolgt und zumal Balzac sei, wie für die ganze Linie von Flaubert bis auf Zola in seinem Vaterlande, so auch für uns der Vater des neueren realistischen Romanes. Man wird in der Litteratur den engherzigen Patriotismus gewiß nicht so weit treiben wollen, daß man, wenn dem wirklich so wäre, etwas Bedauernswertes darin finden könnte. Schüler von Balzac oder Eliot zu heißen, ist kein so sehr großes Unglück bei dem anerkannten Glanze dieser Namen. Aber ich glaube, man wird von allem Patriotismus ganz abgesehen rein aus Forderung der litterarischen Ehrlichkeit sich bald darein finden müssen, das Prioritätsrecht des eigentlichsten realistischen Romans im vollen Sinne einem noch viel Bedeutenderen zuerkennen zu müssen, nämlich dem Altmeister Goethe in seinen Wahlverwandtschaften. Ja noch mehr: die Wahlverwandtschaften geben bereits einen vollkommenen Spiegel ab für den von Zola so getauften »Experimentalroman«, und man kann im Einzelnen bei sorgfältiger Analyse alle Vorzüge und alle Gefahren dieser ins Gebiet der Naturwissenschaft hinübergreifenden exakt psychologischen Dichtungsart an dem alten Buche so genau aufweisen, als gehöre es zeitlich zu den neuesten Erzeugnissen des Büchermarktes. Meines Wissens ist es noch nicht versucht worden, das eingehend darzulegen, was doch ein um so interessanteres Unternehmen dadurch werden muß, daß es uns unsern Goethe nicht als eine einsame Gestalt in verlorener Ferne, sondern als jugendfrischen Mit-kämpfer und ersten Pionier in einem heißen litterarischen Kampfe der Gegenwart zeigt. Die kritische Betrachtung der Wahlverwandtschaften im Laufe der Zeiten weist so viele verschie-dene Phasen auf, daß schon ihre Geschichte allein die Hoffnung wecken kann, es möchte immer noch Neues aus dem merkwürdigen Buche herauszulesen sein. Daß die Dichtung etwas absolut Neues, vorerst ganz Isoliertes bedeutete, als sie erschien, das zeigte sich sofort an den bei keinem früheren Goetheschen Werke so lebhaft ausgesprochenen Bedenken der gewöhnlichen Leser gegen die Moral derselben. Wilhelm Meister enthält in einzelnen Situa-tionen weit Gewagteres auf dem erotischen Gebiete als der Roman der Wahlverwandtschaf-ten, aber Wilhelm Meister war trotz alledem noch durch und durch ein Roman von der alten Schule, eine im letzten Ziel vollkommen moralische, ja geradezu didaktische Bildungsge-schichte, die von unten nach oben führte und strenggenommen den Satz predigte: Der gute Mensch beißt sich schon durch in der Welt, wie kraus auch die Dinge liegen, – es giebt eine dunkle Vorsehung, die uns leitet und hilft. Von dieser zwangsweisen, lehrhaften Moral zeigte der neue Roman keine Spur. Er war gebaut wie ein Rechenexempel, in dem nichts herrscht als eiserne Logik. Unfähig, diese Art von Dichtung zu begreifen, hängte man sich an ein paar Einzelheiten, die aber eine so verschiedene Auslegung zuließen, daß die Kritiker sich genau in zwei entgegengesetzte Parteien spalteten: die Einen fanden das Buch bar aller Moral, sie nannten es den Triumph der Unsittlichkeit; die Anderen klagten über allzu rigorose Moral, die in ein Gorgonenhaupt verwandelt sei. Wir heute – mit dem großen biographischen Material über Goethe – sind leicht im Stande zu verfolgen, was der gewaltige Denker eigentlich gethan, um plötzlich auf diesem ganz veränderten Boden sich zu zeigen. Goethe war mehr und mehr Naturforscher geworden. Mochte er im praktischen Streben auch seine seltsamen Irrwege gewandelt sein: mit dem mächtigen Hellblick seines harmonisch geschulten Auges hatte er den innersten Nerv der Theorie erfaßt, die unser ganzes Jahrhundert beherrscht; die Metaphysik, in die seine Zeitgenossen aus der Philosophie sich hoffnungslos verbohrten, weit von sich werfend war er in die lichte Halle der wirklichen Physik eingetreten, hatte er darin sogar den meisten Naturforschern seiner Zeit voraus, erkannt, daß auch das Menschliche den mechanischen Gewalten, dem Physikalischen unterworfen sei, – Ideen, die später erst Darwin und seine Schüler ausbauen sollten, waren in ihm aufgestiegen, in einsamer Größe war er in gewissem Sinne vielen Jahrzehnten voraufgewandelt. Dann aber – im Vollbesitz aller dieser Wissensfülle – hatte er, weil er zugleich Dichter war, sich auch als Erster die Frage vorgelegt, ob es nicht möglich, ja geradezu ehrliche Pflicht für den Dichter sei, in seinen Gestalten dem neuen Zuge der Zeit, der physikalischen Weltanschauung, Rechnung zu tragen, und aus diesem Ideenkreise heraus hatte er die Wahlverwandtschaften geschaffen, wenn nicht sein poetisch bestes, so doch dem Gedanken nach sein tiefstes Werk, in dem er die Größe seiner Weltanschauung unendlich abgeklärter und konzentrierter niederlegte, als in den mystischen Versspielen des zweiten Teiles von Faust. Daß von den Zeitgenossen kaum einer den Riesenschritt mit thun konnte, den Goethe hier ausgeführt, liegt klar vor Augen.

II.

Der Fundamentalsatz, den Goethe aus der Naturwissenschaft entnahm, lautete: Der Urgrund der Dinge ist uns absolut verschlossen; wir stehen als empfindende Menschen dem Geschehen in der Welt rein passiv gegenüber; die Notwendigkeit dieses Geschehens folgt zwar einer innern Gesetzmäßigkeit, die wir in jedem Einzelfalle durchfühlen, aber sie nimmt keine Rücksicht auf unsere engere Moral, unser individuelles Wünschen, sie schafft Konflikte und löst sie, ohne daß wir etwas daran ändern oder begreifen können, warum es letztgültig geschieht. Im Munde des Naturforschers enthält dieser Satz weder ein materialistisches noch ein idealistisches Bekenntnis, er besagt bloß als Fazit kalter Beobachtung: menschliches Wünschen und natürliches Geschehen decken sich nicht, letzteres geht seinen vorgeschriebenen Weg und ersteres ist machtlos dagegen, weil der Mensch in den Mechanismus des letzteren eingekeilt ist. So lange aber Menschen dichten und denken können in der Welt, haben Religion und Poesie sich bemüht, die Härte des Satzes zu mildern, zu verschleiern, ihn umzudeuten und wenigstens auf dem Papier ganz wegzuleugnen. Die sämtlichen populären Religionen haben überhaupt keinen anderen Zweck gehabt, so weit sie dogmatisch waren, und die Poesie ist zwar in ihren bedeutendsten Vertretern gelegentlich hart am Eingeständnis der Wahrheit hingestreift, hat sich aber immer wieder durch ihr mächtiges Empfindungselement nach der Seite zurückziehen lassen, die dem Wunsche Erfüllung verhieß und die absolute Notwendigkeit und Undurchdringlichkeit des natürlichen Laufes der Dinge mit allerlei Mitteln wegdisputierte. Noch ein so klarer und freier Kopf wie Schiller hatte wenigstens einen allegorischen Schein in dieser Hinsicht wahren zu müssen geglaubt. Goethe riß dagegen den ganzen vielfach sehr morschen Plunder der alten, aus tausend Phrasen gewebten Vorhänge herunter und stellte sich mit Bewußtsein auf den Satz des Naturforschers. Sofort aber zeigte sich in der Dichtung ein gefährliches Phänomen. Anstatt daß die Romanfiguren, wie es bisher geschehen, als lustige Puppen in einem künstlichen Lichte an Drähten schwebten, erschienen sie jetzt frei über dem nebelschweren, unbekannten Abgrunde des wahren Geschehens und das Warum der Handlungen, das keine schöne Phrase mehr deckte, trat in seiner vollen Unbegreiflichkeit vor den Zuschauer hin. Die Forderung war erfüllt, daß die Dichtung sich anschließen sollte an die Naturwissenschaft; aber es zeigte sich sogleich mit unbehaglicher Deutlichkeit, daß die Naturwissenschaft nur eine registrierende, aber keine erklärende Wissenschaft ist. Vollends da die Handlung tragisch endet, ist das Peinliche des Nichtverstehens sehr stark, bei fröhlichem Schlusse würde man weniger danach fragen. Heutzutage weiß Jedermann, wie unerträglich dasselbe Gefühl im Leser oder Zuschauer sich vielfach steigert vor den Theaterstücken von Ibsen, vor den Romanen von Daudet und Zola; man wird sich leicht an die unbefriedigende Wirkung von Eliots Mühle am Floß erinnern, und so sind die Beispiele massenhaft in der ganzen realistischen Litteratur zerstreut.

Wenn aber Goethe in diesem Punkte als Erster sofort auch die größte Gefahr, die in der Verwertung der naturwissenschaftlichen Weltanschauung für die Dichtung liegt, scharf markiert hat, so hat er andrerseits auch wenigstens angedeutet, wie bis zu gewissen Grenzen das notwendige Übel gemildert werden kann. Gleich zu Beginn hat er durch den ganzen Aufbau und die Form des Romans, durch das unablässige Betonen des gewaltigen Schicksalshintergrundes im Leser mit vollkommenster Meisterschaft das Gefühl eines, wenn auch unerkannten, so doch ahnend empfundenen Weltzusammenhangs, das Gefühl von einem erhabenen Mysterium im Schoße der Dinge erweckt. Anstatt uns mit der kleinen Juristenmoral von Gut und Schlecht, Strafe und Lohn zu kommen, führt er uns dann mehr und mehr, allerdings unter allen Schauern des Übergewaltigen, auf eine freie Höhe, von der aus wir absolut nicht erkennen, was all diesem Wirrsal zugrunde liegt, die aber hoch genug über allem steht, um jedem Beschauer von selbst den Schluß in den Mund zu legen: die *letzte* Entscheidung, das eigentliche Wesen der Dinge *kann* dieses Wirrsal selbst nicht sein, es muß einfach noch etwas hinter diesem vollkommen unverständlichen Spiel zwingender Gewalten liegen, wenn wir auch nicht wissen, was. Diese versöhnende Spitze herauszukehren, ist eben gerade die schwerste, aber auch bedeutendste Aufgabe des Dichters. Sie scheint mir in den Wahlverwandtschaften in einer geradezu unübertrefflichen Weise gelöst. Aus ihr heraus versteht sich besonders auch der außer dem Zusammenhang schwer begreifliche Schlußsatz der ganzen Tragödie, wo es von den Liebenden im Grabe heißt: »Welch' ein freundlicher Augenblick wird es sein, wenn sie dereinst wieder zusammen erwachen. « Wenn ich mich recht erinnere, so ist es David Strauß gewesen, der es Goethe hier sehr verübelt hat, daß er aus seiner streng durchgeführten naturwissenschaftlichen Weltanschauung doch zu guterletzt noch herausfalle und dem religiösen Unsterblichkeitsglauben eine Concession mache. Ich finde keineswegs, daß der Satz das Recht des Dichters auch bei freiester Auffassung überschreitet. Er faßt

lediglich die bis dahin nicht ausgesprochene, aber im Ganzen enthaltene Tendenz epigramma-
tisch zusammen, die Tendenz: diese verworrene Tragödie des Menschlichen ist nur Stück-
werk, nur ein Mysterium, hinter dem unbedingt noch etwas stecken muß. Der strengste
Naturforscher wird diesen Glauben nicht abweisen können, und wenn er sich vielleicht
scheut, ihm eine symbolische Form unter dem Bilde individueller Auferstehung zu geben, so
tritt eben hier das Plus in Kraft, das der Dichter sich an entscheidender Stelle erlauben darf.

III.

Hat Goethe so im Großen dargethan, wie das scheinbar hoffnungslose und Unlust Weckende
der naturwissenschaftlichen Weltanschauung in der Dichtung zu mildern und durch die
Schauer des unfaßbar Erhabenen in Luftempfindung zu verwandeln ist, so scheint er mir in
der Vermeidung der kleineren Klippen, die aus seiner neuen Methode erwuchsen, minder
glücklich gewesen zu sein.

Auf den ersten Blick auffälliger noch als die zugrunde liegende Gesamtauffassung des
Menschlichen tritt dem Leser der Wahlverwandtschaften das Verwerten bestimmter, dem
zeitgemäßen Stande der psychologischen Wissenschaft entnommener Hypothesen und Beobachtungen innerhalb der Einzelhandlung entgegen. Goethe folgte auch hier einem logisch
korrekten Gedanken. Er sagte sich, wenn die Dichtung sich auf dem Boden der großen
Lebensfragen vollkommen mit dem Naturforscher versöhnt zeige, so sei nicht einzusehen,
warum nicht auch auf engerem Gebiete ein fördernder Anschluß gesucht werden könne. Das
exakte Wissensmaterial der Psycho-Physiologie bei Durchführung der Charaktere zu verwerten, mußte ganz unbedingt neue Erfolge für die Dichtung anbahnen helfen. Heute, wo in
unsern Dramen und Romanen die Erblichkeit eine so hervorragende Rolle spielt, sind wir
bereits ganz gewöhnt an solche Beutezüge der Poeten in das exakte Gebiet. Goethe mußte sich
auch hier seinen Weg als einsamer Pionier suchen. Aber während heute die Wissenschaft
bereits ein ziemliches Arsenal kostbarer Waffen für jeden, der suchen und auswählen kann,
bietet, mußte Goethe die Erfahrung machen, daß es in der damaligen Psychologie mehr
Ballast und grobe Irrtümer gab, als gute Bausteine. Wahrscheinlich wird auch von der ganzen
Vererbungslehre und ähnlichen Wissensrequisiten, die uns heute nur allzu reichlich aufge-
tischt werden, noch manches mit der Zeit sich als hinfällig erweisen; sicher ist jetzt schon, daß
von dem Material, das Goethe zu Gebote stand, wesentliche Stücke bloß Pseudowissenschaft
und haltlose Irrtümer waren. Zum Glück besaß Goethe selbst einen schier unerschöpflichen
Schatz von unverfälschtem Golde aus eigenster Beobachtung. Die Wahlverwandtschaften
sind in verschwenderischer Fülle davon durchsetzt. Die sämtlichen Figuren des Romans sind
in einer für alle Zeiten maßgebenden Weise psychologisch durchgebildet und mit dem Stempel greifbarster Wahrheit versehen. Aber das einfache Copieren des Geschehenen war diesem
eminent tief schauenden Forscher noch nicht genug. Er hätte so gern dauernde Gesetze
herausgeschält, hätte sich eingebohrt in den Kern der Phänomene. Sein Leben lang hatte er
die wunderbaren Erscheinungen der Sympathie und Antipathie zwischen Mann und Weib

beobachtet, ohne sich darüber klar zu werden, wo die anziehende und abstoßende Kraft liege und warum sie sich bald so und bald anders äußere. Als er jenes prächtige Gespräch zwischen Charlotte, Eduard und dem Hauptmann schrieb, von dem die ganze Dichtung den Namen erhalten hat, war er sich vollkommen bewußt, daß der Vergleich zwischen dem wechselnden Spiel der chemischen Elemente und dem Lieben und Hassen der lebendigen Wesen im Grunde nicht viel mehr bedeute, als eine geistvolle Parallele, keine Erklärung enthalte. Dann aber unterlag er doch der Lust, in den Charakteren von Eduard und Ottilie wenigstens andeutungsweise die wirklichen Vermutungen über magnetische Kräfte im Menschen, denen man damals in der Wissenschaft gern Raum gab, Gestalt gewinnen zu lassen. Und auch sonst geriet er ein paar Mal etwas über die Grenze des sicher Begründeten. Ich will die streitigen Punkte der Reihe nach kurz berühren, wie sie sich im Verlaufe der Lektüre geben. Ottilie leidet an Kopfschmerzen auf der linken Seite, die in Verbindung stehen mit einem heftigen, einseitigen Erröten der linken Wange bei plötzlicher Aufregung. Die Darstellung ist soweit korrekt. Man hat heute eine ziemlich sichere Erklärung für diese Migräne, die in der Hauptsache darauf hinausläuft, daß das einseitige Erröten hervorgerufen wird durch vorübergehende Lähmung des sympathischen Nervensystems auf der betreffenden Seite, die eine verstärkte Thätigkeit der Schlagadern, erhöhten Glanz des Auges, Rötung und meßbare Erwärmung im Gefolge hat. Eduard aber, so hören wir, leidet an denselben Kopfschmerzen auf der rechten Seite, und da nun beide bald durch lebhafteste Neigung aneinander gefesselt werden, liegt die Andeutung nahe, daß etwas elektrisches, ein Plus und Minus, die sich vereinigen wollen, im Spiele sei. Goethe ist vorsichtig genug, den Lesern zwischen den Zeilen lesen und seine Schlüsse selbst ziehen zu lassen. Aber man kann, wie man sich auch stelle, mit dem Ganzen nichts anfangen. Elektrizität spielt innerhalb des menschlichen Organismus, im Nervensystem eine gewisse Rolle, deren Bedeutung aber vorläufig für uns noch sehr problematisch ist und die nicht einmal im groben Umriß so erforscht ist, wie es in populären Dilettantenwerken mit Eifer verfochten wird. Eine elektrische Wirkung von Gehirn zu Gehirn ist reiner Unsinn, wenn man die einfachsten physikalischen Bedingungen in Betracht zieht. Ganz neue, unbekannte Kräfte aber hier zu erfinden, liegt nicht der mindeste Grund vor. Es wird in Laienkreisen ohne hin Unfug genug mit sogenannter »psychischer Kraft« getrieben, die man sich ganz munter als aus dem Nichts entsprungen denkt und die nach den Ansichten der neuesten Telepathiker auch durch das absolute Nichts weiterläuft, um gelegentlich wieder bei einem zweiten Gehirn den Saltomortale aus der Metaphysik in die Physik zu machen und mechanisch zu wirken. Ist also der Goethesche Gedanke in dieser Fassung nicht brauchbar, so fragt man sich unwillkürlich, wie wohl ein Forscher in unsern Tagen eine so auffällige Neigung zweier Seelen, wie die Eduards und Ottiliens, exakt erklären würde. Man wird zunächst einwenden können, daß es überhaupt keiner neuen Hypothesen über tiefe physikalisch-psychologische Wirkungen dabei bedürfe, da Ottilie schön und jung ist, also Eduard ihr geradezu selbstverständlich den Vorzug vor Charlotte geben muß, andererseits Eduard selbst für Ottilie einfach der erste liebenswerte und sie umwerbende Mann ist, an den sie ohne alle Mystik ihr Herz verlieren kann. Will man aber durchaus tiefer gehen, so mag auf die

Jägerschen Ausführungen vom sympathischen und unsympathischen Individualduft hingewiesen sein. Eine Reihe teils selbstverschuldeter, teils in Verkettung mißlicher Dinge begründeter Umstände hat den Theorien von Gustav Jäger in den Augen Vieler so sehr geschadet,
daß man fast mit einer gewissen Reserve davon zu reden gezwungen ist. Und doch enthält der
rein wissenschaftliche Teil seines größern Buches eine Fülle lichtvoller Einzelexkurse, die
Jeder, der sich für die Verkettung von Physiologie und Psychologie interessiert, eifrig studieren sollte. Eine gewisse litterarische Prüderie, die es für vollkommen salonfähig hält, von
Magnetismus und unmöglichen psychischen Kräften zu fabeln, sich dagegen scheu verkriecht,
wenn die unleugbar sehr große Wirkung sympathischer und unsympathischer Gerüche auf
das Nervensystem in die Diskussion gezogen wird, sträubt sich in diesen Dingen, wo sie
kann, aber man wird auch hier, wie an tausend anderen Punkten, über sie weggehen. Ich will
hier indessen nicht näher in die Erörterung über den Wert der Jägerschen Ideen speziell für
das erotische Problem der gegenseitigen Neigung eintreten, weil ich noch nirgendwo ganz
festen Boden in dem Ganzen sehe. Wahrscheinlich bewegen wir uns durchweg hier noch in
starken Übertreibungen und dem unvermeidlichen Anfängerfehler, alles auf ein Prinzip zurückleiten zu wollen. Aber man kann so viel sagen, daß Goethe, wenn er heute schriebe, dem
Zuge der Zeit folgend wohl ebenso unbekümmert um das Geschrei der Unkundigen sich der
Jägerschen Dufthypothese bemächtigen würde, wie er damals die elektrische Hypothese
aufgriff. Und man wird noch stärker daran gemahnt, wenn man das weitere mystische
Phänomen ins Auge faßt, das mit Ottiliens Kopfschmerzen zusammenhängt.

Es giebt einen Pfad im Park, unter dem wahrscheinlich ein Lager von Steinkohlen sich
befindet. So oft Ottilie ihn betritt, fühlt sie einen geheimnisvollen Schauder und wird gleich
darauf von ihrer linksseitigen Migräne befallen. Die Sache wird ganz nebensächlich erzählt
und enthält im Grunde nichts eigentlich aus dem Bereiche des schlechthin Möglichen Heraus-
fallendes. Ähnliche Fälle von wunderbaren Gaben einzelner nervöser Personen zum Quellfin-
den, zum Ausspüren verborgener Schätze u. s. f. werden massenhaft erzählt, obwohl sie
strenggenommen noch nie ernstlich beglaubigt worden sind. Außer Frage steht, daß verschiedene Formen von Überreizung besonders beim weiblichen Geschlecht das Nervensystem in
einen Zustand bringen, der die Sinnesempfindung hochgradig verschärft. Das Ohr hört
Schritte auf entfernter Straße, die kein normal Angelegter mehr bei schärfstem Hinhorchen
vernehmen kann. Ottilie ist durchweg in einem solchen überreizten nervösen Zustande, sie
neigt zu einem seltsamen Starrkrampf, der vollkommen einer ähnlichen Natur entspricht.
Man würde, jene zweifelhaften Fälle zugestanden, auch hier wieder unschwer auf die Jägerschen Hypothesen zurückgreifen können und sagen, die minimale, Andern gar nicht wahrnehmbare Ausdünstung des Steinkohlenberges sei imstande, einer solchen sensitiven Natur
Kopfschmerz zu erregen. Indessen scheint es mir gut, die Erklärung zurückzuhalten, so lange
die Gewähr fehlt, ob solche Phänomene in Wahrheit vorkommen und ob nicht Goethe hier
bloß Quellen nacherzählt, deren Glaubwürdigkeit keineswegs erwiesen ist. Die Möglichkeit
des Irrtums und der Selbsttäuschung ist in solchen Dingen allzu groß, wie die berühmte
Pseudo-Entdeckung des Reichenbachschen Od bewiesen hat, die ja durchaus dahin gehörte

und so grundfalsch war, wie nur je irgend ein physikalischer Unsinn. Der letzte Punkt, bei dem eine Kritik der naturwissenschaftlichen Thatsachen in dem Einzelverlauf des Romanes anzusetzen hat, ist die Ähnlichkeit des Kindes, das Charlotte dem Eduard schenkt, mit Ottilie und dem Hauptmann. Dichterisch wie exakt psychologisch ist die Nachtscene, welche die Existenz des Kindes bedingt, unvergleichlich gut ausgeführt. Dennoch wird der Physiologie von einem Zusammenhang zwischen den Gedanken der Liebenden (Charlotte denkt an den Hauptmann, Eduard an Ottilie) und den wirklichen Zügen des Kindes nichts wissen wollen.

Zugeben muß man, daß bei unserer absoluten Unkenntnis von den inneren Vorgängen der Vererbung und der Individualisierung im Embryo eigentlich alles möglich ist, was man nur haben will. Aber in dem Wenigen, was wir wissen, ist nicht der Schatten einer Brücke grade zu dem Vorgange, der hier geschildert wird. Die Physiologie hat bereits stark aufgeräumt mit dem gewöhnlicheren Plunder der Legenden vom »Versehen«. Der Goethesche Fall liegt nun zwar mit einem wahren Raffinement grade so, daß die Argumente gegen das spätere Versehen nicht anwendbar sind. Gleichwohl scheint mir die Linie des Erlaubten überschritten. Das Bedürfnis nach einem poetischen Effekt hat auf einen Moment den Naturforscher leichtsinnig gemacht, und die Differenz zerstört dem einsichtigen Leser nun unerbittlich den Effekt.

Kein Wort zu verlieren brauche ich über die Wunderheilung des herabgestürzten Mädchens an Ottiliens Sarg: sie ist von Goethe selbst mit so feiner Ironie erzählt und durch Schlaglichter auf den Charakter der angeblich Geheilten vorbereitet, daß Jedermann die Absicht merkt und ohne Skepsis gegen den Dichter darüber wegliest.

IV.

Überblickt man die ganze Reihe der Kleinigkeiten, in denen Goethe wahrscheinlich oder sicher gefehlt hat, so muß man bei aller Entschiedenheit der Kritik doch Eins zugeben: Goethe ist stets außerordentlich vorsichtig zu Werke gegangen. Gewiß, er hat es nicht lassen können, etwas an dem Schleier des Unerforschten zu zerren. Aber er hat es mit einer Reserve und einer Bescheidenheit gethan, die bewunderungswürdig sind. Jede der kleinen Extravaganzen, die wir gerügt haben, könnte fehlen, ohne daß der große Prachtbau des Romans litte. Niemals liegt der Schwerpunkt der Entwickelung auf dem Problematischen. Der köstliche Charakter Ottiliens bleibt derselbe, auch wenn man die Kopfschmerzen und das Steinkohlenlager streicht. Fast stets erscheint das Mystische nur in der Erzählung von Personen, so daß noch der letzte Halt bliebe, diese könnten geirrt haben und bloß vorgefaßten Meinungen der Zeit Wort gegeben haben. Man lese als Beispiel noch die folgende Stelle, die ich oben absichtlich nicht erwähnt habe, da sie bloß einen wohl begreiflichen Geisteszustand ausdrückt, nicht aber wirklichem telepathischen und spiritistischen Unsinn entgegen kommt.

»Wenn sie (Ottilie) sich abends zur Ruhe gelegt und im süßen Gefühl noch zwischen Schlaf und Wachen schwebte, schien es ihr, als wenn sie in einen ganz hellen, doch mild erleuchteten Raum hineinblickte. In diesem sah sie Eduarden ganz deutlich, und zwar nicht gekleidet, wie sie ihn sonst gesehen, sondern im kriegerischen Anzug, jedesmal in einer andern Stellung, die aber vollkommen natürlich war und nichts Phantastisches an sich hatte, stehend, gehend, liegend, reitend. Die Gestalt, bis aufs Kleinste ausgemalt, bewegte sich willig vor ihr, ohne daß sie das Mindeste dazu that, ohne daß sie wollte oder die Einbildungskraft anstrengte. Manchmal sah sie ihn auch umgeben, besonders von etwas Beweglichem, das dunkler war als der helle Grund; aber sie unterschied kaum Schattenbilder, die ihr zuweilen als Menschen, als Pferde, als Bäume und Gebirge vorkommen konnten. Gewöhnlich schlief sie über der Erscheinung ein, und wenn sie nach einer ruhigen Nacht Morgens wieder erwachte, so war sie erquickt, getröstet; sie fühlte sich überzeugt, Eduard lebe noch, sie stehe mit ihm noch in dem innigsten Verhältnis.«

Hier ist jedes Wort mit Fleiß so gesetzt, daß der Mystiker wie der Rationalist sich ihre Lesart selbst machen können. Nichts deutet an, daß ein übernatürlicher Seelenkontakt stattfinde, alles bleibt subjektives Empfinden Ottiliens. Der poetische Zauber ist dabei doch ein vollkommener.

Vielleicht ist diese Studie, die im engen Raum das Beste des Stoffes nur streifen konnte, geeignet, ein Vorurteil gegen die Wahlverwandtschaften beseitigen zu helfen, das grade in unserm jüngern Geschlecht sich jetzt oft breit macht. Man meint, diese älteren Bücher seien nicht mehr geeignet, dem Geiste der Zeit Nahrung zu bieten. Bei Goethe, so scheint mir, kann von Veralten keine Rede sein. Wir haben heute eine andere Technik im Roman, unsere Sprache ist schillernder und reicher geworden. In diesem Punkte darf man von den Wahlverwandtschaften nicht mehr das Höchste verlangen. Aber im Psychologischen, grade in dem, was der neue Realismus so stürmisch betont, stehen sie unerreicht. Die paar kleinen Ausstellungen können daran nicht rütteln. Ihnen zum Trotz möchte ich auch heute noch Jedem, der fragt, wo denn in der Praxis einmal von unbestrittener Meisterhand die Forderung vom Anschluß der Poesie an die Naturwissenschaft durchgeführt sei, antworten: in Goethes Wahlverwandtschaften.

Neben dem Ideal-Realismus, den die Brüder Hart zusammen mit der Mehrheit der naturalistischen Autoren vertraten, dem Romantizismus Bleibtreus, brachte Bölsche ab 1887 (ihm folgte Conrad Alberti) verstärkt naturwissenschaftliche Fragestellungen in die naturalistische Literaturdebatte ein (vgl. Dok. 17). Wie Michael Georg Conrad und Oskar Welten erkannte Bölsche Zolas Theorie des Experimentalromans an, allerdings nur nach grundlegender Revision. Statt Entwicklung des Romans von der Kunst zur Wissenschaft sah Bölsche in der Einbeziehung naturwissenschaftlicher Erkenntnisse das Kernstück der Zolaschen Theorie und die wichtigste Aufgabe des modernen Romans. Da er gleichzeitig die Existenz des Ideals innerhalb der naturwissenschaftlichen Weltauffassung begründete, verwies er auf die Möglichkeit zur Beibehaltung eines real-idealistischen Dichtungskonzeptes bei gleichzeitiger naturwissenschaftlicher Fundierung.

Vor diesem Hintergrund erklärt sich Bölsches Rückgriff auf Goethes *Wahlverwandtschaften* als Vorläufer modernen Romans. Wenn Bölsche dabei primär den Naturforscher Goethe würdigt, so findet er die bedeutende Leistung des Dichters Goethe im Bereich des Ideals, der Idee: »Die versöhnende Spitze herauszukehren, ist eben gerade die schwerste, aber auch die bedeutendste Aufgabe des Dichters.« Der »Urgrund der Dinge« bleibt auch für Bölsche »absolut verschlossen« (s. Dok. 34).

Allerdings hat nicht erst Bölsche Goethe als Naturwissenschaftler für die naturalistische Bewegung entdeckt. Bereits 1881 fragte Michael Georg Conrad: »Und haben wir im Deutschen nicht in Goethes ›Wahlverwandtschaften‹ z.B. das schönste Paradigma eines Experimentalromans in Zola'schem Sinne?« Conrad gab selbst die Antwort, indem er erklärte, daß Goethe die naturwissenschaftliche »Anschauungsweise« auch »in menschlichen Verhältnissen geltend« mache: »In den ›Wahlverwandtschaften‹ wurde ihm ein chemisches Gesetz Symbol menschlicher Beziehungen; nicht um die Parallelisierung des Gesetzes, das durch die unbewußte Natur mit gleicher Stärke hindurchgeht, und der Romancier zeigt die Kollisionen, welche die im Menschen wirkende Naturgewalt in der künstlichen Ordnung der sozialen Verhältnisse hervorruft.« Darin sah Conrad die wichtigste Forderung Zolas erfüllt, der nichts anderes verlange »als die mit den Entdeckungen der Naturwissenschaften Schritt haltende ideegemäße Entwickelung des sozialen Romans« (s. M.G. Conrad, *Madame Lutetia! Neue Pariser Studien.* Leipzig 1883, S. 33f.).

Ähnliche Argumente finden sich bei Oskar Welten (d.i. Georg Dolezal), neben Conrad einer der frühesten Zola-Verehrer Anfang der 80er Jahre. In seinem Buch *Zola-Abende bei Frau von S. Eine kritische Studie in Gesprächen* (Leipzig 1883) versuchte auch er, der Zolaschen Position durch die Rückbeziehung auf Goethe (mit Ausnahme des *Faust*) besondere Autorität zu verleihen. In dieser in Gesprächsform gekleideten Verteidigung Zolas erklärt der Autor seiner Gesprächspartnerin: »Da haben Sie also schon vor hundert Jahren in unserem größten deutschen Dichter einen unbewußten Anhänger der Zola'schen Meinung, daß die experimentelle Methode in der Poesie die einzig richtige, die schönsten Werke schaffende ist. Aber wirklich nur einen *unbewußten* Anhänger? Hat nicht Goethe die ›Wahlverwandtschaften‹ geschrieben und hierzu die rein wissenschaftliche, aus der Chemie entlehnte Formel angewandt, wie sich zwei indifferente Stoffe verhalten, wenn ein dritter und ein vierter dazu tritt? [...] Sind nicht die Wahlverwandtschaften ein Experimentalroman in der concretesten Bedeutung des Wortes?« (a.a.O., S. 19f.).

(Zur vielschichtigen Auseinandersetzung der Naturalisten mit Goethe ab 1878 vgl.: Rüdiger Bernhardt, *Goethe und der deutsche Naturalismus.* In: *Wissenschaftl. Zeitschrift d. Universität Halle,* Jg. 18, 1969, ges. wiss. Reihe, H. 2, S. 213–221).

Max Kretzer und der Berliner Roman:

35
[Anonym]: *Die Reichshauptstadt im Roman.* In: *Die Grenzboten. Zeitschrift für Politik, Literatur und Kunst.* 42. Jg. Leipzig (F.L. Herbig) 1883, Bd. 2, S. 30–37.

Daß Berlin Weltstadt im größten Sinne geworden ist, weiß jedermann, daß es ein andres Paris werden möchte und sich gewisse Auffassungen der französischen Hauptstadt, vor allem die sichere Selbstgenügsamkeit und die souveräne Gleichgiltigkeit gegen das, was auf geistigem Gebiete außerhalb der Mauern des Zentralpunktes vorgeht und entsteht, anzueignen sucht, will von mehr als einer Seite behauptet werden. Die Unmöglichkeit aber, daß alles deutsche Leben in Berlin aufgehen könne, stellt sich mit jedem neuen Tage neu heraus und braucht nicht erst des breitern erörtert zu werden, und so wird wohl auch die Zeit fern bleiben, wo der deutsche Roman seinen einzigen Schauplatz in der Reichshauptstadt findet. Fällt es doch selbst den englischen Romanschriftstellern nicht ein, ihren umfassenden Erfindungen durchgehend die Viermillionenstadt, die denn doch noch in ganz anderm Sinne als unsre Reichshauptstadt Welten in sich einschließt, zum Hintergrunde zu geben. Es würde eine verzweifelte Armut unsrer Lebensdarsteller verraten, wenn ihnen die gesamte deutsche Welt in dem

Raume zwischen Friedrichshain und Tiergarten, Wedding und Hasenhaide aufginge. Aber da diese Gefahr im Ernste nicht besteht, bleibt nur zu wünschen, daß das große und mächtige Stück deutschen Lebens, das in der Reichshauptstadt koncentrirt ist, auch in der Dichtung zu bedeutender Erscheinung gelange. Ansätze sind genug dazu vorhanden, ein wirklich groß angelegter, aus der ganzen Tiefe des reichshauptstädtischen Lebens schöpfender Roman ist uns nichts bekannt. Bedeutende Episoden und sehr zutreffende Einzelschilderungen sind in erzählenden Werken Friedrich Spielhagens, Theodor Fontanes, Karl Frenzels vorhanden. Aber selbst die ausgedehnten Zeitromane Spielhagens geben doch nur ein sehr unvollständiges Bild des Lebens und Treibens der größten deutschen Stadt, und namentlich die ältern schieben die Fortschrittsmütter und Kammerweiber in so unglücklicher Weise als Egerien der Berliner Gesellschaft in den Vordergrund, schildern die ganze Existenz Berlins so ausschließlich als die Existenz eines großen politischen Klubs, daß schon dadurch bei aller Wahrheit im einzelnen ein falscher Totaleindruck entsteht. Die spätern Spielhagenschen Romane »Hammer und Ambos«, »Sturmflut«, die immer nur zum kleinern Teile in Berlin spielen, erfassen allerdings auch andre Probleme als die vorübergehenden politischen Kämpfe des Tages, spiegeln das Leben und die ursprünglichere Empfindung andrer Kreise wieder als die des politisch erregten Berlin. In Fontanes und Karl Frenzels Lebensbildern (»L'Adultera«, »Frau Venus«) tritt noch viel energischer zu Tage, daß die Reichshauptstadt keineswegs nur eine Kette von Bezirksvereinen und Konsumvereinen ist, und daß trotz der Berliner Neigung, dem allgemeinen Zug und Strom zu folgen, wahrhaftig genug individuelle und individuell wertvolle Menschencharaktere und Menschenschicksale in der Masse vorhanden sind. Der Roman oder besser die Folge von Romanen, welche den Mikrokosmos der Reichshauptstadt in erschöpfender, charakteristisch bedeutender und poetisch getragener Weise darstellt, soll noch geschrieben werden.

Von Zeit zu Zeit taucht zu dieser noch zu erringenden Krone ein Prätendent auf. Seit einigen Jahren verkündet eine gewisse Kritik, daß auch Berlin seinen »Zola«, seinen großen Naturalisten gefunden habe, welcher »dem einzigen Ideale, das der Menschheit geblieben ist, nachdem sie ihre Götter und Idole hat allgemach versinken sehen, dem Ringen nach Wahrheit, nach ungeschminkter, unverhüllter Wahrheit« ausschließlich huldige und staunenswerte Meisterschöpfungen hervorbringe. Der so verkündete Autor nennt sich *Max Kretzer*, und wir lernten denselben vor etwa zwei Jahren in einer Volkserzählung »Die Genossen« zuerst kennen, welcher bei mancher Unwahrscheinlichkeit der Erfindung und einer gewissen Neigung des Verfassers zum platten Moralisiren doch die Vorzüge frischer Anschaulichkeit und schlichtkräftigen Vortrags nicht fehlten. (S. Grenzboten, 1881, IV, S. 29.) Inzwischen ist das Talent, welches der Verfasser unzweifelhaft kundgab, von gar manchen entdeckt und als ein vielversprechendes begrüßt worden. Der Autor hat rasch hintereinander einige Berliner Romane publizirt, von denen der neueste *Die Verkommenen* (Berlin, Friedrich Luckhardt, 1883) uns vorliegt. Handelte es sich in ihm um ein Buch, das einfach aufträte, so würde jede Kritik sagen müssen, daß in dieser Erzählung aus den Schichten der Berliner Arbeiterbevölkerung, dieser Wiedergabe ihrer Beziehungen zu der thatsächlich oder vermeintlich über ihr stehenden

Welt eine Reihe vortrefflicher, lebenswahrer Schilderungen, wenn auch der unerquicklichsten Art, nicht fehlen und daß der Verfasser mit tapfrer Ehrlichkeit um Schonung, Duldung und Hilfe für diejenigen kämpft, welche an dem Widerspruch, der unsittlichen Ungleichheit der moralischen Maßstäbe für die verschiednen Gesellschaftsklassen, an der sinn- und mitleidlosen Erfolg- und Genußjagd des modernen Lebens zu Grunde gehen und verkommen. Doch mit solcher Anerkennung ist diesem Schriftsteller nicht mehr gedient. Er schickt dem Roman »Die Verkommenen« eine Vorrede voraus, in welcher rundweg Würdigung für die große psychologische Bedeutung dieses Romans und die schauerliche Logik, die in ihm liegt, gefordert wird. Er läßt durchblicken, daß die »Verkommenen« ein entscheidender Beitrag zur Lösung der »sozialen Frage«, deren Feuer uns allen auf den Nägeln brennt, sein sollen. In hochtönenden Worten verkündet der Verfasser eine doppelte Tendenz seines Buches. »Es war ein bedeutungsvolles Wort, das einst einer der hervorragendsten Sozialistenführer im Reichstage aussprach: »Die sozialdemokratische Partei ist die einzige Partei, die noch Ideale hat.« Es war ein grausamer, für die andern Parteien vernichtender Ruhm, aber es lag ein goldnes Körnchen Wahrheit in ihm. Mag man der sozialdemokratischen Partei Vorwürfe machen, welche man wolle, das Verdienst wird man ihr lassen müssen: sie hat die ehrliche, harte Arbeit stets hoch gehalten. Und wenn menschliches Ringen und Streben nach allem Guten ein Ideal ist, dann ist die ehrliche Arbeit ein hohes Ideal, denn sie schafft das Familienglück und dieses die wahrhaftige Sittlichkeit. Wie anders der Gegensatz. Das Kapital beherrscht den Markt, es hat die Macht, der Thränen der Armen und Elenden zu lachen. Auf jener Seite bei allen Irrtümern immer ein durch die Religion des ersten Christentums begründetes, rein leuchtendes Ideal, und hier das angelernte und überlieferte Raffinement, das nur eine Parole kennt: Ausbeutung des ehrlichen, aber beschränkten Idealismus durch die arbeitsscheue Genußsucht. Und damit bin ich bei der Tendenz dieses Buches angelangt.« Zuvor aber hat Kretzer als den Grundgedanken seines Werkes, dem er »aus Liebe zu beklagenswerten Kindern Ausdruck gegeben«, einen Satz hingestellt, der mit der polemischen Tendenz der »Verkommenen« nur in sehr lockerem Zusammenhange steht. »Ich habe mich oft fragen müssen, was für eine Unsumme von Talenten, ernststrebenden Individuen der Menschheit erhalten bliebe, wenn alle die tausend Arbeiterehepaare, die durch die Not des Daseins gezwungen sind, mit gleicher Kraft um ihren Lebensunterhalt zu ringen, imstande wären, ihren Kindern eine echt sittliche und physische Erziehung zu Teil werden zu lassen. Die Erziehung ist der eiserne Pfeiler der Moral, in ihr liegt das einstige Familienglück, das Wohl des Staates.«

»Tendenz« und »Grundgedanken« möchten leidlich scheinen, obschon das Ideal eines guten Bruchteils der Sozialdemokratie ganz gewiß nicht auf harte, ehrliche Arbeit, sondern darauf gerichtet ist, die arbeitsscheue Genußsucht des großstädtischen Proletariats an die Stelle der arbeitsscheuen Genußsucht des »angelernten und überlieferten Raffinements« zu setzen. Derartige Schlagworte sind wie Raketen, die nach allen Seiten platzen und versengen, und vermögen am allerwenigsten die innerste Absicht und Anschauung eines poetischen Werkes zu verdeutlichen. Und was den oben wörtlich angeführten »Grundgedanken« anlangt, so lenkt derselbe den Blick von dem, was der Verfasser eigentlich beabsichtigen muß, entschieden ab. Ob bei unsern gegenwärtigen Institutionen eine Unsumme von Talenten der Menschheit verloren gehe, läßt sich stark bezweifeln, gewiß ist, daß es sich zunächst viel weniger um die Frage handelt, wie den etwa in gewissen Lebensschichten verkümmernden Talenten emporzuhelfen sei, als um die Frage, wie der ungeheuern Überzahl der Nichttalente, der Menschen, die auf die einfache Handarbeit ihr ganzes Dasein hindurch angewiesen bleiben, eine menschenwürdige Existenz gesichert werden könne. Sollen einmal solche Probleme, die zunächst in den Kreis des Denkers, des Staatsmannes, des Philanthropen gehören, in den des Dichters gezogen werden, so ist im höchsten Maße zu wünschen, daß sie klar und rein bleiben und daß die Lebenserscheinungen, welche der Dichter darstellt, auch in Wahrheit auf sie zurückgeführt werden können. Wir vermögen uns mit dem angeblich analytischen Roman nicht zu befreunden und bleiben dabei, daß wahrhaft dichterische Werke ein- für allemal nur aus der Teilnahme an der Fülle der Erscheinungen und nicht aus einem abstrakten Grundgedanken hervorgehen können. Doch wenn es einmal versucht werden soll, einen solchen zu verkörpern, so dürfen wir fordern, daß die Ausführung unbedingt dem vorangeschickten Satze entspreche, daß der Leser außer Stande gesetzt werde, zu andern Konsequenzen als den vom Verfasser beabsichtigten zu gelangen.

Sehen wir zu, wie der »Zola der Reichshauptstadt« dieser Forderung entspricht. Die »Verkommenen« enthalten die Geschichte einiger Arbeiterfamilien Berlins, hauptsächlich die Geschichte einer Familie Merk, die aus verhältnismäßig geordneten behaglichen Zuständen durch Arbeitslosigkeit und einige Irrtümer in die bodenlosen Tiefen zuerst der materiellen, dann der sittlichen Verkommenheit hinabsinkt. Die eigentliche »Heldin«, wenn diese Bezeichnung hier angewendet werden darf, ist Magda Merk, beim Eintritt des Verfalles ihrer Familie noch ein halbes Kind, am Ende des Romans ein unglückselig verlornes Weib, welches durch alles Elend der Berliner Halbwelt hindurchgegangen ist. Magda Merk wird, nachdem ihr Vater in der Trunkenheit ein Verbrechen begangen und zu längerer Zuchthausstrafe verurteilt worden ist, sodaß die Mutter mit ihrer Arbeit für die Fortexistenz der Familie einstehen muß, Schritt für Schritt in die Schande hineingezogen. Kretzer setzt seinem zweiten Bande eine Maxime als Motto voran: »Es gibt arme, bedauernswerte Seelen, die von Natur aus reich an Gemüt, reich an Empfindung und auch reich an Geist sind, denen aber jene eiserne Grundlage fehlt, auf der allein sie ihren bürgerlichen Platz im Leben behaupten können: die strenge Selbsterziehung und durch diese die Läuterung ihres eignen Ichs. Solche arme Seelen sind wie ein schwankes, verlassenes Rohr auf einsamer Flur, das der erste Sturmwind über Nacht vernichten kann. Die Natur gab diesem Rohr die Wurzeln zum Emporstreben nach dem ewigen Licht, sie vergaß aber ihm den starken Halt zu geben, der es beschützt. So entstand ein stetes Ringen, Natur gegen Natur, Seele gegen Seele. Was reich an Widerstandskraft ist, kann siegen, was arm daran, muß unterliegen.« Alle Umgebungen Magdas sind der ursprünglichen Reinheit und Scham des Mädchens so feindselig und ungünstig wie die Lage ihrer Familie; noch nach ihrem ersten Fehltritt, der eigentlich mehr ein entsetzliches Unglück als ein Fehltritt ist, könnte sie gerettet werden, wenn eine emporhaltende Hand sie ergriffe. Aber dem Proletarierkind mit der unseligen Mitgift der Schönheit strecken sich nur schmutzige, niederziehende Hände entgegen. Sie kann sich selbst durch die ehrliche Neigung, welche ihr zwei emporstrebende, aber arme junge Männer, der »Dichter« Oskar Schwarz und der Geiger Leonhard Sirach, widmen, nicht emporhalten, sie hat in einem Mädchen ihres Standes, Rosa Jakob, die Versucherin und Beraterin zum Unheil viel zu dicht an der Seite. Und Oskar Schwarz, der eine ernstliche Leidenschaft für sie faßt, kämpft trotz seines Genies viel zu hart und armselig mit dem Leben. Er dichtet für sich Trauerspiele, wenigstens ein ganz bedeutendes Trauerspiel, und Erzählungen, die aus dem wirklichen Leben entnommen scheinen. Sein Verhängnis aber hat ihn in eine Verlagsbuchhandlung von Kolportageromanen als Gehilfen geführt, und er bleibt nicht beim Sortiren und Verpacken der gelben Hefte, in denen der würdige Verleger Werner Rentel im Verein mit hochbezahlten oder jämmerlich besoldeten Autoren den Volksmassen geistigen Fusel darbietet. Einer der Schreibsklaven Rentels, der verkommene Philolog Dagobert Fisch, entdeckt die poetische Begabung des jungen Schwarz, und Herr Werner eilt den Gehilfen zum routinirten Romanschriftsteller im Stile der Kolportageautoren auszubilden. Um seine beste Kraft von dem Verleger betrogen, um das Manuskript eines Trauerspiels von dem dicken Journalisten und Dichterinnengatten Joachim Joachimsthal beschwindelt, treibt der junge Mann ebenso der Verkommenheit entgegen wie seine Geliebte Magda, welche inzwischen die Maitresse eines Herrn von Rollerfelde und darnach des jungen jüdischen Bankiers Felix Rosenstiel geworden ist. Letzteres zu ihrem besondern Unheil, denn der leichtfertige junge Geldmann muß, ehe er mit Magda anknüpfen kann, zuvor ein Verhältnis zu Rosa Jakob lösen, und in dieser erwacht eine leidenschaftliche Rachsucht gegen den seitherigen Anbeter und Aushalter und die frühere Freundin. Sie gewinnt durch Liebkosungen den plumpen Arbeiter Kaulmann für sich, dem neuen »Paare« Vitriol ins Gesicht zu gießen und Magda grauenhaft zu verwunden. Und nun wandelt sich das Herabgleiten in schnelles Herabstürzen, das Elend der Familie Merk erreicht seinen Gipfelpunkt, Merk wird wegen Diebstahls verhaftet, die kleine Tochter Magdas stirbt, Magda selbst trifft wieder mit Oskar Schwarz zusammen, der am Leben und an seiner Zukunft verzweifelnd, seiner geistigen Ehre durch Rentels Kolportageromane beraubt, in der Schnapsflasche seines Lehrers Dagobert Fisch Lösung des schmerzvollen Daseinsrätsels gesucht hat. Beiden bleibt nichts weiter übrig als der gemeinsame Tod, den sie in den Fluten eines Sees suchen. Magdas Leiche wird an die Anatomie abgeliefert, und dahin kommt ihr talentvoller jüngerer Bruder Franz Merk, der inzwischen Schüler der Akademie der bildenden Künste geworden ist, und zeichnet die Leiche seiner armen Schwester. »Als er nach einer Stunde wieder vor dem Direktor stand, um sich zu verabschieden und zu bedanken, fragte ihn dieser leutselig: »Nun, haben Sie gefunden, was Sie gesucht. Das »Ja« klang tonlos, denn es kam aus einer gequälten Brust, in der soeben eine Saite gesprungen war. «

Grell und roh, wie die ganze Erfindung des Romans ist, erscheint auch der Ausgang; das düster beleuchtete Nachtstück, mit dem er schließt, gemahnt ebenso wie ganze vorangehende Szenenreihen in bedenklicher Weise an gewisse Effekte jener Romane aus Werner Rentels Verlag, welche der Autor mit Recht so bitter kritisirt. Gleichwohl dürfen der etwas grobe Zuschnitt der durchgehenden Geschichte und die starken psychologischen Unwahrscheinlich-

keiten der Charakteristik uns nicht abhalten, die Vorzüge und Verdienste der Kretzerschen
Erzählung zu würdigen. Und diese Vorzüge liegen nicht sowohl in der Haupterfindung und
Haupthandlung, in der eine Reihe von Unmöglichkeiten und grellen Effekthäufungen den
beabsichtigten Eindruck schwächen, statt ihn zu erhöhen, als in zahlreichen Episoden des
Romans, welche von rascher, scharfer Beobachtung und lebendig-anschaulicher Wiedergabe
des Beobachteten zeugen. Die Szenen im Geschäft des Pfandleihers Laib und seiner Gattin
Serena, die ganze Reihe der Szenen, in welchen der »Künstler« Emanuel Sängerkrug und
Fräulein Dorchen einander unentbehrlich werden, ohne zu ahnen, daß sie Vater und Tochter
sind, die Begegnung von Rosa und Magda mit den Herren von Busche und Rollerfelde in der
Passage, die Premiere der Tragödie »Don Pablo« von S. im Thale im Berliner Nationaltheater
und manche andre erweisen, daß Kretzer nicht bloß mit dem gröbsten Pinsel malen, sondern
feiner und charakteristischer zeichnen kann. Freilich scheint seine Grundstimmung derart,
daß sie ihn absolut nur das Häßliche, Widrige, Verächtliche im Leben der Reichshauptstadt
sehen läßt, den Kreisen der »Verkommenen« stehen Kaufleute, Bankiers, Journalisten und
Schöngeister der niedrigsten Sorte gegenüber. Gewisse Übertreibungen abgerechnet, wird
niemand bestreiten, daß man den Herren Moritz Laib, Felix Rosenstiel und Joachim Joachimsthal, den Damen Serena Laib, Selma Joachimsthal jeden Tag auf den Straßen Berlins
begegnen kann. Aber daß sie Berlin wären, daß sie und nur sie den Arbeiterkreisen der
großen Stadt gegenüberstünden, wird der Verfasser doch keinen Augenblick behaupten wollen. Und so ist es ein Grundmangel dieses Tendenzromans, daß die ganze ungeheure Zahl der
Existenzen, welche zwischen den Verkommenen und ihren Ausbeutern stehen, auch nicht
durch eine einzige Gestalt vertreten erscheint, daß nicht ein Lichtstrahl in die niedrigen und
eleganten Schmutzwinkel fällt, welche Kretzer den Augen seiner Leser enthüllt. Selbst vom
Standpunkte des rücksichtslosen Tendenzschriftstellers aus ist das ein Fehler; ein Dichter mit
den Anschauungen und Überzeugungen des Verfassers dürfte vielleicht behaupten, daß das
Vorhandensein der bessern Naturen in dem ungeheuern Kampfe zwischen den Elenden und
ihren Bedrängern nutzlos sei, aber Nichtkenntnis dieses Daseins affektiren oder es thatsächlich nicht kennen, steht dem Sittenschilderer schlecht an.

Die Erfindung vom Schicksal des hochbegabten Oskar Schwarz ist so unglücklich als
möglich. Der Verfasser ist hier wie ein Maler verfahren, der auf ein- und demselben Land-
schaftsbilde einen Erntetag mit Gewitter und einen Wintertag darstellte. Die Schicksale des
Oskar Schwarz sind nur denkbar, wenn er einer jener Autodidakten ist, die über die armse-
ligste Nachahmung schlecht verdauter Lektüre und die dilettirende Eitelkeit nicht hinauskommen, wenn also seine Erzählungen wirklich Herrn Werner Rentel bedürfen und seine
Tragödie zu jener der Frau Selma Joachimsthal in demselben Verhältnisse steht, wie seiner
Zeit Ehren-Bacherls »Cherusker in Rom« zu Halms »Fechter von Ravenna.« Ein solcher
aufstrebender Schreiber kann in die Hände des Herrn Rentel und Dagobert Fisch fallen und
kann in seiner verzweifelten Hilflosigkeit schließlich zur Schnapsflasche greifen und mit
einem Mädchen wie Magda Merk enden, wie uns hier geschildert wird. Ein wirkliches Talent
mit wirklichen Leistungen, obschon es in unsern sozialen und literarischen Zuständen keines-

Der naturalistische Roman   241

wegs vor dem Untergange geschützt ist, geht nicht auf die Weise zu Grunde, die Max Kretzer uns vorführt. Dem Naturalismus des Autors fehlt das einzige, was den Naturalismus erträglich machen kann, die schlichte Hingabe an die Erscheinung, er ist mit einem falschen und theatralischen Pathos versetzt, das seine beabsichtigten Wirkungen in Hauptmomenten wieder aufhebt. Ohne dies Pathos zweifeln wir nicht, daß der Schriftsteller einen Fortschritt machen würde, der für vollkommenere Leistungen unumgänglich ist. Die Wurzeln des sozialen Elends und der ungeheuern Mißverhältnisse liegen hie und da so offen und bloß, wie der Verfasser der »Verkommenen« uns glauben machen will. Aber meist liegen sie viel verborgner, meist verschlingen sie sich mit den Wurzeln des Besseren und Keimkräftigen in unserm Leben, und die Aufgabe des Dichters ist eine andre, als die photographisch treuen Abbilder von einigen der häßlichsten und widrigsten Möglichkeiten zu geben. Die typischen Gestalten und typischen Schicksale, welche Kretzer in den »Verkommenen« zeigt, würden seine Katastrophen nicht herbeiführen können, und die besondern Mittel, deren er sich dazu bedient, können nicht glücklich genannt werden.

Wie weit sich die Reichshauptstadt im Spiegel solcher Berliner Romane erkennt, müssen wir dahingestellt sein lassen. Uns Draußenstehenden will es bedünken, als sei es seiner Zeit in Sodom und Gomorrha zwar nicht sittlicher, aber doch ein wenig lustiger und erquicklicher hergegangen als in dem Berlin, welches Max Kretzer uns schildert. Nach Zolas Prinzip hat er den falschen Schein und den Reiz von den Gegenständen seiner Darstellung hinweggenommen. Ganz gewiß liegt derselbe blaue Duft auf wurmstichigen wie auf guten Früchten. Aber wir bezweifeln doch, daß jedesmal, wenn der Duft abgewischt wird, der Wurmstich zu Tage treten müsse. Wir haben keine Neigung, von den sozialen Zuständen, den deutschen überhaupt und denen der Reichshauptstadt insbesondre, sehr hoch zu denken. Indeß wollen wir doch noch anstehen, diese »Berliner Romane« als getreue und erschöpfende Sittenbilder zu betrachten und die Hoffnung nicht aufgeben, daß sich Schriftsteller finden, die wahrer und schöner zugleich sehen.

Der Berlin-Roman entwickelte sich zu einem typischen Genre der oppositionellen Literatur in den 80er Jahren. Berlin war als Großstadt charakterisiert durch die Zuspitzung sozialer Gegensätze und bedeutete als literarischer Gegenstand Opposition gegen eine Literatur, die das idealistische Kunstideal durch Ausschluß realer Problembereiche zu verwirklichen suchte.

Der Berlin-, der Großstadtroman als Sittenroman war aber zugleich ein Genre, in dem sich sozialkritische Darstellung häufig mit sensationellen, abenteuerlichen Schilderungen verband. Die Übergänge zum Sensationsroman wurden fließend. Der Großstadtroman bot die Möglichkeit, die der oppositionellen Literatur durch den literarischen Markt gesetzten Schranken tendenziell zu durchbrechen. Bereits in den 40er Jahren war in Frankreich durch Eugène Sue die Verbindung von Abenteuerroman und sozialkritischen Elementen als erfolgreiches Modell des Feuilletonromans entwickelt worden. Als Großstadt-Sitten-Schilderungen wurden seine *Mystères de Paris* in Deutschland als *Mysterien von Berlin* u.ä. vielfach nachgeahmt.

So verband auch 1889 ein Kritiker in den *Grenzboten* die Feststellung, »daß der Berliner Roman über alle Romangattungen herrschend geworden sei« mit der Erklärung, daß die Naturalisten »diesen Erfolg (nicht) für sich in Anspruch nehmen« dürften, da dieser nicht aus »ihren ästhetischen Grundsätzen« folgte (s. [Anonym], *Berliner Romane*. In: *Grenzboten*, Jg. 48, 1889, Bd. 1, S. 462). Dies bedeutete, daß die Großstadt-Thematik gerade auch außerhalb der naturalistischen Literaturbewegung eine starke Verbreitung im Bereich der Unterhaltungsliteratur gefunden hatte: »In allen diesen Geschichten ist derselbe weltmännische Standpunkt, dieselbe konventionelle Moral, dieselbe prosaische Virtuosität in den Mitteln der Spannung und Rührung zu finden. Man liest sie mit mehr oder weniger Hast durch und behält am Ende nichts andres im Gedächtnis als das Bewußtsein, einige Stunden in ähnlicher Weise totgeschlagen zu haben wie beim Kartenspielen oder dergleichen« (ebd., S. 465; als Beispiel dieser Art von Berlin-Romanen besprach der Kritiker: Paul Lindau, *Spitzen*, Stuttgart 1888).

Maximilian Harden stellte in der *Nation* 1887/88 fest, daß sich in Berlin eine »Gesellschaft« herausgebildet habe, »an Stelle des zufälligen Versammlungsortes einer Menge der aller verschiedensten Menschen«. Diese bestehe, »mag man wie immer über die Festigkeit ihrer Stützen denken, das greifbare ›Milieu‹ ist gegeben und die natürliche Folge davon ist die für Deutschland neue Erscheinung des Berliner Romans. Auch auf diesem Kunstgebiet ist die naturalistische Evolution unverkennbar, die für nebelhafte, verschwommene Umrisse einen unverrückbar festen Lebensboden gibt, aber auch hier ist vielfach noch ein Spiel mit Äußerlichkeiten zu erkennen. Wie auf unseren Bühnen durch die minutiös wahrheitsgetreue Inszenierung die abgelebte Konvention, die falsche Theatermoral nicht verdrängt worden sind, so ist auch im Roman für eine gesunde Natürlichkeitsrichtung noch nicht viel gewonnen, weil man sich endlich daran gewöhnt hat, richtige Straßennamen anstatt erfundener Bezeichnungen anzuwenden. Trotz der genauen Schilderungen der alten Fischerbrücke könnten gewisse Berliner Romane mit mindestens demselben Recht zu Clauren's Zeiten in Wolkenkukuksheim spielen, die nachträglich aufgepinselte ›Aktualität‹ braucht man nur abzukratzen, um den guten, alten Roman mit seiner rührseligen Verlogenheit zum Vorschein kommen zu sehen« (Maximilian Harden, [*Die Fanfare. Von Fritz Mauthner*]. In: *Die Nation*, Jg. 5, 1887/88, S. 623).

Max Kretzer (vgl. Dok. 36) war einer der herausragenden Repräsentanten des naturalistischen Romans. Die dok. Kritiken (s. Dok. 35–39) zeigen deutlich die Dominanz traditioneller Gattungsnormen als Beurteilungsmaßstab, und sie reflektieren auch Veränderungen im Schaffen Kretzers in den 80er Jahren. Bemerkenswert an der ob. dok. Besprechung erscheint die relative Aufgeschlossenheit des Kritikers gegenüber den inhaltlichen und ästhetischen Neuerungen, die die Romangattung durch das Schaffen Kretzers erfährt (vgl. hierzu Dok. z. Zola-Rezeption 101–113). Die Kennzeichnung Kretzers als »Zola der Reichshauptstadt« und seiner Darstellungsmethode als »Naturalismus« charakterisierten den Autor als grundlegenden Neuerer. »Naturalismus« war hier das Synonym für Schwarzmalerei, in die kein verklärender »Lichtstrahl« der Poesie fällt, für die Steigerung von Realismus als Entfernung von der Dichtkunst und damit Schönheit sowie die Einseitigkeit in der Darstellung des Häßlichen und damit Mangel an umfassender Wahrheit. Gegen Ende der 80er Jahre entfernte sich Kretzer in seinen Romanen und in seinen theoretischen Äußerungen deutlich von seiner mehr dokumentarischen Methode, mit der er sich zunächst über traditionelle Gattungsnormen hinweggesetzt hatte (vgl. Dok. 36).

36
Max Kretzer: *Zur Entwicklung und Charakteristik des »Berliner Romans«*. In: *Das Magazin für die Litteratur des In- und Auslandes. Organ des Allgemeinen Deutschen Schriftstellerverbandes.* Hrsg. v. Franz Hirsch. 54. Jg. Leipzig (W. Friedrich) 1885, Nr. 43, S. 669–671; hier: S. 670–671.

[...]

Ich darf das bescheidene Verdienst für mich in Anspruch nehmen, der Erste gewesen zu sein, der dem Roman, der in Berlin spielt, seine richtige Bezeichnung gab, und mit dem Realismus Ernst machte. Dickens und Daudet hatten mich begeistert. Nachdem ich in zahllosen Skizzen den Versuch gemacht hatte, das Volks- und Arbeiterleben Berlins, wie es sich wirklich zeigte, zu schildern, erschien bereits im Jahre 1879 in der selig entschlafenen »Bürger-Zeitung« unter dem Titel »Bürger ihrer Zeit« ein längerer Roman, der die Bezeichnung »Berliner Sittenbilder« trug. Ich habe ihn immer nur als einen realistischen Versuch betrachtet trotz der günstigen Aufnahme, die ihm später von Seiten der Kritik zu Teil wurde. Mit diesem Roman habe ich merkwürdige Erfahrungen gemacht, die für die Engherzigkeit unseres Publikums sprechen.

Daudet war im großen deutschen Publikum noch wenig bekannt, Zola fast gar nicht. Die Uebersetzungswut begann erst im Jahre 1880. Als mein Roman in der Zeitung gedruckt wurde, liefen wunderliche Klagen und Interpellationen von Seiten des Lesepublikums ein. Der Eine fragte an, ob denn das und das wirklich passirt sei, da die Straße genannt sei, in der er wohne. Der Zweite vermochte es überhaupt nicht zu begreifen wie man alles »so deutlich« machen könne; und der Dritte schließlich verbat sich allen Ernstes, den Roman fortzusetzen, da er »die Zeitung sonst abbestellen« müsse. Er sei nicht gewöhnt derartige »Gemeinheiten« tagtäglich zu lesen. Der Berliner Philister zeigte sich in seiner ganzen Ergötzlichkeit.

Als der Roman zwei Jahre später unter dem Titel »Sonderbare Schwärmer« im Buchhandel erschien, musste ich mich vorher aus »Geschäftsrücksichten« meinem Verleger gegenüber zu der Konzession versteigen, alles was direkt auf Berlin Bezug haben könnte, auszumerzen. Es blieb also nur noch der Roman übrig, der in der bekannten »großen Stadt« und in der »Residenz« spielt. »Norddeutsches Babel« wurde mir allenfalls gestattet.

Und als ich ein Jahr darauf mit meinem Roman »Die Betrogenen« einen Schritt weiter ging und unmittelbar in die Tiefen des Berliner Lebens griff, wurde es mir nur durch die Aufbietung meiner ganzen Beredsamkeit und durch den fortwährenden Hinweis auf die Franzosen möglich gemacht, dieselben Verleger für meine Anschauungen und für die Beibehaltung meiner örtlichen Schilderungen zu gewinnen. Der große Erfolg sprach für mich und die Verleger hatten sich nicht zu beklagen.

Der Anfang war gemacht, das Eis durchbrochen, der Berliner war litteraturfähig geworden. Aber auch dieser Roman verursachte mir Aerger. Der Besitzer einer Tanzkneipe in der Hasenhaide drohte mit einer Beleidigungsklage, nur weil seine ehrenwerte Firma erwähnt worden war; und der Besitzer eines großen Vergnügungsetablissements, das ich zur Staffage einer Szene gemacht hatte, suchte nur deswegen meine persönliche Bekanntschaft nach, um mir die Mitteilung zu machen, wie unangenehm ihm mein Besuch seines Lokales sei. Später, als er den Roman gelesen und sich von seiner Ungefährlichkeit überzeugt hatte, kehrte er den gebildeten Menschen hervor, der von der Wahrheit des Geschilderten überzeugt war. Mein nächstfolgender Berliner Roman »Die Verkommenen« erschien wiederum zuerst in einer großen Zeitung. Eines Tages lief ein energisches Schreiben eines Gymnasialoberlehrers bei der Redaktion ein. Der Herr, von dessen Existenz ich zuvor keine Ahnung gehabt hatte, forderte »umgehend« die Streichung »seines« Namens in dem Roman, da er eine Aehnlichkeit zwischen der Romanfigur und seinem ureigensten Ich finde. Unglücklicherweise war sein Name Dutzendweise nicht nur im Berliner Adressbuch, sondern auch über die Grenzen der Reichshauptstadt hinaus zu finden. Der gute Mann musste sich also beruhigen.

Tempora mutantur. Der Berliner hat mit der Zeit seine Engherzigkeit verloren und den Beweis gegeben, dass er würdig sei, als Weltstädter betrachtet und behandelt zu werden. Ist Berlin auch noch kein Paris, kein London, so wächst es doch mächtig heran, reckt es sich nach allen Seiten, um den steinernen Gürtel immer aufs Neue zu dehnen. Ganze Stadtteile sind seit einem Jahrzehnt entstanden, Straßenzüge schafft der Lauf eines Jahres. Zu gleicher Zeit häufen sich auch Not und Elend, entbrennt der Kampf ums Dasein aufs Aeußerste in demselben Maße, in dem Luxus und Reichtum überhand nehmen. Für den Romanschriftsteller liegt der Stoff sozusagen auf der Straße, erlernt er nur die Sprache, welche die Häuserkolosse reden, beherzigt er nur den Spruch des Dichters: »Greift nur hinein ins volle Menschenleben.«

Dem realistischen Roman gehört die Zukunft und nicht in letzter Linie dem »Berliner«. Ich habe versucht in kurzen Rissen meine Erfahrungen und Eindrücke in dieser Beziehung wiederzugeben, möge dieser Anregung einmal eine gründlichere Studie folgen.

Zum Schluss noch eins: Es giebt Leute, welche den realistischen Roman für eine leichte Schöpfung erklären. Ich halte das für grundfalsch. Der realistische Schriftsteller bedarf seiner Modelle, hat dieselben gründlichen Studien zu machen, wie jeder Maler, der es ernst mit seiner Kunst meint. Man kann in eine Welt, die Jeder vor Augen hat, keine imaginäre hinein bauen, ohne nicht auf Widerspruch zu stoßen. Und um die wirkliche Welt mit ihren Höhen und Tiefen kennen zu lernen, dazu gehörten Studien, Studien und nochmals Studien. Auch der Schriftsteller sollte sein litterarisches Skizzenbuch mit sich herumtragen.

Die Forderung, die Max Kretzer an den realistischen Romanautor stellt, nämlich die »wirkliche Welt« zu studieren, ein »litterarisches Skizzenbuch mit sich herumzutragen«, erinnert deutlich an die von Michael Georg Conrad in dem Band *Parisiana* (1880) geschilderte Arbeitsweise Zolas und an die von Zola in seiner Theorie des Experimentalromans als zentrale Elemente des naturalistischen Romans postulierten »documents humains«. Über die Vorarbeiten Zolas zu seinem Roman *Nana* berichtet Conrad in dem Band *Parisiana*: »So durchforschte er einige Monate lang kreuz und quer die Höhen und Tiefen der Welt, in welcher sich die Cocotte bewegt. Die einzelnen Beschreibungen ordnen sich so, daß sie gleichsam die Meilensteine bilden an dem Wege, den die Heldin des Romans zu wandeln hat« (a.a.O., S. 214).
    Entsprechend der divergierenden ästhetischen Konzeptionen wurde Kretzer innerhalb der naturalistischen Bewegung sehr kontrovers aufgenommen. Als Anhänger des französischen Naturalismus wurde er von Bleibtreu in dessen Schrift *Revolution der Litteratur* (Leipzig 1887, 3. Aufl.) begeistert als »ebenbürti-

ger Jünger Zola's«, als »Realist par excellence« vorgestellt, als »Bahnbrecher« des Berliner Romans und »Schöpfer des deutschen Realismus« (s. Dok. 8). 1889, nach dem Erscheinen von Kretzers *Bergpredigt*, erfährt das emphatische Lob wesentliche Einschränkungen. Bleibtreu spricht von »Beschränkung auf das Berliner Stoffgebiet« und »Mangel an tieferer Bildung«, die »ein Wachsen und Reifen dieses gewaltigen Talents zu höherem Dichtertum fast unmöglich« machten. Kretzers bis dahin letzter Roman war ihm jedoch ein »Beweis« dafür, daß der *Schriftsteller* Kretzer sich in aufsteigender Linie entwickelt«. (K. Bleibtreu, [*Die Bergpredigt*]. In: *Die Gesellschaft*, Jg. 5,2, 1889, S. 1781).

Eugen Wolff, einer der Initiatoren des literarischen Vereins »Durch« (vgl. Dok. 10) urteilte 1888 über Kretzers Roman *Drei Weiber*: »Innere Entwicklung und organische Geschlossenheit fehlen bei Kretzer, so dass von ihm vielmehr ein Berliner Kultur- und Sitten-*Bild* als ein eigentlicher ›*Berliner Roman*‹ geschaffen ist, [...] eine Sammlung von Portraits, hie und da durch ein Genrebildchen unterbrochen, keine künstlerische Geschlossenheit und Verklärung. Steht der deutsche Dichter somit an Lebenswahrheit wie an äusserer und innerer künstlerischer Kompositionsfähigkeit hinter Zola entschieden zurück, so kann er seinen Meister dennoch nicht verleugnen...« (s. E. Wolff, *Die jüngste deutsche Literaturströmung und das Prinzip der Moderne*. Berlin 1888 [= *Literarische Volkshefte*, Nr. 5], zit. nach: *Die Literarische Moderne*. Hrsg. v. Gotthart Wunberg. Frankfurt a.M. 1971, S. 21).

Für Julius Hart (1886) hingegen lieferte Kretzers literarisches Schaffen ein charakteristisches Beispiel dafür, »wohin die Befolgung von Zola'schen Lehren führen muß«, einer »Ästhetik, welche von dem wahren Wesen der Poesie keine Ahnung hat...« (s. Dok. 105).

Wie Kretzers Aufsatz aus dem Jahr 1889 zeigt (s. Dok. 18), erfuhren auch seine eigenen ästhetischen Auffassungen in wenigen Jahren wesentliche Veränderungen. Ähnlich wie bei Bleibtreu (vgl. Dok. 33) vollzog sich auch bei ihm eine Einstellungsänderung gegenüber Zola, den er als »großen Beobachter« zwar noch anerkannte, dem er aber nun die »großen Menschenkenner« wie Shakespeare oder Dostojewski vorzog, bei denen er vor allem das Innere des Menschen, die seelischen Vorgänge gestaltet fand. In einer 1966 erstmals veröffentlichten Stellungnahme zum Naturalismus wiederholt Kretzer seine bereits 1889 vorgetragene Realismuskonzeption, die vor allem eine starke Subjektivität und die Gestaltung innerer Vorgänge verlangte: »Realismus der Darstellung ist für mich in erster Linie die *Kraft* des Dichters, die Seelenvorgänge im Menschen mit den ihn umgebenden äußeren Vorgängen in Einklang zu bringen und als *wahrscheinlich* hinzustellen. Je größer die Kraft ist, um so glaubwürdiger werden die Vorgänge erscheinen« (zit. nach: Günther Keil, *Max Kretzer*. New York 1966, S. 106).

37
W.[ilhelm] B.[los]: *Meister Timpe. Sozialer Roman von Max Kretzer (Berlin 1888)*. In: *Die Neue Zeit. Revue des geistigen und öffentlichen Lebens*. Hrsg. v. Karl Kautsky. 6. Jg. Stuttgart (J.H.W. Dietz) 1888, S. 574–576.

Wir haben diese Dichtung des bekannten Romanschriftstellers, die er diesmal selbst als einen sozialen Roman bezeichnet, mit einer gewissen Befriedigung aus der Hand gelegt. Es ist wirklich ein sozialer Roman, den Max Kretzer diesmal geliefert hat, und wenn er auch nicht gerade alle Anforderungen erfüllt, die man an einen sozialen Roman stellen kann, so haben wir es doch ohne Zweifel mit einer Arbeit zu thun, die im Bereiche des sozialen Romans von Bedeutung ist und bleibt.

Mit dem Begriff des sozialen Romans haben gewisse Autoren dem Publikum gegenüber eine gewisse Täuschung, um nicht zu sagen einen Unfug getrieben. Man setzte dem Publikum

Arbeiten vor, die weit davon entfernt waren, soziale Romane zu sein, gab sie aber für solche aus. Denn mit der Neugestaltung unserer sozialen Zustände machte sich auch ein Bedürfniß nach Neugestaltung der Literatur geltend. Die Zeitromane, die ein Spiegel der Gegenwart sein sollen, konnten nicht mehr mit den alten Figuren auskommen, die aus der Wirklichkeit längst verschwunden sind. Der als Vorsehung einherwandelnde begüterte Junker, der ehrsame behäbige Bürger, der vor dem Junker ehrfurchtsvoll das Hauskäppchen abnimmt, die spießbürgerliche Heirath und die bürgerliche Solidität waren keine Ingredienzien mehr, aus denen man in unseren Tagen einen Zeitroman zusammenbrauen konnte. Unser Zeitalter mit Dampfmaschine, Telegraph und Eisenbahn, mit seinen gewaltigen technischen und industriellen Umwälzungen, mit seinen Klassenkämpfen und seiner fieberhaften Konkurrenz erfordert in erster Linie die Anerkennung des Alles belebenden und wahre Wunder schaffenden Faktors der modernen *Arbeit*, deren zahlreichste Träger als Arbeiterklasse sich zur Zeit in einem auf friedlichem Wege sich abspielenden großartigen Befreiungskampfe befinden. Das Massenelend der großen Städte neben dem übertriebensten Luxus schafft Gegensätze und Figuren, wie sie die kühnste Phantasie des Dichters nicht karakteristischer erfinden kann. Daraus erwächst zugleich für den sozialen Roman die Aufgabe, die sozialen Probleme unserer Zeit zu behandeln und zu zeigen, wie sie aus den Zuständen selbst herauswachsen.

Die handwerksmäßigen Romanschreiber, die nicht im Stande waren, den mächtigen sozialökonomischen Umänderungen unserer Zeit zu folgen, glaubten sich die Sache leicht machen zu können. Sie ließen ihre Romane ganz nach dem alten spießbürgerlichen Muster sich abspielen und nahmen unter die Helden einen Arbeiter oder eine Arbeiterin auf. Damit glaubten sie die Anforderungen der Zeit erfüllt zu haben. Von einem tieferen Eingehen auf die Zerklüftung der Gesellschaft und auf ihre ökonomische Struktur war nur selten etwas zu bemerken.

Eine andere Richtung, die sich für eine revolutionirende ansah, vergaß völlig, daß der soziale Roman immer eine Dichtung bleiben muß und daß eine solche, wenn sie anders vor der Kritik bestehen will, auch der Aesthetik nicht entrathen kann. Diese Richtung glaubte die Kennzeichen des sozialen Romans darin suchen zu müssen, daß in einem solchen die Verhältnisse ohne alle Schminke dargestellt seien. Aber sie schüttete das Kind mit dem Bade aus und hielt das Hervorzerren des Gräßlichen, Widerwärtigen und Abstoßenden für das Wesen des sozialen Romans. Eine Reihe von sehr jugendlichen Schriftstellern ergriff die bequeme Gelegenheit, alle Kunstgesetze in den Staub zu treten, und wälzte sich im Schmutz. Es gab sogenannte soziale Romane, die nur als eine Anhäufung von Zynismen erschienen. Das Publikum gab dieser Richtung seinen Widerwillen sehr deutlich zu erkennen.

Fern ab von diesen beiden Richtungen hat Max Kretzer seinen eigenen Weg eingeschlagen.

Kretzer's frühere Romane beschränkten sich vielfach auf Sittenschilderungen, bei denen manchmal die Aesthetik ein wenig zu kurz kam. Sein »Meister Timpe« weist darin einen Fortschritt auf und zeigt, daß man einen sozialen Roman schreiben kann, ohne mit den Schwächen und Absonderlichkeiten der oben gekennzeichneten beiden Richtungen behaftet zu sein.

Kretzer giebt in seinem »Meister Timpe« eine Schilderung sozialer Zustände und Umwälzungen, an denen die handelnden Personen betheiligt sind. Der Autor hat sich zur Aufgabe gestellt, den Konkurrenzkampf zwischen dem Großkapital und dem ehrbaren Handwerk zu schildern, in welchem Kampfe das Handwerk naturnothwendig erliegen muß. Wir betreten die saubere Werkstatt des fröhlichen Drechslermeisters Timpe, der mit sechs Gesellen arbeitet und auf seinem ererbten Anwesen haust. Durch seine Kunstfertigkeit erwirbt er sich reichlichen Unterhalt und ein kleines Vermögen. Der Sohn, Franz Timpe, ist von dem Zuge der Zeit erfaßt; er will höher hinaus und die Eltern lassen ihn Kaufmann werden. Es gelingt ihm, sich durch seine kaufmännische Befähigung in einem angesehenen Hause eine einflußreiche Stellung zu erwerben; man verlobt ihn sogar mit der Tochter des Hauses, in dem er beschäftigt ist, und macht ihm Aussicht, Associé zu werden.

Der Parvenu wendet sich hochmüthig von seinen schlichten Eltern ab und benachrichtigt sie nicht einmal von seiner Verlobung, worauf dem bethörten Meister endlich die Augen über seinen Sohn aufgehen. Aber das Glück des Sohnes wird der Ruin des Vaters; die moderne Konkurrenz und die Jagd nach Gewinn korrumpirt eben Alles. Denn das Haus, in dem der junge Timpe beschäftigt ist, legt eine große Fabrik an, die dem alten Timpe eine vernichtende Konkurrenz bereitet. Der alte Timpe hat in seinem Hause eine Anzahl von ihm selbst verfertigter Modelle; sein neuer Konkurrent weiß den jungen Timpe dahin zu bringen, daß er nächtlicher Weile in das Haus seiner Eltern einbricht und die Modelle stiehlt. Die Fabrik stellt dann nach diesen Modellen die Waaren so billig und so massenhaft her, daß dem Meister Timpe alle seine Kunden abspenstig werden. Er kämpft einen Verzweiflungskampf und der an bessere Zeiten gewöhnte Mann will nicht einsehen, daß er dabei erliegen muß. Man könnte hinzufügen, daß der kapitalkräftige Großbetrieb nicht erst solcher Mittel; wie des Modelldiebstahls, bedarf, um einen schwachen Konkurrenten zu ruiniren. Aber der Diebstahl soll anschaulich machen, wie korrumpirend die moderne Jagd nach Gewinn wirkt.

Der junge Timpe ist inzwischen wirklich Associé geworden und hat die Tochter aus dem Hause, wo er angestellt ist, geheirathet. Er sieht fühllos zu, wie sein Vater unter der mörderischen Konkurrenz erliegt und hilft ihn noch vernichten. Die Meisterin Timpe erliegt unter der Last der auf sie einstürmenden Ereignisse. Meister Timpe muß nach und nach seine Arbeiter entlassen, sein Vermögen, das er längst hat angreifen müssen, ist zur Neige gegangen. Mit seinem Altgesellen, der Sozialist ist und seinem Meister eine rührende und seltene Treue bewahrt, bringt sich der Meister kümmerlich durch. Da wird ihm eine Hypothek gekündigt, die auf seinem Hause steht; nun ist auch dies letzte Besitzthum, seine feste Burg, bedroht. Der Meister wird irre an sich und an den Menschen; er stößt den treuen Altgesellen von sich und macht allerlei tolle Streiche. Er sperrt sich in seinem einsamen Hause ab und wird ganz verwildert.

In der Fabrik seines Konkurrenten bricht ein Strike aus und als die strikenden Arbeiter sich versammeln, erscheint Meister Timpe und hält eine wahre Brandrede gegen die Großindustrie. Er ist sonst ein sehr konservativer Mann; nun tritt er aber wie ein Revolutionär auf, wofür er in Untersuchung gezogen wird. Das macht ihn vollends verwirrt und menschenfeindlich und als die Gefahr, daß ihm sein Haus genommen wird, näher rückt, zündet er sein Haus an und kommt in dem Qualm um.

So endet der brave und solide Handwerksmann, während sein nichtsnutziger Sohn stolz auf der Höhe, die er erklommen, weiter schreitet.

Dies der Inhalt des überaus fesselnden und interessanten Romans, in welchem in kräftigen Zügen gezeigt ist, wie Fleiß, Kunstfertigkeit und Solidität im Handwerk nicht Stich halten können gegenüber der vernichtenden Konkurrenz des Großkapitals im modernen Industrialismus. Hier haben wir sonach in Wahrheit den sozialen Roman vor uns, dessen Boden die heutigen sozialen Zustände und dessen Handlung die heutigen sozialen Kämpfe bilden. Der Dichter weiß kein Heilmittel vorzuschlagen, das dem Vernichtungsprozeß, den er geschildert, Einhalt zu thun vermag; er hat auch nicht die Pflicht dazu. Das kann er den Sozialökonomen überlassen. Er zeigt uns die klaffenden Wunden der Gesellschaft und wie der Sozialphilosoph an unseren Verstand, so appellirt der Dichter an unser Herz, um Mitgefühl zu erwecken und alle werkthätigen Geister heranzuziehen zur Lösung der großen sozialen Probleme der Gegenwart.

Wir glauben uns gestatten zu dürfen, den Autor darauf aufmerksam zu machen, daß ein sorgfältiger gefeilter Stil die von ihm gebotene Lektüre noch angenehmer und schmackhafter machen würde.

Wilhelm Blos (1849–1927), Journalist und Historiker, gehörte zum rechten Flügel der Sozialdemokratie. *Die Neue Zeit*, in der die ob. dok. Aufsätze erschienen, wurde 1883 als theoretisches Organ der Sozialdemokratie gegründet und von Karl Kautsky redigiert.

1884 wurde Max Kretzer in der *Neuen Zeit* erstmals von Julie Zadek als einziger der naturalistischen Richtung zuzuordnender Autor in ihrem Beitrag *Die neueste deutsche Belletristik* erwähnt. Julie Zadek nahm darin Stellung zu Kretzers Roman *Die Betrogenen*, der sie zu scharfer Kritik veranlaßte. Daß Kretzer als »deutscher Zola« bezeichnet wurde, konnte für sie nur aus einem falschen Begriff von Naturalismus resultieren: »Nun, dem naiven Gemüt, das unter Naturalismus Geringschätzung der künstlerischen Form, Rohheit der Sprache und einen seichten, jeder Originalität und tieferen psychologischen Einsicht entbehrenden Geist versteht, mag Kretzer wohl der Naturalist par excellence sein.« Dagegen bekannte sich Julie Zadek zu einem anderen Naturalismus-Begriff. Für sie bedeutete »Naturalismus Erkenntnis des ursächlichen Zusammenhanges des einzelnen Individuums mit dem großen Ganzen, der Natur, der Gesellschaft, dem Staate; naturalistisch denkend, nehmen wir an, daß nicht der Mensch die Verhältnisse willkürlich schafft, sondern die Verhältnisse den Menschen bestimmen und daß es demnach die Aufgabe des gewissenhaften Beobachters sei, die natürlichen und sozialen Bedingungen zu studiren, welche der Entwicklung dieses Menschen diese und keine andere Richtung gaben.« In diesen Ausführungen ist deutlich der Versuch zu erkennen, die naturalistische und sozialistische Wirklichkeitsauffassung zur Übereinstimmung zu bringen. Zadek gesteht Kretzer schließlich lediglich »die besten Absichten« zu und erteilt ihm aber den »wohlgemeinten Rat [. . .], vor allen Dingen die deutsche Sprache gründlich und gewissenhaft zu studiren« (in: *Die Neue Zeit*, Jg. 2, 1884, S. 249).

Wilhelm Blos widmete Max Kretzer die erste ausführlichere Besprechung 1886 in der *Neuen Zeit* (W. Blos, *Der soziale Roman. Eine kritische Plauderei*. In: *Die Neue Zeit*, Jg. 4, 1886, S. 424–428). Blos widersprach darin dem vielfach wiederholten Vergleich von Kretzer und Zola. Während Blos Zolas Romane als »soziale Romane im eigentlichen Sinn des Wortes« anerkannte, ließ er diese Bezeichnung für die Prosa Kretzers nicht gelten. Seine Kritik des Romans *Drei Weiber* zeigt deutlich, daß es Blos um eine bestimmte Roman*form* ging, die er bei Kretzer vermißte: *Drei Weiber* betrachtete er als eine Aneinanderreihung von »zum größten Theil vortrefflich gezeichneten Sittenbildern«. Der Roman müsse allerdings »das ganze Gebäude der gesellschaftlichen Einrichtungen vor uns emporsteigen lassen und uns seine

Gestalten im Verhältniß zu diesen Einrichtungen zeigen« (ebd., S. 428). Blos bemängelte darüberhinaus das Fehlen eines eigentlichen Helden sowie auch der »Pointe« als Abschluß des Romans. In der ob. dok. Besprechung des *Meister Timpe* sah Blos schließlich seine Forderungen an einen sozialen Roman erfüllt, da der Dichter »Mitgefühl« erregt, an das »Herz« seiner Leser appelliert, zur »Lösung der großen sozialen Probleme der Gegenwart« beizutragen (s. Dok. 37).

Eine intensivere Auseinandersetzung zwischen der Sozialdemokratie und der naturalistischen Literaturopposition beginnt erst 1890. Insbesondere Franz Mehring trug in dieser Diskussion wesentlich dazu bei, Vorstellungen einer eigenständigen proletarischen Ästhetik zu entwickeln (vgl. hierzu Dok. 78–92).

38
Wolfgang Kirchbach: »Meister Timpe.« In: *Das Magazin für die Litteratur des In- und Auslandes. Wochenschrift für Weltliteratur.* Hrsg. v. Wolfgang Kirchbach. 57. Jg. Dresden (Verlag des Magazin für die Litteratur des In- und Auslandes) 1888, Nr. 30, S. 473–474.

Tieferschüttert, im Innersten gepackt, mit der Empfindung eines vollen und unvergällten Kunstgenusses habe ich das Buch vom »Meister Timpe« aus der Hand gelegt, das uns Max Kretzers kernhafte Dichterbegabung geschenkt hat. Es ist die einfache und bitterlich wahre Geschichte eines Drechslermeisters im Osten Berlins, der acht Gesellen in seiner Werkstatt beschäftigt, das Muster eines braven und tüchtigen Handwerkermeisters, eines gut märkischen Bürgers und Unterthanen seines Königs und Kaisers, der durch den Bau einer großen Fabrik, nachbarlich hinter sein Haus gesetzt, welche »billig und schlecht« dieselben Drechslerwaren wie er selbst herstellt, zu Grunde gerichtet wird. Also der Kampf des Handwerks gegen die Großarbeit, dieser Verzweiflungskampf, der gegen den Schluß des Romanes den bürgerlichen, königstreuen Meister in die Reihen der Sozialdemokraten wider seinen eigenen Willen treibt. Die tragische Verstrickung der Handlung ist dadurch gegeben, daß Meister Timpes einziger Sohn Franz, der, ein kalter, berechnender und leichtsinniger Streber, höher hinaus will, der Mitbesitzer jener benachbarten Fabrik ist, welche den Vater um Arbeit und Brot bringt. Franz hat die Stieftochter des Nachbars, die ihn liebt, heimgeführt und er hat dieses und mehr erreicht dadurch, daß er seinem Vater die kunstvollsten Drechslermodelle heimlich entwendete, welche der Erfindergeist Meister Timpes angefertigt hatte. Das eigene Fleisch und Blut richtet so den Alten durch seine eigene Kunst zu Grunde. Meister Timpe, welcher gegen den Wettbewerb der Fabrik nicht aufkommen kann, muß nach und nach alle Gesellen und Lehrlinge entlassen, der greise achtzigjährige Ahne stirbt ihm weg, die Gattin geht dahin, nachdem Timpe das Furchtbare erfahren hat; er selbst vereinsamt, wird zum Sonderling und schließt sich in sein Haus ein; seinem grenzenlosen Schmerz, seinem furchtbaren Leid macht er endlich Luft, indem er in einer Arbeiter- und Wahlversammlung, er, der Meister, den Aufruhr gegen die bestehende Staatsordnung predigt. Dann schließt er sich wieder ein; als man ihn aus seinem väterlichen Erbe vertreiben will – er kann für die gekündigte Grundschuld auf seinem Hause nicht mehr aufkommen – verbarrikadiert er sich und verkriecht sich in seinem Keller, wo man ihn von Rauchwolken des Feuers, das er selber angesteckt hat, erstickt findet. Während man den Toten oben im Zimmer niederbettet, ertönt tausendfaches Hurrarufen; der erste Dampfzug, der die neue Berliner Stadtbahn einweiht, welche hinter Timpes Haus hinweggebaut ward, rollt geschmückt und bekränzt vorüber, ein Sinnbild der neuen Welt, welche das Alte überrennt.

Diese einfache Geschichte ist entworfen und ausgeführt mit dem sicheren und zielbewußten Können eines reifen Künstlers, der im kleinen Kreise ein Sinnbild allgemeiner Zustände giebt. Die kleinsten und unscheinbarsten Züge der Schilderung bringen die tiefsten, nachhaltigsten Gemütserschütterungen hervor. Zarte und naturwahre, mit zurückhaltendem Humor erzählte Züge heitern die ersten Teile der Erzählung auf, die dann immer mehr sich umnachtet, um in herzbewegender tragischer Düsternis zu enden. Wir bewundern Kretzers liebenswürdige Beobachtung des Kleinlebens, die ebenso sehr an Dickens, wie an Jean Paul erinnern würde, wenn sie nicht durchaus eigenartig wäre; eine Spielart des norddeutschen Mannes zu sehen, zu beobachten und das Beobachtete gemütvoll festzuhalten. Wie lebenswahr und sinnig ist z. B. das Bild von »Franzens Ruhe«, jenes Ruhesitzes, den der Meister sich im hohen Wipfel eines Baumes in seinem Gärtchen zurechtgezimmert hat, zu dem er täglich hinaufsteigt, um Lugaus ins Nachbargrundstück zu halten und in die enge Welt von Giebeln und Dächern und Hintergärtchen umher, der hohe Wallfahrtsort, den er »Franzens Ruhe« nach seinem Sohne nennt, der ihm später so entartet; wie hübsch und wahr sind solche Züge, wenn der Meister, da der Sohn zum ersten Balle geht, ihm eigenhändig den Rock ausbürstet; wie ist hier, in der Schilderung des Altgesellen und der Lehrlinge, überall jene gemütvolle und schlagende Schilderung des Kleinlebens bis auf die ehrenwerten Herren Nachtwächter hin, und wie lebenswahr und richtig ist das Berlinertum in seiner gutmütigen Gröblichkeit und Strammheit, seiner schier ländlichen Naivität, seiner hausbackenen Plattheit und drolligen Ursprünglichkeit zugleich erfaßt! Wie ruhig und sicher gebietet Kretzer über die Darstellung des Erschütternden, des handfest Gewaltigen; wie ungesucht und maßvoll weiß er zu wirken! Wahrlich, Meister Timpe darf wohl auch das Drechslermeisterstück des Verfassers heißen, es ist hier eine knappe und ruhige Künstlerschaft, die wir von dem Verfasser der »Verkommenen« nicht so bald erwartet hätten.

»Meister Timpe« ist ein grunddeutsches Buch, das endgiltig nicht nur den Verfasser, sondern die jüngere deutsche Litteratur überhaupt von der schiefen Bezeichnung des Naturalistentums freisprechen sollte. Ich begreife nicht, wie man den Verfasser dieses Buches jemals als einen »Naturalisten« hat bezeichnen können. Naturwahr, lebenswahr ist das Buch freilich; ein gesunder Wirklichkeitssinn und die Liebe des Künstlers zur Wirklichkeit waltet darin; aber es ist nicht jene rohe, nervenkranke Wirklichkeit, nicht jene ekelhafte Unwahrheit dessen, was man das Naturalistentum nennt, sondern eine wahrhaft dichterische, kerngesunde, humorvolle, gemütvolle und ruhig wahrhaftige Darstellung, wie sie in ihrer Art ein Dickens, ein Reuter, ja überhaupt jeder hat, der ernstliche dichterische Wirkungen im Roman anstrebt. Hier ist sogar eine Kunst, das Seelenleben in seinen wesenhaftigsten Einzeläußerungen zu schildern, in seine zarteren Fasern zu verfolgen, die wir in den Massenwirkungen eines

Zola keineswegs finden. Eine Gestalt wie Meister Timpe, so feinfühlig in allen Wandlungen ihres Seelenlebens, in den einzeln hervorblitzenden Zügen der geistigen und gemütlichen Gesamtgestalt beobachtet, so zart an der Grenze der bezeichnenden Seelenzustände hingeführt, hat Zola in seiner Eigenschaft als Naturalist nie fertig gebracht und wir stehen nicht an zu behaupten, daß Kretzer mit gutem Gewissen sagen könne über dieses Buch: »anch' io son' pittore!«

Wenn wir etwas an dem Werke auszusetzen hätten, so wäre es das Gefühl einer gewissen Schwerfälligkeit des Wortes, das uns hie und da bedrückt hat. Zwar ist das Werk besser geschrieben als irgend eines desselben Verfassers. Jene schiefohrigen Redewendungen und Satzgebilde aus früheren Schilderungen des Mannes finden wir hier kaum noch, auch mit der deutschen Sprachlehre hat Kretzer, wie es scheint, nunmehr seinen Frieden geschlossen; dennoch hat die Vortragsweise an einigen Stellen noch immer etwas, woran man fühlt, daß die Sprachbeherrschung nur unter schweren Kämpfen errungen scheint. Allerdings liegen hier auch wieder gewisse Vorzüge; es ist eine Holzschnittmanier Sätze und Redewendungen zu fügen und Anschauungen darzustellen, statt der feinen Kupferstecherarbeit, die Männer wie Storm und Heyse pflegen, statt der ruhigen Lichtaufnahme der Dinge in der Dunkelkammer seines Auges, die Gottfried Keller übt – man gestatte mir einmal, das Bild von der »Photographie« in etwas anderem und richtigerem Sinne zu brauchen, als man gemeinhin beliebt – aber diese Holzschneidekunst des Dichters Kretzer steht diesmal in so naturgemäßem Einklang mit der Drechslerkunst seines Helden, daß wir sagen, auch hierin wirkt ein guter und ungeschminkter Geist, der das Rechte sucht und findet. Ich wünsche nur, daß jeder Leser gleich herzlichen Genuß von dem Werke habe, wie ich ihn gehabt, der ich es mit jener heilenden und heilsamen Erschütterung gelesen, die ein echtes Kunstwerk erzeugt.

Wolfgang Kirchbach (1857–1906) studierte in Leipzig Philosophie und Geschichte, kam 1879 nach München, wo er als Schriftsteller tätig wurde. Er befreundete sich mit Michael Georg Conrad und war ursprünglich als Mitherausgeber der *Gesellschaft* vorgesehen, was aber an finanziellen Gründen scheiterte. Nachdem der Verleger Wilhelm Friedrich das *Magazin für die Litteratur des In- und Auslandes* 1888 an den Verleger F. Ehlermann verkauft hatte, wurde Kirchbach als Redakteur der Nachfolger Bleibtreus (bis 1890). Nach 1890 war Kirchbach Theaterreferent für die *Dresdner Nachrichten*, 1896 ging er nach Berlin und wurde dort 1899 Direktor der historischen modernen Festspiele. 1911 hieß es in dem *Führer durch die moderne Literatur* über Kirchbach: »Ein Moderner, obwohl er, stets seinen eigenen Weg gehend, die revolutionäre Bewegung der letzten achtziger Jahre nicht mitgemacht hat, ist er – neben dem merkwürdigen Wilhelm Walloth – der einzige den die Sturmflut des modernen Gedankens nicht von der Bildfläche weggeschwemmt hat« (*Führer durch die moderne Literatur*. Begr. v. Hanns Heinz Evers, neue vollst. durchgearb. Aufl. Berlin 1911, S. 106).

Die wichtigsten Veröffentlichungen Kirchbachs in den 80er Jahren waren: *Salvator Rosa. Roman.* 2 Bde., Leipzig 1880; *Kinder des Reiches. Ein Romancyclus.* 2 Bde., Leipzig 1883; *Waiblinger. Ein Trauerspiel unserer Zeit in fünf Aufzügen.* München 1886; *Ein Lebensbuch. Gesammelte kleinere Schriften, Reisegedanken und Zeitideen.* München/Leipzig 1886.

Bereits in seinem ersten Roman *Salvator Rosa*, an dem er als zwanzigjähriger zu schreiben begann, setzte sich Kirchbach kritisch mit dem Problem des Naturalismus auseinander. In seiner *Selbstbiographie* schreibt er dazu: »Ribera [d. i. der Gegenspieler von Salvator Rosa, Ch. M.] als Vertreter der naturalistischen Schule nimmt hier sehr vieles voraus, was später erst Zola in ›L'Oeuvre‹ und unsere junge literarisch und malerisch naturalistische Schule gebracht hat. Mir aber war es in diesem Werke bei eigener stark naturalistischer Darstellung und Derbheit darum zu tun, auch die Tragik dieses Naturalismus zu schildern, von dessen Herannahen und Notwendigkeit ich mir ganz bestimmte Vorstellungen machte« (W. Kirchbach, *Selbstbiographie*. In: Wolfgang Kirchbach in seiner Zeit. Hrsg. v. Marie Luise Becker und Karl v. Levetzow, München 1910, S. 3). Wolfgang Kirchbachs Stellung zur naturalistischen Bewegung wurde wesentlich dadurch bestimmt, daß er in seinen ästhetischen Anschauungen dem poetischen Realismus stark verpflichtet war. Otto Ludwig und Hermann Hettner waren Freunde seiner Eltern und verkehrten regelmäßig bei der Familie in den 60er Jahren in Dresden. Darüberhinaus beschäftigte sich Kirchbach in den 80er Jahren aber ebenso wie viele andere junge Autoren mit »Studien der Kunst und Philosophie, Naturwissenschaft und sonstigem Wissen, deren Kenntnis« Kirchbach »unerläßlich schien für eine volle Abspiegelung unseres Lebens« (ebd., S. 6). Ebenso setzte er sich in seiner Novellensammlung *Kinder des Reiches* wie auch in dem Drama *Waiblinger* intensiv mit aktuellen sozialen Problemen auseinander.

Entscheidend war für Kirchbach aber der Anspruch, »dem gesteigerten Alltagsleben unserer Zeit, dem sogenannten ›Modernen‹, in jeder Gestalt die poetische Seite abzugewinnen, die Kraft und phantasievolle Größe unseres technischen, arbeitsamen Lebens inmitten der Maschinen und Telephone« (ebd., S. 6). Von daher bestimmte sich seine Distanz zu Zola (vgl. Schmettermaul [d.i. Wolfgang Kirchbach], *Roman und Dichtung*. In: *Das Magazin für die Litteratur des In- und Auslandes*, Jg. 54, 1885, Bd. 107, S. 33–36, 49–52, 66–70) und 1888 auch seine Abrechnung mit der naturalistischen Bewegung in Deutschland (vgl. Dok. 62).

1886 schrieb Hermann Conradi in einer Besprechung von Kirchbachs *Lebensbuch*: »Kirchbach beginnt im nächsten Jahr sein drittes Jahrzehnt. Er hat fünf bis sechs Bücher geschrieben, die ihn zu einem der bekanntesten Schriftsteller aus der jüngeren Generation gemacht haben. Zugleich haben sie ihm das Gesicht eines sehr merkwürdigen Schriftstellers gegeben. Kirchbach hat eine ganz eigene Art, zu sehen, aufzufassen, von sich zu geben [...] zu gestalten [...]. Und doch ist es schwer die charakteristischen Linien und Striche dieser Persönlichkeit herauszufinden, weil Kirchbach unter den sonderbarsten geistigen Voraussetzungen, wenn ich so sagen darf, an die sonderbarsten Motive herangeht. Sein Interessenreich ist ein außerordentlich weites und mannigfaltiges. Politik, Philosophie, die bildenden Künste, Literatur...« (Hermann Conradi, *Wolfgang Kirchbachs »Lebensbuch«*. Zit. nach: H. Conradi, *Ich bin der Sohn der Zeit. Ausgewählte Schriften*. Hrsg. v. R. Bernhardt. Leipzig und Weimar 1983, S. 198).

In der ob. dok. Besprechung vergleicht Kirchbach Kretzer mit Zola und er stellt ihn sogar über ihn, vor allem wegen seiner »Kunst das Seelenleben in seinen wesenhaftigsten Einzeläußerungen zu schildern« (s. Dok. 38). Dagegen hatte Kirchbach Zola kritisiert, da er zwar ein *»scharfer* Beobachter der engen, engbrüstigen sogenannten ›Natur‹« sei. Der »Umfang seiner beobachtenden Kraft« aber sei ein »geradezu erstaunlich geringer«. »Zola kennt nur eine Methode der Beobachtung, während eine erste Forderung an einen *modernen* Geist und Dichter diejenige sein müsste, dass er alle denkbaren Methoden kennt und ausübt, denn letzteres ist die wahre Signatur moderner Wissenschaft« (in: *Das Magazin für die Litteratur des In- und Auslandes*, Jg. 54, 1885, Bd. 107, S. 34).

39
Wilhelm Bölsche: *Die Poesie der Großstadt.* In: *Das Magazin für Litteratur.* Red.: Otto Neumann-Hofer. 59. Jg. Berlin (F. u. P. Lehmann) 1890, Nr. 40, S. 622–625.

Die moderne Großstadt ist baar aller Poesie, – wie oft das schon ausgesprochen worden ist! Man durchblättere die nachgelassenen Briefwechsel von Dichtern, die gezwungen waren, ihren Lebensabend im emporwachsenden Berlin, dem Berlin, das Großstadt vor ihren Augen wurde, zuzubringen. Klagen, nichts als Klagen! Das Ende aller Poesie ist dieses grauenvolle Häusermeer. Wer nicht die Mittel hat, wenigstens ein Drittel des Jahres fern von dieser kalten Welt in irgend einem Waldwinkel oder Seebade sich aufzuhalten, dem versiegt alsbald der heilige Quell, sein Herz wird leer und roh wie diese Steinkolosse, diese ungeheueren, schwirrenden Geschäftsräder, er geht unter an Leib und Seele.

Ich bin aus der Provinz nach Berlin gekommen, und was ich so oft gelesen hatte, habe ich geglaubt. Ich habe mir unter ein paar Jahren berliner Leben etwas vorgestellt wie eine bittere Kur, die man der Not gehorchend, schon einmal als moderner Mensch auf sich nehmen müsse zur Stählung des Geistes; die Poesie, so dachte ich, müsse fein säuberlich im untersten Gefache meines Koffers eingepackt liegen und liegen bleiben, bis diese schlimme Zeit der zwangsweisen Nordpolfahrt überstanden sei, später, bei Waldgrün und Bachesrauschen sollte sie schon wieder eine fröhliche Auferstehung feiern. Jahre sind vergangen und ich habe Berlin lieb gewonnen, nicht, wie so mancher, weil ich hier in hervorragendem Maße mein materielles Glück gemacht hätte, sondern als Poet. Wenn ich jetzt die Stadt durchwandere, vom Zentrum mit seinem wilden Strudel bis hinaus zur stillen Vorstadt, wo Welt und Welt Dorf und Großstadt, Häusermeer und wogende Saatfläche sich berühren, so habe ich in mir nur *ein* Gefühl, das Gefühl der Ohnmacht gegenüber dieser Fülle des poetischen Stimmungsgehaltes, dieser Ueberfülle, die fast erdrückt, die in ihrer Größe nur *einem* gleicht, nämlich der Riesenstadt selbst. Ich habe mich sagen müssen: woher kommt dieser Gegensatz, wo liegt der Grund für jenes schiefe, voreilige Urteil, das so oft aus so gewichtigem Munde erklingt?

Mancherlei Ursachen treten hier zu gemeinsamer Wirkung zusammen.

Zunächst wird in einer ganz unberechtigten Weise die nervöse Ueberreizung, die das großstädtische Treiben bei jedem, der im »*Kampf ums Dasein*« steht, notwendig hervorruft, mit dem *poetischen Stimmungsgehalte*, der sich dem unparteiischen Beobachter aufdrängt, verwechselt. Das ist ja wahr: das berliner Leben macht nervös, sobald man selbst ein Stück Berlin wird, selbst mit in den Wettbewerb eintritt. Der moderne Dichter, der nicht mit Fortunas Beutel geboren wird, muß ja nun auch um sein Leben ringen. Alljährlich drängen sich ganze Schaaren von jungen, künstlerisch begabten Menschen nach der Hauptstadt. Zu Hause haben sie lyrische Gedichte geschmiedet, von Sinnen und Minnen geschwärmt. In Berlin packt sie das große Rad der Lohnarbeit für den Tag. Sie müssen Feuilletons schreiben, um zu leben, sie müssen die Luft der Zeitungsdruckerei atmen, in ihren Mußestunden ist ihre Beschäftigung das nervöse, unendlich wertlose Streiten mit Genossen am Biertisch oder im

Kaffe. Von Berlin sehen die jungen Leute eigentlich nichts, sie sehen blos das Stückchen Facharbeit. Nun will der eine oder andere aber doch Romane schreiben. Es entsteht die unglückliche Spezies des neueren berliner Romans. Da ist alles mit dem roten Feuerschein krankhafter Nervosität beleuchtet. Die Stadt erscheint halb als eine Hölle, halb als ein Ort der grauen Langeweile. Alles ist Tendenz, die Menschen Karrikaturen, die Handlung im besten Falle eine peinliche Kriminalgeschichte. Von den echten Stimmungen, die studiert sein wollen und zwar von ganz gesunden Augen, von der *echten* realistischen Erklärung aus den Verhältnissen, ja selbst nur von irgend welchen charakteristischen, der Großstadt eigentümlichen Situationen ist da kaum die Rede. Es ist klar, daß der gesunde Leser sich von solchen Büchern mit einigem Schrecken zurückzieht und den Mangel an Poesie, den er in diesen nervösen Stadtprodukten allerdings findet, auf die Stadt als Objekt überträgt. Man wird mir einwenden, es gäbe auch wohlhabende Poeten in Berlin, solche, die nicht in der Tretmühle säßen, die ihr wohlverdientes Auskommen hätten. Diese aber zögen sich mit Abscheu vor der Großstadt als dichterischem Gegenstande zurück. Leider könnte man hier bestätigend gute Namen nennen. Wie Berlin seine jungen Dichter hat, die nichts kennen als Redaktionsstube, Bierlokal und Kaffe, deren Lektüre die Fachzeitung, deren weibliches Ideal die Kellnerin und deren Weltanschauung trotz des angeblichen Realismus die trockenste Bücherweisheit ist, so hat es seine hochehrwürdigen älteren Herrn vom Pegasus, die absolut niemals irgend etwas von ihrer eigenen Hauptstadt gesehen haben als C und W, Centrum und Westen, die eleganten Viertel, und auch die nur in den eleganten Straßen und Häusern. Wenn man bei solchen Leuten Entdeckungsfahrten in entlegeneren Winkeln der Stadt erzählt, so hat es den Anschein, als ob man von Innerafrika oder Südamerika spräche, so groß ist das Interesse. so groß ist aber auch die Unkenntnis beim Zuhörer. Und doch schreibt man auch in diesen Kreisen berliner Romane. Selbst ein Mann wie Spielhagen ist hier nicht auszuschließen. Man nehme einen Roman wie seinen »Neuen Pharao«. Hier ist die Lektüre der Tagesblätter ebenso bemerkbar, wie die Kenntnis der feinen und halbfeinen Salons in Berlin W.; von Kenntnis der Stadt und ihres echten Stimmungsgehaltes keine Spur, ja überhaupt kein Anlauf, nach dieser Seite etwas zu bieten; einiges, was nicht zu umgehen war, ist erfunden – und das ist falsch, anderes ist nicht gekannt. Der Leser muß notwendig auch hier ein Gefühl unsäglicher Farblosigkeit bekommen, und hier wird er in erhöhtem Maße die Schuld der Stadt beimessen, denn er weiß vielleicht von früher her, daß Spielhagen (um bei dem Beispiel zu bleiben) da, wo er zu Hause ist, etwa am Seestrande, immer ein Meister des Lokalkolorits gewesen ist.

Das sind nun ein paar Gründe mehr äußerlicher Art. Es giebt auber auch solche von weit mehr innerlicher Natur. Man redet heute mit besonderer Vorliebe von den Gegensätzen zwischen Realismus und Romantik. Das spielt auch in dieses Kapitel der Großstadt-Poesie hinein, man muß die Dinge nur richtig fassen. Romantik ist ein böses Wort, fast so arg wie das allerdings noch etwas schlimmere Unglückswort Idealismus. Wenn man Romantik allgemein faßt als das lyrische Element der Dichtung, so ist es gar nicht in Gegensatz zu einem irgendwie vernünftigen Realismus zu bringen, denn eine Aesthetik, die uns die Lyrik streichen wollte, wäre vollkommener Wahnsinn. Fassen wir den Begriff aber enger! Nehmen wir etwa Eichendorff. Man beachte, wie eng hier das Stoffgebiet der Lyrik geworden ist. Träumereien, Weltflucht, ewige Sehnsucht nach dem Alten, Verlorenen: Waldesstille, Glockengeläut, bemooste Ruinen. Wer will leugnen, daß auch diese spezielle Art der Romantik herrliches geleistet hat. Das Instrument ist aber klein, man kann es nicht überall gebrauchen. Vor allen Dingen ist die Gegenwart nicht dafür gemacht. Die Poesie der Großstadt kann man nicht fassen mit Eichendorff's Augen. Mitten im Geklingel der Pferdebahnen, dem Geschmetter der Militärmusik, dem unablässigen Klappern der Balken an hundert aufwachsenden Häuserkolossen in dieser ganzen Gigantomachie des hellen Zeitentages kann man nicht wohl das Waldhorn blasen, ohne sich lächerlich zu machen, und ein Narr sucht hier nach dem »Mühlenrad im stillen Grunde«.

Es liegt Humor darin und vorläufig noch ein echtes Stimmungselement, wenn in all' den Spektakel der Weltstraße hinein auf einmal ein Orgeldreher seine Weise ertönen läßt, aber das ist eben etwas anderes. Das gehört zu den großen Kontrasten der Stadt selbst, ja, man könnte an diesem armen Orgeldreher ein ganzes Stück Berliner Geschichte aufzeigen, den ganzen Uebergang von der gemütlichen Philisterstadt zur kalten Großstadt, wie er sich ausspricht in der verschiedenen Stellung der Hausbewohner grade zu diesem Mann: hier noch heller Jubel aller Kinder und weiblichen Bewohner des Hauses, wenn der Alte mit seinem quikenden Instrument in den kleinen, schmutzigen Hof tritt, dort der strenge Zettel über dem Portierfensterchen der eleganten Mietskasernen: »Musizieren verboten.« Also so etwas gehört nicht hierher. Tatsächlich werden diese Dinge unausgesetzt verkannt. Es leben uns genug junge Lyriker, die von der Großstadt singen wollen, auf dem Tische des Kritikers häuft sich um Weihnachten ein kleiner Eiffelturm von Proben an. Und was singen diese angenehmen Jünglinge uns? In melancholischen Versen wird die allerdings nicht anzuzweifelnde Tatsache ausgesprochen und rührselig bedauert, daß unter den Linden keine tausendjährige Eichen mit altgermanischen Opferaltären in ihrem Schatten wachsen, daß die Spree kein krystallklarer Bergquell ist und die Häuser der Friedrichstraße nicht idyllische Schäferhäuschen mit jenen berühmten patriarchalischen Sitten der Bewohner, wie sie nirgendwo vorkommen, sind. Wenn ich diese Form der Romantik verwerfe, so leugne ich damit nicht im entferntesten das echte *melancholische* Element, das der wahren Großstadt-Poesie allerdings in hohem Maße innewohnt. Es entspringt aus Kontrasten, trägt aber nicht künstliche hinein. Eine Ueberfülle tragischer Motive im eigentlichen Sinne umschließt dieses Häusermeer. Wo immer man es als ein Ganzes zu sehen bekommt, überwiegt schon im rein Landschaftlichen der ernste, düstere Eindruck, der dann leicht assoziativ, durch Reflexion, zu verstärken ist. Ein Sonnenuntergang über den rauchenden Schloten der Weltstadt hat etwas dämonisches, er gleicht einem ungeheuren Brande, mehr Qualm als Licht und das Licht tief abgedämpft zu fahlem Dunkelrot. Und selbst ein gesunder Rest *echter* Naturromantik fehlt nicht, wenn er auch in keiner Weise dominierend hervortritt. Es liegt ein schwermütig süßer Reiz in dem Baum, der aus dem widerlichen Kerker jener zimmerartig engen berliner Höfe seine schwachbelaubten Aeste wie hilfesuchend nach reiner Luft emporrecht, in der Vorstadt-Lerche, die ihr Nest noch auf

einem zwischen Häuserkolossen zufällig, in Folge irgend einer selbst wieder tragischen miß-
lungenen Bauspekulation übrig gebliebenen Restchen Ackerland baut, die in der Frühe ihr
Lied hinaustrillert und doch kaum viel höher kommt mit ihren guten kleinen Schwingen als
die Mietskasernen ringsum hoch sind. Wer sucht, findet solche Motive zahlreich. Man darf
sich aber selbst hier nicht zur Einseitigkeit verführen lassen. Neben dem melancholischen
Stimmungselemente steht gewaltig und hinreißend daß *Motiv der Größe*, der Erhabenheit,
der überwältigenden Herrlichkeit. Die Großstadt ist ja doch in eminentem Sinne auch die
Großtat der menschlichen Kultur auf ihrer gegenwärtigen Entwickelungsstufe. Allerdings
gerät man bei diesem Punkte sogleich wieder auf eine neue Streitfrage der Poeten, der
künstlerisch schauenden Menschen überhaupt. Die Großstadt hat grade in ihrer erfreulichen
fortschreitenden Seite ihren eigenen Stil, und es fragt sich, ob das Künstlerauge sich darauf
einläßt, denselben zu studieren, sich ihm anzupassen, oder ob es ihn in Stücke zerschneidet
und die Stücke einseitig und schablonenhaft nach älteren Mustern beurteilt. Im letzteren Falle
bleibt grade bei unserer neuesten und im sichtbarsten Emporgang begriffenen Weltstadt,
Berlin, verzweifelt wenig »Schönheit« übrig. Ich bin wiederholt mit Bekannten (Poeten,
Architekten und anderen) durch Berlin gepilgert. Im ganzen fanden sie Berlin schauderhaft.
Gnade fanden kleine Ecken, die Kirchen am Gendarmenmarkt: da fanden sie etwas von Rom;
die Museumsinsel: da herrschte klassischer Geist; dieses oder jenes Denkmal. Den Rathausbau nannte einer völlig verfehlt, aus allerlei formalen Detailgründen; der Rest unermeßlich
nüchtern; grauenvoll vor allem vom künstlerischen Standpunkt die riesigen Eisenhallen der
Bahnhöfe, grauenvoll die Häuserinseln, die endlosen Riesenstraßen der Vorstädte. Man
nannte mir Paris, man nannte mir Rom. Das waren Großstädte, die man sich gefallen lassen
konnte. Man sagte das im guten Glauben, man hatte es gelesen und das Auge darauf geschult,
jede korinthische oder jonische Säule mehr war ein Schönheitsbeweis, jede dampfumwallte
eiserne Bahnhofshalle ein Monstrum mehr. Dem Gesammtpanorama von Berlin fehlte es
vollends an jedem klassischen Linienschwunge, es war einfach abscheulich, ohne Größe, ohne
Stil. Ich persönlich kenne Rom oberflächlich und Paris ziemlich genau aus eigener Anschauung. Ich weiß sehr wohl, daß ein Blick auf das Panorama von Berlin vom Kreuzberg oder auf
die Silhouette etwa vom Central-Viehhof her nicht zu vergleichen ist mit dem Anblick der
Peterskirche vom Pincio oder dem goldschimmernden Koloß der Lutetia, wie ihn die Terrasse
von Meudon zeigt. Falsch, grundfalsch ist nur der angelegte Maßstab. Wer festklebt an der
Schablone bestimmter klassischer Formen, wer sich übertäuben läßt durch die wohlgefälligen
Linien einer Säulenreihe, durch den pomphaften Lichtreflex auf einer Goldkuppel, wer mit
einem Worte ganz und immerzu nur das Alte vertritt, der Aesthetik kein Recht der Fortent-
wickelung zugesteht, der ist allerdings ewig verloren für den Zauber moderner Großstadt-
Poesie. Niemand wird den Reiz leugnen, den auch auf uns heute, die Kinder moderner Zeit,
ein antiker Tempelbau ausübt wie die Berliner Nationalgallerie. Dennoch liegt nicht hier der
Schwerpunkt des Charakteristischen für die Großstadt. Die gigantische Panzerschale der
Bahnhofshalle am Alexanderplatz wäre hier viel eher zu nennen. Herausgerissen aus dem
Ganzen wäre sie häßlich, häßlich wären die himmelhohen Neubauten, die endlosen Straßen,

ganz hervorragend häßlich wären die Stangen der elektrischen Lampen an der Leipziger Straße, das krause Notennetz der unzähligen, die Giebel allenthalben überkletternden, die Straßen überbrückenden, fast schon den blauen Himmel in ein liniiertes Blatt verwandelnden Telegraphendrähte. Als Glied des Ganzen, ja als Machtglied, als Ausdruck des Kulturheraufgangs finde ich das alles groß, erhaben, schön. Der Begriff der Erhabenheit ist längst als ein ästhetisch zulässiger anerkannt. Auch das Assoziative, dem Gedanken an den idealen Gehalt und Zweck Entspringende, ist seit Fechner in der vernünftigeren Aesthetik als Faktor der Schönheitswirkung anerkannt. Es gibt kein Argument dagegen, daß die Schönheitsempfindung des Menschen bildungsfähig ist, daß sie sich tatsächlich bei freier Entwickelung im unbefangenen modernen Menschen schon nach der angedeuteten Seite hin wesentlich umgebildet, herangebildet, zum Zuge der Zeit heraufgebildet hat. Das ist ein unendlich wichtiger Gesichtspunkt für den Wert oder Unwert der Großstadt in der poetischen Betrachtung. Man soll nicht zerpflücken zu Gunsten eines Prinzips, man soll sich vertiefen, soll lernen. Mag der Rathausbau seine Schwächen im Detail haben; man soll ihn als wesentlichen, typischen Bestandteil des Ganzen fassen, da ist er ein erhabenes, ein schönes Glied. Im letzten Grunde ist das Symbolische selbst in der klassischen Kunst, in der älteren Kunst überhaupt unverhältnismäßig beherrschender gewesen, als man gewöhnlich zugibt. Im Symbolischen aber fällt das Vereinzelte, das direkt und an sich formal Wirksame ganz von selbst fort vor der Forderung der Allgemeinheit. Das weiter auszuführen, hieße ein Kapitel zur neueren Kunstgeschichte schreiben. Aber anzudeuten war die Sache auch für unsern Zweck.

Zur Großstadt gehört auch der Großstadt-Mensch. Poetische Stimmungsbilder aus der berliner Welt müßten uns vor allen Dingen auch den *Berliner* zeigen, das Kind des Uebergangs von der kleinen Spreestadt zur ungeheuren Reichs- und Weltstadt. Seltsam: der Berliner selbst ist ein schlechter Beobachter. Er hat Sinn dafür, sich selbst zu karrikieren, aber nicht einmal in gutmütiger Art. In unsern »Berliner Romanen« (abgesehen davon, daß die wenigsten von echten Berlinern herstammen) sind kaum die schwächsten Anläufe gemacht, den Berliner richtig zu schildern. Man wird an die Stindeschen Buchholz-Geschichten erinnern. Nun, da sind einzelne gute Züge, aber es ist das Unglück dieser Sachen, daß der Autor nicht blos Beobachter geblieben ist, daß er auch Vollblut-Dichter werden wollte, dazu aber hatte er nicht das Zeug. So mischen sich in diesen Büchern, die überdies durch forcierte Massenproduktion rasch bergab gegangen sind, in die trefflichsten Detailstudien nach dem Leben die groben Spässe internationaler Situationskomik; und vollends die Anläufe zur Vertiefung in's Ernste, die Versuche großstädtischen Hintergrund wirklich in entsprechender Größe zu malen, bedeuteten den vollkommenen Bankerott des dichterischen Vermögens. Nichts erscheint auf den ersten Blick so leicht und nichts ist tatsächlich so schwer, wie die Bewältigung dieser Großstadt-Stoffe mit dem Mittel der scherzenden oder auch der scharfen Satire. Nein, schildern soll man diese Dinge vor allem, treu schildern. Das Tragische und das Komische darin kommen dann von selbst stark genug an's Licht. Man darf sich auch durch die Lust am Heiteren nicht darüber hinwegtäuschen, daß, je tiefer man die Menschen einer solchen Uebergangszeit zwischen Kleinstadt und Großstadt studiert, der Schatten viel mehr werden als der Lichtpunkte. Frau Buchholz kommt sehr ähnlich massenhaft in Berlin vor, das ist sicher; aber das Komische ihrer Halbbildung wird anderswo zur Tragödie, die Kontraste, die in der Laune des Künstlers belustigende Schattenbildchen an die Wand zaubern, liegen in der Wahrheit zentnerschwer auf den Menschen. Damit soll aber nun der anderen Spezies unseres neueren Berliner Romans, der in schwärzestem Gewande einherwandelnden Ehebruchsgeschichte aus Berlin W, wie sie etwa Paul Lindau geliefert hat, erst recht nicht das Wort geredet sein. Die feine französische Technik kann hier ebensowenig darüber hinwegtäuschen, daß von typischen berliner Verhältnissen kaum ein winziger Schatten vorhanden, und das Internationalste was sich nur entdecken läßt, der Spannung wegen in die Mitte geschoben ist.

Einen letzten Punkt will ich noch kurz streifen. Man könnte ihn das *historische* Motiv in dem dichterisch aufgefaßten Stimmungsbilde der Großstadt nennen. Es ist bei anderen Weltstädten – ich erinnere blos an Paris – sehr viel stärker als bei Berlin. Wer mit einigem Wissen ausgerüstet durch die Straßen der Seinestadt wandelt, der sieht an allen Ecken und Enden mitten im Strudel der Gegenwart die Vergangenheit, er sieht Jahrhunderte, die über den Platz, auf dem er steht, hinweggeschritten sind. Diese »Gespenster« reden mit, sie arbeiten hinein in die Stimmung, sie beeinflussen den Dichter, er mag wollen oder nicht. Wer den Platz anschaut, wo das Haupt des sechzehnten Ludwig gefallen ist, wer die Stimmung des Ortes fassen will, der mag sich stellen wie er will: mitten in das brausende Treiben der Menschen, das Rollen der Droschken, das Poltern des Omnibus mischt sich ihm der alte Klang, das alte Bild. Ich glaube, man soll sich diesem Motiv, wenn man ihm auch nicht entgehen kann, nicht zu einseitig hingeben, und Berlin ist in dieser Hinsicht ein günstigeres Beobachtungsfeld als ein so alter Kultursitz wie Paris. Was man selbst aus Berlin an solchen historischen Stimmungen herauslesen kann, wenn man den Schwerpunkt bewußt und in berechtigtem Sonderzweck hierher verlegt, das zeigen die Berliner Bilder von Julius Rodenberg, kleine Kabinetstücke, die jeder Poet als Vorstudien von sehr hohem Werte begrüßen muß und die vielfach sogar durch die Form wirklichen poetischen Wert erhalten.

Das ist einiges von dem, was sich dem Satze entgegenstellen ließe: Die Großstadt ist baar aller Poesie. In dieser allgemeinen Fassung lassen sich die Dinge nur andeuten, nicht eigentlich beweisen. Das Letztere bleib' Sache der Detailstudie. Das derbe Rad der Welt kreist rascher, als daß die ästhetische Betrachtung immer gleich nachkommen könnte. So wächst uns die Großstadt jäh über den Kopf, plötzlich steht sie vor uns als Riesengemälde, als Riesenepos der Wirklichkeit und fordert Einlaß in die kühlen Hallen der Systematik. Kein Wunder, daß das Wirrsaal ein großes ist. Aber das empfängliche Gemüt des Menschen wird schon nachkommen. Als der Ideenkreis des Christentums an einem Pfingstmorgen der Weltgeschichte in die staunende Menschheit eintrat, schien die Stunde der Kunst geschlagen zu haben. Heute scheint es dem Besucher der Museen, daß an jenem Morgen der triebkräftigste Schößling der Kunst gesäet worden sei. So wechselt die Meinung vor dem Erfolg. Und sie wird auch wechseln vor der Tatsache einer Befruchtung der Kunst durch die Großstadt, durch diese Großstadt, die das Licht des Morgenrotes scheinbar schwärzt durch ihren Rauchatem, die für die trillernde Lerche keinen Himmel mehr hat und von dem Dichter fordert, er solle ein

Mensch sein, wie alle, Nerven haben von Stahl und die Sonne nur zwischen Telegraphendräh-
ten sehen.

Bölsche wendet sich in diesem Aufsatz dem lebhaft diskutierten Grundproblem des Realismus/Naturalis-
mus zu, nämlich der Frage, wie Poesie und Wahrheitstreue miteinander zu vereinbaren sind, wie sich die
»Prosa« des Lebens dichterisch, ästhetisch gestalten läßt. 1887 zeigte Bölsche in seiner Broschüre *Die
naturwissenschaftlichen Grundlagen der Poesie* (s. Dok. 17) die Möglichkeiten realistischer Dichtung in
der Existenz des »realistischen Ideals« auf, als dem in der Wirklichkeit wirkenden »Princip, nach dem
alles strebt, alles ringt: das gesicherte Gleichmaß, [...] der Zustand des Normalen, die Gesundheit [...] es
schwebt über allem als ewiges Ziel, niemals ganz realisiert, aber darum doch die unablässige Hoffnung
des Realen«. Dieses der Wirklichkeit immanente ideale Prinzip erlaube auch dem realistischen Dichter
»sich seiner zu bemächtigen, es als ›Tendenz‹ in seinen Dichtungen erscheinen zu lassen. Tendenz zum
Harmonischen, Gesunden, Glücklichen...« (s. ebd.).

Während Bölsche damit 1887 seine Vorstellungen einer realistischen Ästhetik noch auf der Voraussetzung einer Differenz zwischen Wirklichkeit und Ideal, also einer kritischen Sicht auf die Wirklichkeit,
aufbaut, schlägt er in dem ob. dok. Aufsatz vor, das Ideal, die Poesie in der Wirklichkeit selbst zu
entdecken. Er kritisiert nun die »unglücklichen Spezies des neuen berliner Romans« wegen seines »Man-
gels an Poesie« (s. Dok. 39). Das Ideal scheint Bölsche aber nun nicht mehr hinter den Erscheinungen
verborgen, sondern ist in der Wirklichkeit der Großstadt selbst präsent, »gewaltig und hinreißend« als
»das *Motiv der Größe*, der Erhebenheit, der überwältigenden Herrlichkeit« (s. ebd.). Diese »Fortentwicklung« der Ästhetik beinhaltet aber tendenziell eine Abwendung von der kritisch-realistischen Position hin zu einer »Ästhetisierung« der Wirklichkeit, die ihre Anerkennung einschließt. In den abstrakten
Kategorien der Größe, der Erhabenheit verliert sich im Zusammenhang mit dem ästhetisierenden Blick
auf die Großstadt der kritisch-humanistische Ansatz der naturalistischen Ästhetik. Hier kündigt sich
bereits das für den Kreis um Richard Dehmel ab 1894 charakteristische Streben nach »Verschönerung«
des Lebens und Harmonisierung gesellschaftlicher Widersprüche in der Kunst an (vgl. hierzu auch das
Programm des Neu-Idealismus von Curt Grottewitz, s. Hinweis Komm./Dok. 67).

b) Drama und Theater

Zeitgenössische Dramatik:

40
Heinrich Hart und Julius Hart: Das »Deutsche Theater« des Herrn L'Arronge. In: Kritische Waffengänge. 4. Heft, Leipzig (O. Wigand) 1882, S. 3–69; hier: 3, 5, 20–21, 22, 25–26, 32–33, 46–47.

Daß das deutsche Theater der Gegenwart an Haupt und Gliedern krankt, ist eine Behauptung, in dem letzten Jahrzehnt so oft ausgesprochen und in Büchern und Broschüren bewiesen, andererseits so wenig abgeleugnet, daß es überflüssig erscheint, sie von neuem zu erhärten. Die Dichtung sollte nach dem Tode Schillers ein neues wahrhaft großes Drama, die Schauspielkunst seit den Tagen der Befreiungskriege die erhabensten Höhenpunkte nicht mehr erklommen haben, diese und andere Vorwürfe, so viele man gegen das Epigonenthum des deutschen Theaters nach und nach in unserem Jahrhundert erhoben hat, kamen wie ein allgemeiner schwerer Niederschlag in unseren Tagen zu Boden. Die Anklagen waren gegenseitig: der triviale, flache Geschmack des Publikums mußte die Theaterleitungen entschuldigen, der Dichter warf den Direktoren vor, daß seine Dramen ungelesen in den Papierkorb wanderten, und erklärte, die Kritik habe allen Sinn für das Große verloren, und der Recensent behauptete zum Dank dafür, in dem gegenwärtigen Wirrwarr einen Dichter überhaupt nicht entdecken zu können.

[...]

Das Wort Immermann's gilt auch heutzutage: »Die Wiedergeburt der deutschen Bühne, wenn sie noch einmal erfolgen soll, ist *keineswegs von einer neu zu entdeckenden Weisheit, sondern von Entschließungen moralischer Art abhängig*. Die Mittel sind ganz einfach und Intendanten und Schauspieler führen sie beständig im Munde. Aber die Ausführung ist schwer, denn sie widerspricht dem Leichtsinn, der Eitelkeit, dem Egoismus, der natürlichen Trägheit der Menschen, und darum unterbleibt sie. «

Einen solchen moralischen Boden zu schaffen oder vielmehr zu festigen, müßte die schönste Aufgabe der Kritik sein.

[...]

Der Zweck des Theaters besteht zunächst in nichts anderem als in der möglichst lebendigen Darstellung dramatischer Kunstschöpfungen. So nüchtern das auch klingen mag, so giebt es doch keine herrlichere, schönere Aufgabe, als sie in diesen Worten liegt. Denn das Drama bildet den Gipfel aller Kunst, und seine Wirkungen fallen daher mit dem der Schaubühne zusammen; ein und dasselbe wollen und sollen Drama und Theater für die Menschheit sein.

Die Schaubühne eröffnet uns also die reine Welt der Ideen, frei von allen Zufälligkeiten und frei vom Endlichen; sie zeigt uns den Menschen in seiner Wesenheit, in der ganzen Reihe seiner Thaten und Handlungen, »sie ist der Spiegel der Menschheit und bringt ihr, was sie fühlt und treibt zum Bewußtsein«. Ein jeder findet daher auch bei ihr seine Befriedigung; das Kind der Welt und das Kind Gottes, der Moralist und der schönheitstrunkene Aesthetiker, der vergnügungssüchtige Krämer und der phantastische, begeisterungsdurstige Jüngling.

Durch die Schauspielkunst tritt das Drama körperlich-lebendig in die Erscheinung ein. Die aus dieser Gemeinschaft erzeugte Wirkung wird noch erhöht durch tausend szenische Mittel, so daß die Illusion schließlich den denkbar höchsten Grad der Vollkommenheit erreicht. Ist dies der Fall und das dargestellte Drama ein in allen Theilen vollendetes dichterisches Kunstwerk, so hat die theatralische Vorstellung den Gipfel ihres Könnens beschritten. Doch nur äußerst selten wird dieser schönste und herrlichste Kunstgenuß der Menschheit bereitet und viel ist es, diesem Ziele nur nahe zu kommen. Aber es ist immer das *Ziel*, allen theatralischen Lebens, und eine Musterbühne, ein Nationaltheater, welches das Gute will, wird es daher fest im Auge behalten müssen und die Wege bedenken, auf denen sie es erreichen kann. Und diese Wege sind?

Wie wir sahen, besteht der erste Zweck des Theaters in der Darstellung dichterisch-dramatischer Kunstwerke, und deshalb ist das dichterische Wort auch auf der Bühne die gebietende Macht. Tritt der Dramatiker dieses sein Recht an den Schauspieler ab oder gar an den Dekorateur und Maschinisten, ordnet er die reingeistige Poesie dem Virtuosenthum oder der blos sinnlich wirkenden Coulissenmalerei, Beleuchtungskünsten und ähnlichen schönen Dingen unter, um so tiefer sinkt das Theater an Bedeutung, an culturellem Werth. Die erhabenen Wirkungen, die es im Dienste einer edlen Poesie auf den Nationalgeist ausüben kann, jener mächtige Einfluß, den Schiller in so feurigen Worten darthut, werden mehr und mehr zurücktreten, und es kommt zuletzt die Grenze, wo sie ganz und gar aufhören und zugleich in ihr Gegentheil sich verkehren: Entnervung, Trägheit, Sinnlichkeit heißen dann die Folgen. Eine Bühne, wo der Poet, Schriftsteller oder Skribent, wie man ihn nennen will! – seinen zweifelhaften Geist nur zu einigen passenden oder unpassenden Worten für die Kunst des Maschinisten hergiebt, wird zur bloßen Ausstattungsbühne, und es ist wohl keine Frage, daß die Ausstattungsbühne auf der niedersten Rangstufe steht und sich von dem Circus mit seinen glänzenden Schaustellungen *wesentlich nicht* unterscheidet. Das Berliner Viktoriatheater ragte seiner Zeit an geistiger Bedeutung um nichts über den Circus Renz empor.

Aber auch die ausgezeichnetste schauspielerische Darstellung ermangelt der tieferen Wirkung, sobald sie um ihrer selbst willen da ist und den Dramatiker in ihren Dienst nimmt. Sie kann interessiren, reizen, fesseln, aber nicht hinreißen, entzünden und begeistern. [...]

Niemals ist ein Theater ein wahrhaft großes gewesen, wenn ihm die großen Dichter fehlten, – auch die Schauspielkunst nicht. Beide reiften in Deutschland erst an Shakespeare und Lessing heran, Leben flößten ihr die großen Dramatiker ein und jede Bühne trägt daher den Stempel ihrer Dichter an sich.

Das *Repertoire* giebt daher den *ersten* und *wichtigsten* Faktor bei der Beurtheilung des

Werthes der Schaubühne ab. Und will das zukünftige Deutsche Landestheater in Berlin die von ihm angeregten Hoffnungen erfüllen, so wird es darauf seine vornehmste und erste Aufmerksamkeit richten müssen. Wir sehen eine glänzende Kunstgenossenschaft, die trefflichsten darstellenden Kräfte, vereinigt in dem Mittelpunkt des deutschen Reiches, wo sich das geistige Leben großartig entfalten kann; soll sich nun diese zusammengehäufte Summe von Kraft an kleinlichen Aufgaben zersplittern oder soll sie nicht das Theater würdig machen, eine Stellung zu behaupten, – an der Spitze der geistigen Institutionen unsres Volkes?!

Die theoretische Auseinandersetzung dessen, was die Bühne darstellen soll, ist nicht schwer! Lessing faßte seine Wünsche in die einzige inhaltsschwere Frage zusammen, warum sich noch kein deutscher theatralischer Schriftsteller der Empfindung der Nation bemeistert habe? Die Empfindung der Nation also soll ihren Widerhall, – der Nationalgeist seinen mächtigsten Ausdruck finden... [...]

[...]

Aus was für Quellen schöpft nun die Bühne die einzelnen dichterischen, darzustellenden Werke?

Zuerst aus der Vergangenheit! Ein Alter von ungefähr vier Jahrhunderten hat das moderne deutsche Drama in allmähliger Entwickelung erreicht und in diesem Zeitraum Tausende von Schöpfungen hervorgebracht. Schier unermeßlich breitet sich der Reichthum aus, und unmöglich ist es, ihn ganz zu heben. Nicht einmal zählen kann man ihn. Der Literarhistoriker, der Kenner mag sich an jedem einzelnen Funde erfreuen, mit Freuden und Staunen verfolgt er, wie sich aus unscheinbaren Quellen der breite, mächtige Strom entwickelt und selbst die unscheinbarsten Zuflüsse, die geringfügigsten Bächlein dürfen seine Aufmerksamkeit erregen. Wie ganz anders steht die lebendige Bühne dieser Fülle und diesem Reichthum gegenüber! Nur das Allerwenigste kann sie ihnen entnehmen.

Ihr Publikum ist aus dem ganzen Volke zusammengesetzt, ihre Wirkungen sind momentan, wie der Blitz. Der Zuschauer will nichts als rein empfangen, auch der Gelehrteste steht völlig naiv den theatralischen Vorgängen gegenüber. Das ist gerade das Merkwürdige, daß sie uns alle Schulgelehrsamkeit, alle voreingenommenen Theorien vergessen und den Menschen bloß Mensch sein lassen. Aufgeregt und entzündet wird sein Herz deshalb nur in jenen Momenten, wo der Dichter den Eindruck für des Zuschauers ureigenste Gefühle gefunden hat, wo er darstellt, was dessen Herz und Seele tief und groß bewegt. Der Hörer will sich wieder erkennen und das Bühnendrama, welches ihn packen soll, muß daher im schönsten Sinne des Wortes ein »modernes Drama« sein. Seine Gedanken und Gefühle sollen Jedem verständlich sein, Jeder soll sie mitdenken und mitfühlen können.

Wie viele Dichtungen der Vergangenheit aber dürfen das noch heute von sich sagen. [...]

[...]

Eine tüchtige Bühnenleitung muß vor allem ihre Aufmerksamkeit der *zeitgenössischen Dichtung* zuwenden, hier sind die wahren Wurzeln ihrer Kraft, hier kann sie die Feinheit ihres Geschmackes, die Fülle ihrer Ideen beweisen, hier kann sie den mächtigsten Einfluß ausüben auf die Entwickelung der Poesie und die des nationalen Geistes überhaupt. Das freundlichste

Entgegenkommen, die sorgfältigste Prüfung von Seiten der Theaterdirektoren ist eine berechtigte Forderung der Lebenden, denn es hieße die Pflanze mitten im Wachsthum abbrechen, wollte man das Neue in ungebührlicher Weise dem Alten nachsetzen. Die Oeffentlichkeit ist die Sonne, unter deren erquickenden Strahlen allein die Kunst gedeihlich erblühen kann. Schon der Trieb der Selbsterhaltung weist die Schaubühne auf diese Pflicht hin, denn die Menge liebt das Neue und bei dem großen Haufen verliert auch die größte Dichtung, allzu oft seit den frühesten Tagen der Kindheit bewundert, schließlich die Anziehungskraft. Und das Volk sucht sich selbst im Theater! Die großen Genien der Vergangenheit befriedigen wohl theilweise sein Verlangen, regen die mächtigen Ideen an, welche allzeit in seinem Innern schlummerten, aber der Geist schafft rastlos weiter, neue Ideen tauchen auf, neue Formen, das Gefühlsleben verändert sich von Dezennium zu Dezennium, anders wird die Welt mit jeder Stunde. Und dieses Heute darzustellen, vermag eben nur der Dichter von heute! Das Recht der Gegenwart vertritt er. Auch der Kleinste, welcher ein ganz bescheidenes monotones Instrumentchen spielt, wird die eine oder andere Saite in der Seele seiner Zuschauer sympathisch berühren und Wiederhall finden. Will die Bühne im schönsten Sinne des Wortes eine Volksbühne sein, d.h. in lebendiger Beziehung zur gesammten Nation stehen und alle Kreise der Gesellschaft in ihren Räumen vereinigen, so steht sie der Dramatik der Gegenwart mit denselben Anforderungen gegenüber, wie der der Vergangenheit: die Dichtung soll *modern* sein, darstellen die Gedanken und Empfindungen der Zuschauer. Haben wir aber oben gesehen, daß aus der Vergangenheit nur die erhabensten Werke noch für uns modernen Gehalt tragen, so sind für die Augenblicksbedürfnisse der Gegenwart, auf eine geringe Zukunft hin, auch kleinere Geister modern, auch geringere Schriftsteller wissen eine oder die andere Seite des zeitgenössischen Lebens darzustellen. Die Nachwelt wird sie vergessen, für uns aber haben sie einen Zweck! [...]

[...]

National und modern, – das müssen zwei Stichworte für die aufstrebende Literatur werden. Nicht, als ob man seine Stoffe nur aus der Geschichte des deutschen Volkes nehmen oder gar nach dem naiven akademischen Rezept Gottschall's in ihrer Wahl nicht über die Zeit des dreißigjährigen Krieges hinausgehen dürfte, – vor solch plattem Formalismus bewahre uns gütig der Himmel. Nein, Gestalten und Schicksale, die das tiefste Empfinden unseres Volkes berühren, universal über Zeit und Raum sich hinspannen, hat es in allen Tagen gegeben, aber auch nur diese allgemein gültigen Stoffe soll man der Vergangenheit entnehmen und nicht in jedem historischen Totschlag gleich eine erschütternde Tragödie sehen. Nur das Eine versteh ich unter jenen Worten »national« und »modern«: Ideen und Gedanken, Gefühle und Empfindungen müssen unserm Volke vertraut sein, für die Ideen muß es auch noch heute sich begeistern, kämpfen und leiden können, die Empfindungen muß es noch heute hegen, sich von ihnen erheben, zu Thränen rühren oder zu befreiender Heiterkeit bewegen lassen. Dann haben wir das Nationaldrama, welches Lessing ersehnte und das allein würdig ist, über die Bretter des neuen »Deutschen Landestheaters« zu gehen, allein seine tiefste und weiteste geistige Bedeutung ausmachen wird. Jene Bedingungen kann jeder echte und rechte Dichter erfüllen, wenn er nur will, – ist uns das Geschick aber hold, so verleiht es uns vielleicht auch Poeten, die nicht nur national und modern, sondern auch *groß* sind, d.h. über einen Reichthum neuer erhabener, alles umfassender Ideen und packender Stoffe, reiche Gestaltungskraft und tiefinnerliche Poesie verfügen.

[...]

Aktueller Anlaß für die ausführliche Abhandlung über *Wesen und Zweck des Theaters* in einem ganzen Heft der *Kritischen Waffengänge* waren die Vorbereitungen zur Gründung eines neuen Theaters in Berlin. Das Projekt des Schriftstellers L'Arronge und einiger Schauspieler, eine Sozietätsbühne (Theater als Aktiengesellschaft) zu gründen, wurde in der Berliner Öffentlichkeit mit Interesse verfolgt. Das Nationaltheater, das nach Einführung der Gewerbefreiheit 1869 als erstes versucht hatte, neben dem königlichen Schauspielhaus das Berliner Publikum für ein ernstes Repertoire zu gewinnen, war nach kurzer Zeit gescheitert. »Glänzende Geschäfte« machten dagegen die übrigen neuen Theater, die »meist nur die heitere Muse [pflegten]; sie hatten reiche Ausbeute an Operetten, lustigen Stücken, übermütigen Possen...« (s. Adolphe L'Arronge, *Deutsches Theater und Deutsche Schauspielkunst*, Berlin 1896, S. 68).

Zu dieser Entwicklung des Theaterwesens nach Einführung der Gewerbefreiheit veröffentlichten die Harts bereits 1878 in ihren *Deutschen Monatsblättern* einen kritischen Aufsatz von Gustav Wacht: »Der Organismus der Hofbühne steht der Entwicklung der theatralischen Kunst hindernd im Wege, die Freihandelsbühne hat sich keineswegs als Correctiv gegen den Niedergang bewährt, Rettung vor dem völligen Verfall kann nichts bringen als – die Staatsbühne [...] Die Stadt- und Aktientheater wollen Cassa machen, und wenn auch nicht alle Direktoren so reiche Ernte einheimsen, wie Laube, Haase, Förster und Genossen, so will und muß doch der Pächter und sein Geschäftspersonal leben [...] die Kunst, als solche, ist hier natürlich Nebensache« (s. G. Wacht, *Ein Blick auf die deutschen Bretter*. In: *Deutsche Monatsblätter*, 1878, Bd. 1, S. 260f.).

Ein weiterer Umstand, der den »Niedergang« der Schauspielkunst in den 70er Jahren veschärfte, lag in der Schwerpunktverlagerung der großen Theater vom Schauspiel auf die Oper. L'Arronge schreibt dazu in seinem Rückblick: »Richard Wagner, der damals seinen Siegeszug über die deutschen Bühnen nahm, stand im Vordergrund der Theaterinteressen; der Einfluß dieses Meisters und Regenerators der Oper ist von Jahr zu Jahr mächtig gewachsen, so daß er heute die Opernbühne fast allein beherrscht« (s. L'Arronge, *Deutsches Theater*, S. 33). Die materiellen Erfolge der Opernbühnen führten dort, wo »Oper und Schauspiel unter einem Dach hausen mußten« schließlich dazu, daß »das Schauspiel immer mehr als Stiefkind behandelt, sogar mißhandelt wurde« (ebd., S. 34).

Daher knüpften die Kritiker der herrschenden Theaterverhältnisse, so auch die Brüder Hart, hohe Erwartungen an die Gründung des Deutschen Theaters, das am 29. September 1883 eröffnet wurde. Allerdings gingen ihre Vorstellungen weit über das hinaus, was in § 1 der Statuten der Aktiengesellschaft als Zweck des »Deutschen Theaters« festgelegt wurde, nämlich »in Berlin ein Theater zu errichten und zu betreiben zur freien Pflege deutscher Schauspielkunst.« Demgegenüber hatten die Harts doch mehr oder weniger die späte Realisierung der Nationaltheater-Idee erhofft, eine »Wiedergeburt der Bühne«, die der »politischen Größe« der deutschen Nation entsprechen sollte: »Politisch groß stehen wir da, suchen wir nun auch die innere Größe zu erlangen! [...] Ohne die innere Größe bleiben wir immer die Sklaven fremder Nationen oder abgeschmackte Chauvinisten, nur mit ihr werden wir ein freies, großes und fruchtbares Volk [...]. Möge vor allem das Theater diese Freiheit und Größe widerspiegeln und die sittliche Kraft unseres Geschlechtes befruchten und pflegen« (s. *Kritische Waffengänge*, H. 4, 1882, S. 6).

Bereits in Heft 3 der *Kritischen Waffengänge* hatten die Harts gefordert: »Unsere Bühne muß von dem theatralischen Scheinwesen befreit und dem wahren Drama, den echt dramatischen Leidenschaften und Gefühlen zurückerobert werden und sie wird zurückerobert werden...« (a.a.O., S. 51).

Die Harts begrüßten es daher, daß mit dem Deutschen Theater »dem ernsten großen Drama eine Heimstätte« entstehen würde, sie erwarteten aber auch, daß durch die Förderung dieses Theaters endlich der »Mangel eines National*dramas*« beseitigt würde, da es eine »begeisterte Gesellschaft hochbegabter Künstler« gebe, die »doch gewiß die Sehnsucht und den thatbereiten Willen hegen, den alten Wunsch endlich zu erfüllen, weiterzubauen in dem Sinne des Hamburger Dramaturgen und seiner Mitkämpfer« (ebd., S. 41).

Eine Schlüsselfunktion für die Erneuerung des Theaters nahm in den Überlegungen der Harts dabei der Theaterdirektor ein, von dessen Entscheidungen ihrer Meinung nach die Entwicklungsbedingungen des Dramatikers abhingen. Dieser könnte »wahrhaft wachsen, sich intensiv und expansiv ausbreiten [. . .] nur unter den Augen der Welt, nur auf den Brettern, und erst das auf der Bühne lebendig erschaute Bild seines Werkes macht ihn völlig klar über sein technisches Können...« (ebd., S. 43). Die von Wacht bereits 1878 benannten ökonomischen Bedingungen des Theaters werden von den Harts nicht berücksichtigt.

Das »moderne« Drama, dessen Entwicklung das Deutsche Theater mit ermöglichen sollte, verließ in der Konzeption der Harts nur zögernd traditionelle Gattungsmuster. Formulierten sie im ersten Heft der *Kritischen Waffengänge*: »Drama heißt Handlung, heißt That, heißt Energie« (s. *Kritische Waffengänge*, H. 1, 1882, S. 9), so soll das »moderne« Drama sich vom Historiendrama zunächst dadurch unterscheiden, daß seine »Gedanken und Gefühle jedem verständlich« sind, daß sie jeder »mitdenken und mitfühlen« kann (s. Dok. 40). »Modern« bedeutet für die Harts erst einmal die Gewinnung inhaltlicher Aktualität für die Dramatik, die die »Gedanken und Empfindungen der Zuschauer [darstellen]« soll (s. ebd.).

Mit der Hoffnung auf ein modernes Nationaldrama verbindet sich außerdem die Vorstellung einer engen Verbindung von Dichter und Volk, ohne daß die Harts jedoch daraus schon Konsequenzen für ihr Kunstverständnis ableiten.

Vorausweisend auf die Herausbildung des naturalistischen Bühnenstils ist insbesondre die Forderung der Harts, daß auf der Bühne »die Illusion schließlich den höchsten Grad der Vollkommenheit erreicht« (s. ebd.). Dabei wollten sie dies jedoch nicht als Aufforderung zur Unterordnung der »reingeistigen Poesie« unter die »blos sinnlich wirkende Coulissenmalerei, Beleuchtungskünste und ähnlich schöne Dinge« verstanden wissen. Damit warnten sie vor einer einfachen Übernahme des Bühnenstils der »Meininger«, der berühmten Theatertruppe des Herzogs Georg von Meiningen, die für ihre detailrealistischen Inszenierungen, ihr Streben nach gesteigerter Wirklichkeitsillusion auf ihren Gastspielreisen seit 1874 viel Beifall ernteten. Bereits 1878 hatte Julius Hart in einer Besprechung *Neuer dramaturgischer Schriften* R. Proelß' Auffassung über die »Meininger« zustimmend referiert: »Was das Verhältniß der äußeren Ausstattung, der Decorationen und Costüme, der Comparserie zu den rein schauspielerischen Leistungen angeht, so läßt sich nicht leugnen, daß [. . .] jene durch ihren Ueberglanz dieselben nicht ganz selten erdrücken« (s. *Deutsche Monatsblätter*, Bd. 1, 1878, S. 426). Auch O. Brahm kritisierte 1882 die »Meininger« anläßlich einer Aufführung in Berlin, daß sie es »für ein Großes« halten, statt der »Abkürzungen einer Wirklichkeit [. . .] die Wirklichkeit selbst auf die Bühne zu bringen: Ihre Schilde und Helme und Panzer rasseln genau so laut [. . .] wie wirkliche Schilde und Panzer, ihre Türen sind nicht von Pappe, sondern von wahrhaftigem Holz und fallen, sozusagen mit einem hörbaren Ruck, ins Schloß« (in: *Vossische Zeitung*, 25. April 1882, zit. nach: Otto Brahm, *Kritiken und Essays*. Ausgew., eingel. u. erläutert v. Fritz Martini. Zürich u. Stuttgart 1964, S. 89).

Die Hoffnungen, die die Harts hier stellvertretend für die junge Literaten- und Kritikergeneration in bezug auf die Förderung der deutschen Gegenwartsdramatik formuliert hatten, erfüllte das »Deutsche Theater« nicht. Vielmehr bevorzugte dieses für sein Repertoire klassische Dramen und von den deutschen Gegenwartsschriftstellern nur solche Stücke, die risikolos, d.h. dem herkömmlichen Publikumsgeschmack angepaßt waren. Die Leistungen der Regie und der Schauspielkunst jedoch machten das »Deutsche Theater« berühmt. Es beendete eine Epoche, »deren stilschaffender Exponent der Schauspieler und seine Allbedeutsamkeit war, deren Wesensbestimmung in der Erfüllung einer schauspielerischen, einer theatralischen Welt lag« (s. Kurt Raeck, *Das deutsche Theater zu Berlin unter der Direktion Adolphe L'Arronge*. Berlin 1928, S. 55).

41

Max Halbe: *Berliner Brief.* In: *Die Gesellschaft. Monatsschrift für Litteratur und Kunst.* Hrsg. v. Michael Georg Conrad u. Karl Bleibtreu. 5. Jg. Leipzig (W. Friedrich) 1889, Bd. 2, August-Heft, S. 1171–1186; hier: 1175–1176, 1176–1178.

[...]

Kein Gebiet der Litteratur ist noch heute so mit Regeln ummauert, von Gesetzen bevormundet, wie das Drama noch aus des seligen Methusalem Zeiten her. Lyrik und Roman sind mündig geworden, lassen sich von Niemandem mehr aufs Maul schlagen. Es ist an der Zeit, daß auch das Drama sein gutes Recht fordere, sich frei nach allen Richtungen auszuleben, seine Gliedmaßen unbeengt, ledig jeder Regelzwangsjacke zu strecken und zu dehnen. Kein in seiner innersten Natur wirkendes Gesetz zwingt es, sich nach allen möglichen »technischen« und »künstlerischen« Gesichtspunkten meistern und knechten zu lassen. Der Vogt, der hinter ihm steht und es nach seiner Peitsche tanzen und springen läßt, daß ihm die Augen übergehen, ist die Bühne. Ja, die Bühne!

Der Drang nach Bühnenfähigkeit ist der verseuchende Bacillus, an dem unser Drama schwer niederliegt und an dem es verenden wird, wenn nicht bald Gegenmaßregeln ergriffen werden. In den luftbeengenden Panzer der Bühnenfähigkeit pressen zahlreiche lungenkräftige, junge Talente, die sich zu breitschultrigen, weitbrüstigen Mämmern auswachsen könnten, sich ein, werden dünnatmig und verkrüppeln vor der Zeit. Und die *Bühnenunfähigkeit* ist es, die dem naturalistischen Drama das Kainsmal der Unmöglichkeit und der Lächerlichkeit auf die Stirn zeichnet, vor dem selbst sonst Vorurteilslose sich scheu davondrücken. *Bühnenunfähigkeit* auf der *heutigen* Bühne und vor dem *heutigen* Publikum, das in seiner Hartleibigkeit nur noch auf die gröbsten, gemeinsten theatralischen Abführmittel reagiert und bei der wahrhaft gesunden, kräftigenden, blutbildenden Speise Magenrumoren verspürt.

Der Naturalismus verzichtet nicht schlechtweg auf die Bühne, aber er weist die Zumutung, daß er sich der *Bühne* anpasse, mit Entrüstung zurück und verlangt, daß sich die Bühne ihm anpaßt. Wenn alle jungen Talente in dieser Kardinalforderung einig sind, wenn sie dem Moloch der Bühnenfähigkeit auf der *heutigen* Bühne und vor dem *heutigen* Publikum keine Messerspitze ihres Kraftquantums zum Opfer streuen, so werden sie das *Morgen* für sich haben, gleichviel ob dieses Morgen heute in einem Jahrzehnt oder heute in einem Jahrhundert eintritt.

Wenn wir dann nach atemlosem, muskelzerreißendem Ringen uns auf dem uns gebührenden Platze festgestemmt haben, wenn wir ein Drama besitzen, das alle die zahllosen Kombinationen und Ausstrahlungen des modernen Lebens in seiner Sammellinse auffangen wird, wie sie der Roman schon heute auffängt, als Schauplatz dieses Dramas eine Bühne, die sich allen technischen Anforderungen desselben gelenkig und biegsam anschmiegt, endlich vor der Rampe dieser Bühne ein Publikum, das auf den Brettern ein ungeschmeicheltes, wahrhaftiges Weltbild sehen will und auch ohne den betäubenden Tamtam der Aktschlüsse, der »dramatischen« Zuspitzung, der »Peripetie«, kurz des ganzen Konventionalismus nicht einschläft, wenn alles das errungen sein wird, dann ist die dritte große Epoche der Dramatik heraufgezogen, vor der die frühern Entwicklungsstadien verbleichen werden, wie die Mysterienbühne des Mittelalters vor den Dramen Shakespeares und Kalderons.

Das alles sind Selbstverständlichkeiten für den, der von der unendlichen Entwicklungs- und Fortbildungsfähigkeit (eine Fähigkeit, die natürlich gleichbedeutend mit Drang, Wille ist), der künstlerischen im Speziellen und der Lebens- und Gesellschaftsformen im Allgemeinen überzeugt ist, und der zugleich seinen Zola ein wenig studiert und in sich aufgenommen hat. Selbstverständlichkeiten, die aber nicht oft und laut genug verkündet werden können, denn wir sind auf dem besten Wege halbe Arbeit zu machen und, nachdem dem Roman die Gefängnisthore gesprengt sind, dieselben dem Drama, das auch gern heraus möchte, vor der Nase zuzuwerfen.

[...]

Wir haben gesehen, es giebt keine besondern epischen Stoffe, ebensowenig, wie es besondere dramatische Stoffe giebt. Jeder Stoff, jedes Stück Leben eignet sich gleich gut für das Drama, gleich gut für den Roman. In zwei verschiedenen Töpfen der gleiche Trank von der gleichen Mischung, der gleichen Süßigkeit oder Bitterkeit, der gleichen Temperatur – das Leben. Und Leben ist Wirkung, Entwicklung. *Mittelbar* vorgeführte, erzählte Entwicklung der Roman. *Unmittelbar* vorgeführte Entwicklung in der Form des Dialogs das Drama. Aber zahllos greifen Fäden herüber, hinüber. Dann haben wir das Gespräch im Roman, die Bühnenanweisungen und die Erzählung im Drama, wovon aber die erstern nur ein Notbehelf für die Lektüre sind und bei der Aufführung sich ebenfalls in Unmittelbarkeit, in Fleisch und Blut oder richtiger in Kulissen, Dekorationen u. s. w. umsetzen.

Kein von der Moderne auch nur leise angehauchter Geist wird dem Roman seine Dialoge als eine »Durchbrechung seines künstlerischen Prinzips« unter die Nase reiben, obwohl es in der That auch noch heutzutage solche gleichsam mit geistigen Schnallenschuhen und Kniehosen einherwandelnden, wunderlichen, übrigens höchst ehrenwerten und geistvollen Menschenexemplare (s. Mauerhofs Aufsatz über den Roman der Neuzeit in »Unsre Zeit«) giebt, die dem Roman seine dramatischen Anwandlungen nicht so recht verzeihen können und ein Sehnen nach der »reinen Epik« wie nach einem verlorenen Eden mit sich durch diese fremde, entartete Welt tragen. Aber solche altmodisch kostümierten Herren werden mit dem sinkenden Jahrhundert immer weniger und das aufdämmernde neue Jahrhundert wird sie nur noch vom Hörensagen kennen.

Daß diese Naturen mit noch viel grimmigerm Stirnrunzeln auf das Eindringen der Erzählung, das Epischen in das Allerheiligste der »reinen Dramatik« blicken, versteht sich von selbst. Schwerer verständlich und nur erklärlich aus der ungeheuren, leben- und schicksalausprägenden Gewalt, mit der beianhe schon mit der Muttermilch eingesogene und seitdem bei jedem Atemzug kubikfußweise eingeschluckte Vorurteile wirken, ist ein solcher intoleranter, ketzerverbrennender Fanatismus bei wirklich modernen Menschen, die doch auf andern Gebieten der Litteratur selbst die Rolle des Revolutionärs gespielt haben und sich nun wundern, daß die Bewegung weiter um sich greift und sogar den heiligen Winkel zu überfluten droht, den sie sich trotz allem und allem reserviert haben, um zu den Idealen ihrer Jugend zu beten. Eine Erscheinung, die sich übrigens oft genug im Leben und in der Geschichte wiederholt. Zu vergleichen die Ketzerabbratungen, die der Ketzer Calvin veranstaltete.

Wir also wollen versuchen, uns derartige Vorurteile vom Leibe zu halten. Wir gestatten dem Roman seine Gespräche und wir gestatten nicht minder dem Drama seine Erzählungen. Wie weit der Dichter es mit solcher »Durchbrechung der Form« treiben will, ist *seine* Sache. Gewinnt in einem Roman die Dialogform das Übergewicht oder umgekehrt im Drama das Epische, so nenne man meinethalben den Roman ein Drama und das Drama einen dialogisierten Roman.

Was liegt am Namen! Beweist denn der Name Müller oder der Name Schulze irgend etwas für den Charakter des unter dieser Flagge durchs Leben Segelnden? Der polizeilichen Anmeldung wegen ist der Name freilich von Wichtigkeit, aber in der Litteraturrepublik sind die polizeiliche Anmeldung und die übrigen Freizügigkeitsschranken weggeräumt, obwohl es noch Zünftler genug giebt, die sie wieder aufrichten möchten.

Die Hauptsache also ist, daß das Stück Leben, das Stück Entwicklung, das uns mittelbar oder unmittelbar oder in der Mischung von unmittelbar und mittelbar vorgehalten wird, uns überzeugend glaubhaft gemacht, mit zwingender Gewalt vor uns in den Boden eingerammt wird, als Etwas, an dem sich nicht rütteln und nicht rühren läßt: Hier bin ich. Zweifle mich an, leugne mich weg – *wenn du kannst.* Die größere oder geringere Ableugnungsmöglichkeit giebt dann einen Gradmesser für das niedrigere oder höhere Kraftquantum, das bei der dichterischen Wiederzeugung des betr. Stückes Leben aufgewendet worden ist.

Vollendete, unentrinnliche Illusion also, das ist das Ideal! Ob aber in ein Drama mehr oder weniger dialogisierte Erzählung eingesprengt ist, als ob nicht auch im wirklichen Leben unendlich oft die Vergangenheit aus dem bodenlosen Abgrund herauftauche und ihr düster geheimnisvolles Haupt in das Gespräch der Menschen hineinstrecke, oder ob ein Drama *unmittelbar* nur ein winziges Bruchstück einer Entwicklung zur Darstellung bringt, ob es also »eigentlich nur der erste Akt« (»Volksfeind«), oder »eigentlich nur der dritte Akt« (»Nora«) oder »eigentlich nur der fünfte Akt« (»Gespenster«) eines »wirklichen« Dramas ist: das ist an sich herzlich gleichgültig, wenn es dem Dichter nur gelungen ist, nicht nur jenes Bruchstück selbst in Fleisch und Blut vor unsern Augen zu verkörpern, sondern *mittelbar* durch *Erzählung* auch die Fülle von Blutadern und -äderchen, von Nervenfasern und Muskelsträngen, deren Zusammenwirken der vor uns fleischgewordene Organismus erst seine Existenz verdankt, uns bloßzulegen und überzeugend zu demonstrieren.

Dabei ist natürlich klar, daß wenn der Dramatiker, anstatt mit dem Unmittelbarkeitsinstrument zu arbeiten, häufig die *mittelbare* Erzählung anwendet, er sich die Aufgabe der Illusionserzeugung erschwert und ein größeres Kraftquantum binden muß, um die gleiche Glaubhaftigkeit und Illusion zu erzielen wie der mit rein dramatischen Mitteln arbeitende. Doch wem seine Mittel solchen Luxus gestatten – Was geht's uns an! Das ist persönliche Sache und muß dem Temperament jedes Einzelnen überlassen bleiben.

Überhaupt das Temperament! der Eine sieht eben durch *sein* Temperament denselben Stoff als Roman, den der *Andere* durch sein Temperament als Drama sieht. Je einseitiger und intensiver das eine oder das andere Temperament, desto reiner, ungebrochener die Epik oder die Dramatik, die sich aus jenem oder diesem Temperament herauskrystallisieren. Solche einseitige Intensität braucht man aber nicht als einen besondern Vorzug zu betrachten. Andere Naturen haben beide Willensrichtungen gleichstark und mächtig entwickelt. Da entstehen die Mischrassen, die man deswegen nicht über die Achsel anzusehen braucht. Übertreffen sie doch ihre ungemischten Eltern oft genug an Warmblütigkeit und Muskelkraft bei der dichterischen Bewältigung und Dienstbarmachung des Lebens, der Wirklichkeit. *Hierin* aber liegt das *Entscheidende.*

Ich habe hiermit keine Vorschriften aufstellen, sondern nur die Freiheit des dichterischen und dramatischen Schaffens verteidigen wollen, die mir bedroht scheint.

[...]

Max Halbe (1864–1944), Literaturkritiker und teilweise erfolgreicher naturalistischer Dramenautor, kam nach Abschluß seiner Promotion Ende der 80er Jahre von München nach Berlin. In München hatte Halbe bereits Kontakt zu Michael Georg Conrad, der in der *Gesellschaft* die erste Veröffentlichung Halbes, die Totengräberszene aus dem Drama *Ein Emporkömmling*, abdruckte. In Berlin fand Halbe Freunde im Friedrichshagener Kreis. Sein Drama *Eisgang* wurde 1892 erfolgreich von der Freien Volksbühne aufgeführt. Sein Stück *Die Jugend* wurde in der Spielzeit 1893/94 zu einem Riesenerfolg. Der Direktor des Residenztheaters, Lautenburg, hatte für Halbes Stück extra das »Neue Theater« angemietet. Halbe schreibt darüber in seiner Autobiographie: »Der vielgewandte Geschäftsmann hatte sich bei Beginn der neuen Spielzeit vor die Frage gestellt gesehen, wie es mit dem noch unausgebeuteten Erfolg meines Stückes werden solle. Er hatte, soweit es das Residenztheater anging, nur die Wahl, entweder seine geliebten Franzosen weiter zu spielen und dafür auf die Ausnutzung meines Stückes zu verzichten oder umgekehrt. »In diesem Dilemma war der alte Praktikus auf die Idee verfallen, noch ein zweites Theater dazuzumieten, wo er mit kleinen Gagen und kleinen Preisen den deutschen Autor ein paar Monate durchhalten konnte, während das französische Geschäft im Residenztheater weiterblühte« (s. Max Halbe, *Jahrundertwende. Erinnerungen an eine Epoche.* München, Wien 1976, S. 91f.). Lautenburg brauchte Halbe aber nicht »durchzuhalten«, da das Stück bereits noch vor Weihnachten seine 100. Aufführung erlebte (Uraufführung, 23. 4. 1893). Als Halbe jedoch im Februar 1894 mit seinem *Amerikafahrer* einen ersten Mißerfolg hatte, verließ er Berlin und übersiedelte an den Bodensee, bis er schließlich endgültig wieder nach München zurückging.

Halbes *Berliner Brief* erschien noch vor der Eröffnung der Freien Bühne mit den *Gespenstern* von Henrik Ibsen. Diesem *Berliner Brief* kommt im Prozeß der Herausbildung einer eigenständigen naturalistischen Dramaturgie in Deutschland ein besonderer Stellenwert zu. In der Auseinandersetzung mit Bleibtreus traditionalistischer Ibsen-Kritik stellte Halbe erstmals die zuletzt von Gustav Freytag kanonisierten Gattungsregeln (*Die Technik des Dramas* von G. Freytag erschien zwischen 1863 und 1890 in 6 Auflagen!) grundsätzlich in Frage.

Die Diskussion über eine Erneuerung der Dramatik hatte ebenso wie die Auseinandersetzungen um den Roman ihren Ausgangspunkt in der Wahrheitsforderung, dem ethischen Anspruch der jungen Literatengeneration an die Kunst. Aus diesem Postulat, das sich im Bereich der Dramtik und des Theaters primär gegen französische bzw. französisierende Salonstücke richtete, ergaben sich sowohl die Forderung nach Zeitbezogenheit, nach sozialer Thematik, nach einer Bühnensprache, die der Sprache des Lebens entspricht. Als »Kämpfer gegen die Lüge« wurde Ibsen auf dem Gebiet des Dramas der große Anreger für die oppositionellen Autoren. Georg Brandes schrieb hierzu 1902: »Das entscheidende Zeichen dafür, daß ein produktiver Geist in einer Gemeinschaft durchgedrungen ist, besteht darin, daß er andere produktive Geister beeinflußt. [...] Und Henrik Ibsens Einfluß auf die Dramatiker des neuen Deutschlands steht im Augenblick zweifellos fest...« (s. G. Brandes, *Deutsche Persönlichkeiten.* München 1902, S. 44). An

Richard Voß, Hermann Bahr, Wolfgang Kirchbach und Gerhart Hauptmann zeigt Brandes diesen Einfluß auf. Brandes kommt dabei zu dem Ergebnis, daß das, »was die Vertreter dieser jungen Litteratur zu Ibsen hingezogen hat, nicht nur sein hoher Rang als Dichter und Techniker« gewesen sei, »sondern die unheimliche Stimmung bei ihm, aus der sie eine beständige Schreckensstimmung gemacht haben; die Vorstellung von einem Gesellschaftsunrecht und einer Gesellschaftslüge, die sie aufgenommen und zuweilen bis auf das äußerste überspannt haben; der Glaube an die Notwendigkeit einer Revolte des Gemütes, der bei ihnen zu einem inneren Aufruhr gegen bestehende Vorurteile geworden, zuweilen nahe daran ist, in die Parodie überzugehen; endlich die Mischung von individualistischen und sozialistischen Sympathien und Tendenzen, die sich bei ihnen findet, auch durchgehends bei ihnen vorkommt und aus dem sie nicht selten eine Mixtur gebraut haben, gegen die der Trank, den Ibsen bietet, frische Milch ist« (ebd., S. 66).

Zwischen 1886 und 1889 entstanden die ersten Versuche junger Autoren aus der naturalistischen Bewegung, der flachen Salonkomödie moderne Problemstücke entgegenzustellen, gegen das »heile Weltbild« der Epigonendramatik die Wahrheit auch auf die Bühne zu bringen, tragische Schicksale (durch Vereinsamung, Verbrechen, Wahnsinn) zu gestalten: 1886 – Julius Hart, *Der Sumpf*; Wolfgang Kirchbach, *Waiblinger*; 1887 – Hermann Bahr, *Neue Menschen*; Karl Bleibtreu, *Der Dämon*; 1888 – Conrad Alberti, *Brot!*; Karl Bleibtreu, *Schicksal*; Max Kretzer, *Bürgerlicher Tod*; Hermann Bahr, *Die große Sünde*; 1889 – Karl Bleibtreu, *Ein Fest der Tat*.

1886 forderte Hillebrand in seinem Artikel *Naturalismus schlechtweg!* (s. Dok. 7) auch für das Drama in Deutschland eine ähnliche Entwicklung wie für den Roman. Seiner Meinung nach gehörte »die nächste Zukunft« dem »*sozialen Drama*«, das »den vierten Stand auf die Bühne bringt«, die »physiologische und pathologische Seite des Charakters« beleuchtet, »die großen Geisteskämpfe der Wirklichkeit auf die Bühne zu bringen versucht« und den »konventionellen Theaterjargon durch die *Sprache des Lebens* ersetzt« (s. ebd.).

In Bleibtreus Schrift *Revolution der Litteratur* von 1887 (s. Dok. 8) fällt der Abschnitt über das Drama äußerst bescheiden aus. Bleibtreu erklärt zu Beginn dieses Kapitels: »Ich kann mich hier kurz fassen. Die moderne Bühne hat mit der Poesie nichts mehr zu thun. Ich kenne nur wenige ernst zu nehmende Dramatiker« (s. K. Bleibtreu, *Revolution der Litteratur*, 3. Aufl., Leipzig 1887, S. 41). Als »wichtigste Erfordernisse des Dramatikers« weiß Bleibtreu nur »Wahl *einer einheitlichen dramatischen Handlung und straffe Spannung des Conflicts*« (ebd., S. 46) zu nennen.

1888 prophezeite Julius Hillebrand in der *Gesellschaft* die nahende Umwälzungen auch auf dem Theater: »Nicht lange mehr, und die äußerste Linke der neuen Literaturrichtung – der Zolaismus – wird seinen Triumphzug auf den weltbedeutenden Brettern beginnen!« (s. Julius Brand, *Henrik Ibsen. Kritische Glossen*. In: *Die Gesellschaft*, Jg. 4/2, 1888, S. 1130).

Halbe griff nun in seinem Aufsatz ein Grunddogma des »Bühnenkonventionalismus« an, nämlich die Anerkennung der Gattungsgrenzen: »Ja, das Leben! Roman, Drama! *Lebensdarstellung!* Es gibt nichts an sich Episches. Es gibt nichts an sich Dramatisches. Ein Stück aus dem unermessen Urwald des Lebens, [...] aber getreu und wahrhaftig. [...] Das verlangt der Naturalismus« (s. M. Halbe, *Berliner Brief*, S. 1174). Gegen die Position Spielhagens bestritt er die Gattungsaffinität literarischer Gegenstände und entzog damit jeglicher Normierung im Bereich der Dramatik den Boden.

42

Otto Brahm: *Der Naturalismus und das Theater*. In: *Westermanns illustrierte deutsche Monats-Hefte für das gesamte geistige Leben der Gegenwart*. 35. Jg. Braunschweig (Westermann) 1891 Bd. 70, Juli-Heft, S. 488–499; hier: S. 491–492, 495–497, 498–499.

[...]

Die neue Litteratur ist revolutionär, das Theater ist konservativ – das ist der entscheidende Punkt für unser Problem. Unter allen Faktoren hält keiner zäher fest an dem Bestehenden, ist keiner seinem ganzen Wesen nach Neuerungen so feindlich wie die Bühne. Ob sie nun, im guten Sinne, der Tradition anhängt und schöne Überlieferungen gewesener Zeiten einem neuen Geschlecht pietätvoll zuträgt oder ob sie, dem Theaterschlendrian verfallend, allem Werdenden sich entgegenstemmt in altersschwachem Eigensinn – konservativ ist sie immer, in jeder Form, zu jeder Zeit. Die Litteratur aber, jede lebensvolle Litteratur, ist revolutionär, nicht im politischen, sondern im geistigen Sinne: in der Poesie, sagt Heine einmal, geht es zu wie bei den Wilden; wenn die Jungen erwachsen sind, schlagen sie die Alten tot. In der That bewegt der Gegensatz der Alten und der Jungen, wenn wir auf unsere eigene litterarische Entwickelung zurückblicken, alle großen und fruchtbaren Perioden der deutschen Poesie: in der Sturm- und-Drangzeit haben wir den Gegensatz der jungen Originalgenies gegen den Regelzwang und die Flachheit der Gottschedianer und der Nicolaiten, und dieser Kampf setzt sich fort bis tief in die klassische Zeit hinein; in der Romantik sodann stehen die Schlegel und Genossen gegen den zur obersten Autorität emporgestiegenen Schiller auf; es treten weiterhin die Jungdeutschen ins Gefecht, mit feurigen Worten Kampf gegen das abgelebte Alte predigend, die Heine, Laube und Gutzkow streiten gegen die Schwabenschule und den Wolfgang Menzel – und so, über den Wechsel der Zeiten hinweg, sehen wir fort und fort den Gegensatz der Generationen sich bezeigen: durch eine Welt von künstlerischen und sozialen Anschauungen sind Väter und Söhne stets und stets geschieden, und wie die Alten sungen, so zwitschern *nicht* die Jungen. Auch die Periode, in der wir gegenwärtig stehen, ist, litterarisch gesprochen, die Zeit der Auflebung, der Revolution: und um das viel umdeutete, viel umfochtene Schlagwort Naturalismus sammelt sich, was an einen starken Fortschritt in der modernen Poesie noch glaubt.

Nicht auf dem Theater hat die Bewegung begonnen: denn das Theater, wir wissen es, ist konservativ. Vielmehr liegt in der erzählenden Dichtung der Ursprung dieser neuen Kunst, die ungefähr zur gleichen Zeit bei allen großen Kulturvölkern sich bilden will, die aber in Frankreich vor allem Geltung gewonnen hat. Balzac ist der erste gewesen, sie zu begründen, nicht mit allgemeinen, principiellen Erörterungen, sondern mit der ganzen Naivetät und der ganzen Fruchtbarkeit des produktiven Genies. Dem starken Manne sind dann die feinen gefolgt; die aristokratischen Begabungen der Brüder Goncourt, die zähe Großartigkeit des Flaubert setzten die Bewegung fort, bis sie in Zola ihren Herrn und Meister fand. Durch Theorie und Praxis hat *er*, in einem Leben voll grandioser Arbeitsamkeit, den Naturalismus zu einer literarischen Großmacht erhoben. Seiner fest zugreifenden Energie, seinem von keinem Skeptizismus schwächerer Naturen angekränkelten Glauben an das neue Evangelium absoluter Wahrheit in der Kunst gelang das Lebenswerk der »Rougon-Macqart«, und ein europäischer Erfolg lohnte dem nimmermüden Manne, dem Propheten des Naturalismus. Von der modernen Wissenschaft, wie sie in Taine sich ihm verkörperte, und von dem tiefinneren Triebe des Jahrhunderts nach der Erkenntnis realer Daseinsmächte hatte Zolas Geist die entscheidende Richtung empfangen; und ganz fühlte er sich ein Kind seiner Zeit, als er in seinem Romancyklus eine Histoire naturelle et sociale zu entrollen versprach; denn die nämlichen beiden großen Faktoren sind es, die das Jahrhundert der Elektricität und des Socialismus beherrschen: der Drang nach Naturwissen und der Drang, die Wunden der leidenden Gesellschaft bloßzulegen und zu heilen.

Aber gerade weil diese Bewegung so völlig aus dem Geiste der Zeit geboren ward mit Naturnotwendigkeit, weil sie ein Akt der individuellen Willkür und des Zufalls sowenig war, wie alle großen künstlerischen Bewegungen, wie die Renaissance, wie die deutsche und französische Romantik – gerade deshalb blieb sie nicht an der Grenze einer Kunst stehen, nicht an der Grenze einer Nation. Sie sprang über vom Roman in die Malerei; und was die Poeten Naturalismus nannten, das nannten die bildenden Künstler nun, die Millet und Manet, Impressionismus. Und sie sprang über von Frankreich nach Rußland, nach Deutschland; und im Gefühl, wieviel des Überraschenden, Neuen hier dem Publikum zu vermitteln war, wie eine völlige Revolution des Geschmackes Lebensbedingung dieser neuen Kunst sei, wurden selbst echte Poeten, Männer der dichterischen That, zu geduldig theoretisierenden Erklärern ihres eigenen Schaffens [...]

[...]

Förderung und Hemmung der neuen Richtung, sagte ich, beides ist von der Kritik ausgegangen. Von der Hemmung noch im einzelnen zu reden, verzichte ich; von der Förderung vielmehr möchte ich reden, von den Versuchen, die man neuerdings gemacht hat, den Naturalismus auf die deutsche Bühne zu bringen. Noch einmal bitte ich den Leser, sich mit Mißtrauen zu wappnen; denn ich spreche jetzt wirklich von dem Unternehmen, zu dessen Begründern und Leitern ich selber gehöre, ich spreche von der Freien Bühne in Berlin.

Ausgegangen ist dieses Unternehmen von einem französischen Vorbild: dem Théâtre libre in Paris. Wie immer in theatralischen Dingen, sind auch diesmal wir Deutschen nicht orginell gewesen und haben uns gerade aus Paris die Waffen geholt – um Pariser Einflüsse zu bekämpfen. Denn, daß wir es deutlich heraussagen: wenn die neue Richtung sich den Boden erkämpfen soll auf unserem Theater, so kann sie es nur, indem sie ihn Zoll um Zoll dem französischen Schauspiel abgewinnt. Das Gesellschaftsstück, wie es die Dumas und Sardou ausgebildet und eine Anzahl deutscher Autoren nachgeahmt haben, dieses einst lebendige, aber heute zur bloßen Mache herabgesunkene Gesellschaftsstück ist der Feind des Naturalismus nach Inhalt und Form. Es erlügt eine Welt, die nicht ist: in der man liebt, nicht hungert, in der die sociale Sorge totgeschwiegen wird, und das bloße erotische Spiel die Existenz lebendiger Menschen zu beherrschen scheint. Es erlügt eine flache Seelenkunde, die allen Fortschritten der neueren

Psychologie zuwiderläuft: es läßt seine Personen im Handumdrehen sich ändern und vollführt radikale, abrupte »Besserungen« – während wir vielmehr wissen, daß es in der Natur nur eine mähliche Ausbildung und Umbildung der Charaktere giebt, bewirkt durch eine Fülle kleiner Erlebnisse, durch den zähen Einfluß der Umgebungen, des Milieu. Kurz, es ignoriert, dieses altmodische französische Gesellschaftsstück, alle Fortschritte der neueren Poesie, die ganzen verfeinerten Methoden der Analyse und der Beobachtung, und es war schuld, daß bis vor kurzem eine tiefe Kluft bestand zwischen der Auffassung des Romans und des Theaters; dort hatten wir Entwicklung, hier den Stillstand, dort die Wahrheit und hier die Konvention.

Auf dem Boden von Frankreich selber ist dieser Kunst der Gegner erwachsen: Emile Zola hat in mehr als hundert Aufsätzen, in unermüdlichen Variationen des einen Seelenwunsches »le naturalisme au théâtre« gefordert, und eben diesem zu dienen, hat Mr. Antoine sein Théâtre libre aufgeschlagen. Eine persönliche Schöpfung, die des geschäftlichen Charakters nicht entbehrt, ist dieses Pariser Théâtrelibre; unsere Freie Bühne ist das auf Erwerb nicht berechnete Unternehmen einer Gruppe von Schriftstellern, von Kritikern vorwiegend, welche die Sache des Naturalismus zu fördern wünschen, indem sie ihm zunächst nur einmal die Zunge lösen; hier ist Rhodus, hier tanzet, riefen wir den jungen deutschen Schriftstellern zu. Und sie kamen und tanzten.

Nicht um eine Aufzählung des auf unserer Freien Bühne Geleisteten handelt es sich hier; ich will nur die Einrichtung des Ganzen zu entwickeln suchen und dann an einem charakteristischen Beispiel die Bedeutung dieser Vorstellungen erläutern. Ihrem äußeren Wesen nach stellt sich die Freie Bühne als ein Verein dar: eine Form, die zumeist deshalb gewählt wurde, um Censurfreiheit zu erlangen. Da unsere Vorstellungen keine öffentlichen sind, sondern nur für die Vereinsmitglieder gegeben werden, so durften wir zum Beispiel Henrik Ibsens »Gespenster« zur Darstellung bringen – ein Werk, dessen Aufführung den Berliner Theatern im übrigen bis auf den heutigen Tag verboten ist; und so brauchen wir auch sonst uns die mancherlei Sorgen nicht aufzuerlegen, welche den öffentlichen Bühnen durch die Censur erwachsen. Auch auf diesen heiklen Punkt habe ich hier nicht einzutreten: der Fall von »Sodoms Ende«, Verbot und Freigabe, ist noch in aller Gedächtnis.

Nicht ein Publikum also, Vereinsmitglieder sind es, die sich in den Matineen der Freien Bühne, an Sonntag-Vormittagen im Residenztheater, einfinden. Ein kleiner Kreis von noch nicht tausend Menschen, immer die Nämlichen, Freunde und Gegner des Unternehmens. Denn keineswegs ist es eine Gemeinde von Gleichgesinnten, die sich hier zusammengethan hat: lauter sind nirgends die Gegensätze, heftiger treffen in keinem Theatersaal die Meinungen aufeinander als in diesen Vorstellungen der Freien Bühne. Und wenn schon hierdurch die erwünschte »Auffrischung« unseres Publikums gegeben ist, wenn sich die einseitige Sektenbildung, sonst die gefährlichste Begleiterin der nicht öffentlichen Kunstbestrebungen, in unserem Falle ausschließt, so gewinnt das Unternehmen noch an Bedeutung durch die eigentümliche, weithinstrahlende Wirkung aller theatralischen Vorgänge: nicht nur zu tausend Hörern, zu Hunderttausenden von Lesern gelangt die Kenntnis von demjenigen, was wir auf die Bühne gestellt haben – eine oft oberflächliche, einseitige, verfälschte Kunde, aber doch eine Kunde.

Denn noch heute ist das Theater, trotz allem, was Routine und Schlendrian an ihm gesündigt haben, trotz der öden Mittelmäßigkeit, die sich hier spreizt, und dem Hauch des ewig Gestrigen, der uns aus der Culissenwelt anweht – noch heute ist das Theater die große Kulturmacht, die geheimnisvolle Macht, die die Seelen bezwingt und an die Herzen der Menschheit rührt. Nicht nur was wir selber auf den Brettern sehen, auch was die anderen sehen und genießen, weckt unsere Teilnahme auf – zumal wenn dies Geschaute etwas Neues, Ungeahntes ist. Eine einzige Vorstellung der »Gespenster«, im Berliner Residenztheater vor vier Jahren unternommen, hat mehr für die Verbreitung und das Verständnis Ibsenscher Dichtungen gethan, als alle literarische Agitation je vermocht hätte: denn nun erst gelangte an ein weites Publikum die Kenntnis von dieser kühnen Dichtung, und nun erst gingen im Geschwindschritt über unsere Bühnen Henrik Ibsens lebensvolle Schöpfungen, in Deutschland, in Frankreich, in England.

Und dieselbe weittragende Wirkung des Theaters hat ein junger Dramatiker auch erleben können, den die Freie Bühne auf die Bretter zuerst gestellt hat, und dessen Talent – wiederum nach meiner subjektiven Auffassung – alle Mitstrebenden an Tragkraft und an Tiefe übertrifft: der Schlesier Gerhart Hauptmann, dessen sociales Drama »Vor Sonnenaufgang« am 20. Oktober 1889 zuerst über die Freie Bühne gegangen ist, dessen »Familienkatastrophe« »Das Friedensfest« dann schnell gefolgt ist, und dessen neuestes Trauerspiel »Einsame Menschen« eben den Weg gefunden hat von der geschlossenen Bühne auf die offene. Fast wie Byron konnte Hauptmann von sich sagen: Ich erwachte eines Morgens und fand mich berühmt – berühmt oder berüchtigt: denn wie der Beifall, so heftete sich, lauter noch und tobender, der Widerspruch an seine Fersen, und berüchtigter konnte einst der Dichter der kecken »Räuber« den harmlosen Stuttgartern nicht erscheinen, berüchtigter nicht der sittenlose Byron den auf Anstand dringenden Damen der englischen Gesellschaft als in jenen lärmvollen Tagen Gerhart Hauptmann deutscher Prüderie und Heuchelei. Er hatte – shocking! most shocking! – die Verhältnisse seiner schlesischen Heimat, die Versumpfung reichgewordener Bauern mit grellen Farben gemalt, und mit einer heiligen, jugendlichen Unbefangenheit, deren Ernst nur der Unverstand verkennen konnte, auch die heikelsten Dinge in aller Deutlichkeit herausgesagt. Ohne die Bühne und ihre Wirkungen genau zu kennen, aber doch mit jener Treffsicherheit des Dramatikers, der das Theater noch fühlt, auch wo er sich von ihm keck entfernt, hatte er seine bei aller Kraßheit lebensvollen Schilderungen entworfen; und so verstand es sich von selbst, daß ihm der Vorwurf nicht erspart blieb, der sich gegen so manchen modernen Poeten richtet: daß er die Darstellung der geschlechtlichen Beziehungen mit unlauterer Absicht in den Vordergrund dränge. Hat doch gerade auf diesem Gebiet die Tradition, die konventionelle Lüge es sich am bequemsten gemacht: sie hat sich ein abstraktes Ding konstruiert, welches sie »die Liebe« nennt, ein in seiner Entstehung unerklärliches, seinem Wesen nach unvergängliches und unveränderliches Ding, kurz, ein Ding, das *über* allen Naturgesetzen ist in seiner sublimen Unwahrheit. Wenn gegenüber dieser idealistischen Verfälschung des Lebens der Naturalismus den Blick richtet auf die wirklich treibenden Kräfte im Dasein der Geschlechter, wenn er den physiologischen Bedingungen mit scharfen

Sinnen nachspürt, und vielleicht dabei ebenso zur Einseitigkeit der Auffassung gelangt wie sein geschätzter Vorgänger, so erklärt sich die Übertreibung von selbst aus dem Gesetz von Wirkung und Gegenwirkung; das eine Extrem ruft das andere hervor, und bald genug wird die Zeit des Ausgleiches herankommen. Nur lasse man die Moralität beiseite, die nicht bedroht ist, und verdächtige nicht den Menschen, wenn man das Kunstwerk tadeln will.

[...]

[...] Realistisch wie die Scene, wie die Dichtung muß die Schauspielkunst werden – vielmehr sie ist es schon, und immer eifriger schreitet sie auf diesem Wege fort. Der idealistische Stil in der Darstellungskunst, die plastische Pose, die Deklamation, sie traten zurück vor dem Streben nach beseelter Natürlichkeit; und wenn heute die Dichtungen der Weimarer Blütezeit von der Bühne herab zu uns reden, so reden sie nicht mehr im Stile von Weimar, sondern in der realistischen Kunstsprache unserer Zeit. Auch nach dieser Seite hin hat der moderne Naturalismus auf dem Theater seine Mission zu erfüllen, eine bedeutsame, weittragende Mission: Er wird die deutsche Schauspielkunst vor neue große Aufgaben stellen, und einen neuen Darstellungsstil wird er, mit ihr im Bunde, schaffen helfen. Die ersten Anfänge dazu haben wir in den Aufführungen Ibsenscher Stücke und in denen unserer Freien Bühne gesehen. Wie die Kräfte auch des minderen Schauspielers wachsen, wenn er vor Aufgaben von wirklicher Eigenart gestellt wird, konnten wir dort beobachten: eine Lustspielwitwe und einen Attaché gut oder besser zu spielen, ja selbst, nach so viel großen Vorbildern, die Gestalten der Klassiker nachzuschaffen, kann nicht das letzte Ziel der Schauspielkunst sein; erst wo sie produktiv wird, wo sie Gestalten aus Eigenem schaffen hilft, wo sie nicht Rollen, sondern wirkliche Menschen zum erstenmal aufleben läßt im Lichte der Scene, erst da reicht sie an ihre höchsten Aufgaben heran. Und gerade dort wird sie ihre herrlichsten Triumphe erleben, wo sie das Wesen unserer Zeit, Geist von unserem Geist und Fleisch von unserem Fleisch aufzufassen und wiederum mitzuteilen weiß dem bezwungen lauschenden Hörer. Welch große Aufgaben liegen hier bereit, in den Gestalten voll feinsten modernen Lebens, wie sie etwa Henrik Ibsen geschaffen, wie viele Talente werden ihre Eigenstes erst dann entdecken, wenn sie vor das Ziel gestellt werden: Menschen darzustellen, nicht Lustspielpuppen, die irgendein witzer Kopf vor uns tanzen läßt. Wie sich an die Schöpfung Schillerscher Gestalten der hellste Glanz der Namen Fleck[1] und Ludwig Devrient[2] knüpft, wie in der Verkörperung Richard-Wagnerscher Figuren eine ganze Reihe von Künstlern ihren besten Ruhm gefunden hat, so wird auch Ruhm und Glanz diejenigen umstrahlen, welche, als die ersten, den Stil der neuen Schauspielkunst schaffen helfen, den Stil des Naturalismus auf dem Theater.

Der Naturalismus und das Theater – noch stehen sie sich fern, noch haben sie einander nicht gefunden; und gerade wir, die wir ihre Verbindung zu knüpfen suchen, wir empfinden sehr wohl, daß wir erst in den Anfängen einer Bewegung stehen, deren näheren Verlauf zu erkennen wir noch außer stande sind. Je enger die beiden Großmächte einander berühren, je fester der Bund zwischen ihnen geschlossen wird zu Trutz und Schutz, desto größer wird der Vorteil sein, für die eine wie für die andere: das Theater wird aus dem Stillstand wieder in die Bewegung geraten, dem Körper, der vor der Gefahr der Erstarrung jüngst stand, wird frisches

Blut zugeführt werden; und der Naturalismus wird, in der Berührung mit der konservativsten der Künste, die Extreme abthun und Mäßigung lernen und gerechte Beschränkung. Nicht plötzlich wird die Entwickelung sein, und wohin sie führt, kann niemand vorhersagen; an keine Formel wird sie sich binden und keinem Zwang der Meinungen wird sie unterthan sein. Aber wie auch die Bewegung verlaufen mag, an das eine glauben wir fest: nur durch die Schule der Natur hindurchschreitend, kann das Theater wieder die große geistige Macht werden über dem Leben der Deutschen: nur diesen Weg sehe ich, keinen anderen. [...] das moderne Theater wird naturalistisch sein oder es wird gar nicht sein.

Der Aufsatz Otto Brahms vom Juli 1891 erschien nach dem Ende der zweiten Spielzeit der Freien Bühne und nach einem wichtigen Erfolg, den die Freie Bühne errungen hatte (s. auch Dok. 50). Zum erstenmal war im März 1891 ein Drama Gerhart Hauptmanns *(Einsame Menschen)* außerhalb der Vereinsvorstellungen im Deutschen Theater aufgeführt worden. Damit hatte für Otto Brahm die Freie Bühne in ihrem Bestreben, »den Naturalismus auf die deutsche Bühne zu bringen«, »Stillstand« und »Convention« (s. Dok. 42) auf dem deutschen Theater zu überwinden, einen wichtigen Durchbruch erzielt. Nach der Aufführung des Deutschen Theaters erklärte Brahm in der Zeitschrift *Freie Bühne* euphorisch: »Gerhart Hauptmanns Schaffen gehört der öffentlichen Bühne nun an, und welche Bedeutung es für das lebendige Theater gewinnen wird, muß die Zeit lehren« (25. März 1891, in: *Freie Bühne*, Jg. 2, 1891, S. 294). In einem Aufsatz über *Germinie Lacerteux* hatte Hermann Bahr die besondere Bedeutung hervorgehoben, die der Verbindung von Naturalismus und Theater zukomme: »An dem Tage erst, an dem der Naturalismus das Theater erobert haben wird, wird sein Sieg vollendet sein [...] und dieses ist [...] der eigentliche Sporn dieser heißen naturalistischen Begierde nach dem Theater – weil auf der Bühne allein der Naturalismus erst seine volle Verwirklichung erfahren kann, weil es im Wesen des Naturalismus liegt, daß er der Bühne bedarf, wenn er er selbst sein soll...« (s. H. Bahr, *Zur Kritik der Moderne.* Zürich 1890, S. 149, zit. nach: *Literarische Manifeste des Naturalismus.* 1880–1992. Hrsg. v. Erich Ruprecht. Stuttgart 1967, S. 233).

Otto Brahm nennt in dem ob. dok. Rückblick auf die ersten, die zwei wichtigsten Spielzeiten des Vereins Freie Bühne, zwei Hauptfaktoren, durch die es der Freien Bühne gelungen sei, Bewegung in die deutsche Theaterlandschaft zu bringen: 1. die Umgehung der Zensurvorschriften; 2. die Zusammenarbeit mit einem bedeutenden Dramatiker. Die Umgehung der Zensurvorschriften durch die Gründung eines Vereins schuf der Freien Bühne einen Spielraum für ihre Vorstellungen, der den Theatern sonst nur bei ebenfalls nicht-öffentlichen Theateraufführungen gewährt wurde (vgl. hierzu die Aufführung der *Gespenster* 1886 in Augsburg und 1887 in Berlin, die nur als geschlossene Vorstellungen möglich waren, s. Dok. 92). Die seit 1820 in Preußen bestehende Theaterzensur war nämlich durch die nach 1848 eingeführte Rede- und Preßfreiheit nur kurzzeitig unterbrochen und ab 1851 durch eine Verordnung des preußischen Innenministeriums als Kontrollkompetenz der Polizei gegenüber den Theatern wieder eingeführt worden. Die endgültige Aufhebung der Theaterzensur erfolgte erst 1918. Durch die Konstituierung der »Freien Bühne« als »privater Verein« im Sinne der preußischen Zensurvorschriften konnten diese umgangen werden. Die Aufführungen vor Vereinsmitgliedern galten als nicht-öffentlich und waren nicht genehmigungspflichtig. Außerhalb des Vereins blieb die Verwirklichung des naturalistischen Theaters jedoch weiterhin durch staatliche Kontrolle eingeschränkt, wie die Auseinandersetzung um die öffentliche Aufführung von Hauptmanns *Weber*-Stück 1893/94 und andere Zensurkonflikte zeigten (vgl. Dok. 75, 76, 77).

Der zweite wichtige Faktor, durch den die Freie Bühne Berühmtheit erlangte, war ihre Verbindung mit Gerhart Hauptmann. So wie dieser durch die Existenz der Freien Bühne Gelegenheit bekam, innerhalb von zwei Spielzeiten drei neue Stücke zur Aufführung zu bringen (*Vor Sonnenaufgang, Das Friedensfest, Einsame Menschen*), so war umgekehrt die Attraktivität des Theatervereins eng mit Hauptmanns schöpferischer Produktivität verbunden.

Diese Entwicklung wurde gegen den von Brahm wie auch von anderen Kritikern häufig konstatierten des zeitgenössischen Theaterlebens konservativen Charakter des Theaters durchgesetzt. Noch 1886 hielt Ludwig Fulda Ibsens *Gespenster* auf deutschen Bühnen für »unaufführbar«, denn die *Gespenster* seien ein revolutionäres Stück und »das deutsche Theater [...] von allen konservativen Einrichtungen die konservativste« (s. Dok. 93). Zu der Tatsache, daß es Zola bis Ende der 80er Jahre noch nicht gelungen war, dem Naturalismus auch auf den französischen Bühnen zum Durchbruch zu verhelfen, bemerkte Maximilian Harden: »Das Theater ist eben zu allen Zeiten und in allen Ländern konservativ gewesen, neue Wahrheiten kommen hier schwerer, als irgend anderswo zu Erscheinung, weil das Theater von der Mehrheit abhängt, die nicht zu überzeugen, sondern nur vom Genius in neue Bahnen zu *zwingen* ist« (in: *Der Kunstwart*, Jg. 1, 1887/88, S. 202).

Wenn Otto Brahm abschließend in Abwandlung eines Zola-Zitates feststellt: »das moderne Theater wird naturalistisch sein – oder es wird gar nicht sein«, so versteckt sich dahinter kein ansonsten von Brahm so energisch bekämpfter neuer Kunst-Dogmatismus. Vielmehr hatte Brahm bereits 1887 in der Besprechung der Berliner Aufführung von Ibsens *Gespenstern* als sein »ästhetisches Glaubensbekenntnis« formuliert, daß »die Entwicklung in aller Dichtung darauf zielt, immer mehr Natur in die Kunst aufzunehmen, poetisches neues Land dem Leben abzugewinnen« (s. Dok. 94).

Ähnlich formulierte Brahm auch 1891, daß er nur »*ein* Gesetz der Entwicklung« in allen menschlichen Bestrebungen anerkenne: »...wie nämlich die Kunst sich die Kunst aneignet, immer mehr Natur in sich aufzunehmen. Einen stets größer werdenden Kreis der menschlichen Daseinsformen zu umschreiben und mit immer tieferer Erkenntnis einzudringen in Geschautes und Erlebtes – das ist es, was den Fortschritt in der Kunst so gut wie in der Wissenschaft ausmacht« (O. Brahm, *Der Naturalismus und das Theater*, S. 406).

1 Johann Friedrich Ferdinand Fleck (1757–1801) war seit 1779 in Hamburg, seit 1783 an Berliner Bühnen tätig. Ab 1790 war Fleck Regisseur am Berliner Nationaltheater.

2 Ludwig Devrient (1784–1832) Schauspieler am königl. Schauspielhaus, bedeutender Shakespeare-Darsteller.

43

Otto Brahm: [...] *Von alter und neuer Schauspielkunst*. In: *Die Nation. Wochenschrift für Politik, Volkswirthschaft und Litteratur*. Hrsg. v. Theodor Barth. 9. Jg. Berlin (H. S. Herrmann) 1892/93, Nr. 33 (14. Mai 1892), S. 504–507; hier: S. 507.

[...]

Denn die Natur suche der Schauspieler, nichts darüber. Er suche sie ganz, in ihrer seelenvollen Fülle: so wird er vor Flachheit bewahrt sein und vor Trivialität. Er suche sie außer sich und in sich, in der Welt und in der eigenen Brust: und je reiner und reicher er dann seine Persönlichkeit entwickelt, je stärker das Temperament ist, durch das er, nach Zolas allgültiger Zauberformel, die Natur betrachtet, desto tiefer auch wird er Leben fassen und Leben geben. Wie jener Riese, wenn er die Erde berührt, wird er, vom Theater zur Natur, von der Konvention der Bretter zur menschlichen Wahrheit zurückkehrend, Kraft sich immer von Neuem gewinnen; und alles Stilisieren wird er so meiden lernen, alle willkürliche Manier und aufgeputzte Kulissenempfindung. Das Ideale aber, das Schöne kann er nur in Einem finden, das innerhalb der Sache liegt, nicht außer ihr in Geboten des Herkommens: er finde es in der Treue gegen das künstlerische Ganze, dem er angehört, gegen das Ganze des Charakters, den er verwirklicht, des Dramas, in dem er steht. Hier soll er sich harmonisch, »schön« der

Oekonomie des Kunstwerkes einfügen; muthet ihm aber Jemand zu, auf seine eigenen schauspielerischen Kosten »schöne Menschlichkeit« wiederzugeben, schön auszusehen, schön sich zu bewegen, schön zu sprechen – so entgegne er ihm nur, in guter Zuversicht, mit den Worten Schiller's gegen Goethe: »Mir däucht, daß die Analytiker den Begriff des Schönen beinahe ausgehöhlt und in einen leeren Schall verwandelt haben. Möchte es doch Einer einmal wagen, den Begriff und selbst das Wort Schönheit, an welches einmal alle jene falschen Begriffe unzertrennlich geknüpft sind, aus dem Umlauf zu bringen und, wie billig, die Wahrheit in ihrem vollständigsten Sinn an seine Stelle zu setzen.«

Anlaß für Brahms Überlegungen zur Entwicklung der Schauspielkunst war ein Gastspiel von Franziska Ellmenreich im Residenztheater. Da das Stück selbst Brahm zu unbedeutend erschien, setzte er sich statt mit der Aufführung mit zeitgenössischen Angriffen gegen die moderne Schauspielkunst auseinander. Brahm formulierte die These, daß »die Klassik zu überwinden [...] und den Weg zur Natur zurückzufinden, – das ist bis heute [...] der instinktive Drang unserer großen Schauspieler gewesen« (in: *Die Nation*, a.a.O., S. 505; vgl. auch Dok. 50).

Bereits 1882 hatten die Brüder Hart in ihren *Kritischen Waffengängen* (Heft 4, 1882, S. 45 ff.) ausführlich zur notwendigen Veränderung der Schauspielkunst, die sie vom Deutschen Theater erwarteten, Stellung genommen. Ihr Lob galt dem Wiener Burgtheater und dem Hamburger Thalia-Theater, die beide »durch den Ruhm eines einheitlichen, einfachen, wahren und natürlichen Spieles in den zeitgenössischen Bühnenverhältnissen hervor[leuchten]« (ebd., S. 48). Im übrigen kritisierten sie, daß durch die deutsche Klassik der »deutschen Schauspielkunst Principien aufgedrängt [wurden], die unbedingt zu kaltem Formalismus führen mußten. Das Spiel trat ganz hinter die Deklamation zurück, und die Deklamation sucht man durch einen gewissen singenden Ton noch mehr von aller Realität zu entfernen; die Bewegungen sollten vor allem schön sein; kein Wunder, daß sie geziert wurden [...] man stellte mehr lebende Bilder, als daß man auch durch den Gestus einen Charakter naturwahr gestaltete« (ebd., S. 49).

Ähnlich urteilte Otto v. Leixner in seiner umfangreichen kulturgeschichtlichen Darstellung *Unser Jahrhundert* 1882: »In keiner Zeit hat das Virtuosenthum die Kunst so sehr geschädigt, als in der Epoche bis 1880. Der größte Theil der männlichen und weiblichen Kräfte, welche mit Erfolg auftraten [...] arbeitete darauf hin, durch Effekte die blendenden Seiten des Talents zur Geltung zu bringen, ohne Rücksicht auf innere Wahrheit [...]. Die idealistische Darstellungsweise trieb der vollsten Verflachung entgegen; die Coquetterie mit schönen aber äußerlichen Bewegungen, das Spiel mit den Klangwirkungen des Organs trat immer mehr an die Stelle ernster Hingabe an die Kunst und der innerlichen Durcharbeitung des geistigen Gehalts« (s. Otto v. Leixner, *Unser Jahrhundert*. Stuttgart 1882, S. 773).

Grundlegend neue Anforderungen an die Schauspielkunst aber entstanden insbesondere durch die von Arno Holz/Johannes Schlaf und Gerhart Hauptmann entwickelte neue Dramentechnik, deutlich ablesbar an den stark erweiterten, vielfach als »undramatisch« kritisierten Szenenanweisungen. Die Veränderungen der dramatischen Sprache, die durch Arno Holz in neuer Form »Sprache des Lebens« werden sollte (s. Dok. 47), bedeuteten auch eine Veränderung in der Funktion der Sprache als dramaturgisches Gestaltungsmittel. Zur neuen Sprachbehandlung gehörte notwendig, daß das Spiel – Mimik, Gestik, Bewegung – in seinen Möglichkeiten zur Darstellung von Gedanken und Gefühlen weiterentwickelt wurde. Auf diesen funktionalen Zusammenhang zwischen neuem Sprachstil, Szenen- bzw. Redeanweisungen und Spiel machte W. Meincke aufmerksam: »Eben weil das Spiel die Rede und andere Gestaltungsmittel nicht nur begleitet, sondern sie ergänzen und ersetzen mußte, wurde es zum Ausdruck dramatischer Charakterwerte und für diese Aufgabe war die bestimmte Wiedergabe der scheinbar nebensächlichsten Handgriffe und der Bewegungen des Körpers von bisweilen entscheidender Bedeutung« (s. Wilhelm Meincke, *Die Szenenanweisungen im naturalistischen Drama*. Schwerin 1930, S. 77).

Wichtige Veränderungen bedingte auch die Vermeidung des Monologs, den schon Ibsen als unrealistisch aus seiner Dramaturgie gestrichen hatte. Anstelle des Monologs trat das »stumme« Spiel oder auch die »stumme« Szene, in denen ein oder mehrere Schauspieler nur durch die Körpersprache Gefühle, »Unaussprechliches« sichtbar machen mußten. So markieren in Hauptmanns *Einsame Menschen*, Ibsens

Nora und *Hedda Gabler*, in Halbes *Jugend* die »stummen« Szenen sogar entscheidende Wendepunkte des Geschehens. Die Ausbildung des Minenspiels, das die psychologische Ausprägung der Charaktere durch Wort und Handlung vertiefen sollte, wurde durch die Aufführungen der »Freien Bühne« besonders gefördert. Die dafür nötigen »Kunstpausen« und die damit verbundene Verlangsamung der Handlung wurde von der zeitgenössischen Kritik bereits bei der ersten Aufführung registriert. Die Wirkungen, die von der so erreichten Verdeutlichung innerer Seelenzustände der einzelnen Figuren, der Hervorhebung der psychologischen Zusammenhänge ausging, wurde von der Kritik mehrfach positiv hervorgehoben (vgl. dazu: Gernot Schley, *Die Freie Bühne in Berlin*. Berlin 1967, S. 40f. und S. 98).

Auch E. Schlaikjer konstatierte in der *Neuen Zeit* in einem Aufsatz, der den verderblichen *Einfluß des Kapitalismus auf die moderne dramatische Kunst* behandelte, die durch die neue Dramaturgie bedingten Veränderungen auf dem Theater: »Die intimen Wirkungen des realistischen Dramas zwangen den Schauspieler zu einer feinen Psychologie, die den ungestümen Organleistungen der alten Schule fremd war« (*Die Neue Zeit*, Jg. 12/2, 1893/94, S. 652).

In dem von Brahm zitierten Brief Schillers vom 7. Juli 1897, in dem sich Schiller in einer für die naturalistische Kunstdiskussion interessanten Weise ebenfalls mit dem Problem des Verhältnisses von Schönheit und Wahrheit auseinandersetzt heißt es wörtlich:

»Es wäre, däucht mir, jetzt gerade der rechte Moment, daß die griechischen Kunstwerke von Seiten des Characteristischen beleuchtet und durchgegangen würden, denn allgemein herrscht noch immer der Winkelmannische und Leßingische Begriff und unsre allerneuesten Aesthetiker, sowohl über Poesie als Plastik, lassen sichs recht sauer werden, das Schöne der Griechen von allem Characteristischen zu befreien und dieses zum Merkzeichen des Modernen zu machen. Mir däucht, daß die neuern Analytiker durch ihre Bemühungen, den Begriff des Schönen abzusondern und in einer gewißen Reinheit aufzustellen, ihn beinah ausgehöhlt und in einen leeren Schall verwandelt haben, daß man in der Entgegensetzung des Schönen gegen das Richtige und Treffende viel zu weit gegangen ist, und eine Absonderung die bloß der Philosoph macht und die bloß von einer Seite statthaft ist, viel zu grob genommen hat.

Viele finde ich fehlen wieder auf eine andere Art, daß sie den Begriff der Schönheit viel zu sehr auf den Innhalt der Kunstwerke als auf die Behandlung beziehen, und so müssen sie freilich verlegen seyn, wenn sie den vaticanischen Apoll und ähnliche, durch ihren Innhalt schöne Gestalten, mit dem Laokoon, mit einem Faun oder andern peinlichen oder ignobeln Repræsentationen unter Einer Idee von Schönheit begreifen sollen.

Es ist, wie Sie wißen, mit der Poesie derselbe Fall. Wie hat man sich von jeher gequält und quält sich noch, die derbe, oft niedrige und häßliche Natur im Homer und in den Tragikern bey den Begriffen durchzubringen, die man sich von dem Griechischen Schönen gebildet hat. Möchte es doch einmal einer wagen, den Begriff und selbst das Wort Schönheit, an welches einmal alle jene falsche Begriffe unzertrennlich geknüpft sind, aus dem Umlauf zu bringen, und, wie billig, die Wahrheit in ihrem vollständigsten Sinn, an seine Stelle zu setzen...« (zit. nach: *Schillers Werke. Nationalausgabe.* Hrsg. v. Liselotte Blumenthal u. Benno von Wiese. Bd. 29. *Schillers Briefe 1796–1798*. Weimar 1977, S. 98).

44

Paul Ernst: *Die Anfänge des modernen Dramas*. In: *Die Neue Zeit Revue des geistigen und öffentlichen Lebens*. Hrsg. v. Karl Kautsky. 15. Jg. Stuttgart (J.H.W. Dietz) 1896/97, Bd. 2, Nr. 41, S. 452–460; hier: S. 452, 453–456.

Das moderne Drama von Holz und Schlaf unterscheidet sich so wesentlich von dem älteren, etwa von dem Ibsens, wie sich dieses von dem Schillerschen unterscheidet und dieses wieder etwa vom antiken. Von der Antike an bis auf die Gegenwart haben wir eine konstante Entwicklung, deren Resultat die Herausbildung von etwas dem Anfang ganz Unähnlichem ist. Was der Prometheus des Aeschylus und der Meister Oelze von Schlaf noch miteinander gemein haben, das sind lediglich die allerallgemeinsten Existenzbedinungen des Dramas, die sich einerseits ergeben aus der Thatsache der Aufführung in einem einzigen Raume vor einer größeren Menschenmenge, andererseits durch die Psychologie der Zuschauer, welche bestimmend wirkt, von der Zeit angefangen, welche das Stück in der Aufführung dauern darf, bis zu der engen Begrenzung der Auswahl von Gefühlen, die durch die Aufführung erzeugt werden sollen.

Das Treibende in der jüngsten Entwicklung ist die Technik.

[...]

Eine typische Erscheinung für diesen Prozeß ist Hauptmann. Er war der erste Schüler, welcher die von Holz und Schlaf gefundene neue Technik anwendete. Sein erstes Stück, obwohl bedeutend minderwerthiger als das der beiden anderen, machte trotzdem mehr Aufsehen; er konnte weiter arbeiten, ergriff den Stoff, der auf der Straße lag, an den jeder Gleichstrebende schon gedacht hatte, und schuf in den »Webern« das erste große soziale Stück. Ihm verdankt er, neben dem glücklichen Zufall, daß in der Oeffentlichkeit die ganze Theaterrevolution ihm als geistiges Eigenthum zugeschoben wurde, seine gegenwärtige literarische Stellung und voraussichtlich ihm allein seine spätere in der Geschichte. Das Stück ist schwächlich, die Charakteristik leichtfertig, es ist auf Rührung und Pathos gearbeitet, aber es ist das erste seiner Art. Jeder neue Versuch muß nothwendig eine Menge Dinge enthalten, die schon in den »Webern« sind. Durch den reinen Zufall ist Hauptmann so ein »Bahnbrecher« geworden, ohne auch nur die geringsten Anlagen dazu zu haben; und wenn nicht zufällig die moderne Technik sozusagen aktenmäßig ihren bestimmten Ursprung hätte, so würde Hauptmann als Haupt einer ganzen Künstlergeneration dastehen, und nach hundert Jahren wäre er der große schöpferische Genius, der einfach eine neue Kunst aus dem Boden gestampft hat. Wie oft mag ein ähnlicher Vorgang sich abgespielt haben!

Vergleichen wir das moderne deutsche Drama mit seinem letzten Vorgänger, als welchen wir wohl ohne Widerspruch Ibsen annehmen dürfen, so finden wir, wenn wir von rein Persönlichem absehen, wie etwa die Sucht Ibsens, eine übermäßig lange Exposition zu geben, so daß sein Stück eigentlich nur der letzte Akt eines erzählten und angedeuteten Dramas wird, so finden wir die Hauptunterschiede in letzter Linie durch die Technik bestimmt.

Ibsen ist ein moderner Geist, wie nur einer, ein moderner, wie vermuthlich der größte Theil unserer deutschen Dramatiker. Der alte Mann hat alle Erscheinungen der Gegenwart beobachtet und sich über sie seine meist recht klugen Gedanken gemacht. Selbst was uns in einem so schwachen Stück wie der John Gabriel Borkmann peinlich berührt, das ist nicht Romantik und Mangel an modernem Empfinden, wie es auf den ersten Blick scheint; dieser scharfe Skeptiker hat selbst in seinen romantischen Jugendwerken mehr dem *fin de siècle* entsprechend gedacht, wie der sentimentale Hauptmann selbst in den Webern; es ist nur Resultat seines alten Strebens, den Gefühlsinhalt aus der Wirklichkeit herauszudestilliren und rein zu geben, vom scheinbar Zufälligen zu abstrahiren und, wie in ihrer Art die Klassiker, nur das Allgemeine, Untere und Tiefe des Lebens darzustellen.

Ibsen scheint uns heute gegenüber dem modernen deutschen Drama veraltet, nicht, weil die letzten Inhalte seines Dichtens veraltet sind, sondern weil er mit einer veralteten Technik arbeitet.

Es ist doch kein Zufall gewesen, daß die erste dichterische Form, welche mit modernem Inhalt gefüllt wurde, der Roman gewesen ist. An der Wiege unseres Jahrhunderts steht die französische Revolution, welche praktisch so Vielen die soziale Bedingtheit alles menschlichen Seins erwies, als Theorie und Ideal vor der Wirklichkeit sich so sonderbar wandelten, und steht als hervorragendster dieser Vielen die gewaltige Persönlichkeit Saint-Simons, welcher neben den klarliegenden ökonomischen Momenten Ahnungen weiterer Zusammenhänge zu einem ersten Entwurf der Soziologie vereinigte. Das Wissen des allgemeinen Kausalzusammenhangs aller Dinge, damit des allgemeinen Bedingtseins alles menschlichen Handelns und Fühlens war bis dahin nur in theologisirender Vorstellung als Unfreiheit des Willens Eigenthum einiger Philosophen gewesen; jetzt erst trat es aus der todten Abstraktion in das Leben, die verschiedensten Wissenschaften befruchtend, wie die Kunst.

Das Zentrum des früheren Romans, nachdem er sich aus einem naiven Nacheinander von Ereignissen, Verwicklungen und Ueberraschungen rein stofflichen Interesses entwickelt hatte, war, wie im Drama schon lange, der sogenannte Charakter gewesen: eine Addition von gegebenen Eigenschaften, die nach einem bestimmten Gesetz unter den verschiedenen Verhältnissen wirkten wie chemische Stoffe. Wie Nachwirkungen des früheren Romans sich durch diesen Charakterroman noch hindurchziehen – man denke an Richardson, der sich doch gerade vielleicht am meisten frei zu machen sucht – so Nachwirkungen des Charakterromans noch lange durch den soziologischen. Balzac steckt ja sogar noch voller Abenteuer, und es ist nicht zu verwundern, wenn er da auch noch voller Charaktere ist.

Das Ziel des soziologischen Romans ist ein unendlich entferntes; man kann ihm immer näher kommen, es ist aber nie zu erreichen. Die Kunst müßte selbst wieder Leben werden, wenn sie die Totalität des Seins aufweisen wollte. Deshalb ist hier die Aussicht auf einen unendlichen Fortschritt, welcher Hand in Hand gehen muß mit unserer zunehmenden wissenschaftlichen Beherrschung des Lebens, theils vorausgeahnt, theils acceptirt von den Künstlern.

Im Leben ist alles skeptisch. Das Leben erklärt nichts, es schafft nur. Die Erklärung giebt nur der Betrachter, und deshalb schillert auch das Leben in tausend Nuancen, nach der Verschiedenheit der Betrachter. Im Roman konnten die neugewonnenen Kenntnisse zur Analyse des dargestellten Lebens benützt werden: zur latenten Analyse, welche der Künstler schon durch Auswahl, Gruppirung etc. giebt, und in der offenkundigen durch soziologische Kommentare *à la* Balzac, etwa wie im *»médicin de campagne«*.

Das Drama hat Bedingungen, welche dieser Art ungünstig sind. Es hat keine Breite, sondern muß in höchstens zweieinhalb Stunden heruntergespielt werden; es erlaubt kein Verweilen und Erklären, sondern erfordert rapide Steigerung; ein kommentirendes Hervortreten des Dichters ist überhaupt unmöglich, nur kann einzelnen Personen das Eine und Andere in den Mund gelegt werden, so *à la* Steinklopfer-Hannes bei Anzengruber.

Dazu kommt noch ein Weiteres: der Roman kann sich sein Publikum suchen, das Drama nicht. Der Roman, welcher zu hohe Ansprüche an die Intelligenz und Bildung großer Kreise stellt, wird nur von den Wenigen gelesen, die ihn nicht langweilig finden, aber er kann doch unter dieser Bedingung existiren. Das Drama, welches in seinen Ansprüchen ein gewisses Intelligenzmaximum übersteigt, fällt durch, weil der Theil der Zuschauer, welche es genießen, von den übrigen überstimmt werden – das Schicksal solcher Stücke, wie die Wildente, die doch nur da nicht ausgezischt wird, wo die Leute wissen, daß sie sich durch das Zischen blamiren würden.

Nun ist gerade im Drama sehr viel rein handwerksmäßige Arbeit, und auch sehr viel Wirkung durch rein handwerksmäßige Arbeit zu erreichen. In der Lyrik, die in ihrer modernsten Form auf jedes äußere Mittel verzichet, hängt die Wirkung von einem Hauche ab; im Drama stellt sie sich oft ein, wo sich der Dichter auf das Unglaublichste verhaut, weil hier die Aufführung, die Spannung und das Mitgefühl der dichtgedrängten Zuschauer, durch welche die Luft geladen ist, so wesentlich unterstützen. So kommt es, daß im Drama die Routiniers eine viel wichtigere Rolle spielen, wie etwa im Roman. Der Unterhaltungsroman wird neben dem Literaturwerk durchaus verachtet; nicht so das Drama der Routiniers neben dem wirklichen Kunstwerk.

Und gerade in Frankreich, wo der moderne Roman geschaffen wurde, hat das Drama der Routiniers seine größte Bedeutung erlangt. Man begreift die Stimmung der literarischen Kreise zur Zeit der Höhe des Naturalismus, daß das Drama für die Literatur verloren sei, wenn man an die Bedeutung Sardous denkt.

Das Drama, wie es auf der Bühne aufgeführt wird, kann keine Analyse geben. Es ist synthetisch wie das Leben.

Aber führt nicht vielleicht hier gerade ein Weg?

Das Leben enthält alles. Was im Leben ist, das hat einen Zusammenhang nach vorwärts und nach rückwärts, und wenn der Beobachter genügend intelligent ist, so begreift er selbst aus dem Fetzen, welcher vor ihm liegt, alle Ursachen und Wirkungen, welche hier schaffend thätig waren.

Wenn man nun das allernaivste Leben ganz getreu auf die Bühne brächte, so müßte man doch beim Zuschauer dasselbe Resultat erreichen, wie dort bei dem Betrachter des Lebens.

Bedingung wäre nur getreuliche Nachbildung der Natur; denn auch die geringste Kleinigkeit hat ja doch in dem Weltganzen, von welchem hier ein Stück vorgeführt werden soll, ihre Bedeutung; ihr Fehlen würde Etwas unverständlich machen. Wenn der Versuch gelänge, so hätte man ein Pendant zum naturalistischen Roman: ein naturalistisches Drama. Wie aus den formalen Bedingungen des Romans sich die Technik des naturalistischen Romans entwickelt hatte: die Erklärung der Geschehnisse aus dem Milieu, so aus den formalen Bedingungen des Dramas die Technik des naturalistischen Dramas: die naturgetreue, penible Reproduktion der Wirklichkeit.

Diese Technik ist von Holz und Schlaf gefunden; [...]

[...]

Paul Ernst (1866–1933), Sohn eines westpreußischen Gutsbesitzers, studierte zunächst Theologie, ging 1886 nach Berlin, wo er erste Kontakte zu den Brüdern Hart und dem Kreis der naturalistischen Schriftsteller aufnahm. Von hier aus führte Paul Ernsts Weg zur Sozialdemokratie, zum politischen Engagement. Ab Januar 1891 war er Chefredakteur der *Berliner Volkstribüne*, und von seiner sozialdemokratischen Position aus kritisierte er den Naturalismus in der *Neuen Zeit* 1890/91 heftig (s. Dok. 79). Innerhalb der SPD gehörte er jedoch zu dem oppositionellen Kreis der »Jungen«, und zusammen mit den aus der SPD ausgeschlossenen Paul Kampffmeyer und Bruno Wille gründet er im November 1891 den »Verein unabhängiger Sozialisten«. Kurz danach bereits verläßt Paul Ernst Berlin und geht in die Schweiz. 1895 beginnt eine Zeit der Freundschaft mit Arno Holz. 1896 trat Ernst aus der SPD aus. Zwischen 1895 und 1897 schrieb er eigene naturalistische Stücke und erarbeitete zusammen mit Arno Holz das Drama *Sozialaristokraten* (1896). 1898 wandte er sich endgültig vom Naturalismus ab und der Neoklassik zu. In dem ob. dok. Artikel, der Ende Juni 1897 in der *Neuen Zeit* erschien, versucht Paul Ernst, die besondere Bedeutung von Arno Holz für die Entwicklung des modernen Dramas aufzuzeigen. Es kommt ihm dabei vor allem auch darauf an, die führende Rolle Holz' gegenüber Hauptmann zu begründen, da dieser allein die Früchte eines seiner wichtigsten Anregers erntete. Paul Ernst knüpft dabei an eine Erklärung an, die Holz selbst im Vorwort zu den »Sozialaristokraten« 1896 gegeben hatte. Holz reklamierte hier für sich ausdrücklich die Rolle des grundlegenden Erneuerers der Theatersprache, die »zu keiner Zeit und in keinem Volke« bislang »Sprache des Lebens« gewesen sei (s. Dok. 47). Bereits nach der Aufführung der *Familie Selicke* (1890) hatte Th. Fontane das künstlerische »Neuland« erkannt, auf dem Holz/Schlaf sich mit ihrem Drama bewegten: »...G. Hauptmanns: ›Vor Sonnenaufgang‹ und Leo Tolstoi's: ›Die Macht der Finsternis‹, sind auf ihre Kunstart, Richtung und Technik hin angesehen, keine neuen Stücke; die Stücke bzw. ihre Verfasser, haben nur den Muth gehabt, in diesem und jenem über die bis dahin traditionell innegehaltene Grenzlinie hinauszugehen, sie haben eine Fehde mit Anstands- und Zulässigkeitsanschauungen aufgenommen und haben auf diesem Gebiete dieser kunstbezüglichen, im Publikum gang und gäben Anschauungen zu reformieren getrachtet, aber nicht auf dem Gebiete der Kunst selbst. Ein bischen mehr, ein bischen weniger, das war Alles; die Frage, ›wie soll ein Stück sein?‹ oder ›sind Stücke denkbar, die von dem bisher Ueblichen vollkommen abweichen?‹, diese Frage wurde durch die Schnapskomödie des einen und die Knackkomödie des anderen kaum berührt« (zit. nach: Arno Holz/Johannes Schlaf, *Neue Gleise*. Berlin 1892, S. 221 f.).

Der Unterschied in der »Technik« bei Ibsen und Holz, der sich durch Holz' neuartige sprachliche Gestaltung in seinen Stücken ergibt, hat jedoch grundlegendere theoretische Ursachen, als Ernst in dem ob. dok. Aufsatz erkennt. Für Ernst bedeutet Holz' neue Dramatik die einzig adäquate Antwort auf ein rein gattungstechnisches Problem. Während der Roman dem Autor die Möglichkeit gebe, seinem Wahrheitsstreben durch Analyse zu genügen, könne das Drama »wie es auf der Bühne aufgeführt wird, keine Analyse geben. Es ist synthetisch wie das Leben« (s. Dok. 44). Während die »formalen Bedingungen« des Romans »Erklärung der Geschehnisse aus dem Milieu« zulasse, verlangen dieselben beim Drama« die naturgetreue, penible Reproduktion der Wirklichkeit« (ebd.). Dabei übersieht Ernst Wesentliches. Zum einen haben Holz und Schlaf ihre neue »Technik« der Wirklichkeitsreproduktion zunächst im Bereich der Prosa *(Papa Hamlet)* geschaffen, zum andern ist die Umwälzung der sprachlichen Gestaltung auch im

Drama die Konsequenz einer spezifischen Kunstauffassung, keine bloße »Technik«, um den Naturalismus bühnenfähig zu machen (vgl. Dok. 22).

Bei dieser offensichtlich nur sehr oberflächlichen Wiederbegegnung mit dem Naturalismus erscheint es wenig verwunderlich, wenn Ernst bereits ein Jahr später, 1898, den Naturalismus wieder grundsätzlich kritisiert. Über das naturalistische Theater urteilt er: »So füllte sich die Bühne, wo früher die Könige und Fürsten des Geistes und Herzens geherrscht hatten, mit dem elendsten Proletariergesindel der Seele. Machte man jemanden darauf aufmerksam, daß diese Trivialitäten doch niemand interessieren könnten, so wurde einem das sehr übel genommen« (s. P. Ernst, *Der Weg zur Form*. Berlin 1906, S. 20). In einer Selbstanzeige fordert er in demselben Jahr: »Wir müssen über den Naturalismus hinaus, selbstverständlich so, daß wir seine Errungenschaften beibehalten«, aber doch so, »daß wir von dem eigentlichen Kleben an der Natürlichkeit lassen, die uns gerade der Darstellung des Wichtigsten unmöglich macht« (ebd., S. 42). Seine Zielsetzung für die Dramatik lautet nun: »Vor allem wird es sich für uns darum handeln, uns wieder eine sittliche Weltanschauung zu erringen. Denn das Drama ist Weltanschauungsdichtung, der Kampf der Menschen mit dem Schicksal ist der grösste Vorwurf, den es für den Künstler überhaupt geben kann. Gelingt es uns, auf irgend eine Weise, die Pöbelmeinung zu überwinden, dass der Mensch nichts für sich kann [...] und finden wir irgendwie die Freiheit des Menschen wieder, dann wird es uns auch gelingen, mit den durch den Naturalismus geschaffenen feineren Mitteln ein neues nationales Drama, ein nicht nur ›modernes‹, zu erzeugen« (ebd., S. 52).

Naturalistische Dramaturgie und ihre Kritiker:

45
Gustav Schwarzkopf: Die Familie Selicke (Drama von Arno Holz und Johannes Schlaf. Berlin, Wilhelm Ißleib 1890). In: Moderne Dichtung. Monatsschrift für Literatur und Kritik. Hrsg. v. Eduard Michael Kafka. 1. Bd., Wien, Brünn, Leipzig (R.M. Rohrer) 1890, Heft 4 S. 261–264; hier: S. 262–264.

[...]

Die Herren *Arno Holz* und *Johannes Schlaf* waren bestrebt in ihrem Stück, das absolut nichts mehr von dem bringt, was man gemeiniglich Handlung nennt, ein getreues Bild der alltäglichen unerquicklichen und der besonderen aufregenden Vorgänge in einer verfallenden kleinbürgerlichen Häuslichkeit zu geben. Sie sind dieser Aufgabe als Künstler gerecht geworden.

Wer die Wirklichkeit in *dieser* Weise zu belauschen und nachzuahmen versteht, wer die Fähigkeit besitzt sich so in die Empfindungen Anderer hinein zu denken, den feinsten intimsten Seelenregungen nachzuspüren, und dieselben so absichtslos, so natürlich, so wahr zum Ausdruck zu bringen, wer es vermag, glaubhafte wirkliche Menschen zu schildern, wer eine Liebesscene so eigenartig, so innig zu führen weiß, wer es versteht zu rühren, zu ergreifen, ohne zu den üblichen Theatermitteln seine Zuflucht zu nehmen, der ist ein Künstler, ein Poet, der vorläufig nur noch nicht den Beweis erbracht hat, daß er auch eigentliches dramatisches Talent besitzt, daß er die Forderungen der Bühne kennt. Das Theater verlangt Handlung, Spannung, irgend einen Vorgang, der stark und kräftig genug ist, Interesse zu erwecken. Es ist möglich, daß Erziehung und Schulung diese Forderung einmal um ein Bedeutendes herabmindern werden, ganz wird sie sich wohl niemals abweisen lassen. Man kann leichten Herzens auf ausgeklügelte Intriguen, auf langathmige Verwicklungen, auf sophistische Tüfteleien und sensationelle Effecte verzichten, aber in einem Stück muß doch irgend etwas vorgehen, das einer Entwicklung, einer Steigerung fähig ist, das Theilnahme oder wenigstens Neugierde, den Wunsch hervorrufen kann, das Ende, den Ausgang kennen zu lernen. Ibsen, so starr und unbeugsam, so wenig geneigt er ist, Concessionen zu machen, erfüllt diese Forderung, die Autoren des vorliegenden Stückes sind dieser Verpflichtung ganz aus dem Wege gegangen. Sie haben es sich mit der »Erfindung« doch allzu leicht gemacht.

Eine Familie erwartet am Weihnachtsabend ängstlich die Heimkunft des Vaters. Er kommt endlich, ist betrunken, setzt alle in Schrecken, das jüngste Kind stirbt in derselben Nacht, die älteste Tochter, welche heiraten sollte, opfert ihr Liebesglück, um die Eltern, welche in Uneinigkeit leben, nicht zu verlassen. Das ist alles. Das wäre auch für eine Novelle stofflich zu dünn, zu wenig. Und dieses Wenige ist noch dazu in jedem Sinne undramatisch. Es würde eben für eine Studie, für ein Stimmungsbild passen und auch nur einzig und allein dafür reicht der Stoff aus. Um ihn zu einer größeren Leistung zu veranlassen hat man ihm Gewalt angethan, hat man ihn gedehnt und erweitert und in eine Form gegossen, die er doch nicht auszufüllen vermag. Wenn *jede* Idee, *jede* Beobachtung, wenn die allerdürftigste Fabel einfach dadurch zu einem Drama zu gestalten ist, daß man sie in Dialogform bringt, dann dürfte die Kunst des Dramatikers noch viel tiefer in der Schätzung sinken als dies schon heute der Fall ist, die dramatische Production der Zukunft es zu einer unheimlichen Jahresziffer bringen.

Wie würde man einen Maler beurtheilen, der eine für ein Genrebildchen ausreichende stimmungsvolle Idee auf einer Riesenleinwand ausführen würde? Auch darin zeigt sich doch der Künstler, daß er den Wert, den inneren Gehalt seiner Idee richtig zu erkennen, daß er zu bestimmen vermag, welche Form, welche Behandlung ihr angemessen ist.

Das Drama »Die Familie Selicke« ist – gleich den naturalistischen Dramen der Herren Bahr und Hauptmann – als Novelle empfangen worden, es hat seinen Werdeproceß noch immer als Novelle durchgemacht und es ist auch novellistisch ausgeführt worden. Wenn es sich als Theaterstück gibt, macht es sich einer Falschmeldung schuldig; die Eintheilung in Acte und Scenen ändert daran nichts.

Die Herren verrathen und richten sich ja selbst durch die oft seitenlangen Bemerkungen, mit welchen sie ihre Personen einführen, deren Reden, Handlungen und Gefühle zu erklären, dem Verständnis näher zu bringen suchen. Der Leser, dem sehr wortreich mitgetheilt wird, was augenblicklich in der Seele eines Menschen vorgeht, was ihn zu diesem kurzen, dunkel klingenden Ausspruch oder zu irgend einer That veranlaßt, er kann für die Personen und Vorgänge allmählich Interesse gewinnen, er wird den seelenkundigen, scharf beobachtenden Autoren seine Anerkennung nicht versagen können; dem Zuschauer, der von diesen Erklärungen und Begründungen nichts weiß – man müßte denn wie in einer Wagner'schen Oper mit einem Textbuch versehen sein – muß vieles vollkommen unverständlich bleiben, und das, was nicht verstanden wird, kann auch nicht interessieren, kann die Aufmerksamkeit nicht fesseln. Verlassen sich die Herren etwa auf die Kunst des Schauspielers, die ihre Erläuterungen, psychologischen Begründungen deutlich machen soll? Wie soll ein Schauspieler es denn veranschaulichen, – um nur ein wirklich drastisches Beispiel zu geben, – daß er »*wie immer als Letzter*« aus dem Gasthause kommt? (Hauptmann »Vor Sonnenaufgang«). Er kann starke Betrunkenheit markieren, aber diese Betrunkenheit wird das Publicum noch immer nicht darüber aufklären, daß er es *immer* ist.

Die Herren sollen nicht mit dem Hinweis auf Shakespeare und Molière geschlagen werden, die so ganz ohne Bemerkungen und Erklärungen ausgekommen sind, aber auch weit, weit geringere Dramatiker – wenn sie diesen Namen nur wirklich verdienten – haben von dieser Krücke, von diesem Rüstzeug aus dem Reich der Novelle immer nur einen sehr bescheidenen Gebrauch gemacht.

Vorgänge, die eine ausführliche Erklärung brauchen, sind eben undramatisch, und Menschen die von einem Dritten psychologisch commentiert werden müssen, werden es auf dem Theater nie zur Lebensfähigkeit bringen.

Auch dann nicht, wenn sie noch so natürlich sprechen, wenn sie auch von den consequentesten Realisten auf die Beine gestellt wurden. Die »consequentesten Realisten«, so wurden Arno Holz und Johannes Schlaf von einem Mitstrebenden genannt. Dieses – nach moderner Art sehr vollklingende – Lob ist wirklich nicht ganz unverdient. Dieser Realismus ist wirklich echt, unerbittlich, er macht keine Concessionen und nur ein einzigesmal ist nichts von ihm zu verspüren. Der freiwillige Entschluß des übrigens vortrefflich gezeichneten Mädchens, dem Geliebten zu entsagen, in der häuslichen Hölle bei den zankenden Eltern zu bleiben, könnte einen Ehrenplatz in jedem Familienblattroman beanspruchen. Hier scheint dem consequenten Realismus ein längerer Urlaub bewilligt worden zu sein. Dafür werden ihm an anderen Stellen die größten Ehren zutheil. Seine Forderung nach äußerster Natürlichkeit zwingt die Autoren oft breit und undeutlich zu werden.

Würde es nicht genügen die zerstückelte, faserige, abgerissene mit hundert Ausrufen und Empfindungsworten versehene Redeweise dieser Menschen hie und da in einzelnen Sätzen anzudeuten und sie im übrigen möglichst einfach aber auch möglichst glatt sprechen zu lassen? Gewiß, diese Redeweise ist vorzüglich gemacht, aber wieviele unnöthige Wiederholungen bringt sie auch?

Gewiß, die Schönrednerei, die mit Gleichnissen und Bildern überladenen Tiraden, der geistreichelnde witzelnde Dialog, wie sie bisher üblich waren, sind unnatürlich, aber diese sclavisch nachgeahmte Natürlichkeit, dieses Stocken und Stammeln, das von allen Personen favorisiert wird, ist auf die Dauer unerträglich, wirkt auf die Nerven. Und schließlich gibt es doch auch Menschen, selbst in den unteren Volkskreisen, die einen Satz von drei Zeilen sprechen können, ohne dreimal stecken zu bleiben, ohne dreimal die Construction zu verändern.

Wenn, wie es bisher üblich war, die Menschen auf der Bühne in den ersten Scenen einander Dinge erzählen, die ihnen sehr wohl bekannt sein müssen, nur in der Absicht, das Publicum mit der nöthigen Vorgeschichte des Stückes vertraut zu machen, so war dies gewiß unnatürlich und ist unbedingt zu verwerfen; wenn aber, um nicht in diesen Fehler zu verfallen, von der Vorgeschichte des Ehepaares Selicke gar nichts erzählt wird, kaum einige dunkle Andeutungen uns darüber Aufschluß geben, was die Beiden so weit gebracht hat, so heißt das natürlich sein auf Kosten des Verständnisses. –

Unser Burgtheater-Abonnent dürfte sein absprechendes Urtheil über das Stück auch wohl noch damit begründen, daß es zu peinlich, zu unerquicklich, zu niederdrückend sei, daß man doch nicht deshalb in's Theater gehe, um sich verstimmen, durch den Anblick dieses trostlosen Jammers um alle Lebensfreude bringen zu lassen. Dieser Ansicht werde ich selbstverständlich *nicht* beipflichten. *Alles* hat seine Berechtigung, auch das Peinliche, Unerfreuliche, Unerquickliche, darf und soll Gegenstand einer dramatischen Dichtung sein und darf dargestellt werden. Aber man verzeihe die kühne Bemerkung – nicht *ausschließlich* das Peinliche, Unerquickliche. Man male so schwarz als es die Wahrheit nur immer erfordert, man unterlasse es getrost lichte Gegensätze zu bringen, wenn der Stoff sie nicht gestattet, wenn er nur auf eine düstere Behandlung angewiesen ist. Aber man wähle nicht für *alle* dramatischen Bilder *dieselbe* Farbe: man schildere nach Herzenslust die Tragödien der unbedeutenden, uninteressanten, geistig und gesellschaftlich tief stehenden Menschen, aber doch nicht immer *nur* dieser Menschen. Die naturalistischen Dramen scheinen aber *nur* das Unerquickliche bringen zu wollen und die uns vorliegenden sehen in ihrer Art einander so ähnlich wie die Moser'schen Lustspiele einander ähnlich sehen. Immer dieselbe angenehme Familie mit einem ziemlich vollständigen Inventar aller Untugenden, immer dieselbe schwüle, gewitterschwere Stimmung – siehe »Vor Sonnenaufgang«, »Die Familie Selicke«, »Das Friedensfest«. Hat der noch so junge Naturalismus auch bereits seine Schablone?

Wenn diese Dramen neben Ibsen und Tolstoi wirklich das Repertoire der Zukunft bilden sollten, dann wird es zwar literarisch ungleich wertvoller, aber ebenso eintönig und viel unerfreulicher als das jetzige sein. Der Abonnent der Zukunft dürfte dann in einer Woche etwa folgende Stücke sehen. »Gespenster«, »Die Macht der Finsternis«, »Die große Sünde«, »Vor Sonnenaufgang«, »Die Familie Selicke« und auch seine Bilanz dürfte sich ungemein stattlich ausnehmen. Er hätte zu verzeichnen: Eine Gehirnerweichung, einen Säuferwahnsinn und ein ganz gewöhnliches Verrücktwerden, die Zermalmung eines Kindes, die Erwürgung einer Frau und überdies noch eine große Anzahl von kleinen niedlichen Brutalitäten verschiedenster Gattung.

Ist das vielleicht das Ziel »auf's innigste zu wünschen?« Der Naturalismus, wenn er sich wirklich das Theater erobern will, wird sich wohl bequemen müssen etwas abwechslungsreicher zu werden und auch noch andere Farben zu bringen; er wird sich auch dazu herbeilassen müssen dem Theater, der Theaterwirkung einige Zugeständnisse zu machen. Und er wird wählerischer sein müssen. Einige seiner Vertreter – darunter auch die Herren Holz und Schlaf – haben gewiß das Zeug dazu Vortreffliches zu leisten, *wirkliche* Dramen zu schreiben. Sie sollten ihre Kraft nur nicht zersplittern; sie sollten ihr redliches Streben, ihre schätzenswerte Begabung so lange ruhen und ausreifen, so lange auf Zinsen liegen lassen, bis ihnen einmal ein Stoff unterkommt, der dieser Begabung entspricht, der es verdient zu einem Drama gestaltet zu werden.

Gustav Schwarzkopf (1853–1939) war Schauspieler an verschiedenen deutschen Bühnen, auch in Berlin. Ab 1884 lebte er als Schriftsteller wieder in Wien und hatte dort enge Beziehungen zum Jungen Wien. Der ob. dok. Artikel von G. Schwarzkopf erschien vor der Uraufführung der *Familie Selicke*, die am 7. 4. 1890 im Rahmen der üblichen Matinéevorstellungen der Freien Bühne stattfand. Die *Moderne Dichtung*, die Schwarzkopfs Kritik veröffentlichte, war das Organ der Wiener »Moderne« und sollte der Verbreitung des Naturalismus auch in Österreich dienen. Zahlreiche Autoren, die für die *Gesellschaft* oder die *Freie Bühne* schrieben, veröffentlichten auch Beiträge in der *Modernen Dichtung*. Einer der Mitredakteure war Hermann Bahr. Die Zeitschrift erschien 1890 als *Moderne Dichtung*, 1891 als *Moderne Rundschau*. Als sie ihr Erscheinen einstellte, verwies sie ihre Leser an die *Freie Bühne*.

Wie nicht anders zu erwarten, wurde *Die Familie Selicke* von der konservativen Theaterkritik einmütig abgelehnt, als »armselige Mißgeburt« abgetan oder sogar als »Thierlautkomödie« (zit. b.: A. Holz/ J. Schlaf, *Neue Gleise*. Berlin 1892, S. 223) beschimpft. O. Brahm verglich den »Fanatismus der Ablehnung« mit der Reaktion der Kritik auf Hauptmanns *Vor Sonnenaufgang* 1889. Selbst innerhalb der literarischen Avantgarde war die Aufnahme des Stückes sehr gemischt. Uneingeschränkte Zustimmung erfuhren Holz und Schlaf nur von engen Freunden, wie damals Otto Erich Hartleben und Detlev v. Liliencrohn. Ferdinand Avenarius beurteilte das Stück im *Kunstwart* zwar als konsequente Weiterentwicklung nach den Skizzen *Papa Hamlet*, gestand ihm aber dennoch bestenfalls eine »*bedingte* Berechtigung als Durchgangspunkt unserer Kunstbildung« zu (s. *Der Kunstwart*, 1889/90, S. 29). H. Hart betonte den Experimentcharakter des Stücks, der für das Publikum wenig geeignet sei. Die Autoren seien »Dichter für Dichter, die ein ästhetisches Problem aufstellen und zu lösen suchen« (s. Heinrich Hart, *Gesammelte Werke*. Hrsg. v. Julius Hart, Bd. 4, Berlin 1907, S. 326). Otto Brahm wies die scharfe Kritik in der konservativen Presse zurück und hob dagegen hervor, daß in der *Familie Selicke* versucht worden war, »einen Weg abseits von aller Theaterroutine, abseits von Konventionen und den überlieferten Kunstregeln« zu gehen. »Sie [d.i. Holz/Schlaf, Ch.M.] gehen diesen Weg – gleichviel, ob er nun ein Irrweg sei oder ein Pfad zum Heile – mit der ehrlichsten Consequenz, mit dem Muth der Überzeugung und – vor allem – mit Talent...« (in: *Freie Bühne*, Jg. 1, 1890, S. 317). Ähnlich hatte auch Th. Fontane das Stück gewürdigt. Über die Vorstellung der Freien Bühne schrieb er, daß diese »insoweit über alle vorhergegangenen an Interesse hinaus[wuchs], als wir hier *eigentlichstes Neuland* haben. Hier scheiden sich die Wege, hier trennt sich Alt und Neu« (zit. b.: A. Holz/J. Schlaf, *Neue Gleise*, S. 221).

Schwarzkopfs Kritik, die die *Familie Selicke* an traditionellen, aristotelisch dramaturgischen Grundsätzen mißt, ist gleichwohl geeignet in ihrer Negativ-Kritik zugleich positiv den innovatorischen Charakter des Stückes zu verdeutlichen: keinerlei Entwicklung, keine Steigerung, »undramatischer« Stoff, »undramatische« Regieanweisungen, »sclavisch nachgeahmte Natürlichkeit« in der Sprache, keine einführende, erklärende Vorgeschichte für das Verständnis des Zuschauers.

Im Gegensatz zu M. Halbe, der bereits 1889 die Legitimation der Gattungsgrenzen grundsätzlich in Frage gestellt hatte (s. Dok. 41), gingen die meisten Kritiker des naturalistischen Dramas von dem dramaturgischen Modell aus, das Gustav Freytag in seiner *Technik des Dramas* (1863) entwickelt hatte. In der Nachfolge Schillers sollten in seinem Pyramiden-Schema (Exposition, Steigerung, Höhepunkt, Umkehr und Katastrophe) Gattungsregeln für das Drama festgeschrieben werden. Auf der Basis dieses Gattungsbegriffs wurde daher auch das naturalistische Drama von Holz/Schlaf und Hauptmann überwiegend negativ, als undramatisch bestimmt. Die Beschreibungsmuster zeigen die Auflösung der traditionellen Gattungsgrenzen an: »dramatisierte Erzählung«, »episiertes Drama«, »episches Theater«, »episches Drama«, »episches Romankapital«, »episch«, »erzählend«, »episodisch«, »novellistisch«, »Lesedrama« u.a. (vgl. dazu M. Brauneck, *Literatur und Öffentlichkeit*. Stuttgart 1973, S. 169ff.).

Die Veröffentlichung von Schwarzkopfs Beitrag in der *Modernen Dichtung* verdeutlicht die Schwierigkeiten im Umgang mit dem modernen Drama auch innerhalb der »Moderne« selbst. Zu berücksichtigen ist dabei aber auch, daß Holz' Kunsttheorie, die von ihm im Widerspruch zu den theoretischen Positionen von Taine und Zola entwickelt wurde, erst im Herbst 1890 im Handel war (s. A. Holz/J. Schlaf, *Neue Gleise*. Berlin 1892, S. 222).

46
Richard Dehmel: *Die neue deutsche Alltagstragödie.* In: *Die Gesellschaft. Monatsschrift für Litteratur, Kunst und Sozialpolitik.* Verantw. Leitung: Hans Merian. 8. Jg. Leipzig (W. Friedrich) 1892, Bd. 1, April-Heft, S. 475–512; hier: S. 505–511.

[...]

Diese Schreibart mit ihrer umständlichen Zusammenfügung äußerlich wahrnehmbarer Einzelheiten läßt wohl eine genaue Darstellung plötzlicher Ereignisse oder bestimmter dauernder Verhältnisse oder unveränderlicher Eigenschaften zu; daher ihre treffende Verwendbarkeit für genrebildliche Skizzen à la Holz und Schlaf, »unverbesserliche« Zustände, unvermittelte Leidenschaftsausbrüche, eigenartige Nebenfiguren und überhaupt für die *bloße Vorführung* von Gestalten. Sie versagt aber, sobald es sich darum handelt, irgendwelche Entwickelungsvorgänge, umwälzende Erlebnisse im Wesen der Gestalten überzeugend zum Ausdruck zu bringen. Zunächst aus Gründen der dramatischen Ökonomie. Die einleitenden Vorgänge, die begleitenden Nebenumstände und die Verspinnung der Personen in den entscheidenden Vorgang beanspruchen bei dieser Technik einen solchen Raum, daß für die Darstellung der seelischen Nachwirkungen, auf die der Zuschauer als auf die Hauptsache doch am meisten gespannt ist, einfach die Zeit fehlt. Das *Wesentliche* wird erdrückt durch das *Zuständliche*; vergleiche oben Anna Mahr. Diese tiefsten Seelenregungen in ganzer Klarheit ans Licht zu ziehen, ist die neue Schreibart aber auch deshalb unfähig, weil sie durch ihr grundsätzliches Vorbild, die Umgangssprache, vonvornherein gezwungen ist, auf der Oberfläche zu bleiben. Auf diese Weise bringt sie allerdings einen täuschenden Schein alltäglicher Wirklichkeit zustande, zumal bei Nachahmung des Allbekannten, Gewöhnlichen, Gemeinen oder besonders gewaltsamer, aufdringlicher Erscheinungen. Jedoch das Bedürfnis des Menschen nach *Deutung* der Wirklichkeit, seine Sehnsucht nach »Wahrheit«, geht leer dabei aus. Denn die Hauptsache, inwieweit nämlich bei den feineren und ungewöhnlichen Seelenregungen Wort und Geberde thatsächlich den geistigen Zustand decken, bleibt jedesmal zweifelhaft. Dies fiel besonders am *Johannes Vockerat* der »Einsamen Menschen« auf. Für eine Gestalt wie die *Käte* genügte wohl die ungeschickte Sprache des Alltags, machte sie vielleicht noch rührender; aber auch ihr mußte der Dichter in den letzten Akten seine konzentrierten Lebensweisheitssprüche in den Mund legen, um sie ganz zur Wirkung zu bringen. An Johannes dagegen vermißte man von Anfang an die überzeugende Macht des Ausdrucks, und Anleihen bei Goethe zu diesem Zweck wird Hauptmann wohl im Ernste nicht auf eigene Rechnung stellen. Jedesmal wenn man eine unwillkürliche, grade *durch* die seelische Erregbarkeit höchst naturgemäße Geistesoffenbarung dieses Menschen und – mit ihr – des Dramas erwartete: auch dann immer nur ein technisches Gestammel nervöser Interjektionen zu vernehmen, das *zerpflückt* den Eindruck der dramatischen Gestalt. Zwar werden einige Scharfsichtige, ebenso wie im Leben, aus den äußeren Merkmalen durch Vermutung den inneren Zusammenhang richtig erraten; indeß diese willkürliche Thätigkeit des Zuschauers vernichtet zugleich den Bann der Dichtung, man verspürt Langeweile, denn dieselben Schluß-folgerungen zieht der Einsichtige im Leben selbst *viel schneller*, und bloße soziale oder pathologische Durchschnittserkenntnisse gewinnt er aus den Erzeugnissen der Wissenschaft viel bequemer und gründlicher.

Eben das, was auch in der Sprache des Lebens unausgesprochen bleibt, obgleich es that-sächlich im Gefühl des Menschen vorhanden ist, die bewußte Ursächlichkeit bedeutsamer Handlungen, die Einheit des Ichs und seiner allmählichen Entwickelung nach Außen, vermag diese scheinwirkliche Kunstsprache nicht greifbar zu machen. Und so, indem sich der Künst-ler des erschöpfenden, vertiefenden, *verdichtenden* Ausdrucks entschlägt, indem er den seeli-schen Wert des dichterischen Wortes aus der Hand giebt, wird er dazu gedrängt, die Sprache seiner Geschöpfe *selber zu kommentieren*. Es entsteht das novellistische Zwischenschiebsel, die Polizeisignalements-Charakteristik, der Interpunktions-Naturalismus. Der Dichter fängt an, mit den Mitteln des Schauspielers zu arbeiten. Er überläßt es Diesem, die Einheit herzu-stellen, die er selbst nur angedeutet hat; die Erzeugung der Wahrscheinlichkeit überläßt er für die entscheidendsten Augenblicke dem günstigen Zufall, nämlich der Tüchtigkeit des Inter-preten. Aber die Geberde des Schauspielers kann wohl die überzeugende Kraft des Wortes unterstützen: ersetzen kann er es nicht! Und durch diese seelische Unzulänglichkeit, diese berechnete Flachheit und Halbheit der Sprache wird die Thätigkeit grade solcher Bühnenwe-sen, die uns im Leben erfreuen würden, mit einer unangenehm verschwommenen oder peinlich rührsamen Stimmung umkleidet, welche trotz der Lebensähnlichkeit der Einzelvor-gänge das Gesamtwesen unwahr erscheinen läßt. Einfach deswegen, weil wir im Leben an derartigen Menschen die ergreifenden oder erbauenden Einzelvorgänge nur in weiten Zwischenräumen beobachten und ihr volle Würdigung erst aus dem ganzen Lebens*wandel* des Individuums schöpfen. Auf der Bühne dagegen dienen umgekehrt die zusammengescho-benen Einzelvorgänge dazu, das Bild dieses Lebenswandels erst zurechtzuschmelzen; und wenn dann der Künstler verschmäht, die entsprechende Folgerung zu ziehen, d.h. die Sprache des Lebens gleichfalls zusammenzuschieben, aus dem Rohmaterial den Lauterkern herauszu-schmelzen, so verkümmert eben der Inhalt unter der Form, Edelsinn und Gemütsdrang zerfließen zu hohler Wortmacherei und flauer Gefühlsseligkeit.

Ich will hier garnicht auf *Loth* als beweisendes Beispiel zurückgreifen, da der Dichter diese Figur schon im Urbild falsch geschaut hat; obgleich es bezeichnend genug ist, daß Loths Sprache überall da, wo sie seine geistige Eigenart veranschaulichen soll, bedenklich an das Konservationslexikon erinnert. Aber selbst *Helene* störte in manchen Augenblicken durch solche flache Empfindsamkeit. Mir wenigstens kam ihr dreimaliges »Geh nicht fort!« am Schluß des ersten Aktes platterdings schmachtlappig vor, nicht im geringsten »inbrünstig«, wie es Hauptmann der Schauspielerin deutet. Es hilft dem Dichter garnichts, in Klammern »ohne jede Sentimentalität« zu vermerken, wenn das Markige in den Worten selbst fehlt. Noch bedenklicher, wenn er überhaupt keine Worte findet! Die Unterbrechungen z.B. in Helenens bräutlichem Geplauder durch die äußerst lebenstreuen stummen Liebkosungen – langatmig im eigentlichsten Sinne – erweckten in mir jedesmal Gefühle, die der dichterischen Absicht schnurstracks zuwiderliefen: während sie den Eindruck der verschwiegenen Keuschheit des Mädchens steigern sollten, wirkten sie trotz oder richtiger wegen des guten Spiels wie eine öffentliche Entblößung, also durchaus unkeusch. Man fühlte sich, genau wie man im Leben empfunden hätte, als unberufenen Zuschauer. Ganz unzweideutig aber zeigt das »Friedensfest«, eben weil darin die Schreibart noch selbstzwecklicher dem momentanen Außenschein fröhnt, zu welcher Mattheit und Schlappheit im *Ganzen* sie verführt. Niemand wird bestreiten können, daß mit dem wuchtig angelegten Wesen eines Menschen wie *Wilhelm*, der sich überzeugungsmutig auf eigene Faust sechs Jahre durch die Welt geschlagen hat, dieser aufgedunsene Kummer um einen Augenblick der Überreiztheit, diese ohnmächtige Abhängigkeit von jedem Stimmungszufall, worin er durch das Stück schwankt, schlechthin unvereinbar sind. Und nicht minder berechtigt scheint mir die Frage, aus welcher Machtvollkommenheit denn solche Binsenseelen wie *Mama* und *Ida Buchner* diesen merkwürdig kräftigen, erfrischenden Einfluß über diese verdumpfte und verstockte Familie Scholz ausschütten. Aus sich selbst doch wohl kaum! Ich habe der Aufführung dieses Stückes leider nicht beiwohnen können. Möglich, und sogar wahrscheinlich, daß mein Urteil vor der Bühne manche Änderung erfahren hätte, aber kaum in den wesentlichen Punkten: Unzulänglichkeit der Sprache und Bedeutungslosigkeit des »dritten Vorgangs«. Schrieb doch selbst ein Bewunderer des Dichters damals: »Die Schlußwirkung ist gescheitert am Versagen einer entscheidenden Frauenrolle in einem Moment, da das gedruckte Textwort dem Schauspieler fast Alles überließ.« Und wenn dieser Bewunderer seinen Satz blos dahin aufgefaßt wissen wollte, daß eben die Zeit des vollen Verständnisses für die Eigenart solcher Poesie »noch nicht gekommen« sei, daß es auch neuer *Schauspieler* bedürfe zur »klaren praktischen Ausgestaltung des dichterischen Willens«, so kann ich dazu nur bemerken: ich flehe zu allen Musen aller Völker und Zeiten, daß die Zeit *niemals* kommen möge, in der ein Dichter die klare praktische Ausgestaltung seines Willens im Ernste Andern überläßt! Das ist schon nicht mehr naturalistische Tragödie: das ist die – Tragödie des Naturalismus selber.

In der »Familie Selicke« der Freunde *Holz* und *Schlaf* die gleiche Versimpelung natürlicher Innigkeit zu geflissentlicher Weichlichkeit, blos noch weinerlicher und langweiliger, weil eben noch vertiftelter und ohne den Schwung des Temperaments, der aus Hauptmann doch trotz dieses lendenschwachen Stiles hier und da herausbricht. Und, bedeutsam genug, auch in der »Familie Selicke« wieder die Willkür der Schlußentscheidung: wenn die brave Mäntelnäherin dem Pfäfflein in sein lauschiges Dorfhäuschen folgte, es würde ebenso gut als Tüpfelchen aufs i passen wie das Tüpfelchen Entsagungsthräne, in die benamstes Traktätlein sanft verträufelt. Dieselbe einheitslose Möglichkeit! – Grade diese beiden spürsinnigen Künstler, die ja auch ästhetisch über alles Mögliche gegrübelt haben, sollten sich doch unter Anderm auch einmal die ernste Frage stellen, durch welche Eigenschaften denn ihr Arbeitsmaterial, das Wort, von dem der andern Künste so sonderbar verschieden ist, und daraus die unumgänglichen Folgerungen für die notwendigste Eigenschaft jedes wirklich stilgerechten, d.h. allen natürlichen Bedingungen entsprechenden, poetischen Stiles ziehen. Das dürfte in der That fruchtbarer sein, als auf Entdeckungsreisen nach dem großen unbekannten Kunst-X auszuziehen. Das Wort, an sich sowohl wie in seinen Beziehungen, ist eben nicht blos sinnlich specialisierend, sondern zugleich begrifflich abstrahierend. Beides muß also der dichtende Künstler gleichermaßen berücksichtigen für den Stil seines Werkes, d.h. er darf die individuell zuständlichen Ausdrucksmittel nicht auf Kosten der typisch entwickelnden ins Breite treiben, oder umgekehrt; sonst wird er eben oberflächlich oder redselig, und wenn er noch so saubre Arbeit liefert. Wir zucken heut die Achseln über jene bürgerlichen Alltagsdichter, die vor 100 Jahren auf den Brettern herrschten und die sogar ein Goethe lächelnd lobte, – bis es ihm zu bunt oder vielmehr zu mausegrau wurde und er sie, mit Schiller im Bunde, aus dem Tempel warf. Freilich, Künstlerisches haben ja die Alltagsdichter unsrer Tage Allerlei dazugelernt und selbst gefördert; aber ob man über ihren dichterischen, lebensschöpferischen Wert einst sehr viel anders denken wird als über Iffland und Gefolge, scheint mir manchmal doch recht zweifelhaft. Hat doch Mutter Mode dieser Litteratenfamilie in Ernst v. Wolzogen sogar schon ihren Benedix geboren. Und den *Schauspielern* gilt auch heute noch Iffland als ein großer »Bühnendichter«; denn auch er liebte es, die »praktische Ausgestaltung seines Willens« nach Möglichkeit dem Schauspieler zu überlassen.

Aber Eines wird, trotz aller Parenthesenwinke des Verfassers, selbst im günstigsten Falle der Schauspieler *nie* erzeugen können: den *Glauben* an die *Notwendigkeit* der Handlung. Das ist so selbstverständlich und andrerseits beruht jede echt dramatische Wirkung so ingründig auf diesem Glauben des Zuschauers, daß der Künstler nunmehr dazu gedrängt wird, sich an Stelle der eigenpersönlichen Entwickelung, die er durch jene Kunstsprache nicht erschöpfend versinnlichen kann, nach einem andern Hilfsmittel der Verglaublichung des Zusammenhanges umzuthun. Und so wird er denn, ganz abgesehen von allen übrigen Einflüssen unsrer Gegenwart, auch noch durch jenen formalen Sonderstil verleitet, die innerliche Verknüpfung der Eigenschaften und Handlungen hinter dem »wissenschaftlichen Gesetz« zu wittern, die natürliche Einheit durch die dogmatische Einheit zu ersetzen, wie das vorhin des Näheren erörtert wurde. Aber wohin kommen wir damit?! Was soll uns die feinste Mosaikarbeit treffendster Einzelzüge, wenn wir doch überall die Spältchen und Risse sehen, wo sie zusammengeleimt sind, überall das Schema sehen, nach dem die Stiftchen und Pasten gefügt sind! Ist etwa der Formalismus nüchterner Berechnung erstrebenswerter als der schönlicher Gaukelei? Ist denn die Haut schon der Leib, und ist der Leib der Mensch, und ist der Mensch sein Leben, und ist sein Leben seine *Zeit*?! Wollt denn ihr Dichter blos noch das Staunen erlesener Kenner erregen, wollt ihr nicht mehr überwältigen! Was soll diese Nachäffung der Wirklichkeit, wenn ihr doch spürt, daß sie *an sich* nichts sagt, wenn die abstrakten Vermutungen der Wissenschaft zu konkret persönlichen Schicksalsgesetzen aufgebauscht werden müssen! Ist eine solche Scheindienerei in der Kunst etwas Anderes, als wenn die Wissenschaft selbst, in mißverstandener Übertrumpfung der induktiven Methode, verzichtend auf jede Intuition umfassender Geister, zurückkehren wollte zur Kuriositätensammelei vergangener Jahrhunderte! – Und je vollendeter diese Technik des Außenscheins wird, umso *mehr* verkümmert der Eindruck lebendigen Wesens. Bei den dramatischen Filigrankunststückchen der Firma *Holz* & *Schlaf* will ich mich nicht weiter aufhalten; für diese Künstler scheint sogar die Zeichnung persönlicher Eigenart schon ein überwundener Standpunkt zu sein. Außer der gut skizzierten Rahmenfigur des Ollen Kopelke ist in ihren dramatischen Genrebildchen kein einziger Mensch auf sein eigentümliches Wesen hin angeschaut; *Dutzend*eigenschaften ohne eine Spur typischer Verdichtung oder individueller Mischung und Steigerung ziehen an uns vorbei wie ein Schlagschattenspiel auf der Wand. Indessen auch im »Friedensfest« die üblen Wirkungen dieser maskenhaften Schreibart! Man versuche nur einmal, sich einige Zeit nach dem Genuß des Stückes dessen Hauptpersonen in eine neue Lebenslage hineinzudenken, sich vorzustellen, wie sie *darin* »handeln« würden. Ja Gott, es geht nicht, beim besten Willen nicht! höchstens Robert mit seiner eingefleischten Ekelmeierei. Und selbst Anna Mahr in den »Einsamen Menschen« überläßt uns noch demselben Zweifel. Weil eben nirgends gehandelt *wird*, weil Alle nur stimmungsvoll »vor sich gehen« – zum Teufel gehen, die Waschlappenseelen! Ja, man kann in der That ungeduldig werden, wenn man zusehen muß, wie ein Dichter seine Kraft in »konsequenter« Schrullenjägerei marode hetzt und zwei Künstler wie die beiden »Konsequentesten« sich zu Künstlern zerfitzeln.

Und endlich das Höchste! – Wenn die neue Schreibart schon versagt, wo es gilt, das Wesen der *Einzelnen* ganz ans Licht zu holen: woher soll ihr dann die Macht kommen, Das in Gestalten umzusetzen, was im *Volke* gährt und reift, was im Leben *selbst* noch nach Gestaltung ringt, was aus der Sprache des Lebens kaum als Ahnung aufwärts taucht! Oder will der Dichter zu den Nachteulen kriechen, nun die Völker sich erheben, eine neue Morgenröte zu begrüßen? Fühlt er sich nicht mehr berufen, im *Vor*kampf der Entwickelung zu schreiten? hellen Auges, wo die Vielen noch tastend tappen? kühnen Mundes zu verkünden, was ihn erst in Wahrheit zum Beobachter der Zeit, zum *Seher* macht? – Was soll uns all die Fragezeichendichterei, was die Gedankenstriche am Schlusse dieser Stücke! Merkt denn vor Allen *Hauptmann* nicht, wie wenig Wert und Eindruck darin steckt, ja wie wenig das zu seinem Eignen Wesen stimmt, nachdem er selbst doch endlich glücklich versucht hatte, grade über *Ibsens* Fragezeichen-Problematik *hinweg* zu kommen und die dramatischen Vorgänge wieder auf ihren selbständigen Wert hin zu behandeln! –

[...]

Richard Dehmel (1863–1920) studierte ab 1882 in Berlin Philosophie, Naturwissenschaften und Sozialwissenschaft, promovierte 1887 und arbeitete danach bis 1895 als Sekretär des Verbandes deutscher Feuerversicherungsgesellschaften in Berlin. Richard Dehmel gehörte dem sich Ende der 80er Jahre konstituierenden Friedrichshagener Dichterkreis an (vgl. Komm./Dok. 11) und er nahm auch an den Sitzungen des von Bruno Wille geleiteten »Ethischen Clubs« teil. 1891 veröffentlichte Dehmel seinen ersten Gedichtband *Erlösungen*. Durch die Vermittlung von Detlev v. Liliencrohn lernte er 1892 Arno Holz kennen, mit dem er bis 1900 befreundet war. Zu dem Freundeskreis um Dehmel gehörten in den 90er Jahren die Brüder Hart, Bruno Wille, Wilhelm Bölsche, Johannes Schlaf, Karl Henckell. Mit Michael

Georg Conrad stand Dehmel bereits seit 1887 in brieflichem Kontakt. Obwohl Dehmel dem Berliner Kreis naturalistischer Autoren persönlich eng verbunden war, stand er der Revolutionierung der Form und der künstlerischen Mittel, wie sie sich seit 1889 im Bereich des Dramas vollzog, fremd gegenüber. Gegen die »Künstlerkunst« vertrat Dehmel das »Zweckbewußtsein« in der Kunst, d. h. daß die Kunst die Aufgabe habe, den Glauben der Menschen an die »Kraft«, die »in dem Menschengeschlecht treibend, hebend und veredelnd wirkt«, zu bestärken (s. R. Dehmel, *Die neue deutsche Alltagstragödie*. In: *Die Gesellschaft*, Jg. 8/1, 1892 S. 487). Dehmel hatte keinerlei Verständnis für die »ästhetischen Redereien über die ›erhabene Zwecklosigkeit‹ des künstlerischen Schaffens« und er wandte sich entschieden gegen die Vorstellung, daß »das höchste Wirken des Künstlers in zweckloser Entäußerung seiner besonderen geistigen Anlagen zu sehen« sei (ebd., S. 488). Er verlangte vielmehr vom Künstler »Gestalten, in denen jene Kraft, jene Idee [d. i. die höchste sittliche Zukunftsidee – Ch. M.] mit Wucht und Klarheit verkörpert ist [...] so ist es das höchste Ziel der Kunst, solche Gestalten zu schaffen und sie in einen Kampf mit irgendwelchen schlimmen Mächten der Natur, des Lebens, der Zeit zu verwickeln« (ebd., S. 488). Das Wesen des Dichterischen lag für Dehmel in seiner immanenten Tendenz zum Ideal. Für ihn stand fest, daß das »dichterische Zweckbewußtsein in *höchster Potenz* zur Erzeugung naturgemäßer Idealgestalten (treibt), die den sittlichen Kampf der Menschheit zu einer bestimmten Zeit, in einem bestimmten Volke bewußt oder unbewußt widerspiegeln« (ebd., S. 490). Vom Drama verlangten solche Idealgestalten notwendig die Darstellung des Tragischen, des »tragischen Schicksals«: »Eben der Glaube des Menschen an seine Ausnahmestellung im Ganzen und die Folgerungen, die der Einzelne daraus zieht! Denn *das* ist das ›große gigantische Schicksal‹, welches die ›Menschen erhebt‹, wenn es *den* ›Menschen zermalmt‹ – wenn ich mir diese Verbesserung Schillers erlauben darf« (ebd. S. 493).

Dehmels Kritik an den Neuerungen der modernen Dramas war fundiert in seiner grundsätzlichen Ablehnung des Prinzips des »Bühnenillusionismus«. Ebenfalls 1892 fordert er in einer »Erklärung« zu dem ob. dok. Aufsatz u. a. eine Dramentechnik, »die da weiß, daß die Bühne *nicht* ein Boden ist wie ein Ort der Wirklichkeit«, die »darauf *verzichtet*, eine doch nie darstellbare ›Illusion der Wirklichkeit‹ erregen zu wollen...« (in: *Die Gesellschaft*, Jg. 8/2, 1892, S. 1474f.). Die Kritik an den Formveränderungen der modernen Dramatik von Holz und Hauptmann resultiert darüberhinaus im Kern aus einer unterschiedlichen Weltauffassung. Dehmel erwartete von der Dramatik die künstlerische Verarbeitung der optimistischen Evolutionsidee. Das Interesse an einer gesellschaftlichen Wirksamkeit der Kunst verbindet er mit einer klaren Orientierung an der Erhaltung traditioneller Gattungsnormen des Dramas. Dehmel, der die klassische Tragödienform restituieren möchte, kommt damit den Positionen von Michael Georg Conrad, Conrad Alberti, Karl Bleibtreu und auch Leo Berg nahe. In seiner Kritik an der neuen Dramatik von Hauptmann, Holz und Schlaf setzt er die Polemik fort, die die *Gesellschaft* bereits ab 1889 gegen das Berliner moderne Drama begonnen hatte.

Alberti nannte Hauptmanns Drama *Vor Sonnenaufgang* ein »Gemisch von Rohheiten, Brutalitäten, Gemeinheiten, Schmutzereien, wie es bisher in Deutschland unerhört war« (s. *Die Freie Bühne*. In: *Die Gesellschaft*, Jg. 6/2,1, 1890, S. 1111). Er beschimpfte darüberhinaus den Autor, daß er »das Theater zur Mistgrube« mache.

Bleibtreu warf dem Drama vor: »Nichts als die ekelhaften Geheimnisse einer großbäuerlichen Trunkenboldfamilie [...] werden in ihrer ganzen Rohheit und Gemeinheit aufgedeckt« (in: *Die Gesellschaft*. Jg. 5/2,2 1889, S. 1657).

Der ehemalige Mitbegründer des Vereins »Durch« (vgl. Dok. 10, 11) Dr. Konrad Küster distanzierte sich vom Zeitpunkt des Erscheinens dieses Dramas entschieden von der naturalistischen Bewegung: »Jungdeutschland muß im Schmutze waten und alles muß pessimistisch ohne eine harmonische Lösung und einen heiteren Blick in die Zukunft enden« (s. *Allg. Deutsche Universitäts-Zeitung*. Berlin 1889, Nr. 31, S. 164). Leo Berg kritisierte die Naturalisten, denn »sie treiben keine dramatische Handlung heraus, sie sind keine Kämpfernaturen, ihnen fehlt das Pathos der Tragödie« (s. Leo Berg, *Zwischen zwei Jahrhunderten*. Frankfurt 1896, S. 393).

47

Arno Holz: *Evolution des Dramas.* In: Arno Holz: *Die neue Wortkunst. Eine Zusammenfassung ihrer ersten grundlegenden Dokumente.* Berlin (J.H.W. Dietz Nachfolger) 1925, S. 211–484; hier: 213–226, 224–226, 227.

Im Herbst 1896, als Vorwort zu meiner Komödie »Sozialaristokraten«, schrieb ich:

Das vorliegende Stück ist als das erste einer großen Reihe von Bühnenwerken gedacht, die, wie ihr Gesamttitel bereits andeutet, zusammengehalten durch ihr Milieu, alle Kreise und Klassen spiegelnd, nach und nach ein umfassendes Bild unserer Zeit geben sollen.

Noch unlängst hatte auf unserem Theater als der Inbegriff aller modernen Antiklassik und Antiromantik die Art der letzten großen Norweger gegolten. Nichtsdestoweniger besteht zwischen der Diktion zum Beispiel Ibsens und der Rhetorik etwa Schillers, ich könnte natürlich auch beliebig andere nennen, kein Wesensunterschied. Beide Künstler, über das Jahrhundert hinweg, das sie trennt, und so viel Welten auch zwischen ihnen liegen, in der Überzeugung treffen sie sich: die Sprache des Theaters ist nicht die Sprache des Lebens. Wie ja auch Shakespeare diese nicht gegeben und überhaupt noch niemand bisher, zu keiner Zeit und in keinem Volke.

So oft sich diese Sprache bis jetzt hervorgewagt hatte, und sie wagte sich wiederholentlich hervor, wenn auch überall erst in Ansätzen und noch nirgends durchgebildet, war sie neben der eigentlich literarischen nie mehr als die sozusagen geduldete gewesen, das Aschenbrödel neben der Prinzessin; und es war keiner auf die Vermutung verfallen, am wenigsten natürlich die sogenannte Ästhetik, sie, die Mißachtete, könnte am Ende die heimlich künstlerische sein und jene Gefeierte die offenbar plumpe.

Genau von diesem entgegengesetzten Standpunkt aber gehen bei uns heute die Jungen aus: die Sprache des Theaters ist die Sprache des Lebens. *Nur* des Lebens! Und es versteht sich von selbst, daß damit für jeden, der derartige *prinzipielle* Umwälzungen in einer Kunst – die ja allerdings begreiflich nicht zu häufig vorkommen – auch sofort als solche zu erkennen weiß, ein Fortschritt in dieser Kunst eingeleitet ist, eine neue Entwicklungs-, nicht bloß Möglichkeit, sondern, worauf es vor allem ankommt, -Notwendigkeit, wie sie ähnlich breit in ihrer Basis bisher noch nicht vorhanden gewesen. Ihr Ziel zeichnet sich klar: die aus dem gesamten einschlägigen Reproduktionsmaterial sich nun einmal ergebenden Unvermeidlichkeiten möglichst auf ihr Minimum herabzudrücken, statt des bisher überliefert gewesenen posierten Lebens damit mehr und mehr das nahezu wirkliche zu setzen, mit einem Wort, aus dem Theater allmählich das »Theater« zu drängen.

Es sei mir gestattet, zu wiederholen, was ich dieser neuen Technik gleich zu Anfang für ein Prognostikon gestellt hatte:

»Eine Neuerung für die gesamte Literatur von einer so prinzipiellen Bedeutung, wie sie seinerzeit für die Malerei die Verdrängung des künstlichen Atelierlichts durch das natürliche Freilicht besessen. Und ob mit, oder wider Willen, aber es wird niemand sein, der sich auf die

Dauer ihr wird entziehen können. Es ist nicht im mindesten zuviel gesagt: durch sie in Erschütterung versetzt, wird mit der Zeit kein Stein der alten Konvention auf dem anderen bleiben. Was die alte Kunst mit ihren primitiveren Mitteln, an die wir nicht mehr glauben, die uns keine Illusion mehr geben, schon einmal getan, diese neue Kunst mit ihren komplizierteren Mitteln, hinter denen wir mal wieder bis auf weiteres noch nicht so die Fäden sehen, wird es noch einmal leisten: den ganzen Menschen von neuem geben! Und es bedarf nicht erst einer Prophezeiung, daß gegenüber dieser Unsumme von Arbeit, die dieser differenzierteren Technik auf diese Weise harrt, und aus deren allmählicher Bewältigung durch sie ein Drama hervorgehen wird, das das Leben in einer Unmittelbarkeit geben wird, in einer Treffsicherheit, von der wir heute vielleicht noch nicht einmal eine entfernte Vorstellung besitzen, noch geradezu eine ganze Reihe von Generationen vergehen wird, ehe ein ähnlich tiefer Einschnitt in der Geschichte des Theaters auch nur möglich sein wird. «

Man sieht: ich mache mir meine Konstruktion nicht erst nachträglich zurecht. Ich bin mir über die einfach alles revolutionierende Bedeutung dieser neuen Sprache nie im unklaren gewesen. Zum mindesten, ich unterschätze sie nicht. Ja, es ist sogar meine Behauptung: ihrer endlichen Leistung, der Tatsache gegenüber, daß sie eines schönen Tages plötzlich wirklich da war, hat jede Einzelleistung seitdem, so außergewöhnlich tüchtig auch die eine oder andere von ihnen gewesen sein mag – und ich bin der letzte, das zu leugnen – doch immer nur sekundär bleiben können. Denn es ist selbstverständlich: zwischen der Schaffung eines Kunstwerks in einem Stil, der bereits gegeben ist, und der Schaffung eines solchen Stiles selbst, besteht kein Grad-, sondern ein Artunterschied. [...]

[...]

[...] die Menschen auf der Bühne sind nicht der Handlung wegen da, sondern die Handlung der Menschen auf der Bühne wegen. Sie ist nicht der Zweck, sondern nur das Mittel. Nicht das Primäre, sondern das Sekundäre. Mit andern Worten: nicht Handlung ist also das Gesetz des Theaters, sondern Darstellung von Charakteren. Und dieses Gesetz, dieses Fundamentalgesetz alles Dramatischen, in aller Klarheit aus den Dingen als erste empfunden zu haben, nachdem das gesamte Akademikertum zweier Jahrtausende sich wie das Tier auf der Heide vergeblich im Kreise gedreht war, ich gebe es zu, allerdings unser Pech! Daß man dann aber gleich das Kind mit dem Bade ausschüttete, und uns unterschob, wir perhorreszierten nun überhaupt jede Handlung, als ob ein Drama ohne Handlung auch nur denkbar wäre, und wir wollten nur noch Stücke ohne Anfang, Mitte und Ende, fällt nicht uns zur Last, die wir solches Blech nie gewalzt haben, sondern war lediglich Folge der vielen, uns ach, so überlegenen Intelligenzen auf den Redaktionssesseln, denen es natürlich ein leichtes war, uns sofort besser und gründlicher zu verstehen, als wir uns selbst verstanden. Man kennt ja den Vorgang. Er wiederholt sich fast täglich auf allen Gebieten. Keine Kunstform darf leisten wollen, was eine andere Gattung durch die ihr eigentümlichen Mittel noch wirksamer zu leisten vermag. Gewiß. Ich gebe das vollständig zu. Nur eben, weil dieser Satz von so unwiderleglicher Wahrheit ist, deshalb, gerade deshalb, ich wiederhole, ist Handlung *nicht* das Gesetz des Theaters. In eine Novelle von drei Seiten ist es technisch möglich, mehr

Begebenheit zu pfropfen als in ein Drama von zehn Akten. Und umgekehrt: durch eine Szene von fünf Minuten ist es selbst dem mittelmäßigsten Dramatiker, unterstützt durch eine Duse oder einen Reicher, technisch möglich, mehr unmittelbar wirkende Menschendarstellung zu geben als selbst dem genialsten Romancier in einem ganzen Kapitel. Den einen hindern eben seine Mittel, und den anderen tragen sie. Das ist der Unterschied.

[...] Und ferner, worauf es als Schlußfolgerung hier ankommt: wäre das von der alten Ästhetik hypostasierte Gesetz, Handlung ist die letzte Absicht des Theaters, wirklich das richtige gewesen, das der Realität parallele: unsere technische Neuerung – die Sprache des Lebens, die wir an die bisherige von Papier setzten – wäre von absolut keiner Bedeutung gewesen. Denn eine Handlung bleibt naturgemäß die selbe, ob ich sie durch eine primitive oder eine differenzierte Ausdrucksweise begleite. Verhält es sich aber gewissermaßen umgekehrt, und ist, wie ich behaupte, der Mensch selbst und seine möglichst intensive Wiedergabe das Kerngesetz des Dramas, so liegt auf der Hand, daß unsere Revolutionierung des dann zentralsten Mittels dieser Kunst eine so tiefgründige war, wie sie als Basis einer neuen Entwickelungsmöglichkeit tiefgründiger nicht einmal gedacht werden konnte. [...]
[...]

Der ob. dok. Text von Arno Holz gibt die zentralen Elemente seiner Dramaturgie wieder, wie er sie zusammen mit J. Schlaf in Verbindung mit der Erarbeitung einer neuen Kunsttheorie entwickelt hatte (s. auch Dok. 22). Das von Holz formulierte Kunstgesetz lautete: Kunst = Natur − x, oder: »Die Kunst hat die Tendenz, wieder die Natur zu sein. Sie wird sie nach Maßgabe ihrer jedweiligen Reproduktionsbedingungen und deren Handhabung« (s. ebd.). Diese Kunstauffassung, die nicht im Zolaschen Sinne Wahrheit durch »anatomische« Analyse zu erreichen suchte sondern die Reproduktion der Wirklichkeit anstrebte, bedingte die Konzentration auf das »einschlägige Reproduktionsmaterial«, in der Dramatik also auf das Kunstmittel Sprache. Die Sprache, zugleich Kunstmaterial und zu reproduzierende Wirklichkeit, mußte als Sprache des Theaters die »Sprache des Lebens. *Nur des Lebens!*« (s. Dok. 47) werden, »die Mißachtete« wurde als »die heimlich künstlerische« erkannt. Mit der Anpassung der Dramensprache an die »Sprache des Lebens« hatte Ibsen bereits in den 80er Jahren Diskussionen in der naturalistischen Bewegung ausgelöst (vgl. H.[art], *Ein Brief Henrik Ibsen's* in den *Berliner Monatsheften* 1885, J. Hillebrand in der *Gesellschaft* 1886 (s. Dok. 7), Max Kretzer im *Kunstwart* 1889 (s. Dok. 18), Julius Hart in *Kritisches Jahrbuch* 1890 (s. Dok. 21)). Bei Ibsen stand die Erneuerung der Dramensprache jedoch in funktionalem Zusammenhang zu seiner auf Wahrheit hin angelegten Dramenkonzeption, während Holz die Sprache im Drama primär als »Reproduktionsmaterial« der Wirklichkeit auffaßte. Aufgrund des neuen Funktionszusammenhangs, in den die Sprache durch Holz/Schlaf in der *Familie Selicke* gestellt wurde, kam es zu einer auch von anderen bestätigten »Revolutionierung« des »zentralsten Mittels« der Dramatik (s. Dok. 47). Dies wurde den Autoren nicht nur von Th. Fontane bescheinigt, der dieses Stück als »*eigentlichstes Neuland*« bezeichnete (s. A. Holz/J. Schlaf, *Neue Gleise*. Berlin 1892, S. 221). Auch Hermann Bahr erkannte die formprägende Bedeutung der *Familie Selicke*, die »die Sprache des deutschen Theaters für die nächsten fünfzehn Jahre [schuf]...« (zit. nach F. Martini, *Nachwort*, in: A. Holz/J. Schlaf, *Familie Selicke*. Stuttgart 1966, S. 85). Die Literaturwissenschaft hat sich inzwischen mehrfach mit der Wirkung von Holz' Auffassung des Dramas als Sprachkunstwerk auf die nachfolgenden Dramatikergenerationen befaßt (z.B. C. Sternheim, G. Kaiser, B. Brecht).

Die Entstehung dieser »Sprache des Lebens« in den ersten Prosaskizzen von Holz/Schlaf beschrieb Franz Servaes in seinen *Präludien* 1899 zutreffend und er charakterisierte die besondere »Handhabung« des Kunstmittels Sprache in ihren stofflich-sinnlichen Qualitäten wie folgt: »Während sie so bei der Arbeit waren und eine Skizze nach der andern, rein zu neukünstlerischen Stilzwecken hinschrieben, ›Die papierne Passion‹, ›Krumme Windgasse 20‹, und auf nichts andres auszugehn glaubten, als das Leben in seinen winzigsten Aeußerungen zu packen, passirte etwas Merkwürdiges. Indem sie die ganze Welt gleichsam nur mit den Sinnen in sich aufnahmen, hatte sich auch ihr Gehör gegenüber der menschlichen Sprache in wundersamer Weise verschärft. Nicht nur daß sie alles Mundartliche viel nüanzirter aufnahmen als bisher, sie beobachteten und reproduzierten auch in der treuesten Weise, was man die ›Mimik der Rede‹ nennen kann: jene kleinen Freiheiten und Verschämtheiten jenseits aller Syntax, Logik und Grammatik, in denen sich das Werden und das Sichformen eines Gedankens, das unbewußte Reagiren auf Meinungen und Gebärden des Mitunterredners, Vorwegnahme von Einwänden, Optation benevolentiae und alle jenen leisen Regungen der Seele ausdrücken, über die die Wiederspiegler des Lebens sonst als ›unwichtig‹ hinwegzugleiten strebten, die aber grade meist das ›Eigentliche‹ enthalten und verrathen. Indem Holz-Schlaf alles dieses mit pünktlichster Gewissenhaftigkeit notirten, erwarben sie sich eine Intimität des Sprechtons, die, wenn auf das Drama übertragen, zugleich revolutionirend und stilbildend auftreten mußte« (zit. nach: A. Holz, *Johannes Schlaf. Ein nothgedrungenes Kapitel.* 2. verm. Aufl., Dresden 1909, S. 46). Durch die so erworbene neuartige »Handhabung« der Sprache und eine damit gewonnene neue Darstellungsfunktion gelang Holz zusammen mit Schlaf in der *Familie Selicke*, was er die »Revolutionierung« des »zentralsten Mittels« der Dramatik nennt.

Wenn Holz als Ziel seiner künstlerischen Arbeit angibt, »aus dem Theater allmählich das ›Theater‹ zu drängen« (s. Dok. 47), so bedeutete das im Sinne seiner Ästhetik nicht die Aufhebung des Bühnenillusionismus durch die größtmögliche Steigerung desselben, d.h. das »nahezu wirkliche« Leben sollte auf dem Theater erscheinen. Das beinhaltete z.B. auch die Festlegung des Spielortes auf einen Schauplatz des Geschehens (z.B. Wohnzimmer der *Familie Selicke*) und auch die weitestgehende Annäherung von realer und gespielter Zeit.

Holz erklärt es als Aufgabe der Wirklichkeitsreproduktion im Drama, den »ganzen Menschen« zu geben, als Gesetz des Dramas gilt ihm nicht die »Handlung« sondern die »Darstellung von Charakteren« (s. ebd.). Wenn Holz jedoch weiter für sich reklamiert, die »Darstellung von Charakteren« als »Fundamentalgesetz alles Dramatischen« (s. ebd.) als »erster empfunden zu haben«, so übersieht er dabei geflissentlich die Konzeptionen von Zola, Otto Ludwig, R.M. Lenz bis zu Lessing. Neu war weniger das »Fundamentalgesetz« an sich, neu war vielmehr die Auffassung des Charakters, die der neuen Sprachbehandlung zugrundelag bzw. sich aus ihr ergab. So ist auch der »ganze Mensch«, den Holz als Ergebnis seiner Dramatik verlangt, wesentlich das, was Holz' spezifische Sprachtechnik reproduziert. Der »ganze Mensch«, das war nicht mehr der anatomisch zergliederte, auch nicht der auf die Ursachen seiner Konflikte hin analysierte Mensch, sondern das war der Mensch, wie er sich zusammenfügte aus einer Vielzahl detaillierter (Sprach-)Beobachtungen und dem darin sinnliche Gestalt gewinnenden »Charakter«.

48

Johannes Schlaf: *Vom intimen Drama.* In: *Neuland.* Hrsg. v. Johann Sassenbach. 2. Jg. Berlin (J. Sassenbach) 1898, Bd. 1, S. 33–38; hier: S. 35–38.

[...]

[...] Was mir hier von besonderer Bedeutung ist, ist die Intimität unseres neuen Dramas. Sie hat ja, bei allen mannigfachen Kompromissen, welche die dramatischen Autoren, die sich der neuen Technik zuwandten, seither mit altgewohnter Kunstart oft genug wieder geschlossen, unserem neuen Drama dennoch sein ganz bestimmtes, eigenes Gepräge gegeben. Ich selbst hatte unserer neuen intimen Technik in meinem Drama »Meister Oelze« eine besondere individuelle Wendung gegeben, die sich von der Technik der »Familie Selicke« natürlich nicht prinzipiell, aber dennoch um einen Grad unterscheidet. Und zwar insofern, als die

»Familie Selicke« vorwiegend Milieudrama ist, während der »Meister Oelze« sich seinerseits mehr als Charakterdrama darstellt. Nun kann zwar meiner Ansicht nach ein derartiges Charakterdrama in unserer neuen Technik und bei der Bedeutung, welche die Berücksichtigung des Milieus im modernen Roman und Drama überhaupt ein für alle Mal gewonnen, nicht umhin, auch seinerseits von der neuen Milieutechnik Gebrauch zu machen, dennoch aber drängt es das Milieu bei der vorwiegend psychologischen Ausgestaltung eines oder einiger Charaktere in gewisse Grenzen zurück. Das Milieu ist in einem höheren Grade der Menschen wegen da, die es in ihrer Art begreiflicher macht und deren Handlungen es fundamentirt, als, wie dies wohl bei dem Milieudrama, das damit natürlich in seiner Weise nicht beanstandet werden soll, der Fall ist, wo der Mensch sich in seiner Umgebung mehr oder weniger verliert. In »Meister Oelze« ist daher das Hauptinteresse vornehmlich auf die beiden Charaktere des Franz und der Pauline hingelenkt und auf den Widerstreit, in dem sie zu einander stehen. Alles Andere ist nur Mittel zu dem Zweck, diese beiden Charaktere und diesen ihren Widerstreit so deutlich, so verständlich, so lebendig und wirkungsvoll als möglich zu machen. Es ist ein Moment der Handlung gewählt, wo nothwendigerweise das Eigenleben der anderen Personen, so lebendig es auch nach unseren neuerlichen aesthetischen Bedürfnissen zur Geltung kommen muss, dennoch nur eine untergeordnete Rolle spielt gegen diese beiden Personen, die in diesem Moment in einer natürlichen Weise nach der Art ihrer Handlungen im Mittelpunkt des Interesses stehen.

Bemerkenswerth ist nun aber die Art und Weise, wie sich der Konflikt abspielt, die Handlung sich entwickelt. Zunächst, die Weise des alten Dramas in Betracht gezogen, ist das Interesse an der Handlung aus dem Bereich einer Folge von äusseren Geschehnissen, wie sie ja das alte Drama meist bevorzugte, auf das Gebiet innerer seelischer Vorgänge hinübergeleitet. Es ist selbstverständlich, dass sich diese inneren Vorgänge in äusseren Handlungen reflektiren und zum Ausdruck bringen müssen, aber das kann und, wir dürfen wohl sagen, muss nach unserem neueren Empfinden, das nachgerade für den alten Verwicklungsapparat der »Haupt- und Staatsaktion« kein rechtes Organ mehr hat, in einer Weise geschehen, dass das äussere Geschehniss ein möglichst einfaches und schlichtes, darum nicht minder bedeutungsvolles bleibt, wie wir's in ähnlicher Weise bei der antiken Tragödie wahrnehmen, jene inneren Vorgänge aber den Mittel- und Schwerpunkt des Interesses bilden. Die äusseren Geschehnisse sind im »Meister Oelze« so simpel als nur denkbar, deshalb sehen wir aber den Konflikt in den Seelen der Hauptpersonen sich mit um nichts geringerer Gewalt und Leidenschaftlichkeit abspielen. Und zwar, was nun das Eigenthümliche gerade in diesem Drama ist und was ich hier besonders hervorheben möchte, ist der Eindruck oft ein derartiger, dass wir hinter all diesen indirekten Reden des Franz und der Pauline gleichsam einen viel leidenschaftlicher bewegten, direkten, unterirdischen Dialog der Seelen wie mit einem inneren Ohr zu hören vermeinen, dass der eigentlichste und bedeutungsvollste Schauplatz des Dramas gleichsam eine vierte Dimension ist.

Man könnte eine besondere Errungenschaft dieses Dramas feststellen und sie demnach ungefähr folgendermassen formuliren: Der Dialog, das gesprochene Wort ist zwar das charakteristischste Moment und Wirkungsmittel des Dramas, es ist aber einer besonderen Entwicklung fähig. Und eine solche ist im vorliegenden Fall erzielt mit der ganz besonderen Berücksichtigung eines weit feineren intimeren Dialogmomentes, als es sich im gesprochenen Wort darstellt, nämlich mit der intimen Berücksichtigung des mehr unterbewussten psychophysischen Kontaktes zwischen den beiden Hauptpersonen, eine Berücksichtigung, die dem Dialog ein ganz besonderes indirektes Gepräge verliehen hat, ein Gepräge der Unabsichtlichkeit, das dem aesthetischen Genuss insofern eine Bereicherung und Differenzirung verschafft, als es den Intellekt damit beschäftigt, aus dieser indirekten und scheinbar unabsichtlichen Ausdrucksweise der Personen, die die inneren seelischen Vorgänge verhüllt, auf diese zu schliessen und sie in ihrer Wirlichkeit wahrzunehmen.

Wenn dies nun bereits für den »Meister Oelze« galt, so gilt es in einem noch höheren Grade für mein neues Drama. Es hat die ausgeprägteste Eigenthümlichkeit, dass seine Personen einen bestimmten inneren Konflikt im Dialog nicht zu einem direkten, sondern fast durchweg indirekten Austrag bringen. Was ihre Seelen bewegt – natürlich kommen fast nur die Hauptpersonen in Betracht – deutet sich mehr an, als dass es in einer direkten Weise ausgesprochen würde. Und dennoch gestattet uns diese indirekte Methode einen durchaus deutlichen Einblick in die inneren seelischen Vorgänge, in die verborgene Entwicklung des Konfliktes, der sich in einer ganz eigenartigen Weise in diesem Dialog mit seinem scheinbaren Drüberhin und Daranvorbei reflektirt.

Es ist mit alledem und, wie ich meine, in bisher durchaus ungewöhnlicher Weise aus der Natur für die Erweiterung künstlerischer Wirkungsmittel Vortheil gezogen. Denn wenn wir einmal mit aller Aufmerksamkeit den Gang eines Gespräches in der Wirklichkeit verfolgen wollen, so wird es uns geradezu überraschend sein, von wie sekundärer Bedeutung oft das gesprochene Wort ist, wie es sehr oft für das zwischen zwei oder mehreren Personen zu erzielende Verständnis nur so eine Art von Nothbrücke bedeutet. Wir werden wahrnehmen können, wie dunkel, vieldeutig, ungelenk und gebrechlich es ist, wie es stammelt und stottert, wie es an dem präzisen Ausdruck eines Gedankens, eines Affektes vorbeihaut, und wie erst so recht eigentlich Geste, Mienenspiel, Körperbewegung und die Nüanzirung, die der Affekt ihm verleiht, wenn nicht alles, so doch die Hauptsache machen; wie ferner alle diese Momente gleichsam oft genug eine zweite Parallelsprache sind, die, oft in sehr komischer Weise, verräth, was das gesprochene Wort verbergen soll, oder unmissverständlich zum Ausdruck bringt, was es nur andeuten kann oder darf.

Wir wissen, das Drama alten Stiles hatte noch nicht diesen intimen Sinn für den Dialog. Es musste noch, um das Intimste und, wie man wohl sagt, Unaussprechliche, das oft von so grosser Bedeutung war, zum Ausdruck zu bringen, zu so plumpen Hilfsmitteln greifen, wie dem Monolog, oder es war genöthigt in besonderen Fällen beiseit reden zu lassen, ein Kniff, dessen Naturwidrigkeit uns bei einem modernen Drama zum Lachen zwingen würde. Wir können heute mit dem stummen Spiel einer Minute mehr Innenleben verrathen, als es früher mit seitenlangen Monologen und endlosem Beiseitesprechenlassen möglich war. – Nach dieser Richtung nun aber hat das in Rede stehende Drama einen guten Schritt vorwärts gethan. Es hat den letzten Rest der schematischen Exposition darangegeben, wenn man bei ihm überhaupt noch von einer Exposition reden kann; es hat alles, was man mit den letzten Resten dieser starr gewordenen dramatisch-technischen Kniffe und Hilfsmittel zu erzielen suchte, lediglich in die Nuance des Dialoges, in das Milieu, in Geste, Geberde und stummes Spiel gelegt und sucht mit diesen freien und natürlichen Mitteln das zu erreichen, was jene konventionellen mehr störten als erzielten: eine lebendige und unmittelbare Wirkung und eindringlichste Illusion bedeutsamen Lebens.

In dieser Richtung aber dürfte es auch, wie so leicht kein anderes der neueren Dramen, die Domäne des Schauspielers erweitern, der hier in der lebendigen, differenzirten Nuancirung des Wortes, in der Geste, in stummem Spiel, in der Geberde eine neue intime Seelenkunst zu entfalten ausgiebige Gelegenheit hat.

Johannes Schlaf (1862–1941) arbeitete seit 1887 mit Arno Holz zusammen und nahm wie dieser auch an den Sitzungen des Vereins »Durch« teil (vgl. Dok. 10). 1889 veröffentlichten beide als erste Gemeinschaftsarbeit die Prosa-Skizzen *Papa Hamlet* unter dem Pseudonym Bjarne P. Holmsen. 1890 folgte als weitere Gemeinschaftsarbeit das Drama *Familie Selicke*, das am 7. 4. 1890 im Verein »Freie Bühne« aufgeführt wurde. Das Drama erschien bis 1894 in vier Auflagen. 1892 gaben Holz/Schlaf unter dem Titel *Neue Gleise* ihre gemeinsamen Arbeiten noch einmal in einem Band heraus. Damit endete die Zusammenarbeit von Holz und Schlaf und es folgen langjährige Auseinandersetzungen über die eigentliche Autorschaft an den Gemeinschaftsarbeiten.

1892 erschien ein eigenes Drama von J. Schlaf, *Meister Oelze*, das 1894 durch die »Neue Freie Volksbühne« aufgeführt wurde und als ein Höhepunkt der naturalistischen Dramatik gilt. S. Lublinski stellte *Meister Oelze* als »zweiten Gipfel neben die ›Weber‹« und er machte O. Brahm daher einen schweren Vorwurf, daß er dem »›Meister Oelze‹ den Weg zur Bühne versperrte [...]. Überhaupt ist es der spezifische Skandal des letzten Jahrzehntes der deutschen Literatur, daß die Theaterdirektoren die ›Familie Selicke‹ und den ›Meister Oelze‹ von der Bühne fernhielten, anstatt, wie es ihre Pflicht gewesen wäre, Publikum und Schauspieler mit unermüdlicher Geduld zu diesen Werken zu erziehen« (s. Samuel Lublinski, *Die Bilanz der Moderne*. Berlin 1904, S. 99f.). Schlaf erkrankte zwischen 1892 und 1896 an einem Nervenleiden, danach veröffentlichte er bis zur Jahrhundertwende noch die Dramen *Gertrud* (1898), *Die Feindlichen* (1889), *Bann* (1900).

Schlafs nachträgliche Erläuterungen zu *Meister Oelze* zeigen, wie der von ihm zusammen mit Holz entwickelte »konsequente« Naturalismus zugleich auch den Einstieg in eine neue, impressionistisch-sensualistische Literaturentwicklung bedeutete. Damit vermittelt Schlaf selbst eine wichtige, ergänzende Perspektive auf die von ihm und Holz entwickelte Dramaturgie. S. Lublinski bestätigt diese dem Naturalismus immanente Tendenz, indem er über die Entwicklung im Schaffen von Schlaf nach *Meister Oelze* schreibt: »Die Konsequenz des Naturalismus führte immer weiter in die Sensibilität, Verinnerlichung und Stimmungskunst hinein…« (ebd., S. 100).

Bereits für die Herausbildung der »neuen natürlichen Sprache« in den Prosaskizzen *Papa Hamlet* hatte Schlaf eine neue Intimität reklamiert. Über die Entdeckung, die er mit Holz während der gemeinsamen Arbeit an den Skizzen machte, schreibt Schlaf 1897: »Und da sahen wir mit aller Deutlichkeit, daß es auf ein neues, intimeres, noch nie in seiner vollen Art-Reinheit vorhanden gewesenes Drama hinauswolle.« Er und Holz hätten also »*nicht* an den dramatischen Gesetzen gerüttelt, sondern neue dramatische Mittel geschaffen, sie zu intimerer und feinerer Wirkung zu bringen« (zit. nach: A. Holz, *Johannes Schlaf*. 2. verm. Aufl., Dresden 1909, S. 47).

Durch ihre neue Sprachbehandlung entwickelten sie, was Hermann Bahr »den Naturalismus als die hohe Schule der Nerven« bezeichnet, »in welcher ganz neue Fühlhörner des Künstlers entwickelt und ausgebildet werden, eine Sensibilität der feinsten und leisesten Nüancen, ein Selbstbewußtsein des Unbewußten, welches ohne Beispiel ist« (H. Bahr, *Die Überwindung des Naturalismus*. Dresden 1891, S. 156). Selbst in Richard Dehmels Forderungen an eine neue Dramaturgie ist die von Holz/Schlaf entwickelte neue Sprachtechnik als Voraussetzung miteingegangen. So erklärt Dehmel, daß das »neue Kunstwerk«

eine »Technik« brauche, die zwar nicht auf eine täuschende Nachbildung exact kontrollierbarer peripherer Sinneseindrücke ausgeht, die aber umso zweckbewußter aus der centralen Gefühlsumbildung solcher Eindrücke jenen konzentrierten Ausdruck schöpft, durch den allein der dargestellte Charakter mir sein eigenes centrales Gefühlsleben, sein wirkliches Wesen zu suggerieren vermag« (in: *Die Gesellschaft.* Jg. 8/2, 1892, S. 1475). Mit dem Drama *Frühlingserwachen* sah Dehmel Frank Wedekind »auf dem Wege zu dieser neuen Technik: dieser neuen Sprache des persönlichst differenzierten, aber nie konstanten Individuums, dieser neuen Kompositon seiner centralen Gefühlsnüancen aus allen ihren dunklen Stimmungstrieben und grellbewußten Willensblitzen, dieser neuen scenischen Entwickelung seiner eigentümlichsten Beziehungen zu Außenwelt und Überwelt, d.h. seines sittlichen Schicksals.« (ebd.)

In einer Besprechung von Maurice Maeterlincks *La Princesse Madeleine* nannte Otto Brahm es als die eigentliche Leistung Maeterlincks, »in schnell vorüberhuschenden Szenen intime Stimmungen abzuschildern mit allen Schattierungen, mit allen Tönen, treu und exakt und pedantisch...«. Die »starken Wirkungen auf die Nerven« des Lesers führte Brahm u. a. darauf zurück, daß »diese Neuromantik der Symbolisten durch den Naturalismus hindurchgegangen« ist. »Sie hat die Klarheit der Sprache gelernt, diese präcise Anschaulichkeit, die Natur giebt statt romantischer Phrase« (in: *Freie Bühne*, Jg. 2, 1891, S. 386).

Die Holz/Schlafsche Sprachauffassung korrespondierte auch mit der neuen, den Agnostizismus im bisherigen naturwissenschaftlich-positivistischen Weltbild verschärfenden Wirklichkeitsauffassung des Empiriokritizismus. So galt auch für Hermann Bahr 1891: »Die Sensationen allein sind Wahrheit, zuverlässige und unwiderlegliche Wahrheit; das Ich ist immer schon Konstruktion, willkürliche Anordnung, Umdeutung und Zurichtung der Wahrheit, die jeden Augenblick anders gerät, wie es einem gerade gefällt, eben nach der Willkür der jeweiligen Stimmung...« (zit. nach: Hermann Bahr, *Zur Überwindung des Naturalismus.* Hrsg. v. G. Wunberg, Stuttgart 1968, S. 149). Als »Mittel- und Schwerpunkt« seiner Dramaturgie nennt Schlaf nicht mehr »Charaktere«, auch nicht den »ganzen Menschen«, wie Holz noch 1896 (s. Dok. 48), sondern »innere Vorgänge«, »Konflikte der Seele«, »innere seelische Vorgänge«. Über Hauptmanns *Friedensfest* hatte Brahm bereits 1890 mit Freude angesichts der »Weite und der Entwicklungsfähigkeit dieses Talents« festgestellt: »Kein ›sociales Drama‹, ein Seelendrama giebt der Dichter jetzt« (in: *Freie Bühne*, Jg. 1, 1890, S. 135). Diese Hinwendung zu den »inneren Vorgängen« bei gleichzeitiger Zurückdrängung des äußeren Milieus beinhaltete auch die Zurückdrängung einer naturwissenschaftlich aufgefaßten Psychologie, eines primär physiologischen und damit rationaler Untersuchungsmethoden zugänglichen Menschenbildes.

Die Konzentration auf die »seelischen Vorgänge« in einem Menschen und in den zwischenmenschlichen Beziehungen stellte auch neue Anforderungen an die Darstellungsmittel des Dramas. Wurde in der *Familie Selicke* neben dem »Reproduktionsmaterial« Sprache bereits das stumme Spiel, die Mimik, Gestik und Körpersprache über die Regieanweisungen in die künstlerische Reproduktion des »wirklichen« Lebens einbezogen, so kehrte Schlaf nun das Verhältnis von Sprache und Gestik zugunsten des stummen Spiels um. Während bereits in der *Familie Selicke* der Sprach*stil* die Hauptfunktion in der »Darstellung der Charaktere« übertragen bekam, so erfüllte für Schlaf das »gesprochene Wort« nur mehr die Funktion einer »Nothbrücke«. Der bereits bei Holz einsetzende Sprachzerfall wird von Schlaf radikalisiert – Mimik, Gestik und Körpersprache werden zur »Hauptsache« erklärt, in den Rang einer »zweiten Parallelsprache« erhoben, über die die eigentliche Kommunikation der Seelen sich vollzieht.

Als notwendige Konsequenz aus seinen dramaturgischen Vorstellungen schlägt Schlaf die Bildung kleiner Zimmertheater vor, die für die Kommunikation zwischen einem so psychologisch verfeinerten Theater und dem Publikum günstigere Voraussetzungen liefern. Zum andern aber rechnet er sowieso nur mehr mit einer kleinen Schar von Kunstverständigen, die Zugang zu den neuen ästhetischen Formen finden.

Bereits Anfang der 90er Jahre wurde unter dem Eindruck der Entstehung neuer lyrischer Dramen (z.B. H. v. Hofmannsthal) das »intime Theater« proklamiert, dessen Konzeption sich deutlich abhob von dem Volksbühnen-Konzept, das gerade die »breite Masse« als Publikum gewinnen wollte. So schrieb Julius Kulka 1892 in einem gegen die neu gegründete Volksbühne gerichteten Artikel: »*Das Theater der Zukunft ist das vom Publikum emanzipierte Theater* [...] alles, was irgendwie die große Menge anzieht, muß vermieden werden. Keine Sensation, keine Reklame, kein Spektakel. Keine Berichte in der Tagespresse [...]. Kein Klatschen, kein Zischen [...]. Kunstverständige Menschen lassen Kunstwerke auf sich wirken. Sonst nichts [...] Es ist nun einmal etwas Aristokratisches um die Kunst« (s. Julius Kulka,

Theaterreform. In: *Freie Bühne*, Jg. 3,1, 1892, S. 73 u. 76). Als erster realisierte Max Halbe zusammen mit Juliane Déry 1895 ein »intimes Theater« in München. In den Künstler-Salons spielten sie mit einer Gruppe von Schauspielern und Laiendarstellern exklusive Stücke, wie z.B. Einakter von Maurice Maeterlinck. In seinem Vortrag bei der Eröffnungsvorstellung (wieder abgedruckt in *Pan*, Jg. 1, 1895, S. 106–109) erläuterte Max Halbe »Plan, Zweck und Ausführung« des neuen »Bühnen-Unternehmens«. Das »intime Theater« verstand sich als grundlegende Korrektur der »Verfallszüge« der naturalistischen Bühnenauffassung. Gegen die »Echtheit der Ausstattung« sollte die Phantasie wieder in ihr Recht gesetzt werden. Angestrebt wurde »eine Spezialbühne also für Künstler und womöglich von Künstlern, eine Bühne, bei der alle ausserhalb der Kunst liegenden Bedenken fortfallen können, eine Bühne für künstlerische Sonderzwecke, wo Könner und Kenner unter sich sind. [...] Der Zusammenschluß aller Reifen und Feinen! « (s. Max Halbe, *Intimes Theater*. In: *Pan*, Jg. 1, 1895, S. 107). Damit wurde aber auch die von der naturalistischen Bewegung zumindest als Ziel angestrebte Verbindung von Kunst und Volk zu den Akten gelegt zugunsten eines deutlich ausformulierten elitären Kunstverständnisses: »Wer also einmal der Kunst eine wahrhafte Freiheit schaffen will, der halte die Masse fern und darum auch das, was immer noch der Masse Thür und Thor öffnete, das *Geld*.« (ebd.) Die ursprüngliche Vorstellung, daß die Aufführungen des »Intimen Theaters« *ohne* finanzielle Beihilfe seiner Gäste und Zuschauer zu Stande kommen müssen« (ebd.) verkehrte sich aber im Laufe weniger Jahre ins Gegenteil.

In einer Studie von 1895, die u.a. das zeitgenössische Theaterleben charakterisiert, wird deutlich, welche Bedeutung die »intime« Dramaturgie bereits Mitte der 90er Jahre erlangt hatte, so daß diese als eine von zwei die Theaterkunst bestimmenden Strömungen bezeichnet wird: »Die eine dieser Strömungen – wir möchten sie die aristokratische nennen, und ihre extremsten Vertreter sind die Modernen – verlangt eine immer weiter fortschreitende Verfeinerung der Theaterkunst, wendet sich nur an einen kleinen Bruchtheil des Publicums, das mit besonderen, gleichsam artistischen Fähigkeiten ausgerüstet sein muß, um der intimen Detailmalerei, dem Eiertanz um seltsame Probleme folgen zu können« (vgl. R. Lothar, *Kritische Studien zur Psychologie der Literatur*. Breslau 1895, S. 274). Von den nach der Jahrhundertwende entstandenen kleinen Theatern sind das von Max Reinhardt 1902 in Berlin eröffnete Kleine Theater und die von ihm ab 1906 geleiteten Kammerspiele am bekanntesten. Diese Theater verlangten aber nicht nur ein »kunstverständiges« Publikum, sondern insbesondere auch ein zahlungsfähiges. Extrem hohe Eintrittspreise sorgten dafür, daß eine kleine Publikumselite unter sich blieb: Für eine Premiere betrugen die Eintrittspreise z.T. das doppelte des kgl. Schauspielhauses und mehr als das 20-fache dessen, was die Vorstadtbühnen verlangten.

49
Friedrich Spielhagen: *Das Drama, die heutige litterarische Vormacht.* In: Friedrich Spielhagen: *Neue Beiträge zur Theorie und Technik der Epik und Dramatik.* Leipzig (L. Staackmann) 1898, S. 230–235, 237–238.

[...]

Bekanntlich gehört zu den Fundamentallehren des Naturalismus, wie sie *Zola*, sein Papst in dem Buche »*Le roman expérimental*« dekretiert hat, *daß der Dichter von heute sich von dem Manne der Wissenschaft nur noch durch die Form unterscheide:* »*Je ne puis que répéter ce que j'ai dit: si nous mettons la forme, le style à part, le romancier expérimentateur n'est plus qu'un savant spécial, qui emploie l'outil des autres savants: l'observation et l'analyse. Notre domaine est le même que celui du physiologiste, si ce n'est qu'il est plus vaste.*« Dieser größere Umfang der dichterischen Domäne ist nämlich die dem Poeten gegebene Erlaubnis, da, wo der Mann der Wissenschaft an seiner Grenze angekommen zu sein bekennt und über dieselbe hinaus sein: *ignorabimus* spricht, »*exercer notre intuition et précéder la science, quittes à nous tromper parfois, heureux sie nous apportons des documents pour la solution des problèmes.*«

Nun hat sich freilich Zola in den Augen der Naturalisten von der strikten Observanz um seine Heiligkeit, oder doch um derer gutes Teil gebracht gerade dadurch, daß er von der in dem *corollarium* zu seinem Hauptsatze gewährten Erlaubnis einen zu ausschweifenden Gebrauch machte und der Intuition gegenüber dem Unbekannten einen zu großen Spielraum gestattete; aber eben durch sein abschreckendes Beispiel die eifersüchtige Alleinherrschaft des Fundamentalsatzes in das klarste Licht gesetzt. Die denn auch kein echter Naturalist anzutasten wagt, vielmehr kühn behauptet: kein Dichter, der nicht in die Physiologie der Liebe (um keinen deutlicheren Ausdruck zu gebrauchen) wissenschaftlich eingeweiht ist, dürfe heutigen Tages wagen, die Liebe zu schildern. Als ob ein junger Docent der Anatomie, wenn er sonst Romeoblut in den Adern hat, seine Julia anders lieben würde, als der Sohn der Montagus die seine! Aber gesetzt, die Sache verhalte sich, wie die junge Schule behauptet, und die Wissenschaft, anstatt die ihr angebotene Helfershelferrolle der Dichtkunst, wie sie es zu thun pflegt, lächelnd, oder unwillig zurückzuweisen, acceptierte sie mit tausend Freuden, so will mir doch scheinen, daß gerade die Bühne der am wenigsten geeignete Ort sei, die naturalistische Doktrin zu realisieren.

Das Drama kann sich seiner Natur nach nur immer mit einem Einzelfall befassen, und was ist wissenschaftlich mit einem solchen groß bewiesen? Die Wissenschaft freilich würde ja auch mit dem kleinen Gewinn vorliebnehmen, wäre sie nur wenigstens des Beweises sicher. Aber wie wäre der in dem engen dramatischen Rahmen überzeugend zu erbringen? wie allen Nebenumständen die gebührende Rechnung zu tragen? wie das Milieu, aus dem die handelnden Personen wachsen und dessen Produkt sie sind, in seiner Vollständigkeit vorzuführen? Zu dem allen scheint doch höchstens der Roman den nötigen Ellbogenraum zu bieten, nimmermehr aber das Theater, auf dem vielmehr die Gefahr, es werde die naturalistische Doktrin in die Brüche gehen, kaum vermeidlich scheint.

Und auch wirklich in den meisten Fällen nicht vermieden wird. In dem heißen Bemühen, dem famosen Milieu, auf das sein Erfinder Taine in den wissenschaftlichen Untersuchungen einen nicht zu unterschätzenden, von ihm selbst nur vielleicht etwas überschätzten Wert legt, auch im Drama gerecht zu werden, geben die jungen Dichter an dessen Herausgestaltung nicht selten ihre ganze Kraft. Mag ein Nebenumstand mit der Handlung in noch so entferntem Zusammenhange stehen, sobald er in den Gesichtskreis des Dichters gekommen ist, muß er ins Treffen geführt werden. Die Verwechselung der dramatischen mit der epischen Kunst, auf die ich bereits oben hindeutete, tritt dabei manchmal auf das ergötzlichste zu Tage. So in der Kleinkrämerei der scenischen Anweisungen in *usum* der Regisseure und Schauspieler. Da wird uns kein kleinstes Möbel, kein Kaffeetassenuntersatz geschenkt. Der Stand der Sonne, die atmosphärische Stimmung, ein Blumenduft, der durch das Zimmer weht – das alles sind

Dinge von immenser Bedeutung. Da wird jeder Person ihre minutiöse Schilderung mit auf den Weg gegeben: ob sie lang oder kurz, dick oder dünn ist; ob ihr Schädel breit oder oval: welchen Ausdruck ihre Physiognomie in der Ruhe, welchen sie in der Bewegung zeigt; und daß sie beim Gehen, Stehen, Sprechen, Lächeln diese oder jene Gewohnheit hat. Man möchte den Herren immer zurufen: wenn euch diese Dinge schon einmal so ans Herz gewachsen sind, schreibt doch nur gleich Romane und Novellen, wo ihr in dergleichen epischen Details schwelgen könnt!

Und bliebe es bei solchem Gebaren, in dem man ja etwa einen entschuldbaren jugendlichen Übereifer des Dichters, seine Intentionen möglichst klar zu machen, erblicken könnte; aber diese Schilderungssucht fließt aus einer tieferen und trüberen Quelle. Die Sache nämlich ist – es kann nicht scharf genug darauf hingewiesen werden – daß die naturalistische Doktrin, der Dichter solle nur eben der Helfershelfer der Wissenschaft sein, bei dem Roman – siehe Zola! – noch so ungefähr ihre Rechnung findet; infolgedessen diese der Form nach dramatischen Dichter ganz wesentlich episch sehen und ihre sogenannten Dramen sehr oft nur dramatisierte Romane, respektive letzte Romankapitel sind. Ich habe das in einem andern Zusammenhang an dem eklatanten Beispiel von Ibsens »Nora« nachzuweisen gesucht; ein Beweis, der sich aber auch an einer ganzen Reihe der Stücke desselben Autors mit gleicher Evidenz führen ließe. Überall in diesen Dramen: in »Rosmersholm«, »Wildente«, »Frau vom Meere« u.s.w. eine lange Vorgeschichte, die wir durchaus kennen müssen, sollen uns diese höchst komplizierten Menschen in den höchst komplizierten Verwickelungen, in welchen der Dichter sie uns vorführt, klar werden. Eine lange Vorgeschichte, die dann der Dichter, der die Notwendigkeit davon wohl fühlt, nun hinterher im Drama zu rekapitulieren sucht, ohne doch – bei der Sprödigkeit der dramatischen Form gegen den epischen Stoff – seinen Zweck zu erreichen. Das ist – abgesehen von Ibsens Tic, dem Publikum zu raten zu geben – der ganz wesentliche Grund der Dunkelheiten, durch die wir so oft in seinen Dramen ratlos tappen, und die uns seine Schüler als ebensoviele Beweise meisterlichen Tiefsinns aufzureden suchen.

Daß *in* dieser knechtischen Anbetung des alleinseligmachenden Milieu die Achtung vor dem dramatischen Helden und der dramatischen Handlung, deren Hauptträger eben der Held ist, Schaden leiden, wenn nicht untergehen muß, läßt sich voraussehen; und in der That haben denn auch manche Dramen der Schule mit dem, was man sonst unter einem Drama verstand, nur noch eine äußere Ähnlichkeit. Da giebt es keinen Helden mehr, sondern – im besten Falle – eine Hauptperson. Da ist nicht mehr von einer Handlung zu sprechen, höchstens von Geschehnissen, die in dieser oder auch in einer anderen Reihenfolge vor sich gehen können. Manchmal verzichten diese Dichter auch auf die Hauptperson und lassen es bei den Geschehnissen bewenden. In einem solchen Falle kann, weil es an einem Mittelpunkt fehlt, von einer pragmatischen Folge dessen, was da auf der Bühne vorgeht, erst recht keine Rede sein. Es ist, als ob wir aus der Vogelperspektive auf eine Stadt hinabblickten, in der die Dächer der Häuser abgedeckt sind, so daß wir die Bewohner in ihrem Thun und Treiben beobachten dürfen, wobei es völlig gleichgültig ist, ob wir die Beobachtung bei der Wohnung Nr. 1 beginnen und bei der Nr. X aufhören, oder umgekehrt.

[...]

An die Schauer des Panoptikums erinnert diese neueste Kunst aber auch sonst mit ihrer Vorliebe für die Schatten- und Nachtseiten des Menschentreibens, in welcher sie sich eins weiß mit der Zustimmung eines Publikums, das von nervöser Unruhe durchwühlt ist angesichts so vieler sich herandrängender ungelöster Probleme und der pessimistischen Weltanschauung, welche aus dieser Unruhe aufsteigt, wie grauer Nebel aus einem gärenden Sumpfe. Man sollte oft meinen, daß diese jungen Autoren entsetzliche Verbrechen auf dem Gewissen hätten, und sich aus der Tiefe ihrer zerknirschten Seelen herausgedrungen fühlten, dem Publikum zuzurufen: »Und habe die Sonne nicht zu lieb, und nicht die Sterne! komm, folge mir ins dunkle Reich hinab!« Aber kein Blutbann liegt auf ihnen; sie haben mit der Polizei nichts zu schaffen (außer wenn sie ihnen die Aufführung ihrer Stücke verbietet); sie sind wahrscheinlich lebensfrohe Gesellen und nur noch in dem glücklichen Alter, in welchem man sich den Luxus des Pessimismus ungestraft gewähren kann. Da sind denn die Propheten des Weltelends, Schopenhauer und Hartmann, die rechten Philosophen; und wenn dem einzelnen auch Zarathuŝtra ins Ohr raunt, daß er für sein Teil keineswegs zu der »Herde« gehört, sondern eher ein »Übermensch« ist, so fühlt er erst recht die Verpflichtung, der *misera plebs* ihren traurigen Standpunkt klar zu machen. Dazu kommt ein Handwerksvorteil, den diese Künstler – ich gebe zu, völlig unbewußt – doch nach Möglichkeit ausbeuten: der Vorteil nämlich, daß ein brutales Gesicht weit leichter zu zeichnen ist, als ein ideales; das Laster sehr viel müheloser zu malen, als die Tugend; Gemeinheit der Gesinnung, Roheit der Sitte sich der Nachahmung williger bieten, als Adel der Seele und Feinheit der Umgangsformen; die Sprache eines Hausknechts viel bequemer getroffen wird, als die eines Tellheim; die einer Dirne, als einer Minna von Barnhelm. Und so beruht denn auch die anerkennenswerte »Naturwahrheit«, mit der jetzt auf unseren Bühnen fast durchgängig Komödie gespielt wird, ganz wesentlich auf dem Umstande, daß die Künstler die Modelle für die darzustellenden Personen in jeder Kneipe, jeder Küche, auf jeder Gasse finden können; und überdies, wenn sie sich bei dem Kopieren ihrer unschönen Urbilder Übertreibungen zu schulden kommen lassen, das seinem größten Teil nach aus gebildeten und deshalb in der Frage inkompetenten Leuten bestehende Publikum es gar nicht einmal merkt, ihnen vielmehr die Verletzung der Naturbescheidenheit als ein Extraverdient anrechnet.

[...]

Friedrich Spielhagen (1829–1911), bekannter liberaler Romanautor (vgl. auch Dok. 30), setzte sich bereits 1881 mit der »immer wiederkehrenden Klage« auseinander, »daß unsere modernen Dramen nur zwangs- und deshalb unpassenderweise in dialogische Form gebrachte Novellen und Romane sind« (s. F. Spielhagen, *Drama oder Roman? (Gelegentlich Henrik Ibsens Nora)*. In: F. Spielhagen, *Beiträge zur Theorie und Technik des Romans*. Leipzig 1883, S. 297). Spielhagen hielt diese Klage für nur »zu oft gerechtfertigt« und fand eine Ursache in »der veränderten Beschaffenheit unseres geistigen Auges, welches dramatisch zu sehen so gut wie verlernt hat [...], daß wir nicht mehr mit dem natürlichen Auge, sondern immer gleichsam durch ein Mikroskop schauen« (ebd.). Ibsens *Nora* erkannte Spielhagen daher auch nicht als ein »echtes Kunstwerk« an, es sei »kein in sich geschlossenes, sich selbst erklärendes, an und für sich verständliches Drama, sondern einige in dialogische Form gebrachte Kapitel eines Romans, dessen Anfang weit vor dem Beginn des Dramas liegt, ebenso wie sein vermutliches Ende weit hinter den

Schluß des Dramas fällt« (ebd., S. 310). Während Spielhagen 1881 noch primär von bestimmten Gattungsnormen ausgeht (vgl. Formulierungen wie: »Für den Dramatiker gilt...«), argumentiert er 1898 von den technischen Gegebenheiten der Bühne aus und bezweifelt die Bühnenfähigkeit des Naturalismus. Für die Darstellung des Milieus fehle dem Theater im Unterschied zum Roman in jedem Fall der »nötige Ellbogenraum« (s. Dok. 49). Seine Kritik an der »Kleinkrämerei der scenischen Anweisungen« (s. ebd.) war inzwischen bereits vielfach vorformuliert und diese als »undramatische« Elemente abgelehnt worden. Die Erklärung, wie sie z.B. Otto Brahm zur Funktion der Szenenanweisungen gab, wurde auch von ihm nicht angenommen: »Für denjenigen Beurtheiler freilich«, schrieb Brahm, »der an die Tradition des Buchdramas gewöhnt ist, mag die Lectüre des ›Sonnenaufgangs‹ und des ›Friedensfestes‹ ihr Befremdliches haben; die vielen Gedankenstriche und Punkte dünken ihm übertrieben (und vielleicht sind sie es auch), die Unterbrechungen des Dialogs durch Bühnenanweisungen und Beschreibungen dünken ihn störend, und er übersieht dabei nur das Eine: daß hier nur Hilfsmittel gesucht werden, welche die Plastik des Theaters ersetzen oder doch weniger vermissen lassen sollen; und daß Hauptmann mit allen Kräften strebt [...] den Leser so sehen zu machen, wie er selbst sieht; scharf, bestimmt, mit angespannten Sinnen.« (s. Otto Brahm: *Gerhart Hauptmann's Friedensfest*. In: *Freie Bühne*, Jg. 1, 1890, S. 137, vgl. auch Komm./Dok. 43).

Ähnlich interpretierte Hauptmann selbst die Rolle der Szenenanweisungen in seinen Stücken. In der *Deutschen Revue* antwortet er in dem Bericht *Von einem Freunde* auf die Frage, ob er den Detailschilderungen dabei nicht zuviel Raum gebe: »Soweit die Bühnenaufführung in Betracht kommt, mögen sie recht haben. Aber erstens werden Dramen auch gelesen und zweitens: die Bühne macht ihre Abstriche. Warum soll der dramatische Dichter kleine charakteristische Umstände verschweigen, die seine innere Vorstellung aufweist, da sie auf der Bühne zwar wegfallen, aber doch in nichts den Bühnenverlauf eines Stückes beeinträchtigen« (in: *Deutsche Revue*, Jg. 20, 1895, S. 290). Während Spielhagen richtig erkannte, daß der traditionelle »dramatische Held« nicht in die milieutheoretisch aufgefaßte Wirklichkeit des modernen Dramas paßte, baut er mit seiner Zurückführung der »Schilderungssucht« der modernen Dramatiker auf Zola, der den »Dichter« als »Helfershelfer der Wissenschaft« (s. Dok. 49) verlange, weiter an einem Mythos. Abgesehen davon, daß Spielhagen dabei den wichtigen Einfluß von Ibsen unberücksichtigt läßt, übergeht er auch die sehr kritische Rezeption Zolas in der naturalistischen Bewegung schon in den 80er Jahren ebenso wie die besondere Ausprägung des modernen Dramas durch Holz/Schlaf und die antizolaistische Begründung von Holz' Kunsttheorie.

Freie Bühne, Freie Volksbühne, das naturalistische Theater und die Zensur:

50
Otto Brahm: *Die Freie Bühne in Berlin.** In: *Berliner Tage-Blatt*, Nr. 527 v. 16. Oktober 1909, Abendausgabe und Nr. 530 v. 18. Oktober 1909, Abendausgabe

Die Gründung einer freien Bühne in Berlin wurde im März 1889 beschlossen, am 15. April vollzogen. Sie stellte sich als ein Verein dar, dessen Vorsitz mir übertragen ward, ihre Vorstellungen habe ich geleitet. Den Dingen, von denen ich hier berichten will nach zwanzig Jahren, habe ich also sehr nahe gestanden, und ob ich bei dem, was ich erzähle, mir das richtige Augenmaß gewahrt habe, mögen andere entscheiden: den Anspruch, Geschichte zu schreiben, erhebe ich nicht, ich suche einfach darzustellen, »wie ich es sehe«.

1889 ist das Jahr der deutschen Theaterrevolution gewesen, gleichwie 1789 das Jahr der Revolution der Menschheit war; es bezeichnet den stärksten Einschnitt in der Entwicklung der modernen Bühne, aber vorausgegangen war ihm eine andere »Revolutionierung des Menschengeistes« – das Wort stammt von Ibsen, und die Sache heißt Ibsen: in ihm verehrt die Freie-Bühnenbewegung ihren Ahnherrn, und sein Werk auch war es, die »Gespenster«, das eine neue Zeit auf dem deutschen Theater einleitete. Das geschah im Januar 1887, im Residenztheater zu Berlin; und wollen wir nun erkennen, was diese neue Zeit bedeutete, so müssen wir zurückblickend uns schnell die alte Zeit einmal anschauen, das deutsche Theaterleben vor der Aufführung der »Gespenster«.

Grillparzer war es, der einst in einen herben Spruch gefaßt hat, was alles dem deutschen Theater noch mangele:

> Trotz allem Bemühen eurer Bühnenberater
> Fehlen drei Dinge zum deutschen Theater,
> Danach seht euch zum Schluß noch um:
> Schauspieler, Dichter und – Publikum.

Von diesen drei Faktoren fehlte dem Theater von 1889 vor allem der eine: der Dichter. Seit Hebbels Tod war niemand in Deutschland, der Wege des Dramas hätte weisen können; und eine Leere war entstanden, ein trostloses Vakuum – bis aus dem germanischen Norden der

---

*) Es sind jetzt gerade zwanzig Jahre her, daß in Berlin die »Freie Bühne« gegründet wurde, die für das ganze moderne Theaterleben in Deutschland von ausschlaggebender Bedeutung wurde. Dr. Otto Brahm, der damalige Leiter der »Freien Bühne«, der jetzige Direktor des Lessing-Theaters, der führende Mann in dieser ganzen Bewegung, die von der »Freien Bühne« ihren Ausgang nahm, hat für uns zwei Aufsätze über die »Freie Bühne« und ihre Geschichte geschrieben. [...]   Die Red.

Helfer und Erretter kam. Aber keiner erkannte noch, was Henrik Ibsen der deutschen Bühne werden konnte, und selbst der beste Theatermann der Zeit, Heinrich Laube, verlangte von dem Dichter der »Nora« einen veränderten, einen sogenannten versöhnlichen Schluß. Der ganze Jammer dieser Jahre spricht aus solcher Forderung, die Lässigkeit und Verflachung einer Epoche, die es verschmähte, den Ernst im Theater zu suchen, den Ernst der Wirklichkeit, und die sich kompromißlich den Konflikten entziehen wollte, die unser Leben zerreißen und steigern.

Denn das Theater zählte man, nicht nur von Polizei wegen, immer gern zu den »Lustbarkeiten«: und trotz allem »Bemühen unserer Bühnenberater« drohte der Amüsierteufel alle guten ästhetischen Geister, wieder und wieder, zum Tempel hinauszutreiben. Zwischen dem Wollen der Besten im Lande und dem Willen der Theaterleute klaffte so eine Kluft; und nicht nur in Frankreich hatten die Goncourts ein Recht, an der Zukunft des Theaters, als einem Mittelpunkt heutiger Kunst, zu verzweifeln.

Aber wenn der große Dichter dem Theater der achtziger Jahre noch fehlte, so fehlte der große Schauspieler ihm nicht; und da der nach Entfaltung drängende Geist der Zeit in neuen Werken sich nicht darstellerisch ausleben konnte, so gelang ihm ein Neues in den Werken der Alten. Es gelang ihm, eine Renaissance der vergangenen Großen zu schaffen, eine Wiedergeburt, die das Klassische empfinden ließ wie ein Gegenwärtiges. Die Darstellung des Shakespeare und des Schiller, des Goethe und Grillparzer, die zu einer lebensfremden Schablone erstarrt war, die Epigonenspielerei gewesen war, gleichwie das Drama Epigonendichtung ward – die Darstellung wagte sich wieder auf ihre eigenen, höchst modernen Füße zu stellen, sie wagte wieder, aus ihrem höchst eigenen Sinne zu schaffen: und diese Füße trugen, und diesen Eigensinn hegten Friedrich Mitterwurzer[1] und Josef Kainz[2]. Daß der Darsteller ein nachschaffender Künstler ist, aber kein grübelnder Kunstgelehrter, daß man König Philipp und Don Carlos am siegreichsten spielt, wenn man sie nicht deklamiert, sondern neu lebt – solche einfache Wahrheit zu erweisen, mußten erst zwei geniale Schauspieler auferstehen, sie mußten sich selber finden, um für uns das Neue zu finden, neue Schätze voll funkelnder Prachten. Die Alten aber standen zürnend beiseite; und Joseph Lewinsky[3] fragte, bangend um seinen Thron: spielt man denn in Berlin immer noch den »Carlos« von Moser und Schönthan?

Als solchermaßen der moderne Schauspieler auf den Plan getreten war, der moderne Dichter aber vor den Pforten der deutschen Bühne noch tatenlos verharren mußte, machte ich (1884, in der »Vossischen Zeitung«) den Vorschlag, doch das bedeutendste Werk der Zeit endlich auf die Bühne zu stellen, auf unsere führende Berliner Bühne: die »Gespenster«. Und zur Sicherheit fügte ich gleich meinen Besetzungsvorschlag für das Deutsche Theater bei, mit August Förster[4] und Siegwart Friedmann[5], mit Anna Haberland und Agnes Sorma[6], und ich schloß mit den Worten: Oswald – selbstverständlich Kainz. Aber da kam ich schön an, bei den Leitern und Spielern des Deutschen Theaters: L'Arronge und Förster schrien Zetermordio, und auch Kainz, dessen Oswald nun jeder preist, konnte sich in diesem großartigen Wagnis nicht gleich zurechtfinden. Hatte doch selbst zu »Nora«, das einige Jahre zuvor

im Residenztheater nach allen Regeln der Kunst durchgefallen war, der Direktor des führenden Theaters sich nicht bekennen mögen; und blieb so vom Herbst 1880 an die Berliner
Bühne ibsenfremd – bis zu jenem denkwürdigen Einbruch der neuen Zeit in der »Gespenster«-Matinee des Januar 1887: alle Perücken wackelten, auch die freiesten Geister waren
erschreckt durch diese Revolte in der Aesthetik (ich sehe mich noch mit dem alten Weisen,
Theodor Fontane, streitend durch die Straßen irren, um das Residenztheater herum); und so
hätte man, nach jenem Goethe-Wort, den Offizieren und den Mannschaften, den Ahnungslo-
sen wie den Ahnungsvollen wieder einmal zurufen dürfen: Von hier und heute fängt eine neue
Epoche der Literaturgeschichte an, und ihr dürft sagen, ihr seid dabeigewesen.

Der Weg war gewiesen, und das Ziel war gesteckt; nun galt es, auszuschreiten, und was uns
hemmen wollte, niederzurennen. In der Literatur geht es zu wie bei den Wilden, hat Heine
einmal gesagt: Wenn die Jungen zu Jahren gekommen sind, schlagen sie die Alten tot. Und
solcher Totschlag sollte nun beginnen – sofern nicht vom bloßen Schrecken schon das
Abgelebte stürzte und die Kraftlosigkeit verschied. Zum erstenmal für uns Heutige war das
Theater wieder die große Kulturmacht geworden, die Führerin im Geistesleben, und ihre
Gewalt offenbarte sie mit strömender Schnelle: von dieser einen Aufführung im kleinen
Residenztheater – Wiederholungen untersagte die Polizei – gingen tiefere Wirkungen aus,
aufwühlendere, fortreißendere als von hundert »Goldfischen«, die im Bassin des Deutschen
Theaters sich tummeln durften, als von allem deutsch dröhnenden Pathos des Wildenbruch
und der berüchtigt schönen Sprache der Jambentragödien. Welch ein ungeheurer Leuchter
war doch diese Bühne, was für ein Scheinwerfer über die Völker, über die Zeiten; nur ganz
einfach Licht mußte man ihr zuführen, wirkliches Licht und keine Funzellämpchen – so war
sie wieder, was sie in den Zeiten ästhetischen Glanzes gewesen, Gebieterin über die Seelen,
der Tempel alles Kunstfrommen.

In der Schar der Gläubigen, die gekommen war, »Gespenster« zu schauen, verweilte auch
an jenem Sonntagmorgen des Januar 87, still und uns allen unbekannt, ein junger blonder
Poet: er sah in seinem Seminaristenrock, bartlos und milde, eher einem Genossen des Pastors
Manders gleich und empfing auch von dem Manders da oben, der Emanuel Reicher[7] hieß,
und von dem ganzen großen Werk einen unauslöschlichen Eindruck. So trafen sich, einander
noch fremd, schon diejenigen im Zeichen Ibsens, die von verschiedenen Seiten nach gleichen
Zielen ausmarschierten: Gerhart Hauptmann und die künftigen Freien-Bühnenmänner.

Wer aber waren diese gewesen? Ein paar junge Leute, die sich jeden Tag im Café Schiller
versammelten, um einen bescheidenen Marmortisch: und der größte deutsche Dramatiker
sah unserem erregten Plänemachen lächelnd zu. Antoines Théâtre-libre war das Vorbild
gewesen für Harden, Theodor Wolff[8] und mich, die wir den Gedanken einer Berliner Freien
Bühne, jeder an seinem Teil, zu verwirklichen strebten; Schlenther, die Brüder Hart, zuletzt
Fritz Mauthner gesellten sich uns bei, und zwei Männer der Praxis, S. Fischer und Paul
Jonas[9], walteten als Schatzmeister und als Rechtsverweser. Aber auch für den Humor war
gesorgt in unserem kritischen Kreis, als unser Senior lieferte ihn in reichlichen Dosen Julius
Stettenheim; und als das Berliner Théâtre-libre gleich nach der Geburt an einen kritischen

Wendepunkt geriet, rief der Vater Wippchens aus: Wollen wir denn das Théâtre lieber nicht aufmachen? Allein dieser Wendepunkt ward glücklich überschritten – nur daß leider dabei zwei Männer aus unserem Boot sprangen, Harden und Wolff – und nach dem Vorschlag von Heinrich Hart übertrug man das Präsidium des Vereins mir. Der also ist mein Königsmacher gewesen; und ich bewahre dem guten Gesellen, der nun schon aus dieser Welt der Freien Bühnen abspaziert ist, ein dankbares Gedenken.

Im Frühjahr war die Freie Bühne gegründet worden, zum Herbst tat sie im Lessing-Theater ihre Pforten auf: Sie grüßte mit ihrer ersten Vorstellung, am 29. September 89, den Ahnherrn und spielte, zum zweiten Male in Berlin, Ibsens noch immer verbotene »Gespenster«. Und nun folgte, am 20. Oktober, der erste Signalschuß der neuen deutschen Kunst: unter ungeheurem Lärmen, tosendem Widerspruch und rauschendem Beifall ging das Werk eines unbekannten Autors in Szene, Hauptmanns »Vor Sonnenaufgang«. Schon vor der Aufführung war der Streit um dieses Werk entbrannt, die Schauspieler wurden in aufgeregten Briefen, natürlich anonymen, vor dem drohenden Theaterskandal gewarnt, und tatsächlich schien an mehr als einer Stelle die Möglichkeit, zu Ende zu spielen, aufgehoben. Auf einem Schlachtfeld glaubt man zu stehen, sagte mir, als ich auf die Bühne kam, der Darsteller des Hoffmann, Gustav Kadelburg[10]: man hört die Kugeln pfeifen, nur leider, man kann nicht zurückschießen! Und Hauptmann, aus dem nämlichen Eindruck heraus, schrieb mir in das neu erscheinende Buch vom »Sonnenaufgang«: »Zur Erinnerung an die Schlacht im Lessing-Theater.« So rapid war sein Aufstieg gewesen wie einst der des Byron, er »erwachte eines Morgens und fand sich berühmt« – berühmt oder berüchtigt, gleichviel: in den Karpfenteich der deutschtheatralischen Genügsamkeit war der erste Friedensstörer gekommen, ein seltsamer junger Hecht. Wochenlang setzte sich der Kampf noch fort in ungeminderter Stärke; in Cafés, in Gesellschaften, in Zeitungen und Zeitschriften wurde gestritten und verdammt; alte Freunde entzweiten sich, Gleichgesinnte schlossen sich zusammen, und der Widerspruch gegen die Neuerer oder die Zustimmung ward zu einem Erkennungszeichen im ästhetischen Feldzug: hie Welf, hie Waiblingen. Das Banner des deutschen Naturalismus flatterte in den Lüften, ward beschimpft und bestaunt, mit wechselnden Gebärden; aber eingezogen sollte es nun nicht mehr werden, auf lange hinaus.

[...]

Naturalismus – das eine modische Wort ist so lange durch die Finger der Schreibenden gegangen, bis es abgegriffen ward wie Scheidemünze; es ist so lange zu Tode gehetzt worden, bis einem nachkommenden Geschlecht scheinen konnte, als sei auch die Sache tot, die es zu decken versuchte. Daß ich dieser Meinung nicht bin, und warum ich es nicht bin, will ich jetzt aussprechen.

Zur Formel gemacht ist das Wort am entschiedensten durch Zola: le naturalisme au théâtre forderte er mit Stentorstimme und erwartete alles Heil – für seine Zeit, für seine Nation – vom Naturalismus. Allein das Wort war kaum über den Rhein gesprungen, es hatte kaum seine Schlagkraft auch bei uns erwiesen, so weitete sich auch schon sein Umfang, und nur die grauesten Theoretiker noch, unter den Freunden wie unter den Feinden, blieben auf der ersten Formel sitzen. Ich darf zwei Sätze hier vorlegen, die, obgleich in jener ersten Kampfzeit geschrieben, schon bewußt über die Theorie des Naturalismus hinausstreben, zu einem reicheren Begriff neuen künstlerischen Wollens. In seinen Aufsätzen »Zur Kritik der Moderne«, von 1890, sagte Hermann Bahr kurz und schlagend: »Die Synthese von Naturalismus und Romantik ist die gegenwärtige Aufgabe der Literatur.« Und der Leiter der Freien Bühne, der hier das Wort nimmt nach langem Schweigen und der als ein engbrüstiger Naturalist verrufen ist, fügte hinzu: »Eine Anschauung dies, die ich von ganzer Seele teile.« In den Eröffnungsworten aber, die die neu begründete Zeitschrift »Freie Bühne« einleiteten, hatte ich 1890 gesagt: »Dem Naturalismus Freund, wollen wir eine gute Strecke Wegs mit ihm schreiten, allein es soll uns nicht erstaunen, wenn im Verlauf der Wanderschaft, an einem Punkt, den wir heute noch nicht überschauen, die Straße plötzlich sich biegt und überraschende neue Blicke in Kunst und Leben sich auftun.«

Aber ich höre einen Einwand aufsteigen, dem ich begegnen muß. Ist das der Beweis, fragt man, von der lebenspendenden Kraft des Naturalismus, daß schon in seinem ersten Auftauchen sein Begriff im Deutschland umgbogen werden konnte? Ich antworte: ja; denn eben weil wir bei dem französischen Muster nicht stehen geblieben sind, haben wir die Geltung des Neuen für unsere Nation, für unser Theater gewonnen. Nicht laut genug können wir es ausrufen, daß nur der enge Sinn der Gegner es war, der uns an dieses Kreuz des Zolaschen, des Arno Holzischen Naturalismus zu nageln versuchte; und es heißt Worte, die in der Hitze des Gefechtes gefallen sind, parteiisch verewigen, es heißt subjektive Stimmungen des Augenblicks, wie die freundschaftliche Widmung von Hauptmanns erstem Drama an seine Anreger Holz und Schlaf, parteiisch aufzubauschen, wenn man mit jenen Schlagworten von der Beschränktheit des deutschen Naturalismus immer noch krebsen geht, nachdem die Freie-Bühnen-Bewegung längst historisch geworden ist und ihren Platz unter den Evolutionen des Geistes schlicht behauptet.

Allein der Spielplan unserer Freien Bühne – wie sah er aus, wer waren seine Stützen; und konnten sie diese geweitete Theorie der Moderne lebendig machen? Sie hießen (einige Outsider wie Goncourt, Fitger, Kielland, die Ebner-Eschenbach nicht erst gerechnet) Ibsen und Anzengruber, Tolstoj und Hauptmann, Strindberg und Zola, Holz und Schlaf, Becque und Hartleben. Diese alle erschienen in den beiden ersten Jahren, die meisten zum erstenmal auf einer deutschen Bühne; es folgten im Laufe der Zeiten Ernst Rosmer[11], die Dichterin der »Dämmerung« und der »Mutter Maria«, dann Georg Hirschfeld[12] mit den »Müttern«, Hugo von Hofmannsthal mit der »Madonna Dianora«, Ernst Hardt[13] mit der »Toten Zeit«, Keyserling mit »Frühlingsopfer«: auch diese insgesamt zum erstenmal auf der Bühne dem Publikum dargestellt. Unter die Formel des Vogelschreck-Naturalismus diese ganze dichtende Menschheit zu bringen, mußte auch der Mutigste verzweifeln; wenn aber die Mehrzahl von ihnen doch nach einer Seite marschierte, nach der Richtung der neuen, unerschrockenen Wahrheitskunst: was anders war daraus zu folgern, als daß es der Weg der Zeit war, den so viele entgegengesetzte Individualitäten gleichmäßig schritten, und daß die Ziele der Russen und Franzosen, Oesterreicher und Norweger, der Deutschen und Schweden verwandt waren aus Naturnotwendigkeit? Damals ist die große Wende für unsere Bühne gekommen, der Umschwung und der große Krach, der Morsches wegfegte auf Nimmerwiedersehen. Eine neue Generation kam auf, geführt von den großen Alten, den Sternbildern ob unseren Häupten, an denen wir unseren Weg erkennen konnten in der Dunkelheit eines noch ungewordenen Tages. Und bald sollte eine völlige Umbildung des deutschen Spielplans zeigen, daß die grimmig Befehdeten von gestern, die kecken Neuerer mit ihren Peinlichkeiten, ihren Naturalismen, die Sieger von heute waren. Die Berührung mit der Erde, mit dem wirklichen Leben des Tages hatte eine Kraft ausgelöst in den Jungen, die unwiderstehlich war: und so schritt diese Generation, ein Antäus von stetig erneuten Gewalten, zum Kampf, zum Sieg.

Die unmittelbare Wirkung der Freien Bühne war groß, aber größer fast war die mittelbare: es war Raum geschaffen worden, Spielraum im eigentlichsten Wortsinn für die Nachdrängenden; und was Gerhart Hauptmann gesät, sollte Hermann Sudermann zunächst ernten: im selben Lessing-Theater, in dem »Vor Sonnenaufgang« erschienen war, trat nach wenigen Wochen schon der Dichter der »Ehre« auf den Plan. Wie es ein glücklicher Zufall scheinen konnte, daß der Freien Bühne kurz vor ihrer Eröffnung das Genie Hauptmann ins Haus schneite – ein Zufall, dessen historische Notwendigkeit doch zu Tage liegt –, so fügte es nun die unbekannte Macht, daß anno »Sonnenaufgang« der neue Dichter des Hinterhauses auftauchte und einen weithin schallenden Erfolg davontrug. Denken Sie sich einen Menschen, dem man erst einen Kübel eiskalten Wassers über den Kopf schüttet und dann gemächlich eine Dusche von 19 Grad appliziert: er wird sie, auf jenen Schrecken noch eingestellt, angenehm laulich empfinden. Den Berliner Premierenbesuchern von 1889 erging es nicht anders: durch den Terror der Freien Bühne gestählt und abgehärtet, nahmen sie die Gewagtheiten der »Ehre«, für die man hinter und vor den Kulissen fürchterlich zitterte, mit Enthusiasmus auf, und die deutsche Bühne hatte einen Dramatiker mehr.

War hier eine unmittelbare Anregung des einen Werkes durch das andere schon durch die Gleichzeitigkeit der Entstehung ausgeschlossen, so sind in weiteren Fällen die Bühnenstücke Wohlbekannter durch Anregungen der Freien-Bühnen-Zeit klärlich entstanden. Nicht nur, daß Ludwig Fulda jetzt in dem sozialen Schauspiel »Das verlorene Paradies« und in dem Ehestück »Die Sklavin« seine Stellung zu den neuen Fragen nahm, auch Ernst von Wildenbruch kam mit einer Ueberraschung in das deutsche Theaterjahr von 1891: lange hatte er sich bei den Ritterstiefeln und dem Kriegslärm wohlgefühlt, und seine ehrliche, preußische Draufgängernatur schwelgte im Donner und Blitz eines gesteigerten Schiller-Pathos: das Schlachtroß steigt, und die Trompeten klingen. Jetzt zum erstenmal aber wünscht er, in das soziale Leben der Zeit, in seiner Weise wohlmeinend bemüht, künstlerisch einzugreifen: er tritt mit der »Haubenlerche« hervor, und ein lauter Erfolg bis in die fernsten Provinzen lohnt ihm den Ausflug ins Hauptmännische. Und auch seine Hauptdarstellerin hatte man ihm von der Freien Bühne geholt, Else Lehmann[14], die erste Haubenlerche, die ein glücklicher Einfluß Schlenthers für den »Sonnenaufgang« vorgeschlagen hatte, und deren eigentliche künstlerische Laufbahn, gleichwie die ihres Dichters, mit jenem 20. Oktober 1889 anhebt: was sie in zwanzig Jahren moderner Entwickelung der deutschen Bühne geworden ist, das wird die Theatergeschichte einst zu verzeichnen haben, auf einem ihrer leuchtendsten Blätter.

Und hiermit nenne ich die zweite mittelbare Wirkung der Freien Bühne: diejenige auf die Schauspieler. Wie am Eingangstor dieser dichterischen Bewegung die Aufführung der »Gespenster« gestanden hatte, so stand am Eingang zu der neuen darstellerischen Entwickelung der Pastor Manders von Emanuel Reicher, der so etwas wie ein Ziehvater der modernen Schauspielkunst geworden ist. Viele Gestalten grüßen mich hier, und aus dem langen Zuge der Großen und Kleinen, die unseren Bau trugen, sich selber steigernd und reinigend, sich bildend und umbildend an lebenheischenden Problemen – aus der großen Zahl will ich nur diese noch schnell nennen: Emmerich Robert[15] und Agnes Sorma, unser Oswald und unsere Regine, Josef Kainz, der Wilhelm von Hauptmanns »Friedensfest«, und Gustav Kadelburg, ein ergreifender, junger Schalanther im »Vierten Gebot«; Rosa Bertens[16], von Strindbergs Komtesse Julie bis zu Hauptmanns Luise Hilse in den »Webern« reichend, und Rudolf Rittner[17], Strindbergs Kammerdiener Jean und der Moritz Jäger in den »Webern«. Mit diesem blutjungen Künstler, der schon wie eine Verkörperung der Freien-Bühnenbewegung erscheinen konnte – unbeschadet seiner eigenen, heftig aufs Wirkliche gerichteten Dorfjungennatur –, mit Rittner trat vielleicht der am meisten typische Vertreter jener Zeit in unseren Kreis; und im Großen wie im Kleinen, da, wo er sich weitete, wie an seinen Grenzen erschien er als eine Reinkultur des neuen Jahrzehnts. Ich wähle ein geringfügiges Beispiel, um dieses Neue zu belichten: als ich Rittner das erste Mal sah, kam mir der Eindruck von etwas Außerordentlichem beinahe am deutlichsten an einer scheinbaren Kleinigkeit: ich sah ihn zur Tür hinausgehen, nichts weiter. Er hatte einen Brief gelesen, von seiner Musotte, und wie er nun davonstrebte, ganz erfüllt von der Trauerbotschaft und doch ganz schlicht seinen Weg schreitend – dergleichen glaubte ich nie gesehen zu haben. Denn wie unserer ganzen Schauspielkunst von gestern leicht ein Schein von Gefallenwollen anhaftete, von Wirkenwollen im Sonderinteresse des Mimen, von beifallheischender Koketterie, so war auch der schöne Abgang ein wichtiges Requisit der alten Schule: jeden Zoll breit verteidigen galt es, wenn man das Schlachtfeld verließ, und nur ja die Blicke auf sich lenken, bis zuletzt. Daß der Abgang nur darin bestand, daß man eben einfach abging und weiter nichts: in diesem kleinen Symbol sehe ich den ganzen Umschwung unserer Darstellungskunst sich wiederspiegeln. Und wenn man geneigt ist, über diese Beobachtung zu lächeln, so rufe ich mir als Kronzeugen den Naturalistenvater zu Hilfe, Emile Zola, der in seiner Besprechung der großen Italiener – jener gewaltigen Naturburschen vor dem Naturalismus – ein Aehnliches bewundernd aufzeigt: »Sie kommen herein«, so berichtet er, »sie sagen, was sie zu sagen haben, und gehen ganz einfach wieder heraus (s'en vont naturellement), ohne sich irgend zu bemühen, die Augen auf ihre werte Person zu lenken.«

Aber wenn ich so die Bedeutung des neuen Schauspielergeschlechtes zu kennzeichnen wünsche, so habe ich doch keinen Grund, zu verschweigen, daß von kleinen Mitläufern mancher Unfug auch gestiftet ward; und daß die Hände in die Hosentaschen zu stecken, um im Gegensatz zur Uebertreibung der Alten nun nüchtern zu untertreiben, mit Unrecht als

»neue Schauspielkunst« angesprochen ward. Natürlich, wenn die Erde bebt, stürzen die Verbrecher auf die Straße; und so brachte denn die künstlerische Erschütterung von 1889 auch manchen ästhetischen Verbrecher zu kurzer Geltung, unter den Dichtenden wie unter den Darstellenden. Uns dafür verantwortlich machen, heißt Aehnliches tun wie etwa Goethe den wilden Schwarm der Ritterdramen aufbürden, oder dem Dichter der »Räuber« den Abällino Zschokkes zur Last setzen, jenen großen Banditen.

Indessen, die Dinge gingen ihren Lauf; und dieser Lauf führte wie die neuen Schauspieler, so auch die neuen Dichter auf das öffentliche Theater. Nachdem Hauptmann, nur ein Spieljahr nach jenen Skandalen von 1889, mit den »Einsamen Menschen« sogleich ans Deutsche Theater geschritten war, nachdem Anzengrubers »Viertes Gebot«, von der Freien Bühne ans Licht gehoben, zu stärkster Wirkung in seine Wiener Heimat zurückkehrte, nachdem auch Strindberg im Residenztheater weiterlebte und Hartleben von Oskar Blumenthals Spürsinn sogar in Talentpacht genommen war, konnten wir in unserer Arbeit eine Feierschicht einlegen, und zum Beispiel Halbes »Jugend« von der Freien Bühne gleich ans Residenztheater weitergeben, wo sie denn einen neuen Sieg erstritt für die Generation von 1889.

Aber wie die Autoren der Freien Bühne auf das öffentliche Theater gekommen waren, so sollte nun auch ihr Leiter vom Vereinspräsidenten zum »richtigen« Theatermann werden: Adolph L'Arronge, der sich den Forderungen der Zeit nicht mehr gewachsen fühlte, gedachte von der Direktion des Deutschen Theaters zurückzutreten, und er stimmte, drei Jahre nach der Eröffnung der Freien Bühne meiner Bewerbung zu. In seiner Abschiedsrede vom 30. Juni 1894 gab er kurz die Gründe dafür an, und die alte Richtung senkte cavalièrement den Degen vor der neuen: »Die vorrückenden Jahre haben ihren Mahnzettel auch bei mir abgegeben«, sagte er, »ich überlasse darum mein Theater einer jungen Kraft und vielleicht neuen Zielen, jedenfalls aber – und das war das Entscheidende für mich bei der Wahl meines Nachfolgers – solchen Zielen, die durch ernste künstlerische und literarische Erwägungen bestimmt sein werden.«

Bis hierher, weiter nicht, zeige ich den Weg der Freien Bühne für diesmal auf. Nachdem man uns unsere Dichter entführte, nachdem vor Hauptmanns »Hannele« sogar die heiligen Hallen des Berliner Hoftheaters sich öffneten, nachdem der erste Vorsitzende der Freien Bühne vom Deutschen Theater Besitz ergriffen hatte, – bald sollte auch ihr neuer Präsident, Paul Schlenther, zur Leitung des Wiener Burgtheaters berufen werden – schien ihre Sendung erfüllt: die Freie Bühne ist tot, hatten die Gegner triumphierend gerufen, wir aber antworteten guten Mutes: sie starb am Erfolge – und schritten weiter.

Die Rezeption des ob. dok. Aufsatzes hat zu berücksichtigen, daß für Otto Brahm der Verein Freie Bühne den Einstieg in seine Karriere als Theaterleiter bedeutete. 1894 übernahm er von L'Arronge die Direktionsführung des Deutschen Theaters, 1904 die Leitung des Lessing-Theaters. Helmut Schanze verwies darauf, inwiefern ein vorsichtig kritischer Umgang mit Brahms eigener Schilderung der »Geschichte« der Freien Bühne angebracht sei (vgl. H. Schanze, *Theater-Politik-Literatur. Zur Gründungskonstellation einer »Freien Bühne« zu Berlin 1889.* In: *Literatur und Theater im Wilhelminischen Zeitalter.* Hrsg. v. H.-P. Bayerdörfer, Tübingen 1978, S. 275 ff.). H. Schanze hat zum einen darauf aufmerksam gemacht, daß bei genauerer Betrachtung der Forschungsstand über Daten, Namen und Ziele des

Vereins Freie Bühne bis heute »konfus« bleibt (s. ebd., S. 277). So ist Brahms Darstellung zur Gründung der Freien Bühne, in der er sich zum Mitinitiator machte, ebenso umstritten wie die Teilnahme von Fritz Mauthner in diesem frühen Stadium. Umgekehrt nennt Otto Brahm den Theateragenten Stockhausen nicht, der sich aber nach der Darstellung von Paul Schlenther (*Wozu der Lärm? Genesis der Freien Bühne.* Berlin 1889) als Mitbegründer identifizieren läßt. Sogar über den ersten Ort des Zusammentreffens gehen die Darstellungen auseinander. Diese Unklarheiten in bezug auf einfache historische Fakten sind für Schanze Anlaß, erst recht die Funktion der Freien Bühne in der Theatergeschichte zu hinterfragen.

Im ersten Programm, in dem sich der Verein Freie Bühne der Öffentlichkeit vorstellte, hieß es: »Uns vereinigt der Zweck, unabhängig von dem Betrieb der bestehenden Theater und ohne mit diesen in einen Wettkampf einzutreten, eine Bühne zu begründen, welche frei ist von Rücksichten auf Theatercensur und Gelderwerb. Es sollen während des Theaterjahres, beginnend vom Herbst 1889, in einem der ersten Berliner Schauspielhäuser etwa zehn Aufführungen moderner Dramen von hervorragendem Interesse stattfinden, welche den ständigen Bühnen, ihrem Wesen nach schwer zugänglich sind. Sowohl in der Auswahl der dramatischen Werke, als auch in der schauspielerischen Darstellung sollen die Ziele einer der Schablone und dem Virtuosentum abgewandten, lebendigen Kunst angestrebt werden« (zit. nach: Gernot Schley, *Die Freie Bühne in Berlin.* Berlin 1967, S. 27). Am 29. September 1889 fand die erste vom Verein Freie Bühne organisierte Aufführung, Ibsens *Gespenster*, statt.

Die Freie Bühne war also ein Verein, der sich aus aktiven und passiven Mitgliedern zusammensetzte. Aktive Mitglieder waren nur ein zehnköpfiges Leitungsgremium, dem, wie aus einem Circular von 1889 hervorgeht, Brahm, die Brüder Hart, S. Fischer, F. Mauthner, P. Schlenther, P. Jonas, J. Stettenheim und L. Fulda angehörten. Diese Leitungsgruppe schlug den Spielplan vor, der Leiter Otto Brahm hatte die Aufführungen durch eines der Berliner Theater zu organisieren. Die passiven Mitglieder zahlten lediglich Mitgliedsbeiträge, für die sie eine bestimmte Anzahl Vorstellungen angeboten bekommen sollten. Die Mitgliederstärke des Vereins bestimmte also die finanziellen und damit auch die künstlerischen Möglichkeiten des Vereins. Bis Ende 1889 gelang es dem Verein, 900 Mitglieder zu werben, bis 1890 war er auf mehr als 1000 Mitglieder angewachsen. Angesichts dieser Konstitution der Freien Bühne entspricht Brahms Darstellung, wonach das Pariser Théâtre-Libre deren Vorbild gewesen sei, doch weniger den historischen Tatsachen, als eher seinem Bemühen, sich rückwirkend deutlicher das Profil eines Theaterleiters (statt eines Vereinsvorsitzenden) zu verleihen. Denn im Unterschied zur Freien Bühne war Antoines Théâtre-Libre ein »Theater im Vollsinn des Wortes, ein Theaterunternehmen also…« (s. H. Schanze, a.a.O., S. 281). Schlenther spricht 1889 im Zusammenhang mit seiner Darstellung der Entstehung der Aufführung von *Vor Sonnenaufgang* auch von einem »Triumvirat von Dichter, literarischem Leiter und Regisseur«, das die Aufführung vorbereitete (vgl. Paul Schlenther, *Wozu der Lärm? Genesis der Freien Bühne.* Berlin 1889, S. 22).

Angesichts der Funktion der Freien Bühne primär als Mitgliederorganisation, der Funktion der Vereinsleitung als eine Art kollektiver Dramaturg, des Vorsitzenden als dem Organisator der Aufführungen (durch eines der Berliner Theater), angesichts auch der Tatsache, daß die aktive Phase des Vereins im wesentlichen nur zwei Spielzeiten (1889/90, 1890/91) umfaßte, erfährt auch die theatergeschichtliche Bedeutung des Vereins eine unterschiedliche Bewertung. H. Schanze zitiert gegen die Selbsteinschätzung Otto Brahms eine theatergeschichtliche Untersuchung von 1904, in der zwar dem Verein eine produktive literarhistorische Funktion zuerkannt, darüberhinaus aber festgestellt wird, daß »der andere Zweck, der Bühnenkunst fördernd beizuspringen, im wesentlichen unerfüllt bleiben [mußte]. Der ambulante Betrieb solcher Veranstaltungen schloß von vornherein jede intimere Arbeit aus; und der zu gewinnende Vorteil blieb auf die wenigen Fälle beschränkt, wo sich eine darstellerische Kraft in einer neuen Sphäre oder in einer gewagten Aufgabe enthüllte« (Max Martersteig, *Das deutsche Theater im neunzehnten Jahrhundert.* Leipzig 1904, S. 678).

Schließlich sieht Schanze den primär »literarischen Charakter des Unternehmens« Freie Bühne in der 1890 erfolgten Zeitschriftengründung bestätigt. (vgl. Dok. 12) Damit sei der »Reliterarisierungsprozeß des Naturalismus besiegelt« gewesen, die »Theatermetapher« im Namen der Zeitschrift zeige im übrigen, »daß sich der programmatische Naturalismus vom Theater zurückgezogen hatte, noch ehe er dort durchgesetzt war« (H. Schanze, a.a.O., S. 291). Als einen bedeutsamen Faktor für diese Entwicklung benennt Schanze die durch die staatliche Kontrolle für die Theater bedingte »besondere mediale Situation des Wilhelminischen Zeitalters« (ebd., vgl. dazu auch M. Brauneck, *Literatur und Öffentlichkeit.* Stuttgart 1973, S. 7–86).

Diese Verhältnisse waren es aber auch, die dazu führten, daß das Beispiel des Theatervereins »Freie Bühne« zum Vorbild für die Gründung zahlreicher weiterer Theatervereine ähnlicher Art wurde. Als Beispiele seien genannt: 1890 wurden in Berlin die »Deutsche Bühne« und die »Freie Volksbühne« (vgl. Dok. 52) gegründet, 1892 unter Leitung von Franz Held die »Fresco-Bühne«, 1895 unter Leitung von Arthur Zapp der »Verein Probebühne«. In München entstand 1891 der »Akademisch-dramatische Verein«, der dem Beispiel Brahms in Berlin und Antoines in Paris folgen wollte.

Die Deutsche Bühne entstand als Gegengründung zur Freien Bühne 1890 in Berlin. Sie existierte nur knapp sieben Monate, vom September 1890 bis zum April 1891. An ihrer Gründung waren im wesentlichen Schriftsteller beteiligt, die von der Aufführungspraxis der »Freien Bühne« enttäuscht wurden, da neben ausländischen Autoren in der ersten Spielzeit dort nur Stücke von Hauptmann, Holz und Fitger zur Aufführung kamen. Dagegen protestierte zuerst M.G. Conrad, der Herausgeber der *Gesellschaft*, durch seinen Austritt aus dem Verein Freie Bühne im Januar 1890. Er warf der Freien Bühne »Ausländerei-Wirtschaft« vor und erklärte es im Interesse des Ansehens der »nationalen Kunst und Dichtung« für seine Pflicht, diese Theaterarbeit zu bekämpfen. Darüberhinaus bringt Conrads Erklärung aber auch die unterschiedlichen ästhetischen Auffassungen zum Ausdruck, denn er lehnte den »Realismus der Herren Hauptmann und Holz« als »Kuriosum« ab: »Er ist und bleibt eine seltsam traurige Asphaltpflanze der Großstadtgasse, ohne Duft, ohne Samen, ein erstaunliches Wunder der – Technik« (in: *Die Gesellschaft*, Jg. 6/1,1, 1890, S. 404). Die Deutsche Bühne wurde schließlich von M.G. Conrad, Karl Bleibtreu, Conrad Alberti, dem Kern der sich um die *Gesellschaft* scharenden naturalistischen Autoren, außerdem von Wilhelm Walloth, Hermann Bahr und Detlev Freiherr v. Liliencron gegründet. J. Hart unterstützte die Deutsche Bühne zeitweilig. Die Beteiligung von Liliencrohn und Bahr ist wohl auch im Zusammenhang mit der sich im Sommer 1890 zuspitzenden Auseinandersetzung zwischen Otto Brahm und führenden Mitarbeitern der Zeitschrift *Freie Bühne* zu sehen. Nachdem Hermann Bahr, Arno Holz und Johannes Schlaf Otto Brahm die Zusammenarbeit aufgekündigt hatten, schloß sich in einer öffentlichen erklärung auch Detlev v. Liliencron zusammen mit vier weiteren Mitarbeiern deren Austritt an. Die Deutsche Bühne brachte insgesamt nur fünf Stücke zur Aufführung: 1. K. Bleibtreu: *Schicksal* (1888); 2. A. Müller-Guttenbrunn: *Irma* (1891); 3. C. Alberti: *Brot!* (1888); 4. H. Bahr: *Die neuen Menschen* (1887); 5. Julius Hart: *Sumpf* (1886).

Fritz Martini veröffentlichte aus dem handschriftlichen Nachlaß Otto Brahms folgende Ergänzung des ob. dok. Artikels:

»Die erste Vorstellung des Theaters unter der neuen Leitung hieß »Kabale und Liebe«: es war ein unverschleierter Mißerfolg, der in der Theaterwelt eine gewisse Berühmtheit erlangt hat. An der Tatsache, daß wir an jenem Abend durchgefallen sind, rüttle ich natürlich nicht; aber gäbe es für Theateraufführungen ein Appellationsgericht, wie für durchgefallene Stücke. so glaube ich, daß eine unbefangene Zeit die Keime zu etwas Neuem, die in dieser von Kainz und Frau Bertens, von Rittner, Nissen und Hermann Müller geführten Vorstellung lebendig werden wollten, doch erkennen müßte. Der Versuch, die Klassiker dem Empfinden von heute wiederzugebären, wurde damals – nicht aus dem Gefühl dieses oder jenes Einzelnen, sondern mehr im Ensemble, von Regie wegen einheitlich – zum erstenmal gemacht, und sein Mißlingen beweist nicht die Verfehltheit der leitenden Idee, nur die mangelde Überzeugungskraft in der Ausführung. Für den jungen Direktor aber war dieser Echec von weittragender Bedeutung. Waren ihm die älteren Schauspieler nur zögernd von Anfang an gefolgt, so drohte nun, da der Weg als Irrweg laut beschrien wurde, ihr Zweifel sich zu passiver Resistenz zu steigern, und selbst der Gesinnungsgenosse Rittner, der die Botschaft, er sei zum Ferdinand erkoren, mit beglücktem Lächeln aufgenommen hatte, warf die Flinte ins Korn, wollte von keiner Klassik mehr wissen und schrieb mir die Worte ins Album: »O unglückseliges Ferdinandspiel, das mir nie hätte einfallen sollen.« Von allem, was man Stil nennt, entfloh er nun eigensinnig, und oft und oft sind die Debatten zwischen uns hin und her gegangen: über die Notwendigkeit, das Recht der flammenden Rede und allen Schwung beflügelter Phantasie zu wahren, auch im Drange der Natürlichkeitskunst. Es war der alte Wunsch in mir, die alte Bahrsche Formel: Synthese jener beiden großen Mächte über dem Leben der Menschheit; doch die Flüsse wollten nicht zusammenströmen, sie wollten nebeneinander herlaufen wie Rhein und Mosel, und jeder wollte eigensinnig seine Farbe wahren.

Zurückgewiesen solchergestalt auf den Ausgangspunkt der Freien-Bühnen-Bewegung und mit ebensoviel Lob bedacht bei der Aufführung der »Nora« und der »Weber« wie mit Tadel überschüttet bei

Schiller, nahm nun das Deutsche Theater die Richtung auf die Moderne ausschließlich, und der andere Teil des Spielplans blieb im Hintertreffen. Zwar erschienen mit Kainz und Sorma im Mittelpunkt der Aufführung Shakespeare und Goethe, Kleist und Grillparzer und Hebbel auch ferner im Deutschen Theater, aber was sein eigentliches Kennzeichen ward, wodurch es die führende Bühne blieb, das war die Produktion der Heutigen. Und freilich entsprach es meiner eigensten Überzeugung, daß das Herzblut des Theaters aus der Moderne strömen muß: denn das Vorhaben beider, der Schauspielkunst wie des Schauspiels, ist und war von jeher: der Natur den Spiegel vorzuhalten, dem Jahrhundert und Körper der Zeit den Abdruck seiner Gestalt zu zeigen. Was die dramatische Kunst dieses endenden 19. Jahrhunderts hervorgebracht hatte an Wesentlichem, Neuartigem, Eigenem, das wollte ich auf die Bretter stellen und war dabei auf kein anderes Programm geschworen als auf das alte Rezept des Praktikers Laube: Gute Stücke gut zu spielen.

Freilich, das erste Jahr der neuen Direktion mit seinen reichlich hundert Weber-Aufführungen schien zu bestätigen, daß hier aus einem engen Naturalismus heraus gebaut werde, aber schon das folgende Jahr brachte eine Wende und zeigte zwei Werke, auf die die Schlagworte von Elendsdramatik und Peinlichkeitskunst nicht stimmen wollten. »Florian Geyer« hieß das eine, »Liebelei« das andere; einen neuen Dichter zeigte dieses, einen bekannten auf neuen Wegen jenes. Man war eifrig an der Arbeit gewesen, Hauptmann auf die Schablone des Holz-Schlafismus festzulegen, eben auf jenen landläufigen Begriff von Naturalismus, dessen Schiefheit, Falschheit, Torheit zu zeigen mein Wunsch ist. Der aber hatte sich nie halten lassen und war schon in »Hanneles Himmelfahrt« neue Pfade geschritten: den Fuß fest auf der Erde, aber aufsteigend zum Himmel auf den Schwingen des Traumes. Die alte Synthese war es, die lang gewünschte: Diesseits und Jenseits, Wirklichkeit und Phantasie, Naturalismus und Traum.«

 1 Friedrich Mitterwurzer (1844–1897) war ein berühmter Schauspieler des Wiener Burgtheaters, wo er 1871–1880 u. 1894–1897 tätig war. Viele Gastspielreisen.
 2 Josef Kainz (1858–1910) war 1877–1880 Schauspieler am Meininger Theater, wurde 1883 an das Deutsche Theater engagiert, wo er bis 1889 und wieder zwischen 1892 und 1899 tätig war. Brahm schätzte Kainz sehr als Vertreter moderner Schauspielkunst.
 3 Joseph Lewinsky (geb. 1835) begann 1852 seine Theaterlaufbahn, spielte ab 1858 am Burgtheater in Wien, 1861 zum erstenmal in Deutschland. Sein Name ist eng verbunden mit der Geschichte des Burgtheaters und der neuzeitlichen Schauspielkunst.
 4 August Förster (1828–1889) war seit 1858 am Wiener Burgtheater als Schauspieler, Regisseur und stellvertretender Direktor tätig. 1883 war er Mitbegründer des Deutschen Theaters in Berlin (vgl. Dok. 40), 1888 wurde er Direktor des Burgtheaters.
 5 Siegward Friedmann (geb. 1842), war 1872–1876 am Stadttheater in Wien unter Laube tätig, gründete 1883 zusammen mit L'Arronge, Barnay, Haase, August Förster und Possart das Deutsche Theater in Berlin. Er galt als einer der namhaftesten und originellsten Bühnenkünstler.
 6 Agnes Sorma (eig. Zaremba, 1865–1927), Schauspielerin, seit 1883 am Berliner Theater, 1894 von Otto Brahm ans Deutsche Theater geholt, spielte ab 1904 bei Max Reinhardt. Sie wurde berühmt in klassischen und modernen Rollen.
 7 Emanuel Reicher (1849–1921), Schauspieler, kam 1887 vom Wiener Stadttheater zum Residenz-Theater nach Berlin, 1890 ans Königl. Schauspielhaus, 1894 von O. Brahm ans Deutsche Theater engagiert, danach ans Lessing-Theater. Reicher war ein führender Schauspieler des Naturalismus, berühmt als Darsteller in Stücken von Hauptmann und Ibsen. Er begründete 1899 eine Hochschule für dramatische Kunst und den Deutschen Bühnenklub.
 8 Theodor Wolff (1868–1943), Journalist und Schriftsteller, seit 1887 Mitarbeiter, seit 1898 Redakteur, 1900–1933 Hauptschriftleiter des *Berliner Tageblatts*. Emigration nach Paris, ermordet im Konzentrationslager Oranienburg.
 9 Paul Jonas, Rechtsanwalt, war mit Otto Brahm befreundet.
10 Gustav Kadelburg (1851–1925) war seit 1871 am Wallner-Theater engagiert, dann am Deutschen Theater, später am Wiener Deutschen Volkstheater.
11 Ernst Rosmer (d. i. Elsa Bernstein, 1866–1949), Dramatikerin, wählte ihr Pseudonym nach einem Namen von Ibsen (*Rosmersholm*), war von Ibsen beeinflußt. Max Bernstein, ihr Ehemann gehörte mit Ludwig Fulda u. Felix Philippi (vgl. Dok. 93) zum Freundeskreis Ibsens in München. Das Stück *Dämmerung* wurde 1893 von der Freien Bühne in Berlin aufgeführt.

12 Georg Hirschfeld (1873–1942) verfaßte Dramen im naturalistischen Stil und orientierte sich dabei
   stark an Gerhart Hauptmann, schrieb u.a. *Die Mütter* (1895), *Agnes Jordan* (1898).
13 Ernst Hardt (1876–1947), Intendant des Schauspiels in Köln, Generalintendant bis zur Absetzung
   1933 des Deutschen Nationaltheaters in Weimar. Veröffentlichte das Drama *Tote Zeit* (1898).
14 Else Lehmann (1866–1940) berühmt als naturalistische Darstellerin, vor allem auch als Hauptmann-
   Darstellerin. Sie war seit 1888 am Wallner-Theater, seit 1891 am Deutschen Theater engagiert. Mit
   Brahm ging sie später an das Lessing-Theater.
15 Emmerich Robert (1847–1899) begann seine Bühnenlaufbahn 1865 in Zürich, kam 1868 nach Berlin,
   dann Stadttheater in Wien unter der Direktion von Laube, Rückkehr dorthin 1875, ab 1878 Engagement am Burgtheater.
16 Rosa Bertens (eig. Török, 1860–1934) war seit 1887 als Schauspielerin in Berlin tätig, vor allem
   Strindberg-Darstellerin.
17 Rudolf Rittner (1869–1943) war zunächst Schauspieler am Residenz-Theater, wurde 1894 von Otto
   Brahm an das Deutsche Theater geholt und folgte ihm 1904 ans Lessing-Theater. Rittner war ein
   bedeutender naturalistischer Schauspieler, vor allem anerkannter Darsteller in Hauptmann-Stücken.

51
Heinrich Bulthaupt: *Theater und Gesellschaft.* In: *Deutsche Revue über das gesamte nationale Leben der Gegenwart.* Hrsg. v. Richard Fleischer. 19. Jg. Breslau (E. Trewendt) 1894, Bd. 3, August-Heft, S. 163–178; hier: S. 167–172, 173–175, 176–177.

[...]

Es wäre gar schön, wenn wir uns der Beachtung, die unsere Nachbarn neuerdings auch unserer dramatischen Literatur schenken, ebenso aufrichtig freuen könnten wie der Triumphe Richard Wagners – aber die Sache zeigt denn doch ein wesentlich anderes Gesicht. Gerhart Hauptmann, den man so bereitwillig in Paris aufgenommen, das heißt das *Théâtre libre*, der Theaterverein »*L'oeuvre*« und ein Teil des Publikums, hat keinerlei Hindernisse zu überwinden gehabt wie Wagner; auch kam er nicht unter der Flagge der Nationalität – im Gegenteil, gerade der internationale Charakter, den man (vielleicht sehr gegen seinen Willen) seinen und anderen Werken der sogenannten »modernen Richtung« beilegt, hat die Neuerer, die es heutzutage dort wie überall gibt und denen das Neueste und Radikalste in Inhalt und Form das zumeist Willkommene ist, dazu gebracht, ihn so rasch wie möglich den Parisern, wenn auch unter noch so beschränkter Oeffentlichkeit vorzuführen – nicht die große Masse des Publikums, ich meine des gebildeten und künstlerisch interessirten Publikums; die weiß so gut wie nichts von ihm. Aber da die modernen Bilderstürmer rührige Leute sind, die allerorten ihren Anhang und ihre Presse haben, gewinnt es für die schlecht Unterrichteten den Anschein, als habe Hauptmann in Paris einen großen öffentlichen Erfolg errungen, etwa so wie Wagner, und als sei dem jungen, bedeutenden, aber noch ganz im Werden begriffenen Schriftsteller gelungen, was Goethe und Schiller in all ihrer Pracht und Herrlichkeit nicht erreichten. Zwar hätte, wenn man einer Pariser Korrespondenz der Frankfurter Zeitung vom 3. Februar dieses

Jahres trauen darf, der teilweise Erfolg, den »Hannele Matterns Himmelfahrt« im *Théâtre libre* errungen, einen andern Grund. Nicht das Kunstwerk habe ihn davongetragen, auch nicht das »Moderne«, sondern etwas Altes, etwas sehr Altes sogar – und was? Das deutsche Märchen. »Ihm gebühren vor allem«, so schreibt jener Korrespondent wörtlich »die Ehren des Abends. Seinen Geist hat das Pariser Publikum gefeiert, ohne es zu wissen, nicht aber des Herrn Hauptmann gewiß sehr schöne Verse und gewiß sehr tiefe Gedanken. Es ist wenig vom deutschen Märchen im Hannele, aber doch genug, um in Paris zu erfreuen, wo man die großen Vorbilder nicht kennt… Das sollte nur einmal festgestellt werden im Interesse der Sache. Denn was jetzt in Paris vorgeht, das ist kein Hauptmannscher Triumph, sondern etwas viel, viel Bedeutsameres, zu dessen Manifestation die Persönlichkeit des Dichters nur als Vorwand dient.« Wie seltsam! Wenn dem wirklich so wäre (und ich zweifle nicht daran), dann hätte also die internationale Moderne, die Hauptmann so gut auf den Schild hebt, wie Ibsen, Strindberg, Tolstoj, kurz, alles, was mit der Gesellschaft ins Gericht geht, Wagner, ohne es zu wissen und zu wollen, Trabantendienste geleistet und dem deutschen Genius, dem germanischen Wesen auf anderem Wege zum Siege verholfen. Denn die germanische Mythe, die Wagner zum musikalischen Drama gestaltet hat, und das deutsche Märchen sind von gleichem Stamm und Geist. Wir sehen zwar im Hannele nur den gläsernen Sarg des Sneewittchen und Aschenbrödels kleinen Schuh – aber wenn den Parisern das genügt, um den Zauber unserer Märchen zu spüren und sie für uns zu gewinnen, so wäre das ja ungemein erfreulich. Hauptmanns Propheten in Frankreich haben an solch eine Propaganda natürlich genau so wenig gedacht wie Hauptmann selbst an eine Verherrlichung des Germanentums und seiner poetischen Schätze. Er hat die Märchenwelt aus keinem andern Grunde heraufbeschworen, als weil sie in der Traumwelt eines deutschen zartfühlenden Mädchens sehr wahrscheinlich ihre Rolle spielt, und er hat damit eine gewisse poetische Wirkung hervorgerufen. Darum aber war es den Herren vom *Théâtre libre* nicht zu thun. *Die* begünstigten in Hauptmann den Vertreter des krassen Naturalismus, der uns hier so gut wie in seinem Erstlingswerk »Vor Sonnenaufgang«, im »Friedensfest« und dem »Kollegen Crampton« in eine Gesellschaft von Säufern und Lüderjahnen führt, den Verfasser der »Weber«, die so trefflich im Geiste der Sozialdemokratie verwertet werden können, den warmen Anwalt der Armen und Elenden und, nicht zum wenigsten, den Zerstörer der alten Kunstform, die Jahrtausende haben schaffen helfen, und die plötzlich nichts als das Produkt einer grauen Theorie sein soll, das man in einer Minute außer Geltung setzt. Nicht das Hannele, das im Traum auf der Jakobsleiter gen Himmel fährt – das arme, vom Stiefvater mißhandelte Ding, das im Armenhause auf einem modrigen Lumpenbett stirbt, das war es, was sie wollten – und das war es, wie man aus der erwähnten Korrespondenz deutlich genug, auch ohne zwischen den Zeilen zu lesen, ersieht, was das Pariser Publikum *nicht* gewollt.

Denn daß Hauptmanns Hannele der Gemeinde des *Théâtre libre* wirklich nicht recht gefallen, das steht außer allem Zweifel. Nächst dem »deutschen Märchen« haben die dekorativen Wunderdinge es vor dem Fall bewahrt: der leuchtende Sarg, die plötzliche Erscheinung des Heilands und was des Spukes mehr ist – in zweiter Linie die schauspielerische Darstel-

lung. Aber, wäre es selbst ein völliger Mißerfolg geworden, er würde wenig gegen Hauptmann beweisen, und sicherlich hätte er keine Beweiskraft für die Pariser Schildträger des
Dichters, die sich darauf berufen können, daß jedenfalls doch die »Weber« das Publikum des
Théâtre libre gepackt und daß die »Einsamen Menschen« sogar die französische Deputirten-
kammer beschäftigt haben. Das haben sie wirklich – aber wie und warum? Am 13. Dezember
wollte der Theaterverein *L'oeuvre* dies nach meinem Dafürhalten beste und jedenfalls doch
dramatischeste der Hauptmannschen Werke auf der Bühne der Bouffes du Nord aufführen,
und nicht lange vorher hatte der Anarchist Vaillant seine Bombe geworfen. Der Uebersetzer
der »Einsamen Menschen« war der Anarchist Alexander Cohen, Vaillants Schwager, und
diesem Cohen, den die Polizei hatte verhaften lassen, wollte seine Partei am Abend der
Aufführung eine Ovation bringen – Grund genug, und ein sehr triftiger, für den Maire von
Paris, die Vorstellung im Interesse der öffentlichen Ordnung zu verbieten. Das Verbot machte
böses Blut, und ein Herr Vigné d'Octon interpellirte dieserhalb den Minister des Innern im
Interesse der »Freiheit« – erfolglos, denn Herr Raynal ließ sich auf die weitschweifigen
literarischen Ausführungen des Interpellanten gar nicht ein; er betonte den einzigen und
vollkommen ausreichenden Grund des Verbots, bei dem es denn auch sein Bewenden hatte.
Nun konnte man dem Verfechter der Freiheit und dem Verteidiger Hauptmanns vollkommen
beipflichten, wenn er in den »Einsamen Menschen« auch nicht die schwächste Apologie
anarchistischer Verbrechen zu entdecken glaubte – aber er mußte doch, als er die »Weber«
streifte, zugeben, daß sich in ihnen ein sozialistischer Geist rege, und, so oder so, der
Anarchist Cohen war der Uebersetzer und Protektor Hauptmanns, und der Gedanke lag nahe
genug, daß es gerade die – gewollte oder ungewollte – Tendenz der Dramen des modernen
deutschen Schriftstellers war, die sie ihm interessant und so liebenswert gemacht, daß er den
Drang verspürte, sie seinen Landsleuten durch eine Uebersetzung zugängig zu machen.
Cohen hatte früher schon den Ibsenschen »Volksfeind« übersetzt – über den Zusammenhang
zwischen seinen politischen »Ueberzeugungen« und dem Charakter der von ihm übertragenen Dramen konnte es einen Zweifel wirklich nicht geben.

Ob man Hauptmann und den übrigen Ganzmodernen aus der Vorliebe der Feinde der
Gesellschaft für ihre Schöpfungen einen Vorwurf machen darf? Das würde wie eine Schul-
oder Konfirmationsfrage klingen, und die Antwort wäre vielleicht auch nur »Spott über den
Frager«. So schlankweg und so moralisirend läßt sich das nicht abthun. An und für sich ist
der Kunst kein Stoff verwehrt, der sich geistig durchdringen läßt, und es wäre bedenklich,
wenn man die allerneuesten »Fragen« und Probleme aus ihrem Gebiet verbannen wollte.
Aber auf das Wie? kommt es an, nicht auf das Was?, auf die künstlerische Bezwingung des
Stoffes, nicht auf den Stoff selbst. Das aber ist es gerade, was in unseren Tagen so gröblich
verkannt wird. Allerorten gibt es jetzt eine neuerungssüchtige Jugend, die sich oft nur auf
gute Art in die Höhe bringen will, wenn sie gegen das Alte tobt und lärmt, eine Gesellschaft
von Maulhelden, die sich durch sozialdemokratische Allüren interessant machen will und die
ein jedes literarische Werk auf seine Tendenz, einen jeden Schriftsteller auf seine soziale
Ueberzeugung hin prüft, und die allen Dramen und Romanen, die in Spital und Spelunke

spielen und sich in den Kittel des Arbeiters hüllen, schon darum das günstigste Vorurteil entgegenbringt. Der thörichte Kampf um »Alt« und »Neu« ist nur zum geringeren Teil ein Kampf um die Kunstform – in Wirklichkeit streitet man für und wider die Gesellschaft, bewußt oder unbewußt, klar oder konfus. Vielleicht entsprang die ganze Bewegung reinen und edlen Gründen. Die antiken und mittelalterlichen Masken aus der Kunstwelt durch wahrhafte Empfindungen, durch ein starkes und frisches Leben zu verdrängen, das war notwendig, denn die Kunst lechzte nach Verjüngung. Die immer stärker werdende sozialistische Gärung rüttelte auch die Trägsten auf. Es gab so viele, die sich um die Mühseligen und Beladenen nie bekümmert hatten – jetzt wollte man, wenigstens in Wort und Bild, nachholen, was man versäumt, und nun zwangen die Dichter und Maler das Publikum in die Mansarden und die Grünwarenkeller, in die Krankenhäuser und auf die Kartoffelfelder. Es gab so viel anzuklagen; in Staat und Gesellschaft ist überall etwas faul – und nun wetterte es plötzlich von allen Seiten gegen die Machthaber, gegen die Reichen, gegen die Kirche, gegen die Ehe. Die Voraussetzungen dieser Anklagen konnte man ruhig zugeben – aber wo ist das Heilmittel, das die Uebel plötzlich aus der Welt schafft? »Wahrheit!« riefen die Skandinavier. Gewiß, ein jeder Mensch sei wahr. Aber der ergrimmte Kampf, den Ibsen allen voran gegen Konvenienz und Lüge führte, wurde immer unklarer und schrullenhafter, und in der »Wildente« richtete er seine ideale Forderung in der seltsamen Doppelstellung, die er dem verbohrten Gregers Werle gegenüber einnimmt, selbst. Auch ging es den Besonneneren diesem Reformbegehren gegenüber etwa so wie mit den Forderungen der Sozialdemokraten, die gleichfalls immer nur angreifen und kritisiren und in einer bestimmten Frist den Anbruch der Heilszeit verheißen, ohne daß sie anzugeben wüßten, welch einen Bau sie auf den Trümmern des alten zu errichten gedenken – während unterdessen Frist auf Frist verstreicht, ohne daß der neue Tag anbricht. Das verstimmt auf die Länge und erweckt Ueberdruß. So begrüßte man die ersten frischen Windzüge, die aus den norwegischen Fjords zu uns herüberbliesen, mit Freuden als eine Erquickung – um sich endlich zu gestehen, daß es der beständigen Nordluft, in der nichts gedeihen kann, nun genug sei. Der »Volksfeind« ist für den unfruchtbaren Geist dieser immerwährenden Vorstöße gegen die Gesellschaft so recht charakteristisch – im »Brand«, auf freigewähltem poetischen Boden, ja, da konnte Ibsen fessellos alles entladen, was eine große Seele wider den Leichtsinn, den Stumpfsinn und den Eigennutz der Menschen belastet, und wenn der phantastische Held mit seinen Idealen und an ihnen zu Grunde geht, so leuchten diese darum nicht minder hell – aber der »Volksfeind«, der mitten im praktischen Leben spielt und mit den realistischsten Mitteln arbeitet, sollte sich billigerweise mit seinen an sich ja ganz berechtigten Angriffen zu guter Letzt nicht selbst so völlig *ad absurdum* führen, wie der cholerische Doktor Stockmann es thut, der geradezu ein Typus für die Weltverbesserer ist, die nur zerstören, und für die eine herrenlose Insel im Ozean die einzige Zuflucht bleibt. Nun denke man sich diese und ähnliche Anklagen von den Nachtretern Ibsens und seiner Geistesverwandten immer und immer wiederholt, man sehe die Aufmerksamkeit in den Werken der Literatur und der bildenden Kunst stets erneut auf das Unrecht, den Jammer und die Not im Leben gelenkt; man mache sich klar, daß diejenigen, denen die Manier dieser

Angriffe zum Bewußtsein kommt und die sich schließlich von ihnen verdrießlich abwenden, in der Minderzahl bleiben, daß dagegen die große Masse durch die Beharrlichkeit des Kampfes nur um so mehr von seiner Berechtigung überzeugt wird (genau so, wie die Sozialdemokratie beständig wächst und jede Unthat der Anarchisten nur eine neue gebiert) – dann wird in der That auch die objektivste Darstellung der Misère zu einer Förderung des Treibens der Umsturzparteien, und was zu anderen Zeiten gefahrlos oder auch heilsam sein würde, in unseren Tagen eine Drohung gegen die Gesellschaft. Das trifft auch auf Hauptmann zu, und das wissen die Männer vom *Théâtre libre* so gut wie die Mitarbeiter des »Vorwärts«, die ihn nicht genug loben können. Wie rein immer seine künstlerischen und sozialen Absichten sein mögen – ich habe nicht den leisesten Grund, sie anzuzweifeln – sie bedeuten eine Anklage und eine Gefahr für die Gesellschaft, nicht für sich allein genommen, aber in Reih und Glied mit allem, was heutzutage gegen das Bestehende mobil macht. Nicht der gute Alte in den »Webern« allein, den die Kugel niederstreckt, eben weil er der Lenkung Gottes vertraut, auch das arme schlesische Dorfkind, das irgend einem vornehmen Herrn sein Dasein verdankt und das in dem armseligsten Winkel, seinem Heiland und all seinen himmlischen Heerscharen zu bitterem Vorwurf, verscheidet, ballt im Tode noch die Faust gegen Gott und Welt. Denn nichts ist lächerlicher als das Mißverständnis, es handle sich im »Hannele« um eine Bestätigung des frommen Christenglaubens, und das ultramontane Münchener Blatt, das alle deutschen Dichter auffordert, sich vor Hauptmann zu verneigen, weil er den herrlichen Mut gehabt, Gott öffentlich die Ehre zu geben, hat diesem selbst vermutlich den größten Spaß bereitet. Ach nein, nicht so! »Der Menschheit ganzer Jammer«, das ist die Ausbeute. Möglicherweise gibt das »Hannele« diesem oder jenem Aufschlüsse darüber, daß es mehr Elend gibt, als die Reichen und Satten wissen, und eben darum wirkt es in den Hoftheatern, die ihm merkwürdigerweise ihre Pforten geöffnet haben, vielleicht wie ein Mene Tekel; einer oder der andere sieht es sich aus Neugier an, und es hat immer vornehme Leute gegeben, die mit dem Sozialismus kokettiren. Führte man doch auch vor mehr als hundert Jahren den Sieur Caron de Beaumarchais bei Hofe auf, ohne zu merken, wie gefährlich solch ein Spiel mit dem Feuer war. Und wer weiß, ob wir den allgemeinen Brand, der gewiß nicht ausbleibt, heute nicht früher zu erwarten haben als die Franzosen von dazumal? Die ungeheure Frechheit der anarchistischen Unthaten, der Wahnsinn, das nackte Verbrechen zur »Theorie« zu stempeln, die seltsame Nachsicht, mit der die Staaten die öffentlichen Verkündigungen solcher »Theorien« behandeln – es will mir scheinen, als hätte es vor 1789 in Paris und der übrigen Welt nicht schlechter, sondern besser ausgesehen. Das Prophezeien ist ein mißliches Geschäft – irgend ein unberechenbares Ereignis kann alle Voraussagen zu Schanden machen. Aber bis jetzt scheint es doch, als gehe die ganze gegen den modernen Staat und die moderne Gesellschaft gerichtete Bewegung unaufhaltsam ihren Gang und als solle auch die Kunst nur dazu beitragen, den Ausbruch der Katastrophe zu beschleunigen. Und dann wäre so manches künstlerische Werk, das die Anarchisten übersetzen, das die freien Bühnen aufführen und das die Hoftheater-Intendanten und die Damen und Herren der höchsten Aristokratie unter ihre Fittiche nehmen, auch nur ein Scheit zum Brande gewesen.

Ob es darum hätte ungeschaffen bleiben sollen? fragt vielleicht jemand. Das Werden eines großen Kunstwerks, das dem stürmischen Drange des Genius sein Dasein verdankt, hält nun freilich keine Ueberlegung, kein Bedenken auf; es muß an das Licht, so gut wie die Ueberzeugung eines ehrlichen Mannes. Aber den Stempel der Naturnotwendigkeit tragen doch nur einige wenige, ganz überragende Schöpfungen, auf die die Zeit gewartet zu haben scheint. Daneben gibt es eine Reihe schöner Werke, die zwar die freien Kinder des Genies und für ihre Erzeuger subjektiv notwendig, doch für den Gang der Kultur belanglos sind – der Rest, weitaus das meiste, ist Modeprodukt und handwerksmäßiges Mittelgut. Je größer und reiner aber ein Kunstwerk ist, desto weniger wird es von einem Zweck, von einer Tendenz wissen. Welt und Menschheit darzustellen, wie sie sind, mit den Mitteln der Kunst, die keine Wahrheit kennt, die nicht zugleich auch Schönheit ist – das ist der Zweck der Kunst von je gewesen, so lang es diesen Namen gibt, und es ist *einziger* Zweck. Für die höchsten Güter der Menschheit gegen Unnatur, Lüge und jede Erbärmlichkeit zu kämpfen, das ist die einzige Tendenz des Kunstwerks und der Künstler. Was ist denn der »Zweck« des Hamlet, des »Lear«, des »Macbeth«, des »Götz« und der »Iphigenie«? Und was ist die Tendenz von »Kabale und Liebe« anders als die selbstverständlichste der Welt: im Kampfe gegen Intriguen und Vorurteile das Recht des Herzens zu vertreten? Aber sich in den Hader der Partei zu mengen, für anfechtbare und grillenhafte Probleme zu agitiren – das hat die Kunst immer noch entadelt und ihre Jünger vom Ziel verschlagen, und wir erleben es eben jetzt, daß diejenigen, die für die Enterbten der Gesellschaft unter der Fahne des Naturalismus kämpfen, sich von der Natur weiter entfernen, als es die optimistischen Phraseologen je gethan, und in Pathologie und Mystik enden. Die Tendenzmacherei in der Kunst führt immer zur Einseitigkeit, die Einseitigkeit zur Ungerechtigkeit – und von der darf die Kunst nichts wissen, denn sie ist für sie gleichbedeutend mit der Unwahrheit. [...]

[...] Im Menschen glüht ein brennendes Verlangen nach dem Schönen; dies Verlangen bestimmt die wichtigsten Aeußerungen seines Lebens – die Schönheit ist es, die die Erhaltung der Gattung gewährleistet. Dieser unausrottbare Schönheitstrieb, der sich an den Erscheinungen, wie sie sind, mit all ihren Zufälligkeiten und Entartungen, nicht genügen läßt, schweift sehnsüchtig über die irdischen Grenzen hinaus, er sucht sich die Bilder seiner Träume über den Wolken, im Reiche des Scheins, er idealisirt, er stilisirt den einzelnen Fall, und ist solch einem Idealisten vom Himmel die Gabe zu gestalten geblieben – dann wird ein Kunstwerk daraus. So ist es, nicht umgekehrt. Und darum hat niemand ein Recht, die Schönheit aus dem Kunstreich verjagen zu wollen, das ja eben ihr eigenstes Territorium ist und aufhört, zu sein, wenn sie verschwindet. Diejenigen also sind die Doktrinäre, die plötzlich aufstehen und keck behaupten: Wir stellen neue Gesetze auf, wir verkünden den Naturalismus, der allein hat ein Recht auf Existenz. Es ist vergebliche Mühe. Das natürlich empfindende, von Theorien nicht irre geleitete Volk folgt ihnen nicht. Das läßt sich wohl einmal überrumpeln und verblüffen, das gibt dem Reiz der Sensation nach – aber wegschwatzen läßt es sich seine Ideale nicht. Das thun höchstens die *Denker*, die der Kunst auf dem Verstandeswege beikommen zu können glauben, und der Pöbel, der im Grunde nie Ideale besessen. Wer also der Kunst neue Bahnen vorschreiben will, wer die Schönheit vertreibt und das Häßliche auf ihren Thron erhebt, wer die alten Formen zerstört, ohne sie durch neue ersetzen zu können, der sollte sich wohl fragen, ob er damit die Kunst, der er zu neuem Leben verhelfen will, nicht vielmehr tödlich verwundet, und ob er mit seinem Thun nicht dem Anarchismus in die Hände arbeitet. Formen zertrümmern, die Jahrhunderte, Jahrtausende haben bilden helfen, die Gesetzlosigkeit proklamiren, den Menschen das tröstliche Licht der Schönheit rauben, die Häßlichkeit zur Göttin ausrufen – das *ist* anarchistisch. Das genügt allein schon, die Gemüter zu verstimmen und die Leidenschaften aufzuhetzen, anstatt sie zu beruhigen und zu versöhnen – es braucht nicht auch noch ein Inhalt hinzuzukommen, der über die staat- und gesellschaftfeindliche Gesinnung des Urhebers, sei es ein Dichter oder ein Bildner, keinen Zweifel mehr läßt. Ich stimme ganz und gar mit Arthur Fitger überein, der sich in seinen Dramen und »Gedichten« gewiß so »frei« gegeben, wie irgend möglich, und der doch in einem Bericht über die große Gemäldeausstellung des Kunstvereins in Bremen in der Weser-Zeitung vom 7. März geradezu »die Kunst der Gesellschaft« »der Kunst des Anarchismus« gegenüberstellt und der Forderung, vorerst das Alte zu vergessen, wenn man das Neue genießen wolle, mit der Antwort begegnet: »Vergiß! Vergiß! Es ist niemals eine naivere Unverschämtheit proklamirt worden als dieses auf ›Vergiß‹ gegründete Evangelium. Zum Kuckuck! Bezaubert mich, wenn ihr solche Hexenmeister seid, wie ihr vorgebt, bezaubert mich so, daß ich, ohne es selber zu wissen und zu wollen, alles vergesse, was mir bisher als schön und heilig galt, und der Herrschaft eures Dämons verfalle.« Und an einer andern Stelle: »Das neue Evangelium (der Formzerstörung und der Häßlichkeit) klingt so prächtig! Welcher demagogische Brustton der Ueberzeugung nach jenen Regionen hinunter, in denen die Kunst nach dem Gegenstande und nicht nach der Darstellung geschätzt wird, und welche Gleisnerei nach jenen Regionen hinauf, die in der Kunst nicht nach dem Gegenstande, sondern nach der Form fragen; dieses Bemühen, die Unfähigkeit der Darstellung als Grundsatz, als neue Note, als Erweiterung des Gebiets anzupreisen.« Es ist nicht anders. So gut wie die Anarchisten ihre Dolch- und Bombenattentate mit dem Glorienschein des Idealismus zu umgeben trachten, ganz so verherrlichen einige Theoretiker der »neuen Kunst« als unendlichen Gewinn, als bahnbrechende Neuerung, was nichts als Rückgang, Verödung und Zerstörung ist.

Für diese Art des künstlerischen Anarchismus sind einige der Hauptmannschen Dramen wahre Typen. Ich verkenne den scharf beobachtenden Blick dieses Auserwählten der Berliner Naturalisten so wenig wie sein Talent zum realistischen Detail und folge seiner Entwicklung erwartungsvoll – aber wenn das, was er uns bislang gegeben, bereits die Erfüllung aller Hoffnungen sein soll, wie seine fanatischen Anhänger wollen, dann waren diese Hoffnungen sehr bescheiden. Ein Drama, das Anfang und Ende in sich selbst hat, scheint für ihn zu den unberechtigten und antiquirten Forderungen zu gehören: er zerstört oder ignorirt sie doch, sowohl in den »Webern« wie im »Kollegen Crampton«, in dem »Biberpelz« wie im »Hannele«, und das ganze angeblich so unerhört Neue in diesem seinem sogenannten »Traumstück« besteht im Grunde nur in der Ungenirtheit, mit der ein winziges, novellistisches Stimmungsbildchen, wie es deren genug gibt, mit einem kolossalen Apparat auf die Bühne verpflanzt wird. [...]

[...] Man gestehe doch ein, daß es mit diesem »Naturalismus« eitel Selbstbetrug ist, und ich wünschte nichts lebhafter, als daß Hauptmann diese Bezeichnung von sich ab auf seine lobpreisenden Kritiker wälzte. Denn er selbst hat für mich mit dem »Hannele« unwiderleglich dargethan, daß er mit dem Naturalismus trotz aller Mätzchen, aller übergenauen Regieanmerkungen, alles Lumpenpacks in dem stinkigen Armenhause so wenig auszukommen vermag wie jeder andere Poet. Und dies schweigende Eingeständnis, das ich dem »Hannele« entnehme, mag ein gutes Omen für seine Zukunft sein und uns in der Gewißheit bestärken, daß die ganze »moderne Bewegung« mit ihrer Formvernichtung und Schönheitsbekämpfung das Ereignis eines kreißenden Verstandes, nicht die Geburt des Genius ist, das Produkt eines zerstörenden, nicht eines schaffenden Geistes. Der künstlerischen Impotenz, die nichts Rechtes und Schönes schaffen kann, mag er solche »Theorien« überlassen, seinem Illustrator Exter zum Beispiel, der die Buchausgabe des »Hannele« so fürchterlich verhunzt hat. Er selbst wird, wenn nur ein Zehntel der Kraft in ihm wirkt, die seine Vorkämpfer ihm zuschreiben, diese trüben Regionen dermaleinst unter sich lassen, so gut wie alle anderen Poeten, die sich von der naturalistischen Lehre haben verwirren lassen. Dann wird der Anarchist Cohen seine Werke vermutlich nicht mehr übersetzen und das *Théâtre libre* wird sie schwerlich mehr aufführen, aber er wird – vielleicht – statt eines Naturalisten ein Künstler werden! Und dringt dann ein Werk von ihm – um seines künstlerischen Eindrucks willen, nicht einer sozialistischen Propaganda zu liebe – über den Rhein nach Paris – dann hätte man allen Grund, sich der Gunst, die die Franzosen unserer Literatur zuwenden, ebenso herzlich zu freuen wie des Siegeslaufes der Kunst Richard Wagners.

Unterdessen wird wohl der Kampf noch eine Weile toben. Die internationale Moderne wird sich fester noch als bisher zusammenschließen und ihre Angriffe gegen Staat und Gesellschaft fortsetzen. Ueber kurz oder lang werden die Staaten sich gezwungen sehen, ihre Bürger gegen die Schurken zu schützen, die die Welt durch Dynamit reformiren wollen. Gegen die stille Bundesgenossenschaft, die die anarchistische Kunst diesem Wahnsinn leistet, gibt es kaum eine taugliche Wehr. Aber die Künstler selbst sollten die ganze Last der Verantwortung fühlen, die auf ihnen ruht, und das gesunde Bürgertum sollte auch im Kunstbereich allen Elementen der Zerstörung, einerlei ob sie von auswärts kommen oder daheim ins Kraut schießen, sein Haus versperren. [...]

Heinrich Alfred Bulthaupt (1849–1905) studierte Rechtswissenschaft und auch Ästhetik. Nach zahlreichen Auslandsaufenthalten arbeitete Bulthaupt ab 1875 als Rechtsanwalt in Bremen, wurde 1879 Stadtbibliothekar und 1892 zum Professor ernannt. Er veröffentlichte verschiedene dramaturgische Schriften und schrieb selbst Dramen. Sein Hauptwerk ist die *Dramaturgie der Klassiker* (2 Bde., 1882/83) und die *Dramaturgie des Schauspiels* (1890). Der ob. dok. Aufsatz läßt nicht vermuten, daß sich die jungen oppositionellen Literaten schon sehr früh um eine Verständigung mit dem angesehenen Bremer Theaterkritiker bemühten. Von Julius Hart erschien 1878 in den *Deutschen Monatsblättern* eine äußerst lobende Besprechung der *Dramaturgischen Skizzen* von Bulthaupt (Bremen, 1878): »Wir haben hier eben keine Sammlung von Theaterkritiken, sondern eine wirkliche und wahrhafte *Bremer Dramaturgie*« (s. *Dramaturgische Skizzen*. v. H.A. Bulthaupt. Bespr. v. Julius Hart. In: *Deutsche Monatsblätter*, 1878, Bd. 1, S. 102). Bulthaupt selbst schrieb darüberhinaus 1878 für die *Deutschen Monatsblätter* und 1885 für die *Berliner Monatshefte*. Bei den 1888 von Leo Berg und Julius Wolff herausgegebenen *Litterarischen*

Volksheften wird Bulthaupt unter den Mitwirkenden aufgeführt; als Nr. 4 der *Volkshefte* wird von Bulthaupt veröffentlicht: *Dumas, Sardou und die jetzige Franzosenherrschaft auf der deutschen Bühne.* Über diese *Volkshefte* war Bulthaupts Name auch mit dem literarischen Verein der oppositionellen Literaten »Durch« verbunden.

1895 war Bulthaupt jedoch, wie der ob. dok. Artikel zeigt, zum erbitterten Gegner des Naturalismus geworden. Sein Artikel liefert ein Beispiel für den publizistischen Flankenschutz, den die staatlichen Sanktionen gegen die Durchsetzung des Naturalismus auf dem Theater durch die konservative Presse erhielten. Er zeigt weiter, welcher Politisierung die naturalistische Dramatik, entgegen der verstärkt ästhetizistischen Orientierung der Autoren in den 90er Jahren, im Prozeß der Rezeption unterworfen war. Bulthaupts Artikel erschien noch vor der ersten öffentlichen Aufführung der *Weber* am Deutschen Theater. Am 3. März 1892 war durch eine Verfügung des Berliner Polizeipräsidenten die öffentliche Aufführung der *Weber* verboten worden, am 26. 2. 1893 kam eine Aufführung durch den Verein Freie Bühne im »Neuen Theater« Berlin zustande, am 2. Oktober 1893 wurde nach dem »spektakulärsten politischen Zensurprozeß in der Geschichte der deutschen Literatur« (s. M. Brauneck, *Literatur und Öffentlichkeit im ausgehenden 19. Jahrhundert.* Stuttgart 1973, S. 51) das Drama für das »Deutsche Theater« durch eine Entscheidung des Obersten Verwaltungsgerichts freigegeben. Am 15. Oktober 1893 fand eine weitere nicht-öffentliche Vorstellung der *Weber* im Verein Neue Freie Volksbühne statt. Der Termin der Aufführung am Deutschen Theater war der 25. Sept. 1894. In diesem situativen Kontext bedeutete Bulthaupts Artikel noch einmal eine scharfe Stimmungsmache gegen die bevorstehende öffentliche Aufführung des Stückes. Durch die demagogische Verbindung von Naturalismus, Sozialdemokratie und internationalem Anarchismus beinhaltete er zugleich eine publizistische Vorbereitung für die ab Dezember 1894 im Reichstag stattfindenden Beratungen der sog. Umsturzvorlage. Die »Umsturzvorlage« sollte durch die mögliche Kriminalisierung (statt nur Verbot) auch im Bereich von Literatur und Theater die Verschärfung staatlicher Kontrolle bringen, die Bulthaupt in seinem Artikel ausdrücklich forderte: »...das gesunde Bürgertum sollte auch im Kunstbereich allen Elementen der Zerstörung, einerlei ob sie von auswärts kommen oder daheim ins Kraut schießen, sein Haus versperren...« (s. Dok. 51).

Ähnlich wie Bulthaupt argumentierte auch Berthold Litzmann in seinen Vorlesungen über das moderne deutsche Drama. Seine 1892/93 an der Universität Bonn gehaltenen Vorlesungen erschienen 1894 unter dem Titel *Das deutsche Drama in den literarischen Bewegungen der Gegenwart* in 1. Auflage, 1896 bereits in der 3. erweiterten Auflage. Litzmann konstatierte hier ebenfalls eine Parallele zwischen Naturalismus und Sozialdemokratie, die beide den radikalen Bruch mit dem Herkömmlichen anstrebten: »Die gelegentlichen Komplimente, die einem der Alten gemacht werden, täuschen darüber nicht hinweg, daß es auf einen radikalen Bruch am letzten Ende abgesehen ist; auf eine völlige Revolution, die mit der Bourgeois-Litteratur ebenso tabula rasa machen will, wie die sozialdemokratische mit der Bourgeoisgesellschaft. Es hängt das allerdings zum Teil damit zusammen, daß auch thatsächlich diese litterarischen Revolutionäre politisch sich mehr oder minder entschieden zu wesentlichen Programmpunkten der sozialdemokratischen Partei bekennen« (a.a.O., S. 127). Als »gemeinsamen Nährboden« der literarischen »Moderne« bezeichnete Litzman »die moderne Nervosität und Hysterie«, aus der die »heterogensten Erscheinungen« sich entwickelten: »krassester Materialismus, mystischer Spiritismus, demokratischer Anarchismus, aristokratischer Individualismus, pandemische Erotik, sinneabtödtende Askese« (ebd., S. 120). M. Brauneck verweist darauf, daß »die unterstellte Verbindung von Naturalismus, Sozialismus und Anarchismus als antibürgerliche Fronde die Rezeptionsperspektive des konservativen Bürgertums für das naturalistische Theater entscheidend [prägte]. [...] Die Bildung der rezeptionsleitenden Wertmuster erfolgte weitgehend im politischen Rahmen, er neutralisierte die Widersprüche und die Heterogenität, die zwischen den einzelnen Faktoren dieser Argumentation vorlagen« (s. M. Brauneck, *Literatur und Öffentlichkeit*, Stuttgart 1973, S. 93).

Zum Kampf der konservativen Kräfte gegen den Naturalismus besonders ab 1890 vgl. die Dok. 68, 69.

52
Otto Brahm: *Die Freie Volksbühne*. In: *Freie Bühne für modernes Leben* Hrsg. v. Otto Brahm. 1. Jg. Berlin (S. Fischer) 1890, Heft 27, S. 713–715.

Ein weiter, dichtgefüllter Saal, eine tausendköpfige Schaar von Männern und Frauen, ausharrend bis über die Mitternacht in hingebender Aufmerksamkeit, eine enthusiastische Einstimmigkeit in den Zielen – das war das Bild, welches die erste Versammlung zur Begründung einer Freien Volksbühne, Dienstag, den 29. Juli im Böhmischen Brauhaus, gewährte.

Der Gedanke, eine Freie Volksbühne zu errichten, ist ausgegangen von Socialisten. Die Versammlung, welche die Verwirklichung des Planes beschloß, war eine socialistische. Und Socialisten werden unter den Mitgliedern des Vereins die Mehrheit bilden. Art und Bedeutung des neuen Unternehmens bestimmt sich von hier aus.

Zwar das Schlagwort, das die Zeitungen aufgebracht haben, wies der Begründer der Freien Volksbühne, Herr Dr. Bruno Wille, mit Recht zurück: »ein socialdemokratisches Theater«. So wenig die Modebühnen, welche dem Geschmack breiter Massen des Bürgerthums genug thun, fortschrittliche und nationalliberale Theater sind, so wenig ist ein socialdemokratisches Theater, im strikten Wortsinn, zu denken. Aus dem einfachen Grunde: weil es wohl ein socialistisches Publikum, aber keine socialistischen Dramen geben kann. Wo die Partei siegt, stirbt das Kunstwerk.

Aber wenn auch nicht Parteipolitik den Spielplan der Freien Volksbühne beherrschen soll, und wenn auch auf Lassale's »Ferdinand von Sickingen« gleich im Anfang verzichtet wurde, so wird doch, wie durch das Publikum so durch die Stücke der Volksbühne, »ein socialkritischer Hauch« gehen, nach Wille's Wort. Ibsen und Tolstoi von den Ausländern, Hauptmann, Holz und Schlaf von den Deutschen stehen auf dem Spielplan obenan: die Dramen socialkritischen Geistes; »Robespierre« von Griepenkerl, »Danton's Tod« von Büchner stellen den Zusammenhang mit den Revolutionsideen dar; und weil von Julius Hart's, Bleibtreu's und Alberti's Dramen weder dieses noch jenes gilt, darum zeigen sie sich auf dem Spielplan nur aus der Ferne an, nebelhaft.

Der maßvolle Sinn, der aus diesen Entwürfen spricht, weckt für das neue Unternehmen das beste Vorurtheil. Während unter den Socialisten striktester Observanz Ibsen zu den Bourgeois geworfen wird, während man mit vielem Aufwand nachzuweisen sucht, daß Ibsens poetische Weltanschauung und Karl Marx' wissenschaftliche Weltanschauung zweierlei sind, will die Freie Volksbühne breiten Raum geben für den Dichter der »Nora«, der »Gespenster«, des »Volksfeindes« und der »Stützen der Gesellschaft«; denn sie ist nicht fanatisch genug, um zu verkennen: daß dieser »aristokratische Radikalist«, wie man heute sagt, mit seinem trotzigen Glauben an das Individuum, mit seinem tiefen Haß gegen die Lügen der Gesellschaft, dem socialistischen Geist dennoch im Innern nahe steht. Und wenn auf der neuen Bühne der Auler in den »Stützen der Gesellschaft« fragen wird: »Wie darf das Kapital die neuen Erfindungen einführen, ehe die Gesellschaft sich ein Geschlecht erzogen hat, das sie gebrauchen kann?« –

so wird mancher erst mit Erstaunen erkennen, wie ein großer Dichter, weil sein Blick alles umfaßt, Pathos des Einzelnen und Leiden der Gesammtheit, auch in die unmittelbaren Interessen der Masse zu treffen weiß.

Aber werden denn die Arbeiterbataillone, deren Tritt man nun auch im Theatersaal hören soll, von diesen in die Tiefe greifenden Kunstwerken anderes als Bruchtheile erfassen können, zufällige Fragmente, die ihrem Sinn grade sich erschließen? Ich wünschte, alle die so fragen, hätten der Versammlung vom Dienstag beigewohnt. Ich selbst, daß ich es nur gestehe, habe zu den Zweifelnden bis an diesen Tag gehört; und ich bin auch jetzt weit entfernt, zu glauben, daß etwa alle Geheimnisse Ibsenscher Kunst den Hörern der Freien Volksbühne sich sogleich aufschließen werden. So wenig wie ich glaube, daß alle Hörer unserer Freien Bühne die Intentionen Ibsens und der anderen Naturalisten verstehen: ich sage verstehen, nicht lieben. Aber *das* meine ich allerdings, daß diese Freie Volksbühne ein beneidenswerthes frisches, empfängliches und auf kein Vorurtheil verstocktes Publikum haben wird; das sogenannte Kunstverständniß aber, die Geschmacksbildung, die nur Resultate der Schulung, nicht der Anlage sind, werden sie sich schon im Verlauf der Zeiten erwerben, diese Massen mit ihrer »geistigen Begehrlichkeit.«

Die Skeptiker hätten es nur sehen sollen, wie lebhaft diese Versammlung von zweitausend Menschen, Arbeitern, jungen Kaufleuten, Frauen, gegen jenen Redner reagirte, der ihnen den Geschmack an Ibsen verleiden wollte. Mit thörichten Phrasen hatte er von den Stücken gesprochen, in denen »meist Gehirnerweichung« das Thema sei, hatte emphatisch gerufen: »Bei uns kommt so was natürlich nicht vor!« und hatte, ein Nichtsocialist, mit Lassalle's »Sickingen« die Gründlinge im Parterre kapern wollen; aber nicht nur, daß ihm der geschulte Parteimann, Herr Baake, seinen »Bauernfang« derb verwies – auch aus der Mitte der Arbeiter kam der Widerspruch. Ein Mann trat auf, schlicht und im Werkeltagsrock, wie er aus der Fabrik kam, mit ungestärktem Hemd; Leiden malte sich auf seinen Zügen, und nicht leicht fand er die Worte. Aber rührend war es zu hören, wie nun dieser Arbeiter ein Programm entwickelte, das jeder von uns Naturalisten hätte unterschreiben können: Wir wollen nicht die ewige Lüge auf den Brettern sehen, rief er, wir wollen die Wahrheit erfahren über das Leben, und lieber das Schreckliche sehen, Laster und Krankheit, als daß wir uns einen blauen Dunst vormachen lassen von den edlen Grafen, die mit Hundertmarkscheinen um sich werfen, und von Kommerzienräthen. Und dies war das Wort, das wie ein Leitmotiv durch die Versammlung klang: gebt uns Wahrheit! Nicht klassische und romantische Werke, realistische wollen wir haben, in denen der Wahrhaftigkeitsdrang und der feine Wirklichkeitssinn dieser Zeit sich ausdrückt; wir wollen das Leben sehen, wie es ist, nicht, wie es nicht ist!

Und mit der gleichen Einmüthigkeit, mit der die positiven Ziele der Volksbühne umschrieben wurden, verhielt man sich kritisch gegen die bestehenden Theater, gegen die Luxusbühnen, deren Beherrscher nur dieses Eine ist: das Geld. Nicht blos aus dem Gesichtswinkel des Socialismus, welcher Theaterunternehmungen, so gut wie die anderen kapitalistischen Betriebe, perhorrescirt, auch aus rein künstlerischen Gründen kann man den Ausführungen der Herren Wille und Genossen zustimmen, die die Oberherrschaft der Casse mit all ihren Folgen darstellten: rücksichtsloses Exploitiren des Erfolges, Versinken ins Banale, Cultus des Aeußerlichen. Die Geschäftstheater von heute sind mit Nothwendigkeit, wie sie sind, das erkennt jeder; aber die Versuche, die von hier und von dort, bald von literarischen Erwägungen aus, wie in unserer Freien Bühne, bald von socialen Erwägungen aus, wie in der Freien Volksbühne, gemacht werden, zeigen deutlich das allgemeine Bedürfniß nach Reformen, das sich, so oder so, zu Thaten umsetzen wird.

Dieses Bedürfniß ist ein dringendes für uns, erklärte Dr. Wille, seine Erfüllung kann auf die allgemeine politische und wirthschaftliche Entwickelung nicht warten: »da wir Menschen sind mit Bedürfnissen in der Gegenwart, so müssen wir für die Gegenwart sorgen.« Und dies war das Bedeutsame in der Versammlung: daß mit einer Entschiedenheit, welche kein Zweifel störte, die künstlerischen Bedürfnisse des Volkes anerkannt wurden. Ganz vereinzelt stand ein Redner da, der – ohne der Sache selbst Feind zu sein – sie mit unklaren Vorstellungen auf die lange Bank schieben wollte; und mit heiterer Einmüthigkeit ward er abgelehnt. Niemand aber trat auf, der gesagt hätte: wir brauchen diese Bühne nicht; was soll uns das Theater – helft erst die näheren Sorgen bannen, die Proletarier haben nichts übrig für den Luxus der Kunst! Sondern die »geistige Begehrlichkeit« bezeugte sich laut, und wenn auch die begabtesten nur unter den Arbeitern Berlins an diesem Verlangen Theil haben mögen – die Versammlung bleibt doch ein überzeugender Beweis für den Drang des Volkes nach geistigem und künstlerischem Genießen. Ein Zug von Idealismus, im besten Wortsinn, ging durch die Hörer, trotz der realistischen Accente, die der Spielplan aufwies. Und weil es zum ersten Male geschieht, daß in weithin leuchtender Einhelligkeit breite Massen des Volkes nach der Kunst rufen, und daß eine ganze große Partei dies Verlangen stützt, darum erscheint mir dieses Unternehmen als ein kulturhistorisch bedeutsames, und wem politische Scheuklappen nicht den Blick einengen, muß seine ferntragende Mission erkennen.

Nicht vom Standpunkte einer Partei begrüße ich also den Plan freudig (denn ich gehöre keiner an und bin, politisch und ästhetisch, ein geborener Wilder); sondern ich erkenne in einer Freien Volksbühne – nicht in einem »sozialdemokratischen Theater« – ein Unternehmen von der allgemeinsten künstlerischen und sozialen Bedeutung, und meine besten Wünsche begleiten ihr Werden.

Der Anstoß zur Gründung der Freien Volksbühne ging von einem sozialdemokratischen Arbeiterclub mit dem Tarnnamen »Alte Tante« aus. Hier wurden die ersten Aufführungen der »Freien Bühne« lebhaft diskutiert, und 15 bis 20 Mitglieder des Clubs wollten sich dem Theaterverein anschließen. Die Preise für die Eintrittskarten betrugen jedoch pro Veranstaltung 3,50 DM (mindestens 1,- DM), was für Arbeiter (Tageslohn eines Industriearbeiters ca. 1.50–2.50 M) unerschwinglich war. So wollte der Arbeiterclub zunächst nur einzelnen Mitgliedern die Teilnahme an Aufführungen der Freien Bühne ermöglichen, die dann über den Theaterbesuch in ihrem Verein berichten sollten. Aus diesen Debatten entstand schließlich bei Bruno Wille, einem führenden Mitglied der Berliner Linksopposition in der Sozialdemokratie, der Plan zur Gründung eines eigenständigen Arbeiter-Theatervereins. Am 23. März 1890 – das Sozialistengesetz war noch in Kraft – veröffentlichte er in dem sozialdemokratischen *Berliner Volksblatt* einen *Aufruf zur Gründung einer Freien Volks-Bühne*.

Darin stellt Wille fest, daß »das Theater eine Quelle hohen Kunstgenusses, sittlicher Erhebung und kräftiger Anregung zum Nachdenken über die großen Zeitfragen sein (soll)«, diese Aufgabe aber unter den Bedingungen des Kapitalismus nicht erfülle und daß außerdem, »der Geschmack der Masse in allen

Gesellschaftsklassen vorwiegend durch gewisse wirtschaftliche Zustände korrumpiert« werde. Daran schließt sich eine Erklärung der politischen und literarischen Ausrichtung der Arbeit dieses Theatervereins: »Indessen hat sich unter dem Einflusse redlich strebender Dichter, Journalisten und Redner ein Teil unseres Volkes von dieser Korruption befreit. Haben doch Dichter wie Tolstoi und Dostojewski, Zola, Ibsen und Kielland, sowie mehrere deutsche ›Realisten‹ in dem arbeitenden Volke Berlins einen Resonanzboden gefunden.

Für diesen zu gutem Geschmack bekehrten Teil des Volkes ist es ein Bedürfnis, Theaterstücke seiner Wahl nicht bloß zu lesen, sondern auch aufgeführt zu sehen. Oeffentliche Aufführungen von Stücken, in denen ein revolutionärer Geist lebt, scheitern aber gewöhnlich am Kapitalismus, indem sie sich nicht als Kassenfüller erweisen, oder an der polizeilichen Zensur« (zit. nach: S. Nestriepke, *Geschichte der Volksbühne Berlin*. T. 1. Berlin 1930, S. 10f.). Gegen den kapitalistischen Theaterbetrieb und zur Umgehung der Zensur sollte der Theaterverein »Freie Volks-Bühne« dem Proletariat angemessene Theatererlebnisse ermöglichen. Man orientierte sich ausdrücklich an dem Modell der »Freien Bühne«, die aber »aus wirtschaftlichen Gründen dem Proletariat versagt ist.« Durch einen geringen Vierteljahresbeitrag (1.50 M) sollten die Mitglieder des Vereins das Anrecht auf drei Vorstellungen in diesem Zeitraum erwerben.

Als erste Mitarbeiter für sein Projekt gewann Wille die Friedrichshagener Wilhelm Bölsche und Julius Hart, die Sozialdemokraten Julius Türk und Curt Baake (Redakteur des sozialdemokratischen *Berliner Volksblattes*) und als Anhänger der Fraktion der »Jungen« in der SDAP Conrad Schmidt (Redakteur der linksoppositionellen *Berliner Volkstribüne*) und Carl Wildberger. Das große Interesse an einer derartigen Theaterorganisation zeigte sich bereits bei der ersten Versammlung am 29. Juli 1890, wo mehr als 2000 Menschen erschienen. Otto Brahm, der auch anwesend war, wurde von den Versammlungsteilnehmern direkt in das Büro der Versammlung gewählt. Zur Ausarbeitung einer Satzung wurde eine Kommission gewählt, der Bruno Wille, Wilhelm Bölsche, Julius Türk, Curt Baake, Conrad Schmidt, Carl Wildberger und Otto Brahm angehörten.

In § 1 wurde der Zweck des Vereins entsprechend dem Aufruf von Wille formuliert, nämlich »die Poesie in ihrer modernen Richtung dem Volke vorzuführen und insbesondere zeitgemäße, von Wahrhaftigkeit erfüllte Dichtungen darzustellen, vorzulesen und durch Vorträge zu erläutern.« Dem Verein traten innerhalb des ersten Jahres fast 4000 Mitglieder bei, durch Fluktuation sank die Mitgliederzahl und erreichte in der zweiten Spielzeit wieder die Zahl von 2500. Am 8. August 1890 wurde auf der Gründungsversammlung bereits die Satzung verabschiedet. Bruno Wille wurde zum Vorsitzenden gewählt, Carl Wildberger und Julius Türk als Mitglieder der Leitung. Als Beisitzer wählte die Versammlung: Otto Brahm, Curt Baake, Wilhelm Bölsche, Julius Hart, Conrad Schmidt und den Schuhmacher Richard Baginski. Otto Brahm gehörte diesem Ausschuß jedoch nur bis Ende August 1891 an, ebenso Heinrich Hart, der erst im Winter 1890/91 in den Ausschuß gekommen war. 1891 wurden Richard Dehmel und Max Halbe hinzugezogen, nachdem andere Mitglieder ausgeschieden waren.

Zu Beginn des Jahres 1892 erschien das erste Heft des Vereinsorgans *Freie Volksbühne. Eine Schrift für den Verein ›Freie Volksbühne‹, herausgegeben von Dr. Bruno Wille*. Es war geplant, daß zu jeder Neuaufführung jeden Monat ein Heft erschien. Als Preis wurden 10 Pfg. verlangt.

In den Erklärungen führender Mitglieder des Vereins zu dessen Aufgabe wird deutlich jede zu direkte politische Formulierung vermieden. Dabei spielte sicherlich die herrschende Vereinsgesetzgebung eine wichtige Rolle. Unter allen Umständen mußte vermieden werden, daß der Verein von den Polizeibehörden als politischer Verein eingestuft wurde. Dann war nämlich nicht nur die Teilnahme von Frauen untersagt, es mußte außerdem der Polizei das Programm jeder Veranstaltung zur Zensur vorgelegt werden (dieser Maßnahme konnte sich die Freie Volksbühne schließlich nur bis 1895 entziehen, vgl. dazu auch Dok. 53). So nannte ein Artikel in der *Berliner Volkstribüne* als Aufgabe des Theaters, »am Befreiungswerk der Menschheit« mitzuhelfen; Sache der Kunst sei es »Fühlen und Wollen zu adeln«. Bruno Wille bezeichnete die Tätigkeit der Volksbühne als »volksbefreiend« (1892). Diese emanzipatorische Funktion sollte die Volksbühne entsprechend der künstlerischen und politischen Auffassungen der Leitung und ihrer Beisitzer primär durch Aufführungen moderner, naturalistischer Dramen leisten. So kamen im ersten Vereinsjahr Stücke von Henrik Ibsen, Gerhart Hauptmann, Hermann Sudermann, Alexej Pissemski, Ludwig Fulda, aber auch Friedrich Schiller, Fritz Reuter und Ludwig Anzengruber zur Aufführung. Die zweite Spielzeit brachte Stücke von: Ibsen, Fulda, Friedrich Hebbel, Nikolai Gogol,

Max Halbe, Anzengruber, Emile Zola und Otto Ludwig. Außerdem veranstaltete der Verein auch Vortragsabende, Rezitationsabende und Feste. Bereits am 20. April 1891 erfolgte der erste Angriff des Polizeipräsidenten gegen die Volksbühne, weil der Verein eine »Einwirkung auf öffentliche Angelegenheiten« bezwecke. In einer Entscheidung des Oberverwaltungsgerichts vom 6. Januar 1892 wurde dem Polizeipräsidenten recht gegeben. Das Gericht stellte fest, daß nicht nur »hervorragende Mitglieder« der sozialdemokratischen Partei den Verein leiteten, sondern daß »nahezu ausschließlich nur solche Dichtwerke aufgeführt, verlesen oder erörtert sind, die zur Verbreitung der Parteiansichten besonders geeignet waren...«. Das Gericht bescheinigte den ausgewählten Stücken, daß sie »alle gewiß geeignet [sind], die ›Hohlheit und Unhaltbarkeit‹ der geschilderten Verhältnisse in der Gesellschaft und unter den beamteten Staatsorganen vor Augen zu halten, Phantasie und Leidenschaften der zuhörenden Arbeiter zu erregen, ihre Unzufriedenheit mit den herrschenden Zuständen möglichst zu steigern und in ihnen den Willen, deren Änderung herbeizuführen und zu dem Zwecke der Partei sich anzuschließen, tunlichst zu erwecken und zu befestigen« (zit. nach: S. Nestriepke, *Geschichte*, S. 56). Zwar erfolgte noch keine »Politisch-Erklärung« des Vereins, aber trotzdem mußte der Verein von da an mit besonderer Vorsicht vorgehen. Dennoch verzichtete die Polizei nicht auf weitere Schikanen, wie z.B. Anklage Willes wegen Verletzung des Preßgesetzes u.ä..

Im Herbst 1892 führten politische und persönliche Konflikte zwischen dem Linksoppositionellen Wille und seinen Anhängern und sozialdemokratischen Vereinsmitgliedern, die die Politik der Parteiführung der SPD unterstützten, zur Spaltung des Vereins. Auf einer Versammlung am 12. Oktober 1892 kam es bei Abstimmungen zur Niederlage Willes, der linksoppositionellen Sozialdemokraten und der mit ihnen zusammenarbeitenden naturalistischen Schriftsteller, die die Neue Freie Volksbühne gründeten. Neuer Leiter der Freien Volksbühne wurde Franz Mehring. In dem beratenden Gremium des Vorstandes waren u.a. Robert Schweichel (vgl. Dok. 84) und Frau Julie Zadek (vgl. Komm./Dok. 37) vertreten. Die Vorführungen fanden nun abwechselnd im National-Theater und im Lessing-Theater statt. Während für das National-Theater die Vereinsleitung den Spielplan selbständig bestimmen konnte, entschied im Lessing-Theater die Direktion darüber, welche Vorschläge des Vereins angenommen wurden. Im Lessing-Theater sahen die Volksbühnenmitglieder Aufführungen von Anzengruber, Sudermann, Lessing, Kleist und Grillparzer, Augier, Björnson und Ibsen. Im National-Theater wurde Goethe, Calderon, Gutzkow und Schiller gegeben, daneben einige Stücke von jüngeren, noch unbekannten Autoren, aber als Höhepunkt schließlich von Hauptmann die *Weber* 1893 und das Stück *Biberpelz*.

1893 schrieb Franz Mehring über die Möglichkeiten der Freien Volksbühne: »Nun ist aber der gesunde Sinn der hiesigen Arbeiter von den vielleicht überschwenglichen Hoffnungen, die bei Gründung der Freien Volksbühne hier oder dort gehegt sein mögen, längst zur nüchternen Wirklichkeit zurückgekehrt. Von den vier- oder fünftausend Mitgliedern des Vereins ist sich wohl jedes darüber klar, daß es ein Unding wäre, wenn das Proletariat auf dem Boden der bürgerlichen Gesellschaft eine neue Aera der dramatischen Kunst eröffnen wollte. Das Theater ist heute ein Monopol des Kapitals und sogar des Großkapitals; die Freien Volksbühnen sind darauf angewiesen, in denjenigen bürgerlichen Theatern zu spielen, die vorurtheilsfrei genug sind, ihnen Spielraum zu gewähren. Aber hier tritt nun ein eigenthümliches Dilemma ein. Große Theater mit guten schauspielerischen Kräften erheischen auch bei aller billigen Gesinnung ihrer Direktionen eine für Arbeitermittel schwer erschwingliche Pacht und ferner behalten sich die Direktionen aus einem Selbsterhaltungstriebe, der ihnen gar nicht zu verdenken ist, ein Vetorecht bei Feststellung des Spielplans vor; in kleinen Theatern, die wohlfeiler zu haben sind und die von dem Wohlwollen der großen Bourgeoisie weniger abhängen, lassen wieder die schauspielerischen Verhältnisse viel zu wünschen übrig. Die hiesige Volksbühne steuert zwischen Scylla und Charybdis durch, indem sie die eine Hälfte der Vorstellungen in einem großen, die andere Hälfte in einem kleinen Theater giebt, dessen schauspielerische Kräfte sie durch das Engagement von Gästen zu ergänzen sucht« (s. *Freie Volksbühnen*. In: *Die Neue Zeit*, Jg. 11,2, 1892/93, Nr. 43, S. 483).

Der letzte Schlag gegen die Existenz der »Freien Volksbühnen« erfolgte am 18. April 1895. Der Freien Volksbühne, der Neuen freien Volksbühne, der mit dieser verbundenen Versuchsbühne sowie der »Freien Bühne« wurde per polizeilicher Verfügung mitgeteilt, daß sie als politische Vereinigungen angesehen würden und damit der Zensurverordnung von 1851 unterstünden, d.h. daß Texte von darzustellenden Stücken 14 Tage vor der Vorstellung zur Zensur einzureichen seien. Weitere Aufführungen ohne zensurpolizeiliche Genehmigung wurden von da ab untersagt. Der Einspruch, den die Vereine dagegen erhoben, wurde am 24. Januar 1896 vom Berliner Oberverwaltungsgericht zurückgewiesen. Mehring empfahl im März 1896 auf einer Mitgliederversammlung die Auflösung des Vereins, die auch beschlossen wurde.

Die besondere Bedeutung der Freien Volksbühne bestand darin, daß es durch diese Organisation zu einer stärkeren Vermittlung naturalistischer Dramatik auch in der Arbeiterbewegung kam. Dies bestätigte auch Franz Mehring, obwohl er dem Einfluß des Naturalismus in der Arbeiterbewegung äußerst kritisch gegenüberstand (vgl. Dok. 91): »Die einzige Spur, die diese Dichterschule [d. i. die Naturalisten, Ch. M.] in der Arbeiterbewegung zurückließ, war die Gründung der Freien Volksbühne in Berlin. Das kleine Unternehmen trat mit dem Falle des Sozialistengesetzes ins Leben unter der ›volkspädagogischen‹ Leitung der Jungen und der Modernen, doch dauerte es nicht lange, bis die Berliner Arbeiter sich die heitere Vormundschaft abschüttelten und selbst ihre Bühnen leiteten, die nun nach kränkelnden Anfängen zu großer Blüte gedieh und bald in Hamburg eine Schwester gewann. Gleichwohl darf der Wert dieser künstlerischen Organisationen für die moderne Arbeiterbewegung nicht überschätzt werden. Von vorneherein auf einige große Städte beschränkt, fristen sie auch in ihnen nur ein unsicheres Leben, da das Theater zu den stärksten Burgen des Kapitalismus gehört...« (s. F. Mehring *Geschichte der deutschen Sozialdemokratie*, Zweiter Teil, Stuttgart 1898, S. 546).

53
Richard Grelling: *Die Maßregelung der Freien Volksbühne.* In: Richard Grelling: *Streifzüge. Gesammelte Aufsätze.* Berlin (Bibliographisches Bureau) 1894, S. 206–216.

Die »Freie Volksbühne« ist unter das Vereinsgesetz gestellt – das ist die neueste Meldung von dem Kriegsschauplatz, auf welchem die Kämpfe zwischen Kunst und Polizei ausgefochten werden. Also richtig, bis in ihre Schlupfwinkel wird sie verfolgt, die böse Kunst: um der Zensur zu entgehen, verkriecht sie sich in Privatvereine; aber der Spürsinn der Polizei weiß sie auch hier zu fassen, findet Mittel, sie auch hier der ordnenden und führenden Hand der staatlich angestellten Sittenwächter zu unterwerfen. Die freien Bühnen sind bekanntlich wesentlich zu dem Zwecke gegründet worden, Stücke zur Aufführung zu bringen, gegen deren Aufführung auf öffentlichen Bühnen die Polizei aus angeblichen Gründen der Sittlichkeit oder öffentlichen Ordnung einschreiten würde. Ob es richtig war, das Institut der Zensur ohne weiteres als gegebene Größe anzunehmen, ob es sich nicht vielmehr empfohlen hätte, zunächst mal mit allen Mitteln des Gesetzes dieser Einrichtung zu Leibe zu gehen, will ich heut nicht näher untersuchen. Ich habe bereits in einem früheren Artikel darzulegen versucht, daß meines Erachtens die Zensur-Verordnung von 1851 gegen die Verfassung verstößt, und daß es empfehlenswerth sei, hierüber im Verwaltungsstreitverfahren eine Entscheidung des Oberverwaltungsgerichts zu provoziren. Ich bin inzwischen darüber belehrt worden, weshalb bisher kein Theaterdirector diesen Instanzenweg beschritten hat. Nach § 32 *der Reichs-Gewerbeordnung* bedürfen Schauspiel-Unternehmer zum Betriebe ihres Gewerbes des polizeilichen Erlaubniß. Dieselbe wird ihnen versagt, wenn ihnen die erforderliche »Zuverlässigkeit, insbesondere in sittlicher artistischer und finanzieller Hinsicht« fehlt; sie kann ihnen entzogen werden, wenn ihnen diese Zuverlässigkeit später abhanden kommt oder sich später ergibt, daß sie sie nie besessen haben. *Der Polizei-Präsident von Berlin ertheilt nun Schauspielkonzessionen nur unter der Bedingung, daß die Unternehmer sich ausdrücklich der Zensur-Verordnung von 1851 unterwerfen.* Solche bedingte Konzession ist meines Erachtens unzulässig – die Genehmigung kann nur ertheilt oder versagt werden, letzteres nur aus den oben angeführten gesetzlichen Gründen – aber thatsächlich betrachten sich die Theater-Directoren als an obige Bedingung gebunden. Ich halte diesen Standpunkt zwar für sehr vorsichtig, aber nicht für richtig. Eine Entziehung der Konzession wegen Nichtinnehaltung der fraglichen Bedingung, also wegen Nichtbeachtung der Zensur-Vorschriften, ist nur dann möglich, wenn diese letzteren *wirklich* zu Recht bestehen, nicht aber aus dem Grunde, weil sie in der Konzessions-Urkunde als zu Recht bestehend *angenommen* worden sind. Allerdings muß ich gestehen: wenn ich Theaterdirector wäre, würde ich vielleicht nicht weniger vorsichtig handeln, als diese Herren; ihre ganze künstlerische und wirthschaftliche Existenz hängt von der Beantwortung dieser Rechtsfragen ab, und es bleibt immerhin ein gefährliches Spiel, auf Grund der reaktionären Gewerbenovellen von 1880 und 1883, denen wir diese kautschukartigen Bestimmungen zu verdanken haben, den Kampf mit der allmächtigen Polizei aufzunehmen. Wer garantirt dafür, daß die Verletzung der Konzessionsbedingung, die doch eine Art Vertrags-Abkommen zwischen Polizei und Director darstellt, nicht als eine »Unzuverlässigkeit in sittlicher Hinsicht« aufgefaßt und daraufhin die Konzession entzogen werden könnte? Wer steht dafür ein, daß die künstlerische oder finanzielle Zuverlässigkeit des Directors mit demselben wohlwollenden Auge betrachtet wird, wie bei der Konzessionsertheilung, wenn dieser Director *später* durch Verleugnung des Zensur-Rechts der Polizei Schwierigkeiten bereitet? Nicht zu vergessen ist auch, daß die Polizei aus den Gesichtspunkten der Feuer- und sonstigen Sicherheit einem Schauspielunternehmer – natürlich im Interesse der Sache – die größten Schwierigkeiten bereiten kann. Mit einem Wort: der Leiter einer Bühne ist durch unbestimmte Gesetze und noch unbestimmtere Verwaltungspraxis derartig an Händen und Füßen geknebelt, daß man nicht den Mannesmuth von ihm erwarten kann, auf seine Rechnung und Gefahr interessante und wichtige Rechtsfragen zur Entscheidung zu bringen.

Daher kommt es denn, daß die Theaterleiter sich gewöhnt haben, die Zensur und alles, was drum und dran hängt, als ein *noli me tangere* zu betrachten. Die übrigen Kunst- und Theaterfreunde aber waren zufrieden, in den freien Bühnen das Mittel gefunden zu haben, der Polizei-Aufsicht zu entgehen, da sich die Verordnung von 1851 nur auf öffentliche Aufführungen, nicht auf Darstellungen in einem geschlossenen Verein erstreckt.

Aber nun kommt die Polizei mit dem Vereinsgesetz und erstreitet bei dem Oberverwaltungsgericht ein Erkenntniß dahin lautend, daß die »Freie Volksbühne« im Sinne des § 2 ein Verein sei, welcher eine »Einwirkung auf öffentliche Angelegenheiten bezwecke«, und deshalb allen Beschränkungen solcher Vereine unterworfen sei.

Ueber die Tragweite dieses Urtheils sind die verschiedensten Meinungen laut geworden, und deshalb empfiehlt es sich, die Sache rechtlich klarzustellen. Das Vereinsgesetz vom März 1850 – eine jener gesetzgeberischen Leistungen, welche dazu bestimmt waren, im März diejenigen Freiheiten wieder zurückzunehmen, die man im Januar dem Volke gewährt hatte –

unterscheidet zwischen Vereinen, welche eine »Einwirkung auf öffentliche Angelegenheiten bezwecken«, und solchen, welche dazu bestimmt sind, »politische Gegenstände in Versammlungen zu erörtern«. Die ersteren – nennen wir sie öffentliche Vereine – werden nicht als ganz so gefährlich angesehen, wie die letzteren, die politischen. Beide Sorten von Assoziationen müssen ihre Statuten und Mitgliederverzeichnisse der Ortspolizeibehörde einreichen, derselben jede gewünschte Auskunft ertheilen, müssen ihre Versammlungen anmelden, sich die Ueberwachung durch einen oder mehrere Polizeibeamte, denen ein angemessener Platz einzuräumen und auf Verlangen Auskunft über die Person der Redner zu ertheilen ist, gefallen lassen, – müssen der Auflösung gewärtig sein, wenn »Anträge oder Vorschläge erörtert werden, die eine Aufforderung oder Anreizung zu strafbaren Handlungen enthalten«, oder wenn Bewaffnete in der Versammlung erscheinen etc. etc. Die gefährlicheren – politischen – Vereine (§ 8 des Vereinsgesetzes) werden noch durch die weitere Beschränkung ausgezeichnet, daß sie keine Frauen, Schüler oder Lehrlinge als Mitglieder aufnehmen oder in ihren Versammlungen dulden, und daß sie auch nicht mit anderen Vereinen gleicher Art zu gemeinsamen Zwecken in Verbindung treten dürfen. Die »Freie Volksbühne« ist vorderhand nur für einen *öffentlichen* Verein erklärt worden; es ist ihr also vorläufig nicht verwehrt, Frauen als Mitglieder oder in ihren Versammlungen zu dulden, so daß nach dieser Richtung hin die in der Presse ausgesprochenen Befürchtungen für den Weiterbestand der Bühne vorläufig gegenstandslos sind. Immerhin ist auch die Qualifikation als öffentlicher Verein keine Annehmlichkeit, sondern mit mancherlei Beschwerlichkeiten verbunden. Besonders das daraus folgende Auflösungsrecht der Polizei kann zu den interessantesten Komplikationen Veranlassung geben. Daß eine in einem Theatergebäude vereinigte Menschenmenge eine »Versammlung« im Sinne des Gesetzes darstellt, ist zweifellos. Eine solche Versammlung kann aufgelöst werden, wenn Anträge oder Vorschläge erörtert werden, die eine Aufforderung oder Anreizung zu strafbaren Handlungen enthalten. Dabei ist es natürlich gleichgiltig, ob solche Dinge im Zuschauerraum oder auf der Bühne zur Erörterung kommen, denn beide Lokalitäten gehören in den Rahmen der Versammlung. Es wäre leicht möglich, daß ein eifriger und gewissenhafter Polizeimann eine Versammlung der »Freien Volksbühne« in dem Augenblick auflöst, wo Mephisto dem Faust räth, eine Minderjährige zu ver- oder entführen, oder wo der Mord Wallensteins geplant und vorbereitet wird, oder wo Herr Tjälde den Revolver auf den Advokaten Berent anlegt. Eine Aufführung historischer Dramen wäre schon ganz unmöglich, weil ja darin Bewaffnete zu erscheinen pflegen, die möglicherweise sich weigern könnten, auf Aufforderung des anwesenden Polizeilieutenants sich aus dem Lokal zu entfernen. Ich kann der »Freien Volksbühne« nur aufs Dringendste empfehlen, bei der Auswahl ihrer Stücke sorgfältig darauf zu achten, daß nichts Strafbares oder nichts Bewaffnetes darin vorkommt.

Aber man fürchtet nicht mit Unrecht, daß dem ersten Streich bald der zweite folgen könnte, daß das Urtheil des Oberverwaltungsgerichts die Polizeibehörde ermuthigen könnte, in der Beschränkung der freien Bühnen – es handelt sich nämlich nicht um die »Freie Volksbühne« allein, dasselbe Schicksal kann auch anderen freien Bühnen erblühen – noch einen Schritt weiter zu gehen, dieselben für *politische* Vereine zu erklären und ihnen so durch den Ausschluß des Ewig-Weiblichen den Todesstoß zu versetzen. Diese Gefahr ist in der That recht naheliegend. Was sind »öffentliche« Angelegenheiten? Was sind »politische« Angelegenheiten? Kein Mensch ist imstande, eine klare Scheidelinie zwischen beiden Begriffen zu ziehen, auch kein Gerichtshof hat dies bisher vermocht. Von dieser Unterscheidung hängt aber einzig und allein die Qualifikation des betreffenden Bühnenvereins ab: denn die weitere Distinction des Vereinsgesetzes, zwischen Einwirkung auf öffentliche Angelegenheiten im allgemeinen und Erörterung politischer Gegenstände speciell in Versammlungen – dieser weitere Unterschied interessirt für die Bühnenvereine nicht, da ihre Einwirkung ja immer nur in der Form dramatischer Erörterung in Theater-Versammlungen geschieht.

Die verschiedensten Gerichtshöfe haben sich ihre Köpfe zerbrochen, um dahinterzukommen, was eigentlich der Gesetzgeber als unterscheidendes Merkmal zwischen »öffentlichen« und »politischen« Gegenständen sich gedacht hat. Oeffentliche Angelegenheiten sollen nach der Meinung des preußischen Obertribunals alle die *Gesammtheit* berührenden allgemeinen Angelegenheiten sein, also alles, was über den Rechts- und Interessenkreis der einzelnen Privatperson hinausgeht; danach sind Kunst, Wissenschaft, Religion, sociale Interessen, alle staatlichen und gesetzlichen Einrichtungen – öffentliche Angelegenheiten. Die politischen sollen gewissermaßen öffentliche Angelegenheiten im engeren Sinne sein, d.h. derjenige Theil der letzteren, welcher *unmittelbar mit dem Staat in praktische Beziehungen* tritt, welcher unmittelbar durch die Einrichtungen des Staates geregelt und gefördert wird. Man sieht: nach diesen Begriffsbestimmungen kann jede Frage allgemeinen Interesses sofort einen politischen Charakter annehmen, wenn aus der Erörterung derselben praktische Konsequenzen für die staatliche Gesetzgebung oder Verwaltung gezogen werden. Die allgemeine Darstellung der socialen Knechtschaft gewisser Bevölkerungsschichten ist eine öffentliche Angelegenheit; die Befürwortung staatlicher Maßregeln zur Beseitigung dieser Mißstände eine politische; das Plaidoyer für religiöse Duldung und Gleichberechtigung bewegt sich auf dem allgemeinen Gebiet der öffentlichen Interessen, die Bekämpfung antisemitischer Reformvorschläge oder orthodoxer Schulgesetzentwürfe auf dem Gebiet der Politik; die Erneuerung der Kunst von innen heraus ist eine öffentliche, die staatliche Unterstützung der neueren Kunst eine politische Angelegenheit. Diese Unterscheidung klingt theoretisch sehr schön und zutreffend, in der Praxis aber hat sie fast gar keinen Werth, da das Oeffentliche und das Politische beständig in einander übergehen.

Die »Freie Volksbühne« hat nach ergangener Entscheidung des Oberverwaltungsgerichts beschlossen, die Vorträge über die aufzuführenden Stücke eingehen zu lassen. Diese Vorträge suchten naturgemäß den geistigen Inhalt der betreffenden Bühnendichtungen aus den zur Zeit ihrer Entstehung vorhandenen Kulturströmungen zu erklären und vermieden es auch nicht, Seitenblicke zu werfen und Analogien zu ziehen auf die Bewegungen der heutigen Zeit. Hierin, so fürchtet man, könne die Polizei die Erörterung politischer Gegenstände und eine Handhabe zur Anwendung des § 8 des Vereinsgesetzes finden. Wie das Gesetz einmal ist – ich halte es für eines der schlechtesten, die wir haben – dürfte diese Maßregel wenig Schutz bringen: die Vorträge sind es nicht allein, sondern vor allem die Dramen selbst, welche die Gefahr des § 8 heraufbeschwören. *Das moderne Drama ist nicht nur modern wegen der neuen Form und Technik, sondern wesentlich auch wegen des neuen Inhalts.* Alle die socialen Probleme, welche aus den Beziehungen der Geschlechter, aus dem Verhältniß von Arm und Reich, von Hoch zu Gering erwachsen, sind »öffentliche Angelegenheiten« im Sinne des Gesetzes; jede einem Drama, welches sociale Probleme behandelt, zu Grunde gelegte Tendenz sucht mit geistigen Mitteln auf die betreffenden Verhältnisse einzuwirken, sucht eine Veränderung des bestehenden Zustandes herbeizuführen.

Das moderne Drama wäre nicht das, was es sein will, wenn es nicht socialreformatorische Absichten hätte. Die französischen Dramatiker haben solange die unheilvollen Consequenzen der Unauflösbarkeit der Ehe an dem Schicksal ihrer Bühnenmenschen gezeigt, bis die Gesetzgebung sich zur Einführung der Ehescheidung bequemte. Die vom Marquis Posa geforderte Gedankenfreiheit ist von der Bühne in die Wirklichkeit übersetzt worden. Menschlichkeit und Duldung sind nicht umsonst von Nathan dem Juden und Saladin dem Sarazenen gepredigt worden. »Die Schaubühne ist mehr als jede andere öffentliche Anstalt des Staates eine Schule der praktischen Weisheit, ein Wegweiser durch das bürgerliche Leben, ein unfehlbarer Schlüssel zu den geheimsten Zugängen der menschlichen Seele... Ehe noch Joseph II. die fürchterliche Hyder des frommen Hasses bekämpfte, pflanzte die Schaubühne Menschlichkeit und Sanftmuth in unser Herz, die abscheulichen Gemälde heidnischer Pfaffenwuth lehrten uns Religionshaß vermeiden... Mit ebenso glücklichem Erfolg würden sich von der Schaubühne Irrthümer der Erziehung bekämpfen lassen; das Stück ist noch zu hoffen, wo dieses merkwürdige Thema behandelt wird... Wenn wir es erlebten, eine Nationalbühne zu haben, so würden wir auch eine Nation. Was kettete Griechenland so fest an einander? Was zog das Volk so unwiderstehlich nach seiner Bühne? Nichts anderes, als der vaterländische Inhalt der Stücke, der griechische Geist, das große überwältigende Interesse des Staates, der besseren Menschheit, das in denselben athmete.«

Klarer und schöner als es Schiller in diesen Worten thut, kann man die Aufgabe der Schaubühne, auf das Nationalleben einzuwirken, nicht darthun. Aber leider: jede Bühne, die diesen idealen Ziele nachstrebt, behandelt – öffentliche Angelegenheiten; wenn sie speciell auf staatliche Reformen dringt; sogar politische, – und damit ist sie der Zuchtruthe des Vereinsgesetzes unterworfen. Der juristische Humor bringt es hierbei mit sich, daß der einzelne Privattheaterleiter von dieser Art polizeilicher Beaufsichtigung freibleibt: er ist eben kein Verein; sowie aber mehrere zum Betriebe eines Schauspielunternehmens, gleichviel, ob zu Erwerbszwecken oder nicht, sich zusammenthun – also beispielsweise die ehemaligen Societäre des »Deutschen Theaters« – bilden sie einen Verein und müssen sich allen Beschränkungen eines solchen unterwerfen.

Ich sage also: Die Grenze zwischen öffentlichen und politischen Angelegenheiten ist so wenig bestimmt, daß die »Freie Volksbühne« trotz der Beseitigung der Vorträge leicht schon wegen des Charakters der aufzuführenden Dramen in die Gefahr kommen kann, für einen politischen Verein erklärt zu werden, da jede Behandlung socialer Fragen im Hinblick auf bestehende staatliche Verhältnisse nach der einmal bestehenden Interpretation des Vereinsgesetzes eine politische Erörterung ist. Der Bezirksausschuß als erste Instanz hat seinerzeit den Polizeipräsidenten zur Aufhebung der Verfügung, welche die »Freie Volksbühne« für einen öffentlichen Verein erklärte, verurtheilt. Man merkt dem Urtheil des Bezirksausschusses das löbliche Bestreben an, die unklaren Begriffsbestimmungen des Vereinsgesetzes zu klären und zu begrenzen. Die erste Instanz hielt nur eine *directe* und *unmittelbare* Einwirkung auf öffentliche Angelegenheiten für erheblich, der Polizeipräsident meinte, daß man auch mittelbar und indirect einwirken könne, indem man die Zuschauer und Zuhörer für gewisse Vorstellungen und Anschauungen gewinne, die sie dann zur Richtschnur ihres Handelns machen sollen. Das Oberverwaltungsgericht scheint den Standpunkt des Präsidenten sich zu eigen gemacht zu haben, da es ohne Beweisaufnahme die Klage des Dr. Wille abgewiesen hat.

Interessant sind die Ausführungen der beklagten Behörde, durch welche sie die Einwirkung auf die Geistesrichtung der Mitglieder der »Freien Volksbühne« darzuthun sucht: weil ein Redner gesagt hat, die dramatische Kunst der Gegenwart solle der Zeit einen Spiegel vorhalten – oder weil ein anderer gesagt hat, die Wahrheit und Gerechtigkeit solle zur Darstellung gebracht werden, das Volk solle aufgeklärt und mit seinen wahren Lebensinteressen vertraut gemacht werden – weil ein Dritter darauf hinwies, daß die Kunst den Menschen zu großen Thaten begeistern solle – weil der bei Dr. Willes Vortrag über den »Volksfeind« anwesende Polizist den Eindruck gewann, es sei dem Redner mehr auf eine abfällige Kritik der heutigen politischen Zustände, als auf eine Beeinflussung des Kunstgeschmackes seiner Zuhörer angekommen – weil Dr. Brahm (auch ein Socialdemokrat!) aus »Kabale und Liebe« die Hoffnung herleitete, daß auch die Zeit des vierten Standes einst kommen werde, wie vor 100 Jahren die Zeit des dritten – aus diesen und ähnlichen Äußerungen, ferner aus der Wahl der aufgeführten Stücke und aus der Persönlichkeit der Vorstandsmitglieder leitet der Polizeipräsident die Absicht her, auf »öffentliche Angelegenheiten« einzuwirken. Der Umstand, daß ein Referent aus Fuldas »Verlornem Paradies« den Lehrsatz zog, die Arbeit sei die alleinige Quelle alles Segens, erscheint der Behörde höchst verdächtig, da »jener Satz eine deutliche Bezugnahme auf das socialdemokratische Parteiprogramm verrathe«.

Zu solchen Spitzfindigkeiten wird eine Verwaltung gezwungen, wenn man die Handhabung eines Gesetzes von ihr verlangt, welches ebenso unklar im Ausdruck, wie schädlich und freiheitsfeindlich in seinem Inhalt ist. Es entwickelt sich hier dasselbe Schauspiel, welches wir vor Erlaß des Socialistengesetzes bei der Behandlung der Socialdemokratie durch Polizei und Staatsanwalt erlebt haben. Man benutzte alle die Kautschukbestimmungen des Vereinsgesetzes, um dieser geistigen Bewegung zu Leibe zu gehen. Man that nicht allein der Socialdemokratie, sondern auch dem Gesetze Zwang an. *Einen* Vorzug hat das Socialistengesetz wenigstens gehabt: es hat die Unterdrückung einer bestimmten politischen Partei klar und ausdrücklich als seinen Zweck hingestellt. Das ist immer noch besser als die Methode vor 1878, die durch ungleiche Anwendung eines *allgemeinen* Gesetzes den gleichen Zweck zu erreichen trachtete. Würde das Socialistengesetz heute noch bestehen, so hätte der Polizeipräsident, vorausgesetzt, daß seine Behauptungen über die »Freie Volksbühne« thatsächlich zutreffend sind, dieselbe einfach nach § 1 als socialdemokratischen Verein verbieten können. Heute versucht man der Freien Volksbühne auf dem Umwege des Vereinsgesetzes Schwiergkeiten zu bereiten – ein Vorgang, der allerdings weniger der ausführenden Behörde, als der Mangelhaftigkeit dieses längst todesreifen Gesetzes zum Vorwurf zu machen ist.

Es wird nach allen Vorgängen der letzten Zeit nichts anderes übrig bleiben, als das Theaterwesen, einschließlich der Fragen der Konzessionirung, der Zensur, der Stellung der freien Bühnen u. s. w. einer selbständigen gesetzlichen Regelung zu unterwerfen, womöglich von Reichs wegen, damit endlich einmal dem unerträglichen Rasseln des Schleppsäbels im Bereiche der Kunst ein Ende gemacht werde.

Richard Grelling (1853–1929), Berliner Rechtsanwalt, wurde besonders bekannt durch seine Vertretung Gerhart Hauptmanns in den *Weber*-Prozessen (vgl. Dok. 77). Der ob. dok. Aufsatz nimmt bezug auf die am 20. April 1891 gegen die Freie Volksbühne ergangene polizeiliche Verfügung und die Bestätigung durch das Oberverwaltungsgericht vom 6. Januar 1892. Danach wurde als Zweck des Vereins die »Einwirkung auf öffentliche Angelegenheiten« erkannt und daher Statutenänderung verlangt, sowie auch alle Mitgliederveränderungen binnen einer bestimmten Frist der Polizei zu melden.

Die in diesem Aufsatz ausgesprochene Befürchtung, daß diese Verfügung nur der erste Schritt dazu sein würde, den Verein zu einem politischen zu erklären und damit der Zensurverordnung zu unterstellen, bewahrheitete sich bereits 1895. Richard Grelling behielt auch recht in der Vermutung, daß insbesondere die Aufführung moderner Dramen der Polizeibehörde Anlaß geben werde, die Freie Volksbühne zu einem politischen Verein zu erklären. Grelling zeigte auf, daß die herrschende Theaterzensur wie auch die Vereinsgesetzgebung jedes irgendwie »öffentliche Angelegenheiten« berührende Theater, auch das klassische, verbieten kann. Tatsächlich führte das Oberverwaltungsgericht in seiner Entscheidung auch die Aufführung von Schillers *Kabale und Liebe* als Begründung an. Bedeutsam für den zeitgenössischen Rezeptionsprozeß der naturalistischen Dramatik ist die Tatsache, daß bereits in diesem ersten Gerichtsentscheid gegen die Freie Volksbühne, in der Urteilsbegründung die sozialdemokratische Tendenz der meisten aufgeführten Stücke, die auch der Richtung des Naturalismus ausdrücklich zugerechnet wurden, festgestellt und eine Beeinflussung der Arbeiter im Sinne der Sozialdemokratie behauptet wurde. Zur Zensur vgl. auch die Dok. 75, 76, 77.

54
Paul Schlenther: *Theater und Umsturz.* In: *Die Nation.*
Wochenschrift für Politik, Volkswirthschaft und Litteratur. Hrsg. v.
Theodor Barth. 12. Jg. Berlin (H. S. Hermann) 1894/95, Nr. 22
(2. März 1895), S. 313–316; hier: 314–316.

[...]

Eine Kunstanstalt zu werden oder zu bleiben, wird allen Bühnen im Deutschen Reiche überaus schwer sein, sobald die »Umsturzvorlage« Gesetz werden sollte. Von allen Kunstgebieten wird keines so schwer dadurch gefährdet, wie gerade das Theater. Was für alle gilt, gilt für das Theater im gesteigerten Grade, weil durch die belebte und bewegte körperliche Darstellung auf der Bühne der Vergleich mit wirklichen Vorkommnissen viel sinnfälliger hervortritt, als beim stillen Lesen oder bei der Betrachtung eines stummen, in seiner Situation beharrenden Bildwerks. Wer Franz Moors Brandreden gegen Gesetz und Ordnung liest oder wer diesen Lotterbuben mit seinen teuflischen Gebärden abgebildet sieht, wird nicht im Entferntesten so tief davon aufgeregt werden, als wenn er auf der Bühne einen guten Schauspieler in der Aktion wahrnimmt. In dem § 111a kommt ein Wort vor, das in unserer Sprache das Lebenselement alles Dramatischen ausdrückt. Es heißt: wer gewisse Vergehen als erlaubt *darstellt*, auf den finden gewisse Strafvorschriften Anwendung. Sicher ist es nur ein Zufall, daß gerade in diesem Zusammenhang von einer *Darstellung* gesprochen hat, und keiner der Gesetzgeber wird dabei an Bühnendarstellung gedacht haben. Aber die Sprache ist so logisch, daß solche verschiedenen Bedeutungen und Anwendungen ein und desselben Wortes fast immer in einem stillen logischen Zusammenhang stehen. Und soviel ist gewiß, keine Bühne kann ihre Pflichten gegen die dramatische Litteratur erfüllen, ohne daß auf ihr wöchentlich ein oder einige Male sträfliche Vergehen als erlaubt dargestellt werden. Mit jedem Wachsen der Leidenschaft wächst die Gefahr des Verbrechens. Und wenn der Richter das Verbrechen, oft auch schon den Willen zum Verbrechen straft, so hat der Dichter im gleichen Fall eine wesentlich andere Aufgabe, die allerdings nicht darin besteht, etwas Unerlaubtes als erlaubt darzustellen, wohl aber eine That aus ihren seelischen Motiven zu erklären und also auch zu entschuldigen. Diese Aufgabe, eine der höchsten des Dichters, vollends des Dramatikers, wird zwar nicht im Texte des Paragraphen selbst, wohl aber in seiner ausführlichen Begründung ziemlich klar dem Staatsanwalt ans Herz gelegt. Denn es heißt: daß strafbare Handlungen gesühnt oder als erlaubt dargestellt werden, »geschieht häufig in der Weise, daß zwar die Gesetzwidrigkeit der Handlung nicht in Abrede gestellt, diese aber vom Standpunkt einer angeblich gerechteren Weltanschauung zu *entschuldigen* oder zu *beschönigen* versucht wird.« Auf diesem Standpunkt einer »angeblich« gerechteren Weltanschauung steht zuweilen im Kriminalprozeß der Vertheidiger des Angeklagten. Auf diesem selben Standpunkt steht immer der Dichter, sofern er aus der menschlichen Seele tragische Konflikte loslöst. Der Begründer der Umsturzvorlage, der vom Theater gar nicht spricht, hat, wie er selbst beruhigend hervorhebt, dabei an öffentliche Reden und an Preßerzeugnisse gedacht. In seinem Beschwichtigungsversuche geht er so weit, zu versichern, daß das Anpreisen und die Rechtfertigung von strafbaren Handlungen nicht allgemein unter das Gesetz gestellt werde sondern nur insofern, als es sich um Verbrechen und um solche Vergehen handelt, die unmittelbar und in besonders bedenklicher Form gegen die Staatsgewalt sich richten oder die das Gefühl der Sicherheit in der Bevölkerung am ehesten gefährden. Davon aber steht nichts im Paragraphen selber, und schon aus dieser Entschuldigung blinzelt das Geständniß hervor, es könnte unter Umständen dieser Paragraph sich auch anders deuten lassen.

Seine Anwendbarkeit auf dramatische Konflikte ist aber für denjenigen zweifellos, der die Geschichte unserer Theaterzensur verfolgt hat. In Ibsens's »Gespenstern« spricht Helene Alving, die unglückliche Mutter, die ihr Unglück bis dahin so heldenhaft getragen hat, den Gedanken aus, daß von Gesetz und Ordnung alles Unglück in der Welt herrühre. Nicht ohne Grund hat man vermuthet, daß das polizeiliche Verbot der Gespenster viel weniger auf die pathologische Erscheinung des Paralytikers, als vielmehr auf diese und einige ähnliche Aussprüche zurückzuführen sei. Die Polizei rechnete mit der mangelhaften ästhetischen Erziehung des Publikums, welches die Meinungsäußerung einer Person im Stück als Meinungsäußerung des Dichters auffaßt, nicht bedenkt, daß Ibsen im Schmuck seiner Orden und Ehrenzeichen als ein höchst korrekter Staatsbürger einhergeht, während Frau Helene Alving unter dem Druck einer fürchterlichen Gemüthserschütterung momentan gar wohl auf einen solchen Umsturzeinfall kommen kann. Von diesem Gedankengang des polizeilichen Zensors, der meist ein Assessor ist, dürfte sich der Gedankengang des Staatsanwalts, der meist erst kürzlich ein Assessor war, nicht wesentlich unterscheiden. Dieser wird zu demselben Schluß gelangen, wie Jener. Wo bisher der Zensor einen Dichter nur mundtodt machen konnte, würde unter dem Umsturzgesetz der Staatsanwalt gegen denselben Dichter anklägerisch einschreiten. Wie jener, so würde auch dieser den Dichter für die Vergehungen seiner erdichteten Menschen verantwortlich machen. Und je menschlicher diese Menschen handeln und leiden, desto größer wächst dem Dichter die Gefahr. Wenn es schon vorgekommen ist, daß man wegen des Inhalts einer Zeitung den Korrektor und den Schriftsetzer zur Verantwortung gezogen hat, so wäre es nur folgerichtig, den Schauspieler auch mitverantwortlich zu machen, der einer Lästerung seinen Mund, einer That seine Hand leiht, und auch den Souffleur, der ihm das Gräßliche eingeflüstert hat. Ein zorniger Seitenblick der Obrigkeit träfe auch noch den Kulissensteher, der nicht rechtzeitig, ehe solche Greuel sich abspielen konnten, den Vorhang heruntergelassen hat.

In der Begründung des § 111a werden allerlei Verbrechen aufgezählt, von denen es nicht erlaubt sei, sie als erlaubt darzustellen. Jedes dieser Verbrechen ist von großen Dramatikern vom Standpunkt einer gerechteren Weltanschauung »entschuldigt« oder »beschönigt« worden, und je mehr die Kunst als eine Beschönigung des Lebens aufgefaßt wird, desto bedenklicher sind die Folgen. Beim »gewaltsamen Widerstand gegen Beamte« könnte man an die Szene zwischen Carlos und Alba denken; bei der »gewaltsamen Nöthigung« an die Drohung Ferdinands gegen seinen Vater (...so erzähle ich der Residenz, eine Geschichte, wie man Präsident wird), bei der »öffentlichen Zusammenrottung« an den Rütlibund, beim »Landfriedensbruch« an die Räuber; die »Zerstörung von Bauwerken, Verkehrs- und Sicherheitsanstalten« an Zwing-Uri.

Trotzdem werden Schiller und die anderen Größen der Vergangenheit durch solche Paragraphen so wenig getroffen, wie unsere Schönthane. Jene schützt ihr geheiligtes Ansehen, diese ihr heilloser Spekulationstrieb. Allenfalls kann die Berliner Censur heute einem Spekulanten verbieten, »die Kindermöderin«, von Goethes Jugendgenossen Heinrich Leopold Wagner aufzuführen, aber auch unter dem Umsturzgesetz wird kein Polizeiminister es wagen, die Kindesmörderin Gretchen von der Bühne zu hetzen.

Goethe, Schiller, Lessing, Shakespeare gehören schon zu lange zur »bestehenden Staatsordnung«, als daß ein Staatsanwalt es riskiren sollte, diese Götterbilder umzustürzen. Wer das befürchtet, übertreibt. Andererseits wird die Gruppe Schönthan-Kadelburg mit ihren auf dem Berliner Hoftheater begünstigten strebsamen Jüngern mehr denn je darauf erpicht sein, dem Publikum das zu bereiten, was der Freiherr von Heereman dieser Tage im preußischen

Abgeordnetenhause »eine harmlose Unterhaltung« genannt hat. Diese Gruppe der Harmlosen darf sich über ein solches Gesetz sogar freuen, denn es schafft ihnen auf den Theatern eine Konkurrenz vom Halse, die schon anfing, unbequem zu werden. Daß der geniale Komiker Georg Engels[1] auf seinen Gastreisen nicht bloß den Herrn Senator spielt, sondern auch den Kollegen Crampton, muß den Harmlosen höchst bedauerlich sein, denn wie bald könnten die Charakterkomödien dem Publikum von Hannover, Königsberg und Stuttgart den Geschmack an Requisitenspäßen verderben. Und wenn der kecke Odenwälder Carlot Reuling drollige Anfänge einer politischen Satire auf die Bühne bringt, was soll dann aus den »Goldfischen« werden? Es wäre demnach eine höchst ehrenwerte Opferwilligkeit, wenn diese Harmlosen gleichfalls den Reichstag bitten wollten, die Umsturzvorlage abzulehnen. Gefährlich und höchst harmvoll würde ein solches Gesetz nur denen, die nach dem Beispiel unserer Klassiker und derer, die es zu sein verdienten ins volle Menschenleben hineingreifen, um es da zu packen, wo es interessant ist.

Goethe's Egmont würde, gefeit durch die Tradition, der Hofbühne statthaft bleiben. Uebel aber könnte es der Heldin eines modernen Dramas ergehen, die dem Klärchen gleich, »öffentlich«, wie es in der Begründung heißt, »vor einer Menschenmenge zur Begehung einer strafbaren Handlung auffordert«. Klärchen, in der Absicht, einen Staatsgefangenen, einen des Hochvverathes Angeklagten aus seinem Kerker zu befreien, schaart die Bürger um sich her und raunt ihnen aufrührerisch zu:

»Die freche Tyrannei, die es wagt ihn zu fesseln, zuckt schon den Dolch, ihn zu ermorden… Kommt! wir wollen uns theilen; mit schnellem Lauf von Quartier zu Quartier rufen wir die Bürger heraus. Ein jeder greife zu seinen alten Waffen. Auf dem Markte treffen wir uns wieder und unser Strom reißt einen jeden mit sich fort. Die Feinde sehen sich umringt und überschwemmt, und sind unterdrückt… Könnt' euch mein Athem doch entzünden! Könnt' ich an meinen Busen drückend euch erwärmen und beleben! Kommt! In eurer Mitte will ich gehen! Wie eine Fahne wehrlos ein edles Heer von Kriegern wehend anführt, so soll mein Geist vor euren Häuptern flammen, und Liebe und Muth das schwankende zerstreute Volk zu einem fürchterlichen Heer vereinigen. «

Das ist Sturm! Das ist Umsturz. Klärchen ist keine ungefährlichere Revolutionärin, als jene schlesische Webersfrau Luise Hilse, deren Betragen die wenigsten Landboten kennen, die meisten aber mißbilligen. Klärchen würde für diese Aufrührung der Volksmenge zu Herzog Alba's Zeiten geköpft worden sein. Unter dem Umsturzgesetz käme sie, da es sich zwar um die »Aufforderung« zu einem Verbrechen handelt, die Aufforderung aber bei den ängstlichen Gentern »ohne Erfolg« geblieben ist, mit einer Gefängißstrafe bis zu drei Jahren weg. Und wenn der Dichter für ihre Aufführung verantwortlich gemacht würde, wie Ibsen für seine Gespenster, Hauptmann für seine Weber, so käme auch er ins Loch, da er Klärchens Handlungsweise nicht nur »entschuldigt«, sondern durch die Kraft der Sprache, die Tiefe der Charakteristik, die Gewalt der dramatischen Aktion sie so sehr verherrlicht, daß wir uns für das verbrecherische Klärchen begeistern könnten.

Der preußische Minister des Innern der vor dem Minister Karl August's von Weimar schon aus Gründen der Kollegialität und Loyalität eine gewisse Hochachtung nicht wird vermeiden können, käme allerdings selber in tragische Konflikte. In einer denkwürdigen Rede vor den preußischen Abgeordneten, hat er am 21. Februar (laut Stenogramm des deutschen Reichsanzeigers) also versetzt:

»Ich bin der Ansicht, daß die Theater im Laufe der letzten Jahrzehnte, das was sie sein sollten – eine Bildungsstätte zur Förderung von Sitte, eine Stätte zur Förderung historischer Erinnerungen, zur Förderung alles Guten und Edlen – schon lange nicht mehr sind.«

Vor diesem Kunstideal und Kunsturtheil kann Goethe's Egmont schwerlich standhalten. Zwar gehen, ziemlich treu nach der Wirklichkeit, zwei geschichtliche Helden durch das Drama; der kluge Oranien, den Goethe das zweischneidige Wort sprechen läßt: »Die Könige thun nichts Niedriges«, ist gewiß eine historische Erinnerung, voll des Guten und Edlen. Nur wenig Staatsmänner könnten sich, wie er, zu dem Gefühl erheben: »Einen Verlorenen beweinen ist auch männlich.« Zwar hat Oranien wegen seines »Betragens bei dem neuen Aufruhr des Pöbels« die Gunst der Regentin verscherzt, aber daß Fürstengunst schwankend ist, weiß auch der preußische Minister des Innern. Die andere historische Größe ist Alba. An ihm das Gute und Edle ausfindig zu machen, ist Gesinnungssache. Er schickt Geheimpolizisten umher, er erblickt in den Freigesinnten Leute, die »die Majestät des Königs«, in den Andersgläubigen Leute, die »das Heiligthum der Religion schänden« oder, wie man heute sagen würde, »beschimpfen«. In dem großen Gespräche, das er mit Egmont führt, könnte er Wort für Wort als Verfechter der Umsturzvorlage gelten. Alba ist gewiß nach dem Herzen des preußischen Ministers für innere Angelegenheiten: ein Förderer alles Guten und Edlen. Hinwiederum würde manche Gegenbemerkung Egmont's unseren heutigen Machthabern so wenig gefallen, wie sie Alba gefiel, der ihn köpfen ließ; und nun gar des Grafen sein Verhältniß zu Klärchen – wer wollte behaupten, daß darin eine »Förderung der Sitte« läge?

Trotzdem wird »Egmont«, da er nun einmal von Goethe ist, unbehelligt weiter über unsere Bühnen schreiten, aber wenn der heutige Kurs in seiner »unentwegten Entwicklung« (ein geschmackvolles Wort aus der geschmackvollen Berliner Künstleradresse) fortschreitet, wehe dann dem jungen Dichter, der etwas Aehnliches wagen sollte, weh' etwa Gerhart Hauptmann, der eben jetzt still und eifrig an seinem »Florian Geyer«, auch einer historischen Erinnerung, schafft! Gottfried Keller's »Romeo und Julia auf dem Dorf« bleibt unbeanstandet, weil diese herrliche Novelle schon klassisch geworden ist. Wenn aber Jemand dasselbe Werk plagiirt und im Volke verbreitet, so ruft vor versammeltem deutschem Reichstage der preußische Minister des Innern über die »Glorifizirung des Selbstmordes nach dem Genuß«, entrüstet aus: »Auch das ist Lektüre!« Was einer Novelle verübelt wird, gäbe beim Theaterstück noch ärgeren Anstoß.

Wer die neuen Paragraphen der Umsturzvorlage liest, wird vielleicht im Vertrauen auf unseren Richterstand nichts Verfängliches darin entdecken. Wie sie von ihren Erfindern verstanden sind, zeigt klarer die Begründung, beweisen zur Evidenz die Parlamentsreden, die vom Ministertisch und auf der rechten Seite des Hauses gehalten sind.

Am 10. Januar konnte im Reichstag Herr v. Bennigsen noch bestreiten, daß man mit dem

Entwurf die wissenschaftliche, historische, selbst die schärfste Kritik ausschließen will über Grundlagen unserer Kultur, wie Religion, Monarchie, Eigenthum, Ehe, Familie. Es erschien Herrn v. Bennigsen »selbstverständlich«, daß auch unter dem Umsturzgesetz sogar der schärfste Angriff gegen die einzelnen Formen, die diese Kulturinstitute in historischer Zeit gewonnen haben, noch statthaft sein werde. Daß dieses dem preußischen Minister des Innern nicht so selbstverständlich, oder, wie er sich modischer ausdrücken würde, so »selbstredend« erscheint, hat er am 20. Februar im preußischen Abgeordnetenhause bewiesen, als er seine Ansichten über das moderne Drama zum Besten gab und dem Oberverwaltungsgerichte wegen Freilassung der »Weber« Vorwürfe machte.

Ueber die Rede äußert sich das vornehmste Pariser Blatt, der »Temps«, wie folgt:

Un discours comme celui où, M. de Koeller, a attaqué le tribunal administratit suprême pour avoir autorisé la représentation des Tisserands, cette forte et sobre pièce dont Paris a pu se faire une idée et où le socialisme et la grève ne sont que des moment absolument légitimes de l'action dramatique, un tel discours ne peut que donner un nouvel élan à cette croisade defensive. Les poètes eux-mêmes – s'il en est – vont se sentir solidaires de ces libertés publiques dont les beaux esprits dédaigneux font si volontiers fi en temps de calme et de paix.

Der Minister erblickt in der modernen Dramatik das Bestreben, »auf die Unmoralität – auf die Genußsucht und Vergnügungssucht des Volkes zu spekuliren und derartige Sachen, wie die Theater, in den Dienst dieser unedlen Eigenschaft zu stellen«. Für diese wörtlich dem Stenogramm des »Reichsanzeigers« entnommene Aeußerung lohnte ihn die Rechte und das Centrum mit Beifall; offenbar aber dachten alle diese Beifallspender dabei keineswegs an die »Weber«, die nicht eben auf »Genußsucht« und »Vergnügungssucht« des Volkes spekuliren, sondern an die Boulevardpossen des Residenztheaters und an die fünf Barrisons, die volksvertretenden Strohwittwern genauer bekannt zu sein scheinen, als Hauptmann's »Weber«. Der Minister des Innern aber dachte dabei an die »Weber« und sah voraus, »daß man ja wieder natürlich Angriffe darauf in hohem Maße in der Richtung machen wird, die Kultur sollte zurückgeschraubt werden«. Der Minister war ein guter Prophet. Die Angriffe sind nicht ausgeblieben. Und wenn er sich eingestandenermaßen aus den Angriffen in der Presse und im Parlamente nichts macht, so braucht er sich aus den Angriffen nachkommender Kulturhistoriker erst recht nichts zu machen, denn er wird ihre lachende Kritik nicht mehr erleben. Für uns, die heutigen, ist zu lachender Kritik noch keine Zeit. Nicht im Geringsten verwöhnt durch unsere polizeiliche Theatercensur, sehen wir uns weit über alle Theatercensur hinaus geführt, sobald der Minister glaubt, »für Religion, Sitte, Ordnung und Anstand im Lande dadurch wieder Boden zu schaffen« und den Elementen, die das untergraben wollen, auf das allerenergischste dadurch entgegenzutreten, daß er ein dramatisches Kunstwerk unterdrückt.

Sofern der gegenwärtige Minister des Innern hinter der Vorlage steht, ist diese Vorlage gegen Litteratur und Kunst, vornehmlich gegen das Theater gerichtet. Herr v. Köller hat das ehrlicher Weise zugestanden. Auch für ihn entscheidet im Kunstwerk nicht die künstlerische Gestaltung, sondern die Wahl des Stoffes. Damit ist allen Tragödien der Krieg erklärt; denn es gibt kaum einen modernen menschlichen Konflikt, der nicht in irgend welcher näheren oder ferneren Beziehung stände zu den Instituten der Religion, der Monarchie, des Eigenthums, der Ehe oder der Familie, die alle durch § 130 der Umsturzvorlage vor beschimpfenden, öffentlich gemachten Aeußerungen geschützt werden sollen.

Aber nicht nur dem wilden und wirren Ernst der Tragödie könnte es schlecht ergehen, sondern auch dem frisch-frech-fröhlichen Spott einer modernen Komödie. Der preußische Minister des Innern, dieser genaue Kenner Gerhart Hauptmann's, kennt gewiß auch dessen Diebskomödie »Den Biberpelz«. In diesem Stück spielt ein strebsamer Amtsvorsteher, Herr von Wehrhahn, die gewichtigste Rolle. Wenn dieser einsichtsvolle Mann, statt einem unschwer zu entdeckenden Diebstahl nachzuspüren, bei harmlosen Leuten auf Demagogenriecherei ausgeht, so wirft er sich stolz in die Brust und spricht zu seinem *agent provocateur*:

»Ich sage Ihnen, mein lieber Motes, so'n Posten wird Einem schwer gemacht. Wenn man nicht wüßte, für was man hier steht, da könnte man manchmal die Büchse ins Korn werfen. So aber heißt es tapfer aushalten. Was ist es denn schließlich, für das man kämpft? Die höchsten Güter der Nation?«

Offenbar hat der preußische Minister des Innern andeuten wollen, daß er sich auch aus dem Gelächter eines solchen Satirikers nichts machen würde, daß er, ein Edelmann, Pamphlete niedrig hängt, er, der zwei Jahre nach Erscheinen jener Diebskomödie, am 21. Februar im Landtage rief:

»Wie lange sollen wir denn noch zusehen, daß in der schimpflichsten Weise alle die heiligsten Güter der Nation, die auch dem Volke wirklich noch heilig sind, herabgewürdigt und in den Schmutz gezogen werden?«

Diese wehrhahnisirende Wendung – das mag des Ministers Rache sein – bezieht sich exemplarisch auf Gerhart Hauptmann's »Weber«, wo nichts anderes in schimpflichster Weise (§ 130 sagt: »durch beschimpfende Aeußerungen«) herabgezogen wird, als ein harter Fabrikant und eine plumpe Dorfgendarmerie aus den vierziger Jahren. Doch nein! Es geschieht noch mehr. Hungrige Arbeiter greifen das Eigenthum ihres Brotherrn an und kämpfen gegen eine Kompagnie Soldaten; in einer armseligen Familie gibt es ein uneheliches Enkelkind, und wenn in der einen Bettlerhütte gottgläubig gebetet wird, so wird doch auch in der anderen freventlich geflucht. Grund genug für Herrn v. Köller und seine untergebenen Behörden, den Dichter dieser Tragödie bei § 130 anzuklagen, weil er in einer den öffentlichen Frieden gefährdenden Weise die Religion, die Monarchie, die Ehe, die Familie oder das Eigenthum durch beschimpfende Aeußerungen öffentlich anpreise.

Paul Schlenther (1854–1916), war seit der gemeinsamen Studienzeit in Heidelberg mit Otto Brahm befreundet. 1886–1898 arbeitete er in der Nachfolge Brahms als Theaterkritiker der *Vossischen Zeitung*. 1894 übernahm er von Brahm den Vorsitz der Freien Bühne bis 1898. In diesem Jahr ging Schlenther als Direktor des Burgtheaters nach Wien. Als Kritiker setzte er sich für Hauptmann und Ibsen besonders ein. 1897 veröffentlichte er eine Hauptmann-Biographie, 1898–1905 gab er Ibsens Werke in zehn Bänden heraus.

Paul Schlenther nimmt in dem ob. dok. Artikel Stellung zu der sog. Umsturzvorlage, die zwischen Dezember 1894 und Mai 1895 im Reichstag beraten wurde. Dieser Gesetzes-Entwurf war nach Aufhebung des Sozialistengesetzes ein neuerlicher Versuch der Regierung, mit Methoden staatlicher Gewalt den wachsenden Einfluß der Sozialdemokratie zurückzudrängen. Vorgesehen war eine Änderung des Strafgesetzes, des Militärstrafgesetzes und des Pressegesetzes. Gegen diese Gesetzesvorlage entwickelte sich ein breiter öffentlicher Protest, so daß der Reichstag die Vorlage im Mai 1895 ablehnte. Die Kritik richtete sich vor allem auch gegen die vorgesehene Verschärfung der Zensur durch den § 111, der die »Glorifikation von Verbrechen oder Vergehen« in öffentlichen Darstellungen unter Strafe stellte und damit direkt auch auf die Literatur und das Theater zielte. Für die Naturalismus-Rezeption wurden die Reichstagsdebatten über die Umsturzvorlage insbesondere dadurch bedeutsam, daß nach den *Weber*-Prozessen nun auch auf höchster staatlicher Ebene die Verbindung von Sozialismus, Anarchismus und Naturalismus festgestellt wurde. Der Reichstagsabgeordnete der Deutschen Reichspartei von Stumm-Halberg verwies z.B. im Anschluß an seine Behauptung, »daß die Sozialdemokratie [...] geradezu den deutschen Anarchismus geboren hat«, ausdrücklich auf den Naturalismus, als Teil dieser staatsfeindlichen Bestrebungen. Er kritisierte, daß in Berlin durch die Entscheidung des Oberverwaltungsgerichtes die *Weber* »unter den Augen der Polizei« aufgeführt würden, »ein Stück, das in New York verboten worden ist, das Ihr früherer Genosse Most als das wirksamste Mittel zur Verbreitung anarchistischer Ideen, wirksamer als alle anarchistischen Flugblätter, hingestellt hat. [...] Ja meine Herren, es ist nicht einmal so weit gekommen, daß man in allen staatlichen Betrieben notorisch sozialdemokratische Arbeiter ausgeschlossen hat« (zit. nach: M. Brauneck, *Literatur und Öffentlichkeit im ausgehenden 19. Jahrhundert*. Stuttgart 1974, S. 95).

In der Kritik dieses Gesetzentwurfes wurde allerdings immer wieder darauf hingewiesen, daß durch dieses Gesetz praktisch die gesamte Weltliteratur bis zur Moderne vom Verbot bedroht sei. So erklärte der liberale Abgeordnete Barth: »Wenn Sie sich von der Antigone des Sophokles bis zum Schillerschen Tell oder zu den Hauptmannschen Webern die ganze große Reihe der klassischen dramatischen Werke der verschiedensten Völker vergegenwärtigen, so werden Sie zahlreiche tragische Konflikte finden, die aus dem Gegensatz der subjektiven Rechtsanschauung zu der objektiven Rechtsnorm erwachsen sind.« Barth bezeichnete den Gesetzentwurf daher »als« eine Gefahr für die ganze Entwicklung unserer dramatischen Poesie« (zit. nach: Ebd., S. 96).

Gegen die Umsturzvorlage wandten sich Künstler, Schriftsteller und Universitätsprofessoren mit einer Protestschrift, die in zahlreichen Zeitschriften veröffentlicht wurde. Ihr Initiator war vermutlich Gustav Freytag, der u.a. in der *Nation* Gerhart Hauptmann zur Unterstützung der Eingabe aufforderte. Auch die Redaktion der *Nation* unterstützte mit einem Kommentar zum Schreiben Freytags die Kritik an der Umsturzvorlage. Der Brief G. Freytags zeige, »wie weit jene Richtung, die uns das Umsturzgesetz aufzudrängen gedenkt, von den Quellen deutscher Bildung und Kultur abgekommen ist. Bei den Debatten über das Gesetz erschien Hauptmann im Spiegel des Banausenthums als der Typus jener modernen Sudler, die unter dem Deckmantel künstlerischen Schaffens aus der Unterwühlung der Gesellschaft ein Geschäft machen« (zit. nach: Ebd., S. 97).

1 Georg Engels (1846–1907), Charakterkomiker, war seit 1872 am Wallner-Theater in Berlin tätig, 1883–1894 am Deutschen Theater, wo er 1899 wieder als Mitglied des Ensembles spielte.

c) Lyrik

55
Hermann Conradi: *Unser Credo.* In: *Moderne Dichter-Charaktere.*
Hrsg. v. Wilhelm Arent. Mit Einleitungen von Hermann Conradi
u. Karl Henckell. Leipzig (W. Friedrich) 1885, S. I–IV.

»Unser Credo!«

Wir wissen, daß dieser Titel etwas kühn und stolz klingt. Es werden mit der Zeit sogar genug Stimmen laut werden, die ihn anmaßend schelten, womöglich noch härtere Ausdrücke dafür haben. Man wird uns in allen Farben und Tönen, die ganze prismatische Farbenkarte, die ganze Tonscala hinauf und hinunter, »heimleuchten« und uns unsere Unbescheidenheit, unsere Vermessenheit parlamentarisch und – unparlamentarisch ad oculos demonstriren.

Ob wir aber zerknirscht sein werden?

Ob wir büßen werden in Sack und Asche?

Ich glaube kaum.

Warum auch?

Wir wissen ganz genau, was wir in dieser Anthologie ausgeben.

Wir sind uns, um diesen Punkt hier gleich zu erwähnen, ihrer Schwächen vollkommen bewußt.

Wir machen nicht den Anspruch, Vollkommenes, Makelloses nach Form und Inhalt zu bieten.

Wir begreifen vollkommen, daß manches Poem, das wir aufgenommen, nicht originell ist; daß es in tausendmal angestimmte Weisen einfällt; daß es, absolut genommen, vielleicht nicht einmal werthvoll ist.

Und doch erheben wir den Anspruch, endlich die Anthologie geschaffen zu haben, mit der vielleicht wieder eine *neue* Lyrik anhebt; durch die vielleicht wieder weitere Kreise, die der Kunst untreu geworden, zurückgewonnen und zu neuer, glühaufflammender Begeisterung entzündet werden; und durch die alle die Sänger und Bildner zu uns geführt werden, um mit uns zu Schöpfern einer neuen Lyrik zu werden, die bisher abseits stehen mußten, weil sie kein Organ gefunden, durch das sie zu ihrem Volke in neuen, freien, ungehörten Weisen reden durften, weil nur das Alte, Conventionelle, Bedingte, Unschuldige oder das Frivole, Gemeine, Schmutzige – nie aber das Intime, das Wahre, das Natürliche, das Ursprüngliche, das Große und Begeisternde, offene Ohren und gläubige Herzen findet.

Wir brechen mit den alten, überlieferten Motiven. Wir werfen die abgenutzten Schablonen

von uns. Wir singen nicht für die Salons, das Badezimmer, die Spinnstube – wir singen frei
und offen, wie es uns um's Herz ist: für den Fürsten im geschmeidefunkelnden Thronsaal wie
für den Bettler, der am Wegstein hockt und mit blöden, erloschenen Augen in das verdäm-
mernde Abendroth starrt...

Das ist es ja eben: Wir haben wohl eine Cliquen-, eine *Partei*litteratur, aber keine Litteratur, die aus germanischem Wesen herausgeboren, in sich stark und daseinskräftig genug
wäre, um für *alle* Durstigen, mögen sie nun Söhne des Tages oder der Nacht sein, Stätte und
Zehrung zu haben. Wir sind eigentlich recht arm. Was sollen wir's uns verhehlen? *Scheinbar*
zeitigt unsere Litteratur fortwährend die edelsten Früchte – wieder und wieder neue Triebe,
neue Blüthen, neue Erzeugnisse: aber ist nur der dritte Theil von dem, was – und noch dazu
in unabsehbaren Massen! – unsere Poeten schaffen und bilden, auch existenzberechtigt? –
Existenzberechtigt, weil es lebenswahr, weil es national, weil es auch wirklich Künstlerwerk
ist und nicht fein und sauber polirtes, zierlich gedrechseltes und gefeiltes und bei aller
Peinlichkeit doch roh und geistlos gebliebenes Stümperwerk – gleißende, aber in sich morsche
und haltlose Fabrikarbeit?

Das ist es ja eben: Unsere Litteratur ist überreich an Romanen, Epen, Dramen – an sauber
gegossener, feingeistiger, eleganter, geistreicher Lyrik – – aber sie hat mit wenigen Ausnahmen nichts Großes, Hinreißendes, Imposantes, Majestätisches, nichts Göttliches, das doch
zugleich die Spuren reinster, intimster Menschlichkeit an sich trüge! Sie hat nichts Titani-
sches, nichts Geniales.

Sie zeigt den Menschen nicht mehr in seiner confliktgeschwängerten Gegenstellung zur
Natur, zum Fatum, zum Ueberirdischen. Alles philosophisch Problematische geht ihr ab.
Aber auch alles hartkantig Sociale. Alles Urewige und doch zeitlich Moderne. Unsere Lyrik
spielt, tändelt. Wie gesagt: mit wenigen Ausnahmen. Zu diesen rechne ich u. A. Dranmoor,
Lingg, Grosse, Schack, Hamerling. Vor allen Dranmor. Er ist eigentlich der Einzige, der in
seinen Dichtungen einen prophetischen, einen confessionellen Klang anschlägt. Bei ihm fließt
jede Strophe aus einer ernsten, tiefen, gewaltigen, vulkanischen Dichternatur. Aus ihm spricht
ein großartig erhabener Dichtergeist. Dranmor darf mit seiner hinreißenden Intimität, seiner
machtvollen Bildnerkraft, seiner lebendigen Künstlerwahrheit, seiner freien, kosmopolitisch-
germanischen Weltanschauung, uns jüngeren Stürmern und Drängern, die wir alles epigonen-
hafte Schablonenthum über den Haufen werfen wollen, weil in uns ein neuer Geist lebt, wohl
Meister und Führer sein.

Aber wir brauchen nicht blindlings seiner Spur zu folgen. Der Geist, der uns treibt zu
singen und zu sagen, darf sich sein eigen Bett graben. Denn er ist der Geist wiedererwachter
Nationalität. Er ist germanischen Wesens, das all fremden Flitters und Tandes nicht bedarf.
Er ist so reich, so tief, so tongewaltig, daß auf unserer Laute alle Weisen anklingen können,
wenn er in seiner Unergründlichkeit und Ursprünglichkeit uns ganz beherrscht. Dann werden
wir endlich aufhören, lose, leichte, leichtsinnige Schelmenlieder und unwahre Spielmannswei-
sen zum Besten zu geben – dann wird jener selig-unselige, menschlich-göttliche, gewaltige
faustische Drang wieder über uns kommen, der uns all den nichtigen Plunder vergessen läßt;

der uns wieder sehgewaltig, welt- und menschengläubig macht; der uns das lustige Faschingskleid vom Leibe reißt und dafür den Flügelmantel der Poeten, des wahren und großen, des allsehenden und allmächtigen Künstlers, um die Glieder schmiegt – den Mantel, der uns aufwärts trägt auf die Bergzinnen, wo das Licht und die Freiheit wohnen, und hinab in die Abgründe, wo die Armen und Heimathlosen kargend und duldend hausen, um sie zu trösten und Balsam auf ihre bluttriefenden Wunden zu legen. Dann werden die Dichter ihrer wahren Mission sich wieder bewußt werden. Hüter und Heger, Führer und Tröster, Pfadfinder und Weggeleiter, Aerzte und Priester der Menschen zu sein. Und vor Allen die, denen ein echtes Lied von der Lippe springt – ein Lied, das in die Herzen einschlägt und zündet; das die Schläfer weckt, die Müden stärkt; die Frevler schreckt, die Schwelger und Wüstlinge von ihren Pfühlen wirft – brandmarkt oder wiedergeboren werden läßt! Vor Allen also die *Lyriker!*

In dieser Anthologie eint sich ein solcher Stamm von Lyrikern, die sich das Gelübde auferlegt, stets nur dieser höheren, edleren, tieferen Auffassung ihrer Kunst huldigen zu wollen.

Keiner legt sich damit eine Widernatürlichkeit auf – zieht damit ein Moment in sein Schaffen, das seiner Individualität fremd wäre. Schrankenlose, unbedingte Ausbildung ihrer künstlerischen Individualität ist ja die Lebensparole dieser Rebellen und Neuerer. Damit stellen sie sich von vornherein zu gewissen Hauptströmungen des modernen *sozialen* Lebens in Contrast. Und doch steht der Dichter auch wieder, eben kraft seines Künstlerthums, *über* den Dingen – über Sonderinteressen und Parteibestrebungen und repräsentirt somit nur das reine, unverfälschte, weder durch raffinirte Uebercultur noch durch paradiesische Culturlosigkeit beeinflußte *Menschenthum.*

Gleich stark und gleich wahr lebt in Allen, die sich zu diesem Kreise zusammengefunden, das grandiose Protestgefühl gegen Unnatur und Charakterlosigkeit; gegen Ungerechtigkeit und Feigheit, die auf allen Gassen und Märkten gepflegt wird; gegen Heuchelei und Obscurantismus; gegen Dilettantismus in Kunst und Leben; gegen den brutalen Egoismus und erbärmlichen Particularismus, die nirgends ein großes, starkes Gemeingefühl, ein lebendiges Einigkeitsbewußtsein aufkommen lassen!

In mannigfachen Tönen und Farben, bald leiser, bald lauter, bald milder, bald greller, erhebt die Phalanx diese Anklagen. Sie verschleiert und verwässert sie nicht – sie ist sogar so kühn, sie offen und deutlich in ihrem »Credo« anzudeuten. Ich sage bewußt: anzudeuten.

Denn das »Credo« soll nicht nur diese Seite der dichterischen Individualitäten bezeichnen – es soll den Modus charakterisiren, in dem die neue Richtung sich ausgiebt: Sie will mit der Wucht, mit der Kraft, mit der Eigenheit und Ursprünglichkeit ihrer Persönlichkeiten eintreten und wirken; sie will sich geben, wie sie leben will: wahr und groß, intim und confessionell. Sie protestirt damit gegen die verblaßten, farblosen, alltäglichen Schablonennaturen, die keinen Funken eigenen Geistes haben und damit kein reiches und wahrhaft verinnerlichtes Seelenleben führen. *Sie will die Zeit der »großen Seelen und tiefen Gefühle« wieder begründen.*

Darum hat diese neue Anthologie nicht nur einen litterarischen – sie hat einen *culturellen* Werth!

Und darum ist sie in sich und durch sich lebenskräftig, mögen ihr auch verschiedene Schwächen anhaften, die später getilgt werden können.

Charles Baudelaire sagt; »Tout homme bien portant peut se passer de manger pendant deux jours; *de poésie – jamais*!«

Ist unsere Lyrik wieder *wahr, groß, starkgeistig, gewaltig* geworden, dann werden die Gesunden und Kranken wieder zu ihren Quellen pilgern.

Dann wird Baudelaire's »de poésie jamais!« zur lauteren Wahrheit werden! – »Groß ist die Wahrheit und übergewaltig.«

Wir siegen, wenn wir dieses Wort nicht vergessen.

Und wir werden es nicht vergessen!

Berlin, November 1884.

Hermann Conradi (1862–1890) kam im Unterschied zu vielen anderen jungen oppositionellen Literaten aus einer verarmten Familie, die 1879 nach Magdeburg zog. Conradi fiel an der Schule, wo er den dramatischen Leseverein »Eos« gründete, bereits wegen seiner ausgeprägten literarischen Interessen auf. Nach ersten Veröffentlichungen 1880 bemühte er sich um Kontakt zu namhaften Schriftstellern. Es gelang ihm, u.a. mit Wolfgang Kirchbach, Hermann Lingg, Adolf Graf Schack, Julius Grosse, Margarethe Halm, Dranmoor und den Harts in Verbindung zu treten. Bereits 1881, also noch vor Erscheinen der *Kritischen Waffengänge*, bekannte sich Conradi in einem Brief an seinen Jugendfreund Schuster zum Naturalismus. Aus einer tief empfundenen Verachtung für »fast alle Menschen«, die Reichen, die Armen und die Gelehrten, »das Volk von niedrigen Krämerseelen«, schlußfolgerte er: »Nur eins lerne ich aus diesem Treiben: den Realismus! Und als Schriftsteller, d.h. in meinen in dieses Fach schlagenden Versuchen will ich Realist, Naturalist sein bis zum Exzeß!‹« (zit. nach: Hermann Conradis *Gesammelte Schriften*. Hrsg. v. P. Ssymank und G.W. Peters, Bd. 1, München u. Leipzig 1911, S. LXXV). 1883 formuliert Conradi darüberhinaus seine vernichtende Kritik der kulturellen Verhältnisse: »[...] Die Presse: die reine Bordellwirtschaft! [...] nirgends ein höherer, ein wahrhaft humaner Standpunkt [...]. Dann Verfall des Theaters, überwuchern der *Impotenz* – besonders in *Drama* und *Lyrik, Unterdrückung des Talents,* Hemmung aller sozialen *Freiheitsbestrebungen* – sinnlose *Ordensduselei, Heuchelei, brutaler Egoismus* [...] gänzliches Abwenden von der *echten* und *wahren Kunst* – [...]« (ebd., S. LXXVIII). In demselben Jahr gründeten Conradi und seine Freunde den geheimen »Bund der Lebendigen«. Diesem gehörten u.a., Johannes Bohne (s.u.), Georg Gradnauer (s.u.) und Johannes Schlaf an.

1885 gibt Conradi das *Wanderbuch eines Schwermütigen* von Daniel Leßmann (1794–1831) zur Unterstützung der neuen literarischen Bewegung heraus: »Das ›Wanderbuch‹ mit seinem Witz, seinem Spott, seiner Satire, seinem [...] gesunden Leben, mag sein Scherflein dazu beitragen, *die* Mächte moralisch zu vernichten, mit denen der neu entstehenden Richtung, tritt sie energisch mit ihren Prinzipien hervor [...] ein Kampf auf Leben und Tod bevorsteht! Und so, mein Wanderbuch, send' ich dich hinaus, als einen bescheidenen Vor- und Mitkämpfer um den Sieg, den über Materialismus, Indifferentismus, Flachheit, Versumpfung, erbärmliche Gedankenlosigkeit und konventionelles Lugentum erringen soll ein einheitlicher, gesunder, starker, auf *realer* Basis gegründeter, nährkräftiger *Idealismus*!« (zit. nach: Hermann Conradi, *Ich bin der Sohn der Zeit*. Ausgew. Schriften. Hrsg. v. Rüdiger Bernhardt. Leipzig und Weimar 1983, S. 176f.). Wie zahlreiche oppositionelle Literaten, knüpfte auch Conradi seine Zukunftshoffnungen an die Idee des Sozialismus: »Mag der Sozialismus diszipliniert sein, wie er will; mag er ebensogut in sich seine Brüche, Spaltungen, Parteien, seine einander befehdenden gemäßigteren und radikaleren Elemente haben, wie er seine Vorurteile hat – so viel ist jedenfalls fraglos, daß er [...] schon deshalb eine vorbestimmte Gewißheit auf den Besitz der Zukunft hat, weil er es wirklich ernst mit den Bewegungen und Strömungen der Zeit nimmt [...] So ist der Sozialismus als formal ausgedrückte *Gegengesellschaft* eine ethische Macht, die gar nicht hoch genug geschätzt werden kann« (zit. nach: ebd., S. 34f.).

1884 begann Conradi in Berlin zu studieren und er veröffentlichte noch in demselben Jahr zusammen mit Johannes Bohne im *Magazin für die Litteratur des In- und Auslandes* einen Aufruf für eine Anthologie. Diese Anthologie, die nicht zustande kam, sollte Stellung beziehn »[...] gegen alle Schwächen, Fehler, Irrtümer der Zeit; gegen Lug und Trug, Obskurantismus, Scheinheiligkeit, Charakterlosigkeit, Phrasenmalerei; gegen frivole Blasiertheit und dilettantische Stümperei; gegen den hohlen, das ganze geistige Leben zersetzenden pseudophilosophischen Materialismus, [...] gegen jene verderblichen Mächte der Finsternis, die sich einer gesunden und geregelten Weiterentwicklung auf allen Gebieten des geistigen und materiellen Lebens entgegenstellen« (a.a.O., S. 1532). Aus den gemeinsamen Bestrebungen, wie sie sich auch in dem Freundeskreis der Brüder Hart herausgebildet hatten, entstanden schließlich die *Modernen Dichter-Charaktere*. An der Anthologie beteiligten sich insgesamt 23 Autoren, die z.T. durch Freundschaften bereits miteinander verbunden waren. So waren Hermann Conradi, Johannes Bohne (geb. 1862) und Georg Gradnauer (geb. 1866) Freunde aus der Schulzeit in Magdeburg. Karl Henckell (s. Dok. 56) Alfred Hugenberg (1865–1951, der spätere »Pressezar« der Weimarer Republik) und Otto Erich Hartleben (1864–1905) waren Jugendfreunde aus Hannover. Wilhelm Arent (geb. 1864) und Oskar Linke (1854–1928) gehörten zum Freundeskreis der Brüder Hart; Fritz Lemmermayer (geb. 1857) hatte bereits seit 1878, wie Beiträge von ihm in den *Deutschen Monatsblättern* zeigen, Verbindung zu den Harts. Arno Holz (vgl. die Dok. 13, 22) und Oskar Jerschke (geb. 1861), waren seit dem Studium befreundet.

Das Erscheinen der Gedichtsammlung verzögerte sich beträchtlich. Als Verlagsort war zunächst Berlin vorgesehen, dann Stuttgart (bei dem sozialdemokratischen Verleger J. Dietz). Schließlich erschien der Gedichtband im »Selbstverlag der Herausgeber in Kommission der Kamlah'schen Buchhandlung«. Daß darin »Lieder von – socialdemokratischem Anflug, ja Inhalt« enthalten seien (Hartleben an Freunde, zit. nach K.-M. Bogdal, *Schaurige Bilder. Der Arbeiter im Blick des Bürgers*, Frankfurt a.M. 1978, S. 154) diente der Kamlah'schen Buchhandlung wahrscheinlich als Begründung, die Anthologie doch noch abzulehnen. Denn schließlich erschien diese mit dem Überkleber »Leipzig. Verlag von Wilhelm Friedrich. K.R. Hofbuchhändler.« Die Schwierigkeiten, die den jungen Autoren bei der Veröffentlichung gemacht wurden, belegt auch eine Notiz Wilhelm Arents: »München, 25. Oktober 1895, am *zehnten Jahrestage* der unter großen Mühen und *Hindernissen jeder Art* durchaus *selbständig* und *selbstschöpferisch* vollzogenen Zusammenstellung der ›Modernen Dichter-Caraktere‹ (1885)« (zit. nach: K.-M. Bogdal, *Schaurige Bilder*, S. 207).

Das *Credo*, das Conradi als erstes Gruppenbekenntnis der jungen Literaten formulierte, stimmte in den Kernaussagen mit den Positionen überein, wie sie bereits die Brüder Hart oder auch Michael Georg Conrad in der *Gesellschaft* veröffentlicht hatten. Man wollte wieder Kunst schaffen, geniale, große Literatur, aber eine Literatur, die nicht mehr getrennt war vom realen Leben, eine gesellschaftlich wirksame Literatur. »Realistisch«, »wahr«, »national«, »sozial« sollten ihre wesentlichen Bestimmungen sein. Verbunden mit dem gesellschaftlichen Wirkungsinteresse ist auch hier die Vorstellung von der Führer-Funktion des Dichters. Übereinstimmung herrschte dabei in der Ablehnung jeglicher Parteiliteratur, die grundsätzlich im Widerspruch zu dem angestrebten Kunstideal gesehen wurde. Der aktivistische Charakter, der in der Lyrik angestrebt wurde, wird schon in der Wortwahl Conradis deutlich. Die Autoren wollen das Lied schaffen, das »einschlägt«, »zündet«, »weckt«, »stärkt«, »schreckt«, »wirft«, »brandmarkt«, »wiedergeboren werden läßt«.

Ihre Gegnerschaft sahen die jungen Autoren dabei weniger in einer traditionalistischen Kunstauffassung als vielmehr in einer Poesie, »die tändelt, die spielt«, in literarischer Massenware und »epigonenhaftem Schablonenthum« und sie waren daher durchaus bereit, auch Autoren der älteren Dichtergeneration weiterhin ihre Anerkennung zu zollen. So wurden Gedichte auch von Ernst von Wildenbruch (1845–1909) in die Anthologie aufgenommen und im Vorwort selbst Autoren, die dem klassizistischen Münchner Dichterkreis nahestanden oder ihm angehörten positiv hervorgehoben, wie Hermann Lingg (1820–1905), Julius Grosse (1828–1902), Robert Hamerling (d.i. Rupert Johann Hammerling, 1830–1899) und Adolf Friedrich von Schack (1815–1894), die sie ausdrücklich von ihrer Kritik ausnahmen oder wie Dranmor (d.i. Ferdinand von Schmid, 1823–1888), den sie direkt als »Meister und Führer« anerkannten. Hamerling war von Heinrich Hart bereits 1877 zusammen mit Wilhelm Jordan als »Progon« einer neuen literarischen Blütenperiode bezeichnet worden (vgl. Dok. 1). Karl Bleibtreu nennt Hamerling 1887 einen »farbentrunkenen Coloristen, der auch in der Composition sich oft zu grossartiger Conception erhebt«. Seine »einseitige Sinnlichkeit« allerdings »vergiftet seine Poesie« (s. K. Bleibtreu, *Die Revolution der Litteratur*. 3. Aufl. Leipzig 1887, S. 28). Auch Hermann Lingg wird von Bleibtreu als der »treffliche Lingg« gewürdigt und er erkennt ihm das Prädikat »Wort-Dichter« zu (ebd., S. 49 und 57).

Conradi sprach von ihm als dem »Liebling meiner Jugend« (s. Hermann Conradi, *Ich bin der Sohn der Zeit*, S. 101). Ebenso wie von Wildenbruch erschienen auch von Lingg Beiträge in den von den Harts 1885 herausgegebenen *Berliner Monatsheften*.

Der Würdigung des »Grafen Schack als Dichter« hatten die Brüder Hart 1883 bereits ein Heft ihrer *Kritischen Waffengänge* gewidmet. Sie anerkannten ihn als »modernen und nationalen Dichter«, der »das Ziel der neueren Dichtung« im Auge habe, nämlich »Wahrheit durch realistischen Gehalt, Sittlichkeit durch Erfassung der reinsten, höchsten Ideen, Schönheit durch kraftgesättigte Form.« Seinen Dichtungen nach zählten sie ihn zu »den Bahnbrechern einer Poesie, welche in den Tiefen unsrer Zeit und unsres Volkes wurzelt« (s. *Kritische Waffengänge*, H. 5, 1883, S. 64).

Arno Holz verhielt sich ähnlich, als er 1884 zum Tode von Geibel ein »Gedenkbuch« herausgab. Im Vorwort bekannte er sich zu der Verehrung, die die Jugend in der Schule und auf der Universität für Geibel empfunden hatte. Noch 1886 erwähnt Holz in seinem *Buch der Zeit* Geibel, Schack und Baumbach anerkennend. (Geibel, Schack, Paul Heyse und Bodenstedt waren in den 50er Jahren von Maximilian II. nach Bayern gerufen worden, wo sie ständige Gäste seines »Symposiums« waren und eine Jahrespension erhielten. In den 70er Jahren gehörte Geibel zu den populärsten Lyrikern in Deutschland. Seine *Gedichte* von 1840 erschienen 1877 in der 83. Auflage und in seinem Todesjahr in der 100.)

Seit dem Erscheinen der *Modernen Dichter-Charaktere* ist immer wieder auf die Diskrepanz zwischen dem programmatischen Anspruch und dem literarischen Ergebnis, wie es sich in der Anthologie darbietet, kritisch hingewiesen worden. Wie sich an Conradis *Credo* zeigt, waren sich die Herausgeber jedoch selbst mindestens unsicher über das bisher Geschaffene. Sie erklärten ausdrücklich, daß sie noch mehr »Sänger und Bildner« gewinnen wollten, um mit ihnen gemeinsam »Schöpfer einer neuen Lyrik« zu werden(!). Betrachtet man darüberhinaus die Veröffentlichungsschwierigkeiten, die das Erscheinen des Bandes vermutlich fast um ein Jahr verzögerten, so ergibt sich daraus wohl eine der literarisch-politischen Situation angemessene Einschätzung dieser literarischen Aktion. Im übrigen sind J. Schuttes Überlegungen zu beachten, der darauf hingewiesen hat, daß die Feststellung der Diskrepanz zwischen Anspruch und literarischer Realisierung eigentlich nur Ausgangspunkt für weitergehende Fragestellungen sein kann, z.B. nach den Bedingungen im Deutschland des 19. Jahrhunderts für die Entwicklung und Entfaltung einer realistischen, engagierten Lyrik. (vgl. J. Schutte, *Lyrik des deutschen Naturalismus* (1885–1893). Stuttgart 1976).

Wie aus Henckells Beitrag (s. Dok. 56) hervorgeht, sollte die Anthologie in einer Art Jahrbuch fortgesetzt werden, ein Publikationsorgan für moderne Lyrik war geplant. Dazu kam es nicht. Die Anthologie wurde 1886 lediglich in einer zweiten Auflage unter dem Titel *Jung-Deutschland* herausgegeben. (Vgl. der Begriff »Jungdeutschland« war von den Harts bereits 1883 im Prospekt des ersten Heftes der *Kritischen Waffengänge* zur Kennzeichnung der jungen Literatenopposition der 80er Jahre verwendet worden.)

56
Karl Henckell: *Die neue Lyrik*. In: *Moderne Dichter-Charaktere*. Hrsg. v. Wilhelm Arent. Mit Einleitungen von Hermann Conradi u. Karl Henckell. Leipzig (W. Friedrich) 1885, S. V–VII.

Freudigen Herzens spreche ich der folgenden Sammlung jüngster Lyrik ein Wort des Geleites. Freilich – sie muß und wird für sich selbst sprechen, doch ist es in diesem Falle nicht nur nicht überflüssig, sondern sogar *geboten*, Wesen und Absicht des Dargebrachten etwas eingehender zu beleuchten. Denn nicht eine neue Anthologie nach tausend anderen schleudern wir in die Welt, die ebenso, wie jene, der buchhändlerischen Speculation dienen und sich vielleicht nur durch Titel und Auswahl von ihren Vorgängerinnen unterscheiden würden, nein, *unser* Zweck ist ein anderer, höherer, rein ideeller. Die »Dichtercharaktere« sind – sagen wir es kurz heraus – bestimmt, direkt in die Entwicklung der modernen deutschen Lyrik einzugreifen. Was das heißt, sei für weitere Kreise kurz erörtert.

Moderne deutsche Lyrik – wer nennt mir drei andere Worte unserer Sprache, bei denen eine gleich tiefe Kluft gähnt zwischen dem wahren Sinne derselben und dem Dinge, zu dessen Bezeichnung sie herabgesunken sind? In Wahrheit, es ist ein trauriges Bekenntniß, aber wir haben in den letzten Dezennien weder eine moderne, noch eine deutsche, noch überhaupt eine Lyrik besessen, die dieses heiligen Namens der ursprünglichsten, elementarsten und reinsten aller Dichtungsarten nur entfernt würdig wäre. Wie auf allen übrigen Gebieten der Poesie ohne Ausnahme hat auch auf dem der Lyrik der Dilettantismus jeder Form das unrühmliche Scepter erobert. Und zwar hat der feine, geschickte und gebildete Dilettantismus wirklich oligarchisch geherrscht und thut es noch, während sich sein gröberer, ungeschickter und ungeschliffener Mitsproß mehr denn je raupenartig fortgepflanzt hat und unheimlich wimmelnd das ganze liebe deutsche Land von Morgen bis gen Abend unsicher macht. Der Dilettantismus erster Sorte ist der wirklich gefährliche, denn weil er herrscht und sich für wahre Kunst ausgiebt, verbildet er den Geschmack des Publikums, das ihm blind dient, und untergräbt das Verständniß echter Poesie, ohne welches die Cultur eines Volkes nichts als Narrethei und Lumperei ist. Der feine Dilettantismus besticht und betrügt, denn er ist eitel Phrase und Schein. Er gebraucht bunte und leuchtende Tünche, denn sein Material ist wurmstichig, urväteralt und überall löcherig wie faules Holz. Er stinkt auch nicht wie der gemeine Dilettantismus, sondern er hat Parfüm. Er ist ein getreues Abbild der Toilette seiner Zeit. Ja, liebes Publikum, die anerkanntesten und berühmtesten Dichter unserer Zeit, die vortrefflichsten und bedeutendsten Autoren, wie die kritischen Preßwürmer sie zu bespecheln pflegen, sind nichts weiter als lyrische Dilettanten!

Von einem Phrasendrescher und Reimpolterer, wie Albert Träger, ließest du dich übertölpeln und machtest seinem Verlger – Gott sei's geklagt! – bald an die zwanzig Auflagen möglich, und dem gewandten Versifex Julius Wolff, der sein glattes Persönchen malerisch in das bunte Costüm des fahrenden Sängers gehüllt hat und seine Leier ohn' Erbarmen malträtirt wie ein kleiner Bengel sein Glasklavier, küssest du achtungsvoll und entzückt die schreibseligen Fingerlein. Der liebenswürdige Mann amüsirt dich ja auch so gut und schmeichelt deiner geistigen Faulheit, wie solltest du ihm nicht von Herzen dankbar sein? Daß ein Dichter begeistern, hinreißen, mit ein paar herrlichen aus den unergründlichen Tiefen einer geistes- und ideentrunkenen Seele hervorströmenden Worten dich machtvoll zu erhabener Andacht zwingen und dir süßmahnend gebieten soll, dich zu beugen vor der Urkraft, die in ihm wirkt und schafft, wer in aller Welt hat dich jemals darauf aufmerksam gemacht? Der Berliner Journalist Paul Lindau jedenfalls nicht, und auf diesen Mann der Gegenwart schwörst du doch in Nord und Süd unseres theuren deutschen Vaterlandes? Oder darf ich mich verbessern und sagen: hast du geschworen? Ist es wahr, daß die Reue in dein allzu ausgetrocknetes Herz eingekehrt ist und daß du endlich, endlich einsiehst, wie der Witz – nach Schillers Wort – auf ewig mit dem Schönen Krieg führt, und wie ein Mann, der fähig ist, die glühender Lava gleichenden, und ganz naturgemäß auch Schlacke mit sich führenden Jugenderuptionen des erhabensten und heiligsten Dichters seines Volkes behufs Verwerthung seines Witzes zu verhöhnen, wie ein solcher Mann. – Schmach über ihn! – nie und nimmer die Führer auf den Pfaden der Dichtkunst und Litteratur sein und bleiben darf? Nun so wollen wir denn darauf vertrauen, daß die Herrschaft der blasirten Schwätzer, der Witzbolde, Macher und litterarischen Spekulanten, die der materialistische Sudelkessel der siebziger Jahre als Schaumblasen in die Höhe getrieben hat, ein für alle mal vernichtet und gebrochen sei, wir wollen vertrauen auf die unzerstörbare Empfänglichkeit unseres Volkes für alles wahrhaft Große, Schöne und Gute, und in diesem Sinne mit dem Pfunde, das uns verliehen, zu wirken und zu wuchern streben. Wir, das heißt die junge Generation des erneuten, geeinten und großen Vaterlandes, wollen, daß die Poesie wiederum ein Heiligthum werde, zu dessen geweihter Stätte das Volk wallfahrtet, um mit tiefster Seele aus dem Born des Ewigen zu schlürfen und erquickt, geleitet und erhoben zu der Erfüllung seines menschheitlichen Berufes zurückzukehren, wir wollen uns von ganzem Herzen und von ganzer Seele der Kunst ergeben, deren Triebkraft in uns gelegt, und wollen unsere nach bestem Können gebildete und veredelte Persönlichkeit rücksichtslos, wahr und uneingeschränkt zum Ausdruck bringen. Wir wollen, mit einem Worte, dahin streben, Charaktere zu sein. Dann werden wir auch des Lohnes nicht ermangeln, den wir ersehnen: eine Poesie, also auch eine Lyrik zu gebären, die, durchtränkt von dem Lebensstrome der Zeit und der Nation, ein charakteristisch verkörpertes Abbild alles Leidens, Sehnens, Strebens und Kämpfens unserer Epoche darstellt, und soll sein ein prophetischer Gesang und ein jauchzender Morgenweckruf der siegenden und befreienden Zukunft.

[...] Unsere Anthologie soll sich, wenn irgend möglich, zu einem dauernden Jahrbuch gestalten, das sich aus schwachen Anfängen zu immer größerer Bedeutung entwickeln möge. Die Idee dieses jüngsten Eröffnungsbandes ist schnell entstanden und ebenso schnell durch die thatkräftige und opferwillige Liberalität unseres Freundes und Dichtgenossen Wilhelm Arent in's Leben gerufen worden; die große Eile, mit der wir vorgehen mußten, um das Werk noch vor Weihnachten herauszubringen, möge es entschuldigen, wenn die Vollständigkeit, Vielseitigkeit und Auswahl noch nicht ganz nach Wunsch ausgefallen. Der Weg zur Vollendung ist eben schwer, und der Herausgeber würde vollkommen befriedigt sein, wenn von

Seiten der guten und verständnißvoll Urtheilenden anerkannt würde, daß die ersten Schritte, die auf dem Wege geschehen, keine »verlorene Liebesmühe« gewesen sind. Noch manchen der Jüngeren hätten wir gern geladen, aber die Frist war zu kurz; immerhin hoffen wir, daß es ersichtlich wird: auf den Dichtern des Kreises, den dieses Buch vereint, beruht die Litteratur, die Poesie der Zukunft, und wir meinen, eine bedeutsame Litteratur, eine große Poesie [...] Hannover, Mitte November 1884.

Karl Henckell (1864–1929) begann 1883 in Berlin zu studieren und bekam dort Kontakt zu den oppositionellen Schriftstellern. Neben seinen Beiträgen in den *Modernen Dichter-Charakteren* veröffentlichte er 1885 ein *Poetisches Skizzenbuch*, zu dem Heinrich Hart die Vorrede schrieb. Diese Sammlung spiegelt die als bedrückend empfundenen Erfahrungen des Großstadtlebens wider. Henckell begeisterte sich für Arno Holz, dem er 1885 ein Gedicht widmet, in dem es heißt: »Wir wollen diese Zeit erkennen / Und ihr beruf'ne Führer sein! / Laß uns mit Hohn und heil'gem Zorne / Die Götzen treten in den Koth, / nur unterthan der Schicksalsnorne, / Und mächtig, wie mit Uris Horne / Rufen der Freiheit Morgenroth« (zit. nach: H. Scheuer, *A. Holz im literarischen Leben des ausgehenden 19. Jahrhunderts (1883–1896)*. München 1971, S. 80). 1886 gab Henckell nochmal eine Anthologie heraus: *Quartett*. (Unter Mitwirkung v. Arthur Gutheil, Erich Hartleben, Alfred Hugenberg). In demselben Jahr emigrierte Henckell in die Schweiz, deren Staatsbürgerschaft er 1890 annahm. In Zürich bekam er Kontakt zu zahlreichen Schriftstellern aus der Schweiz und aus Deutschland, so zu Conrad Ferdinand Meyer, Gottfried Keller, Otto Julius Bierbaum, Frank Wedekind, den Brüdern Carl und Gerhart Hauptmann, John Henry Mackay, Peter Hille, Maurice Reinhold v. Stern, außerdem auch zu emigrierten Sozialdemokraten. Es erschienen weitere Gedichtbände von ihm; *Amselrufe* (1888) und *Diorama* (1890) wurden aufgrund des Sozialistengesetzes in Deutschland verboten. 1893 gab Henckell im Auftrag der SPD die Anthologie *Buch der Freiheit* heraus. Dieses Buch machte zahlreiche naturalistische Autoren innerhalb der sozialdemokratischen Arbeiterbewegung bekannt, ähnlich wie die Zeitschrift *Berliner Volkstribüne* (red. u.a. von Paul Ernst, 1890) und *Die Neue Welt* unter der Redaktion von Edgar Steiger (s. auch die Dok. 88 u. 89). Nach 1893 zog sich Henckell von seinem politischen Engagement zurück und schrieb vor allem Natur- und Liebeslyrik. In der Gedichtsammlung *Zwischenspiel* (1894) bekannte er sich zu dieser Wendung: »Volksführer? Nein! Die Toga paßt mir nicht. / Ich bin zu schüchtern, Politik zu treiben. / Ich bilde mich und mein Gedicht, / Was meinem Innern fern liegt, laß ich bleiben. / Aus Mitgefühl sang ich mein Lied der Not, / Doch dem Parteigetriebe bin ich tot.«

In seiner Einleitung zu den *Modernen Dichter-Charakteren* formuliert Henckell ein zentrales Anliegen der jungen Autoren: gegen Dilettantismus, gegen die »Macher und literarischen Spekulanten«. Als Gegenprogramm erklärte auch er die Restitution großer Kunst als die zentrale Aufgabe der jungen Generation, die Gestaltung des »wahrhaft Großen, Schönen und Guten«. Als »Born des Ewigen« sollte sie zugleich dem Volk eine Hilfe sein bei der »Erfüllung des menschlichen Berufes«. Die Kunst sollte darüberhinaus die Gegenwart charakteristisch abbilden und in diesem Abbild auch gleichzeitig das Zukünftige zeigen, »ein Morgenweckruf der siegenden und befreienden Zukunft« sein. Ein so umfassend begriffenes Kunstideal mußte für die jungen Autoren zwangsläufig unerfüllbar sein. Festzuhalten bleibt, daß Henckells programmatische Aussagen zur Einbindung von Kunst in den Prozeß sozialer Emanzipation bereits Kerngedanken einer proletarischen Ästhetik enthielten.

57

Julius Hart: *Soziale Lyrik*. In: *Freie Bühne für modernes Leben*
Red.: Wilhelm Bölsche. 1. Jg. Berlin (S. Fischer) 1890, S. 1079–1082,
1099–1103 (Karl Henckell), 1125–1128 (John Henry Mackay); hier:
S. 1079–1082, 1099–1103.

[...]

Die ewig gültige Bedeutung der gegenwärtigen Literaturbewegung liegt nicht in der Pflege
des naturalistischen Stils; er erfrischt uns vor allem deswegen, weil wir des idealistischen
überdrüssig waren, und da immer wieder übersättigte Lustempfindungen des Gegensatzes
bedürfen, so wird auch ohne Zweifel der Naturalismus einmal von neuem dem idealisierenden Stil Platz zu machen. Was die Bedeutung dieser Literaturbewegung ausmacht, das ist die
Eigenart ihres Gedanken- und Empfindungslebens, die ihre Erzeugnisse scharf abhebt von
den Schöpfungen der romantischen Periode. Sie ist eine Eigenartsdichtung und nicht epigoni-
scher Natur. Wir sehen die Welt an, bewegt von ganz anderen Ideen, als unsere Vorgänger,
und die naturalistische Form ist eine Folge unseres neuen Sehens, eine Form und kein Inhalt,
eine Wirkung und keine Ursache.

Hat sich auch für unsere *Lyrik* das Centrum verschoben, daß ein neubesonderes Licht von
ihm ausgeht, welches unser Empfinden und unsere Stimmung ändert? Wir verlangen nach
einem solchen! Dafür spricht schon die weitverbreitete Unlust an ihren Erzeugnissen, die erst
neuerdings langsam einer wärmer werdenden Antheilnahme wieder Platz macht. Der Lyriker,
welcher noch in den Weisen und Tönen der Romantik singt, löst damit dem Menschen der
Gegenwart Empfindungen aus, die nicht mehr so im Mittelpunkte von dessen Innenleben
stehen, wie sie es vor fünfzig Jahren thaten. Und wer die tieferen Ursachen der Gleichgültigkeit nicht erkennt, dessen Wünsche und Vorschläge irren dann an der Oberfläche umher.
»Nur keine Liebeslieder mehr, nur keine Frühlings- und Maienlieder!« Wer so spricht, hat
sich mit seinem Denken nicht viel Mühe gemacht. Aber halb oberflächlich ist auch das Wort
der Anderen: »Liebe ist ein allgemeines, ewig gültiges Empfinden, Liebespoesie wird daher
nie verschwinden.« Gewiß wird sie nicht verschwinden, aber ihre Gefühle und Vorstellungen
färben und schattiren sich anders. Zwischen dem Liebesgedicht der Burns und Goethe einerseits, dann der Heine, Musset, Eichendorff andererseits herrschen ganz scharfe Unterschiede.
Dort alles Innerlichkeit, Naturschlichtheit, Wirklichkeit, edelste Bürgerlichkeit, – hier Sinnlichkeit, Farbe, Glanz, Prunk und auch Schminke. Immer bildet das Liebesempfinden ein
Centrum unseres Seelenlebens, aber diese Centralzelle umschließt wieder vielfache sich ver-
schiebende Kerne, von denen bald der eine, bald der andere den Mittelpunkt einnimmt.
Diesen »Mittelpunkts-Mittelpunkt« des modernen Menschen kann ein romantisch-erotisches
Gedicht sehr wohl nicht treffen, und daher kann es auch nicht die höchste Wirkung erzielen.
Unsere Zeit mit ihrem umgestalteten Gefühls- und Gedankenleben verlangt auch eine umge-
staltete eigengeprägte Liebes- und Naturlyrik, und um es gleich im Vorhinaus wegzunehmen,
wenn ich von einer sozialen Lyrik spreche, den tausendfältigen Ausstrahlungen der sozialen

Weltanschauung als Centralsonne:... auch das einfachste Liebes- und Frühlingsgedicht kann in tiefstem Sinne zu einem sozialen Gedicht werden und von jenem Geiste völlig durchtränkt und durchsättigt sein.

Auf den ersten Anblick scheint es, als wenn der Darwinismus, der in Drama und Epos vielfach stark zum Ausdruck gekommen, unsere Lyrik gar nicht berührt hätte. Denn jene Gedichte von Wilhelm Jordan, Albert Moeser u. a., welche nur die Erkenntnisse der neueren Naturwissenschaft in Verse gebracht haben, die man weit besser in den wissenschaftlichen Büchern sich aufsucht, Spielereien, wie die Beschreibung einer Landschaft aus der Steinkohlenzeit, Hymnen auf die Person Darwins sind ganz äußerliche Versuche in der künstlerischen, lyrischen Gestaltung des Entwicklungsgedankens, eine unfruchtbare didaktische Poesie. Es ist aber gar keine Frage, daß die Darwinistische Erkenntniß auch unsere Lyrik mächtig umzugestalten vermag, auch fehlt es nicht mehr ganz an wirklich dichterischen Verarbeitungen. Mit einem ihrer Schlagworte – natürlich meine ich »Kampf ums Dasein« – geht sie hinüber in ein Centrum unseres modernen Gedanken- und Gefühlslebens, dessen starke Vorherrschaft in der neuesten Lyrik Keinem, der sich einigermaßen mit ihr beschäftigt, zweifelhaft sein kann. Die *soziale Lyrik* nimmt bereits einen breiten Raum in der jüngeren Poesie ein, und sie wird diesen Raum noch mehr erweitern und ausdehnen.

Versteht sie es, den ganzen Inhalt des sozialen Gedanken in allem seinem Wesen innerlich zu erfassen und künstlerisch zu gestalten, so braucht sie nicht zu fürchten, daß sie nur wie eine blendende glänzende Rakete aufsteigt, um rasch in der Luft zu verpuffen und als armseliger, todter Aschenrest auf die Erde zurückzukommen, wie etwa die Herwegh'sche Poesie. Sie wird dann nicht nur von der Gunst einer politischen Partei in die Höhe gehoben und braucht sich nicht darum zu kümmern, wenn selbst der »soziale Hauch« unserer Zeit ebenso rasch verwehen sollte, wie der conservative Hauch, der für einige Jahre lang durch das deutsche Volk dahinging. Sondern sie hat eine ewiggiltige Dauer, weil in dem Sozialismus ewiggiltige Wahrheiten sich crystallisirt haben. Der Sozialismus bedeutet mehr als eine revolutionäre politisch-wirthschaftliche Partei, er bedeutet auch eine *Weltanschauung* und vermag darum auch, nicht nur wie eine politische Leidenschaft die Empfindungen bloß obenhin zu kräuseln, sondern in ihren untersten Tiefen zu verändern und umzugestalten. Die soziale Weltanschauung beruht auf der von Lazarus und Steinthal festgesetzten Grundlage unserer modernen Psychologie: Der Mensch ist ein Gesellschaftswesen. Damit hebt sie nicht den Individualismus auf, die Grundanschauung des bürgerlichen Liberalismus, der bürgerlichen Revolutionen, der Genieperiode und der Romantik, aber sie schränkt ihn ein. Vielleicht allzusehr, denn schon bereitet sich innerhalb der sozialistischen Welt eine Gegenbewegung vor, die des Anarchismus, des schrankenlosen Individualismus, dessen Ideen an logischer Schärfe nichts zu wünschen übrig lassen, mit denen sich aber ebenso wenig leben läßt, wie mit den Ideen Tolstoi's, weil sie die sozialistische Wirklichkeit und Wahrheit übersehen, daß der Mensch Gesellschaftswesen ist. Und auch dieser Anarchismus hat bereits einen Lyriker gefunden. Der Sozialismus setzt den Menschen nicht nur in engste, unlösliche Beziehungen zu dem Menschen, sondern auch zu der Natur, der ganzen äußeren Umgebung. Seine Verbindung mit dem *Materialismus* ist nicht eine äußerliche, sondern eine innerlich-nothwendige. Er sagt mit Moleschott: »Der Mensch ist die Summe von Eltern und Amme, von Ort und Zeit, von Luft und Wetter, von Schall und Licht, von Kost und Kleidung. Sein Wille ist die nothwendige Folge aller jener Ursachen, gebunden an ein Naturgesetz, das wir aus seiner Erscheinung kennen, wie der Planet an seine Bahn, wie die Pflanze an den Boden. Wir sind ein Spiel von jedem Druck der Luft.« Das Geistige steht in Abhängigkeit vom Körperlichen, und wir können uns nicht geistig verändern, wenn sich nicht die äußeren Verhältnisse ändern. Wohl nicht die ganze Wahrheit, aber ein gut Stück Wahrheit liegt sicher dieser Weltanschauung zu Grunde, und jedenfalls hat der materialistische Sozialismus für uns Gedanken und Gefühle in den Vordergrund treten lassen, wie sie in dieser Schärfe und Deutlichkeit für unsere Großeltern nicht vorhanden waren.

Eine soziale Lyrik ist nach der nächstberechtigten und gewöhnlichen Auffassung eine solche, welche den Menschen in seinen Beziehungen zur Gesellschaft als einem geschlossenen Ganzen auffaßt, nicht die Beziehungen von Individuum zu Individuum, sondern von Klasse zu Klasse, und von Individuum zu Individuum nur insofern, als diese ein Klassenbewußtsein typisch vertreten. Es gestaltet die Empfindungen und Gedanken, die im Menschen wach werden, wenn er sich selber in seiner Abhängigkeit von den gesellschaftlichen Zuständen auffaßt, als ein Spiel von jedem Druck und Einfluß der wirthschaftlichen Verhältnisse. Wir können selbstverständlich nicht davon sprechen, als wäre die soziale Lyrik eine Neuschöpfung unserer Zeit oder auch nur unseres Jahrhunderts, vielmehr hat sie Pflege und Ausbildung aller Orten und in allen Jahrhunderten gefunden; der Ritter, der seine Standeskraft, seines Ansehens, und seiner höfischen Bildung sich wohl bewußt, ein Spottlied auf den Bauern singt, bringt damit soziale Anschauungen und Empfindungen zum Ausdruck, und wer in einer Idylle bäuerliches Leben darstellt, oder wie die Annette von Droste-Hülshoff in »Des Pfarrers Woche« Freud und Leid eines katholischen Landgeistlichen in seinem Standeswesen als Geistlicher schildert, dichtet eine soziale Lyrik. In scharfen und bestimmt abgesteckten Grenzen fließt diese überhaupt nicht hin; mehr oder weniger kann das Soziale in die erste Linie treten oder nur eine feine, weich angedeutete Grundfärbung bilden, von der andere Empfindungen sich abheben.

Aber sie mußte und muß sich zu einer besonderen Bedeutung in unserem Jahrhundert und vor allem in der Gegenwart emporringen; eine Lyrik konnte heranwachsen, die alles und jedes Empfinden und Denken dem Sozialen unterordnet, in der jedes Gefühl in seinem Verhältniß zu der Weltanschauung dargestellt wird, die augenblicklich für viele das Centrum ihres Innenlebens ausmacht. Da ist auch das Liebesgedicht nicht mehr vorwiegend Darstellung des sinnlichen Genusses oder einer Vermählung der Seelen, da preist es nicht mehr das Erotische etwa als die Ausstrahlung eines göttlichen Wesens, sondern es wird wohl zum schmerzlichen Ausdruck zweier verliebter Menschen, welche nicht können zusammen kommen, weil das Wasser der sie trennenden wirthschaftlichen Verhältnisse und der Klassenunterschiede oder das Wasser der Armut zu tief ist. Es wird zur Darstellung der *hungernden Liebe*, einer im wirthschaftlichen Elend verzweifelnden. Die soziale Lyrik bedeutend für uns deshalb so viel, weil wir mit größerer Schärfe, mit voller klarer wissenschaftlicher Erkenntniß die ungeheuere Bedeutung des Wirthschaftlichen für den Menschen verstehen lernten, weil der Klassenkampf des vierten Standes alle Welt zur leidenschaftlichen Theilnahme für oder gegen aufruft und zwingt. Das mußte auch das Gesichtsfeld des Dichters verschieben, sein Auge ablenken von dem Vielen, was ihn sonst am tiefsten bewegte; plötzlich sieht er den Menschen unter dem Druck der äußeren Zustände, sieht nicht mehr den Menschen schlechthin, sondern den Klassenmenschen, die Verschiedenheit seiner Gefühle, Gedanken und Bestrebungen, die aus den sozialen Unterschieden sich ergeben.

[...]

Karl Henckell.

Es ist kein Zufall, daß die soziale Lyrik dieses Jahrhunderts immer nur aus einer allgemeinen *revolutionären Volksstimmung* hervorwächst und mit einer solchen auftaucht und wieder untersinkt. Für kurze Dauer kommt sie in Deutschland um das Jahr 1848 herum zu einer reichen und kräftigen Blüte, stirbt dann ganz ab und setzt erst in der Mitte der achtziger Jahre wieder neue Knospen an.

Der Poesie läßt sich nicht als Gesetz vorschreiben: »Du sollst Dich an die Menschen und Sachen der Gegenwart halten«, – eben so wenig wie man ihr befehlen kann, daß sie keine Partei selbst in den geringsten wirthschaftlichen und politischen Kämpfen ergreife.

Es herrscht da ein ewiger Wechsel. Die Dichtung befriedigt den unbezähmbaren Drang der menschlichen Seele nach dem Ausdruck von Empfindungen. Ein Jahrzehnt der politischen Ruhe und eines geistigen Stillstandes lenkt ein Volk von seinen eigensten und persönlichsten Interessen ab, daß dieses sich nicht selbst beobachtet und seine Gefühle der Vergangenheit nicht durch die Sorge um das Heute, nicht durch die Leidenschaft des Kampfes um das Heute erregen läßt. Weil es nicht modern empfindet, kann es romantisch empfinden, die Gefühle der Vergangenheit nachempfinden, und weil seine Gefühle sich nicht eng um einen brennenden Mittelpunkt zusammenziehen, weil sie nicht eine scharfe, zeitliche Eigenart haben, so schwimmen sie leicht etwas nebelhaft auseinander, sie haben die Neigung einerseits zum Eklektischen, andererseits zu einer Verallgemeinerung, in der das besondere Individuelle sich nicht entfalten kann. Der formale Ausdruck drängt das Inhaltliche zurück. Wenn aber leidenschaftliche soziale und politische Kämpfe innerhalb eines Volkes zum Ausbruch kommen, dann erzeugen diese Kämpfe selbst starke Gefühlsstürme und die Kunst gelangt aus Naturnothwendigkeit, und ohne besondere Anleitung der Aesthetik, zur formalen Gestaltung eines solchen zeitgenössischen Empfindens und Denkens.

Die Lyrik, welche nach der Märzrevolution aufkam, knüpft an die letzten Ausläufer der Romantik an, die jüngste deutsche Lyrik, die um die Mitte der achtziger Jahre ihren Anfang nimmt und sich inhaltlich wie äußerlich von der der Geibel'schen Schule sondert, stellt eine Verbindung mit der Poesie der vierziger Jahre her. Sie ist tendenziös, politisch, zeitgenössisch, mehr Inhalt als Form, diese mehr Form als Inhalt, dem Tagestreiben abgewandt, weltflüchtig; jene männlichen, diese weiblichen Geschlechts.

Besonders bietet die *sozialistische Lyrik* der jüngsten Gegenwart noch immer ein Bild, welches der Revolutionspoesie der vierziger Jahre sehr ähnelt. Fast dieselben Gefühle und die gleichen Vorstellungen stehen im Vordergrund. Welch ein veränderter Inhalt aber gegenüber der weichen und weichlichen Genußlyrik, die seit der März-Revolution drei Jahrzehnte lang die Gemüther beherrschte! Es macht die Feindschaft zwischen den Alten und Jungen vollständig begreiflich. Der Wein, vor allem aus den importirten Crystallgläsern Bodenstedt's getrunken, schmeckt den Neuen bitter, die erotischen Gesänge, ob sie nun einem keuschen blutig harmlosen Backfisch aus der Traeger'schen Schule in's Album geschrieben werden, oder ob sie zum Lob einer Grisebach'schen Hetäre erklingen, werden verachtet, Hamerling'scher Schönheitskultus wird als ästhetische Phrase angesehen, und die Schopenhauer-Poesie, weil ihre Verzweiflung mehr in der Spekulation wurzelt, als in den Zuständen des politischen und sozialen Lebens, gilt für überwunden.

Das Empfindungsleben des dichtenden Sozialismus gruppirt sich zunächst um das *Mitleid*; aber neben dem Mitleid steht unmittelbar der Zorn; Mitleid mit dem Unterdrückten, mit allen Armen und Enterbten; Zorn gegen die Unterdrücker. Schmerzliche Klage und leidenschaftliche, wilde Kampflust fließen ineinander über. Ein drittes ringt sich los: die *Hoffnung* auf den Sieg, und den endlichen Triumph der Freiheit, die Erfüllung der alten Menschheits-Ideale Gleichheit und Brüderlichkeit, den Aufgang des allgemeinen Friedens- und Glückseligkeitszustandes. Man sieht, es thut sich für den sozialistischen Dichter eine Welt von Empfindungen auf, und von düsterer Verzweiflung bis zur hellsten Lust, von der tiefsten Liebe bis zum höchsten Zorn kann er alle Töne berühren und alle Saiten schwingen lassen. Auch seine Vorstellungen bieten eine ewige Fülle reicher Abwechslung; in der Gegenüberstellung der schroffen sozialen Gegensätze von Arm und Reich liegt von vornherein eine unmittelbare dramatische Wucht, und die Stoffe dieser Lyrik, die Darstellungen des Elends und Unglücks, wirken schon durch sich selbst auf den Hörer so tief ein, daß sie auch ohne jede künstlerische Gestaltung, in der dürftigsten Form eines dürren Zeitungsartikels, ihre Wirkung nicht verfehlen. Gerade darin liegt aber auch die Gefahr für die Kunst. Selbst der poesieloseste Dilettantismus vermag den naiven Leser zu täuschen, sentimental zu rühren durch eine aus der Wirklichkeit gegriffene Erzählung von irgend einem Unglücklichen, der im Winkel verhungerte, einem verzweifelnden Mädchen, das um der kranken Mutter willen an der Straße sich verkauft. Um der Furchtbarkeit der Empfindungen willen, und wegen der Mächtigkeit der Vorstellungen, die in solchen Stoffen begraben liegen, können diese aber auch nur durch eine wahrhaft große, dämonische Poetennatur, eine den künstlerischen Geschmack befriedigende Ausgestaltung erfahren. Wenn sich die künstlerische Formgebung nicht mit dem Inhalt steigert, wenn nicht Inhalt und Form gleich mächtig wirken, wenn eins über das andere hinauswächst, kann ein bedeutendes Kunstwerk nicht entstehen.

Es ist aber das Erbübel der sozialen, an die Gegenwart sich klammernden Poesie, daß das Stoffliche die Darstellung überwuchert, der Inhalt die Form zersprengt. Unter den Aelteren hat selbst Freiligrath trotz seiner ungewöhnlich plastisch anschauenden Phantasie den Stoff selten in die rechte künstlerische Gestalt zu zwingen gewußt. Vielleicht liegt es daran, weil der soziale Lyriker, anders als der romantische Dichter, durch die unmittelbare Wirklichkeit und Umgebung zu seinen Empfindungen erregt wird, diese Zustände und Verhältnisse der Umgebung aber meist vorübergehender, vielfach kleinlicher Natur sind, weil allzu differenzierte Eindrücke sich geltend machen, die dann ob ihrer Ueberfülle jene Beherrschung des Gefühls und der Vorstellungen unmöglich machen, ohne welche kein Dichter über die bloße Erkenntniß zur Gestaltung sich durchringen kann. Der romantische Künstler prägt auch Gefühle und Bilder in neue künstlerische Formen, doch Gefühle und Bilder, die in ihren Grundzügen bereits von großen Meistern der Vergangenheit objektivirt wurden; ein Ilias post Homerum dichten, einen Parcival sechshundert Jahre nach Wolfram von Eschenbach, das verlangt nur eine nachschaffende Thätigkeit. Der Gegenwartspoet hingegen gestaltet aus dem Allerrohesten heraus; aus dem Leben selbst muß er das Poetische herausholen, nicht aus schon fertiger Poesie, ohne Meister und Muster bleibt er ganz auf sein eigenes Ingenium angewiesen.

Die neue sozialistische Lyrik in ihren kühnen Versuchen, in ihrer ganzen märzenhaften Frische und ihren ersten Keimschwellungen, in ihrem Wagenmuth und in ihrer Ueberstürzung, nirgendwo zeigt sich so ganz, so echt, regellos, thöricht, unreif und doch neu und eigenartig, wie in den lyrischen Büchern *Karl Henkells*. Bald eine Marter, bald eine Lust für den rein Genießenden, eine Wonne mit Bitterkeit gemischt, bieten sie dem Aesthetiker ein werthvolles, ausgezeichnetes Versuchsobjekt, an dem er die Anfänge der neuen Eigenart in ihren Mängeln und Vorzügen gleich gut erforschen kann.

Durch Anlage, Temperament und Neigung ist Karl Henkell zu einem Guerillaführer in der Dichtung wie vorherbestimmt, und wenn er etwas verfehlt, dann verfehlt er es gleich so vollständig und gründlich, daß die dümmste kritische Nachteule sich ihm gegenüber als eine Adlergroßmacht leicht vorkommen kann. Bei keinem anderen Dichter habe ich von jeher so stark wie bei diesem das Empfinden gehabt, daß es außerordentlich leicht ist, ihn zu tadeln, und daß es nur eines guten Glaubens an die alleinseligmachende Kraft der Herkömmlichkeit bedarf, um ihn abgeschmackt zu finden. Das Lob kostet hier mehr Einsicht und Verständniß als der Tadel, denn die Vorzüge haben sich vielfach versteckt und sind nur zu viel Vorzüge, welche in ihrer ganzen Kraft nur der feinfühligste Geschmack schätzen kann, die Fehler aber treten grell und deutlich, für Jedermann greifbar hervor. Aus einer ungewöhnlich zarten, unablässig zitternden Sensivität erwächst bei Henkell die Kraft seiner Kunst mit ihren unmittelbaren Empfindungslauten, ihren Gefühlsblitzen, ihrem ganz feinen zauberischen und intimen Stimmungsduft, mit ihrem ausgeprägten rhythmischen Sinn, der nach den steifen Aeußerlichkeiten der Platen- und Geibel'schen Schule den Weg zu Goethe zurückfand: aus ihm erwächst aber auch der Nachteil seiner Lyrik, ihre künstlerische Vernunftlosigkeit, ihr unruhiger Wechsel zwischen dürren Prosaworten und feurigen poetischen Trompetenklängen, sowie ihre Compositionsunkraft. Die Henckell'sche Gefühlsübermacht läßt ihn gerade den sozialen Stoffen und dem Politisch-Tendenzpoetischen halb wehrlos gegenüberstehen, so daß die Empfindung mit ihm ihr Spiel treibt; und ich teile die Gottfried Keller'sche Kritik, welche in der Liebes- und Naturlyrik die reinste und schönste Blüte seiner Poesie erblickt. In Folge eines sehr lebendigen rhythmischen Sinnes formt sich bei Henckell jeder Gedanke und jeder Einfall unmittelbar in Verse um, und ähnlich wie Rückert bringt er Alles und Jedes in Metrum und Reim, ohne daß er damit immer zugleich die innere künstlerische Umgestaltung vornimmt und Gedanken in Anschauungen überträgt. Eine Zeitungsnachricht empört ihn und bringt sein Blut in heftige Wallung, aber die Empfindungen, die da in seiner Brust wach geworden, sind allgemein menschlicher Natur nicht jene eigenartig künstlerischen Empfindungen, welche den Dichter in und über der Sache stehen lassen.

Vielfach blieb daher bei Karl Henckell die soziale Lyrik noch in der Uebergangsform des Tendenziös-Didaktischen stecken, und die Eierschaalen des Leitartikels hat sie nicht völlig abgestoßen. Eine charakteristische Probe dafür ist das Gedicht »Der Gegensatz«.

>»Ein schwanger Weib ist nur ein Heil'genbild
Schleppt sich's in Lumpen bleich und eckig hin,
Das Leben sichernd dem, das lebend quillt,
Die nothgekrönte Schmerzeskönigin.

In Lebensnoth und Liebesnoth zugleich,
Symbol der furchtbar-fruchtbaren Natur,
Lastträgerin der Welt, entbehrungsreich,
Wie qualschön, Du die widrigste Figur.

Du bist ein Schönheitslinienphantast,
Und mit der Form zerschellt auch Dein Geschmack;
Das Tiefglas, das des Lebens Vollbild faßt,
Höhnt Deinen rein ästhet'schen Bettelsack.

Geh Du nach Rom! Romanisch ist Dein Sinn.
Vor Rafaels Madonna kniee Du!
Mein Auge sieht der Proletarierin
Mühsamem Werkgang überwältigt zu.«

Offenbar ist dieses Gedicht überhaupt keine künstlerische Schöpfung, sondern eine aesthetisch-wissenschaftliche Erkenntniß; der Dichter vergleicht kritisch die Darstellung eines Proletarierweibes mit der Rafael'schen Madonna und sucht uns zu überzeugen, daß auch jene würdig ist, von Künstlerhand gebildet zu werden. Aber er selbst hätte uns das Gemälde des Proletarierweibes hinstellen sollen, ohne alle Glosse es für sich und durch sich wirken lassen sollen, wie Thomas Hood unserer *Phantasie* das Bild seiner Nähterin darbietet. Unter zahlreichen anderen gehört hierher auch das Gedicht »Hurrah, Kornzoll und Deutschland!« Den Vergleich mit dem bekannten Ebenezer Elliot'schen »Hurrah, Brodtax' und England«, legt Henckell nahe. Aber auch diesmal scheint mir der Engländer den wenigstens wesentlich richtigen künstlerischen Standpunkt gewählt zu haben, indem er eine in sich abgeschlossene einzelne Handlung verkörperte, während unser deutscher Poet feuilletonistisch flüchtig angedeutete Bilder aneinander reiht, die um einen Gedanken-, nicht um einen Anschauungsmittelpunkt sich gruppiren und die eben um ihrer flüchtigen Ausführung willen tiefer das Empfinden und die Phantasie nicht anregen können.

Auf rasch vorübergehende Tagesereignisse legt der Dichter allzuviel Gewicht, und er erhebt nicht immer das Einzelne zu etwas Charakteristischem empor. Manches wird mit dem Tage vergehen, mit dem es gekommen ist. Aber seine bittere Schärfe, die Kunst seiner Satire, welche typische Erscheinungen unseres öffentlichen Lebens, wie den »Lockspitzel« und ähnliche Ehrenmänner mit einer an Ginsti erinnernden Pikanterie wiedergiebt, die Wahrheit seiner Entrüstung und seines Zornes, die wildrohe Kraft, mit der er das Elend zu malen weiß, versöhnen mit den Sünden seiner Kritiklosigkeit.

Ein eigenartig »Neues« für die soziale Poesie bahnt sich vor allem jedoch in der *Henckell'-schen Sprache* an. Ich will hier nur darauf hinweisen, und erst beim Abschluß dieser Arbeiten eingehender die Sache erörtern. Es steckt in dieser Sprache der offenbare Drang, aus den glatten und schönen Formen, den abgezirkelten Wendungen des Platenthums zur Natürlichkeit und Urwüchsigkeit zurückzukehren. Wie das soziale Drama, so ist auch die soziale Lyrik am besten dazu geeignet, diesen Weg zu eröffnen, weil sie bei den einfachen, ungebildeten Menschen einkehrt, bei Leidenschaften und Gefühlen, die von keiner Höflichkeit und gesellschaftlichen Herkömmlichkeit übertüncht sind. Freilich hat Henckell das Richtige noch nicht gefunden. Seine Volkstümlichkeit und Natürlichkeit erinnert oft überraschend an die Volkstümlichkeit und Natürlichkeit Bürgers, über welche Schiller sehr viel Treffendes geäußert hat, und es ist allzuviel Schlafrocksnatürlichkeit darin, eine rohe Derbheit, die mehr philiströs als genial anmutet. Für den Aesthetiker der Platen-Geibel'schen Richtung klingt diese Sprache verrucht und abscheulich, wie Bürgers Bänkelsängergedichte einem französischen Classicisten geklungen haben mögen; aber man vergesse nicht, daß auch die Bürger'sche Natürlichkeit eine Grundlage Goethe'scher Natürlichkeit war und daß es auch befreiend wirken kann, wenn Jemand singt, wie ihm der Schnabel gewachsen ist, selbst unbekümmert um das bleibende Wesen der Kunst.

[...]

Julius und sein Bruder Heinrich Hart gehörten zu den Autoren und Kritikern der Naturalistischen Bewegung, die über einen sehr langen Zeitraum Hoffnungen und Ideale mit der Arbeiterbewegung verbanden. Julius Hart leitete 1878 nach Inkrafttreten des Sozialistengesetzes aus Solidarität für kurze Zeit das sozialdemokratische *Bremer Tageblatt* (vgl. K.M. Bogdal, *Schaurige Bilder. Der Arbeiter im Blick des Bürgers*, Frankfurt a.M. 1978, S. 120). Der programmatische Artikel in den *Deutschen Monatsblättern* (1878) ist überschrieben mit »Neue Welt« und trägt damit denselben Titel wie die seit 1876 wöchentlich erscheinende sozialdemokratische Unterhaltungsbeilage *Die Neue Welt*. In Friedrichshagen zählen gegen Ende der 80er Jahre Mitglieder und Sympathisanten der Sozialdemokratie, wie Wilhem Bölsche, Bruno Wille, Gustav Landauer zum Freundeskreis der Harts. Sie beteiligen sich schließlich auch an der Arbeit der »Freien Volksbühne«, die 1890 gegründet wurde. So wie J. Hart in dem ob. dok. Artikel bekannte sich auch Heinrich Hart 1890 zur Idee des Sozialismus: »Sein Zweck ist es, das Individuum von der Sorge um das tägliche Brot zu entlasten, ihm seinen Lebensunterhalt unbedingt zu sichern durch eine gleichmäßige und gerechte Verteilung von Arbeit und Arbeitsertrag, die materielle Arbeit selbst aber zu erleichtern und zu vermindern. Auf diese Weise kann es erreicht werden, daß der Mensch Zeit und Kraft gewinnt, sich in höherem Maße als heute der Ausbildung all dessen zu widmen, was ihn wahrhaft erst zum Menschen macht« (s. H. Hart, *Die Moderne*. In: *Der Kunstwart,* Jg. 4, 1890/91, S. 149).

Aufgrund seiner um 1890 vorhandenen Überzeugung vom Sozialismus als einer umfassenden Weltanschauung (s. Dok. 57), kommt J. Hart auch zu der Auffassung, daß die »soziale Lyrik« noch an Bedeutung zunehmen werde. Diese Lyrik entwickelte sich tatsächlich gegen Ende der 90er Jahre, allerdings im Umkreis der sozialdemokratischen Arbeiterbewegung (z.B. Karl Kaiser, Eduard Fuchs, Rudolf Lavant, Ernst Preczang, Ernst Klaar u.a.). Die Autoren jedoch, die in den 80er Jahren ihren sozialen Protest in der Lyrik zum Ausdruck gebracht hatten wie Arno Holz, Karl Henckell, Maurice Reinhold v. Stern, John Henry Mackay und Julius Hart selbst verloren im Laufe der 90er Jahre spätestens ihr Interesse an sozial engagierter Literatur. Es gelang der jungen Sozialdemokratie nach 12jähriger Verfolgung durch das Sozialistengesetz in den 90er Jahren noch nicht den antibürgerlichen und z.T. antikapitalistischen Protest der oppositionellen Literaten längerfristig mit der Arbeiterbewegung zu verbinden.

Während die Harts 1884 noch kompromißlos Spielhagens Ansichten zur Tendenz im Roman kritisierten, erklärt Julius Hart nun, »daß der Klassenkampf des vierten Standes alle Welt zu leidenschaftlicher Theilnahme für oder gegen aufruft und zwingt« (s. Dok. 57). In seiner Beurteilung der Lyrik Henckells und Mackays nimmt er daher auch eine fördernd-kritische Haltung ein, er anerkennt die »kühnen Versuche« der »neuen sozialistischen Lyrik«, versucht »Mängel« und »Vorzüge« gleichermaßen zu benennen. Charakteristisch für seine Beurteilung ist dabei nach wie vor die Frage nach der künstlerischen Durchgestaltung des Stoffes. Die »soziale Poesie« wird danach befragt, »ob sie den neuesten eigenartigen Inhalt auch in voller künstlerischer Kraft neu und eigenartig durchzugestalten wußte und zu welcher künstlerischen Form der Inhalt hinzustreben scheint« (s. ebd.). Auch für die Gestaltung sozialkritischer Inhalte fordert Julius Hart das »bedeutende Kunstwerk«. Dabei fällt allerdings auf, daß er seinen Kunstanspruch nicht mehr, wie zu Beginn der 80er Jahre in den Polemiken gegen den Dilettantismus und die Salonliteratur, funktional begründet. Damals forderten die Brüder Hart große Kunst zur Vollendung des Nationalstaates, als unerläßliches Bildungselement des Volkes. Eine funktionale Bestimmung sozialer Lyrik hätte schließlich eines genaueren Eingehens auf die Arbeiterbewegung bedurft. Die Haltung Julius Harts war aber offenbar sehr unentschieden, denn ebenfalls 1890 erschien sein Aufsatz *Kampf um die Form* (s. Dok. 21), der bereits als Einleitung zum Neu-Klassizismus verstanden werden kann.

Während Julius Hart 1890 noch eine Weiterentwicklung der sozialen Lyrik erwartet, beschreibt er 1896 schließlich eine veränderte Entwicklung der Lyrik ebenfalls zustimmend. In dem Aufsatz *Die Entwicklung der neueren Lyrik in Deutschland* unterstützt er den Rückzug auf das Individuum, die Konzentration auf dessen Seelenleben: »[...] so steht auch unsere Poesie vor der Aufgabe, den neuen Menschen darzustellen, den unser Jahrhundert werden liess, [...]. Denn was bedeutet das Wort ›modern‹ im edelsten Sinne anders als ›Kulturhöhe‹, als das Faustische Ringen nach dem Besitz alles Wissens, [...] und das tiefe heilige Fühlen dieses Wissens, dieses Wissens Religion und Weltanschauung.« Die neue Dichtung »glaubt an sich und ihre Welt; fühlt sich von der Hoheit und Reinheit, von der Wahrheit und Erlösungskraft des neuen Geistes durchdrungen und von ihm zu den seligsten Harmonien des Daseins emporgetragen« (s. Pan, Jg. 4, 1896, S. 40).

58
Arno Holz: *Revolution der Lyrik.* Berlin (J. Sassenbach) 1899, S. 21–27.

[...]

Mein Buch der Zeit lag hinter mir, ich schien als Lyriker verschollen.

Da, nach einer langen Pause, am 30. April 1898, brachte »Die Zukunft« nachstehende, umfangreiche

Selbstanzeige.

Phantasus. Berlin. Johann Sassenbach.

Als die jungen Dichter der achtziger Jahre mitten im tiefsten deutschen Litteraturfrieden plötzlich über die aufgeschreckte Bourgeoisie herfielen und die Gelbveiglein aus ihren Versen reuteten, um dafür Kartoffeln zu pflanzen, glaubten sie damit die Lyrik, wie der Kunstausdruck lautete, »revolutioniert« zu haben. Ich schlug auch die Trommel, schwenkte abwechselnd auch die Fahne, rasselte mit meinem eingebildeten Zahnstocher ebenfalls und bin also über die Stimmung, die damals rumorte, einigermaßen informiert. Wir hatten Glück und stehen heute in den Konversationlexicis als Begründer der sogenannten »Großstadtlyrik«. Dann kam das Jahr 1890, in dem das neue Drama geboren wurde – ich weiß, Spaßvögel behaupten, es sei schon längst wieder gestorben –, und die Lyrik, die bis dahin das Interesse, wenigstens der Produzenten, fast ausschließlich behauptet hatte, gerieth im Handumdrehen wieder in Geringschätzung. Die eben noch auf der Barrikade gestanden, die eben noch, eine neue Welt in ihrer Leier, von einem nahen Morgenrot geträumt, das den Speckigen, die nicht durch das Nadelöhr gingen, das Jüngste Gericht bedeuten sollte, den Mühsäligen und Beladenen aber die Auferstehung, – die Göttin von gestern irrte wieder umher, geächtet wie Genoveva. Nur wenige Getreue, die ein versorgliches Geschick mit begüterten Vätern gesegnet, folgten ihr in die Einöde, wo der Mond sich in ihren Brillantringen spiegelte; und unter seltsamen Pappeln, die unter seltsamen Himmeln ein seltsames Rauschen vollführten, trieb nun ein seltsamer Kultus sein seltsames Wesen. Ich kondensire nur; ich übertreibe nicht. Das Kleid dieser wohlhabenden Jünglinge war schwarz vom schweren Violett der Trauer, sehnend grün schillerten ihre Hände, und ihre Zeilen – Explosionen sublimer Kämpfe – waren Schlangen, die sich wie Orchideen wanden. Der graue Regenfall der Alltagsasche erstickte sie. Sie wollten das schreckliche Leben der Felsen begreifen und erfahren, welchen erhabenen Traum die Bäume verschweigen. Aus ihren Büchern der Preis- und Hirtengedichte, der Sagen und Sänge, der hängenden Gärten und der heroischen Zierrate, der donnernden Geyser und der unausgeschöpften Quellen dufteten Harmonieen in Weiß, vibrierten Variationen in Grau und Grün, schluchzten Symphonieen in Blau und Rosa. Noch nie waren so abenteuerlich gestopfte Wortwürste in so kunstvolle Ornamentik gebunden. Half nichts. Ihr Dasein blieb ein submarines und das deutsche Volk interessierte sich für Lyrik nur noch, insofern sie aus den Damen Friederike Kempner und Johanna Ambrosius träufelte.

Allein, wie dreitausend Jahre nach den Propheten schon Börne entdeckte: nichts ist flüchtiger als die Zeit, nichts ist dauernd als der Wechsel! Und so soll denn, wie man sich heute zuflüstert – nicht, wie früher, in den Dachstuben von Berlin N., wo die Begeisterung fieberte, o nein, die Kunst ist inzwischen glücklich exklusiver geworden, sondern in den litterarischen Zirkeln von Berlin W., wo der Geschmack domiziliert – die Verstoßene wieder zurückgekehrt sein und beladen mit Schätzen, mit tausend Kleinodien, um die sie die Einsamkeit bereicherte, wieder unter uns weilen als: heimliche Kaiserin.

Heil ihr! Was könnte schöner sein? Ihr galten meine ersten Seufzer und ich war eigentlich in einem Alter, wo man gewöhnlich schon verständiger ist, als ich mir allen Ernstes noch einbildete, ich würde nie in meinem Leben eine Zeile schreiben, die nicht zugleich ein Vers wäre. Alle Kunst war mir Poesie und alle Poesie Lyrik. Ich liebte sie, wie ein Page seine Königin liebt, fühlte mit Wollust auf meinen Armen ihre seidene Schleppe und war selig, wenn ich nachts auf ihrer Schwelle lag. Wenn ich daher im Moment von ihrer heimlichen Kaiserinnenschaft noch nicht ganz überzeugt bin – und ich bins nicht –, so bilde ich mir wirklich ein, daß die Gründe dieser Skepsis einigermaßen schmerzliche sind und nicht blos von einem Individuum herrühren, das das Allerheiligste nie mit Füßen betreten. Ich war noch nicht Zwanzig, als ich die ersten Verse meines ersten »Phantasus« schrieb, und glaube also mit einigem Recht an die Brust schlagen zu dürfen: »anch' io!«

Ich weiß nicht, ob man mir sofort Recht geben wird. Aber der große Weg zur Natur zurück, den seit der Renaissance die Kunst nicht mehr gegangen und den nach den allerdings noch nicht überall und völlig überwundenen Eklektizismen einer Jahrhunderte langen Epigonenzeit endlich breit wiedergefunden zu haben, einer der denkwürdigsten Glückszufälle unseres Zeitalters bleiben wird, den in der Litteratur, eine Generation vor uns, zuerst der Roman betrat und dann, erst in unseren Tagen, endlich auch das Drama, – dieser Weg ist von der Lyrik noch nicht beschritten worden. Weder in Deutschland, noch anderswo. Wo bisher auch nur der Versuch dazu gemacht wurde, führte Das technisch zu Monstrositäten wie bei Walt Whitman. Das Alte zerbrach, aber ein Neues wurde nicht an seine Stelle gesetzt. Ich halte hier nicht für überflüssig, denn ich möchte grade in diesem Punkt nicht gern mißverstanden werden, hinzuzufügen: ich verehre in Walt Whitman einen der größten Menschen, die je gelebt haben. Nur war – keine Bewunderung kann mir darüber hinweghelfen – in ihm als Künstler eine zu große Dosis Victor Hugo. Nicht unter die großen Bildner seiner Kunst gehört er, sondern unter ihre großen Redner. Ja, er war sogar unzweifelhaft ihr weitaus größter!

Daß wir Kuriosen der »Modernen Dichtercharaktere« damals die Lyrik »revolutioniert« zu haben glaubten, war ein Irrthum; und vielleicht nur deshalb verzeihlich, weil er so ungeheuer naiv war. Da das Ziel einer Kunst stets das gleiche bleibt, nämlich die möglichst intensive Erfassung desjenigen Komplexes, der ihr durch die ihr eigenthümlichen Mittel überhaupt offen steht, messen ihre einzelnen Etappen sich naturgemäß lediglich nach ihren verschiedenen Methoden, um dieses Ziel zu erreichen. Man revolutioniert eine Kunst also nur, indem man ihre Mittel revolutioniert. Oder vielmehr, da ja auch diese Mittel stets die gleichen bleiben, indem man ganz bescheiden nur deren Handhabung revolutionirt. Dieser Ideeengang mag heute vielleicht Manchem bereits selbstverständlich scheinen. In meiner »Kunst«, 1890, lieferte ich zu ihm die Basis. Jedenfalls Zweierlei steht fest: ihn besaß damals noch Niemand von uns, und auch heute noch handhabt die Lyrik ihre Mittel in der selben Weise, in der sie schon unsre Großväter gehandhabt haben. Die Verse selbst der Allerjüngsten bei uns unterscheiden sich in ihrer Struktur in nichts von den Versen, wie sie vor hundert Jahren schon Goethe gekonnt und wie diese sich ja auch wieder nicht von den Versen unterschieden hatten, wie sie bereits das Mittelalter skandierte, oder wenn man noch weiter will, die Antike. Man kann in die Lyrik – wenigstens in die niedergeschriebne der Kulturvölker, die andere, über die genügende Dokumente noch nicht vorhanden sind, entzieht sich leider unserer

Beurtheilung – zurücktauchen, so tief man will: man wird, rein formal, so unzählige Abänderungen es durch alle Völker und Zeiten auch erfahren, stets auf das selbe letzte Grundprinzip stoßen. Daß man auf dieses nicht früher kommen konnte, als bis es sich perspektivisch von einem neuen bot, erklärt sich hinlänglich durch sich selbst. Trotzdem wird es stets etwas Heikles bleiben, ein solches letztes Prinzip präzisieren zu wollen. Namentlich, wenn man es als Erster thut. Der Zweite hat es dann schon leichter. Aber ich möchte es nennen, das alte, das überlieferte: ein Streben nach einer gewissen Musik durch Worte als Selbstzweck. Oder noch besser: nach einem Rhythmus, der nicht nur durch Das lebt, was durch ihn zum Ausdruck ringt, sondern den daneben auch noch seine Existenz rein als solche freut.

In diesem Streben, das ein durchaus äußerliches ist, weil es aus einem Quell für sich fließt und nicht unmittelbar aus dem Wesen dieser Kunst, mit dem es nichts zu thun hat, trifft sich, ich wiederhole, rein formal alle bisherige Lyrik. Aus ihm gebaren sich nach und nach alle ihre Formen. Keine dieser Formen ließ den Worten – den Mitteln dieser Kunst! – ihren natürlichen Wert und eine nach der anderen wirtschaftete ab, sobald es sich ergab, daß die Welt, über die sich hatte stülpen wollen, für ihren umzirkelten Mechanismus denn doch ein wenig zu weit war. Dann war mit ihr gefaßt, was sich mit ihr hatte fassen lassen; und die zu Anderem nichts mehr taugte, wanderte, ein Präparat mehr, in das gelehrte Naturalienkabinet der sogenannten »Poetik«, wo sie nun, zu ihren Schicksalsgenossinnen in Spiritus gesetzt, die Sehnsucht alles nachgeborenen Dilettantentums weckt.

Es würde natürlich stutzig machen, wenn es sich ergäbe, daß dieses Streben als ursprünglich letztes formales Grundprinzip sich nur in der Lyrik allein nachweisen ließe. Man würde dann daraus folgern müssen, so sehr sich die Einsicht, die dafür keinen genügenden Grund finden kann, dagegen auch sträubt, daß der Lyrik dieses Streben am Ende doch eigentümlich sein könnte; und als Schlußfolgerung würde sich dann natürlich ganz von selbst ergeben, daß es also aus ihr auch nicht mehr eliminierbar sein würde. Dem ist aber nicht im Geringsten so. Dieses Streben hat seine Riesenrolle im Gegentheil nicht nur in der Lyrik, sondern auch in ihren beiden Schwesterkünsten gespielt, im Epos und im Drama. Und in diesen Beiden – kein vorwärts Schreitender kann darüber mehr im Zweifel sein – liegt seine Kraft bereits gebrochen. Ein Epiker, der einem vorgefaßten Klangschema zu Liebe sich noch an der Niederschrift und sei es auch nur einer einzigen Silbe hindern ließe, ist heute einfach nicht mehr denkbar. Von den üblichen Nachäffern sämmtlicher Epochen sehe ich natürlich ab. Diese Plebs wird es immer geben. Und wenn sich auf der anderen Seite allerdings auch nicht leugnen läßt, daß neuerdings einige, wie es scheint, wieder zurückbleibende Dramatiker unter dem erleichterten Beifall eines darüber natürlich nicht entrüsteten Publikums sich in die alten Eierschalen ihrer Kunst wieder zurückgerettet haben, so darf das abschließende Urtheil über diese Kouragierten getrost der Zukunft überlassen werden. Die Entwicklung schreitet über jeden Archaismus unaufhaltsam hinweg, und wer die Unvorsichtigkeit begeht, sich unter ihre Fußspitzen zu verirren, wird, falls er unter diesen Fußspitzen verharrt, sich unter diesen Fußspitzen eines schönen Tages zerquetscht finden. Das ist das Gesetz. Es ist in unser Belieben gestellt, an ihm zu zweifeln, nicht aber, uns durch unseren Zweifel seiner Wirkung zu entziehn.

Die Revolution der Lyrik, von der so Viele schon fabeln, daß sie längst eingetreten sei, wird nicht eher eintreten, als bis auch diese Kunst, gleich ihren voraufgegangenen Schwestern, sich von jenem Prinzip, daß sie noch immer einengt und das ihre Schaffenden noch immer in Zungen reden läßt, die schon ihre Ururgroßväter gesprochen, endlich emanzipiert und ein neues, das sie von allen Fesseln, die sie noch trägt, erlöst, das sie von allen Krücken, auf denen sie noch humpelt, befreit, endlich an dessen Stelle setzt. Erst dann wird in die große neueuropäische Litteraturbewegung, in der ihre beiden Schwesterkünste sich bereits befinden, endlich auch die Lyrik gemündet sein, und dann erst, nicht früher, werden ihre Anhänger davon träumen dürfen, ihrer heimlichen Kaiserin über ihre Rivalinnen hinweg, falls ihre Kraft sie so weit trägt, die Zukunft zu erobern! –

Welches dieses Prinzip sein wird? ·

Ich hatte das alte, das heute noch herrschende, zu definieren gesucht als »ein Streben nach einer gewissen Musik durch Worte als Selbstzweck«. Oder noch besser: »nach einem gewissen Rhythmus, der nicht nur durch Das lebt, was durch ihn zum Ausdruck ringt, sondern den daneben auch noch seine Existenz rein als solche freut.« Aus dieser Definition, deren Fassung ich preisgebe, ergiebt sich zwingend die neue: eine Lyrik, die auf jede Musik durch Worte als Selbstzweck verzichtet und die, rein formal, lediglich durch einen Rhythmus getragen wird, der nur noch durch Das lebt, was durch ihn zum Ausdruck ringt.

Es scheint, als würde in dieser Lyrik, was man bisher unter »Form« verstand, keinen Platz mehr finden. Ein Trugschluß. Man schließt ihn immer. Man schloß ihn auch damals, als wir vor nun schon fast einem Dezennium darangingen, die Papiersprache, um die es sich jetzt endlich, wie mir scheint, auch in der Lyrik handelt, oder doch wenigstens um deren Suprematie, aus dem Drama zu drängen. Es war unglaublich, was wir da zu hören bekamen. Wir waren die stumpfsinnigsten Barbaren, die in die blühenden Kulturen uralter Schönheit wie die Hunnen brachen, Ignoranten, die von der voraufgegangenen Herrlichkeit einer glänzenden Reihe von verrauschten Epochen keine Ahnung hatten, und was wir schufen war »eine Tierlautkomödie, zu schlecht selbst fürs Affentheater«. Erst heute, allmählig, zum Theil wenigstens, ist man dahintergekommen: jene Sprache, die wir für eine neue Entwicklungsmöglichkeit als nothwendiges unterstes Fundament legten, auf dem der Aufbau, und sollte es auch noch so lange dauern, nun unmöglich mehr gehindert werden kann, diese Sprache, weit entfernt, nicht so differenziert zu sein wie die, auf die man naiver Weise uns hinwies, setzte im Gegentheil ein Können voraus, das ungleich verfeinerter war als das durch die Zeiten geradezu zur reinen Maschine gewordne der Ueberliefrung, mit dem man heute beliebig sogenannte korrekte Ibsenprosa drechselt, oder gar – mag der Himmel ihr vergeben – fünffüßige Jamben abhackt.

Daß damit gegen die Großen, gegen die Gewaltigen der Geschichte, die in diesen Formen, als sie noch nicht ausgeleiert waren, Unvergleichliches geleistet haben, auch kein Titelchen gewagt war, daß damit das Verdikt vielmehr nur auf Diejenigen fiel, die, mit einer für sie überflüssigen Bescheidenheit nicht grade behaftet, vor jenen Einzigen jeder lebendigen Respektsempfindung so total bar waren und es natürlich auch noch sind, daß dieses Geziefer sich nicht entblödet, die Gefäße, in die jene Leuchtenden ihren Geist gegossen, in seine verkrüppelten Finger zu nehmen, um diese Manipulation nun auch ihrerseits zu versuchen und so jenen Auserwählten gewissermaßen nachträglich Konkurrenz zu machen, dieser ganze Ideenkomplex, sollte man meinen, war so selbstverständlich, daß es wirklich überflüssig erscheinen mußte, ihn damals auch nur zu streifen; geschweige denn, ihn gar umständlich festzulegen. Trotzdem lese ich noch heute: »Ich glaube nicht, das Jemand das Wesen unseres modernen Stiles richtig würdigen kann, der wie Holz über Shakespeare zu sprechen vermag.« Ich habe über Shakespeare noch niemals gesprochen, sondern mich nur begnügt zu konstatieren, daß unsre Sprache im Drama nicht mehr die seine ist und daß unsre im Gegensatz zu aller voraufgegangenen, die wir nur noch, um mich so auszudrücken, »historisch« genießen, die heute lebendige ist. Und da kommt das nun, geniert sich nicht seine Mikrobenhaftigkeit schützend vor einen Giganten wie Shakespeare zu stellen, und schreibt: »unseres modernen Stiles«, den »richtig würdigen zu können« dieser kostbar überzeugte Thürhüter des Allerheiligsten, auf den die Entwicklung wirklich erst gewartet zu haben schien, mir »absprechen« muß. »Unseres«, das heißt also desjenigen Stiles, der, so weit er bereits Stil geworden – denn ein andrer ist, wenigstens bei uns in Deutschland, vorläufig noch nicht zu entdecken – von mir in Gemeinschaft mit meinem Freunde Johannes Schlaf überhaupt erst geschaffen wurde!

Es hieße, dieser Sorte, die sich heute, Goethe im Maul und Mikosch im Herzen, in Alles mengt, und zwar in Jedes, wie das Exempel wieder lehrreich belegt, um so dreister, je kläglich weniger sie davon versteht, selbstverständlich zu viel Ehre anthun, wenn man sich auch nur einen Einzigen aus ihr langte und ihn unter die Douche hielte. Die Sekte wird doch nicht alle. Und so habe ich denn natürlich auch dieses Exemplar hier nur angeführt, nicht, um mit ihm zu verfahren, wie verdient, sondern nur als Dokument, als charakteristisches Belegstück, wie lieblich eine gewisse Klasse, die in die Kniee sinkt, wenn es sich um das Strumpfband von Werthers Lotte dreht, oder den I-punkt in der provenzalischen Dichtung, zu »kommentieren« versteht, wenn es sich um einen »Zeitgenossen« handelt. Aber ich gestehe gern, ich habe durch diese Leute gelernt und erkläre daher diesmal ausdrücklich: Kein Ruhm der alten Zeit wird dadurch, daß ich heute auch in der Lyrik ihre alten Formen für altes Eisen deklariere, angetastet. Auch ich – die Herren dürfen davon überzeugt sein – weiß ein goethesches Lied über einen Schmarren von Ludolf Waldmann zu stellen und in meinem Schädel befindet sich ein Archiv, mit lyrischen Wunderwerken gewesener Generationen so vollgepropft, daß ich wirklich davon überzeugt bin, es wird in ihrer Art Köstlicheres nie geschaffen werden. Nur eben – und darum dreht es sich, wie es sich stets drehen wird in solchen Fällen –: in ihrer Art! Die Menschheit, so weit sie Lyrik betreibt, hat aber sagen wir höchstens zehn, fünfzehn Jahrtausende bereits hinter sich und aller Wahrscheinlichkeit nach mindestens die zehnfache Zeit – auf eine kleine Handvoll Jahrtausende mehr oder weniger kann es ja dabei zum Glück nicht ankommen – noch vor sich. Es wird daher mutmaßlich noch eine ganze Reihe von solchen Arten geben und jede wird ihr Höchstes erreicht haben und dann notwendig der nächsten Platz machen müssen, nachdem sie im Grunde genommen eigentlich immer wieder nur Das für ihre Zeit geleistet haben wird, was die voraufgegangene bereits für ihre voraufgegangene geleistet hatte. Das ist alles. Mir scheint, es kann Simpleres nicht geben.

Eine Lyrik, die auf jede Musik durch Worte als Selbstzweck verzichtet und die, rein formal, lediglich durch einen Rhythmus getragen wird, der nur noch durch Das lebt, was durch ihn zum Ausdruck ringt. Eine solche Lyrik, die von jedem überlieferten Kunstmittel absieht, nicht, weil es überliefert ist, sondern, weil sämtliche Werte dieser Gruppe längst aufgehört haben, Entwicklungswerte zu sein, habe ich in meinem Buche versucht.

Wozu noch der Reim? Der Erste, der – vor Jahrhunderten! – auf Sonne Wonne reimte, auf Herz Schmerz und auf Brust Lust, war ein Genie; der Tausendste, vorausgesetzt, daß ihn diese Folge nicht bereits genierte, ein Kretin. Brauche ich den selben Reim, den vor mir schon ein Anderer gebraucht hat, so streife ich in neun Fällen von zehn denselben Gedanken. Oder, um dies bescheidener auszudrücken, doch wenigstens einen ähnlichen. Und man soll mir die Reime nennen, die in unsrer Sprache noch nicht gebraucht sind! Grade die unentbehrlichsten sind es in einer Weise, daß die Bezeichnung »abgegriffen« auf sie wie auf die kostbarsten Seltenheiten klänge. Es gehört wirklich kaum »Übung« dazu: hört man heute ein erstes Reimwort, so weiß man in den weitaus meisten Fällen mit tötlicher Sicherheit auch bereits das zweite. Wir vom Publikum haben dann schon immer antizipiert, womit, um mit Liliencron zu reden, der »Tichter« nun erst hinterdreinhinkt. Wir hören Witzen zu, wissen leider aber immer schon die Pointen! Das wäre drollig und schade, daß es ausstürbe, wenn es auf die Dauer nicht so langweilig wäre. So arm ist unsre Sprache an gleichauslautenden Worten, so wenig liegt dies »Mittel« in ihr ursprünglich, daß man sicher nicht allzu sehr übertreibt, wenn man blind behauptet, fünfundsiebzig Prozent ihrer sämtlichen Vokabeln waren für diese Technik von vorn herein unverwendbar, existirten für sie gar nicht. Ist mir aber ein Ausdruck verwehrt, so ist es mir in der Kunst gleichzeitig mit ihm auch sein reales Aequivalent. Kann es uns also wundern, das uns heute der gesamte Horizont unserer Lyrik um folgerecht fünfundsiebzig Prozent enger erscheint als der unserer Wirklichkeit? Die alte Form nagelte die Welt an einer bestimmten Stelle mit Brettern zu, die neue reißt den Zaun nieder und zeigt, daß die Welt auch noch hinter diese Bretter reicht. Gewiß, es mag Individualitäten geben, die sich wohl fühlen werden in dem alten Mausloch bis in alle Ewigkeit. Niemand wird sie daran hindern. Nur wird ihre Thätigkeit für den Fortschritt in ihrer Kunst ungefähr denselben Wert haben, den heute das Soldatenspielen unsrer kleinen Kinder für den künftigen Weltkrieg hat. Der Tag, wo der Reim in unsre Litteratur eingeführt wurde, war ein bedeutsamer; als einen noch bedeutsameren wird ihre Geschichte den Tag verzeichnen, wo dieser Reim, nachdem er seine Schuldigkeit gethan, mit Dank wieder aus ihr hinauskomplimentiert wurde. Für Struwwelpeterbücher und Hochzeitkarmina kann er ja dann immer noch, je nach Bedarf, durch die Hinterthür wieder eingelassen werden.

Ähnlich die Strophe. Wie viele prachtvolle Wirkungen haben nicht ungezählte Poeten Jahrhunderte lang mit ihr erzielt! Wir alle, wenn wir Besseres nicht zu thun wissen und alte Erinnerungen locken, wiegen uns noch in ihr. Aber eben so wenig wie die Bedingungen stets die selben bleiben, unter denen Kunstwerke geschaffen werden, genau so ändern sich auch fortwährend die Bedingungen, unter denen Kunstwerke genossen werden. Unser Ohr hört heute feiner. Durch jede Strophe, auch durch die schönste, klingt, sobald sie wiederholt wird, ein geheimer Leierkasten. Und grade dieser Leierkasten ist es, der endlich raus muß aus unsrer Lyrik. Was im Anfang Hohes Lied war, ist dadurch daß es immer wiederholt wurde, heute Bänkelsängerei geworden!

Es kann natürlich nicht meine Absicht sein, Alles, was die bisherige Form von der zukünftigen trennen wird, hier schon heute positiv und negativ in Paragraphen zu zwängen. Es genügt, daß vorläufig das Prinzip gegeben ist. Man kann unmöglich an einem Baum bereits die Blätter zählen, dessen Keim kaum erst aus der Erde ragt. Ihre ungefähren Umrisse lassen sich bestimmen; ihre Zahl und Pracht ist Sache der Entwicklung.

   [...]

Holz übergab seine Schrift *Revolution der Lyrik* als »die Geschichte eines Kampfes, dessen erste Phase eben hinter uns liegt« (Vorwort). So ist dieses Bändchen im wesentlichen eine Sammlung von Dokumenten, Kritiken und Antworten von Holz, Auseinandersetzungen um seine Lyrik seit der Herausgabe seines Lyrikbandes *Buch der Zeit* (1886). Dabei umspannt der geistige Weg, den Arno Holz in seiner Lyrik von 1883 bis 1899 zurücklegte, sehr weit auseinanderliegende kunsttheoretische Pole. Im Oktober 1883 veröffentlichte er in der studentischen *Kyffhäuser-Zeitung* einen Essay *Die Dichtkunst der Jetztzeit*, in dem er erstmals sein dichterisches Programm formulierte. Auch er kritisierte die zeitgenössische Dichtung, die sich nicht an den gesellschaftlichen Auseinandersetzungen der Zeit beteiligt: »Statt als Echo ihrer Zeit uns, ihren Söhnen, das Herz zu schnelleren Schlägen zu begeistern, die Kämpfer zu ermutigen, die Zweifler zu trösten [...] und allzeit voran das Banner des Ewigen im Kampf des Endlichen hochzuhalten, wühlt sie, taub für die weltbewegenden Fragen der Zeit, in den wurmzerfressenen Scharteken einer längst abgethanen Romantik nach halbverschollenen Kinder- und Ammenmärchen herum...« (zit. nach: H. Scheuer, *Arno Holz im literarischen Leben des ausgehenden 19. Jahrhunderts* (1883–1896). München 1971, S. 34). Arno Holz erklärte sich hier zum »Anwalt« der »vielgeschmähten Lyrik«, von der er auch hoffte, daß »der wenig bemittelte Bruchteil unseres Volkes« sie häufiger genießen kann als andere Kunstarten. Er begeistert sich für die politische Lyrik des Vormärz (Herwegh, Hofmann von Fallersleben, Freiligrath). Darüberhinaus lag für ihn die Zukunft in der »sozialen Lyrik«: »Diese soziale Lyrik würde alle Vorzüge der politischen besitzen ohne jedoch mit deren Nachteilen behaftet zu sein. Sie würde nicht urplötzlich wie jene meteorartig aufblitzen und dann wieder ebenso urplötzlich verlöschen, sondern ewig leuchtend wie das Licht der Sonne von Zeit auf Zeit, von Geschlecht auf Geschlecht vererbt werden, ohne in der Unmittelbarkeit ihrer Wirkung eine Einbuße zu erleiden [...] Sie würde [...] als ihr [d.i. der Zeit, Ch.M.] Echo überhaupt alles, was in ihr lebt und webt, jauchzt und stöhnt, lacht und weint, sinnt und fühlt, liebt und haßt, mit einem Worte, die Zeit selbst, in dichterische Gebilde krystallisiert dem steten Interesse einer dankbaren Nachwelt überliefern« (ebd., S. 37).

   Obwohl D. v. Liliencron A. Holz' *Buch der Zeit* euphorisch begrüßte, fand der Gedichtband insgesamt doch nicht die Resonanz, die Holz sich erhofft hatte und für die Liliencron sich einsetzte. Im *Magazin für die Litteratur des In- und Auslandes* schrieb er 1886: »Es flutet und braust seit Anfang unseres Jahrzehnts: Eine neue Dichtergeneration stürmt mit fliegenden Fahnen vorwärts; keine Epigonen sind's. Das ist unverkennbar. Schütteln sich die jungen Dichter durch ihren Hochmut glücklich durch, sind sie gerettet – und die Gründer in der Tat [...] eines neuen Dichterstamms« (a.a.O., S. 484). Nach der Veröffentlichung dieses Lyrikbandes widmete sich Holz zunächst intensiven theoretischen Studien. Mit den Prosaskizzen *Papa Hamlet* begann Holz, sich in seiner literarischen Arbeit auf die Erneuerung des Kunstmittels Sprache zu konzentrieren, deren theoretische Fundierung er in seinem 1891 erschienenen theoretischen Werk *Die Kunst* liefert (vgl. die Dok. 13 u. 22).

   Die grundsätzliche Absage, die Holz, wie andere Naturalisten auch, seinen eigenen engagierten literarischen Bemühungen zuteil werden läßt, hat nicht wenig auch die literaturwissenschaftliche Rezeption des Naturalismus der 80er Jahre beeinflußt. Ging es Holz in den 80er Jahren zusammen mit vielen seiner Zeitgenossen noch um eine grundlegende Neugestaltung des Verhältnisses Kunst und Gesellschaft, so war das Ziel für Holz spätestens ab 1890 nur noch die »Revolutionierung« der Kunst. Dem »Irrtum« der 80er Jahre entgegnet er mit seiner Kunsttheorie: »Man revolutioniert eine Kunst also nur, indem man ihre Mittel revolutioniert« (s. Dok. 58). Daraus leitet Holz schließlich auch sein Programm für eine »Revolution der Lyrik« ab, eine Lyrik, »die, rein formal, lediglich durch einen Rhythmus getragen wird, der nur noch durch das lebt, was durch ihn zum Ausdruck ringt« (s. ebd.). Das bedeutet, wie Holz in einer Antwort an Mehring erklärt, als Ziel der Lyrik den »notwendigen Rhythmus«, der »jedes mal neu aus dem Inhalt [wächst]« (s. A. Holz, *Revolution der Lyrik*, S. 45). So wie er die Sprache in der Prosa und im Drama gleichsam als Material zur Reproduktion vielgestaltiger Wirklichkeit zu verwenden suchte, so strebt er nun in der Lyrik danach, daß Inhalt und Klang der Worte, bzw. ihr Rhythmus zu einer Aussage verschmelzen: »Diese ursprünglichen Werte den Worten aber gerade zu lassen und die Worte weder aufzupusten noch zu bronzieren oder mit Watte zu umwickeln, ist das ganze Geheimnis. In diese Formel, so unscheinbar sie auch klingt, konzentriert sich alles. Wenn ich einfach und schlicht [...] ›Meer‹ sage, so klingts wie ›Meer‹; sagt es Heine in seinen Nordseebildern, so klingts wie ›Amphitrite‹. Das ist der ganze Unterschied« (ebd., S. 28). Holz begreift diese Position als Weiterentwicklung der Lyrik, wie er sie in den 80er Jahren begonnen hatte, als »Weg zur Natur zurück«. Allerdings wehrt er sich gegen jegliche Schulbezeichnung: »Wir entrieren keine ›Richtung‹, sondern wir bilden den neuen Notwendigkeitsring um einen sich naturgesetzlich noch immer entwickelnden Organismus« (ebd., S. 64). Deswegen meint er auch, hätte seine Schrift korrekterweise auch den Titel »Evolution der Lyrik« verdient (ebd., S. 65).

III Zeitgenössische Rezeption und Kritik

a) Naturalismus als Ausdruck »unserer Zeit«

59

Leopold von Sacher-Masoch: *Die naturalistische Epidemie.*
Nach persönlichen Eindrücken. In: *Die Gegenwart. Wochenschrift*
für Literatur und öffentliches Leben. Hrsg. v. Theophil Zolling.
35. Bd., Berlin (G. Stilke) 1889, Nr. 25, S. 390–393; hier:
S. 390–391, 391–392, 392–393, 393.

[...]

Die naturalistische Lehre ist nicht neu, der Hauptsatz derselben: daß der Schriftsteller sich nur an die Natur, an die Außenwelt zu halten habe, ist zuerst von Goethe verfochten worden. »Der Dichter«, sagt dieser, »ist angewiesen auf Darstellung. Das Höchste derselben ist, wenn sie mit der Wirklichkeit wetteifert, d. h. wenn ihre Schilderungen durch den Geist dargestellt, lebendig sind, daß sie als gegenwärtig für Jedermann gelten können. Auf ihrem höchsten Gipfel scheint die Poesie ganz äußerlich, je mehr sie sich in's Innere zurückzieht, ist sie auf dem Wege zu sinken.«

Goethe's Ansicht ist ohne Zweifel richtig, und so wie er sie selbst schöpferisch durchgeführt hat, kann sie Niemand zurückweisen; ganz in diesem Sinne hat auch Flaubert seine Madame Bovary gehalten, aber die Naturalisten verleugnen ihre eigenen Lehrsätze.

Ich habe keinerlei sittliche Bedenken gegen den Naturalismus vorzubringen; täglich liest Jedermann, Frauen, Mädchen, Kinder, in den Tagesblättern die schrecklichsten, die abscheulichsten Dinge, alle Spielarten des Verbrechens und des Lasters, und dieselben Leser sollten verdorben werden, wenn sie in einem Roman, in einem Stück, Gestalten und Vorgängen begegnen, mit denen sie nur zu sehr aus ihrem Tagblatt her vertraut sind? Die Literatur wird zur Lüge verurtheilt. Und gerade hier, wo ernste sittliche Ziele verfolgt, wo die Verirrungen in das richtige Licht gesetzt werden, kann die Schilderung des Lasters, der Ueppigkeit niemals so gefährlich werden als in den Tagesblättern, wo die Thatsachen in ihrer ganzen empörenden Nacktheit, entweder ohne jede Erklärung oder in Verbindung mit einer albernen, abgebrauchten Sentenz vorgeführt werden. Nein, der Dichter hat das Recht, Alles, was zur Entwicklung seines Stoffes, seines Problems nothwendig ist, darzustellen, aber der Naturalismus hält sich nicht an dieses vernünftige Gesetz gebunden, er stellt den Schmutz um des Schmutzes willen dar, er gibt Ekel erregende Menschen, Scenen, Einzelheiten, die weder zur Führung der Handlung, noch zur Charakteristik irgend etwas beitragen.

Trotzdem habe ich gegen den Naturalismus nur ästhetische Bedenken und muß ihm vor

Allem den Vorwurf machen, daß er sich selbst widerspricht, daß seine Werke nicht im Einklang stehen mit den Worten, die er im Munde führt.

Flaubert hatte auch ein literarisches Glaubensbekenntniß, er hat es aber durchgeführt, und die Naturalisten sind uns die Durchführung des ihrigen schuldig geblieben. Sie sehen Flaubert als ihren Meister an. Mit welchem Recht? Flaubert sagt: »Jedes Buch mit einer Tendenz hört auf ein Kunstwerk zu sein.« Die Naturalisten schreiben niemals ein Buch ohne Tendenz. Flaubert verlangt vom Schriftsteller Typen. Die Naturalisten stellen niemals Typen, sondern stets nur Ausnahmen dar. Flaubert war der Ansicht, daß die Persönlichkeit des Verfassers in seinem Buche vollkommen verschwinden und daß die Eigenthümlichkeit des Werkes nicht aus einer Besonderheit des Stiles hervorgehen soll, denn er hielt den Stil, den guten Stil für nichts Persönliches. Nach ihm kann es nur eine einzig richtige Art geben einen Gegenstand auszudrücken. Die Naturalisten suchen im Stil das Besondere, die Ausnahme ebenso gut wie in Bezug auf den Inhalt ihrer Werke.

Das erste meiner ästhetischen Bedenken richtet sich gegen die naturalistische Lehre, daß der Künstler *Alles sagen muß*, daß sein Spiegelbild und die Wirklichkeit sich vollkommen decken müssen.

Hier straft sich der Naturalismus sofort selbst Lügen.

Wenn er Alles sagen will, wenn er den Anspruch erhebt uns die volle Wirklichkeit zu geben, dann darf er uns auch nichts, absolut nichts von dem ersparen was wirklich ist.

Dann müßte vor Allem jeder Vorfall im Buche wie auf der Bühne ebenso viel *Zeit* in Anspruch nehmen wie in der Wirklichkeit, dann müßten uns auch *alle Einzelheiten* gegeben werden, alle. Die Naturalismus gibt jedoch nur mehr als die frühere Literatur, aber noch lange nicht Alles. Sobald aber der Künstler, selbst nach naturalistischem Verfahren, nicht Alles gibt, weil er nicht Alles geben kann, kann er ebenso gut weniger geben als die Naturalisten, und dieses Wenige wird ebenso wahr, ja wahrer sein als das Mehr, weil es *charakteristischer* sein wird. Gerade der Naturalist, der nur Wirkliches wiedergeben will, muß doch zugeben, daß in diesem Sinne nur das dargestellt werden kann, was man sieht und hört.

Ich möchte aber wissen, ob es einen Menschen gibt, der Zeuge irgend eines halbwegs wichtigen oder gar erregten Vorfalls wird, und der in diesem Augenblick Zeit und Lust hätte zu beobachten, welche Falten die Kleider der handelnden Personen werfen und in welcher Weise ihre Nasenspitzen beleuchtet erscheinen. Nein, er wird immer nur das zur Handlung Gehörige, also das Wesentliche, das Charakteristische wahrnehmen, nicht aber die hundert Kleinigkeiten, die zu der Handlung, welcher er beiwohnt, in gar keiner Beziehung stehen.

Man soll überhaupt nur das schildern, was Jeder sehen kann. Sobald man sich in jene kleinlichen Einzelnheiten versenkt, welche das gewöhnliche Auge übersieht, müßte man folgerichtig noch weiter gehen, das Mikroskop zu Hülfe nehmen und ebenso wenig die Wanzen auf dem Rosenblatt als die Mikroben auf dem Haar der schönen Frau vergessen.

Naturalismus ist nicht von der *Natur* inspirirt worden wie jede wahre Kunst, sondern von der *Wissenschaft*, und deshalb hat er die Grenzen der Wissenschaft und Kunst niedergerissen und aus seinen Werken etwas gemacht, was weder Wissenschaft noch Dichtung ist.

[…]

Es muß einmal ausgesprochen werden: *eine Wiedergabe der Wirklichkeit* ist dem Künstler überhaupt nicht möglich, was er kann, das ist, mit Hilfe einer Fiction einerseits und der Einbildungskraft seines Publikums andererseits den *Schein der Wirklichkeit* hervorzurufen. Sobald es aber eine Grenze für die Darstellung der Wirklichkeit gibt, entsteht die Frage: Wird dieser *Schein* der Wirklichkeit, des Lebens, den die Kunst allein hervorzurufen vermag, besser durch viele zum Theil unwesentliche oder durch wenige wesentliche Einzelheiten erreicht?

Unzweifelhaft durch das Letztere. Der Künstler muß, wenn er wahr sein will, nicht mehr sehen wollen als jeder andere Mensch sieht. Niemand wird aber, selbst in ganz ruhiger Lage, sei es in einer Landschaft, sei es in einer Wohung, sei es an einem Menschen, alle Einzelheiten bemerken oder gar aufsuchen; er wird niemals das Nebensächliche, Gewöhnliche, sondern immer nur das Auffallende, also das Charakteristische wahrnehmen.

So hat es ja auch Flaubert, das Urbild, der große Meister der Naturalisten gehalten, sowohl in Bezug auf den Entwurf und die Gestaltung, als in Bezug auf die Ausführung. Unter Entwurf und Gestaltung verstand er die Herausarbeitung *ausschließlich des eigentlichen Kerns* der Handlungen, welche ein Menschendasein ausmachen, unter Ausführung die Wahl und Gruppirung *ausschließlich* der *charakteristischen* Züge. Und Voltaire zielte auf dasselbe hin, wenn er ausrief: »Um langweilig zu werden, braucht man nur Alles zu sagen.«

Die Naturalisten haben es übrigens bewiesen, daß man noch lange nicht Alles, daß man nur zuviel zu sagen braucht, um gedehnt, ermüdend und langweilig zu werden. *Der naturalistische Roman ist langweilig.*

Das ist der zweite Vorwurf, den ich ihm zu machen habe, aber nicht einmal darin ist er ursprünglich, auch diese langweilige Mache ist nicht neu. Wir finden sie schon bei Gutzkow und manchem Anderen, ja, wenn wir von der Unfläthigkeit absehen, so ist das naturalistische Zukunftsepos in Prosa nichts Anderes als unser guter, alter, breiter deutscher Roman. Unseren literarischen Vorfahren in Deutschland gelang es indeß nur uns die Tugend, unseren literarischen Zeitgenossen in Frankreich aber uns sogar das Laster langweilig zu machen.

Die zweite Lüge des Naturalismus ist sein Lehrsatz: *Der Künstler muß die Wirklichkeit wiedergeben wie sie ist, nichts hinzufügen und nichts wegnehmen.* Sehr gut. Sogar der Verdacht, etwas vom Natürlichen, von der Regel Abweichendes zu geben, soll vermieden werden. Noch besser. Aber der Naturalismus gibt uns nicht die Natur, die Regel, sondern stets nur die Ausnahme, das Abnorme, nicht die aus Licht und Schatten gemischte Wirklichkeit, sondern stets nur den Schatten, das Häßliche.

Es ist ein allerdings unbewußtes Axiom des Naturalismus: Alles was schön ist, ist *unwahr*, wahr ist nur das *Häßliche*. Das ist einfach ein Unsinn. Alles in der Natur besteht nur durch sein Gegentheil. Ebenso wie es ohne Licht keinen Schatten gibt, ist das Häßliche gerade die Bekräftigung des Schönen. Wenn es nichts Schönes in der Welt geben würde, würde es auch nichts Häßliches geben. Die Naturalisten sehen nur dieses, somit sehen sie anders als die gewöhnlichen Menschen. Was sie sehen, ist deshalb nicht unwahr, aber es ist nicht die volle Wahrheit. […]

[...]

Alles in Allem ist der Naturalismus nur ein umgekehrter Idealismus. Keiner von Beiden gibt uns die wirkliche Welt. Der Naturalismus ist ebenso übertrieben und phantastisch, nur daß seine Phantasien häßlich und abschreckend sind. Diesem Cultus des Häßlichen fehlt jedoch die Befriedigung. Der Naturalismus gefällt sich in einer Bestialität, die er selbst unablässig verwünscht und beschimpft, er hat keine rechte Freude an der Rohheit und dem Schmutz, wie sie einigen holländischen und spanischen Meistern, vor Allem aber dem Engländer Hogarth eigen ist. Andererseits ist der Naturalismus aber auch eine Rückkehr zur alten Schule. Nach der psychologischen Vertiefung Balzac's und der wahrheitsliebenden, der Wirklichkeit abgelauschten Darstellung Flaubert's bringt uns die Zolaschule wieder die Erfindung, wenn auch eine häßliche Erfindung, und die rein äußerliche Erzählung ohne jede Motivirung aus der Menschenseele heraus.

Das Einzig-Neue am Naturalismus hütet er selbst sich wohl zu bekennen, es ist dies das *pathologische* Element, das er in die Literatur eingeführt hat. Während Zola und seine Jünger immerfort die Natur verkünden, also das Gesetzmäßige, das Gesunde, sind ihre Menschen Ausnahmen und Kranke. Der Doctor Pascal in der Schuld des Pater Mouret spricht es ja aus: »Etwas mehr Blut, etwas mehr Nerven, was weiß ich! es ist ein verfehltes Dasein! – Diese Kinder sind wahre Rougons und wahre Macquarts! Sie sind das Ende vom Lied, die schließliche Entartung.« Nur mit den Schlußworten hat der Doctor Unrecht behalten, denn die krankhafte Entartung der Rougon-Macquart hat seitdem noch weitere Etappen zurückgelegt, und wir sind noch immer nicht bei dem Ende vom Lied angelangt.

Ja, es sind physisch und geistig kranke Menschen, welche uns der Naturalismus vorführt, und dabei haben seine Jünger den komischen Einfall, noch immer Flaubert als ihren Meister zu verkünden. [...]

[...]

Nein, Flaubert ist nicht der Meister der Naturalisten, ein Abgrund trennt sie und ihn. Seine Kunst ist natürlich, wahr, gesund, und die ihre ist unnatürlich, verlogen, krank. So schreiben *kranke Menschen.*

Wenn die naturalistische Schule Alles aus physischen Motiven zu erklären sucht, so ist es ʾ erlaubt, auch den physischen Zustand des Meisters und seiner Schüler als Erklärung dieser Literatur zu berühren. Es sind kranke Menschen, kranke Gehirne, wie sie die Weltstädte erzeugen.

In der kräftigen, reinen Luft der Tiroler Alpen wären sie Alle zusammen das nicht geworden, was sie heute sind; sie hätten dann mit ihrem großen Talent, das niemals abgeleugnet werden kann und darf, vielleicht eine wahrhaft naturalistische Literatur geschaffen, so aber sollten sie sich vielmehr die *pathologische Schule* und ihre Schöpfung den *pathologischen Roman* nennen.

Eine kranke Literatur für ein krankes Publikum. Es ist eine ungesunde, überreizte Gesellschaft, die an dieser Literatur Geschmack findet, etwa so wie nervöse, hysterische Frauen mit Vorliebe die Morgue besuchen und den Hinrichtungen auf dem Platze La Roquette beiwohnen. Aber diese kranke Literatur wurde mit einem Male ein gutes Geschäft, und das war der wichtigste, vielleicht einzige Beweggrund, Zola so viele mehr oder minder begabte Schüler zuzuführen. Unter diesen waren auffallend viele Belgier, und ich habe die Erfahrung gemacht, daß die belgischen Schriftsteller, mit denen ich zu thun hatte, bis zur Unanständigkeit geldgierige Menschen waren.

Durch die naturalistische Schule ist denn auch die Literatur vollständig zum Geschäft geworden. Man muß diese jungen Streber in den Boulevardkaffeehäusern gesehen und gehört haben, um den vollen, ehrlichen Ekel gegen den Naturalismus zu empfinden, wie ich ihn habe. Da meinte man wohl eher unter Börsenmännern zu sein, als unter Schriftstellern. Da war nur von Tantièmen, Honoraren, Autorrechten und dergleichen die Rede, niemals von künstlerischen Tendenzen, von literarischen Zielen, und dabei dieser häßliche gemeine Neid gegen jede Concurrenz, ganz im kleinlichsten Krämergeist gehalten.

[...]

Leopold Ritter von Sacher-Masoch (1836–1895), geb. in Lemberg (Galizien), war Privatdozent der Geschichte in Graz (ab 1857) und Professor in Lemberg. Später arbeitete er als freier Schriftsteller und ab 1888 als Journalist in Mannheim.

Die Harts hoben bereits Ende der 70er Jahre in ihren ersten Aufsätzen v. Sacher-Masoch als literarisches Vorbild hervor. Julius Hart veröffentlichte in der *Deutschen Dichtung* eine Besprechung *Turgenjew und Sacher-Masoch* (s. Komm./Dok. 1). Heinrich Hart nannte in seinem programmatischen Aufsatz *Neue Welt* (s. Dok. 2) die »slavisch-germanische Poesie Turgenjews und Sacher-Masochs« als eine der »drei großen Richtungen in der Literatur«, die neben dem »neudeutschen Quietismus« Lorms und den Musikdramen Wagners, in der Nachfolge Schopenhauers stünden.

In einem Vorwort zu seinem 1875 erschienenen Roman *Die Ideale unserer Zeit* formulierte Sacher-Masoch bereits ähnliche literarische Ansprüche, wie sie in den 80er Jahren dann von den jungen oppositionellen Autoren verstärkt vorgetragen wurden. Sacher-Masoch kritisierte hier den »eckelerregenden Byzantinismus«, der sich nach 1871 im politischen Leben und in der Literatur als Heldenverehrung, als eine »geschmacklose« Huldigung der Dynastie und des deutschen Volkes breit mache: »Während fast alle anderen deutschen Schriftsteller zu Götzendienern des Erfolges und der Macht geworden sind, wage ich es dem deutschen Volke unserer Tage einen Spiegel vorzuhalten, in dem es sich genau so erblicken kann, wie es in der That ist. Ich habe den Versuch gemacht, deutsches Leben und deutsche Verhältnisse einmal weder verzerrt und verhäßlicht, noch verschönert und geschmeichelt, sondern einfach wahr, vorzüglich aber die bedenklichen Neigungen und Verirrungen, Thorheiten, Leidenschaften und Laster der Nation, welche in neuester Zeit aufgetaucht und von unseren Modeschriftstellern durch bedientenhafte Schönfärberei noch gesteigert worden sind, ohne jene bestechende Maske zu zeigen, hinter welche patriotische und sittliche Heuchelei dieselben zu verbergen sucht« (a. a. O., S. VIII).

So erscheint es auch berechtigt, wenn Sacher-Masoch in der *Gesellschaft* 1890 als der »erste Vorläufer« der naturalistischen Bewegung in Deutschland gewürdigt wird (s. Hermann Menkes: *Leopold v. Sacher-Masoch*. In: *Die Gesellschaft*, Jg. 6/1,1, 1890, S. 865). Sacher-Masoch habe »eine Naturanschauungs- und Schilderungsgabe, wie sie vielleicht kein zweiter deutscher Dichter der Gegenwart besitzt« (ebd., S. 867). Sacher-Masochs »bitterer Pessimismus« und seine oft »abstoßende Erotik« werden kritisch vermerkt. Dennoch wird hervorgehoben, daß Sacher-Masoch »in Deutschland der erste war, der die Dichtung zu den verjüngenden Quellen der Natur zurückgeführt, daß er zuerst gegen den versumpfenden akademischen Geist, gegen den Geist eines einengenden Formalismus, gegen die fleischlose Ideendichtung Front machte. Er war Vorläufer einer Richtung, die jetzt in erweiterter Form sich Bahn bricht. Sein ›Vermächtnis Kains‹ und noch einiges, das er in seinen besten Stunden geschrieben, gehören der Weltlitteratur« (ebd., S. 869).

Sacher-Masoch selbst erkannte jedoch in der naturalistischen Literatur der 80er Jahre nicht die Fortsetzung seiner literarischen Bemühungen, und er lehnte auch den Naturalismus Zolas ab. In zwei Artikeln,

Das literarische Frankreich nach persönlichen Eindrücken (in: *Das Magazin für die Litteratur des In- und Auslandes,* Jg. 57, 1888, Bd. 113, S. 429–433 u. Bd. 114, S. 752–757) stellte Sacher-Masoch seine Gegnerschaft zu Zola ausführlich dar. Für ihn bedeutete der Zolasche Naturalismus nicht die Erfüllung seiner Forderung nach voller Wahrheit, sondern er sah darin den »Idealismus des Häßlichen«. Im übrigen konzentrierte sich Sacher-Masoch in seinen journalistischen Arbeiten mehr und mehr darauf, die naturalistische Literatur als »schmutzige Geldmacherei« zu verurteilen. F. Hammer (d.i. M.G. Conrad) bezeichnete diese Art der Kritik als »kritischen Masochismus«, den er als »Krankheitserscheinung« ironisch ruhiger wissenschaftlicher Beurteilung empfahl (F. Hammer, *Sacher-Masochismus.* In: *Die Gesellschaft,* Jg. 7/2, 2, 1891, S. 1578–1582).

Ähnlich wie Sacher-Masoch wandelte sich auch Max Nordau von einem Anregert der naturalistischen Lieteraturopposition zu einem konservativen Gesellschaftskritiker, der die Großstadt als Paradigma zivilisatorischer Verfallserscheinungen betrachtete: »Heute und wol schon seit hundert Jahren ist der Roman- und Theaterdichter entweder der Sohn oder doch der lebenslange Bewohner einer Großstadt und von deren geistiger und sittlicher Atmosphäre beeinflußt. Er lebt unter aufgeregten und in vielen Fällen krankhaft entarteten Menschen. [...] Besonders die nervösen Störungen sind in dieser Menge häufig. Unzählige Individuen siedeln da in jenem Grenzlande zwischen der gesunden Vernunft und dem Wahnsinn, das in der letzten Zeit die Irrenärzte und Psychologen so mächtig anzieht [...]. Der großstädtische Dichter in seiner Umgebung von überempfindlichen oder abgestumpften, nervösen oder hysterischen, sentimentalen oder verderbten Ausbund-Menschen, die halbe Genies und halbe Idioten sind und ihr Lebelang zwischen den nach ihnen ausgestreckten Händen des Irrenarztes und Strafrichters hin- und herschwanken, verliert das Verständnis für die menschliche Wahrheit und weiß zuletzt gar nicht mehr, wie sich die Welt in einem klaren, ungetrübten Auge und in einem weder überreizten noch entarteten Gehirn abspiegelt. So schreibt man diese Zola'schen Romane der erblichen Geisteskrankheit, so schreibt man die ›Gespenster‹ von Ibsen, so alle diese übergeschnappten Liebes-, Eifersuchts- und Ehebruchs-Geschichten, die einem kräftigen und tüchtigen Organismus ebenso fremd und unverständlich sind wie die Migränen und Magenkrämpfe bleichsüchtiger Siechlinge« (Max Nordau, *Paradoxe. Neue Ausgabe.* Zweite Hälfte, Leipzig 1891, S. 258f.; vgl. auch Dok. 98).

60
Karl Frenzel: *Der moderne Realismus.* In: *Vom Fels zum Meer. Spemann's Illustrierte Zeitschrift für das deutsche Haus.* Hrsg. v. Wilhelm Spemann. Stuttgart (Union, Deutsche Verlagsgesellschaft) 1891/92, Bd. 1, S. 156–161; hier: S. 156–158, 158–161.

Seit etwa fünfzehn Jahren offenbart sich in der Malerei, der Skulptur und der Dichtung bald in schwächeren, bald in stärkeren Vorstößen der Drang, neue Formen und einen neuen Inhalt für die Kunst zu gewinnen. Die ehemaligen Ideale sind zu Schemen verblaßt, die alten Formen zu reizlosen Schablonen geworden. Man will die Natur nicht mehr durch die klassische oder die romantische Brille ansehen, man bestreitet der Kunst das Recht, Menschen und Dinge in eine verschönernde Beleuchtung zu stellen und sie über das gemeine Durchschnittsmaß zu erhöhen, man verlangt Wahrheit um jeden Preis und gibt bei der Auswahl der darzustellenden Gegenstände bald bewußt, bald unwillkürlich der Häßlichkeit den Vorzug vor der Schönheit. Nicht um den Adel der Gestalt soll es sich mehr handeln, sondern um ihren charakteristischen Ausdruck, die Kunst hat den Weltausschnitt, den sie zu schildern unternimmt, in allen

Einzelheiten, mit allen zufälligen Schmutzflecken wiederzugeben, sie wird zur Lügnerin, wenn sie ihn verklärt. Die verschämteren Vertreter der neuen Ansicht nennen sich Realisten, die keckeren Naturalisten, die Italiener haben mit dem Worte Verismus den Kern der Sache am richtigsten getroffen. Bisher galt die Kunst als Wiederschein des Schönen, als der Abglanz der Erscheinungswelt, fortan soll sie nichts als der Spiegel sein, in dem sich die nackte Wahrheit beschaut. Die Strömung, die von Frankreich ausgegangen ist, in der Litteratur von Flaubert, Zola und Alphonse Daudet, in der Malerei von Millet, Courbet und Manet, hat sich allmählich über Spanien, Italien und Deutschland verbreitet, die Norweger, Dänen, Schweden und Russen haben ihr durch ihre nationale Eigenheit und die besonderen Verhältnisse, Zustände und Bestrebungen ihrer Volksstämme und ihrer Kultur einen neuen Zufluß zugeführt und ihr Strombett vertieft. Die naturalistische Richtung in der Kunst ist international wie die Sozialdemokratie, zwei Bäche, die aus einer gemeinsamen Quelle entsprungen sind. In den Kunstausstellungen wie auf den Büchermärkten wetteifert sie mit der »alten« Kunst, mehr als einen erfolgreichen Vorstoß zur Eroberung der Bühne hat sie schon gewagt.

Während ihre Jünger sich darin gefallen, die naturalistische Kunstübung als etwas durchaus Neues und noch nie Dagewesenes zu verherrlichen, und die Gegner nichts als eine vorübergehende Laune des Geschmacks darin sehen, erkennt der ruhige Beobachter ihren Zusammenhang mit den früheren Entwickelungen und Erscheinungen, die Notwendigkeit ihres Auftretens und ihre Aehnlichkeit mit den litterarischen Wandlungen in der Vergangenheit. Die politischen Verhältnisse, wie sie sich seit 1848 gebildet haben, und die wissenschaftliche Methode, die ungefähr seit derselben Zeit zur ausschließlichen Herrschaft gelangt ist, sind der Nährboden des Naturalismus, denn sein innerstes Wesen ist viel mehr wissenschaftlicher und sozialpolitischer als künstlerischer Art. Die Gründung der beiden großen nationalen Staaten, Deutschlands und Italiens, das mit ihr auf das Innigste zusammenhängende Erstarken des Nationalgefühls bei allen Völkern, und das allgemeine Stimmrecht haben die untersten und zahlreichsten Schichten des Volkes in allen Ländern Europas zu einer Macht erhoben, wie sie dieselben bisher nie besessen haben. Obgleich sich ihre wirtschaftliche Lage, der Zuschnitt ihres Lebens, ihre Gewohnheiten und ihre Bildung gegenüber ihrem geringen Erwerb, ihrer Armut und Unbildung vor dem Jahre 1848 außerordentlich zu ihren Gunsten verbessert haben, ist erst jetzt die soziale Frage zu einer brennenden, alle andern in sich aufnehmenden, zu der Frage des Jahrhunderts geworden. Nicht nur die Aufrührer und Volkstribunen, alle Politiker, alle Wohlgesinnten, die Wissenschaft und die Philanthropie beschäftigten sich unausgesetzt mit Versuchen zu ihrer Lösung, im kleinen wie im großen, überall ist die Gesetzgebung auf »sozial« gestimmt, unmöglich, daß die Kunst, daß die Maler und die Dichter gleichgültig an diesem Problem vorübergehen könnten. Für die Dichtung nun gar war das Studium dieses Problems eine Notwendigkeit.

Die Künste haben sich in der Führung der Zeitalter abgelöst; im Altertum war die Skulptur die maßgebende Kunst, Dichtung, Malerei, Musik empfingen von ihr Form und Regel; im Mittelalter ordneten sich die andern Künste der Malerei unter, selbst die gotische Baukunst suchte die malerischen Effekte auf; in der Renaissance kommt die Dichtung neben der

Malerei zu einer ebenbürtigen Stellung, die großen Maler teilen sich gleichsam mit den großen Dichtern in die Herrschaft über die Seelen der Menschen und in die künstlerische Gestaltung des Lebens; erst seit der Mitte des achtzehnten Jahrhunderts drängt die Litteratur, indem sie alle Bildungskeime und Erkenntnisse zusammenfaßt, für alle Forderungen und Hoffnungen der Menschen den geeignetsten Ausdruck findet, alle übrigen Künste in die zweite Linie zurück. Nicht mehr in der vollendeten plastischen Gestalt, nicht mehr in der Fülle der Farben, in dem Spiel des Lichtes und der Schatten, sondern in der Dichtung findet die Menschheit fortan ihre Ideale. Wenn die Musik ihre stärksten Wirkungen hervorbringen will, muß sie sich mit dem Dichterwort zu dem Gesamtkunstwerk vermählen. Die Dichtung würde sich darum selbst aufgegeben haben, wenn sie in den vierziger Jahren nicht politische Lieder gesungen, politische Romane und Dramen verfaßt hätte, wenn sie jetzt vor dem Rätsel der Zukunft scheu vorüberschleichen wollte. Nur wenn ihr nichts Menschliches fremd ist, kann sie der wahre und echte Ausdruck des menschlichen Lebens, Fühlens und Denkens sein.

Als die Welt der arbeitenden Klassen, mit ihrer Atmosphäre und ihrem Horizont, sich vor allen sichtbar aufthat, als der Staat und die Gesetzgebung, die Religion und die Wissenschaft in sie hineingriffen, konnte niemand im Ernst von der Dichtung verlangen, daß sie die Augen davor schließe. Die Not und die Roheit, die Fabriksäle, die Hospitäler, die elenden Arbeiterwohnungen und die Branntweinschenken gehörten ebensogut zu ihrem Reich, wie die Königsschlösser, die Häuser und Feste der Reichen, der Garten und die Jagd, das Dorf und die Wiese. Wenn man die Dorfgeschichten und die Bauernbilder von Vautier und Knaus als eine Einkehr in das Volksleben, als eine Erfrischung der Kunst aus dem ewig neu sprudelnden Quell der Wirklichkeit begrüßt hatte, mit welchem Rechte könnte man es Zola jetzt verbieten, in das Kohlenbergwerk hinabzusteigen oder die Verwüstungen zu schildern, welche die Branntweinschenke anrichtet?

Das Leben in seinen Höhen und Tiefen darzustellen, war immer die Aufgabe des Dichters. Wenn sich plötzlich ein Ausschnitt dieses unermeßlichen Bildes, der bisher in einem gewissen Halbdunkel gelegen hatte, durch eine Drehung des Weltrades in den Vordergrund der Betrachtung schiebt, so gewinnt das Stoffgebiet der Dichtung eine Erweiterung. Nur die Thoren wenden sich davon ab. Und ist in dieser neuen Welt nicht alles sauber und wohlriechend, hat die Luft etwas Erstickendes, nun in den Dorfgeschichten roch es auch nicht immer nach Lavendel und Thymian und das Laster auf dem Bauernhofe hatte kein andres Gesicht als das Laster in den Straßen der Städte. Die boshafte Wucherhexe in Dostojewskis Roman fand in mancher häßlichen und nichtswürdigen Alten auf dem Dorfe ihr Gegenbild. Indem die moderne Litteratur sich in das Dasein, die Empfindungen, Anschauungen und Sitten der Arbeiter, des städtischen Proletariats, des künstlerischen wie des gewerblichen, versenkte, die schmutzigen und kläglichen Seiten der Halbwelt und das wüste und öde Treiben, das vergebliche Ringen der halben Talente zu schildern begann, versuchte auch sie eine Einkehr in das Volkstum, tauchte auch sie auf den Grund des Menschentums.

Aber freilich faßte sie das Volk wie das Menschliche von einem andern Standpunkt aus auf, als es die Kunst bisher gethan hatte. Ueberall und zu allen Zeiten hatten die Malerei und die

Dichtkunst Figuren aus den unteren Volksschichten dargestellt und auch das Widerwärtige nicht verschmäht. Den häßlichen Thersites und den Bettler Iros kennt jeder aus seinem Homer, die Schenkscenen, die Kirmesse, die Bohnenfeste gehören zu den beliebtesten, immer wiederholten Schilderungen der flandrischen und der holländischen Maler. Franz Hals' Trinker und alte Hexen, Murillos Betteljungen zeigen, daß diese Meister vor keiner Roheit und keinem Schmutze zurückwichen. Nur das kurze Gedächtnis und das Autodidaktentum der neuen Schule, die wie alle Neuerer die Welt mit sich anfangen läßt, hat sie alle Kuppler und Dirnen, alle Beschreibungen des Treibens auf den Gassen Londons, in den Gasthäusern und Spielhöllen vergessen lassen, von denen Fieldings und Smollets Romane wie die Kupferstiche Hogarths voll sind. Selbst der sozialistische Zug in der Schilderung der Arbeiterklassen ist nicht ihre Erfindung, er findet sich in Dickens' Romanen, in der berühmtesten Erzählung der George Eliot »Adam Bede«, mit der Absicht des Lehrens und Besserns, in dem »Compagnon du tour de France« von der Sand und in Karl Gutzkows »Rittern vom Geiste« mit dem Stich in das Revolutionäre.

Keinem jener Dichter war es jedoch eingefallen, diese Figuren als lebendige Zeugnisse des Weltelends, als die typischen Vertreter einer neuen Weltordnung gegenüber der bestehenden hinzustellen. Jede dieser Gestalten hatte ihren besonderen Humor, ihre gute oder schlechte Laune, ihr eigenes Glück oder Unglück, sie waren noch nicht alle von demselben Klassenhaß erfüllt, noch nicht von demselben Grau der Armut umhüllt, von demselben Fuselgeruch umwittert, wie die Figuren des naturalistischen Romans. Auch hierfür ist die Wandlung der Zeiten, nicht das Genie der neuen Schule das Entscheidende gewesen. Mit dem allgemeinen Wahlrecht und durch die sozialdemokratische Predigt ist die Arbeiterklasse zu einem Standesbewußtsein gekommen. Erst dadurch hat der vierte Stand, von dem früher einzig die Nationalökonomen sprachen, Leib und Seele gewonnen. Unterschiedslos flossen früher Arbeitertum und Bürgertum ineinander über, jetzt scheiden sie sich streng und feindlich. Der Gegensatz zwischen beiden macht sich ebenso in der wirtschaftlichen Lage, wie in der Empfindungsweise geltend. Nicht nur das Kapital, auch die Wahlurne trennt beide Klassen schroff voneinander. An die Stelle des Wunsches, der den fleißigen und strebsamen Arbeiter beseelte, in die Reihen des Bürgerstandes einzutreten, selber ein Unternehmer, Fabrikant oder Kaufmann zu werden, drängt sich das leidenschaftliche Verlangen, die bestehende Wirtschaftsordnung umzustürzen und eine neue zu gründen, in der die Arbeit und nicht mehr das Kapital die Herrschaft führt. Aus dieser Stimmung heraus, unter dem pessimistischen und sozialdemokratischen Gesichtswinkel betrachtet der Naturalismus den vierten Stand.

Im vergangenen Jahrhundert entwickelte sich aus dem politischen und gesellschaftlichen Gegensatz des dritten Standes in Frankreich das bürgerliche Drama. »Was ist uns Hekuba? Was ist mir Orestes? Ich werde niemals meine Mutter erschlagen, niemals Troja brennen sehen«, ruft Beaumarchais aus. Die Bühne, die bisher ausschließlich in den Trauerspielen den Königen und den Prinzessinnen der Sage und der Geschichte, in der Komödie den Marquis und den Gräfinnen, ihren Zofen und Bedienten gehört hatte, mußte sich fortan auch dem Bürgertum öffnen. Etwas Aehnliches vollzieht sich jetzt, der vierte Stand, das Hinterhaus, die

Nähterin in der Dachstube, um Mitternacht an der Nähmaschine bei ihrer Petroleumlampe sitzend, der verhungerte Student, dem all sein Wissen keinen Groschen einbringt, der Trunkenbold, der die Treppe zu seiner Wohnung hinaufstolpert, um mit seiner Frau und seinen Kindern zu zanken, verlangen ihr Recht. Auch sie wollen in den Roman, in das Drama eingehen, in Lebensgröße, um ihrer selbst willen. In ihnen erblickt der Naturalismus die geeignetsten Gegenstände für seine Darstellung; hier ist die Sensation, nach der die Mode und der Geschmack der Zeit verlangen, hier die Häßlichkeit, die er dem Schönheitsideal der früheren Kunst gegenüberstellen kann, hier der Brunnen, aus dem unerschöpflich der Jammer und die pessimistische Stimmung strömt. Die Welt des Arbeiters wird für ihn zur Welt überhaupt und da er überall Elend und Not, Laster und Verbrechen sieht, verwandelt sie sich ihm unwillkürlich zu einer neuen Danteschen Hölle. Eine fahle trübe Beleuchtung, zuweilen von einem jähen, glühroten Flammenschein durchzuckt, bei Zola wie bei Dostojewski, in den »Gespenstern« und der »Wildente« Ibsens wie in der »Macht der Finsternis« Tolstois. Die leblosen Dinge, die Maschine, die Lokomotive, der Hammer und das Messer, die zu einem Morde dienen sollen, werden zu Symbolen erhöht, wie in der Schicksalstragödie; die Oertlichkeiten, das Bergwerk, die Fabrik, das Verkaufsmagazin, der Trödelladen, die Werkstatt, der Seziersaal mit breitester Umständlichkeit geschildert, wie die Bulgen der Hölle. Das Lichte und Heitere, das in der Arbeit liegt, wird grundsätzlich übergangen, das Düstere und Harte übertrieben und bis zum Grauenhaften gesteigert. Als Gegensatz erscheint dann der Luxus, das Wohlleben und der Uebermut der Reichen, die mit ihrem Geld sich jeden Genuß und jeden Besitz erkaufen und durch ihre Stellung vor der Rache der Armen und Enterbten gesichert sind. Doch nur, bis der Tag der Vergeltung anbricht. Ein dumpfes Grollen geht durch alle diese Erzählungen und Schauspiele, sie sprechen keine moralische Lehre aus, aber jede klingt in den tragischen Refrain aus, daß die Welteinrichtung geändert werden, die Menschheit auf einer neuen Grundlage im Staat wie in der Gesellschaft, in der Sitte wie in der Religion ihre Wiedergeburt vollziehen müsse.

An der Lage der arbeitenden Bevölkerung, an der Dürftigkeit und Verkommenheit der überwiegenden Mehrzahl derselben erkennt man die Fäulnis der Zustände. Unsre Kultur ist in das Stadium des Alterns eingetreten, wie einst die der antiken Welt. Die Sozialdemokratie will auf dem gesellschaftlichen, der Naturalismus auf künstlerischem Gebiete die Erneuerung vorbereiten. Er wird zur Problemlitteratur, wie die Litteratur der zwanzig Jahre von 1830 bis 1850 politische Tendenzlitteratur war. Wie an alle Einrichtungen des Lebens, legt er an alle Empfindungen, Gedankengänge und Willensakte die Sonde. Ihm ist nichts unantastbar, die Hingabe der Liebe, das Vertrauen der Freundschaft, der Glaube des Priesters, die Heiligkeit der Ehe, die Autorität der Eltern – an allem nagt sein Zweifel. Da nicht das Schöne, sondern das Wahre sein letztes Ziel ist, so unterwirft er den Menschen in jeder Beziehung der grausamsten Prüfung. Und hier berührt er sich auf das Engste mit der modernen Wissenschaft. Unsre hervorragendsten Physiologen, Nerven- und Irrenärzte leugnen zwar die Richtigkeit seiner Darstellungen und weisen seine Konsequenzen als unsichere Folgerungen aus ungewissen Voraussetzungen zurück, aber der Zusammenhang der naturalistischen Kunst mit der Wissenschaft ist ebenso unwiderleglich, wie ihr Zusammenhang mit Schopenhauers Philosophie und mit der Sozialdemokratie. Ihr sind Tugend und Laster Produkte der Elemente und der Mischungen, wie Zucker und Vitriol, es ist von ihrem Standpunkt aus unerläßlich, daß sie nach den leiblichen, physiologischen Ursachen derselben forscht, da sie keine moralischen zugesteht. So hat sie Darwins Lehre von dem Kampfe um das Dasein, in dem die Stärkeren beständig und notwendig, ohne Schuld, aus der Natur der Dinge heraus, die Schwächeren unterdrücken und vernichten, die Zuchtwahl und die Vererbung der Eigenschaften als Dogmen aufgenommen. Indem sie dieselben nun in ihren Werken zur Erscheinung und zum Ausdruck bringt, verfällt sie, ohne es zu merken, in den Irrtum, der von jeder Kunst unzertrennlich ist.

[...]

Die unablässige Beschäftigung mit den moralischen gesellschaftlichen und krankhaften Auswüchsen verleiht der naturalistischen Dichtung und Malerei das Trübe und Trostlose. Die Feldarbeiter, die Spinnerinnen, die Hospitalkranken auf den Bildern, die verlorenen oder zweideutigen Existenzen, die Trunkenbolde, die hysterischen Frauen, die Geniewüteriche in den Romanen und auf der Bühne, der Held in Zolas Roman »L'œuvre«, mit der Absicht, das Außerordentlichste zu leisten, die Natur, das Fleisch, das Licht zu malen, wie sie sind, die Kraftnaturen Bleibtreus und Albertis, die über alle Schranken hinaus wollen und im letzten Grunde ohnmächtig zu jedem Schaffen und Wirken über den bloßen Lärm hinaus sind, die verzwickten Figuren Ibsens, die aus Jammermenschen zu Adelsmenschen werden möchten, aber bei dem Uebergang umkommen, sind das Gegenteil von poetischen Erscheinungen, von tragischen Gestalten. Das Mitleid, das sie einflößen, rührt nicht, sondern belastet unser Gemüt, sie erheben uns nicht aus der gemeinen Wirklichkeit, sondern ersticken uns darin. Denn während es im Leben und in der Welt immer noch einen frischen Luftzug, einen Sonnenstrahl, eine Flucht in die Natur, einen Aufblick zum Himmel gibt, ist in diesen Büchern durch die Notwendigkeit der Kunstform, der sich auch der Naturalismus nicht entziehen kann, die Atmosphäre noch einmal so herzbeklemmend, die Krankheit schmerzlicher, das Elend grauenvoller. Was in der Wirklichkeit sich in der Zeit und im Raume zerstreut, muß der Maler, der Dichter konzentrieren. Während die frühere Kunst von der deduktiven Methode der idealistischen Philosophie beeinflußt wurde, steht der Naturalismus im Banne der induktiven Methode, der die moderne Wissenschaft huldigt. Er sieht nichts im großen, nichts aus seinem Begriff und Zweck heraus, er sieht alles im kleinen, im Keim, in der Entwickelung. Er rühmt sich seiner unnachsichtlichen Beobachtung, beständig hat er das Mikroskop zur Hand, das feinste Seziermesser nennt er sein eigen. Die Umständlichkeit seiner Beschreibungen ist das erste Resultat dieser Methode. Dem Leser soll, wie dem Geschworenen im Gerichtssaal, auch nicht das geringste, auch nicht das ekelhafteste Detail unterschlagen werden. Nur dadurch treten nach der Meinung des Dichters sichtbarlich und leibhaftig das »Milieu«, die Lage, die Umgebung, die Zustände, in deren Mitte sich der Held befindet und von denen er in seinem Wollen, wie in seinem Denken und Empfinden abhängig ist, vor uns hin, nur dadurch gewinnen wir den richtigen Maßstab zur Beurteilung seiner Handlungen, wird der Roman zu einem »menschlichen Dokument«. Aber zugleich soll diese Breite der Schilderung, diese Miniaturmalerei die Sorgfalt und die Wahrhaftigkeit der naturalistischen Studien beweisen; die Dinge und die Tiefen, welche früher der Schleier der Dichtung bedeckte, liegen nun offen da, der Dichter mit seiner Sehnsucht, mit seinen Hoffnungen, seiner Melancholie ist verschwunden, geblieben ist der kaltblütige Forscher, der sich in Experimenten versucht. Nur schade, daß er sich und uns betrügt. Wie stolz er auch darauf ist, daß er in allen Einzelheiten genauer und treuer sich der Natur und der Wirklichkeit anschließt, als der Romantiker und der Idealist, in der Hauptsache wird er ebenso wie jene verfahren, eine Auswahl unter seinen Beobachtungen treffen, sie nach dem Gesetz der künstlerischen Steigerung, das an sich gar nichts mit ihnen zu thun hat, ordnen und die Fülle des Lebens in entscheidende Stunden pressen. Dieser Form, die jeder wissenschaftlichen Untersuchung und Darlegung entgegengesetzt ist, muß sich der naturalistische Erzähler wie der naturalistische Dramatiker fügen. Ein Roman ohne romanhafte, von dem Dichter erfundene, in Zusammenhang gebrachte, innerlich verknüpfte Handlungen und Zufälle ist ebensowenig wie ein Schauspiel ohne die Optik und die Akustik der Bühne denkbar. Während in der Wissenschaft die induktive Methode zur Wahrheit führt, weil es der Wissenschaft gleichgültig ist, welches Endresultat ihre Versuche haben, führt sie in der Kunst zur Falschmünzerei der Wahrheit, weil die Tendenz des Dichters in dem Beginn, der Verwickelung und dem Ausgang seines Werkes, wenn nicht das Wesen der Thatsachen und Beobachtungen, so doch ihre Zusammenstellung, die Erwähnung dieser, die Auslassung jener beeinflußt. Gerade die Fülle seiner Erfahrungen, Studien und Forschungen verwirrt das Bild, das er in unsrer Phantasie hervorrufen will.

Jeder Leser der Zolaschen Romane entsinnt sich der Schilderung des verwilderten Gartens in der Erzählung »Das Vergehen des Abbé Mouret« – einer Beschreibung, in der vor lauter Einzelheiten, vor den Namen, Formen, Farben und Schattierungen zahlloser Bäume, Blumen und Kräuter jeder Gesamteindruck, jede Vorstellung eines einsamen, im Frühlingssonnenglanz erblühenden Gartens verloren geht und wir nichts als einen öden und langweiligen Gärtnerkatalog zu lesen glauben. Ebenso verhält es sich mit der sogenannten »Käsesymphonie« in »Pot-Bouille«. Der Teil der großen Pariser Markthalle, in der die Käsehändler ihre Ware feilhalten, wird geschildert, die verschiedenen Käse nach Farbe und Geruch umständlich gleichsam unsern Augen und Nasen nahegerückt. Die natürliche Folge dieser Art Schilderung ist für uns die Vorstellung einer ungeheuerlichen, schmierigen, weißlich-gelblichen Masse und des stinkigen, scharfen Geruches, den sie verbreitet. Wie die Malwut, die sich nicht genug thun und doch nie den Reichtum der Wirklichkeit erreichen kann, der Darstellung der leblosen Dinge schadet, so zerstört die Seziersucht, die jeden feinsten Nerv bloßlegen will, das einfach große Bild eines Charakters. Alles zu beschreiben, was sich in einem Garten findet, darauf mußte schon der gute Berthold Heinrich Brockes verzichten, mit dessen Kleinmalerei die der Naturalisten eine verhängnisvolle Aehnlichkeit hat. Aber ebenso unmöglich ist es, alle Irrgänge des Gedankens aufzudecken, alle Wandlungen und Sprünge des Willens und der Leidenschaft darzustellen, die in dem Kopfe und dem Herzen des Menschen einer schweren

That vorangehen oder folgen. Die Qualen der Reue, die Folterungen der Furcht und des Gewissens, die Dostojewski seinen Helden Raskolnikow nach der Ermordung der Wucherin leiden läßt, gewähren nicht entfernt jenes ergreifende Bild des Schmerzes, das die Verse Dantes blitzgleich in uns erwecken, wenn er uns seine Begegnung mit Francesca und Paolo schildert:

> Indes der eine Geist dies so beschrieb,
> Weinte der andre, daß von Ueberwallen
> Des Mitleids ich betäubt und leblos blieb
> Und niederfiel, wie tote Körper fallen.

Nur die großen Formen, die scharf bestimmten Züge, Licht und Schatten prägen sich uns zu bleibenden Vorstellungen, zu wirklicher Anschauung ein, in der Kunst wie in der Wirklichkeit. Die Detailmalerei kann die Wirkung einer Gestalt und einer Handlung vortrefflich hervorheben, wenn sie sich diesem Zwecke unterordnet; wenn sie aber wie in der naturalistischen Kunst als Selbstzweck, als der untrügliche Wahrheitsbeweis des Geschilderten auftritt, löst sie die That, den Charakter und damit auch den Eindruck in Atome und Momente auf.

Was endlich ist Wahrheit? In der Politik wie in der Religion, in der Ethik wie in der Kunst kehrt die Frage, die schon im Anfang aller Geschichte steht, immer von neuem wieder. Thorheit, zu glauben, daß es jemals darauf eine unfehlbare, allgemein gültige Antwort geben könnte. Wenn die Gewißheit des Weltelends unzweifelhaft ist, so ist die Gewißheit des Weltglücks ebenso unbestreitbar. Es gibt kein Land und kein Leben, in dem nicht die Sonne scheint. Wie sich der Pessimismus den Optimismus gefallen lassen muß und keiner behaupten kann, daß er allein die Wahrheit sei, so hat in der Sphäre der Kunst der Idealismus dieselbe Berechtigung und denselben Anspruch, die Natur darzustellen und die Wahrheit zu verkündigen, wie der Realismus. Einigen Leuten mögen Raphael und Schiller altmodisch und unwahr erscheinen, aber Künstler sind sie nicht weniger als Uhde und Ibsen. Wie diese haben auch sie die Natur, die Menschen und die Dinge studiert und sich ebenso eifrig in ihrer Zeit und ihrer Welt umgesehen, wie die modernen Künstler in der ihrigen. Denn nichts ist hinfälliger als die Behauptung des Naturalismus, seinen Schöpfungen zuerst und allein läge die genaue, objektive systematische Beobachtung der Natur zu Grunde. Jede Kunstübung geht von der Betrachtung und der Nachahmung der Natur aus. Selbst die Fabeltiere, die Greifen und die Drachen, die Sphinxe und die Chimära, die Märchengestalten der Centauren und der Faune, der Riesen und der Zwerge knüpfen an die Wirklichkeit an. Auch die schwärmerischeste Phantasie bedarf eines Anhalts im Natürlichen und Lebendigen. Aus den ihr bekannten und gewohnten Formen setzt sie neue zusammen, sie verbindet in willkürlicher Weise das Geschaute, dichtet und wandelt es um, erhöht es oder erniedrigt es, aber niemals vermag ihre schöpferische Thätigkeit sich völlig von dem Natürlichen zu entfernen.

Wenn der griechische Künstler seinen Zeus in Gold und Elfenbein bildete, so verlieh er ihm hoheitsvolle Gestalt und majestätischen Ausdruck nach menschlichem Begriff und nach menschlichen Modellen; der Maler einer Aphrodite nahm von dieser Schönen den Kopf, von jener den Arm und steigerte vielleicht das Maß und den Liebreiz beider. Thut der moderne Hellmaler etwas andres? Er stellt seine Figuren in eine von ihm gewählte, für seine Zwecke besonders geeignete Beleuchtung, er verschärft das Charakteristische, den Farbenfleck ihrer Erscheinung, wie der Maler der Renaissance das Idealische; ihm kommt es bei seiner Darstellung auf die Wiedergabe des Häßlichen, Stumpfsinnigen, Trübseligen, jenem kam es auf die Betonung des Schönen, des Anmutigen oder des Erhabenen an. Der Natur aber folgen beide, von dem Klima, ihrer Umgebung, ihrer Erziehung, von den Vorurteilen und Grundanschauungen ihrer Zeit und ihres Volkes sind beide gleich abhängig, der einzige Unterschied zwischen ihnen beruht auf der Verschiedenheit ihrer Augen und in dem veränderten Gesichtswinkel, von dem aus sie die Wirklichkeit betrachten. Früher, möchte ich sagen, sah die Kunst die Dinge durch ein Vergrößerungsglas an, weil sie nur durch den größeren Maßstab ihren Zweck, die Darstellung allgemeiner Ideen, erreichen zu können glaubte, darum malt Victor Hugo sogar das Häßliche, Triboulet und Quasimodo, in das Ungeheuerliche; jetzt nimmt die Kunst die Dinge unter die Lupe, weil sie nur durch die Darstellung des Kleinen, der Bacillen und Mikroben im Körper der Gesellschaft und in dem Leibe des Einzelnen, ihre Tendenz verwirklichen kann, die je nach dem Temperament des Künstlers reformatorischer oder revolutionärer Art ist und die künstlerische Wirkung und Absicht erst in die zweite Linie stellt. Tolstoi schreibt seine Dramen und Novellen einzig, um seine sozialen Hirngespinste zu entwickeln, Zolas Romancyklus entspringt aus dem ingrimmigen Haß gegen das zweite Kaiserreich, das darin an den Schandpfahl gestellt werden soll, Giovanni Vergas sizilianische Dorfnovellen wollen vor allem die Aufmerksamkeit der Regierung, des Parlaments und der leitenden Männer auf die ländlichen Zustände richten, Ibsens Schauspiele sind bald in einzelnen Zügen, bald im ganzen eine Satire auf die norwegischen, schwedischen und dänischen Verhältnisse, auf die Herrschaft der Pastoren und der Tartüffes, auf die Frauenemanzipation, wie sie im Norden verstanden wird, und auf den Größenwahn verlotterter Litteraten. Die soziale Tendenz und der wissenschaftliche Tick überwiegen in der naturalistischen Richtung die künstlerische Form und das künstlerische Prinzip. Darum bleiben alle seine Vertreter, mit einziger Ausnahme Zolas, in dem der Sinn des Poeten für das Gigantische und Erhabene steckt, in der Beobachtung des Niedrigen, Dürftigen und Krankhaften stecken. Die Natur, die sie kennen, ist ein schmutziger Winkel der Wirklichkeit, ohne Ausblick in die Weite der Welt. Was sie schaffen, erhebt sich dem Stoffe nach nicht über unser bürgerliches Schauspiel, sie schwanken zwischen Iffland und Otto Ludwig, ein Wurf wie der des jungen Schiller in »Kabale und Liebe« ist noch keinem von ihnen gelungen. In der Hauptsache natürlich, weil niemand unter ihnen, wie hoch sie sich auch in ihrem Selbstbespiegelungswahn emporrecken, sein Genie besitzt, zum Teil aber doch auch, weil ihnen das volltönige Echo im Publikum, die breite Masse der Leser und der Zuschauer fehlt, deren litterarischer Ausdruck sie wären, von denen sie Anregung und Anstoß empfingen.

Bisher ist die Kunst in allen ihren Schöpfungen aristokratisch gewesen, das Wort im geistigen Sinne und in weitester Ausdehnung genommen, höchstens daß ein schwacher Abglanz von den Götterbildern der heidnischen Tempel, von den Gemälden, dem Orgelspiel und dem Gesang der mittelalterlichen Kirchen, von festlichen Aufzügen und theatralischen Schaustellungen auf die Masse der Armen, der Sklaven, der Leibeigenen, der kleinen Leute und der Arbeiter zurückstrahlte. Das Lesen nun gar beschränkte sich, da es eine Kunst war, bis zu dem Anfang unseres Jahrhunderts fast ausschließlich auf die oberen und die mittleren Volkskreise. Voltaires und Rousseaus, Schillers und Goethes Leser wird zu ihren Lebzeiten niemand in dem vierten Stande gesucht haben. Wer aus diesen tieferen Schichten sich zu einer solchen Lektüre aufschwang, der gehörte seiner Geistes- und Herzensbildung nach, mochten seine Stellung und sein Vermögen noch so gering und klein sein, dem Bürgertum an. Jetzt können die Millionen lesen und verlangen nach geistiger Nahrung. Die soziale Frage entspringt ebensosehr leiblichen wie seelischen Bedürfnissen und das eigentliche Problem der Litteratur liegt nicht in dieser oder jener Kunstrichtung, sondern in der Stellung der Volksmassen zu den Künsten. Was soll, was will das Volk sehen, hören und lesen? Was kann ihm von der Bühne herab, was im Buche geboten werden? Es ist eine Thorheit, alles, was die Bildung anerkennt und bewundert, auch dem Verständnis und dem Gefühl der Volksmassen für zugänglich und zuträglich zu halten. Die Mehrzahl dessen, was wir die »hundert besten Bücher« nennen, scheidet hier von vornherein aus, nur in einem sehr verkürzten Maßstabe wird man Homer, ein griechisches Trauerspiel, Dantes göttliche Komödie, Goethes Romane und den zweiten Teil des Faust dem »Volke« zum Verständnis und Genuß vortragen können.

Wie verhält sich nun die realistische moderne Richtung in der Malerei und in der Litteratur zu dieser Kardinalfrage, an die sich für mein Empfinden das Sein und Nichtsein der Kunst für die Nachkommen knüpft? Wenn es eine Möglichkeit gibt, die Millionen annähernd zum Genuß des Schönen heranzubilden, sie für die Kunst zu erziehen, wird sie sich allein in dem Idealismus finden lassen. Die naturalistischen Dichter und Maler, die französischen Impressionisten, Uhde und Liebermann, die Zola, Tolstoi und Ibsen, die italienischen Veristen und unsre Stürmer und Dränger wenden sich mit all ihren Schöpfungen ausschließlich an die Bildung der oberen Hunderttausend, an das Proletariat der Bildung, an die Zigeuner in allen Künsten, an die reiche, müßige, blasierte, nach Aufregungen begehrende Gesellschaft, die nach der sozialen Revolution ebenso lüstern ist, wie es ihre Vorgängerin, die Hofgesellschaft des 18. Jahrhunderts, nach der politischen war. Diese Kreise werden durch die Nanas und die Hedda Gablers gekitzelt, sie fühlen aus der »Kreuzersonate« und dem »Rückblick aus dem Jahre 2000« den Schauer der Zukunft wehen, es gruselt sie angenehm, wenn sie die Schilderungen des grauen Elends lesen, und mit Genugthuung sagen sie sich: »Nach uns die Sündflut!« Denn sind vielleicht die Kohlenarbeiter um Lüttich und Charleroi in der Lage, Zolas »Germinal« zu lesen? Erfreuen sich vielleicht unsre Arbeiter und Arbeiterinnen an den Schilderungen der Branntweinseuche? Empfinden sie Teilnahme für den Größenwahn aufgeblasener, liederlicher Musiker oder Schriftsteller, für die Abenteuer der Schenkmädchen? Ist ihnen ein Bild von Vautier, Defregger oder Knaus, selbst von dem jetzt als süßlich und abgeschmackt verrufenen Meyer von Bremen nicht lieber als alle Flachsspinnerinnen, Bauern und Steinklopfer der Realisten zusammengenommen?

Inhaltlich mit seiner Problemsucht und seinem Pessimismus, formal mit seiner Detailmalerei des Aeußerlichen und seiner Analyse der seelischen Zustände ist der Naturalismus nicht fähig, auf einfache, naive, sich in einem beschränkten Kreise von Arbeit und Pflicht, von Leid und Freude bewegenden Menschen eine tiefere Wirkung auszuüben. Ibsen hat in dem Schauspiel »Die Wildente« eine Ahnung davon, wenn er die Hohlheit und Verderblichkeit der »idealen Forderung« Alltagsmenschen gegenüber halb bewußt, halb unbewußt nachweist. Das Erzeugnis einer gärenden Zeit, einer in sich und mit sich zerfallenen Gesellschaft, die an ihren Einrichtungen und Sitten irre geworden ist, als ob es nur »konventionelle Lügen« wären, durchaus und in jeder Faser revolutionär, findet der Naturalismus sein eigentliches Publikum in den Kaffeehäusern, den Salons der Reichen, den Luxustheatern, an einer gut besetzten Tafel, im Rauchzimmer bei einer echten Havanna – genau an denselben Orten, wo vor hundert Jahren Voltaire und Rousseau, Diderot und Beaumarchais das ihrige fanden. Die Gesellschaft, welche von der Revolution vernichtet werden sollte, sonnte und wärmte sich zuerst an dem literarischen Feuer der Umwälzung. Künstlerisch betrachtet ist der Naturalismus eine Uebergangsform, wie Rousseaus Roman zu dem modernen gesellschaftlichen Roman, wie Beaumarchais' Figaro-Komödien zu den Lustspielen Scribes, Augiers und Alexandre Dumas'. Er hat weder der Malerei noch der Dichtung einen neuen Stoff zugeführt, aber er hat eine Seite dieses Stoffes – die Kehrseite der modernen Gesellschaft – mit einer bisher noch nicht geübten Schärfe und Peinlichkeit der Beobachtung untersucht, seziert, berochen, auf der ethischen Goldwage geprüft. Dadurch gibt er der Kunst, von der kritischen Debatte über ihr innerstes Wesen, die aus seiner Polemik gegen die klassische und die romantische Richtung entsprungen ist, ganz abgesehen, die lebendigste und die mannigfaltigste Anregung zum erneuten, vertieften, allseitigen Studium der Natur. Er hat das gemeine Elend, das gemeine Laster, die muffige Atmosphäre der Armut noch nicht zur Kunst zu erheben vermocht, aber er stellt allen künftigen Dichtern und Malern die Aufgabe, zu versuchen, wie weit dieser gemeine Jammer des Alltagslebens, in dem Millionen existieren, für die Kunst zu verwerten ist. Für diese Erweiterung des Horizontes, für die Bestimmtheit und Richtigkeit der Schilderungen, für die Erneuerung des künstlerischen Stoffes durch die Fülle der Wirklichkeit wird der Idealismus des zwanzigsten Jahrhunderts dem Naturalismus zu Dank verpflichtet sein, hier allein ist sein Verdienst und seine Berechtigung zu suchen.

Karl Frenzel (1827–1914) galt als einer der bedeutendsten Literatur- und Theaterkritiker seiner Zeit. 1862–1908 leitete er das Feuilleton der nationalliberalen *National-Zeitung*. Darüberhinaus arbeitete er an zahlreichen Zeitschriften mit und veröffentlichte auch selbst Romane und Dramen. Frenzel lehnte als Kritiker eine normative Beurteilungsweise ab und sah vielmehr in der Darstellung der Wirkungsweise z.B. des Theaters die wichtigste Aufgabe der Kritik. Frenzel fühlte sich als Kritiker in erster Linie dem Publikum verpflichtet, wozu auch eine ernsthafte Auseinandersetzung mit neuen literarischen Strömungen gehörte.
    Der Zusammenhang Naturalismus/Sozialismus, dem Frenzel im ob. dok. Aufsatz ausführlich nachgeht, wurde in der Literaturkritik bereits bei den ersten Besprechungen der Romane Zolas thematisiert. In zunächst überwiegend demagogischer Absicht wurden seine Romane als Literatur des Materialismus-Nihilismus/Pessimismus – Schmutz/Schund – Sozialismus kategorisiert, was vor allem dem Zweck der Ausgrenzung aus dem anerkannten Kunstbereich diente (vgl. dazu die Dok. u. Komm. 101–113). Gleichzeitig beinhaltete der Hinweis auf den Zusammenhang von Naturalismus und Sozialismus zur Zeit des

Sozialistengesetzes und auch noch danach immer auch einen Hinweis für den Staatsanwalt bzw. die Polizeibehörden, die die Zensurmaßnahmen verfügten (vgl. hierzu auch die Dok. 74–77).

Wenn Frenzel hier als ein wesentliches Kennzeichen des »modernen Realismus« ebenfalls grundlegende Gemeinsamkeiten mit der Sozialdemokratie erkennt (»Die Sozialdemokratie will auf dem gesellschaftlichen, der Naturalismus auf künstlerischem Gebiet die Erneuerung vorbereiten«, s. Dok. 60), so verurteilt er dafür nicht die literarische Bewegung. Frenzel gesteht durchaus zu, daß die kritische Perspektive sowohl der Sozialdemokratie wie auch des Naturalismus auf die gesellschaftlichen Verhältnisse eine objektive Grundlage haben: »An der Lage der arbeitenden Bevölkerung, an der Dürftigkeit und Verkommenheit der überwiegenden Mehrzahl derselben erkennt man die Fäulnis der Zustände. Unsre Kultur ist in das Stadium des Alterns eingetreten, wie einst die der antiken Welt« (s. ebd.).

Frenzels Auffassung von der Parallelität zwischen Sozialdemokratie und Naturalismus, wurde von einer Reihe linksoppositioneller Sozialdemokraten geteilt, die sich mit den gesellschaftskritischen Positionen naturalistischer Autoren identifizierten (vgl. die Dok. 78, 88, 89). Allerdings zeigte sich gerade 1891, wie kompliziert von beiden Seiten das tatsächliche Verhältnis Naturalismus/Sozialdemokratie war, da zum einen der naturalistischen Literatur ein sozialistischer Charakter abgesprochen (vgl. hierzu insb. die Dok. 80, 85), gleichzeitig aber auch aus den Reihen der naturalistischen Autoren auf der Partei- und Tendenzlosigkeit der Kunst bestanden wurde (vgl. die Dok. 82, 83 u. 85). Schließlich existierte seit 1890 die Freie Volksbühne in Berlin, die von naturalistischen Autoren und Anhängern der Sozialdemokratie gemeinsam getragen wurde (vgl. Dok. 52).

Ein grundlegendes Problem in der zeitgenössischen Naturalismus-Kritik scheint selbst bei jenen Kritikern, die sich um eine Analyse oder adäquate Beschreibung bemühten und auf Denunziation verzichteten, darin zu liegen, daß sie die Gemeinsamkeiten der oppositionellen Schriftsteller auf einer Konkretionsstufe unterstellten, auf der die Bewegung sich bereits in zahlreiche individuelle Einzelpositionen aufspaltete. Auch Frenzels Identifizierung von Sozialdemokratie und Naturalismus geht in dieser verallgemeinernden Form zu weit, die die unterschiedlichen Dimensionen, Ansatzpunkte, Perspektiven der literarischen und sozialdemokratischen Sozialkritik übergeht.

Mehr verschleiernd als erhellend sind auch Frenzels Auslassungen zum Verhältnis von Wissenschaft und Dichtung im »modernen Realismus«. Frenzel wiederholt hier eine von der Literaturkritik geradezu zum Topos erhobene Identifizierung von deutschem Naturalismus und Experimentalroman. Obwohl die Auseinandersetzung der jungen Autoren mit Zola äußerst kritisch war und selbst die Anerkennung von Zolas wissenschaftlicher Methode nur über deren Verfälschung lief (vgl. hierzu die Dok. 17 u. 104), ist Zolas Theorie des Experimentalromans fast durchgängig Gegenstand der Kritik am deutschen Naturalismus.

Bemerkenswert sind Frenzels Feststellungen zum Publikum der naturalistischen Literatur. Obwohl er auf der einen Seite die Parallelität von Naturalismus und Sozialdemokratie herausstellte, kam Frenzel bei seinen Ausführungen über die Leserschaft bzw. das Publikum der naturalistischen Literatur gleichzeitig zu einem gegenteiligen Ergebnis. Die vielfältigen Diskussionen innerhalb der Sozialdemokratie über den Naturalismus, sowie die Entwicklung der Freien Volksbühne und der Neuen Freien Volksbühne in Berlin verweisen jedoch darauf, daß ein breiteres Publikum für die oppositionelle Literatur auch in der Arbeiterschaft in den neunziger Jahren vorhanden war.

Neben den Hinweisen auf Verzerrungen, die selbst einem so angesehenen und liberalen Kritiker wie Frenzel in der Charakterisierung der naturalistischen Bewegung passieren, muß jedoch hervorgehoben werden, daß Frenzel dem Naturalismus überhaupt ein »Verdienst« zuerkannte (s. Dok. 60) und seine Existenz-»Berechtigung« ausdrücklich anerkannte, selbst wenn er dabei gleichzeitig davon ausging, daß der Naturalismus wieder von einem »Idealismus« überwunden werde.

61
Max Lorenz: *Der Naturalismus und seine Überwindung.* In: *Preußische Jahrbücher.* Hrsg. v. Hans Delbrück. 96. Bd., Berlin (G. Stilke) 1899, S. 481–498; hier: S. 484–488, 491.

[...]

Der Naturalismus trat also zunächst als Opposition gegen eine idealistische Weltanschauung und Kunstrichtung auf. Man glaubte nicht mehr an eine im tiefsten Grunde vernünftige, gute und schöne Welt. Die Kunst durfte eine solche darum auch nicht mehr abbilden. Die Schönheit wurde als Lüge verhöhnt und die Wahrheit sollte der Leitstern der neuen Kunst sein. Was ist Wahrheit? Das Leben in seinen tiefsten Problemen und bis zu seinem geheimsten Grunde darzustellen, darauf mußte von vornherein verzichtet werden. Denn hier war und ist überhaupt noch keine anerkannte Wahrheit entdeckt. Konnte man nicht gleich in tiefste Tiefen steigen und in dunkelste Abgründe hineinleuchten, so mußte man eben an der Oberfläche bleiben. Und es ziemte sich doch eigentlich auch, es war ordnungsgemäß und bescheiden, mit dem Nächstliegenden, Erkennbaren anzufangen. Es konnte zunächst nicht so sehr darauf ankommen, tiefste Wahrheiten empfinden zu lassen, als vielmehr das Wirkliche deutlich zu geben, das Wirkliche der Außenwelt, wie es nackt und unmittelbar vor die Sinne trat. Das Wirkliche, die Erscheinungen der Außenwelt sollten möglichst getreu und unverfälscht zur Darstellung gelangen. Unvoreingenommen, ohne vorgefaßte Meinung, ohne den Willen zu einem von vornherein gewünschten Ergebniß muß man vor den Gegenstand treten, mit einer Seele, die einem vollkommen glatten, ebenen Spiegel gleicht und so ein Bild genau auffangen kann. Man muß sich den Dingen hingeben, von ihnen aus auf sich in aller Ruhe wirken lassen, um genaue Eindrücke zu erhalten. Das Alles heißt: man muß möglichst unpersönlich, möglichst weich, blaß, farblos, zart sein. Man muß objektiv sein. Und das bedeutet: die Menschenseele wird zum Gegenstand, zur Sache, darein die Dinge ihre Eindrücke genau pressen. Die Dinge und die Verhältnisse haben das Uebergewicht und drücken mit ihrer Last und Schwere auf die wachsweiche Menschenseele. Die Verhältnisse und Dinge sind gewissermaßen die wirkenden Subjekte und die Seele ist das Objekt. Es ist das eine eigenthümliche Verkehrung der gewöhnlich zwischen Menschen und Dingen angenommenen und zum Ausdruck gelangenden Beziehung. Der Mensch ist den Dingen unterthan geworden. Die Verhältnisse beherrschen und bestimmen ihn. Das ist das Wesen des Naturalismus, der somit eigentlich auf eine alte und bekannte philosophische Hauptfrage führt, nämlich auf die Frage nach dem Verhältniß zwischen Geist und Natur. Der Naturalismus beantwortet mit den Mitteln der Kunst diese Frage im materialistischen Sinne.

Auf das Verhältniß zwischen Naturalismus und Materialismus komme ich noch zu sprechen. Zunächst indes leite ich aus dem dargelegten Grundcharakter des Naturalismus einige vielfach bemerkte und manchmal getadelte Eigenheiten naturalistischer Kunstwerke ab. Dem naturalistischen Drame ist es oft vorgehalten worden, daß es gar kein eigentliches Drama sei: denn ihm fehle die Handlung. Das naturalistische Bühnenwerk kann aber seinem Wesen nach gar keine lebhaft bewegte, vorwärts stürmende Handlung haben. Handlung erfordert einen Handelnden. Der Handelnde muß nothwendiger Weise eine lebendige Kraft in sich haben, die erst zur Handlung befähigt. Im Leben wie im Drama kann diese Kraft entweder im Menschen sitzen, der dann bestimmten Zielen aktiv zustrebt, oder außerhalb des Menschen, über ihm: dann nennt man sie Schicksal. Demgemäß haben wir einerseits das Drama der individuellen Verschuldung, das die Kunst des bürgerlichen Zeitalters beherrscht und dessen Klassiker Schiller ist. Andererseits giebt es die Schicksalstragödie der Griechen. In beiden Fällen wird das Drama von einem Sturm der Geschehnisse durchschauert. Das ist beim naturalistischen Bühnenwerk unmöglich. Hier sind die Menschen unterdrückt von den Dingen, Sklaven der Verhältnisse. Sie können gar nicht aus sich heraus mit Leidenschaft handeln, mit Bewußtsein nach selbstgesteckten Zielen ringen. Das naturalistische Drama kennt nicht das, was man einen »führenden Helden« nennt. Sämmtliche Dramen Gerhart Hauptmanns beweisen das, einschließlich des Florian Geyer. Die Verhältnisse andererseits im naturalistischen Drama sind auch nicht eine übermenschliche und überirdische Schicksalsmacht, die mit Bewußtsein zu höheren Zwecken über die Menschenkinder hereinbricht. Solch eine höheren Zwecken dienende geistige Potenz kann der naturalistische Wirklichkeitsdichter nicht verwenden, weil sie eben nicht wirklich, d.h. nicht sinnlich wahrnehmbar ist. Die Verhältnisse sind hier vielmehr dumpfe, hart lastende und schwer bewegliche Zustände, meistentheils sozialer Natur. Man denke an »Die Weber«, »Vor Sonnenaufgang«, »Einsame Menschen«, auch an Zolas »La terre« und »L'argent«. So angesehen, wird es klar, daß vom naturalistischen Bühnenwerk gar nicht eine lebhafte Handlung zu verlangen ist. Die widerspricht seinem innersten und eigensten Wesen. Es ist eine ganz oberflächliche Betrachtung, die zu der Forderung kommt: der Dichter soll eine Handlung erfinden und soll lernen aus den Vorbildern anderer und früherer Zeiten. Es ist hier gar nichts mit Belehrung und Lernen gemacht. Auch die Dinge der Kunst sind, wie sie sein müssen, entsprechend dem Zustand der Zeitseele, des Zeit- und Kunstcharakters. – Man hat es ferner dem Naturalismus vorgeworfen, daß er so oft das Leben der kleinen Leute, der Armen an Geld und Geist, der Gedrückten darstelle. Auch das muß er, seinem geistigen Charakter nach. Dieser geistige Charakter ist selber – wie oben ausgeführt ist – unterdrückt sein, abhängig sein, anheimgegeben sein den Eindrücken der Außenwelt. Jeder geistige Zustand jede Seelenverfassung strebt nothwendiger Weise zu ihrer Objektivirung und Bethätigung einem entsprechenden Stoff zu. Es ist also garnicht Mitleid oder gar revolutionärer Drang, sondern die innere Zusammengehörigkeit von Geist und Stoff, Seele und Materie, die den Naturalisten zum Dichter derer macht, die unter dem Druck des Elends leiden. So gehören innerlich aber einander völlig unbewußt Naturalismus und Proletariat zusammen. In beiden hat die Seele unserer Zeit denselben Ausdruck erhalten, nur in verschiedener Form: das eine Mal in künstlerischer, das andere Mal in sozialer.

Die Analogie zwischen Naturalismus und Proletariat läßt sich weiter verfolgen. Das Proletariat hat bekanntlich eine eigene Weltanschauung, eine bestimmte Philosophie, die von Marx formulirte »materialistische Geschichtsauffassung«. Die besagt in der hierher gehörigen Stelle: »Die Produktionsweise des materiellen Lebens bedingt den sozialen, politischen und geistigen Lebensprozeß überhaupt. Es ist nicht das Bewußtsein der Menschen, das ihr Sein, sondern umgekehrt ihr gesellschaftliches Sein, das ihr Bewußtsein bestimmt.« Das bedeutet doch im großen Ganzen die Abhängigkeit des Psychischen und Ungreifbaren von gewissen sachlichen und materiellen Verhältnissen. Es ist das durchaus eine Analogie zu dem oben dargelegten innersten Wesen des Naturalismus. Der Mensch vermag aus seiner Seele heraus mit freier, schöpferischer Kraft nichts; er ist den Dingen anheimgegeben und ihren Eindrücken, die ihn schieben und formen.

In dem im letzten Dezemberheft der Jahrbücher enthaltenen Artikel über Gerhart Hauptmann wies ich auf den Zusammenhang zwischen Naturalismus und Lyrismus, Wirklichkeitsdichtung und Phantasiestück hin. Ich exemplifizierte an Arno Holz' »Phantasus« und Hauptmanns »Versunkener Glocke«. Der Naturalist fühlt sich den Dingen unterthan. Er leidet unter ihren Eindrücken. Leiden zeugt Sehnsucht nach einem freieren Zustand. Er strebt, zwischen und unter den Verhältnissen weg und darüber hinaus zu gelangen in eine weichere, wonnigere Welt. Das lyrische Phantasiestück und das Märchen ist das künstlerische Befreiungsmittel des naturalistischen Individuums. Auch das Proletariat leidet unter dem Druck der Verhältnisse und strebt empor zu freieren Höhen. Der Zukunftsstaat ist das phantastische und ideologische Befreiungsmittel der proletarischen Masse. Dieser Zukunftsstaat hat gar keine Bedeutung als Realität für irgend eine nähere oder fernere Zukunft. Sein rein psychologischer Wert liegt in der Gegenwart; er ist das von dem Wunsch gezeugte und aus der Phantasie geborene Traumglück des Proletariats. Die naturalistische Märchendichtung und der sozialistische Zukunftsstaat sind Produkte desselben psychischen Prozesses, der sich einmal im Individuum in künstlerischer, ein andermal in der Masse in sozialer Umkleidung durchsetzt.

Verfehlt wäre es anzunehmen, daß der Geist des Naturalismus nur in der sozialistischen Arbeiterbewegung heutzutage sein Seitenstück fände. Ausschließlich an die Arbeiterschaft ist dieser Geist bei seiner Entäußerung in politischer und sozialer Form nicht gebunden. Man könnte sich auch einen naturalistischen Minister denken. Dieser Staatsmann müßte etwa nach folgenden Erwägungen und Stimmungen handeln: Ich weiß, daß die gegebenen Machtfaktoren in Gestalt politischer Parteien und sozialer Gruppen so und so beschaffen sind. Mit ihnen muß ich rechnen, ihnen muß ich mich fügen. Diese Verhältnisse ändern kann ich nicht. Es wird also darauf ankommen, zu balanziren und den Schwerpunkt immer in die Nähe des gewichtigsten Faktors zu legen. So – mit dieser politischen Balanzirarbeit – kann ich zwar nichts von Grund aus Neues in die Welt setzen, aber innerhalb gegebener Verhältnisse und vorhandener Möglichkeiten am ehesten noch einen Ausgleich zu Stande bringen, verhältnißmäßige Ruhe schaffen, die Existenz des Bestehenden vertreten. Der dieser naturalistischen Politik zugehörige Gegenpol wäre eine romantische mit sehr weit ausgreifenden Plänen, hohen Ideen, heftigen Repulsionen, starken Schwankungen, ideologischer Ueberspannung bald des nationalen bald des sozialen Gedankens, die sich – als Ideologien und Phantasien jenseits des Möglichen – nicht realisiren können. –

Ich habe das Auftauchen des naturalistischen Geistes in künstlerischer, sozialer und politischer Form dargestellt. Selbstverständlich ist von diesem Geiste völlig die in der Hauptsache das Geistesleben noch immer beherrschende Naturwissenschaft erfüllt. Vom Naturwissenschaftler gilt genau das Gleiche, was zu Anfang des Aufsatzes vom naturalistischen Künstler gesagt ist. Auch der Naturwissenschaftler muß zunächst von starker Abneigung gegen die voraufgegangene idealistische Weltauffassung und gegen den idealistischen Betrieb der Wissenschaft erfüllt sein. [...]

[...]

Das also ist es, was ich zunächst Alles in Allem zeigen wollte: der Naturalismus ist keine nur die Kunst beeinflussende Strömung, sondern er bedeutet eine allenthalben sich bemerkbar machende Geistesverfassung unserer Zeit. Er bedeutet die Unterordnung der Seele unter die Dinge und Verhältnisse, den Sieg der Natur über den Geist. [...]

[...]

In der Literaturkritik der *Preußischen Jahrbücher*, einer der profiliertsten Zeitschriften der liberalen Publizistik im ausgehenden 19. Jahrhundert, finden sich interessante Stellungnahmen zum Naturalismus, die sowohl seine Zeitbezogenheit als künstlerisch gerechtfertigt verteidigen gegenüber der bürgerlich-konservativen Kritik als auch aufmerksam die Unterschiede zwischen Naturalismus und Sozialdemokratie konstatieren. Bemerkenswert ist hierbei, daß den jungen Literaten von liberaler Seite am meisten Gerechtigkeit widerfährt, obwohl die naturalistische Bewegung sich gerade auch aus dem Protest gegen und der Enttäuschung über die Begrenztheit des politischen Liberalismus entwickelt hatte. In den *Preußischen Jahrbüchern* zeigt sich nach einer anfänglich sehr ablehnenden Haltung gegenüber der konstatierten Tendenzhaftigkeit naturalistischer Dramatik eine von Polemik freie Aufgeschlossenheit gerade gegenüber dem sozialkritischen Gehalt der literarischen Moderne.

So erkannte R. Hessen 1891 in dem Aufsatz *Die Berliner Freie Bühne* die naturalistische Bewegung als »eine Begleiterscheinung der sozialen Frage« an, die die Zeitgenossen, die an die wirklichkeitsfremde Literatur des Klassizismus gewöhnt seien, notwendig provoziere. Dieser habe es »verlernt, den Dingen in's Gesicht zu sehen und sich für das Schlechte, für den Sieg der Unvernunft und Bosheit, für die Opfer gesellschaftlicher Unterdrückung und Mißwirtschaft verantwortlich zu fühlen.« Daher kämen nun die Naturalisten, »um in die Nacht der Zustände hineinzuleuchten, uns aufzurütteln, uns anzuklagen und schließlich – ebenfalls zu bessern« (s. a.a.O., Bd. 67, 1891, S. 15). Hessen betont die aufklärerische Bedeutung von Hauptmanns *Vor Sonnenaufgang*. Hauptmann unternehme »hier mit einem Wort das, was uns bisher für absolut galt, als relativ hinzustellen, und erfüllt die große Aufgabe, den Menschen als solchen wieder in den Mittelpunkt der Politik zu rücken, neue wirtschaftliche Gedanken tief in's Publikum hineinzutragen und so dem Staatsmann den Boden zu bereiten« (ebd., S. 17). Hier sah Hessen auch den eigentlichen Grund der konservativen Angriffe gegen den Naturalismus, auch wenn diese sich nur auf der rein formal-ästhetischen Ebene bewegten. Bezogen auf die Hauptmann-Kritik schrieb Hessen: »Am lautesten jedoch waren gewiße Tagesblätter, welche die Kurstreibereien der Börse berufsmäßig bemänteln und niemals reinere Freuden genießen, als wenn die Lieblinge an irgend einem Verbrechen gegen Volkskraft und Menschenthum wieder einmal gründlich ›verdient‹ haben. Man schlug den Sack und meinte den Esel. Es war die Kunstform, die man angriff, es war der Stoff, den man haßte« (ebd., S. 18).

Der ob. dok. Aufsatz von Lorenz, einem der bedeutendsten Repräsentanten der liberalen Kritik, erscheint zu einem Zeitpunkt, als die naturalistische Bewegung sich bereits in zahlreiche divergierende Einzelströmungen (Symbolismus, Neoklassizismus, Neuromantik, Impressionismus) aufgelöst hatte. Indem Lorenz den Naturalismus als literarischen Ausdruck einer »Weltanschauung« begreift, gelingt es ihm wohl am besten, eine gemeinsame Grundlage der literarischen Oppositionsbewegung zu erfassen. Das Problem besteht jedoch darin, daß Lorenz diese weltanschauliche Grundposition als Materialismus faßt, den er gleichzeitig dem Proletariat zuordnet, ohne dabei die wesentliche Differenz zwischen mechanischem und dialektischem Materialismus zu beachten. So ist zwar Lorenz' Feststellung über den Abstand zwischen Naturalismus und Sozialdemokratie aufgrund des in der ästhetischen Diskussion der naturalistischen Bewegung zentralen Begriffs der »Objektivität« sehr bedeutsam, wenn man bedenkt, wie die konservativ-reaktionäre Presse den Naturalismus offen politisch als Literatur der internationalen Sozialdemokratie, des Umsturzes und Anarchismus bekämpfte (vgl. Dok. 51, 68 u. 69). Die Behauptung der »inneren Zusammengehörigkeit« (s. Dok. 61) von Naturalismus und Proletariat läßt aber, abgesehen von der notwendigen philosophischen Unterscheidung zwischen mechanischem und dialektischem Materialismus, auch die Tatsache der sehr widersprüchlichen Rezeption naturalistischer Literatur in der Arbeiterbewegung selbst außer acht.

Auch für O. Külpe, einen weiteren Kritiker der *Preußischen Jahrbücher*, legitimierten sich die naturalistischen Schilderungen der »Schattenseiten« des menschlichen Lebens mit dem Hinweis auf das Prinzip der »ästhetischen Gerechtigkeit«. Gleichzeitig hob er den Abstand der naturalistischen Literatur zur realen, politischen Bewegung hervor und sah ihren Kunstcharakter darin verbürgt, daß diese Schilderungen aufhörten, »Ausgangspunkt für eine praktische Bethätigung zu werden« (s. O. Külpe, *Die ästhetische Gerechtigkeit*. In: *Preußische Jahrbücher*, Bd. 98, 1899, S. 283).

Zu untersuchen wäre, inwieweit die sich verändernde Haltung liberaler Literaturkritik Verschiebungen im Naturalismus selbst reflektierte, d. h. den Übergang von einer zunächst stark ethisch motivierten Literaturkonzeption (Wahrheit contra Lüge in der Kunst) zu einem eher ästhetizistischen Abbildungs- bzw. Reproduktionsbegriff.

b) Abgrenzungen und Resümees

62

Wolfgang Kirchbach: *Realismus, Idealismus, Naturalismus in den gegenwärtigen europäischen Litteraturen.* In: *Das Magazin für die Litteratur des In- und Auslandes. Wochenschrift für Weltlitteratur.* Hrsg. v. Wolfgang Kirchbach. 57. Jg. Dresden (Verlag des Magazin für die Litteratur des In- und Auslandes) 1888, Nr. 44, S. 681–686 u. Nr. 45, S. 701–704; hier: S. 682–683, 683, 683–685, 685–686, 701.

[...]

»Der Dichter ist entweder Natur, oder er wird sie *suchen.* Jenes macht den naiven, dieses den sentimentalischen Dichter.« Wir setzen hinzu, daß im Sinne Schillers der »naive« Dichter mit dem »Realisten« einen verwandten Begriff ausmacht, daß der sentimentalische Dichter und der Idealist desgleichen sich entsprechen.

Wenden wir diese Unterscheidung Schillers im richtigen Gebrauch der Worte auf die Erscheinungen der gegenwärtigen Litteraturen in Frankreich, Deutschland, Skandinavien an, so kommen wir zu ganz eigentümlichen Ergebnissen. Im Sinne Schillers würde ein Mann wie Zola durchaus als ein »sentimentalischer« Dichter zu bezeichnen sein; er würde in seiner Art demgemäß ein »Idealist« genannt werden. Alle die Merkmale, welche Schiller als solche des sentimentalischen Dichters geltend macht, treffen auf Zola zu; hingegen würde eine Natur wie Daudet jedenfalls als ein »Realist«, ein »naiver« Dichter aufzufassen sein. Daß beide die »Natur« darstellen (wie der »Naturalismus« will), das versteht sich ganz von selbst, sofern sie in irgend einem Sinne poetisch wirken wollen. In dem Begriffe der Dichtung und des Poetischen ist, sofern es sich um die Kunstübung handelt, durch Schiller wie durch Aristoteles, durch Lessing und durch Dichter wie Shakespeare, die *wahrhaftige Nachahmung der Natur* (unter den Bedingungen der jeweiligen Kunstgattung, die natürlich im Roman andere sind, als im Drama, im Märchen andere, als in der Idylle, in der Lyrik andere, als in der Epik) selbstverständliche Vorausbedingung des Poetischen.

Wo dies nicht der Fall ist, entsteht nicht sowohl Poetisches, sondern Rhetorik, Redekunst und Schwulst. Bei unseren Nachbarn, den Franzosen, ist das, was sie »Naturalismus« nennen, im Grunde nichts anderes, als ein Kampf gegen die falsche Rhetorik, welche – neben vielem Großen und Poetischen – nicht zum geringsten Viktor Hugo in Frankreich aufgebracht hatte. Das war das unzweifelhafte Verdienst eines Flaubert nicht sowohl um den »Naturalismus«, sondern einfach um das Poetische schlechthin, daß er zunächst eine getreuliche Nachahmung der Natur (wie dies nicht anders Schiller gefordert haben würde) wieder als die einzig mögliche Grundlage wahrhaft poetischer Wirkungen erkannte zum Unterschiede von den vielfach rednerischen Wirkungen eines Viktor Hugo.

Zur selben Zeit, in der Flaubert in Frankreich zu dieser Erkenntnis gelangte, oder zum mindesten in dem entsprechenden Zeitabschnitt deutscher Geistesentwicklung, wirkte in Deutschland der deutsche Flaubert, nämlich Gustav Freytag, auf Gleiches hin. Sein Roman »Soll und Haben« darf als die deutsche Madame Bovary bezeichnet werden. Es ist sogar in dem künstlerischen Verfahren und Vorgehen beider Romane merkwürdig viel Verwandtes. Unsere jüngsten »Realisten« – die es übrigens in Deutschland im Ernste gar nicht giebt, eine »Schule« derselben ist das reine Hirngespinst einiger Berliner Zeitungsschreiber und eines unmöglichen redegewaltigen Wirrkopfes – scheinen vergessen zu haben, wie sehr dieser Roman »Soll und Haben« als die Erscheinung eines wahren »Realismus« von gewisser Seite verkündet wurde.

[...]

[...] Dieser »Realismus« Freytags trat mit ganz verwandten Forderungen auf, wie es seither die ärgsten »Naturalisten« gehalten haben: »Der Roman soll das deutsche Volk da suchen, wo es in seiner Tüchtigkeit zu finden ist, nämlich bei seiner Arbeit.«

Das war wohl zunächst allerdings im Gegensatze zu der von Freytag so oft und so verständnislos befehdeten »schöngeistigen« Weltanschauung unserer Klassiker gemeint. Noch im letzten Bande der »Ahnen« hat ja Freytag diese Weltanschauung in dem Geschlechte vor 1812 gegeißelt. Entschieden ohne Verständnis für jene feinere geistige Kultur. Denn wahrhaftig, »Soll und Haben« ist das Leben nicht allein; Handel und Wandel, Besitz und liegende Güter im Sinne des guten Anton und Herrn Schröters zu erwerben, ist nicht einmal das einzige Streben des Kaufmannsstandes und der »Realismus« Freytags erwies sich in vielem darin als sehr unwahrhaftig, daß dieser deutsche Kaufmannsstand in jenem »Soll und Haben« sogar keinen Anteil geistiger Kultur aufweist. Herrn Schröters und Meister Antons geistiger Horizont endet im Grunde gerade da, wo die Rosinen und Pfeffersäcke aufgestapelt sind; das merkwürdige Buch übersieht gänzlich, daß nicht nur zu den Zeiten, da Gustav Freytag dasselbe schrieb, sondern vor und nach dieser Zeit der deutsche Kaufmannsstand einen großen Anteil hat gerade an der soviel verpönten ästhetischen Bildung, welche unsere Klassiker als die sehr *ernste* »Arbeit« ihrer Zeit erkannten. Denn auch das war Arbeit, auch im »Wilhelm Meister« steckt ein gut Stück ernstester Lebensarbeit; Papierdüten kleben und Buchführung sind nicht allein »Arbeit« und unsere zeitgenössischen »Arbeiter«, welche dem Staate soviel Sorge machen, sind nicht einmal der Ansicht, daß Cigarrendrehen die höchste Gattung von »Arbeit« sei. Wenn daher Gustav Freytag jenen Wahlspruch aus Julian Schmidts plattem Buche seinem Werke voransetzte, so that er damit den ersten Schritt in jenen platten Realismus des gemeinen Nützlichkeitssinnes, den selbst der Großkaufmann nicht kennt [...]

[...]

Ich verweile hierbei, weil Gustav Freytags Werk, welches der achtungswertesten Eines ist durch seine höchst solide Darstellungsweise, seinen gegenständlichen Sinn, sein ruhiges künstlerisches Wirklichkeitsgefühl, doch auch zuerst jenen falschen »Realismus« stofflicher Art mitbrachte, jenen Realismus eines beschränkten Wirklichkeitssinnes rein verstandesmäßiger Art, jenen Realismus des Handwerkerstandpunktes, jenen Realismus, der einem plattsinnigen Rationalismus so nahe verwandt ist und der in Zolas »La terre« folgerichtig dahin führen mußte, diejenige körperliche Arbeit, welche die Schwefelwasserstoffbestandteile der Nahrungszufuhr im Leibe des Menschen leisten, auch als berechtigten Gegenstand einer künstlerischen Darstellung gelten zu lassen.

In der That, wenn wir seit jener Zeit die Leistungen des sogenannten zeitgenössischen Realismus – mit Ausnahme der Russen – betrachten, so fällt auf, wie wenig Menschen es zu geben scheint, die irgend eine »Idee«, ein Streben haben, das nicht materieller Natur wäre. Zolas Werke so gut, wie viele gepriesene Werke der nordischen Realisten erwecken durchaus, gleich Freytags »Soll und Haben«, den Schein, als gäbe es in unserer Zeit nur Zerwürfnisse und Handlungen, welche sich auf das rohe, nackte Leben des Menschen, auf die körperliche Erhaltung dieses Lebens beziehen, auf seine geschlechtlichen Bedürfnisse allenfalls, auf Mehrung und Minderung äußeren Besitzstandes. Werke, die eine solche Auffassung des Menschenlebens verraten, nennt man »realistisch«, auch wenn sie den gewaltigen Ideenmassen der Zeit zum Trotz, die selbst in dem Kopf des geringsten Tagelöhners sich wiederspiegeln, Menschen schildern, die eigentlich nur unter dem Banne des gemeinen Bedürfnisses stehen.

Gustav Freytag hat ja nun nicht nur jenes »Soll und Haben« geschrieben, er hat auch die »Verlorne Handschrift« verfaßt und vieles Treffliche sonst noch. Wir streiten nicht gegen *ihn*; wir streiten nicht einmal gegen »Soll und Haben«; wir wollen nur einen falschen Begriff von Realismus, der sich an dieses Werk angeknüpft hat, herausstellen.

Wir kehren zur Schillerschen Unterscheidung des sentimentalischen Idealisten vom naiven Realisten zurück. Wir sagten, Zola würde als ein sentimentalischer Dichter zu bezeichnen, als ein »Idealist«, Daudet dagegen würde als »Realist« zu nehmen sein, da sein künstlerisches Verfahren durchaus naiv erscheint. Das Wort Schillers gilt: Zola, als sentimentalischen Dichter, *sucht* die Natur; Daudet ist selbst diese Natur. Daran kann gar kein Zweifel sein. Das Verfahren Zolas ist durchaus »sentimentalisch«, er muß sich überhaupt erst einen Begriff von Natur zurechtdenken und er sieht die Natur unter diesem Begriffe mit aller Einseitigkeit dessen an, der Ideen von vornherein in die Dinge trägt. Und zwar trägt er die »Idee« in die Dinge, daß das Leben sozusagen durch und durch »brutal« sei; er will sogar rühren, packen, erschüttern durch die Darstellung dieser Idee. Wir können das nicht gut übersetzen ins Deutsche, was der Franzose bei »brutal« denkt, Rohheit und Viehischkeit, obwohl sie im Grunde dasselbe sind, klingen zu deutsch; wir können mit der Redensart, das Leben sei roh und viehisch, nicht viel anfangen. Wir wissen, daß dies nur zum Teil wahr ist und daß zum andern Teile die »Natur« selbst des lieben Viehes nicht so roh ist wie die Phantastik gewisser Hirnkrankheiten. »Germinal« ist sicher ein gewaltiges Werk, »La terre« enthält einzelne Sachen ersten dichterischen Ranges [...]

[...]

»Nachahmung der Natur«, Schilderung, Darstellung des Wirklichen versteht sich für beide

Künstler von selbst; es ist die Forderung an den Dichter. Es ist aber unrichtig, denjenigen einen »Idealisten« zu nennen, der diese Wahrheit nicht erstrebt. Der ist überhaupt kein *Dichter*; er mag ein Redner, er mag ein Rhetoriker sein. Wenn Realismus »Darstellung der Wirklichkeit« bedeutet, so sind *alle* Dichter »Realisten«, Homer an der Spitze, dem seine Götter nicht minder als eine Wirklichkeit galten wie Zola seine Meinungen über die Vererbungsgesetze. Einen Dichter, der »Idealist« ist, sofern er *dichtet*, giebt es überhaupt nicht; wenn gewisse Leute das Wort brauchen, so meinen sie vielmehr einen Redekünstler, oft auch einen talentlosen Akademiker damit. Ein solcher ist aber nicht ein *Dichter*, er möge sich noch so sehr diesen Namen anmaßen; er ist, sowie seine künstlerische Darstellung rednerisch wird, unwahr und schief, ein Kunstfälscher, nichts anderes.

Im ganzen wird man finden, daß der zeitgenössische »Realismus«, d.h. die Dichtung schlechthin bei weitem mehr das Werk von sentimentalischen Idealisten, als naiven Realisten ist. Wie Zola, so erscheint auch Ibsen durchaus als ein sentimentalischer Idealist. Der Umstand, daß er seine Dramen neuerdings in Prosa schreibt und reich ist an treffenden Charakterzeichnungen würde ihn ja im Sinne Schillers durchaus nicht ohne weiteres zum »Realisten« machen. Jene Eigenschaften sind zwar realistisch, d.h. sie entsprechen der Natur und Wirklichkeit der Dinge, sie sind dichterische Nachahmung der Natur, aber diese Nachahmung der Natur ist ja eine selbstverständliche Forderung an die Dichtung schlechthin, der »Idealist« wird seinerseits auch nur erst Dichter, sofern er sich zur Darstellung seiner Idee der Nachahmung der Natur bedient und auch sein idealistisches Werk wird erst zur Dichtung, wenn seine Darstellungsweise realistisch ist.

Nichtsdestoweniger verrät die Komposition Ibsenscher wie Zolascher Werke – ganz abgesehen von der mehr oder minder glücklichen Nachahmung der Natur – einen idealistisch-sentimentalen Charakter ihrer Verfasser; Schriftsteller wie Daudet und Tolstoi erweisen sich dagegen recht eigentlich als naive Realisten in dem Sinne, in welchem Schiller auch in Goethe einen solchen naiven Realisten sah. Die eigentlichen »Naturalisten« der Zeit im Sinne Zolas sind fast durchweg sentimentalische Idealisten. Sie vor Allem *suchen* die Natur; ihre Darstellung der Natur ist ihnen keineswegs eine so selbstverständliche Sache, wie das durchweg bei Daudet ist, es ist vielmehr eine Idee, welche sie treibt die Natur zu suchen, wie der sentimentalische Rousseau in seiner Art sie suchte; und wenn Zola mit Vorliebe die *rohe* Natur sucht, wenn er am Menschen geflissentlich diejenigen Lebensäußerungen aufsucht, welche die bedürftige und tierische Natur des Menschen ausmachen, so ist diese Thatsache in der That nur daraus erklärlich, daß es ein »sentimentalisches« Mitempfinden ist, daß es eine bestimmte vorgefaßte Idee ist, unter welcher er aus so vielen Erscheinungen der Wirklichkeit eine bestimmte Gattung von Erscheinungen aussondert, die er die Natur nennt. Aller »Naturalismus« im engeren Sinne ist das Werk idealistischer Köpfe; ein naiver Realismus ist gar nicht im stande, ein so einseitiges Bild vom Leben und von der Natur zu entwerfen, wie das zweifellos sowohl in den Werken eines Ibsen wie in denen Zolas geschieht [...]

[...]

Nun, gerade der *naive* Realist erfährt mehr wie der »Idealist«, der die Erscheinungen des

Lebens immer unter bestimmten Ideen betrachtet und was der *Wahrscheinlichkeit* unter dem Gesichtspunkte dieser Ideen widerspricht, für unmöglich halten muß, daß der Kreis der erfahrungsmäßigen Wirklichkeiten ein viel größerer ist, als der des Unwahrscheinlichen im Sinne irgend einer Idee. Daraus bildet sich dem naiven Realisten, neben seinem hellen offenen Sinne für das Wirkliche, der ihm ganz selbstverständlich ist, eine märchenhafte Stimmung; er erkennt, wie viel die Ereignisse des Lebens der gemeinen Wahrscheinlichkeit widersprechen; er weiß aus Erfahrung, daß der Satz »natura non facit saltus« neben dem, was daran richtig, doch auch durchaus falsch ist. [...]

Der idealische, der sentimentalische Dichter wird im Ganzen viel gemeinverständlicher motivieren. Ist es nicht merkwürdig, daß gerade an Shakespeare, dem naiven Realisten, so viel Unwahrscheinlichkeiten getadelt werden? Schiller hat entschieden bei Weitem sorgfältiger, strenger motiviert, als Goethe, der in all seinen Werken mancherlei Lücken offen läßt, von denen einfach verlangt wird, daß die Lebenserfahrung, welche der Dichter in Anderen voraussetzt, ergänzt. So tadelt man auch an Gottfried Keller mancherlei Sprünge in der Motivierung. Zwar werden die Realisten unter den Lesern – denn nicht sowohl die *Dichtungen* sind »idealistisch« und »realistisch«, sondern die Leser sind vor Allem zumeist »Idealisten« oder »Realisten« – finden, daß auch so mancher »Sprung« bei Gottfried Keller für ihre wirkliche Lebenserfahrung nichts Anderes ist, als einer der seelischen »saltus«, die die Natur macht, und der Kunstrichter, der sich einem solchen wirklichkeitsfrohen Geiste gegenüber findet, kann nicht vorsichtig genug sein in der Aufspürung von Unwahrscheinlichkeiten, weil Manches geschieht, was sowohl dem platten Verstande, wie der Idee, die mancher Idealist vom Wirklichen hat, widerspricht.

Der »Idealist« wird es im Ganzen halten wie Ibsen, der erstaunlich peinlich motiviert, weil er Wahrheit und Wahrscheinlichkeit nicht in so reichem Maße kennt und eben darum fürchtet, leicht gegen den Takt derselben zu verstoßen. Der naive Realist ist viel sorgloser in der Empfindung, daß er selbst ein gut Stück Natur ist; er nimmt im Grunde an, was er erfinde, müsse auch geschehen können, weil er Nichts erfinden kann, wozu nicht Keime der Wirklichkeit in ihm wären [...]

[...]

Mancher versteht unter Naturalismus nur Nachahmung der Natur schlechthin; Mancher eine Vorliebe für die rohe und häßliche Natur, d.h. im Grunde für die *entartete* Natur insbesondere im Menschen. Denn Alles, was uns als *häßlich*, ekelhaft erscheint, ist im Grunde *entartete* Natur. Eine Vorliebe für dieselbe aber kann der »Idealist« entschieden leichter fassen unter dem Gesichtspunkte seiner Idee; diese wird ihm die Entartung im Grunde weniger fühlbar machen, als dem naiven Realisten, der selbst ein Stück Natur ist [...]

[...]

Der ob. dok. Artikel erschien im *Magazin für die Litteratur des In- und Auslandes*, das in Frühjahr 1888 von Wilhelm Friedrich an J. Ehlermann verkauft worden war, der Kirchbach als neuen Redakteur (Nachfolger von Bleibtreu) einsetzte. Kirchbach (vgl. Komm./Dok. 38) hatte in den 70er und 80er Jahren zunächst durchaus künstlerische und persönliche Berührungspunkte mit der naturalistischen Bewegung.

Er bezeichnet in seiner »Selbstbiographie« die Gestaltungsmethode in seinen frühen Romanen und Novellen selbst als »naturalistisch«, was für ihn so viel wie roh, materialistisch, an der äußeren Erscheinung orientiert, bedeutete. 1885 waren von Kirchbach auch Gedichte in der Anthologie *Moderne Dichter-Charaktere* erschienen (vgl. auch die Dok. 55, 56). Noch in demselben Jahr distanzierte Kirchbach sich öffentlich mit scharfen Worten, wie »unausgegorene Rhetorik«, »sinnlich überhitzte Hirnverstörung«, von dieser ersten bedeutenden Veröffentlichung der jungen literarischen Opposition (s. *Deutsche Schriftsteller-Zeitung*, hrsg. v. J. Kürschner, Jg. 1, 1885, Sp. 556 u. 576f.).

In dem ob. dok. Artikel unternimmt Kirchbach eine polemische Abgrenzung gegen die naturalistische Bewegung insgesamt. Der von ihm gegen den Naturalismus erhobene Idealismus-Vorwurf wird in der zeitgenössischen Kritik vielfach wiederholt, ein Vorwurf, der in dem damaligen Diskussionszusammenhang mehr der Polemik als der Klärung von Positionen diente. Zum einen sollte damit die naturalistische Literatur als in ihrem Anspruch grundlegend gescheitert bezeichnet werden: die Darstellungen folgten einer Idee nicht der Natur, ihr Wahrheitsanspruch ist daher ebenso ungerechtfertigt wie der der bekämpften Epigonenliteratur. Gleichzeitig richtete sich der Idealismus-Vorwurf gegen eine Gruppe von Autoren, die selbst heftig um die Rettung des Ideals in der Kunst bemüht war (vgl. die Dok. 2, 3, 10, 17, 24). Und schließlich verbanden die mit diesem Idealismus-Vorwurf operierenden Kritiker damit aber durchaus nicht die Negierung des Idealismus als Philosophie oder Weltanschauung. Vielmehr wurde der Idealismus-Vorwurf gerade deswegen erhoben, weil man in der naturalistischen Literatur die Idee der Harmonie, der Schönheit, der Sittlichkeit, der Poesie verletzt fand. Dies läßt sich bei Kirchbach besonders deutlich in seinem ebenfalls 1888 veröffentlichten Essay *Was kann die Dichtung für die moderne Welt noch bedeuten?* aufzeigen. (Der Essay erschien als eines der von Leo Berg, dem Leiter des Vereins »Durch« [vgl. Dok. 11], herausgegebenen *Litterarischen Volkshefte*).

In diesem Essay versucht Kirchbach zu entwickeln, wie ein poetischer Realismus, seine Vorbilder sind dabei Gottfried Keller und Otto Ludwig, im Zeitalter der modernen Naturwissenschaften auszusehen hätte. Ähnlich wie Bölsche (vgl. Dok. 17) setzt Kirchbach sich dabei vornehmlich mit der Rolle der Naturwissenschaften für die Dichtung auseinander, d.h. mit der Frage, wo in einer von den Naturwissenschaften entweihten Welt weiterhin die Poesie anzusiedeln sei. Und ähnlich wie dieser sieht Kirchbach die Poesie an die Existenz von Idealen gebunden, die innerhalb der modernen Tatsachenwelt zu suchen seien: »Scheint doch einer großen Menschenklasse jeder Zauber von den Erscheinungen des Lebens gestreift, wenn sie erfahren, daß eine Pflanze so gut wie der denkende Mensch ein Mechanismus ist, und wäre er auch der vollkommenste.

Wo bleibt da die Poesie? Wo bleibt das Höhere?! [...] Die einfache Antwort der Denkenden, die Antwort, welche die moderne Poesie, die Poesie der Zukunft, hundertfältig zu erteilen haben wird, kann immer nur lauten: Wer sagt euch denn, daß ein Mechanismus in seinem gestaltvollen poetischen Ausweise; auch der Pflanzenmechanismus, in der Fülle seiner Ursächlichkeit nicht Höheres ist?! [...] Und wenn Gott selbst sich euch offenbaren könnte, ihr würdet das ›Höhere‹ vermissen, weil auch er sich ›nur‹ als Mechanismus erweisen würde in seiner Offenbarung!...« (a.a.O., S. 37, hier u.i.folg.zit. nach: *Literarische Manifeste des Naturalismus. 1880–1892*. Hrsg. v. Erich Ruprecht. Stuttgart 1962, S. 109–117). Da die Poesie nach Auffassung Kirchbachs auf die Erfahrungswirklichkeit angewiesen ist, »sich nur an die irdische, concret gegebene und erkannte Wirklichkeit der Dinge halten« kann (ebd., S. 39), sieht er sie auch in besonderer Weise mit den Erfahrungswissenschaften verbunden: »So erkennen wir, daß die Dichtung mir denjenigen Lebensanschauungen weiter schaffen muß, welche sich auf das Erfahrene beziehen; sie hat die Aufgabe deren innere Idealität aus sich selbst heraus den Menschen zu beweisen...« (ebd.). Es zeigt sich deutlich, wie nahe Kirchbachs ästhetische Position der Bölsches oder auch der der Harts war. Dennoch distanzierte er sich auch in diesem Essay ohne Einschränkung von den »epigonischen Baccalaurei, welche das Feldgeschrei ›modern‹ in jüngster Zeit erhoben, aber wohl nur eine süße jugendliche Trunkenheit damit verwechselten, indem sie verächtlich von einigen überwundenen Standpunkten sprachen, als Geschichte, Mythologie, Verse und andere verdächtige Dinge sind, welche nicht ganz koscher und schlachtrein erschienen in Bezug auf Modernität« (ebd., S. 41).

63
Maximilian Harden: *Naturalismus.* In: *Die Gegenwart.*
Wochenschrift für Literatur, Kunst und öffentliches Leben. Hrsg. v.
Theophil Zolling. 37. Bd., Berlin (G. Stilke) 1890, Nr. 22,
S. 339–343; hier: S. 340, 341, 342.

[...]

Ja, was ist eigentlich Naturalismus?! Es ist Zeit, einmal in aller Gemüthsruhe darüber zu reden, denn das Wort ist allmählich so abgegriffen worden, daß kaum mehr zu erkennen ist, welchen Kopf, welches Wappen diese ästhetische Werthmünze trägt. Und schließlich ist es doch immer angenehm, zu wissen, was man so beiläufig meint, wenn man vom Morgendämmern einer neuen Kunst spricht. Was versteht also die große Menge, was verstehen die kritischen Schutzmänner unter Naturalismus?

Lassen wir die guten Leute bei Seite, die in allen Naturalisten nichts als Rhyparographen, Kothmaler, sehen und die ganze literarische Revolution für eine einzige große Schweinerei halten. Mit dieser Gemeinde der geistig Armen und Elenden, die jede Stelle in einem Kunstwerk für nicht naturalistisch hält, wenn sie nicht sexuelle Vorgänge roh und behaglich behandelt, brauchen wir uns nicht abzugeben. Mögen Andere ihre Zeit an den tausend Mal geführten Beweis vergeuden, daß man von des Sophokles und des griechischen Malers Pyreicus Tagen an schon häufiger Greuel und Krankheiten, ekle und sittlich empörende Vorgänge zu Gegenständen der Kunstbehandlung gewählt hat, als es die heuchlerische Prüderie der Peinlichkeitswütheriche von heute sich träumt. Für den Künstler gibt es keinen Zwang; frei liegt das dem Blick unermeßliche Stoffgebiet vor ihm, und die Wahl, die er trifft, ist vollkommen unabhängig von der naturalistischen Evolution. Also: mit der Schutzmalerei ist es nichts; Zola's »Rêve«, »Une page d'amour« sind darum nicht minder naturalistisch, weil sie in fleckenloser Reine erscheinen. Aber Witzblattmacher und andere humorlose Leute brauchen immer einen schwarzen Mann, an dessen Schreckgestalt sie ihre harmlosen, nüchternen und überflüssigen Späßchen verüben können; Otto Bismarck haben solche Schlucker bei den drei Haaren, Wagner bei den Stabreimen gepackt, an den Naturalisten sehen sie nur das schmutzige Hemdenzipfelchen, das manchem von ihnen zum Hosenlatz heraushängt. Aber der Exkanzler hat auf dem Kopf und auf den Zähnen mehr als drei Haare, des Bayreuther Meisters Wagalaweia durchklingt die Welt, und wenn der Naturalismus schmutzig erscheint, so liegt das daran, daß er gar so viel abzuseifen hat. Beim sozialen »Großreinemachen« geht es nicht immer sauber zu. –

Gleich nach der Anklage der Pornographie kommt der Vorwurf der Photographie, und der ist ernster zu nehmen. Man schreit: Wahrheit! Wahrheit ist der Bannerspruch der neuen Kunst, die nur Geschautes, nicht transcendentale Träume geben will; und unter der Flagge des Naturalismus segeln die Herren Hauptmann, Holz plus Schlaf und ihre blutlosen Geschwister dreist hinaus. Aber nicht auf die Nebeneinanderstellung mehr oder minder gut beobachteter, wesentlicher und unwesentlicher, Vorgänge und Erscheinungen kommt es an in der Kunst. Dem photographischen Apparat ist ein Rinnstein ebenso wichtig, wie der ihn überschreitende Mensch: erst durch die Trennung des Wesentlichen vom Unwesentlichen wird der Wirklichkeitsabschreiber zum Künstler. Einer der unzweifelhaftesten »Realisten«, Guy de Maupassant, hat gesagt: »Ist der Realist ein Künstler, so wird er uns nicht die banale Photographie des wirklichen Lebens zu geben versuchen, sondern eine anschauliche Zusammenfassung, die vollständiger, ergreifender und beweiskräftiger ist als die Wirklichkeit selbst.« Und, nachdem er den Irrwahn, es gäbe eine objective Wahrheit in der Kunst, zurückgewiesen, schließt er: »Meiner Ansicht nach sollten sich daher die wirklich begabten Realisten viel eher Illusionisten nennen.«

Nach Wahrheit strebt jeder ernste Künstler; jeder nach einer anderen, subjectiv erkannten Wahrheit. Alle Seiten der Welt vermag kein sterbliches Auge zu umfassen; Dieser erblickt nur das Schöne, Jener nur das Häßliche. Dieser ist Sanguiniker, Jener Melancholiker; Dieser Verzweiflungs-, Jener Entrüstungspessimist. Das ist Temperamentssache. Wer mit subtiler Beobachtung nur die zuständliche Schilderung eines engen Interieurs gibt – siehe die Familie Selicke – braucht darum noch längst kein Naturalist zu sein; und trotz der Wirklichkeitsbeobachtung und trotz der Häufung von Gräueln nenne ich den Dichter des Dramas »Vor Sonnenaufgang« einen Idealisten, weil er eine Idee, eine subjectiv erkannte sittliche Wahrheit – die Pflicht, das persönliche Glück dem Wohl der Gattung zu opfern – an einer zu diesem Zweck erfundenen und künstlich herabgeputzten Fabel illustriren und zum Siege führen will.

Schon hier scheint demnach die Möglichkeit einer bündigen Erklärung gegeben, wenn man sich für die Gegenüberstellung von »Naturalismus« und »Idealismus« entscheiden will. Der Naturalismus wäre dann die künstlerische, nicht photographische, Wiedergabe eines Theiles des Weltganzen, in welcher das persönliche Urtheil des Schöpfers über sein Werk zurücktritt; der Idealismus die ebenfalls künstlerische Illustration einer Idee in einer künstlich zurechtgerückten und beleuchteten Welt. Der Idealist ist der redegewaltige Anwalt seiner guten, der unerbittlich strenge Richter seiner bösen Menschen; der Naturalist hingegen vertheidigt nicht und richtet nicht: er gibt das Weltbild, wie er es sieht, und schreibt darunter: Ecce homo! Das Richteramt verbleibt dem Betrachter.

Nun ist es aber klar, daß es sich hier nur um einen Unterschied, oder besser: um einen Fortschritt der Technik handelt. Die Subjectivität des Künstlers läßt sich, dem Geist sei Dank, niemals völlig unterdrücken; sie beginnt schon mit der Stoffwahl und, absichtlich oder unabsichtlich, lauter oder heimlicher, wirkt sie bei der Gestaltung fort. Wenn Gregers Werle's schrankenloser Idealismus nicht so einseitig beleuchtet ist wie das ganz ähnliche Empfinden Posa's, der dem Despoten seine ideale Forderung vorlegt, so beweist das nur, daß Ibsen ein ungleich feinerer Techniker ist als Schiller. In Decadence-Zeiten blüht die Technik immer zu kaum geahnter Höhe empor; und die Decadence unserer modernen Literatur beginnt, unbeschadet des romantischen Intermezzos, eigentlich schon mit Heinrich Kleist; schon bei ihm finden wir, wie später bei Richard Wagner, mit dem er sich vielfach berührt, künstliche, kränkelnde Brutalität, das Bestreben nach möglichster Wirklichkeitsähnlichmachung und jene »überreife, überladene Decadence-Kunst«, von der Friedrich Nietzsche so viel spricht und deren glänzendster Vertreter der Zarathustraphilosoph selbst ist.

[...]

Naturalismus = Pornographie ist eine Kinderei; Naturalismus = Photographie ist eine banausisch-thörichte Theorie, die, wo sie verwirklicht wird, nicht künstlerisch wäre, und wo sie künstlerisch sein sollte, nicht verwirklicht werden kann. Was bleibt? Nichts als der Unterschied in der Technik, die vornehmere Discretion in der Beleuchtung?

[...]

Als der »Goetz« erschien, nannte man ihn »naturalistisch« und Wilhelm Scherer gebraucht das Wort mehrfach in diesem Sinne. Serlo sagt von Wilhelm Meister und den übrigen Schauspielern, sie seien »denn doch nur Naturalisten und Pfuscher«. Hier wie dort ist demnach naturalistisch als gleichbedeutend mit kunstlos, roh, unfertig, stümperhaft gemeint. Heute gelten: Tolstoi wegen seiner mystischen Culturfeindschaft, Zola wegen seiner krassen Wüstheit, Ibsen wegen seines radicalen Anarchismus, Andere wiederum wegen ihrer hochentwickelten Kunsttechnik für Naturalisten, und im Grunde weiß Niemand mehr – oder noch – so recht, was er sich unter dem Naturalismus vorstellen soll. Bevor man aber feststellen kann, daß der Naturalismus auf der ganzen Linie, offensiv und defensiv, triumphirt, müßte man doch mindestens verrathen, wer und was diesen Triumph feiert. Meiner Ueberzeugung nach triumphirt einstweilen nur die weit über die Schillerschule und die – deutschen und französischen – Romantiker hinaus entwickelte Technik unserer modernen Kunst [...]

Wo man auch sonst den Naturalismus packen will, immer entgleitet er uns. Was für ihn charakteristisch sein soll: rücksichtsloser Wahrheitsmuth, Neigung zum Häßlichen und Rohen, zur Aehnlichmachung als oberstem Kunsterforderniß, eine hohe, nicht christgläubig moralisirende Gerechtigkeit – es war schon alles da, von den alten Tragikern bis zu Shakespeare, dem gerechtesten Richter im Reiche der Poesie, und Rabelais, dem derbsten Menschheitskuter. Anstatt des alten Ideals wird ein neues gesucht, die alte Pflichtensphäre tritt vor einer neuen zurück. In allen anderen Stücken entscheidet einzig und allein das Temperament des Schaffenden, die künstlerische Persönlichkeit. Darum ist das Wort »Naturalismus« im letzten Grunde nichts als eine hohle Hülse, die erst durch die ganz persönliche Auffassung einigen Inhalt annimmt; ernst zu nehmende Kritiker sollten sich, nach dem Beispiel von Georg Brandes, vor der Massenanwendung dieser tauben Wortbildung sorglich hüten. Und die aussichtslose Begriffsverwirrung rührt nicht zuletzt daher, daß eine Schaar von Führerschafterstrebern die historische Entwickelung völlig vergessen zu haben scheint und uns den Anfang einer neuen, ahnenlosen Kunstepoche in die Ohren gellt. Man decretirt nicht, vom Arbeitstisch des Theoretikers aus, den Sonnenaufgang einer neuen Kunst, und die ganz richtige Erkenntniß, daß eine jede Zeit noch ihren entsprechenden künstlerischen Ausdruck gefunden hat, gibt noch längst kein Recht zu der ganz knäbischen Schlußfolgerung: Wir wollen, weil wir müssen und dürfen, nun auch eine neue Kunst haben: hier ist Hauptmann, hier ist Holz plus Schlaf: kniet hin und betet an! Nein – und wenn die Meßner noch so kräftig läuten, wir knien nicht, wir beten nicht an. –

Es will ein Neues werden. Die bildende und die interpretirende Kunst strebt aus der arrangirten Atelierbeleuchtung hinaus zum »plein-air«, dem scharfen, harten, grellen, klaren

Tageslichte entgegen. Nationale und soziale Strömungen fluthen herbei, in Kämpferstellung messen sich die Parteien: Fette und Magere, Starke und Schwache, Reiche und Arme, Mann und Weib. Eine große Anzahl von neuen Problemen taucht auf, eine rüstige Schaar von modernen Geistern [...] sucht sie zu ergreifen und künstlerisch zu gestalten, ein Jeder nach seiner Art, nach seinem Können, seiner individuellen Erkenntniß und Kraft. Wer ihre disparaten Bestrebungen zu einem zähen Theorienbrei zusammenrührt, der bereitet ihrem Verständniß nur neue Schwierigkeiten zu den alten. Der Eine will ein getreulicher Sittenmaler, der Andere ein Seelenanalytiker sein; ein Dritter predigt urchristliche Menschheitliebe ohne persönlich-egoistische Neigungen, ein Vierter hascht nach dem neuesten Ideal des Symbolismus. Laßt sie nur wirken und schaffen! Jede Schablone tödtet den freien Geist.

   [...]

Maximilian Harden (d.i. Maximilian Felix Ernst Witkowski, 1861–1927), Schriftsteller und bedeutender bürgerlicher Literatur- und Theaterkritiker, gehörte im Frühjahr 1889 mit zu den Initiatoren des Theatervereins Freie Bühne; 1892 gab er die Zeitschrift *Die Zukunft* heraus.
   Im Gegensatz zu dem ob. dok. Artikel schien es Harden in einem im *Kunstwart* (1887/88) erschienenen Aufsatz noch möglich, »Naturalismus« inhaltlich und in seinem besonderen Wirklichkeitsverhältnis zu definieren. Die Frage: »Was will der Naturalismus?« beantwortete Harden damals u.a. folgendermaßen: »Er fordert Abwendung von aller Convention, Umkehr zur rücksichtslosesten Wahrheit ohne jedes Kompromiss, er will ein Stückchen Natur schildern, wie es sich in seinem Temperament zeigt, ohne das Bild mit dem Firniss der Schönheitsfärberei zu überpinseln. Wie die Wissenschaft zur analytischen Experimentalmethode, die Geschichtsforschung zum Quellenstudium zurückkehrt, ebenso soll die Literatur ›Menschliche Dokumente‹ sammeln, um den Menschen als Resultat seiner Lebensbedingungen und Umgebung, nicht als Zufallsprodukt schönheitsdurstiger Phantasie erscheinen zu lassen. Menschen von festem Knochenbau, vom Dichter geschaut, in Verhältnisse, Konflikte, Leidenschaften verwickelt, wie sie das tägliche Leben jedes Einzelnen mit sich bringt, das ist der vornehmste Glaubenssatz im naturalistischen Evangelium« (a.a.O., H. 15, S. 201).
   In dem ob. dok. Artikel macht Harden nun aber der naturalistischen Literatur ihre Eigenständigkeit streitig, vor allem ihre Abgrenzung gegenüber dem Idealismus. Aufgrund der nicht auszuschaltenden Bedeutung der künstlerischen Subjektivität im künstlerischen Schaffensprozeß erkennt Harden jetzt nur mehr einen »Fortschritt der Technik« als Unterscheidungsmerkmal zwischen Naturalismus und Idealismus an. Diese Naturalismus-Beurteilung korrespondiert deutlich mit einer insbesondere von Arno Holz/Johannes Schlaf ab 1889 mit *Papa Hamlet* eingeleiteten Entwicklung, die in der 1891 von Arno Holz veröffentlichten Kunsttheorie (vgl. Dok. 22) kulminierte. Hardens Naturalismus-Bestimmung von 1890 verweist daher mehr auf einen zeitlich und personell begrenzten Abschnitt der naturalistischen Bewegung als auf die Bewegung insgesamt. Die Reduktion der literarhistorisch bedeutsamen Leistung des Naturalismus auf die Weiterentwicklung künstlerischer Gestaltungstechniken, wie sie von Harden hier vorgenommen wird, ist gleichwohl ein bestimmendes Moment in der Geschichte der Naturalismus-Rezeption geblieben. Daraus resultierte u.a. die Konzentration wissenschaftlicher Untersuchungen auf die dramatische Produktion ab 1889 sowie eine weitgehende Vernachlässigung der früheren literarischen Produktionen der stärker ethisch motivierten Phase der naturalistischen Literaturopposition.
   1888 war Harden in seinem *Kunstwart*-Aufsatz für eine naturalistische »Umwälzung« auf der Bühne eingetreten, da bisher von dem »eigentlichen Leben unserer Zeit, von den geistigen und materiellen Kämpfen, an denen unsere Tage der sozialen Krisen so reich sind, nichts in der Bühnenproduktion zu spüren« sei. Er gab seiner Überzeugung Ausdruck, daß es eine »neu erwachende dramatische Produktion« geben werde und diese werde auch »ein neues Publikum finden, sie wird es sich *erzwingen*, wie es noch jede neue Wahrheit gethan hat. Vorher wird freilich noch Manches niederzureißen sein, [...] aber schließlich wird und muß die Sache der künstlerischen Wahrheit den Sieg davontragen über die glatte

Schablone. [...] Möchte es nicht zu lange dauern, bis in diesen echten, modernes Leben atmenden Räumen wirkliche Menschen von Fleisch, Blut und festem Knochenbau in lebensvoller, leidenschaftlicher Handlung sich bewegen!« (M. Harden, *Die Wahrheit auf der Bühne*, S. 203f.).

64
Ernst von Wolzogen: *Humor und Naturalismus.** In: *Freie Bühne für modernes Leben*. Red.: Wilhelm Bölsche. 1. Jg. Berlin (S. Fischer) 1890, S. 1244–1250.

Wenn ich nur wüßte, was man sich heutzutage bei dem Worte Naturalismus zu denken habe! Vor ein paar Jahren noch glaubte ich das nämlich ganz genau zu wissen, zu jener Zeit, als man sich bei uns in Deutschland über Zolas Schamlosigkeit zu beruhigen und ihn allgemein künstlerisch ernst zu nehmen begann. Damals waren die Schlagworte aus seinen kritischen Schriften in Aller Munde, und man verstand im Gegensatze zu dem längst bekannten und geschätzten Realismus unter dem Naturalismus eine quasi wissenschaftliche Beobachtung der Natur, eine unerschrocken analytische Darstellung seelischer Vorgänge, zum Zwecke treuester Spiegelung der Wirklichkeit in der Kunst. Die Phantasie wurde nicht nur für die bildenden Künstler, sondern sogar für die Dichter außer Dienst gestellt und mit dem frei gewordenen Vermittleramt zwischen Stoff und Darstellung das Temperament betraut. Mit anderen Worten: das Handwerkszeug des 'Dichters sollte aus Secirmesser, Sonde, Mikroscop und Reagenzglas bestehen, seine Bücherei nur die bahnbrechenden Werke der neuen naturwissenschaftlichen Schule enthalten und die individuelle Beleuchtung der also wissenschaftlich gewonnenen Forschungsergebnisse nur durch das Temperament des Forschers erfolgen dürfen. Scheinbar genügte ja dies letztere Zugeständniß an die Subjectivität, um der Kunst noch einen Vorzug vor der Wissenschaft zu retten, aber auch wirklich nur scheinbar. Denn es stellte sich bald genug heraus, daß eigentlich doch nur der Choleriker und der Melancholiker zum naturalistischen Dichter im Sinne Zolas tauglich sei, weil der Sanguiniker eben der geborene Idealist ist, der sich Hoffnung und Glauben selbst durch persönliche und wissenschaftliche Erfahrung nicht gern nehmen läßt, und der Phlegmatiker der Philosophie der allgemeinen Wurschtigkeit zu huldigen pflegt, deren fruchtbarem Boden in Kunst und Leben wohl manch nützliches Futterkraut entsprießen mag, schwerlich aber eine Dichtung, welche durch Rücksichtslosigkeit auf jeden Fall die behagliche Gewohnheit zu stören geeignet ist. Zolas eigenes schwarzgalliges Temperament führte ihn ganz naturgemäß darauf hin, überall im Menschen die Bestie zu sehen, und auch die russischen und skandinavischen Naturalisten waren, mit Ausnahme des früheren Tolstoi, melancholische Grübler oder haßgeschwollene Choleriker,

---

* Wir veröffentlichen diesen Aufsatz, nicht weil er gerade unser eigenes ästhetisches Bekenntniß enthielte, sondern weil er das litterarische Glaubensbekenntniß eines Dichters ausspricht, der sich durch sein Schaffen ein zweifelloses Recht erworben hat, unverkürzt in der Debatte über den Humor zu Wort zu kommen.　　D. Red.

welche in ihrer Kunst hauptsächlich eine Befreiung von dem unerträglichen Drucke äußerer Verhältnisse und geistiger Beschränkung suchten, unter dem sie selbst litten und ihr Volk leiden sahen. So kam es, daß der Naturalismus sehr bald gleichbedeutend wurde mit der Litteratur der Entrüstung oder der Anklage, wie man besonders die russische treffend genannt hat.

Schlimm wurde die Sache, als der Naturalist bei uns in Deutschland Nachahmer fand. Die Voraussetzungen des politischen und geistigen Druckes, von denen die Russen ausgingen, die Enge des Horizontes, die Kleinlichkeit der Verhältnisse, welche die Skandinavier entrüstete, fehlte bei uns, und so kam es, daß vorzugsweise die französischen Naturalisten die Vorbilder für unsere Jüngsten wurden. Aus allen Provinzen des deutschen Reiches und der angrenzenden Dörfer strömten titanische Jünglinge besonders hier in Berlin zusammen, um auf dem heißen Pflaster der Weltstadt ihre Studien zu machen. Hier, wo die großen Gegensätze so hart neben einander stehen, wo man der Zeit so unmittelbar an den Puls fühlen, wo man Gut und Blut so leicht verwetten kann am Totalisator auf der Rennbahn des Daseinskampfes, hier durften sie alle hoffen, die herrlichsten Stoffe und die herrlichsten Entrüstungsmotive zu finden – denn der gute Wille zur Entrüstung war bei sehr vielen dieser jungen Herren der einzige vorweisbare Berechtigungsschein zum Betreten des modernen Parnasses. Die langen, mühsamen und ernsthaften Vorarbeiten hatten ihnen ja die Flaubert und Zola schon geleistet. Daß der Mensch unter allen Umständen nur eine mehr oder minder gut verkappte Bestie, das ganze Dasein überhaupt bestensfalls ein schlechter Witz sei, das galt ihnen ja bereits als unumstößliche Thatsache. Sie hatten also eigentlich nichts Anderes zu thun, als das Lied von der häßlichen Einrichtung nach möglichst neuer, nervenkitzelnder Melodie zu singen. Ihre Lebenserfahrung war meistens eine sehr geringe, und das Leben in der Großstadt trug viel mehr dazu bei, ihren Gesichtskreis zu beschränken, als ihn zu erweitern.

Sie fingen sich in den Spinnennetzen des Zigeunerthums, die hier in Berlin und in anderen Kunststädten sich über so manchen behaglichen Kneipenwinkel ausspannen. Da führten die Choleriker, die Grundsatzfanatiker das große Wort – und Grundsätze und große Worte haben von jeher auf die Jugend eine gefährliche Verführungskunst ausgeübt. Idealisten, das darf man wohl sagen, sind diese jungen Musensöhne alle gewesen, die sich dem Naturalismus in die Arme warfen, und Idealisten sind auch fast immer Pathetiker, besonders wenn sie nicht auf der Menschheit Höhen geboren sind, sondern sich aus dämmeriger Tiefe emporgearbeitet haben. Ich bin in den acht Jahren, die ich nun in Berlin hause, den meisten unserer sogenannten jüngstdeutschen Naturalisten persönlich nahe getreten und habe oft Gelegenheit gehabt, einen Blick in ihre Werkstatt zu thun. Ich stelle daher keine vage Behauptung auf, wenn ich die Genauigkeit der Beobachtung und den Wahrheitswerth in ihren Schriften in Zweifel ziehe. Irgend eine Zeitungsnotiz, eine Verbrecherstatistik, ein Gesellschaftsskandal bildet für sie den Ausgangspunkt für die großartigste moralische Entrüstung, die mit Begierde den einzelnen Fall zum Typus erhebt und um eines räudigen Schafes willen ganze Heerden vor ihr Schlachtmesser fordert. Besonders den armen Frauen ergeht es da recht schlimm. Die jungen Poeten mit der bleichen Stirn und dem düsteren Blick haben meist nur einige wenige, leicht zugängliche Vertreterinnen des Geschlechts kennen gelernt, und nun werden je nach ihren persönlichen guten oder bösen Erfahrungen entweder jene Huldinnen als die einzig menschlichen Weiber gepriesen oder aber das ganze Geschlecht in Grund und Boden verdammt. Sehr häufig kann man die Beobachtung machen, daß gerade die wüthendsten Verächter des Weibes sehr reine und schöne Gedichte an ihr Mütterlein oder ihre erste Liebe gerichtet haben, um dann später ganz zu vergessen, daß doch unzählige Nebenmenschen auch ein solch besingenswerthes lieb' Mütterlein und einen Engel zur Jugendgeliebten zu haben wähnen. Das Schlimmste aber ist, daß sie die Frauen, welche gesellschaftlich über ihnen stehen oder welche in der reinen Atmosphäre des gesunden Bürgerhauses vor der Welt verborgen bleiben, überhaupt garnicht kennen. Da muß denn die französische Literatur oder der hämische Klatsch angeblicher Weltkenner im Caféhause die Erkenntnißlücken ausfüllen. Die französische Literatur ist auch schuld daran, daß sich unsere jungen Naturalisten so sehr bemühen, gerade geschlechtliche Probleme in den Vordergrund zu drängen. Es ist selbstverständlich, daß ohne eine unbefangene Würdigung der Rolle, welche das Geschlechtliche bei so sehr vielen Seelenvorgängen spielt, eine naturwahre Darstellung in der Poesie nicht möglich ist. Aber es ist ebenso sicher ein Temperaments- oder ein Erziehungsfehler, wenn man die Sinnlichkeit, welche die Quelle aller reinsten Daseinsfreuden und zugleich auch aller Kunst ist, mit solcher Krampfhaftigkeit unter dem Gesichtswinkel der Bestialität zu betrachten bemüht ist. So ist es denn kein Wunder, daß diese angeblichen menschlichen Dokumente in den Romanen der meisten unserer Neuesten dem welterfahrenen Beobachter nur für traurige Carrikaturen gelten, und daß einem geschmackvollen Publikum die ganze Richtung widerlich zu werden beginnt. So ist es auch zu erklären, daß heute die Begriffe über das Wesen des Naturalismus bei uns sich so völlig verwirrt haben, daß man darunter ganz allgemein die cynische Behandlung von Gegenständen versteht, über die man in sogenannter anständiger Gesellschaft nicht zu reden pflegt. Der Naturalismus ist ganz unvermerkt in den Augen der großen Menge zum *Bestialismus* geworden.

In die Gräuel der Begriffsverwirrung, welche unsere deutschen Adepten des Naturalismus in den Köpfen des Publikums angerichtet haben, ist nun leider auch der unschuldige Realismus hineingewirbelt worden. Der Realismus als Weltanschauung wie als Bezeichnung eines künstlerischen Stiles ist uns seit dem Alterthume her bekannt und hat zu allen Zeiten als etwas Wohlberechtigtes und Unanstößiges gegolten. In der Schule haben wir z.B. gelernt, Goethe dem Idealisten und Pathetiker Schiller gegenüber als einen Realisten anzusehen, und was haben nicht alle die Literaturfreunde, die sich heute zwischen dreißig und fünfzig Jahren befinden, für Realisten auftauchen und verschwinden sehen! Ich möchte nur erinnern an Gustav Freytag, dessen »Soll und Haben« bei seinem Erscheinen mit vollem Recht als ein erstaunlich wahres Spiegelbild der Wirklichkeit gepriesen wurde; an Spielhagens erstes Auftreten, dessen keckes Herausgreifen von Stoffen aus der unmittelbaren Gegenwart und dessen nichts weniger als prüde Darstellung sinnlicher Leidenschaft damals allen Philistern kaum weniger bange machte, als heutzutage die ärgsten Naturalisten. Auch die beiden genialen Humoristen, Wilhelm Raabe und Gottfried Keller, hat die Generation, der ich angehöre, als

Realisten verehren gelernt – und heutzutage nennt Conrad Alberti den Verfasser der »Leute von Seldwyla« einen verzwickten Phantasten, Sprachjongleur und Possenreißer, der nur einmal, wie die blinde Henne ein Korn findet, mit »Romeo und Julia auf dem Dorfe« eine gute Novelle zu Stande gebracht habe. »Aber« – so schließt er jene klassische Besprechung in der »Gesellschaft« – »was will das besagen? Wer von uns hat nicht mal eine gute Novelle geschrieben!?«

Man kann ganz ruhig behaupten, daß alle die Meisterwerke der Dichtkunst, welche durch die Jahrhunderte hindurch ihre Frische bewahrt haben, der realistischen Gattung angehörten. Denn nur wer die Wirklichkeit seiner Zeit mit überzeugender Treue darzustellen versteht, darf hoffen, über seine Zeit hinaus seinen Werth zu behalten. Unsere jüngsten Heißsporne aber, die heute verdammen, was sie noch gestern bewunderten, nehmen die Schale, d.h. die der Mode unterworfene Form für den Kern. Freytag, Spielhagen, Heyse u.s.w. sind bis auf den heutigen Tag dem Glauben treu geblieben, daß im Roman und in der Novelle die Komposition der Fabel nach gewissen architektonischen Regeln zur Hervorhebung der Effekte, zur Erzeugung der Spannung nothwendig sei. Inzwischen haben uns aber einige neueste Meister der Erzählungskunst durch ihre Werke bewiesen, daß man die Spannung im alten Sinne garnicht vermisse, wenn die psychologische Analyse und der intime Stimmungsreiz der Darstellung an ihre Stelle trete. Sie haben uns ferner bewiesen, diese Meister, daß die gehobene Sprache, welche man früher für die Dichtung für unerläßlich hielt und, unbekümmert um Standes-, Bildungs- und Nationalitätsunterschiede, allen Personen in den Mund legte, den Eindruck der Wirklichkeit auf das Empfindlichste stört, und daß man gerade mit der Sprache des Lebens die überzeugendsten künstlerischen Wirkungen erreicht. Das sind Fortschritte der Darstellungskunst, denen sich ein moderner Poet nicht ungestraft entziehen darf. Aber trotzdem ginge man zu weit, wenn man etwa das Wesen des Realismus nur in diesen Errungenschaften erblicken wollte. Das Allerschlimmste aber ist es, wenn man dieses Wesen der neuen Kunst, wie es leider heute das große Publikum, verwirrt durch die Kritik der Jüngsten, thut, in der Wahl des Stoffes erblickt. Wir sind glücklich dahin gekommen, daß von den kritischen Berserkern der jungen Schule ein Dichterwerk, welches auch von gebildeten Frauen und Mädchen ohne Anwandlungen von Uebelkeit oder etwa gar mit fröhlichem Behagen gelesen werden kann, als überhaupt nicht mehr litteraturfähig betrachtet wird! Romane, die etwa gar zuerst in einem Familienblatte erschienen sind, gelten dieser Kritik unbesehen als ein noli me tangere. Der größte Held dagegen ist derjenige, der sich am gründlichsten im Rinnstein gewälzt und am häufigsten im Irrenhause gesessen hat! Wohlgemerkt: ich spreche hier nur von den stärksten Uebertreibungen des Fanatismus, welche natürlich von den geschmackvollen Leuten im eigenen Lager selbst verdammt werden; aber diese Uebertreibungen fallen am meisten in's Auge und werden im Publikum für typisch genommen. Sie sind hauptsächlich daran schuld, daß heute Realismus und Naturalismus in einen Topf geworfen und so vorwiegend auf das Stoffliche bezogen werden. Es ist dahin gekommen, daß man heute allgemein die Mittheilung einer recht platten Zote mit den Worten einzuleiten pflegt: »Hören Sie, da kann ich Ihnen eine famos realistische Geschichte erzählen.« Als ob nicht etwa die Schilderung eines Bordells ebenso idealistisch sein könnte, wie ein Idyll aus der Kinderstube realistisch! Aber das glaubt einem heutzutage kein Mensch mehr. Wer nicht für starken Taback ist, der gilt mir nicht als Realist, so könnte man heute die alte Genusregel variiren.

Was ist es denn nun, was jene Kunst, welche die rücksichtslose Wahrheit fordert, bei geschmackvollen und reifen Leuten so in Mißkredit gebracht hat? Ist es wirklich, wie man uns so oft einreden will, die Furcht vor der Wahrheit, die moralische Feigheit des Publikums? Ich glaube das entschieden bestreiten zu dürfen. Wir sind heute in der That schon so weit, daß wenigstens von dem gebildeteren Publikum die idealistische Lüge in der Kunst als etwas unangenehm Störendes, der lebensvollen Darstellung der Wirklichkeit gegenüber Minderwerthiges empfunden wird. Die Sprache schlechter Romane, auf der Bühne z.B., beleidigt heute schon unser geschärftes Ohr, und diese schlechten Romane im Marlittstyle selbst beginnt man endlich satt zu kriegen und – leider! – als Naschwerk für Backfische zu betrachten. Von den angeblich hoch moralischen Tendenzdichtungen der neuesten Naturalisten aber will man nichts wissen, weil das inzwischen an wirklichen Meisterwerken geschärfte Auge erkennen gelernt hat, daß es eben gerade um die Naturwahrheit bei jenen unberufenen Nachahmern meist sehr schlecht bestellt sei. Und das liegt meiner Meinung nach in der *traurigen Humorlosigkeit* der betreffenden Künstler. Es hat sich bei mir allmälich die Ueberzeugung herangebildet, daß ohne eine starke Dosis Humor eine tief eindringende und gerechte Beurtheilung menschlicher Dinge garnicht möglich sei. Denn Humor bedeutet als Weltanschauung Vorurtheilslosigkeit, als Gemüthsverfassung allgemeine Menschenliebe. Ich kann kein Ding gerecht beurtheilen, an das ich nicht mit dem besten Willen herantrete, seine guten Seiten ebenso zu sehen, wie seine schlimmen. Für den Humoristen giebt es keine guten und bösen Menschen, sondern nur Unglückliche, Weise und Narren. Die ersteren zieht er weinend an sein Herz, den Weisen drückt er mit verständnißvollem Augenzwinkern die Hand, und über die Narren lehrt er uns herzlich lachen. Dabei braucht man durchaus nicht etwa sich den Humor unter dem Bilde eines gemüthlichen alten Landpastors vorzustellen, der, mit der langen Pfeife im Mund, zum Fenster hinausschaut. O nein, er wandelt auch mit derben Fäusten und rauchgeschwärztem Antlitz im tosenden Gedränge der Weltstadt umher. Nicht oberflächlicher Optimismus, leichtfertige Spottlust sind seine kennzeichnenden Eigenschaften, sondern vielmehr der sittliche Ernst und das Mitleid. Manche unserer großen Humoristen sind sogar entschiedene Pessimisten gewesen, und ihr Humor bestand eben darin, daß ihr Gemüth stark genug war, trotz der Ueberredungskünste des Verstandes an der Liebe zu den Menschen festzuhalten. Der Humorist flieht nicht voll Ekel davon, wenn er eine Wunde sieht, sondern er sucht ihre Schmerzen zu lindern; er hält sich auch nicht die Nase zu, wenn er an einem Misthaufen vorbeikommt, sondern genießt im Geiste schon die zukünftige Frucht oder die herrliche Blume, die damit gedüngt wurde. Eine Welt, in der alles Schmutz und Niedertracht wäre, ist ebenso unwahr, wie eine solche voll eitel Sonnenschein und Edelmuth. Der Humorist allein läßt sich vom Sonnenschein nicht blenden und die Mühe nicht verdrießen, den Schmutz von der Oberfläche der Dinge abzuwaschen, um, wenn irgend möglich, einen reinen Kern darunter zu entdecken. Moralische Entrüstung ist für eine unreife

Kunst das billigste Effektmittel und für unreife Menschen der billigste Alkohol, vermittelst dessen sich der furor poeticus in Flammen setzen läßt.

Wenn ich mit meiner Behauptung Recht habe, daß unser gebildetes Publikum heute schon zum Verständniß des Realismus erzogen sei, so haben dieses Erziehungswerk meiner Ansicht nach nicht die Keulenschwinger des Entrüstungspathos, sondern gerade die von jenen über die Achseln angesehenen Humoristen vollbracht. Das sind nach meiner Auffassung in der erzählenden Dichtung gerade die Leute vom Schlage des jüngeren Gustav Freytag, Gottfried Keller, Wilhelm Raabe, Theodor Fontane gewesen; auch Hermann Heiberg[1] in seinen besten Erstlingswerken, in denen er, wie z.B. im »Apotheker Heinrich« die feine, intime Stimmung Theodor Storms mit der herzhaften Derbheit Fritz Reuters so glücklich zu verschmelzen weiß – das ist ein Liliencron, der vom Zartidyllischen bis zum Wildgrotesken so wunderbar zahlreiche Farbentöne auf seiner Palette hat und der selbst einen phantastischen Stoff mit so überzeugendem und dabei eigenartigem Realismus darzustellen weiß – das ist ferner ein Baron von Roberts, der sich vom pikanten Stilkünstler und liebenswürdigen Feuilletonisten zu einem Sittenschilderer ersten Ranges herausgearbeitet hat und dessen Unterofficiersroman »Die schöne Helena« ich persönlich für die einzige Hervorbringung der deutschen realistischen Schule halte, welche die Anlegung eines strengen Maßstabes in allen ihren Theilen verträgt – das sind schließlich auch die ganz entschieden realistischen Romane so hoch begabter Frauen, wie der Ebner-Eschenbach, der Johanna Niemann[2], der Sophie Junghans[3], Ida Boy-Ed[4] und einiger anderer, die weniger bekannt geworden sind, zu nennen – und von ausländischen Vorbildern vor Zola, Ibsen, Dostojewsky, ein Daudet, Kielland und der Tolstoi der Anna Karenina. Leider ist es ein Norweger und kein Deutscher, auf den ich hinweisen muß, wenn man mich fragt, wo denn eine solche Verbindung von Humor und Naturalismus zu finden sei, wie ich sie mir als Ideal denke. Ich meine Arne Garborgs jüngst in dieser Zeitschrift erschienenen Roman »Bei Mama«, der mir, ohne etwa humoristisch im Sinne von komisch zu sein, als ein höchst gelungenes und nachahmenswerthes Beispiel von naturalistischer Wirklichkeitsdarstellung erscheint, wie sie nur der liebevollen Beobachtungsweise des Humoristen möglich ist.

Auf dem Gebiete des Dramas haben wir leider erst sehr vereinzelte Anläufe, sowohl im strengen Naturalismus, wie in der Besiegung desselben durch den Humor zu verzeichnen. Naturalistisch im Sinne des Zolaschen experimentellen Romans kann man überhaupt im Drama nicht verfahren, aus dem einfachen Grunde, weil die Rücksicht auf die Geduld der Zuschauer allen anderen Rücksichten vorangehen muß. Man könnte sagen: ein *guter* Roman nach den Grundsätzen der neuen Schule muß langweilig sein, wenn man nämlich darunter das lange Verweilen des Dichters bei seinen Schilderungen zum Zweck der Erzielung möglichster Naturwahrheit versteht. Im Drama aber ertödtet das lange Verweilen beim Zuständlichen die Handlung, und ohne Handlung, ohne Fortschritt giebt es eben kein Drama. Das höchst lehrreiche Experiment, welches unsere »Freie Bühne« mit der »Familie Selicke« gemacht hat, überzeugte uns auf der einen Seite von der Richtigkeit dieser alten Erfahrung und stellte uns doch auf der anderen Seite einen sicheren Wechsel auf die Zukunft eben dieses

Dramas im Sinne des Naturalismus aus. Holz und Schlaf haben, ebenso wie Gerhardt Hauptmann in seinen dramatischen Versuchen, an Schärfe der Beobachtung und Treue der Wiedergabe außerordentlich viel mehr geleistet, als die sämmtlichen lungengewaltigen Schreier unter den jüngsten Naturalisten, und Holz-Schlaf haben in ihrer Familie Selicke auch bereits die Forderung erfüllt, die ich hier an den Naturalismus gestellt habe, indem sie ihr trauriges Wirklichkeitsbild nicht mit der grausamen Freude des Vivisektors aus dem Leben herausschälten, sondern mit dem Glauben und der Menschenliebe des Humoristen. Auch an Hauptmanns Talent ist nicht seine scheinbare Vorliebe für stofflich Widerwärtiges das Charakteristische, sondern sein überraschender Wirklichkeitssinn, seine starke Darstellungskraft. Wenn es ihm gelingt, Menschen und Dinge mit ein bischen mehr Humor zu betrachten, dann dürfte auch an ihm die Zukunft des deutschen Dramas einen Stützpunkt gewinnen, wie sie (meiner Meinung nach und Skeptikern zum Trotz) jüngst einen gewonnen hat in Hermann Sudermann, diesem echten und ernsten Dichter, der mir nur noch ein wenig in der Mauser begriffen zu sein scheint, indem er den pathetischen Jugendflaum noch nicht völlig losgeworden und deshalb noch in Gefahr ist, an Stelle des Humors die Satire zu setzen. Aber er hat in Allem, was er geschaffen, einen solchen Ernst der Anschauung und ein so kräftiges Können bewährt, daß er sich sicherlich zur freien Höhe einer lichten Wahrheitskunst emporringen wird. Wir sehen gegenwärtig zwei Wege realistischer Bühnenkunst vor uns. Der eine führt von Iffland über l'Arronge zu Holz-Schlaf, der andere von Göthes Götz und Egmont über den neuesten Wildenbruch und Sudermann in eine verheißungsvolle Zukunft.

Wir sehen, es ist noch nicht aller Tage Abend. Der deutsche Naturalismus ist noch nicht todt, wie grobe *Vertreter*, die ihm mit plumpen Fußtritten zugesetzt, er auch leider gefunden hat. Er fängt sogar erst jetzt an, Lebenskraft zu gewinnen, nachdem ihm ein feinfühliger Realismus den Weg geebnet hat. Aber es däucht mir überhaupt höchste Zeit, diese spitzfindigen Unterschiede zwischen Realismus und Naturalismus zu beseitigen, aus denen nachgerade kein Mensch mehr klug wird. Naturalismus im einfachen Sinne des Wortes als eine Kunst aufgefaßt, welche »die Tendenz hat, wieder Natur zu werden, nach Maßgabe ihrer jeweiligen Reproduktionsbedingungen und deren Handhabung«, wie Arno Holz es in seiner Schrift »Die Kunst« ausdrückt – ein solcher Naturalismus sollte doch eigentlich die selbstverständliche Darstellungsform für jeden modernen Dichter sein. Uns, die wir kritisch oder selbstschaffend in der modernen Bewegung drin stehen, erwächst nunmehr die heilige Pflicht, zunächst einmal uns selbst und dem Publikum das Vorurtheil zu benehmen, als hätte das Wesen des Naturalismus irgend etwas mit dem Stoff zu thun, und zweitens uns mit allen Kräften aus diesen heute noch die Jugend verderbenden, wirklich ekelhaften Moralfatzenthum, welches doch meistens nur die eigene Freude an der Gemeinheit verhüllen soll, zu einer reiferen und freieren Weltbetrachtung aufzuraffen. Der reifste und freieste Mensch, zugleich im Ibsenschen Sinne der stärkste, das ist aber der Humorist!

Darum bestrebe sich ein Jeder an seinem Teile redlich, an Stelle des unglücklichen Zola'schen Temperaments den Humor zu setzen; denn durch ein Temperament beobachtet läuft die Wirklichkeit allemal Gefahr verzerrt zu werden – der Temperaments-Naturalist wird

Karikaturist; das einzig zuverlässige optische Hülfsmittel für den Dichter-Seher ist der Humor, diese wahre dreidimensionale Sehkraft des Gemüts.

Ernst Ludwig Freiherr v. Wolzogen (1855–1934) studierte in Straßburg und Leipzig, arbeitete als Redakteur in Berlin und München, gründete 1897 die »Münchener Litterarische Gesellschaft« und 1901 in Berlin das literarische Kabarett »Überbrettl«. Wolzogens literarisches Werk richtet sich in humoristisch parodistischer Art gegen die Unehrlichkeit der bürgerlichen Moral, karikiert Mißstände der bürgerlichen Gesellschaft.

Wie viele andere Kritiker der naturalistischen Bewegung erhebt auch Wolzogen den Vorwurf der Einseitigkeit und damit mangelnder »Naturwahrheit« in der naturalistischen Literatur. Für ihn ist der Humor das entscheidene Instrument umfassender Wirklichkeitserfassung, die »wahre dreidimensionale Sehkraft des Gemüts« (s. Dok. 64). Auch Heinrich Hart sprach in seinem Spielhagen-Essay 1884 lobend von dem »mildernden Lichte des Humors«, wodurch die »Meister« des Romans es verstanden, »die krasse Realität genießbar, selbst das Widerliche ästhetisch erfreulich zu machen« (s. Dok. 30). Er bezeichnete den Humor ähnlich wie Wolzogen als »die auf die Spitze getriebene Objektivität«, zugleich aber auch als einen »farbigen Spiegel, in welchem das Edle bloß liebenswürdig, das Gewaltige bloß kraftvoll, das Grelle bloß dämmernd erscheint [...], das Gemeine bloß toll, das Grausige bloß schauerlich...« (s. Dok. 30 und Komm.).

Im *Magazin für die Litteratur des In- und Auslandes* erschien 1886 ein Aufsatz zur Begriffsbestimmung und literarischen Geschichte des Humors, der aber ohne Bedeutung blieb. Der Autor A. Berghaus kennzeichnete die Perspektive des Humoristen als geradezu konträr zu dem künstlerischen Anliegen der Naturalisten: »Der Humorist sieht gleichsam über den sich mühenden und gequälten Erdensohn wie in freundlichen, tröstenden Irisfarben eine höhere, ideale Welt schweben, in der sich alle seine Kümmernisse auflösen und alle seine gutgemeinten, aber oft so lächerlich mangelhaften Bestrebungen ihre höhere Vollendung erreichen werden« (s. a.a.O., S. 702). Die Frage des Humors in der Kunst spielte in den Auseinandersetzungen um eine naturalistische Ästhetik jedoch keine nennenswerte Rolle, da der Humor nur mehr einzelnen Autoren als hierfür bedeutsame Wirklichkeitssicht der Literatur erschien. Im Vordergrund der stark ethisch motivierten Bewegung der 80er Jahre stand das Bemühen um Ernsthaftigkeit gegenüber Amüsementkunst, und »tändelnder« Salonliteratur.

1893 zog Wilhelm Bölsche angesichts neuer Entwicklungen in einer Buchbesprechung ein interessantes Resümee über das Verhältnis der deutschen Literatur zum Humor seit 1870. So sei dem Einfluß von Zola, Ibsen und Tolstoi mit dem Argument begegnet worden, daß ihre »strengen, düsteren Bücher« keinen Humor hätten. Doch die »literarischen Possenreißer« und »alte brave Witzfabrikanten« seien »selbst auf einmal tief ernst und feierlich« geworden, »und despossedierte Possenkönige wandelten als Kritiker in der *Moral*toga über den Parnaß«. Bölsche konstatiert inzwischen eine neue Entwicklungsphase. Aus den Reihen der Modernen »erschallt jetzt der Ruf: Wir müssen dem *Humor* wieder mehr sein Recht geben. Es ist das ganz und gar keine Rückwendung zu der abgelebten Witzelei von damals. Es ist eine gesunde Blüte nur des neuen Kunstfrühlings selbst. [...] Daß auch der Humor sich regt mitten in dem gesunden Realismus unserer jungen aufsteigenden Generation, das ist ein Zeichen, daß man festen Boden hat, daß die Phase des Anlernens mit all' ihren Uebertreibungen und ihren verkniffenen Schülerfalten überwunden ist. Freuen wir uns!« (s. W. Bölsche, *Neue Romane*. In: *Freie Bühne*, Jg. 4/1, 1893, S. 590f.).

1 Hermann Heiberg (1840–1910) kam nach Buchhändler- und Verlegertätigkeit 1870 nach Berlin, leitete verschiedene Zeitungen, trat anschließend in die Direktion einer Bank ein. Ab 1881 auch als Schriftsteller tätig, leitete ab 1883 u.a. das Büro der Börsenhalle in Berlin. Heiberg schrieb zahllose Romane, wurde in den 80er Jahren als Bahnbrecher der Moderne von seinen Zeitgenossen anerkannt. Besonders geschätzt wurde von E. v. Wolzogen sein Roman *Apotheker Heinrich*, 1885 bei Wilhelm Friedrich in Leipzig erschienen. Dieser Roman wurde in seiner Bedeutung für die Entwicklung der Literatur mit Flauberts *Madame Bovary* verglichen. Bleibtreu hielt Heiberg für einen »Eckpfeiler« der Literatur.
2 Johanna Niemann (geb. 1844) war als Lehrerin tätig und veröffentlichte u.a. die Romane *Die Selen des Aristoteles* (1886), *Die beiden Republiken* (1887), *Geschichte einer Trennung* (1894).
3 Sophie Junghans (1845–1907) schrieb Romane und Erzählungen vorwiegend für Leserinnen und Familienblätter.
4 Ida Boy-Ed (1852–1928) Romanschriftstellerin, veröffentlichte *Ein Tropfen* (1882), *Männer der Zeit* (1885), *Abgründe des Lebens* (1887).

65

Friedrich M. Fels: *Naturalistische Literatur in Deutschland.* In: *Die Gegenwart. Wochenschrift für Literatur, Kunst und öffentliches Leben.* Hrsg. v. Theophil Zolling. 38. Bd., Berlin (G. Stilke) 1890, Nr. 42, S. 244–247.

[...]

Ich theile die naturalistische Literatur des heutigen Deutschland in drei Gruppen: die von den Franzosen beeinflußte, die von den Norwegern beeinflußte und die von den Russen beeinflußte. Werke, welche sich nicht einer dieser drei Klassen zurechnen ließen, Werke, in welchen eine eigene Individualität, ein eigenes Volksthum zum vollgültigen Ausdruck gelangten, habe ich – nicht gefunden. Den temperamentvollen Hauptmann a.D. Detlev v. Liliencron nehme ich selbstredend aus; auch Sudermann zeigt einige erfreuliche Ansätze.

Als Prototyp unserer französisirenden Naturalisten erscheint mir der mit Vorliebe sich auf den Urgermanen hinausspielende Münchener M.G. *Conrad.* Derselbe ist auch insofern interessant, als er erst auf mancherlei Umwegen in späteren Jahren zum Roman gekommen ist. Seinem neuesten Buche hat er eine Art Anleitung beigegeben, unter welchem Gesichtswinkel er selbst jetzt seine ganze literarische Thätigkeit betrachtet wissen wolle; danach hat er vor zwanzig Jahren mit Pädagogik, Freimaurerei und Polemik begonnen, ist dann zur Literaturgeschichte und Kritik übergegangen und schreibt seit Kurzem Novellen, Romane und Dramen – ein in dieser typischen Steigerung äußerst lehrreicher Lebenslauf... Conrad hat den Plan gefaßt, in einem ganzen Romancyklus das Münchener Leben zur Darstellung zu bringen. Die Zolanachahmung liegt auf der Hand; aber noch charakteristischer als die Anlehnung an den Meister sind die Abweichungen von demselben. Man stoße sich nicht daran, daß ich Conrad einzig und allein aus dem Vergleich mit Zola heraus charakterisire – das ist sonst nicht meine Art –; aber wo die Nachahmung und der Wetteifer so offenkundig ist, bleibt jede andere Beurtheilung ausgeschlossen. Zola grenzt von vorherein sein Arbeitsfeld nach allen Seiten hin ab: er will in Einzelbildern das gesammte soziale Leben seines Landes während eines gewissen Zeitabschnittes schildern, und zu dem Behufe schickt er einen grundlegenden Roman voraus, in welchem die sozialen und physiologischen Vorbedingungen der Familie, deren Mitglieder seine Helden sind, entwickelt werden; derselbe ist eine genügende Zeit zurückdatirt, so daß die Möglichkeit einer freien Entfaltung in die Länge, nicht nur in die Breite gegeben ist. Conrad beginnt an einem beliebigen Zeitpunkt der jüngsten Vergangenheit. Und von hier aus geht er ohne festen Plan und man möchte fast sagen: ohne Absicht weiter, nimmt überall mit, was ihm unterwegs aufstößt, und selbst wenn er gleich das erste Mal bis zur unmittelbaren Gegenwart gelangt, ist ihm das sehr gleichgültig: bis er den neuen Roman vollendet hat, wird ja wieder Zeit genug vergangen sein, in welcher etwas passirt ist. Es ist das eine bis zum Aeußersten getriebene Actualität, jene Actualität, welche im Stande wäre, falls sich die Drucklegung des Buches um vier Wochen verzögerte, seine Data nachträglich um dieselbe Zeit vorzurücken. Zola hat jedem Roman seine besondere Lebenssphäre zugewiesen; er geht vom »*milieu*« aus und leitet zum »*milieu*« hin. Streng genommen liegt hierin ja keine directe getreue Naturnachahmung; aber gerade die Concentration ist doch das Mindeste, was man von einem Kunstwerke fordert. Bei Conrad gibt es keinen Mittelpunkt, überhaupt keinen gemeinschaftlichen Punkt; die verschiedensten Handlungen kreuzen und verwirren sich, Fäden werden aufgenommen und wieder fallen gelassen, nirgends findet sich ein Abschluß. Eine Inhaltsangabe gehörte zu den Unmöglichkeiten. Zola steht als Künstler gewiß nicht sehr hoch; aber trotzdem gelingen ihm bisweilen Scenen von bewunderungswürdiger Abrundung, Scenen, in welchen exacte Naturbeobachtung und künstlerische Gestaltung sich die Wage halten – und darüber ausgegossen liegt der ganze Reiz einer einheitlichen Stimmung. Man denke nur an die Beschreibung des ersten Soupers, welches Nana nach glücklich überstandenem Debut in ihrer Wohnung gibt, und an das stimmungsvolle Vorspiel im Salon der Gräfin Muffat. Suchen wir bei Conrad nach ähnlichen Scenen: welcher Abstand, welche Stilarmuth, welches Versagen der künstlerischen Kraft! Der Kegelabend im Hause des Kunsthändlers, das Leichenbegängniß des Bankiers Guggemoos hätten etwas Aehnliches werden können und vielleicht auch sollen; aber Conrad ist kein Zola, und so haben wir nur zwei leidliche Feuilletons erhalten. Und als eine Sammlung von Feuilletons läßt sich am besten das ganze Buch bezeichnen. Im Vergleich zu Zola gibt Conrad rohe Momentphotographien, und im Vergleich zu Conrad gibt Zola tadellose Kunstwerke.

Nur solche Charaktere zu schildern, welche man in der Natur wirklich Gelegenheit hatte zu studiren, gehört zum Prinzip der modernen Schule. Ein hohes Prinzip, das neben seinen einleuchtenden Vorzügen auch mancherlei Gefahren birgt. Conrad ist an dieser Klippe gescheitert. Seine Charaktere sind entweder direct verfehlt oder wenigstens, weil ganz skizzenhaft gehalten, unverständlich. Ich will ja gern glauben, daß man bei eigener näherer Bekanntschaft mit den vorgeführten Persönlichkeiten dieselben sofort erkennen und ihre Art begreifen wird; aber man kann doch nicht von Jedermann verlangen, daß er dem Club der »Ungespundeten« angehört und in den Münchener Künstler- und Bürgerkreisen zu Hause ist. Und nicht einmal eine so auffallende und scharf umrissene Gestalt wie diejenige des Malers und Apostels Diefenbach ist plastisch und anschaulich herausgearbeitet. Dafür ist jedenfalls der Redacteur Erwin Hammer mit seinem idealen Wollen und seiner stürmischen Begeisterung für alles Wahre um so gelungener und naturgetreuer; Herr Dr. Conrad, welcher sich hier geistig und körperlich selbstprotraitirt hat, muß sich ja am allerbesten kennen.

Wenn man bei uns von nordischer Literatur redet, denkt man in erster Linie an Henrik Ibsen. Weil der Dichter schon seit Jahren in unserer Mitte wohnt, auf unseren Bühnen aufgeführt wird und überhaupt als Dramatiker packender und intensiver einschlägt, denn der minder begünstigte Novellist, ist er uns fast identisch geworden mit skandinavischer Literatur überhaupt, und es thut unserer Schätzung keinen Eintrag, daß ihn der Däne Jakobsen als Künstler, der Norweger Kielland als umfassender und genauer Sittenschilderer und der Schwede Strindberg als tiefwühlender Denker weit hinter sich zurücklassen. Er hat Schule gemacht bei uns, und die Besucher der »Freien Bühne« haben Gelegenheit gehabt, seine Jünger zu hören. *Gerhart Hauptmann* ist ihr bedeutendster: er besitzt unverkennbar ein starkhüftiges Talent und dichtet wenigstens Katastrophen. Ich bin gewiß tolerant. Das Märchen, Drama bedeute Handlung, habe ich längst in seiner ganzen Nichtigkeit durchschaut; weder die Entstehung noch die Entwickelung des Dramas gewähren dieser faulen Aesthetikerfabel auch nur einen Schein von Berechtigung. Aber eine Katastrophe verlange ich als Mindestes. Beispielsweise: ein Tag aus dem Leben eines Trunkenbolds – um gleich einen extremen Fall anzuziehen – eignet sich gewiß nicht zur dramatischen Behandlung; dagegen sehe ich nicht ein, weshalb der Dichter nicht den Tag wählen sollte, an welchem endgültig das Delirium zum Ausbruch kommt. Hauptmann also liefert Katastrophen, zum Unterschied von manchem seiner Gesinnungsgenossen; aber es ist wahrlich traurig, einen Mann, welcher doch – wie ich höre – mit einer selbständigen epischen Dichtung debutirt hat, so ganz in das Fahrwasser eines Vorgängers und Meisters gerathen zu sehen. Ibsen's Probleme, Ibsen's Technik, Iben's Stil – Alles kehrt wieder, nur übertrieben, vergröbert oder meinetwegen – wenn man so will – verfeinert, fast zur Caricatur geworden. Das Verweilen bei nebensächlichen Momenten wird ja schier unerträglich. Und es gibt doch auch heutigen Tages noch Leute, welche sprechen und nicht bloß stammeln. Uebrigens sind die bezüglichen Werke in Folge der Berliner Aufführungen hinreichend bekannt geworden, so daß ein näheres Eingehen überflüssig sein wird.

Neben Zola und Ibsen pflegt man gewöhnlich Dostojewsky zu nennen – so folgt auf Conrad und Hauptmann: *Hermann Bahr*. Uebrigens ist bei diesem Eines zu beachten. Auch die Franzosen, vor Allen Bourget, haben auf ihn eingewirkt; er selbst nennt sich mit Vorliebe einen *décadent* und Schüler Huysman's. Er ist das hervorragendste Talent der ganzen Bewegung und auch das ungestümste; gegenüber den Genannten, welche ihre Stoffe gerade so kaltblütig aussuchen und bemeißeln, wie das Schiller gethan hat, welche Zola's Theorie von der »wissenschaftlich« betriebenen Kunst vollständig adoptirt haben, ist er der Mann der Intuition, des Impulses, des stürmischen Drangs und der umfassenden Begeisterung, der Mann, für welchen Probleme noch existiren und welcher gar nicht daran denkt, alles Widerstrebende zu einigen. Die ästhetischen Studien Bahr's gewinnen so eine seltsam dualische Physiognomie: neben geistvollen, ja tiefsinnigen, anregenden Bemerkungen stoßen wir wieder auf öde Schultheorien und lange todte Stellen, so daß sich einem in der Hinsicht unwillkürlich der Vergleich mit dem ähnlich begabten Hermann Helferich aufdrängt. Auch sein Roman »*Die gute Schule*« ist etwas ungleichartig ausgefallen, aber in der Ungleichheit liegt Methode. Er führt den Untertitel »Seelische Zustände«, und damit ist ganz genau die Eigenthümlichkeit des Stoffs und der Behandlung bezeichnet. Es handelt sich gar nicht um äußere Thatsachen; das Psychologische ist es, was Bahr einzig und allein interessirt. Und die psychologische Analyse des Helden ist so ausschließlich in den Vordergrund gerückt, daß sich das Ganze wie ein Tagebuch liest, welches der Verfasser aus irgend einer Marotte in der dritten Person geschrieben hat. Demgemäß empfangen wir die geschilderten Vorgänge nicht wie gewöhnlich aus zweiter, sondern erst aus dritter Hand: erst nachdem sie die Individualität des Helden bereits passirt haben, werden sie vom Dichter reflectirt. Auf diese Weise gewinnt aber das Ganze etwas so Ungegenständliches, so rein Geistiges und Phantastisches, daß wir manchmal kaum wissen, ob es sich um wirkliche Ereignisse oder bloß um Phantasien und Hallucinationen des Helden handelt. Ein neuer Beweis dafür, daß das dürre Fruchtfeld des Naturalismus direct an das üppige Zauberland der Romantik grenzt. Die Einheit des Tons, dieser geradezu bewunderungswürdig individuellen Sprache, führt zu Unklarheiten in der Darstellung. Und direct fehlerhaft wird der Stil, wenn plötzlich aus dem Gedankengang des Helden übergesprungen wird in den Gedankengang irgend einer anderen Person und nun die psychologischen Entwickelungen seiner Geliebten oder des Bildhauers Marius ganz im gleichen Ton an unser Ohr klingen.

Ich habe gesagt, das Ganze lese sich wie ein Tagebuch – und ich behaupte: es *ist* auch ein Tagebuch. Dieser junge Maler ist Bahr selbst – derselbe nehme meine Behauptung nicht übel. Als Ibsen's »Wildente« erschien und die Vermuthung ausgesprochen wurde, der Dichter habe in der Person des Gregers Werle seinen eigenen optimistischen Glauben an das Gute, welches tief in jeder Menschenbrust schlummere, ausdrücken und zugleich verspotten wollen, wurde darüber viel gelacht: »Wenn diese Auslegung richtig ist, dann muß man wahrlich in staunender Bewunderung zu dem Mann emporblicken, der den Muth hatte, sich – so zu portraitiren.« Und doch ist sie richtig. Selbstironie spielt nicht allein in der Production der Romantiker eine Rolle; diese formulirten nur in der unredlichen Ehrlichkeit ihrer Selbstvergötterung das Prinzip öffentlich. Aber sonst arbeitet er stets mit im Geheimen. Und ein Dichter, der wie Hermann Bahr erst in der zweiten Hälfte der zwanziger Jahre steht, wird in einem so tief angelegten Werk immer zum Selbstbiographen werden müssen; wir wissen, wie viele und starke selbstbiographische Momente in Dostojewski's Helden übergegangen sind, daß sich in ihnen seine ganze physische und psychische Krankheitsgeschichte spiegelt. Doch Niemand wird sich genau so, wie er ist, schildern können noch wollen; immer wird der dichterisch ausgeführte Charakter einen leisen Druck, entweder nach rechts oder nach links, erfahren haben. Früher gab man ihm stets den Druck nach rechts, und es entstanden die großen, gewaltigen, idealen – um für eine schlechte Sache ein schlechtes Wort zu gebrauchen – Helden, stark und edel im Wollen und Vollbringen. Heute, wo Flaubert's Lieblingsanschauung, daß die Menschen zumeist dumm seien, weit mehr dumm als schlecht, die geltende geworden ist, ist der Druck nach links beliebt – eben in Folge der dichterischen Selbstironie. Bahr ist sicherlich der junge Maler – er hätte sonst dessen psychologische Analyse nicht mit dieser Wahrscheinlichkeit durchführen können; und er ist der junge Maler nicht – er hätte sonst den Roman nicht schreiben können. Jedenfalls, ist dieser in psychologischer Hinsicht ein interessantes Dokument und würde, falls dem umgearbeiteten Tagebuch einmal das wirkliche gegenübertreten sollte, für die Frage nach der Entstehung eines Kunstwerks reichlich ebenso instructiv sein, wie die ersten Bücher von Sören Kierkegaard oder ein Hebbel'sches Gedicht. Von allen mir bekannt gewordenen Leistungen des deutschen Naturalismus ist »Die gute Schule« am persönlichsten gehalten, wenngleich auch sie nicht die volle Originalität besitzt.

Ich kann ganz gut begreifen, *weshalb* dieses Schriftstellergeschlecht die hervorragenden Erscheinungen des Auslands nachahmt, weshalb sich der phantasievolle Polemiker Conrad von Zola, der revolutionäre Systematiker Hauptmann von Ibsen, der überschäumende Individualist Bahr von Dostojewski begeistern läßt – die gleichgearteten Temperamente haben sich zusammen gefunden. Aber *daß* sie ein Muster brauchen, ist ihre Schwäche und ihr Urtheil. Und daß sie ihre Vorbilder in der Manier übertreiben, fast carikiren, theilen sie mit allen Nachahmern. Bei Conrad wird das naturalistische Wirklichkeitsstreben des Franzosen zum unabgerundeten Aneinanderreihen zufälliger Augenblicksbilder, bei Hauptmann die intime Detailbehandlung des Norwegers zum bewußten Verweilen beim Nebensächlichen und seine stilvolle Nachahmung der täglichen Redeweise zum blöden Lallen, bei Bahr die psychologische Vertiefung des Russen zum psychologischen Mysticismus.

So stellt sich das Bild unserer zeitgenössischen Literatur dar, ein trauriges und beschämendes Bild. Einer der Propheten des naturalistischen Dogmas gesteht selbst: »Der neue deutsche naturalistische Roman hat bis dato immer noch nicht das Licht der Welt erblickt. Ob er es *überhaupt* erblicken wird?«... Die Thatsache an sich ist eine schmerzliche; aber die Uebereinstimmung meines Urtheils mit demjenigen des Herrn Johannes Schlaf bereitet meinem Gaumen einen wohlthuenden Kitzel.

Friedrich Michael Fels (d.i. Friedrich Michael Mayer), geb. in Norddeutschland, studierte in Wien Germanistik und Kunstgeschichte. Als die von Eduard Michael Kafka gegründete Zeitschrift *Moderne Dichtung* im April 1891 als *Moderne Rundschau* und Halbmonatsschrift neu herauskam, gehörte Fels zu den Mitarbeitern. Bei der im Juli desselben Jahres in Wien gegründeten »Freien Bühne« übernahm Fels, der als entscheidender Anreger gilt, die Funktion des Obmanns. Im Rahmen eines geselligen Abends des Theatervereins hielt Fels einen Vortrag über *Die Moderne*, der in der *Modernen Rundschau* als programmatisch für die Standortbestimmung des Jungen Wien bezeichnet wurde. Als die *Moderne Rundschau* ab Januar 1892 zusammen mit der *Freien Bühne* (Berlin) als *Freie Bühne für den Entwicklungskampf der Zeit* (Berlin) erschien, konnte Fels hier Artikel über das Wiener Kulturleben unterbringen. Von dem Wiener Theaterverein »Freie Bühne«, der mehr und mehr unter den Einfluß Hermann Bahrs geriet und auf dessen Antrag auch in »Verein für modernes Leben« umbenannt wurde, zog sich Fels, wie andere Anhänger des Naturalismus auch 1892 zurück.

Fels verstand sich selbst als »aufgewachsen und ausgebildet in den Anschauungen des Naturalismus« (s. *Moderne Rundschau*, 1891, Bd. 3, H. 5/6, S. 202.). Er trat gegen die »Vielen« auf, denen der »Naturalismus [...] schon als überwundener Standpunkt« galt (ebd. S. 201). Aus diesem Grunde änderte sich auch seine Haltung gegenüber Hermann Bahr, den er in dem ob. dok. Artikel noch mit als einer der ersten Literaturkritiker emphatisch begrüßte. 1891 distanzierte er sich bereits ironisch von dem »neuen Hermann Bahr, diesem wundersamen Verwandlungskünstler, der uns immer um eine Nasenlänge voraus ist, forsch und fesch immer hinter den Franzosen d'rein, der Mann mit den reizbarsten Schleimhäuten unter dem Volke der Trinker, Raucher und Schnupfer...« (ebd.). Allerdings zeigt Fels' Vortrag über die »Moderne«, den er zur Eröffnung der Freien Bühne (Wien) Ende Oktober 1891 hielt, bereits deutliche Auflösungserscheinungen in seinem eigenen Naturalismusbegriff. Zwar faßt er die »künstlerischen Bestrebungen der Gegenwart« unter dem Begriff des Naturalismus zusammen, sieht aber »das entscheidende Kennzeichen der Moderne« darin, »daß sie keine einseitige Einzelrichtung ist, daß in ihr die verschiedensten und entgegengesetztesten Anschauungen und Bestrebungen Platz finden.« Naturalist ist für Fels schließlich »jeder gute Dichter, und mag er sich noch so idealistisch, romantisch, symbolistisch u. s. w. geberden«. Als Programm für die Freie Bühne kündigte Fels an, nur vorzuführen, »was wir für gut, für künstlerisch gut finden« und »konsequent« zu bleiben »in der großen Inkonsequenz« (vgl. F.M. Fels, *Die Moderne*. In: *Moderne Rundschau*, 1891, Bd. 1, H. 3, S. 79–81). In seinem *Wiener Brief* in Heft 2 der *Freien Bühne* 1892 beschreibt Fels bereits das Ende des Theatervereins und die besonderen objektiven und subjektiven Bedingungen, die das Scheitern des Theaterunternehmens verursachten.

66

Christian Ehrenfels: *Wahrheit und Irrtum im Naturalismus*. In: *Freie Bühne für modernes Leben*. Red.: Wilhelm Bölsche. 2. Jg. Berlin (S. Fischer) 1891, S. 737–741.

Bei jedem Versuche, das Wesen des Naturalismus zu erfassen, stößt man vor allem auf jenes vielumstrittene Prinzip, welches an die Kunst die Forderung erhebt, daß sie wieder Natur werde, und Nachahmung der Wirklichkeit als alleiniges Ziel anstrebe. Da ist es denn zunächst auffällig, daß ein solches Verlangen bei zwei Kunstarten gar keinen Sinn zu haben scheint. Wie sollten Musik und Architektur (außer in den unwesentlichen Beimengungen von Klang-malerei und Skulptur) die Wirklichkeit nachahmen? – Zwar hat man versucht, durch eine seltsame Ausdeutung des Begriffes der Wirklichkeit dies und Verwandtes als immerhin mög-lich hinzustellen. Auch unsere Gedanken und Phantasien sind ja ein Teil der Wirklichkeit, und der Künstler geht daher von dem naturalistischen Prinzip nicht ab, wenn er statt Dingen der Außenwelt die Gestaltungen seiner Einbildungskraft nachahmt. Das ist nun zweifellos richtig; ebenso richtig ist es aber auch, daß es dann überhaupt gar keine Kunst giebt, welche nicht Naturalismus wäre; denn etwas anderes als die Gestaltungen ihrer Einbildungskraft haben auch Rafael und Michelangelo, Dante und Tasso nicht zur Darstellung oder zum Ausdruck gebracht. Soll daher das Prinzip der Nachahmung der Wirklichkeit mehr sein, als eine nichtssagende Tautologie, und eine bestimmte Forderung an die Kunst stellen, so ist es notwendig, daß man die Wirklichkeit auf die Welt außer uns beschränke, und folgerichtig Musik und Architektur, welche gar keine Außendinge zur Darstellung bringen, von vorn herein als einem ganz anderen Gebiete zugehörige ausschließe. Bei der Malerei und Bildhaue-rei, ebenso wie bei der erzählenden und dramatischen Dichtung dagegen hat jene Forderung mit gewisser Modifikation des Begriffes der Nachahmung ihren guten Sinn. Einem Bild, welches ein Stück Natur möglichst täuschend nachahmt, ist seit jeher künstlerische Wert-schätzung zu Teil geworden. Allerdings steht der Maler hier vor einer Aufgabe, deren voll-kommene Erfüllung eine physikalische Unmöglichkeit in sich schließt. Es ist bekannt, daß die Skala der Lichtintensitäten, über welche der Maler verfügt, auch nicht zum hundertsten Teil an die Kontraste heranreicht, welche bei einem Blick in eine sonnige Landschaft auf unser Auge einwirken. Zudem gehen bei der Malerei die Effekte des binokularen Sehens in die Tiefe notwendig verloren. Günstiger steht in dieser Beziehung eine Verbindung von Plastik mit Farbengebung, wie sie etwa in den Wachsfigurenkabinetten und im Vordergrund der modernen Aussichts-Panoramen versucht wird. Seltsam nur, daß wir solche Werke künstle-risch der Malerei weit hintansetzen! Man könnte meinen, es begründe sich dies in der relativ geringen Ausbildung, welche jene Kunstzweige während der kurzen Zeit ihres Bestehens noch erfahren konnten. Allein auf einem Gebiete wird hier doch schon beinahe Vollendetes gelei-stet. Die künstlich verfertigten Blumen sind den wirklich gewachsenen oft bis zum Verwech-seln ähnlich – jedenfalls weit ähnlicher als die gemalten. Und doch wird auch der eingefleisch-teste naturalistische Theoretiker sich nicht einzureden vermögen, daß die Blumenmacherin künstlerisch höher stehe, als die Blumenmalerin. Wie das wohl kommen mag? Vor ähnlichen, nur noch größeren Schwierigkeiten, wie der Maler, steht der Erzähler, wenn es sich darum handelt, die Wirklichkeit zur Darstellung zu bringen. Eine eigentliche Nachahmung ist ihm ja nur bezüglich der menschlichen Rede möglich; im übrigen ist er darauf beschränkt, durch die an das Wort sich knüpfenden Assoziationen in dem Leser oder Zuhörer eine möglichst adäquate Phantasievorstellung des darzustellenden Ereignisses zu erwecken. Und doch gilt uns derjenige, welcher das allerdings bescheiden gesteckte Ziel erreicht, Selbsterlebtes durch Erzählung zur anschaulichen Vorstellung zu bringen, in gewissem Sinne immerhin als Künstler. Die vollkommenste Nachahmung wirklicher Ereignisse vermöchte dagegen unstreitig die dramatische Darstellung zu bieten. Eigentümlich nur, daß noch niemand darauf verfallen ist, dieses Ideal der Nachahmungstheorie zu verwirklichen! Kein Drama unter allen bisher vorgeführten bietet schlechthin einen Abklatsch von wirklich Geschehenem. Ist es wohl darum, weil da der Dichter keiner anderen Potenz mehr bedurfte, als des Gedächtnisses, und auch dieses in neuester Zeit durch einen Edison'schen Phonographen ersetzt werden könnte, welcher, in irgend einem Winkel eines Familienzimmers verborgen, die allervollkommensten Dramen zu Tage fördern müßte? Thatsächlich entfernen sich auch unsere extremst naturalistischen Dramen viel weiter von dem in Wirklichkeit Gegebenen oder Möglichen, als die Erzählungen der gleichen Richtung. Die Ereignisse, welche etwa Arne Garborg in seinen Romanen erzählt, hätten sich, wenn sie auch verdichtet sind, in Wirklichkeit doch genau so zutragen können, wie sie berichtet werden. Ein Gleiches kann auch selbst von den Geschehnissen in der »Familie Selicke« nicht entfernt behauptet werden. Das leuchtet bald ein. Wir belauschen hier sieben oder acht Personen in ihrem häuslichen Leben in drei Zeitabschnitten von der Gesamtdauer kaum zweier Stunden – und sind über ihren Charakter, über die Hauptschicksale ihres Lebens informiert, an dessen verhängnisvollstem Wendepunkt wir sie selbst haben sprechen hören und handeln sehen. Wo in aller Welt wird uns dergleichen zum zweiten Male gelingen? Oder der erste Akt von Gerhart Hauptmann's »Einsame Menschen«. Da blicken wir durch etwa eine halbe Stunde nach der Kindstaufe in ein Zimmer der von Johannes Vockerat bewohnten Villa und sind nach Verlauf dieser Zeit mit den intimsten Beziehungen in der Familie, mit dem Verhältnis des jungen Ehemanns nicht nur zu seiner Gattin, sondern auch zu seinem Freunde und der eben angekommenen Anna Mahr, und noch mit vielem anderen vertraut, so gut, ja besser, als wenn wir Monate lang mit jenen Menschen an einem Tische gesessen hätten. Wahrlich, wenn es Jemandem auch gelingen sollte, sich tagtäglich bei einer derweilen in Berlin und Umgebung gefeierten Kindstaufe als unbemerkbarer Zuseher einzuschleichen, er könnte Methusalems Alter erreichen, ohne je ähnliches erlebt zu haben! Es ist klar, daß der Dichter diese Wirkung nur dadurch erzielen kann, daß er vollkommen frei über das Spiel des Zufalles disponiert, und die Situationen in einer für den Einblick des Zuschauers zweckmäßigen Weise an einander reiht, wie sie in Wirklichkeit sich niemals finden werden. Schon die ganz äußerlichen Umstände, daß bei einem so mannigfachen Aus- und Eingehen der Personen das Zimmer niemals durch längere Zeit leer bleibt, daß niemals mehrere Gruppen von Sprechenden sich bilden und so das Zuhören erschweren oder vereiteln, schließen weitgehende Unwahrscheinlichkeiten in sich; um wie viel mehr die Fügung, daß jede der Personen im Laufe des Gespräches sich veranlaßt findet, gerade das und nicht mehr zu sagen, als für ihre zutreffende Charakterisierung hinreicht! Größere Unwahrscheinlichkeiten haben auch die alten Dramatiker nicht auf die Bühne gebracht, wenn sie etwa sämtliche Personen ihrer Handlung sich zufällig in der Wildnis des Waldes begegnen ließen; der einzige, allerdings nicht zu unterschätzende Unterschied besteht darin, das uns diese alten Unwahrscheinlichkeiten sofort als solche auffallen und daher abgeschmackt erscheinen, während sich jene andern für unsere nach dieser Seite hin noch weniger geschärfte Beobachtungsgabe fast unmerklich einschleichen und erst nachträglich durch die Reflexion entdeckt werden. Wie aber verhält es sich dem gegenüber mit jenem Prinzip der Nachahmung? Wir stehen vor dem seltsamen Paradoxon, daß möglichst genaue Nachahmung der Wirklichkeit nur dort als Kunst gilt, wo sie – wie in der Malerei und erzählenden Dichtung – mit Mitteln angestrebt wird, welche wegen ihrer Beschränktheit eine vollkommene Erreichung des Zieles von vorneherein ausschließen, während die in diesem Punkte viel besser gestaltete Verbindung von Farbengebung und Plastik kaum als Kunst betrachtet wird, und das Drama, welchem zur Nachahmung der Wirklichkeit alles zu Gebote steht, bisher von dieser stets am weitesten abgewichen ist. – Beachtet man nun noch hierzu den von allem Anfang her nötigen Ausschluß der Architektur und Musik, so ersieht man wohl mit Evidenz, daß das Nachahmungsprinzip nie und nimmer das Wesen der Kunst ausdrücken könne; es wird nicht einmal von der extremsten naturalistischen Kunstübung unserer Tage wirklich eingehalten. Es kann und kommt eben in der Kunst viel mehr auf ein phantasievolles Erfassen und Ordnen der Wirklichkeits-Eindrücke an, als auf deren genaue Widergabe. Die Blumenmalerin, welche mit einer relativ geringen Reihe von Licht- und Farbennüancen in uns den Gesammteindruck einer Blume zu erwecken vermag, steht uns höher als die Blumenmacherin, welche das Naturprodukt in seiner ganzen Farbenpracht und Farbenfeinheit nachbildet, weil, jene, um ihrer Aufgabe gewachsen zu sein, einer viel lebhafteren Farben- und Formenphantasie, eines viel innigeren Zusammenschauens der Eindrücke bedarf und diese erhöhten Potenzen durch das verfertigte Gemälde suggestiv auf den Betrachter überträgt, während diese nur Teil an Teil mit peinlicher Genauigkeit nachzubilden und zusammenzufügen braucht, damit der Gesamteindruck des Ganzen sich dann ohne ihr Zuthun von selbst ergebe. Ein analoges Verhältnis bestände auch zwischen dem Erzähler und dem Dramatiker, wenn dieser sich jemals damit begnügen würde, die Wirklichkeit schlechthin zu kopieren.

So wichtig auch gewissenhafte Beobachtung für manche Zweige der Kunst sein mag – ihr Lebenselement ist die gestaltende und ordnende Phantasie.

Indessen – die lebendige Kunst bekümmert sich gar wenig um ästhetische Reflexionen, auch wenn diese einmal Wahrheiten zu Tage fördern sollten. Der Zug der modernen Dramatik ist darum doch unverkennbar auf das Naturwahre, Wirkliche gerichtet, und in gewisser Beziehung läßt sich hierin auch ein unterscheidendes Merkmal gegenüber der alten Stilart erkennen; der Dramatiker kann nämlich nicht nur in den Situationen, sondern – was noch wichtiger ist – auch in der Ausgestaltung seiner Charaktere, in der psychologischen Motivierung ihrer Handlungen und Wandlungen sich dem in Wirklichkeit Gegebenen oder Möglichen annähern, oder davon abweichen; und es ist unleugbar, daß die naturalistische Dramatik hier einen entschiedenen Schritt im ersteren Sinne gethan hat. Psychologische Unmöglichkeiten oder doch Unwahrscheinlichkeiten (welche darum doch ihre typische Bedeutung allegorische Richtigkeit haben können) finden sich selbst bei Shakespeare in Fülle; bei Goethe und Schiller braucht man danach nicht erst zu suchen; manche neueren Dramatiker erreichen aber hier einen beinahe vollkommenen Einklang mit der Natur. Ich vermöchte beispielsweise in Gerhart Hauptmanns letzterwähntem Trauerspiel keinen einzigen Zug anzugeben, der mir als psychologisch unmöglich oder auch nur im höheren Grade unwahrscheinlich aufgefallen wäre. Zwar läßt sich ein Gleiches keineswegs von allen Dramatikern, ja selbst nicht von allen Romanschriftstellern behaupten, welche man zu den Naturalisten zählt. Zola strotzt von phantastischen Uebertreibungen, Ibsen erlaubt sich auf der Bühne die gewagtesten psychologischen Experimente. Man erinnere sich etwa der letzten Szene seines letzten Werkes, da Frau Elvsted, währenddem sie den geliebten Mann auf dem Sterbebette glaubt, sich in einer, wenn auch unbewußten, doch nicht zu verkennenden Vertraulichkeit schon mit einem Andern zusammensetzt, um den Inhalt des vernichteten Manuscriptes aus den zerstreuten Notizen zu reconstruiren. Viel weiter ist auch Richard Wagner nicht von dem psychologisch Möglichen abgewichen; nur daß er an einer solchen Stelle, – wie bei dem gleich raschen Auslöschen der Erinnerung Siegfried's an seine jüngst gewonnene Braut, das Gefühl durch ein anschauliches äußeres Zeichen, hier durch den Zaubertrank, auf etwas Außernatürliches vorbereitet, während Ibsen die ebenso sicher und bewußt als Allegorie beabsichtigte psychische Uebertreibung unvermittelt in das Alltagsleben hereinsetzt und dadurch notwendig eine gewisse Entfremdung und Beunruhigung hervorruft. – Auch könnte man fragen, warum denn gerade die psychologische Unwahrscheinlichkeit oder Unmöglichkeit verpönt werden solle, wo von der Unwahrscheinlichkeit der Situation ein so ausgedehnter Gebrauch gemacht werden muß, wie dies bei jedem Drama unvermeidlich ist. – Indessen handelt es sich hier nicht sowohl um ein Prinzip oder gar Verbot, als um eine thatsächliche Neigung in der Kunstbethätigung, welche wir – zum mindesten der künstlerischen Intention nach – als ein Charakteristikum der meisten naturalistischen Dramatiker einfach zu erkennen haben. Resummieren wir nun unsere Reflexionen über das Prinzip der Nachahmung und Naturwahrheit in der Kunst, so kommen wir somit zu dem Ergebnisse, daß ein solches als allgemeine Regel niemals eingehalten wurde und niemals eingehalten werden kann, daß aber der Naturalismus, und insbesondere die naturalistische Dramatik, auf welche es hier ja zunächst ankommt, in der Mehrzahl wohl einer hierher zielenden Tendenz huldigt: durch das Bestreben, die Unwahrscheinlichkeit der Situation, soweit sie unentbehrlich ist, doch möglichst unauffällig zu gestalten, und die psychologische Unwahrscheinlichkeit vollkommen zu vermeiden. Hiermit sind aber die charakteristischen Merkmale des Naturalismus noch keineswegs erschöpft. Ebenso auffällig wie die Annäherung an die Natur ist das Zurücktreten des formalen gegen das innerliche, psychische Element. Die Schönheit von Klang und Rhythmus der Sprache wird nicht mehr angestrebt oder auch nur beachtet, Vers und Reim werden fallen gelassen, die Sprache ist lediglich

Mittel des Ausdrucks psychischer Vorgänge. Alle Unregelmäßigkeiten und Unschönheiten der Redeweise des Alltagslebens, die zerrissenen, unvollendeten Sätze werden bühnenfähig, der Dialekt tritt in seine Rechte. Das sind im Grunde ebenso gut Forderungen der Naturwahrheit in der Darstellung. Aber tiefer noch beruhen sie auf dem Bedürfnis nach Charakteristik und Ausdruck. Die Rede des täglichen Lebens weckt nämlich eine Fülle von Assoziationen, welche bei schönem, regelmäßigem Satzbau und im Tonfall der Verse untergehen mußten. Besonders die feinen, individuellen Züge, auf welche der Naturalismus so viel Wert legt, haften oft ausschließlich an gewissen Redewendungen, welche einer Einordnung in Versrhythmik widerstreben. Indessen sind uns auch schon wahrhaftig große, tiefe Einblicke in das menschliche Innere durch diese Verschiebung in den Ausdrucksmitteln eröffnet worden – denn eine gewisse Ausdrucksfähigkeit in anderer Richtung geht der Sprache unstreitig mit ihrer Musik wieder verloren.

Was die moderne Kunstübung sonst noch an Eigentümlichkeiten aufweisen mag, ergiebt sich entweder als Konsequenz aus den betrachteten zwei Grundtendenzen, oder haftet ihr weniger wegen ihrer naturalistischen Richtung, als vielmehr in ihrer Eigenschaft als Kulturbethätigung des neunzehnten Jahrhunderts an. So ist beispielsweise der Umstand, daß die Handlung der Dramen vieler Erzählungen fast ausnahmslos in der Gegenwart spielt, auch wenn er sich anders noch tiefer begründen ließe – jedenfalls schon eine Folge des Bedürfnisses nach Naturwahrheit im strengsten Sinne des Wortes. Denn der Dichter, welcher, über eine rein wissenschaftliche Darstellung des Historischen hinausgehend, es in der Sprache einer fortgeschritteneren Zeit zum Ausdruck bringt, kann sich unmöglich davon freihalten, auch die Denkungs- und Empfindungsweise seiner Tage in die Vergangenheit zurückzutragen, und so den Bedürfnissen nach absoluter Naturtreue zu widerstreiten. Eine durchaus konkret anschauliche und doch vollkommen naturgetreue Reproduktion des Lebensinhaltes vergangener Zeiten ist uns überhaupt ein Ding der Unmöglichkeit. Dessen ist sich der kritische Geist unserer Generation wohl bewußt und läßt darum angesichts des historischen Stoffes eine ächt künstlerische Stimmung garnicht aufkommen; stets mischt sich störend die Frage ein, ob das alles sich denn wirklich so zugetragen haben kann. Darum sehen sich auch diejenigen, welche trotzdem das historische Drama noch immer nicht aufgeben wollen, genötigt, an nicht künstlerische Hilfsmittel zu appellieren, die patriotischen Gefühle gewisser Stände in Beschlag zu nehmen, und hierbei Himmel und Hölle in Bewegung zu setzen, um jene vorlaute Frage nach dem, was in Wirklichkeit gewesen ist, auch nur für die Dauer eines Theaterabends zum Schweigen zu bringen. Als ein Merkmal des Naturalismus wird außerdem die vorwiegende Behandlung »sozialer Probleme« betrachtet. Es ist leicht abzusehn, daß dies mit seinen Bestrebungen nach Naturwahrheit und Innerlichkeit nichts zu schaffen hat. Das soziale Problem steht im Mittelpunkte der Interessen unseres Geisteslebens und wirkt daher bestimmend auf die Wahl der dichterischen Stoffe, sowie bisher stets der Lebensinhalt einer Zeit in ihrer Kunst zum Ausdruck gekommen ist – mag sich diese nun in einer realistischen oder idealistischen Stilgattung bethätigt haben. Ein Gleiches gilt von dem Einfluß der modernen Wissenschaft, insbesondere der Entwicklungslehre auf die Kunst der Gegenwart.

Überblickt man nun das Gesagte, so gelangt man leicht zur Erkenntnis, daß der Naturalismus keineswegs als ein so vollkommen neues und fremdartiges Gewächs in dem menschlichen Kunstgarten zu betrachten ist, wie dieß Viele Wort haben wollen. Es scheint sich hiermit nicht anders zu verhalten, als überhaupt bei fortschrittlichen Entwicklungsprozessen. Der Unterschied des Neuen von dem Alten lenkt zuerst die Aufmerksamkeit auf sich, so daß man etwas von Grund aus verschieden Geartetes vor sich zu sehen meint, wo thatsächlich nur einige neue Züge das Gesamtbild verändern. [. . .]

Chr. Freiherr v. Ehrenfels (1859–1932), Philosoph und Begründer der Gestaltpsychologie gibt in seinem ob. dok. Aufsatz Bestimmungen des Naturalismus, die deutlich geprägt sind von einer bestimmten Entwicklungsphase der naturalistischen Literatur und selbst das Naturalismus-Bild der 90er Jahre wiederum mitbestimmten. Ehrenfels beschreibt hier nicht »den« Naturalismus von Ende der 70er Jahre bis 1891 schlechthin, sondern charakterisiert jenen Abschnitt naturalistischer Bestrebungen, der mit Arno Holz/Johannes Schlafs *Papa Hamlet* 1889 einsetzt und sich durch ein formal-ästhetizistisches Naturalismus-Konzept auszeichnet, wie es zum Teil auch von Otto Brahm gefördert wurde (vgl. hierzu die Dok. 12, 42, 47). Zwar lehnt Ehrenfels die von Holz entwickelte Kunsttheorie ab, aber auch er versteht Naturalismus, ausgehend von einer rein positivistisch begriffenen Wahrheitskategorie, bestenfalls als künstlerischen Ausdruck. Naturalismus wird von ihm allgemein als »Annäherung« der Kunst an die Natur, »Wiederaufsuchen des verloren gegangenen Contactes, Aufgreifen von neuen, bisher unbeachteten oder mindestens künstlerisch nicht verwerteten Elementen der Realität und Erweiterung des künstlerischen Horizontes…« (s. Dok. 66) definiert, als eine sich in der Geschichte mit Phasen der Konzentration auf Formschönheit regelmäßig abwechselnde Kunstströmung. Ehrenfels übergeht dabei, daß die sich in Deutschland in den 80er Jahren herausbildende naturalistische Bewegung Naturwahrheit zunächst nicht primär als neues formal-ästhetisches Prinzip, sondern wesentlich als sittlich-ethisches Postulat auf ihre Fahnen schrieb. Naturwahrheit war eine aufklärerische Kategorie, durch die die Kunst einen neuen, bedeutsamen Stellenwert im gesellschaftlichen Leben erhalten sollte.

67

Die Zukunft der deutschen Litteratur im Urteil unserer Dichter und Denker. Eine Enquête von Kurt Grottewitz. In: *Das Magazin für Litteratur.* Hrsg. v. Fritz Mauthner und Oskar Neumann-Hofer. 61. Jg. Berlin (Union) 1892, Nr. 8, S. 123–124; Nr. 9, S. 139–140; Nr. 10, S. 157–158; Nr. 11, S. 173–175; Nr. 12, S. 188–189; Nr. 13, S. 203; Nr. 15, S. 236–237; Nr. 16, S. 254–255; Nr. 17, S. 271–272; Nr. 18, S. 286–288; Nr. 21, S. 340–342; hier: Nr. 8, S. 123, S. 123–124, S. 124; Nr. 9, S. 139, S. 140; Nr. 10, S. 157–158, S. 158; Nr. 11, S. 173, S. 174, S. 174–175; Nr. 12, S. 188, S. 189; Nr. 15, S. 236; Nr. 16, S. 254, S. 254–255; Nr. 17, S. 271–272.

Frankreich ist das Land der Enquêten. Fast alle Monate einmal stellt der Figaro oder irgend ein anderes Blatt eine Erhebung an, sei es über die Beschickung der berliner Kunstausstellung oder über die Bücherkrise oder über sonst etwas. Das Thema, über welches die Meinung berühmter Männer eingeholt wird, ist natürlich oft keineswegs welterschütternd, und es kann schon vorkommen, daß Zola über die Vortrefflichkeit eines Parfums befragt wird, das er in seinem Leben nie gerochen hat.

Die litterarische und überhaupt die gebildete Welt jenseits des Rheins hat sich wol niemals so angelegentlich mit einer Enquête beschäftigt wie mit derjenigen, die im vorigen Jahre Jules Huret über die Zukunft der französischen Litteratur angestellt und deren Resultate er im Echo de Paris vom 3. März bis zum 5. Juli 1891 veröffentlicht hat. Die Zukunft der Litteratur? Ist es nicht ein Thema, das auch in Deutschland zum Gegenstand einer Enquête gemacht werden könnte? Herrscht nicht auch bei uns jetzt ein hin- und herwogender Kampf von einander widersprechenden Meinungen, treten nicht auch bei uns die mannigfaltigsten litterarischen Strömungen und Richtungen auf und giebt es nicht genug Leute, die ängstlich, neugierig, hoffnungsvoll fragen: Was will das werden mit unserer Litteratur?

[...]

Julius Rodenberg

»Statt die Frage positiv zu beantworten, möchte ich meine Ansicht und Ueberzeugung dahin aussprechen, daß die Zukunft unserer Litteratur nicht in der Richtung unserer »Modernen« liegt. – Zola, Ibsen, Tolstoj sind Potenzen, die ich vollkommen anerkenne. Was ich ablehnen muß, ist – daß man sie zu Führern der deutschen Litteraturbewegung macht. Denn Nachahmung des Fremden ist an sich schon ein Zeichen des Verfalls und der Schwäche. Verjüngen kann die Dichtung wie die Kunst sich nur aus den eignen nationalen Quellen.«

Heinrich Bulthaupt.

»Die Zukunft der deutschen Litteratur? Ich glaube, sie läßt sich so wenig wahrsagen wie die
Zukunft unserer Geschichte. Alles Theoretisiren darüber ist müßig. Selbst wenn man ihre
Vergangenheit sorgfältigst prüft und die vorsichtigsten Schlüsse aus ihr zieht – ein unberechenbares Weltereignis, ein überragendes Genie, das die kleinen Talente wie Satelliten um
sich versammelt, kann kommen und alle Prophezeiungen zu Schanden machen. Um einen
Vergleich aus einem benachbarten Kunstgebiet zu wählen: wer konnte wissen, daß im Jahre
1813 Richard Wagner geboren werden würde? Und was wäre das heutige Musikdrama ohne
ihn? Auch die geistreichsten und eifrigsten Bemühungen, den Dichtern den Weg ins neue
Jahrhundert zu weisen, halte ich darum für vergebliche Arbeit. Wie es bislang ging, so wird es
auch ferner gehen: zwischen Stoff und Form, zwischen Wirklichkeit und Phantasie, zwischen
Wahrheit und Schönheit, zwischen Realismus und Idealismus wird die Kunst auf und ab
schaukeln. Erstarrt die Form, wird die Schönheit zur Lüge, die Phantasie zum Wahnwitz, der
Idealismus zur Phrase, dann wird immer wieder der Ruf nach Natur laut werden, und folgt
die Kunst der Wirklichkeit sklavisch, glaubt sie, die Natur erfaßt zu haben, wenn sie die
schmutzige Oberfläche der Dinge getreulich abklatscht, dann wird die Uebertreibung und
Verkennung sie von selbst zum Ideal zurückführen. Zwischen diesen beiden Polen liegt das
Reich der Kunst. Nur eins wird niemals Dauer und Geltung erlangen können: das Programm
der Spatzen des Apelles, das der plumpe »Naturalismus« verkündet. Es mag die Theoretiker
beschäftigen und die große Masse blenden: die schaffenden Künstler, deren Werk es allezeit
war und bleiben wird, aus der Fülle der Erscheinungen das Wesentliche zu lösen und es zu
einem neuen Ganzen, zum *künstlerischen* Ganzen zu runden, werden es belächeln, und auf
den Beifall der gefiederten Kritiker, die die gemalten Trauben für wirkliche hielten, gern
verzichten. Die wenigen unter ihnen aber, die sich von der falschen Lehre beirren ließen,
werden ihr über kurz oder lang untreu werden, und untreu werden *müssen*. Das erheischt die
Natur der Kunst. Und diese notwendige Wandlung vollzieht sich unter den Augen der
Sehenden schon jetzt.«

[...]

Ernst Eckstein.

»Was meine Ansicht über die Weiterentwickelung der deutschen Litteratur betrifft, so glaube
ich, daß uns der Rückschlag gegen die Extravaganzen mißverstehender Naturalisten im
nächsten Jahrhundert, trotz Darwinismus und Elektrizität, eine krankhafte litterarische Zartsinnigkeit bringen wird, aus der sich dann später die neue, selbständige und eigenartige
Klassizitäts-Epoche herausgestaltet. Diese Zartsinnigkeit wird sich zum Naturalismus verhalten wie die Entsagungs-Theorie Tolstojs zu den Orgien der freien Liebe. Ich setze dabei
voraus, daß sich die Polizei nicht in die Bestrebungen der Naturalisten einmischt, was leider –
(ich sage »leider« im Interesse der schriftstellerischen Freiheit, nicht aus Sympathie für diese

extremste Richtung) – nicht außer dem Bereiche der Möglichkeit liegt. In diesem Fall würde die logische Entwickelung unseres Schrifttums gehemmt werden, was immer ein Unglück bedeutet.

Konrad Telmann.
Credo.

»Ich glaube, daß man in einer nicht zu fernen Zukunft die Schlagworte des Tages »Idealismus«, »Realismus«, »Naturalismus« u. s. w. nicht mehr kennen, kaum mehr verstehen wird. Die Entwickelung der Litteratur wird dahin führen, daß die scheinbaren Gegensätze vollständig zu einer höheren Einheit aufgelöst werden. Man wird realistisch sein, – nicht, um eine bestimmte Richtung zu vertreten, einer bestimmten Schule anzugehören, sondern aus Naturnotwendigkeit, einfach, weil man sonst kein Dichter wäre, – aber man wird die realistische Form mit idealem Gehalt füllen, weil die Kunst niemals das Leben selbst sein kann, sondern immer nur mehr oder weniger als das Leben; – weniger, wenn sie nur den photographischen Abklatsch des Wirklichen giebt, mehr, wenn sie das Wirkliche mit individuellem Leben erfüllt und dadurch über sich selbst hinaushebt. Die Zukunft der Litteratur wird aber auch dann nichts Größeres schaffen können, als die Vergangenheit geschaffen hat; die Grösten haben die Forderungen längst erfüllt, welche die Zukünftigen als ganz neu aufstellen werden. So wird der künftigen Litteratur nur die Aufgabe zufallen, den Geist *ihrer* Zeit zu spiegeln, sich von ihm erfüllen und durchtränken zu lassen; nur insoweit wird es immer wieder eine neue Litteratur geben. «

Gerhard von Amyntor.

»Die deutsche Litteratur des nächsten Jahrhunderts wird eine *nationale* sein, oder sie wird sich jedes Einflusses auf die Massen entschlagen müssen. Die nationale Litteratur wird weder realistisch, noch idealistisch, weder naturalistisch, noch romantisch sein; sie wird aber von allen diesen Eigenschaften *etwas* enthalten, denn es wird immer Künstlertemperamente geben, die in der einen oder andern Richtung die unentbehrliche Bedingung ihres Schaffens finden. Diese nationale Litteratur wird nur von *Männern*, von ganzen Männern, oder ausnahmsweise von einigen wenigen zeugungskräftigen Mannweibern erschaffen werden; eine Frauenlitteratur, von und für Frauen geschrieben, wie sie bei uns heute leider ins Kraut schießt, wird keinen Beifall mehr finden. Die nationale Litteratur wird aber auch ein *religiöses* Moment enthalten müssen, um sich das Herz des Volkes zu gewinnen; denn je mehr sich das deutsche Volk der Zukunft von kirchlichem Konfessionalismus abwenden wird, um so weniger wird es wahre Religiosität, entbehren wollen. Die Litteratur der Zukunft wird auch, wie jede echte Kunst, *sozialreformatorisch* wirken; es ist aber zu hoffen, daß im nächsten Jahrhundert die sozialistische Bewegung die Kinderschuhe vertreten haben wird; jene Narren und Buben, die mit ihren tölpelhaften Utopien und verbrecherischen Delirien diese Bewegung nur

hemmen, werden endlich durchschaut und zum Schweigen gebracht sein und der zu men-
schenwürdigen Daseinsbedingungen gelangte und sich gesetzmäßig gebahrende vierte Stand
wird den andern Ständen ein kameradschaftlicher Helfer sein, die protzige Uebermacht des
Kapitals zu brechen und edlere geistige Mächte zur Herrschaft zu bringen. *National, religiös,
sozialreformatorisch!* Das wird das Zeichen sein, in dem die Litteratur der Zukunft siegen
wird.«
    [...]
    [...]

Karl von Perfall.

»Die Zukunft der deutschen Litteratur erscheint mir eben darum sehr hoffnungsreich, weil
der vollständige Umschwung der allgemeinen Bildungsströmung von der Oberherrschaft
naturwissenschaftlicher Erkenntnis zu einer völlig neuen Geistesrichtung unleugbar anbricht.
Damit ist aber auch dem von der naturwissenschaftlichen Weltanschauung abhängigen Naturalismus das Grablied gesungen. Da es sich aber nur um eine Verschiebung der geistigen
Werte, nicht um die unmögliche Vernichtung aller von der Naturwissenschaft in die Kultur
gebrachten Errungenschaften handeln kann, wird auch eine künftige Litteratur die Errungenschaft der realistischen Lebenswahrheit nicht verlieren, sondern nur noch mehr vertiefen und
verinnerlichen, allseitiger inbezug auf das Seelenleben entwickeln, als der Naturalismus es,
wenigstens in Deutschland, getan hat, wo er einseitig geblieben ist. [...]
    [...]

Gerhart Hauptmann.

»Himmel,	Erde,
Ideal,	Leben,
Metaphysik,	Physik,
Abkehr,	Einkehr,
Prophetie,	Dichtung:

zwei Lager;
wird das eine fett, wird das andre mager.«

Wolfgang Kirchbach.

[...]

»Setzen wir aber voraus, daß die Entwickelung des deutschen Lebens unter günstigem
Sterne weitergeht, daß vielleicht ein schwerer Krieg alle ethischen Kräfte der Nation aufrüttelt

und auf eine harte Probe stellt, ohne daß die Folge eine allzu zerstörende wird, so glaube ich, daß wir im ganzen einer verheißungsvollen Entwickelung der Dichtkunst entgegensehen. Ich glaube, daß man vorderhand noch einige Jahre formalistisch weiter experimentiren wird, und daß die allgemeine Neigung, welche im Staatsleben herrscht, nämlich nach allen Richtungen herumzufühlen, zu probiren, sich auch in der Litteratur einer jüngeren Generation wiederspiegeln muß. Denn die ganze junge Generation findet sich litterarisch in derselben Lage, in welcher ihr Kaiser sich politisch sieht. Die Gefahr, das Leben und Dichten dilettantisch anzufassen, und bald mit naturalistischen Theoremen, bald äußerst rhetorisch, bald rembrandtisch-erzieherhaft, bald in einer kalten Analytik des Anschauens und Gestaltens ein Neues zu suchen, ist meines Erachtens in einigen wenigen Jahren von vielen überwunden. Und ich glaube, daß das Publikum, welches bereits mit deutlichen Symptomen eine nahrhaftere Kost verlangt, dann denjenigen Dichtern eine frohe Aufnahme gewähren wird, welche durch einen energischen ethischen Zug ihres Dichtens etwas Aehnliches repräsentiren, wie es etwa Schiller mit seinen großen und späteren Tragödien geworden ist.

Ich glaube nicht, daß das, was man in manchen Kreisen die »realistische« Bewegung nennt, einerlei, ob sie an Ibsen anknüpft, oder in Sudermanns übrigens sehr wertvoller »Ehre« das Heil sieht, eine Zukunft hat. Es werden diesen und verwanten Bestrebungen auf der Bühne einige Kuriositätserfolge vielleicht entspringen, welche für eine Saison alles aufregen, aber sie werden nicht im Herzen der Nation dauern, weil diese nach wie vor in ihren Gebildeten zu einer enthusiastischeren Auffassung des Lebens neigt. Ich glaube, daß, wenn es einigen in dieser enthusiastischeren Weise angelegten Dichtern gelingen sollte, unter günstigerem Sterne auszureifen, diese den Charakter der deutschen Dichtung auch in Zukunft bestimmen werden. [...]
[...]

Karl Henckell.

»Es hat keinen andern Sinn, sich über die Zukunft der deutschen Litteratur rein theoretisch zu äußern, als daß man den zwingenden Impuls der eigenen Persönlichkeit zum Zielweiser in das neue Land setzt. Erkenntnis und Wille überzeugen mich, daß wir, in genauster Grundbeziehung zu der gegenwärtig sich vollstreckenden Verschiebung unserer gesamten Gesellschaftsformation, in Deutschland eben im Begriffe sind eine ganz neue Litteratur, und das ist die Zukunftslitteratur, nämlich die in Zukunft gebietende Litteratur, aus der verdorrenden Hülse des klassizistisch-bürgerlichen Epigonismus herauszuschütteln.

»Wie eine reife Jungfrau dem durchdringenden Kusse des Geliebten, so, halb schreckhaft, halb berauscht, schauert die neue deutsche Dichtung den stürmischen Liebkosungen der manngewordenen Jungkünstlerschaft entgegen.

»Ja, in der neuen Liebe ist alles neu geworden, die weite Welt hat sich verjüngt, eine neue Sonne strahlt einem schier geblendeten Auge.

»Daß ich nun weiß und fühle: über Familie, Heimat, Volk, Vaterland hinaus bin ich der

Mund eines hochentwickelten Menschheitsgliedbaus: daß ich der äußersten grauenhaften Ueberwindungsqual dieses Menschheitsleibes und seiner tiefgründigen Zukunftssehnsucht, eine Stimme bin der Selbstbefreiung: das macht mich lebendiger und fröhlicher von Tag zu Tag.

»Mit der Befreiung der Menschheit meine eigene Befreiung dichterisch durchzusetzen, das ist das Ideal, welches naturnotwendig mein Blut durchrollt, mein Hirn durchwebt. Die Sonne dieses Ideals scheint auf die Welt der gegenwärtigen Dinge und Verhältnisse; wie die Formen und Kanten das Licht reflektieren, je nachdem gestalten sich die Gegenstände dichterisch aus, umspielt von den Farben der momentan bedingten Stimmung. Sie verzeihen, Herr Grottewitz, wenn ich von mir rede, wo ich von der Zukunft der deutschen Litteratur, ihnen Red und Antwort stehen sollte. Aber ins Blaue hinein schwatzen und schwefeln mag ich nicht, und von mir muß ich ausgehen, wenn ich meine Umgebung beurteilen will und beeinflussen soll. Wenn nicht in mir selber ein Stück Zukunftsdichtung steckte, so wäre ich gänzlich unfähig, von einem solchen Dinge etwas natürlich Wahres auszusagen. Die deutsche Zukunftsdichtung ist die Dichtung der deutschen Zukunft, und von der wirtschaftlich-politischen Umgestaltung unseres und nicht nur unseres Vaterlandes hängt selbstverständlich auch die Umgestaltung seiner Dichtung ab. Indem wir nun nach einer Periode lang- und bangwährender Vorbereitung endlich gewissen entscheidenden Wesenswandlungen und Formveränderungen entgegenzuschreiten scheinen, dürfte auch für die deutsche Dichtung die Zeit der befreienden Ereignisse mit Sturmesschnelle heranrücken. Die aus dem verzweifelten, zuerst scheinbar trostlosen Widerstande gegen bürgerlich klassische Verschönepipelung erwachsene kritizistische Wahrheitstechnik erfüllt sich mit dem Sturmatem der neuen Idee. Die strammen Muskeln der jungen Muse, die bis anhin meist in seziererischer Weise freiliegend ihre Zug- und Streckversuche machten, umhüllen sich mit blühendem Fleisch, der Reichtum der Anschauungskräfte leiht der dialektischen Problemkunst strotzendes Erfüllungsleben.

»Die kämpfende und siegende Poesie der nächsten Zukunft wird die Poesie des kämpfenden und siegenden Sozialismus sein.

»Was ich aus voller Seele wünsche und begehre, ist, daß sie mit Humor kämpfen und siegen möge. Mit jenem welt- und herzerschütternden Humor, der nur aus den bedeutenden Ueberwinderpersönlichkeiten sich gebiert und der sich zu dem heilig lachenden Optimismus hohenzollernscher Hausdichter etwa verhalten mag, wie ein mit Gebrüll spielender Löwe zu einer spielenden Schnurrkatze. Just unsere deutsche Litteratur hat diesen Humor der kämpfenden Geistesgröße schreiend nötig. Ja, ich gebe mich sogar dem Gedanken hin, daß auch unsere saumselige Schwester Lyrik sich in diesem Sinne humorisiren und elektrisiren ließe. Freilich, da gäbe es technisch zu büffeln, wie nirgend. Aber arbeiten ist doch besser wie prophezeien – wenngleich manches Zukunftsorakel der Priesterstirne einen Schweißtropfen kosten mag.

[...]

Ernst von Wolzogen.

[...]

»Manche meinen, daß die jetzige Litteratur im Verfall ist, ein Zersetzungsprozeß gegenüber der Klassizität.«

»Freilich, das soll sie auch sein, die Klassizität und die Romantik sollen zersetzt werden. Der Naturalismus hat damit aufgeräumt. Es ist jetzt ein Läuterungs- und Reinigungsprozeß. Aber daraus wird die Litteratur gesund hervorgehen. Man wird nicht mehr das Gräßliche und Schauerliche bevorzugen, sondern alles durch den Humor mildern.«

Wir kamen sodann auf die jüngeren Schriftsteller zu sprechen, besonders auf Gerhart Hauptmann. Von ihm sagte der Humorist:

»Das ist einer, von dem ich sehr viel erwarte, jetzt leidet er noch an dem Pessimismus, aber das wird bei ihm bald vorübergehen, das ist bei ihm blos Jugendkrankheit – der Mann ist ja noch sehr jung – er wird noch sehr viel leisten.

[...]

Maurice von Stern.

[...]

»Auf Ihre zweite Frage: Halten Sie den Einfluß Zolas, Ibsens und Tolstojs auf unsere Litteratur für förderlich? antworte ich mit »Nein«. Wir haben noch nie eine nationale Kunst gehabt; aber die Notwendigkeit einer solchen wird von Tag zu Tag fühlbarer. Zolas mechanisches, grob äußerliches Analysiren, Ibsens kalte, nordisch-pedantische Phantastik und Tolstojs sektirerischer Fanatismus können meines Erachtens nur als störende Fremdkörper im Organismus der deutschen Kunstentwickelung wirken. Die Entwickelung der deutschen Kunst scheint mir auf eine tief-innerliche psychologische Analyse hinzuzielen, eine Analyse, welche es nicht so sehr mit der Beschreibung der Dinge und psychischen Zustände, wie sie *sind*, zu tun haben wird, sondern wie sie *werden*. Nicht die Aufzählung und Abkonterfeiung der Dinge und Zustände wird das Ziel sein, auch nicht die bloße Fixirung der Handlungen, sondern wahrscheinlich und vor allem die Genesis, in welcher die einzelne Tat gewissermaßen nur die mechanische Probe auf das Exempel ist. In diesem Sinne ist die deutsche Litteratur bisher von keinem ausländischen Schriftsteller in günstiger Weise beeinflußt worden.

»Ihre dritte Frage: Wie stellen Sie sich zu dem radikalen Naturalismus? beantworte ich mit: »*ablehnend.*« Der radikale Naturalismus scheint es sich zur Aufgabe zu machen, die Objekte der Wahrnehmung zu schildern wie sie sind. Meines Erachtens ist dieses Bestreben, von ästhetischen Gesichtspunkten aus betrachtet, ein ganz überflüssiges. Es genügt ja, *daß* die Dinge sind; wir können uns täglich von ihrer unzweifelhaften Existenz überzeugen. Die bloße Beschreibung der Objekte mag eine würdige Aufgabe für die allgemeine Erkenntnistheorie sein, für die Kunst hat sie als solche keine wesentliche Bedeutung. Es kommt, wie mir scheinen will, in der Kunst weniger darauf an, die Dinge zu geben, wie sie *sind*, als vielmehr darauf, wie sie einer bedeutenden Persönlichkeit *erscheinen*. Der objektive Bestand der Dinge beruht auf konventioneller Uebereinkunft. In der künstlerischen Produktion ist die Entfaltung des Subjekts augenscheinlich von größerer Bedeutung als die Abhaspelung der Objekte. Gegenüber dem pedantischen Objektivismus plädire ich für die Rechte der bedeutenden Persönlichkeit, welche doch am Ende allein das Recht besitzt, sich zu produziren. Diese Produktion wird aber immer in erster Linie Selbstproduktion sein. Das erkenntnistheoretische Material der objektiven Wahrnehmungen wird dabei im günstigsten Falle die Bedeutung des Brennmaterials haben.

[...]

Maria Janitschek.

»Radikaler Naturalismus! Gemäßigter Naturalismus! Was ist das? Für mich bedeutet Naturalismus: Wahrheit. Eine »gemäßigte« Wahrheit giebts nicht. Dann ist es eben Lüge.

»Gewiß gehen wir einer neuen besseren Epoche in unserer Litteratur entgegen. Die Revolution ist schon da, es fehlt noch der König.

»Wolff und Genossen werden noch lange ihre Leser finden, weil unser Volk noch lange nicht genug philosophisch gebildet sein wird, um zu begreifen, daß die Aufgabe der Dichtkunst eine weit höhere ist, als bloß zu unterhalten.

»Zola, Ibsen, Tolstoj halte ich nicht nur für »förderlich« in unserer Litteratur, sondern so notwendig für sie, wie den Sauerstoff zum Atmen. Für mich bedeuten diese Menschen Stufen, die uns näher bringen unserm köstlichen Ziel: die Poesie zu erheben zur Religion der Zukunft.

»Daß unser Streben gelinge, das walte Apollo!«

[...]

Hans Land.

»Wir stehen in einer großen Zeit und stehen vor noch größeren Zeiten. Es ist etwas in der Entwickelung dieses Jahrhunderts, in der Entfaltung seiner technischen und industriellen Erfindungen, in der Art seiner naturwissenschaftlichen und ökonomischen Entdeckungen, in der Gestaltung seiner politischen und sozialen Verhältnisse, was eine Beschleunigung des weltgeschichtlichen Tempos, eine raschere Abwickelung der Geschehnisse mit Bestimmtheit erwarten läßt. Ich glaube, die Welt wird in den nächsten hundert Jahren mehr erleben, die Kultur wird in dieser Epoche größere und heftigere Wandlungen erfahren, als in den letzten tausend Jahren, von der Mitte dieses Jahrhunderts rückwärts gerechnet. Hierbei will ich ein Geschehnis, wie die Entdeckung Amerikas, welches in diesem Zeitraum fällt, weder übersehen, noch unterschätzt haben.

»Von diesen Gedanken aus überlege ich mir die Zukunft unserer Litteratur.

»Der historische Moment, von dem aus ich das Kommende abschätzen soll, ist kritisch. – Wir sind in den Nebel geraten. Wir haben *Darwin* gehabt, haben *Häckel* gehört, haben *Feuerbach, Büchner, David Strauß* vernommen, *Nietzsche* sprach zu uns, – aber die neue Ethik, – wo ist sie? – Wir haben *George* gelesen, *Bebel* angehört, *Marx* studirt – aber der neue Staat – wie wird er aussehen? – – Seine Schatten wirft er voraus – die sozialistische Idee – aber er selber? – – – *Bellamy* träumt, *Hertzka* rechnet – aber er? Er – der Staat, wer, nach allem was wir nun wissen und fanden, – wer kann ihn denn aufrichten? – Und weiter. Da ist die Ehe. Sie wankt. Sie ist altersschwach geworden. Was aber soll an ihre Stelle treten? Rätsel, Rätsel überall, allenthalben nichts als Rätsel. Noch einmal will ich hineingreifen, mitten hinein in den Wust der Rätsel greif ich – – da – da ist *wieder* so ein unheilvolles Fragezeichen: Die Willensfreiheit. Wissenschaftlich können wir nun schon nicht mehr anders, wir leugnen sie. Aber die Konsequenzen? – Was werden die Gesetzgeber, was werden die Richter, die Lehrer und Erzieher tun, wenn diese neue Wahrheit herrschen soll: Wir sind nicht willensfrei?

»Im Nebel stehen wir. In diesem ungewissen Lichte verlieren die Dinge ihre Form, alles verschwimmt und verwischt sich. Ratlos sind wir. Neue Führer brauchen wir, neue führende, weisende Geister.

»Wir haben Sorgen, Gesellschaftssorgen; an Rätseln zerbrechen wir unsere Köpfe, deren Lösung das Geschick von Generationen beeinflussen wird. Ob ich ein Weib liebe und ein anderer es besitzt, wie unendlich winzig ist diese Schicksalsfrage gegenüber dem, was *uns* den Atem beklemmt. Die Zeiten sind vorüber, da ein ganzer Welttheil über eines Werthers Geschick in Tränen zerfloß. Der Dichter, der da kommen soll, wird nicht ein schwärmender Jüngling sein, der den Spuren der Geliebten, Rosen tragend, Küsse träumend, folgt, er wird etwas anderes sein müssen; *mehr* wird er sein. Er wird sein – wie Hamlet, von dem Ophelia sagt, er sei: »des Hofmanns Auge, des Gelehrten Zunge, des Kriegers Arm, des Staates Blum und Hoffnung, der Sitte Spiegel und der Bildung Muster, Gefährte ernster Forscher…« Das wird er sein, denn nicht duftige Träume, nicht schillernde Märchen, Rat, Rettung, Weisheit wird man von ihm fordern. Nicht an den Sternen wird sein träumender Blick nun hängen dürfen, nein auf Menschen und Menschendinge wird er sein Forschen und Denken richten müssen. – In einer Welt der Kämpfe – Krieger, in einer Welt der Rätsel – Deuter, in einer Welt der Sorgen – Berater, in einer Welt der Verzweiflung – Tröster und Helfer zu sein, – das – das ist die Mission des Dichters, der da kommen wird. Die Welt, die neue Welt der Erkenntnis, des Wissens, der Befreiung, der Erlösung, die neue, schöne Welt, in der alles, was wir gefunden und erforscht, in die Tat umgesetzt, seinen Segen über die Gesamtheit ausströmen soll, diese Welt mitzuschaffen, mit aufzubauen, dies ist der Beruf und die Weihe des Dichters, der nun kommt. In dieser Richtung wird die dichtende Kunst in der kommenden Epoche ihre Aufgabe suchen und finden.

»Ich habe es unterlassen, die *deutsche* Dichtung von der anderer Nationen in dieser Betrachtung zu trennen. Das tat ich mit Bedacht. »Der Menschheit große Gegenstände« kennen in diesen Zeitläuften längst keine Landesgrenzen mehr. Die grösten von allen Dingen sind international. Ich liebe mein herrliches Volk nun freilich heiß genug, um zu wünschen, daß es den neuen Dichtererlöser aus seinem Schoß gebäre.«

[...]

Max Nordau.

[...]

»2. Halten Sie den Einfluß Zolas, Ibsens, Tolstojs auf unsere Litteratur für förderlich?

»Ich halte ihren Einfluß für tief verderblich. Alle drei sind krankhafte Erscheinungen und ihre Wirkung ist um so unheilvoller, als sie alle drei gewaltige Schöpfer sind und wie alles Auffallende und Eigenartige Suggestion üben. Sie reizen zur Nachahmung, namentlich junge Leute von mäßiger Begabung und geringer Selbständigkeit, die ihren Weg suchen und sich nach einem Führer umsehen. Was ahmen diese Kleinen aber nach? Von Tolstoj nicht die Kraft und Größe von »Anna Karenina« und »Krieg und Frieden«, sondern den mystischen Irrsinn der »Kreutzer-Sonate«, von Zola nicht die Intensität der Anschauung, die brutale, elementare Stärke und die Vorzüglichkeit der Komposition, sondern die Unfähigkeit zur Erfindung und namentlich die Koprolalie, über deren geradezu pathognomische Bedeutung kein Fachmann in Zweifel ist, und von Ibsen nicht die Kunst des Erschaffens wirklicher Menschen, sondern die Uebergeschnapptheit der Thesen. Wenn einem Volke ein eigenes geisteskrankes Dichtergenie ersteht, so ist dies blos bedauerlich; beschämend dagegen ist es, wenn die Schriftsteller eines Volkes sich bei anderen Völkern Gestörte suchen und deren besondern Wahnsinn nachahmen.

»3. Wie stellen Sie sich zu dem radikalen Naturalismus der Gehart Hauptmann, Holz-Schlaf u.s.w.

»4. Wie zu dem gemäßigten Realismus?

»Sie erweisen den Herren Hauptmann, Holz und Schlaf viel Ehre, wenn Sie voraussetzen, daß man sich zu ihnen zu »stellen« hat. Herr Hauptmann hat bisher einige Dramen gegeben. Ich habe sie nicht spielen sehen. Ich weiß nicht, wie sie bei der Aufführung wirken. Beim Lesen haben sie auf mich wenig Eindruck gemacht. Aber Herr Hauptmann ist noch nicht dreißig Jahre alt. Er wird sich entwickeln und seine unverkennbare Gabe, die Wirklichkeit mit Nutzen zu beobachten, verspricht für die Zukunft interessante Werke. Herrn Holz schätze ich als formgewanten, temperamentvollen, wenn auch stellenweise deklamatorischen und häufig des Geschmacks entbehrenden Lyriker, seine »Familie Selicke« aber – und die haben Sie ja wohl im Auge, wenn Sie von »Holz-Schlaf« sprechen – gehört nicht zur Litteratur. Das gleicht einem Versuche dilettantischer Schneidergesellen, die aus zweiter oder dritter Hand von Henri Monnier und seinen gleichsam phonographirten »Auftritten aus dem Volksleben« einige Kenntnis erlangt haben und sich abmühen etwas ähnliches zusammenzuflicken, doch ohne den Geist und die gute Laune ihres Vorbildes. Dazu »stellt« man sich nicht, darüber lächelt man. Selbst dann, – besonders dann! – wenn einige befreundete Bambulas Neger-Tänze um diese »Werke« aufführen und kritische Radau-Brüder den harmlosen Vorübergehenden mit einem Rowdy-Boxring und dem Gebrüll »Lob oder Leben!« anfallen. Im Schrifttum glaube ich im allgemeinen nicht an Schulen, sondern an Begabung. Nur diese imponirt mir, nicht aber ein »ismus«, er sei welcher immer. Alle künstlerischen Methoden sind Mittel zum Zwecke ästhetischer Wirkung und an sich gleichwertig. Wird diese Wirkung erreicht, so halte ich mich nicht für berechtigt, mit dem Dichter wegen seiner Methode zu zanken. In meinem eigenen Schaffen bemühe ich mich ja allerdings, den Umrissen der Wirklichkeit möglichst genau zu folgen, doch weiß ich deshalb auch den phantastischen Märchenflug eines Edgar Poë oder E. T. A. Hoffmann zu schätzen. Wenn irgendwo, so muß in der Dichtung »jeder nach seiner Façon selig werden« dürfen. Ich sehe nicht ein, weshalb ich nicht zugleich Balzac und Victor Hugo, Fontane und Wilhelm Raabe, Wilhelm Jordans »Niebelungen« und Reuters »Ut mine Stromtid« bewundern soll. Je bedeutender übrigens ein Talent ist, umsoweniger wird es sich auf ein litterarisches Dogma einschwören lassen, um so eifersüchtiger wird es seine Selbstständigkeit wahren.

[...]

Arno Holz.

»Was nach meiner Meinung die deutsche Litteratur für eine Zukunft hat? Sie stellen Ihre Frage ernsthaft. Die Antwort aber, die ich Ihnen am liebsten geben möchte, wäre scherzhaft. Wie mir also helfen? Unter den vielen Möglichkeiten, die ich sehe, diejenige herausgreifen, die mir die wahrscheinlichste scheint? Wenigstens heute und in der Stimmung, in der ich mich momentan befinde? Schön. Aber vielleicht schon morgen denke ich anders. Denn ich wiederhole: die Kombinationen, die sich mir bieten, sind zu vielfältig, und ich bin zu wenig Laubfrosch. Prophezeie ich daher Unsinn, so müssen Sie mir schon freundlichst gestatten, daß ich ihn hinstelle als resultirend aus Ihrer Frage.

»Vor allen Dingen: ich halte es für vollständig verfehlt, die Zukunft unserer Litteratur nur aus unserer deutschen Gegenwart allein schließen zu wollen. Sie kann meinem Dafürhalten nach, wenn überhaupt, nur aus der gegenwärtigen Konstellation der europäischen Litteratur insgesamt gefolgert werden. Und da scheint mir denn fast, als ob unsere moderne Welt wieder vor einer höchst charakteristischen Wende stände. Durch ein Gesetz, dessen Wurzeln wir leider noch nicht genügend kennen, sehen wir nämlich die merkwürdige Erscheinung hervorgebracht, daß die einzelnen Künste, respektive sogar wieder deren einzelne Gattungen, nie und nirgends, wie der deutsche Professor sagt, gleichzeitig »blühen«; sondern daß sie sich im Gegenteil in diesem angenehmen Geschäft mehr oder minder regelmäßig ablösen. Und unter diesem Gesichtspunkt, den ich als durch die Tatsachen ziemlich gegeben erachte, scheint mir die bisherige Litteratur unseres Jahrhunderts in zwei große Gruppen gesondert. Die erste war lyrisch, und es kann nicht gesagt werden, daß irgend ein Einzelwerk während dieser Epoche eine besondere Herrschaft über die übrigen ausgeübt hätte. Byron galt zweifellos Alfred de Musset, Heine stand sicher nicht hinter allen beiden zurück, und selbst Italien, das heute nur Mascagni hat, stellte damals Giacomo Leopardi. Dann kam die Generation, deren sinkende

Sonne wir heute noch am Horizont sehen, und der europäische Geschmack, vom Vers übersättigt, wandte sich der Prosa des Romans zu. Die Führung hatte jetzt entschieden Frankreich übernommen. Rußland marschirte und marschirt namentlich auch heute noch in sehr bescheidener zweiter Reihe. Deutschland vollends hatte die ganze Zeit über gerade genug mit seiner Einigkeit zu tun und kam überhaupt gar nicht erst in Frage. Doch scheint mir, daß sich gerade nach dieser Richtung hin die Dinge nächstens eventuell ändern könnten. Die schönen langen Gräser, die heute über dem Grabe der Lyrik wehn, werden vielleicht bald Zeit und Weile haben, ihr ersprießliches Wachstum auch über die bisherige Alleinherrschaft des Romans zu verbreiten. Ob der moderne Geschmack sich dann dem Drama zuwenden wird? Ich halte es für das Wahrscheinlichste. Es sind bereits Wunder geschehn und Zeichen. Und ich zweifle, daß dann die Führung dieser Bewegung wieder von Frankreich ausgehen wird.«

[...]

Johannes Schlaf.

»Frische Kräfte, frische Hoffnungen. Eine neue Generation, also dann wol auch eine neue Zukunft. Aber nun sagen, wo das alles hinaus will? – Wie viel drängt sich zu entfalten, und jedes hat seine besondere Art. Unzählig sind die Wurzeln und unendlich verzweigt. – So setzt die Frage den einzelnen bei seiner Arbeit, sich selbst in seiner Art zu finden und zu behaupten, in Verwirrung. Was ein par Blicke seitwärts zu dem Neuen, Mitwerdenden hin erhaschen können, ein par flüchtige Blicke, die nicht verweilen dürfen, das ist alles, was sich geben läßt, und es ist wenig, viel zu wenig für den, der sich des ganzen Umfanges jener Frage bewußt ist, und der sich etwas Werdendes in seiner Gegenwart und Zukunft nicht mit den ersten, besten und bequemsten »Analogien« zu messen getraut. –

»Im übrigen soll dann also meinetwegen, mit allen gebotenen »Vielleichts« verklausulirt, hingestellt werden, was sich eben mit so ein par flüchtigen Blicken erhaschen und von diesem Erhaschten aus weiterträumen ließ.

»Die nächste Verlegenheitsausflucht unserer Frage gegenüber ist der Status quo.

»Da scheint es denn, als wenn wir anfingen, uns all den Einflüssen von West, Nord und Ost, die uns »in Zug« gebracht haben, zu entziehen. Die Zeit des Hinlauschens ist vorüber; wir sind flügge geworden, und es treibt uns, unser eigenes Lied zu pfeifen. Zwar sind wir noch nicht allerorten aller importirten Weisheit ledig: die Zola, Ibsen, Bourget, Maupassant, Tolstoj u.s.w. gehen noch sehr unter uns um: aber von Tag zu Tag bildet sich unsere Eigenart sicherer und bestimmter heraus. Ich weiß nicht welcher Instinkt und geheime Trieb uns dem Drama zuwante und ihm ein Gepräge gegeben hat, das seinerseits allen ausländischen Einflüssen gegenüber eine völlige Eigenart gewann; und wer weiß, bis zu welchem Grade diese sich ausbilden wird. –

»Noch eins, was in die Zukunft weist. Der Ruf wird unter uns laut: Ueber den Naturalismus hinaus!

Wir wollen hoffen, daß nun daraufhin, dem »Naturalismus« um jeden Preis zum Trotz, nicht allzuviel Unsinn ins Kraut schießt und das erstickt, was dieser Neues und Zukunftskräftiges mit seiner fleißigen Analyse der Natur abgerungen hat. Jedenfalls aber scheint jene Forderung von Bedeutung für die fernere Entwickelung unserer Litteratur zu werden; und wenn es eine unumgängliche Grundeigenschaft aller Kunst ist, daß sie Verinnerlichtes darstellt, so wird vielleicht gerade diese Eigenschaft in unserer Dichtkunst in Zukunft eine Bedeutung gewinnen, welche dem bisherigen analysirenden »Naturalismus«, dem »Zolaismus« wie dem »Bourgetismus«, nicht in einem gleich intimen Sinne zugesprochen werden kann. –

»Im übrigen aber:

> Willst du alles ergründen?
> Wenn der Schnee zerschmilzt,
> Wird es sich finden! – «

[...]

Franz Servaes.

»Sowie der Naturalismus seinen Ausgangspunkt in Taine besaß, so baut sich die kommende Kunst auf Nietzsche auf. Die umfassende Beobachtung der Außenwelt wird abgelöst (oder ergänzt) von eindringlicher Durchspürung der Innenwelt. Der Schwerpunkt der Entwickelung gleitet von den Galliern zu den Germanen über. Die Welt des Unbewußten mit tausend unentdeckten Eilanden taucht hervor aus dem Meer unserer Seele, und ein aus tiefster Tiefe heraufzitterndes Leuchten verrät die wonnige Fülle des auch dann noch Unentdeckten, ewig Unentdeckbaren.«

[...]

Ludwig Jacobowski.

»Ich möchte der Frage auf darwinistischem Wege beikommen.

»Ein mathematisches Axiom lautet, eine Linie sei durch zwei Punkte bestimmt. Habe ich zwei Punkte, so habe ich die ganze Richtung, die ganze Linie. Wer einen Wegweiser für die Zukunft der deutschen Litteratur braucht, bedarf zweier Punkte, deren aufsteigende Verbindungslinie den Entwicklungsgang der deutschen Litteratur bis jetzt darstellt, deren unbestimmte Verlängerung die Zukunft der deutschen Poesie bedeutet.

»Lassen wir das Beiwort »deutsch« fort und fragen wir zuerst nach der Zukunft der Litteratur überhaupt.

»In einem ästhetischen Werke habe ich mich bemüht, nachzuweisen, daß jeder primitive Mensch eo ipso ein Poet ist, und daß das Hammersche Wort, Poesie sei die Muttersprache des menschlichen Geschlechts, völlig zutreffend ist. Eine ganze Reihe von Naturvölkern, die imstande sind, ihre primitiven Verse aus dem Stegreif zu bilden, bestätigen diese Annahme. Dabei ist unter Poesie stets die Umwertung von Lust- und Unlustempfindungen in sprachlich-rhythmische Werte zu verstehen. Die Fähigkeit, Urpoesie zu empfinden und sprachlich wiederzugeben, war den Urvölkern sämtlich eigen. Diese Eigenschaft war jedoch nicht imstande, sich in jedem Geschlechte gleichmäßig fortzupflanzen und fortzuerben. Im Kampf ums Dasein wurde dieselbe immer mehr und mehr rudimentär und nach dem Prinzip der individuellen Auslese bald auf einzelne Familien, bald nur noch auf Individuen beschränkt. So zeigt sich die auffällige Erscheinung, daß man bei den eigentlichen Kulturvölkern, die den stärksten Kampf ums Dasein auszufechten hatten, – die Höhe der Kultur ist nur eine Folge hoher verbrauchter Energien – nur noch einzelne Dichter findet, jedoch nicht mehr ganze dichterisch veranlagte Völker. Nur einzelne Völkerschaften Halb-Asiens und der Balkan-Halbinsel (Franzos erzählt davon) sind noch dichterische und dichtende Völker, die täglich zehntausende von Versen extemporiren. Auch beweist die wirklich vorhandene Empfänglichkeit der Masse der Kulturvölker für Poesie, daß sie früher zur Produktion von Poesie selber veranlagt gewesen sein muß. Denn Empfänglichkeit für Poesie haben, heißt Poesie reproduziren, und Reproduktion und selbständige Produktion sind nur (freilich bedeutende) Gradunterschiede und keine Wesensunterschiede.

»Poesie habe ich eben als die sprachlich-rhythmische Umwertung aller Lust- und Unlustempfindungen definirt. Da nun diese wie ein ewiger Schatten der Menschheit nachlaufen, so wird die Poesie so ewig sein, so ewig die Menschheit ist. Darin freilich liegt die Tatsache eingeschlossen, daß jeder, auch der beschränkteste Mensch, Poesie schafft, wenn sie sich auch nur in einem Schrei, in Lachen und Tränen entladet. Und in der Tat wird unendlich viel Poesie empfunden, unendlich viel Poesie geweint. Aber bei den meisten Individuen ist die rein dichterisch-sprachliche Fähigkeit zur Produktion und die Phantasie allzusehr rudimentär geworden, und so wird die echte intime Poesie, wie die Empfindung sie gewaltig und spontan hervorbringt, ewig bei Einzelnen existiren.

»So wird es auch ewig deutsche Dichter geben. Also die Zukunft der deutschen Poesie, die immer nur von Einzelnen getragen wird, ist um so ereignisreicher, je mehr Einzelcharakterköpfe aus der Volksmasse hervortreten.

»Die Frage nach der Zukunft der deutschen Litteratur ist nicht identisch mit der nach der deutschen Poesie. Letztere produzirt sich ohne Rücksichtnahme auf ein Publikum, ebenso spontan, wie einer für sich weint oder lacht. Die Litteratur dagegen ist ein geistiges Erzeugnis, das ein Publikum unbedingt nötig hat. Sie regulirt sich einfach nach dem ökonomischen Gesetze der Nachfrage und des Angebots.

»Es ist eine auffallende Erscheinung, wie durch die politischen und sozialen Bedrängnisse, das Interesse der deutschen Nation an der Litteratur verkümmert ist: Während vor hundert Jahren die deutsche Litteratur eine Herzenssache der ganzen Nation war, ist sie es nunmehr nur noch für ein paar Tausende. Wie gering sind die Wirkungen eines Buches! Immer dieselben Leser, immer dasselbe Publikum, die große Masse bleibt unbeweglich. So lange für diese die Magenfrage nicht entschieden ist, so lange ist eine Beteiligung der großen Masse an der Litteratur nicht zu erwarten. Man liest nicht gern, wenn man hungert.

»*Eine* Litteraturerscheinung jedoch ist es, die allein imstande gewesen ist, große Volksmassen, oder vielmehr die ganze Nation zur Lektüre zu veranlassen, ja sogar zu einer regelmäßigen täglichen Lektüre! Das sind die Zeitungen. Hier hat nun die deutsche Litteratur folgende Zukunftsbahn: Entweder bleibt die deutsche Litteratur ein Zerstreuungsmittel für ein paar Tausende geistiger Gourmands, dann werden diese als »Publikum«, als Konsumenten rückwirkend auf die Produzenten selber und dadurch die deutsche Litteratur zu einer exklusiv angelegten Salonlitteratur verflachen und verparfümiren, oder die deutsche Litteratur sucht Massenwirkungen zu erzielen durch das Medium der Zeitungen. Zumteil thut sie es bereits; schon erscheinen Romane der hervorragendsten deutschen Schriftsteller der Gegenwart in Zeitungen, Dramen bereits in Zeitschriften. Aber auch dieses Publikum wird in dem echten Terrorismus der Masse rückwirkende Kraft haben auf die Produzenten. Es wird sie trivialisiren. Aber dieser Unwert wird hundertfach aufgewogen werden durch den Gegenwert, daß die deutsche Litteratur endlich wieder dazu beiträgt, das allgemein geistige Niveau der Masse zu heben.

»Somit sehe ich als Endresultat drei Wege, die die deutsche Litteratur der Zukunft einschlagen wird: Die Poesie der einsamen Dichter, welche die eigentliche Fortentwickelung der Poesie überhaupt darstellt; die schöne Litteratur der ästhetischen Gourmands, deren ›Schönheit‹ mit ihrer ›Decadence‹ wächst, und drittens die Zeitungslitteratur, deren Wirkung und Verbreitung unabsehbar ist. «

[...]

Eduard von Hartmann.

»Ob wir einer Blüte oder einem Verfall der Litteratur entgegengehn, dürfte sich der Beurteilung des lebenden Geschlechts entziehen. Es scheint zwar, als ob in den letzten vier Jahrzehnten die dichterischen Talente in Deutschland immer spärlicher aufgetreten seien, doch kann das plötzlich umschlagen. Für gefährlich halte ich den epidemischen Größenwahn, die Selbstüberschätzung, das fieberhafte Drängen nach Anerkennung, das Streben nach Geltendmachung der eigenen Persönlichkeit, das pietätlose Beiseitestoßen der Vorgänger, um sich Platz zu machen, das Ueberwuchern der theoretischen Reflexion über die naive Entfaltung des Talents und über den entsagungsfreudigen Fleiß der technischen Selbstschulung, die Ueberschätzung des Wissens im Vergleich zum Können und die eigensinnige und streitsüchtige Rechthaberei in theoretischen Prinzipienfragen. Die Summe dieser für fruchtbare Produktivität ungünstigen Symptome erweckt im allgemeinen für einen baldigen Aufschwung wenig Hoffnung, indessen können zwei oder drei in der Stille ausreifende Talente genügen, um eine neue Blüte herbeizuführen. Die theoretische Reflexion kann den Künstler immer nur negativ, d.h. durch Stärkung seiner Selbstkritik, fördern; aber auch dazu bedarf es einer umfassenden und erschöpfenden Reflexion, wie sie nur durch gründliche ästhetische Studien erworben wird, und zu solchen zeigt unsere Jugend keine Neigung. Oberflächliche, einseitige und schiefe theoretische Reflexionen können der künstlerischen Produktion weder positiv noch negativ förderlich, sondern immer nur schädlich sein.

»Die ganze Kunstgeschichte hält uns das Ergebnis entgegen, daß die Richtungen wechseln und nur die Genies und großen Talente bleiben. Die neueste Kunstgeschichte im Vergleich mit früheren Epochen lehrt uns ferner, daß mit der wachsenden Intensität und Hast des geistigen Völkerlebens auch der Wechsel der künstlerischen Richtungen ein immer rascheres Zeitmaß eingeschlagen hat. In der Baukunst und dem Stil der inneren Einrichtungen jagen sich die Richtungen nachgerade mit einer Geschwindigkeit, wie wir sie sonst nur bei Kleidermoden kannten. Diese Erwägungen lassen die Erwartung auf eine längere Dauer der augenblicklich in der Litteratur vorherrschenden Richtung nicht gegründet erscheinen. In Frankreich scheint der Naturalismus bereits abgewirtschaftet zu haben und durch entgegengesetzte Richtungen abgelöst zu werden, die nur eins mit einander gemein haben, ein starkes Uebergewicht der künstlerischen Subjektivität über den vorgefundenen Stoff. Auch bei uns, die wir leider in litterarischen Moden noch immer den Franzosen nachhinken, mehren sich die Anzeichen, daß der Stern des Naturalismus bereits wieder im Sinken ist.

»Was Zola, Ibsen und Tolstoj betrifft, so kann ich diese nicht für echte Naturalisten halten, sondern für abstrakte Idealisten und Romantiker, die sich naturalistisch verkleidet haben und ihre abstrakt-idealistischen Ziele mit mehr oder minder realistischen Mitteln verfolgen. Soweit die Naturalisten oder Realisten zu sein vorgeben und scheinen, halte ich ihren Einfluß für unschädlich, in mancher Hinsicht sogar für nützlich, nämlich in bezug auf die Steigerung der Technik des Romans und Dramas. Für schädlich aber halte ich ihren Einfluß in dreierlei Beziehung: erstens, sofern sie *abstrakte* Idealisten sind, zweitens, sofern zwischen ihren Zielen und Mitteln ein unlösbarer *Widerspruch* besteht, der sich jedem feineren Stilgefühl als abstoßend bemerklich macht, auch wo er nicht als solcher zum Bewußtsein kommt, und drittens, weil Zola die Verrohung, Ibsen die Trivialisirung der dichterischen Sprache in erschreckendem Maße beschleunigt hat. Gegen den abstrakten Idealismus und seine Unwahrheit in allen seinen Gestalten, und nicht blos in der Kunst, habe ich mein Lebelang gekämpft und die ganze relative Berechtigung des Realismus oder Naturalismus liegt darin, daß er gegen denselben Gegner kämpft. Wird er aber zu einem unnatürlichen Dienstverhältnis unter den Feind gezwungen, den er bis zur Vernichtung bekämpfen sollte, so ist sein ganzer Wert aufgehoben.

»Tolstoj ist der abstrakteste von diesen drei Idealisten; er steht mit seinen Idealen kaum noch auf dem Boden dieser Welt. Bei Zola ist der abstrakte Idealismus zu einer rein negativen Tendenz abgeblaßt, die sich von dem Pathos des moralischen Entrüstungspessimismus nährt, aber auch die dichterischen Requisiten der romantischen Schule, wie Landschaftssymbolik u.dgl. nicht verschmäht. Ibsen ist in seinen nicht für die Bühne geschriebenen Dramen reiner Romantiker, und nur in den Bühnendramen der späteren Zeit arbeitet er nach französischen Vorbildern in realistischer Manier; aber abstrakter Idealist ist er gleichmäßig in beiden, wenn er auch auf dem Boden dieser Welt zu bleiben sucht. Irgend ein abstraktes, d.h. aus dem

System der sittlichen Weltordnung herausgerissenes und von den natürlichen psychologischen Bedingungen lospräparirtes ethisches Postulat stellt er als ideale Forderung hin, und übersieht, daß in solcher Isolirung jedes Moralprinzip sich selbst ad absurdum führt. Indem er das Drama zum Tendenzstück erniedrigte, hat er mit seinen einseitigen und schiefen Tendenzen, unter dem Deckmantel eines reformatorischen ethischen Pathos, in vielen unkritischen Köpfen eine klägliche Verwirrung angerichtet. Diese kann er mit seinen Mitteln nicht wieder gut machen, nachdem ihm selbst vor der Abstraktheit seiner idealen Forderungen bange geworden ist.

»Gerade der Naturalismus oder Realismus braucht, um etwas Hervorragendes zu leisten, naive Künstler, wie es die Dichter der homerischen Gesänge, die niederländischen Maler oder Goethe in vielen seiner Gedichte waren. In einer reflexionsdurchkränkelten Zeit sind seine Aussichten sehr viel schlechter und je heller das Bewustsein der produzirenden Künstler wird, desto mehr wird der Realismus zu einer negativen Rolle hinabgeschraubt, welche ihn darauf beschränkt, berichtigendes Gegengewicht des abstrakten Idealismus zu sein. Gegenüber dem Abstrakten kehrt er das Konkrete, gegenüber dem Gattungsmäßigen und Schablonenhaften das Individuelle, gegenüber dem Konventionellen das Urwüchsige hervor, und alles drei schöpft er aus dem Untertauchen in den erfrischenden Born der Mutter Natur. Er hebt damit zugleich die Stufe der künstlerischen Technik, läßt mit dem neuen Anfang auch neue Seiten der künstlerischen Subjektivität, die vorher durch Konvention eingezwängt waren, zur Geltung kommen und erschließt dadurch, nicht immer, aber doch häufig auch neue Seiten der Natur, die sich bisher der Beachtung entzogen hatten.

»Eine hohe Stufe künstlerischer Leistungen zeitigt er nur da, wo ein unbewuster Idealismus der künstlerischen Subjektivität, die in der Natur ausgeprägten Ideale unbewust aus der Natur in den ästhetischen Schein mit überträgt, oder gar noch vorher unbewust Ideale in die Natur hineinschaut in einem Maße, wie sie in ihr garnicht drinstecken. So kann der bewuste Naturalismus oder Realismus sich in der künstlerischen Produktion unbewust zum konkreten Idealismus erheben und konkret-idealistische Kunstwerke schaffen. Das vermag er aber nur, so lange er naiv ist und von dem Widerspruch des bewusten naturalistischen mit dem unbewusten konkret-idealistischen Schaffen nichts merkt. Sobald er dagegen über sich als Prinzip reflektirt, paßt er auch dem Schaffen auf die Finger, daß es nicht etwa idealistische Kontrebande in das Kunstwerk mit einschmuggelt. Dann stellt sich jene Scheu und Flucht vor dem Idealismus ein, die notwendig zum Kultus des Häßlichen, Gemeinen und Widrigen führt, jene Angst vor dem Schönen, das stets einer idealistischen Beimischung verdächtig ist, und vor der reinen Form und dem ästhetischen Schein, eine Angst, die unweigerlich in einen unästhetischen Kultus stofflicher Reize mündet.

»Was man gemäßigten Realismus im Unterschiede zu einem extremen Naturalismus nennt, schließt die Einsicht ein, daß jene Verirrungen des Naturalismus zu vermeiden sind, aber nicht die Einsicht, wie dieses Verbot mit dem realistischen Prinzip zu vereinbaren sei. Der gemäßigte Realismus macht mehr dem Geschmack als dem Verstande seiner Bekenner Ehre; denn er ist entweder eine prinzipiell und theoretisch unmotivirte Abschwächung des konsequenten

Realismus, der mit dem Naturalismus zusammenfällt, oder er ist ein dualistischer Kompromiß zwischen Idealismus und Realismus, bei dem weder die Zweiheit verschiedener ästhetischer Prinzipien zu rechtfertigen, noch die Unvereinbarkeit der feindlichen Brüder zu überwinden ist.

»Der einzige Standpunkt, der die relative Wahrheit des abstrakten Idealismus und Realismus unter Vermeidung ihrer Unwahrheit in sich vereinigt und aus einem einheitlichen Prinzip ableitet, ist der *konkrete Idealismus*. Er ist konkret und individuell und ein Gegner des Abstrakten, Gattungsmäßigen und Konventionellen in demselben Maße wie der Realismus, und doch idealistisch wie der abstrakte Idealismus. Er ist die Wahrheit beider, in welcher sie als Gegensätze ausgespielt haben und zu aufgehobenen Momenten herabgesetzt sind. Alle Kunstwerke, die der idealistischen oder realistischen Richtung zugezählt werden, sind in dem Maße vollendeter, als sie unbewust im Dienste dieses konkreten Idealismus stehen.«

[...]

Kurt, auch Curt Grottewitz (1866–1905) erhielt auf seine Umfrage insgesamt 74 Antworten von Schriftstellern, Philosophen, Kritikern u.a. Das Ergebnis der Umfrage veröffentlichte er 1892 auch als Buch, wo er die Antworten systematisch ordnete. Grottewitz selbst trat seit 1890 für die Überwindung des Naturalismus durch einen »Neu-Idealismus« ein, der, im Unterschied zum »neuen Mystizismus« der »Decadents und Symbolisten«, aber auch der neuen Romantik, eine »neue Kunst, welche wieder befriedigt, welche wieder begeistert« begründen sollte: »Der Neu-Idealismus wird also die Aufgabe haben, für die neue Weltanschauung positiv einzutreten, die neuen auf die gesunde physische und geistige Weiterentwickelung der Menschenfamilie abzielenden Ideale in sich aufzunehmen. Der Neu-Idealismus sucht eine auf modern-wissenschaftlicher Grundlage auferbaute Schönheit zu schaffen« (s. C. Grottewitz, *Die zehn Artikel des Neu-Idealismus*. In: *Der Zeitgenosse. Berliner Monatshefte für Leben, Kritik und Dichtung der Gegenwart*. Berlin 1890/91, S. 152f.).

Julius Rodenberg (d.i. Julius Levy, 1831–1914), Journalist und Romanschriftsteller, begründete 1874 *Die Deutsche Rundschau*, die er bis zu seinem Tode leitete.

Zu Heinrich Bulthaupt vgl. Dok. 51.

Ernst Eckstein (1845–1900), Romanschriftsteller, bevorzugte kulturhistorische Stoffe. 1872–74 in Wien an der *Neuen freien Presse* tätig, 1874–1884 Leipzig, 1875–1882 dort Herausgeber der *Deutschen Dichterhalle*.

Konrad Telmann (d.i. Konrad Zittelmann, 1854–1897), Schriftsteller.

Zu Gerhard v. Amyntor vgl. Dok. 103.

Carl Perfall, eig. Karl Freiherr v. Perfall (1851–1924), Schriftsteller, 1880 Redaktion der *Düsseldorfer Zeitung*, 1886–1911 Leiter des Feuilletons der *Kölnischen Zeitung*, schrieb Unterhaltungsromane.

Zu Gerhard Hauptmann vgl. die Dok. 114–123.

Zu Wolfgang Kirchbach vgl. die Dok. 38, 62.

Zu Karl Henckell vgl. Dok. 56.

Zu Ernst v. Wolzogen vgl. Dok. 64.

Maurice Reinhold von Stern (1860–1938), war 1882 nach Amerika ausgewandert, wo er Anschluß an die Arbeiterbewegung fand. 1885 kehrte er nach Europa zurück und studierte in Zürich Medizin und Philosophie. Dort gehörte er 1887 dem »Ulrich-Hutten-Bund« zusammen mit John Henry Mackay, Peter Hille, Gerhart und Carl Hauptmann und Karl Henckell an. v. Stern veröffentlichte u.a. *Proletarierlieder* (Zürich 1885), *Stimmen im Sturm, Ges. Dichtungen, dem arbeitenden Volk gewidmet*. (Zürich 1888, = 2. verm. Aufl. d. *Proletarierlieder*); *Excelsior. Neue Lieder* (Zürich 1889).

Maria Janitschek (1860–1927, geb. Tölk), Schriftstellerin, vertrat Frauenrechtspositionen.

Hans Land (d.i. Hugo Landsberger, 1861–1935) Roman *Der neue Gott* stand neben dem Roman von Wilhelm Hegeler, *Mutter Bertha* im Mittelpunkt der Gothaer Parteitagsdiskussion der SPD über das Verhältnis Sozialdemokratie und moderne Literatur (vgl. Dok. 90). Land veröffentlichte sozialkritische, dem Naturalismus nahestehende Romane wie *Stiefkinder der Gesellschaft* (1889), *Die am Wege sterben* (1889), *Sünde* (1892), *Mutterrecht* (1894).

Zu Max Nordau vgl. Dok. 98.

Zu Arno Holz vgl. die Dok. 13, 22.

Zu Johannes Schlaf vgl. Dok. 48.

Franz Servaes (1862–1947), Kunst- und Literarhistoriker, leitete 1899–1914 das Feuilleton der *Neuen Freien Presse* in Wien.

Ludwig Jacobowsky (1868–1900), Schriftsteller und Kritiker, 1898–1900 Herausgeber der *Gesellschaft*, 1890/91 zusammen mit Richard Zoozmann Herausgeber der Zeitschrift *Der Zeitgenosse*.

Eduard von Hartmann (1842–1906), Philosoph, veröffentlichte eine *Philosophie des Unbewußten* (1869), *Das Unbewußte vom Standpunkt der Physiologie und Deszendenztheorie* (1872). v. Hartmann strebte eine Synthese von Schopenhauers Willenslehre und Hegels Vernunftlehre an. Im ersten Jahrgang der *Gesellschaft* setzte sich I.v. Troll-Borostýani (vgl. auch Dok. 31) mit v. Hartmanns biologistischer Auffassung von der Familie und der Beziehung der Geschlechter in mehreren Aufsätzen auseinander und vertrat gegen ihn die persönlichen und sozialen Rechte der Frau.

c) Deutschtum versus Internationalismus.
Die Naturalismuskritik der Nationalkonservativen

68

Erwin Bauer: *Die »Modernen« in Berlin und München*. In: *Das Zwanzigste Jahrhundert. Deutsch-nationale Monatshefte für sociales Leben, Politik, Wissenschaft, Kunst und Literatur*. Hrsg. von Erwin Bauer. 1. Jg. Berlin (H. Lüstenöder) 1891, Bd. 2, S. 768–781; hier: S. 769–770, 771–772, 773–774, 775–781.

[...]

Die »Modernen« in Berlin rekrutiren sich meist aus den Anhängern und Mitarbeitern der »Freien Bühne für modernes Leben« und haben ihren Mittelpunkt in der »Freien literarischen Gesellschaft« und ihr Organ in der, abwechselnd und gleichzeitig von Leo Berg, Heinrich Hart, Joh. G. Sallis[1] und E. M. Kafka[2], von denen zuletzt nur noch Leo Berg und Joh. G. Sallis nachgeblieben sind, herausgegebenen und redigirten Halbmonatsschrift »Die Moderne«. Die »Freie Bühne« – ich meine die Wochenschrift dieses Namens – war eine Gründung der auf dem Boden des demokratisch-materialistischen »consequenten« Naturalismus und Socialismus stehenden Berliner Geschäftssemiten Otto Brahm, S. Fischer und Genossen; sie machte zuerst gute und dann schlechte Geschäfte, pflegte die sensationelle naturalistische Zotenliteratur in erster Linie, erschien als Ableger des Zolaismus, der norwegischen Vererbungstheorie und Rückenmarksschwindsucht und des russisch-nihilistischen Naturalismus, speculirte in der Hauptsache auf das Sensationsbedürfniß und die niedrigsten Instinkte der kosmopolitischen Großstadt-Leserwelt und ist in jüngster Zeit, als der Inhalt seine Zugkraft selbst auf die überreizte Berliner Mischpoke verlor, mehr und mehr in das Lager der theoretischen Socialdemokraten übergegangen. Von dem »Geschäfte«, das ihre Unternehmer weiter machen werden, wird es abhängen, wie lange diese »Freie Bühne« ihr Dasein noch fristen wird; da indeß die Ratten das schwanke Schiff bereits zu verlassen begonnen haben, so wird diese Zeitschrift, gleich der Richtung, die sie vertrat, wohl in Bälde in dem zeitgenössischen Hexenkessel untertauchen, dessen eine Blase sie gewesen ist, oder richtiger in dem Sumpfe verfaulen, dessen Pflanze sie war. Requiescat in pace! Die Ratten haben sich inzwischen in der »Freien literarischen Gesellschaft« häuslich eingerichtet, deren Gründungsgeschichte und erstes Wirken den Lesern des »Zwanzigsten Jahrhunderts« ebenso gut bekannt sind, wie die Leiter der Halbmonatsschrift »Die Moderne«, die Geschäftssemiten Leo Berg und Joh. G. Sallis. [...]

In dieser Zeitschrift, von der mir sechs Hefte vorliegen, walten viele von der »Freien

Bühne« und auch von Conrad's »Gesellschaft« her bekannte Naturalisten- und Decadenten-
Seelen, aber kein klarer Gedanke, kein ernstes, zweckbewußtes Streben nach einem festen und
würdigen Ziele, keinerlei Gesinnung, die des Beifalls deutscher Männer werth wäre. Die
Signatur dieser Zeitschrift bilden vielmehr: geistreichelndes Haschen nach allen Seiten, völlige Unklarheit über die Bedürfnisse und Forderungen der Zeit, unglaubliche Unwissenheit
hinsichtlich der geschichtlichen Entwickelung unserer Gesellschaft und unseres Volkes, Lie-
bäugeleien mit allem Fremden, namentlich mit dem Franzosenthum, Unreife und Halbbildung, Selbstgefälligkeit, Sucht nach Pikanterieen, bewußte Freude am Gemeinen, namentlich
in geschlechtlicher Beziehung, und falsche Sentimentalität – kurz alle jene Eigenschaften,
welche der modernen *internationalen semitischen Preßklique, die in Naturalismus und Socia-*
lismus macht, gewissermaßen als Kainszeichen der Zeit anhaften. Es ist selbstverständlich,
daß hier und da auch mancher gute Gedanke, manches verständige Wort und manche
annehmbare dichterische Leistung mitunterlaufen, aber sie verschwinden eindruckslos unter
dem allgemeinen Stempel, der dem Unternehmen aufgeprägt ist. Von den Leuten, *die diese*
Zeitschrift machen und leiten, trennt das Deutschthum eine Welt! Und sie maßen sich
trotzdem an, der *deutschen* Dichtung einen neuen Inhalt und eine neue Form, neues Leben
geben zu wollen? Allerdings, und das ist eben die Tragikomik bei der ganzen Geschichte!
Aber ihr Programm, ihre Ziele? Soweit bei diesen »Modernen« in Berlin von einer festumris-
senen Welt- und Kunst-Anschauung und von bestimmten Zielen überhaupt die Rede sein
kann, finden sie sich im ersten Hefte ihrer Zeitschrift in dem einleitenden Artikel von dem
Schriftsteller und Dichter Heinrich Hart »Die Moderne. Eine vorläufige Betrachtung.« niedergelegt. Ich habe schon oben bemerkt, daß der Begriff »Die Moderne« an und für sich Alles
oder Nichts besagt – ein ödes Schlagwort, dessen Dehnbarkeit ebenso groß ist, wie seine
Inhaltsleere und Ausdruckslosigkeit. Man darf daher neugierig sein, wie die Berliner Clique,
die dieses Wort zu ihrem Feldgeschrei erhoben hat, dasselbe auslegt.

Heinrich Hart faßt in dem eben citirten Programmartikel der »Moderne« den Inhalt
unserer Uebergangzeit in den Satz zusammen: »Die Antike ringt in den letzten Todeskämp-
fen, die Moderne hebt sich jugendlich empor.« Die »Moderne« soll also als der volle Gegensatz zur Antike gedacht werden, – das ließe sich hören und greifen, denn mit dem Begriffe der
Antike verbindet jeder Gebildete eine ganz bestimmte Vorstellung und Kenntniß; dieser
Begriff umfaßt den Gesammtinhalt der griechischen und römischen Welt. Danach würde also
die »Moderne« Heinrich Hart's und seiner Gesinnungsgenossen, die – wohl bemerkt – erst
zur Herrschaft gelangen soll, den materiellen und geistigen, den sittlichen, wirthschaftlichen,
socialen und politischen Inhalt einer neu heranbrechenden Epoche in der menschlichen Entwickelungsgeschichte bedeuten, die in Allem und Jedem im directen Gegensatze zur antiken
hellenischen und römischen Welt stände. [...]

Ihre Losung lautet daher stolz und frei: fort mit der Autorität! fort mit der Religion! fort
mit dem Staate und seinen Gesetzen! »Von dem sehenden Menschen sei gefordert, daß er
keinem Anderen glaube, daß er alles selbst prüfe, ohne Rücksicht, ohne Vorurtheil«; »dem
Sehenden geziemt es, weder Furcht zu haben vor etwas Ungewissem, noch sich abhängig zu

fühlen von etwas Unbekanntem«; »das frei gewordene Individuum giebt sich selbst sein Gesetz«, – das ist die Lehre der »Moderne«, sobald sie aus phrasenschwulstiger Mystik in einigermaßen klar gedachte Wirklichkeit tritt! Aber ist diese scheinbare Wirklichkeit nicht auch ein phantastischer Unsinn? Sicherlich! Denn sie läuft auf einen Individualismus hinaus, der undenkbar, unmöglich und unvernünftig ist, davon ganz abgesehen, daß *dieser Individualismus in directem Widerspruche zu der ganzen gewaltigen Geistesströmung steht, die unsere Zeit und ihre Menschheit erfaßt hat und im Zusammenschlusse gleichgearteter Elemente die Rettung vor den Folgen der »Individuation« des neunzehnten Jahrhunderts sucht.* Auch Hart scheint hiervon eine leichte Dämmerung im Gehirn verspürt zu haben, denn er erklärt mit der ganzen Kühnheit der Unwissenheit und Gedankenlosigkeit, die ihn ziert: der Socialismus habe die Bedeutung der nothwendigen Durchgangsstation zu einem gesunden Individualismus!! Und nachdem er so die Bebel und Liebknecht überbebelt und überliebknechtet, verliert er sich wieder in mystisch-visionären Phrasen, die nicht ohne – – dichterischen Schwung sind…

Was die »Moderne« nun eigentlich ist und *bedeutet*, das hat, wie man sieht, auch ihr Bannerträger Hart nicht verrathen, und er hat dies auch nicht thun können, weil die »Moderne« erst wird und daher Niemand weiß, was und wie sie ist oder richtiger sein wird. Wir werden uns also gedulden müssen, bis sie plötzlich unter uns erscheint, wie das Mädchen aus der Fremde – d.h. wenn sie überhaupt kommt. Inzwischen aber ist von Hart wenigstens klar ausgesprochen worden, was die »Moderne« will, und ich habe ein Recht, daraus meine Schlüsse zu ziehen. Die »Moderne« und mit ihr die »Berliner Modernen« erscheinen danach als die consequentesten Vertreter der Ideen der französischen Revolution und ihrer Schlagworte: Freiheit, Gleichheit, Brüderlichkeit, somit also auch des neunzehnten Jahrhunderts. Sie haben aus der demokratisch-materialistischen Weltanschauung, aus dem literarischen und künstlerischen Naturalismus und aus dem politischen und gesellschaftlichen Socialismus die denkbar äußersten Folgerungen gezogen und gehen an's Werk, dieselben zu verwirklichen. Ihr Standpunct bedeutet den höchsten Triumph der demokratisch-materialistischen kosmopolitischen Menschheitsidee und seines vornehmsten Trägers, des internationalen Semitenthums. Ihre Thätigkeit ist eine vollkommen, man könnte fast sagen: ideal anarchistische, und sie selbst bilden die Vertreter der tiefsten Entwickelungsstufe auf der abschüssigen Bahn, auf welcher die Ideen der französischen Revolution die abendländische Kulturwelt geführt haben. Wehe der Gesellschaft, dem Volke, die diesen hirnverbrannten Vertretern einer mit Riesenschritten dem Untergange und der Verwesung zueilenden Zeit folgen! […]

Ich hoffe, daß die Erkenntniß, wohin die Berliner »Moderne« uns führen will, jeden guten Deutschen mit Schrecken erfüllen und zum energischsten Widerstande gegen diese »Modernen« oder richtiger Nihilisten in der deutschen Reichshauptstadt aufrufen wird. Unsere Literatur und unsere Kunst sind ein edeler und vornehmer Theil unseres deutschen Lebens und nicht mehr loszulösen von unserem politischen, wirthschaftlichen und socialen Kampfe um's Dasein. Deshalb ist es die Pflicht Aller, die an die Zukunft der deutschen Nation im Gegensatz zum demokratischen Allerweltsdusel und kosmopolitischen Mischmasch glauben, unsere Literatur und unsere Kunst reinzuhalten von der Verderbniß, die ein vaterlandsloser internationaler und radikaler Geist in sie hineinzutragen bemüht ist. Das, was unserem deutschen Leben heute, nach der politischen Einigung der Mehrheit der deutschen Stämme, noththut, ist die nationale Wiedergeburt unserer ursprünglich deutschen Eigenart und die Gesundung unseres durchseuchten und kranken Gesellschafts- und Volkskörpers durch die sociale Idee des reinen Urchristenthums. Und wir sind auf dem Wege dahin! Allenthalben hat die Reaction gegen das Gift der Aufklärungsepoche sich bereits geregt; allenthalben hat das Verständniß für das Thörichte und Verderbliche des »Gehen und Gehenlassens«, der Theorie vom Individualismus und schrankenlosen Egoismus, sich aufgethan; das Nationalbewußtsein treibt immer festere Wurzeln und umklammert bereits die deutsche Muttererde bis in ihre fernsten Winkel, und der sociale Gedanke, der die Macht des Kapitalismus, dieser praktischen Ausgeburt der theoretischen Ideen der Berliner »Modernen«, besiegen wird, greift mächtig um sich. Jetzt heißt es darum vor Allem, den letzten Vertretern einer dem Grabe zuwankenden Epoche, die dem Wahne leben, als könnte der Radicalismus in der Schlußfolgerung die überlebten und von der Zeit verworfenen Gedanken wieder zu neuem Leben erwekken, den Krieg bis auf's Messer zu erklären. Und da diese letzten Mohikaner aus den Tagen des brutalen Individualismus der französischen Revolution ihr Unwesen in Literatur und Presse zu treiben beginnen und den Schein um sich zu verbreiten bemüht sind, als seien sie die echten Apostel der kommenden Zeit und die Inhaber einer neuen lebensvollen und zukunftskräftigen Losung nicht nur für die ganze Welt, sondern auch für das deutsche Volk, so gilt es, ihnen auf dem Kampfplatze, den sie sich zum Tummelplatze für ihre hohlen Phrasen und verderblichen Bestrebungen ausgesucht haben, die Maske vom Gesichte zu reißen und aller Welt zu zeigen, daß dort, wo man die frischen, gesunden Mienen einer aufblühenden Zukunft zu sehen glaubt, in Wahrheit die hohlen Wangen und fahlen Augen des dem Zeitengrabe zuwankenden demokratisch-materialistischen Kosmopolitismus grinsen. Daß aber aus einem halben Gerippe kein frischer Quell deutscher Dichtung sprudeln kann, das ist so sonnenklar, wie der Sieg der Deutschnationalen und socialen Idee über die Ueberbleibsel des neunzehnten Jahrhunderts sicher ist!...

Es ist ungemein bezeichnend für die Berliner »Modernen« sowohl, als für das gesammte öffentliche Leben, namentlich aber für die Presse der Reichshauptstadt, daß diese »Modernen« in Berlin selbst, soweit sie überhaupt beachtet worden sind, fast gar keiner ernsten Verurtheilung, nicht einmal erheblichem Widerspruche begegnet sind. Die Mischpoke – ich meine das berüchtigte sog. Milieu Berlins – hat eben in den »Modernen« Fleisch von ihrem Fleische und Blut von ihrem Blute verspürt, und der Geschäftssemitismus, der die Mischpoke regiert und die öffentliche Meinung durch die ihm untergebene Presse beherrscht, hat ihrem Treiben schmunzelnd zugeschaut: besorgen sie doch im Grunde trotz aller humanen socialpolitischen Phrasen nur ihm die Geschäfte! Ganz anders ist es den *Münchener* »*Modernen*« ergangen. Sie sind von ihrem ersten geschlossenen Auftreten an durch die ultramontane Presse heftig und nicht gerade in anständiger Weise angegriffen worden. Und doch verdienen diese »Modernen« den Widerspruch durchaus nicht in dem Maße, wie ihre Berliner Namens-

aber noch lange nicht Gesinnungsgenossen! Denn die Münchener »Modernen« haben sich in der überwiegenden Mehrheit die *nationale Gesinnung* bewahrt; sie bekämpfen zwar den internationalen Geschäftsgeist semitischer Herkunft nicht, aber sie huldigen ihm doch auch nicht und sind von ihm nicht ganz und gar erfüllt; sie fußen vielmehr auf dem Boden eines nationalen Realismus und eines idealen Socialismus, auf dem mit ihnen sehr wohl eine Verständigung möglich wäre, wenn sie sich erst zu größerer Klarheit über die Forderungen und Aufgaben unserer Zeit durchgerungen haben werden, als sie für's Erste zu besitzen scheinen. Freilich, wollte man nach ihren bisherigen Reden und Veröffentlichungen allein urtheilen, so würde man wenig feste Anhaltspuncte für die Zuversicht einer gesunden Richtung ihrer Zukunftsbestrebungen finden; aber ich meine, daß hier die Persönlichkeiten der Leiter viel, wenn nicht Alles gelten, und wenn Männer, wie M. G. Conrad und Detlev von Liliencron, manchen Anderen von geringerem Namen nicht noch ausdrücklich zu nennen, deren literarisches Streben und Wirken und deren Entwickelung seit Jahrzehnten vor uns liegen, – wenn diese Männer die Seele der »modernen« Bewegung in München bilden, so hege ich die Hoffnung, daß diese Bewegung immer klarer und schärfer als es bis jetzt der Fall ist, den praktischen und werkthätigen Socialismus von der socialen Demokratie, das nationale Empfinden von der phantastischen internationalen Menschengleichheit, die christlich-germanische Idee von dem seichten Materialismus – kurz die Deutschnationale und sociale Welt der Zukunft, deren Keime schon heute üppig in die Höhe schießen, von dem Allgemeinen weltbürgerlichen Utopien des demokratisch-materialistischen neunzehnten Jahrhunderts zu trennen wissen wird. Vor allem hege ich die Ueberzeugung, da in der Münchener Bewegung *deutsche* Männer und nicht, wie in der Berliner Bewegung, internationale Semiten die Führung in Händen haben, daß man unter den »Modernen« in der Isarstadt zweierlei verstehen lernen wird: Einmal, welche großen Aufgaben des neuen deutschen Geschlechtes harren, das dazu berufen ist, *nicht* die letzten Schlußfolgerungen aus der französischen Revolution zu ziehen, *sondern* der seit 1870 erfolgten, politischen Wiedergeburt des Deutschthums auf ursprünglicher nationaler Grundlage auch im geistigen, literarischen, künstlerischen, sittlichen und gesellschaftlichen oder socialen Leben einen neuen Inhalt zu schaffen, – einen Inhalt, der, in der starken und unveräußerlichen deutschen Eigenart wurzelnd und an die nationale Entwickelungsgeschichte anknüpfend, an die Stelle des morschen und öden Alten neue Principien und neue Ziele setzt und eine neue deutsche Kultur aufrichtet; der die Genesung von der Krankheit bedeutet, an welcher der deutsche Volksgeist dahingesiecht ist, seit er das Gift der Ideen der französischen Revolution eingesogen hatte. Und dann, welchen tiefen Sinn der Fluch hat, der das Volk Israels aus seinen heimathlichen Wohnstätten in alle Welt vertrieben und vertheilt hat; daß die Legende von diesem Fluche nichts weiter als eine geheimnißvolle ewige Warnung der Geschichte an die Völker bedeutet, sich vor der ruhelosen Jagd nach einer *allgemeinmenschlichen* Lösung des Welträthsels und des Menschendaseins zu hüten; daß mit dem heimathlosen und fremden semitischen Geiste erst der internationale und kosmopolitische Gedanke, der Individualismus und Egoismus in die abendländische Kulturwelt hineingetragen worden sind, um ihren höchsten Triumph in allen den sogenannten

Errungenschaften des letzten Jahrhunderts zu feiern, an denen die ganze Welt, nicht am wenigsten aber das deutsche Volk krankt. Wenn die Münchener »Modernen« dies eingesehen und über meine kurzen Andeutungen hinaus bis in alle naheliegenden Einzelheiten zu ihrem geistigen Besitzthume gemacht haben werden, dann werden sie auch gewahren, welche unüberbrückbare Kluft sie von den Berliner »Modernen«, den Bahr, Berg, Sallis, Hart e tutti quanti, scheidet.

Ich habe schon gesagt, daß eine Ahnung von dieser Kluft bereits bei den Münchener »Modernen« vorhanden zu sein scheint. Es geht dies aus den Veröffentlichungen der »Gesellschaft für modernes Leben« hervor, welche den Sammel- und Mittelpunct der Münchener »Modernen« bildet. Diese Gesellschaft, die darauf ausgeht, für die »Moderne«, wie sie sie versteht, durch Vortragsabende, durch die Errichtung einer Freien Bühne, durch Sonderausstellungen von Werken bildender Künstler und durch eine eigene Zeitschrift Propaganda zu machen, und welche ihren ersten öffentlichen Vortragsabend, dem weitere gefolgt sind, am 29. Januar d. J. abgehalten hat, ist nämlich durch die Angriffe der ultramontanen Presse veranlaßt worden, in der Form von Flugschriften die Vorträge ihrer Leiter und Mitglieder herauszugeben. Von diesen »Münchener Flugschriften« sind bisher drei erschienen: ein Vortrag M. G. Conrad's »Die Moderne«, ein Vortrag O. J. Bierbaum's[3] »Deutsche Lyrik von heute« und ein Vortrag Hans v. Gumppenberg's[4] »Deutsche Lyrik von gestern« –, außerdem ist mir das erste Heft der Wochenschrift der Gesellschaft für modernes Leben »Moderne Blätter« zu Gesichte gekommen. Was diese neue Zeitschrift anbelangt, wie der Vortrag Gumppenberg's über die »Deutsche Lyrik von gestern«, einer parodistischen Studie von recht mäßigem Witze, ungefähr gleichwerthig mit der Studie desselben Verfassers »Bakteriologisches« im erwähnten 1. Hefte der »Modernen Blätter«. Ein wenig Phrase, derber Bierwitz und plumpe Klopffechterei gegen die Gegner – das ist die Signatur der Zeitschrift; und das Leitgedicht »Modern« von Julius Schaumberger[5] kündet zwar an, daß die Aufgabe der »Modernen« in München das Suchen nach »Wahrheit im Leben, Wahrheit in der Kunst« sei, verräth aber durch die Verse:

> »Modern ist jener Trieb, der eigenwüchsig
> Dem Bann der Ueberlief'rung widersteht
>   Und sich nicht beugt in frommen Kinderglauben
> Dem Götzenzauber der Autorität.«

daß der Verfasser mehr, als gut thut, mit den Berliner »Modernen« sympathisirt. Auch der Vortrag Conrad's, der sich ausschließlich mit den »Zielen der Gesellschaft für modernes Leben« beschäftigt, giebt dafür, was die Münchener Bewegung unter der »Moderne« versteht, so gut wie gar keinen Aufschluß. Wir erfahren nur, was die Gesellschaft will, und da sie nach Conrad ehrlich und vorurtheilslos alles das begreifen lernen, ausbauen und vertiefen will, was die Erkenntniß unserer Zeit zu Tage gefördert hat, da sie ferner vor Allem die Gelegenheit zur Discussion über die Zeitfragen bieten und endlich für das »Ideal der socialen Gerechtigkeit« eintreten will, so ist vorerst gegen diese Gesellschaft wenig zu sagen: an ihren weiteren Werken wird man sie erkennen müssen! Ein wenig mehr Aufschluß erteilt der Vortrag Bierbaum's über die »Deutsche Lyrik von heute«. Hier heißt es nach einer kurzen Charakteristik der Epigonenliteratur, der Dichtung der Nachgeborenen, folgendermaßen: »Diese Art Dichtung, welche angefüllt ist mit dem nach und nach immer dünner und verblassener gewordenen Geiste verschwundener Größe mag formell Tüchtiges leisten, sie ist das, was man liebenswürdig nennt, sie amüsirt, regt leicht an und täuscht über die Zeit weg: Aber sie schafft keine neuen Werthe, um mit *Friedrich Nietzsche* zu reden, diesem tiefsten und kühnsten Denker der heutigen Zeit. Diese heutige Zeit aber hat den Trieb nach neuen Werthen, sie ist umwälzerisch und schöpferisch zugleich. Und darum verlangt sie neue Werthe auch in der Kunst, richtiger gesagt: die junge Kunst von heute, nenne sie sich Malerei, Poesie oder wie immer, die junge Kunst selber fühlt in sich den Trieb zum Neuen, sie will mitarbeiten und mitkämpfen um diese neuen Werthe.« Das ist ein Streben, dem ich durchaus anerkennend und zustimmend gegenüberstehe, die Frage ist nur: worin bestehen diese neuen Werthe, wo wird man sie suchen? Und wenn Bierbaum alsdann den »Individualismus« als »Grundwort der Moderne« bezeichnet, so definirt er diesen unglückseligen Begriff der sich in der Entwickelungsgeschichte der Menschheit bisher mit Egoismus deckte, in einer Weise, die, wenn ich ihr auch nicht uneingeschränkt zustimmen kann, doch auch eine Deutung zuläßt, welche sich mit dem Nationalen sehr wohl vereinigen läßt: »schrankenlose Freiheit und kühnste Wahrhaftigkeit der künstlerischen Persönlichkeit!« Und ich glaube mich zu dieser Deutung um so mehr berechtigt, als Bierbaum, der allerdings nur von der Lyrik spricht, sehr verständig an Goethe anknüpfen will und sich in seiner Charakteristik des neuen Inhaltes der zeitgenössischen Lyrik jedes Radicalismus' und jeder Uebertreibung enthält. So ist es z. B. durchaus annehmbar, wenn er, den consequenten Naturalismus im Allgemeinen ablehnend, den Einfluß »des Maßes von Naturalismus, welches zum Glücke in der Moderne liegt«, folgendermaßen schildert: »Es hat einerseits den Blick in Stoffgebiete gewandt, welche dieser Dichtungsgattung früher ferne lagen, es hat diesen Blick zugleich scharf gemacht für das Künstlerisch-wesentliche in diesen Gebieten, es hat also zu einer Anschaulichkeit und Bildkraft verholfen, welche der deutschen Lyrik seit den Tagen der großen Annette Droste-Hülshoff schier abhanden gekommen war, es hat aber auch diese Wirkung für diejenigen Stoffgebiete gehabt, welche von jeher der lyrischen Dichtung die liebsten waren, es hat die Erotik ehrlicher und kühner gemacht, die Stimmungsschilderung voller und unmittelbarer, und das Phantasiestück hat an Ueberzeugungskraft gewonnen, seitdem es wirklich aus innerlichem Schauen hervorgeht und nicht mehr das Resultat leerer Constructionen ist.«...

Alles in Allem sind die Münchener »Modernen«, wie man sieht, noch ebenso auf der Suche nach den »neuen Werthen« für das deutsche geistige und sociale Leben, wie wir Alle, die wir das Wehen der neuen Zeit verspüren. Diese wohlthuende Unfertigkeit, die sehr deutlich gegen die Fertigkeit der Berliner »Modernen« absticht, und eine gewisse ernste Ruhe, sittliche Strenge und Duldsamkeit gegen die ganze literarische Bewegung der Zeit, auch soweit sie nicht im Gefolge der »Moderne« marschirt, lassen, wie ich schon oben bemerkte, erwarten, daß von den Münchenern für die Zukunft vielleicht der Weg eingeschlagen werden wird, der uns neue Deutsche alle zu gemeinsamer Wanderung zusammenführen könnte. In welcher Richtung diese Wanderung meiner Ueberzeugung nach zu erfolgen hat, wenn sie den nationalen Boden nicht unter den Füßen verlieren will, habe ich – so meine ich – deutlich genug angedeutet [...]

Nach 1890 erfährt die moralisch-sittliche, ästhetische und politische Auseinandersetzung mit dem Naturalismus in Deutschland eine gefährliche Verschärfung, die bereits deutlich präfaschistische Züge aufweist. Einem Teil der konservativen Literaturkritik genügte es nun nicht mehr, den Naturalismus als Schmutz- und Schundliteratur oder als sozialistisch zu diffamieren. Da diese Art der Kritik nicht hatte verhindern können, daß die naturalistische Bewegung sich weiter ausbreitete und Einfluß sowohl in den sog. gebildeten Kreisen als auch in der Arbeiterklasse gewann, wurde der Naturalismus nun mit den Feindstereotypen ultrakonservativer Strömungen belegt: semitisch, kapitalistisch, undeutsch, demokratisch und sozialistisch gleichermaßen. Mit dieser demagogischen Verbindung durchaus widersprüchlicher Attribute sollte offenbar an Ressentiments in den verschiedenen Gesellschaftsschichten appelliert werden. Dieser Kampf gegen den Naturalismus reiht sich ein in vielfältige Bestrebungen, eine konservativ-chauvinistische kulturelle Gegenbewegung zu organisieren (vgl. u.a. die Gründung des »Alldeutschen Verbandes« 1891, der »Deutschen Kolonialgesellschaft« 1887). Erwin Bauers wütendes Pamphlet häuft sich gegenseitig widersprechende Beschimpfungen wild aufeinander: »Geschäftssemiten«, »internationale semitische Preßclique, die in Naturalismus und Socialismus macht« (s. Dok. 68); die Berliner »Modernen« vertreten »Freiheit, Gleichheit, Brüderlichkeit«, die äußersten Schlußfolgerungen »der demokratisch-materialistischen Weltanschauung«, des »literarischen und künstlerischen Naturalismus« und »des politischen und gesellschaftlichen Socialismus«. Dagegen tritt Bauer an für: »die nationale Wiedergeburt unserer ursprünglich deutschen Eigenart und die Gesundung unseres durchseuchten und kranken Gesellschafts- und Volkskörpers durch die sociale Idee des reinen Urchristenthums« (s. ebd.). Mit einer ähnlichen Verbindung von Deutschtum, Antisemitismus und christlicher Soziallehre bekämpfte die Christlichsoziale Arbeiterpartei ab 1878, ab 1881 als Christlichsoziale Partei, den Einfluß der Sozialdemokratie. Ihr Vorsitzender Stoecker verstand sich zugleich als »Begründer der antisemitischen Bewegung«. In dem 1895 von der Christlichsozialen Partei beschlossenen Programm heißt es unter Punkt 2: »Die Christlichsoziale Partei bekämpft [...] alle unchristlichen und undeutschen Einrichtungen, welche den inneren Zusammenbruch und den äußeren Umsturz herbeiführen müssen; insbesondere richtet sie ihre Waffen gegen den falschen Liberalismus und die drückende Kapitalherrschaft, gegen das übergreifende Judentum und die revolutionäre Sozialdemokratie...« Die Partei trat für eine ständisch gegliederte Gesellschaft ein, für soziale Reformen und ein »volkstümliches Kaisertum« sowie für eine Ausweitung der Kolonialpolitik (zit. nach: *Lexikon zur Parteiengeschichte.* Hrsg. von Dieter Fricke u.a., Bd. 1, Leipzig 1983, S. 445f.). Diese demagogische Mischung aus Antisozialismus, Antikapitalismus, Antisemitismus und Deutschtum war Teil eines reaktionären Programms zur Gewinnung kleinbürgerlicher und Mittelschichten und wurde so auch von der faschistischen Ideologie weiterverwendet.

1 Joh.G. Sallis (geb. 1854) veröffentlichte medizinische und militärtheoretische Schriften, übersetzte Echegaray.

2 Eduard Michael Kafka (1864–1892), Studium der Kunstgeschichte, Philosophie und Staatswissenschaften, seit 1888 als Schriftsteller tätig, begründete in Brünn 1889 die Zeitschrift *Moderne Dichtung / Moderne Rundschau.*

3 Otto-Julius Bierbaum (1865–1910) war Mitarbeiter der *Gesellschaft,* 1893 zeitweise Redakteur der *Freien Bühne,* beteiligte sich an der Gründung der Kunstzeitschrift *Pan.* Zwischen 1891 und 1894 gab er den *Modernen Musenalmanach* heraus. Bierbaum veröffentlichte Gedichte, Romane und Novellen, bekannt wurde vor allem sein Roman *Stilpe,* der stark autobiographische Züge in der Schilderung des Bohèmelebens trägt.

4 Hanns Th.K.W. Freiherr von Gumppenberg (1866–1928) arbeitete als Theaterkritiker, war Mitarbeiter der *Gesellschaft* und der *Jugend,* stand als Dramatiker unter dem Einfluß Ibsens. Die Aufführung seines Stückes *Thorwald* wurde 1888 verboten. Gumppenberg wandte sich um 1900 von Ibsen und dem Naturalismus wieder ab und parodierte ihn, vgl. die Dramen *Die elf Scharfrichter* (1901) u. *Überdramen* (1902).

5 Julius Schaumberger (geb. 1858) lebte zunächst in Paris, Wien, Zürich, übernahm 1888 Redaktion und Herausgabe des *Münchener Theaterjournals*, gründete 1889 die Zeitschrift *Münchener Kunst* und führte die Redaktion der von der »Gesellschaft für modernes Leben« in München herausgegebenen Wochenschrift *Moderne Blätter.* Schaumberger vertrat die Wahrheitsforderung der modernen Bewegung in der Literatur. Seit 1892 schrieb er vornehmlich Dramen, *Künstler-Dramen* (1893), *Konrad Drehers Schlierseer Bauerntheater (Zeit- und Zukunftsbild).* (1893) u.a.

69
[Fritz] L[ienhard]: *Nationale Ästhetik.* In: *Das Zwanzigste Jahrhundert. Deutsch-nationale Monatshefte für sociales Leben, Politik, Wissenschaft, Kunst und Literatur.* Hrsg. von Erwin Bauer. 2. Jg. Berlin (H. Lüstenöder) 1892, Bd. 2, S. 1255–1260.

Man hört oft, daß die Betonung des *Nationalen*, wie sie in neuester Zeit von einigen Leuten verlangt wird, zunächst etwas ganz Altes sei, sodann etwas Beschränktes, drittens sogar eine unwissenschaftliche Phrase. Es wäre an der Zeit, die völlige Haltlosigkeit dieser Einwendung der Herren Internationalen mit ruhiger Deutlichkeit nachzuweisen.

Zunächst ist das Betonen des Nationalen vom Standpunct der *Rassenkunde* aus etwas völlig Neues. Wir hatten früher das wissenschaftliche und dichterische Gefühl für die Eigenarten der Nationalitäten und Rassen lange nicht in diesem Maße ausgebildet. Beschränkt ist dieser Standpunct auch nicht, ich halte ihn vielmehr für die *einzig richtige Schlußfolgerung* aus dem Realismus und Naturalismus. Wenn nun, nach dem Lärm der Jüngstdeutschen und dem Getiftel der Naturalisten, die Poesie *deutsch* wird, so ist das eine *Entwickelung nach vorwärts,* ein *logischer Schluß.*

Realist sein, sagt man, heißt mit hellen Augen sehen, mit gesunden Ohren hören, mit frischer Urtheils-, Gemüths- und Willenskraft fest auf der Erde stehen und zu den Dingen da um uns herum Stellung nehmen. Bei diesem Sehen und Hören muß ich doch nun vor allen Dingen die *Rasse-Eigenthümlichkeiten* sehen und hören, die die »Realisten« ja gerade verwischen! Ich muß doch sehen, daß die Menschen um mich herum eine ganz besondere Sprache reden, anders als die Leute drüben über den Vogesen und jenseits der Alpen, ja, selbst anders hier in der Mark als drüben in Sachsen oder dort draußen in Bayern etc. Sodann muß ich doch sehen, daß diese Leute, die man Deutsche nennt, einen ganz besonderen Gesichtsausdruck haben, offen, ehrlich, bieder, anders als die gelblichen Physiognomien mit der Alles beherrschenden Nase, die unter uns herumwandeln, anders als die Esprit-Gesichter der Franzosen drüben und die breitstirnigen Slaven. Und daß, bei tieferem Beobachten, auch ganz eigenartige Sitten, Anlagen, Volksgebräuche, Sprachweise u.s.w. bei diesem unserem deutschen Volke sichtbar werden im Gegensatze zu allen umwohnenden Völkern, kann doch auch nicht ausbleiben. Ebenso können doch die bunten Stammes-Eigenarten *innerhalb* Deutschlands, von dem gemüthlichen Schwaben bis zum wortkargen Ostfriesen, einem »Realisten«, weiß Gott nicht verborgen bleiben. Die »Realisten« und »Naturalisten« reden so viel von ihrem »scharfäugigen modernen Sehen und Hören« – ich weiß nicht, ob's mit diesem modernen Sehen so weit her ist! Das Sehen des *Nationalen* ist die allernothwendigste Folgerung aus dem Realismus und Naturalismus; eine Folgerung, die auf gelehrten Umwegen endlich bewußt dort anlangt, wo das naiv um sich schauende Kind, der gesund um sich schauende Bauer unbewußt von vornherein stand. Der Einzige, der diese Art von Realismus in der Literatur durch eigene Schöpfungen andeutete, war Karl Bleibtreu.

Diese Auffassung – schon das Wort »Auffassung« klingt nach Theorie, sagen wir also lieber: dieses Sehen und Hören muß einfach und natürlich aus dem *Leben* herausfließen. Jeder Mensch mit halbwegs gesunden Organen, wenn er nur seinem Gefühle folgte, muß aus allen Grübeleien der Zeit heraus sich zu diesem frischen, unbefangenen deutschen Menschenthum durchtasten. Den Vorwurf unklarer Phrasenhaftigkeit aber gebe ich den Internationalen zurück. Ihr Realismus ist ein *Studirstubenproduct, aus abstracter Wissenschaft* herausgewachsen, ein todtgeborenes Kind, ein Begriff, eine Phrase. Sie studiren Psychiatrie, Physiologie, Sociologie, Vererbungsfrage, notiren reporterhaft die Localverhältnisse der schlesischen Weber – und zeigen dadurch, daß sie *Theoretiker* sind, keine Dichter. Genau das wirft man ja den verrannten Specialforschern unserer Tage vor; genau daran krankt diese ganze kopfüberbürdete, problemüberladene Zeit! Dem Allem gegenüber ist Deutschthum eine *Selbstbesinnung*, ein *Ausruhen* vom Kopfräsonniren zu Gunsten des hellen, frischen Umsichsehens. Sie haben kein Recht, sich Realisten zu nennen, die diesen Namen für sich in Anspruch nehmen. Sie haben die *frischen Organe* nicht, realistisch zu sehen und zu hören, und haben vor Nervenzerrüttung und Gehirnüberladung die nöthige innere *Klarheit* nicht.

Es muß wieder nach deutschem Wald und Korn duften in unserer Poesie. Gesundheit und Besonnenheit müssen wieder zur Ehre kommen. Nur dann kann ich richtig sehen. Jene schwer errungene Besonnenheit, jene durch einen starken Willen gedämpfte Gluth, die erst nach den Stürmen der Jünglingsjahre mit dem reifenden Mannesalter sich einstellt, befähigt allein zum Realismus. Wer selber unstet war, weiß, warum er Ruhe und Harmonie so hoch schätzt. Und dieses Harmoniebedürfniß scheint mir in der ganzen heutigen Decadence-Zeit vorhanden zu sein. In gährenden Jünglingsjahren und unklaren Zeitperioden schwärmt man vom allgemeinen *Menschenthum*; wenn man abgeklärter wird und die Dinge um sich herum sehen lernt, mit anderen Worten: wenn man Realist wird, spricht man vom *deutschen* Menschenthum. Wir werden auch später noch selbstverständlich Unstetes und Krankes schildern: aber mit den Augen eines Gesunden. Wir werden auch Undeutsches und Außerdeutsches haufenweise in unsere Bücher bringen: aber mit den Worten eines Deutschen. Es ist ja auch gar nicht anders möglich, wenn anders ich nur ein bischen natürlich bin! Mein Deutschthum läßt sich doch von meinem Menschenthum unmöglich trennen! Natürlichkeit, Gesundheit, Wahrheit, kurz *Realismus* und – *Deutschthum* sind für uns untrennbare, ja, sich deckende Begriffe.

Der Materialismus im wissenschaftlichen Sinne rühmt sich als moderne Errungenschaft; er will alles, auch das Seelische und Geistige, aus dem Körper erklären und vom Körper niemals getrennt wissen. Würde man doch diese Forderung auch auf den *Volkskörper* anwenden! Warum erklärt man die Literatur nicht aus dem deutschen Waldgeruch und Kornduft heraus? Warum nimmt man diesen Bodengeruch nicht immer wieder als Beurtheilungsmaßstab dafür, ob eine Poesie wirklich Poesie sei oder nicht? Alle Poesie, die ein Deutscher schrieb, und der man den deutschen Bodengeruch und Volksgeist nicht anmerkt, ist einfach keine Poesie! Die Wissenschaft in ihren geschlossenen Studirzimmern, die kann international sein, wie ja auch ihre Sprache, das Latein, lange genug international war; die Poesie aber, die aus dem Leben herauswächst, niemals!

Wer der Verwischungsmethode der internationalen und jüdischen Kopfräsonneurs fröhnt, der hat die früheren Erneuerungsperioden der deutschen Litteratur rundum nicht begriffen. Genau dasselbe Gefühl, das wir durch den Ausdruck »deutscher Bodengeruch« oder »deutscher Volksgeist« auszudrücken suchen, war in *Herder* lebendig, als er vor hundert Jahren auf das Volkslied, auf die althebräische Poesie, auf Homer, auf Shakespeare hinwies. Der Bodengeruch an diesen unverbrauchten Dichtern, das war es, was ihn und Goethe so mächtig anzog. Und dieser Bodengeruch wird immer und immer wieder der einzig richtige Maßstab zur Beurtheilung eines Dichterwerkes bleiben. Etwas, was mit einem einzelnen Organe, einer Verstandes- oder Gefühlsrichtung der Zeit zu Liebe gedichtet worden, mag, so lange die Zeitidee die Leute hypnotisirt hält, begeisterten Anklang finden. Morgen ist die Zeitidee weggeblasen und jene Poesie mit! Was sind denn heute, vom dichterischen Standpuncte aus, die »Jungdeutschen«? Eine Journalistenclique, weiter nichts. Und was werdet morgen ihr »Jüngstdeutschen« sein? Socialistische Schriftsteller, weiter nichts.

Es ergeben sich da für jeden ruhig und natürlich Denkenden noch ein paar Folgerungen. Ein Jude ist von vornherein aus der *deutschen* Poesie hinauszuweisen. Es kann ihm niemals deutscher Bodengeruch anhaften. Die alt-hebräische Poesie, die aus der Geschichte und Cultur Kanaans herauswuchs, die hat Bodengeruch. Ein heutiger Jude aber, und wenn er noch so lange in Deutschland *wohnt*, kann mit seiner ganz anderen Rassen-Eigenart niemals aus der deutschen Volksseele herausdichten. Mit dem *Verstand* mag er mehr oder weniger unser Wesen abgucken und mehr oder weniger Geistreiches zu Tage fördern: aus unserem Fleisch und Blut aber ist er nicht herausgeboren und daher dem deutschen Volksgeiste fremd. Alles Reden und Räsonniren der Welt hilft ihm über dieses körperliche Hinderniß nicht hinweg. Er kann uns eine Zeitlang durch Worte, Worte, Worte betäuben, täuschen, blenden und das Gefühl für unsere wahre Natur durch seine Mätzchen nicht aufkommen lassen: sowie uns aber einmal irgend Einer, und wenn es noch so ungeschickt geschieht, auf unsere Rassen-Eigenart aufmerksam gemacht hat, ist es mit der Brüderschaft zwischen Germanen und Juden aus. Gerechtigkeit und Wahrheit zwingen Einen dann mit Naturgewalt, daß man gegen diese unnatürliche Rassen-Verquickung, wie gegen alle Nationalitäten-Vermischung Front mache.

Sodann ergiebt es sich von selbst, daß eine Erneuerung der *deutschen* Poesie durch den Franzosen bzw. *Corsen Zola* oder die *Russen Dostojewski* oder *Tolstoi* geradezu lächerlich ist. Zola ist unverfälschter Romane so gut, wie jene Beiden unverfälschte Slaven sind. Der bisherige Realismus beweist damit nur, wenn er diese modernen Ausländer als Anreger für eine deutsche Poesie empfiehlt, daß er eine Phrase ist.

Sehen wir überhaupt genauer zu, so ist das nivellirende, versöhnliche Wort »Internationalismus« nur der *Deckmantel für die Vorherrschaft ganz bestimmter Leute.* Thatsächlich stehen wir nicht unter dem Zeichen des Internationalismus, sondern unter dem Zeichen des *Franzosenthums* und des *Judenthums.* Unser ganzes modernes Theater- und Literaturwesen ist nicht »international«, sondern *ganz direct französisch,* Ibsen mit seiner welschen Technik nicht ausgenommen. Wir stehen in einer Zeit lebhaft gesteigerten Verkehrs; und am geselligsten ist man bekanntlich in Frankreich. Es ist daher gar kein Zufall, daß der *Geselligkeitsgeist* der Franzosen heute wieder einmal das große Wort hat! Und ebenso wenig ist es ein Zufall, daß das *zapplige Judenthum* obenan ist und französischen Esprit und französische Technik, französische Seichtheit über alle Länder, besonders über uns leicht zu dupirende Germanen streut. Ich sage noch einmal und kann nicht laut genug darauf aufmerksam machen: das Schlagwort »Internationalismus« ist ein *Deckmantel* für die heutige *Vorherrschaft der Franzosen und Juden!*

Die Revolutionsheere wollten auch einmal die ganze Welt »frei, gleich und brüderlich« machen – mit deutlicheren Worten aber: *französisch.* Und so möchte unsere Judenschaft am liebsten ein internationales Europäerthum herstellen und alle Nationalitäten vernichten – *weil sie selbst keine Nationalität haben.* Sie thun uns leid, diese lieben Herren, denn wir werden ihnen schwerlich den Gefallen thun! Wir hier Deutsche, sie dort Franzosen, sie dort Russen und sie dort Juden – das ist wohl die einzig gerechte und wahre Gliederung. So wird der Erdball bunt und kurzweilig bleiben.

Wollen wir Deutsche uns an einem Manne aufrichten, von dem wir lernen können, was deutscher Bodengeruch ist, so sehe man auf den Einsiedler im Sachsenwalde. Beim Namen dieses Recken umweht's uns wie das Rauschen des deutschen Eichwaldes, wie Korn- und Kleeduft. Was diesem urdeutschen Wieland dem Schmied in der Politik gelang, das Zusammenschmieden der tausend theoretischen Räsonneurs zu einem kräftig *auf der Erde fußenden* deutschen Reiche, das thut uns nun in Cultur, Kunst und Literatur noth. Und ich zweifle nicht, daß der alte deutsche Gott seinen Schmied schicken wird!

Friedrich, auch Fritz Lienhard (1865–1929), Schriftsteller, war zunächst Anhänger des Naturalismus, Mitarbeiter der »Gesellschaft«, doch zeigt sein Aufsatz *Reformation der Litteratur* (in: *Die Gesellschaft,* Jg. 4, 1888, Beil.: *Litterarisch-kritische Rundschau,* Nr. 3, S. 145–151 u. 227–237) bereits eine neue Orientierung: gegen Zola, gegen die radikale Wahrheitsforderung und naturwissenschaftliche Weltbetrachtung, für eine starke künstlerische Persönlichkeit und eine christliche Poetik. Ab 1893 ist Lienhard zeitweiliger Mitherausgeber der Zeitschrift *Das zwanzigste Jahrhundert* (hrsg. v. Erwin Bauer, s. Dok. 68). Samuel Lublinski nannte Lienhard neben Bartels den »zweiten Matador der Heimatkunst«, »die modernisierte Gartenlaube«, dessen Haß gegen die Moderne daher rühre, daß diese den »harmlosen Gartenlaubenidyllen ein Ende mit Schrecken bereitet hat«. Auch wenn Lienhard weniger Antisemit als Bartels sei, so vertreten beide »im ganzen aber [...] innerhalb der literarischen auch noch die politische Reaktion« (s. S. Lublinski, *Die Bilanz der Moderne,* Berlin 1904, S. 298). Lienhard war Mitarbeiter des *Kunstwart,* der die Heimatkunstbewegung mit vorbereitete. Ab 1900 vertrat er in Beiträgen für die Zeitschriften *Heimat / Deutsche Heimat* und den *Türmer* die nationalistisch, antimodernistische Literaturströmung. Als einer der ersten nahm Lienhard Julius Langbehns Aufforderung zu einer nationalistischen Wende in der deutschen Kunst und Kultur programmatisch auf (vgl. Julius Langbehn, *Rembrandt als Erzieher.* Leipzig 1890; vgl. auch Dok. 110). Er unterstützte den Kampf gegen den Naturalismus durch die Propaganda einer konservativen Wende des einflußreichen Realismus. Die Verbindung von Realismus und sozialer Thematik sollte der von Realismus und »Deutschthum« weichen. Antisemitismus und Franzosenhaß waren selbstverständliche Bestandteile dieser antinaturalistischen Reaktion. Charakteristisch für diese konservative Kulturwende ist dabei auch, daß sie gegen den Naturalismus im Namen der »Natur« zu Felde zog. Natur hieß jetzt »Organismus« statt »Mechanismus« und Langbehn forderte: »[...] der Deutsche sollte sich von diesem zu jenem aufschwingen« (a.a.O., S. 65). Diese nationalistisch-völkische Orientierung beinhaltete notwendig auch die Forderung nach neuen Themenbereichen in der Literatur, die Ablehnung der Großstadt mündete in die Propaganda der Heimatkunst.

In Lienhards Schrift *Die Vorherrschaft von Berlin* (Leipzig und Berlin 1900) werden die politischen Implikationen der nationalistischen Wende gegen den Naturalismus deutlich: »Es bildete sich seit 1870 eine besonders geartete *großstädtische Litteratur* mit gesellschaftlichen Problemen und besonders gearteter künstlerischer Technik. Diese Kunst trägt naturgemäß etwas vom Charakter der Massen, der zusammengehäuften und infolge des veränderten Wirtschaftsbetriebes von sozialen Sorgen gequälten Massen an sich. Ein demokratischer Zug, im geistigen Sinne des Wortes, ist dieser Kunst eigen, sowohl der Armeleut-Malerei oder Armeleut-Litteratur der Naturalisten als auch der liberalen Kunst des in Berlin W. beliebten Sudermann. Die aristokratische und ideale Kunst, die diesem Tiefland gegenüber Hochland bedeutet [...] kam demgegenüber nicht zum Durchbruch [...]. Der großstädtische Demokratismus und Liberalismus der Litteratur herrscht unbestritten [...]. Nun kann man aber Freund und Sohn des deutschen Volkes sein, ohne großstädtischer Demokrat, man kann freiheitlich sein, ohne dem liberalen Bürgertum eine Art Parteidichter zu werden.« Als solcher trat Lienhard für »eine *landschaftliche Kunst und Litteratur*« ein (a.a.O., S. 10f.).

Die von Langbehn, Bauer, Lienhard u.a. ab 1890 verstärkt propagierte nationalistische Wende gegen Naturalismus, Décadence, Modernismus und Wissenschaftsgeist in der Kunst ergänzte im Kulturbereich die Politik des 1891 gegründeten »Allgemeinen Deutschen Verbandes«, ab 1894 »Alldeutscher Verband«. Dieser Verband, der die extrem reaktionären und agressiven Gruppen der Bourgeoisie (Schwerindustrie) und der preußischen Junker repräsentierte, setzte sich als Aufgabe, die Verbreitung chauvinistischer Großmachtideologie und die Verschärfung der Politik auf allen Ebenen durchzusetzen. In dessen Statut hieß es: »1. Belebung des vaterländischen Bewußtseins in der Heimat und Bekämpfung aller der nationalen Entwicklung entgegengesetzten Richtungen. 2. Pflege und Unterstützung deutsch-nationaler Bestrebungen in allen Ländern, wo Angehörige unseres Volkes um die Behauptung ihrer Eigenart zu kämpfen haben, und Zusammenfassung aller deutschen Elemente auf der Erde für diese Ziele. 3. Förderung einer tatkräftigen deutschen Interessenpolitik in Europa und über See. Insbesondere auch Fortführung der deutschen Kolonialbewegung zu praktischen Ergebnissen« (Abschnitt 1, § 1, zit. nach: *Lexikon zur Parteiengeschichte.* Hrsg. v. Dieter Fricke u.a., Bd. 1, Leipzig 1983, S. 16).

Dennoch genügte Lienhards Position den Ansprüchen agressiv-militaristischer Kreise zunächst nicht. Noch 1900 verteidigte er sich gegen die Angriffe aus »nationalen Kreisen«, in denen »zumeist der Sinn für eine schneidige Politik so stark entwickelt« sei, »daß die ruhigere und reife Seelenverfassung für Kunst und Poesie gern als Rückständigkeit aus der Zeit des verträumten, des unpolitischen [...] Deutschlands empfunden und belächelt, ja [...] öffentlich bekämpft wird. Das halte ich für einen verhängnisvollen Temperamentsfehler! Man sollte das eine thun und das andere nicht lassen« (s. F. Lienhard, *Die Vorherrschaft Berlins,* S. 27). Doch diese »ruhigere und reife Seelenverfassung« hinderte Lienhard nicht daran, die deutschen Flotten- und Kolonialpolitik durch einfache Erweiterung des Begriffs der deutschen Heimat zur Welt (der deutschen Kolonien) literarisch und journalistisch schon 1901 mit zu propagieren: »Von meinem kleinen Wasgaudorf und den blühenden Weißdornen am Waldsaum und den vielen Kirchen und Dörfern meines schönen Landes am brausenden Rhein bis hinaus nach den Palmeninseln der Südsee-Welt, du Gotteswelt, wie würd' ich dich fassen und halten, umarmen und lieben!« (s. F. Lienhard, *Neue Ideale.* Berlin 1901, S. 202f.).

d) Rückblicke

70
Hermann Bahr: *Die Krisis des Naturalismus* (1891)

s. Dok. 28.

71
Hermann Bahr: *Die Überwindung des Naturalismus* (1891)

s. Dok. 29.

72
Adolf Bartels: *Die Alten und die Jungen. Ein Beitrag zur deutschen Litteraturgeschichte der Gegenwart (Schluß).* In: *Die Grenzboten. Zeitschrift für Politik, Litteratur und Kunst.* 55. Jg. Leipzig (F. W. Grunow) 1896, Bd. 3, S. 457–470; hier: 457–464.

Das Ende des jüngstdeutschen Sturms und Dranges, der, wie gesagt, hauptsächlich lyrischer Natur war, kann man ungefähr in das Jahr 1889 setzen; da löste sich von dem Tohuwabohu der realistischen und idealistischen, vor allem unklaren Bestrebungen ein zielbewußter Naturalismus, und zugleich traten die führenden Talente hervor, die denn auch bald die ganze Nation als Publikum gewannen, während die Bewegung bisher nur in engern Kreisen Aufmerksamkeit erregt hatte. Daß der Sieg der neuen Dichtung nur eine Frage der Zeit war, bewies namentlich der Umstand, daß sich ihr nun auch die Talente zuzuwenden begannen, die mit jenem glücklichen Ahnungsvermögen des Erfolgs begabt sind, das eine Täuschung über den Ausgang einer Bewegung nicht zuläßt. Sie nehmen, wie sich Hebbel ausdrückt, soviel vom Neuen, wie nötig ist, um pikant zu sein, und thun soviel vom Alten hinzu, als nötig ist, um nicht herbe zu werden; die Mischung gefällt, und was gefällt, macht Glück. Das ist das Geheimnis des Erfolgs Hermann Sudermanns (geb. 1857 zu Matzicken in Ostpreußen) und der andern Übergangstalente.

Ich will hier nicht in das Geschimpf auf Sudermann einstimmen. Er ist ein starkes Talent, nicht bloß eine neue verbesserte Auflage von Paul Lindau. Aber es war freilich ein verhängnisvoller Irrtum, den Dichter der »Ehre« als den wahren Dichter unsrer Zeit und Bringer alles Heils aufzufassen, wie es das große Publikum that. Nicht aus dem berechtigten Sturm und Drang ist Sudermann hervorgewachsen, sondern aus dem Feuilletonismus – insofern ist der Vergleich mit Lindau nicht abzuweisen –, doch ist er freilich imstande gewesen, diesem als der auf die Schilderung der Oberfläche der Gesellschaft ausgehenden litterarischen Richtung eine gewisse Berechtigung zu geben. Sudermanns geistige Väter sind nicht Ibsen, Zola und die großen Russen, sondern die ältern Franzosen, Dumas und Genossen; kann man Lindau eine philiströse Karrikatur des jüngern Dumas nennen, so ist Sudermann Dumas berufner deutscher Nachfolger. Ein Vergleich wäre selbst im einzelnen durchzuführen, wie denn Sudermann z. B. den Raisonneur der Dumasschen Dramen (Graf Trast, Dr. Weiße) wiederbringt; die Hauptsache ist jedoch, daß Sudermann wie Dumas nie zum Kerne vordringt, seine Werke wachsen überhaupt nicht naturgemäß, sondern sind konstruirt und dann mit großem technischen Raffinement und sogenanntem Geist durchgeführt. In Einzelheiten zeigt Sudermann ein nicht unbedeutendes Beobachtungstalent, da ist er ein echter Realist und verrät, daß die Bewegungen der Zeit nicht spurlos an ihm vorübergegangen sind, wenn er auch nicht zu vollem Verständnis durchgedrungen ist; sein Gesamtbild ist immer schief und von der den Franzosen abgelernten »Antithese« beherrscht. Eine geschickte Mischung aus Altem und Neuem, das ist es in der That, und zwar sowohl in seinen Dramen wie in seinen Romanen, die man vielfach höher schätzt als jene. Daher ist Sudermann auch vor allem interessant. Selbst das Drama, in dem die meiste subjektive Wahrheit steckt, »Sodoms Ende«, zeigt im Grunde, daß Sudermann bei allem Talent doch kein Dichter ist; sonst hätte er uns nicht die Gestalt des Willy Jannikow bieten können, die für jeden, der ein bischen Verständnis für das Wesen des Künstlers hat, nicht bloß eine jämmerliche, sondern eine unmögliche Figur ist. Mit der »Heimat«, die Litzmann komischerweise für die Darstellung eines tief in das Leben jedes einzelnen von uns eingreifenden Problems erklärt, habe ich die Hoffnungen auf eine Entwicklung Sudermanns zu Grabe getragen, und sie sind bisher nicht wieder auferstanden.

Auch Ludwig Fulda (geb. 1862 zu Frankfurt a. M.) ist aus dem Feuilletonismus hervorgewachsen, im übrigen aber durchaus Epigone und nur Formtalent. Die Werke, mit denen er sich dem Naturalismus annähern wollte, sind lächerlich dünn und unwahr und jetzt denn auch schon wieder verschollen. Sein Erfolg war bekanntlich der »Talisman«, ein Werk, das im alten Stile, etwa dem Grillparzers oder Halms, recht gut gemacht ist, aber alle höhern dichterischen Eigenschaften vermissen läßt. Daß es für den Schillerpreis vorgeschlagen wurde, ist eine der köstlichsten Geschichten, die die deutsche Litteraturgeschichte zu verzeichnen hat. Weitere Übergangstalente sind dann Ernst von Wolzogen und A. v. Roberts, die beide einzelne beachtenswerte Romane geschrieben und auch auf der Bühne gelegentlich Erfolg gehabt haben, aber hinter Sudermann doch zurückstehen. Talente dritten und vierten Ranges dieser Art sind außerordentlich viel vorhanden.

Noch ehe Sudermanns »Ehre« auf die Bühne kam und – was ihr Hauptverdienst ist – die Kluft, die sich seit langem zwischen dem Theater und dem ernsten Drama aufgethan hatte, wieder einmal überbrückte, war Gerhart Hauptmanns (geb. 1862 zu Salzbrunn) »Vor Sonnenaufgang« erschienen (1889) und zunächst von einer kleinen Partei als der Beginn einer neuen dramatischen Ära erklärt worden, von der Partei der Berliner Freien Bühne. Ich erinnere mich, daß ich über das Stück, das seine ausgebildete naturalistische Technik eingestandnermaßen dem Holz-Schlafschen »Papa Hamlet« verdankte, inhaltlich aber vollständig von Tolstoys »Macht der Finsternis« abhängig ist, bei seinem Erscheinen in starke Entrüstung geriet, umsomehr, als die »moderne« Kritik an Schillers Auftreten mit den »Räubern« zu erinnern wagte. Daß das durchaus aus Ausnahmeverhältnissen erwachsende und sich daher selbst von seinem russischen Vorbild zu seinem Nachteil unterscheidende Drama des Alkoholismus mit dem revolutionären Weltdrama des jungen Schillers auch nicht die Spur gemein habe und niemals eine ähnliche Bedeutung erlangen könne, war mir auf den ersten Blick klar, wie überhaupt, daß Hauptmann nie ein National-, schwerlich auch ein großer Dichter im Sinne Goethes, Schillers, Grillparzers, Hebbels werden würde; dazu trug er zu ausgesprochen das Gepräge der Absonderlichkeit. Daß sich jedoch auf seinem Wege die treue Darstellung gewisser Weltzustände, wenn auch nie ein wahres Weltbild erreichen lasse, die große Begabung Hauptmanns, die Dinge der Wirklichkeit zu sehen und mit technischer Meisterschaft wiederzugeben, entging mir damals noch. Sein zweites Drama, das »Friedensfest« mit seiner Sammlung von Irrenhauskandidaten konnte mir noch weniger imponiren als »Vor Sonnenaufgang«, und auch die Nachahmung Ibsens »Einsame Menschen«, die außerdem noch stark von dem 1887 erschienenen Drama Hermann Bahrs »Die neuen Menschen« abhängig war, ließ mich noch kühl. Erst die »Weber« mit ihrer unleugbar gewaltigen Kraft und Wucht der Darstellung und »Kollege Crampton« mit seiner Fülle feiner und wahrer Züge brachten mich Hauptmann nahe, und sein »Hannele« konnte das zu ihm gewonnene Verhältnis wenigstens nicht wieder aufheben, obwohl ich hier nicht mehr die alte naturalistische Folgerichtigkeit, stellenweise selbst Konventionelles fand. Den »Biberpelz«, dessen Entstehung auf Kleists »Zerbrochnen Krug« zurückgeht, und endlich den »Florian Geyer« habe ich noch nicht gründlich studieren können; das zuletzt genannte Werk scheint mir trotz seines Naturalismus in eine bedenkliche Nähe des »Fust von Stromberg« und »Sturms von Boxberg« und andrer Ritterdramen zu geraten. Im allgemeinen bin ich geneigt, Hauptmann den Rang eines »partiellen«, freilich sehr partiellen Genies zuzugestehen und der von ihm ausgebildeten Form des naturalistischen Dramas eine relative und zeitliche Bedeutung, sodaß es zwar die Tragödienhöhe nie erreicht, aber doch als notdürftiger Ersatz für die ewige Form dienen kann, eher jedenfalls als das von Sudermann und Genossen gepflegte Drama nach französischen Mustern.

Wir haben übrigens schon aus den Zeiten des Sturms und Dranges von 1770 Werke, an die das naturalistische Drama der Gegenwart sehr stark erinnert. Ich denke da nicht an Lenzens

Stücke, die in mancher Beziehung ja gewiß viel mit denen Hauptmanns gemein haben, und wäre es nur in der Wiedergabe des »Milieu« und dem dogmatischen Zuge, der Lenz gegen die Hofmeister polemisiren läßt wie Hauptmann gegen den Alkohol und die Jugendsünden, ich habe die pfälzischen Idyllen des Malers Müller im Auge, die in der Wiedergabe eines beliebigen Stückes Leben, in der Anwendung der Sprache der Wirklichkeit und teilweise des Dialekts ganz genau der modernen naturalistischen Form entsprechen, auch insofern, als sie der Akt- und Szeneneinteilung ermangeln, die ja auch bei den modernen Dramen nur ein Zugeständnis an die Bühne ist. In der Behandlung der Charakteristik und der Sprache hat Hauptmann ferner in Elias Niebergall, dem Dichter des »Datterich«, der berühmten Darmstädter Lokalposse, die aber in der That ein vorzügliches Zeit- und Charakterbild ist (vergl. Georg Fuchs, Ernst Elias Niebergalls dramatische Werke, Einleitung. Darmstadt, 1894), einen Vorgänger. Ich führe diese Dinge an, nicht um dem naturalistischen Drama die Originalität abzusprechen, sondern um zu zeigen, daß es eine natürlich gewachsene Form ist. Aber es ist keine Haupt-, sondern eine Nebenform, die hart an der Grenze des Dramas steht und die eigentliche Tragik ausschließt; für die Genauigkeit der Schilderung und die sorgfältige äußere Charakteristik müssen wir stets schlechte psychologische Motivirung und die Verfehlung des Kerns der Menschennatur hinnehmen, und das Typische geht stets völlig verloren. Man fühlt sich an die Porträtkunst Denners erinnert, der jede Runzel, jedes Härchen malte, darüber aber den Charakter des Gesichts verfehlte; das Beispiel überhebt mich auch der Notwendigkeit, meine Behauptungen weitläufig zu begründen. Die Menschen in Hauptmanns Dramen bestehen im Grunde nur aus Weichteilen und Nerven, Knochen haben sie samt und sonders nicht, und daher kommt es auch, daß man ihnen nicht einmal die einfache Glaubwürdigkeit zuzugestehen braucht, abgesehen davon, daß die Mediziner Hauptmanns Krankenbildern die Wahrheit abgesprochen haben. Jeder einzelne Zug ist wahr und oft genug fein beobachtet, aber das Ganze stimmt doch nicht, es sind künstlerisch schwankende Gestalten. Ich entsinne mich, einmal ein künstlerisches Selbstbekenntnis Hauptmanns gelesen zu haben, aus dem mir hervorzugehen schien, daß er nicht wie die meisten großen Dichter zuerst seine Menschen in der Totalität habe, und es ist jedenfalls nicht zufällig, daß er Dramen ohne Helden wie die »Weber« schreibt. Hier scheint mir der Mangel seines Talents zu stecken: er sieht wunderbar, aber seine Phantasie schafft nicht, und so ist ihm das Beobachtete nicht wie andern Dichtern Material, aus dem die Gestaltungskraft innerer Anschauung gemäß Menschen bildet, sondern bereits das Gestaltete selbst, aus dem Menschen mosaikartig zusammengesetzt werden. So erklärt sich auch, daß er uns den Glauben an Gestalten wie Loth zumutet und an psychologische Gewaltstreiche wie die Rettung Wilhelms im »Friedensfest« und gar die Rettung Cramptons.

Soviel ist aber doch festzuhalten, daß seit Hauptmanns Auftreten die deutsche Litteratur nach und nach wieder vom Ausland unabhängig geworden ist und Werke von selbständiger Bedeutung hervorgebracht hat. Mag die geistige Verwandtschaft der Weber etwa mit Zolas »Germinal« immer noch näher sein als die des »Werther« zur »Neuen Heloise«, sicher wird niemand Hauptmann deswegen noch einen Schüler Zolas nennen können. Auch blieb Hauptmann nicht allein, es traten neben ihm andre selbständige Talente hervor. Die größte Hoffnung von ihnen hat Max Halbe (geb. 1865 zu Guettland) erregt, der in seiner »Jugend« ein unzweifelhaft bleibendes Werk geschaffen hat, das nach der Seite der Stimmung über Hauptmann hinausgeht. Auch die »Jugend« ist keine Tragödie, und manchem erscheint das Rasen der sinnlichen Leidenschaft in den jungen Leuten unerquicklich, vor allem undeutsch, aber das Stück spielt ja auch auf slawischem Boden, und da nun doch vielleicht ein Drittel der Bewohner des deutschen Reiches slawisches Blut in den Adern hat, so kann die deutsche Litteratur Darstellungen dieser Art, zumal wenn sie wie die »Jugend« künstlerisch hoch stehen, doch wohl nicht gut verschlossen werden. Wenn man sich an dem, was jugendfrisch und rührend in des französischen Abbés Prevost »Manon Lescaut« ist, entzückt, weshalb ein doch im ganzen harmloses deutsches Werk nicht gelten lassen! Übrigens spielt, wie ich hervorzuheben nicht vergessen darf, das slawische Blut in den Dichtern des Naturalismus und die Darstellung des halbslawischen Lebens in der neusten Litteratur keine geringe Rolle, und ich bin gar nicht abgeneigt, die gegenwärtige deutsche Dichtung als wesentlich ostdeutsche, ostelbische zu bezeichnen und aus der Rassenkreuzung sehr vieles zu erklären. Von den bisher genannten Dichtern sind Hauptmann, Halbe, Sudermann, Max Kretzer, Arno Holz, M. v. Stern[1], E. v. Wolzogen Ostdeutsche, und ihnen schließen sich noch manche jüngere wie Karl Busse an.

Außer Hauptmann und Halbe ist noch eine ganze Reihe von Verfassern naturalistischer Dramen zu nennen, zunächst Holz und Schlaf mit der »Familie Selicke«, Schlaf allein mit »Meister Ölze«, Wildenbruch mit der »Haubenlerche« und »Meister Balzer«, Fulda mit dem »Verlornen Paradies« und der »Sklavin«, auch Bahr und Alberti mit einigen Stücken. Bisher noch nicht erwähnt, obwohl er bereits zu den »Modernen Dichtercharakteren« zählte, ist Otto Erich Hartleben (geb. 1864 zu Clausthal), der »Angela« und »Hanna Jagert« geschrieben hat. Ihm gleichaltrig ist Cäsar Flaischlen (geb. 1864 zu Stuttgart)[2] mit seinen Dramen »Toni Stürmer« und »Martin Lehnhardt«. Von neuerdings zu Ansehen gelangten Talenten wären etwa Arthur Schnitzler (geb. 1862 zu Wien), dessen »Liebelei« fast über alle deutschen Bühnen gegangen ist, und Georg Hirschfeld (geb. 1873 zu Berlin)[3] mit seinem Schauspiel »Die Mütter« zu nennen. Den einen oder den andern Versuch mit einem naturalistischen Drama haben zahlreiche Schriftsteller gemacht; es war das ja eine Zeit lang Mode, und wenn die öffentlichen Theater versagten, so waren die »freien« Bühnen da. Selbst einige Bühnenhandwerker haben sich der neuen Form bemächtigt. Es ist möglich, daß man, die hierher gehörigen Stücke Anzengrubers eingeschlossen, jetzt etwa zwanzig naturalistische Dramen aufbringen kann, die, wenn auch nicht Welt und Menschenleben im großen und sub specie aeterni, doch einzelne Kreise der Gesellschaft, das Volk, aber auch höhere Klassen und gewisse moderne Krankheiten künstlerischen Ansprüchen genügend darstellen. Das ist immerhin kein ganz unbedeutendes Ergebnis der naturalistischen Bewegung, wenn ich mir auch sagen muß, daß von einer neuen Blüte des deutschen Dramas im Hinblick auf diese Stücke noch nicht die Rede sein kann, kein einziges davon dem Volke ans Herz gewachsen, kein Dichter hervorgetreten ist, der wirklich Boden in der Nation gewonnen hätte. Das naturalistische Drama setzt eben viel mehr den Kunstkenner und Feinschmecker voraus, als z.B. das idealistische Schillers und wird natürlich auch sehr schnell altern.

Viel weniger Glück als mit dem naturalistischen Drama hat man mit dem naturalistischen Roman gehabt. Trägt man Bedenken, Theodor Fontanes Romane naturalistisch zu nennen – und sie sind es jedenfalls nicht im Schulsinne –, so kann man ruhig behaupten, daß keiner der naturalistischen Romandichter eine größere Wirkung und eine Stellung in seinem Volke, wie sie die ältern Romandichter fast sämtlich erhielten, und kaum ein Roman einen durchschlagenden Erfolg erzielt hat. Und wie hätte das auch geschehen sollen, blieb man doch in der übersichtlichen Darstellung der Zeitbewegungen ganz unbedingt hinter den Dichtern des alten Zeitromans, Gutzkow und Spielhagen, zurück, erreichte man doch, gleichsam an den Schmutz der Großstadt gebannt, nicht einmal die Vielseitigkeit und Lebendigkeit der alten Münchner Poeten! Die Zahl freilich der naturalistischen Romane schwoll ins Unendliche, aber außer Sudermanns Werken, die ja nicht konsequent-naturalistisch waren und Mode wurden, erhielt kaum einer die zweite Auflage. Außer Kretzer, Bleibtreu, Conrad, Alberti, Bahr, die bereits hinreichend charakterisirt sind, wären hier etwa noch Hans Land (geb. 1861 zu Berlin), Wilhelm von Polenz (geb. 1861 zu Ober-Cunewalde)[4] und Oskar Mysing (Otto Mora, geb. 1867 zu Bremen)[5] zu nennen. Heinz Tovote[6] und Georg von Ompteda[7], die hübsche Erfolge hatten, gehören nicht zu den echten Naturalisten, sondern sind eher zur Spätdecadence zu rechnen. Ohne Einfluß blieb der Naturalismus auf keinen der deutschen Romandichter und Novellisten, selbst Paul Heyse entzog sich ihm nicht, und manche der ältern Dichter, wie z.B. Karl Heigel und Karl von Perfall, haben naturalistisch angehauchte Werke geschrieben, die dem Leben ganz anders gerecht werden als die Mehrzahl der Schulprodukte. Der naturalistische Durchschnittsroman behandelte natürlich noch viel ausschließlicher und selbstverständlich auch breiter als das Drama die Schattenseiten der modernen Kultur, vor allem die des großstädtischen Lebens, wies alle Schwächen der Zolaschen Romane auf, aber kaum einen seiner Vorzüge. Eher als auf dem Gebiete des Romans wurde auf dem der kleinen Erzählung und Skizze bemerkenswertes geleistet, zumal als man aufhörte, ausschließlich die Großstadt zum Schauplatz seiner Darstellungen zu wählen und aufs Land hinaus ging. In Cäsar Flaischlens Sammelbuch »Neuland« (1894) wurde der Gesichtspunkt der Stammeseigenart sogar zum ausschlaggebenden erhoben, und einzelne der jüngern Dichter, Flaischlen selbst, dann der frühverstorbne Julius Petri (geb. zu Lippstadt in Westfalen 1868, gest. 1894)[8] haben mit Vorliebe heimatliche Menschen und Zustände geschildert. Nimmt man den Rahmen etwas weiter, so kann man hier vielleicht sogar Talente wie Ilse Frapan[9] und Charlotte Niese[10] erwähnen. Neuerdings hat auch der gewöhnliche Frauen-, also der belletristische Durchschnittsroman eine naturalistische Wendung durchgemacht, kaum ein Zeitungsroman, der nicht das eine oder das andre Naturalistische enthielte. Nun, der Geist ist doch derselbe geblieben, der Naturalismus ist nur Verputzung.

Ganz ohne Zweifel war der Naturalismus die litterarische Richtung, in die der neue Sturm und Drang mit Naturnotwendigkeit auslaufen mußte, er fand auch in Deutschland nach und nach die deutsche Form, aber eine große Einseitigkeit blieb er doch; niemals ist eine engere ästhetische Theorie entwickelt worden als die seinige, niemals hat vielleicht auch eine Litteratur einen so einförmigen Charakter getragen. Aber ich habe hier nicht die Aufgabe, eine ästhetische Kritik des Naturalismus zu geben, sondern ihn zunächst nur geschichtlich begreifbar zu machen. Er war die Reaktion auf die Poesie der Konvention, die Schwarzfärberei nach der Schönfärberei, er war zugleich auch die Dichtung der sozialen Tendenz, der Versuch, die Decadence durch getreue Spiegelung der Verderbnis und Einführung bestimmter Bestrebungen zu überwinden. Schon aus der sozialen Tendenz erklärt sich, daß man so hohen Wert auf die »Wissenschaftlichkeit« der neuen Kunstwerke, ihre Brauchbarkeit als documents humains legte, und auch, weswegen man in Deutschland gerade die unmittelbar wirkende dramatische Form begünstigte, obwohl ein spezifisch dramatisches Talent kaum vorhanden war, und gelungene Aufführungen naturalistischer Werke nach der Art der Stücke und der von der Mitwirkung der Illusion möglichst absehenden thörichten naturalistischen Theorie stets Zufall bleiben mußten. Zuzugeben ist, daß die jungen deutschen Dichter schneller, als man hätte denken sollen, wieder sehen und auch mit wirklicher Energie darstellen lernten, wenn sie auch über das Sehen und Darstellen der Oberfläche der Dinge und der schreienden Gegensätze modernen Lebens nicht hinauskamen und sich nach und nach auch wieder naturalistische Schablonen ausbildeten. Das Stoffliche und Technische der Kunst wurde die Hauptsache und mußte es wohl einmal werden, da das Alte nach Stoff und Form abgebraucht war. Nur schade, daß nun nicht wirklich große Persönlichkeiten auftraten, die das Neugewonnene im Dienste der Kunst benutzten! Aber wenn ich meine ehrliche Meinung abgeben soll: es steckt in des einzigen Jeremias Gotthelfs vierundzwanzig Bänden mehr wirkliches Leben, Kenntnis des Volks und auch männliche Kraft, vielleicht auch mehr Poesie als in der gesamten modernen naturalistischen Litteratur, die freilich künstlerisch weiter gekommen ist, als der zu oft predigende und polternde Berner Pfarrer. Das Unglück ist, das auch der Naturalismus in Deutschland zu einer Art Bildungsdichtung geworden ist, von Berliner Litteraten getragen und einem exklusiven großstädtischen, nichts weniger als gesunden und ehrlichen Publikum gefördert. Kämen zu Hauptmann, der seiner schlesischen Heimat ja ziemlich treu geblieben ist, noch einige bedeutendere Dichter, die, wie etwa Gottfried Keller, mit dem Volkstum ihrer Heimat verwachsen und die Enge der naturalistischen Theorien zu durchbrechen imstande wären, an dem Naturalismus selber aber festhielten, so hätte dieser, der Naturalismus, unbedingt noch eine große Zukunft; was Jeremias Gotthelf für sein »Bernbiet« leistete, kann für jeden deutschen Gau geleistet werden, und auch mit der größern künstlerischen Freiheit, die Keller im Vergleich zu Gotthelf hat.

[...]

Adolf Bartels (1862–1945), zusammen mit Lienhard zunächst einer der eifrigsten Propagandisten der Heimatliteratur, wurde zugleich zum Vorkämpfer einer völkisch-antisemitischen Literatur. Bartels war ab 1894/95 Mitarbeiter beim *Kunstwart*. Seine agressiv-antisemitische Haltung führte jedoch dazu, daß der Herausgeber Avenarius die Zusammenarbeit mit Bartels wieder aufkündigte. Bartels Antisemitismus, der sich zu fanatischem Judenhaß steigerte, machte ihn zugleich zu einem der wichtigsten Vorreiter faschistischer Literaturgeschichtsschreibung.

In dem ob. dok. Grenzbotenartikel kündigte sich Bartels rassistische Betrachtungsweise, die zu diesem

Zeitpunkt noch weniger ausgeprägt war als vergleichsweise bei F. Lienhard, erst an. Interessant ist, daß Bartels hier noch eine annähernd sachliche Darstellung der naturalistischen Literaturbewegung nach 1889 geben konnte, weil er im Unterschied z.B. zu Lienhard oder Bauer im Naturalismus, bei einigen Autoren, insbesondere bei Hauptmann, Möglichkeiten völkisch-nationaler Entwicklung erkannte. Wenig beeindruckt zeigte sich Bartels von der von konservativer Seite aus betriebenen politischen Denunziation Hauptmanns, da er bei ihm seine Vorstellungen von Heimatliteratur bereits teilweise erfüllt sah. In seiner Hauptmann-Biographie 1897 widersprach Bartels ausdrücklich der Politisierung der Hauptmannschen Dichtung in der zeitgenössischen Naturalismus-Diskussion. Hauptmann könne keiner politischen Parteirichtung zugeordnet werden, er sei vielmehr ein unparteiischer »Chronist« seiner Zeit. Bemerkenswert erscheint außerdem, daß Bartels das naturalistische Drama ähnlich wie Fritz Mauthner als »Künstlerkunst« beurteilte (vgl. auch K. Frenzel, Dok. 60), indem er davon ausging, daß dieses »viel mehr den Kunstkenner und Feinschmecker« voraussetze als z.B. das idealistische Drama Schillers (s. Dok. 72).

1 Maurice Reinhold von Stern (1860–1938), zunächst russischer Offiziersanwärter, wanderte 1882 nach Amerika aus, wo er Anschluß an die Arbeiterbewegung gewann. 1885 Rückkehr nach Europa, studierte in Zürich Philosophie und Medizin und arbeitete als Redakteur beim *Züricher Volksblatt*. Ab 1898 lebte er in Oberösterreich. Veröffentlichungen: *Proletarierlieder* (1885), *Stimmen im Sturm* (1888) *Excelsior. Neue Lieder* (1889) u.a.

2 Cäsar Flaischlen (1864–1920) war bis 1886 als Buchhändler tätig, schloß sich dem Naturalismus an, veröffentlichte in der *Gesellschaft*, im *Magazin für die Litteratur des In- und Auslandes*, der *Freien Bühne*. 1895 wurde Flaischlen Mitherausgeber der Kunstzeitschrift *Pan*. In der Prosaanthologie *Neuland* (1894) gab Flaischlen einen Überblick über Tendenzen des Naturalismus. In seinen Dramen orientierte er sich an Gerhart Hauptmann, ab 1890 zeichnet sich bei ihm eine Hinwendung zur Mundartdichtung ab.

3 Georg Hirschfeld (1873–1942) orientierte sich als Dramatiker zeitweise an G. Hauptmann und war erfolgreich mit seinen naturalistischen Dramen *Die Mütter* (1895) und *Agnes Jordan* (1898). 1925 gab er die Erinnerungen an Otto Brahm zusammen mit ihrem Briefwechsel heraus.

4 Wilhelm von Polenz (1861–1903) stammte aus altem sächsisch-thüringischem Adel. Nach dem Verzicht auf eine Juristenlaufbahn lernte er Berliner Naturalisten kennen. In seinem Roman *Der Büttnerbauer* (1895) schildert er die Zerstörung patriarchalischer Verhältnisse durch die Kapitalisierung auf dem Lande. Sein Roman ist von Modernität und Konservatismus gleichzeitig geprägt. Weitere Romane: *Der Pfarrer von Breitendorf* (1893) und *Der Grabenhäger* (1897).

5 Oskar Mysing (d.i. Otto Mora) schrieb Romane und Erzählungen, *Reaktionär* (1890), *Das neue Geschlecht* (1902).

6 Heinz Tovote (1864–1946) veröffentlichte literarische Arbeiten und Aufsätze im *Magazin für die Litteratur des In- und Auslandes*, der *Gesellschaft*, der *Freien Bühne* und der *Modernen Dichtung / Moderne Rundschau*. Tovote gilt als pseudonaturalistischer Autor, der soziale Fragestellungen und neue Darstellungsmethoden aufgriff, sich dabei aber primär an den von der naturalistischen Bewegung geprägten Leseerwartungen orientierte.

7 Georg Freiherr von Ompteda (1863–1931) war 1883–1892 zunächst Offizier. Als Schriftsteller orientierte er sich in den 90er Jahren zunächst stark an Zola (vgl. *Deutscher Adel um 1900.* 3 Bde., 1897–1901), später schrieb er Unterhaltungsliteratur.

8 Julius Petri studierte 1887–1891 Philosophie in Berlin, Promotion in Rostock. Ab 1893 gehörte er der Redaktion der *Deutschen Rundschau* an.

9 Ilse Frapan (d.i. Ilse Levien, später Akunian, 1852–1908) ging 1883 von Hamburg nach Stuttgart zu Friedrich Theodor Vischer, dessen Vorlesungen auch für Frauen zugänglich waren. 1887 ging sie nach München und studierte später in Zürich Naturwissenschaften. In ihren Dramen bediente sie sich naturalistischer Stilmittel, ging aber in ihren anklagenden Zeitstücken auch darüber hinaus, so u.a. in *Phitje Ohrtens Glück* oder in *Retter der Moral*.

10 Charlotte Niese (geb. 1854) norddeutsche Heimatschriftstellerin, schilderte kulturgeschichtliche Überlieferungen Schleswig-Holsteins.

73

Samuel Lublinski: *Ein Schulbeispiel des Naturalismus.* In:
*Kunstwart. Rundschau über Dichtung, Theater, Musik und bildende
Kunst.* Hrsg. v. Ferdinand Avenarius. 13. Jg. München (G. D. W.
Callweg) 1900, Bd. 2, S. 366–374; hier: S. 366, 371–374.

Noch immer haben wir den Naturalismus lange nicht so überwunden, wie wir uns einbilden
und es eigentlich auch gethan haben sollten. Trotz aller Sehnsuchtsrufe nach der großen
Kunst kann man sich immer noch nicht zu der klaren und einfachen, freilich sehr resoluten
ästhetischen Wahrheit emporringen: Der Naturalismus an und für sich hat mit der Kunst
nichts zu schaffen. Er kann im besten Fall ein einzelnes und sehr gewichtiges Ingredienz eines
Kunstwerkes sein, zu dem aber noch viele, sehr viele andersartige Elemente hinzukommen
müssen.

[...]

Der Naturalismus als Weltanschauung und als bevorzugtes Kunstmittel bestand eigentlich
niemals ganz für sich allein, sondern hatte zur bewußten oder unbewußten Voraussetzung
immer den Gegensatz des Geistes, der sich in unbewohnbare Höhen verstiegen hatte und nun
wieder nach materiellem Stoff schrie. Oder auch eines Geistes, der für gewisse Zwecke und
Ideen ein neues und noch unverbrauchtes Material suchte, weil das alte nicht mehr frisch,
energisch und beweglich genug war. Die erste dieser Empfindungen, im Grunde die romantische Sehnsucht nach primitiver Natur, nahm in unsern Tagen den Charakter einer leidenschaftlichen Stoffbegeisterung an. Der Rohstoff ohne Verarbeitung und Durchseelung sollte
allein durch seine gigantische Masse und durch seine Wucht wirken. Während sich vor
hundert Jahren die Begeisterung für das Primitive zu den Insulanern der Südsee flüchtete,
bleibt man heute freilich in der Heimat und betrachtet mit hochgespannter Erwartung das
dumpfe und elementarische Leben, welches in den Thälern kocht und braut. Zwar von dem
Proletariat, das lange Zeit für das Urchaos galt, aus welchem heraus ein neuer Kosmos
geboren werden sollte, hat man sich mit einiger Enttäuschung abgewandt, und nun beginnt
die Wanderung auf das Land. Manchmal versucht ja auch Klara Viebig ihr Weibervolk als
eine fortreißende primitive und unheimliche Naturkraft darzustellen, und man kann nicht
einmal unbedingt behaupten, daß es ihr mißlungen wäre. Nur gilt von dieser Art robuster
Romantik, was eben von jeder Romantik und jeder Stimmungskunst gilt. In einem kleinen
Rahmen, etwa in der Skizze oder ganz im allgemeinen in der Lyrik, kann und darf die
Stimmung zum Selbstzweck werden. Aber das große Kunstwerk wird aus der Stimmung
allein nie geboren. Ob in einem umfangreichen Roman Seite für Seite fleißig Sonne und Mond
aufgeht oder noch fleißiger der primitive Instinkt verherrlicht wird; ob man mit Sternen,
Milchstraßen und Planeten wirtschaftet oder mit tierischen Trieben, Hungersnöten, Proletariern – diese Kunst versagt, wo sie sich großen Aufgaben gegenübersieht und ihren kleinen
Kreis zum Universum auszuweiten trachtet. Dieses zweifellose *ästhetische* Element des Naturalismus unterliegt also der gleichen Beurteilung wie alle romantische Kunstübung über-

haupt. Selbständigkeit steht ihr nur innerhalb eines kleinen Kreises zu, während ein umfassenderes – darum noch keineswegs das große! – Kunstwerk all solche Stimmungen, also auch den Naturalismus der Stimmung, nur als ein Ingredienz verwerten kann.

Doch damit ist das Wesen dieser vieldeutigen Erscheinung noch nicht erschöpft. Der Geist, der im grob materiellen Stoff gelegentlich ganz zu ertrinken schien, versuchte ebenso oft die innersten Gesetze dieses Stoffes zu ergründen, um ihn dann seinen, des Geistes, besonderen Zwecken allseitig dienstbar zu machen. Wir wissen ja, worum es sich dabei handelt. »Soziale Frage«, so lautete eine Zeit lang das Schlagwort, durch welches der Naturalismus sich zu rechtfertigen suchte. Er hätte richtiger sagen sollen: soziales *Gesetz*, soziale *Psychologie*. Hauptmann löst in den »Webern« nicht die soziale Frage, sondern stellt die ökonomischen und seelischen Bedingungen dar, welche eine soziale sehr passive Gruppe schließlich zum Widerstand und zur Revolte treiben. Hier also ist der *Stimmungswert* des Naturalismus wirklich Nebensache, und dieses Kunstprinzip gelangt einzig und allein aus Gründen der *Technik* zur Verwertung. Eine eindringliche soziale Psychologie läßt sich eben nicht im al fresko-Stil geben, sondern bedarf der sorgfältigen Gruppierung unzähliger Einzelfaktoren, die nur durch die energische analytische Methode des Naturalismus herbeizuschaffen sind. Auch läßt sich nicht leugnen, daß diese Kunst ihren Rahmen schon bedeutend weiter spannen kann, als der Naturalismus der Stimmung. Eben immer, wo es die lebensvolle Darstellung einer sozialen Gruppe gilt, ist diese Kunstübung am Platz. Jedes Kunstwerk, welches Klassizität und Dauerbarkeit erlangen will, muß in einem lebendigen und ganz und gar anschaulichen Einzelschicksal zugleich ein typisches Gesetz eingefangen haben. Für die soziale Gruppe läßt sich aber diese Typik nur durch die naturalistische Methode gewinnen. So ist in den »Webern« das Einzelschicksal einer schlesischen Sozialgruppe mit elementarischer Wucht zur Darstellung gebracht worden, und wir haben zugleich das Gefühl, daß gewisse prägnante Einzelheiten dieser Hungerrevolte eben in *jeder* Revolte dieser Art, ob sie in Schlesien oder im dunkelsten Afrika unter Negervölkern spielt, stets wiederkehren wird. Hauptmanns außerordentliche Kunst bestand darin, daß er uns dieses Gefühl einer menschlichen Allgemeingültigkeit aufzuzwingen vermochte, ohne der unerhört lebensvollen Besonderheit dieser schlesischen Weber irgendwie zu nahe zu treten. Freilich berührt er sich hier insofern mit dem Stimmungsnaturalismus, als er sich im großen und ganzen doch auf die dumpfe und primitive Naturkraft des Hungers beschränkt. Eine soziale Gruppe kann aber doch noch, so primitiv sie sich gegenüber der ausgebildeten Individualität auch ausnimmt, von viel komplizierteren und mannigfaltigeren Motiven psychologisch beeinflußt werden, als es bei den schlesischen Webern der Fall ist. Noch fehlt uns die Blüte des Naturalismus, diese seelische Darstellung einer innerlich mannigfaltigen sozialen Gruppe. Wenn die heute so viel empfohlene Heimatskunst, gegen die mancher von uns ein tiefes Mißtrauen nicht unterdrücken kann, thatsächlich nicht den Hintergedanken hat, sich in mystisch-romantisch-elementarische Sonderlichkeiten in böser Absicht zu verkriechen, sondern die seelische Darstellung der sozialen Gruppe – dieses Wort im allerweitesten Sinne genommen – um eine Stufe emporzuführen, dann könnte sie sich in Wahrheit ein großes Verdienst um die deutsche Dichtung erwerben. Damit wäre aber die künstlerische Zeugungskraft des Naturalismus auch vollkommen erschöpft. Er versagt, sobald er über diese Höhe hinaus zur Darstellung der Wechselwirkung zwischen Gruppe und Individualität, mit einem Wort zur großen Kunst emporstrebt. Und alsdann beginnt mit der ästhetischen zugleich auch die moralische Frage.

Klara Viebigs[1] Roman [»Das Weiberdorf«] wollte die Wechselwirkung zwischen einer Individualität und dem »Weiberdorf« darstellen. Es gelang ihr aber nur das Dorf, und statt der Individualität zeichnete sie ein willen- und haltloses kleines Lümpchen hin, weil es mit Naturalismus nicht anders ging. Die Folgen kennen wir ja schon: Diese Dichtung zerfällt in zwei unorganische Teile, von denen jeder in seiner Isoliertheit einen durchaus abstoßenden Eindruck hinterläßt, weil diesen Rohstoffen die innerste Seele, der elektrisch überspringende Funke fehlt. Fast könnte man sich an Sudermanns »Johannes« gemahnt fühlen, so gründlich diese beiden Werke sonst auch von einander abstehen. Aber auch Sudermanns altjüdischer Prophet leidet an dem Grundgebrechen, daß er gar kein Prophet ist. Keine Individualität, keine Eigenwelt für sich allein, sondern ein ganz passives Etwas. Wäre der Sudermannsche Johannes wirklich jener zürnende und eifervolle Prophet der Bibel, dann wären auch die »Sensationen« dieser Dichtung, wären die unkeusche Salome und der ganze entartete Hof des jüngeren Herodes durchaus am Platz. Denn dann erst würden wir ja verstehen, wie und wodurch sich dieser furchtbare und düstere Prophetenzorn in dem gewaltigen Mann entwickeln konnte. Nun aber, wo der grandiose Rabbi Jochanan zum moluskenhaften Melancholiker herabgesunken ist, macht er ganz den Eindruck, als wäre er nur ein Vorwand für andere Dinge. Und alsdann spricht mancher Kritiker hier wie auch beim »Weiberdorf« von frivoler Sensationssucht und ruft in seiner Verlegenheit wohl gar nach dem Staatsanwalt oder nach einem Ehrengericht von Sachverständigen. Er ahnt gar nicht, welch einen großen Gefallen er den angefeindeten Autoren erweist. Denn nun können sie den ganzen Streit auf das *moralische* Gebiet hinüberspielen und das *künstlerische* Grundgebrechen ihres Werkes glücklich verschleiern. In einem etwas anderen Sinn, als die meisten Kritiker meinen, könnte nämlich in der That hier von einer gewissen Sensationssucht gesprochen werden. Wenn der Künstler zu erkennen beginnt, daß er zu hoch hinaus gewollt hat und den Rückzug doch nicht antreten will, dann mag er wohl halb aus Verzweiflung und halb aus Berechnung, manchmal wohl auch ganz unbewußt, den »sensationellen« Bestandteil des Kunstwerkes übermäßig und gewaltsam heraustreiben, weil hier die künstlerische Arbeit leichter von der Hand geht, als bei der Ausgestaltung der großen oder auch nur eigenartigen Individualität. Die zehnjährige naturalistische Schulung werden unsere Dichter und Schriftsteller, die doch nicht zu den ganz Großen gehören, gar so bald nicht wieder los. Jedenfalls kann aber eine solche gewaltsame Uebertreibung und Heraustreibung eines einzelnen Bestandteiles gar nicht scharf genug verurteilt werden, und das ästhetische Verbrechen wird insofern auch zu einem moralischen, als man vom Künstler verlangen darf, daß er einen Stoff, dem er nicht gewachsen ist, wieder aus der Hand legt, statt ihn »aufzumachen«. Weiter aber darf die moralische Forderung nicht gehen. Eine Kritik, die den *künstlerisch* wunden Punkt dieser Uebergangswerke wieder und wieder unerbittlich bloßlegt, wird auf die Dauer auch auf die Produktion einen tiefgehenden

Einfluß gewinnen, während jede moralische Kritik sofort eine Reaktion hervorruft. Und zwar mit Recht. Denn den Leidensweg über Julian Schmidt zur »Gartenlaube« soll die deutsche Literatur nicht noch einmal zurücklegen.

Samuel Lublinski (1868–1910), zunächst Buchhändler, ging 1895 nach Berlin, um als Schriftsteller tätig zu sein. Vor 1900 arbeitete Lublinski vor allem als Literaturkritiker für führende Zeitschriften, wie u.a. *Neue deutsche Rundschau, Die Gegenwart, Die Gesellschaft, Der Kunstwart, Das literarische Echo, Das Magazin für die Litteratur des In- und Auslandes* (resp. *Magazin für Litteratur*). 1900 veröffentlichte Lublinski eine umfangreiche literarhistorische Untersuchung, *Litteratur und Gesellschaft im 19. Jahrhundert* (4 Bände). Nach 1900 schrieb er Novellen und Dramen, in denen er ähnlich wie Paul Ernst und Wilhelm v. Scholz eine neoklassische Erneuerung der dramatischen Dichtung, »die Eroberung der Tragödie« anstrebte.

Dabei hatte Lublinski zunächst, darin ebenfalls Paul Ernsts Entwicklungsweg und dem vieler Naturalisten ähnlich, mit der marxistischen Theorie und der sozialdemokratischen Arbeiterbewegung sympathisiert. 1909 bekennt Lublinski sich rückblickend nur noch selbstkritisch dazu, daß er »selbst in dem Zeitirrtum befangen war«: »Ich vertraute mich jener Marxistischen Theorie vom Klassenkampf an und stellte meine Sache auf die sozialistische Bewegung und auf die Arbeiterklasse. Da schien sich mir eine viel imponierendere Art von ›Revolution‹ zu entfalten, die mit tieferer Einsicht und dem grössten Ernst an die Umgestaltung der Verhältnisse und an den Aufbau einer neuen Kultur herantrat. So konstruierte ich einen Gegensatz zwischen sozialer und Barrikadenrevolution. Auf der einen Seite standen die dreifach verwünschten und vermaledeiten modernen Literaten, die ich von ganzem Herzen in das Land des Pfeffers verwünschte, weil sie sich, in irgend einer Form, noch immer nach Barrikadenschlachten und nach Jakobinerromantik sehnten und mit endlosem Lärm Raketenschwärme aufsteigen liessen, wobei sie sich einbildeten, die Welt in Brand gesteckt zu haben. Auf der anderen Seite stand eine organisierte Klasse, eine geschlossene und zielbewusste, die genau wusste, was die Glocke geschlagen hätte. Diese Leute waren nach meinem damaligen Glauben keine Revolutionäre alten Schlages mehr, sondern entschlossene Realisten, die sich in den Dienst eines Entwicklungsgesetzes und einer werdenden Kultur eingefügt hatten…« (s. S. Lublinski, *Der Ausgang der Moderne*. Dresden 1909, S. 227).

Aus dieser nach 1904 entschieden verworfenen zumindest teilweisen Aneignung marxistischer Positionen resultierte Lublinskis zeitweise literatursoziologische Betrachtungsweise des Naturalismus und der Neuromantik. Lublinski faßte beide Strömungen als »Moderne« zusammen, die Hauptgegenstand einer kritischen Auseinandersetzung in seiner 1904 erschienenen *Bilanz der Moderne* sind. Als Kernproblem, an dem die »Moderne«, wie Lublinski sie versteht, gescheitert sei, formulierte er den nicht bewältigten »Ausgleich zwischen Individuum und Kosmos«, bzw. »die Dialektik, die es versteht, Individuum und Welt in ein Verhältnis zueinander zu setzen, ohne daß der eine Teil vom anderen aufgesogen würde« (S. Lublinski, *Bilanz der Moderne*. Berlin 1904, S. 249 und 159). 1909 bezeichnete Lublinski seine Naturalismuskritik von 1904 jedoch als unvollkommen, da sie teilweise noch in Apologetik umschlage. Er sieht nun einen »großen Fehler« darin, daß er »Anknüpfung bei Naturalismus und beim naturalistischen Drama [suchte], um von dort aus die Wege zu neuen und größeren Zielen anzubahnen« und dabei »nicht die innere Enge und Aussichtslosigkeit dieses Weges erkannte. Denn ohne ein Milieu gibt es keinen Naturalismus, und es gehört zum Wesen dieses Begriffes wie auch dieser Sache, daß ihr überragender mechanischer Charakter gegenüber dem Individuum betont wird. [...] Höchstens die niedrigste Form des Tragischen ist auf naturalistischem Wege zu verwirklichen und von mir auch tatsächlich verwirklicht worden. Dabei wird ein unbedingter und prinzipieller Bruch mit dem Naturalismus eine Notwendigkeit, wenn man zur Tragödie gelangen will, zu dieser großen Form [...]. An die Stelle der Klasse muß die Kultur treten und an die Stelle des Naturgesetzes der sich selbst setzende Konflikt der Vernunft [...] der Naturalismus war eine Verirrung, eine Torheit, ein Skandal« (S. Lublinski, *Bilanz*, S. 230f.).

Der ob. dok. Aufsatz zeigt die noch schwankende Haltung Lublinskis gegenüber dem Naturalismus. Zum einen sieht er bereits hier einen Gegensatz zwischen Kunst und Naturalismus, hält aber dennoch eine »Blüte des Naturalismus« für möglich, die die »seelische Darstellung einer innerlich mannigfaltigen sozialen Gruppe« zu leisten hätte (s. Dok. 73). Seine spätere Position deutet sich aber auch bereits in seinem Begriff vom »Kunstwerk« an, »welches Klassizität und Dauerbarkeit erlangen will«. Es »muß in einem lebendigen und ganz gar anschaulichen Einzelschicksal zugleich ein typisches Gesetz einfangen« (s. ebd.).

1 Clara Viebig (1860–1952) begann nach einer Ausbildung als Sängerin in den 90er Jahren zu schreiben. In ihren naturalistischen Romanen, die das Vorbild Zola erkennen lassen, zeigt sie die sozialen Mißstände der Berliner Gesellschaft als Folge von Milieu und Vererbung, z. B. *Das tägliche Brot* (1902), *Einer Mutter Sohn* (1906). Ihr Drama *Barbara Holzer* wurde 1896 von der Neuen Freien Volksbühne aufgeführt. C. Viebig wurde auch von der Dorferzählung beeinflußt, wandte sich dem ländlichen Milieu zu (vgl. *Das Weiberdorf*, 1900).

e) Naturalismus vor Gericht

74

Conrad Alberti: *Der Realismus vor Gericht.* In: *Die Gesellschaft.*
Monatsschrift für Litteratur und Kunst. Hrsg. v. Michael Georg
Conrad und Karl Bleibtreu. 6. Jg. Leipzig (W. Friedrich) 1890, Bd. 2,
August-Heft S. 1141–1232; hier: S. 1141–1143, 1145, 1146–1147.

Wilhelm Walloths moderner Künstlerroman »Der Dämon des Neids« erschien im Verlage von Wilhelm Friedrich in Leipzig im Januar 1889, in gleicher Weise wie alle andern Werke dieses Schriftstellers. Ebenso wurde von der Verlagshandlung Hermann Conradis psychologischer Roman »Adam Mensch« im April 1889 ausgegeben. Das letztere Buch hatte bei seinem Erscheinen bereits eine Geschichte hinter sich. Als Herr Conradi Herrn Friedrich das Manuskript anbot, wurde letzterer darauf aufmerksam gemacht, daß in dem Romane eine Herrn F. bekannte Persönlichkeit als Modell benützt sei und daß sich heftige Angriffe gegen deutsche Regierungen in beleidigender Form darin befänden. F. beschloß daher, das Manuskript nicht zu drucken, und ließ es als Faustpfand für einen Conradi gegebenen Vorschuß bei sich im Geschäft liegen. Conradi, der mittlerweile in Lockwitz und München Aufenthalt genommen, arbeitete daher den ganzen Roman völlig um, versicherte F. auf Ehrenwort, daß alles Anstößige nun beseitigt sei, und daraufhin druckte F. sofort den Roman.

Bald nach Erscheinen liefen zwei Denunziationen gegen beide Bücher aus, welche dieselben der Unsittlichkeit und im besondern »Adam Mensch« noch außerdem der Gotteslästerung beschuldigten.

Der K. Staatsanwalt Nagel in Leipzig gab der Denunziation Folge und belegte am 19. Juli 1889 im Friedrichschen Geschäftslokale alle dort lagernden Vorräte beider Romane persönlich mit Beschlag.

Im September 1889 wurde von der Friedrichschen Verlagshandlung der zweibändige soziale Roman »Die Alten und die Jungen« von Conrad Alberti ausgegeben.

Auch gegen diesen Roman lief eine Denunziation auf Unsittlichkeit ein, der der Staatsanwalt gleichfalls Folge gab, indem er zwei Monate nach Erscheinen, am 2. November, das Verfahren eröffnete und gleichfalls die lagernden Vorräte beschlagnahmen ließ.

In der nunmehr eröffneten Voruntersuchung erklärten alle 4 Angeschuldigten gleichmäßig, daß Friedrich keine Kenntnis von dem Inhalt der Bücher gehabt habe, als er sie druckte. Die resp. Verfasser erklärten, daß sie die volle Vertretung für ihre Bücher übernähmen, die sie keineswegs für unsittlich hielten.

Die Staatsanwaltschaft schenkte der ersteren Erklärung keinen Glauben und auf ihre Veranlassung wurden am 22. Juli und 6. November 1889 die Briefe der Autoren an den Verleger, die Kopiebücher des letzteren und andere Schriftstücke in Beschlag genommen. Ebenso fanden am 24. Juli 1889 bei Walloth und Conradi Haussuchungen statt. Auf erneuten Antrag der Staatsanwaltschaft fand am 4. Februar 1890 eine sehr eingehende Haussuchung in Friedrichs Geschäftslokal und Privatwohnung nach Albertischen Briefen statt, nachdem bereits am 30. Nov. 1889 die Voruntersuchung geschlossen war.

Walloth war inzwischen durch die Aufregungen des Verfahrens so nervös geworden, daß er sich selbst einer Heilanstalt übergeben mußte, Conradis schwache Gesundheit kam vollends ins Wanken, und am 8. März 1890 starb er in Würzburg.

Am 15. Februar 1890 stellte der K. Staatsanwalt Nagel den Antrag an die Strafkammer auf Eröffnung des Hauptverfahrens. Damit endet die Vorgeschichte des Prozesses und wir lassen nunmehr die Dokumente nach dem Stenogramm selbst reden.   Conrad Alberti.

                           An
                  Die Strafkammer I.
             des Königlichen Landgerichtes

                                                         zu
                         Leipzig.

Nach den Ergebnissen der Voruntersuchung ist wider
1. den hiesigen Verlagsbuchhändler
                    Max Wilhelm Karl Friedrich
             geboren am 5. November 1851 zu Anclam,
2. den Studenten der Philosophie und Staatswissenschaften
                    Hermann Conradi in Würzburg,
             geboren am 12. Juni 1862 zu Jeßnitz,
3. den Schriftsteller
                    Wilhelm Walloth in Darmstadt,
             geboren daselbst, 30 Jahre alt,
4. den Schriftsteller
                    Konrad Sittenfeld in Berlin,
             geboren zu Breslau am 9. Juli 1862,
Folgendes beanzeigt:

                            I.

Am 1. April 1889 ist im Verlage von Friedrich, hier, ein von Conradi verfaßter und im Jahre 1888 Erstgenanntem zur Drucklegung und zum buchhändlerischen Vertriebe überwiesener Roman, betitelt

»Adam Mensch«

in einer Auflage von 1050 Exemplaren erschienen. Derselbe ist seither in 751 Exemplaren an Sortimentsbuchhandlungen zur Versendung bez. zum Verkaufe gelangt.

Der Inhalt des Romans fällt nach mehreren Richtungen unter das Strafgesetz.

1. Auf Seite 27 heißt es von Hedwig Irmer:

»Wird es ihr öfter nicht doch zu Sinn, als müßte sie aufspringen, einmal laut – laut aufschreien – aufschreien, wie Jesus, ehe er am Kreuze......... –!«

Der Ausdruck......... wird nur vom Tier, und auch da – im Gegensatze zu »verenden« – nur im wegwerfendsten Sinne gebraucht. Angewandt auf die Person Christi und dessen Opfertod, bringt das Wort in der Gleichstellung jener Verehrung und Heilighaltung erfordernden Persönlichkeit mit den niedrigsten Kreaturen der Schöpfung, Verachtung des Heiligen zum Ausdruck, enthält demnach obige Satzverbindung, eine in beschimpfenden Äußerungen erfolgte Lästerung Gottes.

Daß die Lästerung öffentlich erfolgt ist, und dadurch Ärgernis gegeben wird, bedarf keiner weiteren Darlegung.

2. Die Schilderungen auf Seite 167–175, 180, 198, 200ff., 236ff., 263ff., 277, 293–299, 339, 425 verletzen das Scham- und Sittlichkeitsgefühl in geschlechtlicher Beziehung gröblich. Verführungsszenen, außerehelicher Geschlechtsverkehr, widernatürliche Befriedigungsakte, unzüchtige Hantierungen werden hier nicht nur nebenher, vielmehr mit erkennbarer Absichtlichkeit berührt hervorgekehrt, geschildert, der Verfasser gefällt sich in ihrer Ausmalung oder – oft nicht minder kitzelnden – Andeutung. Sie stehen zum gesamten Umfange des Buches in einem derartigen Verhältnisse, drücken dem Buche, zumal im Zusammenhalt mit Schilderungen und Bemerkungen, wie sie Seite 128, 133ff., 291, 304, 306, 309, 367, 394, 428 sich finden, eine derart charakteristische Signatur auf, daß es nicht bedenklich fallen kann, das Buch als »eine unzüchtige Schrift« zu bezeichnen.

[...]

II.

Am 22. Januar 1889 ist in Friedrichs Verlag erschienen:

»Der Dämon des Neides, Roman aus der Gegenwart von Wilhelm Walloth.«

Seitens des Buchbinders sind 1012 Exempl. des Buches an Friedrich abgeliefert worden, versandt hat Friedrich seither aber bereits 1030 Exemplare an die Sortimenter, außerdem sind Rezensionsexemplare abgegeben worden.

Das Manuskript des Romans ist vom Angeschuldigten Walloth mittels des in Umschlag XVII ersichtlichen Anschreibens – nicht datiert – aber nach den übrigen Karten und Briefen daselbst offenbar Anfangs November 1888 an Friedrich zu dem Zwecke übersandt worden, den Roman drucken zu lassen und selbigen dann im Wege des Buchhandels zu vertreiben.

Dieser Roman enthält auf Seite 14ff., 20, 38, 42–44, 61, 62, 63, 67, 133–142, 198, 201ff., 206, 207–209, 255, 259ff., 261–263, 268, 391, 456–59, 460ff., 464ff., 474ff. Stellen, deren

Inhalt das Scham- und Sittlichkeitsgefühl in geschlechtlicher Beziehung gröblich verletzt. Daß das Geschlechtliche nicht bloß nebenher gestreift, sondern geflissentlich herbeigezogen wird, beweisen ferner Stellen wie Seite 12 ff., 38, 67, 112, 203, 250, 280, 284 ff., 286 ff. und das charakteristische Bild 473 innerhalb einer Selbstmordszene! –

»und starrte verschlafen auf die weißen, wie Weiberbusen schimmernden Hügel!«

Daß aber die inkriminierten Stellen keineswegs mit gleichsam »eiserner Naturnotwendigkeit« dem Künstlerinnern entflossen sind, daß sie sehr einfach auf den Erfolg berechnet waren und der Verfasser sich ihrer Qualität recht wohl bewußt gewesen, erhellt aus folgenden Stellen Wallothscher Korrespondenz.

Walloth schreibt an Friedrich im Briefe vom 10./11. 88 (Umschlag XVI):

»Wie geht's denn mit meinen Sachen? Kann ich in 1 Jahre durchdringen? Ich will den neuen historischen Roman mal so halten, daß ihn jedes Mädchen in die Hand nehmen darf. Meinen Sie, das sei gut? Oder zieht Realismus mehr? Amyntor meint, ich würde schneller durchdringen, wenn ich ganz anständig schreibe. Was meinen Sie? Der Dämon des Neides ist furchtbar realistisch, wollen sehen, wie das zieht. Preisen Sie den Dämon des Neides an als den einzigen deutschen Roman, der bis an die äußerste Grenze des Realismus streift.«

[...]

III.

Am 2. Sept. 1889 ist weiter im Friedrichschen Verlage erschienen der von Sittenfeld verfaßte Roman unter dem Titel:

»Die Alten und die Jungen. Sozialer Roman von Conrad Alberti.«

Die Auflage hat 1000 Exemplare betragen, 751 Exempl. sind seither an die Sortimentsbuchhandlungen zur Versendung und bez. zum Verkaufe gelangt. Das Manuskript des Romans war Friedrich von Sittenfeld zum Zwecke der Drucklegung und Verbreitung auf buchhändlerischem Wege überwiesen worden.

An zahlreichen Stellen Seite 172–74, 181, 182, 183, 220, 248, 253–59, 264, 296–304 des 1. Bandes und Seite 151–59, 170–71, 226, 229, 235–37, 259, 260 des 2. Bandes, finden sich Schilderungen, Äußerungen, die das Scham- und Sittlichkeitsgefühl in geschlechtlicher Hinsicht gröblichst verletzen. Die ganze Darstellung atmet derartig Sinnlichkeit (zu vgl. auch S. 163, 228, 242, 244, 245, 284 des 1. Bandes u. S. 52, 104, 136, 140 des 2. Bandes), daß die Schrift als solche als unzüchtig zu bezeichnen sei. Daß auch bei Sittenfeld die pikanten Stellen nicht künstlerische Selbstzwecke haben, dürfte aus dem Briefe an Friedrich vom 14./7. 89 (Umschlag XI) überdem zur Genüge erhellen.

Auch hier ist jedoch durch die Voruntersuchung kein Beweis dafür erbracht, daß Friedrich vor der Verbreitung des Romans von dem wesentlichen Inhalte desselben Kenntnis gehabt hat.

Es werden demgemäß angeklagt:

Zu I.

Friedrich und Conradi gemeinschaftlich

1. dadurch, daß sie öffentlich in beschimpfenden Äußerungen Gott gelästert und Ärgernis gegeben,

2. unzüchtige Schriften verkauft und sonst verbreitet zu haben.

Vergehen aus §§ 166, 184, 47 des Strafgesetzbuches.

Zu

II. Walloth

III. Sittenfeld

unzüchtige Schriften verkauft und sonst verbreitet zu haben.

Vergehen aus § 184 des Strafgesetzbuches.

Beweismittel:

Die anliegenden, 3 oben genannten Romane, die in den Anlagen und bei den Akten befindliche Korrespondenz, nebst sonstigen Schriftstücken, Buchdruckereibesitzer Schlieder in Leipzig-Reudnitz als Zeuge.

Beantragt wird

in Gemäßheit der Anklage das Hauptverfahren gegen Friedrich, Conradi, Walloth und Sittenfeld vor der Strafkammer des Königlichen Landgerichts zu eröffnen,

dagegen zu II. und III. Friedrich außer Verfolgung zu setzen.

Leipzig, am 15. Februar 1890.

Königl. Staatsanwaltschaft.

[...]

Der Prozeß gegen drei Autoren der naturalistischen Bewegung und ihren Verleger war nach dem Verbot des »Jungen Deutschland« von 1835 der zweite große Literaturprozeß im 19. Jahrhundert. Es gab zwar in Deutschland nach der Reichsgründung seit 1874 ein Reichspressegesetz, das im § 1 die »Freiheit der Presse« erstmals als gesetzliche Formulierung enthielt. Darüberhinaus war auch in der Preußischen Verfassung die freie Meinungsäußerung in »Wort, Schrift, Druck und bildlicher Darstellung« in § 27 verankert und die Zensur aufgehoben. Dennoch bot das Reichspressegesetz noch zahlreiche Möglichkeiten zu staatlicher Kontrolle und zu Sanktionen gegenüber oppositionellen Druckerzeugnissen und ihren Verbreitern. Darüberhinaus erlaubte auch das Strafgesetzbuch den Behörden nicht nur gegen die Verbreitung unliebsamer Druckerzeugnisse einzuschreiten sondern, wie der ob. dok. Artikel zeigt, sogar die strafrechtliche Verfolgung der Autoren und Verleger. Darüberhinaus verschärfte das Sozialistengesetz, das 1878 erlassen wurde, die Situation für Druckerzeugnisse wesentlich. So wurden »in den ersten sechs Monaten der Anwendung des Gesetzes 127 periodische und 287 nicht periodische Publikationen eingezogen, und in den folgenden zehn Jahren erhöhten sich diese Zahlen auf 150 bzw. 1200« (Geschichte des Sozialismus von 1815 bis 1978. Hrsg. v. Jacques Droz. Bd. IV, Frankfurt, Berlin, Wien 1975, S. 33). Die Bedeutung dieser eingeschränkten Freiheitsrechte zeigt sich u.a. indirekt darin, daß in den 80er Jahren zahlreiche junge oppositionelle Autoren Zuflucht bei dem Schweizer Verleger Schabelitz suchten. Aus den Reihen der naturalistischen Literaten veröffentlichten im »Verlags-Magazin J. Schabelitz (Zürich)«: Hermann Bahr, Hermann Conradi, Julius Hillebrand, Karl Henckell, Arno Holz, Franziska v. Kapff-EssentHer, John Henry Mackay, Irma v. Troll-Borostýani, Maurice Reinhold v. Stern. Dennoch wurde die Verbreitung verschiedener Schriften in Deutschland verboten. Auch die Verzögerung beim Erscheinen der ersten Anthologie der naturalistischen Bewegung, den *Modernen Dichter-Charakteren* (1885), sowie der Verlegerwechsel (vgl. Komm. / Dok. 55) sind deutliche Zeichen für das politische Klima, in das die Oppositionsliteratur traf. Auch Zola-Romane wurden in den 80er Jahren in Deutschland beschlagnahmt.

Wilhelm Friedrich, Conrad Alberti u. Wilhelm Walloth wurden wegen Vergehen gegen § 184 und § 166 des Strafgesetzbuches angeklagt. Conradi war noch vor Eröffnung des Hauptverfahrens gestorben.Die §§ 184 und 166 waren die zentralen juristischen Instrumente staatlicher Kommunikationskontrolle trotz Pressefreiheit. § 184 lautete: »Wer unzüchtige Schriften, Abbildungen oder Darstellungen verkauft, verteilt oder sonst verbreitet, oder an Orten, welche dem Publikum zugänglich sind, ausstellt oder anschlägt, wird mit Geldstrafe bis zu 300 Mark oder mit Gefängnis bis zu sechs Monaten bestraft.« § 166 sollte die religiösen Grundlagen des Kaiserreichs sichern: »Wer dadurch, daß er öffentlich in beschimpfenden Äußerungen Gott lästert, ein Ärgernis giebt oder wer öffentlich eine der christlichen Kirchen oder eine andere mit Korporationsrechten innerhalb des Bundesgebietes bestehende Religionsgesellschaft oder ihre Einrichtungen oder Gebräuche beschimpft, ingleichen wer in einer Kirche oder in einem anderen zu religiösen Versammlungen bestimmten Orte beschimpfenden Unfug verübt, wird mit Gefängnis bis zu drei Jahren bestraft.« Die besondere Bedeutung des Leipziger Realistenprozesses bestand darin, daß hier seit dem Vormärz erstmals wieder nicht einzelne Autoren, sondern eine ganze Richtung abgeurteilt werden sollte. Manfred Hellge hat in seiner Untersuchung über die literarhistorische Bedeutung des Leipziger Verlegers Wilhelm Friedrich die besonderen Merkmale gerade auch dieses Prozesses herausgearbeitet. Hellge schreibt: »Zunächst fällt auf, daß die drei inkriminierten Schriften [...] durch das Leipziger Gericht als gemeinsame Sache behandelt wurden. Das hatte nicht nur eine besonders lange Ermittlungs- und Voruntersuchungsphase zur Folge, sondern bündelte auch das Interesse der Öffentlichkeit« (s. Manfred Hellge, *Der Verleger Wilhelm Friedrich und das »Magazin für die Literatur des In- und Auslandes«*. In: *Archiv für Geschichte des Buchwesens, Bd. XVI, 1976*, Sp. 1152f.). Zweitens stellt Hellge fest, daß der Prozeß durch die verschiedenen Wohnorte der Autoren (Berlin, Würzburg und Darmstadt) und den Verlagsort Dresden sowie durch den langen Zeitraum der Voruntersuchungen jeglichen lokalen Charakter verlor (ebd., Sp. 1153). Eine Folge davon war drittens: »Da die ausgelieferten Bücher bis in die kleinste Sortimentsbuchhandlung verfolgt wurden und die Inkrimination weiterer Neuerscheinungen aus dem Hause Friedrich nicht auszuschließen waren, entstand bei Buchhändlern und Bücherkunden eine verständliche Zurückhaltung gegenüber Produktionen des Friedrich-Verlages« (ebd.). Besonders betroffen von diesem Prozeß war der Verleger Friedrich auch durch Hausdurchsuchungen und Beschlagnahmen (u.a. über 200 Briefe Albertis an Friedrich). Und obwohl Friedrich schließlich der einzige war, der freigesprochen wurde, trug der Prozeß mit dazu bei, daß der Verlag Wilhelm Friedrich Anfang der 90er Jahre einen schnellen Niedergang erlitt: »Friedrich hat den Makel des unseriösen Verlegers, der zweifelhafte Schriften gotteslästerlichen und sittenwidrigen Inhalts verbreitete, nicht wieder verloren. Und der größere Teil seiner wichtigen Autoren der achtziger Jahre hat den Zugang zu einem breiteren Publikum nicht mehr gefunden. Die innere Auflösung der ›Friedrich-Clique‹, die Trennung des Berliner vom vorher dominierenden Münchener Naturalismus und die Folgen des Realistenprozesses haben durch ihre fast gleichzeitige Wirkung die literarische und buchhändlerische Substanz des Naturalismus zerstört. Reduzierte Produktion, Wechselgeschäfte, Veruntreuung durch Firmenangehörige, sinkender Absatz kennzeichnen die Verlagsentwicklung nach 1890« (ebd., Sp. 1155). Die ruinöse Wirkung des Prozesses auf Wilhelm Friedrich bedeutete, daß damit der »Nerv« der literarischen Oppositionsbewegung getroffen worden war. Denn Friedrich war »der maßgebende Verleger des *frühen* Naturalismus [...] Nicht nur im Kontext der unter seinem Namen publizierten und von seiner Arbeit wesentlich mitgeprägten Jahrgänge des ›Magazins‹ und der ›Gesellschaft‹ hat er Literaturgeschichte gemacht. Mit seinem Verlag sind so viele Schriftsteller, Publikationen, Ereignisse und Entwicklungen, sind so viel Literatur und literarisches Leben jener Zeit verbunden, daß Friedrichs verlegerisches Werk als eine literarhistorische Hauptquelle der achtziger Jahre zu gelten hat« (s. ebd., Sp. 1164).

Hellge kommt zu dem Schluß, daß das Strafmaß der am 27. 11. 1890 verkündeten Urteile (Friedrich wurde freigesprochen, Walloth erhielt eine Geldstrafe von 150 Mark und Alberti die nach § 184 mögliche Höchststrafe von 300 Mark) zeige, »daß der ungeheure Aufwand der Ermittlungen und Voruntersuchungen den Initiatoren des Prozesses wesentlich wichtiger war als die Hauptverhandlung selbst...« (s. ebd., Sp. 1154).

75

»Im Namen des Königs…« [Urteil in der Verwaltungsstreitsache des Theaterdirektors Dr. Oskar Blumenthal und des Schriftstellers Otto Erich Hartleben gegen den Königlichen Oberpräsidenten der Provinz Brandenburg das Schauspiel »Hanna Jagert« betreffend]. In: Richard Grelling: *Streifzüge. Gesammelte Aufsätze.* Berlin (Bibliographisches Bureau) 1894, S. 242–252.

Im Namen des Königs.

In der Verwaltungsstreitsache

1. des Theaterdirektors Dr. Oskar Blumenthal, 2. des Schriftstellers Otto Erich Hartleben,
   beide zu Berlin, Kläger,

wider

den Königlichen Oberpräsidenten der Provinz Brandenburg, Beklagten,

hat das Königliche Oberverwaltungsgericht, Dritter Senat, in seiner Sitzung vom 1. December 1892,

an welcher der Senats-Präsident, Wirkliche Geheime Oberregierungsrath Rommel und die Oberverwaltungsgerichtsräthe: Richter, Kunze, Waldeck und Schultzenstein Theil genommen haben,

für Recht erkannt,

daß der Bescheid des Beklagten vom 30. April 1892 und die durch denselben aufrecht erhaltene Verfügung des Königlichen Polizei-Präsidenten zu Berlin vom 16. März 1892 aufzuheben, der Werth des Streitgegenstandes auf 3000 Mark festzusetzen und die Kosten dem Beklagten zur Last zu legen, das Pauschquantum jedoch außer Ansatz zu lassen.

Von Rechts Wegen.

Gründe.

Der Schriftsteller Hartleben ist Verfasser eines: »Hanna Jagert« betitelten Schauspiels in drei Akten, dessen Inhalt im Wesentlichen folgender ist: Hanna Jagert, die Tochter eines Maurer-poliers in Berlin, ist die Braut eines beim Beginn des Stückes im März 1888 zwei Jahre inhaftirt gewesenen, in Folge einer Begnadigung aus dem Gefängnisse entlassenen Sociale-mokraten, des Schriftsetzers Konrad Thimme. Sie war früher auch dessen eifrige Parteigenos-sin gewesen und hatte sich viel am socialdemokratischen Parteitreben betheiligt. Während der Abwesenheit des Konrad Thimme hat sie sich aber hiervon vollständig zurückgezogen. In Folge der Mittheilung ihrer Kousine Lieschen Bode, daß sie mit einem Herrn in einer Kutsche spazieren gefahren sei, kommt es, als Konrad Thimme, von Gesinnungsgenossen geleitet, sie in der Jagertschen Wohnung aufsucht, zu einem heftigen Auftritte, bei dem Hanna Jagert zugiebt, mit dem Fabrikbesitzer Dr. Könitz gefahren zu sein, und nach dem sie die Wohnung

ihrer Eltern, welche sie nicht verständen, verläßt. Im September 1890, zu welcher Zeit der
zweite Akt spielt, ist Hanna Jagert Inhaberin eines schwunghaften Konfektionsgeschäfts, bei
dessen Einrichtung der Dr. Könitz sie unterstützt hatte. Der Großonkel des Freiherrn Bernhard von Vernier, welch' Letzterer Hanna Jagert durch den Dr. Könitz kennen gelernt hat
und sie liebt, sucht Hanna Jagert auf, weil er eine Mesalliance zwischen dieser und seinem
Großneffen befürchtet, wird aber von Hanna Jagert durch die Versicherung beruhigt, daß sie
nicht den Ehrgeiz habe, Freifrau von Vernier zu werden. Zur Zeit des dritten Aktes, März
1891, kommt Konrad Thimme, der aus Eifersucht auf den Dr. Könitz geschossen hatte und
nach Amerika geflohen war, zurück, weil ihm mitgetheilt worden war, daß Hanna Jagert die
Mätresse eines Grafen – es ist der Freiherr Bernhard von Vernier gemeint – geworden sei, und
um dieselbe deshalb zur Rechenschaft zu ziehen. Nach einer Auseinandersetzung sieht er
jedoch ein, daß er sowohl der Hanna Jagert als auch vorher dem Dr. Könitz Unrecht gethan
habe. Der Letztere ist bereits früher zu der Ueberzeugung gelangt, daß Hanna Jagert nicht
mehr ihn, sondern den Freiherrn Bernhard von Vernier liebe, und hat auf Hanna Jagert
verzichtet. Diese giebt schließlich dem Drängen des Freiherrn von Vernier, den sie in der That
liebt und von dem sie schwanger ist, nach und willigt darin, dessen Frau zu werden.

Im März 1892 wurde das Stück von der Direktion des Lessingtheaters in Berlin dem
Königlichen Polizei-Präsidium daselbst mit dem Antrage vorgelegt, es mit dem Censurver-
merk zu versehen. Das Königliche Polizei-Präsidium theilte jedoch unter dem 16. März 1892
der Direktion mit, daß die Erlaubniß zur öffentlichen Aufführung des Schauspiels aus sitten-
und ordnungspolizeilichen Gründen versagt werde; Anlaß zu diesem Verbote gäben insbesondere der Inhalt des ersten Aktes sowie Theile des dritten Aktes. Auf die rechtzeitig von dem
Direktor Blumenthal eingelegte Beschwerde, in welcher bemerkt wurde, daß der Verfasser
bereit sei, gewisse, näher bezeichnete Streichungen vorzunehmen, und gebeten wurde, wenigstens nach Ausscheidung der gestrichenen Stellen die Aufführung zu genehmigen, ertheilte der
Beklagte am 30. April 1892 den Bescheid, daß er sich außer Stande sehe, das erlassene
Aufführungsverbot aufzuheben. Wenn auch ein Theil der Bedenken, welche zu der angefochtenen Verfügung geführt hätten, durch die vorgenommenen Abänderungen beseitigt sei, so
stehe doch die von der Titelheldin in ihren Worten und Handlungen vertretene »Philosophie
des freien Menschenthums« in einem solchen Widerspruche mit den die Grundlagen unserer
Staats- und Gesellschaftsordnung bildenden Sittengesetzen, daß von der Aufführung des
Schauspiels mit Recht eine Gefährdung der öffentlichen Sittlichkeit zu befürchten sei. Es
müsse daher bei der polizeilichen Verfügung vom 16. März 1892 bewenden bleiben.

In der gegen diesen Bescheid rechtzeitig erhobenen Klage ist beantragt, unter Aufhebung
der Verfügungen vom 16. März und 30. April 1892 den Beklagten zu verurtheilen, die Erlaubniß zur öffentlichen Aufführung des Schauspiels »Hanna Jagert«, mindestens unter Berücksichtigung der vorgenommenen Streichungen und Abänderungen, zu ertheilen.

Die angefochtene Verfügung vom 16. März 1892 stütze sich auf die Polizeiverordnung vom
10. Juli 1851. Diese aber verstoße gegen den Artikel 27 der Verfassungsurkunde und sei
deshalb rechtsungültig. Selbst wenn man sich aber auf den Boden der Polizeiverordnung

stelle, sei das Verbot des Schauspiels nicht begründet. Dei von dem Königlichen Polizei-Präsidenten geltend gemachten *ordnungspolizeilichen* Gründe seien in dem Bescheide des Beklagten nicht erwähnt. Es müsse daher angenommen werden, daß der Beklagte nur aus *sittenpolizeilichen* Gründen das Verbot aufrecht erhalte. Es könne aber weder in der episodischen Gestalt der Lieschen Bode, an welcher der Beklagte übrigens keinen Anstoß mehr zu nehmen scheine, noch in den Ansichten und Handlungen der Titelheldin Hanna Jagert etwas gefunden werden, dessen Anschauung auf der Bühne zur Gefährdung der öffentlichen Sittlichkeit geeignet sei. Wenn bereits die Vorführung einer Frauennatur mit eigenartigen Ansichten, die mit denen des Verfassers keineswegs übereinzustimmen brauchten, die Gefahr begründen sollte, daß Andere, die sie auf der Bühne sehen, angesteckt und zu gleichen Handlungen verleitet werden könnten, so wäre die Konsequenz die, daß eigenartige Naturen, die sich abweichend von der Heerstraße selbständig ihren Weg bahnen, überhaupt nicht mehr auf die Bühne gebracht werden dürften, sondern nur noch Durchschnittsmenschen mit Durchschnittsansichten, und daß selbst Stücke wie Wallenstein, Faust, Romeo und Julia, Richard der Dritte sittengefährlich wären. Es sei ein Widerspruch, wenn eine »Kameliendame«, »Cyprienne«, »eine Marquise«, »eine arme Löwin« und wie all die verderbten französischen Geschöpfe heißen möchten, jahraus jahrein über die Bretter der hauptstädtischen Bühnen gehen dürften, nicht aber die ernste, herbe, tüchtige und thätige Hanna Jagert. Vor Allem aber sei außer Acht gelassen, daß Hanna Jagert sich in dem Stücke selbst von der »Philosophie des freien Menschenthums« lossage und den Rückweg zu den legitimen Gesellschaftsformen durch ihr Verlöbniß mit dem Freiherrn von Vernier finde.

Der Beklagte hat

die Abweisung der Klage

beantragt. Es bestehe in Preußen eine sittenpolizeiliche Theater-Censur, und das erlassene Verbot sei daher rechtlich zulässig. In thatsächlicher Beziehung sei die Annahme der Kläger richtig, daß die Bedenken, welche in der tummultuarischen Zurückführung des begnadigten Socialdemokraten Konrad Thimme und in der Zeichnung der Figur der Lieschen Bode gefunden worden, durch die vorgenommenen Streichungen beseitigt seien. Nicht beseitigt seien jedoch die Anstände, welche in der vom Dichter beliebten Gestaltung der Titelrolle lägen. Der Dichter suche nicht ohne Geschick den Zuschauer für seine Heldin durch die Schilderung ihrer Selbständigkeit und ihrer mittelst eigenen Fleißes und eigener Strebsamkeit erreichten Unabhängigkeit so zu erwärmen, daß der sittliche Defekt derselben als eine selbstverständliche und berechtigte Eigenthümlichkeit dieses unabhängigen Charakters erscheinen solle. Es könne keinem Zweifel unterliegen, daß das Verhältniß der Hanna Jagert mit dem Dr. Könitz und ebenso das mit dem Freiherrn von Vernier geschlechtlicher Natur sei. Das gewählte Problem sei zwar mit einer gewissen Decenz behandelt; auch solle von Seiten der Polizei nicht der Standpunkt vertreten werden, jede Darstellung eines außerehelichen Geschlechtsverhältnisses der Bühne zu verschließen. Wohl aber müßten Werke der Kunst, die sich in Widerspruch mit den herrschenden allgemeinen Anschauungen von Anstand und Sitte setzten, von der Bühne ferngehalten werden. In der Figur der Hanna Jagert würden die

Grundsätze von der freien Liebe, wie sie die Socialdemokratie lehre, verkörpert. Durchaus unzutreffend sei die Behauptung der Kläger, daß die Heldin des Stücks sich schließlich von der »Philosophie des freien Menschenthums« lossage. Vielmehr ließen ihre Aeußerungen, auch nach Vornahme der zugestandenen Streichungen, darüber keinen Zweifel, daß sie an der ihrerseits bethätigten und offen bekannten Ueberzeugung, die freie Hingabe der Frau sei sittlich, die durch die Eheschließung eintretende Bindung aber unsittlich, bis zum Schlusse festhalte und die gegentheilige Ueberzeugung ihres Geliebten als ein Vorurtheil belächele. Somit stelle sich das Stück als eine Apologie der freien, d. i. der eheverächterischen Liebe des Weibes dar, sein Einfluß könne nur ein sittenverderblicher sein; zum mindesten erscheine es geeignet, das Sittlichkeits- und Schamgefühl eines anständigen Publikums gröblich zu verletzen.

Daß es übrigens dem Verfasser darauf angekommen sei, durch sein Stück die Berechtigung gerade der socialdemokratischen Lehren über Ehe und freie Liebe nachzuweisen, ergebe sich auch daraus, daß der Name seiner Titelheldin und deren Schicksale denen einer in der socialdemokratischen Bewegung während der Jahre 1886–1889 hervorgetretenen Mäntelnäherin, Namens Johanna Jagert, nachgebildet seien, die die Braut des wegen Vergehens gegen die öffentliche Ordnung mehrfach bestraften Agitators, des Buchbinders Janiscewski, gewesen und, nachdem Letzterer sein Verhältniß mit ihr wegen Untreue gelöst und sie ihre Betheiligung an der socialdemokratischen Bewegung aufgegeben habe, jetzt in London als Frau eines jüdischen Finanziers lebe.

Die Kläger haben zugegeben, daß die Titelheldin sowohl mit dem Dr. Könitz wie mit dem Freiherrn von Vernier intime geschlechtliche Beziehungen unterhalte, und daß die wirklich existirende Johanna Jagert als Modell gedient habe. Ersteres geschehe aber nicht aus einem wechselnden sinnlichen Triebe, sondern aus Neigung, aus Liebe, somit zwar nicht im vollen Einklange mit den Sittengesetzen unserer Gesellschaft, aber doch noch nicht in unsittlicher Weise. Dasjenige, was aus dem Stücke entnommen werden könne, sei höchstens, daß ein freier Herzensbund *unter Umständen* sittlich sein könne, keineswegs aber, daß *nur* ein solcher Bund sittlich, der legitime Ehebund unsittlich sei. Der Gedankeninhalt des Stücks sei also nicht eine Apologie der freien, d. i. der eheverächterischen Liebe des Weibes, sondern die Zulassung auch einer illegitimen, auf Herzensneigung beruhenden Verbindung unter gewissen, gerade bei Hanna Jagert vorliegenden socialen und seelischen Verhältnissen. Die Benutzung der wirklich existirenden Johanna Jagert, die übrigens ihr Verhältniß mit Janiszewski ihrerseits gelöst habe – nicht umgekehrt – und mit einem ehrsamen Schneidergesellen – nicht einem jüdischen Finanzier – verheirathet sei, könne keinen Einfluß auf die Würdigung des Stücks haben.

In der mündlichen Verhandlung haben die Kläger den gestellten Klageantrag dahin erläutert, daß sie in erster Linie die Erlaubniß zur Aufführung des Stücks in seiner ursprünglichen Fassung betreiben und nur in zweiter Linie die vorgenommenen Streichungen und Abänderungen berücksichtigt wissen wollten.

Es war, wie geschehen, zu erkennen.

Nach § 10, Titel 17, Theil II des Allgemeinen Landrechts und § 6 des Gesetzes über die Polizeiverwaltung vom 11. März 1850 gehört es zu den Aufgaben der Polizei, gegen eine dem Publikum oder dessen Mitgliedern drohende Gefahr der öffentlichen Ordnung oder Sittlichkeit einzuschreiten. Wodurch dabei die Gefährdung verursacht wird, ist, da insoweit keine grundsätzliche Beschränkung getroffen ist, an sich ohne Bedeutung. Das Recht der Polizei zum Einschreiten ist daher auch gegeben, wenn Ursache der Gefährdung der Ordnung oder der Sittlichkeit die öffentliche Aufführung eines Schauspiels ist. *Etwas Anderes könnte nur gelten, falls die Befugnisse der Polizei gegenüber der öffentlichen Aufführung eines Schauspiels durch besondere Vorschriften begrenzt wären.*

Dies ist nicht der Fall, insbesondere enthalten weder die Reichsgewerbeordnung oder das Reichsgesetz über die Presse vom 7. Mai 1874 solche Vorschriften, *noch ist* in der von den Klägern behaupteten Weise durch Artikel 27 der Verfassungsurkunde *das Recht der Polizei beschränkt.*

Der § 1 der Reichsgewerbeordnung, welcher das Princip der Gewerbefreiheit zum Ausdruck bringt, bezieht sich nur auf die persönliche Zulassung zum Gewerbebetrieb. Er schließt in keiner Weise polizeiliche Anordnungen aus, welche die Ausübung der Gewerbe, namentlich im Interesse der öffentlichen Ordnung oder Sittlichkeit, regeln (Entscheidungen des Oberverwaltungsgerichts Band II Seite 392, 393; Band XVIII Seite 308, 309), und es ist anerkannt, daß die polizeilichen Anordnungen auch bei Ertheilung der im § 32 der Gewerbeordnung gedachten Erlaubniß zum Betriebe des Gewerbes als Schauspielunternehmer zulässig bleiben (vergl. z.B. die Kommentare zur Gewerbeordnung von Berger, 11. Auflage, Seite 32, Anmerkung zu § 32, von Kayser, 2. Auflage, Seite 38 Anmerkung 5 zu § 32 und von Landmann Seite 115 zu § 32, sowie das Urtheil des Kammergerichts vom 31. Januar 1884 im Jahrbuch für Entscheidungen desselben Band 4 Seite 249).

Das durch das Reichsgesetz über die Presse gewährleistete *Recht der Preßfreiheit gilt nur für Erzeugnisse der Buchdruckerpresse* und für andere, durch mechanische oder chemische Mittel bewirkte, zur Verbreitung bestimmte Vervielfältigungen von Schriften, bildlichen Darstellungen und Musikalien (§ 1).

Ebenso umfaßt der Artikel 27 der Verfassungsurkunde:

»Jeder Preuße hat das Recht, durch Wort, Schrift, Druck und bildliche Darstellung seine Meinung frei zu äußern.

Die Censur darf nicht eingeführt werden; jede andere Beschränkung der Preßfreiheit nur im Wege der Gesetzgebung«

nicht die öffentliche Aufführung eines Schauspiels. Diese fällt unter keine der im Abs. 1 des Art. 27 aufgezählten vier Arten der Meinungsäußerung. Der Annahme der Kläger, daß der Art. 27 Abs. 1 alle Formen, seine Meinung zu äußern, habe erschöpfen sollen, steht der klare Wortlaut entgegen, und sie findet in der Entstehungsgeschichte der Vorschrift keine Bestätigung. Auch kann nicht zugegeben werden, daß eine öffentliche Aufführung weniger gefährlich sei, als eine Verbreitung durch Wort, Schrift, Druck oder Bild, und der Schluß, daß die erstere statthaft sein müsse, weil die letztere gestattet sei, ist unzulässig. Die im Abs. 2 des

Art. 27 ausgesprochene Aufhebung der Censur aber kann nicht zu einer Beschränkung der polizeilichen Befugniß zum Einschreiten gegen die Aufführung eines Stücks aus sittenpolizeilichen oder ordnungspolizeilichen Gründen führen, *weil unter der Censur* im Abs. 2 *lediglich die Bücher-Censur zu verstehen ist*, die mit der Preßfreiheit im engsten Zusammenhange steht. Der Absatz 2 bringt dies klar zum Ausdruck, indem er neben der Censur »jede andere Beschränkung der Preßfreiheit« nennt, also selbst die Censur als eine Beschränkung der Preßfreiheit bezeichnet. Mit der Bücher-Censur, d. i. mit der Einrichtung, wonach jede Vervielfältigung durch den Druck von einer Erlaubniß abhängt, hat das Einschreiten gegen die öffentliche Aufführung eines Stücks im Interesse der öffentlichen Ordnung oder Sittlichkeit so wenig zu thun, wie mit der Preßfreiheit.

Hiernach ist die Polizei berechtigt, sowohl im einzelnen Falle die öffentliche Aufführung eines Theaterstücks aus ordnungs- oder sittenpolizeilichen Gründen zu verbieten, als auch zur Sicherung eines solchen Verbots allgemeine Anordnungen dahin zu treffen, daß vor der öffentlichen Aufführung jedes Stück zur Prüfung vorzulegen ist, ob seiner Aufführung ordnungs- oder sittenpolizeiliche Gründe entgegenstehen und deshalb die Aufführung nicht zu erlauben ist. Die von dem Königlichen Polizei-Präsidium zu Berlin unter dem 10. Juli 1851 erlassene Polizeiverordnung, öffentliche Theater und ähnliche Vorstellungen betreffend, ist daher jedenfalls insoweit rechtsgültig, als sie dem Unternehmer einer öffentlichen Theater-Vorstellung die Pflicht auferlegt, die Erlaubniß zur Veranstaltung der Vorstellung unter Angabe der zur Aufführung bestimmten Zeit zeitig bei dem Königlichen Polizei-Präsidium schriftlich nachzusuchen und dem Gesuche, wenn nicht in einzelnen Fällen eine Ausnahme hiervon aus besonderen Gründen gestattet wird, das zur Aufführung bestimmte Stück in zwei gleichlautenden Exemplaren beizufügen (§ 5), und ferner bestimmt, daß das Königliche Polizei-Präsidium demnächst prüft, ob nach den hierüber vorhandenen Bestimmungen sitten- oder ordnungspolizeiliche Bedenken der beabsichtigten Vorstellung entgegenstehen, und je nach Befund die Erlaubniß ertheilen, versagen oder von Erfüllung gewisser Bedingungen abhängig machen wird (§ 7). Ob die Verordnung auch im Uebrigen rechtsgültig ist, hat für die vorliegende Streitsache keine Bedeutung und kann daher auf sich beruhen bleiben.

Daß in solcher Weise eine polizeiliche Theater-Censur zu Recht besteht, ist für Preußen und unter besonderer Berücksichtigung der Polizeiverordnung vom 10. Juli 1851 bei der Verhandlung über den aus der Novelle vom 15. Juli 1880 zur Gewerbeordnung herstammenden § 32 der Reichsgewerbeordnung im Reichstage von dem Berichterstatter (dem Abgeordneten Freiherrn von Soden) und einem zweiten Redner zur Sache (dem Abgeordneten Richter-Hagen) ausdrücklich und unbeanstandet ausgesprochen worden (Verhandlungen des deutschen Reichstags von 1880 Seite 920 und 927) und hat später auch noch wieder in der Begründung zum § 3 des Gesetzes, betreffend die Einführung der Gewerbeordnung in Elsaß-Lothringen, vom 27. Februar 1888 (Reichsgesetzblatt Seite 57), und zwar ohne bei der Berathung im Reichstage Widerspruch zu finden, Ausdruck erhalten (Drucksachen des deutschen Reichstags 1887/88 No. 30 Seite 8).

Die von dem Königlichen Polizei-Präsidium am 16. März 1892 ausgesprochene, auf sitten-

und ordnungspolizeiliche Gründe gestützte Versagung der von der Direktion des Lessing-Theaters in Gemäßheit der Polizeiverordnung vom 10. Juli 1851 nachgesuchten Erlaubniß zur öffentlichen Aufführung des Schauspiels: »Hanna Jagert« beruht somit nicht auf unrichtiger Anwendung des bestehenden Rechts, und die Anfechtung der Verfügung vom 16. März 1892 und des Bescheides des Beklagten vom 30. April 1892 aus § 127, Abs. 3, No. 1 des Gesetzes über die allgemeine Landesverwaltung ist nicht gerechtfertigt.

Dagegen ist den Klägern darin beizutreten, daß die thatsächlichen Voraussetzungen nicht vorhanden sind, welche das Königliche Polizei-Präsidium zum Erlasse der Verfügung vom 16. März 1892 berechtigt haben würden (§ 127, Abs. 3, No. 2 a. a. O.), also eine Gefährdung der öffentlichen Ordnung oder Sittlichkeit durch die Aufführung des Schauspiels nicht zu besorgen ist.

Daß die Aufführung keine Gefahr für die *öffentliche Ordnung* begründet, hat selbst der Beklagte für den Fall anerkannt, daß die von den Klägern bezeichneten Aenderungen des Stücks vorgenommen würden. Es ist aber auch ohne diese Aenderungen anzunehmen. Namentlich erscheinen die Scene, in welcher der aus dem Gefängnisse zurückkehrende Konrad Thimme von seinen socialdemokratischen Parteigenossen in die Jagertsche Wohnung geleitet wird, und dessen Gespräch mit dem Maurerpolier Jagert über socialdemokratische Ansichten noch nicht geeignet, die öffentliche Ordnung zu stören.

Anlangend die Gefährdung *der Sittlichkeit*, so kann nicht mit dem Beklagten in dem Stück »Hanna Jagert« eine Apologie der sogenannten freien Liebe des Weibes gefunden werden. Dies wird schon durch den Ausgang des Schauspiels, wonach die Idee der freien Liebe, soweit sie überhaupt vertreten ist, nicht den Sieg davon trägt, ausgeschlossen. Auch sind die Art und Weise, wie der Verfasser seine Titelheldin die Idee der freien Liebe vertreten und bethätigen läßt, und die Gründe, weshalb nicht jene Idee, sondern das Princip der Ehe zur schließlichen Geltung und Anerkennung gelangt, und unter denen offenbar die Rücksicht auf das Kind, welches Hanna Jagert von dem Freiherrn Bernhard von Vernier unter dem Herzen trägt, der hauptsächlichste ist, nicht geeignet, das Stück zu einer Apologie der freien Liebe zu machen. Daß aber die Ansichten und Handlungen der Titelheldin theilweise mit dem Sittengesetze nicht übereinstimmen, gefährdet noch nicht die öffentliche Sittlichkeit. Denn die Darstellung der Titelheldin ist im Wesentlichen rein objektiv gehalten. Sie wird namentlich nicht etwa deshalb, weil sie jene Ansichten hat und jene Handlungen vornimmt, als Muster oder Vorbild hingestellt.

Auch die Einzelheiten des Stücks enthalten, trotzdem manche nicht unbedenklich sind, noch nichts Sittengefährliches. Das gilt zunächst von der episodischen Figur der Lieschen Bode. Diese ist allerdings nicht blos, wie die Kläger aufstellen, ein Arbeitermädchen, das nebenbei »ein Verhältniß« hat, sondern eine liederliche Dirne gewöhnlicher Art; aber sie ist doch nicht in einer Weise gezeichnet, daß sie auf der Bühne zu sehen und zu hören schon der Sittlichkeit schaden kann. Sie ist augenscheinlich in das Stück aufgenommen, um das unter ähnlichen Verhältnissen so wesentlich andere und bessere Verhalten der Hanna Jagert schärfer hervortreten zu lassen. Ihr Thun und Treiben ist daher mehr geeignet, Entrüstung und

Verachtung, als Nachahmung oder Billigung zu finden. Der Beklagte nimmt denn auch, wenigstens nach Ausführung der Streichungen, gleichfalls die Ungefährlichkeit der Figur der Lieschen Bode an.

Im Uebrigen können als das Sittlichkeits- und Schamgefühl der Zuschauer zu verletzen geeignete Vorgänge nur noch in Betracht kommen die von den Klägern selbst zugegebene Thatsache eines geschlechtlichen Verkehrs zwischen Hanna Jagert und dem Dr. Könitz, später dem Freiherrn Bernhard von Vernier und die hierauf bezüglichen Andeutungen im Stück, die Besuche Beider bei der allein wohnenden Hanna Jagert spät Abends, die von den Betheiligten nicht als etwas Auffallendes angesehen werden – der Dr. Könitz hat sogar einen Schlüssel zu der Wohnung – und von denen ein Besuch der Phantasie nahe legt, sich vorzustellen, daß bei ihm eine geschlechtliche Vereinigung der Hanna Jagert und des Freiherrn von Vernier stattfinden und durch das Fallen des Vorhangs verdeckt wird, und die verhüllte Erklärung der Hanna Jagert am Schlusse des Stücks, von dem Freiherrn von Vernier schwanger zu sein. Alles das aber tritt wenig hervor und ist nach dem eigenen Anerkenntnisse des Beklagten mit Decenz behandelt. Auch in soweit kann daher eine Gefahr für die Sittlichkeit nicht als mit der Aufführung verbunden angenommen werden.

Sind demnach die ordnungs- und sittenpolizeilichen Gründe, aus denen die Erlaubniß zur Aufführung versagt worden ist, nicht vorhanden, so mußten der Bescheid des Beklagten vom 30. April 1892 und die hierdurch aufrecht erhaltene Verfügung des königlichen Polizei-Präsidenten zu Berlin vom 16. März 1892 aufgehoben werden. Das Anerbieten von Aenderungen des Stücks und der hieran geknüpfte eventuelle Klageantrag erledigen sich damit und es kann dahingestellt bleiben, ob jenes Anerbieten nicht schon deshalb unberücksichtigt zu lassen gewesen wäre, weil es noch nicht gemacht war, als die Verfügung vom 16. März 1892 erging, und weil lediglich über die Rechtmäßigkeit dieser Verfügung zu befinden ist.

Die Bestimmung wegen der Kosten beruht auf den §§ 103 und 107 Nr. 1 des Landesverwaltungsgesetzes.

Urkundlich unter dem Siegel des königlichen Oberverwaltungsgerichts und der verordneten Unterschrift.   Rommel

Die eigentliche Bedeutung des ob. dok. Urteils des Preußischen Oberverwaltungsgerichtes vom 1. 12. 1892 bestand weniger in der Freigabe des Schauspiels *Hanna Jagert* für das Berliner Lessing-Theater unter der Leitung von Oskar Blumenthal (1852–1917, Theaterkritiker, Herausgeber literarischer Zeitschriften, erfolgreicher Lustspielautor, gründete 1888 das Lessing-Theater, das er bis 1897 leitete und später an Otto Brahm übergab). Dieses Urteil hatte vielmehr weitreichende Auswirkungen für die Theaterentwicklung in den 90er Jahren (und darüberhinaus bis 1918), weil hier gerichtlich die gesetzliche Grundlage der Theaterzensur noch einmal bekräftigt wurde (vgl. auch Dok. 76, 77). Mit diesem Urteil wies das Oberverwaltungsgericht alle Bestrebungen zurück, die nach Aufhebung des Sozialistengesetzes 1890 auch auf eine Lockerung oder Abschaffung der Theaterzensur drängten. Auch Blumenthal hatte gegen das Aufführungsverbot u.a. mit der Begründung geklagt, daß die polizeiliche Verbotsverfügung gegen die Verfassung verstoße (s. Dok. 75). Bei einer Umfrage zum Problem der Theaterzensur, welche die *Deutsche Dichtung* 1892 veranstaltete und zu der Stellungnahmen von Heinrich Bulthaupt, Adolphe L'Arronge, Ludwig Barnay, Ludwig Fulda, J. Kohler, Paul Heyse, Ernst Wichert, Max Bernstein, Eduard Devrient und Paul Lindau eingingen, zeigte sich, daß zwar der verfassungsmäßige Rechtszustand überwiegend als umstritten eingeschätzt wurde, daß aber eine Präventivzensur für das Theater durchaus als berechtigt anerkannt wurde. Lediglich Fulda, Paul Heyse und der Jurist Kohler lehnten eine Sonderkontrolle für das Theater ab.

Das Oberverwaltungsgericht »klärte« im Fall »*Hanna Jagert*« die Rechtslage höchstrichterlich und bekräftigte die Gültigkeit der Polizeiverordnung vom 10. Juli 1851, wonach jede öffentliche Theatervorführung vom Polizeipräsidium zu genehmigen blieb. Lediglich Theateraufführungen vor geladenen Gästen oder Vereinsmitgliedern, also nicht-öffentliche Veranstaltungen, waren von der Zensur ausgenommen. Dies wurde ein wichtiger Grund für die Konstituierung der Theatervereine Freie Bühne (1889) sowie der Freien Volksbühnen (s. die Dok. 50 u. 52). Allerdings fand die Polizeibehörde auch hier Möglichkeiten, die Arbeit des Vereins Freie Volksbühne empfindlich zu stören. Ab April 1891 wurde der Verein damit bedroht, daß er durch das Polizeipräsidium zu einem »öffentlichen« oder sogar zu einem »politischen« Verein erklärt würde. Bereits die Erklärung zu einem »öffentlichen« Verein, d.h. einem Verein, der die »Einwirkung auf öffentliche Angelegenheiten« bezweckte, hätte den Verein der Theaterzensur wieder unterworfen. Nach mehreren polizeilichen Verfügungen gegen die Freie Volksbühne entschied das Oberverwaltungsgericht schließlich am 24. Januar 1896, daß in den Veranstaltungen der Freien Volksbühne die Öffentlichkeit hergestellt werde, daher auch die Aufführung unzensierter Stücke eine »strafbare Störung der öffentlichen Ordnung« sei. Die Umsturzvorlage war 1895 im Reichstag gescheitert (s. Dok. 54), die eine Verschärfung staatlicher Kontrolle auch gegenüber den Theatern ermöglicht hätte. Dafür wurden, wie hier im Fall der Freien Volksbühne, bestehende Polizeivorschriften restriktiver ausgelegt.

76

[Anonym]: *Die Theatercensur in Berlin.* Aus: *Berliner Börsen-Courier.* Morgen-Ausgabe, No. 113. v. 8. März 1893.

Gestern hat vor dem Bezirksausschuß in Berlin die Verhandlung in Sachen des Schriftstellers Gerhart Hauptmann, vertreten durch den Rechtsanwalt Dr. Richard Grelling, wider den königlichen Polizeipräsidenten von Berlin Freiherrn von Richthofen wegen Aufhebung der Polizeiverfügung vom 4. Januar, betreffend das Verbot der Aufführung der »Weber«, stattgefunden. Das Ergebniß der Verhandlung war, wie wir bereits in der vorigen Ausgabe mitgetheilt haben, daß die polizeiliche Verfügung, welche die Aufführung der »Weber« im Deutschen Theater zu Berlin untersagte, aufrecht erhalten wurde. Die Angelegenheit wird somit noch das Oberverwaltungsgericht beschäftigen und dort endgiltige Erledigung finden.

Der Polizeipräsident Freiherr von Richthofen als Chef der Theater-Censur-Behörde hatte als der beklagte Theil sich auf die Angriffe wider seine Verfügung zu verantworten und that dies in einem Schriftstück, dem wir folgende Stellen entnehmen:

»Was die thatsächlichen Voraussetzungen der angefochtenen Verfügung anlangt, so behandelt das Schauspiel ›Die Weber‹ den Aufstand der Handwerker im Eulengebirge während des Jahres 1844, welcher mit Waffengewalt unterdrückt werden mußte, und in Langenbielau einen blutigen Abschluß fand. In grellen Zügen wird geschildert, wie die armselige Weberbevölkerung trotz angestrengtester und gesundheitzerstörender Arbeit den kärglichen Lebensunterhalt nicht mehr erwerben kann. Nicht sowohl der – nur nebensächlich behandelte –

Umstand, daß in einigen Fabriken mechanische Webstühle eingeführt worden, sondern die gewissenlose Habsucht der reichen Arbeitgeber ist als die Ursache des bis zur Unerträglichkeit gesteigerten Elendes der Arbeiterschaft hingestellt. Männer und Weiber dulden stumpf, daß die Fabrikangestellten auf's roheste ihrer Noth spotten und ihnen bei der Abnahme der Arbeit den Bettellohn noch durch schmutzige Geschäftskniffe schmälern. Ungehört sind die Klagen verhallt, welche die Weberschaft in ihrer höchsten Bedrängniß an die Regierung gerichtet hat; von den niederen Beamten, dem Förster, dem Gendarmen, dem Polizeiverwalter wird den Unterdrückten mit Hohn und Härte begegnet, auch der Ortsgeistliche ist für ihre Klagen taub. Nicht *ein* mittleidiges Herz schlägt in den Kreisen der Besitzenden; der einzige, der eine bescheidene Fürsprache für die Nothleidenden wagt, der arme Candidat im Hause des reichen Fabrikanten, wird von diesem alsbald aus seiner Stelle entlassen. Diese Züge zeigen klar, daß das Drama nicht etwa nur die Hartherzigkeit einzelner Besitzender und ihrer Werkzeuge schildert, vielmehr sind alle im Rahmen des Stücks auftretenden Besitzenden als die brutalen Ausbeuter der Arbeiterschaft hingestellt, und es ist, da doch nach der Darstellung des Stücks die Organe von Staat und Kirche die vollberechtigten Klagen der Ausgebeuteten abgewiesen haben, die ganze Staats- und Gesellschaftsordnung der Zeit, in welcher sich die Handlung abspielt, als des Bestehens unwerth geschildert. Darum erscheint die gewaffnete Erhebung der unterdrückten Arbeiterschaft hier als die unabweisbare Folge der socialen Mißstände, die Betheiligung am Aufstande ist als die Pflicht des tüchtigen Mannes hingestellt. Bezeichnend ist es für diese Auffassung des Autors, daß er den einzigen Arbeiter, der, sich des besseren Lebens im Jenseits getröstend, von Gewaltthätigkeiten abräth und bei der Arbeit bleibt, von der Kugel der Soldaten fallen läßt, welche dann vor den siegreichen Aufständischen die Flucht ergreifen müssen.

Daß ein Stück dieses Inhalts in der Gegenwart auf einen großen theil des hauptstädtischen Publikums eine in hohem Grade aufreizende Wirkung hervorbringen müsse, ist der Censurbehörde zweifellos erschienen, und deshalb hat sie der öffentlichen Aufführung die Genehmigung versagt. [...] Die Beurtheilung, ob das Censurverbot als ein begründetes anzusehen oder nicht, wird lediglich von der Beantwortung der Frage abhängen, ob unter den gegenwärtigen Zeitverhältnissen die Befürchtung begründet ist oder nicht, daß durch die Aufführung des Stückes entweder unmittelbare Störungen der öffentlichen Ordnung hervorgerufen oder doch die Neigung eines Theiles der Bevölkerung zu Auflehnungen wider die öffentliche Ordnung gestärkt werden werde, mag der Autor solches bezweckt haben oder nicht. Diese Frage kann aber nicht etwa schon deshalb in verneinendem Sinne beantwortet werden, weil die in dem Drama geschilderten Ereignisse einer vergangenen Zeit angehören. Vielmehr wird die Befürchtung, daß ein Bühnenstück, welches eine aufrührerische Erhebung aus vergangener Zeit verherrlicht, in der Gegenwart aufreizend wirken werde, in dem Grade begründet erscheinen, als die Annahme gerechtfertigt ist, daß das Publikum – oder ein Theil desselben – die in dem Stücke zur Rechtfertigung des Aufruhrs geschilderten Verhältnisse mit den gegenwärtigen Zeitverhältnissen in Beziehung bringen, jene diesen ähnlich finden werde.

Diese Annahme dürfte aber im vorliegenden Falle nicht abzuweisen sein, denn eben dieselbe Staats- und Gesellschaftsordnung, welcher nach der Schilderung des Stückes die Duldung der Mißstände zur Last fällt, die den Weberaufstand hervorgerufen haben, besteht noch heute, und in weiten Kreisen der Nichtbesitzenden ist durch die socialdemokratische Agitation die Ueberzeugung erweckt und befestigt, daß die Herrschaft dieser sogenannten capitalistischen Gesellschaftsordnung mit der Ausbeutung der arbeitenden Klassen nothwendig verbunden sei und bleibe. So kann es nicht fehlen, daß die den socialdemokratischen Lehren zugeneigten Theaterbesucher in dem Drama Zustände geschildert finden, wie sie ihrer Meinung nach heute noch bestehen oder doch jederzeit entstehen können, Zustände, denen eben nur mit Gewalt ein Ende bereitet werden könne. Die socialdemokratische Presse hat denn auch die agitatorische Kraft der in dem Schauspiele gegebenen lebendigen Schilderungen von Arbeiter-Elend und Fabrikanten-Uebermuth wohl erkannt, und sie wird nicht unterlassen, die Arbeiterschaft der Hauptstadt in Masse diesem Schauspiele, wenn dessen öffentliche Aufführung freigegeben werden sollte, zuzuführen. Mag auch der urtheilsreifere Theil des Publikums die Schilderungen der Arbeiter-Nothlage als übertrieben erkennen oder sie doch sicherlich nicht auf das Loos heutiger gewerblicher Arbeiter anwendbar finden, so ist die Befürchtung eine wohlbegründete, daß die den unteren Bevölkerungsklassen angehörenden Theaterbesucher unter dem Eindrucke der Bühnenhandlung, aus welcher ihnen die täglich gehörten Schlagworte der Socialdemokratie von der seitherigen Unterdrückung des Proletariats und seinem nahenden Siege widerklingen, in ihrer Neigung zu gewalttätiger Auflehnung gegen die bestehende Ordnung werden bestärkt werden, so daß sie sich zu öffentlichen Ausbrüchen der Parteileidenschaft fortreißen lassen werden. Aus diesen Erwägungen ist der Censurbehörde die öffentliche Aufführung des Stückes in hiesiger Stadt und zu einer Zeit, in welcher die socialrevolutionäre Bewegung noch in stetem Wachstum begriffen ist, mit dem Interesse der Aufrechterhaltung der öffentlichen Ordnung nicht vereinbar erschienen.«

Es war keine leichte Arbeit, in der Replik die Behauptungen des Herrn Polizeipräsidenten zu widerlegen, denn es mußte dargethan werden, daß Herr von Richthofen den Inhalt des Stückes ungenau wiedergegeben und daß er seine Tendenz vollständig verkannt hatte. Unsere Leser sind mit dem Inhalt des Stückes aus wiederholten Besprechungen, die wir ihm gewidmet haben, hinreichend bekannt, um zu wissen, daß darin »Schlagworte der Socialdemokratie« auch nicht einmal andeutungsweise vorkommen. Es wäre das übrigens ein arger historischer Schnitzer Gerhart Hauptmann's gewesen, denn zur Zeit des Weberaufstandes in Langenbielau und Peterswaldau im Jahre 1844 gab es in Deutschland keine socialdemokratische Partei und keine socialdemokratische Bewegung. Jener Aufstand war nichts anderes als ein Hungeraufstand, eine Empörung des leeren Magens, und so hat Gerhart Hauptmann ihn geschildert. Es wäre eine vollständige Verkennung der dichterischen Aufgabe gewesen, hätte Gerhart Hauptmann in diese Schilderungen eine Tendenz hineingetragen und anachronistisch seinen Webern socialdemokratische Schlagworte in den Mund gelegt. Thatsächlich kommt, wie Herr Dr. Grelling des Näheren darlegte, in dem ganzen Stück kein Wort vor, das nach dem Mißverständniß des Herrn Polizeipräsidenten auch nur gedeutet werden könnte.

Bei dieser Gelegenheit sei bemerkt, daß der Vorstand des Vereins Freie Volksbühne sich in einem Irrthum zu befinden scheint, wenn er versichert, daß das Drama »Die Weber« noch werthvoller geworden, seitdem sich bei dem genauen Studium seines historischen Gehalts gefunden habe, »daß es seinem Plane und auch den Höhepunkten des gedanklichen Gehalts nach auf einem Aufsatze beruht, den Wilhelm Wolff – derselbe ›kühne, treue Vorkämpfer des Proletariats‹, dem Karl Marx den ersten Band des ›Capitals‹ widmet – in dem ›Deutschen Bürgerbuch‹ von Püttmann für das Jahr 1845 veröffentlicht hat.« Nach Herrn Dr. Richard Grelling, der in diesem Punkte jedenfalls als der Besserunterrichtete anzusehen ist, hat Gerhart Hauptmann als Quelle für sein Werk das Buch von Dr. Alfred Zimmermann, »Blüthe und Verfall des Leinengewerbes in Schlesien« (Breslau, Verlag von Wilhelm Gottlieb Korn, 1885), benutzt und nach diesem jeden kleinsten Zug wirklichen Vorgängen entnommen.

Es ist unrichtig, wenn der Herr Polizeipräsident behauptet, daß in dem Hauptmann'schen Stück die Arbeitgeber durchaus als herzlose Ausbeuter geschildert sind und in ihrem Kreise sich kein Mitleid für die Weber rege. Der Fabrikant Dreißiger erscheint durchaus naiv in seinem Verhalten und in seinen Auffassungen, einer Grausamkeit sich nicht bewußt. Frau Dreißiger legt übrigens für die Weber ein gutes Wort ein, und der Ortsgeistliche, der sich muthig den aufständischen Webern entgegenstellt und mitten unter sie tritt, ist eine überaus sympathische Erscheinung. Als einer der Führer der aufständischen Weber erscheint Moritz Jäger, der eben den Militärdienst verlassen hat, in welchem er nach sechsmonatlicher Dienstzeit die Gefreitenknöpfe zu erringen gewußt und der als Bursche bei seinem Rittmeister gedient hat. Dieser Moritz Jäger ist eigentlich eine Illustration zu dem Vergleich, den General Vogel von Falckenstein zwischen den Casernen und den Feriencolonien gezogen hat. Moritz Jäger hat in der Caserne sich an ein Leben gewöhnt, das gegenüber dem der Weber in seinem Heimatdorf idyllisch und üppig erscheinen muß. – Von Politik ist in dem ganzen Stück nicht die Rede, und bei der Erwähnung des Landraths wird dieser von den Webern als ein wohlwollender Herr geschildert.

In seinem Plaidoyer führte Herr Dr. Grelling ferner aus, daß die Befürchtung des Herrn Polizeipräsidenten, die Aufführung des Stückes könne am Ende unmittelbar zu Störungen der öffentlichen Ordnung führen, völlig haltlos dastehe, da es bisher ein Beispiel für eine solche Wirkung eines Theaterstücks bei uns überhaupt noch nicht gegeben habe. Mit besonderem Nachdruck machte er darauf aufmerksam, daß die Besucher des »Deutschen Theaters«, die ihre Plätze mit den höchsten bei uns üblichen Preisen bezahlen müßten, am allerwenigsten geeignet wären, sich durch ein Schauspiel revolutionär stimmen und socialdemokratisch beeinflussen zu lassen. Es wäre immer noch verständlicher, wenn man, nach Aeußerlichkeiten urtheilend, dies von einer Aufführung in dem Verein Freie Volksbühne befürchtete, zu dessen Mitgliedern überwiegend die arbeitende Bevölkerung gehöre.

Ergänzend möchten wir uns noch die Bemerkung gestatten, daß diejenigen Bevölkerungskreise, die der Socialdemokratie und ihrem Einfluß nahestehen, in Volksversammlungen und Vereinen an ganz andere Kost gewöhnt sind, als ihnen in dem Hauptmann'schen Stück geboten wird. Wir sind sogar der Meinung, daß die Aufführung der »Weber« gerade bei der arbeitenden Bevölkerung nur geringen Eindruck machen wird. Dazu ist es zu fein gearbeitet, dazu fehlt es ihm eben an Schlagworten. Das Hauptmann'sche Hungerdrama setzt eine Reflection voraus, die bei einem naiven Publikum nicht vorhanden ist.

Das Grelling'sche Plaidoyer wendet sich weiter gegen die Behauptung des Herrn Polizeipräsidenten, daß dieselbe Staats- und Gesellschaftsordnung, gegen die sich angeblich das Hauptmann'sche Drama richtet, noch heute bestehe. Noch selten habe ein solcher Umschwung aller staatlichen und gesellschaftlichen Zustände stattgefunden wie in den letzten fünfzig Jahren in Deutschland. Durch die preußische Verfassung sind die Beziehungen zwischen Regierung und Volk, durch die Reichsverfassung die Beziehungen der deutschen Staaten zu einander von Grund aus geändert. Auf wirthschaftlichem Gebiete hat ein Umschwung vom Freihandel zum Hochschutzzoll sich vollzogen, die Arbeiter haben vollständige Coalitionsfreiheit und Freizügigkeit erlangt, und die Socialgesetzgebung hat in weitem Umfang die Wünsche der Arbeiterbevölkerung befriedigt. Es fehlt beinahe an jeder Analogie zwischen den Zuständen, die das Hauptmann'sche Stück historisch schildert, und den heutigen Zuständen. Damals war es möglich, daß der Oberpräsident Merckel an den Minister des Innern berichtete, es sei ihm unbekannt, daß ein wirklicher Nothstand im Gebirge herrsche, obwohl der wöchentliche Verdienst eines Webers zwischen zehn bis zwanzig, eines Handspinners fünf bis zwölf Silbergroschen betrug, obwohl im Kreise Landshut 29000 unter 39000 Einwohnern, im Kreise Bolkenhain 8000 unter 18000 Einwohnern auf die öffentliche Wohltätigkeit angewiesen waren, obwohl es in den Dörfern keine Krämer mehr gab, weil Niemand Geld hatte, etwas zu kaufen, obwohl man auf den Straßen keine Kinder spielen sah, weil sie den Eltern bei der Arbeit helfen mußten, und obwohl die Kinder theilweise nackt gingen, weil ihre Eltern seit Jahren nicht in der Lage waren, neue Kleidungsstücke zu kaufen. Heute würde auf der Stelle der Vertreter eines also heimgesuchten Kreises im Parlament Lärm schlagen, und die öffentliche Hilfe würde alsdann in wirksamster Weise eingreifen. Die Weber Gerhart Hauptmann's haben so wenig wie die Weber der Wirklichkeit im Jahre 1844 an einen Zukunftsstaat gedacht oder an eine Umwälzung der gesellschaftlichen und staatlichen Zustände, sie haben nur eine Erhöhung des unzulänglichen Lohnes gewünscht und geriethen in Verzweiflung, als der unzulängliche Lohn ihnen noch gekürzt wurde. Die Hauptmann'schen Weber sind ausschließlich vor Hunger desperat, im Grunde ihres Herzens aber die gutmüthigsten Philister. Uebrigens sind in Gerhart Hauptmann's Stück so wenig wie im Jahre 1844 in der Wirklichkeit alle Weber aufständig, und der »Vater Hilse« ist ein rührendes Beispiel unerschütterlichen Gottvertrauens. Daß er mitten im Aufstande am Webstuhl vor dem offenen Fenster arbeitet, ohne Furcht vor den Kugeln der Soldaten – denn Furcht kennt er nicht, der in den Schlachten der Freiheitskriege seinen linken Arm eingebüßt hat – und daß er dort zu Tode getroffen wird, das ist Tragik. Das braucht allerdings der Herr Polizeipräsident von Berlin nicht zu wissen, aber ein Mitglied der Theatercensur-Behörde hätte es wissen und seinem Chef sagen dürfen. Sehr treffend wird in dem Grelling'schen Plaidoyer ausgeführt, daß das Socialistengesetz abgeschafft sei, der Polizeipräsident von Berlin aber das Theater einem verschärften Socialistengesetz unterwerfen wolle.

Der Bezirksausschuß hat, wie oben mitgetheilt, auf Abweisung der Klage erkannt. Gründe sind bei der mündlichen Urtheilsverkündigung nicht publicirt worden. Aus den Verhandlungen selbst ist hervorzuheben, daß der Vertreter des Polizeipräsidiums irrigerweise erklärte, daß die Freigebung eines Stückes für ein Theater in Berlin die Freigebung für sämmtliche Theater bedeute, und somit die Exemplificirung auf das Publikum speciell des deutschen Theaters hinfällig sei. Der Herr Vertreter des Polizeipräsidiums mußte dies selbst als irrig zugeben und eingestehen, daß in Berlin die Censurbehörde sehr wohl Unterscheidungen mache, welches Theater die Genehmigung für die Aufführung eines Stückes verlange, und sie dem einen gewähre, dem anderen aber verweigere.

Vor dem Oberverwaltungsgericht wird die Angelegenheit zum Austrag gebracht werden. Es wäre recht wünschenswerth, wenn das Collegium, das in letzter Instanz zu entscheiden hat, die sich demnächst bietende Gelegenheit benutzte, daß von der berliner Theatercensur verfehmte Stück in der »Freien Volksbühne« sich anzusehen. Hätten die Mitglieder des Bezirksausschusses einer Aufführung in dem Verein »Freie Bühne« beigewohnt, wir glauben, ihr Urtheil wäre anders ausgefallen.

Der ob. dok. Artikel kommentiert einen Abschnitt aus dem über eineinhalb Jahre dauernden polizeilichen und juristischen Verfahren wegen der Aufführungsgenehmigung von Hauptmanns *Die Weber*, allein für ein einziges Berliner Theater, dem »Deutschen Theater«, zu dieser Zeit noch unter der Leitung von A. L'Arronge (vgl. Dok. 40).

Die Dialektfassung von Hauptmanns Stück *De Waber* war von der Direktion dieses Theaters am 20. Febr. 1892 dem Berliner Polizeipräsidenten zur Aufführungsgenehmigung vorgelegt worden. Dieser verfügte am 3. März das Aufführungsverbot. Die »ordnungspolizeilichen« Bedenken des Polizeipräsidenten richteten sich in der Verbotsverfügung gegen:

»a) die geradezu zum Klassenhaß aufreizende Schilderung der Charaktere des Fabrikanten im Gegensatz zu denjenigen der Handweber im 1. u. 4. Akt;

b) die Deklamation des Weberliedes im 2. Akt [...] und am Ende des 3. Aktes [...]

c) die Plünderung bei Dreißiger im 4. Akt und

d) die Schilderung des Aufstandes im 4. und 5. Akt.

Es steht zu befürchten, daß die kraftvollen Schilderungen des Dramas, die zweifellos durch die schauspielerische Darstellung erheblich an Leben und Eindruck gewinnen würden, in der Tagespresse mit Enthusiasmus besprochen, einen Anziehungspunkt für den zu Demonstrationen geneigten socialdemokratischen Theil der Bevölkerung Berlins bieten würden, für deren Lehren und Klagen über die Unterdrückung und Ausbeutung des Arbeiters durch den Fabrikanten das Stück durch seine einseitige tendenziöse Charakterisierung hervorragende Propaganda macht« (zit. nach: *Gerhart Hauptmanns »Weber«. Eine Dokumentation.* Hrsg. v. Helmut Praschek. Berlin/DDR 1981, S. 255). »Damit war der spektakulärste politische Zensurprozeß in der Geschichte der deutschen Literatur eingeleitet« (M. Brauneck, *Literatur und Öffentlichkeit*, Stuttgart 1974, S. 51). Am 22. Dezember 1892 reichte Hauptmann eine leicht geänderte Fassung *Die Weber* erneut bei der Polizeibehörde ein. Hauptmann hatte Streichungen vorgenommen, die den Bedenken der Behörde Rechnung tragen sollten, außerdem war die Fassung dem Hochdeutschen angenähert. Auch diese Fassung wurde am 4. Jan. 1893 zurückgewiesen, das Aufführungsverbot erneut bestätigt. Gegen diese Verbotsverfügung erhob Hauptmanns Rechtsanwalt Richard Grelling Klage beim Berliner Bezirksausschuß. Er begründete die Klage damit, daß das Stück historische Vorgänge zur Darstellung bringe. Der Berliner Polizeipräsident v. Richthofen erklärte am 4. Febr. 1893 in seiner Klageerwiderung, die der *Börsen-Courier* in Auszügen dokumentierte (s. Dok. 76), diesen historischen Abstand für unerheblich, da »dieselbe Staats- und Gesellschaftsordnung, welcher nach der Schilderung des Stückes die Duldung der Mißstände zur Last fällt, die den Weberaufstand hervorgerufen haben, noch heute [besteht]« und durch die »socialdemokratische Agitation« »in weiten Kreisen der Nichtbesitzenden« die Überzeugung geweckt worden sei, daß ein notwendiger Zusammenhang zwischen dieser

Gesellschaftsordnung und der Ausbeutung der Arbeiter existierte. Am 7. März 1893 folgte der Bezirksausschuß der Argumentation Richthofens und bestätigte die Verbotsverfügung.

In der Urteilsbegründung des Berliner Bezirksausschusses werden wiederum sowohl Inhalt als auch Tendenz des Stückes selbst in bezug auf die aktuelle Situation, in diesem Fall Berlins, als ein für die öffentliche Ordnung gefährliches Zusammentreffen dargestellt. In dem Stück fehle das »versöhnende Moment«, die »Repräsentanten der besitzenden Klassen« werden »schwarz auf schwarz« gezeichnet, die Armen »in heller bzw. blutiger Farbe«. Der »blutige Zusammenstoß« erscheint als unvermeidlich. Die Gefährlichkeit dieses Stückes wird mit aktuellen Parallelen begründet: »Da hier in Berlin mit jedem Jahr die Zahl der Arbeitslosen zunimmt, und da außerdem hier notorisch zahlreiche Sozialdemokraten und mit ihrem Schicksal zerfallene Menschen leben, welche ihr Elend auf die Reichen und die Besitzenden allein schieben, so liegt die Besorgnis nahe, daß, falls die *Weber* in einem öffentlichen Theater hierselbst zur Aufführung gelangen sollten, die Empfindungen der etwa unter den Zuschauern befindlichen unzufriedenen Elemente in einer die öffentliche Ordnung gefährdenden Weise aufgeregt werden könnten (zit. nach: H.H. Houben, *Jungdeutscher Sturm und Drang*. Leipzig 1911, S. 343f.).

Dagegen legte Grelling am 5. April 1893 Berufung beim Berlinger Oberverwaltungsgericht ein. Am 2. Oktober 1893 erfolgte durch dieses Gericht dann schließlich die Freigabe der *Weber* für das »Deutsche Theater« (zu dem Prozeßverlauf am 5. 4. 1893 siehe Anhang v. Dok. 77). Die erste öffentliche Aufführung am Deutschen Theater fand am 25. 9. 1894 statt (vgl. Dok. 122). Entscheidend für Verlauf und Ausgang des Prozesses war vor allem die Tatsache, daß das Oberverwaltungsgericht sich auf die Prüfung der ordnungspolizeilichen Verbotsbegründung konzentrierte, d.h. auf die Frage, ob die Wirkung des Stückes eine die »öffentliche Ordnung« gefährdende sei. v. Richtshofens äußerst detaillierte Darlegungen über den gesellschaftlichen Wirkungszusammenhang der *Weber* erwiesen sich dabei in einem wesentlichen Punkt als unzureichend für die Verbotsbegründung: v. Richthofen versuchte die Gefährlichkeit des Stückes in bezug auf das öffentliche Verhalten eines Arbeiterpublikums nachzuweisen, obwohl seine Verbotsverfügung sich gegen eine Aufführung am Deutschen Theater wandte, das aufgrund seiner teuren Eintrittspreise und der Aufführungszeiten gerade dem Arbeiterpublikum im allgemeinen verschlossen blieb. So wurde die Höhe der Eintrittspreise ein entscheidender Grund für die Aufhebung der Verbotsverfügung. Denn damit stand für das Gericht fest, »daß dieses Theater vorwiegend nur von Mitgliedern derjenigen Gesellschaftskreise besucht wird, die nicht zu Gewaltthätigkeiten oder anderweitiger Störung der öffentlichen Ordnung geneigt sind« (s. Dok. 77).

Die Eintrittspreise bei der Premiere der *Weber* im Deutschen Theater lagen schließlich auch zwischen 7,50 und 1 Mark (Galerie). Dabei ist zu berücksichtigen, daß selbst die billigsten Plätze für Arbeiter fast unerschwinglich hoch waren. Das durchschnittliche Tagesverdienst eines Industriearbeiters in der Großstadt betrug zwischen 1,50 M und 2,50 M, wobei zwischen 1887 und 1893 dieser Lohn noch das von den offiziellen statistischen Jahrbüchern angegebene Minimum für Lebenshaltungskosten um 15% unterschritt (vgl. M. Brauneck, *Literatur und Öffentlichkeit im ausgehenden 19. Jahrhundert*. Stuttgart 1974, S. 58).

Mit der juristischen Freigabe des Stücks für das Deutsche Theater war aber weder die politische noch die juristische Auseinandersetzung um die »Weber« beendet. Es folgten Dutzende von Aufführungsverboten durch die Polizeibehörden in anderen Städten, so u.a. Breslau, Bremen, Frankfurt a.M., Halle, Hamburg, Hannover, Leipzig, Stuttgart, München. Das Urteil des Oberverwaltungsgerichts im Berlin bewirkte, daß auch andere Theater versuchten, die Freigabe der *Weber* für die Aufführung durch das Angebot massiver Preiserhöhungen für die billigsten Plätze zu erreichen (im allgemeinen 200–300%). Damit wurde der Eintrittspreis gezielt als Instrument staatlicher Kommunikationskontrolle eingesetzt. Eine weitere Möglichkeit, die Arbeiterschaft von den Aufführungen der *Weber* auszusperren, war durch die Genehmigung nur besonderer Aufführungszeiten gegeben. Auf dieses Instrument der Kommunikationslenkung verfielen 1894 die Frankfurter Behörden, die *Weber*-Aufführungen lediglich für Sonntage verboten (vgl. ebd., S. 59).

Nach der Aufführung der *Weber* am Deutschen Theater schaltete sich der Kaiser persönlich in die Auseinandersetzungen ein. Der Innenminister und der Präsident des Oberverwaltungsgerichtes mußten dem Kaiser gegenüber Stellung nehmen zu der Aufführungsgenehmigung bzw. dazu, daß die Aufführung trotz gerichtlicher Entscheidung nicht doch vom Innenministerium verhindert wurde. Dem Offizierskorps wurde der Besuch des Deutschen Theaters untersagt, und am 17. April 1895 folgt die Kündigung die Kaiserloge im Deutschen Theater, was für dieses den Verlust von 4000,– M Zuschuß jährlich bedeutete. Das Urteil des Oberverwaltungsgerichtes wurde darüberhinaus auch im Preußischen Abgeordnetenhaus und sogar im Reichstag öffentlich kritisiert. Diese Vorgänge bedeuteten eine Ermunterung für die örtlichen Polizeibehörden in Deutschland, weiterhin Aufführungsverbote für die *Weber* auszusprechen. Schließlich wurde im Dezember 1894, also nicht einmal drei Monate nach der ersten öffentlichen Aufführung der *Weber*, die Umsturzvorlage eingebracht (vgl. Dok. 54). Dieser Gesetzentwurf, der eine schärfere Vorgehensweise gegen die Sozialdemokratie ermöglichen sollte, beinhaltete auch eine Verschärfung der Theaterzensur, die nicht zuletzt auch auf die Entscheidung des Oberverwaltungsgerichtes zu den *Webern* abzielte. In der Sitzung des Reichstages vom 9. Jan. 1895 wurde die Aufführungsgenehmigung der *Weber* in der Debatte zur Umsturzvorlage auch ausdrücklich kritisiert.

77
Richard Grelling: *Glossen zum Weberprozeß. Mit einem Anhang: Censur-Prozeß betreffend »Die Weber« von Gerhart Hauptmann.* In: Richard Grelling: *Streifzüge. Gesammelte Aufsätze.* Berlin (Bibliographisches Bureau) 1894, S. 217–226; Anhang: S. 253, 255–267, 269–272.

Zum zweiten Male hat das Oberverwaltungsgericht ein Censurverbot des Polizei-Präsidenten von Berlin aufgehoben. In drei Censurfällen ist diese höchste Instanz bisher angegangen worden. In zwei Fällen davon hat sie den Klägern Recht gegeben und das Censurverbot für unbegründet erklärt. In dem ersten dieser beiden Fälle stand die Frage zur Entscheidung, ob der Aufführung *sittenpolizeiliche* Bedenken entgegenstehen; in dem zweiten, ob die öffentliche *Ordnung* gefährdet werden könne. Das Oberverwaltungsgericht hat in beiden Fällen Gefahren nicht als vorhanden angenommen. Damit hat dieser höchste preußische Verwaltungs-Gerichtshof eine Praxis inaugurirt, welche hoffentlich in Zukunft allzu eifrigen Polizei-Censoren einigermaßen Zügel anlegen wird.

Mit dem Institut der Theater-Censur überhaupt kann uns natürlich auch die liberalste Gerichtspraxis nicht versöhnen. Die Theater-Censur ist und bleibt ein Ueberbleibsel aus dem Polizeistaate, welches mit den Grundlagen des modernen Rechtsstaates, mit den Principien der Rechtsgleichheit, der Nichtbevormundung, der freien Gedankenäußerung, die nur an den Normen des Strafgesetzes ihre Schranken findet, in hellem Widerspruche steht. Die Preß-Censur ist in allen Kulturländern mit Ausnahme Rußlands – wenn man dieses zu den Kulturländern noch rechnen will – seit einem Menschenalter abgeschafft. Alle Gründe, welche gegen die Preß-Censur sprechen, führen auch zur Verwerfung der Theater-Censur. Alle Gründe, welche von den wenigen noch vorhandenen Vertheidigern zu Gunsten der Theater-Censur ins Feld geführt werden, sind seinerzeit auch von den Befürwortern der Preß-Censur geltend gemacht worden. Das Theater ist keineswegs gefährlicher in seinen Wirkungen auf die öffentliche Sitte und Ordnung, als es die Presse ist. Im Gegentheil: selbst die größten Theater umfassen nur wenige tausende von Plätzen, während manche Zeitungen auf hunderttausend Leser gleichzeitig wirken, und manche Flugblätter vielen hunderttausenden gleichzeitig ins Haus geworfen werden.

Wie die Preßfreiheit, so ist auch die Redefreiheit unbeschränkt. Nachdem das Socialisten-gesetz gefallen, können täglich in den fünfzig größten Sälen Berlins vor je fünftausend Zuhörern alle Grundlagen unserer sogenannten Staats- und Gesellschaftsordnung: die Ehe, das Eigenthum, die Monarchie sogar einer vernichtenden Kritik unterworfen werden, ohne daß die Polizeibehörde zum Einschreiten berechtigt wäre – vorausgesetzt natürlich, daß die Redner sich nicht zu strafbaren Aufreizungen, zu Gewaltthätigkeiten, zum Hochverrath, zur Verletzung bestehender Gesetze u.s.w. hinreißen lassen. Solche Versammlungen stehen jeder-mann bedingungslos offen; nicht einmal Eintrittsgeld wird verlangt, es sei denn, daß Herr Ahlwardt Vorstellungen giebt. Und doch verlangt kein Polizeipräsident die vorherige Einrei-chung des Concepts behufs Prüfung, ob die Rede nicht eine Gefahr für die öffentliche Ordnung herbeiführen könne. Das Socialistengesetz gestattete bekanntlich das Präventivver-bot von Versammlungen, »bei denen durch Thatsachen die Annahme gerechtfertigt ist, daß sie zur Förderung socialdemokratischer Umsturzbestrebungen bestimmt seien«. Nach Beseiti-gung des Socialistengesetzes dürfen in Versammlungen auch socialistische Bestrebungen frei zu Tage treten. Auf dem Theater aber soll die bestehende Staats- und Gesellschaftsordnung in all ihren Ausläufern bis zum Gendarmen Kutsche in Peterswaldau herunter dem fürsorglichen Schutze der Polizeibehörden unterworfen bleiben.

Wie weit man in dieser Behütung geht, beweist das Urtheil des Bezirksausschusses im Weberprozeß, welches die Klage des Dichters in erster Instanz abgewiesen hat. Weil die in dem Stücke auftretenden Träger der öffentlichen Gewalt eine »klägliche Rolle spielen«, weil der Gendarm Kutsche »ein moralisch defekter Mann« sei, weil dem Polizeiverwalter der Helm vom Kopfe geschlagen wird, weil der Landrath »nicht Achtung einflöße, sondern ein Mitleid erregendes Zerrbild« sei – aus diesen und ähnlichen Gründen ist von der Aufführung des Hauptmannschen Dramas eine Gefährdung der gegenwärtigen Staats- und Gesellschafts-ordnung zu befürchten. Wahnsinnige Könige, bestechliche Minister, lächerliche Richter und schurkische Präsidenten dürfen dem hochverehrten Publiko anstandslos vorgeführt werden, aber vor der Majestät des preußischen Landraths und Gendarmen, vielleicht auch des Re-serve-Offiziers, muß ehrfurchtsvoll Halt gemacht werden.

Anzuerkennen ist immerhin, daß auch die polizeiliche Bevormundung des Theaters unter den Märzstürmen dieses Jahrhunderts sich ein wenig gebessert hat; wie ja kein Bösewicht so verstockt ist, daß er den fortdauernden Einflüssen einer guten Umgebung widerstehen könnte. Wenn man in der preußischen Ministerial-Verfügung vom 8. Mai 1825 liest:

»Wie die Polizei das Recht hat, salvo jure dem Dienstherrn einen widerspenstigen Dienst-boten zurückzuführen, so hat sie dieselbe Verpflichtung noch mehr bei einem Histrionen, der eine angekündigte Rolle nicht spielen will, weil sie durch ihr Einschreiten verhindert, daß das getäuschte Publikum im Schauspielhause Unruhe erregt«,

wenn man derartiges aus dem Jahre 1825 liest, dann freut man sich doch, daß wir heute 1893 schreiben. Aber die Freude wird einigermaßen gemildert durch den Umstand, daß derselbe

Landrechtssatz – der berüchtigte § 10 Allgemeinen Landrechts II, 17 – aus welchem die damalige Polizei ihr Recht zum Einschreiten gegen widerspenstige Histrionen herleitete, noch heute zur Maßregelung widerspenstiger Dichter verwendet werden kann.

Das Oberverwaltungsgericht hat nämlich trotz seiner dankenswerthen Liberalität in der Beurtheilung der seiner Prüfung unterworfenen Stücke *principiell doch die Theater-Censur* in *Preußen als zu Recht bestehend anerkannt*. Ob die Hinkeldeysche Verordnung, welche die Handhabung der Theater-Censur für Berlin im einzelnen regelt und insbesondere die Einreichungspflicht vorschreibt, rechtsgiltig sei, ließ der höchste Gerichtshof in seinen bisherigen Entscheidungen dahin gestellt. Das Recht, Theaterstücke zu verbieten, welche gegen die Sittlichkeit oder die öffentliche Ordnung verstoßen, ist nach der Ansicht des Gerichtshofs von jener Verordnung unabhängig, es wird aus der *allgemeinen* Vorschrift des Landrechts hergeleitet, wonach die Polizei »die nöthigen Anstalten zur Erhaltung der öffentlichen Ruhe, Sicherheit und Ordnung und zur Abwendung der dem Publiko oder einzelnen Mitgliedern desselben bevorstehenden Gefahren zu treffen hat«. Diese Vorschrift steht im 17. Titel zweiten Theils, welcher »von den Rechten und Pflichten des Staates zum besonderen Schutze seiner Unterthanen« handelt; sie ist recht eigentlich die Quintessenz dessen, was man unter Polizeistaat versteht: nicht nur die *öffentliche* Ruhe und Ordnung hat der Staat zu bewahren, sondern auch jeden *einzelnen* Unterthanen hat er vor den Gefahren zu schützen, die seinem geistigen, sittlichen oder materiellen Wohlergehen etwa drohen könnten. Die Bestimmung trägt deutlich die Spuren der Zeit, aus welcher sie erwachsen ist, der Zeit des aufgeklärten Absolutismus. Nach der Ansicht des Oberverwaltungsgerichts hat aber die Polizei noch *heute* das Recht, überall da regelnd und schützend einzugreifen, wo ihr der Eingriff durch spätere Gesetze nicht ausdrücklich verwehrt wird.

Dem Rechte des Staates, seine Unterthanen zu schützen, ist durch die Verfassungsurkunde das »Recht der Preußen«, sich selbst zu schützen, entgegengestellt worden. Jede neue freiheitliche Errungenschaft hat eine neue Bresche in die Zwangsmauern des Polizeistaates gelegt. Die gesetzlich gewährleistete Rede- und Preßfreiheit darf nicht angetastet werden, auch wenn ihr Gebrauch die öffentliche Ruhe oder Ordnung gefährden könnte. Die Bäcker können nicht polizeilich gezwungen werden, größeres Brot zu liefern, auch wenn zu befürchten steht, daß die Menge, erbittert über zu kleine Semmeln, die Bäckerläden stürmen könnte. Ein Berliner Polizeipräsident hat einmal versucht, auf Grund jenes § 10 eine Zeitung mit Beschlag zu belegen, weil er von ihrer Verbreitung eine Beunruhigung des Publikums befürchtete. Die höheren Instanzen haben ihn indessen belehrt, daß Verfassung und Preßgesetz den Zeitungen das Recht geben, unter Umständen auch Unruhe zu verbreiten, sofern sie sich nur vor einem Verstoß gegen das Strafgesetzbuch hüten.

Von allen Gedankenäußerungen ist nur die dramatische dem alten Polizeiparagraphen noch unterworfen, weil ihr nach Ansicht des Oberverwaltungsgerichts ein *besonderes* Gesetz, welches sie von der Vormundschaft befreite, nicht zur Seite steht. In einem früheren Aufsatz habe ich nachzuweisen versucht, daß der Artikel 27 der preußischen Verfassung, welcher jedem Preußen das Recht giebt, durch Wort, Schrift, Druck und bildliche Darstellung seine

Meinung frei zu äußern, auch die Theater-Censur aufgehoben habe. Das Oberverwaltungsge-richt ist leider anderer Meinung. Da also de lege lata gegen die Censur als solche nicht anzukämpfen ist, so bleibt nichts übrig, als de lege ferenda die Abschaffung dieses veralteten Instituts zu verlangen.

Die Verwerflichkeit der Theater-Censur ist in dem Weberprozeß noch durch einen beson-deren Umstand ins grellste Licht gesetzt worden – einen Umstand, der vielfach eine unrichtige Beurtheilung erfahren hat. Die »Weber« sind zur Aufführung am *»Deutschen Theater«* frei gegeben worden, da das Oberverwaltungsgericht angenommen hat, daß die Aufführung an diesem Theater eine Gefahr für die öffentliche Ordnung nicht befürchten lasse. Diese Ent-scheidung ist durchaus korrekt und entspricht genau dem klägerischen Antrage. Das »Deutsche Theater« hatte die Erlaubniß zur Aufführung der »Weber« nachgesucht. Dem »Deutschen Theater« hat der Polizeipräsident diese Erlaubniß versagt. Nur über die Berechti-gung dieser Verfügung hatte das Ober-Verwaltungs-Gericht zu befinden, nur auf Aufhebung dieser Verfügung war der Klageantrag gerichtet. Der Urtheils*tenor* mußte sich also nothwen-dig auf das »Deutsche Theater« beschränken. Die Urtheils*begründung*, deren schriftliche Formulirung übrigens noch nicht vorliegt, hätte allerdings generell aussprechen *können*, die »Weber« seien überhaupt kein aufreizendes, die Ordnung gefährdendes Stück – ähnlich wie in dem »Hanna Jagert« betreffenden Vorprozeß allgemein ausgesprochen wurde, daß die Aufführung dieses Stückes der öffentlichen Sittlichkeit keinen Schaden bringe. Verpflichtet aber war das Gericht zu dieser allgemeinen Untersuchung nicht. Die Entscheidung war schon gerechtfertigt, wenn die spezielle Untersuchung der Verhältnisse des »Deutschen Theaters« zu der dem Kläger günstigen Beantwortung der Frage führte. Der Vertreter des Klägers hat denn auch diesen Punkt von Anfang an mit großer Entschiedenheit betont. Er hat zwar hervorge-hoben, daß das Hauptmannsche Drama den schlesischen Weberaufstand von 1844, nicht sociale Verhältnisse von 1893 schildere; daß das Drama nicht aufreizend wirke, weil es nicht an die schlechten Instinkte der Armen, sondern an die guten Instinkte der Reichen appellire; daß die Grundströmung des Mitleids und der Nächstenliebe, wenn sie aus der Seele des Dichters auf die Zuschauer überfließe, eher geeignet sei, die socialen Gegensätze zu versöh-nen, als sie zu erweitern. Vor allem aber hat der klägerische Mandatar entgegen dem Stand-punkte des Polizeipräsidenten stets betont, daß im »Deutschen Theater« mit seinem Bour-geois-Publikum und seinen teuren Eintrittspreisen der Resonanzboden fehle, aus welchem selbst ein revolutionäres Stück den entsprechenden Widerklang hervorlocken könnte.

Diesen Gesichtspunkt hat das Ober-Verwaltungs-Gericht adoptirt und zur Grundlage sei-ner Entscheidung gemacht.

Und zwar mit Recht.

So sehr man auch die Theater-Censur an sich bekämpfen mag, so lange sie existirt, kann sie eben nur nach den Gesichtspunkten gehandhabt werden, welche jede polizeiliche Bevor-mundung leiten, nach Gesichtspunkten der Opportunität. Gleiches Recht existirt eben auf dem Gebiete der Sicherheitspolizei nicht. Eine Ansammlung von fünfzig Menschen in einer engen Straße kann der Behörde zum Einschreiten im Verkehrsinteresse Veranlassung geben.

Eine Ansammlung von doppelt so vielen Menschen auf einem weiten Platze kann unbeanstandet geduldet werden. Für eine dicht bevölkerte Stadtgegend, wo ein Haus ans andere stößt, muß die Feuerpolizei schärfere Bestimmungen treffen, als für einzelstehende Gehöfte auf dem Lande. So kann, wenn man sich auf den Standpunkt der Präventiv-Polizei stellt, eine Theateraufführung in der Schumannstraße ganz unbedenklich sein, während sie in der Frankfurter Allee Gefahren hervorrufen kann. Es ist sicher ein großer Unterschied, ob die »Weber« im Hoftheater zu Wiesbaden oder im Dorftheater zu Langenbielau zur Darstellung gelangen. Und wenn der Vertreter des Polizeipräsidiums darauf hinwies, daß der Redakteur des »Proletariers aus dem Eulengebirge« wegen bloßen Abdruckes des Weberliedes zu mehreren Wochen Gefängniß verurtheilt worden sei, so konnte ihm mit Recht erwidert werden: das Publikum des »Deutschen Theater« setzt sich weder aus Proletariern noch aus schlesischen Webern zusammen.

Das Resultat ist also: die Theater-Censur ist ihrem Wesen nach darauf angewiesen, ihre Verfügungen unter Berücksichtigung der örtlichen und zeitlichen Verhältnisse jedes einzelnen Falles zu treffen; sie ist verpflichtet, mit ungleichem Maße zu messen, eine Verpflichtung, der sie übrigens in Berlin, sofern es sich um den Schutz der Sittlichkeit im Theater handelt, pünktlich nachzukommen pflegt; mit ungleichem Maße je nach den Gefahren, die sie für die Sittlichkeit oder Ordnungsliebe des bestimmten Publikums eines bestimmten Theaters befürchtet. Vivat opportunitas, pereat justitia!

Auf denselben Boden muß sich auch das die Polizeiverfügung nachprüfende Verwaltungsgericht stellen, welches zu untersuchen hat, ob die »thatsächlichen Voraussetzungen«, welche die Polizeibehörde geleitet haben, zutreffen oder nicht. Das Gericht hat nicht Rechtsfragen, sondern Zweckmäßigkeitsfragen zu entscheiden, und es ist leicht möglich, daß die Beantwortung je nach den Verhältnissen des klagenden Theaters eine bunte Reihe von jas und neins aufweist.

Aber damit nicht genug. Die Zeit- und Ortsverhältnisse können sich ändern. Dem »Deutschen Theater« kann es eines Tages einfallen, seine Eintrittspreise auf ein Minimum herabzusetzen – nun können wirklich, wie es der Polizeipräsident schon jetzt befürchtet, die hauptstädtischen Proletarier in Massen den Aufführungen der »Weber« zuströmen. Auch die Zeitverhältnisse können sich ändern, es kann eine Periode socialer Unruhen kommen, kurz die Voraussetzungen, unter denen die Aufführung der »Weber« dem »Deutschen Theater« jetzt gestattet worden ist, können von Grund aus andere werden, und der Polizeipräsident kann möglicherweise später einmal unter dem Beifall des Oberverwaltungsgerichts eine Verfügung treffen, welche heute von demselben Gerichtshofe als ungerechtfertigt aufgehoben worden ist.

Da hilft kein Klagen und kein Ereifern. *Diese Unsicherheit ist die nothwendige Konsequenz jeder polizeilichen Bevormundung.* Wer diese Unsicherheit nicht will, der soll sich nicht über die Polizei oder die Verwaltungsgerichte beklagen, obwohl durch die Anstellung geeigneter Zensoren manche Mißgriffe vermieden werden könnten, der soll der Zensur als solcher, diesem Petrefakt aus vormärzlicher Zeit, zu Leibe gehen.

Doch die Tragödie hat auch ihr Satyrspiel. »Die Weber« sind bisher, abgesehen von

Zürich, noch an keiner öffentlichen Bühne aufgeführt worden; dagegen haben verschiedene freie Bühnen in Berlin und auswärts sie zur Darstellung gebracht und es steht nichts im Wege, daß auch die ausgesprochen socialdemokratischen Bühnenvereine sich dieses Drama zu eigen machen. Der Vertreter des Polizeipräsidiums hat in seinem Plaidoyer in bewegten Worten geschildert, wie dieses starke Drama auf ein Publikum von »Arbeitslosen und Ballonmützen« wirken müsse. Nun mögen ja allerdings im »Deutschen Theater« viele Arbeitslose sitzen, aber das sind wohl mehr Leute, die nicht arbeiten *wollen*, weil sie's Gott sei Dank nicht nöthig haben, als solche, die keine Arbeit finden können. Auch Ballonmützen dürften sehr selten in den Garderoben des »Deutschen Theaters« zu finden sein. In den Vorstellungen der freien Bühnen dagegen überwiegen die Mützen, wenn auch nicht die Ballonmützen. Und wenn auch nicht gerade Arbeitslose den Zuschauerraum füllen mögen, so sind die Mehrzahl doch jedenfalls Arbeiter, welche mit ihrem Lose und der bestehenden Wirthschaftsordnung unzufrieden sind. Die Gefahren, welche man im »Deutschen Theater« wittert, müßten hier doppelt und dreifach vorhanden sein, zumal die Eintrittspreise äußerst gering sind und der Zuhörerraum bis auf den letzten Platz gefüllt zu sein pflegt, gefüllt von Leuten, welche durch das Bewußtsein, derselben socialen Klasse anzugehören, zusammengehalten werden. Diese Bühnenvereine sind keiner Zensur unterworfen, weil sie in der Form geschlossener Gesellschaften auftreten. Sie sind gegründet worden wesentlich zu dem Zwecke, Stücke aufzuführen, welche zur öffentlichen Darstellung nicht zugelassen werden. *Jedes Verbot eines Stückes drängt dasselbe also geradezu den freien Bühnen zu und vergrößert die Gefahr, welche es beseitigen will.*

Die Theater-Censur ist somit nicht allein verwerflich, sondern auch nutzlos.

Und darum – ceterum censeo: eine gesunde und kräftige Fortentwicklung des deutschen Dramas ist nur nach Aufhebung der Theater-Censur möglich, die um so dringender nöthig wird, je größer der Raum ist, den die dramatische Production in unserem litterarischen Schaffen einzunehmen beginnt. Wie die Zeitungen vielfach die Bücher verdrängt haben, so wird das knappe Drama in unserer schnell lebenden Zeit mehr und mehr an die Stelle der dickleibigen Romane treten. Die Freiheit des Theaters bedeutet also die Freiheit der Litteratur überhaupt. – Möge das Oberverwaltungsgericht noch so dankenswerthe Entscheidungen treffen, so lange die Theater-Censur als rechtsgiltig anerkannt wird, bleibt die Krankheit bestehen und man kurirt vergeblich an den Symptomen herum.

Anhang

Censur-Prozeß betreffend »Die Weber« von Gerhart Hauptmann.

No. 1.

An

das Königliche Oberverwaltungsgericht

Hier.

Berlin, den 5. April 1893.

Berufungs-Anmeldung und Rechtfertigung
in der Verwaltungsstreitsache
des Schriftstellers Gerhart Hauptmann zu Schreiberhau
vertreten durch den Rechtsanwalt Dr. Richard Grelling, hier
wider
den Königlichen Polizei-Präsidenten von Berlin, Herrn Freiherrn von Richthofen.
auf Aufhebung der Polizeiverfügung vom 4. Januar 1893.
Liste 1 Nr. 32 von 1893.

Gegen das Urtheil des Bezirksausschusses vom 7. März 1893, zugestellt dem unterzeichneten Anwalt am 24. März 1893, legt hierdurch der Kläger Berufung im Verwaltungsstreitverfahren an das Königliche Oberverwaltungsgericht ein und beantragt:
nach Anberaumung einer mündlichen Verhandlung das gedachte Urtheil aufzuheben und nach dem Klageantrage zu erkennen, auch dem Beklagten die Kosten des Verfahrens zur Last zu legen. Die Berufung stützt sich, wie die Klage, darauf:
I. daß die angefochtene Verfügung durch Nichtanwendung beziehungsweise unrichtige Anwendung des bestehenden Rechts, insbesondere auch der von den Behörden innerhalb ihrer Zuständigkeit erlassenen Verordnungen den Kläger in seinen Rechten verletze;
II. daß die thatsächlichen Voraussetzungen nicht vorhanden seien, welche die Polizeibehörde zum Erlasse der Verfügung berechtigt haben würden.
[...]
B. In der Sache selbst geht der erste Richter von dem Grundirrthum aus, als ob der Autor beabsichtigt hätte, die Verhältnisse des schlesischen Weberaufstandes von 1844 zu verallgemeinern, sie als heute noch zutreffend hinzustellen. Nichts hat dem Dichter ferner gelegen. Dies beweist sein Werk selbst in jeder Zeile, wenn man es mit kunstverständigem Auge betrachtet. Dies beweist auch schon die Zugehörigkeit des Dichters zu einer Schule, die es sich zur Aufgabe gemacht hat, das Leben, die Natur, so wie sie ist, möglichst objektiv, ohne Tendenz oder andere subjektive Zuthaten künstlerisch darzustellen. Der Fabrikant Dreißiger ist, wenn er auch human zu sein glaubt, ein hartherziger Mann, der das Elend und den Hunger der energielosen Weber ausbeutet: seine Lohnzwackereien führen schließlich eine Revolte herbei, unter welcher auch andere unschuldige Fabrikanten zu leiden haben. Wer sagt dem ersten Richter, daß der Autor die Figur Dreißigers als typisch für die Arbeitgeber, die besitzenden Klassen, auch nur der damaligen Zeit, habe hinstellen wollen? Was berechtigt zu dem weitergehenden Schluß, daß mit der gewissenlosen Habsucht jenes Einzelnen die ganze Masse der heutigen Arbeitgeber, auch derer, welche sich durch Menschen- und Arbeiterfreundlichkeit auszeichnen, verurtheilt werden sollte?
Der Autor stellt in genauer Anlehnung an historische Vorgänge die Folgen der Bedrückung der *damaligen* Handweber im Eulengebirge dar. Die Umstände der Handlung tragen deutlich einen ganz individuellen Lokal- und Zeitcharakter. Die Darstellung im Costüme der vierziger Jahre bringt dies sogar äußerlich, also auch für den ungebildeten Zuschauer erkennbar zum

Ausdruck. Der Beklagte hatte in erster Instanz wenigstens noch versucht, eine Beziehung zu heutigen Zuständen dadurch zu construiren, daß er behauptete, dieselbe Staats- und Gesellschaftsordnung bestehe auch heute noch fort; wer die damalige angreife, werde auch der heutigen gefährlich. Dieser Punkt ist, wie ich glaube, in der Replik in erster Instanz zur Genüge widerlegt worden. Die Weber sind ein Drama des Elends und des Hungers, aber nicht eine Verherrlichung socialdemokratischer Weltordnung. Eine geringe Erhöhung ihres Lohnes, ein ehrliches, nicht schikanöses Verfahren bei Abnahme ihrer Gewebe würde sie wieder zu ebenso guten, geduldigen, frommen und ordnungsliebenden Staatsbürgern machen, wie sie es bis zum Auftauchen jenes zündenden Weberliedes Menschenalter hindurch gewesen waren. »Mir wollen leben und weiter nischt«, heißt es auf Seite 110. »Der Mensch muß doch a eenziges Mal an Augenblick Luft kriegen«, Seite 114.

Eine Socialdemokratie existierte damals in Deutschland noch nicht, und der Dichter würde sich schwer ästhetisch versündigt haben, wenn er heute socialistische Anschauungen seinen Webern in den Mund gelegt hätte. Davon ist aber auch keine Spur in dem Stücke zu finden.

Sieht man also von jener Behauptung, daß unsere Staats- und Gesellschaftsordnung seit fünfzig Jahren keiner Veränderung unterworfen worden sei, ab, so bleibt nur die eine Möglichkeit übrig, eine Analogie zwischen damals und heute zu finden, indem man nämlich sagt: die schlesischen Weber von 1844 haben gehungert, auch in Berlin im Jahre 1892 giebt es viele Hungrige; das Elend jener könnte diese aufregen und zu Revolten veranlassen. Dies ist die Beweisführung des ersten Richters. Dieselbe ist aber nicht weniger hinfällig, als die des Polizei-Präsidenten. Der tägliche Verdienst eines heutigen hauptstädtischen Arbeiters, auch des schlechtestbezahlten, beträgt immer noch mehr als der wöchentliche Verdienst eines damaligen schlesischen Webers (siehe Replik ad I).

Die Arbeitslosen haben gewiß keine Veranlassung, sich mit jenen Webern zu vergleichen, die nur zuviel zu arbeiten hatten, aber einen jämmerlichen Lohn dafür erhielten. Das ganze Lebens- und Bildungsniveau des hauptstädtischen Arbeiters von heute steht so unendlich hoch über dem der Hauptmann'schen Weber, daß jene nicht daran denken werden, Vergleiche zwischen sich und diesen zu ziehen. *Die heutige Socialdemokratie hat vollständig entgegengesetzte Ziele wie die Weberbewegung von 1844.* Die Weber standen im Prinzip durchaus auf dem Boden der bestehenden Wirthschaftsordnung und verlangten nur einen größeren Antheil am Ertrage ihrer Arbeit, die Socialdemokratie erstrebt den Umsturz der bestehenden Wirthschaftsordnung und den gleichen Arbeitsertrag für alle. Der einzige Vergleichspunkt ist, daß damals und heute Unzufriedenheit besteht; aber sowohl die Gründe dafür wie die erstrebten Heilmittel dagegen sind durchaus verschieden.

Der Umstand, daß dieser oder jener thörichte Zuschauer etwas in das Stück hineinlegen könnte, was nicht darin steht, kann doch dem Autor nicht zur Last gelegt werden. Die Gefahr einer mißverständlichen Auffassung der Absichten eines Bühnenwerkes, die Besorgniß der Verallgemeinerung von Anschauungen und Vorgängen, welche nur der Ausfluß individueller Verhältnisse sind, liegt schließlich bei jedem Werke der Litteratur vor. Wollte man daraufhin Aufführungen verbieten, so müßten gerade die bedeutendsten Dichtungen, müßten ein Julius

Cäsar, ein Coriolan, ein Wilhelm Tell, ein Faust u. s. w., u. s. w. von der Bühne verbannt werden. Alle hervorragenden Heldengestalten, welche die Phantasie unserer größten Dichter geschaffen hat, weichen in Wort und That mehr oder weniger von der geebneten Straße ab, auf welcher die Masse einherzieht, und welche man wohl als Staats- und Gesellschaftsordnung bezeichnet. Der Kampf eigenartiger Charaktere gegen die bestehende Ordnung ist das Hauptmotiv aller tragischen Konflikte. Weßhalb sollte es also den Hauptmann'schen Webern – die in ihrer Gesammtheit die Helden des Stückes bilden – verwehrt sein, das Gehege der Staatsordnung gewaltthätig zu durchbrechen, zumal doch ihre Handlungsweise durch die Unerträglichkeit ihres Zustandes genugsam entschuldigt wird?

Die Träger der öffentlichen Gewalt werden keineswegs als verächtlich oder lächerlich gekennzeichnet. Der Landrath erscheint überhaupt nicht auf der Bühne. Der Polizeiverwalter benimmt sich sogar sehr schneidig, indem er sich, bloß von dem Gendarmen unterstützt, der aufrührerischen Menge entgegenstellt. Der Gendarm retiriert zwar vor der Uebermacht im Wirthshause; aber vermuthlich würde der wirkliche Gendarm von 1844 in gleicher Lage ebenso gehandelt haben – und weßhalb soll das der Dichter nicht darstellen dürfen? Das Militär geht hinter den Coulissen mit aller Entschiedenheit vor und bei aufmerksamer Lektüre des fünften Aktes wird man deutlich genug den Hinweis finden, daß die Ordnung schließlich siegt, und die Aufrührer ihre Thaten demnächst schwer büßen müssen.

Siehe Seite 112.

Der alte Hilse:

Mit Gewalt? (Lacht). Na da laßt Euch bald begraben dahier. Sie werns Euch beweisen, wo die Gewalt steckt. Mid'n Maule, da gloob ich's. Und wenn ooch: Zweee jagt'r naus, zehne kommen wieder rein.

Seite 113.

Bäcker:

Lebt gsund, Vater Hilse, wir sprechen uns wieder.

Der alte Hilse:

Das gloob ich woll schwerlich. Fünf Jahre leb' ich nimehr. Und eher kommste ni wieder raus u. s. w. u. s. w.

Der alte Hilse mit seiner einfachen Gottesgläubigkeit, die ihn über alle Miseren des Diesseits hinweghebt und auf ein besseres Jenseits vertröstet – mit seinen Abmahnungen von jeder Gewaltthätigkeit, mit seiner stillen Ergebenheit in das Schicksal, das Gott nun mal so über die Weber verhängt hat, bildet den geistigen Mittelpunkt des fünften Aktes. Neben dieser sympathischen Gestalt verblassen die Figuren der Aufrührer, welche den Hilse in den Strom mithineinzuziehen suchen. Daß ihn die Kugel trifft, die er am wenigsten verdient hat, ist ein tragisches Schicksal, welches Sympathie und Mitgefühl in dem Zuschauer erwecken soll. Wer in diesem traurigen Ende des braven Mannes einen Akt der Gerechtigkeit, eine Strafe für die Nichtbetheiligung an der Revolte sieht, der versteht den Autor und sein Werk nicht. Wer dem Geschöpfe seiner Phantasie so warme Töne in den Mund zu legen weiß, wie Hauptmann dem alten Hilse, der steht mit seinem Herzen auf Seiten dieses Geschöpfes. Damit verurtheilt der

Dichter die Handlungsweise der Uebrigen noch nicht. Ein jeder handelt eben so, wie es seinem Charakter und seinem Temperament entspricht. Aber es ist gegenüber den Ausführungen des ersten Richters festzustellen, daß der Autor nicht *ausschließlich* Menschen vorführt, welche Raub und Gewaltthat als das einzige Heilmittel betrachten.

C. Die Ausführungen der Replik ad IV, welche speciell die Verhältnisse des Deutschen Theaters, für welches die Genehmigung zur Aufführung nachgesucht worden ist, betreffen, werden von dem ersten Richter ebenso kurz als unzutreffend zurückgewiesen. Die »arbeitslosen oder mit ihrem Schicksal zerfallenen Menschen, welche notorisch in großer Anzahl in Berlin leben«, werden kaum Gelegenheit haben, das »Deutsche Theater« mit seinen theueren Plätzen zu besuchen. Die socialdemokratischen Arbeiter haben es nicht nöthig, die Aufführung der »Weber« abzuwarten, um sich in ihren Ansichten von der Unhaltbarkeit der gegenwärtigen Wirthschaftszustände bestärken zu lassen. Sie brauchen bloß ihre Zeitungen zu lesen, ihre Versammlungen zu besuchen, oder etwa die Aufführungen der »Freien Volksbühne«, welche keiner Censur unterworfen sind, und sie haben die An- oder Aufregungen aus allererster Hand, die sie aus einer Aufführung der »Weber« doch erst ziemlich indirekt und verdünnt schöpfen müßten. Die Berliner Polizei-Behörde mit ihrer überängstlichen Behütung des Theaters scheint immer davon auszugehen, *als wenn wir noch ein Socialistengesetz besäßen.* Nachdem dieses gefallen, und jede socialdemokratische Agitation durch Wort und Schrift gesetzlich erlaubt worden ist, hat es gar keinen Sinn mehr, die Verlautbarung socialdemokratischer Grundsätze von der Bühne herab zu verbieten; besonders wenn diese Bühne durch theuere Eintrittspreise und verhältnißmäßig geringe Anzahl von Plätzen den eigentlich aufreizbaren Volksmassen kaum zugänglich, jedenfalls viel weniger zugänglich ist, als irgend eine Volksversammlung oder ein Preßprodukt.

Durchaus irrthümlich ist die Ansicht des ersten Richters, daß ein für eine Bühne genehmigtes Stück auch auf jeder anderen zur Aufführung gelangen dürfe. Nach der Polizei-Verordnung vom 10. Juli 1851 muß jeder Theaterunternehmer für jedes Stück, welches auf seiner Bühne aufgeführt werden soll, die polizeiliche Genehmigung nachsuchen. Die Polizei prüft für jede Bühne selbstständig, ob »sicherheits-, sitten-, ordnungs- oder gewerbepolizeiliche Bedenken« der beabsichtigten Vorstellung entgegenstehen. Solche Bedenken können der einen Bühne gegenüber vorhanden sein, der anderen gegenüber nicht. Selbst wenn der Herr, welcher den Polizei-Präsidenten von Berlin in der mündlichen Verhandlung erster Instanz vertreten hat, eine gegentheilige Erklärung abgegeben haben sollte, so würde dadurch an vorstehender Rechtslage nichts geändert werden. Der Herr Vertreter hat aber auf diesseitige Interpellation ausdrücklich zugeben müssen, daß in der That, beispielsweise dem Residenz-Theater Stücke genehmigt werden, die anderen Bühnen verboten werden, »weil die Leute, welche das Residenz-Theater besuchen, ja schon darauf vorbereitet seien, Zoten zu hören«. Außerdem berufe ich mich auf Zeugniß sämmtlicher Theater-Direktoren Berlin's, namentlich der Herren L'Arronge, Dr. Blumenthal, Lautenburg dafür, daß thatsächlich den verschiedenen Theatern gegenüber eine verschiedenartige Censurpraxis geübt wird.

Es kommt also in der That auf die diesseitigen Ausführungen in erster Instanz, wonach eine Aufführung der »Weber« gerade am »Deutschen Theater« keinerlei Gefahr in sich berge, sehr wesentlich an.

Weitere Ausführungen, insbesondere auch über die große künstlerische Bedeutung des Stückes, welches von der gesammten berliner Kritik als eines der hervorragendsten Werke der neueren Litteratur bezeichnet worden ist, behalte ich mir für die mündliche Verhandlung vor.

Abschrift für den Beklagten sowie Vollmacht füge ich bei.

Der Rechtsanwalt

gez. Dr. Grelling.

No. 2.

Berlin, den 10. Mai 1893.

Beantwortung der Berufungsschrift

in Sachen des Schriftstellers Gerhart Hauptmann zu Schreiberhau

wider

den Polizei-Präsidenten von Berlin.

Die in der Berufungsrechtfertigung enthaltenen Ausführungen, daß der Verfasser des Dramas nicht die Absicht verfolgt habe, mit selbigem für die Lehren der Socialdemokratie Propaganda zu machen, sondern daß er lediglich einen historischen Vorgang habe schildern wollen, erscheinen ebensowenig von Erheblichkeit, wie die für die mündliche Verhandlung in Aussicht gestellte Würdigung des künstlerischen Werthes des Dramas.

Nicht sowohl die Tendenz, welche der Dichter verfolgt, als vielmehr nur die *Wirkung*, welche das Drama auf das Publikum oder einen Theil desselben hervorbringen werde, kann für die Censurbehörde in Betracht kommen, denn dieselbe maßt sich nicht an, das Verbot der öffentlichen Aufführung eines Stückes als eine Strafmaßnahme gegen den Verfasser verhängen zu dürfen. Der Censurbehörde liegt nur zu verhüten ob, daß die öffentliche Ordnung oder die guten Sitten durch öffentliche Schaustellungen geschädigt werden. Aber in dieser Aufgabe kann sie nicht durch Rücksichtnahme auf die Interessen des Verfassers oder auf den dichterischen Werth seines Werkes beeinflußt werden.

Daß nun unter den gegenwärtigen Zeitverhältnissen die Befürchtung allerdings begründet ist, daß durch die öffentliche Aufführung der »Weber« entweder unmittelbare Störungen der öffentlichen Ordnung hervorgerufen, oder doch die Neigung eines Theiles der Bevölkerung zu Auflehnungen wider die öffentliche Ordnung gestärkt werden werde, ist in der Klagebeantwortung, auf deren Ausführungen hier Bezug genommen wird, ausführlich dargethan. Eben dieselbe Gesellschaftsordnung, welcher nach der Schilderung des Stückes die Duldung der Mißstände zur Last fällt, welche die Weberaufstände hervorgerufen haben, besteht noch heute, und diese Gesellschaftsordnung ist es, welche nach den Lehren der Socialdemokratie die arbeitenden Klassen nothwendig und dauernd der Ausbeutung durch die Besitzenden unterwirft. Wohl ist dem Berufungskläger darin beizupflichten, daß »das ganze Lebens- und Bildungsniveau des hauptstädtischen Arbeiters von heute unendlich hoch über dem der

Hauptmann'schen Weber steht«, allein darum ist die Annahme keineswegs zutreffend, daß »jene nicht daran denken werden, Vergleiche zwischen sich und diesen zu ziehen«.

Es liegt auf der Hand, daß für die Beurtheilung der Wirkung, welche die Aufführung des Stückes auf die Angehörigen der niederen Bevölkerungsschichten äußern würde, die demselben von der socialdemokratischen Presse gewidmeten Besprechungen von besonderer Bedeutung sind. Diese zeigen nun klar, daß man sich socialdemokratischerseits von dem Stücke eine gewaltige Förderung der Parteileidenschaft verspricht. So hat das Organ der radicalen Socialdemokratie, der hier erscheinende »*Socialist*«, welcher sonst noch niemals einem Werke der Kunst ein Wort gewidmet hat, in drei Nummern den Inhalt der »Weber« auf das Ausführlichste wiedergegeben. Hier findet sich auch die Bemerkung eingeflochten: »Ist doch das heutige Elend nach fünfzig Jahren des Ruhms und der Kultur nicht gar so sehr von dem damaligen verschieden.« Weiter heißt es in der aus der Feder des socialdemokratischen Redakteurs der Zeitschrift »*Freie Bühne*« hervorgegangenen Rezension des Dramas, daß man zum Genusse desselben eine »Feierstimmung« mitbringen müsse, welche den Zuschauer »das historische Motiv jenes alten Weberaufstandes geistig verknüpfen lasse mit gewaltigen, *ringenden Problemen* der Menschheit«. »Das ganze Stück ist eine gewaltige Konzession an jene Gesammtstimmung«, es ist »ein Stück aus der leidenden Menschheit, *so jung*, wie jedes Armenkind, das der *heutige* Tag in die Wiege legt«. Noch schärfer findet sich die Ueberzeugung, daß die in dem Drama enthaltene Glorifikation der bewaffneten Erhebung der Massen gegen ihre Ausbeuter auf die socialen Verhältnisse der Gegenwart bezogen werden solle und müsse und daß die Wirkung auf das proletarische Publikum eine gewaltige sein werde, in einem Aufsatze dargelegt, welchen der auf socialdemokratischem Standpunkte stehende bekannte Schriftsteller *Fr. Mehring in der »Neuen Zeit«*, einer anerkannt socialdemokratischen Zeitschrift »den Webern« gewidmet hat. Mehring führt (vergl. das hier angeschlossene Heft 24 des Jahrganges 1892/93 Seite 769 flgd.) an, daß »der Dichter das Schauspiel nach dem Text eines unverfälschten Socialdemokraten gearbeitet hat« (S. 769) und erkennt dann offen an, daß die ungeschminkte Bourgeoisie in ihrer Weise und von ihrem Standpunkt aus ganz recht hat, wenn sie sagt, die »Weber« sind ein socialistisches Tendenzstück« (S. 772) und ferner (S. 773): »Aber die Vorstellung ließ gar keinen Zweifel an der mächtigen revolutionären Wirkung, die das Schauspiel auf ein empfängliches und genußfähiges Publikum haben müßte, und wenn Hauptmann noch Hoffnungen auf die Freigabe seines Stückes für die öffentliche Aufführung gehabt haben sollte, so mag er sie nunmehr nur begraben. Noblesse oblige – und den »Webern« steht es besser an, sich mit Würde in die preußische Polizei zu fügen, als im Verwaltungsstreitverfahren darum zu hadern, daß sie historische Vorgänge schildern, und nicht politische. Seien wir doch ehrlich: *sie sind revolutionär und höchst actuell.*«

Auf die Schlußausführung der Berufungsrechtfertigung, daß das Verbot der öffentlichen Aufführung der »Weber« gerade dem »Deutschen Theater« gegenüber ungerechtfertigt sei, weil dieses Theater wegen der theueren Eintrittspreise von Angehörigen der arbeitenden Klassen nicht besucht werde, sei endlich noch bemerkt, daß, falls die Aufführung für das Deutsche Theater genehmigt worden wäre, eine gleiche Genehmigung auch den anderen hiesigen Bühnen nicht hätte versagt werden *können*.

So die konstante diesseitige Praxis; daher denn vor der Ertheilung der ersten Aufführungs-Genehmigung stets sorgfältig in Erwägung gezogen wird, ob die Aufführung vor dem Publikum auch der anderen Theater unbedenklich erscheint. Jedenfalls würde die auch nur einer der hiesigen Bühnen ertheilte Genehmigung der Aufführung des Stückes die Verbreitung desselben über nahezu alle Provincialbühnen zur Folge haben, da die Polizeibehörden anderer Städte die Statthaftigkeit der Aufführung eines einmal hier zugelassenen Stückes kaum jemals einer erneuten Prüfung unterziehen.

Es wird beantragt:

den Berufungskläger mit der erhobenen Berufung unter Auferlegung der Kosten des Verfahrens abzuweisen.

Der Königliche Polizei-Präsident
von Richthofen.

No. 3.
An
das Königliche Oberverwaltungsgericht.

Hier.

Berlin, den 31. Mai 1893.

Replik
in Sachen
Hauptmann contra v. Richthofen.
Liste I Nr. 32 von 1893.

Die Gegenerklärung des Herrn Beklagten vom 10. Mai cr. enthält im wesentlichen nur Behauptungen, welche schon in erster Instanz aufgestellt sind und durch die dortige Replik sowie durch die Berufungsrechtfertigung genügend widerlegt erscheinen.

Neu ist allein die Bezugnahme auf angeblich socialdemokratische Preßäußerungen über das in Frage stehende Stück. Der Beklagte citiert Recensionen aus dem »Socialist«, der »Freien Bühne« und der »Neuen Zeit«. Hierbei fällt schon auf, daß die citierten Blätter nicht officielle Organe der socialdemokratischen Partei sind, sondern zum Theil in directem Gegensatz, zum Theil nur in entfernten Beziehungen zu derselben stehen. Der »Socialist« ist Organ der unabhängigen Socialdemokraten. Die »Freie Bühne« hat sich niemals zur socialdemokratischen Partei bekannt, sie behandelt vorzugsweise Fragen der Kunst und steht der Politik ziemlich fern. Auch der Schriftsteller Mehring, welcher bekanntlich früher Redacteur der fortschrittlichen »Berliner Volks-Zeitung« war und die verschiedensten politischen Wandlungen durchgemacht hat, kann nicht als Vertreter der Meinungen der Socialdemokratie anerkannt werden.

Außerdem ist es aber auch vollständig gleichgültig, was die Socialdemokratie zu den »Webern« sagt. Schon in den früheren Schriftsätzen ist, wie ich glaube, überzeugend dargethan, daß das Stück nichts socialdemokratisches enthält, sondern daß es einfach das Elend und die Noth armer Leute schildert, ihr verzweifeltes Bestreben, da alle gütlichen Mittel nichts helfen, sich durch Gewalt vor dem Hungertode zu schützen. Solche Verhältnisse sind zu allen Zeiten und in allen Ländern vorgekommen; wer sie schildert, appelirt damit nicht an die schlechten Instinkte der Unterdrückten, sondern an das Mitleid der Unterdrücker, denen er Menschlichkeit und Nächstenliebe predigt. Gewiß zeigt der Dichter, daß die mitleidslose Härte des Fabrikanten Dreißiger und seiner Angestellten den Grund zu den Revolten abgegeben hat. Die Lehre, welche man aus dem Stücke ziehen kann – ausgesprochen wird eine Tendenz überhaupt nicht – richtet sich aber nicht an die Arbeiter, sondern an die Arbeitgeber; nicht jene werden aufgefordert, Gewaltthätigkeiten zu üben, sondern diese, Gewaltthätigkeiten durch menschliche Behandlung ihrer Leute zu vermeiden.

Daß trotzdem unverständige und parteiverblendete Beurtheiler das Stück zu einer socialdemokratischen Parteischrift erniedrigen wollen, ist ganz erklärlich und nicht zu verwundern. Es paßt eben den Herren, einen Dichter wie Gerhart Hauptmann vor den Wagen ihrer Parteiinteressen zu spannen, daher suchen sie in dem Stück etwas, was nicht darin enthalten ist, nämlich eine Verherrlichung socialdemokratischer Ideale. Das Stück steht, wie bereits mehrfach dargelegt ist, auf dem Boden der bestehenden Gesellschaftsordnung und verlangt nur hier eine menschenwürdige Behandlung und Bezahlung der Arbeiter.

Der Dichter hat den unterzeichneten Anwalt ausdrücklich zu der Erklärung ermächtigt, daß es ihm vollständig fern gelegen habe, mit den »Webern« eine socialdemokratische Parteischrift zu verfassen, in einer derartigen Absicht würde er eine Herabwürdigung der Kunst sehen; nur die christliche und allgemein menschliche Empfindung, die man Mitleiden nennt, habe ihn sein Drama schaffen helfen.

Es ist auch ein Leichtes, aus den Aeußerungen nicht socialdemokratischer Organe zu beweisen – wenn solche Beweisführung überhaupt stichhaltig wäre – daß das Stück frei von jeder socialistischen Tendenz ist.

In der Anlage führe ich Aeußerungen der »Breslauer Zeitung«, des »Kleinen Journals«, des »Magazins für Litteratur« und der »Nation« in diesem Sinne an und behalte mir die Beibringung weiterer Belege vor.

Die Ausführungen ad C der Berufungsrechtfertigung betr. die Verhältnisse des »Deutschen Theaters« werden durch die Gegenerklärung nicht widerlegt. Die dort als Zeugen benannten Theater-Directoren werden die Verschiedenartigkeit der Censurpraxis in Berlin je nach den Eigenschaften des Theaters, welches die Genehmigung nachgesucht hat, bestätigen; sie werden gleichfalls bekunden, daß unzählige Stücke beispielsweise »Die Haubenlerche« von Wildenbruch, »Sodoms Ende« von Sudermann etc., welche in Berlin anstandslos gegeben worden sind, von den Censurbehörden in der Provinz verboten wurden. Jedenfalls besteht nach der Censurverordnung von 1851 und auch nach den sonstigen Gesetzen, auf welche die Polizei ihr Censurrecht stützt, kein Rechtsanspruch einer Bühne auf die Aufführung eines Stückes, welches einer anderen Bühne genehmigt worden ist. Die Polizei hat, wenn man sich auf den Boden des Censurrechts stellt, in jedem Falle die selbstständige Prüfung, ob der Aufführung ordnungs- oder sittenpolizeiliche Bedenken entgegenstehen, sie ist daher berechtigt, »Die

Weber« dem »Deutschen Theater« zu genehmigen und sie beispielsweise dem »Ostend-Theater« zu verbieten. Sie ist aber nicht berechtigt, sie dem »Deutschen Theater« zu verbieten, weil sie vielleicht im »Ostend-Theater« gefährlich wirken könnten. Nur auf diese Rechtslage, welche die Interessen der öffentlichen Ordnung genügend schützt, kommt es an nicht auf eine etwaige entgegenstehende Praxis, welche von dem vorhandenen Schutze keinen genügenden Gebrauch macht.

Die Angelegenheit muß daher von dem diesseits wiederholt betonten Gesichtspunkte aus geprüft werden, ob die Aufführung der »Weber« im »*Deutschen Theater*« eine Gefährdung der öffentlichen Ordnung befürchten lasse.

Abschrift für den Beklagten füge ich bei.

Der Rechtsanwalt
gez. Dr. Grelling.

No. 4.

Im Namen des Königs.

In der Verwaltungsstreitsache

des Schriftstellers Gerhard Hauptmann zu Schreiberhau, Klägers und Berufungsklägers,

wider

den Königlichen Polizei-Präsidenten zu Berlin, Beklagten und Berufungsbeklagten,

hat das Königliche Oberverwaltungsgericht, Dritter Senat, in seiner Sitzung vom 2. Oktober 1893,

an welcher der Oberverwaltungs-Gerichtsrath Richter, als Vorsitzender, und die Oberverwaltungs-Gerichtsräthe: Kunze, Waldeck, Schultzenstein und Meyn Theil genommen haben,

für Recht erkannt,

daß auf die Berufung des Klägers die Entscheidung des Bezirksausschusses zu Berlin vom 7. März 1893 dahin abzuändern, daß die Verfügung des Beklagten vom 4. Januar 1893 aufzuheben und die Kosten beider Instanzen, unter Festsetzung des Werthes des Streitgegenstandes auf 1000 Mark, dem Beklagten zur Last zu legen, die Pauschquanta jedoch außer Ansatz zu lassen.

Von Rechts Wegen.

Gründe.

[...]

In der Sache selbst war an der vom Oberverwaltungsgericht schon wiederholt ausgesprochenen Ansicht, daß die Polizeibehörden zum Einschreiten gegen die öffentliche Aufführung eines Theaterstückes im Interesse der Sittlichkeit oder der öffentlichen Ordnung rechtlich befugt seien [Preußisches Verwaltungsblatt, Jahrgang XIV, Seite 3 und 441; Entscheidungen des Oberverwaltungsgerichts, Band XXIV, Seite 311], festzuhalten. Es kann sich deshalb nur noch darum handeln, ob die thatsächlichen Voraussetzungen vorhanden sind, welche den Beklagten zum Erlasse der angefochtenen Verfügung berechtigt haben würden [§ 127 Abs. 3 No. 2 des Gesetzes über die allgemeine Landesverwaltung vom 30. Juli 1883]. Dies mußte abweichend von dem Vorderrichter verneint werden.

Die nachgesuchte Erlaubniß zur Aufführung des vom Kläger verfaßten Stückes ist nicht wegen Gefährdung der Sittlichkeit, sondern wegen Gefährdung der öffentlichen Ordnung versagt worden. Das Stück bietet auch keinen Anhalt für die Annahme, daß durch seine Aufführung die Sittlichkeit gefährdet werden könnte. Es ist daher lediglich zu untersuchen, ob die Aufführung geeignet ist, die öffentliche Ordnung zu gefährden. Hierbei ist der künstlerische Werth des Stückes, den der Prozeßbevollmächtigte des Klägers besonders betont hat, ganz außer Betracht zu lassen. Ebensowenig kommt es auf die Zwecke der dramatischen Kunst oder der Schaubühne an; zu deren Erreichung mitzuwirken, ist der Verwaltungsrichter nicht berufen. Es ist ferner unerheblich, ob der Kläger mit seinem Stücke sich lediglich an das allgemein menschliche Gefühl des Mitleids hat wenden wollen und ihm bei dessen Abfassung der Gedanke, ein den Zwecken der Socialdemokratie dienliches oder sonst die öffentliche Ordnung zu gefährden geeignetes Werk herzustellen, gänzlich fern gelegen hat, sowie, ob das Stück durchweg nur historische Wahrheit enthält. Die Frage nach der Gefährlichkeit der Aufführung eines Stückes ist darnach zu beurtheilen, welches die *Wirkung* der Aufführung ist, und diese Wirkung kann eine die öffentliche Ordnung gefährdende sein, gleichviel, ob das Stück eine bestimmte Tendenz und welche verfolgt, und wie es bei Behandlung historischer Vorgänge sich den wirklichen Begebenheiten gegenüber verhält. Es ist nicht richtig, daß die Vorführung wahrer Ereignisse auf der Bühne stets oder wenigstens sobald dabei nur rein künstlerische Zwecke verfolgt werden, gestattet sein müsse, wie Seitens des Klägers aufgestellt worden ist.

Dagegen ist dafür, ob die Voraussetzung der angefochtenen Verfügung eine Gefahr für die öffentliche Ordnung durch die Aufführung, zu welcher die Erlaubniß nachgesucht war, vorhanden ist, Zweierlei von wesentlicher Bedeutung, was der Vorderrichter nicht ausreichend gewürdigt hat.

Zunächst ist zu beachten, daß nicht schon eine entfernte Möglichkeit es könne die Aufführung des Stückes zu einer Störung der öffentlichen Ordnung führen, die Versagung der Erlaubniß zur Aufführung zu rechtfertigen vermag; hierzu ist vielmehr eine wirklich drohende, nahe Gefahr erforderlich. Nur bei einer solchen Gefahr greift der § 10, Titel 17, Theil II des Allgemeinen Landrechts Platz [vergl. Entscheidungen des Oberverwaltungsgerichts Band IV Seite 418, Band VI Seite 352, Band VII Seite 377, Band IX Seite 350, 353 ff., Band XV Seite 433].

Sodann ist zu berücksichtigen, daß es sich gegenwärtig allein um eine Aufführung im »Deutschen Theater« zu Berlin handelt, also dessen besondere Verhältnisse maßgebend sind, und nur für dieses eine Theater die Berechtigung der Versagung der Erlaubniß zu prüfen ist. Wie es nicht zu Gunsten des Klägers ins Gewicht fällt, daß an anderen Orten das Stück zur öffentlichen Aufführung zugelassen worden ist, und daß es in Berlin selbst von Privat-Theater-Gesellschaften mag ohne Weiteres aufgeführt werden dürfen und bereits unbeanstandet aufgeführt ist oder in nächster Zeit aufgeführt werden wird, ebensowenig ist auf der anderen Seite von Erheblichkeit, ob die öffentliche Aufführung auf anderen Theatern in Berlin oder auf Theatern an Orten mit zahlreicher socialdemokratischer Bevölkerung gefährlich werden würde, und daß im Jahre 1892 der Redakteur eines Blattes im Eulengebirge wegen einfachen Abdrucks des im Stücke wiedergegebenen Liedes »das Blutgericht« auf Grund des § 130 des Deutschen Strafgesetzbuchs [Anreizung verschiedener Klassen der Bevölkerung zu Gewaltthätigkeiten gegen einander] mit 3 Monaten Gefängniß bestraft worden ist. Die Annahme des Beklagten, daß, falls das Stück für das »Deutsche Theater« freigegeben würde, es auch auf jedem anderen Berliner Theater zur Aufführung gelangen könnte, ist irrig. Eine Aufhebung der lediglich das »Deutsche Theater« betreffenden Verfügung des Beklagten entbindet diesen weder von der Pflicht, die Zulässigkeit der Aufführung auf einem sonstigen Berliner Theater selbstständig für das letztere zu prüfen, noch nimmt sie ihm das Recht zu solcher Prüfung, und noch weniger ist sie den Polizeibehörden anderer Orte präjudizirlich.

Von den vorstehenden beiden Gesichtspunkten aus erscheint nach dem Inhalte des Stückes im Einzelnen sowohl wie in seiner Gesammtheit die Aufführung desselben nicht gefährlich, und zwar auch dann nicht, wenn die nachträglich vorgenommenen, der Zahl und der Sache nach übrigens sehr unerheblichen Streichungen außer Betracht bleiben. Mag, worüber die Parteien streiten, der letzte Platz im »Deutschen Theater« 1,50 Mk. oder 1 Mk. kosten, jedenfalls sind, wie bekannt, die Plätze im Allgemeinen so theuer und ist die Zahl der weniger theueren Plätze verhältnißmäßig so gering, daß dieses Theater vorwiegend nur von Mitgliedern derjenigen Gesellschaftskreise besucht wird, die nicht zu Gewaltthätigkeiten oder anderweitiger Störung der öffentlichen Ordnung geneigt sind. Die Annahme des Beklagten, es werde dem »Deutschen Theater« die Arbeiterschaft der Hauptstadt in Massen zugeführt werden, entbehrt der Unterlage und ist, weil eine solche Zuführung höchstens sich als eine entfernte Möglichkeit darstellt, zur Begründung einer Gefahr nicht geeignet. Es darf vielmehr nur mit der Thatsache gerechnet werden, daß blos ein verschwindend kleiner Theil der Besucher des »Deutschen Theaters« nicht unbedingt jeder Auflehnung gegen die öffentliche Ordnung widerstrebt, und es kann auch für diesen Theil nicht angenommen werden, daß seine Neigung zur Verletzung der öffentlichen Ordnung durch das Ansehen und Anhören des Stückes in wesentlicher, unmittelbar zu einer Störung der öffentlichen Ordnung führender Weise werde befördert oder gestärkt werden. Bei den übrigen Zuschauern aber ist ganz ausgeschlossen, daß sie durch die Aufführung zu einer Störung der öffentlichen Ordnung veranlaßt werden könnten.

Unter Abänderung der Vorentscheidung war hiernach die angefochtene Verfügung des Beklagten aufzuheben, woraus dann die Ertheilung der nachgesuchten Erlaubniß Seitens des Beklagten von selbst folgt.

Die Bestimmung wegen der Kosten beruht auf § 103 und § 107 No. 1 des Landesverwaltungsgesetzes.

Urkundlich unter dem Siegel des Königlichen Oberverwaltungsgerichts und der verordneten Unterschrift.

Richter.

Die Art und Weise, wie der Rechtsanwalt Grelling die Klage gegen die Verbotsverfügung der *Weber* begründete, wurde von Franz Mehring im Anschluß an die Urteilsverkündung des Berliner Bezirksausschusses am 7. 3. 1893 (vgl. Dok. 76) scharf gerügt. Mehring hatte nach der Aufführung der Freien Bühne (26. 2. 1893) Hauptmann und sein neues Stück zunächst begeistert begrüßt. Hauptmann habe es verstanden »aus dem Born eines echten Sozialismus zu schöpfen« und die Vorstellung der Freien Bühne »ließ gar keinen Zweifel an der mächtigen revolutionären Wirkung, die das Schauspiel auf ein empfängliches und genußfähiges Publikum haben müßte« (s. Dok. 119). Von daher solle Hauptmann seine Hoffnungen auf die Genehmigung einer öffentlichen Aufführung des Stückes »begraben«, denn »den ›Webern‹ steht es besser an, sich mit Würde in – die preußische Polizei zu fügen, als im Verwaltungsstreitverfahren darum zu hadern, daß sie ›historische‹ Zustände schildern und nicht politische« (ebd.). In seinem kurz darauf erschienenen Beitrag *Entweder-Oder* kritisierte Mehring enttäuscht die Vorgehensweise Grellings, noch in der Hoffnung, daß Hauptmann »von den verschlagenen Advokatentricks seines juristischen Vertreters vorher nichts gewußt und sie nachträglich nicht gebilligt hat«. Franz Mehring äußerte hier der Auffassung, daß Grelling die »dichterische Widerspiegelung historisch unanfechtbarer Tatsachen« gegen den Vorwurf »strafbarer Tendenz« hätte verteidigen müssen, da ein derartiges Verbot bedeute, daß das »Berliner Polizeipräsidium an reaktionärer Beschränktheit noch den Duodezdespotismus des achtzehnten Jahrhunderts übertreffen will, der niemals die öffentliche Aufführung von Lessings ›Emilie Galotti‹ oder Schillers ›Kabale und Liebe‹ verboten hat, obgleich diese Dramen wahrheitsgetreu die von den Duodezdespotismus geschaffenen Zustände widerspiegeln«. Mehring gibt seiner Hoffnung Ausdruck, daß Hauptmann bei dem Prozeß vor dem Oberverwaltungsgericht sich nicht mehr durch »advokatorischen Firlefanz« verteidige (F. Mehring, *Entweder-Oder*. In: *Die Neue Zeit*, Jg. 11/1, 1892/93, S. 777–782). Nach der Freigabe der *Weber* durch das Oberverwaltungsgericht kommentierte der *Vorwärts* nochmal enttäuscht die Verhandlungsführung Grellings. Unter dem Pseudonym »Alpha« schrieb ein Kritiker: »Die naive Empörung eines gutgesinnten Mannes gegen ein Kunstwerk, das ihm sozialrevolutionär vorkommt, kann ich begreifen, wenn ich auch seinen Standpunkt nicht theile. Das Betteln aber um Gnade, wo ein Recht auf freie Kunstentfaltung vorhanden ist, die Tartüfferie, die sich anstellt, als sähe sie nicht, was doch jedem offenen Auge sichtbar ist, die juristische Spitzfindigkeit, die das Gerade ins Ungerade wandelt, das hinterläßt einen bitteren Nachgeschmack« (zit. nach: *Gerhart Hauptmanns »Weber«. Eine Dokumentation.* Hrsg. v. Helmut Praschek, Berlin/DDR 1981, S. 278).

Auf sozialdemokratischer Seite hätte man sich gewünscht, daß die *Weber* als »sozialrevolutionäres Drama« und damit das Recht auf künstlerische Gestaltung sozialrevolutionärer Wahrheit verteidigt worden wäre. Stattdessen bestätigte die Beweisführung Grellings die »antirevolutionäre« Tendenz des Stückes, die Fontane neben der »revolutionären« in den *Webern* als gleichzeitig vorhandene konstatierte (s. Dok. 121). Entgegen der teilweise gehegten Hoffnung bezüglich Hauptmanns weltanschaulicher Position, handelte es sich bei Grellings Argumentation nicht lediglich um juristische Spitzfindigkeiten«, sondern um eine Interpretation des Stückes, die durchaus *auch* den Intentionen des Autors entsprach, wie zahlreiche Äußerungen Hauptmanns, privat und öffentlich belegen. In verschiedenen Variationen äußerte sich Hauptmann zu dem Motiv christlicher Nächstenliebe, das ihn bei der Abfassung der *Weber* bewegt habe. Hauptmann wiederholte auch mehrmals, wie ihn das Elend der Weber selbst erschütterte. Er hatte gehofft, wie er selbst 1894 in einem Zeitungs-Interview erklärte, daß »die Wohlhabenden, die meine ›Weber‹ sehen würden, durch das sich in diesem Werke widerspiegelnde entsetzliche Elend gerührt werden [möchten].« (vgl. hierzu die Dokumente in: *Gerhart Hauptmanns »Weber«*, S. 316–334).

f) Naturalismus und Sozialdemokratie

78

[Anonym]: *Kunst und Volk.* In: *Berliner Volkstribüne. Socialistisches Wochenblatt.* Berlin, Nr. 32 v. 9. 8. 1890, Beiblatt.

D'rum soll der Dichter mit dem König geh'n, Sie beide wandeln auf der Menschheit Höh'n! Dieser Schiller'sche Gedanke liegt mehr oder weniger bewußt der ganzen idealistischen Dichtung zu Grunde. Es bedurfte des Naturalismus, um ihn endgiltig zu stürzen.

[...]

Das eigentlich Charakteristische der modernen Dichtung ist ihre Massenhaftigkeit und ihre Zersplitterung in der Wahl des Stoffes und der Behandlungsweise, ihr Individualismus. Bei dem großen Vertrieb der Bücher im literarischen Konkurrenzkampfe kann jedes Angebot auch auf eine Nachfrage, wenngleich nur eine geringe, rechnen. Jeder, der etwas zu sagen hat, sagt es und hofft, unter dem vieltausendköpfigen Leserkreis da und dort ein Häuflein Anhänger zu finden. Die verschiedensten Geschmacksrichtungen beherrschen nacheinander, ja gleichzeitig den literarischen Markt. Ebers, Marlitt, Wildenbruch finden ihr Publikum so gut wie Zola, Tolstoi und Turgenjew.

Aber in diesem babylonischen Wirrwarr läßt sich doch *eine spezifisch moderne Richtung* unterscheiden, die, tief in den ökonomischen Verhältnissen und der gesammten Geistesrichtung wurzelnd, am meisten Lebenskraft beweist und sich eng mit allem Fortschrittsstreben verbindet. Ich denke natürlich an den Naturalismus. Wenn keine national-religiöse Sagenwelt existirt, an welcher das Bürgerthum mit seinem Herzen hängt, wenn der idealistisch-übertreibende Styl, welcher zur Darstellung einer solchen Sagenwelt gehört, also gleichfalls gegenstandslos geworden ist, welche *bedeutungsvolle* Aufgabe kann dann der Dichter noch haben? Soll er zum Privatgebrauche alte Sagenwelten und alte idealistische Style neu zu beleben suchen? Wozu? Hat Jemand Begehr danach, so mag er doch die alten Originalwerke selbst vornehmen. Oder soll der Dichter Abenteuer spannend zusammenfabeln? Da genügt der simple Kolportageroman. Nein will er, daß die Leute, welche ihre Zeit verstehn, ihn achten, so muß er etwas Neues bieten können, für das es anderwärts keinen bessern Ersatz giebt. Und dieses Neue ist die Darstellung modernen Lebens, Darstellung der Konflikte, in welche die Struktur unserer Gesellschaft den Einzelnen hineinstürzt.

In der Wirklichkeit sehen wir nur die äußere Erscheinung, der Dichter soll uns das Innenleben, die Verkettung der Gedanken, Gefühle und Willensentschlüsse offenbaren, er soll den unsichtbaren seelischen Reflex der sichtbaren sozialen Bewegung uns vorzeigen, damit wir sehen, »was die Welt im Innersten zusammenhält«. Mit diesem *Zwecke* ist aber auch die *Art der Darstellung* gegeben. Jedes pathetisch-lyrische Uebertreiben der Sprechweise, kurz was man idealistischen Styl nennt, widerstrebt jenem Ziele. Es enthüllt nicht, es verdunkelt das psychologische Räderwerk. Darum muß die Kunst, welche modernes Leben in seinen bedeutsamen Konflikten typisch zu gestalten strebt, naturalistisch sein. *Mit dem Inhalt ist unauflöslich auch die Form gegeben.*

Diese Kunst, die, von Frankreich ausgehend, sich die übrige Welt mehr und mehr erobert, die vor allem in Rußland und Norwegen mächtige Talente gefunden hat, soll die Lebensverhältnisse der bürgerlich-kapitalistischen Welt wiederspiegeln. Ihre Träger sind, vorläufig wenigstens noch, ausschließlich Mitglieder der herrschenden bürgerlichen Klasse.

Aber wie der Einblick in das gegenwärtige ökonomische Getriebe mehr als alles andere dem Erzfeinde dieses Getriebes, der neuaufstrebenden Klasse des Proletariats, zu Gute kommt, wie er den gutmüthigen Glauben an die Ewigkeit des Bestehenden und die fromme Ergebung weit hinwegscheucht, so wirkt auch die ernste, große Kunst des Naturalismus. Von den Qualen der Menschheit, von dem Verzweiflungskampfe und dem Elend, den fürchterlichen Begleiterscheinungen jenes ökonomischen Getriebes, zieht sie den Schleier hinweg. Mitleidlos waltet sie ihres Amtes, dem Wahrheitsdrange dienend. Und so wird diese vom Bürgerthum geborene Kunst zugleich der Abscheu des Bürgerthums. Man flucht dem Spiegel, weil man vor dem zurückgestrahlten Bilde erschrickt. Am besten wär's, die Polizei verböte diese Kunst einfach als »unmoralisch!«

Das Proletariat aber muß sie mit frohem Ruf begrüßen. Es ist in der glücklichen Lage, daß ihm die Wahrheit, die volle, ganze nur ersehnt sein kann. Je wahrer die Kunst, um so mehr wird sie es festigen in seinem Kampfe gegen die bestehende Gesellschaft.

Die Arbeitermassen sind in politische Aktion getreten; ohne zu herrschen, streben sie doch der Herrschaft zu. Ohne bereits als Klasse eine besondere Kunst zu besitzen, wirken ihre Bestrebungen auf die bürgerliche Literatur schon mächtig ein. Die Arbeiter sollten den Geist, welchen diese Literatur ihnen bietet, begierig ergreifen. Sie werden hier Genuß und Kräftigung finden.

Die »Freie Volksbühne«, deren Gründung wir in unser vorigen Nummer begrüßten, ist bestimmt, an dem großen Werke, an der Ausbreitung naturalistischen Kunstsinnes unter dem Volke, mitzuwirken. Wir wünschen ihr hier noch einmal den glänzendsten Erfolg. Ihre Aussichten sind die besten und die in voriger Woche einberufene Versammlung darf uns mit Stolz erfüllen.

[...]

In den 80er Jahren nahm die Sozialdemokratie in ihrem offiziellen theoretischen Organ, der *Neuen Zeit*, zur oppositionellen, naturalistischen Bewegung in Deutschland nicht Stellung, sieht man von zwei Aufsätzen zu Max Kretzer ab (s. Dok. 37). Dennoch gab es bei der Mehrheit der naturalistischen Autoren vor allem in Berlin Sympathie und Interesse für die Ideen des Sozialismus, für die Arbeiterbewegung. Persönliche Kontakte zur Berliner Sozialdemokratie vermittelten sich für die jungen Literaten im Verein »Durch« insbesondere durch Bruno Wille, der zu den »Radikalen« in der Partei zählte, die sich bereits unter dem Sozialistengesetz gegen die Teilnahme an Wahlen aussprachen. Diese oppositionellen Sozialde-

mokraten besaßen seit 1887 in Berlin ein eigenes Organ, *die Berliner Volkstribüne* unter der Redaktion
von Max Schippel. In dieser Zeitung begann schon vor 1890 die Diskussion um das Verhältnis Naturalis-
mus/Sozialismus, wobei sich die Zeitung besonders für die Verbreitung naturalistischer Literatur in der
Arbeiterschaft einsetzte. Zahlreiche naturalistische Autoren veröffentlichten hier literarische und kritische Beiträge, unter ihnen Karl Henckell, Arno Holz, Johannes Schlaf, Gerhart Hauptmann, John Henry
Mackay und die Brüder Hart. 1890 wurde die *Volkstribüne* zum Sprachrohr der Berliner »Jungen«, wie
die Linksopposition in der Sozialdemokratie von der bürgerlichen Presse genannt wurde. Nach Conrad
Schmidt war auch Paul Ernst zeitweise Redakteur dieser Zeitung. Der ob.dok.Artikel ist ein Beispiel für
die Verbindung, die sich zwischen naturalistischer Bewegung und Linksopposition in der Sozialdemokratie um 1890 auf publizistischer Ebene herausgebildet hatte. Gleichzeitig verweist der Artikel auch auf ein
weiteres, neu gegründetes Gebiet der Zusammenarbeit, die Freie Volksbühne, die der Verbreitung der
modernen naturalistischen Literatur in der Arbeiterschaft dienen sollte (vgl. Dok. 52).

79
Paul Ernst: *Die neueste literarische Richtung in Deutschland.* In:
Die Neue Zeit. Revue des geistigen und öffentlichen Lebens. Hrsg. v.
Karl Kautsky. 9. Jg. Stuttgart (J. H. W. Dietz) 1890/91, Bd. 1, Nr. 16,
S. 509–519; hier: S. 509–510, 511–519.

Das deutsche Bürgerthum hatte seine Rolle als geistiger Führer Europas aufgegeben; Heine
war der letzte deutsche Schriftsteller von europäischer Bedeutung und europäischem Einfluß;
mit ihm war die Zeit der Goethe und Hegel abgeschlossen, und eine neue Zeit begann, die des
Banausenthums.

Der Boden der geistigen Produktion war das Kleinbürgerthum gewesen; und diesem Kleinbürgerthum ging es immer schlechter und schlechter. Die bürgerliche Revolution scheiterte.
Das rothe Gespenst erschien schreckerregend am Horizont. Die rapide Ausdehnung der
Großindustrie riß klaffende Lücken in seine Reihen. Und diese Großindustrie hatte sich ohne
viel Zögern der alten, feudalen Gesellschaft zur Verfügung gestellt; Bismarck weigerte ihr
zwar jede Theilnahme an den politischen Verhandlungen und wußte auch die preußische
Aristokratie auf ihre Kosten auszusteuern; aber das verschmerzte sie; denn er garantirte ihr
dafür volle Ausbeutungsfreiheit und freie Beweglichkeit, und außerdem einen kräftigen
Schutz gegen das Proletariat. Das genügte ihr, sie fand das Geschäft gut.

Wie das Kleinbürgerthum materiell immer mehr herunter kam, so kam es auch geistig
immer mehr auf den Hund.

Die Leihbibliotheken, Lesezirkel, Journale fanden immer mehr Aufnahme und machten
immer bessere Geschäfte; denn die Literatur mußte billig sein; und Billigkeit wurde das
Schlagwort für Schriftsteller, Buchhändler und Publikum. Noch in der klassischen Zeit war
der eigentliche Schriftsteller, der Nur-Schriftsteller keineswegs Regel; von den klassischen
Sechs war es nur Klopstock gewesen. Jetzt hatten die Schriftsteller keine andere Beschäftigung, durch welche sie ihren Unterhalt verdienen konnten, sie mußten vom Schreiben leben;
und bei dem Verlangen nach Billigkeit – was blieb ihnen übrig, als das allgemeine Prinzip der

deutschen Produktion zu verfolgen: billig, aber schlecht? Man schrieb vielbändige Romane für die Leihbibliotheken. Der durchschnittliche Ladenpreis eines dreibändigen Romans war 9 Mark; von einem geschätzteren Autor erlebte der Roman zwei Auflagen, 2000 Exemplare. Man rechne sich aus, wie viel Honorar der Schriftsteller bekam. Man schrieb für die Familienblätter; dieselben zahlen bei kleineren Beiträgen 10–25 Pfennige für die Zeile, größere Sachen, Romane entsprechend billiger.

[...]

Eins bedingte das Andere und die Erscheinungen bedingten einander gegenseitig, so daß zuletzt schwer zu sagen war: welches ist das Erste und welches ist das Zweite. Die Bücherpreise waren hoch – durchschnittlich dreimal höher, wie z.b. in Frankreich – weil wegen der Leihbibliotheken zu wenig Exemplare abgesetzt wurden; und weil die Bücherpreise hoch waren, kaufte Niemand Bücher, sondern benutzte die Leibibliotheken. Weil man ein Buch, das man aus der Leihbiliothek liest, nur als Lesefutter goutirt, mußten die Bücher Lesefutter sein; und weil die Bücher Lesefutter waren, standen sie in den Leihbibliotheken. Noch bis zur Zeit der Gutzkow und Laube hatten die Männer lebhaften Antheil an der Literatur genommen; jetzt schwand das Interesse bei den Männern, und das Publikum rekrutirte sich aus Weibern. Die Literatur war so schlecht geworden, daß nur noch die Weiber an ihr Geschmack fanden, und weil nur noch die Weiber an ihr Geschmack fanden, wurde sie noch schlechter.

Die Zeit von 1850–1880 ist für das literarische Deutschland die Zeit der reinen Unterhaltungsliteratur, der Unterhaltungsliteratur sans phrase. Erst in den achtziger Jahren beginnt die Veränderung, macht sich die neue Bewegung bemerkbar.

1870 erwartete man einen allgemeinen Aufschwung der Literatur. Der Spießbürger philosophirte: Allgemeine Begeisterung – große Zeit – große Männer – davon muß doch auch die Literatur profitiren. Aber Begeisterung, Zeit und Männer fanden keinen Dichter, und Bismarck, der große Mann des Jahrhunderts, mußte sich mit den Barden des »Kladderadatsch« begnügen.

Berlin, der Mittelpunkt des politischen Deutschlands, wurde auch der Mittelpunkt des geistigen; und der brave Spreeathener, der vor dem Kriege seine »Weiße« trank und jetzt den Champagnerpfropfen knallen ließ, der Staatsbürger, der vor 1870 mit Hasenfellen gehandelt hatte, und jetzt auf Gummirädern fährt, sie gaben die Kulturschicht ab, aus der heraus die neue, die nationale, die große Dichtung, die Dichtung der großen Ereignisse, des neuen Reichs entstehen sollte.

Welche Blamage! Alles blieb still; und außer einigen Gymnasiallehrern, welche die großen Ereignisse in Tragödien oder Epen verarbeiteten, ließ sich keine Nachtigall im Musenhain hören. Ja, 1870–1880, wo auch die letzten Nachzüglinge aus der Zeit vor 1850 verstummten, bildet das allerödeste Dezennium in der neuen deutschen Literaturgeschichte.

Inzwischen bestand in anderen Ländern eine theilweise bedeutende Literatur. In Frankreich hatte sie sich unter eigenthümlichen Bedingungen entwickelt. Von Balzac her, diesem gewaltigen Riesen, hatte sich ein Einfluß lebendig erhalten, verkörpert in den Goncourts und Flaubert. Bei hinreichendem eigenem Vermögen hatten die Drei sich die Liebhaberei leisten können, abseits vom Zeitgeschmack zu bleiben und an die Aesthetik Balzac's anzuknüpfen, während sie freilich in ihrer Art somit ganz das Gepräge des zweiten Kaiserreichs trugen. Fanatiker der künstlichen Form, wie es unter dem Druck des Empire nicht anders sein konnte, »reine Künstler«, nicht »docteurs de la science sociale«, wie Balzac, hatten sie den revolutionären Naturalismus Balzac's konservirt, vor Allem die Theorie des Milieu. Jahrzehnte lang fast unbeachtet, wurden sie zuletzt noch auf den Schild gehoben, namentlich in Folge der Triumphe Zola's.

Zola ging kühn an die Aufgabe, mit Hilfe des Naturalismus die Verkommenheit des second Empire darzustellen. Der erste Band des »Rougeon-Macquart, histoire naturelle et sociale d'une famille sous le second Empire« erschien im Jahre des Zusammenbruchs des Bonapartismus; nachdem einige Bände nicht sehr beachtet vorübergegangen waren, erregte »Assomoir« ein außerordentliches Aufsehen. Hier war mehr als die Kritik der Kaiserzeit; hier glaubte der Bürger Gelegenheit zu finden zu einer Lösung des blutigen Räthsels der Kommune, deren Gespenst ihn noch immer drohend umschwebte. Es war nicht das Kunstwerk, das Zola berühmt machte; Balzac, Flaubert, die Goncourts, sind Größere als er; es war der Inhalt des Werkes: zum ersten Mal eine authentische Schilderung der Arbeiterklasse.

Seit »Assomoir« machte der Naturalismus reißende Fortschritte in Frankreich. Die Vorgänger Zola's wurden wieder hervorgesucht; die jungen Talente bildeten sich nach ihnen; und in dem ersten Rausch schien es, als ob es Zola sei, der den Naturalismus gewissermaßen erfunden hatte.

Kommen wir wieder zu Deutschland zurück!

Natürlich machte der Chauvinismus zunächst einen Einfluß der französischen Literatur unmöglich. Als der Naturalismus in Frankreich immer weiter um sich griff, sah man nur, daß die französische Nation eben ganz unsittlich geworden sei. Die Folgen der ästhetischen Begriffsverwirrung machten sich geltend. Die deutsche Literatur war »idealistisch«; die Franzosen waren im Sumpf des Materialismus verkommen: und Zola – Nana – pfui, wie gemein! Die Franzosen wühlten im Schmutz; die deutsche Literatur aber erhob die Menschen zum Schönen, Wahren, Guten. Daß Naturalismus eigentlich nur ein beschönigendes Wort für Schweinerei sei, wurde von den ernsthaftesten Leuten geglaubt.

Unterdessen machte sich jedoch der französische Einfluß bei Einigen der Jüngeren geltend, welche ja naturgemäß der Ideologie zugänglicher sind.

Ganz direkt von Zola beeinflußt, sind zunächst Oskar Welten und Max Kretzer, die wohl gleichzeitig und ohne von einander zu wissen, mit dem Naturalismus angefangen haben mögen.

Zunächst Oskar Welten. Er schrieb ein dickes Buch über Zola, dem dann in demselben Verlag ein ebensolches über Daudet von einem anderen Verfasser folgte. Welten's Buch war epochemachend. Er steht natürlich noch ganz auf dem naivsten Standpunkt, sieht den Zola'schen Naturalismus als das A und O aller Aesthetik an und predigt Zola als Gott und Oskar Welten als seinen Propheten.

Welten hat den Gegensatz der alten und der neuen Richtung in einem Schlagwort zusammengefaßt: Darstellung des Schönen und schöne Darstellung. Der alte Idealismus will das Schöne darstellen; er korrigirt die Wirklichkeit, richtet sie zu, läßt sie posiren, streicht alles Häßliche und Beleidigende. Der Naturalismus will schön darstellen, das heißt: naturwahr.

In der Deutung des Wortes »naturwahr« weicht Welten jedoch von den französischen Naturalisten ab. Als Erbschaft von Balzac her war für die Franzosen in dem Begriff »naturwahr« immer das soziale Moment eine große Hauptsache gewesen; wenn auch theilweise verdeckt unter der naturwissenschaftlichen Phrase. Der Franzose hatte den Menschen definirt als Produkt der Umgebung, des »Milieu«, und natürlich war hier das grundbedingende die soziale Unterlage gewesen, auf welcher das Milieu entstand. Wenn der Franzose nun den Menschen »naturwahr« darstellen wollte, so stellte er ihn dar als Produkt des Milieu; für ihn deckte sich Naturalismus und Darstellung des Menschen aus dem Milieu.

Dem Deutschen fehlte dieser materialistische und soziale Instinkt, er definirte »naturwahr« als »in sich logisch zusammenhängend«, »in sich widerspruchslos«; er schied die Wirklichkeit aus der ästhetischen Betrachtung aus, verlangte nicht Uebereinstimmung mit der Wirklichkeit, sondern innere logische Uebereinstimmung; wobei er natürlich vergaß, daß die Logik auch nur ein Widerschein der Wirklichkeit ist. Jedenfalls schlug durch diese Deutung der Naturalismus in sein Gegentheil um; er wurde Idealismus, der sich von dem herrschenden Idealismus nur dadurch unterschied, daß er ein wirkliches System darbot, während der herrschende nur eine Phrasenzusammenstellung war.

Die Produktion Welten's entsprach seiner Aesthetik: Nirgends eine Anlehnung an die Wirklichkeit, nirgends wirkliche, nur dem Milieu entwachsene Menschen; überall nur logische Konstruktionen, mathematische Berechnungen: gegeben ist dieser Charakter; gegeben sind diese Umstände; wie wird der Charakter sich benehmen; wobei »Charakter« ein logisches Machwerk bedeutet, eine Zusammenfassung gewisser Eigenschaften unter einem Namen.

Vielleicht ist zur Deutung dieser auffälligen Erscheinung die soziale Stellung des Schriftstellers in Frankreich und Deutschland in Betracht zu ziehen. Das französische Publikum hält es nicht für anständig, Leihbibliotheken zu benutzen; es kauft sich seine Bücher; daher viel mehr Auflagen der Bücher, wie in Deutschland; in Folge dessen größere Einnahmen der Schriftsteller, und damit eine ganz andere soziale Stellung, Muße und Gelegenheit, das wirkliche Leben zu studiren, Theilnahme am wirklichen Leben u.s.f. Der deutsche Schriftsteller als armer Teufel muß auf seiner Stube sitzen und zeilenweise ums Geld schreiben; er hat keine Zeit und Gelegenheit, das Leben kennen zu lernen und zu erleben; er ist darauf angewiesen, die Dinge, welche er schildert, aus seinem eigenen Kopf heraus zu spinnen.

Bezeichnend ist daher, daß Welten zugleich mit seiner naturalistischen Agitation eine Agitation gegen die Leihbibliotheken begann, welche freilich nicht weiter um sich griff.

Max Kretzer muß als direkter Nachahmer Zola's bezeichnet werden; er kopirt einfach. Er hat sich von unten in die Höhe gearbeitet; wenn ich nicht irre, ist er früher Reporter gewesen; und hier hätte er allerdings Gelegenheit gehabt, seinen Blick für die sozialen Erscheinungen zu schärfen. In der That hat er das eifrige Bemühen, wie Zola den Menschen als Produkt des Milieu aufzufassen; wobei allerdings schwer zu sagen ist, wie weit die direkte Nachahmerschaft geht.

Unter den ersten Vorkämpfern wäre dann noch zu nennen M. G. Conrad, der in geistreichen Feuilletons für die neue Richtung Propaganda machte, in seiner Produktion aber über den guten Willen nicht hinauskam.

Charakteristisch ist überhaupt für die neue Schule in Deutschland: Bewußt ist ihr, daß das Alte gänzlich werthlos und untauglich ist; allein dieses Bewußtsein wird meistens nicht durch klare Ueberlegung vermittelt; es entsteht mehr instinktiv durch Vergleichung mit den übrigen gleichzeitigen Literaturen. Daher ein großes Geschrei gegen die Vertreter des Alten, das aber meistens unklar und phrasenhaft ist. Bedeutende produktive Talente lassen sich fast gar nicht erkennen; meistens ist es nur etwas höchst Mittelmäßiges, was geleistet wird, zum Theil wahrhaft unglaublich matte Werke.

Auseinanderzuhalten von den direkten Nachkommen Zola's sind die lyrischen Bestrebungen, eingeleitet durch die Brüder Hart. Viel Neues ist hier freilich nicht zu finden; es ist im Wesentlichen das Alte, nur mit größerem Talent gemacht. Bezeichnend für diese lyrische Schule ist auch die Anknüpfung, welche sie an die Sturm- und Drangperiode macht; schon hieraus geht hervor, daß es nicht eigentlich moderner Geist ist, der sie treibt. An die Brüder Hart schloß sich eine ganze Reihe ähnlicher Talente an, Wilhelm Arent, Carl Henckell, Paul Fritsche, Erich Hartleben u. A.; ganz selbständige Elemente stehen neben ihnen, wie Freiherr von Liliencron u. s. f. Einige aus dieser lyrischen Richtung wurden durch die Arbeiterbewegung beeinflußt und begannen, Gedichte mit revolutionären und sozialdemokratischen Tendenzen zu veröffentlichen, wie Holz, Henckell, Mackay[1], der später Anarchist wurde, u. A. Alle sehr talentvoll, aber ohne eigentlichen tieferen Einfluß auf die Bewegung, welche namentlich auf den Roman und auch auf das Drama hintrieb. Manche, wie Conradi, wandten sich später auch dem Roman zu, aber mit sehr wenig Erfolg.

Da die Anhänger dieser lyrischen Richtung sämmtlich sehr jung waren und mit großem Selbstbewußtsein auftraten, boten sie natürlich den schlauen Spießbürgern die schönsten Gelegenheiten zum Spotten. Und der Spott wurde denn auch reichlich über dieses »junge Deutschland« ausgegossen.

Mit ziemich geringem Talent, aber desto stärkerer Lunge und größerer Fixigkeit im Schreiben ausgerüstet, wußten Carl Bleibtreu und Conrad Alberti ein gewisses Aufsehen zu erregen. Die Beiden sind etwas älter, als die Lyrikergeneration und etwas jünger wie Kretzer und Welten; sie vereinigten sich bald mit Conrad und schufen sich in der Monatschrift »Die Gesellschaft« ein Organ, während die Versuche der lyrischen Richtung, sich eine Zeitschrift zu gründen, verschiedentlich fehlschlugen.

Die Clique der »Gesellschaft«, zu welcher außerdem noch Conradi u. A. desertirten, zeigte bald eine entschiedene Physiognomie: in der Produktion den für die ganze Richtung fast typischen Would-be Naturalismus; in der Kritik Kampf gegen die alte Kunst und Verherrlichung des Naturalismus, aber beides unklar und phrasenhaft; in politischer Beziehung ist die

Richtung – man kann sagen: freikonservativ; vor Allem aber stößt sie gewaltig in die Reklametrompete. Die völlige Unklarheit über alle in Frage kommenden Dinge bezeichnet vielleicht am besten Conrad Alberti; Hauptmitarbeiter der »National-« und »Weserzeitung«, donnert er in der »Gesellschaft« über – die Bourgeoispresse; mit Bleibtreu zusammen erfindet er ein literarhistorisches Gesetz, das schon längst von dem allbekannten Taine angewendet ist, u.s.f.

Die Situation war nunmehr diese: Welten und Kretzer stehen ziemlich allein da; indessen haben Beide, namentlich der Erstere, von dem ein Novellenband z.B. sechs Auflagen bis jetzt erlebt hat, ihr festes Publikum. Die lyrische Richtung hat eine Zeit lang eine Clique gebildet, die aber zuletzt auseinander gestoben ist. Die Clique der »Gesellschaft« ist fest geschlossen. Ein eigentliches Publikum haben indessen die beiden Richtungen nicht; nur ausnahmsweise erlebt ein Buch von ihnen eine zweite Auflage.

Unterdessen macht sich der Einfluß einer neuen ausländischen Literatur geltend, der norwegischen. Namentlich Ibsen und Björnson sind es zunächst, welche Aufsehen erregen.

Die Beiden sind – in der Gestalt, in welcher sie auf Deutschland Einfluß hatten – durch die norwegische Frauenbewegung emporgehoben; es ist das radikale Kleinbürgerthum Norwegens, das in ihnen zu Worte kommt: eine relativ tüchtige und kräftige Klasse, an der noch nicht so der Verwesungsgeruch des deutschen Spießbürgers zu bemerken ist. Die Aufführung der »Gespenster« in Berlin 1887 schuf eine zahlreiche und begeisterte Ibsengemeinde, deren Agitation durch das polizeiliche Verbot des Stückes auf das Kräftigste unterstützt wurde. Sehr charakteristisch für die Wandlung des Publikums in dieser Beziehung ist das Benehmen Oskar Blumenthal's; nachdem er 1887 in einer Kritik geschrieben hatte: »Abscheulichkeit an Abscheulichkeit... rohe Beherztheit... peinlich... nur wer in seinen Neigungen so tief heruntergekommen wäre, wie jene greisen Lüstlinge, die nur unter Ruthenstreichen ihr Blut erwärmen, konnte an diesen dramatischen Geißelungen Geschmack finden« – führt er jetzt als Theaterdirektor Nora als Kassenstück auf und bemüht er sich um Freigebung von »Gespenster«.

Die norwegische Dichtung, welche jetzt ihren Einzug hielt, ist Problemdichtung; sie stellt sich bewußt in den sozialen Kampf und spielt auch wirklich in demselben eine wichtige Rolle. Aus diesem Grunde tritt das soziale Moment in ihr natürlich sehr hervor, und in Folge dessen findet eine Berührung mit dem französischen Naturalismus statt: der Mensch wird in seiner Beziehung zum Milieu aufgefaßt. Allein man sieht überall, daß das nicht authentischer Grundsatz ist, sondern durch andere Verhältnisse von außen hineingetragen wird. Es sind im Grunde keine naturalistischen Menschen mit Fleisch und Blut, welche Ibsen und Björnson schaffen, sondern idealistische Tendenzpuppen mit etwas Hysterie.

Die Hysterie beginnt jetzt überhaupt in der Literatur eine große Rolle zu spielen, eingeleitet durch die Ibsen und Björnson und weitergeführt durch die russischen Dichter und dann durch die neuesten Franzosen.

Fast unmittelbar, nachdem man die Norweger gastlich aufgenommen hatte, kamen die Russen in Mode. Da es sich hier nicht um Theaterstücke handelte, welche in Berlin mit einem Schlage Aufsehen erregen und dann durch den Berliner Enthusiasmus auch in der Provinz bekannt werden, sondern um Romane, so war der Prozeß der Modewirkung langsamer. Der erste Anstoß wurde wohl durch die Uebersetzung des »Raskolnikow« von Dostojewski gegeben; Turgeniew, der schon früher Einfluß erlangt hatte, war nicht genug spezifisch russisch, um Epoche zu machen. Dostojewski und Tolstoi gelangten nunmehr zur literarischen Herrschaft.

Gleichzeitig begannen die früheren Autoritäten zu erblassen; über Zola ist man schon so ziemlich hinaus; an Ibsen beginnt man eben zu zweifeln; die Russen herrschen augenblicklich unbestritten.

Die Aesthetik der Russen ist naturalistisch; aber sie haben noch ein Besonderes; das ist ihr intuitivistischer Zug. Sie beschränken sich nicht auf die – Zola sagt »wissenschaftliche« – Darlegung des Individuums aus dem Milieu; das ist nur das Gröbste; sie dringen noch viel tiefer ein in die eigentliche Seele des Dargestellten und legen diese mit allen ihren Falten und Fältchen auseinander; alles Geheimnißvolle, Triebhafte, Unerklärliche wird geschildert; und naturgemäß, während die Franzosen mit ihrer Sucht, Alles aus dem Milieu zu erklären, oft platt werden, werden die Russen mit ihrer Manie, Alles aus dem tiefsten, unerforschtesten Innern herauszuholen, oft pseudotiefsinnig. Eine Nothwendigkeit für die russische Art ist auch, daß der Dichter im letzten Grund immer nur sich selbst schildern kann, denn das Triebhafte kann man eben nur an sich selbst studiren. Dadurch werden aber bedenkliche hysterische Erscheinungen erzeugt. Zu Allem kommt noch die eigenthümliche Sozialphilosophie, welche sie beherrscht, Ideen von einer Art christlichen Kommunismus, Rückschrauben der Kultur u. s. f. Auch in dieser Philosophie steckt viel hysterisches; so namentlich die allgemeine Liebesseligkeit.

Das Publikum ist für die Hysterie aber sehr empfänglich. Man muß sich überhaupt vorstellen, daß es sehr nervöser und empfindlicher Natur ist; Alles macht auf dieses Publikum Eindruck, das Heterogenste, was es geben kann. Die häufigen Wendungen und Schwenkungen macht außerdem nicht das ganze Publikum mit, sondern natürlich nur der empfindlichste und nervöseste Theil; von den ersten Zolajüngern bis jetzt hat immer eine Auswahl stattgefunden; die unempfindlicheren blieben stets zurück; und man muß bedenken, daß überhaupt von Anfang an die Weiber das größte Kontingent zu diesem Publikum stellten.

Gleichzeitig geräth in Frankreich der Zola'sche Naturalismus ins Wanken; die »Symbolisten«, »Decadenten« und »Intuitivisten« lösen ihn ab; so weit ich verfolgen kann, stehen sie sämmtlich mehr oder weniger unter dem Einfluß der Russen, welche durch M. de Voguié einen sehr geschickten Interpreten für Frankreich bekommen haben. Außerdem greift man wieder auf die Vorgänger Zola's zurück, namentlich Flaubert, die Goncourts und Stendhal.

1889 erschien ein Band Skizzen von *Arno Holz*, einem Deserteur aus der lyrischen Richtung, und *Johannes Schlaf*, »Papa Hamlet«, welcher zu den vorhandenen eine neue Richtung inaugurirte, und der aus den bisherigen Einflüssen zu verstehen ist.

Das Wesentlichste in dem Buch war die neue Form; es wurde hier der Versuch gemacht, durch reine Wiedergabe des äußerlich Wirklichen ein künstlerisches Bild zu schaffen; also es werden gegeben: die Reden der Personen; kurze Notizen über die Umgebung; ihre Bewegungen werden erzählt; weiter nichts; namentlich nicht der den früheren Naturalisten der Zola'-schen Schule so wichtige psychologische Zusammenhang und auch nicht die intime Seelengeographie der Russen.

Ganz ohne Vorbilder ist das nicht; namentlich die Manier von Flaubert im »Saint Antoine« und die Art der Gype haben gewisse Aehnlichkeiten mit dieser Methode.

Holz und Schlaf sind das, was man »reine Künstler« nennen kann, Fanatiker der Form, die alle anderen Bestrebungen neben den rein formalen verachten; sie halten sich deshalb fast absichtlich und ängstlich von Allem fern, was sie hiervon abziehen könnte, namentlich von allem Sozialen, trotzdem Holz, wie seine früheren Gedichte beweisen, sich zur Sozialdemokratie bekennt.

Aber der Einfluß des Sozialen machte sich schon dadurch bemerkbar, daß sie in dem allgemeinen Zuge stehen. Die Abhängigkeit des Menschen von seinem Milieu, wie sie bei Zola erscheint, gestaltet sich bei ihnen so, daß Persönlichkeit und Milieu geradezu verschwimmen.

Jedoch, um diese Zusammenhänge klar zu machen, muß ich mir eine scheinbare Abschweifung in die Philosophie erlauben.

Die alte Kunst faßt den Menschen als einzelnes Individuum mit einem freien Willen. Sie nennt das »Charactere schaffen«. Der Mensch hat bei ihr einen Charakter, man weiß nicht woher – der Wille ist ja frei – und nach diesem prästabilirten Charakter handelt er.

Die Lehre vom »freien Willen« ist durchaus kein bloßes Schuldogma, wie es scheint, sondern ein Abglanz wirklicher Verhältnisse; sie ist das Produkt einer Zeit, wo die Intelligenz vom sozialen Leben entfernt war und – Jeder philosophirt nur aus seinen eigenen Erfahrungen heraus – demgemäß den Zusammenhang ihres Wollens mit ihrem sozialen Müssen nicht merkte; so war es, als die Intelligenz in den Klöstern saß und so lange sie eine Art Schmarotzerleben an Höfen und bei Mäcenen führte. Erst als die Literatur Waare wurde und die Schriftsteller von ihrer literarischen Produktion lebten, gingen ihnen die ökonomischen Beziehungen auf, und damit die Erkenntniß, daß das Wollen des Menschen durch die Verhältnisse bedingt ist, in denen er lebt. Allerdings fand der »freie Wille« auch jetzt noch häufige Kämpen, aber nur unter den Theologen und Juristen und was mit ihnen zusammenhing und mit ihnen den Kampf für gewisse nothwendige Fiktionen der bürgerlichen Moral führte. Alle Uebrigen in der Intelligenz, die sich freier halten konnten, wandten sich immer mehr der Anerkennung der sogenannten Unfreiheit des Willens zu; der sogenannten, denn mit der Freiheit verschwindet schließlich der Begriff des Willens selbst, und es bleibt nichts übrig, als eine Reihe kausal verbundener Wahrnehmungen; ein Theil von ihnen, der früher zusammengefaßt als »Ich« eine besondere Stellung eingenommen hatte, sinkt zu dem Werth der übrigen Wahrnehmungen zurück. So wird im alten Naturalismus bei Zola die Persönlichkeit aus dem Milieu erklärt, nachdem sie in dem früheren Idealismus als absolut hingestellt war; in der neuesten Richtung verschwindet sie ganz; sie ist gleichwerthig mit dem Milieu, und das Gespräch einer Person hat für den Schriftsteller nicht mehr Bedeutung, wie das Knacken eines Stuhles.

Nothwendig kommt man auf diese Weise zur Technik der Momentphotographie. Ein Interesse haben nur noch die Wahrnehmungen, und Aufgabe der Künstler wird es jetzt, die Wahrnehmungen der Momente möglichst vollständig zu Papier zu bringen. Was früher behagliche, zusammenhängende Erzählung, Schilderung, Auseinandersetzung, Darlegung war, das verwandelt sich jetzt in eine Reihe unzusammenhängender, blitzartig aufgefaßter, nervöser Szenen.

So etwas kann man natürlich nicht jedem Publikum bieten; eine derartige Kunst verlangt eine reizbare, nervöse, schnell assoziirende, empfängliche Gesellschaft, eben jene siebenmal destillirte Gesellschaft, welche sich aus den geschilderten Wandlungen seit dem Einflusse Zola's gebildet hat; natürlich ein sehr kleiner Kreis – man nennt es mit dem Kunstausdruck »Gemeinde«.

Von selbst drängte diese Manier zum Dramatischen; nicht zum Drama, sondern zur dramatischen Form. Diesen nächsten Schritt that *Gerhard Hauptmann* mit seinem Stück »Vor Sonnenaufgang«.

Hauptmann ist in diesem Stück noch weit entfernt von der feinen, nervösen Kunst in »Papa Hamlet«; er geht hier noch sehr derbknochig einher; er läßt sich sogar vom Sozialen so beeinflussen, daß sein Stück ein Tendenz- und Problemstück wird, ganz noch in der Manier von Ibsen und Björnson. Der neuen Art entsprechend ist nur die Sprache.

Die Technik der Momentphotographie einmal anerkannt, mußte die Sprache eine ganz neue werden; wenn man die wirklichen Wahrnehmungen des Moments wiedergeben wollte, so mußte man auch die wirkliche Sprache der Menschen geben, man mußte die Menschen so sprechen lassen, wie sie wirklich sprechen, und nicht, wie sie etwa schreiben würden. Die Richtung hat denn auch einen konsequenten Impressionismus der Sprache ausgebildet; und da aus unten anzuführenden Gründen Hauptmann's Stück ein großes Aufsehen erregte, während der Novellenband von Holz und Schlaf relativ unbeachtet vorübergegangen war, so knüpfte sich an dieses Stück und seine Sprache eine sehr lebhafte Bewegung.

Da das Stück Tendenzstück ist, so ist es nöthig, über seinen Inhalt Etwas zu sagen. Der Held ist einer jener wohlmeinenden bürgerlichen Idealisten, welche sich einbilden, Sozialdemokraten zu sein; er hat sich eine eigene, zum Theil etwas komische Moral zugerichtet, von der er meint, daß sie sehr radikal ist, weil sie sehr radikal aussieht.

Die Tendenz ist sehr bezeichnend; der idealistischer empfindende Theil des Bürgerthums wird zur Sozialdemokratie getrieben; daß die Betreffenden nun wirkliche Sozialdemokraten sind, ist ja natürlich nicht zu verlangen; ein Dichter hat eben andere Dinge zu thun, als Nationalökonomie zu studiren.

Das Hauptmann'sche Stück würde wohl gleichfalls auf den engsten Kreis der »Gemeinde« beschränkt geblieben sein, wenn ihm nicht ein besonderes Glück passirt wäre durch Gründung der »Freien Bühne«.

In Paris hatte ein Theaterenthusiast, Antoine, ein »Théâtre libre« gegründet, wo er naturalistische Stücke, die sonst nicht gegeben wurden, aufführte. Die äußere Form war ein Verein; die Mitglieder bezahlten einen Jahresbeitrag, von dem die Stücke und die Kosten der Aufführrungen bestritten wurden. Einige Berliner Schriftsteller, welche der neuen Richtung nahe standen, beschlossen, den Versuch einer ähnlichen Unternehmung für Berlin zu machen in Gestalt der »Freien Bühne«. Das Publikum, welches sich sehr schnell dazu einfand, bestand zum Theil aus den oben geschilderten Kreisen, zum Theil auch aus den in jeder großen Stadt vorhandenen gewöhnlichen Premierenbesuchern. »Vor Sonnenaufgang« wurde von der »Freien Bühne« aufgeführt und erregte ein großes Aufsehen und einen großen Skandal; mit einem Male war jetzt die neue Richtung aus dem engen Kreise ihres Anhanges in die weitesten Schichten des Berliner Bürgerthums gedrungen; die Buchausgabe wurde rasend gekauft – in kurzer Zeit fünf Auflagen – das Stück wurde auf einem anderen Theater öfter wiederholt u.s.f. Das böotische Berlin war mit einem Male Literaturstadt geworden, und Karl Frenzel, einer der anerkanntesten Vertreter der alten Richtung und Redakteur der »Nationalzeitung« jammerte: »wir gleiten abwärts auf der schiefen Ebene zum sozialen Staat... man hätte nur sehen müssen, mit welcher Begeisterung die Zuschauer die sozialdemokratischen Tendenzen annahmen...«

Eins der nächsten Stücke der »Freien Bühne« war dann ein Drama von Holz und Schlaf, »Die Familie Selicke«. Die Sprache war nun nicht mehr neu; desto neuer war die dramatische Technik. Mit der alten Technik war völlig gebrochen; es war nur das Prinzip befolgt: ein einfaches Stück Leben, wie es ist, auf die Bühne zu bringen, mit allem im Sinne der alten Kunst Nebensächlichen und Überflüssigen. Bemerkenswerth ist auch das Fehlen jeder Tendenz; die Künstler kommen hinter ihrem Werk in keiner Weise zum Vorschein.

Es folgte dann noch ein neues Stück von Hauptmann, »ein Friedensfest«, welches eine Entwicklung des Dichters nach der Seite von »Familie Selicke« zeigt.

Halb und halb dieser letzten Richtung zuzurechnen ist auch *Hermann Bahr*, der nach einem sehr schwachen sozialistischen Tendenzstück »Neue Menschen« jetzt mit einem Roman »Die gute Schule« hervorgetreten ist, in welchem das Bestreben nach Anschluß an die neueste russisch-französische Richtung sehr erkennbar ist. –

Gerade in der Kunst, wo die rein geistigen Beeinflussungen so sehr eine Hauptrolle spielen, ist es natürlich sehr schwer, überall die materialistischen Beziehungen nachzuweisen. Sehr oft wird ein Künstler, sogar eine Schule, beeinflußt durch einen Andern, der ganz anderen sozialen Verhältnissen entsprungen ist. Oft gehen da die sonderbarsten Kreuzungen vor. So ist z.B. Turgeniew in seiner letzten Zeit von Boccaccio abhängig gewesen. Auch spielen da die Selbsttäuschungen und die Mystifikationen durch die herrschende Phrase eine große Rolle. Z.B. die gegenwärtige russische Literatur ist entstanden in den vierziger Jahren und hängt eng mit dem Aufschwung des Bürgerthums, Aufhebung der Leibeigenschaft, dem Liberalismus Alexander's II. zusammen; aber sie hat theilweise Allüren, die dem geradezu widersprechen; sogar Turgeniew, in dem neben Pissemski die bürgerlichen Tendenzen der Richtung am Klarsten hervortreten, hat sehr oft Stoffe aus dem Proletariat, und in einer Behandlung, wie sie ein begabter sozialistischer Schriftsteller nicht anders haben würde.

Wenn ich also einige Züge zu einer materialistischen Deutung der gegenwärtigen literarischen Bewegung in Deutschland gebe, so geschieht das nur mit großer Reserve.

Zunächst das Publikum.

Großentheils besteht es aus Weibern, da die Männer schon seit einer Generation sich an der Literatur nicht mehr betheiligen; hauptsächlich in Folge der größeren Thätigkeit und vermehrten Sorgenlast, welche der Rückgang ihrer Klasse ihnen auferlegt. Indessen sind natürlich auch Männer darin.

Diese Leute sind »Idealisten«; aber es ist ein Idealismus auf der materiellen Basis des Nichtsthuns, mit dem man es hier zu thun hat. Diese Leute sind gebildet; sie haben schrecklich viel gelesen; sie haben ihre »eigene Meinung«, namentlich auch in politischen und sozialen Dingen; sie sind vorurtheilsfrei; sie »stehen auf der Höhe der Zeit«. Namentlich viele jüdische Elemente sind unter ihnen. Sie fühlen sich als die geistige Elite der Nation. Im Grunde eine Gesellschaft, die sehr harmlos ist, hinter der aber auch nichts steckt.

Die Schriftsteller sind durchgängig junge Leute, mit gleichfalls sehr starkem Selbstbewußtsein, die gleichfalls sehr viel gelesen haben und gleichfalls ihre »eigene Meinung« besitzen. Es sind die idealistischen Elemente der Bourgeoisie, als Schriftsteller überhaupt, besonders als Vertreter einer noch nicht durchgedrungenen Richtung, deklassirt; wobei eine Wechselwirkung stattfindet: weil sie deklassirt sind, stehen sie idealistisch der Bourgeoisie gegenüber und interessiren sie sich für das Proletariat, und weil sie das thun, sind sie die deklassirt. Theilweise glauben sie, mit ihrem Interesse dem Proletariat sehr viel zu schenken, und sind nicht wenig stolz auf ihre »Mission«. Mit großer Vorliebe werden Stoffe aus dem Proletariat behandelt; zum Theil ist das schon bestimmende Moderichtung geworden, so daß die Stoffwahl direkt unter dem literarischen Einfluß geschieht und durch die sozialen Momente so wenig bedingt wird, wie etwa die große Vorliebe für trunksüchtige Individuen, oder in der russischen Literatur für Wahnsinnige.

Die Schriftsteller der Richtung sind jung und sind der Regel nach Deklassirte. Die Bohême ist das soziale Milieu, aus dem die neue literarische Richtung hervorwächst – wie das übrigens auch in Norwegen mit der neuen Generation der Fall ist. Das Publikum rekrutirt sich aus bestimmten, durch eine gewisse Intelligenz und Freiheit ausgezeichneten Schichten des Bürgerthums.

Daß sich aus diesen Elementen die Literatur der Zukunft entwickeln wird, ist natürlich kaum anzunehmen. Das Prophezeien ist ja freilich ein gewagtes Ding. Aber sehr wahrscheinlich wird die Richtung über ein beständiges Experimentiren nicht hinauskommen. Die Kunst der Zukunft wird auf ganz anderen sozialen Grundlagen aufgebaut sein.

Mit diesem Artikel informierte die *Neue Zeit* ihre Leser im Januar 1891 zum erstenmal über die naturalistische Bewegung in Deutschland (zu P. Ernst vgl. Dok. 44, 96). *Die Neue Zeit* wurde als theoretisches Organ der Sozialdemokratie 1883 gegründet. In der Einführung »An unsere Leser« nannte die Redaktion es als Aufgabe der Zeitschrift, dem Volk »alles wissenswerte auf allen Gebieten des Wissens zugänglich« zu machen. »Kunst und Wissenschaft« sollten durch »ihre Vermählung mit dem praktischen Leben« zu »den menschheitserlösenden Kulturträgern« werden. In den ersten Jahren ihres Bestehens machte die Zeitschrift, deren Schwerpunkt auf politisch-ökonomischem Gebiet lag, ihre Leser zunächst mit dem französischen Naturalismus, insbesondere Zola bekannt. Julie Zadek riet in ihrem Aufsatz *Emile Zola. Eine literarische Studie* »dringend« dazu, »dem französischen Romancier, der trotz

der ihm anhaftenden, dem Mangel an Geschmack und künstlerischem Feingefühl entspringenden Fehler eine der interessantesten Erscheinungen der modernen Literatur« sei, »größere Beachtung zu schenken...« (s. *Die Neue Zeit*, Jg. 1, 1883/84, S. 505).
    Darüberhinaus informierten zum Teil sehr ausführliche Besprechungen auch über neueste literarische Entwicklungen in Skandinavien und Rußland. Bis auf zwei Aufsätze über Max Kretzer (vgl. Dok. 37) fand die oppositionelle literarische Bewegung in Deutschland in der *Neuen Zeit* jedoch lange Zeit keine Beachtung. Erst als linksoppositionelle Sozialdemokraten nicht nur publizistisch sondern auch noch über den Theaterverein »Freie Volksbühne« deutsche naturalistische Literatur in der Arbeiterschaft zu verbreiten suchten, reagierte auch die *Neue Zeit*. Daß diese äußerst kritische Darstellung der naturalistischen Literaturbewegung von Paul Ernst verfaßt wurde, der selbst zum Kern der Berliner Linksopposition zählte und durch Friedrichshagen eng mit den naturalistischen Autoren in Berlin verbunden war, verweist auf die komplizierte ideologische Situation der Partei nach Aufhebung des Sozialistengesetzes. Entgegen der in der *Volkstribüne* propagierten Bedeutung der naturalistischen Literatur für die Arbeiterbewegung gab Ernst eine Darstellung, die in der Sozialdemokratie als eine eindeutige künstlerische und klassenmäßige Diskreditierung der ganzen Richtung verstanden werden mußte. Nur Hauptmann und Holz/Schlaf erfuhren eine einigermaßen sachliche Darstellung.
    Dennoch basierte Ernsts inhaltliche und formale Kritik an der naturalistischen Literatur nicht auf Vorstellungen, die von der Kunst ein Wirklichkeitsbild entsprechend der Weltsicht der Arbeiterklasse forderten (wie z.B. Mehring). 1890 erklärte er in der *Freien Bühne*, daß es Aufgabe des Dichters sei »ein Bild der Wirklichkeit zu geben, in welchem das Ringen der Zeit natürlich ganz von selbst zum Ausdruck kommt.« Außerdem solle das Publikum aber dem Aberglauben entsagen, daß aus der Literatur etwas gelernt werden könne: »die Literatur soll genossen werden« (a.a.O., S. 426). Diese Auffassung wiederholt Paul Ernst 1892 in der *Neuen Zeit* (in einer Antwort an G. Landauer) nachdrücklich und erklärt den Genuß auch zum einzig legitimen Maßstab »ihrer [d.i. der Kunst, Ch.M.] vernünftigen Werthschätzung«. Daß ein Dichter sich in seiner Literatur auch um soziale Anschauungen kümmert, nennt er nun offen »in fremde Gebiete pfuschen« und stellt dagegen Flaubert, den »reinen Künstler«: »Da ist nichts als Kunst; absolut gar keine Tendenz, keine ›These‹, gar nichts als die einfache Darstellung. Weshalb soll man das nicht unbefangen genießen, obschon man ›sozialistischer Agitator‹ ist...«, (s. *Die Neue Zeit*, Jg. 10, 1, 1892/93, S. 65). Trotz seiner radikalen Kritik, mit der Ernst 1890/91 in die politische Auseinandersetzung um den Naturalismus eingriff, zielten seine Bemühungen nicht auf die Herausbildung einer proletarischen Ästhetik. Vielmehr zeigte sich bereits hier seine Faszination für die reine Formseite der Kunst, die schließlich zu einer zeitweiligen Zusammenarbeit mit A. Holz (vgl. Dok. 44) und danach zum Neoklassizismus führt.

1 John Henry Mackay (1864–1933) kam 1885 nach Berlin, wo er Kontakt zu der naturalistischen Bewegung bekam. Beiträge von ihm erschienen in der *Gesellschaft*, den von den Brüdern Hart herausgegebenen *Berliner Monatsheften*, der *Freien Bühne* u.a. Er verkehrte im Verein »Durch!« und auch in dem Friedrichshagener Literatenkreis. Zwischen 1888 und 1892 lebte er in der Schweiz, von da ab wieder in Berlin. Mackay bekannte sich Ende der 80er Jahre zum Anarchismus. Auf dieser weltanschaulichen Grundlage entstanden die Romane *Die Anarchisten* (1891)und *Der Freiheitssucher* (1921). Seinen Beitrag zur naturalistischen Lyrik leistete Mackay mit den Gedichtbänden *Arma parata fero* (1886, in eDeutschland, wegen des Sozialistengesetzes verboten), *Der Sturm* (1888, ebenfalls verboten) und*Das starke Jahr* (1890).

80

W[ilhelm] Liebknecht: *Brief aus Berlin. 17. Februar.* In: *Die Neue
Zeit. Revue des geistigen und öffentlichen Lebens.* Hrsg. v. Karl
Kautsky. 9. Jg. Stuttgart (J. H. W. Dietz) 1890/91, Bd. 1, Nr. 22,
S. 709–711; hier: 709–710.

»Sagen Sie uns doch einmal Ihre Meinung über das »jüngste Deutschland!« wurde ich dieser
Tage sehr dringend aufgefordert, und da dies nun schon mindestens das dutzendste Mal war,
so will ich, wenn auch nicht meine ganze Meinung, doch Einiges davon sagen.

Ich habe das »*junge* Deutschland« gekannt, welches aus dem Boden des noch jugendfrischen bürgerlichen Liberalismus hervorgewachsen ist. Und als ich erfuhr, daß nun ein »jüngstes Deutschland« erstanden sei, da dachte ich, es müsse zu dem modernen *Sozialismus* in
einem ähnlichen Verhältniß stehen, wie weiland das »junge Deutschland« zu dem inzwischen
auf den Aussterbeetat gesetzten Liberalismus, dessen Weltanschauung mehr und mehr von
der sozialistischen verdrängt wird. Da ich keine Zeit habe ins Theater zu gehen und nicht
dazu kam, die Vorstellungen der »Freien Bühne« zu besuchen, so blieb ich längere Zeit bei
diesem meinem Glauben, bis ich, meiner Unwissenheit mich schämend, daran ging, die mir
von Freunden des »jüngsten Deutschland« empfohlenen »besten Stücke« der Hauptvertreter
dieser Schule zu lesen – und da wurde mir denn eine gründliche Enttäuschung bereitet. Ich
will weder Namen nennen, noch mich jetzt in eine literarische Kritik einlassen, – ich will nur
feststellen: der Hauch der sozialistischen, oder meinetwegen auch nur der sozialen Bewegung
ist nicht auf die Bühne des »jüngsten Deutschland« gedrungen.

Die Fragen, welche das lebende Geschlecht in zwei schroff einander gegenüberstehende
Heerhaufen trennen, sind für das »jüngste Deutschland« nicht vorhanden. Und, wenn wir
von dem gemeinsamen Zeitgepräge absehen, das jede Epoche den ihr entstandenen Schöpfungen des Geistes aufdrückt, könnten die Bühnenstücke des »jüngsten Deutschland« sehr wohl
auch einer früheren Periode entstammt sein, in der es noch keine sozialistische Bewegung gab.
Das einzig Junge am »jüngsten Deutschland« ist sein Name.

Wer die dramatischen Werke Shakespeare's kennt, der kennt das England der Königin
Elisabeth und die Kulturwelt am Ende des 16. und am Anfang des 17. Jahrhunderts. Sie
spiegeln ihre Zeit wieder. Wer die Bühnenstücke des »jüngsten Deutschland« inwendig und
auswendig kennt und nur sie kennt, der weiß nichts von der Gegenwart, dem ist sie ein mit
sieben Siegeln verschlossenes Buch – wie dem »jüngsten Deutschland« selbst. Die Thatsache
steht fest – Jeder, der unbefangen urtheilt, wird mir beipflichten müssen – und wenn man
genauer nachdenkt, erscheint sie auch sehr natürlich.

Daß die Gedanken und Gefühle, die in der Gegenwart jeden denkenden und fühlenden
Menschen beherrschen, und um welche der »große Kampf der Zeit« gekämpft wird, – ein
Kampf der Geister und Interessen, von dem man mit weit mehr Recht sagen kann, daß an
Ausdehnung und innerlicher Kraft seines Gleichen auch nur annähernd niemals gewesen ist –
daß diese Gedanken und Gefühle, die, um einen landläufigen Ausdruck zu gebrauchen, »in

der Luft liegen und überall herausschwitzen«, nicht auf die Bühne des »jüngsten Deutschland« gedrungen sein sollen, hat auf den ersten Blick etwas Räthselhaftes. Allein gerade die Intensivität und Allgemeinheit des Kampfes giebt den Schlüssel des Räthsels. Noch zwar hat das Prophetenwort des Dichters vom scharf abgegrenzten »Hüben« und »Drüben« sich nicht vollständig verwirklicht, aber mit Sturmeseile nähern wir uns der Erfüllung, und Alles, was von dem Odem der Zeit angeweht worden ist und Kraft hat zu kämpfen, das *kämpft* »hüben« oder »drüben«. Und der Kampf schließt die Kunst aus. Man kann nicht zween Herren dienen: nicht gleichzeitig dem Kriegsgott und den Musen. »Leier und Schwert« vertragen sich zur Noth miteinander während der Romantik des Freischaaren-Geplänkels vor dem ernsthaften methodischen Krieg, – wäre jedoch *Theodor Körner* nicht schon auf der Schwelle des Krieges erschossen worden, im Krieg selbst würde er die Leier nicht lang mitgeführt haben.

Genug – so mächtig ist die Anziehungskraft der Schlachtrufe, die heute in den zwei Lagern der kämpfenden Welt ertönen, daß, wer den Ruf vernommen hat, ihm auch folgen muß, – folgen, wie der Schiffer dem Lockgesang der lieblichen, goldlockigen Loreley, – und daß er, keinen Blick rückwärts gewandt, nur vorwärts schauend nach dem Feind, sich hineinstürzen muß in den Strudel der wogenden Schlacht.

Das alte, junge und jüngste Deutschland – ohne »Gänsefüßchen« – welches für die soziale Bewegung ein Verständniß hat, *kämpft*, und das welches nicht kämpft, hat kein Verständniß für sie. Und das kämpfende Deutschland hat keine Zeit zum Dichten.

Ich weiß, ich werde da auf manchen Widerspruch stoßen – ist doch neulich ein Produkt des »jüngsten Deutschland« – »Sodoms Ende« in einem hiesigen Blatt mit »Figaro's Hochzeit«, der ewig jungen Revolutions-Ouverture verglichen worden! Von der Gegenwartsgeschichte gilt das Voltair'sche Wort von der fable convenue – dem konventionellen Märchen – in vielleicht noch höherem Maße als von der Vergangenheitsgeschichte. Unsere Zeit ist nicht blos die Zeit wunderbar üppigen, an die Urwelt erinnernden organischen *Wachsthums*, sondern auch nicht minder üppig sich bethätigender künstlicher Mache. Zu keiner Zeit ist so fleißig und so viel gewebt worden am Webstuhl der Zeit – zu keiner Zeit war aber auch die Waarenfälschung so verbreitet, so raffinirt und so methodisch. – Lassen wir uns das »jüngste Deutschland« und wenden wir uns einem Thema zu, das uns mit wirklicher Jugend und Jugendkraft in Berührung bringt.

[...]

Komm. zu ob. dok. Brief s. Komm./Dok. 81.

81
W[ilhelm] Liebknecht: *Brief aus Berlin. 25. März.* In: *Die Neue Zeit.*
9. Jg. 1890/91, Bd. 2, Nr. 28, S. 41–46; hier: 42–44.

[...]

Es ist mir gegangen, wie jenem Wanderer in Tausend und Eine Nacht, der in friedlichster,
behaglichster Stimmung Datteln verspeiste und durch einen urplötzlich sich vor ihn hinpflan-
zenden Erdgeist angeklagt wurde, mit einem der weggeworfenen Dattelkerne einen Schützling
des Geistes getödtet zu haben.

Zwar ist Niemand von mir todtgeworfen worden – auch um Geister handelt es sich nicht,
weder einen Erd- noch einen sonstigen Geist; aber irgend einem großen Unbekannten oder
mehreren soll ich ein schweres Leid zugefügt haben. Und der verbrecherische Dattelkern, der,
ohne daß ich mir Böses gedacht, die verhängißvolle That verübt hat, war mein harmloser
Brief in Nr. 22 der »Neuen Zeit«.

Doch ich will den grimmig aussehenden Gesellen selbst reden lassen – wie er heißt, weiß
ich nicht, er nennt sich Hn. aus Zürich, und geht mir also zu Leib (in dem »Braunschweiger
Volksfreund« vom 8. März):

»Zwar habe auch ich nicht Gelegenheit gehabt, den Vorstellungen der freien Volksbühne
beizuwohnen, aber ich habe mich nicht darauf beschränkt, einige von meinen Freunden mir
als die besten empfohlenen Stücke des »jüngsten Deutschland« zu lesen, sondern ich habe –
wohl klingt's renommirend – alle gelesen, die ich mir verschaffen konnte, und sogar Novellen, Romane, Gedichte, so von jüngstdeutschen Eltern gezeugt, nicht vernachlässigt. Gewiß,
leicht war die Arbeit nicht. Manche Novelle von Conradi hat meinem Geiste grimmes
Bauchweh verursacht, und oft kamen mir Produkte so hölzern-schläfrig vor, daß ich, ohne
mich dessen zu schämen, am hellen Tage darüber einschlief.

Aus welchen Ingredienzien sich der Gang, der bei literarhistorischen Gesellschaftsessen
unter dem Namen »junges Deutschland« servirt wird, zusammensetzt, weiß wohl der Eine
oder Andere; doch welche sind die Bestandtheile der jüngstdeutschen Olla potrida*? Sind alle
Schriftsteller, die heute nicht unter dem abgestandenen Klassizismus ausschenken, deshalb
schon Jüngstdeutsche?

Als der Name auftauchte, begriff man unter dieser Bezeichnung eine Anzahl Schriftsteller,
von denen die Meisten in Berlin lebten, wie Bleibtreu, Conradi, Alberti, Arcul, Holz, Henckell und die Gebrüder Hart. Doch heute scheint mir diese Bezeichnung jeder Bestimmtheit
zu entbehren. Soll ich Hauptmann, Sudermann, die Klique der Gesellschaft: Bleibtreu, Alberti u.a., dann die Gebrüder Hart, die »konsequenten Realisten« Holz und Schlaf, Kretzer,
Henckell, Arcul, v. Lilienkron, Mackay, Friedrichs[1], v. Stern, Otto Erich Hartleben, Kirchbach u.a. alle in einen großen jüngstdeutschen Topf werfen, auf daß der zielbewußte Sozialis-

---

* Spanisches Gericht aus allerlei.

mus der Einen mit dem Anarchismus und dem großprahlerischen Individualismus der Anderen, Reklamesucht mit Bescheidenheit, Anständigkeit und Unfläthigkeit, Demokratismus mit Wildenbruch übertrumpfender Hohenzollernverehrung, realistische Dürrheit mit saftiger Phraseologie, lyrische Feinheit mit beabsichtigter Pikanterie, Symbolismus und Naturalismus zu einem lieblichen Brei zusammenfließe?

Doch genug! Lassen wir die Bezeichnung »jüngstes Deutschland«. Wir wissen ja ungefähr, was man darunter verstehen kann; nämlich das ganze gährende Sammel-Surium unserer jüngsten Literatur.

Liebknecht stellt nun, ohne Namen zu nennen, fest, daß »der Hauch der sozialistischen, oder meinetwegen auch nur der sozialistischen Bewegung, nicht auf die Bühne des »jüngsten Deutschland« gedrungen ist.«

Ich will nun Namen nennen. Ist Alfred Loth, der Held in Hauptmann's »Vor Sonnenaufgang«, kein Sozialist? Sind Hermann Bahr's »Neue Menschen« so gänzlich vom Hauch des Sozialismus verschont geblieben? Könnten diese beiden Dramen »sehr wohl einer früheren Periode entstammt sein, in der es noch keine sozialistische Bewegung gab?«

So weit Herr Hn. Und nun habe ich das Wort:

»Nein, mein lieber Herr Anonymus, Loth ist kein Sozialist, er hat vom Sozialismus nicht die blasse Idee, – solche Sozialisten hat auch das »junge Deutschland« schon auf die Bühne gebracht; der Sozialismus ist nur Puder, der über Haar und Haut gestäubt ist, nicht aber in Fleisch und Blut steckt. Bahr's »Neue Menschen« kenne ich nicht, will sie mir aber gelegentlich ansehen.* Das, worauf es mir ankam, war auszusprechen, daß – ich spreche von der *Richtung*, nicht von Personen – das »jüngste Deutschland«, was immer es auch sein mag, mit dem Sozialismus und der Sozialdemokratie nichts zu thun hat, und zu unserer Bewegung ebensowenig gehört, wie die Antipfafferei, die Antiimpferei, die Antialkoholerei, das Evange-

---

* Wir sind so glücklich, das Bahr'sche Stück wenigstens gelesen zu haben. Von Sozialismus haben wir nichts darin entdeckt, man müßte denn Ergüsse folgender Art für Sozialismus halten: »Die neuen Menschen dürfen nicht mehr lieben einen Mann oder ein Weib, weil sie lieben müssen das ganze Menschengeschlecht... Die alten Menschen, die immer nur ihren Vortheil verfolgen und ihrem Gewinn nachjagen, die brauchen die Liebe: sie brauchen die Liebe, um jenes mächtige Pathos, das als der Athem der Welt jedes ihrer Glieder durchzittert und zum Ganzen reißt, um diese glühende Leidenschaft für das All, die in dem Kleinsten tobt, da sich ihr hinzugeben und ihrem Verlangen zu folgen, ihr Klasseninteresse verwehrt, einzuschläfern und zu beschwichtigen, sie abzufinden durch eine Scheinbefriedigung.« Nachdem der »neue Mensch« Georg so in einer etwas an den alten österreichischen Amtstyl erinnernden Sprache den alten Liebe feierlich entsagt hat, läßt er sich auf offener Bühne, was allerdings sehr neu ist, von einem auf der Straße aufgelesenen Mädchen nothzüchtigen, was einen solchen Ueberschwang alter Liebe in ihm entfesselt, daß er, das Mädchen umarmend, ausruft: »Und wenn sich das Sonnensystem zwischen uns drängte, unsere Liebe zerschmetterte es, sich Raum zu schaffen!«

Das ist Narrheit, nicht urwüchsige Narrheit, sondern gesuchte Narrheit, aber kein Sozialismus. Woher hätte aber auch Herr Bahr seinen Sozialismus nehmen sollen? Gelegentlich einer seiner vielen Häutungen ist er auch einmal in eine sozialistische Löwenhaut geschlüpft; er hat, wie er in seinem jüngst in der »Gesellschaft« erschienenen selbstbiographischen »Capriccio« erzählt, »zwei Jahre mit den marxistischen Auguren vergaspelt, bis ich sie erkannte,« was auf deutsch heißen soll, er hat sich zwei Jahre lang bemüht, von den »Marxisten« für einen wirklichen Löwen gehalten zu werden, bis er entdeckte, daß mit diesen Leuten nichts anzufangen sei, er sich einer andern Richtung zuwandte, in der seine besonderen Kennzeichen, als die er selbst angiebt: »sehr eitel, sehr faul, ziemlich frech,« genügen, um für ein Genie gehalten und ausposaunt zu werden. Wenn der zweijährig-freiwillige Sozialist Bahr charakteristisch sein soll für den Sozialismus des jüngsten Deutschland, dann ist dieser nicht weit her.

Die Redaktion.

lium vom nassen Strumpf und andere »Bewegungen« dieser Art, die sich uns an die Rockschöße hängen – oder uns an die Rockschöße gehängt werden.

Und jetzt ist die Reihe zu reden wieder an Hn.:

»Wer will behaupten, daß Karl Henckell kein Sozialist, auch in seinen Gedichten sei? Wer
es will, lese die »Amselrufe«, das »Diorama« des Dichters und horche, wenn Berliner Arbeiter sein Lockspitzellied singen. Ich zitiere hier nur zwei Verse:

>   »Alles Einzelglück ist nur Verschulden
>   Aus des Lebens allgemeiner Noth.«

Das ist sozialistisch! Wenn es eine Frage sein kann, ob in Henckell'schen Gedichten der
Sozialismus künstlerisch gestaltet ist, daß stofflich in ihnen genug Sozialismus steckt, kann
nur der bezweifeln, der sie nicht gelesen.

Ein anderer sozialistischer Lyriker ist Julius Hart. Es ist mir im Moment unmöglich, Verse
von ihm zu zitiren. Man begnüge sich mit einem, dem Programmartikel der »Moderne«
entnommenen Stelle.

»Vor allem aber sind es die wirthschaftlichen Bestrebungen unserer Zeit, die eine Gewähr
für die Befreiung des Individuums bieten. Nur scheinbar zielt der Sozialismus auf Uniformi-
rung, auf eine noch drückendere Einzwängung des Einzelmenschen in ein Staatsganzes hin«
u.s.f., und in einer Kritik über soziale Lyrik sagt der Nämliche: »Besonders bietet die
sozialistische Lyrik der jüngsten Gegenwart noch immer ein Bild, welches der Revolu-
tionspresse der vierziger Jahre sehr ähnelt… Das Empfindungsleben des dichtenden Sozialismus gruppirt sich zunächst um das Mitleid; aber neben dem Mitleid steht unmittelbar der
Zorn; Mitleid mit allen Armen und Enterbten; Zorn gegen die Unterdrücker. Schmerzliche
Klage und leidenschaftliche, wilde Kampflust fließen ineinander über. Ein Drittes ringt sich
los: Die Hoffnung auf den Sieg und den endlichen Triumph der Freiheit, die Erfüllung der
alten Menschheits-Ideale Gleichheit und Brüderlichkeit, den Aufgang des allgemeinen Frie-
dens- und Glückseligkeitszustandes… In der Gegenüberstellung der sozialen Gegensätze von
Arm und Reich liegt eine unmittelbar dramatische Wucht« u.s.w.

>   Spürest Du
>   Kaum einen »Hauch?« –
>   Die Vögelein schweigen im Walde – –!

Und dabei ist Julius Hart einer, der sich sein Urtheil nicht durch Lektüre dreier ihm von
einem Bekannten empfohlenen Stücke gebildet hat, sondern der jahrelang mitten in der
modernen Literaturbewegung drin steht.

>   Ferner erinnere ich an Kretzer's Romane und Novellen.«

»Genug, mein guter Anonymus, du machst dir eine sehr überflüssige Mühe. Die Dichter und
Gedichte, die du da nennst, kenne ich und weiß sie auch gebührend zu schätzen. Allein das ist
doch keine *neue Schule*. Ich kenne noch viel mehr Dichter, die Tüchtiges geschaffen haben,
und von denen ich noch Tüchtiges erwarte: – *Jacoby*[2], *Lavant*[3], *Kegel*[4], *Otto Wal-*

ster[5], *Geib*[6], *Greulich*[7], *Audorf*[8], M. *Vogler*, Dutzende mehr, die in einzelnen ihrer Gedichte an *Freiligrath* und *Herwegh* heranreichen, und aus denen der Geist unserer Bewegung spricht – allein was haben diese Sänger und Dichter der Sozialdemokratie mit dem »*jüngsten Deutschland*« gemein? Sie singen, wie ihnen der Schnabel gewachsen ist, weß ihr Geist voll ist, deß geht ihr Mund über, und das sozialdemokratische Volk singt ihre Lieder und Weisen.

[...]

Die Briefe Wilhelm Liebknechts (1826–1900), neben August Bebel und Paul Singer einer der wichtigsten Repräsentanten der deutschen Sozialdemokratie, wurden, wie nachfolgende Dokumente zeigen, von den Naturalisten als eine Art offizielle Stellungnahme der Sozialdemokratie gewertet. Diese »Philippika« Liebknechts gegen die gesamte naturalistische Richtung ist nur zu verstehen vor dem Hintergrund der innerparteilichen Auseinandersetzungen zwischen der Parteiführung und den »Jungen«, die seit Anfang 1890 die Führung der Partei verstärkt in politisch-taktischen Fragen kritisierten (z.B. Gestaltung des 1. Mai, Verhältnis zum Parlament) und gegen diese auch den Vorwurf der Korruption erhoben. In der *Berliner Volkstribüne* sowie in dem Theaterverein Freie Volksbühne wurde nicht nur die Verbindung von Naturalismus und Linksopposition manifest, sondern hier waren Institutionen entstanden, die für die Verbreitung naturalistischer Literatur als kulturellem Bestandteil der sozialistischen Bewegung in der Arbeiterschaft wirkten. Damit wurde die naturalistische Literatur notwendig zum Gegenstand ideologischer Kontroversen innerhalb der Sozialdemokratie. Liebknecht zog hier einen klaren, wenn auch sehr pauschalen Trennungsstrich, der wohl der grundsätzlichen Orientierung der Partei dienen sollte, dabei aber sowohl Unterschiede innerhalb der naturalistischen Bewegung übersah, Entwicklungsmöglichkeiten bei Autoren unberücksichtigt ließ, sowie auch Fragen des Bündnisses von Arbeiterbewegung und fortschrittlichen Literaten nicht miteinbezog. Die Berücksichtigung dieser vielfältigen Aspekte durch die sozialdemokratische Partei war aber zu diesem Zeitpunkt offenbar noch nicht möglich. Bereits 3 Jahre nach dem Vereinigungsparteitag in Gotha und der Gründung der SDAP 1875 war gegen die Partei das Sozialistengesetz verhängt worden, das von 1878 bis 1890 der Sozialdemokratie zwar die Teilnahme an Wahlen gestattete, im übrigen aber jede politische und ideologische Tätigkeit für die Partei verbot.

Das Vorgehen Liebknechts gegen den Einfluß der Naturalisten in der Arbeiterbewegung war sicherlich auch durch die Tatsache bestimmt, daß von der Parteiführung unmittelbar nach Aufhebung des Sozialistengesetzes politisch-taktische Fragen durchaus als Überlebensfragen der Partei bewertet wurden. Nachdrücklich hatte F. Engels bereits am 13. 9. 1890 in einer *Antwort an die ›Sächsische Arbeiterzeitung‹*, einem Organ der Linksoppositionellen, die Partei vor der »Literaten- und Studentenrevolte« gewarnt, deren Vorstellungen, in die Wirklichkeit übersetzt, imstande wären, »auch die stärkste, nach Millionen zählende Partei zu begraben unter dem selbstverdienten Gelächter der ganzen feindlichen Welt« (zit. nach: Karl Marx/Friedrich Engels, Werke. Bd. 22, Berlin/DDR 1963, S. 69).

Auch nach diesem scharfen Verdikt Liebknechts ging die Auseinandersetzung in der sozialdemokratischen Arbeiterbewegung, in ihrer Presse und ihrem Theater, mit der naturalistischen Literatur weiter(vgl. die Dok. 86–90). Vielfach bestätigt wurde allerdings Liebknechts These, daß das Proletariat eine eigene Kunst erst in einer neuen Gesellschaft entwickeln könnte, denn »der Kampf schließt die Kunst aus« (s. Dok. 80). Auch Gustav Landauer unterstützte in seinem Aufsatz *Die Zukunft und die Kunst* diese Auffassung: »Ich glaube nicht, daß die nächste Zukunft unter dem Zeichen der Kunst stehen wird, und ich würde sehr bedauern, wenn es doch der Fall wäre. Wir haben vorerst keine Zeit mehr für die Kunst. Kunst braucht Ruhe; wir brauchen Kampf. Die Kunst auf ihrer Höhe braucht Abgeklärtheit; wir brauchen Gährung« (vgl. *Die Neue Zeit*, Jg. 10/1, 1892/93, S. 532). Erich Schlaikjer sah ebenfalls für die Arbeiterklasse keine Möglichkeit in ihrer unterdrückten Lage für einen Fortschritt der Künste zu sorgen: »Die Arbeiterklasse hat ein Interesse an der Kunst [...], aber sie muß, durch die starre Gewalt der ökonomischen Thatsachen gezwungen, sich in diesem weit ausgreifenden Theil ihrer Sehnsucht resignieren und die Kunst als solche sich selbst und – der Bourgeoisie überlassen« (s. E. Schlaijker, *Die Befreiung der Kunst*. In: *Die Neue Zeit*, Jg. 14/1, 1895/96, S. 71). Darüber hinaus hat die Kunst nach Meinung Schlaikjers aber auch »aufgehört, ein ausschlaggebender Faktor in den wirthschaftlichen und politischen

Kämpfen zu sein.« Die Kunst sei in diesen Kämpfen nur »ein winziger Faktor, verglichen mit der Waffe des allgemeinen Stimmrechts, verglichen mit dem Werth kraftvoller Organisationen« (ebd.).

Ähnlich beurteilte Franz Mehring 1896 das Verhältnis von Kunst und Proletariat: »Man muß sich davor hüten, die Bedeutung der Kunst für den Emanzipationskampf des Proletariats zu überschätzen. [...] Solange es in diesem heißen Kampfe steht, kann und wird es keine große Kunst aus seinem Schoße gebären« (s. Dok. 91).

Hn. aus Zürich, auf dessen Entgegnung sich Wilhelm Liebknecht in seinem zweiten Brief bezieht, war Otto Hinrichsen. Dieser antwortete Liebknecht nochmals im *Braunschweiger Volksfreund* v. 20. April 1891, wo er erklärte, daß ihn bei Liebknecht vor allem die Form des Urteils reizte, »das Hinwerfen einer Meinung«, ohne daß der »Aburteilende« sich mit den Werken selbst beschäftigt habe (vgl. *Naturalismus-Debatte. Dokumente.* Hrsg. u. eingel. v. Norbert Rothe, Berlin 1986, S. 39).

1 Friedrich Friedrichs (1828–1890) studierte zunächst Theologie, übernahm dann die Redaktion der *Illustrierten Zeitung*, war ab 1856 ausschließlich als Schriftsteller tätig. Er lebte in Leipzig, zeitweise in Berlin, später in Leipzig und Dresden. 1875–1885 war er Vorsitzender des Allgemeinen deutschen Schriftsteller-Verbandes. Veröffentlichungen: *Die Vorkämpfer der Freiheit*, 1867; *Der Polizeityrann*, 1868; *Hie arm, hie reich*, 1878; *Die Frau des Arbeiters*, 1887; *Entartet*, 1889, u. a.

2 Leopold Jacoby (1840–1895) studierte Medizin, Naturwissenschaften, Geschichte, Philosophie und Ästhetik, war für seinen Lebensunterhalt langjährig als Stenograf tätig. 1882 wanderte er nach Nordamerika aus. Ab 1888 hielt er Vorlesungen über deutsche Literatur in Mailand. Veröffentlichungen: *Es werde Licht*, Gedichte (1864); *Deutsche Lieder aus Italien* (1892). Durch Aneignung wichtiger Elementedes Marxismus und der modernen Naturwissenschaften schuf Jacoby eine für seine Zeit bedeutende Weltanschauungslyrik.

3 Rudolf Lavant (d. i. Richard Cramer, 1844–1915) arbeitete als Prokurist. Er war Lehrer im Leipziger Arbeiterbildungsverein. Lavant schrieb vor allem Agitationslyrik, aber auch humoristisch-satirische und balladeske Verse. Außerdem war er tätig als Herausgeber, Übersetzer und Journalist. Er veröffentlichte seine Arbeiten vor allem in der sozialdemokratischen Parteipresse.

4 Max Kegel (1850–1902) war Buchdrucker und wurde 1869 Mitglied der Sozialdemokratischen Arbeiterpartei. 1871 begann er seine journalistische und literarische Tätigkeit als Mitarbeiter des *Dresdner Volksboten*. Während des Sozialistengesetzes gründete Kegel in zahlreichen Städten im Auftrage der Partei Presseorgane. Seit 1888 war Kegel Mitredakteur der politisch-satirischen Zeitschrift *Der wahre Jakob*. Sein *Sozialistenmarsch* wurde eines der verbreitetsten Lieder in der sozialdemokratischen Arbeiterbewegung. Veröffentlichungen: *Preß-Prozesse oder: Die Tochter des Staatsanwalts*, Lustspiel 1876; *Freie Lieder, Gesammelte Gedichte* 1878 u. a.

5 August Otto-Walster (1834–1898) studierte Staatswissenschaften und Philosophie in Leipzig, danach kurze Zeit Lehrtätigkeit. Otto-Walster schloß sich 1869 der Sozialdemokratie an, gründete 1871 die erste Dresdner Arbeiterzeitung, den *Dresdener Volksboten*. Er wurde ständig verfolgt, 1875 verbüßte er seine 25. Gefängnisstrafe. 1875 Emigration in die USA, nach seiner Rückkehr 1890 nach Deutschland war er nur mehr kurze Zeit politisch tätig. Veröffentlichungen: *Das rote Gespenst und die Cäsaren. Gedichte,* 1870; *Am Webstuhl der Zeit*, 1873; u. a.

6 Wilhelm Leopold August Geib (1842–1879) war nach einer Kaufmannslehre als Buchhändler in Hamburg tätig. Er war Mitbegründer der Sozialdemokratischen Arbeiterpartei Deutschlands und in verantwortlichen Funktionen in der Partei tätig. Geib schrieb politische Lieder und Gedichte, die in Arbeiterkalendern und im Arbeiterpresse veröffentlicht wurden. Er starb krank und verfolgt als Opfer des Sozialistengesetzes. Veröffentlichungen: *Gedichte*, 1864; 2. verm. Ausg. 1876 u. a.

7 Hermann Greulich (geb. 1841), Buchbinder, lebte seit 1865 in Zürich und war einer der Gründer der Schweizer Sozialdemokratie; ab 1869 Redakteur der Zürcher *Tagwacht*, schrieb in den siebziger Jahren politische Gedichte.

8 Jakob Audorf (1835–1898) war Maschinenbauer, ab 1857 auf Wanderschaft in Paris, London, Winterthur. Mitbegründer des Allgemeinen Deutschen Arbeitervereins. Audorf verließ Deutschland erneut 1868, nach seiner Rückkehr Mitglied der Redaktion des *Hamburg-Altonaer Volksfreund*. Nach Erlaß des Sozialistengesetzes sofort aus Deutschland ausgewiesen, lebte bis 1887 in Rußland. Von 1888 bis zu seinem Tode Redakteur des *Hamburger Echo*. Audorf schrieb politische Gedichte und Agitationslyrik. Besonders bekannt wurde sein *Lied der deutschen Arbeiter* (auch »Arbeiter-Marseillaise« genannt).

82
Otto Brahm: *Naturalismus und Sozialismus*. In: *Freie Bühne für modernes Leben*. Red.: Wilhelm Bölsche. 2. Jg Berlin (S. Fischer) 1891, Heft 10, S. 241–243.

Einer der offiziellen Führer der deutschen Sozialdemokratie, Herr Wilhelm Liebknecht, hat jüngst in der Wochenschrift »Die neue Zeit« über die litterarische Bewegung der Gegenwart eine Art Hirtenbrief erlassen, der trotz seiner Kürze und Flüchtigkeit, um des Schreibers willen, Beachtung verdient; zu mancherlei Betrachtungen kann er anleiten.

Die sozialistische Partei ehrt in Liebknecht einen ihrer erprobtesten Leiter, einen Agitator und Redner und Schriftsteller von unermüdlicher Ausdauer, und die persönlichen Beziehungen, in denen er noch zu dem großen Theoretiker, unter den Genossen, Karl Marx, gestanden, die Erfahrung eines reichen Menschenlebens, machen den »Alten« nun vollends zu einer Respektsperson. Auch wir, die wir außerhalb der Partei stehen, wissen den Mann zu ehren; und wenn wir ihm widersprechen, so thun wir es mit deutlichen Worten zwar, wie die Sache es fordert, aber mit aller Höflichkeit des Herzens, frei von polemischer Gereiztheit.

Schon um seiner Seltenheit willen verdient ein Politiker Beachtung, der über Kunst schreibt: denn kunstfremder geht Niemand durch die Welt, als unsere Parlamentarier von Beruf. Debatten über künstlerische Fragen, über die naheliegende Frage der Censur etwa, über öffentliche Denkmäler und Anstalten, sind seit langem im Reichstag und im preußischen Landtag nicht geführt worden; und die wenigen Männer von Geschmack, Leute wie Stauffenberg und Bamberger, verschwinden ganz in der Menge der Banausen. An Liebknecht dürfen wir also schätzen, daß er Fühlung zu den litterarischen Problemen gesucht; aber bedauern müssen wir, daß er schon nach der ersten oberflächlichen Kenntnis zu einem öffentlichen Urteil gelangt ist, und daß er mit abstrakten, parteipolitischen Maßstäben mißt, nicht mit künsterlischen.

»Ich habe das junge Deutschland gekannt, welches aus dem Boden des bürgerlichen Liberalismus hervorgewachsen«, sagt er. »Und als ich erfuhr, daß ein jüngstes Deutschland erstanden sei, da dachte ich, es müsse zu dem modernen Sozialismus in einem ähnlichen Verhältnis stehen, wie weiland das »junge Deutschland« zu dem Liberalismus.« So »dachte« Liebknecht in seinem politischen Sinn, und weil nun dies Gedachte, dies abstrakt Geforderte, seiner Meinung nach nicht erfüllt wird, darum ist es nichts mit dem jüngsten Deutschland. Das ist derselbe trostlose Doktrinarismus, den die Bourgeois von reinstem Blut vor der Kunst zu entfalten pflegen, und dem sie am liebsten die Formel beilegen: »Ich verlange das von einem Kunstwerke.« Nicht aus dem Geist der Sache heraus urteilen sie, sondern aus dem eigenen Geist: jene »verlangen«, Herr Liebknecht »denkt«.

Was aber denkt er, und welches ist sein Ideal der Kunst? Daß sie den Sozialismus mit Haut und Haar wiederspiegele? Dramatisirter Marx in fünf Akten? Das klingt wie ein Witz, aber ich glaube in der That, daß man sich, was er »dachte«, nicht roh genug (im ästhetischen Wortsinn natürlich, nicht im geistigen) vorstellen kann. Denn wie könnte er sonst behaupten:

daß der Hauch der sozialistischen, oder auch nur der sozialen Bewegung nicht auf die Bühne des jüngsten Deutschlands gedrungen ist. Wie könnte selbst er es behaupten, mit einer offenbar minimalen Kenntniß der Thatsachen? Vorsichtig sagt er: er wolle keine Namen nennen aber er sollte doch aus so reicher Versammlungspraxis wissen, daß unbestimmte Anklagen nichts gelten und daß ihm auch hier der Ruf entgegen schallen muß: Namen nennen, Namen nennen!

Wie mit einem feststehenden Begriff, den jeder kennt, operirt Liebknecht mit dem Schlagwort »jüngstes Deutschland«. – Aber wenn schon das »junge Deutschland« eine halb willkürliche Formel war, so lassen sich unter den Hut des »jüngsten Deutschlands« die besten Köpfe unserer neuen Produktion gewiß nicht zusammen bringen; und wenn Liebknecht gar vorwiegend nur von dramatischer Literatur des jüngsten Deutschland redet, so weiß ich vollends nicht, was ich mir darunter zu denken habe. Nur daß »Sodoms Ende« kein »Produkt des jüngsten Deutschlands« ist, wie Liebknecht meint, das weiß ich; Herr Sudermann selbst würde gewiß eifrigst gegen solche Bezeichnung protestiren. Ergötzlich zu lesen ist, daß übrigens nach Liebknechts Meinung »Sodoms Ende« von einem »hiesigen Blatt« zu hoch eingeschätzt wurde: denn dieses hiesige Blatt ist der »Vorwärts« und sein Chefredakteur heißt Wilhelm Liebknecht. Die Alten und die Jungen also, wenn sie auch politisch jetzt den Ausgleich gefunden haben mögen, sind in Aestheticis noch recht weit voneinander; und es will dem Führer der Partei nicht glücken, das künstlerische Wollen der Neuen zu verstehen.

Aus eigener Anschauung, so gesteht er, kennt er die besten Stücke der Hauptvertreter dieser Schule nicht: er nimmt zwar Gelegenheit, wie männiglich bekannt, Conzerte der Philharmonie zu besuchen und über den »Kulturwert der Musik« sich eine Meinung zu bilden; aber, sagt er, »in's Theater zu gehen habe ich keine Zeit und kam nicht dazu, die Vorstellungen der Freien Bühne zu besuchen.« Daß es auch eine Freie Volksbühne in Berlin giebt, scheint Herrn Liebknecht, wie den meisten Fraktionsgenossen, noch nicht ins Bewußtsein getreten zu sein.

Was ihm durch die Anschauung nicht bekannt geworden, hat er sich also nun auf anderem Wege angeeignet, durch Lektüre; und sein Resultat ist das folgende: »Wer die dramatischen Werke Shakespeare's kennt, der kennt das England der Königin Elisabeth und die Kulturwelt am Ende des 16. und am Anfang des 17. Jahrhunderts. Sie spiegeln ihre Zeit wieder. Wer die Bühnenstücke des jüngsten Deutschlands inwendig und auswendig kennt und nur sie kennt, der weiß nichts von der Gegenwart, dem ist sie ein mit sieben Siegeln verschlossenes Buch wie dem jüngsten Deutschland selbst. Die Thatsache steht fest.« Die Thatsache steht genau so fest, wie daß Herr Liebknecht die Bühnenstücke des jüngsten Deutschlands kennt – nicht sie inwendig und auswendig kennt, sondern sie überhaupt nur kennt, wie flüchtig immer. Ein sozialistischer Führer, ich will den Namen nach Liebknechts Beispiel nicht nennen, aber er ist ihm ganz besonders gut bekannt – hat neulich als von Ibsen die Rede war, geäußert: Die Ibsen'schen Dramen habe er nicht gelesen, nur die Romane – aber die gefielen ihm gar nicht. Ich fürchte, ich fürchte: Liebknechts Wissen von Jungdeutschland ist nicht viel besser fundirt. Welche Dramen, Himmelswillen, hat ihm ein tückischer Berater denn in die Hände gespielt?

Er spricht von der Freien-Bühne, es liegt nahe, an das einschneidendste unserer Stücke zu denken, an »Vor Sonnenaufgang«: aber sollte wirklich jemand, der Hauptmann's Drama liest, verkennen können, eine wie enge Fühlung mit den Problemen des Sozialismus hier gegeben ist? Nicht in der Figur des Agitators allein, deren Lebendigkeit man anzweifeln mag, sondern in den Gestalten der armen Knechte und Mägde, die ganz auf sozial unterwühltem Boden stehen; und wo wäre denn der kapitalistische Streber je schärfer, schlagender, überzeugender geschildert worden, als im Ingenieur Hoffmann? Der lärmende Widerspruch, den das Stück zuerst gefunden, ward durch diese den Bourgeois empörende Figur ja so gut geweckt, wie durch die kecke Deutlichkeit in den sexuellen Dingen.

Aber auch wenn von den intimeren Problemen die Rede gehen soll, in denen etwa das »Friedensfest« die »Familie Selike« und die »Einsamen Menschen« sich ausleben, so kann nur die oberflächlichste Betrachtung den Athem der Gegenwart vermissen. Ich kann aus ihnen modernes Leben so gut und besser erschließen, als aus »Romeo und Julia«, »Hamlet« und »Mackbeth«, das England der Königin Elisabeth. Man darf nur den Begriff des Gegenwärtigen nicht fraktionspolitisch eng fassen, und nicht vom Dichter fordern, daß er Parteiprogramme dramatisire; man muß den näheren und ferneren Zusammenhang überblicken können, der diese Werke verbindet mit den Zeitströmungen in den anderen Kulturländern, mit der Vorliebe, auch der modernen Malerei für die Mühseligen und Beladenen, und mit tausend andern feinen Keimen des Neuen, die die Lust dieser Epoche befruchtend füllen. Dann erst wird man die Einheit sozialer und künstlerischer Bewegungen erkennen, die Herr Liebknecht so eilig vermißt.

Aber der sozialistische Führer hat nicht nur die Thatsachen ergründet, er weiß auch durch »genaueres Nachdenken« ihre tieferen Ursachen aufzudecken. Grade die Intensivität und Allgemeinheit des politischen Kampfes, so meint er, giebt den Schlüssel des Rätsels: weshalb der Hauch der sozialen Bewegung die Bühne des jüngsten Deutschlands nicht getroffen hat. Denn der Kampf, sagt er, schließt die Kunst aus: das kämpfende Deutschland hat keine Zeit zum Dichten. Das ist dieselbe abstrakte Weisheit noch einmal, die mit theoretischem Denken an die Kunst herangeht, das ist dieselbe Weisheit, die einst der Typus jener bürgerlichen Litteraten war, die Gervinus drakonisch niederschrieb. Mit Goethes Tode, so verkündete der, sei die deutsche Litteratur vollendet, nun komme die Zeit der Politiker; aber so wenig Gervinus durch so vorschnelles Meinen die Entwicklung aufzuhalten vermochte, die wohl intermittirende Pulse wies, doch kein Abbrechen und Enden, so wenig wird diese neueste Theorie auch nur Einen poetisch Strebenden auf den politischen Kampfplatz hinüber scheuchen. Ob Liebknecht, Bellamy oder ein anderer, unter uns erst Heraufkommender die Ideale der nächsten Zukunft richten wird – für den Dichter wird immer ein Platz bleiben, immer wird ein jüngstes Deutschland von einem noch jüngeren abgelöst werden, und trotz des Unverständnisses »leitender Männer« wird es sich durchsetzen, jetzt und künftig.

Die Antwort von Otto Brahm (vgl. Dok. 42, 50, 52) auf W. Liebknechts Verdikt gegen die gesamte naturalistische Richtung weist auf ein entscheidendes Dilemma der sozialdemokratischen Kritik hin. Brahm hatte recht, wenn er fragte, was denn Liebknechts »Ideal der Kunst« sei. Tatsächlich erfolgte die

Verurteilung der jungen oppositionellen Literatur zu einem Zeitpunkt, als in der Sozialdemokratie zu Fragen einer eigenständigen proletarischen Literatur- und Kunstauffassung noch nicht mehr als viele verschiedene Einzelauffassungen, ablesbar z.B. an den Literaturbesprechungen in der *Neuen Zeit*, existierten.

Im übrigen vertrat Otto Brahm allerdings einen definitiv ästhetizistischen Standpunkt, der die Einbeziehung von Kunst in gesellschaftliche Prozesse und daraus abzuleitende Forderungen an die Kunst, prinzipiell ablehnte. Wenn Brahm hier Liebknechts Kritik als »trostlosen Doktrinarismus« zurückweist und gleichsetzt mit dem, »den die Bourgeois von reinstem Blut vor der Kunst zu entfalten pflegen«, weist er damit ausdrücklich jeden nicht-künstlerisch begründeten Anspruch an die Kunst zurück: »Nicht aus dem Geist der Sache heraus urteilen sie, sondern aus dem eigenen Geist [...]« (s. Dok. 82). Während Brahm als oberstes Kunstgesetz nur die ständige Erneuerung, Veränderung durch die Einbeziehung von immer mehr Natur (vgl. Dok. 94) anerkannte, war die Sozialdemokratie dabei, sich ein eigenes Verständnis von dem realen Verhältnis von Arbeiterbewegung und moderner literarischer Bewegung zu erarbeiten.

83
Michael Georg Conrad: *Die Sozialdemokratie und die Moderne.* In: *Die Gesellschaft. Monatsschrift für Litteratur, Kunst und Sozialpolitik.* Hrsg. v. Michael Georg Conrad. 7. Jg. Leipzig (W. Friedrich) 1891, Bd. 1, Mai-Heft, S. 583–592 u. Juni-Heft, S. 719–741; hier: S. 589–592, 719–720 u. 738–741.

[...]

Nein, auch die Sozialdemokratie, als die frischeste und am wenigsten durch Vergangenheit, historische Übersättigung und Bildungsdünkel belastete Partei, ist weit davon entfernt, eine innere Fühlung und Wertschätzung der neuen Kunst *um der Kunst willen* zu erweisen und der Moderne eine sicher umfriedete Freistatt zu bereiten. Wie die bürgerlichen Parteien an ihrer bald protzigen, bald blasierten Allerweltsbildung und schöngeistigen Allerweltsgenäschigkeit einerseits, an ihrem bornierten Akademismus und gedankenlosen Klassikerkultus andererseits eine Schranke finden, die sie nicht zu überwinden vermögen, um in das freie, neue Reich der Moderne zu gelangen, so hat die sozialdemokratische Partei zu viel doktrinären Internationalismus, zu viel wildes Zigeunerblut im Leibe, um dem *vaterländischen Realismus*, der stärksten Richtung, die die Moderne nimmt, ein warmes, herzliches Verständnis entgegenbringen zu können. Die Manie das *Ausland* zu vergottern, vor ausländischen Künstlern und Dichtern auf dem Bauche zu liegen, ausländische Produkte über den grünen Klee zu loben und mit Naserümpfen und feindseliger Kritik das Heimatliche in die Ecke zu drücken, krassiert nicht nur in der Charakterlosigkeit und im Übermut der bürgerlichen Parteien, sie hat auch schon in der Sozialdemokratie ihre Nachäffer gefunden, wie wir nächstens an einigen Beispielen sozialdemokratischer Publizisten in der »*Neuen Welt*« erweisen werden.

Es ist uns auch nicht bekannt, daß dem rühmlichen Drang der Arbeiterkreise unserer Großstädte, durch Einrichtung von Lesevereinen, Vortragsabenden, Theateraufführungen u.s.w. mit dem modernen Geiste in Kunst und Dichtung innigere Fühlung zu gewinnen und

ein heißes Bildungsbedürfnis an den neuesten Werken realistischer vaterländischer Geistesarbeiter zu befriedigen, von Seite der Führer der offiziellen Sozialdemokratie ein irgendwie
nennenswertes Entgegenkommen erzeigt worden wäre. Wir glauben nicht einmal, daß die
sozialdemokratische Zentralleitung in Berlin mit freundlichem Auge den Anstrengungen der
Fachvereine folgt, die litterarische Bildung ihrer Mitglieder in jeder Weise zu fördern und
deren geistigen Horizont nach allen Seiten zu erweitern und aufzulichten. Es liegt kein
Zeugnis vor, daß die parlamentarischen Führer bei Berechnung ihrer Machtfaktoren die
ästhetische und sittliche Wirkung des neuen Geistes auf das Proletariat irgendwie ernstlich in
Anschlag gebracht hätten. Ihre ganze Macht, ihre ganze Tugend erblicken sie in der – Not der
Massen. Ihr Feldgeschrei ist nicht »Mehr Licht!« sondern »Mehr Brot!« Das heißt, ihnen gilt
vorerst die materielle, die wirtschaftliche Seite ihres Erlösungsdogmas alles, hierin wollen sie
alle Liebe und allen Haß, alle konservierende und alle treibende Kraft ihrer Partei gesammelt
sehen und keine Absplitterung, keinen Abfluß dulden nach anderen Empfindungs- und Thä-
tigkeitsgebieten. Sie fürchten eine Schwächung ihrer politischen Idee, die nur, nach ihrer
Meinung, in fanatisch strenger Abgeschlossenheit von allen anderen Ideen, namentlich künstlerischer und schöngeistiger Richtung, ihr stärkstes Wachstumsmaß erreichen kann. In den
Werkstätten, in den Fabriken, in den Fachvereinen und geselligen Verbänden sollen die
Genossen sich nur mit dem Einen beschäftigen was not thut, mit der alleinseligmachenden
Parteidoktrin, mit der unfehlbaren Parteipolitik. Das ist ihre Religion, ihre Seligwerdung, weil
es taktisch den größten Augenblicksnutzen verspricht.

Damit soll nicht gesagt sein, daß es neben diesen Fanatikern der parteipolitischen
Schablone nicht auch erleuchtete Ausnahmsnaturen von sozusagen vollmenschlicher Konstitution unter den Führern der Sozialdemokratie gebe. Sie treten nur weniger hervor. Ihrem
stillen Einflusse ist es aber zu danken, wenn die sozialdemokratisch organisierte Arbeiterbevölkerung Deutschlands die anderer Länder durch freieren Bildungstrieb, feinere Lebensfor-
men und mildere Sitten hoch überragt. Ein Triumph, wie ihn beispielsweise die Berliner
Arbeiterkreise ihrer kaum gegründeten und schon mächtig blühenden »Freien Volksbühne«
gesichert haben, wäre in keinem anderen Lande der Welt unter abgearbeitetem, hart ringen-
dem Volke denkbar.

Von einer anderen Seite angesehen, ist festzustellen, daß die Moderne in Kunst und Dichtung zwar eine stets wachsende Fülle neuer Anregungen, neuer Stoffe und Figuren dem
sozialen Umbildungsprozesse, wie er sich mit Hilfe des Proletariats, vor unseren Augen in
Politik und Volksleben vollzieht, Tag für Tag entnimmt, daß sie aber keine Veranlassung hat,
mit der Sozialdemokratie als parlamentarischer Partei und politischer Heilskirche zu liebäu-
geln. Man merke wohl: die Moderne liebäugelt überhaupt nicht, nicht nach links oder rechts,
nicht nach oben oder unten. Sie ist die in Geist und Charakter übersetzte Natur. Wie diese, ist
sie furchtlos und rücksichtslos und anerkennt nur ein Gesetz: Wahrheit und Wahrhaftigkeit.
Historisch vertritt sie den höchsten Menschheitsadel, die Aristokratie des Geistes. Die Moderne verfolgt ihre Ahnen zurück über Goethe, Kant, Shakespeare bis zum Vater Homer, und
die Geschlechter der Marx und Lassalle mit ihren Niederlassungen werden sich erst nach

mannigfaltigen Reinigungen und Umbildungen ihre volle Ebenbürtigkeit mit dem führenden Geisterreigen in der Kulturgeschichte der Menschheit erkämpfen müssen. Die Moderne geht in keiner Partei auf, sie steht über den Parteien, wie die Kunst über der Politik steht. Das Proletariat ist vielleicht die kraftträchtigste Volksschicht, aber es ist nicht *das Volk* schlechtweg. Die Segnungen der Kunst haben dem *ganzen Volke* zu dienen und ihr Glanz, wie seither, wird weiter leuchten über die *ganze Menschheit*. Und alle Klassenkämpfe, sozialen Verschiebungen und staatlichen Umformungen, mögen sie noch so ausschließlich Grund und Ziel im Rohirdischen und Nacktmateriellen haben, sie werden niemals die Wahrheit des Platenschen Wortes erschüttern:

> »Und des Himmels Lampen löschen
> Mit dem letzten Dichter aus.«

Der Wachstumsprozeß der Moderne zur Blüte und Frucht folgt dem Zarathustra-Rufe: »Nach Oben!« Wer Sehnsucht nach Höhe hat, freien Geistes und reinen Herzens ist, wird von der neuen Kunst aufwärts geführt werden, unter welchem politischen Feldzeichen er auch den Kampf des Lebens kämpfen möge.

Das vornehmste literarische Organ der offiziellen Sozialdemokratie in Deutschland ist die Wochenschrift *»Die neue Zeit.* Revue des geistigen und öffentlichen Lebens«. (Stuttgart bei Dietz). Als Kritiker unseres modernen litterarischen Lebens haben sich daselbst in letzter Zeit zwei anerkannte sozialdemokratische Publizisten vernehmen lassen: der junge *Paul Ernst*, ein ausgesprungener Theologe, und der alte *Liebknecht*, ein Philologe. Paul Ernst brachte in Nr. 16 dieses Jahrgangs »die neueste litterarische Richtung in Deutschland«.

Bevor wir Herrn Paul Ernst das Wort geben, noch einige Bemerkungen. Wir müssen dem Unterrichtetsein und dem Humor unserer Leser vertrauen, daß sie, namentlich im einleitenden und allgemeinen Teile des Ernstschen Vortrags, selbst imstande und aufgelegt sind, die notwendigen Einschränkungen und Korrekturen vorzunehmen. Wir selbst werden erst später in Einzelheiten, wo die Vergewaltigung der Wahrheit zu unverschämt und der Ton des Vortragenden allzu unfehlbar kritikpäpstlich wird, mit Fußnoten für das entsprechende Gegengewicht sorgen. Hinsichtlich der selbstgefälligen und allesbesserwissenden Schnodderigkeit der Rede übertrifft dieser moderne Litteratur-Sozialist die feudalen Kritik-Junker z.B. in den »Grenzboten«, sowie die gesamte altakademische Autokraten-Sippe um ein Erkleckliches. Die Extreme berühren sich. Praktisch angesehen, wäre der Wechsel der äußersten Rechten mit der äußersten Linken in allen Angelegenheiten des Geistes, der Phantasie und der höheren Kultur so wenig vorteilhaft für die Kulturbesserung wie ein Übergang vom Regen in die Traufe. Hier freche Junkerherrschaft, dort superkluge Pöbelei – die künstlerisch freigeborene Geistnatur bedankt sich für beide. Der faulig gewordene Junker-Aristokratismus und der trübgährende Proletarier-Demokratismus sind gleicherweise unvermögend, als geistige Führer zu höherer Menschlichkeit der Gesellschaft irgend welchen Dienst zu leisten, sie müssen beide überwunden und unschädlich gemacht werden, soll das Volk der freien Geister, der Dichter und Denker zu erfreulichen Lebensverhältnissen gelangen. [...]

[...]

Da haben wir die Kritikgescheitigkeit der Sozialdemokratie à la Liebknecht. Sie ist nicht ganz so profund und frechschnauzig wie die des Herrn Paul Ernst, läßt aber an Voreiligkeit und Absprecherei ins Blaue hinein auch nichts zu wünschen übrig. Man sieht aus diesen Proben, daß der sozialdemokratische Größenwahn und Unfehlbarkeitsdünkel auch auf litterarisch-kritischem Gebiete schon recht verlockende Früchte zu zeitigen beginnt.

Wir geben noch eine dritte Probe, worin, im Gegensatz zu der Zolaverachtung des Herrn Paul Ernst, der Franzose Zola über den Schellenkönig gelobt und der vaterländischen realistischen Kunst die dichterische Kraft und der sittliche Ernst schlankweg abgesprochen werden.

Im nichtpolitischen Teil der »Münchener Post« erschien jüngst ein nicht unterzeichneter Aufsatz »der sozial-naturalistische Roman« mit folgendem Wortlaut:

»Im Vordergrund jeder Dichtung steht der Mensch, in seinem Hassen und seinem Lieben, seinem Streben und seinem Irren. Aber der Mensch ist nicht aufzufassen als Einzelwesen, man muß ihn sehen, im Verhältnis zur Gattung, im Verhältnis zu seiner Umgebung, zu seiner Zeit, zu seinen Lebensbedingungen.

Sieht man den Menschen auf diese Weise an, im Zusammenhang mit den äußeren Lebensumständen, so berücksichtigt man, wie der Franzose sich ausdrückt, das Milieu, d.h. man erklärt den Menschen als ein Produkt seiner Zeit und seiner Lebensweise. Schon der große Materialist Vogt hat gesagt, »der Mensch ist die Summe von Eltern und Ammen, von Ort und Zeit, von Lust und Wetter, von Licht und Schall«.

Noch größere Wirkung auf das Einzelwesen als die äußeren Umstände konstatieren jedoch die allmählich weiter um sich greifenden, immer tiefer Wurzel fassenden sozialökonomischen Forschungen, der Sozialismus. Der Sozialismus berücksichtigt nicht nur die natürlichen, sondern auch die sozialen äußeren Umstände. Die Herrschaft des Kapitals hatte begonnen und bestimmte die Lebensweise der arbeitenden Klasse und damit deren Empfindungsleben. Niedergedrückt, erstickt wurde das Innenleben des Arbeiters durch die kapitalistische Produktionsweise, die Überarbeit erschlaffte Geist und Körper, Krankheiten entstanden infolge der schlechten Nahrung, der atembenehmenden stickigen Luft in den Fabriken. Der Mensch hatte aufgehört ein Individuum zu sein, er war Klassenmensch geworden, weniger noch, ein Produkt, eine Sache, verstümmelt durch die Knechtung des Kapitals. Gegen diese Beobachtung konnte sich nun die Dichtung nicht verschließen, als oberste Verkünderin der Leiden der Menschheit, als Anklägerin, als Richterin. Der Sozialismus als Wissenschaft wurde in der Dichtung zum sozial-naturalistischen Roman. Und unter den Dichtern dieser Schule steht in erster Reihe, als Führer, als Meister: der Franzose Emil Zola. Er hat in seinen Werken, vor allem im »Germinal«, den Menschen als Produkt der Lebensweise geschildert, unterjocht vom Druck der Verhältnisse. Nicht die Arbeiter sind für ihre Verbrechen und Laster verantwortlich, sondern der Moloch Kapital, der alle mit Drachengift anfeiert und wehrlos und willenlos macht. Zola zeigt die arbeitende Klasse als hingewürgtes Opfer des Kapitalismus. Hier steht der französische Dichter auf demselben richtigen Standpunkt, wie der Sozialist Engels, der da sagt: »Dafür, daß ihre Moralität den Versuchungen nicht widersteht, sind die niederen Klassen ebensowenig zu tadeln, als wenn ihr Körper infolge der schädlichen Einflüsse ihrer Umgebung den Typhus bekommt.« Durchweg sind bei Zola die Arbeiter mitleiderregende Opfer, prostituiert durch das Kapital. Einzelne, oder auch viele, werden einwenden, daß auf diese Weise die freie Verantwortung des einzelnen Menschen aufhört, daß der Verbrecher zuletzt selbst ein Opfer und kein Verbrecher sei. Und wäre diese Annahme so falsch? Ist's nicht ungerecht, die äußeren Umstände so gar nicht zu berücksichtigen, die den Verbrecher zum Verbrecher gemacht, ist's nicht ungerecht, das Milieu außer acht zu lassen? Das Individuum im Bann des Milieu zu schildern – das ist die hohe, sittliche Aufgabe des sozial-naturalistischen Romans. Leider hat die deutsche naturalistische Schule ihre dichterische Mission, anzuklagen und zu trösten, bis jetzt ganz außer acht gelassen. Sie schildert, wie sich eine Kokette ihr Strumpfband abnimmt, oder ihr Korsett anzieht – als Opfer der heutigen gesellschaftlichen Lebensweise wird das Mädchen nicht erklärt. Teils fehlt die dichterische Kraft, teils der sittliche Ernst. Einen sozial-naturalistischen Roman hat Deutschland noch nicht aufzuweisen. Dessen ungeachtet hat ein Organ der jüngstdeutschen Litteratur den Mut, folgenden Passus niederzuschreiben: »... ist es meine ernste Überzeugung, daß Zola für unsere junge aufstrebende deutsche Litteratur nicht länger als Führer angesehen werden kann. Vor Allem ist Zola ein viel zu unbedeutender, viel zu wenig wahrhaftiger Psychologe, ein gar zu tief in unfruchtbare Schwarzseherei geratener Melancholiker, ein zu schwerfälliger, umständlicher pedantischer Berichterstatter und Wissenschaftler, als daß er nicht von der überall auf Individualismus, Fortschritt und frische freudige Beweglichkeit ausgehenden deutschen Litteratur durch eine chinesische Mauer geschieden sein sollte.« Also, man erklärt dem sozial-naturalistischen Roman den Krieg, ihm und seinem Schöpfer Zola. »Zola kann nicht mehr als Führer angesehen werden.« Gut, wenn es die deutschen jungen Dichter so wollen. Wir halten aber an Zola fest; denn er hat uns Wirkliches geschaffen. Die »Jüngstdeutschen« vertrösten uns aber immer auf die Zukunft. Da das Gebiet des sozial-naturalistischen Romans aber noch lange nicht erschöpft, wollen wir die Zukunft der deutschen naturalistischen Schule abwarten. Vielleicht geht es doch noch mit ihr.«

Der ungenannte Verfasser dieser Studie befleißigt sich wenigstens eines anständigen Tones. Auch hat der Mann ein gutes Herz, er giebt uns noch nicht ganz auf. Im Punkte positiver Kenntnis in dem, was der Naturalismus bis heute in Deutschland Starkes und Schönes hervorgebracht, ist er freilich auch kein großer Held und wollte man ihm ordentlich auf den Zahn fühlen, er würde mit Glanz durchs moderne Litteraturexamen fallen. Er kennt keine anderen modernen deutschen Autoren als solche, welche nichts weiter schildern, »als wie eine Kokette ihr Strumpfband abnimmt oder ihr Korsett anzieht!« – damit verrät er eine Belesenheit in unserem neuesten Schrifttum, die ihm höchstens den letzten Platz auf der Eselsbank der Litteraturbeflissenen sichern würde. Immerhin ließe sich mit diesem Manne noch am ersten reden. Obwohl auch er das Kind mit dem Bade ausschüttet, macht er doch nicht den Eindruck des Fanatikers wie seine Genossen vom sozialkritisch-litterarischen Handwerk. In einigen seiner Andeutungen steckt ein Körnchen ehrlicher Wahrheit. Aber man wird uns

Modernen die Unbescheidenheit gestatten müssen, daß wir den Sozialdemokraten gegenüber, die im Fordern niemals faul gewesen sind, mit diesem Körnchen uns nicht zufrieden geben. Wir fordern, so weit menschenmöglich, die ganze Wahrheit, die volle Ehrlichkeit! Und wir fordern sie nicht bloß für irgend eine Partei, wir fordern sie unterschiedslos für *das ganze Volk*! Das ist unser Standpunkt.

M.G. Conrad (vgl. Dok. 6, 104) eröffnete bereits das Mai-Heft der *Gesellschaft* mit seiner Antwort auf die Angriffe von Wilhelm Liebknecht, Paul Ernst und einer Münchner sozialdemokratischen Zeitung auf die naturalistische Bewegung. Der Artikel, der in zwei Folgen erschien, bestand im wesentlichen aus dem Nachdruck der sozialdemokratischen Artikel, die Conrad durch Anmerkungen und die ob. dok. Zwischentexte kommentierte. Auch Conrad mußte sich von den Stellungnahmen in der *Neuen Zeit* betroffen fühlen, da er sich, als Herausgeber der *Gesellschaft*, in seiner Gegnerschaft gegen Industrialismus und Bourgeoisie, in seiner Haltung zur sozialen Frage, als Gegner des Militarismus und des Sozialistengesetzes zumindest einer antibürgerlichen Oppositionsbewegung zurechnete. So hatte er 1888 in der *Gesellschaft*, also noch unter dem Sozialistengesetz, ein Portrait *Der rote Barodet. Charakterkopf aus dem französischen Parlament* veröffentlicht und für den linken Demokraten Stellung genommen, den er als »treuen Diener und Lehrer des Volkes« würdigte (in: *Die Gesellschaft*, Jg. 4/1, 1888, S. 318–326). 1890 schrieb er nach dem Wahlerfolg der Sozialdemokratie in Bayern von der »Erleuchtung, die mit weithin strahlender Röte über München aufging.« Diesen Wahlausgang interpretierte er als Signal für »den Niedergang einer alten, durch Gewohnheit und Vorteil liebgewordenen Welt und das Heraufkommen einer neuen Welt«, »einer Welt, von der keiner nichts sicheres weiß, als daß sie mit seither unerhörten Maßstäben und Verpflichtungen, mit unübersehbaren Aufgaben der alten bürgerlichen Gesellschaft und ihren Ordnungen sich gegenüber stellen wird, mit Idealen, die sich auf eine unerbittliche Gerechtigkeit gründen, furchtbar wie ein göttliches Weltgericht« (s. M.G. Conrad, Das soziale Kaiserthum. In: *Die Gesellschaft*, Jg. 6/1,2, 1890, S. 474). Auf die sozialdemokratische Kritik antwortet Conrad nun seinerseits mit der Betonung seines individualistischen und elitären Kunstbegriffs, der die absolute Trennung von Kunst und Politik, die »Wertschätzung der neuen Kunst um *der Kunst willen*« forderte. Darüber hinaus machen Conrads Auslassungen zur sozialdemokratischen Partei aber auch deutlich, daß er grundsätzlich einem sich jeglichem »Parteitreiben« widersetzenden Individualismus, bzw. Aristokratismus huldigte. Die der Sozialdemokratie entgegengehaltene übertriebene Selbsteinschätzung unterstreicht die Problematik einer Verständigung zwischen der organisierten Arbeiterbewegung und den naturalistischen Schriftstellern mit ihrem vielfach vertretenen messianischen Führungsanspruch: »Historisch vertritt sie [d.i. die Moderne, Ch.M.] den höchsten Menschheitsadel, die Aristokratie des Geistes« (s. Dok. 83).

84

Robert Schweichel: *Deutschlands jüngste Dichterschule.* In:
Die Neue Zeit. Revue des geistigen und öffentlichen Lebens.
Hrsg. v. Karl Kautsky. 9. Jg. Stuttgart (J.H.W. Dietz) 1890/91,
Bd. 2, Nr. 46, S. 624–630; hier: S. 624–625, 627–630.

Die Versuche, durch Mischung aller möglichen Stoffe das einfache Element des Goldes
herzustellen, sind als vergeblich endlich aufgegeben worden. Auf dem Gebiet der Dichtkunst
treibt die Alchymie jedoch immer noch zeitweilig Blüthen und bemüht man sich, nach allerlei
Rezepten eine neue Kunst zusammenzubrauen. Wie die jüngste deutsche Dichterschule, so
mühte sich vor ihr die romantische Schule mit der Lösung dieser Aufgabe ab. Davon ausgehend, daß im Mittelalter alle Künste in der Religion wurzelten, trachtete sie zunächst danach,
eine neue Religion zu erfinden. Unsere heutige Dichterschule hat es etwas leichter, denn sie
findet die beiden Ingredienzien, aus deren Mischung die neue Kunst erstehen soll, bereits
fertig vor: den Pessimismus und den Naturalismus. Man braucht aber wahrlich kein Prophet
zu sein, um ihr vorauszusagen, daß ihre Versuche, die auf das tiefste Niveau herabgesunkene
deutsche Dichtkunst zu einer neuen Höhe zu erheben, ebenso scheitern werden, wie die der
romantischen Schule.

Man könnte die Frage nach dem Warum damit beantworten, daß der menschliche Geist
sein ganzes Vermögen anderen Gebieten der Thätigkeit zugewendet habe und daher für die
Dichtkunst sogut wie nichts übrig bleibe. Hat man doch damit oft genug der Klage über den
sinkenden Werth der deutschen Dichtkunst begegnet und tröstend auf die um so glänzende-
ren Ergebnisse namentlich auf den Gebieten der Naturwissenschaften hingewiesen. Aber es
ist damit der eigentliche Grund nicht bloßgelegt. Die Hand der Geschichte wird uns zu ihm
leiten.

Nur angeborene Kurzsichtigkeit und absichtliche Verblendung können heute noch leugnen
wollen, daß die politische Geschichte Deutschlands eine Geschichte des Klasseninteresses und
des Klassenkampfes sei. Immer ist es die herrschende Klasse, welche sich ihren Gegner selbst
erzeugt, der, allmälig erstarkend, sie schließlich überwindet.

[...]

Durchblättern wir die Erzeugnisse der jüngsten Dichterschule, so finden wir, daß deren
Inhalt diese letzte Evolution der besitzenden Klasse bildet. Ihre Romane und Dramen sind
mehr oder weniger gelungene Photographien derselben und wollen nichts anderes sein. Denn
die kolorirte Photographie gilt dieser Schule als die höchste Kunst. Nun ist es ja richtig, daß
das Objekt der Dichtkunst das Leben ist, und die Schule ist daher vollkommen berechtigt, die
herrschenden Klassen, insbesondere die Bourgeoisie, in ihrer ganzen moralischen Verkommenheit zu schildern. Aber sie thut es nicht von einem ethischen Standpunkte aus, wie etwa
Schiller in den »Räubern« und »Kabale und Liebe«, oder Goethe im »Werther« und im
»Faust«, in dessen Helden er der Schule den Prototyp des Bourgeois vorweg nahm: seinen
Abfall vom Ideal, seine Selbstsucht, der er Alles opfert, seinen Sinnentaumel, in dem er vor

Begierde verschmachtet. Die Dichter dieser Schule mögen in ihrem bürgerlichen Leben ganz moralische, ehrenwerthe Leute sein, aber in ihren Werken stehen sie auf demselben tiefen sittlichen Niveau, wie die von ihnen geschilderte Bourgeoisie und das Lumpenproletariat. Denn sie rechtfertigen deren Thun durch das Dogma ihrer Schule, das bei ihnen die Idee vertritt, von der heraus die echte Kunst schafft, sei es, daß sie die Erscheinungen des Lebens in ihr zusammenfaßt, sei es, daß sie zu ihr die Verkörperung in der Wirklichkeit sucht.

Die exakten Wissenschaften und die Philosophie, welche meist das Bürgerthum erhoben und in den Stand setzten, den Feudalismus und die Kirche zu überwinden, müssen jetzt dazu dienen, den Fall in die Verkommenheit jener Klasse als ein Symptom neuen Aufschwungs der Welt vorzutäuschen. Wenn das wirthschaftliche System des Bürgerthums den Keim des Egoismus in sich trug und zur Auflösung der alten Ordnungen zu Gunsten des Kapitalismus geführt hat – wenn die Literatur dieser Klasse dem entsprechend die harmonisch vollendete Bildung des Individuums als höchsten Zweck darstellte, so werden von der heutigen Dichterschule die Naturwissenschaften zur Hilfe gerufen, um den Menschen als Individuum von der Gemeinsamkeit seines Geschlechts auszulösen, ihn jeder, auch der ethischen Verpflichtung gegen dieselbe zu entbinden und das schrankenlose Ausleben des Individualismus in allen Richtungen als sein Naturrecht und sein Endzweck hingestellt. Zur wilden Bestie konstruirt, ist der Naturtrieb sein alleiniges Gesetz und sein einziger Zügel die größere Stärke seiner Nebenbestie. Hatte die Bourgeoisie aus Darwin's Entwicklungstheorie den Krieg Aller gegen Alle in der gleichen Art sich herausgelesen, so ist auch die junge Schule bei ihm angelangt, und mit Stolz badet sie ihr Haupt in den Himmelslüften, wie die Mistel über der Eichenkrone, in der sie wurzelt.

Und auch in ihrer Philosophie ist die Schule nur der Ausdruck der Bourgeoisie. Nachdem deren Philosophie das Ich zum König der Welt ausgerufen hatte, blieb ihr nur noch die Aufgabe übrig, alle Launen und Ausschweifungen dieses unumschränkten Herrschers zu rechtfertigen. Diesen Hofschranzendienst leistete der Pessimismus, den die jüngste Dichterschule als der Weisheit reifste Frucht preist. In Wahrheit ist aber der Pessimismus die Bankerotterklärung der Philosophie. Er ist kein Fortschritt derselben, sondern ein Rückschritt. Er ist die Hand, welche die Philosophie der bürgerlichen Klasse wieder der Theologie entgegenstreckt, nachdem sie zwischen dieser und sich vor 300 Jahren das Tafeltuch zerschnitten hatte. Der Bourgeoisie aber konnte nichts Erfreulicheres widerfahren, als die Entdeckung eines Philosophen, der ihren Abfall von ihren eigenen Idealen mit seinem Mantel umhüllte und ihr alle Vortheile der offenbarten Religionen gewährte, ohne sie zu zwingen, ihrem philosophischen Atheismus zu entsagen und in die Kirche zu gehen. Wenn Alles, was ist, schlecht und erbärmlich ist und eines Tages zu Grunde gehen muß, dann kann der Mensch auch nichts Besseres thun, als die ihm zugemessene Zeit in jeder Weise für sein Ich auszubeuten.

Da drängt sich denn freilich die Frage auf, ob die Dichtkunst sich nicht die Aufgabe stellten sollte, auf eine Besserung solch elender Zustände hinzuwirken? Wäre es nicht eine edlere und erhabenere Mission, die Leiden, unter denen der Mensch ächzt, zu lindern, anstatt ihm immer wieder vorzumalen, wie die besitzende Klasse sich in dem Goldschlamm ihrer Lüste und Laster wälzt? Sollte sie nicht mitbestrebt sein, diesen Pfuhl auszutrocknen, damit die Miasmen, die aus ihm aufsteigen, nicht länger die Gesellschaft verpesten? Denn hat der Mensch nichts als das Dasein auf der Erde, so sollte man meinen, daß er mit allen Kräften darauf hinarbeiten müßte, dieses Leben von Grund auf umzugestalten, damit es einst wenigstens seine Kinder besser haben als er, wenn ihm selbst nicht mehr vergönnt sein sollte, die Früchte seiner Mühe zu genießen. Aber das wäre Idealismus, auf den die jüngste Dichterschule mit einem mitleidigen Lächeln als auf eine überwundene Kinderkrankheit zurückblickt.

Nach ihr ist das Schlechte der Vater des Guten. Wie diese Zeugung vor sich gehen soll, ist freilich ein Räthsel. Der Sophistik ist aber kein Ding unmöglich, hat sie doch selbst den Krieg zum Träger der Kultur umzulügen versucht. Man wird dadurch unwillkürlich an ein ähnliches Kunststück Spinoza's erinnert, als er die Erklärung unternahm, wie Gott als Geist aus dem Nichts die Welt erschaffen konnte. In welche Nebel der Mystik verlor sich dabei nicht dieser sonst so klare Kopf, ohne seinen Zweck zu erreichen! Das Schlechte kann nur eines erzeugen: die Verzweiflung, in der Einzelne wie Nationen endlich zur Gewalt greifen. In diesem Sinne waren allerdings die nichtswürdigen Zustände, die im vorigen Jahrhundert in Frankreich herrschten, der Vater der großen Revolution. Was dieselbe aber zum Siege führte, das war die Begeisterung für die neuen Ideen.

Aber vielleicht thut man unserer jüngsten Schule trotz ihres Pessimismus Unrecht und sie trägt den kommenden Geschlechtern die, wenn auch erst nur schwach und unsicher flakkernde Leuchte eines menschenwürdigeren Daseins voraus. Wir dürfen nicht vergessen, daß auch die Dichtung der bürgerlichen Klasse in ihren Anfängen von den Tafeln des Adels und der Geistlichkeit naschte, bis sie sich kräftig genug fühlte, ihren eigenen Weg zu gehen. Denn Thatsache ist es, daß über dem wüsten Schwelgen der Bourgeoisie die Morgenröthe eines neuen Tages den Himmel zu färben begonnen hat. Eine neue wirthschaftliche Idee ist in der langen Nacht der Unterdrückung und des Elends geboren und von der Wissenschaft erzogen worden: der Sozialismus. In welchem Verhältniß steht nun unsere Schule zu dieser neuen Wirthschaftslehre?

Das energische Ringen der Arbeiterklasse nach wirthschaftlicher und politischer Befreiung hatte schon lange, bevor die jüngste deutsche Dichterschule aus Emile Zola hervorzusprossen begann, eine so große Bedeutung gewonnen, daß es von unseren schönwissenschaftlichen Schriftstellern nicht übersehen werden konnte. Hier bot sich etwas Neues, und sie bemächtigten sich dessen um so begieriger, als in der Literatur damals die trostlose Oede herrschte. Dazu kam, daß die Person des genialen Vorkämpfers des Sozialismus von einem romantischen Schimmer umgeben war. Aber unfähig, aus Klassenvorurtheilen und Mangel an national-ökonomischen Kenntnissen, den Sozialismus richtig zu würdigen und wissenschaftlich zu begreifen, stiegen sie nicht zu dessen Quellen hinab, sondern klammerten sich an äußere Erscheinungen an, die sie je nach der Art ihres Talentes entweder lächerlich zu machen suchten, oder benutzten, um mit dem ganzen Pathos ihres bürgerlichen Bewußtseins den Stab über die »Irrlehren« zu brechen und dagegen den Bourgeois zum Patriarchen der Arbeiter in der alttestamentarischen Bedeutung dieses Wortes zu idealisiren. Die heutige Poetenschule unterscheidet sich nur in diesem letzten Punkte von ihren Vorläufern. Es ist wahr, daß sie die besitzende Klasse in ihrer Sünden Maienblüthe darstellt. Aber doch wohl nur aus Spekulation auf deren erregungslüsterne Nerven. Um Niemand Unrecht zu thun, wollen wir Diejenigen ausscheiden, denen das Häßliche und Widerwärtige in Gesinnung und Wirklichkeit nichts als ein Reizmittel des raffinirenden Verstandes ist, um zu locken und für welche auch der Sozialismus keine andere Bedeutung hat.

Die sehr Wenigen, die es ernst mit der Dichtkunst meinen und auf die Dogmen ihrer Schule schwören, mögen von der moralischen Versumpfung, in der mit kannibalischem Wohlbehagen sich wälzend, sie die besitzenden Klassen schildern, überzeugt sein. Allein der Sozialismus erscheint auch ihnen noch ein Buch mit sieben Siegeln, und wie dessen Gegener nicht die Lehre, sondern die Folgen, die sie selbst aus ihr ziehen, kritisiren und bekämpfen, so vermögen diese Dichter den Trägern der sozialistischen Idee nicht gerecht zu werden. Der Schein der Wahrheit, mit dem sie die kapitalistische Gesellschaft und deren magnetischen Gegenpol, das Lumpenproletariat, vorzuführen wissen, verblaßt, sobald sie einen Sozialdemokraten die Szene betreten lassen. Diese Charaktere sind nicht dem Leben abgelauscht, sondern nach der Lektüre von Zeitungen in der Studirstube konstruirt. Ihre Sozialdemokraten, welche Rolle sie auch spielen mögen, verstehen entweder von dem Sozialismus gar nichts, oder sind verworrene Köpfe, die nur durch einen Zufall dem Irrenhause entgangen sind, oder moralische Schufte trotz ihres sozialistischen Glaubensbekenntnisses, oder endlich Schwächlinge, welche dem zähe Ausdauer fordernden Kampfe für das Neue den Selbstmord vorziehen. Aus dem Blute der von Genuß erschöpften Bourgeoisie ein neues Geschlecht erstehen zu sehen, ist freilich eine vergebliche Hoffnung. Und als eitel muß auch die Hoffnung bezeichnet werden, die ein Mitglied dieser Schule dahin äußert, daß, wenn es derselben auch mißlingen sollte, eine neue Kunst zu gründen, sie doch Propaganda für die Sozialdemokratie mache.*) Im Gegentheil, sie schadet ihr, sowohl durch die Unklarheit ihrer Ideen, als auch durch den moralischen Defekt, den sie ihren Trägern des Sozialismus andichtet. Ihre doktrinäre Propaganda kommt nur der herrschenden Klasse zu gut.

E. M. de Vogue macht in seinem Werke über den russischen Roman der Gegenwart die Bemerkung, indem er einen vergleichenden Blick auf den realistischen Roman der Franzosen wirft, daß dem letzteren das Mitleid fehle, welches die Dichtungen der Russen so tief und warm durchströmt. Dieses Mitgefühl mit dem Loose und dem Leiden der Armen und Elenden fehle auch den Schriftstellern unserer deutschen Schule. Besäßen sie es, dann würde es sie über alle Vorurtheile und Rückstände ihrer bürgerlichen Erziehung und Bildung hinweg heben; dann würden sie die Prinzipien des Sozialismus zu den ihrigen machen und der Kampf für dieselbe ihrer Schule die Zukunft sichern. Wie das Mitgefühl, so fehlt ihr auch das ethische Pathos. Denn nach den Folgerungen, die sie aus der Physiologie zieht, giebt es für den

---

*) Jesus und Judas, Roman von Holländer.

Menschen keinen Willen, keine Selbstbestimmung, keine moralische Verantwortlichkeit. Auch die Moral gehört nach ihr in die Kinderstube der Geschichte. Einer Zukunft ist diese Schule allerdings sicher. Künftige Geschichtsschreiber werden ihre Dichtung lesen müssen, um eine deutliche Vorstellung von der Kultur am Ende des neunzehnten Jahrhunderts zu gewinnen. Sie werden darin die konvulsivischen Zuckungen sehen, unter denen die bürgerliche Klasse ihr Leben aushauchte, wie uns die Literatur Frankreichs zu Ende des vorigen Jahrhunderts das Lasterleben des dortigen Adels und der Würdenträger der Kirche vorführt.

Neben dieser Literatur, welche den Lastern der herrschenden Klasse in Frankreich schmeichelte, gab es freilich noch eine andere: die des emporstrebenden dritten Standes, welche mit Satire und ethischem Pathos Adel und Geistlichkeit bekämpfte. Eine solche Literatur fehlt auch dem neunzehnten Jahrhundert nicht, weder in Frankreich noch in Deutschland. Noch unscheinbar und auch unbehilflich zwar, denn sie steht erst am Anfange, trägt diese Dichtung alle Merkmale an sich, welche der jüngsten Schule fehlen. Neue Ideen sprühen in diesen Dichtungen und ein neues Wirthschaftsgesetz ist der Boden, aus dem sie ihre Kraft saugen. Es ist die Poesie nicht der Herrschenden, sondern der Unterdrückten, es ist die Poesie der Arbeiterklasse, der Sozialdemokratie. Sie ist idealistisch, wie es die bürgerliche Dichtung bis zum Jahre 1848 war, denn ihre Ziele kann nur die kommende Zeit verwirklichen. Und diese Ziele: die wirthschaftliche und politische Befreiung verleihen ihr Gefühl, ethisches Pathos und Begeisterung.

Wir bestreiten der heutigen Dichterschule keineswegs ihre Berechtigung. Wie die romantische Schule und das junge Deutschland vor ihr, so ist sie eine notwendige Folge der Entwicklung der bürgerlichen Klasse, eine letzte Erscheinungsform in deren Literatur, gleich der Kapitalanarchie auf dem wirthschaftlichen Gebiete. Sie täusche sich aber nicht über ihre Mission, weil einzelne von ihren Werken auch in Arbeiterkreisen Beifall finden. Der Unterdrückte nimmt leicht die Phrase für Thaten und vor allen Dingen schmeichelt seinen Hoffnungen das grelle Bild, welches jene Schule von der moralischen Verkommenheit der herrschenden Klassen ihm vormalt. Hat die deutsche Dichtkunst noch eine neue dritte Blüthe zu erwarten, so wird sie aus der Arbeiterklasse heraus sich entfalten, wie die erste aus Adel und Geistlichkeit, die zweite aus dem Bürgerthum. Denn in dieser jüngsten Klasse finden wir die Bedingungen gegeben, welche nach der Geschichte jedes neue Aufblühen der Dichtkunst zur unerläßlichen Voraussetzung hat.

Robert Schweichel (1821–1907), Journalist und Schriftsteller, war ein Mitkämpfer August Bebels und Wilhelm Liebknechts seit den 60er Jahren. Als Teilnehmer der 48er Revolution mußte er zunächst in die Schweiz ins Exil gehen, Ende der 60er Jahre spielte er eine wichtige Rolle bei der Vorbereitung der Gründung der Sozialdemokratischen Arbeiterpartei. Seine ersten Novellen veröffentlichte er 1864, Anfang der 70er Jahre begann er Romane zu schreiben. Robert Schweichel gilt als Begründer der sozialistischen Dorfliteratur, der Franz Mehring in verschiedenen Aufsätzen seine Anerkennung zollte.

Nach dem Aufsatz von Paul Ernst und den Briefen von Liebknecht untermauerte Robert Schweichel mit seinen Ausführungen den zwischen der Sozialdemokratie und den Naturalisten gezogenen Trennungsstrich. Mit der Feststellung, daß die naturalistische Literatur ihrem Inhalt nach »die letzte Evolution der besitzenden Klasse« bilde und auch in ihrer Philosophie nur »der Ausdruck der Bourgeoisie« sei (s. Dok. 84), hob auch Schweichel den grundlegenden Unterschied zwischen der ideologisch-politischen

Position der Arbeiterbewegung und der der naturalistischen Bewegung hervor. Die Charakterisierung des Naturalismus als bürgerliche Literatur widersprach der vor allem von den »Jungen« in der Partei vertretenen Auffassung, daß diese literarische Bewegung dieselbe Tendenz wie der Sozialismus verfolge. Damit standen sich in der Sozialdemokratie zunächst zwei Positionen gegenüber, die beide in ihrer Absolutheit dem Phänomen der kritisch-realistischen Literatur noch nicht gerecht wurden, vor allem, weil sie literarische Entwicklungen entweder nicht für nötig oder nicht für möglich erachteten.

In einem Brief Ende 1898 wiederholte Schweichel gegenüber Mehring noch einmal seine Einschätzung der naturalistischen Bewegung und ihrer Funktion in der Arbeiterbewegung. Anläßlich des Erscheinens seines Bauernkriegsromans »Um die Freiheit« schrieb Schweichel: »Mein größter und sehnlichster Wunsch ist daher auch, daß das Buch in die Arbeiterklasse eindringen möchte. Dem wird sich freilich jene Ästhetik, welche in den Schlappschuhen der bornierten Bourgeoisie daherschlurft und die mit Schmutzfarben kolorierte Photographie für den Gipfel der Kunst hält, einigermaßen entgegenstellen. Sie können sich daher denken, mit welch lebhaftem Interesse ich Ihre ästhetischen Streifzüge in der Neuen Zeit verfolge. [...] Ich bin übrigens überzeugt, daß Ihre Streifzüge ein gut Teil dazu beitragen werden, unserer Literatur über diese häßliche Erbschaft der Bourgeoisie bald hinweg zu helfen. Als Produkt der Philosophie der bankrotten Gesellschaft bietet sie dem Vordringen des sozialdemokratischen Gedankens und dessen Läuterung die schwersten Hindernisse« (15. Dez. 1898, zit. nach: Franz Mehring, *Gesammelte Schriften*. Hrsg. v. Thomas Höhle, Bd. 11, Berlin/DDR 1961, S. 595).

Die Beiträge in der *Neuen Zeit* 1890/91 (vgl. die Dok. 79–81 u. 84) zeigen, daß das Verhältnis der naturalistischen Autoren zur Sozialdemokratie nach dem Fall des Sozialistengesetzes nicht nur durch mangelndes Verständnis auf Seiten der Literaten für eine der Legalität sich anpassende Partei geprägt wurde. Vielmehr wies die Partei in ihrem zentralen theoretischen Organ – in dem Bemühen um ideologische Klarheit – die Literatur der naturalistischen Autoren pauschal zurück, verwies sie einseitig in das bürgerliche Lager, ohne dabei die widersprüchliche Stellung der naturalistischen Autoren in demselben und deren mögliche Bedeutung in der Auseinandersetzung mit den reaktionärsten und militaristischen Kräften zu beachten.

85
Julius Hart: *Ein sozialdemokratischer Angriff auf das »jüngste Deutschland«.* In: *Freie Bühne für modernes Leben.* Red.: Wilhelm Bölsche. 2. Jg. Berlin (S. Fischer) 1891, Heft 37, S. 913–916.

»Deutschlands jüngster Dichterschule« wird das Leben auch gar zu sauer gemacht. In den Blättern frommer Christlichkeit und aller konservativen Tugenden erklärt man sie in jeder Woche einmal für eine Schule des Lasters, die im Dienste der Sozialdemokratie oder gar des Anarchismus unseren Staat und unsere Gesellschaftsordnung umstürzen will. In der »Neuen Zeit« hingegen erzürnt sich Liebknecht nicht minder grimmig gegen sie und Robert Schweichel nennt neuerdings in demselben Blatte die Jüngstdeutschen erst recht verkommene Kerle, die vom verfaulten Bourgeoistum ganz und gar durchseucht sind, vom Sozialismus keine Ahnung haben und vor denen jede ehrliche Arbeiterseele dringend gewarnt werden muß. Daran ist aber eigentlich nichts Verwunderliches. Wunderlicher wäre, fände der Kampf zwischen »Alten« und »Jungen« nicht auch in der Poesie seinen Ausdruck. Liebknecht, Schweichel und viele andere ältere Herren von der Sozialdemokratie mögen in ihren politischen Ansichten noch so revolutionär sein, aber in ihrem ästhetischen Glaubensbekenntnis gehören sie zur konservativen Partei, welche in ihrer ganzen Geschmacksrichtung von dem Hergebrachten und Ueberlieferten, von dem, was in ihrer Jugend als Kriterium der Poesie galt, sich nicht loszureißen vermögen. Sie so zu bekehren, daß sie Freude an den Erzeugnissen des Naturalismus im Besonderen, jüngstdeutscher Poesie im Allgemeinen finden, an dem neuen Stil, an der neuen Ausdrucks- und Empfindungsweise, das ist auf ästhetischem Gebiet ein ebenso schweres Stück Arbeit, als auf politischem die Umwandlung eines Großgrundbesitzers in einen Sozialdemokraten. Die Anklagen, welche sie gegen Jüngstdeutschland erheben, laufen deshalb auch in dieselben Schlußrefrains aus, die aus den Urteilen bürgerlicher Kritiker von der älteren Generation hinlänglich bekannt sind, und so oft und so vielfach von den Jüngeren widerlegt oder doch bestritten sind, daß es nicht verlohnt, weiter darauf einzugehen. Aber die Stellung der älteren und jüngeren deutschen Poeten zur Sozialdemokratie und die Stellung der offiziellen Sozialdemokratie zur zeitgenössischen Poesie zu beleuchten, dazu giebt der Robert Schweichel'sche Aufsatz doch mancherlei Veranlassung. Der Verfasser meint, daß die deutsche Dichtkunst auf das tiefste Niveau herabgesunken sei, bekanntlich dieselbe Meinung, welcher auch das jüngste Deutschland vielfach Ausdruck gegeben hat, und welche überhaupt erst durch »Jüngstdeutschland« tiefer empfunden und eindringlicher behauptet wurde. Jüngstdeutschland meint nun, unsere Poesie zu einer neuen Höhe hinaufführen zu können, wenn diese sich tränken läßt von einer neuen Weltanschauung, neuen Gedanken und neuen Empfindungen und statt des Studiums der alten Meister das Studium der Natur selber wieder pflegt, – Robert Schweichel hingegen sagt: »man braucht kein Prophet zu sein, um vorauszusagen, daß dieser Versuch der neuen Dichterschule ebenso scheitern wird, wie der der romantischen Schule.« Eine gar nicht mal so ungünstige Prophezeihung: die Kunst der Romantik braucht sich ihrer durchaus nicht so sehr zu schämen. Jedenfalls aber sind das vorläufig nur Meinungen; Glaube und Unglaube stehen sich gegenüber, genau wie in der Politik, ob der Sozialsimus siegen wird oder nicht, und ob Schweichel ein wahrer oder falscher Prophet ist, das Urteil darüber wollen und müssen wir der Zukunft überlassen. Als moroser Alter glaubt er zur Zeit das künstlerische Können in unserem Volke entschlummert. Ihm spukt noch die alte Schulweisheit von den zwei Blüteperioden im Kopf und er konstruiert sich unendliche Höhen und unendliche Tiefen; daß um nur von hundert Beispielen ein einziges zu nennen, ein Byron und ein Burns, die Beide Höhen der Entwickelung vorstellen, so rasch nach einander kommen, daß auch ein Alexander Pope eine Höhe bedeutet, vergißt er, weil er noch ganz von den literarhistorischen Anschauungen einer Urvergangenheit zehrt. Mit der Poesie giebt sich heute ein vernünftiger Mann nicht ab, das ist so recht nach dem Sinn vieler älteren Herren gesprochen; wir kennen nur Nationalökonomie, Naturwissenschaft oder unser Militär. Etwas von dieser rohen Nützlichkeitsnüchternheit äußert sich wie bei Schweichel so überhaupt vielfach in der sozialdemokratischen Presse. Nein, diese verwöhnt nicht die Poeten, die ihrer Partei angehören, die Karl Henckell, die Maurice von Stern, die Bruno Wille, wie die patriotische Presse die patriotischen Dichter. Von Kunst und Literatur liest man alle Jahre einmal in ihr, und Bücher, die keine statistischen Tafeln und Berechnungen aufweisen, sind für sie nicht vorhanden. Auch die Gründung der

»Arbeiterbildungsschule« und der »Freien Volksbühne« u.s.w. wird von solchen Köpfen vielfach als eine Thorheit und eine Spielerei angesehen, und ängstlich sucht man sich dagegen zu wehren, daß die sozialistische Bewegung mehr als eine Klassen-, mehr als eine auf die nächsten wirtschaftlichen Interessen begrenzte Bewegung wird. Hier klafft auch ein Gegensatz zwischen »Alten« und »Jungen«.

Robert Schweichel führt ferner aus, was auch von jüngstdeutschen Schriftstellern schon gesagt ist: der mittelalterlichen Literatur der Geistlichkeit und des Adels folgt in unserer klassischen Periode die Literatur des Bürgertums, das Bürgertum hat sich abgewirtschaftet und ist heute einem vollen Marasmus verfallen, und darum auch seine Poesie. Mit dem Heranwachsen des vierten Standes wird sich auch eine Literatur des vierten Standes entwikkeln und diese wahrscheinlich eine neue Blüteperiode heraufführen. Ja, das alles ist eben vielfach auch die Meinung zahlreicher Jüngstdeutschen und von Mitgliedern dieser Schule vielfach geäußert. In der Doktrin bekennt sich Robert Schweichel zu den von ihm gehaßten Gegnern, freilich nur um dann weidlich loszuschimpfen und zu behaupten, daß die Jüngstdeutschen ihrer Lehre nicht nachleben.

Da muß man ihm nun den schweren Vorwurf machen, daß er ganz ins Blaue hineinredet. Auch nicht mit einer Zeile erklärt er, was er denn überhaupt unter Jüngstdeutschland versteht, welche Poeten er zu dieser Gruppe hinzuzählt, er nennt auch nicht einen einzigen Namen, er nennt auch nicht ein einziges Werk. Nichts ist leichter, nichts ist thörichter, nichts ungerechter als solch eine Kritik, die in Nebelhaufen hineinschießt. Es giebt nun eine Reihe jüngerer Poeten, die man sich gewöhnt hat, häufig nebeneinander zu nennen und unter dem Begriff Jüngstdeutschland zusammen zu fassen. Aber wer einigermaßen die Sache näher kennt, weiß, daß die äußerlichsten Zufälle da bestimmend eingewirkt haben. Da sind die verschiedenfachsten Charaktere, Stilrichtungen und Anschauungen vertreten. Es giebt darunter Sozialdemokraten, Nationalliberale und Wesen ganz unpolitischer Natur, es giebt darunter Naturalisten, Realisten und Idealisten ihrem künstlerischen Stile nach, es giebt Pessimisten und Optimisten, »Unzuchts«darsteller und zarte Lyriker, die unbesehen einer höheren Tochter angetraut werden dürfen, gereiftere und werdende Poeten in ihrer ersten Entwickelung, Tüchtigkeit und Mittelmäßigkeit.

Man kann bei Robert Schweichel in einem fort fragen: Wen meint er denn eigentlich? »Die Schule«, schreibt er, »ist vollkommen berechtigt, die herrschenden Klassen, insbesondere die Bourgeoisie, in ihrer ganzen moralischen Verkommenheit zu schildern. *Aber sie thut es nicht von einem ethischen Standpunkte aus*, wie etwa Schiller in den »Räubern« und »Kabale und Liebe« oder Goethe in »Werther« und in »Faust«. Wenn Robert Schweichel behauptet, daß der ethische Standpunkt fehlt, ohne auch den geringsten Versuch zur Begründung zu machen, ohne einen Namen zu nennen, so erlaube ich mir einfach diese Behauptung gründlich, wenn auch ebenfalls ohne jede Begründung zurückzuweisen; er hat entweder keine Kenntnis der Werke oder kein Verständnis der Ethik, die in vielen der Werke zum Ausdruck kommt. Als Schiller seine »Räuber« geschrieben, gab es auch der Robert Schweichels in Unmasse, die keine Ethik darin fanden, leichter ist's schon, sie nach hundert Jahren darin zu entdecken. Ich möchte Schweichels Urteil über den jungen Schiller nicht gelesen haben, hätte er schon gelebt und wäre sechzig Jahre alt gewesen, als die »Räuber« erschienen. In seinen moralischen Anschauungen, in seinen Sittlichkeitsbegriffen steht er eben, das beweisen auch seine flüchtig-oberflächlichen und schiefen und falschen Auseinandersetzungen über den Individualismus, ganz im Bann des Hergebrachten. Er macht es wie alle Religionspfaffen. Die neue Sittlichkeit ist nicht die alte Sittlichkeit, folglich eine Unsittlichkeit, und das war eben zu beweisen: die jungen Herren haben keinen ethischen Standpunkt. Die Schweichel'schen Reden sind von derselben Entrüstung diktiert, wie sie einem evangelischen Pfarrer so wohl ansteht, wenn er hört, daß die Sozialdemokratie die »freie Liebe« predigt. Auch dem Herrn Pfarrer soll man einmal klar machen, daß man eben um der Erhöhung der Sittlichkeit willen, gerade vom »ethischen Standpunkt« aus eine solche Forderung aufstellt. In Robert Schweichel steckt eben noch ein gut Stück von Bourgeoistum 1848er Demokraten: so wollen wir einmal umgekehrt behaupten. Bei ihm ist der Philister, der Kleinbürger, wie denn überhaupt in der Sozialdemo-kratie von heute noch vieles Alte und Morsche steckt, in Bezug auf alles, was nicht gerade Nationalökonomie heißt. Wir brauchen nur einige Jahre zurückzudenken an die echt klein-bürgerlichen Anschauungen und Sozialdemokratie in der Frauenfrage, bis das Bebel'sche Buch erschien und einer freieren moderneren Ueberzeugung Bahn brach. Auch das Bebel'sche Buch stieß zuerst auf den erregtesten Widerstand gerade bei der Sozialdemokratie selbst und seine Schwärmerei für die freie Liebe wird ihm wohl noch immer von manchem Parteigenos-sen verdacht, der sich eine Gesellschaft ohne Eheinstitution nicht zu denken vermag. Der Sozialismus als Weltanschauung kann noch nach den verschiedensten Seiten hin erweitert, ausgebaut und verändert werden; Aufgabe der jüngeren sozialistischen Geister ist es hier, die geistige Bewegung in fortwährendem Fluß zu erhalten und allen Dogmatismus, alle Erstar-rung abzuwehren, selbst auf die Gefahr hin, daß sie den »Alten« als Zerstörer und Menschen ohne ethischen Standpunkt erscheinen. Und die Sozialisten unter den jüngstdeutschen Poeten finden hier noch ein großes Feld aufgethan, wenn sie auch auf den Beifall Robert Schweichels verzichten müssen.

Noch größere Unkenntnis und noch mehr Unverständnis aber zeigt sich in der Behauptung, daß die jüngst-deutsche Schule den Pessimismus als der Weisheit reifste Frucht preist. Diese Meinung, die auch von Wilhelm Jordan ausgesprochen, ist schon vor einiger Zeit an dieser Stelle aufs gründlichste von Wilhelm Bölsche zurückgewiesen worden. Die poetischen Ver-kündiger der Schopenhauer'schen Philosophie sind die Hamerling und Hieronymus Lorm, auch in die jüngere französische Literatur ist der Pessimismus erst neuerdings eingedrungen, aber die Spuren in der neuesten deutschen Dichtung sind sehr gering. Der Schopenhaueranis-mus ist sehr rasch wieder abgestorben und gerade denen unter den jüngst-deutschen Poeten, welche in ihren politischen Anschauungen der Sozialdemokratie nahestehen, kann man alles mögliche vorwerfen: Utopismus, überspannten Idealismus, ausschweifenden Optimismus, aber nichts weniger als Pessimismus.

Schließlich behauptet Schweichel, daß den Mitgliedern des jungen Deutschlands der Sozia-lismus ein Buch mit sieben Siegeln ist. Und warum? »Der Schein der Wahrheit, mit dem sie die kapitalistische Gesellschaft und das Lumpenproletariat vorzuführen wissen, verblaßt, sobald sie einen Sozialdemokraten die Szene betreten lassen. Diese Charaktere sind nicht dem Leben abgelauscht, sondern nach der Lektüre von Zeitungen in der Studierstube konstruiert. Ihre Sozialdemokraten, welche Rolle sie auch spielen mögen, verstehen entweder von dem Sozialismus gar nichts, oder es sind verworrene Köpfe oder moralische Schufte etc.« Ich will gern zugeben, daß das auf einzelne Erzeugnisse zutrifft. Unter den jüngst-deutschen Poeten sind eben noch viele junge Poeten, und mancher meint es besser, als er es schon ausdrücken kann. Charakteristik ist vielleicht das Schwerste in der Kunst. Aber die jüngst-deutschen Kritiker haben das eben so gut wie Robert Schweichel herausgefunden. Sie tadeln das eben so gut wie er und ich bitte Robert Schweichel, nur die Kritik Wilhelm Bölsches über den Holländer'-schen Roman »Jesus und Judas«[1] in einer der vorhergehenden Nr. dieser Zeitschrift nachzulesen. Will man aber um einer sehr natürlichen noch jugendlichen Schwäche willen die ganze Kunst verwerfen? Wo wäre dann ein Schiller geblieben?

Etwas tröstlicher schließt der Verfasser denn doch zuletzt. Im vorigen Jahrhundert gab es eine Literatur des emporstrebenden dritten Standes, welche mit Satire und ethischem Pathos Adel und Geistlichkeit bekämpfte. »Eine solche Literatur fehlt auch dem neunzehnten Jahrhundert nicht, weder in Frankreich noch in Deutschland. Noch unscheinbar und auch unbehilflich zwar, denn sie steht erst am Anfange, trägt diese Dichtung alle Merkmale an sich, welche der jüngsten Schule fehlen. Neue Ideen sprühen in diesen Dichtungen und ein neues Wirtschaftsgesetz ist der Boden, aus dem sie ihre Kraft saugen. Es ist die Poesie nicht der Herrschenden, sondern der Unterdrückten, es ist die Poesie der Arbeiterklasse, der Sozialdemokratie. Sie ist idealistisch, wie es die bürgerliche Dichtung bis zum Jahre 1848 war, denn ihre Ziele kann nur die kommende Zeit verwirklichen. Und diese Ziele: die wirtschaftliche und politische Befreiung verleihen ihr Gefühl, ethisches Pathos und Begeisterung.«

Auch hier weiß man nicht, wen Robert Schweichel wohl eigentlich meint. Aber daß unter den so genannt »jüngst-deutschen Poeten« genug sind, welche eben diese neuen Ideen, diesen Idealismus, dieses ethische Pathos und diese Begeisterung ihr eigen nennen, bitte ich ihn, das nächste Mal nicht zu übersehen.

Auf Robert Schweichels Angriff antwortet mit Julius Hart (vgl. Dok. 21, 57) ein naturalistischer Literat und Kritiker, der zusammen mit seinem Bruder einer der wesentlichen Initiatoren dieser literarischen Oppositionsbewegung gewesen war (s. Dok. 1, 2) und sich überdies als naturalistischer Autor, wohl am längsten der Idee des Sozialismus verbunden fühlte. Gerade 1890 hatte er sich ziemlich dezidiert zur sozialistischen Richtung bekannt und die Weiterentwicklung sozialkritischer Lyrik unterstützt (s. Dok. 57). In dem Aufsatz *Die Moderne* verteidigte Heinrich Hart den Sozialismus als bedeutsame Perspektive für die Befreiung der Menschheit: »Sein Zweck [d.i. des Sozialismus, Ch.M.] ist es, das Individuum von der Sorge um das tägliche Brod zu entlasten, ihm seinen Lebensunterhalt unbedingt zu sichern [...], die materielle Arbeit aber zu erleichtern und zu vermindern. Auf diese Weise kann es erreicht werden, daß der Mensch Zeit und Kraft gewinnt, sich in höherem Maße als heute der Ausbildung alles dessen zu widmen, was ihn erst wahrhaft zum Menschen macht. Der Sozialismus wäre dann die notwendige Durchgangsstation zu einem gesunden Individualismus gewesen« (zit. nach: *Der Kunstwart*, Jg. 4, 1890/91, 2. Febr. Heft 1891, S. 149).

Was die darüber hinaus bestehenden Vorbehalte und Unklarheiten gegenüber der Sozialdemokratie betraf, so konnten diese durch die erfolgte pauschale Verurteilung, die im einzelnen notwendig Fehlurteile einschloß, natürlich nicht ausgeräumt werden. Die Erfahrung jedoch ähnlich begründeter Ablehnung von konservativer wie auch von sozialdemokratischer Seite mußte die um 1890 in der naturalistischen Bewegung einsetzende Tendenz zum Rückzug von der gesellschaftlich engagierten Literatur nur befördern.

1 Felix Holländer (1867–1931) war Dramaturg am Deutschen Theater in Berlin und Intendant in Frankfurt a.M. 1920 wurde er Nachfolger von Max Reinhardt am Großen Schauspielhaus Berlin. Holländer schrieb zunächst Romane und Novellen, in denen er dem Naturalismus verpflichtet war und soziale Themen insbesondere aus dem Berliner Leben aufgriff. Sein Roman *Jesus und Judas* (1891) spiegelt die Endphase des Sozialistengesetzes. Individuelle Auflehnung und Rebellion schildert sein Roman *Der Weg des Thomas Truck* (1902).

86
Franz Mehring: *Etwas über den Naturalismus. Dezember 1892.* In: *Die Volksbühne.* Hrsg. v. Franz Mehring. 1. Jg. Berlin (Vorwärts) 1892/93, Heft 2, S. 7–11.

Auf künstlerischem und literarischem Gebiete lärmt seit einer Reihe von Jahren das Schlagwort des Naturalismus. Kündigt es in der Tat ein neues Zeitalter der Kunst und Literatur an, wie die einen behaupten? Oder ist es nur ein prunkender Name für den unaufhaltsamen Verfall von Kunst und Literatur, wie die anderen sagen? Die Frage läßt sich so ohne weiteres weder mit Ja noch mit Nein beantworten. Oder sie kann auch je nachdem mit Ja *und* mit Nein beantwortet werden. Das Wort Naturalismus hat unzählige Male in der Kunst- und Literaturgeschichte als Schlachtruf für die allerverschiedensten Richtungen gedient; es sagt alles und deshalb nichts. Will man wissen, welchen Sinn es für unsere Zeit hat, so muß man festzustellen suchen, welchen Sinn ihm unsere Zeit gibt.

Wie die religiösen Vorstellungen, wie die juristischen und politischen Einrichtungen, so wird auch das künstlerische und literarische Schaffen der einzelnen Völker im letzten Grunde durch ihre ökonomischen Entwicklungskämpfe bestimmt. Die Dichter und Künstler schneien nicht vom Himmel, sie wandeln auch nicht in den Wolken; sie leben vielmehr mitten in den Klassenkämpfen ihres Volks und ihrer Zeit. Die einzelnen Köpfe können dadurch in der allerverschiedensten Weise angeregt und beeinflußt werden, aber über den Bannkreis dieser Kämpfe kann keiner von ihnen hinaus. Was in der gewaltigsten und ältesten Tragödie, die uns aus dem griechischen Altertum überliefert ist, in der »Oresteia« des Äschylus, von feinnasigen Kunstkritikern alles gesucht und – gefunden worden! Bald das stolze Gefühl der Freiheit, bald der kraftvolle Aufschwung der Nationalität, bald der Begriff des Erhabenen und so weiter. Seit Bachofens bahnbrechenden Forschungen wissen wir aber über jeden Zweifel hinaus, daß sich in dieser mächtigen Tragödie nichts anderes widerspiegelt als eine ökonomische Revolution der Weltgeschichte, als der Sieg des Vaterrechts über das Mutterrecht.

Um an dieses fernste Beispiel gleich das uns nächste anzuknüpfen, so ist unsere klassische Literatur nichts anderes als der Emanzipationskampf des deutschen Bürgertums. Die Klopstock und Lessing, die Goethe und Schiller, die Kant und Fichte waren die Vorkämpfer der bürgerlichen Klassen. Der schier unerschöpfliche Reichtum dieser Literatur ist oft in nationalem Hochmut als ein Vorzug des deutschen Volkes vor anderen Nationen gepriesen worden. Aber die Sache hat sehr ihre zwei Seiten. Ebensogut könnte man auch den Spieß umdrehen und ein Verhängnis darin sehen, daß die Deutschen so vorzugsweise ein »Volk der Dichter und Denker« geworden sind. Denn diese Entwicklung war doch nur dadurch möglich, daß alle begabten Köpfe der aufstrebenden bürgerlichen Klassen auf das literarische Gebiet gedrängt wurden, weil ihnen das deutsche Elend den Kampf auf politischem und sozialem Gebiete verschloß. Gleichviel aber, ob man die Sache so oder so auffaßt: in jedem Falle ist die Vorstellung, als ob in der zweiten Hälfte des vorigen Jahrhunderts durch irgendeinen glücklichen Zufall oder irgendeinen unerforschlichen Ratschluß der Vorsehung eine große Anzahl literarisch reich begabter Köpfe gerade auf deutschem Boden erwachsen sei, einfach sinnlos. Vielmehr gab die ökonomische Entwicklung jenes Zeitalters den bürgerlichen Klassen überall in Europa einen gewaltigen Aufschwung, und da diese Klassen in Deutschland bei alledem noch nicht kräftig genug wurden, um wie in Frankreich um die politische Macht zu ringen, so schufen sie in der Literatur ein Idealbild der bürgerlichen Welt.

Überall nun, wo in der Literaturgeschichte die Gedankenwelt einer aufsteigenden mit der Gedankenwelt einer absteigenden Klasse zusammenstößt, pflegt jene gegen diese unter dem Schlachtrufe der Natur und Wahrheit, des Naturalismus und Realismus, anzustürmen. Begreiflich genug! Denn eine absteigende Klasse klammert sich um so ängstlicher an starre Formeln, je mehr das innere Leben daraus entweicht, und eine aufsteigende Klasse rüttelt um so ungestümer an allen Schranken, je mehr der Drang und die Kraft des Lebens in ihr überquillt. Was sie leben kann und will, das ist für sie Natur und Wahrheit; einen anderen Maßstab für diese Begriffe gibt es auf künstlerisch-literarischem Gebiete nicht, hat es nie gegeben und wird es auch gar nicht geben. Darnach liegt es aber auf der Hand, daß sich unter dem allgemeinen Namen des Naturalismus schon die allerverschiedensten Erscheinungen gesammelt haben, je nach der historischen Beschaffenheit der Klasse, deren literarischer Wortführer der Naturalismus jeweilig war. Ja, unter Umständen kann er mehr das Feigenblatt einer rückläufigen als das Banner einer vorschreitenden Bewegung sein.

Gerade die deutsche Literaturgeschichte ist an solchen Beispielen nicht arm. Schon im vorigen Jahrhundert sah Lessing, der klarste und kühnste Vorkämpfer des deutschen Bürgertums, der durch Beispiel und Lehre die bürgerliche Literatur in dem engsten Zusammenhange mit den bürgerlichen Klassen zu entwickeln gesucht hatte, mit Staunen und Unwillen, wie die Stürmer und Dränger der siebziger Jahre unter dem sehnsüchtigen Schrei nach Natur und Wahrheit sich in das mittelalterliche Ritterwesen oder die cheruskischen Bardenhaine oder in ossianische Nebelwolken verloren. Gewiß: Naturalismus in seiner Weise war das auch, denn jenes Traumleben in der Ferne und in der Vergangenheit war das einzige, das die bürgerlichen Klassen leben konnten und demgemäß auch leben wollten, unter dem despotischen Joche erdrückt und jeder politischen Tätigkeit entwöhnt, wie sie waren. Aber mit dem großen Zusammenhange der europäischen Kulturentwicklung hielt dieser Naturalismus doch nicht entfernt gleichen Schritt, und schließlich mußte das Schwert fremder Eroberer so viel Natur und Wahrheit in das deutsche Leben bringen, um es für die Deutschen wieder lebenswert zu machen.

In diesem Jahrhundert tauchte der literarische Naturalismus und Realismus, namentlich in den fünfziger Jahren auf; nach den angeblichen Irrlichtereien der Heine und Platen, der Herwegh und Freiligrath suchten die Gustav Freytag und Otto Ludwig das deutsche Volk bei seiner »Arbeit«. Der große Handelsherr, der in dem Sturmwinde der Revolution nur an die Rettung seiner Kaffee- und Zuckersäcke denkt, wurde Natur, und der biedere »Arbeitnehmer«, der tragisch untergeht, weil er nicht begreift, daß er sich vertragsmäßig von seinem »Arbeitgeber« kündigen lassen muß, wurde Wahrheit. Und insofern ganz mit Recht, als die deutsche Bourgeoisie sich nach den Enttäuschungen der Revolutionsjahre auf ihre materiellen Interessen zurückzog, um nicht mehr mit dem Gedanken oder dem Liede oder dem Schwerte, sondern nur noch mit den geflügelten Englein der Kassenscheine ihren Klassenaufschwung zu fördern; was sie leben konnte und wollte war ihr Natur und Wahrheit. Und diese treffliche Theorie des »Naturalismus« oder »Realismus« hat Herr Julian Schmidt unter kräftiger Verwünschung aller Wolkenkuckucksheimer von Leibniz bis auf Gutzkow dem deutschen Volke dann gar noch in drei dicken Bänden auseinandergesetzt. Aber unsterblich ist sie deshalb nicht geworden, und wie manch andere Sorte von »Naturalismus« gilt sie heute nicht mehr als ein abgestandener Scherz von vorgestern.

Soviel über den literarischen Begriff des Naturalismus überhaupt. Er läßt sich gar nicht unter eine allgemeine Formel bringen. Er kann ein Sturmsignal der Weltgeschichte sein, wie Rousseaus Schrei nach Natur; er kann auch als pausbäckiger Genius über den Kaffeesäcken des Handelshauses T.O. Schröter schweben. Man muß in jedem einzelnen Falle untersuchen, welche Stellung diese literarische Richtung in den Klassenkämpfen ihrer Zeit einnimmt. Das heißt nicht, die Literatur unter das Joch der politischen Tendenz beugen, sondern es heißt, auf die gemeinsame Wurzel der politischen und religiösen, künstlerischen und literarischen und überhaupt aller geistigen Anschauungen zurückgehen. Es gibt keinen anderen Weg, die jeweilige Bedeutung des literarischen Naturalismus festzustellen.

Und seiner heutigen Bedeutung, insbesondere für die deutsche Gegenwart, auf diesem Wege nachzuspüren, werden wir wohl noch mannigfache Gelegenheit haben.

[Abdruck folgt der Text-Ausgabe bei: Franz Mehring, *Gesammelte Schriften*. Hrsg. v. Thomas Höhle u.a., Bd. 11, Berlin 1961, S. 127–130.]

Komm. zu ob. dok. Artikel s. Komm./Dok. 87.

87
Franz Mehring: *Der heutige Naturalismus. Januar 1893.* In: *Die Volksbühne.* Hrsg. v. Franz Mehring. 1. Jg. Berlin (Vorwärts) 1892/93, Heft 3, S. 9–12.

In unserer Betrachtung über den Begriff des künsterlischen und literarischen Naturalismus waren wir zu dem Ergebnis gekommen, daß sich dieser Begriff gar nicht unter eine allgemeine Formel bringen lasse, daß man in jedem einzelnen Falle untersuchen müsse, welche Stellung die naturalistische Richtung in den Klassenkämpfen ihrer Zeit einnimmt.

Prüfen wir nun den heutigen Naturalismus an diesem Maßstab, so läßt sich nicht verkennen, daß er der Widerschein ist, den die immer mächtiger auflodernde Arbeiterbewegung in die Kunst wirft. Es kommt wenig darauf an, ja es ist bis zu einem gewissen Grade unvermeidlich, daß der Naturalismus dabei das Kind mit dem Bade verschüttet. Indem er sich gegen die Unnatur entarteter Zustände empört, indem er sich gegen die akademisch-konventionelle, der Natur entfremdete, überlebte Dicht- und Malweise auflehnt, verleugnet er das Wesen jeder Kunst durch die Forderung, daß die Bedeutung des Kunstwerks einzig und allein nach seiner Naturwahrheit zu beurteilen, daß als Preis der Kunst die sozusagen buchstäbliche Wiedergabe der Natur aufzufassen, daß jede eigene Zutat aus der Phantasie des Künstlers, jede künstlerische Erfindung und Komposition zu verwerfen sei. Auf diesem Wege gelang man beispielsweise zu der unvermeidlichen Schlußfolgerung, daß die Photographie die höchste Vollendung der bildenden Kunst sei. Wohl steckt die Kunst in der Natur, wie Albrecht Dürer in seiner tiefsinnigen Weise sagt; wer sie heraus kann reißen, der hat sie, aber »sie wird offenbar durch das Werk und die neue Kreatur, die einer in seinem Herzen schafft in Gestalt eines Dinges«.

Will man dem Naturalismus trotz dieses allzu heftigen Rückschlages dennoch gerecht werden, so muß man im Auge behalten, daß er frei sein will, frei von den erstickenden Banden einer untergehenden Gesellschaft. Der Impressionismus, die Freilichtmalweise in der Malerei, der Naturalismus in der Dichtung ist eine künstlerische Rebellion; es ist die Kunst, die den Kapitalismus im Leibe zu spüren beginnt; »sie fährt herum, sie fährt heraus und säuft aus allen Pfützen«. In der Tat erklärt sich auf diese Weise leicht die sonst unerklärliche Freude, welche die Impressionisten der bildenden und die Naturalisten der dichtenden Kunst an allen unsauberen Abfällen der kapitalistischen Gesellschaft haben; sie leben und weben in solchem Kehricht, und es gibt auch gar keinen peinlicheren Protest, den sie in ihrem dunklen Drange ihren Peinigern ins Gesicht schleudern können. Aber von einem dunklen Drange bis zur klaren Erkenntnis einer neuen Kunst- und Weltanschauung ist noch ein weiter Weg, und auf diesem Wege machen die künstlerischen Richtungen, die zu einer wahrhaftigen Kunst zurückstreben, meist noch schwankende und unsichere Schritte.

Erst wo der Naturalismus die kapitalistische Denkweise selbst durchbrochen hat und die Anfänge einer neuen Welt in ihrem inneren Wesen zu erfassen weiß, wirkt er revolutionär, wird er eine neue Form künstlerischer Darstellung, die schon jetzt keiner früheren an eigentümlicher Größe und Kraft nachsteht und sie dermaleinst alle an Schönheit und Wahrheit zu übertreffen berufen ist. Wir erinnern die Leser, welche vor anderthalb Jahren die internationale Kunstausstellung besucht haben, an León Fréderics »Kreidehändler«, am Meuniers »Heimkehrende Bergleute«. Hier kam das Freilicht zur mächtigsten Wirkung. Aber überall, wo es, wie namentlich auch von deutschen Malern, als Modesache mitgemacht wurde, um möglichst elende Nichtigkeiten in möglichster Breite zu schildern, da war seine künstlerische Wirkung gewöhnlich sehr zweifelhaft. Denn rein technisch ist der Impressionismus – eben wegen seiner sklavisch übertreibenden Naturtreue – eher ein künstlerischer Rück- als Fortschritt.

Dasselbe gilt nun auch von der dichtenden Kunst. Es kommt in ihr nicht nur auf die *Dicht-*, sondern auch auf die *Denk*weise an. Man hat diesen Standpunkt damit lächerlich zu machen gesucht, daß man sagte: aha, dramatisierte Parteiprogramme! Nun, das ist nichts als eine alberne Verdrehung. Politik und Poesie sind getrennte Gebiete; ihre Grenzen dürfen nicht verwischt werden; gereimte Leitartikel sind immer noch widerlicher als ungereimte. Aber gerade wenn man verlangt, daß der Dichter auf einer höheren Warte stehen soll als auf der Zinne der Partei, so muß er auch nach rechts *und* nach links sehen können, so muß er nicht nur die *alte*, sondern auch die *neue* Welt ins Auge fassen, so muß er in der herrschenden Misere nicht nur das Elend von heute, sondern auch die Hoffnung auf morgen entdecken können. Vor hundert Jahren schilderten Lessing in »Emilia Galotti«, Schiller in »Kabale und Liebe« mit brennenden Farben die Verkommenheit des Duodezdespotismus, der damals tonangebenden Schicht der deutschen Gesellschaft, aber sie wußten den Trägern der Verwesung auch die Träger der Genesung entgegenzusetzen. Hätte Lessing seinen Odoardo Galotti als ebensolchen Schuft geschildert wie seinen Kammerherrn Marinelli, oder Schiller seinen Musikus Miller als ebensolchen Schubiak wie seinen Hofmarschall Kalb, so hätten sie nicht unsterbliche Meisterwerke geschaffen, sondern widerliche und längst vergessene Zerrbilder.

Es ist ein Verdienst des heutigen Naturalismus, daß er den Mut und die Wahrheitsliebe gehabt hat, daß Vergehende zu schildern, wie es ist. Und dies Verdienst kann ihm auch nicht geschmälert werden durch die Auswüchse und Übertreibungen, die jede Rebellion in ihren Anfängen mit sich bringt. Aber er hat soweit nur erst den halben Weg zurückgelegt, und wenn er dabei stehenbliebe, so würde er allerdings den unaufhaltsamen Verfall von Kunst und Literatur einleiten, so würden seine Bekenner, wie ein der naturalistischen Richtung nahestehender Schriftsteller es jüngst ausdrückte, »Dekadenzjünger, Fäulnispiraten, Verfallsschnüffler« werden, die »sich mit der Syphilis brüsten, um ihre Mannheit zu beweisen«. Ist die *ganze* Gesellschaft verfallen, so ist es die Kunst, die nur um diesen Verfall herumzugrinsen weiß, erst recht.

Aber die *ganze* Gesellschaft ist *nicht* verfallen, und das Schicksal des Naturalismus hängt davon ab, ob er den zweiten Teil seines Weges vollenden, ob er den höheren Mut und die höhere Wahrheitsliebe finden wird, auch das Entstehende zu schildern, wie es werden muß und täglich schon wird. Es ist aufrichtig zu wünschen, daß er dies Ziel erreicht, und *dann* freilich, aber auch dann *erst* wird er den Ruhm beanspruchen dürfen, ein neues Zeitalter der Kunst und Literatur zu eröffnen.

[Abdruck folgt der Text-Ausgabe bei: Franz Mehring, *Gesammelte Schriften*. Hrsg. v. Thomas Höhle u.a., Bd. 11, Berlin 1961, S. 131–133.]

Als Franz Mehring (1846–1919) 1892 die Diskussion um den Naturalismus, über den durch Liebknecht und Schweichel 1891 eigentlich von sozialdemokratischer Seite das letzte Wort schon gesprochen schien, wieder aufnahm, war er seit 1891 Mitglied der Sozialdemokratischen Partei, schrieb seit 1. Juni die Leitartikel der *Neuen Zeit* und war seit Oktober 1892 Leiter des Vereins »Freie Volksbühne« in Berlin. Die Zeitschrift *Freie Volksbühne*, in der die ob. dok. Artikel erschienen, war das Organ des Theatervereins.

Franz Mehring hatte ab 1866 in Leipzig und Berlin studiert. Bereits während seines Studiums begann er journalistisch tätig zu sein. In den siebziger Jahren war Mehring Mitarbeiter bei und Korrespondent für zahlreiche Zeitungen. Da sich auch seine Kontakte zur Sozialdemokratie verstärkten, wurde ihm die Redaktion der literarischen Wochenbeilage *Die Neue Welt* angeboten. Mehring nahm dieses Angebot jedoch nicht an. Zwischen 1876 und 1882 wandte er sich von der Sozialdemokratie zunächst wieder ab. Seine Kritik und Enttäuschung über die Partei veröffentlichte er unter dem Titel *Die deutsche Sozialdemokratie, ihre Geschichte und ihre Lehre; eine historisch-kritische Darstellung* (Bremen 1877). Ab 1884 wurde Mehring ständiger Mitarbeiter der demokratischen Berliner *Volks-Zeitung*. Unter dem Eindruck des Sozialistengesetzes näherte sich sein Standpunkt wieder der Sozialdemokratie; er nahm 1885 Kontakt zu Wilhelm Liebknecht auf und verkehrte mit führenden Sozialdemokraten, wie August Bebel und Paul Singer. Nach dem Fall des Sozialistengesetzes gab Mehring die Stelle bei der *Volks-Zeitung* auf. Zu der Auseinandersetzung zwischen Sozialdemokratie und Naturalismus nahm Mehring bereits 1891 in seiner Broschüre *Kapital und Presse* Stellung. Er verteidigte zwar die Position Liebknechts gegen Otto Brahm, setzte sich aber gleichzeitig für eine differenzierte Beurteilung der naturalistischen Bewegung ein: »Die eine dieser Richtungen wurzelt unzweifelhaft in demokratischem und sozialem Boden; sie besitzt Kraft, Leben, Feuer; sie sucht mit schlichter und ungeschminkter Wahrheit die Dinge widerzuspiegeln, wie sie sind, und es ist unzweifelhaft ihr Verdienst, wenn die deutsche Dichtung, die unter den Händen der Lindau, Wichert und Konsorten zum europäischen Kinderspott geworden war, wieder einiges Ansehen zu gewinnen beginnt« (F. Mehring, *Kapital und Presse*. Berlin 1891, S. 131). Zu dieser Richtung zählt Mehring Hermann Sudermann, vor allem dessen Drama *Die Ehre* und Gerhart Hauptmanns *Vor Sonnenaufgang*. Mehring erkennt das Wahrheitsstreben dieser Richtung und ihr subjektives Bemühen um Ehrlichkeit an: »[...] sie will die Dinge sehen, wie sie sind, aber sie sieht die Dinge doch nur einseitig, weil sie in dem Elend von heute nicht die Hoffnung von morgen zu erkennen weiß. Sie hat den Mut und die Wahrheitsliebe das Vergehende zu schildern, wie es ist, aber ihr – heute noch ungewisses – Schicksal hängt davon ab, ob sie den höheren Mut und die höhere Wahrheitsliebe finden wird, auch das Entstehende zu schildern, wie es werden muß und eigentlich schon wird« (ebd., S. 132). Eine zweite naturalistische Richtung lehnt Mehring jedoch mit aller Schärfe ab: »Sie schildert das Proletariat nicht nur in der Arbeit und im Kampf, was ja leider auch jene erste Richtung noch nicht verstanden hat, sondern nur im Bordell und in der Kneipe als ein so viehisch verkommenes Geschlecht, daß sich, wenn die Sache wirklich so läge, in der Tat gegen die ›Ausbeutung‹ dieser ›Herdentiere‹ durch die ›freien Geister‹ nicht besonders viel einwenden ließe« (ebd.).

Zu dieser differenzierenden Beruteilung kam Mehring, obwohl er in dem innerparteilichen Streit um die Politik der Sozialdemokratie als Anhänger gemäßigterer Anschauungen durchaus auf Seiten der Parteiführung, der »Alten« gegen die »Jungen« stand. So sprach sich Mehring im Frühjahr 1890 gegen Arbeitsniederlegungen am 1. Mai aus und in einem Artikel über den Parteitag in Halle stimmte er Liebknecht zu, der »mit einem trefflichen Worte als den Kern des sozialdemokratischen Programms die wissenschaftliche Überzeugung erklärt« habe, »daß der heutige Staat in den sozialistischen Staat hineinwachse« (*Volks-Zeitung*, 21. 10. 1890, zit. nach: Thomas Höhle, *Franz Mehring*. 2., verb. u. erw. Aufl. Berlin/DDR 1958, S. 261). Obwohl Franz Mehring also die Parteiführung in politisch-taktischen Fragen gegen die Linksopposition unterstützte, nahm er als Leiter der Freien Volksbühne die Diskussion über den Naturalismus doch wieder auf und bemühte sich um eine gerechtere Beurteilung der modernen Literatur. Dabei richtete sich seine Argumentation nicht mehr nur an die sozialdemokratische Arbeiterschaft, sondern zugleich auch an die Literaturproduzenten. Sein Bemühen um eine Verständigung mit den naturalistischen Schriftstellern reflektiert offenbar auch eigene Erfahrungen, nämlich den komplizierten

Weg eines Intellektuellen zur Arbeiterbewegung. Dies zeigt sich insbesondere darin, daß Mehring, im Unterschied zu den Stellungnahmen in der *Neuen Zeit* (s. die Dok. 79, 80, 81 u. 84), die literarischen Verhältnisse nicht als Zustand sondern als Prozeß untersucht und dabei Entwicklungsperspektiven zu einem umfassenderen Realismus aufzeigt.

In Heft 3 der *Volksbühne* wiederholte Mehring wesentliche Gedanken, die er bereits 1891 zum Phänomen des Naturalismus formuliert hatte. Im Unterschied zu Liebknecht und Schweichel benennt er Entwicklungsmomente der literarischen Richtung, die ein einfaches Einordnen »kapitalistisch« oder »sozialistisch« verbieten. Er entdeckt den »Widerschein« der »immer mächtiger auflodernden Arbeiterbewegung« in dieser Literatur ebenso wie die »künstlerische Rebellion« gegen den Kapitalismus und er betrachtet den Unterschied zwischen »dunklem Drange« und »klarer Erkenntnis einer neuen Kunst und Weltanschauung« nicht als unüberbrückbare Scheidemarke zwischen Bourgeoisie und Arbeiterklasse. Vielmehr ist beides vermittelt durch einen Weg, durch »einen weiten Weg«, auf dem sich seiner Meinung nach durchaus Teile der naturalistischen Richtung bewegten.

In dieser Auseinandersetzung mit dem Naturalismus formulierte F. Mehring wichtige Überlegungen zur Herausbildung einer sozialistischen Literaturtheorie und Ästhetik. Entscheidend neu war dabei die Forderung an die Literatur, die zwei Seiten der kapitalistischen Gesellschaft zu erfassen, den Verfall und die Entstehung des Neuen in der Gestalt und in den Kämpfen der Arbeiterklasse. In der »höheren Wahrheitsliebe«, die in die literarische Gestaltung sozialer Prozesse auch das »Entstehende« miteinbezieht, sah Mehring die entscheidende Möglichkeit für die Eröffnung eines »neuen Zeitalters der Kunst und Literatur« (s. Dok. 87).

88
Edgar Steiger: *Das arbeitende Volk und die Kunst. In: Leipziger Volkszeitung. Organ für die Interessen des gesamten werkthätigen Volkes.* 3. Jg. Leipzig, Nr. 221 v. 23. Sept. 1896, Beilage, S. [2] u. Nr. 223 v. 25. Sept. 1896, Beilage, S. [1–2]; hier: Nr. 223, S. [1–2].

II.

Wie erziehen wir aber das Volk am besten für die Kunst? Etwa durch gelehrte kunstgeschichtliche Vorträge oder langatmige Vorlesungen über Litteraturgeschichte? Nein und dreimal nein. Das Volk hat ein zu gesundes Empfinden, um sich nach Weise unserer Gelehrten bei der kühlen Betrachtung einer toten Vergangenheit zu beruhigen, in die wir Menschen von heute nur an den Krücken der Geschichte mehr oder weniger mühsam hinabsteigen können. Der Lebendige sucht sich selber in der Kunst; er will sich am eigenen Abbild ergötzen. Und nur da, wo ihm eine Kunst der Lebendigen entgegentritt, erwacht in ihm jene warme Begeisterung und innige Freude an der künstlerischen Widerspiegelung des Lebens, die ihn befähigt, ein Kunstwerk nicht etwa nur zu betrachten, sondern, wenn ich so sagen darf, zu erleben. Aber gerade weil dem so ist, haben wir heute, da ringsum in der Welt und namentlich in deutschen Landen eine neue große Kunst erblüht, doppelt und dreifach die Pflicht, das Volk wieder einmal sehen und hören zu lehren.

Ich weiß wohl, daß viele Leute zu diesem kühnen Unterfangen den Kopf schütteln. Und ich kann diese verzagten Leute recht gut begreifen. Sie sind in einer Zeit der traurigsten Kunstöde aufgewachsen und haben niemals ihre eigenen Augen und Ohren brauchen lernen. In der Schule hat man ihnen vielleicht gesagt, das und das sei Kunst, und sie haben sich alle Mühe gegeben, das und das schön zu finden, freilich ohne daß je dabei ihr Puls schneller geschlagen oder ihr Herz höher geklopft hätte. Und nun, da sie mit diesen auswendig gelernten Begriffen von Schönheit, Maß und Ruhe alt geworden sind, tritt ihnen auf einmal die neue lebendige Kunst von heute entgegen, ein Wesen so ganz anders, als sie sich die Kunst vorgestellt haben, ein unartiges, zappeliges Ding voll jugendlichen Uebermutes, das sich gar nicht entschuldigt, daß es überhaupt in der Welt ist, sondern sich einfach trotzig vor das Publikum hinstellt und sagt: Da bin ich! Muß da nicht den alten Leuten Hören und Sehen vergehen? Vorausgesetzt, daß sie jemals gehört und gesehen haben!

Aber ist etwa das Urteil dieser alten Leute maßgebend für die Masse des Volkes, maßgebend für die vorwärts strebende Arbeiterschaft? Gewiß nicht. Die neue werdende Kunst – und ich verstehe darunter Malerei und Dichtung – ist ein echtes Kind unseres großen Jahrhunderts, da eine alte Welt stirbt und eine neue aufersteht. Unsere Zeit mit all ihren Narrheiten und Verirrungen spiegelt sich darin wieder; der ganze menschliche Karneval unseres Uebergangszeitalters tollt darin an uns vorüber, und nicht etwa nur als Geist oder Gespenst. Nein, die verschiedenen Geister und Gespenster haben sich selber Leiber von Fleisch und Blut fabriziert, ein jeder Geist seinen besonderen Leib, wie er ihm gerade am besten paßte, und diese Leiber nennt die heutige Kunstkritik Realismus, Naturalismus, Symbolismus, und wie die sonstigen ismen alle heißen. Mit anderen Worten: wir haben wieder einmal eine lebendige Kunst, die sich ihre neuen Kunstformen schafft, Kunstformen, die keine bloß willkürlichen Zuthaten des einzelnen Künstlers, sondern naturnotwendig aus dem jeweiligen Lebensinhalt des Kunstwerkes herausgeboren und mit ihm aufs innigste verwachsen sind. Sollte diese neue Kunst, in der das zuckende Herz des Jahrhunderts pocht, dem Kulturträger dieses Jahrhunderts, dem klassenbewußten Arbeiter, gar nichts zu sagen haben? Oder sollte der Arbeiter, selbst wenn sie ihm etwas zu sagen hätte, ihre Sprache nicht verstehen?

Ich weiß wohl, was man mir hier einwenden wird. Das eine Wort décadence genügt manchen Leuten, um über die ganze moderne Kunst den Stab zu brechen. Als wäre die Renaissance, richtig verstanden, nicht auch décadence gewesen! Daß in unserem Uebergangszeitalter das sterbende Alte und das keimende Neue bunt durcheinandertollt, versteht sich von selbst. Und daß sich in den Kunstwerken daher vielfach eine dumpfe Lebensmüdigkeit abspiegelt, ist ebenso natürlich. Aber wer sagt uns denn, daß wir zu unseren erzieherischen Zwecken nicht bloß das uns Passende auswählen dürften? Wir werden dem Arbeiter weder einen Maeterlink vorspielen, noch einen Roman von Przybyszewski zu lesen geben. Allerdings nicht etwa aus dem Grunde, weil diese Geschichten doch gar zu traurig und niederdrückend seien. Nein, diese Sentimentalität, die vor der großen Tragik scheu zurückbebt, wollen wir den bürgerlichen Familienblättern überlassen, die die überreizten Nerven ihrer Leser schonen müssen. Der Arbeiter aber lerne begreifen, daß die Kunst einen höheren Zweck hat, als den, den Menschen eine flüchtige Stunde zu belustigen; er lerne begreifen, daß die Dichtung, die den Hörer im Innersten erschüttert, ihn zugleich am tiefsten erbaut. Selbst dann erbaut, wenn der Stoff selbst recht unerbaulich ist. Das ist ja gerade das große Geheimnis der Kunst, daß das, was uns im Leben mit Entsetzen oder mit Ekel erfüllt, im künstlerischen Abbilde zur Bewunderung hinreißen kann. Und warum? Weil uns der Dichter alle Zusammenhänge des Lebens bloßlegt und alles Menschliche als etwas Notwendiges begreifen lehrt.

Diese Unerschrockenheit der wahren Kunst ist gewissen Leuten auch ein Dorn im Auge. Sie meinen, die Kunst müsse moralisch sein, moralisch in dem guten, alten Sinne, daß sich in jeder Geschichte und in jedem Theaterstück die Tugend an den Tisch setzt, nachdem sich das Laster erbrochen hat. Wer so denkt, der betrachtet die Kunst nur als die geputzte Magd der Herrin Moral und Religion. Seiner Ansicht nach hat sie nichts weiteres zu thun, als recht anschauliche Beispiele zu liefern, an denen man die Lehren des Katechismus oder die Vorschriften der Kinderfibel den Kindern begreiflich machen kann. Leider ist diese niedrige Auffassung der Kunst auch bei uns Sozialdemokraten noch sehr geläufig, nur daß hier an Stelle der Kinderfibel das Erfurter Programm tritt. Man meint immer, die Kunst müsse in erster Linie etwas *lehren*. Man liest einen Roman lediglich um seiner *Tendenz* willen und ist unzufrieden, wenn nicht auf jeder fünften Seite die Vergesellschaftung der Produktionsmittel gepredigt wird. Man erwartet, daß der Verfasser alle Bourgeois als Lumpen und alle Sozialdemokraten als Engel schildere, und ist empört, wenn einmal zufällig das Gegenteil geschieht. Kurz, man ist um kein Haar besser als der Leser und die Leserin des bürgerlichen Familienblattes, die sich nur freuen, wenn der Erzähler sie und ihresgleichen als wahre Tugendbolde schildert.

Dieser niedrigen Auffassung der Kunst gilt es in erster Linie entgegenzutreten. Man muß den Leuten begreiflich machen, daß ein Kunstwerk keine guten Lehren erteilen, sondern einfach ein Stück Welt, wie es ist, mit seinem lebendigen Farbenzauber abspiegeln will. Daß diese Abspiegelung der Wirklichkeit den Gesichtskreis des Lesers erweitert, seine Menschenkenntnis bereichert und vertieft, und eben dadurch belehrender wirkt als ein ganzes Dutzend Moralpredigten, soll natürlich nicht geleugnet werden; nur die *Absicht*, zu belehren, streiten wir dem wahren Kunstwerk ab. Wozu brauchten wir uns die große Mühe zu geben, die Menschen um uns her, wie sie lieben und hassen, leibhaftig abzuschildern, wenn wir mit dem ersten besten Leitartikel oder der ersten besten Agitationsrede dasselbe sagen könnten?

Aber wie sollen wir der großen Masse das alles begreiflich machen? Etwa durch lange Abhandlungen und Reden über die Aufgabe der wahren Kunst? Nein, hier kann nur durch das lebendige Beispiel Wandel geschaffen werden. Die lebendige Kunst für die Lebendigen! Das sei unsere Losung. Geben wir dem Volke die besten modernen Dichtungen zu lesen, in denen es Fleisch von seinem Fleisch und Geist von seinem Geist erkennt, damit es die widerspruchsvollen Regungen der Menschenseele belauschen lerne! Stellen wir ihm die stimmungsvollsten Bilder moderner Meister vor Augen, damit es an ihnen charakteristische Linien und Formen sehen lerne! Und ich wette, in einigen Jahren ist die alte Spinnstubenlitteratur vergessen und verschollen und die geschmacklosen Allegorienschmierereien (ich erinnere nur an das fürchterliche Lassallebild mit Fels, goldenem Kalb und Fahne) sind von den Wänden des Arbeiterheims verschwunden.

Man komme mir nicht mit der bekannten Ausrede, die moderne Kunst und Litteratur sei der Masse des Volkes unverständlich! Es handelt sich hier, wo das Kunstverständnis in den Massen erst geweckt werden soll, einfach um die Frage, ob wir dem Volke Kunst oder Unkunst geben, ob wir seinen Geschmack bilden oder verbilden, ob wir es geistig heben oder verdummen wollen. Wer da meint, die moderne Litteratur sei nicht populär genug, den möchte ich doch fragen, ob z.B. denn etwa die schulmeisterhafte Stelzensprache, die die Helden der Spinnstubengeschichten und Colportageromane reden, dem naiven Menschen näher liegt, als die abgehackten Naturlaute des Naturalismus?

Und dann noch eins! Was heißt heutzutage populär schreiben? Etwa sich den Spinnstuben- und Kalenderstil aneignen, der zu unserer Großväter Zeiten bei den Bauern auf dem Lande so beliebt war? Ja, haben sich denn seitdem die Zeiten nicht geändert? Haben wir nicht andere Schulen? Haben wir keine Eisenbahnen, die in die kleinsten Dörfer, wo sich dazumal nur alle Jahre ein Kalender hinverirrte, tagtäglich die Zeitung tragen? Und vor allem: soll etwa die Arbeiterschaft der Städte, die ein Lassalle lesen, schreiben und – denken lehrte, den rückständigen Elementen auf dem Lande zu Liebe wieder auf das geistige Niveau der Leser des *Rheinischen Hausfreundes* zurückgeschraubt werden? Nein und dreimal nein. Das politisch mündige Volk verschmäht solche Kinderkost. Geben wir ihm die geistige Nahrung, die ihm gebührt!

Komm. zu ob. dok. Artikel siehe Komm./Dok. 89

89

Edgar Steiger: *Kunst und Sittlichkeit.* In: *Leipziger Volkszeitung. Organ für die Interessen des gesamten werkthätigen Volkes.* 3. Jg. Leipzig, Nr. 236 v. 10. Okt. 1896, 3. Beilage, S. [3].

Die Kunst ist die Widerspiegelung des Lebens – wohlverstanden: nicht nur der vielgestaltigen Außenwelt, sondern auch des menschlichen Innern mit seinen ewig wechselnden Gefühlen und Leidenschaften. Der Spiegel, der die bunten Strahlenbündel dieses ewig bewegten Außen- und Innenlebens zurückwirft, ist aber kein totes Metall, sondern wieder eine lebendige Menschenseele, die ebenfalls einem ewig bewegten Meere gleicht. Und der Künstler, dem diese Seele eignet, ist ein Kind seiner Zeit, ein Sohn seines Jahrhunderts, das seinem Geiste die eigentümliche Prägung, seinem Streben und Wollen die bestimmte Richtung gegeben hat.

Wie könnte man also hier, wo alles Leben und Bewegung ist, von einer einzigen echten oder wahren Kunst reden? Wer derartige Ausdrücke in den Mund nimmt, der gehört ins Mittelalter, da die Menschheit sich auch stillvergnügt in der einen großen Wahrheit des

Christentums sonnte, aber nicht ins Zeitalter des Darwinismus, der uns alles Menschliche im ewigen Flusse zeigt. Schon Goethe verspottet diese Prediger der einen wahren Kunst in einem hübschen Epigramm, dem er den bezeichnenden Titel *Modernes* gab. Es lautet:

> Wie aber kann sich Hans von Eyck
> Mit Phidias nur messen?
> Ihr müßt, so lehr' ich, allsogleich
> Einen um den Andern vergessen.
>
> Denn wärt ihr stets bei Einer geblieben,
> Wie könntet ihr noch immer lieben?
> Das ist die Kunst, das ist die Welt,
> Daß Eins ums Andere gefällt.

Was wollte der große Verehrer der alten Griechen mit diesen neckischen Versen anderes sagen, als daß jedes Jahrhundert seine besondere Kunst habe? Und das schrieb Goethe, lange bevor Karl Marx den ökonomischen Unterbau des geistigen Geschehens entdeckt hatte. Sollte man es da für möglich halten, daß es heute noch unter uns Sozialdemokraten, die wir bei jeder Gelegenheit von der materialistischen Geschichtsauffassung reden, so wunderliche Käuze giebt, die die alte Redensart von der einen echten und wahren Kunst behaglich widerkäuen und mit sittlicher Entrüstung auf die armen Modernen losschlagen? Und das gerade in einem Augenblick, wo sie die beste Gelegenheit hätten, die Richtigkeit der vielgerühmten, aber leider so selten verstandenen Marxschen Methode an einem lebendigen Beispiele darzuthun. Oder sollte ihnen noch nie eine leise Ahnung gedämmert haben, daß zwischen der großen Rolle, die das Mikroskop in der heutigen Wissenschaft spielt, und dem modernen Kunststil, der die feinsten Regungen der menschlichen Seele widerspiegelt, ein geheimer Zusammenhang bestehe?

Nein. Sonst würden sie sich bei ihrem Sturm gegen die Modernen nicht immer und immer wieder auf die Moral berufen. Welche Moral meinen sie denn? Wohl auch die eine echte und wahre Moral, auf die sich der Entrüstungsphilister von heute der Sozialdemokratie gegenüber zu berufen pflegt! Und vor dieser Vogelscheuche für ungezogene Kinder soll sich die Kunst, die freieste Lebensbethätigung des freien Menschen, demütig beugen und sie unterthänigst fragen, was sie thun und lassen soll! Man sollte es kaum für möglich halten, daß es Sozialdemokraten sind, die heute diese alte Philisterforderung, die alle Künstler aller Zeiten mit Entrüstung zurückgewiesen haben, aufs neue wieder aufnehmen.

Was hat die Kunst mit *dieser* Moral zu schaffen, die nichts weiter ist als das Feigenblatt, mit dem die heutige Gesellschaft ihre sittliche Blöße zu verdecken sucht? Nein, die Kunst ist zu allen Zeiten gerade der Heuchelei in geschlechtlichen Dingen – und was anderes ist die heutige gesellschaftliche Moral? – hart zu Leibe gegangen und hat mit Vorliebe der feigen Lüsternheit und der falschen Scham die Maske vom Gesicht gerissen. Die Kunst hat den Mut der Wahrheit, vor der dem Philister graut. Und diese Wahrheitsliebe ist ihre *höhere Sittlichkeit*. Was geht es sie an, ob ein Philister sich sittlich entrüstet, wenn sie ihn schildert, wie er ist, nicht wie er sein möchte? Kann sie dafür, wenn er, der im Kreise seiner Familie von Moral und Anstand förmlich trieft, im Dunkel der Nacht im Bordell sich als Schwein entpuppt? Nein, von ihr gilt in erster Linie das alte Bibelwort: Dem Reinen ist alles rein, und wenn sie der Wahrheit die Ehre giebt, so vollbringt sie eben damit eine sittliche That, und wenn darüber auch tausendmal die alten Weiber männlichen Geschlechtes Zeter und Mordio rufen.

Was ist denn der geheime Grund dieser sittlichen Entrüstung? Etwa wirklich höhere, edlere Menschlichkeit? Nein und dreimal nein. Es ist nichts als heillose Angst vor der unheimlichen Macht der Sinnlichkeit, der man sich selbst unterworfen fühlt. Die alte christliche Vorstellung, daß der Leib des Menschen eigentlich ein Gefäß der Sünde, daß die Sinnlichkeit selbst ein Laster sei, spukt immer noch im Gehirn dieser Leute und züchtet fortwährend aufs neue die falsche Scham vor allem Nackten und Geschlechtlichen.

Aber wann hätte sich die Kunst, deren eigenstes Bereich eben diese vielgeschmähte Sinnlichkeit ist, jemals um solche albernen Vorurteile gekümmert? Ihr ist der nackte Menschenleib das Schönste, was sie auf dieser schönen Erde entdeckt hat. Und in der Sinnlichkeit erkennt sie die letzte Triebfeder alles menschlichen Fühlens und Wollens, den nie versiegenden Born, aus dem alle Tugenden und Laster, alle Großthaten und Verbrechen fließen. Wie käme also sie, die allen Dingen ins Herz zu schauen liebt, auf den thörichten Gedanken, vor diesem letzten Geheimnisse des Menschenlebens Halt zu machen?

Soll ich etwa mit Beispielen aufwarten? Von Homer bis Goethe haben alle großen Dichter es als ihr gutes Recht betrachtet, das Geschlechtsleben in ihren Dichtungen abzuspiegeln, gleichviel ob sie die große Liebe, die starke Leidenschaft verherrlichten oder ihr Gegenspiel, die niedere Lüsternheit und die falsche Scham, geißelten. Und uns Moderne will man das heute wehren, was man einem Aeschylos, Shakespeare und Goethe, einem Aristophanes, Boccaccio und Rabelais dereinst gestattet hat. Und wer ist es, der es uns wehren will? Etwa ein deutscher Staatsanwalt? Nein, unsere eigenen Genossen, Leute, die sich stolz Sozialdemokraten nennen und bei festlichen Gelegenheiten für Frauenrechte, Abschaffung der Kaufehe und einen freien, auf reiner Neigung begründeten Geschlechterverkehr schwärmen!

Ist das etwa proletarischer Geist, der aus solchen Leuten redet? Nein, die Masse der Arbeiterschaft hat mit diesen Philistervorurteilen längst gebrochen. So engherzig und kleinlich in geschlechtlichen Dingen denkt das klassenbewußte Proletariat schon lange nicht mehr. Aber ich weiß, wer sich hier wieder einmal zum Sprachrohr der Arbeiterschaft machen und die freie Kunst knebeln will. Es ist ein Gespenst, das schon lange bei uns umgeht, das engherzige, beschränkte – Kleinbürgertum. Soll das etwa bei uns die Rolle des Kunstrichters spielen?

Edgar Steiger (1858–1919), Schweizer Pastorensohn, Schüler Jakob Burkhardts und Friedrich Nietzsches, Literaturkritiker, hatte sich früh der sozialdemokratischen Partei angeschlossen und redigierte seit März 1896 *Die Neue Welt*, eine wöchentlich erscheinende Unterhaltungsbeilage, die seit 1873 bestand und kostenlos allen sozialdemokratischen Zeitungen beigegeben wurde. Sie erschien 1896 in einer Auflage von rd. 200000 Exemplaren. Steiger lebte in Leipzig und war dort eng befreundet mit Wilhelm Friedrich, dem engagierten Verleger der jungen oppositionellen Literaten (vgl. Komm./Dok. 74). Bereits 1889 hatte sich Steiger mit einer Broschüre in der Auseinandersetzung um die naturalistische Bewegung auf die Seite der »Moderne« gestellt. In seinem Vorwort dazu drückte er seine »tröstliche Gewißheit« aus, »daß die Wahrheit siegen und die junge deutsche Dichtung mit oder ohne mein Zuthun, sich zur vollen Herrlichkeit einer weltgeschichtlichen That entfalten muß, uns Mitlebenden zur Erlösung und zum bleibenden Erbe den Geschlechtern der Zukunft« (s. E. Steiger, *Der Kampf um die neue Dichtung. Kritische Beiträge zur Geschichte der zeitgenössischen deutschen Litteratur.* Leipzig 1889, S. V). Und als Ergebnis seiner Untersuchung formulierte Steiger die Überzeugung, daß die oppositionelle Literatur die »Dichtung der Zukunft« vorbereite (ebd., S. 144), die »eine Weltmacht« sein wird, »die kraft der Wahrheit, die sie verkündigt, die Völker und die Einzelmenschen erlöst und läutert« (ebd., S. 145). Trotz der Erklärungen von Wilhelm Liebknecht und trotz Robert Schweichels Artikel in der *Neuen Zeit* 1891 (vgl. die Dok. 80, 81, 84) versuchte Steiger, wie er selbst schreibt, seit 1894 durch Artikel in der *Leipziger Volkszeitung*, Verständnis in der Arbeiterschaft für die naturalistische Literatur zu entwickeln. Diese Aufsätze und seine Redaktionsführung der *Neuen Welt* stießen in der Partei auf lebhafte Kritik. Der Hamburger Sozialdemokrat Bérard setzte sich im *Hamburger Echo* mit der Position Steigers auseinander. Aus Hamburg und Altona kamen dann auch die Anträge, die dafür sorgten, daß das Verhältnis Sozialdemokratie/Naturalismus 1896 Gegenstand der Parteitagsdiskussionen in Gotha wurde. 1896 setzte sich Steiger in der *Leipziger Volkszeitung* in mehreren Artikeln mit der Frage Kunst und Proletariat, Naturalismus und Sozialismus auseinander, die er zusammengefaßt nochmals in der Broschüre *Das arbeitende Volk und die Kunst* veröffentlichte.

In dem ersten Teil seines Aufsatzes *Das arbeitende Volk und die Kunst*, äußerte Steiger die Auffassung, daß »jeder Arbeiter, so sehr die Lohnsklaverei seine Entwicklung verkümmert haben mag, eben doch ein Mensch und seine Phantasie und sein Gemüt schreit ebenso gut nach Nahrung, wie sein Verstand. Das hat man in der Hitze des politischen Kampfes nur zu oft vergessen.« Und er schließt daran die Frage: »Wie nun, wenn gerade die Kunst zum Heile der großen sozialistischen Bewegung bestimmt wäre, durch Pflege von Phantasie und Gemüt den Arbeiter zum Vollmenschen zu erziehen?« Er sieht in der sozialistischen Bewegung die »größte Kulturbewegung aller Zeiten« und bezeichnet es als »Kulturthat ersten Ranges«, das »schreiende Bedürfnis« der Arbeiter nach Kunst zu befriedigen (in: *Leipziger Volkszeitung*, Jg. 3, Nr. 221, Beilage S. [2]).

Bereits hier wird deutlich, daß Steiger nur generell zwischen Kunst und Unterhaltung unterscheidet, während die sozialistischen Kritiker des Naturalismus das Verhältnis von *bürgerlicher* Kunst und Proletariat problematisieren, bzw. wie Franz Mehring, die Frage nach einer proletarischen Ästhetik stellen. Auch in der Frage sozialdemokratischer »Traktätchen«-Literatur oder des Verhältnisses von Moral und Literatur dringt Steiger nicht zum eigentlichen Kern der Auseinandersetzung vor, der Herausbildung einer eigenständigen proletarischen Kunstauffassung.

Der Hamburger Sozialdemokrat R. Bérard kritisierte Steiger im *Hamburger Echo* allerdings nur von einem politisch-pragmatischen Standpunkt aus: »Für die Arbeiter ist es dringendes Bedürfnis durch die ihnen gebotene Lektüre ihren Idealismus anzufachen, der im schweren Kampf des Lebens verloren zu gehen droht und den wir für die schließliche Erreichung unseres erhabenen Zieles nicht entbehren können. Der Pessimismus, der den das Ekelhafte kultivierenden Schriftstellern aus allen Poren dringt, ist aber das beste Mittel, diesen unentbehrlichen Idealismus geradezu zu ertödten« (*Hamburger Echo*, Nr. 230, v. 1. Okt. 1896, S. 3). Im Gegensatz zum Naturalismus, der nur den Verfall der kapitalistischen Welt schildere, verlangte Bérard von einer »Kunst für Arbeiter« die Gestaltung einer optimistischen kämpferischen Lebensperspektive. Ein zweiter Artikel zu Steiger im *Hamburger Echo* verdeutlicht, wie sehr die Forderung nach dem Entwurf einer optimistischen Lebensperspektive noch verbunden ist mit dem Kunstideal als dem »Reich des Schönen«, dem man sich genießend hingeben kann – ein Ideal, dem die naturalistischen Autoren äußerst kritisch gegenüberstanden. Diese Gegnerschaft gegen den Naturalismus bei den Hamburger Sozialdemokraten muß auch vor dem Hintergrund gesehen werden, daß die Freie Volksbühne von Hamburg-Altona, die zwischen 1893 und 1896 existierte, sich vorrangig der Verbreitung der modernen Dramatik widmete. Im Jahresbericht zum Vereinsjahr 1893/94 heißt es dazu: »Die von Jahr zu Jahr wachsende Bedeutung der ernsten, modernen Literatur, der Zustand der hiesigen Theater-Verhältnisse, die Erkenntnis von dem grossen Werth der modernen, dramatischen Kunst für die Freiheitsbestrebungen unseres Volkes, hatten in einigen befreundeten Männern und Jünglingen den Wunsch erweckt, thätig für die Aufschliessung und Nutzbarmachung der modernen Kunst einzutreten« (*Verein »Freie Volksbühne« Hamburg-Altona*, H. 11, Juli 1894, S. 5).

90
Protokoll über die Verhandlungen des Parteitages der
Sozialdemokratischen Partei Deutschlands. Abgehalten zu Gotha
vom 11. bis 16. Oktober 1896. Berlin (Vorwärts) 1896; hier:
S. 78–79, 79–80, 81–85, 92–93, 94–96, 102–103, 105 u. 109–110.

[…]

Frohme: Ich habe Stellung zu nehmen gegen die »Neue Welt« bezw. ihren gegenwärtigen
Redaktuer, Genossen Edgar Steiger. Sie kennen seine Polemik mit Genossen Bérard vom
»Hamburger Echo«hinsichtlich dessen, was Genosse Steiger die »neue Kunst« nennt. Wenn
Genosse Steiger sich herausgenommen hat, mit souveräner Verachtung von dem mangelnden
Verständniß der Hamburger Arbeiterschaft zu reden, so kann man mit ihm nicht ernsthaft
reden. Wir sind keine Anstandsdusler; aber es ist doch unleugbar, daß die neue Richtung in
mancher Beziehung auf Abwege gerathen ist, die Geschmack und Anstand verletzen. Wenn
Genosse Steiger behauptet, daß das »Echo« noch im vierzehnten Jahrhundert lebt, noch
hinter den Moralbegriffen der bürgerlichen Gesellschaft zurückbleibt, so will ich ihm nur
vorlesen, was ein hervorragender Vertreter des deutschen Naturalismus in der »Hamburger
Freien Volksbühne« über jene Art des Naturalismus sagt, die im Schmutze watet, das sexuell
Gemeinste, das psychiatrisch Kränkste schildert. Dabei scheint mir Genosse Steiger eines
festen Standpunktes in dieser Frage noch vollständig zu entbehren. In seinen Artikeln finden
sich die allerbedenklichsten Widersprüche. Jedenfalls ist es sehr übel von ihm angebracht,
vom hohen Paradepferde herab zu sprechen. Die »Neue Welt« muß so gehalten werden, wie
es den geistigen Bedürfnissen der Leser, vor allem der Leserinnen entspricht. Die Parteigenos-
sen haben Kinder, die auch etwas von der Lektüre der Eltern profitiren sollen. In weiten
Parteikreisen ist nun die Meinung verbreitet, daß man sich die »Neue Welt« jetzt immer erst
genau ansehen muß, bevor man sie den Kindern giebt. (Zustimmung.) Es ist unbestreitbar,
daß die »Neue Welt« unter der Redaktion Steiger's das sexuell Gemeine in den Vordergrund
gestellt hat, daß Schilderungen darin waren, die allen Anstandsbegriffen Hohn sprechen.
(Sehr richtig!) Es ist die allerhöchste Zeit, daß der Parteitag hiergegen sein Veto einlegt.
(Bravo!) Wenn Steiger und seine literarischen Freunde ihren Naturalismus, der sich rühmt,
über jeder Partei zu stehen, bethätigen wollen, mögen sie es thun, wo sie wollen, aber
außerhalb der »Neuen Welt«. Das Blatt gehört der Partei; es erfordert hohe Kosten, die sich
auf 48000 M. pro Jahr belaufen werden. Dies Geld darf nicht ein Privilegium, ein Unterstüt-
zungsfond für Naturalisten werden. Wir wollen nicht, daß man in unseren Unterhaltungsblättern in den Ton der frömmelnden Moral verfällt; wir sind keine Spießbürger, das weiß
jeder, der uns genau kennt, wie weit wir davon entfernt sind. (Heiterkeit!) Aber der Parteitag
wird sich ein Verdienst um unsere Presse erwerben, wenn er dafür sorgt, daß die »Neue Welt«
nicht ein Probirfeld für die naturalistische Richtung ist. Sie kann sich bethätigen, aber nicht
auf Kosten der Partei. Von allen Seiten kommen Beschwerden über die »Neue Welt«. Vorläufig begnüge ich mich mit diesen Andeutungen und warte ab, was Genosse Steiger zu sagen

hat. Ich bitte ihn aber schon jetzt, nicht in den Ton seiner literarischen Polemik zu verfallen, nicht persönliche Invektiven zu drechseln. (Oho!) Gewiß! Wie hat er den Genossen Bérard angegriffen; wie hat er gehöhnt über die Erziehung der Hamburger Arbeiterschaft! Nur der Genosse Steiger und die »Leipziger Volkszeitung«, die erziehen die Leipziger Arbeiter zur wahren Kunst! (Heiterkeit.) Ich beneide die Leipziger Arbeiter nicht um diese ihre Erziehung. (Lebhafte Heiterkeit und Beifall.)

[...]

Bérard – Hamburg: Nicht wir haben die Preßkampagne wegen der »neuen Kunst« inszenirt, sondern Genosse Steiger hat uns provozirt. Ueber die »Neue Welt« hat Frohme ja schon das Erforderliche gesagt. Der Roman von Hans Land »Der neue Gott« wird von manchen Genossen geradezu als eine Verhöhnung der Sozialdemokraten aufgefaßt. Aber noch viel schlimmer ist die »Mutter Bertha« (Heiterkeit), in die Genosse Steiger sich ganz besonders verliebt hat. (Große Heiterkeit.) So was darf überhaupt nicht vorkommen. Ein so heroischer, muthiger Charakter, wie die Mutter Bertha, verkehrt mit dem Kerl, der ihr unsittliche Anträge macht, ganz anders: die giebt ihm ein paar Ohrfeigen, daß er hintorkelt und dann ist die Sache abgemacht. (Große Heiterkeit. Zuruf: Das ist wahre Realistik!) Am Schluß wird die Sache geradezu lächerlich. In einer früheren Nummer befindet sich ein Artikel zu einem Bilde, der anfängt: Kunst ist nicht Kunst! Wenn man ihn von vorn bis hinten durchliest, weiß man immer noch nicht, was Kunst ist. In Nr. 40 kommt der liebe Herrgott 48 Mal vor und in Nummer 41 noch 32 Mal. (Heiterkeit.) Ein Hamburger Arbeiter spricht in einem Eingesandt dem »Hamburger Echo« seinen Dank aus für die Artikel gegen die »Neue Welt«, aus der nur eine entsetzliche Mittelmäßigkeit spricht, verbunden mit der krankhaften Sucht, den Proletarierinnen die Folgen unserer wirthschaftlichen Misère so kraß wie möglich auszumalen. Das ist die Meinung der überwiegenden Mehrheit, zum mindesten der Hamburger Genossen.

Redner begründet hierauf den Antrag auf Reduzirung der »Neuen Welt« auf acht Seiten. Früher kam das Blatt bei acht Seiten für 11 Mark per Tausend gerade auf die Kosten; jetzt macht jedes Tausend 4 Mark Defizit. Wenn das im nächsten Jahre so weiter geht, so stellt sich ein Defizit von 46–48000 M. heraus. Ein so großer Aufwand für ein einzelnes Blatt wäre nicht zu verantworten. Da hätten wir nicht nöthig gehabt, den »Sozialdemokrat« eingehen zu lassen, um nun einen neuen Defizitmacher zu schaffen. Ferner ist zur Vermeidung von Unzuträglichkeiten wünschenswerth, daß die Redaktion sich am Druckorte befindet. (Zustimmung.)

[...]

Steiger – Leipzig: Es ist gerade kein erhebendes Gefühl, das erste Mal, wo man auf einem Parteitage als Redner auftritt, von der Anklagebank aus sprechen zu müssen. Frohme und Bérard sprachen von der allgemeinen Mißstimmung über die »Neue Welt«. Ich wußte genau, was ich that, als ich sehr langsam, vorsichtig und sacht in die Bahnen moderner Kunst einlenkte. Ich wußte, wie schwer ein solcher Sprung ist, in einer Zeit, wo das ganze bürgerliche Lager noch immer an den Knochen, nicht etwa der wirklich klassischen Literatur, sondern ihrer Nachtreter herumnagte. Wo plötzlich eine neue Kunst geboren wurde, waren die Geburtswehen groß und Ausschreitungen unausbleiblich. Ich habe mich vielmehr gewundert, daß die »Neue Welt« überhaupt noch Abonnenten hat, wo der eigene Verleger die Redaktion seines Blattes in Versammlungen und in der Presse so hinstellt, als wollte sie das ganze Volk vergiften. Da ist es wahrlich ein Wunder, daß ein Arbeiter das Blatt überhaupt noch liest! Aber trotzdem hat mich die ganze Polemik gefreut; sie beweist die wunderbare Stärke unserer Partei. Es fragt sich nur, ob bei einer solchen Agitation etwas herauskommt. Frohme beklagt sich über die Polemik, die ich geführt habe. Wie soll ich polemisiren? Bleibe ich sachlich und nenne ich keine Namen, so heißt es, ich spreche in vornehm erhabenen Ton der Unfehlbarkeit. Werde ich angegriffen und antworte nicht etwa so, wie man in den Wald hineingerufen hat, sondern vielmehr als ganz sanftes Echo – ich meine nicht das »Hamburger Echo« (Heiterkeit) – dann heißt es auf einmal, der Steiger wird persönlich. Gegen mich wurden Ausdrücke gebraucht wie Lektüre für blasirte Wüstlinge. Es wurde gesprochen von überspannten Köpfen, von Narren, von Leuten, welche ihre geistlosen Erzeugnisse in der »Neuen Welt« als Ablagerungsstätte unterbringen wollen. Darauf habe ich höchstens mit den Ausdrücken Philister und Spießbürger geantwortet. Ich frage Sie, welche Ausdrücke am Platze sind, wenn man in dieser Weise angegriffen wird. Frohme tadelt es, daß ich blos meine Artikel zusammengestellt habe und betont demgegenüber, daß die Hamburger die ganze Polemik veröffentlicht hätten. Merkwürdig, die beiden letzten Artikel, in denen ich auf einige Grundfragen, die im Hamburger »Echo« erörtert wurden, antwortete, wurden nicht abgedruckt, sondern es wurde so dargestellt, als ob das Hamburger »Echo« das letzte Wort gesprochen und ich keine Antwort gefunden hätte. Das ist also die Polemik, die Frohme mir als Muster vorhält! Hätte man einen objektiven Bericht beiderseits gebracht, so stände sicher alles darin; so aber habe ich, wie ich in der Vorrede ausdrücklich konstatire, nur meine Meinung veröffentlicht, in der Erwartung, daß die Hamburger sich hier ebenso wehren, wie sie es in der Presse gethan haben.

Bei der ganzen Polemik haben die Hamburger die moderne Richtung und die »Neue Welt« verwechselt. Das sind zwei himmelweit entfernte Dinge; ich habe nie den Standpunkt vertreten, als ob alles, was die Modernen geschrieben hätten, etwa wirklich geistige Nahrung für das Volk wäre. Ich weiß, daß in einer Zeit der Dekadence, der Selbstzersetzung der bürgerlichen Gesellschaft, in diesem Todesringen einer dem Untergange geweihten Gesellschaft soviel Schmutz aufgewirbelt wird, daß die Phantasien solcher blasirten Wüstlinge nicht vor das arbeitende Volk gehören. Aber es verhält sich gerade umgekehrt, wie Frohme es darstellt. Er behauptet, zuerst hätte man die junge Richtung freudig begrüßt und nachher seien die Ausschreitungen gekommen. Jeder, der die moderne Richtung verfolgt hat, weiß jedoch, daß es hier ebenso gegangen ist, wie bei allen großen literarischen Revolutionen, daß immer die Ausschreitung als natürlicher Gegenschlag gegen die vorherige moralische Versumpfung der Kunst erfolgt ist im Anfang der Bewegung und daß sich daraus nachher eine wirkliche wahre Kunst entwickelte. Man sagt, ich hätte die »Neue Welt« zu einem Tummelplatz für literarische Experimente gemacht. Wo habe ich das gethan? Nirgends. Ich wollte in der »Neuen Welt« das beste bieten, was die lebende Kunst hervorgebracht hat, soweit es uns bei den beschränkten Finanzen möglich war. Dieses Beste ist aber ein neues.

Gerade Wahrheitsmuth ist es, der die neue Kunst auszeichnet. Sie schildert den Tod, das Verderben, sie hängt dem Laster kein moralisches Mäntelchen um. Sie verfährt nicht wie jene seichte Lügenkunst, die das Laster liebenswürdig entschuldigt, sie wischt der Welt die Schminke aus dem Gesicht, nimmt ihr die Larve ab und zeigt überall die Todessymptome der bürgerlichen Gesellschaft. Nun sagen die Genossen: Die neue Kunst erhebt nicht, sie sucht mit Vorliebe häßliche Stoffe auf. Es ist aber eine Erscheinung, die sich in der Kunst vom grauesten Alterthum bis in die neueste Zeit findet, daß die Kunst gerade die furchtbarsten Ereignisse als Gegenstand ihrer Darstellung wählt. Was kann furchtbarer sein, als ein Menschenmord, wo der Mensch das Unnatürlichste thut, nicht neues Leben zu verbreiten, sondern Leben zu vernichten. Warum stellt ihn die Kunst aber dar? Weil bei solchen Thaten die geheimsten Triebfedern in der Menschenbrust sich am deutlichsten zeigen; die Dichter wollen, wenn sie einen Mord schildern, nicht sagen: Gehet hin und bringt einen Menschen um.

Redner geht nun dazu über, einzelne Vorwürfe Bérard's zurückzuweisen. Er nimmt den Roman »Der neue Gott« von Hans Land in Schutz und sieht in ihm nicht eine Verhöhnung der Sozialdemokratie, sondern eine Schilderung der verruchten gesellschaftlichen Verhältnisse, die Tausende ins Verderben führen, um in uns die Entrüstung über solche Verhältnisse zu wecken. Wenn die antike Kunst nicht so detaillirt in der Schilderung des Grausigen war, wie die moderne, so geschah es, weil die Kunstmittel noch nicht da waren, so zarte und nuanzirte Stimmungen hervorzurufen, wie es die neue Kunst vermag. Hier könnten unsere Genossen, die sich auf ihre darwinistische und materialistische Weltanschauung berufen, einmal zeigen, ob sie sie wirklich besitzen. Die Widerspiegelung der kleinsten Regung der Menschenseele basirt auf der großen Rolle der Naturwissenschaften in der Gegenwart. Das Mikroskop hat sozusagen uns eine neue Welt eröffnet, hat uns die moderne Kunst gegeben. Während wir in den früheren Jahrhunderten immer in die Unendlichkeit, in das Himmelszelt mit der Sternenwelt hinaufschauten, senkt man sich jetzt in das Kleinste des Kleinen und entdeckt da ebenso große Wunder, wie in dem unendlich Großen. Die Kunst hat diesem Triebe Folge geleistet; sie versenkt sich auf einmal in die geringste Menschenseele. Ja, die Kunst ist demokratisch geworden, man braucht keine Könige mehr auf der Bühne, man braucht keine Fürsten, keine Barone und Grafen in den Romanen; jetzt ist der Arbeiter oder wer es sei, jeder Mensch ganz losgelöst von seiner sozialen Stellung ein gleich interessantes Objekt. Wir entdecken in ihm ganz dieselben Leidenschaften und verfolgen sie. Allerdings müssen wir da, wenn wir bei den Lichtseiten des Lebens diese feine Analyse machen, auch das Laster ebenso genau schildern; denn sonst würden wir lügen und die Menschen bereits jetzt zu Engeln machen. Ich habe in der Diskussion ganz genau herausgefühlt, daß leider immer der Standpunkt vertreten wird, die Kunst sei dazu da, entweder zu belehren oder in dem gewöhnlichen Sinne zu erheben. Das hat Genosse Bérard gethan, als er die viel geschmähte »Mutter Bertha« gegen mich von den Todten herauf beschwor. In »Mutter Bertha« sei kein versöhnendes Moment. Man kann die gewaltige, niederschmetternde Tragik nicht ertragen, sondern steht immer noch auf dem Standpunkt – ich kann nicht anders sagen – des Traktätchenlesers, der immer am Schluß einen gebesserten Menschen verlangt. (Lebhafte Rufe: Sehr richtig! Sehr unrichtig!) Sie müssen sich am Ende kriegen! (Lebhafter Beifall und Heiterkeit.) Wie tragisch und erhebend ist der Schluß der Mutter Bertha! Sie thut das höchste, was eine Mutter für ihr Kund thun kann, aber sie ist eben nur eine Kellnerin, sie hat ein uneheliches Kind – ja, ich kann nichts dafür. (Stürmische Heiterkeit.) In diesem Weibe ist die größte Weiblichkeit und der größte Heroismus verkörpert. Als ihr Kind auf dem Todtenbette liegt, als es aufgegeben ist, und da die Nachbarin kommt und ihr von dem Quacksalber erzählt, der es retten würde – ist es da wunderbar, daß sie nach dem Strohhalm greift? Und nun tritt ihr dieser miserable Wüstling entgegen und fordert als Preis für ihr gerettetes Kind ihren Leib, ihre Ehre, und sie opfert es mit dem festen Entschluß, für immer allem Lebensglücke für sich zu entsagen und nur ihrem Kinde zu leben, und als das Kind stirbt, da geht sie mit ihm in den Tod. Das ist eine so gewaltige Seelenthat, so erschütternd, daß ich nicht begreifen kann, wie man darüber zu lachen wagt. (Lebhafte Zustimmung.) Sonst kommen wir auf den Standpunkt, daß wir wieder die vornehmen Herren, die Großen und Mächtigen der Erde brauchen. Ich finde, wenn eine Kellnerin, wenn ein Mädchen aus dem Volke am Schluß für ihr Kind in den Tod geht, so ist das ein Heroismus sondergleichen, der nur Achtung verlangt.

Als ich in die moderne Richtung einlenkte, da wußte ich ganz genau, daß es sich um eine Erziehung des arbeitenden Volkes zur Kunst überhaupt handelt. Die Frage: »moderne Kunst« spielt darum gar keine Rolle, weil trotz allem und allem ich immer wieder sagen muß: Heute haben wir thatsächlich keine andere Kunst, als die moderne. Die anderen, sie mögen ganz wohlwollende Schriftsteller sein, aber Künstler, die das Leben den Lesern oder Zuhörern im Theater vor Augen stellen, sind sie nicht, sie sind Nachahmer einer vergangenen Kunstperiode. Wie müssen wir nun, sagte ich mir, die Erziehung des Volkes zur Kunst gestalten? Genosse Frohme meint, ich hätte damit die Hamburger Arbeiter beleidigt. Ich frage ihn, wo er das gefunden hat, ich habe nie einen Arbeiter beleidigt. Ich habe in meinen Artikeln ausdrücklich nur mein tiefstes Bedauern ausgesprochen, daß die schlechten ökonomischen Verhältnisse den Arbeiter hindern, an den Genüssen der Kultur und deshalb auch an der Kunst theilzunehmen. Erst in zweiter Linie habe ich auch die Frage gestreift, ob es bisher nicht schon möglich gewesen wäre, durch Hinderung der Verbildung in künstlerischer Beziehung das Volk zu bewahren vor einem Rückfall in veraltete Anschauungen, die nirgends mehr in der Welt getheilt werden, vor der Anschauung, die Kunst solle belehren, anstatt daß sie das Lebensbild lebendig vor Augen stellt, damit jeder voraus ablese, was er für sich brauchen kann. Es gab nun zwei Wege: entweder man stellte die ganze moderne Kunst (und ich meine nicht etwa diese geschlechtlichen Probleme, auf denen immer herumgeritten wird, als ob die moderne Kunst das wäre), dem Volke vor Augen. Diese Ohrfeige verträgt es heute noch nicht. Hier gilt es pädagogisch vorzugehen und nach und nach den Arbeiter daran zu gewöhnen, und zwar nicht nur die Frauen, denn die Kunst ist durchaus nicht blos für die Frauen. Wenn ich diesen Einwand höre, kommt es mir fast so vor, als höre ich richtige Bourgeois: Ja, für die Frauen ist es immer noch gut genug! Das heißt das weibliche Geschlecht, das Sie in der Theorie immer gleichstellen, beleidigen. (Lebhafter Beifall.) Nein, die moderne Kunst wendet sich an den ganzen Menschen, gleichviel ob Weib oder Mann, und wenn man von Kunsterziehung spricht, so fragt es sich blos, an welches Niveau der Arbeiterschaft man anknüpfen soll. Ich meine nicht etwa den besseren oder den weniger besseren Sozialdemokraten, von dem heute schon die Rede war, denn den kenne ich nicht. Ich meine, daß es bei uns ebenso gut wie in allen Gesellschaften eine Reihe von Leuten giebt, die sich für die Kunst interessiren, und eine andere Reihe, die theils durch ihre ökonomische Lage, durch ihre Ueberbürdung mit den alltäglichen Arbeiten oder durch ihre politische Thätigkeit nicht dazu kommen können, sich in der Welt der Kunst umzusehen. Es fragt sich, wie wir diese alle unter einen Hut bringen können. Sollen wir z.B. auf das Bildungsniveau der großen Arbeitermassen in den katholischen Bezirken Bayerns oder des Rheinlands Rücksicht nehmen? Würden wir ein Blatt gründen, das dort Anklang findet, so kämen die Arbeiter der Städte und würden sagen: was für einen Schmarrn bietet Ihr uns da. Wenn wir umgekehrt, so wie ich es versuchte, anknüpfen an die in künstlerischer Hinsicht fortgeschritteneren Elemente, die in den Städten Gelegenheit haben, etwas Schönes zu sehen, so werden natürlich immer wieder Klagen einlaufen. Ja, das Blatt paßt für uns nicht. In unseren Kreisen verstehen die Leute das nicht. Nicht etwa, daß Sie es nicht lesen können im eigentlichen Sinne des Wortes, aber im tieferen Sinne können Sie es nicht lesen. Denn die Kunst, künstlerisch zu lesen, das heißt nachzuempfinden und nachzufühlen, ist eine schwere. Da habe ich mir denn doch gesagt, du machst es, wie es die politischen Agitatoren unserer Partei gemacht haben. Was wäre aus unserer Partei geworden, wenn Lassalle sich bei seinen politischen Reden und in seinen Broschüren an das Auffassungsvermögen der allergrößten Masse gewendet hätte? (Sehr gut!) Er hätte gar nichts erreicht, denn wenn er hätte hinabsteigen müssen auf das damalige tiefe Bildungsniveau, dann hätte er, anstatt die Leute zu bilden, sie festgenagelt auf ihrem damaligen geistigen Tiefstand. Statt dessen trat er ihnen entgegen, ausgerüstet mit der ganzen Wissenschaft seines Jahrhunderts, und suchte in möglichst gemeinverständlicher Form, aber ohne in einen Kalenderstil zu verfallen, ihnen die Wahrheiten des Sozialismus auseinanderzusetzen. Und wir sehen den Erfolg: Es hat Arbeit gekostet, jahrzehntelange Arbeit, aber heute haben wir eine Arbeiterschaft, die ihren Lassalle lesen kann, und an diese Leute habe ich gedacht, als ich mir mein Kunstprogramm ausklügelte. Ich mag hier und da in der Auswahl des Stoffes nicht das richtige getroffen haben, aber wenn man immer nach allen Seiten schauen muß und trotzdem sein Kunstideal festhalten will, so ist es sehr schwer, hier oder da nicht Anstoß zu erregen. Man redet sehr viel von der Mittelstraße, aber man vergißt, daß diejenigen, die sie in diesen Fragen beschritten haben, heruntergerutscht sind. Merkwürdigerweise merkt das »Hamburger Echo« gar nicht, daß das von Bérard verlesene Eingesandt ihnen zuerst Bravo zuruft und hinterdrein sagt: Im Grunde genommen seid ihr ja auch so häßliche Menschen wie der Steiger. (Heiterkeit.) Ihr habt ja auch so verfluchten Plunder, denn meine Frau hat mir gesagt, das sind ja alles Tüfteleien. Hinter der Frau steht vielleicht eine Schwägerin, künstlerisch noch etwas weniger gebildet und hinter dieser noch eine, die es ganz unbegreiflich findet, daß die »Neue Welt« nicht Schundromane nach Art der blauen Hefte vom blutigen Knochen bringt. Auf diese Weise gerathen wir auf eine schiefe Ebene, auf der es kein Halt mehr giebt. Ich habe es tief bedauert, daß man mir deshalb bei dem Streben, das Volk, das Jahrhunderte lang von der Kunst ausgeschlossen war, zur Kunst zu erziehen, Verachtung gegen die Arbeiter unterge-schoben und Ueberhebung vorgeworfen hat.

Noch einige Worte über die Moralität. Es wurde immer davon gesprochen, daß die alten Klassiker, die ebensolche Scheusale und Verbrecher darstellen, wie die modernen, nur daß es dort Könige und hier ganz gewöhnliche Menschen sind, eine sittliche Tendenz gehabt haben. Ich traute meinen Ohren nicht, als ich dies Urtheil über die Modernen hörte. Ich will nur auf Gerhard Hauptmann hinweisen, den ich für den größten lebenden deutschen Dichter halte. Wer seinen »Sonnenaufgang« gelesen hat, in dem der Fluch des Alkoholismus geschildert ist, wer seine »Weber« gelesen hat, in denen er das Elend des arbeitenden Volkes so drastisch zum Ausdruck bringt, daß der Zuschauer vor Empörung und Entrüstung aufschreit und, wenn anders er ein Menschenherz in der Brust trägt, mit dem Bewußtsein nach Hause geht, daß dieser Zustand, den wir ja heute noch in anderer Weise wahrnehmen, nicht fortdauern kann, wer seinen »Biberpelz« gelesen hat, in welchem er die Justiz, wie sie da und dort gehandhabt wird, mit blutiger Ironie geißelt (sehr gut), so frage ich, ob das keine höhere Sittlichkeit ist. Freilich giebt es Leute, die immer wollen, daß der Hauptheld der sogenannte Tugendfatzke sei, der aufschreit: Ja liebes Publikum, bring keinen Menschen um! Das ist der alte Stand-punkt. Wer den verläßt, dem geht es wie dem denkenden Sozialdemokraten mit der heutigen Welt. Er sieht sie vor sich in ihrer Scheußlichkeit, er sieht vor sich die Noth, das Elend, den Kampf ums Brot, das Unterliegen tausender von Existenzen, das Zugrundegehen. Und vom Künstler verlangt er hernach, daß er jedem solchen Bilde aus dem Wege laufen und ja nicht etwa einen Arbeiter schildern soll, dessen Thaten im Widerspruch mit seiner Theorie stehen. Unsere Arbeiterschaft ist doch wohl geschult und gebildet genug, um zu begreifen, daß die heilige Sache, für die wir alle kämpfen, nicht davon abhängt, ob der eine oder andere ein schwacher Mensch ist mit Gebrechen und Lastern, ob da oder dort ein räudiges Schaf herumläuft. Nein, die große Sache wird durch solche Existenzen immer und wieder bestätigt, und man darf von der Kunst nicht verlangen, daß sie nur Arbeiter »in Frack« schildert, wie sie zufällig auf einer Rednertribüne auftreten, sondern die Kunst hat auch hier die furchtbare Wahrheit zu vertreten und jeden bis ins Haus zu verfolgen und zu schildern, wie er dort ist.

Die Kunst ist mir das Zweite, für das ich leben und sterben möchte. In erster Linie liegt mir an der großen Befreiung des arbeitenden Volkes aus ökonomischer Noth. In zweiter Linie aber schon jetzt an der Emporhebung des Volkes, damit es theilnehmen kann an den Kultur-genüssen. Denn Sie dürfen nicht vergessen, welchen Zielen wir alle zustreben. Wir wollen, daß das arbeitende Volk die Führung übernimmt auf allen Gebieten des Lebens (sehr richtig!) und das wollen wir nicht durch Vernichtung früherer Kulturen, damit wir nachher aus dem Nichts etwas schaffen, sondern wir wollen alles Gute und Schöne und die ganze Fähigkeit, dieses Gute und Schöne zu genießen, herübernehmen aus den früheren Gesellschaften und hinlegen auf den Tisch des arbeitenden Volkes, damit dies als der große Kulturkämpfer der Gegenwart das Kulturerbe der Gegenwart übernehmen kann und den großen Aufgaben, die ihm bevorstehen, gewachsen sei, damit es nicht im Frohndienst verkümmert, sondern damit wir alle ganze Menschen werden. Dafür kämpfe ich, und in diesem Kampfe bitte ich Sie, mich zu unterstützen. (Lebhafter Beifall und Händeklatschen.)

[...]

Nunmehr wird in die Tagesordnung eingetreten. Die Verhandlung über den Punkt »Presse« wird fortgesetzt.

Frohme: Genosse Steiger hat die Redezeit um das fünffache überschritten, hat sich aber aus seiner Position eines Angeklagten nicht herausbringen können. Er hat eine hübsche Rede über die Bedeutung der Kunst und der Erziehung zur Kunst gehalten, es aber weislich unterlassen, auf die Vorwürfe einzugehen, die wir ihm gemacht haben. Er hat uns vorgeworfen, wir hätten bei der Vorlegung des Materials an den Parteitag seine beiden letzten Artikel nicht mit vorgelegt. Sie waren aber noch gar nicht erschienen, als wir das Material zur rechtzeitigen Fertigstellung drucken lassen mußten. Mit meinen Begriffen von Ehrlichkeit in der Kritik verträgt sich ein derartiges Verhalten nicht. (Oho!) Er suchte es so darzustellen, als ob die Mißstimmung gegen die »Neue Welt« eine Mache der Hamburger Redaktion sei. Die Mißstimmung herrscht aber in ganz Deutschland, in den weitesten Kreisen. Auf das, worauf es ankommt, ist Steiger gestern nicht mit einem Wort eingegangen. In der »Mutter Bertha« wird geschildert, wie Mutter Bertha mit einem Begleiter geht. Sie bleibt plötzlich stehen: »Ach, Herr Fritz,... ich... ach...« »Was, Fräulein?« sagte er, der sie nicht verstand. »Ich möchte mal'... ach, verstehen Sie mich doch!« »... Ach so... pardon!...« »Sie müssen entschuldigen... ja, ja... Verzeihen Sie... Bitte, bitte...« Eine blutrothe Verlegenheit durchschoß sein Gesicht. Dann sagte er: »Ist es Ihnen vielleicht recht, wenn wir irgendwo eintreten?« – »Ja doch, aber blos ein bischen schnell!« (Heiterkeit.) – Und nun bleibt es der freundlichen Leserin überlassen, Mutter Bertha in das intime Gemach zu begleiten und die geheimsten Regungen ihrer Seele zu belauschen. (Große Heiterkeit.)

Wenn die naturalistische Kunst glaubt, es rechtfertigen zu können, derartige absolute, stinkende Schweinereien in Romanen bieten zu dürfen (Beifall und Unruhe), dann hört einfach alles auf. Auf alles das ist Genosse Steiger mit keinem Wort eingegangen. Es ist uns garnicht eingefallen, gegen die Freiheit der Kunst, gegen die naturalistische Kunst an sich uns zu wenden, so lange sie sich in den Grenzen des Anstandes hält. Ich weiß ja, es giebt eine Menschensorte, die es schon als ein Verbrechen ansieht, wenn man das Wort Moral und Anstand nur in den Mund nimmt. Es wird mir doch Niemand glauben machen, daß eine Kunstrichtung, die sich als eine Erscheinung des Uebergangs-Zeitalters eines tollen menschlichen Karnevals selbst giebt, die echte, wahre Kunst genannt werden könne. Genosse Steiger hat auch gestern wieder von sozialdemokratischen Traktätchen gesprochen. Alles, was nicht seiner Meinung entspricht, pflegt er einfach als Traktätchen zu bezeichnen, aber die uns Hamburgern gemachten Vorwürfe sind nicht begründet. Es ist sehr leicht, ein Phrasenragout anzurichten, wie es Steiger gethan hat. Darüber darf man sich doch nicht täuschen, daß es leichter ist, hier eine Rede über die Bedeutung der Kunst zu halten, als auf die Streitpunkte einzugehen. Wir haben nicht gegen Windmühlen gekämpft, sondern Auswüchse, die thatsächlich vorhanden sind, auszurotten versucht. Wenn Steiger von der Erziehung des Volkes zur Kunst spricht, so betritt er ein Gebiet, auf dem er leicht straucheln kann, denn von der Erziehung des Volkes zur Kunst in dem abstrakten Sinne, wie es Steiger meint, kann keine

Rede sein. Ohne die feste Grundlage einer materiellen Existenz redet man vergebens von der Erziehung des Volkes zur Kunst. Der Behauptung in dieser Allgemeinheit kann höchstens ein Mensch beipflichten, der nicht weiter denkt, als seine Nase reicht. Emporhebung des Volkes! Ja, hat die Sozialdemokratie nicht jeher daran gearbeitet! Entkräftet hat Steiger unsere Angriffe nicht. Was er über die Bedeutung der Kunst sagte, unterschreibe ich Wort für Wort. Aber das ist garnicht der Streitpunkt. Und es ist sehr wenig ehrlich von ihm, daß er es so hinstellt, als seien wir Vandalen, die gegen die Kunst wüthen, während wir nur die Auswüchse des Naturalismus bekämpfen. (Beifall.)

[...]

Molkenbuhr: Da Steiger in seiner Broschüre nur seine eigenen Artikel veröffentlicht und dadurch ein schiefes Bild gegeben hat, so war es nöthig, die verschiedenen Artikel gegenüberzustellen. Steiger wird es mir glauben, daß die Abdrücke unserer Broschüre bereits unterwegs waren, als sein vierter Aufsatz in der »Leipziger Volkszeitung« erschien, und daß er überhaupt einen derartigen Verdacht erhob, ist schon ein Beweis für die eigenthümlichen Mittel, mit denen er kämpft. In dem Artikel »Die Erziehung des Volkes zur Kunst« behauptet Steiger, daß die Kunst im sozialdemokratischen Lager ganz falsch behandelt ist, daß das arbeitende Volk bisher keine Gelegenheit hatte, sich mit der Kunst zu beschäftigen. Wenn Steiger so etwas behauptet, so zeigt er nur, daß er nicht weiß, wie es im arbeitenden Volke aussieht. Wo sind denn die großen billigen Klassikerauflagen geblieben, wer besucht die Gallerien in großen Städten, wer stellt das Hauptkontingent zu den billigen Klassikeraufführungen? Doch Leute aus der Arbeiterklasse, die sich schon vorher mit der Kunst beschäftigt haben. Es ist eine Ueberhebung, wenn Steiger meint, daß bis zur Uebername der Redaktion durch ihn nichts geschehen ist. Die »Neue Welt« hat doch vorher schon annähernd 20 Jahre bestanden, und auch in verschiedenen Feuilletons unerer Parteiblätter sind schon vorher bedeutende Erzeugnisse unserer modernen Literatur veröffentlicht worden; ich weise nur auf Zola's Germinal hin. Die Abonnentenzunahme ist doch kein Beweis, denn man kann die »Neue Welt« nicht abbestellen, ohne gleichzeitig sein Parteiorgan abzubestellen. Darin liegt ja gerade das eigenthümliche, daß für 200000 Menschen ein Blatt herausgegeben wird, von dem der Redakteur weiß, daß für seinen Inhalt nur eine ganz geringe Jüngerschaar vorhanden ist. Und deshalb ist es um so gewissenloser, daß Steiger trotzdem Woche für Woche einen Stoff bringt, für den sich die Mehrheit der Leser nicht interessirt. So massenhafte Klagen sind noch über keine Zeitschrift erhoben worden.

Genosse Steiger preist die moderne Kunst. Meint er damit etwa den »Neuen Gott« von Hans Land? Einen unglücklicheren Griff konnte er garnicht machen. Steiger preist die Modernen, er vergißt aber, daß die Stimmung den Leser oft daran hindert, das Kunstwerk wirklich zu genießen. Die Schilderung der Leiden eines Krüppels mag für einen Gesunden ein Kunstgenuß sein, nicht aber für den Krüppel, der dadurch noch mehr an seine Leiden erinnert wird. Der Arbeiter, der mit Noth zu kämpfen hat, der in Zeiten der Arbeitslosigkeit schon zu einer gewissen Mißstimmung geneigt ist, kommt nicht zum Genuß der Kunst, wenn immer und immer nur die Noth in den allerkrassesten Farben geschildert wird, im Gegentheil, es wird dadurch eine Art Selbstmordstimmung bei ihm hervorgerufen. (Sehr richtig!)

Ich will offen anerkennen, daß Steiger in der Auswahl der Illustrationen einen glücklicheren Griff gethan hat, als seine Vorgänger, aber es macht einen eigenthümlichen Eindruck, wenn ein Nachfolger sich soweit über seinen Vorgänger überhebt. Wir sind nicht aus Animosität gegen Steiger aufgetreten, sondern weil wir es für unberechtigt halten, daß man nur eine bestimmte Richtung pflegen will. Das ist ungeschickt und ruft Opposition hervor. Auch in Nürnberg sind, wie Grillenberger neulich unter der Hand mitgetheilt hat, $^9/_{10}$ der Leser mit dem Inhalt der »Neuen Welt« nicht einverstanden. Das weiß Steiger genau, und deshalb ist es um so verwerflicher, so zu handeln. Die »Neue Welt« muß so gestaltet werden, daß das arbeitende Volk davon Nutzen hat. Auch in der Auswahl der populär-wissenschaftlichen Artikel könnte Steiger vorsichtiger sein und belehrender wirken, damit die »Neue Welt« ihren Zweck erfüllt. Er hat einige arge Schmarren gebracht. Für literarische Experimente ist das arbeitende Volk am allerwenigsten zu haben. (Lebhafter Beifall.)

Schoenlank: Genosse Molkenbuhr hat soeben dem Genossen Steiger – sicherlich nicht in böser Absicht, sondern nur, weil er den Ausführungen Steiger's nicht volle Aufmerksamkeit geschenkt hat – unterstellt, er hätte behauptet, erst mit seinem Eintritt in die Redaktion der »Neuen Welt« habe die Erziehung des Volkes zur Kunst begonnen. Steiger hat nur betont, und das müssen wir ohne weiteres alle zugeben, daß die Kunst in unserer Presse stiefmütterlich behandelt wird. Wenn Molkenbuhr behauptete, daß die Schilderung des Elends auf die Arbeiter niederdrückend wirke, so ist das doch im Grunde dieselbe Auffassung, wie sie die Spießbürger von der Kunst haben; er verlangt sozialdemokratische Marlittiaden, das arbeitende Volk aber verlangt Wahrheit und nichts als die Wahrheit. Wenn Molkenbuhr recht hat, dann hätte auch Goethe die Leiden des jungen Werther nicht schreiben dürfen, weil einige junge Narren durch die Lektüre zum Selbstmord veranlaßt wurden. Was die von Frohme verlesene Stelle aus der »Mutter Bertha« betrifft, so meine ich auch, der gute Steiger hätte hier ein bischen retouchiren sollen. (Sehr richtig.) Aber wir sollten doch nicht so überaus empfindlich sein: naturalia non sunt turpia (natürliche Dinge sind nicht schändlich, nicht zu verwerfen.) In Brüssel steht das herrliche Kunstwerk, das »Manneken Piß«. (Große Heiterkeit.) Vor 80 Jahren wollte eine verspießerte Stadtverwaltung es in den Archiven verschließen. Genosse Frohme scheint ähnliches zu wollen. Er schlägt dieselbe Saite an, wie die Klerikalen Münchens gegen den sogenannten Buberlbrunnen angeschlagen haben. Die Feigenblatt-Politik taugt uns weder in der Politik noch in der Literatur. (Beifall.) Die »Leizpiger Volkszeitung« hat seinerzeit das Meisterwerk Claude Tillier's, den »Onkel Benjamin« abgedruckt. In dem humoristischen Roman führt der Dichter mit Schneidigkeit und Glanz, Humor und Witz den Kampf der aufstrebenden Bourgeoisie gegen den verrotteten Feudalismus. Der Held des Romans ist ein herrlicher Mensch, aber, was Genosse Bérard gewiß sehr bedauern wird, auch ein bischen Weinschlauch. (Heiterkeit.) Der Höhepunkt des Romans ist nun, wie Onkel Benjamin von dem Marquis gezwungen wird, ihn auf die Stelle seines Körpers zu küssen, wo man nur zu sitzen pflegt (Heiterkeit) und wie er dann in gleicher Weise Revanche nimmt. Kein Leipziger Arbeiter, keine Leipziger Arbeiterfrau hat daran Anstoß genommen. Ich würde mich keinen Augenblick bedenken, diesen Roman meinem Kinde in die Hand zu geben. (Beifall.)

Das Hohelied von der Kunst, das Frohme anstimmt, ist eben nichts anderes als das Hohelied von der ewigen Wahrheit der bürgerlichen Gesellschaft. Nein, Genosse Frohme, es giebt keine andere Kunst mehr als die moderne Kunst. [...]

[...]

Liebknecht: [...]

[...]

Nun komme ich auf die »Neue Welt«. Es hat mich im Ganzen sehr gefreut, daß wir zum ersten Mal eine Preßdebatte gehabt haben, in der man versucht hat, einen höheren Flug zu nehmen; es ist einmal ernst und würdig von der Kunst gesprochen worden. Theoretisch bin ich mit den gestrigen Ausführungen Steiger's durchaus einverstanden, aber das, woraus man ihm einen Vorwurf macht, wird von seinen Ausführungen gar nicht getroffen. Ueber die allgemeinen Grundsätze der naturalistischen Kunst, das heißt darüber, daß die Kunst natürlich sein, die Natur zur Grundlage, zum Ausgangspunkt und zum Ziel haben muß, sind wir alle einig, wir finden sie schon ausgesprochen bei dem Idealisten Schiller, von Goethe, Lessing, ja schon bei Aristoteles. Der Fehler in der »Neuen Welt« ist der, daß Steiger glaubt, es sei jetzt eine neue Kunst, eine fertige Kunst entdeckt worden, und das sei die Richtung des »jüngsten Deutschland«. Darin kann ich Steiger allerdings nicht folgen; diese Richtung ist weder neu, noch fertig; sie ist im Gegentheil recht unreif und unfertig. Es ist richtig: naturalia non sunt turpia; aber es giebt Dinge, die man in anständiger Gesellschaft nicht sagt und thut. (Sehr richtig!) Wenn Jemand das natürliche Bedürfniß, das die Bertha gehabt hat, hier in diesem Saale verrichten würde, dann würde jeder sagen, das ist zwar natürlich, aber äußerst unanständig (große Heiterkeit); und ob ich das in diesem Saale oder vor einem Leserkreis von 240000 Familien thue, so ist das gar kein Unterschied. (Sehr richtig! Steiger ruft: Nur bis an die Thüre!) Der richtige, »jüngste« oder »grüne« Naturalist thut eine große That, wenn er ein derartiges natürliches Bedürfniß gewissermaßen der übrigen Menschheit zum Trotz, nur um seine eigene Hypermenschlichkeit zu offenbaren und zu bethätigen, direkt vor den anderen und ihnen ins Gesicht verrichtet! (Große Heiterkeit.) Das, dieser Kultus des unverhüllt Animalischen, die thierischen Funktionen des Menschen ist das, wogegen die Arbeiter protestirt haben.

Nun komme ich noch auf ein Moment, das von größter Bedeutung für das Proletariat ist. Das jüngste Deutschland hat als Produkt der Decadence d. h. der Fäulniß der kapitalistischen Gesellschaft eine gewisse prickelnde Lust, alle sexuellen Dinge auszumalen. Schon in der Fäulniß des alten Römerreichs hatten wir dieselbe Erscheinung. Und hier sage ich: – ich bin wahrhaftig nicht prüde, in meiner Gegenwart kann man sehr vieles sagen; aber wenn vor heranwachsenden Kindern – die »Neue Welt« soll ja Familienblatt sein – diese geschlechtlichen Dingen behandelt werden, wie wirkt denn diese Erregung der Lüsternheit auf die Kinder! Das Proletariat wird heute schon so zu Grunde gerichtet durch soziale und ökonomische Verhältnisse; sollen wir noch dazu beitragen, Körper und Geist der Kinder des Proletariats zu ruiniren? Wenn die Arbeiter von diesem Gesichtspunkte aus sich widersetzen, dann haben sie vollkommen recht. Es ist der Trieb der Selbsterhaltung. Steiger wird das auch anerkennen – ich drücke mich drastisch aus, das Thema bringt es ja mit sich: Die Schweinerei gehört nicht in die »Neue Welt« hinein!

Ich habe mit Jemand, der vielleicht den bekanntesten Namen in unserer modernen sozialistischen und realistischen Romanliteratur hat, in diesem Sinne eine briefliche Polemik gehabt, und mein Widerpart mußte mir schließlich zugeben, daß das, was ich unter gebildeten Leuten nicht sage und nicht thue, auch nicht gesagt und geschildert werden darf in Zeitungen, Unterhaltungsblättern u.s.w. Ich bin mit der Ansicht Steiger's in Bezug auf die Bedeutung des jüngsten Deutschland auch nicht einverstanden. Ich glaube z.B. nicht, daß Hauptmann der große Mann ist, als welchen er ihn hingestellt hat; es ist sehr viel Plattes, Geschmackloses und Häßliches in seinen Schriften, und vor Allem ist nichts Revolutionäres darin, nein, Spießbürgerlich-reaktionäres zum größten Theil. (Beifall und Widerspruch.) Und die Griechen, die doch auch etwas von Kunst verstanden und große Realisten waren, ließen alle grausigen und anstößigen Sachen, statt sie darzustellen und auszumalen, hinter der Bühne verrichten. In der »Kunst der Poesie« des Horaz wird das ausdrücklich gelehrt. Der größte aller Realisten, das war ein gewisser Homer (Heiterkeit); ihn wird Steiger als Autorität ja auch vielleicht anerkennen, obgleich das jüngste Deutschland keine anderen Autoritäten kennt, als seine eigenen Wichtigkeiten und Nichtigkeiten. (Heiterkeit.) Im Homer, in der Ilias, kommt eine wunderschöne Stelle vor, welche ich Freund Steiger bitte stets zu lesen, ehe er an seine Redaktionsarbeit geht. Als die Götter sich streiteten um das Geschick von Troja, als schließlich die Juno entschlossen ist, die Trojaner zu vernichten, sucht sie den anders denkenden Jupiter für sich zu gewinnen, und es gelingt ihr auch durch realistische Frauenkünste – aber der große Realist Homer läßt eine Wolke um beide verbreiten; und diese Wolke empfehle ich Freund Steiger. (Stürmische Heiterkeit.) Und zum Schluß erinnere ich ihn und andere Apostel des jüngsten Deutschalnd noch an ein Sprichwort, das ja lateinisch ist und das ich deshalb zitieren kann: cacatum non est pictum! (Stürmische Heiterkeit und Händeklatschen.)

Fischer (Berlin): [...]

[...]

Was nun die »Neue Welt« angeht, so lasse ich die Frage Kunst, Moral, Idealismus, Naturalismus etc. unberührt, solche Fragen werden nicht durch Abstimmungen auf Parteitagen gelöst; wir sind kein Moral- und kein Kunst-Konzil. Aber die Art und Weise, wie Bérard auf die »Neue Welt« loshaut, kann man nicht billigen. (Lebhafter Beifall.) Auch ich halte die Wahl des Romans von Hans Land »Der neue Gott« für einen Mißgriff; ich mache daraus keinen großen Vorwurf, wir in Berlin sind durch den Feuilletontheil des »Vorwärts« zum Verzeihen und zur Resignation erzogen worden. (Heiterkeit und Beifall.) Welches sind denn die Vorwürfe Bérard's? Die Sozialdemokratie werde verhöhnt! (Das ist nicht mal wahr, die Sozialdemokratie soll darin sogar verherrlicht werden.) Ein Spitzel wurde verhauen! Mutter Bertha hat zu viel Geld verschwendet an Blumen zur Schmückung des Sarges ihres Kindes. Und schließlich hat er zusammengezählt, wie oft der Name Gottes eitel genannt wurde! Mit einer solchen Auffassung kommt man zur langweiligen Sonntagsnachmittagspredigt! Richtig aber ist es, in den weitesten Arbeiterkreisen ist ein gewisses Mißbehagen gegen die »Neue

Welt« vorhanden, und Steiger thut gut, das zu berücksichtigen und zu ändern. Es handelt sich hier nicht um eine Moralfrage, nicht um ein Kunstprogramm, sondern darum, daß Steiger viel zu wenig beachtet hat, daß die »Neue Welt« auch ein Familienblatt ist, das jeder seinen heranwachsenden Kindern in die Hand geben will. (Sehr richtig!) Ich bin gewiß kein Moralfex, aber auch ich sah mich schon gezwungen, die »Neue Welt« meinen Kindern wegzuräumen. Gewiß – naturalia non sunt turpia, aber man läßt sich doch nicht im Kloset photographiren. (Stürmische Heiterkeit.) Es sind nur Kleinigkeiten, die aber das Mißbehagen der Genossen hervorgerufen haben. Mehr als nothwendig wird das sexuelle Problem behandelt, und zwar nicht das psychologische Geheimniß, sondern der einfache mechanische Vorgang (sehr wahr!) und dagegen bäumt sich der gesunde Sinn der Arbeiter mit Recht auf. Die Kußszene, die Schoenlank aus Claude Tillier's Roman »Onkel Benjamin« anführte, ist ein ganz prächtiges Beispiel; wenn von einem sog. »Modernen« das dargestellt wäre, so bin ich überzeugt, daß der Schriftsteller nicht die Situation, sondern den schmutzigen Körpertheil geschildert hätte. (Heiterkeit.) Das ist der große Unterschied zwischen Meister und Pfuscher. [...]

  [...]

  Bebel: [...]

  [...]

  [...] Ich erkläre rund heraus, daß ich die »Neue Welt« unter der Redaktion Steiger's ihrem Inhalt und ihrer Haltung nach für eine bedeutende Verbesserung halte. (Sehr richtig.) Freilich hätte Steiger gut daran gethan, mit größerer Energie seinen Rothstift zu benutzen. Ich will hier nicht auf die »Mutter Bertha«, auf dieses arme Weib zurückkommen. Wenn sie nicht gestorben wäre, so wäre sie heute sicher todt geredet worden. (Heiterkeit.) Aber gewisse Stellen konnten ganz gut ohne Gefahr für den übrigen Inhalt gestrichen werden. Die Debatte hat für Steiger das eine Gute gehabt, daß er jetzt weiß, woran er ist, daß er das hier Gehörte sich zu Herzen nehmen und in Zukunft uns ein Blatt liefern wird, mit dem die Partei mehr als bisher zufrieden sein kann. Darin, daß das Blatt wesentlich besser geworden ist, stimmt auch Genosse Ruegg, der Redakteur der »Züricher Post«, mit mir überein, der doch gewiß eine urtheilsfähige Person ist. Andererseits habe ich am allerwenigsten, und mit mir die gesammte Parteileitung verkannt, daß Steiger mit seinen neuen Ideen einen schweren Stand in der Partei haben wird. Ich habe ihm das oft gesagt und ihm einigemale den Rath gegeben, nicht zu stürmisch vorzugehen, sondern daran zu denken, daß wir in der Partei Elemente haben, die politisch und ökonomisch auf dem radikalsten Standpunkte stehen, daß es aber bei uns auch Leute giebt, die in Bezug auf Literatur und Kunst durchaus konservativ sind (sehr richtig), die durch das Fernhalten von jedem geistigen Genuß an Genüsse gewöhnt sind, die himmelweit von dem Ideal Steiger's entfernt sind.

  Es wird darauf hingewiesen, daß auch Kinder die »Neue Welt« zu lesen bekommen; ja, wenn die »Neue Welt« vorzugsweise für Kinder redigirt werden soll (Widerspruch), so gründe man doch ein Kinder-Unterhaltungsblatt. Auch ich freue mich, wenn die Kinder eine gute Lektüre haben, aber, seien Sie sich doch darüber klar, daß wir uns auch auf dem Gebiete der Kunst und Literatur heute in einer großen umstürzlerischen Bewegung befinden, in einer Bewegung, wo das Neue mit dem Alten kämpft. Eine Partei, wie die unserige, die reformirend in alle Gebiete eingreift, kann doch nicht auf dem Gebiet der Kunst und Literatur einen Standpunkt vertreten, der nach und nach als ein veralteter angesehen wird. (Sehr wahr!) Die meisten von uns, ich selbst nicht ausgenommen, sind infolge ihrer Thätigkeit garnicht in der Lage, sich um die Entwickelung auf künstlerischem und literarischem Gebiete zu kümmern. Ich habe Illustrationen in der »Neuen Welt« gefunden, die zweifelsohne bei Vielen Anstoß finden, über die ich mich aber herzlich gefreut habe. Liebknecht hat auf Homer hingewiesen und auf die Schilderung der bekannten Liebesscene zwischen Juno und Jupiter. Nun die Schilderung jener Scene durch Homer ist doch etwas realistischer als Liebknecht sie hier dargestellt hat. (Sehr richtig.) Andererseits sollen wir uns doch daran erinnern, daß unsere Bourgeois-Söhne auf Gymnasien den Aristophanes, den Lucian, den Ovid u. s. w. zu lesen bekommen, in deren Werken sich Stellen finden, an die die anstößigen Stellen der »Neuen Welt« nicht entfernt heranreichen, in deren Werken sich in Bezug auf das geschlechtliche und sexuelle Leben Schilderungen finden, die weit das übertreffen, was man sonst in Deutschland zu sagen oder zu drucken wagt. Diese Literatur wird anstandslos unter den Gymnasiasten verbreitet, aber für den Arbeiter soll das sittlich gefährlich sein. Wir haben gar nicht nöthig, auf das Alterthum zurückzugehen. Auch bei Heine finden sich Stellen, die man Kindern nicht anstandslos in die Hände giebt. (Sehr richtig!) Eine ganze Reihe von Familienvätern sehen sich erst den Inhalt des »Süddeutschen Postillon« und des »Wahren Jacob« genau an, bevor sie die Blätter ihren Kindern in die Hand geben. Ich fasse meine Ausführungen dahin zusammen, daß wir, da eine Aenderung nothwendig ist und Steiger sich bereit erklärt hat, sein Bestes einzusetzen, über die ganze Streitfrage am besten hinwegkommen, wenn Sie den von mir formulirten Antrag möglichst einstimmig annehmen. (Beifall).

[...]

Die Diskussion über die Gestaltung der sozialdemokratischen Presse, insbesondere der Unterhaltungsbeilage *Die Neue Welt*, auf dem Parteitag 1896 bildete einen ersten abschließenden Höhepunkt in der Auseinandersetzung um das Verhältnis Sozialdemokratie und Naturalismus.

Konkreter Anlaß des innerparteilichen Meinungsstreites über die moderne Literatur waren die Veröffentlichungen aus zwei naturalistischen Romanen in der *Neuen Welt*, nämlich: Hans Land, *Der neue Gott* (1. Aufl. Berlin 1891) und Wilhelm Hegeler, *Mutter Bertha* (1. Aufl. Berlin 1893).

Die Debatte hatte die Anträge 41–44 von den Hamburger Delegierten zur Grundlage, in denen die Abschaffung der Beilage (Nr. 41), ihre Reduzierung auf 8 Seiten (Nr. 44) oder auch die Verbesserung ihres Inhaltes gefordert wurden. Antrag Nr. 42 lautete: »Die ›Neue Welt‹ ist in der Weise zu gestalten, daß mehr Artikel volkstümlichen Inhalts und bessere Unterhaltungslektüre geboten wird.« Antrag Nr. 44,2 forderte: »Die Leitung derselben [d.i. *Die Neue Welt*, Ch.M.] hat mehr als bisher darauf zu achten, daß ein populäres Unterhaltungsblatt statt eines Tummelplatzes für literarische Experimente daraus wird« (zit. nach: R. Franz, *Theater und Volk. Nebst einem Anhange: Die Debatten des Sozialdemokratischen Parteitages in Gotha 1896 über Kunst und Proletariat*. München 1914, S. 22). Als Ergebnis der Parteitags-Diskussion zogen die Hamburger Delegierten die Anträge zurück, da ihr Anliegen, Probleme der *Neuen Welt* in Anwesenheit des Redakteurs zu erörtern, erfüllt worden sei und der Verlauf der Verhandlungen gezeigt habe, daß Steiger »guten Ratschlägen ja auch zugänglich« sei (ebd., S. 37).

Im Unterschied zu den Beiträgen in der *Neuen Zeit* Anfang der 90er Jahre, die mehr der literaturpolitischen Orientierung der Partei dienten, spiegeln die Diskussionsbeiträge auf dem Parteitag ein Stück

Rezeptionsverhalten der sozialdemokratischen Arbeiterschaft wieder. Sowohl die Redebeiträge wie die protokollierten Reaktionen der Delegierten verdeutlichen, daß in der sozialdemokratischen Leserschaft offenbar weniger politisch-ideologische Vorbehalte gegen die naturalistische Literatur bestanden als vielmehr moralisch-ethische. Daß die sehr heftig vorgetragene Moralkritik aber dennoch zu unterscheiden sei von den bürgerlich-konservativen »Schmutz«-Vorwürfen gegen die naturalistische Literatur, darauf wies nach dem Parteitag Erich Schlaikjer nochmal ausdrücklich hin. In einem Aufsatz, den der *Kunstwart* aus der *Zeit* nachdruckte, erinnerte Schlaikjer an die Ausführungen des Delegierten Molkenbuhr auf dem Parteitag, der erklärte, daß »die Schilderung der Leiden eines Krüppels für den Gesunden ein Kunstgenuß sein [mag], nicht aber für den Krüppel.« Hierin sah Schlaikjer ein wichtiges »Moment der Erklärung« für die Zurückweisung naturalistischer Literatur in der Arbeiterschaft: »Die Stellung des Arbeiters zum Elend ist eine ganz andere als diejenige des naturalistischen Dichters.« Im Unterschied zu diesem seien für den Arbeiter »die sozialen Nachtseiten nicht ein Ungewohntes, ein Nochnie-Geschautes, dessen bloßer stofflicher Anblick ihn in seinen Tiefen bewegte [...] dem Arbeiter fehlen für das unausgesprochene sittliche Pathos, sowohl wie für die peinlichen Milieuschilderungen des Naturalismus die psychologischen Vorbedingungen des Genusses.« Aus diesem Grund kam auch Schlaikjer zu der Auffassung, daß der Naturalismus eine »Kunst für die Bourgeoisie« sei, die aus seinen Büchern »das Gruseln lernen soll, das die Arbeiter [...] durch die harte Gewohnheit des Lebens bereits verlernt haben« (zit. nach: *Der Kunstwart*, Jg. 10, 1896/97, S. 45).

Mit dem Ergebnis des Parteitages äußerst unzufrieden war dagegen der Sozialist Kurt Eisner (später USPD, bayr. Ministerpräsident, ermordet Februar 1921), nach dessen Meinung sich die Sozialdemokratie hier mit der »künstlerischen Verfallsblüte« des Bürgertums versöhnt habe. Eisner kritisierte, daß der Parteitag nicht die Forderung nach »einer sozialdemokratischen Kunst« erhoben habe, obwohl diese Forderung »bei dem gesunden Instinct gegen die Decadentenlitteratur nahe genug lag«. Aufgabe Edgar Steigers wäre es gewesen, den Genossen »*Partei*kunst« zu bieten und er erklärt dazu: »In Wahrheit ist es aber ein Aberglaube, daß Parteikunst das Ende der Kunst sei. Dieser Aberglaube [...] ist das stärkste Hemmnis der Entwicklung echter Volkskunst. Gewiß, eine kgl. sächsische conservative Hofratsparteikunst ist ein Unding. [...] Wo aber eine große Culturbewegung sich in einer Partei krystallisiert, und die moderne Form jeder Culturbewegung ist die Partei, da muß auch die Kunst Parteikunst sein. Hier ist die Partei nicht ein ablösbares Etikett, sondern die Essenz jedes fortschreitenden Geistes. Der Dichter, der in der Culturbewegung steht, kann nichts anderes sein als Parteimann, er ist als solcher schon Künstler, aber er ist noch weniger ein Künstler universalen Stils, wenn das Parteiblut in ihm nicht pulsiert. Die Partei der Zukunft muß auch den Dichter der Zukunft gebären, sofern sie sich als eine Culturbewegung bewährt« (vgl. K. Eisner, *Parteikunst* (1896). In: K. Eisner, *Taggeist. Culturglossen*. Berlin 1901, S. 285–286).

Die Literaturdebatte auf dem Gothaer Parteitag wurde in der Öffentlichkeit stark beachtet. Allein schon die Tatsache, daß ein Parteitag sich mit Fragen der Literatur befaßte, wurde als bedeutsames Ereignis gewürdigt, unabhängig von der Kritik an den formulierten Einzelmeinungen (vgl. G. Swarzenski, *Moderne Kunst und Literatur auf dem sozialdemokratischen Parteitag*. In: *Neue deutsche Rundschau*, Jg. 7, 1896, S. 1135–1137).

91

Franz Mehring: *Kunst und Proletariat. 21. Oktober 1896.* In:
Die Neue Zeit. Revue des geistigen und öffentlichen Lebens. Hrsg. v.
Karl Kautsky. 15. Jg. Stuttgart (J. H. W. Dietz) 1896/97, Bd. 1, Nr. 5,
S. 129–133.

Auf dem Gothaer Parteitag hat sich eine lange Verhandlung über die Stellung des modernen
Proletariats zur modernen Kunst entsponnen. Es war gewiß nicht ein Fehler, daß sie an einem
konkreten Streitpunkt entbrannte, denn sie wurde dadurch nur um so belebter und eindringlicher. Aber wenn man ihr eigentliches Fazit ziehen will, so muß man allerdings den konkreten
Streitpunkt mit seinem Für und Wider aus dem Spiele lassen. In dieser Beziehung genügt, die
Thatsache festzustellen, über die auf dem Parteitag vollkommene Uebereinstimmung
herrschte, daß sich nämlich gegen die in der »Neuen Welt« vertretene moderne Kunst innerhalb sehr weiter Parteikreise ein lebhafter Widerstand geltend gemacht hat, der diese Kunst
als solche trifft. Denn über den Fleiß und das Talent der Redaktion herrschte ja gleichfalls
völlige Uebereinstimmung.

Jene Thatsache selbst wird Niemanden verwundert haben, der wie der Schreiber dieser
Zeilen auf künstlerischem Gebiete jahrelang gemeinsam mit klassenbewußten Arbeitern gearbeitet hat. Man kommt darüber nicht hinweg mit einer angeblich konservativen Tendenz,
die viele Arbeiter trotz allem ökonomischen und politischen Radikalismus in Sachen der
Kunst haben sollen, mit schnellen Schlagworten über Vorliebe für moralische Traktätchen
und dergleichen mehr. Diese Einwände würden zutreffen, wenn die Arbeiter irgend welches
Interesse für die Romane des Fräulein Marlitt und die Schauspiele des Herrn Lindau bekun-
deten, indessen davon haben wir nie an irgend einem Arbeiter die geringste Spur entdecken
können. Im Gegentheil: die Sorte der Kunst, an welcher sich die heutige Bourgeoisie vergnügt, verachten die Arbeiter schlechthin, während sie in der modernen Kunst doch immer
eine sehr beachtenswerthe Erscheinung sehen, wofür nicht zuletzt gerade die leidenschaftliche
Heftigkeit ihres Widerstandes spricht. Die Streitfrage gewinnt aber sofort ein ganz anderes
Gesicht, wenn die Arbeiter den Halbe und Hauptmann nicht etwa die Lindau und Marlitt,
sondern je nachdem die Goethe und Schiller vorziehen.

Nach unseren praktischen Beobachtungen läßt sich der Gegensatz dahin zusammenfassen,
daß die moderne Kunst einen tief pessimistischen, das moderne Proletariat aber einen tief
optimistischen Grundzug hat. Jede revolutionäre Klasse ist optimistisch; sie sieht, wie der
sterbende Rodbertus einmal sagte, die Zukunft in einem wundersam rosigen Schimmer. Das
hat selbstverständlich mit irgend welchem Utopismus nichts zu thun. Der revolutionäre
Kämpfer mag in der nüchternsten Weise die Chancen des Kampfes abschätzen; ein revolutionärer Kämpfer ist er doch nur, weil er die felsenfeste Ueberzeugung hat, daß er eine Welt
umwälzen kann. In diesem Sinne ist jeder klassenbewußte Arbeiter ein Optimist: er sieht voll
froher Hoffnung in die Zukunft, und er schöpft diese Hoffnung gerade aus dem Elend, das
ihn umgiebt.

Dagegen ist die moderne Kunst tief pessimistisch. Sie kennt keinen Ausweg aus dem Elend, das sie mit Vorliebe schildert. Sie entspringt aus bürgerlichen Kreisen und ist der Reflex eines unaufhaltsamen Verfalls, der sich in ihr getreu genug widerspiegelt. Sie ist in ihrer Weise, und soweit sie nicht bloße Modenarrheit ist, ehrlich und wahr; sie steht hoch über die Lindau und Marlitt, aber sie ist durchaus pessimistisch in dem Sinne, daß sie im Elend der Gegenwart nur das Elend sieht. Was ihr vollständig fehlt, ist jenes freudige Kampfelement, das dem klassenbewußten Proletariat das Leben des Lebens ist. Wo es einmal auftaucht oder aufzutauchen scheint, wie in Hauptmanns »Webern«, da wird es sofort aufs Feierlichste verleugnet. Erst vor acht Tagen wieder hat Herr Hauptmann durch seinen Anwalt Grelling, wie früher schon oft, dem Oberverwaltungsgericht die Versicherung abgeben lassen, erhabe mit seinen »Webern« nur eine sentimentale Mitleidstragödie dichten wollen, und in seinem »Florian Geyer« hat er, um von vornherein alle unliebsamen Mißverständnisse auszuschließen, die aufständischen Bauern, die in ihrer Weise denselben Kampf kämpften, wie das moderne Proletariat, als eine Rotte hoffnungsloser Trottel geschildert. Wir führen hier Hauptmann an, weil er auf dem Parteitag als der größte Vertreter der modernen Kunst genannt worden ist. Wäre dem so, was wir an sich nicht bestreiten wollen, so wäre damit auch gesagt, daß die moderne Kunst keine große Kunst ist. Denn eine große Kunst hat noch nie, so lange die Welt steht, vor irdischen Tribunalen auf mildernde Umstände für ihr Dasein plädirt.

Ebenso wenig hat sich jemals, so lange die Welt steht, eine revolutionäre Klasse für eine Kunst begeistert, die ihr Kleid mit advokatorischer Bürste von jedem revolutionären Fäserchen reinigt. Das giebt es einfach nicht. Die Aristarche der modernen Kunst haben gemeint, die Arbeiter wollten wohl Marx und Lassalle dramtisirt haben, indessen braucht das moderne Proletariat glücklicherweise nicht erst von den Herren Brahm und Schlenther eine zweifelhafte Aesthetik zu lernen. Wie wenig seine Abneigung gegen die moderne Kunst mit einer unkünstlerischen Tendenz zu thun hat, beweist seine Begeisterung für die Klassiker, in denen es keine Spur seines Klassenbewußtseins, aber wohl jenes freudige Kampfelement findet, das es an der modernen Kunst vermißt. In der Freien Volksbühne wurde einmal ein Drama eines jungen Anfängers aufgeführt, das den proletarischen Klassenkampf zu gestalten versuchte, aber künstlerisch zu wünschen übrig ließ; es wurde eben nur aufgeführt, um – was auch zu den Aufgaben dieses Arbeitertheaters gehörte – ein hoffnungsvolles Talent zu fördern, dem die bürgerlichen Bühnen verschlossen waren. Da zeigte sich aber sofort, daß die Arbeiter weit entfernt davon sind, über dem guten Willen die Kunst zu vernachlässigen: das Stück brachte es nicht über den verdienten Achtungserfolg.

Ein noch viel drastischeres Beispiel läßt sich aus den Verhandlungen des Gothaer Parteitags anziehen. Es wurde dort gesagt, Hans Lands Roman »Der neue Gott«, den die »Neue Welt« veröffentlicht hat, sei von den Arbeitern als Verhöhnung ihres Klassenkampfes empfunden worden. Darauf erwiderte der Redakteur, er habe im Gegentheil lange geschwankt, ob er den Roman in die »Neue Welt« aufnehmen solle, weil er zu tendenziös im Sinne der Sozialdemokratie sei und deshalb künstlerische Ansprüche zu wenig befriedige. Dies Urtheil stimmt aufs Haar. Herr Land hat den besten Willen gehabt, einen Ausschnitt aus dem proletarischen

Klassenkampfe in einem dem Proletariat sympathischen Sinne zu geben, aber er hat keine blasse Ahnung davon, wie es in Arbeiterkreisen eigentlich hergeht; sein Roman ist eine romantische Dichtung im verwegensten Sinne des Wortes. Und deshalb ist es überaus bezeichnend, daß so viele Arbeiter darin eine Verhöhnung ihres Emanzipationskampfes erblickt haben; über dem Mangel an künstlerischer Gestaltungsfähigkeit übersahen sie vollständig die arbeiterfreundliche Tendenz des Dichters.

Anders und doch wieder ähnlich mit der »Mutter Bertha«, der auf dem Parteitag mit so geringer Galanterie begegnet worden ist. Der Roman Hegelers überragt dichterisch den Roman Lands, und es wäre unseres Erachtens sehr ungerecht, ihn nach der einen, auf dem Parteitag wörtlich verlesenen Stelle zu be- und verurtheilen. Die paar Sätze hätten ruhig gestrichen werden können, ohne den Roman zu schädigen, aber freilich – hier liegt wieder der Hase im Pfeffer. Der moderne Arbeiter ist nichts weniger als prüde; er läßt sich weit ärgere – im Sinne der Philistermoral – ärgere Dinge bieten, als in der »Mutter Bertha« vorkommen, aber alles an seinem Orte. Gerade weil die Vertreter der modernen Kunst derartige Natürlichkeiten an den Haaren herbeiziehen, gerade weil sie den Heldenmuth, den sie gegenüber den großen Kämpfen der Zeit vermissen lassen, dadurch bezeugen wollen, daß sie natürliche Dinge auf offener Straße thun, die man sonst zwischen vier Wänden zu thun pflegt, erregen sie herzhaften Widerwillen. Im Uebrigen ist »Mutter Bertha« bei allem anerkennenswerthen Talent des Dichters und trotz mancher vortrefflichen Kapitel doch auch eine sehr romantische Dame, wie denn die moderne Kunst von der bürgerlichen Romantik weit weniger frei ist, als sie selbst glaubt.

Das Ideal der »reinen Kunst« ist überhaupt ein Erbtheil der reaktionär-romantischen Schule, das jede revolutionäre Klasse nur sehr mit Vorbehalt antreten wird. Es ist mindestens ebenso einseitig, wie die Moralfexerei einseitig war, womit das bürgerlich-revolutionäre Drama im achtzehnten Jahrhundert begann. Sollte den ästhetischen Anschauungen der modernen Arbeiterklasse wirklich noch ein kleines Moralzöpfchen hinten hängen, so braucht sie sich dessen gar nicht zu schämen. Sie kann sich deshalb auf den jungen Lessing und den jungen Schiller berufen, die in der Schaubühne auch eine »moralische Anstalt« sahen. Früher waren die Vertreter der »reinen Kunst« auch offenherzige Reaktionäre und mogelten dem lieben Publikum nicht vor, daß sie der Himmel weiß welche Revolutionäre seien. Der alte Vilmar verdonnert in seiner Literaturgeschichte vom Standpunkt der »reinen Kunst« Schillers »Kabale und Liebe« als eine ekelhafte Karrikatur, und das ist vollkommen richtig, wenn anders der Standpunkt der »reinen Kunst« richtig sein soll. So lächerlich wie Herr Brahm, der »Kabale und Liebe«, noch dazu in »naturalistischer« Verhunzung als ein prunkendes Meisterstück aufführen läßt und dabei die putzigsten Gesichter schneidet über die banausische Arbeiterklasse, die das »Kapital« von Marx dramatisirt sehen wolle, waren die alten Reaktionäre der »reinen Kunst« nicht. Mit diesen gelungenen Exemplaren moderner Gesinnungstüchtigkeit hat uns erst die moderne Kunst gesegnet.

Natürlich ist die »reine Kunst«, indem sie angeblich parteilos sein will, erst recht parteiisch. Will sie auf einer höheren Warte stehen, als auf der Zinne der Partei, so muß sie nach rechts und nach links sehen, so muß sie nicht nur die alte, vergehende, sondern auch die neue, entstehende Welt schildern. Wir können es nicht als zutreffend erachten, wenn auf dem Parteitag gesagt worden ist, die moderne Kunst lebe in einer Periode des Verfalls und könne deshalb auch nur den Verfall schildern. Die Periode des Verfalls, in der wir leben, ist zugleich eine Periode der Wiedergeburt. So ehrlich und wahr die moderne Kunst die Ruinen schildern mag, so wird sie doch unehrlich und unwahr, indem sie das neue Leben übersieht, das aus den Ruinen blüht. Wie soll sich das Proletariat für eine Kunst begeistern, die in sehr unkünstlerischer Tendenz nichts von dem wissen will, was sein eigenstes und ursprünglichstes Leben ist! Weshalb soll es denn so viel demüthiger sein als das Bürgerthum, das in seinen kräftigen Tagen auch nie etwas von einer Kunst wissen wollte, die nicht aus seinem Geiste geboren war?

Die moderne Kunst ist bürgerlichen Ursprungs. Wir rechnen es ihr nicht zur Schande an, daß sie ihren Ursprung nicht verleugnet, daß sie sich je länger je mehr in die Grenzen der bürgerlichen Gesellschaft rückwärts konzentrirt. Man kann von Niemand verlangen, daß er über seinen Schatten springen soll. Was wir verlangen, ist nur, daß die starken Vorbehalte, welche die arbeitende Klasse gegen die moderne Kunst macht, nicht an falschem Orte gesucht werden. Sie liegen nicht in irgend einer Rückständigkeit des Proletariats, und wir halten es für eine Illusion, die mit bitteren Enttäuschungen enden wird, wenn das Proletariat zum Verständniß der modernen Kunst erzogen werden soll. Mit dieser Art Volkspädagogik hat es überhaupt seine eigene Bewandtniß. Die Frage ist ja schon vor Jahren einmal in der »Neuen Zeit« diskutirt worden, als die Freie Volksbühne sich zu ihrem Heile die »Erzieher« abschüttelte. Wir sind natürlich weit davon entfernt, die »Erziehung«, welche die Redaktion der »Neuen Welt« beabsichtigt, auf dieselbe Stufe zu stellen mit dem abgeschmackten und anmaßenden Präzeptorenthum der anarchistisch-bürgerlichen Konfusionsräthe, die ihrer Zeit die Freie Volksbühne beglücken wollten. Wir bestreiten durchaus nicht, daß die ästhetische und literarische Bildung der Arbeiter noch außerordentlich gefördert werden kann, daß für große Schichten des Proletariats hier geradezu noch alles gethan werden muß, und wir wüßten Niemanden, der für diese Arbeit berufener wäre, als den Redakteur der »Neuen Welt«. Aber der Grundgedanke, die Abneigung der Arbeiter gegen die moderne Kunst durch ihre bessere künstlerische Erziehung besiegen zu wollen, ist unseres Erachtens verfehlt. Zugegeben, daß die Arbeiter aus diesem Erziehungskursus viel lernen können, so wird es schließlich die Geschichte des Huhnes sein, das die Enteneier ausbrütet. Das Proletariat kann und wird sich nie für eine Kunst begeistern, die mit all' seinem Denken und Fühlen, mit allem, was ihm das Leben lebenswerth macht, in klaffendem Widerspruch steht.

Man muß sich auch davor hüten, die Bedeutung der Kunst für den Emanzipationskampf des Proletariats zu überschätzen. Die Versuchung dazu liegt ja sehr nahe, wenn man die hohe Bedeutung erwägt, welche die Kunst für den Emanzipationskampf ganz besonders auch des deutschen Bürgerthums gehabt hat. Indessen wenn die bürgerliche Klasse in Deutschland ihr Heldenzeitalter auf künstlerischem Gebiete gehabt hat, so doch nur, weil ihr der ökonomische und politische Kampfplatz verschlossen war. Dagegen steht dieser Kampfplatz dem modernen Proletariat wenigstens bis zu einem gewissen Grade offen, und es ist ebenso natürlich wie nothwendig, daß es hier seine Kräfte zusammenfaßt. So lange es in diesem heißen Kampfe steht, kann und wird es keine große Kunst aus seinem Schooße gebären. Es würde eine eigene Abhandlung erfordern, diesen Gedanken eingehend auszuführen; hier wollen wir ihn nur durch ein Beispiel erläutern.

Die große Rolle, die das Theater in den bürgerlichen Emanzipationskämpfen gespielt hat, ist bekannt. Die bürgerliche Klasse hatte das Geld, Theater zu bauen, und der alte Absolutismus drückte ein Auge zu, gleichviel ob aus Berechnung oder aus Verblendung, indem er der bürgerlichen Klasse auf den Brettern, die die Welt bedeuten, gern gewährte, was er ihr in der Wirklichkeit unerbittlich versagte und versagen konnte. Heute hat die arbeitende Klasse aber kein Geld, Theater zu bauen, und der moderne Absolutismus, der ihr den Kampf auf dem Gebiete der Wirklichkeit nicht mehr versagen kann, kühlt wenigstens sein Müthchen, indem er ihr die Welt des schönen Scheins hermetisch verschließt. Die Arbeiterklasse, die auf ökonomischem und politischem Gebiete täglich neue Siege über den Kapitalismus und die Polizei erficht, ist ohnmächtig gegen diese erhabenen Mächte auf künstlerischem Gebiete. Die Dinge haben sich eben seit hundert Jahren vollständig umgekehrt, wenn auch gewiß nicht zum Nachtheil des Proletariats.

Um nun aber auf die Verhandlungen des Parteitags zurückzukommen, so hat er sich wohlweislich gehütet, das Kind mit dem Bade zu verschütten. Er hat hervorgehoben, was die arbeitende Klasse von der modernen Kunst trennt, aber er ist nicht so ungerecht gewesen, die moderne Kunst in Bausch und Bogen zu verwerfen oder gar zu verkennen, daß sie innerhalb der bürgerlichen Gesellschaft allerdings ein Fortschritt ist. Einstweilen leben wir noch in dieser Gesellschaft, und es wäre unbillig, mehr von ihr zu verlangen, als sie leisten kann. Nur daß man das, was die moderne Arbeiterklasse gegen die moderne Kunst einzuwenden hat, nicht in welcher rückständigen Auffassung des Proletariats suchen darf. Es steht dieser Kunst mit gelassener Kühle gegenüber, nicht weil es ihre hehren Geheimnisse nicht zu fassen vermag, sondern weil sie nicht entfernt heranreicht an die historische Größe des proletarischen Emanzipationskampfes.

In seinem Fazit der Parteitagsdebatte (vgl. Dok. 90) sucht Mehring die Hintergründe der Diskussion zu erhellen, die objektiven Ursachen für die »Abneigung der Arbeiterklasse gegen die moderne Kunst« (s. Dok. 91) aufzudecken. Während Mehring um die Jahreswende 1892/93 noch die Widersprüchlichkeit der modernen Literatur hervorhob, sie klassenmäßig zwischen Bourgeoisie und Arbeiterklasse einordnete und eine Weiterentwicklung in Richtung auf die Arbeiterbewegung für möglich hielt (vgl. die Dok. 86, 87), erklärte er nun die naturalistische Literatur zu einer rein bürgerlichen Kunstrichtung. Er sah die naturalistische Literatur nun wesentlich bestimmt durch die soziale Herkunft der Autoren (»sie entspringt aus bürgerlichen Kreisen«) und sie spiegelte nur mehr die objektive Lage dieser Klasse wieder, »ist der Reflex eines unaufhaltsamen Verfalls« (s. Dok. 91). Der Hinweis auf den »Widerschein« der »mächtig auflodernden Arbeiterbewegung« (s. Dok. 87) entfiel. Bereits 1893 nahm Mehring in der *Neuen Zeit* seine Einschätzung der naturalistischen Bewegung als einer auch der Arbeiterbewegung zuneigenden Richtung zurück: »In der sogenannten ›Moderne‹ steckt viel vermuffte Bourgeoisfäulniß, und wenigstens haben wir nie einen Fortschritt darin gesehen, als in einer glücklicher Weise sehr vorübergehenden Zeit eine gewisse Naturalistenklique einen glücklicher Weise nur geringen Theil der Arbeiter beeinflußte, so daß diese in Goethe und Schiller Gespenster von vorgestern, dagegen in jedem unreifen Jüngling, der möglichst unverständliches Zeug in möglichst zerhackter und zerbrochener Sprache hervorzustammeln wußte, einen Deuter von Zukunftsrunen sah« (s. F. Mehring: *Freie Volksbühnen*. In: *Die Neue Zeit*, Jg. 11/2 , 1892/93, S. 484).

Mehring widersprach den auf dem Parteitag vorgetragenen Behauptungen, die Ablehnung naturalistischer Literatur durch die Arbeiterklasse liege in einer konservativen Tendenz in künstlerischen und moralischen Angelegenheiten begründet. Er führte das Geschmacksurteil der Arbeiter direkt auf die grundlegend unterschiedliche Weltsicht in der Bourgeoisliteratur und der Arbeiterklasse zurück. In dieser Erklärung subjektiver Geschmacksurteile aus der objektiven Klassenlage zeigt sich Mehrings noch mechanistische Auffassung über das Verhältnis von Ökonomie und Bewußtsein bzw. Literatur, das die vielfältige historische, soziale, kulturelle Vermitteltheit literarischer Produktions- und Rezeptionsprozesse noch außer Acht läßt. Mehrings Bemühungen, die Grundlagen für eine wissenschaftlich begründete Literaturaneignung der Arbeiterklasse weiterzuentwickeln, sind zwar gekennzeichnet dadurch, daß er die Erscheinungen auf der Bewußtseinsebene auf ihren materiellen Fundierungszusammenhang hin untersuchte. Dabei unterstellte er aber meist ein mechanistisches Abbildverhältnis und berücksichtigte noch zu wenig die relative Eigenständigkeit von Überbauphänomenen.

Gleichzeitig setzte sich Mehring kritisch mit Theoremen bürgerlicher Kunstideologie auseinander, wie dem Theorem von der »reinen Kunst«. Dabei stellte er aber bürgerlicher Parteilichkeit nicht die Forderung nach sozialistischer Parteilichkeit entgegen, sondern erklärt seinen ästhetischen Wahrheitsbegriff zu dem eigentlich parteilosen. Mehring machte aber auch deutlich, daß sich seine Kunstauffassung von der naturalistischen durch ein umfassenderes Wirklichkeitsbild unterschied. Er unterstützte die Wahrheitsforderung der Naturalisten, forderte aber die umfassende Erfüllung dieses Postulats, die Gestaltung des »Verfalls« und der »Wiedergeburt«. Ähnlich wie Karl Marx seine Theorie als Kritik an der begrenzten Wirklichkeitsauffassung bürgerlicher Theorien formulierte, entwickelt Mehring seine Vorstellungen einer proletarischen Kunstauffassung als Überwindung der Beschränkung ästhetischer Wahrheit in der zeitgenössischen naturalistischen Literatur. Im Vordergrund stand dabei zunächst die Orientierung an den wissenschaftlichen Erkenntnissen der marxistischen Theorie, der Entdeckung der Bewegungsgesetze der bürgerlichen Gesellschaft und der historischen Rolle der Arbeiterklasse. Daraus ergab sich die Forderung an die Kunst, die Wirklichkeit der wissenschaftlichen Erkenntnis gemäß in ihren wesentlichen Momenten abzubilden.

Obwohl Mehring sich so ausführlich mit Fragen der Entwicklung einer proletarischen Ästhetik auseinandersetzte, schloß er sich dennoch der Auffassung Wilhelm Liebknechts an, daß der »heiße Kampf« dem Proletariat verwehrt, »große Kunst aus seinem Schoße« zu gebären. Die »herrliche Wiedergeburt der Kunst« erwartete Mehring erst von einer sozialistischen Gesellschaft (s. F. Mehring, *Berliner Theater*. In: *Neue Zeit*, Jg. 13/1, 1894/95, S. 536).

Zur Frage der Funktion der Kunst in diesem Kampf nahm Mehring immer eine sehr zurückhaltende Position ein. Er wiederholte häufig seine in dem ob. dok. Aufsatz formulierte Einschätzung, daß sich das Verhältnis von ökonomischem, politischem und kulturellem Kampf für die Arbeiterbewegung notwendig anders darstelle als im Emanzipationsprozeß des Bürgertums. Mit dieser Einschätzung wandte sich Mehring zum einen gegen Auffassungen, die die Emanzipation der Arbeiterklasse vorrangig auf die geistig-kulturelle Ebene zu verlagern suchten. Ausschlaggebend waren aber, wie auch das vorl. Dokument zeigt, Mehrings eigene Erfahrungen als Leiter der »Freien Volksbühne«, die sowohl durch materielle Zwänge, wie durch politischen Druck äußerst eingeschränkt war in ihren künstlerischen Möglichkeiten und schließlich den Polizeimaßnahmen überhaupt unterlag. (vgl. Dok. 52, 53, 54). Bereits 1893 wies er in der *Neuen Zeit* auf die der Theaterarbeit der Freien Volksbühne gezogenen Grenzen hin, die »einer Erneuerung der dramatischen Kunst auf dem Boden der bürgerlichen Gesellschaft« entgegenstanden: aufgrund der kapitalistischen Verhältnisse waren gute Aufführungen für die Volksbühne kaum zu bezahlen, was den finanziellen Möglichkeiten der Volksbühne entsprach ließ wiederum vom künstlerischen Standpunkt aus zu wünschen übrig. Darüberhinaus beklagte er, »daß die dramatische Produktion der Gegenwart viel zu arm an guten Stücken« sei, »als daß sich von ihnen der Spielplan einer Freien Volksbühne bestreiten ließe« (s. F. Mehring, *Freie Volksbühnen*. In: *Die Neue Zeit*, Jg. 11/2, 1892/93, S. 483f.).

Schließlich resultierte Mehrings häufiger Hinweis auf die unterschiedliche Funktion der Kunst im bürgerlichen und proletarischen Emanzipationsprozeß aber auch daher, daß Mehring dabei teilweise an einem bürgerlichen Kunstideal festhielt. Die Grenzen, die er für eine Kunstproduktion der Arbeiter gezogen sah, waren im Grunde zunächst die Grenzen für die Realisierung dieses bürgerlichen Kunstideals. Dies wird auch daran deutlich, daß Mehring noch nicht umgekehrt von diesem »heißen Kampf« aus, den durch ihn gegebenen Bedingungen und Erfordernissen einen neuen, funktionalen proletarischen Kunstbegriff zu entwickeln suchte.

So kommt Mehring auch zu folgender Begründung für die Weiterarbeit der Volksbühne trotz der komplizierten Bedingungen: »Dagegen hieße es, das Kind mit dem Bade verschütten, wenn man hieraus gleich den Schluß ziehen wollte, mit den Freien Volksbühnen ganz aufzuräumen. [...] Denn schließlich lebt auch der eifrigste Parteimensch nicht von der Politik allein, und die Stunden der Erholung, der geistigen Auslösung und Erfrischung sind nirgends so wohl angebracht wie im Theater. Denn in allem Wechsel der Zeiten wird der Bühne doch immer die Aufgabe bleiben, das menschliche Herz zu erheben und zu erfreuen« (ebd., S. 482f.).

92
Franz Mehring: *Ästhetische Streifzüge.* In: *Die Neue Zeit. Revue des geistigen und offentlichen Lebens.* Hrsg. v. Karl Kautsky. 17. Jg. Stuttgart (J.H.W. Dietz) 1898/99, Bd. 1, Nr. 9, S. 281–288; Nr. 10, S. 314–320; Nr. 11, S. 348–352; Nr. 12, S. 379–384; Nr. 13, S. 410–416; Nr. 14, S. 443–448; Nr. 16, S. 506–512; Nr. 18, S. 538–544; Nr. 20, S. 637–640; hier: S. 447–448, S. 506–510, S. 637–640.

[...]

Gleich Hauptmanns erstes Drama »Vor Sonnenaufgang« zeigt alle Vorzüge und Schwächen, die seitdem seiner Dramatik eigenthümlich geblieben sind. Nicht als ob es ihm an einer Entwicklung gefehlt hätte; durch einen andauernden und höchst rühmenswerthen Fleiß hat er seine Vorzüge zu steigern, seine Schwächen zu mindern gewußt; er hat Dramen geschrieben, in denen fast nur seine Vorzüge hervortreten, freilich neben anderen, worin seine Schwächen weit überwiegen; im Ganzen und Großen aber kann man nur mit aller Achtung auf den energischen Willen blicken, womit er sich durchzusetzen gewußt hat. Nach seiner natürlichen Begabung ist er an dramatischem Talent fast ebenso arm, wie an lyrischem Talent; wie wäre es sonst möglich gewesen, daß er bis in sein siebenundzwanzigstes Lebensjahr rathlos umher tappte! Auch in seiner dramatischen Produktion lehnt er sich, zwar nicht immer, wie Bartels meint, aber doch sehr häufig, an Vorbilder an; Bartels weist eingehend die, wie er ganz zutreffend sagt, »Pathenstücke« nach, an denen sich die einzelnen Dramen Hauptmanns emporranken, und eine wie weite Reise ist das! Jene großen Würfe, die den großen Dramatiker machen, sind ihm gänzlich versagt, wohl aber ist ihm in hohem Grade eine mikroskopisch feine und kleine Beobachtung der Wirklichkeit eigen, eine Gabe, die er mit unendlichem Fleiße gepflegt hat, und dieser Fleiß hat ihn doch manchmal nahe an die Grenze geführt, wo das Genie beginnt. Allzu oft bleibt er in der brutalen Wirklichkeit stecken, kommt er nicht über den Photographen und Wachsfigurenkneter hinaus, aber wo ihm ein günstiger Stoff und eine günstige Stunde winkten, da hat er eigenthümliche Kunstwerke geschaffen, die in der deutschen Literatur dauern werden, so sehr sie der hergebrachten Regeln spotten mögen.

Sein erstes Stück nannte Hauptmann ein »soziales Drama«, und daher stammt das Gerede, er habe sofort ein soziales Weltbild, den Kampf zwischen Kapitalismus und Sozialismus auf die Bühne geführt, der sozialen Frage der Zeit die weltbedeutenden Bretter geöffnet. Mit gleichem Rechte könnte man diese Ehrentitel auf das Haupt jenes Jugendschriftstellers häufen – ich entsinne mich nicht mehr, ob es Franz Hoffmann oder Gustav Nieritz war –, der einmal schildert, wie der Gewinn des großen Looses einen braven Handwerksmeister zum Suff und zur Völlerei verführt. »Vor Sonnenaufgang« spielt in einer Bergwerksgegend, aber Hauptmann denkt gar nicht daran, die Bergleute und ihre Ausbeuter dramatisch gegenüberzustellen. Er schildert den Suff und die Völlerei eines Dorfes, dessen Bauern dadurch zu Reichthum gelangt sind, daß sich unter ihren Aeckern Kohlenlager gefunden haben. Wenn man sagt, dieser Reichthum hänge doch auch mit dem Kapitalismus zusammen, so ist das eben nur soweit richtig, als auch die Lotterie mit dem Kapitalismus zusammenhängt. Beides sind Begleiterscheinungen des Kapitalismus, aber sie liegen abseits der kapitalistischen Produktionsweise und den aus ihr entspringenden Klassenkämpfen; eben deshalb sind sie die Lieblingstummelplätze der spießbürgerlichen Moral, die den Pelz des Bären zwar waschen, aber beileibe nicht naß machen möchte. Und so wenig die versoffenen Bauern, die Hauptmann schildert, »Kapitalisten« sind, so wenig sind seine Helden Loth und Schimmelpfennig »Sozialisten«; es sind vielmehr, will man sie einen Augenblick als mögliche Menschen nehmen, die richtigen Spießer, die um einiger unverdauter Temperenzler- und Vererbungsschrullen willen die Gebote der Ehre und Menschlichkeit mit Füßen treten.

Wohl aber versteht Hauptmann, die ekelhafte Verkommenheit jenes Bauerndorfs, das irgendwo in Schlesien wirklich existirt, mit einer Naturwahrheit zu schildern, die den Mistduft sozusagen durch den ganzen Theaterraum fluthen läßt. Mit der Redensart, daß die Kunst nur das Schöne schildern solle, ist dagegen gewiß nichts ausgerichtet, jedoch um so mehr mit der Forderung, daß die Kunst das Gräßliche und Niedrige nur um eines erheblichen künstlerischen Zwecks willen darstellen solle. Und dieser Zweck fehlt dem Erstlinge Hauptmanns vollständig; wenn man nicht den platten Abklatsch einer zufälligen Wirklichkeit dafür nehmen will. Gegenüber den Millionen von Bauern, die von der kapitalistischen Produktionsweise unmittelbar in den Abgrund geschleudert werden, giebt es nicht hundert Bauern, die von ihr in der von Hauptmann geschilderten Weise mittelbar zu Reichthum gekommen sind. Es fehlt gänzlich jene Uebereinstimmung zwischen Individuum und Gattung, deren Höhegrad nach Kant die ästhetische Formvollkommenheit bestimmt. Deshalb ist »Vor Sonnenaufgang« ästhetisch ebenso unschön und unwahr, wie man es aus gleichem Grunde nicht sowohl ein »soziales«, als ein »antisoziales Drama« nennen muß. Sein »Pathenstück« ist Tolstois »Macht der Finsterniß«; indem Hauptmann dies Muster nachahmte, hat er gar nicht bemerkt, worauf es eigentlich ankam, was ihm beiläufig zum ersten, aber leider nicht zum letzten Male passiren sollte. Die Greuel, an denen es in Tolstois Drama nicht fehlt, entbehren nicht des erheblichen künstlerischen Zwecks; Tolstoi giebt eben ein typisches Bild des russischen Bauernlebens.

Nur eine einzige Figur in dem ersten Drama Hauptmanns ist künstlerisch aufgefaßt, verkörpert eine ganze Gattung in einem durchaus lebendigen Individuum, und das ist der Streber Hoffmann. Loth und Schimmelpfenig sind schließlich abstrakte Schemen; so feige und zugleich so verbohrt handelt selbst der deutsche Spießer nicht. Es ist aber höchst bezeichnend für die naturalistische Kunst, wie Hauptmann diese beiden Puppen lebendig machen will. Er behängt sie mit allerlei Aeußerlichkeiten, die er ihm persönlich bekannten Leuten absieht, und meint, daß sie nun leben. Schlenther läßt durchblicken, wer zu Schimmelpfenig Modell gestanden hat, was übrigens auch sonst bekannt war; dieses Modell ist ganz unfähig, so verächtlich-zynisch zu handeln, wie Schimmelpfenig, aber seine Studienerlebnisse, die Art, wie er die Zigarrenasche abstreift und andere mit dem Gange des Stückes nicht im entferntesten Zusammenhange stehende Beiläufigkeiten werden dem Schimmelpfenig aufgehängt, damit er zu einer lebendigen Gestalt werde. Diese wunderbare Art schöpferischen Gestaltens war freilich aller bisherigen Kunst unbekannt.

Endlich giebt sich in Hauptmanns erstem Stücke auch schon die innere Verwandtschaft zwischen Naturalismus und Romantik kund. Die Heldin des Dramas, die in doch schon reiferen Jahren mitten in einem Pfuhle von Blutschande, Ehebruch und Suff wie eine Blume blüht, so hold und schön und rein, dann aber sich heroisch den Hirschfänger ins Herz stößt, weil der Feigling Loth sie aus Angst vor erblicher Säuferbelastung nicht heirathen will, ist eine sehr romantische Dame: malt er einmal den Schmutz in all seiner Natürlichkeit, so ziert ein wenig Konsequenz auch den Naturalismus.

[...]

VI

Ueber Hauptmanns zweites Stück, »Das Friedensfest«, läßt sich nicht mehr sagen, als daß es eine ins Unmotivirt-Gräßliche verzerrte Nachahmung Ibsens ist, aber ein eifriges und keineswegs erfolgloses Studium des technischen Bühnenhandwerks bekundet. Gleichfalls eine Nachahmung Ibsens sind die »Einsamen Menschen«, das dritte Drama Hauptmanns, immerhin jedoch eine etwas freiere Nachahmung; sie suchen zwei Lieblingsmotive des modernen Naturalismus ineinander zu verflechten.

Das eine dieser Motive ist das »dreieckige Verhältniß«, wo ein Hans zwischen zwei Greten oder je nachdem auch eine Grete zwischen zwei Hansen wimmert, das andere aber der Konflikt zwischen Religion und Wissenschaft. Beide Motive humpeln etwas gar sehr weit hinter dem großen Gange der Zeitgeschichte einher; es sind überlebte Spielereien kleiner Literatenkreise, die sich gerne wichtig machen möchten, ohne daß doch etwas Wichtiges hinter ihrem Treiben steckt. Johannes Vockerath, der Held der »Einsamen Menschen«, ist, wie Bartels ihn nennt, ein »fürchterlicher Jammerlappen«, ein Dekadent vom Scheitel bis zur Sohle, ohne auch nur einen heilen Knochen im Leibe, aber voll kindischer Faseleien, die seine geistige Impotenz nicht sowohl verhüllen, als enthüllen. An und für sich ist diese Gestalt gewiß mit scharfem Auge erfaßt; in Friedrichshagen, wo die »Einsamen Menschen« spielen, mag sie in mehr als einem Prachtexemplar herumlaufen. Es wäre ein glücklicher Griff gewesen, wenn Hauptmann sie zum Mittelpunkt einer Komödie gemacht hätte. Aber er verlangt, daß wir den unausstehlichen Patron tragisch nehmen sollen, und damit verfällt er einer unfreiwilligen Komik. Der Stoff tragischer Konflikte, den das Leben eines modernen Forschers enthalten mag, liegt weit über Hauptmanns Horizont hinaus, und an solche Probleme sollte er lieber nicht rühren; zum Goethe hat er doch noch eine ziemliche Strecke, etwa ebenso weit wie der Doktor Bruno Wille zum Doktor Heinrich Faust.

Um so höher schwang sich Hauptmann in den »Webern« auf. Hier bot sich ihm ein Stoff, der nur eingetheilt zu werden brauchte und auch wirklich nur eingetheilt worden ist, um den Rahmen eines Dramas zu schaffen, ein Stoff ohne mannigfaltige und verwickelte Handlung, ein historisch-typischer und doch mit keinem historischen Gedankengehalte beschwerter Stoff. Immer war die Hauptsache, daß der »Weberenkel« dies Drama gedichtet hat, im Sinne des Goethischen Worts, daß den Dichter ein volles, ganz von einer Empfindung volles Herz mache. Hauptmann hat diesem »Werke eben aus eignem Ich was zugegeben«; er hat eine Fülle von Gestalten geschaffen, die echt künstlerisch gesehen sind; voll ergreifenden packenden Lebens in jeder Bewegung, in jedem Worte, und doch keine brutale Kopie einer zufälligen Wirklichkeit. Die schulgerechte Aesthetik hat Vieles gegen die »Weber« eingewandt, und von ihrem Standpunkt aus auch nicht mit Unrecht. Nur daß ihr Standpunkt eben nicht die entscheidende Instanz in Sachen des Geschmacks ist. Die Frage, was Goethe und Schiller zu diesem Drama gesagt haben würden, ist ebenso unsinnig, als wenn man fragen wollte, weshalb Goethe und Schiller sich ihre Briefe durch die zwischen Jena und Weimar laufende Botenfrau zugeschickt haben, statt die bequemere und schnellere Eisenbahnpost zu benutzen. Die Eisenbahn war zu Goethes und Schillers Zeiten nicht unmöglicher, als ein Drama, wie die »Weber«. Im Uebrigen verstößt das Drama gegen den Geist der klassischen Aesthetik viel weniger, als hundert Schulmeistertragödien, die nach den Grundsätzen dieser Aesthetik gearbeitet sein wollen.

Leider hat Hauptmann selbst den ästhetischen Nerglern die Flanke preisgegeben, indem er mindestens schweigend duldete, daß sein Advokat die den »Webern« bereiteten Zensurschwierigkeiten durch wahrhaft elende Kniffe zu beseitigen versuchte. Nicht darin fehlte Hauptmann, daß er die sozialdemokratische Tendenz des Dramas bestritt, denn das war sein gutes Recht, und es müssen eigene Narren gewesen sein, die ihm deshalb, wie Steiger erzählt, den Vorwurf der Feigheit gemacht haben sollen. Aber Hauptmann durfte nicht zulassen, daß sein Advokat eine arbeiterfeindliche und ordnungspolitische Tendenz in die »Weber« hineinschwindelte. Das war eine ästhetische Versündigung weit mehr noch als eine politische. Nach den Prinzipien des Naturalismus hätte der Dichter im fünften Akte seines Dramas zeigen müssen, wie die aufständischen Weber vom Büttel ausgepeitscht und dann ins Zuchthaus gesperrt wurden, denn so endete der Weberaufstand in der historischen Wirklichkeit. Dann wäre das Schaupsiel freilich im tiefsten Sumpfe der Schauerdramatik versunken, und ganz im

Geiste der klassischen Aesthetik zog Hauptmann die ästhetische Schönheit und Wahrheit dem sklavischen Abklatsche des brutalen Lebens vor: sein Drama schließt damit, daß ein seinen Kameraden abtrünniger Weber unter einer Soldatenkugel fällt, während die Soldaten von den aufständischen Webern siegreich zurückgeschlagen werden. Aber wenn Hauptmann mit Fug sagen konnte: Ich habe die Dinge nicht als Sozialdemokrat, sondern als Künstler angesehen, so mußte er sein künstlerisches Recht nicht blos nach links, sondern auch nach rechts wahren, so durfte er dem Oberverwaltungsgerichte nicht durch seinen Advokaten sagen lassen, daß er den »Sieg der Ordnung durch eine Handvoll Soldaten« habe feiern wollen. Das mag ja ganz schlau gewesen sein, nur der Dichter Hauptmann ist dabei sehr schlecht gefahren.

Im fünften Akte des »Florian Geyer« holte er dann nach, was er im fünften Akte der »Weber« versäumt hatte: die betrunkenen Ritter fallen mit Hetzpeitschen über die gefangenen Bauern her, ein Frevel an der Kunst, der erfreulicher Weise sogar dem Berliner Premierenpublikum die Eingeweide im Leibe umkehrte. Sonst erwies dies Drama die völlig Unfähigkeit nicht nur Hauptmanns, sondern des modernen Naturalismus überhaupt, einen großen historischen Stoff dramatisch zu gestalten. Steiger besitzt auch die dankenswerthe Ehrlichkeit, offen zu sagen: »Der naturalistische Stil hat sich zur Bewältigung großer Geschichtsbilder ohnmächtig erwiesen.« Man braucht durchaus nicht erst auf Schiller oder Shakespeare zurückzugehen, sondern nur Schweichels Roman aus dem Bauernkriege mit Hauptmanns »Florian Geyer« zu vergleichen, um zu sehen, was die Alten können und die Jungen eben nicht können. Schweichel hat das faltenreiche Gewebe des Bauernkriegs wirklich zu entfalten gewußt, während Hauptmann hilflos davor steht, trotz aller »tiefgründigen Studien«, die ihm jahrelang von der Klique nachposaunt worden sind. Was sich an Schweichels Roman ästhetisch aussetzen läßt, das mag wohl der Moral geschuldet sein, die ein alter Freiheitskämpfer aus einem großen Kampfe um die Freiheit zieht, während Hauptmann um einer ästhetischen Schrulle willen ein gewaltiges Stück deutscher Geschichte traurig verhunzt.

Nach Schlenthers Erzählung ist Hauptmann zum »Florian Geyer« durch Zimmermanns Geschichtswerk in der Bearbeitung von Blos angeregt worden. Läßt man nun alle sonstige »Tiefgründigkeit« wohlwollend auf sich beruhen, und nimmt man an, daß Hauptmann nur jenes, von vielen tausend Arbeitern verstandene Werk aufmerksam gelesen hat, so ist dennoch schwer zu begreifen, wie er so gänzlich hat daneben hauen können. Jedoch löst sich das Räthsel einigermaßen, wenn man liest, was Schlenther, Hauptmanns dramaturgischer Mentor, über den historischen Florian Geyer erforscht hat. Nachdem Schlenther schon vorher »Bismarcks Realpolitik« als die erste Wurzel des modernen Naturalismus aufgedeckt hat, sagt er über Florian: »Hätte ein Geyer vor dreißig Jahren mit dem preußischen Abgeordnetenhause im Militärkonflikt gelegen, so hätte der treue und gewissenhafte Rechtsfreund die Verfassung nicht gebrochen. Er hätte keiner Indemnität bedurft, aber auch kein Königgrätz, Sedan und Versailles erreicht. Bei Geyer denkt man wehmüthig wieder an einen anderen Mitbegründer des neuen Deutschen Reichs, der, um Napoleons gehässiges Wort auf die Deutschen hier liebevoll anzuwenden, ein Ideolog war und doch ein Held des Krieges... Die Zeit bedurfte eines Bismarck, und Geyer war eine Kaiser-Friedrich-Natur, etwa so, wie sie in

unserer liberalen Legende fortlebt.« Wenn ein Denker des Naturalismus mit solchem Gallimathias aufwartet, so darf man an das historische Verständniß seiner Dichter keinen allzu
hohen Maßstab legen.

Zum Wesen des modernen Naturalismus gehört diese unglaubliche Beschränktheit seines
Gesichtskreises aber durchaus. Die Lessing, Goethe und Schiller meinten, daß ein Dichter der
modernen Kulturwelt über ein reiches und vielseitiges Wissen gebieten müsse, und derselben
Meinung waren auch die Romantiker; Niemand wird den Schlegeln und Tieck und Uhland
die umfassendsten Kenntnisse abstreiten wollen. Ebenso wenig waren die Platen und Heine,
ja selbst die namhaftesten Vertreter des Jungen Deutschlands, wie Gutzkow, ohne die »Bildung ihres Jahrhunderts« denkbar. Man wird überhaupt vergebens nach irgend einer Dichterschule suchen, die in dieser Beziehung von einer so rührenden Anspruchslosigkeit wäre, die
sich so sehr gescheut hätte, drei Schritte vor sich oder um sich oder auch nur hinter sich zu
sehen, wie der moderne Naturalismus. Es mag nun auch eine ganz löbliche Vorsicht sein, daß
er sich mit seinem gebrechlichen Nachen nicht auf die hohe See hinauswagt, nur sollte er sich
dann nicht über den »Idealismus« der Klassiker erhaben fühlen, der das historische Wesen
einer vergangenen Zeit wiederzugebären wußte, auch wenn er sich um die Kinkerlitzchen und
Klunkern dieser Zeit nicht mehr bekümmerte, als solchem Krame recht ist.

Vielmehr geräth der moderne Naturalismus auch mit dem getreuen Abkonterfeien der
Kinkerlitzchen und Klunkern arg in die Brüche, wenn er nicht das Wesen der Dinge begriffen
hat, die er schildern will. Er kommt damit sogar noch unter den Schlitten der epigonenhaft-
schulgerechten Jambentragödie, auf die er so stolz herabsieht. Als Gustav Freytag vor vierzig
Jahren seine »Fabier« veröffentlichte, sagte ihm die Kritik: Die Anachronismen, deren sich in
Shakespeares »Julius Cäsar« so manche finden, hast du ja glücklich vermieden, aber schade
daß du ebenso sorgsam Shakespeares Genie vermieden hast. Es stände gut um Hauptmanns
»Florian Geyer«, wenn man ihm dasselbe Kompliment machen könnte, im Vergleiche mit
Schillers »Wallenstein«. Was Freytag noch fertig brachte, bringt Hauptmann nicht mehr
fertig; unter den dreihundert Seiten seines historischen Dramas werden sich nicht viele finden,
auf denen sich nicht grobe Verstöße gegen das Kostüm der Reformationszeit entdecken lassen,
das Wort Kostüm im rein äußerlichen, im Kinkerlitzchen- und Klunkernsinne genommen.

Welch schwerer Mißgriff ist es schon, die Personen des Dramas im Chronikenstile, in der
Schriftsprache ihrer Zeit sprechen zu lassen, welch doppelt schwerer Mißgriff vom Standpunkte des Naturalismus aus, der sich sonst so viel mit seiner »Kunst des Stotterns« weiß und
seine modernen Gestalten radebrechen läßt, als spräche heutzutage kein Mensch mehr einen
zusammenhängenden Satz! Als ich vor drei Jahren an dieser Stelle mittheilen mußte, daß der
»Florian Geyer« bei der ersten Aufführung einen gänzlichen Mißerfolg gehabt habe, sprach
ich die Ansicht aus, daß sich beim behaglichen Lesen des Dramas unter der Lupe viele
Einzelschönheiten würden entdecken lassen; nachdem ich die Lupe angewandt habe, muß ich
nunmehr gestehen, daß ich damals meine Pappenheimer noch schlecht gekannt und dem
endlosen Gegacker der Klique über die »peinliche Gewissenhaftigkeit« der von Hauptmann
gemachten »Spezialstudien« ein ungerechtfertigtes Vertrauen entgegengebracht habe. Es mag

hingehen, wenn Hauptmann die Schimpfrede Luthers, den Bauern müßten die Eselsohren mit Büchsensteinen aufgeknäufelt werden, der Burgfrau von Rimpar als eigene Weisheit in den Mund legt; weshalb sollte nicht einmal eine wüthende Megäre und ein wüthender Pfaff auf dieselbe Rohheit verfallen? Aber wenn ein bäurischer Fanatiker den von Melanchthon dem braven Münzer nachgelogenen Schwindel vom Auffangen der Büchsenkugeln im Aermel allen Ernstes ausspricht, so ist das gerade so, als wenn ein Dramatiker nach einigen hundert Jahren einen heutigen Sozialdemokraten sagen ließe, es müsse »getheilt« werden. Nicht minder arg ist es, wenn Hauptmann einen Bürger der Stadt Rothenburg Worte sprechen läßt, die nur im Munde eines Bauern einen historischen Sinn haben. Von dem eng und weit verzweigten Geäder der damaligen sozialen Verwicklungen, das sich in Schweichels Roman vollkommen klar übersehen läßt, hat Hauptmann eben nichts verstanden, als den Gegensatz zwischen Bauern und Rittern und den auch nur, wie Florians Gerede über Hutten und Sickingen zeigt, in den allgemeinsten und verschwimmendsten Umrissen.

[...]

X

Jede gründliche Prüfung des modernen Naturalismus führt auf die feudale Romantik zurück; das haben Bartels und Woerner in ihren Schriften erfahren, wie ich in diesen Untersuchungen, ja auch Steigers ehrlicher Enthusiasmus muß dahin zurückschwenken.

Als kluger Feldherr sucht er sich im Voraus zu decken, indem er sagt, die vielgeschmähte Romantik habe doch auch ihre großen ästhetischen Verdienste gehabt. Das gebe ich nicht nur zu, sondern ich erkenne auch an, daß in gewissem Sinne eine Ehrenrettung der Romantik ein durchaus nützliches Werk sein würde. Der Rückstoß des feudalen Ostens auf den bürgerlichen Westen war eine große historische Bewegung, die nicht mit einigen Schlagworten abgethan werden kann. Aber woher kommt es, daß die Romantik in so tiefem Schatten steht, woher kommt die Sitte oder meinetwegen auch Unsitte, über sie mit einigen verächtlichen Redensarten abzusprechen? Einfach daher, daß – um nur von Deutschland zu sprechen – seit der Mitte der zwanziger Jahre alle guten Köpfe den heftigsten, rücksichts- und schonungslosesten Kampf gegen die Romantik geführt haben, und daß diesem Kampfe alle historischen Fortschritte des deutschen Geisteslebens zu danken sind.

So gut wie die feudale Romantik ihre historische Existenzberechtigung hatte, so gut hat sie auch der bürgerliche Naturalismus. Nicht darum streite ich mit Steiger, sondern nur darum, in welcher historischen Perspektive er steht. Sagt man: der moderne Naturalismus war ein neuer Aufschwung der bürgerlichen Literatur, ein kräftiger Aufstieg aus dem Sumpfe, worin diese Literatur während der siebziger Jahre versunken war, so sagt man nur die schlichte Wahrheit. Die Hauptmann und Holz sind von ganz anderem Schlage, als die Lindau und Wichert waren; ebenso waren einst die Schlegel und Tieck von ganz anderem Schlage, als die Kotzebue und Nicolai. Man müßte von allem Geschmacke verlassen sein, um das zu bestreiten. Ganz anders aber steht die Sache, wenn der moderne Naturalismus sich als neues

Weltprinzip der Kunst aufthun, wenn er unsere klassische Literatur zum alten Eisen werfen, wenn er über Schiller und Lessing mit verächtlichem Mitleid daherfahren will. Da muß man widersprechen, nicht nur der klassischen Literatur, nicht um der Schiller und Lessing willen, die diese Püffe ebenso heiter überstehen werden, wie sie die Püffe der Romantiker überstanden haben, sondern um der schlichten Wahrheit willen, um rechtzeitig einer Verwirrung des ästhetischen Geschmacks vorzubeugen, von der namentlich nicht zu wünschen wäre, daß sie in die arbeitenden Klassen dränge.

Ueber die komischen Eltern, die Schlenther dem modernen Naturalismus andichtet, »Bismarcks Realpolitik« und der Himmel weiß wen sonst noch, braucht nicht weiter gesprochen zu werden. Für den, der die historische Entwicklung der letzten Jahrzehnte wirklich kennt, liegt seine Abstammung klar genug vor. In dem großen Krache der siebziger Jahre schien mit der ökonomischen auch die geistige Kraft der deutschen Bourgeoisie erloschen zu sein; als ein Mann, wie Lindau, den Literatursultan der deutschen Reichshauptstadt spielte und auf den Berliner Bühnen nur noch der Geschundene Raubritter in den verschiedensten, aber immer gleich barbarisch-geschmacklosen Fassungen aufgeführt wurde, da schien der bürgerlichen Literatur ihr letztes Stündlein geschlagen zu haben. Aber eine große Weltperiode stirbt niemals so schnell ab, wie ihre Erben zu hoffen pflegen und vielleicht auch, um sie mit dem gehörigen Nachdruck berennen zu können, hoffen müssen; gerade die Heftigkeit des Angriffs rafft noch einmal alle Kräfte des Widerstandes zusammen; als Schiller seine Briefe über die ästhetische Erziehung des Menschen schrieb, ahnte er auch nicht, daß der absolutistisch-feudale »Naturstaat«, dem er das Horoskop des nahen Unterganges stellte, eine fröhliche Urständ feiern würde. So auch geht es mit dem Kapitalismus nicht so reißend bergab, wie der trotzige Kampfesmuth des revolutionären Proletariats in den siebziger Jahren und noch lange nachher glaubte. Diese Thatsache ist an und für sich nicht zu bestreiten, so thöricht es sein mag, aus ihr zu folgern, daß die langsamere Auflösung überhaupt keine Auflösung mehr sei.

In den achtziger Jahren erholte sich die bürgerliche Gesellschaft bis zu einem gewissen Grade ökonomisch und demgemäß auch geistig. Auf den verschiedensten Gebieten der wissenschaftlichen Literatur erwachte neues Leben; in der ökonomischen Literatur erschien eine Reihe von Schriften, die mit verhältnißmäßig scharfem und tiefem Blick in das Gefüge der modernen Gesellschaft drangen, in der schönen Literatur erschien der Naturalismus. Eine unaufhaltsam absterbende Gesellschaft sammelte ihre ganze Kraft, um sich am Leben zu erhalten, und es war gewiß die stärkste Kraft, die sie überhaupt noch aufzubieten hatte: eine ungleich stärkere Kraft, als sie im Taumel ihres noch unbedrohten Uebermuths aufzubieten für nöthig hielt, aber eine lange nicht mehr so starke Kraft, um noch abzuwenden, was nach den ehernen Gesetzen der Geschichte nicht mehr abgewandt werden kann. Hierin wurzelt die innere Verwandtschaft des bürgerlichen Naturalismus mit der feudalen Romantik, die in dem Auflösungsprozeß der feudalen Gesellschaft die gleiche Stellung einnahm; hierin liegt der Grund, weshalb diese beiden Literaturperioden des historischen Verfalls bei aller äußeren Unähnlichkeit doch den gleichen Charakter aufweisen, der je länger je mehr sich auch in den äußeren Gesichtszügen abspiegelt, wie neben vielem Anderen in letzter Zeit das Ueberwuchern der Märchendramen gezeigt hat.

Vom Standpunkte dieser historischen Auffassung aus kann man wie den Stärken, so auch den Schwächen des modernen Naturalismus durchaus gerecht werden. Man versteht dann, weshalb er einen so unglaublich engen Gesichtskreis hat, denn seinem Schifflein fehlt Kompaß und Segel und Steuer, um das hohe Meer der Geschichte zu befahren. Man versteht dann, weshalb er sich an die sklavische Nachahmung der Natur klammert, denn er muß rathlos vor jedem gesellschaftlichen Problem stehen. Ja man mag selbst seine Freude an den gräßlichen und häßlichen, den niedrigen und widrigen Abfällen der bürgerlichen Gesellschaft als einen Protest anerkennen, den er in seinem dunklen Drange dem öden Geldprotzenthum, dem Todfeinde jeder echten Kunst, ins Gesicht wirft. Alles das kann man historisch vollkommen würdigen. Jedoch muß der Protest einsetzen, wenn die verkümmerten Lebensbedingungen, unter denen die Kunst in einer absterbenden Gesellschaft überhaupt nur bestehen kann, als die Lebensmöglichkeiten einer noch nie dagewesenen Kunst angepriesen, wenn die Abwendung von den großen Fragen des historischen Kulturfortschritts als die unerläßliche Voraussetzung der »reinen Kunst« gefeiert, wenn die platte Nachahmung der Natur, die noch jeder große schöpferische Künstler verschmäht hat, als weltumwälzendes Kunstprinzip verkündet, wenn die modernen Proletarier der ästhetischen Rohheit gezogen werden, weil sie in der Kunst nicht Schmutz und Staub, sondern nach Schlaikjers treffendem Ausdruck »festlichen Kerzenglanz« sehen wollen, gemäß der natürlichen, das heißt, historisch gegebenen Stimmung einer Klasse, die ihres Sieges sicher und ihrer Zukunft froh ist.

Allerdings wird dem modernen Naturalismus ja auch ein sozialistischer Zug nachgerühmt, allein was an dieser Behauptung wahr ist, bestätigt eben auch nur seine innere Verwandtschaft mit der Romantik. Den ideologischen Literarhistorikern hat es schon manches Kopfzerbrechen verursacht, daß die Romantiker mittelalterlich-reaktionär und doch bis zu einem gewissen Grade freisinnig waren; vom historisch-materialistischen Standpunkt ergiebt es sich so zu sagen von selbst, daß eine feudal-romantische Dichterschule in den ersten Jahrzehnten des neunzehnten Jahrhunderts nicht ohne einen tüchtigen Zuschuß bürgerlicher Kultur bestehen konnte. Das war schon deshalb eine unbedingte Nothwendigkeit, weil die feudale Welt unter dem Angriff des Bürgerthums ihre Kraft zusammennahm und sich gegen den überlegenen Feind mit den Waffen vertheidigte, die sie von ihm entlehnte; ungefähr so, wie sich die Rothhäute mit Feuergewehren gegen die Weißen wehrten, was ihr hoffnungsloses Absterben verzögerte, aber nicht aufhielt. Man braucht das Verhältniß zwischen der feudalen Romantik und dem bürgerlichen Emanziaptionskampfe nur auf die heutigen Zustände zu übertragen, um sofort zu erkennen, was es mit dem sozialistischen Zuge des bürgerlichen Naturalismus auf sich hat. Die bürgerlichen Naturalisten sind sozialistisch gesinnt, wie die feudalen Romantiker bürgerlich gesinnt waren, nicht mehr und nicht weniger; bei ihren zahllosen Experimentirereien halten sie sich mit heiliger Scheu jeder künstlerischen Darstellung fern, die sich auch nur von fern mit dem proletarischen Emanzipationskampfe berühren könnte.

Das ist ihr Verhängniß, und die oft geäußerte, früher auch wohl von mir in diesen Blättern ausgesprochene Hoffnung, daß sie sich mehr und mehr zum künstlerischen Verständniß der modernen Arbeiterbewegung emporarbeiten würde, zerrinnt um so gründlicher, je eindringender man diese Dinge untersucht. Aber was von dem modernen Naturalismus abgezogen werden muß, wenn man ihn historisch betrachtet, das kommt seinen Trägern wieder persönlich zu Gute. Es wäre durchaus ungerecht, ihrer bornirten Stellung zum proletarischen Klassenkampf Aengstlichkeit, Berechung, Eigennutz oder ähnliche verwerfliche Beweggründe unterzuschieben; sie bleiben darin sich selber treu, und mehr kann man von ihnen nicht verlangen. Die Kluft, die zwischen ihnen und dem modernen Proletariat besteht, läßt sich nicht überbrücken, und selbst wenn sie über ihren Schatten springen, selbst wenn sie sich mit der Arbeiterklasse befreunden wollten, so würde das Ende vom Liede doch die bekannte Klage über den Undank der Arbeiter sein. Es ist sinnlos, den modernen Proletariern ästhetische Rückständigkeit oder dergleichen vorzuwerfen, weil sie an unserer klassischen Literatur, einer Literatur der Aufsteigenden, größeren Geschmack finden, als am modernen Naturalismus, einer Literatur der Absteigenden; es ist womöglich noch sinnloser, was der tiefsinnige Geschichtsphilosoph Paul Barth ausgeheckt hat, daß nämlich in der modernen Arbeiterbewegung kein Ideal lebe, weil sie noch kein echtes Kunstwerk geschaffen habe, aber soviel ist richtig, daß in einer Klasse, deren Erkenntniß- und Begehrungsvermögen so andauernd und so stark angespannt ist, wie in der modernen Arbeiterklasse, die ästhetische Betrachtung der Dinge verhältnißmäßig in den Hintergrund treten muß. Es heißt eben auch hier: Unter den Waffen schweigen die Musen.

Mit anderen Worten: wenn die absteigende Bürgerklasse keine große Kunst mehr schaffen kann, so kann die aufsteigende Arbeiterklasse noch keine große Kunst schaffen, mag auch immer in den Tiefen ihrer Seele eine heiße Sehnsucht nach der Kunst leben. Zeugniß des sind die Freien Volksbühnen, die immer wieder auftauchen, obgleich die überschwänglichen Illusionen, womit sie einst gegründet wurden, längst an der rauhen Wirklichkeit zerschellt sind. Schon rein äußerlich zeigt sich auf den ersten Blick, wie wenig das Proletariat daran denken darf, sich unter den heutigen Verhältnissen das Theater zu erobern, das in den bürgerlichen Emanzipationskampf so überaus fördernd und wirksam eingegriffen hat. Die bürgerliche Bühne hat ja längst den letzten trügerischen Schein abgestreift, als käme es ihr auf Kultur- und Kunst- und nicht vielmehr auf Geldinteressen an. Was sind denn die großen modernen Theater anderes als kapitalistische Aktienunternehmungen, die nicht sowohl künstlerisch geleitet, als ökonomisch bewirthschaftet werden? Solch ein Theater braucht in Berlin über zweitausend Mark Tageseinnahmen, um dem in ihm angelegten Kapital die nöthigen Profite abzuwerfen, und das ist der Gesichtspunkt, der allen künstlerischen Interessen weit voran steht. Nichts verkehrter, als über die ästhetische Geschmacklosigkeit der kapitalistischen Beamten zu klagen, die für die künstlerische Leitung der Bourgeoistheater eingesetzt sind; so viel Geschmack und am Ende auch so viel Gewissen haben diese Angestellten des großen Kapitals schon, um lieber Shakespeare und Schiller aufzuführen, als den erbärmlichen Schund, der die Nerven des Börsenpöbels kitzelt. Aber sie sind eben auch versklavte Menschen und dürfen sich glücklich preisen, wenn ihnen in diesem und jenem Ausnahmefall ein leidliches Kompromiß zwischen den Geboten des Geschmacks und den Profitinteressen des Kapitals gelingt.

Wie aber sollen unter solchen Verhältnissen die Freien Volksbühnen eine Wiedergeburt der dramatischen Kunst anbahnen können? Es ist ganz unmöglich, obgleich man, wie unmöglich es ist, vielleicht erst begreift, wenn man die Quälerei einmal am eigenen Leibe durchgemacht hat. Dennoch ist ein entschiedenes Bedürfniß nach ihnen im modernen Proletariat da, und insoweit sie ihm überhaupt den Genuß dramatischer Kunstwerke ermöglichen, haben sie auch ihr unleugbares Verdienst, sind sie ein bescheidener, aber doch nicht unwirksamer Hebel, den Geschmack der Arbeiter zu läutern, damit ihre Kulturentwicklung zu fördern und so in letzter Weise auch ihren Emanzipationskampf zu stärken. Nur muß hierbei die richtige Grenze innegehalten werden: träten die Freien Volksbühnen den großen Zielen der modernen Arbeiterbewegung hindernd in den Weg, vergäßen sie ihren proletarischen Ursprung, ließen sie sich mit kapitalistischen und offiziösen Unternehmungen vom Schlage des Schillertheaters, die unter dem Geschwafel von der »reinen Kunst« die unterdrückten Klassen beduseln wollen, in eine charakterlose Verbindung ein, so wäre es besser, sie wären nicht da.

Je unmöglicher sich aber aus dem proletarischen Klassenkampfe ein neues Zeitalter der Kunst entwickeln kann, um so sicherer ist es, daß der Sieg des Proletariats eine neue Weltwende der Kunst herbeiführen wird, eine edlere, größere, herrlichere, als Menschenaugen je gesehen haben. Besteht das ästhetische Wohlgefallen in der freien und ruhigen Betrachtung der Dinge, so wird es sich am höchsten und reinsten entfalten, wenn »die beschämenden Spuren der Dienstbarkeit« verschwunden sein werden, die »unserer verstümmelten Natur« durch die Sklavenarbeit einiger Jahrtausende eingedrückt worden sind, wenn das menschliche Geschlecht »den freien Wuchs seiner Menschheit entfesseln kann«. Schon um dieses tiefen Prophetenworts willen wollen wir uns unseren Schiller nicht verschimpfiren lassen. Mag die Bourgeoisie in ihrer greisenhaften Anmaßung sich einbilden, daß weil sie sterben muß, auch die Kunst sterben muß, wir leben der Zuversicht, der alle großen Künstler gelebt haben, der Zuversicht, daß der letzte Dichter erst mit dem letzten Menschen das Erdenhaus verlassen wird, der Zuversicht, die der große Lyriker der mittelhochdeutschen Dichtung, die Walther von der Vogelweide in die schlichten Worte gekleidet hat:

> Kumt sanges tac, man hoeret singen unde sagen.

Mehrings *Ästhetische Streifzüge* sind eine Art Sammelrezension. Im Mittelpunkt steht die Kritik an ästhetischen Auffassungen, die, wie z.B. Edgar Steiger (vgl. die Dok. 88, 89) in seinem 2bändigen Werk *Das Werden des neuen Dramas*, dem Naturalismus huldigten. Gleichzeitig wandte sich Mehring auch gegen den Nietzsche-Kultus und versuchte dem bürgerlichen Neukantianismus eine materialistische Kant-Rezeption entgegenzustellen. In dem ob. dok. Abschnitt bezieht Mehring sich im übrigen direkt auf Adolf Bartels, *Gerhart Hauptmann* (Weimar 1897) sowie auf U.C. Woerner, *Gerhart Hauptmann* (München 1897).

Der Diskussionszusammenhang, in dem Mehring seine wissenschaftliche Ästhetik entwickelte, hatte sich gegenüber dem Anfang des Jahrzehnts deutlich verändert. Während um 1890/91 die »Linken« in der Sozialdemokratie eine enge Verbindung mit der naturalistischen Richtung eingingen, fanden sich die Mitglieder und Anhänger der ehemaligen Fraktion der »Jungen« und naturalistischen Schriftsteller ab 1895 als Autoren der *Sozialistischen Monatshefte*, dem Organ der Revisionisten in der SPD, wieder. Hier veröffentlichten Julius Hart, Wilhelm Bölsche, Bruno Wille, Gustav Landauer u.a. literaturkritische Aufsätze und eigene Dichtungen. Ebenfalls 1898 erschien in dieser Zeitschrift auch Bölsches mehrteiliger Aufsatz *Die sozialen Grundlagen der modernen Dichtung* (vgl. Dok. 23), in dem er die Auffassung vertrat, daß die sozialistische Perspektive in den naturalistischen Schilderungen nicht eigentlich fehle, sondern »daß diese Ideale vom Hörer unwillkürlich als Kehrseite ›erschlossen‹ werden, *ohne* daß sie plump in Worten ausgedrückt oder gar in die Dinge hineingeworfen sind« (s. ebd.). Gegen solche und ähnliche, von verschiedensten politischen Standpunkten und aus unterschiedlichsten politischen Motiven vorgenommene Projektionen »sozialistischer« Positionen in die naturalistische Literatur (bzw. ihren Rezeptionsvorgang) wandte sich Franz Mehring im wesentlichen in der Mehrheit seiner Schriften zur naturalistischen Literatur. Mehrings in erster Linie ideologiekritischer Ansatz zielte dabei primär auf die Abwehr bürgerlicher Weltsicht, die als sozialkritische mit der sozialistischen Weltauffassung fälschlicherweise identifiziert wurde und durch die sozialdemokratische Presse wie auch über die Organisation der »Freien Volksbühnen« Einfluß in der sozialdemokratischen Arbeitschaft hatten. Gleichzeitig wurde die Identifizierung von Naturalismus und Sozialismus auch durch die politisch argumentierende Naturalismuskritik aus dem nationalkonservativen Lager seit Ende der 80er Jahre befördert. Auch der bekannte national-liberale Berliner Kritiker Karl Frenzel z.B. bezeichnete den politischen Sozialismus und den literarischen Naturalismus als »zwei Bäche, die aus einer gemeinsamen Quelle entsprungen sind«, die er in dem philosophischen Materialismus sah (vgl. Dok. 60). Der Literarhistoriker Berthold Litzmann parallelisierte 1894 die »literarische Revolution« des Naturalismus mit den politischen Zielen der Sozialdemokratie, dort werde »tabula rasa« mit der »Bourgeois-Litteratur« hier mit der »Bourgeoisgesellschaft« angestrebt (vgl. Komm./Dok. 51). Schließlich versuchte Heinrich Bulthaupt 1894 Hauptmann und den Naturalismus insgesamt unter dem Oberbegriff »internationale Moderne« als künstlerischen Anarchismus zu diskreditieren und durch die unterstellte Verbindung von Naturalismus, Anarchismus und Sozialdemokratie die Notwendigkeit verschärfter staatlicher Unterdrückungsmaßnahmen zu begründen (vgl. dazu Dok. 51). Es zeigt sich, daß Mehring mit seiner iedologiekritischen Untersuchung des Naturalismus sowohl gegen die national-konservative Literaturkritik wie gegen die Naturalismusrezeption linksoppositioneller wie revisionistischer Kräfte innerhalb der Sozialdemokratie stritt.

Obwohl Mehring sich vielfach gegen eine Überschätzung der Kunst im Emanzipationskampf der Arbeiterklasse aussprach, so sah er es doch als Aufgabe an, sich über eine »proletarische Ästhetik« zu verständigen, da »das kämpfende Proletariat« nach dem »Gebiet der Kunst [...] um so eifriger drängt, je höher es sich entwickelt.« Wollte man die Kunst nicht zur Privatsache erklären, so hielt es Mehring »unter allen Umständen vom Übel [...] die bürgerliche Ästhetik anzunehmen und etwa nur durch einige besondere Geistreichigkeiten steigern zu wollen.« Das hieße nichts anderes, »als den muffig gewordenen Geisteskram der Bourgeoisie zum Hinterpförtlein wieder einzuschmuggeln, nachdem er eben zur Vordertüre hinausgeworfen worden war...« (in: *Die Neue Zeit*, Jg. 13/1, 1894/95, S. 536).

Dabei bleibt allerdings auch gegen Ende des Jahrzehnts der Widerspruch in Mehrings Auffassung bestehen, daß er auf der einen Seite erst durch »den Sieg des Proletariats eine neue Weltwende der Kunst« für möglich erklärte, gleichzeitig aber in seiner Kritik an Hauptmann und der naturalistischen Dramatik das Gegenbild einer bedeutsamen Kunst für die Gegenwart entwickelte: statt »realistischer Wiedergabe zufälliger Äußerlichkeiten« forderte Mehring die »geistige Widerspiegelung des historischen Prozesses« (in: *Die Neue Zeit*, Jg. 14/1, 1895/96, S. 497).

In dem ob. dok. Auszug aus den *Ästhetischen Streifzügen* kritisierte Mehring Hauptmanns *Vor Sonnenaufgang*, da »gänzlich jene Übereinstimmung zwischen Individuum und Gattung, deren Höhegrad nach Kant die ästhetische Formvollkommenheit bestimmt«, fehle (s. Dok. 92). *Florian Geyer* erweise die Unfähigkeit Hauptmanns des Naturalismus überhaupt, einen »großen historischen Stoff dramatisch zu gestalten« (s. ebd.). Indirekt spiegelte sich die Forderung nach einer großen Kunst der Arbeiterklasse auch in der folgenden Formulierung über das Verhältnis der Arbeiterklasse zur Moderne wieder: »[...] das Proletariat stand ihnen [d.i. die Modernen, Ch.M.] mit gelassener Kühle gegenüber, nicht weil es die hehren Geheimnisse nicht zu fassen wußte, sondern weil ihre Kunst nicht entfernt heranreichte an die historische Größe des proletarischen Emanzipationskampfes« (F. Mehring, *Die Geschichte der deutschen Sozialdemokratie*. Zweiter Teil, Stuttgart 1898, S. 546). Franz Mehring wies also sowohl die Identifizierung von Naturalismus und Sozialismus zurück als auch die Behauptung, der moderne Naturalismus verwirkliche ein »neues Weltprinzip der Kunst« (s. Dok. 92). Und obwohl Mehring dies erst in einer sozialistischen Gesellschaft für möglich hielt, postulierte er in seiner Kritik doch immer wieder bereits eine große Kunst des Klassenkampfes, deren Grundzüge er bereits, wie die Zitate zeigen, zu benennen suchte.

Allerdings arbeitete Mehring in seiner Literaturkritik nicht in allen Bereichen mit denselben Maßstäben. So beurteilte er die Anfänge sozialistischer Literatur doch sehr behutsam und berücksichtigte hier nachdrücklich die künstlerischen Produktionsbedingungen. Im Nekrolog auf Minna Kautsky schrieb Mehring: »Aber wahrlich – in einer Zeit, wo die ästhetische Bildung sich mehr und mehr den großen Kulturinteressen der Menschheit entfremdet, wo ein aufgeblasener und leerer Hochmut die knabenhafte Weisheit predigt, daß ein Dichter kein Politiker sein dürfe –, in einer solchen Zeit soll uns wenig kümmern, was unserer verewigten Freundin an einer echten Dichterin fehlte, wenn wir uns des getrösten dürfen, daß sie eine echte Kämpferin war« (in: *Die Neue Zeit*, Jg. 31, 1912/13, S. 457/8). Auffällig ist auch die ausführliche, positiv-kritische Würdigung die Arno Holz im Rahmen der *Streifzüge* erfuhr. Mehring nannte das *Buch der Zeit* und die Sammlung *Neue Gleise* die »eigentlich klassischen Leistungen des Naturalismus« und bezeichnete die Gedichtsammlung *Phantasus* als »die Schöpfung eines Dichters«, die wert sei, »in seiner Lebensernte mitgezählt zu werden« (vgl.: *Die Neue Zeit*, Jg. 17/1, 1898/99, S. 538–544).

93

Ludwig Fulda: *Henrik Ibsen und das deutsche Drama*. In:
*Die Nation. Wochenschrift für Politik, Volkswirthschaft und
Litteratur*. Hrsg. v. Theodor Barth. 3. Jg. Berlin (H.S. Herrmann)
1885/86, Nr. 52 (25. Sept. 1886), S. 775–777.

Mitte April war die gute Stadt Augsburg, der sonst auch ihre Feinde nicht nachsagen können, daß sie die Führerschaft geistiger Bewegungen an sich zu reißen gedenke, der Schauplatz eines ungewöhnlich kühnen Unternehmens. Der kunstsinnige Leiter des Augsburger Stadttheaters, Direktor Grosse, den die Theilnahmslosigkeit des Publikums nicht von seinen idealen Bestrebungen abzubringen vermochte, lud eine Anzahl von Augsburger und Münchener Kunstfreunden zu einer »Generalprobe«, und das hierzu angekündigte Stück hieß »Gespenster«, ein Familiendrama von Henrik Ibsen. Kaum war es in der alten Reichsstadt bekannt geworden, daß eine Vorstellung bei geschlossenen Thüren im Theater stattfinden werde, so kamen die abenteuerlichsten und schreckhaftesten Gerüchte in Umlauf. Da der Name Ibsen bisher nicht nach Augsburg gedrungen war, und da die meisten Menschen schnell bereit sind, das was hoch über ihnen ist, mit seltsamer optischer Täuschung für tief unter sich zu halten, so fand man für den Ausschluß der Oeffentlichkeit nur eine einzige Erklärung. Das Stück mußte an Unsittlichkeit alles bisher Dagewesene überbieten; man war entrüstet. Und da eine derartige Entrüstung bekanntlich immer mit brennender Wißbegier verbunden ist, so stürmten diejenigen, welche man zu dem Mysterium nicht eingeladen hatte, die Buchläden. In den Tagen vor der Generalprobe der »Gespenster« nahm der Buchhandel in Augsburg einen ungeahnten Aufschwung, und in dem Lager der Reclam'schen Universalbibliothek entstand eine sichtbare Lücke.

Das Wagestück selbst nahm nun freilich einen ganz anderen Verlauf, als jene empörten Seelen sich träumen ließen. Das Parterre des reizenden Schauspielhauses war von einem auserlesenen Publikum dicht besetzt, und mitten unter diesem saß der Dichter, der sonst grundsätzlich den Aufführungen seiner eigenen Stücke fern bleibt. Aber zu diesem Abend, an welchem eine ernste Versammlung von gebildeten Deutschen das Werk auf sich wirken lassen wollte, das zugleich seine Lieblingsdichtung und sein Schmerzenskind bedeutet, war er doch von München herübergekommen. Er hatte es nicht zu bereuen.

Denn diese Generalprobe gestaltete sich zu einer ausgezeichneten, theilweise geradezu meisterhaften Aufführung. Das Drama war mit hingebender Liebe einstudirt worden, und

einige bemerkenswerthe junge Talente hatten sich mit muthiger Begeisterung und überra-
schendem Gelingen ihrer schwierigen Rollen bemächtigt. Mit der Größe der Aufgabe schien
ihre Kraft gewachsen; sie spielten überzeugt und überzeugend. Das geladene Publikum aber
ward mehr und mehr gebannt und mitgerissen. Der stürmische, lang andauernde Beifall,
welcher am Schluß dem wackeren Direktor dankte, wurde von diesem feinfühlig als eine
Ovation für den großen Dichter gedeutet.

Inwieweit die Urtheile der Theaterbesucher auseinander gegangen sein mögen, nachdem
der erste Rausch verflogen war, welche Bedenken und Ausstellungen sich nachträglich mögen
zum Wort gemeldet haben, das ist nicht vollständig zu ermitteln, und thut auch nichts zur
Sache. Denn in einem Punkte waren und blieben alle Zuschauer einig: darin nämlich, daß
man etwas völlig Außergewöhnliches erlebt habe, daß man Zeuge eines litterarischen Ereignisses gewesen sei. Die Sachverständigen waren aber auch darin einig, daß eine öffentliche
Aufführung der »Gespenster« bei den gegenwärtigen deutschen Theaterverhältnissen als eine
Unmöglichkeit oder doch als ein von vornherein verloren zu gebendes Experiment betrachtet
werden müsse; auch in Augsburg ist dieselbe unterblieben.

Das gibt zu denken. Hebbel hat einmal gesagt, daß es Stücke gebe, bei denen nur das
Publikum durchfallen könne. Er meinte damit wohl hauptsächlich solche Dramen, deren
geistiger Reichthum groß genug sein sollte, um Mängel der Technik übersehen zu lassen. Hier
aber liegt die Sache wesentlich anders. Denn Ibsens »Gespenster« sind nicht nur ein Werk von
mächtigem Ideengehalt, sie sind auch in ganz eminentem Sinn ein Bühnenwerk. Wenn man
das Drama nochmals durchliest, nachdem man es gesehen hat, erkennt man erst deutlich, wie
diese Gestalten nach der Verkörperung auf der Bühne lechzen, begreift man, warum der
Mißerfolg, den gerade dieses Werk Ibsens auf dem Theater seiner Heimath anfänglich hatte,
ihn so tief erschüttert und verbittert hat.

Und trotz alledem ist das Stück auf deutschen Bühnen unaufführbar. Die Frage nach dem
Grund ist keine müßige; denn die Antwort wirft auf manche Seiten unserer vortrefflichen
Kultur die wunderlichsten Schlaglichter. Ibsen's »Gespenster« sind ein revolutionäres Stück,
und das deutsche Theater ist von allen konservativen Einrichtungen die konservativste. Die
»Gespenster« sprühen von gefährlichen Funken und sind von einem Sturm neuer Ideen
durchbraust. Sie sind revolutionär in der Form, revolutionär im Inhalt. Die formale Revolution, welche mit dem Legitimismus des Bühnenherkommens radikal aufräumt, könnte man
auf den ersten Blick zugleich für eine Reaktion halten. Denn das Stück fügt sich überraschend
gut dem Schema der antiken Tragödie: Einheit der Zeit, des Orts und der Handlung, nur fünf
Personen, der Dialog fast durchgängig Zwiegespräch, die tragische Schuld sowohl wie die
eigentliche Verwicklung zur Vorgeschichte gehörig. Aber merkwürdigerweise ist diese antike
Einfachheit nur das Mittel zu einem ganz modernen Zweck, nämlich zur Verschärfung und
Vertiefung der Charakteristik. Ibsen genügt es nicht, seine Charaktere in überzeugender
Lebendigkeit vor uns hinzustellen; er sucht sie bis in die letzte Faser ihres Wesens zu ergrü-
beln, er vivisecirt sie gleichsam vor unseren Augen. Eben deshalb sind die »Gespenster« auch
revolutionär in ihrem Inhalt. Ibsen zeigt uns Menschen aus unserer Mitte und ruft uns zu: So
seid Ihr!

Die Handlung der »Gespenster« glaube ich als bekannt voraussetzen zu dürfen. Das Stück hat, als es vor einigen Jahren in deutscher Uebersetzung erschien, genug von sich reden gemacht. Wenn man von fast allen Dramen Ibsen's sagen kann, daß sie gegen die herrschende Moral Sturm laufen, so sind die »Gespenster« als die Zusammenfassung der bisher vereinzelten Streitkräfte, als die große Entscheidungsschlacht aufzufassen. Der am meisten geheiligte und für sicher gehaltene Boden der bestehenden Moral ist die Familie. Diesen Boden sehen wir in den Gespenstern aufgehoben und erkennen, daß er sich hier über einem Abgrund gewölbt. Wir erkennen weiter, daß so wie die Ehe und die Familie auf Voraussetzungen beruht, welche nicht immer Wirklichkeiten sind, unsere ganze Sittlichkeit oft nur ein Betrug ist, ein Betrug, insofern sie dem Todten den Schein und die Berechtigung des Lebens erhält. Gespenster unsere Ueberlieferungen, Gespenster unsere Tugenden, Gespenster unsere Ideale! Wohl bemerkt, unsere! Denn Ibsen ist kein Pessimist; er verachtet die Menschen und glaubt an die Menschheit. Ja, er verachtet die Menschen überhaupt nur, weil er sie lieben möchte und in ihrem gegenwärtigen Stande nicht lieben kann. Wie am Schlusse seines dunklen Vernichtungsdramas über dem Zusammenbruch menschlichen Geschicks die Sonne rein und glanzvoll aufgeht, so glaubt er auch an einen einstigen Sonnenaufgang des Guten.

Man hat den »Gespenstern« den Vorwurf gemacht und kann ihn fortwährend wiederholt hören, sobald auf das Stück die Rede kommt, daß der Held nicht Herr seiner Handlungen sei, da er einer schrecklichen, nicht einmal selbst verschuldeten, sondern angeerbten Krankheit verfalle, daß folglich in ihm einer der ersten Grundsätze des Dramas verletzt werde, die Willensfreiheit und volle Verantwortlichkeit des Individuums. Ohne daß die philosophische Frage erörtert werden müßte, inwieweit diese ehrwürdige Theorie vor der modernen Wissenschaft Stand halten kann, läßt sich die Oberflächlichkeit dieses Vorwurfs nachweisen. Erstens ist Oswald nicht der Held des Stückes; die Hauptfigur ist Frau Alving. Sodann müßte unser klassisches Repertoire sehr gelichtet werden, wollten wir alle pathologischen Figuren daraus verbannen. Aber vor allem verkennt jener Vorwurf, daß die Gestalt des Oswald nicht eine zufällige Grille ihres Schöpfers ist, sondern von der Idee des Ganzen als ein nothwendiges Glied gefordert war. Die Fähigkeit symbolisch zu denken, das Einzelne und Thatsächliche unter einem höheren Gesichtspunkt vereinigt zu sehen, mangelt unserer Zeit in so auffälliger Weise, daß alle Kunstwerke, welche zu ihrem vollen Verständniß symbolisches Denken erfordern, unter diesem Mangel zu leiden haben. Ibsen ist aber auch hier von der ehrlichsten Folgerichtigkeit geleitet: Der Gedanke, daß alles Kranke und Abgestorbene unheimlich und unheilvoll weiterlebt, verlangte diese Gestalt zum Schlußstein. Oswald ist der lebende Beweis für das Goethe'sche: »Weh Dir, daß Du ein Enkel bist.« Nicht nur »Gesetz und Rechte«, sondern alles Menschliche überhaupt erbt sich, »wie eine ewige Krankheit fort«. Nicht nur unsere Seele, auch unser Körper siecht dahin durch die Sünden und Schwachheiten derer, die vor uns waren. Keinen Schritt weit können wir der unseligen Erbschaft entrinnen.

Die Idee eines Dramas kann und will sich niemals für eine fertige Weltanschauung ausgeben, noch weniger für eine starre Formel, aus der sich das vielverschlungene Leben wie ein Rechenexempel ableiten ließe. Aber man kann ein Gegner von Ibsen's Weltbetrachtung, ja sogar ein warmer Vertheidiger des Bestehenden sein und dennoch ein ebenso warmer Bewunderer dieses Stückes. Denn Ibsen ist der erste und einzige Dramatiker, der mit dem bis zur Unkenntlichkeit mißbrauchten Begriff des Modernen auf der Bühne Ernst gemacht hat. In jedem seiner Schauspiele hören wir den freien Pulsschlag der Wahrhaftigkeit, sehen wir das rastlose Bemühen, das Räthsel irgend einer drohenden Sphinx zu lösen, damit sie entwaffnet in den Abgrund stürze.

Und nun lese man, wenn man sich dieser im allgemeinen wenig lohnenden Aufgabe unterziehen will, die sämmtlichen Theaterkritiken, die im Deutschen Reich erscheinen; nun höre man herum in weiten Kreisen des gebildeten und selbst des ungebildeten Publikums. Was ist da der große Tagesbefehl, der im Ton eines Nothrufs an die Dramatiker ausgegeben wird? »Seid modern! Behandelt die Fragen, die uns allen auf den Lippen brennen, zeigt ›dem Jahrhundert und Körper der Zeit den Abdruck seiner Gestalt‹, statt uns höchst bedauerliche, aber längst überwundene Konflikte der Griechen, Römer und Hohenstaufen wieder aufzuwärmen oder die böse Schwiegermutter, den gutmüthigen Papa Kommerzienrath und den gliederpuppenhaften Backfisch ihre faden Späße und Wortwitze ad infinitum wiederholen zu lassen.« – Wenn jedoch die deutschen Dramatiker bis jetzt keine ernstlichen Anstalten gemacht haben, diesem Mahnrufe nachzukommen, so stellt das ihrer Vorsicht und Klugheit nur das beste Zeugniß aus. Sie wissen ganz genau, was in diesem Fall ihr Schicksal sein würde. Kein deutscher Theaterdirektor würde ein Stück annehmen, welches mit voller Wahrhaftigkeit eine sogenannte »brennende Frage« unseres gegenwärtigen Lebens behandelte. Fände sich aber ein weißer Rabe, der diese Kühnheit hätte, so würde die deutsche Polizei das Stück verbieten in der menschenfreundlichen Absicht, jedem öffentlichen Aergerniß vorzubeugen. Hätte das Drama jedoch auch diesen Schlagbaum unangefochten hinter sich, so würde dasselbe Publikum, welches gar so ungestüm nach Modernem verlangt, das Stück bei der ersten Aufführung entweder durchfallen lassen oder es so interessant finden, daß die zweite Aufführung vor leeren Bänken von statten ginge. Die Kritik endlich würde, von wenigen löblichen Ausnahmen abgesehen, dem Verfasser, wenn er berühmt wäre, in höflicher, wenn er unberühmt wäre, in möglichst grober Form zu hören geben, daß dazu die Bühne denn doch nicht da sei, und das schöne Wort »Tendenz«, vor welchem heutzutage nur die handgreifliche Gedankenlosigkeit sicher ist, würde zuletzt dem Unglücklichen als beredte Warnungstafel um den Hals gebunden.

Wem dieses Zukunftsbild als zu schwarz erscheint, der führe sich nur noch einmal im Zusammenhang vor Augen, wie es Henrik Ibsen, dem unstreitig größten aller lebenden Dramatiker, auf deutschen Bühnen ergangen ist. Außer seinen beiden kraftvollen und gewaltigen *historischen* Tragödien »Nordische Heerfahrt« und »Die Kronprätendenten« sind meines Wissens nur »Die Stützen der Gesellschaft« und »Nora« auf unserem Theater erschienen. Das erste dieser beiden Stücke, welches übrigens eine der schwächsten Arbeiten des Dichters ist, hatte einiges Glück, wohl hauptsächlich deshalb, weil das Aeußerliche der Handlung spannend, die Lösung auch im populären Sinn versöhnend ist. »Nora« dagegen, das weit bedeutendere Drama, hatte trotz des Enthusiasmus, den es in litterarischen Kreisen hervorrief, auf der Bühne entschiedenen Mißerfolg und konnte selbst dann sich nicht dauernd behaupten, als Ibsen sich zu der Konzession herabließ, einen rührseligen Theaterschluß an Stelle des echten Schlusses zu dulden. Der ausgezeichnete »Volksfeind«, ein Schauspiel von eminenter Bühnenfähigkeit, ist nirgends aufgeführt worden; es ließe sich ihm auch kein besseres Schicksal prophezeien. Ebensowenig dem satirischen Lustspiel »Der Bund der Jugend«, welches allerdings zu speziell norwegisch gefärbt ist.

Genau dieselben Erfahrungen würde der deutsche Dichter machen müssen, der mit derselben Ehrlichkeit und Wahrheitsliebe moderne Konflikte darstellen wollte, ohne ihnen ihre Herbheit und Unversöhnlichkeit zu nehmen, ohne im fünften Akt eine Scheinbrücke von Phrasen über einen Abgrund von Weltanschauungen zu schlagen. Von den Konflikten, welche unsere Zeit erfüllen und demgemäß auch unsere Poesie erfüllen sollten, kann man vier Hauptarten unterscheiden: politische, soziale, religiöse und sexuelle Konflikte. Daß ein politisches Schauspiel gegenwärtig in Deutschland unmöglich ist, das ist einleuchtend genug, und selbst einem deutschen Aristophanes zuzuhören, dazu können wir die humoristische Unbefangenheit nicht aufbringen. Ein soziales Drama ist noch weniger denkbar und würde womöglich sofort dem Sozialistengesetz verfallen, selbst dann, wenn seine Tendenz eine ausgesprochen konservative wäre. Was nun gar die religiösen Konflikte betrifft, so ist man darin ja bereits so ängstlich geworden, daß man historische Dramen verbietet, welche den Gewissensstreit vergangener Jahrhunderte behandeln. Bleiben von allen Konflikten nur die sexuellen. Daß wir auch diese einzig in einer vertuschenden und schönfärberischen oder noch lieber in einer andeutenden und frivolen Form ertragen, das beweisen die Geschicke der »Nora«. Und so wird das moderne deutsche Drama fürs erste sich mit jener bühnenkonventionellen Art der Liebe weiter helfen müssen, die mit dem realen Leben nur noch eine ganz allgemeine und unbestimmte Aehnlichkeit hat, und auf die deshalb in einem trübselig ironischen Sinn der Schiller'sche Ausspruch paßt:

> Was sich nie und nirgends hat begeben,
> Das allein veraltet nie.

Man muß hier dem sehr naheliegenden Einwand begegnen, daß der Mangel an einem modernen deutschen Drama auf den Mangel an Talenten zurückzuführen sei. Dieser Einwand wird regelmäßig von einem bewundernden Blick über die Vogesen begleitet. Es ist nun zunächst ein böser Zirkelschluß, wenn man da von mangelnden Talenten spricht, wo für die Entfaltung dieser Talente durchaus keine Möglichkeit vorliegt. Die ungeheure Willensstärke und trotzige Selbstsicherheit eines Ibsen ist der gewöhnlichen Begabung nicht verliehen. Das Talent bedarf der Aufmunterung, noch mehr aber der Schulung, und gerade die dramatische Kunst besitzt eine so ausgebildete und verwickelte Technik, daß nur die Praxis, nur der unmittelbare und unausgesetzte Verkehr mit der Bühne dauernde Erfolge verbürgt. Wir sehen aber, daß mehr und mehr all unsere wirklichen Poeten sich ausschließlich in den Dienst der epischen Muse stellen, gewiß nicht deshalb, weil sie alle keine dramatische Ader hätten, sondern aus dem einfachen Grunde, weil sie lieber für die Leihbibliothek als für das Theaterarchiv gearbeitet haben wollen. Und selbst wenn sie bessere Aussichten hätten, sie ziehen es vor, im Roman und in der Novelle ihr letztes Wort zu sagen, welches sie in einem aufführbaren Drama unter allen Umständen verschweigen müßten.

Wenn wir nun fortwährend, und gerade von allen zur Bühne gehörigen Faktoren, auf Frankreich als auf das Muster und nachahmenswerthe Ideal verwiesen werden, so ist gewiß zuzugeben, daß dort vieles besser ist. Aber auch die Franzosen sind weit davon entfernt, ein modernes Drama in jenem höheren Sinne zu haben, wie wir es für Deutschland fordern müssen. Auch bei ihnen beherrscht ausschließlich der sexuelle Konflikt das Theater; doch ist dies insofern ein gesünderer Zustand, als er auch in ihrem Leben eine weit größere Rolle spielt als in dem unsrigen. Aber auch von den Franzosen ist dieser Konflikt fast immer nur nach einer ganz bestimmten Bühnenkonvention und kaum jemals mit offener und rücksichtsloser Wahrhaftigkeit behandelt worden. Doch selbst wenn die französischen Dramen tiefer und ehrlicher wären als sie sind, und wenn sie das deutsche Repertoire noch hundertmal mehr beherrschten, als sie es gegenwärtig thun, sie könnten die Lücke nicht ausfüllen, die wir so schmerzlich empfinden. Dazu ist bei aller Universalität, die wir mit unserem erstarkten Nationalgefühl noch immer zu verbinden wissen, der ethnologische Gegensatz zu groß. Die Franzosen sind das Volk der Gesellschaft, während wir das Volk der Individualitäten sind. Eine Litteratur, die Frankreich etwas anderes ablernen will als technische Griffe, wird deshalb immer unwahr und verlogen bleiben bis ins Herz hinein.

Wir sind also sechzehn Jahre, nachdem wir wieder eine Nation geworden sind, weiter als je von einem modernen Nationalschauspiel entfernt, und das große Beispiel, welches uns ein Bruderstamm gegeben, soll uns vorerst nicht weiterhelfen. Dies ist die betrübende Einsicht, die man nicht abwehren konnte, wenn man die »Gespenster« bei geschlossenen Thüren sah und dann wieder vieles, vieles andere, was fröhlich im Lichte wandelt. Wir werden uns ferner auf der Bühne, wo das moderne Leben in Frage kommt, mit verstohlenen Andeutungen begnügen müssen, gleichsam als handele es sich um unliebsame Geheimnisse, die jeder kennt und niemand ausspricht. Nicht die Sturmglocke neuer Ideen werden wir läuten hören, sondern nur die viel unschuldigere, »große Glocke« der Reklame, und wenn wirklich einmal die schleichenden Leiden zur Sprache kommen, an denen unsere Gesellschaft, unser Zeitalter krankt, so wird »ein Tropfen Gift« die homöopathische Dosis sein, mit der wir uns begnügen müssen. Henrik Ibsen aber lebt, fern von seiner Heimath, in der deutschen Haupt- und Residenzstadt München, und hat nichts weniger zu befürchten, als daß deutsche Theaterdirektoren ihn in seiner stillen und stetigen Gedankenarbeit stören.

Die Ibsen-Rezeption begann in Deutschland ab 1868, als die ersten Übersetzungen von Gedichten und Dramen Ibsens erschienen. Besonders wirksam für die Verbreitung der Dramen wurde die Veröffentlichung der Übersetzungen in preisgünstigen Ausgaben der Reclam's Universalbibliothek ab 1877. Dennoch stand Ibsen bis 1880 noch im Schatten Björnsons, der als der bedeutendere Dichter galt. 1876 erlebten *Die Kronprätendenten* in Meiningen ihre deutsche Erstaufführung. *Die Stützen der Gesellschaft* wurden 1878 zum ersten großen Erfolg Ibsens. In Berlin wurden sie an vier Theatern zum Teil gleichzeitig gespielt und im Laufe des Jahres noch an 19 weiteren Theatern in Deutschland. 1880 wurde das Stück *Ein Puppenheim* unter dem Titel *Nora* in zahlreichen Städten aufgeführt, allerdings mit unterschiedlichem

Erfolg aufgrund der provokanten Behandlung der Frauenthematik. Danach trat eine über fünfjährige Aufführungspause für Ibsens Dramen in Deutschland ein. Allerdings war zu Beginn der 80er Jahre das Interesse der kritischen, suchenden Jugend an Ibsen bereits geweckt, wie eine Reihe von Hinweisen belegt.

So berichtet P. Stein über einen Artikel von Fritz Mauthner (vgl. Dok. 117), der 1878 anläßlich einer Aufführung der *Stützen der Gesellschaft* schrieb, daß sich der Kritiker »nach wochenlangem Fasten [...] endlich wieder an einem vortrefflichen Stücke satt sehen konnte«, und er verglich »Ibsen mit dem damals schon viel gefeierten Björnson: ›Bei Ibsen ist wie bei Björnson der Kampf gegen die Lüge‹« (vgl. P. Stein, *Ibsen auf den Berliner Bühnen 1876/1900*. In: *Bühne und Welt*, Jg. 3, 1900/1901, S. 405). Auch Paul Schlenther sah als 23jähriger Student dieses Stück von Ibsen und beschreibt rückblickend Ibsens Wirkung auf die Jugend ähnlich wie Mauthner: »Unter dem Einfluß dieser modernen Wirklichkeitsdichtung zur entscheidenden Lebenszeit entstand in uns diejenige Geschmackslinie, die fürs Leben entschieden hat. Im Zeitalter der genialsten Realpolitik herangebildet, trat uns hier die kräftigste Realpoesie entgegen...« (s. P. Schlenther u. J. Elias, Einleitung zu: *Henrik Ibsen, Sämtliche Werke*. Berlin 1907, Bd. 1, S. CVIf.). Heinrich Hart erwähnt Ibsen 1878 in seinem programmatischen Artikel *Neue Welt* (s. Dok. 2) und hebt seine Bedeutung für die Erneuerung des Dramas hervor: »Mit Bret Harte haben Björnson und Ibsen den naturalistischen Untergrund gemein [...] beide haben mit Erfolg in letzter Zeit den modernen Konflikten sich zugewandt [...] vielleicht erhalten wir auf diesem Wege allmälig ein gesundes, kerniges Volksdrama«. Im Unterschied dazu distanzierte sich Heinrich Hart in den *Berliner Monatsheften* 1885 deutlich von seiner früheren Stellungnahme zu Ibsen. In einem Kommentar *Ein Brief Henrik Ibsen's* kritisierte er Ibsens Haltung zur Versform im Drama und fand die Begründung für die Bevorzugung der Prosa bei Ibsen in dessen mangelnden dichterischen Fähigkeiten: »Trotz all' seiner interessanten und bedeutsamen Dichtergaben fehlt ihm die Majestät und Fülle großer Ideen, welche zu allen Zeiten Gültigkeit haben, der Schwung und die Gewalt des Shakespeare, Milton, Goethe und Schiller. Nicht minder aber fehlt ihm das Vermögen, lebendige Charaktere zu schaffen, die den Menschentypus in ewig gültiger, nicht bloß zeitlicher Gestalt verkörpern« (a.a.O, S. 318f.).

Die *Nora*-Aufführungen 1880 bewirkten durch die radikale Behandlung der Frauenproblematik sowie durch die ungewöhnliche Dramenform eine starke Provokation bei Publikum und Kritik. In Berlin wurde das Stück abwechselnd mit dem Originalschluß und einem »versöhnlichen« Schluß (Nora verläßt die Familie nicht) gespielt. Man nannte es daher »eine Art Durchhaus-Drama mit zwei Ausgängen«. Fritz Mauthner wies auf die zukunftsweisende Rolle dieses Dramas hin: »In der Richtung, welche hier Ibsen eingeschlagen, liegt der Weg. Darum sollten sich die Zuschauer bei Zeiten an diese scheinbar grimmige Weltanschauung gewöhnen.« In Ibsens Pessimismus sah er »die Weltanschauung der Zukunft« (zit. nach P. Stein, a.a.O., S. 410). In den Jahren 1880 bis 1886 trugen vor allem die weiterhin erscheinenden Übersetzungen zur Verbreitung Ibsens beim deutschen Lesepublikum bei. Aufsätze von Eugen Zabel (1881), Georg Brandes (1883) oder auch die Ibsen-Biographie des Ibsen-Übersetzers Louis Passarge (1883) zeigten Ibsen als gesellschaftskritischen, modernen Dramatiker, der als Vorbild anerkannt wurde (Passarge). 1884 forderte Otto Brahm nach Erscheinen der deutschen Übersetzung der »Gespenster« nachdrücklich die Aufführung dieses neuen Stückes, das er zu den »hervorragendsten Kunstwerken der letzten Jahre« rechnete (*Vossische Zeitung*, 2. Febr. 1884, zit. nach: Otto Brahm, *Kritiken und Essays*. Ausgew. eingel. u. erl. v. Fritz Martini. Zürich und Stuttgart 1964, S. 144).

Wenige Wochen später würdigte Brahm in einem ausführlichen Aufsatz über die *Gespenster* die künstlerischen Fähigkeiten Ibsens, die seine Dramatik bedeutsam machten trotz ihrer Tendenz, die sie mit anderen skandinavischen Autoren teilte. Er schloß seinen Aufsatz mit einer Kritik an dem »tendenziösen« Schluß des Stückes, der der Gesellschaft anlaste, wo Brahm nur das eigenverantwortliche Individuum erkannte. Für ihn war diese Wendung des Stückes daher »unkünstlerisch und sophistisch«. Abschließend stellte er dennoch fest: »... aber es bleibt bestehen, daß das Werk in der kühnen Größe des Wurfs, in der Lebendigkeit seiner Charaktere und der Kunst seines Bauens über die meisten neueren entscheidend hinauswächst.« (*Frankfurter Zeitung*, 13. März 1884, zit. nach: Otto Brahm, *Kritiken*, S. 152). 1886 veröffentlichte Otto Brahm in der *Deutschen Rundschau* einen umfangreichen Essay u.d.T. *Henrik Ibsen*, in dem er einen Überblick über die Entwicklung des dramatischen Schaffens des Dichters gab. Nach einer Begegnung mit Ibsen in Rom im Frühjahr 1885 bewegten Brahm Fragen nach der

Entstehung einer »so ausgeprägten Persönlichkeit«, ihren Bedingungen und Erlebnissen, die »ihr die Richtung gegeben«.

Ludwig Fulda (d.i. Ludwig Anton Salomon, 1862–1939), studierte Philosophie und Philologie in Heidelberg, Berlin und Leipzig, schrieb ab 1883 Lustspiele und avancierte zu einem der erfolgreichsten Bühnenautoren. 1884 kam Fulda nach München, wo er sich dem Dichterkreis um Paul Heyse anschloß. Literarische Veröffentlichungen und Aufsätze von ihm erschienen in der *Gesellschaft*, in den *Berliner Monatsheften*, im *Magazin für die Litteratur des In- und Auslandes*, in der *Freien Bühne*. Fulda bewegte sich im Umkreis der Naturalisten. Ab 1888 lebte er zeitweise in Berlin, wo er nach Gründung des Theatervereins Freie Bühne dem zehnköpfigen Leitungsgremium angehörte. In München zählte Fulda zu dem Freundeskreis Ibsens (Ibsen lebte hier ab 1875 mit Unterbrechungen). Zusammen mit dem Rechtsanwalt Max Bernstein und dem Schriftsteller Felix Philippi (1851–1921) war Fulda einer der Initiatoren der deutschen Erstaufführung der *Gespenster*, die am 14. April 1886 im Augsburger Stadttheater stattfand – aus Zensurgründen nur vor geladenen Gästen und in Form einer Generalprobe (s. ob. dok. Aufsatz Fuldas; dazu auch: F. Philippi, *Münchner Bilderbogen. Erinnerungen.* 6. Aufl., Berlin 1912, S. 31f.). Im Unterschied zu Brahm setzt Fulda sich in dem ob. dok. Artikel für Ibsen als Gesellschafts- bzw. Moralkritiker und den großen Erneuerer der Dramenform ein. 1887 wiederholt er sein Urteil über Ibsen, das den norwegischen Dramatiker einreiht in die zeitgenössischen Bestrebungen junger deutscher Autoren, die Wahrheit als zentrales Kriterium dichterischen Schaffens postulierten: »Ibsen hat als Dramatiker nichts anderes gethan als was man von jedem modernen Romanschriftsteller verlangt: er hat die Wahrheit gesagt, so vollständig wie wir sie wissen. Er hat gebrochen mit jener ehrwürdigen Bühnentradition, welche das Leben schminkt und von den Dingen nur die schön bemalte Vorderseite sehen läßt. Er ist genau so ehrlich wie die alten Tragiker es waren, und was ihn von jenen trennt, das ist genau dasselbe, was zwischen Aristoteles und Darwin liegt« (s. L. Fulda, *Die »Ibsen-Gemeinde«.* In: *Die Nation*, Jg. 4, 1886/87, S. 596).

1886 hatte auch J. Hillebrand in der *Gesellschaft* Ibsen als den »bedeutendsten jetzt lebenden Dramatiker« gerühmt und ihn als »Todfeind der Lüge« (s. Dok. 7) der literarischen Opposition als Vorbild auf dramatischem Gebiet empfohlen. L. Willfried sah 1887 in Ibsens Dramen einen »fortgesetzten Kampf gegen die Lüge und einen Sieg des Geistes und der Wahrheit. [...] Ihre sieghafte Stärke liegt einzig in der Idee, in der strikten Ausführung dieser Idee, die nichts von ihrem Ziel ablenkt – kein falscher Effektzierrat, kein Phrasengeschnörkel, keine überflüssigen Romankapitel.« Ebenso wie Fulda, der die Bühnenwirksamkeit Ibsenscher Dramen konstatierte, anerkennt auch er die dramatische Kunst Ibsens: »Ibsen kennt wie kein anderer moderner Dichter das Geheimnis der dramatischen Wucht. Wer bringt heutzutage in unserer überfeinerten, greisenhaft anspruchsvollen Welt ein Drama fertig ohne Pikanterien in der Handlung, ohne theatralische Knalleffekte, ohne Dekorationswunder [...] – ein Drama, das [...] doch gefällt, riesig gefällt, angestaunt, bewundert wird?« (L. Willfried, *Dramatische Litteratur. »Rosmersholm«.* In: *Die Gesellschaft*, Jg. 3, 1887, S. 748).

94

Otto Brahm: *Henrik Ibsen's Gespenster in Berlin*. In:
Frankfurter Zeitung und Handelsblatt. 31. Jg. Frankfurt, Nr. 12,
Erstes Morgenblatt v. 12. Januar 1887, S. 1–2

[...]

Ich will hier ein ästhetisches Glaubensbekenntniß ablegen, wie das Stück es herausfordert (und *daß* es dazu herausfordert, scheint mir gerade einer seiner größten Vorzüge zu sein). In der ganzen weiten Welt, bei den Menschen und den Dingen, sehe ich nichts, unbedingt nichts, was einer künstlerischen Behandlung nicht könnte unterzogen werden: offen und frei liegt Alles da, nur zuzugreifen hat der Dichter, von keinem Schlagbaum der Theorie gehemmt. Nicht das Was entscheidet, sondern allein das Wie; und hier freilich liegen die schwierigsten Probleme verborgen, und der einzelne Fall gibt nicht dem Nachahmer, aber dem auf eigenen Wegen furchtlos Wandelnden neue Räthsel auf. Die ästhetischen Gesetzgeber unserer Nation, Goethe und Schiller, haben über diese Fragen, prinzipiell gesehen, nicht anders gedacht; auch ihnen war die Beherrschung des Stoffes durch die Form oberstes Gesetz; und wenn sie praktisch zu anderer Kunstrichtung gedrängt wurden, wenn die idealistische Poesie der Weimarer Zeit und die realistische eines Ibsen sich zu widersprechen scheinen, so braucht uns dies nicht zu irren. Anders ist die Forderung unserer Tage an den Dichter, anders das Bedürfniß jener gewesenen Zeit; aber wenn die Entwickelung in aller Dichtung hierauf zielt, immer mehr Natur in die Kunst aufzunehmen, poetisches neues Land dem Leben abzugewinnen, gleich wie Faust Land abzwang dem Meere – so ist kein neuerer Dramatiker kühner und großartiger nach vorwärts geschritten als der Verfasser der »Gespenster«. Und der lärmende Widerspruch, den sein gewaltiges Unternehmen erwecken wird, bei uns lauter wecken als einst in der Heimat des Dichters, weil gerade auf unserer Bühne alles Neue und Ungewöhnliche so gern unterdrückt wird – dieser Widerspruch kann unser Urtheil nicht erschüttern, eher befestigen: nicht anders wurden hundert Jahre vor uns die »Räuber« und »Kabale und Liebe« begrüßt.

Aber was ist denn nun endlich dies Neue, Entscheidende in dem Werke? Es kann nicht meine Absicht sein, eine Inhaltsangabe hier zu liefern (umsomehr als schon bei Erscheinen des Buches eine Analyse an dieser Stelle versucht wurde); um den Eindruck der Bühnendarstellung nur kann es sich handeln, und wie uns dieser nun entgegentrat mit überzeugender Kraft, das ist die unbedingte Wahrheit, die unbarmherzige, grelle Wahrheit wenn man will, in der Schilderung menschlicher Charaktere gewesen. *Menschen* stellt der Dichter vor uns hin, wirkliche und leibhaftige Menschen, in voller Figur gesehen, rundum und ganz; und gerade weil er es wagt, hinter diese Gestalten so unbedingt zurückzutreten, so neigen diejenigen, die nicht wissen, was das heißt: künstlerische Objektivität, stets von neuem dazu, den Dichter und seine Menschen zu identifizieren. Was eine arme Frau in ihrem namenlosen Unglück herausstößt an freien Worten und extremen Ansichten, das stellt der Dichter so ruhig dar wie die beschränkteren Anschauungen eines liebenswürdigen Pfarrers, und die verruchte Heuchelei eines Trunkenbolds; denn alle hat er im Leben beobachtet, alle dünken ihm gleich wahr. So ist die Welt, ruft er, hierher seht, ich zeige sie euch ganz, wie ich sie sehe, und weil ich sie so sehe: schaut zu, was ihr damit macht, mein Reich ist hier zu Ende.

Indeß all dieses betrifft zumeist doch den Stoff des Stückes, und entscheiden soll erst seine Form. Wir haben es mit einem Drama zu thun – und auf der Bühne gilt nur, was wirkt; was im Augenblick die Gemüther ergreift, aber sie festhält auch über den Moment hinaus und Stand hält der ruhiger gewordenen Erwägung. Und hier ist es, wo die ganze Größe des Werkes sich erweist. Ibsen hat es sich, wie absichtlich, schwer gemacht, um dann, über alle Hindernisse hinweg, den Triumph seiner Kunst zu gewinnen. Nicht allein, daß er in dem Inhalt seiner Dichtung ungebahnte Wege schreitet, auch in dessen Behandlung strebt er neuen Zielen zu. Neuen und doch auch alten Zielen der Poesie. Er liefert ein analytisches Drama, nach der Weise der Griechen, nur eine Katastrophe entwickelt sich vor uns, das Netz zieht sich zusammen, langsam, unentrinnbar über die Mutter und ihren armen Sohn, das die Verhältnisse und ernste Seelenschuld in vergangener Zeit geknüpft haben. Man denkt an den »König Ödipus« des Sophokles, in dem auch ein grausiger Stoff durch die künstlerische Behandlung eines Meisters bezwungen und in das Reich der Poesie gehoben ist. Nicht auf dem Geschehenden, auf der Enthüllung des Gewesenen liegt der Accent hier und dort; aber wie hat Ibsen es verstanden, Vergangenes gegenwärtig zu machen und Erzählung in Handlung umzusetzen abermals und abermals. Ein erschütterndes Seelendrama hat er geschaffen, dessen Wirkung lange nachhallen wird; und rührend ist, unendlich rührend die Gruppe der schmerzreichen Mutter und des dahinsiechenden Sohnes, die dieses Werk beherrscht und uns, da er uns entläßt, bewegt im Tiefsten…

Nirgends empfindet man stärker die Unzulänglichkeit allgemeiner Kunsturtheile als vor einer Dichtung von der Art dieser »Gespenster«. Ich wollte, Akt für Akt und Scene für Scene könnte ich hier durchgehen, um alle Schönheiten des Werkes darzulegen und seinen innersten, quellenden Lebenskeim; und statt einen einfachen Bericht zu schreiben, wünschte ich zu einer ganzen Abhandlung das Wort zu haben. Dann erst könnte man die Fülle der Beziehungen und kunstvollen Verknüpfungen in der Dichtung, dieses Hin- und Herüber der Motive, in denen wohlverzahnt ein Glied eingreift ins andere, anzudeuten wagen; ich sage anzudeuten, denn immer neue dichterische Geheimnisse entdecken sich dem hingegebenen Betrachter. Ich habe das Stück oft gelesen, habe gestern die Generalprobe und heute die Aufführung gesehen, und jedes Mal sind mir andere tiefgreifende Beziehungen, lebenswahre Symbole voll Kraft und Anschauung aufgegangen; denn dies Werk, als ein echtes Kunstwerk, ist unerschöpflich wie das Leben, wie die Welt.

Aber den Eindruck Einer Scene doch versuche ich zu schildern. Sie liegt am Schluß des ersten Aktes, und ihrem bezwingenden Eindruck hat Keiner sich entzogen. Pastor Manders und Frau Helene Alving sind allein, zu ernster Unterredung; und der Pastor, indem er die freien Ansichten der Jugendfreundin bekämpft, schleudert ihr in jener einfachen, knappen und doch so mächtigen Sprache Ibsens schwerwiegende Anklagen zu. Er nennt sie eine schuldbeladene Frau; zwiefach schuldbeladen als Gattin und als Mutter. Ihrem Gatten ist sie einst enflohen, weil sie das Glück an seiner Seite nicht fand, und nur schwer hat Manders, zu dem Neigung sie hinzog, in die eheliche Pflicht sie zurückgezwungen. Und ihren Sohn hat sie fortgeschickt, in die weite Welt, weil sie der Mutterpflicht müde war, und darum ist sie mitschuldig an den extremen Anschauungen, die er nun aus der Fremde zurückgebracht hat, dem Pastor zum tiefsten, ehrlichsten Entsetzen. Lautlos hört Helene diese Vorwürfe alle an, und ihr Schweigen scheint ihnen recht zu geben; aber mit einer plötzlichen Wendung sich erhebend, nimmt nun sie das Wort, und in einer meisterhaft aufgebauten Erzählung, in der der tiefe ethische Zug dieser Dichtung und ihre künstlerische Größe zum erstenmal völlig an's Licht treten, widerlegt sie alles Punkt für Punkt, was mit soviel Anschein von Recht der Priester gesprochen. Um des Sohnes willen hat sie alles auf sich genommen, was diese Ehe in vielen schicksalsvollen Jahren über sie gebracht hat, sie hat den Namen des Gatten, der in Ausschweifungen versank, durch ihre Arbeit, ihren Geist zu Ehren gebracht, sie hat das Kind Alvings und einer Magd in ihr Haus geführt und zuletzt das Schwerste auf sich genommen: die Trennung vom Sohne, um das Lügenmärchen von seinem wohlthätigen, hochgepriesenen Vater zu beschützen vor seinem scharfen Kinderauge. Nun aber hat sie mit der Vergangenheit abgeschlossen, todt ist ihr Gatte, sein Vermögen, an dem sie nicht Theil haben will, ist einem Asyl überwiesen, das eben heute vollendet ist: »und von nun an«, ruft sie, »wird es für mich sein, als hätte der Verstorbene niemals in diesem Hause gelebt. Hier soll kein anderer sein, als mein Sohn und seine Mutter.« Da, als sie diese Sätze mit herausforderndem Stolze spricht – da ertönen aus dem Nebenzimmer Worte, die sie schon einmal gehört, vor vielen, vielen Jahren, an eben dieser Stelle: damals sprach Alving sie und er warb um jene Magd, heute spricht sie Alvings Sohn – zu Alvings Tochter. »Gespenster!« ruft die Mutter, ihrer selbst nicht mächtig, und mit der dämmernden Erkenntniß, daß Oswald Erbe des Vaters sein möchte in mehr als einem Sinne, schließt die unbeschreiblich großartige Scene ab. Wie schicksalsvoll nun das Erbtheil des Vaters in Wahrheit ist bei dem unglücklichen Sohne und wie der übergewaltige Sinn der Mutter gestraft wird in tiefer Tragik, das macht den Inhalt des weiteren Stückes aus; aber wie kühn und wahr der Dichter auch in allem Folgenden gewesen ist, wie überraschend er sein Problem zu führen und zu lösen versteht – die erschütternde Gewalt dieses Auftritts hat er nicht wieder erreicht…

Ein Werk von so eigenartiger Prägung stellt den Schauspielern die lockendsten, aber auch die gefährlichsten Aufgaben. Ein falscher Ton kann dem ganzen Stück Gefahr bringen; es ist in erster Linie das Verdienst des Direktors *Anno*, daß alle Feinheiten der Dichtung erfaßt wurden und zu bühnenmäßigem Ausdruck gelangten. Aber auch den Darstellern gebührt für ihre unbedingte Hingabe an das Werk der lebhafteste Dank. Von den fünf Schauspielern, welche das Stück erfordert, haben Frau *Frohn*[1], die Witwe Alving, Herr *Reicher*, der Pastor Manders, Fräulein *Schüle*[2], die sinnenfrohe Tochter Alvings, die künstlerisch rundesten Leistungen gegeben. Alvings Sohn war Herr *Wallner*, dessen Rollenfach Aufgaben dieser Art ferner liegen, der aber in ernstem, erfolgreichem Mühen die Gestalt sich nahezubringen wußte; den teuflischen Trunkenbold hat Herr *Würzburg* zwar in etwas starkem Farbenauftrag, allein sehr wirksam gespielt. Den ernsteren Freunden der Kunst aber wird diese erste

Berliner Darstellung der »Gespenster« unvergeßlich bleiben; möchte sie nicht die letzte gewesen sein!

Nach der Aufführung der Gespenster in Augsburg am 14. April 1886 war die Aufführung im Residenz-Theater in Berlin die dritte Aufführung dieses Stückes in Deutschland. Voraus gingen eine Aufführung im Dezember 1886 durch die Meininger Hofbühne und am 2. Januar 1887 soll es noch eine Aufführung der Dramatischen Gesellschaft in Berlin im Architektenhaus gegeben haben. Wie in Augsburg war auch dem Residenz-Theater am 9. 1. 1887 nur eine geschlossene Matinéevorstellung genehmigt worden. Der Erfolg der Aufführung war ein »überwältigender«, wie Brahm in dem ob. dok. Artikel berichtet. Ibsen mußte nach jedem Akt mehrmals vor dem Publikum erscheinen. Seit 1880 war kein Ibsen-Stück bis dahin mehr auf einer Berliner Bühne gegeben worden. Von dieser Aufführung an wird im allgemeinen der Durchbruch Ibsens auf der deutschen Bühne datiert. Ebenfalls im Frühjahr 1887 wurden in Berlin noch *Ein Volksfeind* und *Rosmersholm* aufgeführt. Im März 1889 fand in Berlin eine Ibsen-Woche statt; die Freie Bühne wurde im September desselben Jahres mit den *Gespenstern* eröffnet. 1890 wurden *Die Stützen der Gesellschaft* und *Ein Volksfeind* für die Freie Volksbühne neu inszeniert.

Brahms Ibsen-Rezeption ist von seinen ersten Aufsätzen (1884) an gekennzeichnet durch eine Betonung der formal-ästhetischen Qualitäten der Ibsenschen Dramaturgie und deren Neuerungswert. So setzte sich Brahm in seinem Aufsatz über Ibsens *Gespenster* (13. März 1884) auch nachdrücklich von Brandes ab. Zwar erkannte er Brandes als den Anreger und Förderer »einer freien, modernen, dem Naturalismus zuneigenden Richtung« der skandinavischen Literatur an, aber dieser unterschied ihm zu wenig zwischen »Tendenz im guten und üblen Sinn«; Brandes sei »der geistige Gehalt so wichtig, daß er darüber die Form geringer achtet; und er und seine Jünger fühlen sich so sehr als Kämpfer für die Sache der Freiheit, daß ihnen die Poesie nur Mittel zum Zweck, nicht Selbstzweck ist. Es gilt, den Staat neu aufzubauen in Verteidigung und Angriff; alles andere muß sich diesem Höchsten unterordnen« (zit. nach: Otto Brahm. *Kritiken und Essays*. Ausgew., eingel. u.erl.v. Fritz Martini. Zürich und Stuttgart 1964, S. 146). Und obwohl Brahm diese »Tendenz« als »das entscheidenste Merkmal dieser Bewegung« [d.i. der naturalistischen Richtung in der skandinavischen Literatur, Ch.M.] benannte, trat *er* für den *Form*künstler Ibsen ein.

Gegen die Tendenz, daß die Ethik bei Ibsen begrüßt, sein künstlerisches Vermögen als Dramatiker hingegen traditionalistischer Kritik überlassen wurde, schien es Brahm offenbar wichtig zu betonen: »...nicht das Was entscheidet, sondern das Wie« (s. Dok. 93). Mit dieser Formulierung bestand Brahm auf den spezifischen formalen Anforderungen im künstlerisch-literarischen Bereich, ohne dabei auf inhaltliche Forderungen zu verzichten. Brahm würdigte sowohl den »tiefen ethischen Zug« der *Gespenster*, wie auch die »künstlerische Größe« dieses Dramas (s. ebd., vgl. hierzu auch die Dok. 42 u. 115).

1 Charlotte Frohn 1844–1888 bedeutende Schaupsielerin, war in Hamburg, Petersburg, München, Berlin, Wiesbaden, Amsterdam u.a. tätig.

2 Helene Schüle-Brandt spielte am Wallnertheater in Berlin, am Hoftheater in Meiningen, war 1885–1892 uun ab 1897 am Residenztheater in Berlin tätig.

95
Hermann Bahr: *Henrik Ibsen.* In: *Zur Kritik der Moderne.*
Gesammelte Aufsätze. Erste Reihe, Zürich (J. Schabelitz) 1890,
S. 59–79; hier: S. 71–79.

Jede Schöpfung der naturalistischen Problemdichtung wird auf Dreierlei hin zu prüfen sein: auf ihre naturalistische Technik, auf die geschlossene Durchführung ihres leitenden Gedankens und auf die Harmonie ihres geistigen Inhaltes mit dem geistigen Inhalte des allgemeinen Bewußtseins.

Man rühmt Henrik Ibsen als einen Meister der naturalistischen Technik. Keiner soll noch in diesem Grade die natürliche Sprache des gewöhnlichen Lebens erreicht haben. Keiner führt den Dialog so musterhaft. Keiner, sagt man, weiß mit dieser überzeugenden Wahrheit zu charakterisieren. Ich kann diese Absicht nicht teilen.

Alle Technik ist immer die Kunst einer Verbindung, und ein Kompromiß zwischen Gegensätzen ist ihre Aufgabe. Wer, der Durchführung einer Form ergeben, darüber den Inhalt; wer, immer nur die Gebote seines Vorwurfes im Auge, die Forderungen seiner Form vernachlässigt: jeder vergeht sich gegen die Technik in gleichem Maße. Henrik Ibsen thut beides.

Er opfert die Raschheit und Klarheit der Exposition, die erste Bedingung jeder Theaterwirkung, dem naturalistischen Behagen an breiter Umständlichkeit, versteckten Andeutungen und immer aufs neue aufgenommenen und aufs neue unbenützt fallen gelassenen Wiederholungen – man denke nur an die unmäßige Langsamkeit der beiden ersten Akte des »Volksfeinds«, an die schleppende Wiederholung derselben Szene (zwischen Rosmer und Kroll, im ersten und zweiten Akt) in »Rosmersholm«, an den leicht entbehrlichen ersten Akt der »Wildente«. Um nur ja alles Theaterhafte zu vermeiden, zerreißt er das Zusammengehörige, das nur in dieser Zusammengehörigkeit wirken kann, und indem er den Hörer zwingt, es sich aus zerstreuten Einzelheiten mühsam zusammenzusuchen, zerreibt er seine Geduld – man erinnere sich, daß man in »Rosmersholm« wie in der »Wildente« erst in der Mitte des dritten Aktes zu erkennen beginnt, worum es sich eigentlich handelt. Indem er die realistische Treue des Dialogs bis zur Plattheit und Langweile übertreibt, verscheucht er alle teilnehmende Aufmerksamkeit des Hörers und muß, um sie zurückzugewinnen, seine Zuflucht zu allerhand abgeschmackten Sonderbarkeiten nehmen – man denke an die weißen Pferde in Rosmersholm und die kleinen Kinder, die niemals schreien und, wenn sie größer werden, niemals lachen; man denke an die wunderliche Jagd auf dem Boden in der »Wildente«. Da es seinem Naturalismus widerstrebt, jemals eine Person zum Publikum sprechen und sich selbst charakterisieren zu lassen, bleibt mancher Charakter ein durchaus unverständliches Geheimnis; mit dem Hilfsprediger Rohrland in den »Stützen der Gesellschaft«, mit Regine Engstrand in den »Gespenstern«, mit dem Großhändler Wehrle in der »Wildente« wissen die Schauspieler ebensowenig anzufangen als die Hörer.

Es ist überhaupt ein Merkwürdiges um Ibsen's Kunst der Charakteristik. Er hat Gestalten geschaffen, so durchsichtig und greifbar, von solcher Lebenskraft, von so zwingender Naturwahrheit, wie kein Anderer seit Shakespeare. Als wären wir ihnen in der Wirklichkeit begegnet, so unvergeßlich haftet ihre Eigenart in unserem Gedächtnis: Daniel Heire im »Bund der Jugend«, Hilmar Tönnesen in den »Stützen der Gesellschaft«, Doktor Rank in »Nora«, Pastor Manders in den »Gespenstern«, Buchdruckereibesitzer Thomsen im »Volksfeind«, Peter Mortensgard in »Rosmersholm«, Hjalmar Ekdal in der »Wildente« sind solche Meisterstücke.

Aber daneben stehen Gestalten wie der Konsul Bernick, Nora, der Badearzt Stockmann, Rebekka West: schwank und verschwommen, in flüchtigen Nebel zerfließend, wenn man sie schon zu fassen denkt, brüchig durch heillose Widersprüche. Der Konsul Bernick der ersten drei Akte ist verständlich und der Konsul Bernick des vierten Aktes, für sich allein, ist gleichfalls verständlich; aber wie aus dem Bernick der ersten Akte plötzlich jener ganz andere des vierten Aktes werden soll, an dieser unverständlichen Zumuthung scheitert jedesmal unser Vertrauen. Wir begreifen die kleine Nora, die lustige Lerche, und haben das muntere Eichkätzchen recht lieb; ganz nur Laune und Leichtsinn, ohne jede Bildung des Geistes und des Willens und keines ernsthaften Gedankens jemals fähig, durchaus unerfahren in allen Dingen der Welt und nur immer in ihren Einbildungen lebend, mit keiner anderen Waffe zum Lebenskampf als ihrer rührenden Herzensgüte begabt, ebenso dumm als brav – ein prächtiger Ausschnitt aus der mittelbürgerlichen Wirklichkeit; aber wenn diese richtige Dutzendfrau der anständigen Bourgeoisie sich in der letzten Szene des letzten Aktes mit einem Schlage in die kritische Moralphilosophin verwandelt und der lockere Zeisig statt seiner geliebten Makronen auf einmal tiefsinnige Distinktionen in den Mund nimmt, macht uns Ratlosigkeit verdrießlich. Dieser plötzliche Wandel will uns so wenig in den Sinn wie der jenes Enthusiasten der Wahrheit, den jahrelang die Umgebung der Lüge nicht genirt, jenes konfusen Volksfreundes, der jahrelang im Schmutze des Kleinbürgertums lebt, ohne auch nur einen Augenblick durch eine unangenehme Empfindung in seiner Behaglichkeit gestört zu werden, und erst da der Schmutz einmal seine eigenen Interessen zu verdecken droht, ein Fanatiker der Reinlichkeit wird. Glühende Sinnlichkeit, die keine Rücksicht kennt und alle Schranken zerbricht, verstehen wir; aber jene verwegene Begierde der Rebekka, die nach so viel grausamer Unerschrockenheit doch im entscheidenden Moment versagt, verlangen wir motiviert, nicht blos behauptet.

In allen diesen Fällen ist es immer derselbe Grund, aus welchem die Charakteristik mißlingt. Es ist der gedankliche Inhalt, der Rache nimmt für seine Bedrückung durch die naturalistische Form, indem er diese gewaltsam zersprengt. Außerstande, seine Absichten an seinen Gestalten zu verwirklichen, schiebt diese der Dichter zuletzt ungeduldig beiseite, und indem er jetzt selbst das Wort ergreift, um seine Ideen zu entfalten, läuft die naturalistische Herrlichkeit, die so stolz begann, am Ende in die alte Schablone der romantischen Problemdichtung aus.

Die naturalistische Form bewährt sich bei Ibsen blos zur Verkleidung des gedanklichen Problems. Sie hemmt schon seine Entwicklung. Sie versagt völlig bei seiner Lösung. Vor dieser empfindet er sie jedesmal als ein widriges Hemmnis und nicht anders, als indem er sie entschlossen von sich wirft, weiß er sein Ziel zu erreichen. So stellt er wohl die Aufgabe der gegenwärtigen Litteratur, die naturalistische Problemdichtung, aber, indem er nur bald den Inhalt durch die Form, bald die Form durch den Inhalt vergewaltigt, mißlingt ihm ihre Erfüllung.

Es drängt sich die Frage auf: Ist diese Aufgabe deshalb überhaupt unerfüllbar? Ist das Problem der naturalistischen Gedankendichtung deshalb überhaupt nicht zu lösen? Oder an welchem Mangel zerstäubt bei Ibsen diese Möglichkeit?

Die Anlage der Gestalten, an welchen Henrik Ibsen seine Gedanken entwickelt, ist immer naturalistisch und die Gedanken, welche er an ihnen entwickelt, da sie dem allgemeinen Bewußtsein angehören, sind gleichfalls immer naturalistisch; aber die Verbindung dieser Gedanken mit diesen Gestalten ist nicht naturalistisch. Diese Inkongruenz des Geistes und seiner Träger, an welcher die Tendenz seiner Kunst jedesmal zerschellt, hat ihren Grund in eben demjenigen, das diese Tendenz überhaupt erst bestimmte: dadurch allein wurde er ein Herold der modernen Entwicklung und jener synthetischen Litteratur, daß er dem thätigen Leben seiner Heimat entrückt in beschauliche Forschung versank; aber eben dadurch, daß er sich in grübelnder Vereinsamung vor aller lebendigen Fülle der Wirklichkeit verschloß, versperrte er sich das Material jener Synthese und auf nachhallende Jugenderinnerungen beschränkte er dadurch alle Wirksamkeit seines Naturalismus. Er erfaßte vortrefflich die Versöhnung von Anschauung und Erkenntnis als die gegenwärtige Aufgabe der Litteratur, aber da seine Erkenntnis durch den rücksichtslosen Fortschritt seiner Denkarbeit europäisch wurde, während in seiner unzugänglichen Zurückgezogenheit seine Anschauung norwegisch blieb, führte ihn das nur in die ungeheuerliche Versuchung, den gigantischen Ideengehalt der Zeit zu entwickeln an den pygmäischen Kleinbürgern seiner Heimat. Die Gedanken, die er darstellt, sind wahr – Tausende werden von ihnen bewegt; die Gestalten, die er darstellt, sind wahr – ihre Originale laufen zu Dutzenden auf der Straße herum; aber diese Gedanken sind unwahr an diesen Gestalten und diese Gestalten sind unverträglich mit diesen Gedanken. Henrik Ibsen kennt nur den norwegischen Kleinbürger und die norwegische Kleinstadt und nur diese zu schildern kann darum sein Naturalismus unternehmen: aber der durch die enge Niedrigkeit seiner Lebenshaltung verschrobene und verkümmerte Kleinbürger, ganz nur von seinen kleinlichen Tagessorgen verzehrt, weiß nichts von der Idee der unabhängigen Forschung, von der Sehnsucht der großen Not, und wer moderne Gedanken von ihm hört, argwöhnt gleich den verborgenen Einbläser am willigen Sprachrohr; der stürmische Geist der Gegenwart fügt sich nicht in die verschlafene Gelassenheit der Kleinstadt und diejenige, in der man ihm begegnet, verrät seine Erscheinung schon als bloße Theaterdekoration. Daran verdirbt alle Kunst Henrik Ibsens und daran erlahmt trotz aller raffinierten List jedesmal seine Technik, daß er die großen Fragen der modernen Kultur niemals in ihrer natürlichen Umgebung, die er nicht kennt, sondern an Verhältnissen erörtert, denen sie und die ihnen fremd, aber seinem Gedächtnisse vertraut sind.

Diese Gestalten sind regelmäßig unzureichend für diese Gedanken: sie wissen nichts anzufangen mit den Kukukseiern, die der Dichter in ihr Gehirn legt, und diese verkümmern in diesen engen Gehirnen. Der Naturalismus seiner Gestalten hemmt die Entfaltung seiner Gedanken und seine Gedanken, wie sie einmal zu freier Entfaltung durchbrechen, zerstören seinen Naturalismus. So, statt durch die Vereinigung von Romantik und Naturalismus Romantik und Naturalismus zu bewähren, vernichtet diese Synthese durch die Weise, in der Henrik Ibsen sie versucht, nur alle beide.

Sie ist dann ferner auf die geschlossene Durchführung ihrer Leitgedanken hin zu untersuchen. Darin ist ja jede Dichtung Gedankendichtung, daß ihre Vorgänge Gedanken erregen und sich zu Gedankensätzen formulieren lassen. Aber nicht dieses, sondern erst ihre völlige Beherrschung durch einen Gedanken, so daß sie in allem nur durchaus Geschöpf und Entfaltung einer Idee ist, macht sie zur eigentlichen Gedankendichtung.

Die geschlossene Durchführung leidet bei Henrik Ibsen unter dem erdrückenden Reichtum seiner Ideen. So mächtig strömt die Fülle der Probleme unablässig auf ihn ein, daß sie ihn überwältigt. Eines kreuzt, verdrängt, verwirrt das andere und jedes, kaum begonnen, muß schon wieder einem neuen weichen. Aber kaum entschlüpft, wird es gleich nochmals hervorgezogen und anders gewendet. Denn niemals bei leichtfertiger Lösung beruhigt und immer das einmal Erfaßte rastlos im Sinne wälzend, wiederholt Henrik Ibsen seine Probleme mit hartnäckiger Beharrlichkeit, und wie er nicht müde wird, eine einmal aufgenommene Menschengattung in immer neuen Arten, so hört er nicht auf, einen einmal vorgebrachten Gedanken in immer neuen Erscheinungsformen zu variiren: wie sein Steinhoff, Hilmar Tönnesen, Ulrik Brendel und Hjalmar Ekdal alle aus dem nämlichen Geschlechte Peer Gynts, Lona Hessel, Otto Stockmann, Johannes Rosmer und Gregers Werle alle vom nämlichen Stamme Brands, wie Bahlmann, Günther und Mortensgard, wie Selma, Nora, Dina Dorff, Helene Alving und Petra Stockmann die nächsten Seelenverwandten sind, so geht auch das nämliche Problem der Ehe durch den »Bund der Jugend«, »die Stützen der Gesellschaft« und »Nora«; das der Vererbung durch »Brand«, »Nora« und die »Gespenster«; das der ausschweifenden Phantastik durch »Peer Gynt«, den »Bund der Jugend« und die »Wildente«; das nämliche Problem der erlahmenden Verbrecherkraft durch die »Stützen der Gesellschaft« und »Rosmersholm«, das nämliche Problem des gegen die Gemeinheit der Menge auf seine Unabhängigkeit gerichteten Einzelwillens durch »Rosmersholm« und den »Volksfeind«.

Zweimal ist es Henrik Ibsen gelungen, solche verwirrende Häufung der Probleme, in der keines Geltung erlangt und nur eines das andere verbirgt, zu vermeiden und seine unzersplitterte Kraft, siegreich über jede ablenkende Verführung, auf einen einzigen Gedanken zu werfen: in jener erschütternden Familientragödie der »Gespenster« und in der tiefsinnigen »Wildente«, bei allen ihren technischen Fehlern einer der besten Komödien der Gegenwart.

Endlich ist an diesen Dramen noch der Naturalismus ihrer Gedanken zu prüfen: ob jeder von ihnen Bestandteil des modernen Bewußtseins und ob ihre Gesamtheit ein treues Abbild des modernen Geistes ist.

Das moderne Bewußtsein setzt sich zusammen aus drei Elementen. Unmittelbar vor einer Wende der Geschichte, an der es gilt, durch die Vereinigung zweier zum äußersten entwickelten Extreme eine neue Kultur zu begründen, umfaßt es zu dem an diesen beiden Extremen

Umfangenen noch überdies die Tendenz ihrer Verknüpfung. Es enthält alle vom Individualismus, alle vom Sozialismus entfalteten und alle auf ihre Synthese gerichteten Gedankenreihen. Als Individualismus und Sozialismus ist es negativ, als Individualismus negativ gegen alle Gesellschaft überhaupt als ein Antiindividuelles, als Sozialismus negativ gegen alle bestehende Gesellschaft als eine antisozial organisirte. Aber in jener geforderten Synthese hinwieder ist es positiv, weil es ihre Möglichkeit nur in der Entwicklung der Wirklichkeit findet.

Dieses positive Moment, daß der moderne Geist sein Ideal aus der Wirklichkeit herausholt und mit ihm in die Wirklichkeit hineinstrebt, ist es, das seine charakteristische Besonderheit ausmacht. Gedanklich das letzte Resultat jener gewaltigen Geistesarbeit von vier Jahrhunderten, ihre Zusammenfassung und Bewährung, drückt es sich in der Empfindung als jene stürmische Sehnsucht aus, die wie der brünstige Gluthauch eines kommenden Glückes durch unsere Zeit geht, jene ungestüme Sehnsucht nach einer neuen Welt der Liebe, Freude und Schönheit, nach Befreiung dieser alten von aller Lüge und Heuchelei, die sie entstellt und ihre verborgene Würde in Häßlichkeit verkehrt. Dadurch, daß es nur erst Forderung ist, wird es zum großen Schmerze der Zeit; aber kein unfruchtbarer ist dieser Schmerz und da er die Kraft nicht verzehrt und die That gebären wird, ist er der eigentliche Adel der Zeit.

Dadurch vor allem, daß er den ganzen Reichtum aller dieser Elemente zu künstlerischer Geltung ausbreitete, hat Henrik Ibsen jene geheimnisvolle Zaubermacht gewonnen, die er heute über alle Gemüter übt. Es ist sehr thöricht, ihn, wie man es liebt, kurzweg unter die Individualisten zu reihen. Es ist wahr: verwegeneren Trotz hat individualistische Empörung selten gewagt, als auf Helmers Vorstellung, daß sie doch »vor allem Gattin und Mutter«, jenen wilden Herzensaufschrei Noras: »Ich glaube, vor allem bin ich ein menschlich Wesen« und »ich muß mich überzeugen, wer Recht hat, die Gesellschaft oder ich.« Es ist wahr: höhnischere Verachtung hat kraftbewußte Selbstsicherheit selten auf die Pöbelherrschaft gehäuft, als jener ungezügelte Zornessturm Stockmanns gegen die »verfluchte kompakte liberale Majorität«: »Die Majorität hat niemals das Recht auf ihrer Seite.« Es ist wahr: wuchtigeren Eindruck hat kein dröhnendes Pathos individualistischen Stolzes jemals vermocht, als jene leise lächelnde Lossage von allem »Solidarischen« der Gegenwart: »Ich habe kein Talent zum Staatsbürger!« Aber man vergleiche nur einmal diesen modernen Individualismus mit irgend einem vergangenen, um sofort den wesentlichen Unterschied einzusehen und zu gewahren, wie er im Grunde eigentlich nichts anderes als nur die Hülle eines versteckten Sozialismus ist. Nicht daß die Persönlichkeit keine Nachbarschaft ertrage und die Erfüllung ihres Strebens das Grenzenlose, Unbenachbarte erheische, ist sein Gedanke und nicht die überragenden, ausschweifenden Gewaltnaturen des Byronismus, die kein Zaum bändigt, sind seine Helden; einfache Leute wünschen ein einfaches Glück, und daß selbst dieses geringste Recht ihnen versagt wird, daran knüpft jedesmal sogleich die Kritik dieser neidischen Ordnung. Um diese handelt es sich immer, sie allein ist die Absicht und nur ihretwegen, sie vorzubereiten und in ihr die Forderungen des Sozialismus zu begründen, existiert dieser ganze Individualismus überhaupt blos. Seine Schärfe trennt an dem Gesellschaftskleide irgendwo einen Saum auf und daraus, daß bei dem ersten Stiche gleich das Ganze aufreißt, weist sie nach, daß »alles nur Maschinennäherei ist«. Diesem Beweis gehört ihr ganzer Dienst.

Die Individualisten des Byronismus wissen sich nicht anders zu helfen, als durch die Flucht in unzugängliche Einsamkeit: in unwirtliche Urwaldwildnis, auf den äußersten Gipfel des Montblanc, in den Tod. Die Sehnsucht der Ibsen'schen Individualisten ist eine andere. Sie sind regelmäßig von der Existenz einer Gesellschaft, in der sie glücklich wären, in der »Licht und Sonnenschein und Sonntagslust sind und strahlende, glückliche Menschengesichter«, unwandelbar überzeugt – in den »Stützen der Gesellschaft« und im »Volksfeind« nennen sie dies Land der »Lebensfreudigkeit« Amerika, in den »Gespenstern« Paris – und selbst eine so tief Gebeugte wie Helene Alving zweifelt keinen Augenblick an der Möglichkeit einer Ordnung des Glückes. Jener Individualismus kämpft gegen jede Gesellschaft, weil keine den Ansprüchen des Individualismus gerecht werden könne. Dieser umgekehrt, in der gefesteten Erkenntnis der Abhängigkeit des Individuums von der Gesellschaft als einer Naturnotwendigkeit – man denke an die »Gespenster« – und in dem unerschütterlichen Vertrauen, daß die Gesellschaft in der Erfüllung dieser Ansprüche erst ihren höchsten Zweck und ihre eigentliche Weihe erfahren werde, kämpft, gerade indem er gegen alle diejenigen, die diese Erfüllung verfehlt, kämpft, mit desto leidenschaftlicherer Begierde für jene, die diese Erfüllung bringt.

Diese Synthese des Individualistischen und Sozialistischen schafft den Dichtungen Henrik Ibsen's ihren unwiderstehlichen Reiz. Aber dieser Reiz hält nicht, was er verspricht. Wir werden ergriffen, aufgewirrt, im tiefsten erschüttert, aber niemals erfahren wir das erfrischende Seelenbad der tragischen Läuterung. Wie ein langatmiger Seufzer nur, gepreßt und niedergedrückt, begleitet die bange Gewalt jener Sehnsucht nach dem Positiven alle seine Dichtung; niemals erstarkt sie zur Befreiung ungebundenen Losbruchs. Es ist nur eine stockende Offenbarung des modernen Geistes; das letzte Wort bleibt immer verschwiegen; wir sehen das verheißene Land kaum einen raschen Augenblick in flüchtig aufblitzender Helle, gleich verbirgt es wieder düsteres Gewittergewölk.

So bedeutet Henrik Ibsen durch das, was er will, nicht durch das, was er kann. Seine Kraft hinkt hinter seiner Absicht. Seine Kunst reicht nicht aus für ihre Unternehmungen. Er ist ein litterarischer Johannes, der die Abkehr predigt von der Gegenwart und den Pfad weist, den der Erlöser der Zukunft wandeln wird. Es ist sein unvergängliches Verdienst, das seinen Namen zu einem unvergeßlichen macht in der Geschichte der Weltlitteratur, die litterarische Gegenwart gründlich abgethan, das Gefühl ihrer Unerträglichkeit zur äußersten Leidenschaft gesteigert und ihm das Mittel ihrer Überwindung gereicht zu haben: bringen wird diese Überwindung erst ein Größerer.

Der Aufsatz Hermann Bahrs (s. auch die Dok. 27, 28 u. 109) war zuerst 1887 in der Zeitschrift *Deutsche Worte*, Wien H. 8 u. 9 (August/September, S. 338–353), danach als selbständige Veröffentlichung (Wien 1887) erschienen.

Hermann Bahr verließ bereits im Mai 1887 Berlin, zunächst für einen Kuraufenthalt in Salzburg. Anschließend ging er nach Wien, wo er im Oktober zum Militärdienst antreten mußte. Gleichzeitig begann er dort seine Mitarbeit an der sozialistischen Zeitschrift *Die Gleichheit* und stand in engem Kontakt mit Viktor Adler, dem Herausgeber und Engelbert Pernerstorfer, dem Herausgeber der *Deutschen Worte*. Bemerkenswert ist allerdings, daß zwischen der Dissertation über Marx und seiner einjährigen Zusammenarbeit mit den österreichischen Sozialisten um die Jahreswende 1886/87 sein erstes Drama

Neue Menschen bereits fertig war, in dem er schon Zweifel an der Realisierbarkeit seiner neuen sozialistischen Ideale gestaltete.

Bahrs intensive Beschäftigung mit Ibsen fällt zusammen mit der Phase, in der er sich die Marxsche Theorie aneignete und publizistisch die sozialistische Bewegung unterstützte. Sein Ibsen-Aufsatz reflektiert zum einen die 1887 in Deutschland einsetzende Ibsen-Begeisterung, zum andern aber auch seine persönliche Beziehung zu dem norwegischen Dramatiker. So antwortete Bahr in einem Brief auf Brandes' Aufforderung, Ibsen zu studieren, im August 1887: »Ibsen [...] kenne ich genau und ich lese ihn immer wieder« (zit. nach: R. Bernhardt, *Die Herausbildung des naturalistischen deutschen Dramas bis 1890 und der Einfluß Henrik Ibsens*. Phil. Diss. Halle 1968, S. 284).

Bahrs Ibsen-Darstellung ist gekennzeichnet durch das Bemühen, entgegen »blinder« Verehrung oder Aburteilung, eine »richtige Einsicht« in seine literarische Bedeutung durch eine Kritik zu vermitteln, die es unternimmt »Künstler und Kunstwerk aus den Bedingungen ihrer Entstehung und im Zusammenhange mit ihrer gedanklichen Umwelt zu begreifen« (*Henrik Ibsen*. In: *Deutsche Worte*, 1887, H. 8 u. 9, S. 339). Bahr bezeichnet es als sein alleiniges Interesse herauszufinden, »welche Stellung nimmt er [d.i. Ibsen, Ch. M.] ein im Zusammenhange der Weltlitteratur, worin führt er die Vergangenheit weiter und welche Aufgabe der Zukunft bereitet er vor...«. (ebd.). Hier zeigt sich deutlich Bahrs Marx- und Hegel-Studium, indem er zum einen die historisch erklärende gegenüber der normativ bewertenden Funktion der Kritik hervorhebt und gleichzeitig den Prozeßcharakter der Literatur betont, die auch in ihrem gegenwärtigen Stadium über sich hinausweise.

In einem Brief an seinen Vater (14. März 1887) erläuterte Bahr sein damaliges Dialektik-Verständnis: »Ich bin ein lebhafter Anhänger der gegenwärtig sich vorbereitenden sozialen Revolution, aber ich bleibe dieser Anhänger nur, solang sie unterdrückt ist und vergeblich nach Sieg ringt. An dem Tage, an dem sie diesen Sieg erringt, stehe ich mit allen meinen Sympathien ebensosehr auf der Seite ihrer Gegner, wie ich heute diese Gegner mit Haß verfolge. Mein Prinzip ist im Grunde nichts anderes als die Hegelsche Dialektik oder das ewige, unsterbliche πάντα ῥει des dunklen Herakleitos. Alles wird in der Welt ohne Unterlaß. [...] Was besteht, ist danach ohne jede weitere Untersuchung schon aus dem einen Grunde immer zu bekämpfen, bloß weil es besteht [...]. Nur nichts Beharrendes, nur keine Dauer, nur kein Gleichbleiben! Fluß, Bewegung, Veränderung, Umsturz ohne Unterlaß: denn jedes Neue ist besser, schon weil es jünger ist als das alte...« (zit. nach: Hermann Bahr. *Briefwechsel mit seinem Vater*. Ausgew. v. Adalbert Schmidt. Wien 1971, S. 153f.).

Aus dieser theoretischen Position Bahrs ergibt sich bereits, daß für ihn Ibsens Bedeutung nicht in dessen Vollendung, sondern nur in dessen Vorbereitung einer wiederum neuen Entwicklungsstufe liegen konnte.

Diese neue Entwicklungsstufe stellte sich für Bahr bereits 1887 nicht mehr als Naturalismus dar, sondern als Synthese von These und Gegenthese, von Romantik und Naturalismus. Naturalismus war für Bahr die bloße »Negation« der Romantik. Jetzt käme es auf die »Bildung von neuer Ganzheit« an, auf die Versöhnung der Widersprüche »in einer höheren Einheit [...]. Und diese Tendenz beherrscht alle Gegenwart« (Hermann Bahr, *Henrik Ibsen*, 1887, S. 345). Er bezeichnete die »Synthese von Naturalismus und Romantik« als die »gegenwärtige Aufgabe der Literatur« (ebd., S. 346). Ibsens Bedeutung lag für Bahr darin, daß er in ihm den »Vorkämpfer« dieser Syntheses sah (ebd.), d.h. daß Ibsen die »Aufgabe der gegenwärtigen Litteratur« stellte, »nämlich die naturalistische Problemdichtung«, deren »Erfüllung« ihm aber noch nicht gelungen sei (s. Dok. 95; vgl. auch Dok. 50 u. Dok. 19). Noch 1891 schrieb Otto Brahm: »...und so mag auch heute, was die Zola und Ibsen, was Anzengruber und die jüngeren Deutschen begonnen haben, in einem kommenden Mann, in dem Meister des Naturalismus auf dem Theater sich vollenden« (O. Brahm, *Naturalismus und Theater*. In: *Westermanns illustr. deutsche Monatshefte*, 35. Jg., 1891, Bd. 70, S. 499).

Während Bahr in Ibsens Dramen einen unaufgelösten Widerspruch zwischen gedanklichem Inhalt und naturalistischer Form konstatierte, sah er in deren gesellschaftlich-politischer Aussage doch eine sehr weitgehende Übereinstimmung »mit dem geistigen Inhalte des allgemeinen Bewußtseins« (s. ebd.). Denn Bahr verstand Ibsens Individualismus nicht als Gegensatz zum Sozialismus, sondern als die »Hülle eines versteckten Sozialismus«, als Ausgangspunkt für die Forderung nach Sozialismus. Wenn Bahr abschließend Ibsen dafür kritisierte, daß er in seinen Dramen das »verheißene Land kaum einen raschen Augenblick« zeigte, daß »das letzte Wort immer verschwiegen [bleibt]« (ebd.), so bestätigte er damit noch einmal sein Festhalten an der aristotelischen Dramatik, wie er Ibsen ebenfalls wegen mangelnder Rücksicht auf die »Theaterwirkung« kritisiert hatte.

Bahrs Vorwurf an Ibsen, daß er den »gigantischen Ideengehalt [...] an den pygmäischen Kleinbürgern seiner Heimat« zu entwickeln suche (s. ebd.), blieb nicht unwidersprochen. In der *Gesellschaft* entgegnete Hillebrand (vgl. auch Dok. 7): »Ibsens Gestalten erkennen das Problem ja nicht, weil sie Philosophisten sind oder sein wollen, sondern weil es das Problem ist, das sie vernichtet, das sprechen sie aus – und gerade einfach und wahr dadurch wirken sie so mächtig auf uns. Daß sie kleinbürgerlich sind, hat doch mit der Sache absolut nichts zu thun. Man soll auch sozialistische Kategorien nicht verwenden, wo sie nicht hingehören. Es handelt sich ja bei Ibsen nicht um soziale Politik noch um metaphysische Grübeleien, vielmehr fast durchweg um Probleme wie die Ehe oder die Vererbung [...], oder um die Frage, ob der konventionellen Lüge die geringsten Zugeständnisse zu machen seien...« (s. Julius Hillebrand, *Zur Ibsen-Litteratur*. In: *Die Gesellschaft*, Jg. 4/1, 1889, S. 45; vgl. zu dem Kleinbürger-Vorwurf auch die Kontroverse Paul Ernst/Friedrich Engels, Komm./Dok. 96).

Erstmals verwendete Bahr in dem ob. dok. Aufsatz den Begriff der »Überwindung«. Der Kontext zeigt deutlich, daß es Bahr hier noch primär um die Überwindung der gesellschaftlichen Verhältnisse ging als einen Prozeß, in den er Ibsen einordnete, ihm allerdings eine eingeschränkte Rolle zuwies.

Trotz seiner sehr kritischen Würdigung Ibsens zählte Bahr zu den Autoren, die in ihrem Schaffen bereits vor 1890 stark von dem norgewischen Autor beeinflußt wurden. In einem bereits 1890 entstandenen Aufsatz *Henrik Ibsen und seine Schule in Deutschland* bezeichnete Brandes das »aufblühende deutsche Schauspiel« als »im Augenblick sichtlich von ihm [d. i. Ibsen, Ch. M.] beeinflußt« und nannte als Schüler Ibsens neben Hermann Bahr, Richard Voß, Wolfgang Kirchbach, Gerhart Hauptmann, Johannes Schlaf, Arno Holz, Hermann v. Basedow (zit. nach: Georg Brandes, *Deutsche Persönlichkeiten*. München 1902, S. 37–69). Dieser These von Brandes ist bisher insbesondere R. Bernhardt nachgegangen, der in einer sehr inhaltsreichen Untersuchung nachweisen konnte, wie breit Ibsens Einfluß unter den deutschen oppositionellen Schriftstellern der 80er Jahre wirkte (vgl. Rüdiger Bernhardt, *Die Herausbildung des naturalistischen deutschen Dramas und der Einfluß Henrik Ibsens*. Phil. Diss. Halle/Saale 1968).

96

Paul Ernst: *Ibsen und Björnson*. In: *Die Neue Zeit. Revue des geistigen und öffentlichen Lebens*. Hrsg. v. Karl Kautsky. 7. Jg. Stuttgart (J. H. W. Dietz) 1889, Nr. 3, S. 128–138; hier: S. 129–130, 131–134, 134–135.

[...]

Ibsen und Björnson sind pessimistische Realisten; sie üben Kritik, sie klagen an, sie fragen, aber sie geben nichts Positives, sie sagen nicht, was gethan werden muß, sie haben keine Antworten.

Eine solche Literatur ist den Anhängern des Bestehenden nicht angenehm, aber sie ist ihnen auch eigentlich nicht gefährlich; ja, der Pessimismus, wenn er von der rechten Art ist, kann ihnen sogar sehr nützlich sein; der rechte Pessimismus ist ein feiges und schwachherziges Verzichten auf kräftiges und energisches Arbeiten zum Bessern – denn das Bessere ist ja doch nicht zu erreichen; der rechte Pessimismus lehrt die Hände in den Schooß legen und den Dingen zusehen, denn das Böse ist ja nun einmal nicht zu ändern – und das ist ja gerade die Gemüthsstimmung, welche der liberalen Bourgeoisie die liebste ist. Sehe jeder, wo er bleibe, amusire sich jeder, so gut er kann, und lasse er auch die anderen sehen, wo sie bleiben und wie sie sich amusiren; lasse jeden sich selbst helfen und hilf nur dir selbst, iß gut und trinke gut, und bekümmere dich nicht darum, ob auch die andern zu essen und zu trinken haben, denn das nützt ja doch nichts; das ist die Maxime des Pessimisten, nicht gerade des philosophischen Pessimisten aus der Schule, aber die des Pessimisten aus dem Leben.

Ein solcher Mensch ist der gebildeten Gesellschaft nicht schädlich, er ist kein Gesellschaftsfeind, und deshalb sind es nur die ganz verrannten Junkerblätter gewesen, welche Ibsen und Björnson feindlich entgegentraten, jene Blätter, welche noch nicht einmal den unthätigen und indifferenten Zweifel dulden wollen; die Presse der liberalen Bourgeoisie, welche von Ibsen doch so giftig verhöhnt wird, hat in richtiger Erkenntniß von der Ungefährlichkeit dieses Hohnes den Beiden begeistert zugejubelt.

Die ersten Schöpfungen Ibsen's, die Dramen, deren Stoffe der nordischen Geschichte entnommen sind, und ebenso die Gedankenpoesie seiner zweiten Periode, würden schwerlich die Aufmerksamkeit der gesammten Kulturmenschheit erregt haben; die Bedeutung Ibsen's beruht in denjenigen Dramen, welche im modernen Leben spielen, und da es sich hier nicht um die Schilderung einer dichterischen Persönlichkeit handelt, so würden auch nur diese Dramen bei der Besprechung in Frage kommen.

Das Problem, welches sich Ibsen in allen diesen Stücken gestellt hat, ist: Wie kann man wahr und frei leben? Ibsen ist eine durch und durch ehrliche Natur; ihn widert die Lüge an, unter welcher die gegenwärtige Menschheit lebt, und immer und immer wieder ruft er: Wahrheit, Wahrheit, weg aus dieser Welt der Lüge!

Das Problem hat ein zweifaches Aussehen, je nachdem es sich handelt um die Befreiung des Individuums, oder um die Befreiung der Gesellschaft. Die Befreiung der Gesellschaft ist nur möglich durch den Sozialismus, für die Befreiung des Individuums scheint es noch ein anderes Mittel zu geben: den einfachen Willensakt, den Vorsatz, in der Wahrheit zu leben.

[...]

»Die Stützen der Gesellschaft« und »Nora« predigen die Flucht aus dem Leben der Lüge in das Leben der Wahrheit, »Gespenster« zeigt die entsetzlichen Folgen des Beharrens im Leben der Lüge.

Ibsen zeigt, wie das Leben der Wahrheit durch einen einfachen Willensakt zu erreichen ist; aber nicht Jeder kann diesen einfachen Willensakt vollziehen; es ist nicht jede Frau so energisch wie Nora; es giebt auch Weiber, wie Frau Alving, welche zu ihrem Gatten zurückkehrt; wie soll Frau Alving geholfen werden? Ibsen lehrt: der Einzelne kann sich erretten, wenn er die Fähigkeiten dazu hat, wenn er stark genug ist; aber wie erretten sich die anderen, welche nicht stark sind, wie wird die ganze Gesellschaft errettet?

In »Gespenster« findet sich einmal eine Andeutung eines anderen, möglichen Zustandes, wo Oswald von seinen Erfahrungen redet, welche er bei den wilden Ehen seiner Freunde gemacht hat; aber das ist nur eine Andeutung, welche gegeben wird, eine entfernte Möglichkeit, welche gezeigt wird; und es wird nicht gesagt wie diese Möglichkeit allgemeine Wirklichkeit werden kann.

Nora sagt: Wir beide, du und ich, wir müssen uns verändern; und sie geht von ihrem Gatten, um ein selbständiges Wesen zu werden, nicht eine Puppe zu bleiben. Das Verhältniß der Gatten muß nicht das von Herr und Knecht sein, sondern das von Gleichem und Gleichem; es muß nicht auf dem Zwang eines gegebenen Wortes beruhen, sondern auf dem beiderseitigen beständigen Einverständniß, wie es in den von Oswald geschilderten wilden Ehen der Fall ist.

Aber wie soll das erreicht werden? Die Mehrzahl der Menschen faßt das Weib jetzt als die Untergebene des Mannes auf; wie will man ihnen eine andere Auffassung beibringen? Dadurch, daß man sie zur Selbstbefreiung durch den Willensakt Nora's auffordert? Wenn sie so handeln sollen, muß doch ihre Auffassung schon die richtige sein! Man bewegt sich hier in einem Zirkel: die Menschen leben in der Lüge; sie sollen sich durch eine eigene Handlung aus der Lüge befreien; diese Handlung setzt aber schon die Erkenntniß der Lüge voraus; ist aber diese Erkenntniß vorhanden, so leben sie ja schon in der Wahrheit.

Nora hat sich errettet; Frau Alving hat sich nicht errettet. Weshalb hat sich Frau Alving nicht errettet? Weil sie nicht die Energie besaß, welche Nora besitzt, sagt Ibsen; die Selbstbefreiung durch einen eigenen Willensakt hat also eine Voraussetzung, welche nicht in dem Willensbereiche des Handelnden liegt. Die Selbstbefreiung kann nur sehr Wenigen helfen, weil sie schon die nöthigen Anlagen als vorhanden voraussetzt, und diese Anlagen sind nur bei Wenigen vorhanden.

Eine allgemeine Befreiung ist nur dadurch möglich, daß die Ursachen der Knechtschaft beseitigt werden, und diese Ursachen sind die sozialen Verhältnisse. Frau Alving ist nicht dadurch unglücklich geworden, daß sie nicht genug Energie besaß, sondern dadurch, daß die Verhältnisse in welchen sie lebte, stärker waren, als ihre Energie. Bernick hätte fünfzehn Jahre lang glücklich sein können, er hätte seine Geliebte heirathen können und nicht an der Seite einer ungeliebten Frau leben müssen, er hätte nicht seines Schwagers Namen beschimpfen müssen, er hätte sein Haupt aufrecht tragen können und nicht fünfzehn Jahre lang von Gewissenbissen und von der Furcht vor Entdeckung gequält werden müssen – das alles wäre möglich gewesen, nicht wenn Bernick fünfzehn Jahre früher den Muth der Wahrheit gehabt hätte, sondern wenn nicht die sozialen Verhältnisse, in denen er aufgewachsen war, stärker gewesen wären, als jener Muth, alle jene Dinge: der falsche Ehrbegriff, die Nothwendigkeit, viel Geld zu erwerben, die falschen Anschauungen der Menschen, auf deren Urtheil er Gewicht legte. Unter natürlichen und wahren Verhältnissen wäre er natürlich und wahr geblieben, in verlogenen und unwahren Verhältnissen wurde er verlogen und unwahr. Also die Verhältnisse sind es, welche geändert werden müssen. Es ist eine große That, wenn Bernick die Unwahrheit von sich abschüttelt; aber wer hat den Nutzen davon? nur er selbst; er selbst wird befreit, die andern bleiben in der Lüge, alle diese anderen Millionen Bernick's werden nicht mit erlöst.

Und sie können erlöst werden, wenn man eben nicht eine Selbstbefreiung des Einzelnen verlangt, sondern wenn man eine Befreiung durch die Veränderung der sozialen Verhältnisse anstrebt.

Aber diese Befreiung weist Ibsen zurück; er will das hervorragende Individuum erlösen, die Menge ist ihm gleichgiltig. Das ist sein Gegensatz zum Sozialismus; der Sozialismus ist demokratisch, ihm kommt es auf die Menge an; Ibsen ist Aristokrat, er hebt den Einzelnen heraus. Der Einzelne, Hervorragende, ist dem Sozialismus gleichgiltig; denn der Sozialismus hat erkannt, daß die Entwicklung nicht durch den Einzelnen geschieht, sondern durch die Masse, welche durch die sozialen Verhältnisse gedrängt wird. Der bürgerliche Ideologe, welcher durch seine Lebenserfahrung geneigt ist, den Werth der Intelligenz zu überschätzen, verachtet diese Masse als untauglich zur Verwirklichung des Ideals; er glaubt, die Weiterentwicklung geschehe durch die Intelligenz, »die großen Männer«, welche die Zeit erkannt haben und das Volk auf das von ihnen erkannte oder gar gesteckte Ziel der Zeit leiten.

Aber weil das Volk nach der Meinung dieser Ideologen untauglich ist zur selbständigen Weiterentwicklung, so versteht es auch oft nicht die »großen Männer«, es verkennt die wirklichen Führer und schließt sich irgend welchen Intriguanten an.

Ibsens »Volksfeind« behandelt dieses Thema.

Dr. Otto Stockmann ist Badearzt in einer Küstenstadt des südlichen Norwegen; er hat gefunden, daß das Wasser des Bades infizirt ist und die Fremden, statt sie zu heilen, vergiften wird; um Abhilfe zu schaffen, ist eine kostspielige Aenderung der ganzen Anlage nothwendig. Diese Thatsachen hat er in einem Artikel niedergelegt, welchen er der Redaktion des liberalen Lokalblatts übergeben hat; die Redakteure und der Besitzer, welcher die »kleinen Leute« hinter sich hat, stimmen ihm bei, sie sind froh darüber, daß den reichen Aktionären einmal ein Streich gespielt wird. Als aber der Bürgermeister, der Bruder Stockmanns, ihnen nachweist, daß die Kosten der Neuanlage von den »kleinen Leuten« müßten getragen werden, ändert sich sofort die Stimmung, und ebenso, wie sie den Doktor vorher unterstützt haben, intriguiren sie jetzt gegen ihn; man will ihn nicht zu Worte kommen lassen, um die Kosten der Aenderung zu sparen, selbst wenn die Fremden, welche Heilung suchen, den Tod finden sollten. Der Artikel wird nicht gedruckt, weder im Blatte, noch als Brochure, und es bleibt Stockmann nichts übrig, als in einer Volksversammlung seine Ansichten auseinander zu setzen. Aber in dieser Volksversammlung redet er nicht über die Wasserleitungen und Kloaken; er hat in der Zwischenzeit noch eine andere Entdeckung gemacht, daß die ganze bürgerliche Gesellschaft auf einem ebenso durchpesteten Boden ruht, wie das Bad; und die Ursache davon ist die liberale Majorität mit ihren »Wahrheiten«; die Wahrheiten der Majorität sind veraltet und werthlos, und die jungen, noch werthvollen Ideale werden von der Minorität gehegt; die Majorität, das sind die Dummen, die Minorität, das ist die Intelligenz; den Intelligenten kommt es zu, nicht den Dummen, das Volk zu leiten. Die natürliche Folge der thörichten und hitzigen Rede, die noch dazu an einem so ganz verkehrten Ort gehalten wird, ist, daß Stockmann als Volksfeind erklärt wird und seine Stellung als Badearzt verliert. Unterdessen hat sein Schwiegervater, ein alter, abgefeimter Spekulant, welcher geglaubt hat, sein ganzes Auftreten habe nur ein Geldmanöver zum Zweck, die sehr gesunkenen Aktien des Bades angekauft und das ganze Erbtheil der Frau Stockmann dafür ausgegeben. Als die Gegner davon hören, verwandelt sich ihre Stimmung wiederum, sie glauben natürlich, daß der Alte in Uebereinstimmung mit seinem Schwiegersohn gehandelt habe, sie bewundern die Schlauheit dieses Börsenstreiches und stellen sich Stockmann für dieses Geschäft zur Verfügung, bis dieser sie zur Thür hinausprügelt. Er steht nun ganz allein da, aber das schreckt ihn nicht, denn er glaubt, daß der stärkste Mensch in der Welt derjenige ist, welcher allein steht. Er beschließt in der Stadt zu bleiben, trotzdem er seine Praxis vollständig verloren hat, und seine Kinder und die Kinder von armen Leuten zu freien Männern zu erziehen.

Stockmann's Lehre von der Minorität ist ein uralter Gedanke; schon die ersten Staatstheoretiker des Alterthums haben verlangt, daß die Weisesten herrschen sollten, und noch heute klammert sich der Doktrinär der Bourgeoisie an dieses Ideal einer Regierung der Intelligenz über die Masse; was der edlere Theil der Bourgeoisie an Hoffnungen auf eine bessere Zukunft hat, das hängt nothwendig mit diesem Ideal zusammen.

Und hier kann man bei Ibsen eine überraschende Erscheinung beobachten. Ibsen hat den Kämpfer gegen das verkommene liberale Philisterium als einen heißblütigen, unbedachtsamen Menschen geschildert, als einen Mann, welcher die besten Absichten hat, aber unfähig ist, diese Absichten auszuführen; ein solcher närrischer Schwärmer, wie Stockmann, kann jedenfalls nicht das Ideal sein, das man sich von einem Vertreter der neuen Zeit macht; nur ein Mensch, welcher dieser neuen Zeit ungläubig gegenübersteht, kann ihren Vertreter so darstellen. Ibsen hat die Verkommenheit der liberalen Bourgeoisie erkannt und dargestellt; er hat das Problem gegeben, aber die Lösung des Problems fehlt, denn er glaubt nicht an eine Lösung; die Bourgeoisie ist verkommen und ihr Bekämpfer ist ein Ueberspannter, ein Narr; und deshalb wird alles so bleiben, wie es war.

Freilich ist Doktor Stockmann ein Narr, seine Lehre von der Herrschaft der Minorität ist eine Narrheit, und sein Glaube ist närrisch, daß in politischen Kämpfen die Intelligenz den Ausschlag gebe. Gleiches ist nur mit Gleichem zu bekämpfen, die Politik ist die Welt des Willens, des Interesses, nicht des Intellekts und der Einsicht. Die »kompakte liberale Majorität« ist nicht durch Reden zu bekämpfen, sondern durch eine andere Majorität. Nicht deswegen ist Stockmann ein Narr, weil er diese Majorität bekämpft, sondern weil er sie mit ganz falschen Mitteln bekämpft.

Welche schwärmerischen Hoffnungen haben die bürgerlichen Ideologen von jeher auf jene Aristokratie des Geistes gesetzt, jene Minorität, deren Herrschaft Stockmann predigt, wie viel hofften sie, wenn einmal die Edelsten und Einsichtigsten des Volkes die Regierung in die Hand bekämen, welches Paradies erträumten sie dann! Es muß wirklich schlecht stehen um die idealen Kräfte der Bourgeoisie, wenn sie dieses, ihr größtes Ideal so zu ironisiren vermag; es muß eine entsetzliche Verzweiflung sein, welche jene Leute befällt, die ihre Ideale und Hoffnungen Stück für Stück zerbröckeln sehen, und hinter den Ruinen das entsetzliche Nichts erblicken.

Immer tiefer und tiefer bohrt sich Ibsen in seine traurige Weisheit hinein. In »Rosmersholm« stellt er einen Karakter auf, welcher zwar in allen Stücken das Gegentheil von Stockmann, aber als Träger einer Idee doch ebenso jammervoll ist, wie jener: Stockmann ist aufbrausend, heftig, unbesonnen, Rosmer ist milde, schwächlich, unentschlossen. Das Ideal der Beiden ist dasselbe: wie der eine für seine Minorität der geistigen Aristokratie Folge verlangt, so will Rosmer »Adelsmenschen«, welche das Leben des Volkes leiten sollen; und wie der wilde Stockmann durch sein kindisches Ungestüm seine Sache von vorn herein zu einer verlorenen macht, so kann auch der unthätige, schwache Romser nichts erreichen; er bringt es zu nichts, als zu einer Formulirung seiner Forderung; das ist das Einzige was er selbst thut; im übrigen dient der schwache Mann den ihn umgebenden Mächten zum Spielball; er verzweifelt zuletzt an seiner Sache, er »wird fahnenflüchtig, bevor der Kampf begonnen«.

Rosmer und Stockmann, der Schwächling und der Narr, das ist die Garde, welche die Bourgeoisie für ihr letztes Ideal auftreiben kann.

[...]

Freiheit und Wahrheit, das waren die beiden Ideale Ibsen's gewesen: Freiheit, wenn die Besten und Weisesten herrschen und die Schlechten und Dummen gehorchen. Aber er hatte eingesehen, daß diese Freiheit unmöglich ist, und mit der Wuth der Verzweiflung hatte er sein Ideal verspottet und verhöhnt in den beiden elenden Vertretern, welche er ihm gab. Es blieb jetzt nur noch das Ideal der Wahrheit übrig. In dem letzten Drama »Die Wildente« wird auch dieses Ideal zertrümmert.

Der alte Werle hat mit dem alten Ekdal zusammen ein etwas gefährliches Unternehmen begonnen und dann seinen Associé in der Patsche sitzen lassen, so daß dieser vollständig ruinirt wurde; den Sohn Ekdals, Hjalmar, hat er dann mit seiner ehemaligen Maitresse verheirathet und ihm die Mittel gegeben, daß er Photograph werden konnte. Das ist vor fünfzehn Jahren geschehen; eine Tochter, Hedwig, ist unterdessen aufgewachsen, und Hjalmar lebt glücklich mit seiner Familie in vollständiger Unkenntniß der Lüge, auf welcher sein Glück gebaut ist. Relling, ein Arzt, ein cynischer, etwas verkommener Mensch, hat dem schwachen Hjalmar noch ein Ideal eingegeben, eine »Lebenslüge«, wie er es nennt, daß er irgend eine Erfindung machen werde, durch deren Verwerthung dann alle Noth verschwinde; auch der alte Ekdal, welcher bei seinem Sohne lebt, hat seine Lebenslüge; der frühere Jäger hat sich den Hausboden durch ein paar alte Weihnachtsbäume als Wald hergerichtet, wo er sich Kaninchen, Tauben, Hühner, und eine Wildente hält; die Wildente gehört Hedwig.

In diese Verhältnisse kommt Gregers Werle hinein, der Jugendfreund Hjalmars. Er hat alles durchschaut, und er erklärt seinem Freund, wer seine Frau ist, weil er glaubt, daß die Ehe nicht auf einer Lüge aufgebaut sein dürfe, sondern daß Wahrheit zwischen den Gatten herrschen müsse. Aber der Fanatiker Gregers hat sich in dem schwächlichen Hjalmar verrechnet. Hjalmar braust auf, er stößt seine Frau und Hedwig, welche nicht sein Kind ist, von sich, aber im nächsten Augenblick schon beginnt er wieder seiner alten Gewohnheit zu folgen, und man kann voraussehen, daß er sich nicht von seiner Frau trennen wird, trotz der großen Phrasen, welche er redet. Unterdessen tödtet sich Hedwig, um ihm zu beweisen, daß sie ihn lieb hat.

Gregers hat gar nichts erreicht, als diesen Selbstmord; Hjalmar wird bei seiner Frau bleiben in demselben Verhältniß wie früher, ohne daß die Macht der Wahrheit irgend etwas umgewandelt hätte; er wird derselbe schwache, kindische, egoistische, unwahre und phrasenhafte

Mensch bleiben, der er war; und er hat die Unwahrheit und Phrase nöthig, die Wahrheit tödtet ihn, wie sie Hedwig getödtet hat. Der Cyniker Relling sagt es roh und plump heraus: »Nehmen Sie einem Durchschnittsmenschen die Lebenslüge, so nehmen Sie ihm gleichzeitig das Glück.«

In »Rosmersholm« kommt ein Peter Mortensgard vor. »Peter Mortensgard ist der Häuptling und Herr der Zukunft. Ich habe niemals vor dem Antlitz eines Größeren gestanden, Peter Mortensgard hat die Kraft zur Allmacht in sich. Er vollbringt alles, was er will. Denn Peter Mortensgard will nie mehr, als er kann. Er ist kapabel, das Leben ohne Ideale zu leben. Und siehst Du, das ist ja das große Geheimniß des Handelns und des Siegens. Das ist die Summe aller Weltweisheit.«

Mortensgard, der Mensch ohne Ideale, und Relling mit seiner Lebenslüge, das sind die beiden positiven Figuren, auf ihnen baut sich die Zukunft auf – die Zukunft, welche Ibsen glaubt. –

[...]

Paul Ernst (vgl. Dok. 79), der erst 1886 nach Berlin gekommen war und sich durch die Kontakte im Verein »Durch«, insbesondere zu Bruno Wille, der Sozialdemokratie anschloß, formulierte in dem ob. dok. Aufsatz erstmals Vorbehalte gegen die inzwischen mehrfach vorgetragene Inanspruchnahme Ibsens durch die sozialistische Arbeiterbewegung. Bereits 1885/1886 waren in der *Neuen Zeit* zwei umfangreiche Artikel erschienen, in denen Julie Zadek (Sozialistin, Anhängerin der naturalistischen Richtung) Ibsen und sein Werk vorstellte (s. Julie Zadek, *Henrik Ibsen*. In: *Die Neue Zeit*, Jg. 3, 1885/86, S. 271 ff. u. 305 ff.). Sie rühmte Ibsen nicht nur als den »genialen Dichter«, der »allen Erscheinungen modernen Lebens gegenüber sich die gleiche Unabhängigkeit und den scharfen, nicht durch Vorurtheile getrübten Blick bewahrt« habe. Ibsen galt ihr darüber hinaus als Beispiel für den »Triumph des materialischen Gedankens« auch in der »Poesie« (ebd., S. 318 f.). 1887 charakterisierte Zadek die zeitgenössische Literatur als eine Dichtung, durch die »ein Hauch von Kraft und Gesundheit [weht]« und bezeichnete die nordischen Poeten als »moderne Menschen, in deren Geiste die Strömungen und Fragen der Zeit, was in den Massen gährt und mehr oder weniger bewußt nach Gestaltung ringt, ebensowohl wie die feinsten psychologischen Regungen des Individuums lebendigen Widerhall finden« (in: *Die Neue Zeit*, Jg. 4, 1886/87, S. 562). In demselben Jahr erkannte auch Hermann Bahr in Ibsens Individualismus einen versteckten Sozialismus.

Der sozialistische Literaturkritiker Edgar Steiger (s. auch die Dok. 88 u. 89), der der naturalistischen Bewegung sehr nahe stand, nannte 1889 in seinem Buch *Der Kampf um die neue Dichtung* Ibsen den »poetischen Sokrates unseres Jahrhunderts«, in dessen Werken »fort und fort derselbe Wehschrei der Menschheit nach Gerechtigkeit [erschallt]« (a.a.O., S. 27f.)

Somit bedeutete der Artikel von Paul Ernst in der *Neuen Zeit* einen ersten Einschnitt in der Literaturdiskussion der Sozialdemokratie, die bis dahin in ihrem theoretischen Organ insbesondere die ausländische moderne Literatur in ihrer Sozialkritik fast uneingeschränkt würdigte. Paul Ernst reflektiert hier die soziale Herkunft der modernen Realisten, die seiner Meinung nach zunächst »sämmtlich aus den besitzenden Klassen stammen« werden, d. h. er betont damit den grundsätzlich bürgerlichen Charakter auch der modernen sozialkritischen Literatur. Für ihn bedeutet das, daß Sozialisten differenzieren müssen, zwischen literarischer Gesellschaftskritik mit und ohne Lösungsperspektive, mit optimistischer bzw. pessimistischer Grundhaltung.

Im Unterschied zu Hermann Bahr sah Ernst die Dramen Ibsens durch einen pessimistischen Realismus gekennzeichnet, der für die Bourgeoisie »ungefährlich« sei. Während also sozialistische Kritiker bisher in der Bourgeois-Kritik das Gemeinsame zwischen naturalistischer Literatur und Sozialismus betonten, stellte Paul Ernst die Frage der gesellschaftlichen Perspektive in den Mittelpunkt und machte sie zum entscheidenden Kriterium einer sozialistischen Literaturkritik.

Allerdings, so wechselhaft wie Paul Ernsts Position in den folgenden Jahren sich erweisen wird (bis er schließlich beim Neoklassizismus landete), so inkohärent ist seine Position auch innerhalb des ob. dok. Artikels. Formulierte er seine Kritik an Ibsen aufgrund einer funktionalen Betrachtungsweise von Literatur, so schloß er jedoch bereits zu Beginn seines Aufsatzes jegliche gesellschaftliche Wirkung von Literatur aus: »Das geistige Leben verursacht nicht die Geschichte, aber es begleitet sie, die Geschichte wird von ihm nicht gemacht, aber sie ist von ihm abzulesen« (in: *Die Neue Zeit*, Jg. 7, 1889/90, S. 128). Eine ähnliche Auffassung wiederholte Ernst 1890 in der *Freien Bühne*: »... die Litteratur soll genossen werden. Wenn man über die ›Fragen‹ lernen will, so hat man die Soziologie zu studieren, dann wird man auch weiterkommen. Was man aus der Litteratur lernen kann, das sind doch immer nur die eigenen Gedanken, die man schon vorher gehabt hat, und die der Dichter einem nur in etwas anderer Zubereitung vorsetzt. Dabei kommt man nicht weiter, bleibt man im Kreis« (in: *Freie Bühne*, Jg. 1, 1890, S. 426). Trotzdem verschärfte sich Paul Ernsts ablehnende Haltung gegenüber Ibsen in diesem Artikel, mit dem er auf Laura Marholms Serie zur skandinavischen Literatur antwortete (vgl. Dok. 97). Er bezeichnete Ibsen nun als Vertreter des »Spießbürgerthums«, seine Literatur als Ausdruck des »Verzweiflungskampfes einer untergehenden Klasse«: »Typisch für den Spießbürger, wird der Kampf literarisch ausgefochten. Die Litteratur gibt das klarste Bild der Bewegung. Die ›Problemdichtung‹ wird geschaffen und als allerbedeutendste Geistesthat ausposaunt. Das Bedürfniß der Illusion ist es, das den Spießbürger treibt, seine Leiden und Freuden, seine Ziele und Zwecke in der Litteratur niederzulegen. Und unfähig, die ökonomischen Zeichen der Zeit zu verstehen, wendet er sich dann wieder an die Litteratur zurück; aus dem Bild das er selbst geschaffen, nimmt er sein Ideal; genau so wie der spießbürgerliche Socialismus sein Ideal aus dem selbstgeschaffenen Idealbild der gegenwärtigen Gesellschaft nimmt« (in: *Freie Bühne*, Jg. 1, 1890, S. 424).

Diese Kritik an Ibsen blieb allerdings nicht unwidersprochen. Noch im selben Jahr veröffentlichte Friedrich Engels im *Berliner Volksblatt* (5. 10. 1890) wesentliche Teile eines zunächst nur persönlich an Paul Ernst gerichteten Briefes, in dem er Ernsts mechanistische Methode kritisierte und auf dessen völlige Fehleinschätzung der sozialen Verhältnisse, insbesondere der Stellung des norwegischen Kleinbürgertums, hinwies: »Der norwegische Bauer war nie leibeigen, und das gibt der ganzen Entwicklung [...] einen ganz anderen Hintergrund. Der norwegische Kleinbürger ist der Sohn des freien Bauern und ist unter diesen Umständen ein *Mann* gegenüber dem verkommenen deutschen Spießer. Und was auch die Fehler z.B. der Ibsenschen Dramen sein mögen, sie spiegeln uns eine zwar kleine und mittelbürgerliche, aber von der deutschen himmelweit verschiedene Welt wider, eine Welt, worin die Leute noch Charakter haben und Initiative und selbständig, wenn auch nach auswärtigen Begriffen oft absonderlich, handeln. So etwas ziehe ich vor, gründlich kennenzulernen, ehe ich aburteile« (zit. nach: Karl Marx/Friedrich Engels, *Werke*. Bd. 22, Berlin/DDR 1963, S. 82).

Nach dieser Kritik beschränkte sich Paul Ernst auf eine positive Würdigung der literarischen Leistungen Ibsens und Björnsons. In seinem Artikel *Die neueste literarische Richtung in Deutschland* schrieb er 1891: »Die Beiden (d.i. Ibsen und Björnson, Ch.M.] sind in der Gestalt, in welcher sie auf Deutschland Einfluß hatten – durch die norwegische Frauenbewegung emporgehoben; es ist das radikale Kleinbürgerthum Norwegens, das in ihnen zu Worte kommt: eine relativ tüchtige und kräftige Klasse, an der noch nicht so der Verwesungsgeruch des deutschen Spießbürgers zu bemerken ist.« Anders urteilt er nun auch über die »Problemdichtung«: »Die norwegische Dichtung, welche jetzt ihren Einzug hält, ist Problemdichtung; sie stellt sich bewußt in den sozialen Kampf und spielt auch wirklich in demselben eine wichtige Rolle. Aus diesem Grunde tritt das soziale Moment in ihr natürlich sehr hervor...«. Seine Kritik richtet sich nun mehr auf Gestaltungsprobleme: »Es sind im .Grunde keine naturalistischen Menschen mit Fleisch und Blut, welche Ibsen und Björnson schaffen, sondern idealistische Tendenzpuppen mit etwas Hysterie« (s. Dok. 79).

97

L[aura] Marholm: *Die Frauen in der skandinavischen Dichtung*. In: *Freie Bühne für modernes Leben*. Hrsg. v. Otto Brahm. 1. Jg. Berlin (S. Fischer) 1890, Heft 6 (Der Noratypus), S. 168–171, Heft 9 (Der Svavatypus), S. 261–265, Heft 13 (Strindberg's Lauratypus), S. 364–368; hier: Heft 6, S. 170–171.

[...]

Alle wirkliche Dichtung ist Männerdichtung; und das centrale Moment aller großen Dichtung ist das Weib. In dem Geschlechtsverhältniß mit seinen Entzückungen und seiner Tragik enthüllt sich die Natur momentweise bis in ihren Urgrund und giebt einige von ihren Geheimnissen blos; in ihnen ist die Stammwurzel *aller* Vorgänge des menschlichen Lebens, aller Kraft und aller Erschöpfung, alles Wohlgerathenen und alles Verpfuschten. Und es gab kein Verhältniß im Norden, das unter der Zucht einer unglücklichen socialen Entwicklung so asketisch verstümpert, ästhetisch verlogen und moralisch verbildet worden wäre, wie das Verhältniß der Geschlechter zu einander. Die skandinavischen Dichter fanden es auf ihrem Wege, wie ein giftiges Mißgeschöpf, und konnten nicht drum herumkommen. Sie mußten den Kampf mit ihm bestehen, oder sich mit einpferchen lassen in den übelriechenden Stall der scandinavischen Christlichkeit und Sittlichkeit.

Der Erste, der sich in den Kampf gegen die Unnatur wagte, war *Ibsen* in der »Komödie der Liebe«. Aber Ibsen war von dem gewandtesten Dialektiker und finstersten Asketen unter den nordischen christlichen Dogmatikern, von Sören *Kierkegaard*, ausgegangen, der seinen dunkeln Schatten über die ganze damalige Denker- und Dichtergeneration warf. Ibsen geißelte das Spießbürgerglück und die Spießbürgerliebe – die zahme, lahme, artige Spießbürgerliebe mit Skorpionen; aber über das freie Recht der Persönlichkeiten an einander zog auch er einen Strich, denn er glaubte in einer Gesellschaft von Krüppeln an keine Persönlichkeiten, und er fand nirgends das Material, aus dem er sie hätte bilden können. In der »Komödie der Liebe« hat das Weib noch keine individuellen Züge. Er suchte etwas *Ganzes*, und er ging von der alten romantischen Tradition aus, das Weib als höheres Wesen habe bessere Anlagen ein Ganzes zu werden, als der Mann. Und er, wie kein anderer Dichter des Nordens, hat durch die unablässige Suggestion von ihrer höheren Natur, die er den Frauen gab, darauf hingearbeitet – allerdings nicht, daß sie ein Ganzes wurden, denn das konnten sie nicht, am allerwenigsten mit asketischen Idealen – aber daß sie sich individualisirten.

Und einige Jahrzehnte später war unter der großen geistigen Erschütterung, die durch den Norden ging, das Frauenmaterial, dessen eine Dichtung bedarf, um Dichtung ersten Ranges zu werden, vorhanden. Das nordische Weib hatte sich vom Gattungswesen und Hausthier zu einer ganzen Skala von Indiuualitäten differenzirt. Alle Vertönungen des Geschlechts wuchsen nach und nach hervor; und jetzt bot sich dem schaffenden Talent eine Musterkarte von Varietäten dar: frischentfaltete und abgetödtete Natur, Erotomanie und Geschlechtslosigkeit, das theoretisirende Weib, das Rechte fordernde Weib, das instinctlose Weib, das unmittelbare

Weib, das Weib mit heißem Kopf und kalten Sinnen, der Keuschheitsdünkel, die physiologischen Spiele – alle möglichen Kunstproducte, und dann und wann, ein seltenes Mal dazwischen, die freie stolze Natur, die sich selbst Gesetz ist.

Und abermals der Erste, der dieser Skala von Varietäten eine Zunge zum Sprechen gab, und sie Lona und Nora, Frau Alving und Rebecca West nannte, war Henrik Ibsen. Eine dieser Gestalten erreichte eine kulturgeschichtliche Bedeutung und wurde zu einem Feldzeichen in der Bewegung. Das war Nora. Auf sie bekennt sich die ganze nordische Emanciaptionspartei mit ihren Trägerinnen und Dichterinnen, die alle mit jenem Bibelwort: »Abba, lieber Vater!« zu Ibsen sagen. Ob er ebenso unvorbehalten »liebe Kinder« zu ihnen sagt, ist nicht so leicht zu ergründen. Papa Ibsen weiß besser, als sein fröhlicher Nachwuchs, daß dies Töchterchen auf dieselbe nicht ganz naturgemäße Weise zur Welt gekommen, wie weiland die keusche Jungfrau Minerva: fertig sprangen sie aus dem Haupte des Dichters vor. Und die ganze Richtung, die sich auf Nora bekennt, hat mit der Natur soviel zu schaffen, wie weiland der Ursprung ihrer Stammmutter.

Aber halb angeschaut und halb construirt, wie sie war, war die Nora doch ein genialer Wurf, eine tiefe Offenbarung des nordischen Volkscharacters in den gebildeten Ständen.

Um so genialer, da Ibsen die typische Frauengestalt, wie er sie brauchte, gar nicht in der Heimath vorfand: Ibsen ist Norweger – und Nora ist keine Norwegerin. Die Norwegerinnen sind stark, hochbusig, festschreitend, lautsprechend. Nora, die zwitschernde Nora, ist wie ein kleiner zahmer Vogel, der in seinem Käfig auf- und niederhüpft und dazu mit dem Schwänzchen wippt. Solch ein graziös flattriges, plappriges Geschöpfchen ist dänische, speciell Kopenhagener Frauennatur. Und in Dänemark hat Nora zuerst durchgeschlagen, eine dänische Schauspielerin, Frau Hennings, hat die Rolle geschaffen. Frau Hennings hat ein kleines spitznäsiges Gesicht, ein zwischerndes Stimmchen und einen trippelnden Gang mit vorgestreckter Tournüre. Ihr Spiel ist nervös, eigensinnig. Diesen Frauentypus nennt man in Dänemark reizend; und Nora ist reizend und hat die hüpfende Nervosität eines kleinen geängstigten zahmen Vogels. Es ist nicht die kleinste Bewegung von Wildwüchsigkeit in ihr, nicht der flüchtigste Ansatz zu den großen Gesten einer Natur aus einem Guß, nichts von den starken Hüften und kraftvollen Linien der Norwegerinnen. Sie ist importirt, wie das Schriftdänisch, in dem Ibsen damals noch dichtete, und das er später mehr mit norwegischer Klangfarbe durchsetzte; sie ist eine kleine, verschnürte, verzwickte Bourgeoisiepflanze der norwegischen, aus Dänemark eingewanderten Beamtenaristokratie.

Aber eben aus solchen halb verängstigten, halb verbitterten und ganz wirbligen Noras bestanden die Vortruppen der Frauenbewegung.

Und diese Nora ist im dritten Akt verschwunden. Was da mit steifem Nacken und eingezogenen Ellenbogen den guten Bildungsphilister und Staatsbeamten Helmer moralisch beleidigt zurückweist, als er sein Eichkätzchen, mit dem er drei Kinder gezeugt, auf seine, dem Eichkätzchen doch wohl genügend bekannte Manier lieben will, das ist nicht mehr die kleine Kopenhagenerin Nora, – das ist eine schwedische Entrüstungsdame. Das Bemoralisiren der ehelichen Interieurs ist die Methode der schwedischen Damenmoral, und die ganze folgende eheliche Auseinandersetzung ist Tradition in den schwedischen Damenromanen geworden. Und das Postulat: das Weib müsse erst Mensch und dann Weib sein, ist schwedische Damenphilosophie. Die Genialität in diesem Ibsen'schen Stück beruht für mich nicht auf dem moralischen Rigorismus, und nicht auf den beißenden Hieben des Dialogs, und nicht auf der erlesenen dramatischen Technik, – sondern auf der seltenen Feinhörigkeit, mit der er das volkspsychologische Moment und das Standesgepräge erfaßte, vor Allem aber auf der Sicherheit, mit der er das Programm der Emanciaptionsdamen formulirte, ehe sie selbst es stammeln konnten.

Der Noratypus ist die Wurzel aller Frauenpsychologie in der modernen skandinavischen Literatur.

Aber er ist auch letzter, verfeinerter und sublimirter Ableger der christlichen Moralaskese.
[...]
[...]

Laura (auch: Leonhard) Marholm, d. i. Laura Mohr, später Hansson, geb. 1854 in Riga, siedelte erst 1889 mit ihrem Mann, dem Schriftsteller Ola Hansson, nach Deutschland über. Sie lebten zunächst in Berlin-Friedrichshagen, ab 1895 in Bayern (Schliersee, später München). Marholm veröffentlichte u. a. *Das Buch der Frauen. Zeitpsychologische Portraits* (1894) und das Drama *Karla Bühring* (1895). Marholm suchte ein neues Frauenbild zu gestalten, das aber nicht anknüpfte an frauenemanzipatorische Positionen (wie z. B. I. v. Troll-Borostýani, vgl. Dok. 31). Sie sah die Problematik der Frau nicht in ihrer sozialen Bestimmtheit, sondern in ihrem natürlich-geschlechtlichen Wesen, das zu seiner Verwirklichung des Mannes bedarf, das Weib, das »eine Kapsel ist über eine Leere, die erst der Mann kommen muss zu füllen.« Ibsens »Noratypus« repräsentiert für Marholm daher nur das zynisch belächelte »Programm der Emancipationsdamen«, das Ibsen formulierte, »ehe sie es selbst stammeln konnten« (s. Dok. 97). Marholm, die selbst als der »weibliche Strindberg« bezeichnet wurde, propagierte bereits 1890 in ihrer Aufsatzreihe in der *Freien Bühne* das Frauenbild Strindbergs, des »fanatischen Weiberhassers«, wie er auch genannt wurde, als ihr Frauenideal. In seinen Büchern stehe die Frau als »eine neue Eva, die noch von keinem Dichter geschminkt, von keinen Moral- oder Religions- oder Sittlichkeitsrücksichten mit einem Blätterschurz bekleidet worden, steht da in ihrer physiologischen Nacktheit in allen Altersstufen, das entkleidete Culturweib, mit allen Mißbildungen der Cultur und des Conventionalismus an ihrem Leibe und an ihrer Seele, nicht schön, aber mächtig, wie früher.« Durch das tiefe Eindringen in die »Natur des Weibes – jene Natur, die unter Erziehung und Abrichtung und Verbildung ihr dunkles Leben führt...«, sei Strindberg »am Weibe das *Grauenhafte*, das *Unverständliche*, die Meduse zum Bewußtsein gekommen. [...] Er hat den Blick gehabt für das Elementare an dem geschlechtlich voll ausgebildeten Weib, und den Blick für alle offenen und versteckten Mißbildungen an dem physiologisch, oder social verkrüppelten Weib...« (s. L. Marholm, *Die Frauen in der skandinavischen Dichtung. Strindberg's Lauratypus*. In: *Freie Bühne*, Jg. 1, 1890, S. 367).
Marholms Ibsen-Kritik ist symptomatisch für die um 1890 einsetzenden Veränderungen in der naturalistischen Bewegung. In dem Übergang von Ibsen zu Strindberg, in der Absage an frauenemanzipatorische Positionen zugunsten eines neuen Weib-Mythos, kündigt sich zugleich die Ablösung eines rationalen, naturwissenschaftlich bestimmten Weltbildes als ein umfassender, für die geistige Entwicklung der Jahrhundertwende charakteristischen Prozeß an.

98

Max Nordau: *Der Ibsenismus*. In: *Max Nordau: Entartung*. 2. Bd.,
Berlin (C. Duncker) 1893, S. 153–271; hier: S. 256–258, 258,
259–262, 264–265, 266–268, 269–271.

[...]

[...] Ibsen steht vor uns als ein Mystiker und Ichsüchtiger, der gerne beweisen möchte, daß
Welt und Menschen keinen Schuß Pulver werth sind, aber nur beweist, daß er von diesen und
von jener nicht die blasseste Ahnung hat. Unfähig, sich irgend welchen Verhältnissen anzu-
passen, schimpft er zuerst auf die norwegischen, dann auf die europäischen im Allgemeinen.
In keinem einzigen seiner Stücke ist ein wirklich zeitgenössischer, wirklich zeitbewegender
Gedanke anzutreffen, man wollte denn seinem Anarchismus, der sich aus der krankhaften
Beschaffenheit seines Geistes erklärt, und seinem parodistischen Spielen mit den unsichersten
Ergebnissen der Forschungen auf dem Gebiete der Hypnose und Telepathie die Ehre erweisen, sie als Gedanken dieser Art gelten zu lassen. Er ist ein gewandter Theatertechniker und er
weiß Personen des Hintergrundes und Lagen, die außerhalb des Hauptstromlaufs der Handlung auftreten, mit großer dichterischer Kraft darzustellen. Das ist aber auch Alles, was ein
gewissenhafter und geistesklarer Zergliederer an ihm echt finden kann. Er hat es gewagt, von
seinen »sittlichen Gedanken« zu sprechen, und seine Bewunderer wiederholen das Wort
geläufig. Die sittlichen Gedanken Ibsens! Wer darüber nicht lacht, nachdem er sein Theater
gelesen hat, der besitzt wirklich keinen Sinn für Humor. Er scheint den Abfall vom Kirchen-
glauben zu predigen und wird die kirchlichen Vorstellungen der Beichte, der Erbsünde, der
Heilsthat des Erlösers nicht los. Er stellt die Selbstsucht und Freiheit des Individuums von
allen Bedenken als Ideal hin und kaum hat ein Individuum etwas bedenkenfrei gehandelt, so
winselt es zerknirscht so lange, bis es sein zum Ersticken volles Gemüth in einer Beichte
ausgeschüttet hat, und die einzigen lebenswahren und angenehmen Gestalten, die ihm gelungen, sind Frauen, die sich bis zur Vernichtung ihrer Individualität für Andere opfern. Er feiert
jeden Verstoß gegen die Sitte als ein Heldenstück und bestraft gleichzeitig jede kleinste und
dümmste Liebelei mit nicht weniger als dem Tode. Er gurgelt sich mit den Worten Wahrheit,
Fortschritt u.s.w. und feiert in seinem besten Werke Lüge und Stillstand. Und alle diese
Widersprüche treten nicht etwa der Reihe nach als Haltstellen auf seiner Entwickelungsbahn
auf, sie sind gleichzeitig, sie erscheinen immer neben einander. [...]

Und diesen bösartigen, gesellschaftsfeindlichen, allerdings bühnentechnisch hochbegabten
Faselhans hat man sich unterstanden, als den großen Weltdichter des ausgehenden Jahrhunderts auf den Schild heben zu wollen. Seine Gemeinde hat so lange in alle Welt hinausge-
schrieen: »Ibsen ist ein großer Dichter!« bis alle stärkeren Urtheile mindestens schwankend
und alle schwächeren völlig unterjocht wurden. [...]

Freilich wäre es oberflächlich, zu glauben, daß die Dreistigkeit seiner Korybanten allein die
Stellung erklärt, zu der Ibsen emporgeschwindelt werden konnte. Er hat ohne Frage Züge,
durch die er auf seine Zeitgenossen wirken mußte.

Da sind zuerst seine verschwommenen Redensarten und seine beiläufigen, unbestimmten Anspielungen auf die »große Zeit, in der wir leben«, auf die »neue Zeit, die anbricht«, auf die »Freiheit«, den »Fortschritt« u.s.w. Diese Phrasen mußten allen Träumern und Faslern gefallen,denn sie lassen jede Deutung zu und gestatten namentlich, in ihrem Urheber Modernität und kühne Fortschrittlichkeit zu vermuthen. Daß Ibsen selbst sich in der »Wildente« (S. 93) über die »Verständnißvollen« grausam lustig macht, indem er Relling das nach seiner eigenen Erklärung gänzlich sinnlose Wort »dämonisch« so gebrauchen läßt, wie er selbst die Fortschritts- und Freiheits-Schwabbeleien verwendet, entmuthigt sie nicht. Dafür sind sie eben »Verständnißvolle«, daß sie jede Stelle so deuten können, wie es ihnen paßt.

Da ist ferner seine Lehre vom Rechte des Individuums, nach seinem eigenen Gesetze zu leben. Ist dies wirklich seine Lehre? Man muß dies leugnen, wenn man sich durch seine zahllosen Widersprüche und Selbstwiderlegungen durchgewunden und wenn man gesehen hat, daß er mit besonderer Liebe die Opferlämmer behandelt, die ganz Verleugnung des eigenen Ichs, ganz Unterdrückung ihrer natürlichsten Triebe, ganz Nächstenliebe und Rücksicht sind. Aber jedenfalls haben seine Apostel den anarchistischen Individualismus als die Mittelpunkt-Lehre seines Theaters hingestellt. Ehrhard* faßt sie in die Worte zusammen: »Auflehnung des Individuums gegen die Gesellschaft; anders gesagt: Ibsen ist der Apostel der sittlichen Selbstbestimmung (autonomie morale).« Eine solche Lehre ist nun allerdings dazu angethan, unter den Denkfaulen oder Denkunfähigen Verheerungen anzurichten.

Ehrhard wagt die Worte »sittliche Selbstbestimmung« zu gebrauchen. Im Namen dieses schönen Grundsatzes überreden Ibsens kritische Herolde die ihm zulaufende Jugend, daß sie »das Recht habe, sich auszuleben«, und sie lächeln billigend dazu, wenn ihre Zuhörer darunter das Recht verstehen, ihren viehischen Trieben nachzugeben und sich jeder Zucht zu entledigen. Wie Ruffiane in den Mittelmeer-Häfen den gut gekleideten Reisenden, so murmeln sie ihrem Publikum ins Ohr: »Unterhalten Sie sich! Genießen Sie! Kommen Sie mit mir, ich will Ihnen den Weg zeigen.« Das aber ist der ungeheure Irrthum bei den Gutgläubigen und der schändliche Betrug bei den Jugend-Verderbern um Kuppellohn, daß sie die »sittliche Selbstbestimmung« mit Zügellosigkeit verwechseln.

Diese beiden Begriffe sind nicht nur nicht gleichbedeutend, sie sind einander sogar entgegengesetzt und schließen sich gegenseitig aus. Freiheit des Individuums! Das Recht der Selbstbestimmung! Das Ich sein eigener Gesetzgeber! Wer ist dieses Ich, das sich seine Gesetze geben soll? Wer ist dieses »Selbst«, für das Ibsen das Recht fordert, sich allein zu bestimmen? Wer ist dieses freie Individuum? Daß der ganze Begriff eines Ichs, welches der übrigen Welt als etwas Fremdes und Ausschließendes entgegengesetzt wird, eine Täuschung des Bewußtseins ist, haben wir bereits in der »Psychologie der Ichsucht« gesehen, ich brauche also hier nicht wieder dabei zu verweilen. Wir wissen, daß der Mensch, wie jedes andere sehr zu-

---

* Auguste Erhard, Henrik Ibsen et le théâtre contemporain. Paris 1892, S. 94.

sammengesetzte und hochentwickelte Lebewesen, eine Gesellschaft oder ein Staat von einfacheren und einfachsten Lebewesen, von Zellen und Zellensystemen oder Organen ist, die alle ihre eigenen Verrichtungen und Bedürfnisse haben. Sie sind im Laufe der Entwickelung des Lebens auf der Erde zusammengetreten und haben Veränderungen erlitten, um höhere Verrichtungen leisten zu können, als sie der einfachen Zelle und dem ursprünglichen Zellenhaufen möglich sind. Die höchste Verrichtung des Lebens, die wir bisher kennen, ist das helle Bewußtsein, der vornehmste Inhalt des Bewußtseins ist die Erkenntniß und der sichtbarste und nächste Zweck der Erkenntniß ist, dem Organismus immer bessere Lebensbedingungen zu verschaffen, also sein Dasein möglichst lang zu erhalten und es mit möglichst viel Lustempfindungen zu füllen. Damit der Gesammtorganismus seiner Aufgabe nachkommen könne, sind seine Bestandtheile verpflichtet, sich einer strengen Rangordnung zu fügen. Anarchie in seinem Innern ist Krankheit und führt rasch zum Tode. Die einzelne Zelle thut ihre chemische Arbeit der Zersetzung und des Aufbaus von Verbindungen, ohne sich um etwas Anderes zu kümmern. Sie arbeitet beinahe blos für sich. Ihr Bewußtsein ist das denkbar beschränkteste, irgend eine Voraussicht hat sie schwerlich, ihre Anpassungsfähigkeit aus eigener Kraft ist so gering, daß sie, sowie sie etwas schwächer genährt ist als ihre Nachbarin, sich gegen diese nicht halten kann und von ihr sofort aufgefressen wird. Die differenzirte Zellengruppe, das Organ, hat schon ein weiteres Bewußtsein, dessen Sitz eigene Nervenganglien sind, seine Verrichtung ist verwickelter und kommt nicht mehr ihm allein oder hauptsächlich, sondern dem Gesammtorganismus zu Gute, es hat also auch schon einen, ich möchte sagen verfassungsmäßigen Einfluß auf die Leitung der Geschäfte des Gesammtorganismus, der sich dadurch geltend macht, daß das Organ im Stande ist, dem Bewußtsein Vorstellungen einzugeben, die den Willen zu Handlungen veranlassen. Aber das vornehmste Organ, die Zusammenfassung aller anderen Organe ist die graue Hirnrinde. Sie ist der Sitz des hellen Bewußtseins. Sie arbeitet am wenigsten für sich, am meisten für das Gemeinwesen, das heißt den Gesammtorganismus. [...]

Selbst ein ganz gesunder Organismus geht rasch zu Grunde, wenn die hemmende Thätigkeit des Bewußtseins nicht geübt wird und durch diesen Mangel an Uebung seine Hemmungskraft verkümmert. Der Cäsaren-Wahnsinn* ist nichts Anderes als die Folge der grundsätzlichen Nachsicht des Bewußtseins gegen jedes Verlangen der Organe. Ist aber der Organismus nicht ganz gesund, ist er entartet, so ist sein Untergang noch viel schleuniger und sicherer, wenn er dem Drange seiner Organe gehorcht, denn diese leiden dann an Verirrungen, sie fordern Befriedigungen, die nicht nur dem Gesammt-Organismus in weiterer Folge, sondern ihnen selbst unmittelbar schädlich sind.

Wenn man also von dem Ich spricht, welches das Recht haben soll, sich selbst zu bestimmen, so kann man nur das bewußte Ich, das erwägende, sich erinnernde, beobachtende, vergleichende Denken meinen, nicht aber die unzusammenhängenden, meist mit einander im

---

* Jacoby, La folie des céars. Paris, 1880.

Kampfe liegenden Unter-Ichs, welche das Unbewußte in sich schließt.** Das Individuum ist der urtheilende, nicht der triebhafte Mensch. Freiheit heißt die Fähigkeit des Bewußtseins, Anregungen nicht blos aus den Reizen der Organe, sondern auch aus denen der Sinne und aus den eigenen Erinnerungsbildern zu schöpfen. Die Ibsensche »Freiheit« ist die tiefste und stets selbstmörderische*** Sklaverei. Sie ist die Unterjochung des Urtheils unter den Trieb und die Auflehnung eines Einzelorgans gegen die Herrschaft jener Kraft, welche für das Wohl des Gesammt-Organismus zu sorgen hat. [...]

Freilich kann diese ganze Philosophie der Selbstzügelung nur gesunden Menschen gepredigt werden. Für Entartete hat sie keine Geltung. Ihr mangelhaftes Gehirn und Nervensystem ist außer Stande, ihren Anforderungen zu entsprechen. Die Vorgänge in der Tiefe ihrer Organe sind krankhaft gesteigert. Diese senden also besonders starke Anreize ins Bewußtsein. Die Sinnesnerven leiten schlecht. Die Erinnerungsbilder im Gehirn sind blaß. Wahrnehmungen von der Außenwelt, Vorstellungen früherer Erfahrungen sind also abwesend oder zu schwach, um den aus den Organen stammenden Reiz zu überwinden. Solche Menschen können nicht anders als ihren Begierden und Zwangsantrieben folgen. Sie sind die »Instinktiven« und »Impulsiven« der Irrenheilkunde. Zu ihnen gehören die Noras, Ellidas, Rebekkas, Stockmanns, Brands u.s.w. Diese Gesellschaft gehört, weil sie für sich selbst und die Anderen gefährlich ist, unter die Vormundschaft vernünftiger Menschen, am Besten in die Irren-Anstalt. Das muß jenen Narren oder Betrügern geantwortet werden, welche die Ibsenschen Gestalten als »freie Menschen« und »starke Persönlichkeiten« rühmen und mit der schönklingenden Rattenfänger-Weise von der »Selbstbestimmung«, der »sittlichen Unabhängigkeit« und dem »Sichausleben« urtheillose Kinder wer weiß wohin, doch jedenfalls in den Untergang locken.

Der dritte Zug in Ibsens Theater, der seine Erfolge erklärt, ist die Beleuchtung, in der er das Weib zeigt. »Die Frauen sind die Stützen der Gesellschaft«, läßt er Bernick (»Stützen der Gesellschaft«, S. 106) sagen. Das Weib hat bei Ibsen keine Pflicht und alle Rechte. Das Band der Ehe fesselt es nicht. Es geht, wenn es nach Freiheit verlangt oder wenn es glaubt, daß es sich über den Mann zu beklagen hat, oder wenn ihm ein anderer Mann ein klein wenig besser gefällt als der eigene Gatte. Der Mann, der den Josef spielt und einer Frau Putiphar nicht zu Willen ist, zieht sich nicht etwa den herkömmlichen Spott zu, er wird rundweg als Verbrecher erklärt. (Gespenster, S. 43. »Pastor *Manders*. Es war der größte Sieg meines Lebens, der Sieg über mich selbst. Frau *Alving*. Es war ein Verbrechen gegen uns beide.«) Das Weib ist immer

** Alfred Binet, Les altérations de la personnalité, Paris, 1892, theilt S. 23 den oft angeführten, von Bourru und Burot beobachteten Fall des Louis V. mit, der sechs verschiedene Persönlichkeiten, sechs von einander nicht die geringste Kenntniß besitzende Ichs in sich vereinigte, deren jedes einen andern Charakter, eine andere Lebens-Erinnerung, andere Empfindungs- und Bewegungs-Eigenschaften u.s.w. besaß.
*** »Selbstmörderisch« ist hier nicht etwa blos in rednerischer Weise verwendet. Wenn die Herrschaft des Triebes auf die Dauer immer selbstmörderisch wirkt, so thut sie dies manchmal unmittelbar. Der Trieb kann nämlich geradezu auf den Selbstmord oder auf Selbstverstümmelung gerichtet sein und der »freie« Mensch, der seinem Triebe gehorcht, hat dann die »Freiheit«, sich zu verstümmeln oder zu tödten, obschon dies so wenig seinem wirklichen Wunsch entspricht, daß er bei Anderen vor sich selbst Schutz sucht. Siehe Dr. R. von Krafft-Ebing, Lehrbuch der gerichtlichen Psychopathologie. Dritte umgearbeitete Auflage. Stuttgart, 1892. S. 311.

das kluge, starke, muthige Wesen, der Mann immer der Dummkopf und Feigling. In jedem Zusammenstoß siegt das Weib, wie es will, und der Mann wird plattgeschlagen wie ein Pfannkuchen. Das Weib braucht nur für sich selbst zu leben. Sogar seine ursprünglichsten Triebe, die der Mutterschaft, hat es bei Ibsen überwunden und es verläßt ohne Wimperzukken seine Brut, wenn es die Laune hat, sich anderweitig Befriedigungen zu suchen. Eine solche zerknirschte Anbetung des Weibes, ein Seitenstück zum Weiber-Götzendienste Wagners, eine solche unbedingte Billigung aller weiblichen Verworfenheiten mußte Ibsen den Beifall all der Frauen sichern, die in den hysterischen, nymphomanischen, mit Verirrung des Mutter-Triebes behafteten* Mann-Weibern seines Theaters entweder ihr Bild oder das Entwickelungs-Ideal ihrer entarteten Einbildungskraft erkannten. Frauen dieser Gattung finden in der That jede Zucht unausstehlich. Sie sind die geborenen »Weiber der Gosse« Dumas des Jüngern. Sie taugen nicht zur Ehe, zur europäischen Ehe mit einem einzigen Manne. Geschlechtliche Vermischung und Prostitution ist ihr innerster Trieb, nach Ferrero die atavistische Form der Entwartung beim Weibe, und sie sind Ibsen dankbar dafür, daß er ihre Neigungen, denen man sonst häßliche Namen gibt, unter den schönen Bezeichnungen »Kampf des Weibes um sittliche Selbständigkeit« und »Recht des Weibes auf Geltendmachung seiner Persönlichkeit« katalogisirt hat.

[. . .]

Ibsens weibliche Kundschaft setzt sich übrigens nicht blos aus Hysterischen und Entarteten zusammen, sondern auch aus jenen Frauen, die in unglücklicher Ehe leben oder sich unverstanden glauben oder an Unzufriedenheit und innerer Leere leiden, welche eine Folge ungenügender Beschäftigung ist. Klares Denken ist nicht die hervorragendste Eigenschaft dieser Gattung Frauen. Sie würden sonst in Ibsen nicht ihren Anwalt sehen. Ibsen ist nicht ihr Freund. Niemand ist es, der die Einrichtung der Ehe angreift, so lange die heutige Wirthschaftsordnung besteht.

Ein ernster und gesunder Reformator wird dafür eintreten, daß die Ehe einen sittlichen und emotionellen Inhalt gewinne und keine lügnerische Form bleibe. Er wird die Ehe aus Eigennutz, die Mitgift- und Geschäfts-Ehe, verdammen, er wird es als Verbrechen verurtheilen, wenn Gatten, die eine starke, wahre, durch Dauer und Kampf erprobte Liebe zu einem andern Menschenwesen fühlen, in einem feigen Scheinbunde beisammen bleiben und einander betrügen und besudeln, statt ehrlich aus einander zu gehen und ein wahres Verhältniß zu gründen; er wird fordern, daß die Ehe aus gegenseitiger Neigung geschlossen, daß sie durch Vertrauen, Achtung und Dankbarkeit unterhalten, durch die Rücksicht auf das Kind befestigt werde, aber er wird sich hüten, gegen die Ehe selbst, gegen die feste Eindämmung der Geschlechtsbeziehungen durch eine bestimmte, dauernde Pflicht, etwas zu sagen. Die Ehe ist ein hoher Fortschritt gegen die lose Paarung der Wilden. Es wäre der tiefste Entartungs-Rückschlag, von ihr zur Ur-Vermischung zurückzukehren. Die Ehe ist überdies nicht für den

* Dr. Ph. Boileau de Castelnau, Misopédie ou lésion de l'amour de la progéniture. Annales médico-psychologiques, 3ème Série, 7. Band, S. 553. Der Verfasser theilt in dieser Arbeit zwölf Beobachtungen mit, in welchen das natürliche Gefühl der Mutter für ihre Kinder krankhaft in Haß verwandelt war.

Mann, sondern für das Weib und das Kind erfunden. Sie ist eine gesellschaftliche Schutzvor-richtung für den schwächern Theil. Der Mann hat seine polygamischen Thier-Triebe noch nicht in dem Maße überwunden und vermenschlicht wie das Weib. Ihm wird es meist ganz recht sein, das Weib, das er besessen hat, durch ein neues zu ersetzen. Nora-Abgänge sind in der Regel nicht dazu angethan, ihn zu erschrecken. Er wird Nora die Thür sehr weit öffnen und ihr sehr vergnügt seinen Segen mit auf den Weg geben. Wird es erst in einer Gesellschaft, in der Jeder für sich selbst zu sorgen hat und sich um fremden Nachwuchs nur kümmert, wenn es sich um verwaiste, verwahrloste oder bettelnde Kinder handelt, Gesetz und Sitte, daß man von einander geht, so wie man aufgehört hat, an einander Gefallen zu finden, so werden es die Männer, nicht die Frauen, sein, die von der neuen Freiheit Gebrauch machen werden. Nora-Abgänge sind vielleicht gefahrlos für reiche oder hervorragend erwerbstüchtige, also wirthschaftlich unabhängige Frauen. Aber diese sind in der heutigen Gesellschaft eine winzige Minderheit. Die ungeheure Mehrheit der Frauen hätte unter der Ibsenschen Sittenlehre Alles zu verlieren. Ihr Bollwerk ist die strenge Ehezucht. Sie verpflichtet den Mann, für das verblühte Weib und für die Kinder zu sorgen. Darum wäre es eigentlich die Pflicht verständi-ger Frauen, Ibsen in Verruf zu erklären und sich gegen den Ibsenismus aufzulehnen, der sie und ihre Rechte ruchlos bedroht. Gesunde und sittlich unanfechtbare Frauen können nur aus Irrthum in das Gefolge Ibsens gerathen. Es ist nothwendig, sie über die Tragweite seiner Lehren, über deren Wirkung besonders auf die Stellung des Weibes, aufzuklären, damit sie eine Gesellschaft verlassen, welche niemals die ihrige sein kann. Er bleibe von denen allein umgeben, die Geist von seinem Geiste sind, also von hysterischen Frauen und männlichen Masochisten oder Schwachköpfen, die mit Ehrhard[*] glauben, daß »gesunder Menschenver-stand und Optimismus die beiden Grundsätze sind, welche jede Dichtung zerstören.«
[...]

Max Nordau (d. i. Max Südfeld, 1849–1923), ungarischer Arzt, Schriftsteller und Journalist, zählte Ende der 70er und in den 80er Jahren zu den Autoren, die die gesellschaftlichen Verhältnisse, die Folgen des Kapitalismus scharf kritisierten. Nordau bereiste sieben Jahre (bis 1879) die wichtigsten Länder Europas. Mit dem Bericht über diese Wanderzeit, *Vom Kreml zur Alhambra. Kulturstudien* (2 Bde., Leipzig 1880), verfolgte Nordau das Ziel »zur Besiegung des Hasses beizutragen, den die Politik der Cabinete zwischen den Völkern zu erregen und zu nähren sucht...« (a. a. O., Vorw.). 1882 veröffentlichte er das Drama *Krieg der Millionen*, dessen Thema er selbst als »die tyrannische Allgewalt der etablierten Milliarden und ihr Vernichtungskrieg gegen etwaige Unabhängigkeitsbestrebungen rebellischer junger Millionen« bezeich-nete (a. a. O., S. IV).

Weit über die Kreise der oppositionellen Schriftsteller hinaus wurde Nordau bekannt durch sein Buch *Die konventionellen Lügen der Kulturmenschheit*, das in erster Auflage 1883 erschien, 1884 bereits die 10. Auflage erreichte und bis 1899 insgesamt in 17 Auflagen erschien. Gelang es Nordau mit diesem Buch offenbar, einer weit verbreiteten kultur- und zivilisationskritischen Stimmung Ausdruck zu verleihen, so wirkte es insbesondere bei der oppositionellen jungen Schriftstellergeneration wie ein Signal. Denn Nordau zeigte nicht nur auf, »wie Alles, was uns umgibt, Lüge und Heuchelei ist«, sondern er formulierte auch eine Perspektive: »Auf die Zivilisation von heute, deren Kennzeichen Pessimismus, Lüge und Selbstsucht sind, sehe ich eine Zivilisation der Wahrheit, der Nächstenliebe, des Frohmuths folgen. [...]

---

[*] Erhard, a. a. O. S. 88.

Glücklich die spätergeborenen Geschlechter, denen es beschieden sein wird [...] in diesem Bruderbunde zu leben, wahr, wissend, frei und gut!« (a.a.O., 7. Aufl. Leipzig 1884, S. 358).

1882 bereits versuchte Nordau, die Leser des *Magazins für die Litteratur des In- und Auslandes* für *Zolas Rougon-Macquart-Cyclus* zu interessieren, den er als »kulturhistorisch hochbedeutendes Werk« kennzeichnete. Er forderte zur Lektüre der noch folgenden Romane auf, deren Autor »nach wie vor unerschrocken seine Fahne hochhalten [wird], auf welcher der von Schopenhauer als Motto der ›Parerga und Paralipomena‹ benutzte Spruch des alten Griechen steht: ›Groß ist die Wahrheit und sie wird siegen‹« (a.a.O., S. 20 u. 21).

1891 jedoch erklärt Nordau in dem Buch *Paradoxe* (Neue Ausgabe, Zweite Hälfte) seine grundlegende Gegnerschaft gegen die naturalistische Literaturentwicklung. Das Wahrheitspostulat des Naturalismus nennt er nun »einen niederträchtigen Schwindel und die reinste Bauernfängerei« (a.a.O., S. 256). Er kritisiert die »poetische Literatur, die naturalistische ganz so wie die andere«, die »sich bloß mit den ausnahmeweisen und krankhaften Erscheinungen« beschäftige (ebd., S. 247). Als eine Ursache betrachtet Nordau die Tatsache, daß der »Roman- und Theaterdichter« schon seit Jahrhunderten in der Großstadt lebe: »Er lebt unter aufgeregten und in vielen Fällen krankhaft entarteten Menschen. Man vergesse nicht, daß der Großstädter einen zum Untergang bestimmten Typus der Menschheit darstellt« (ebd., S. 258). In der Umgebung von »hysterischen, sentimentalen oder verderbten Ausbund-Menschen, die halbe Genies und halbe Idioten sind...« verliere der Dichter »das Verständnis für die menschliche Wahrheit und weiß zuletzt gar nicht mehr, wie sich die Welt in einem klaren, ungetrübten Auge und in einem weder überreizten noch entarteten Gehirn abspiegelt« (ebd., S. 259). Als Produkte solcher Verhältnisse erscheinen Nordau nun die Romane Zolas und Ibsens *Gespenster*, »übergeschnappte Liebes-, Eifersuchts- und Ehebruchs-Geschichten, die einem kräftigen und tüchtigen Organismus ebenso fremd und unverständlich sind wie die Migränen und Migränenkrämpfe bleichsichtiger Siechlinge« (ebd.).

Als Gegenmittel gegen die »Durchseuchung der Leserphantasie mit belletristischen Zersetzungsstoffen« sieht Nordau nur die Möglichkeit, »von Staats wegen, allen Roman- und Theaterdichtern den Aufenthalt in Großstädten zu verbieten und sie in friedliche Dörfer unter robuste Landleute zu verbannen«, oder die Berufsschriftsteller zu überreden, »statt seltener Ausnahmefälle statistisch festgestellte Massen-Thatsachen, statt geistiger Pathologie geistige Physiologie unter das Volk zu bringen und statt des Buches vom kranken das Buch vom gesunden Menschen zu schreiben« (ebd., S. 260). Allerdings stellt Nordau auch fest, daß so ein Buch wahrscheinlich weder Leser noch einen Verleger finden würde. Trotzdem erwartet er die »Gesundung« der Gesellschaft nun nicht mehr aus der Kritik sondern aus dem positiven Gegenbild. Nordaus rebellischer Veränderungswille war innerhalb von einem Jahrzehnt umgeschlagen in ein konservatives Ordnungskonzept.

Waren für Nordau Lüge und Heuchelei 1883 Kennzeichen einer gesellschaftlichen Krankheit, so sieht er 1892 in der Herrschaft der »Anarchie« das Merkmal gesellschaftlicher »Entartung«. Daß die »jungdeutsche Bande« ihr Unwesen treiben kann, zeigt ihm, daß »unser Literaturstaat nicht regiert und verteidigt [ist]«. Er hat keine Obrigkeit und keine Polizei und darum kann eine kleine, aber entschlossene Bande von Missetätern in ihm nach Willkür schalten« (M. Nordau, *Entartung*. Berlin 1892, Bd. 2, S. 463). Nordau wandte sich aber auch insbesondere gegen Nietzsches Programm des »Individualismus«, in dem er Parallelen zu Stirner und zum Anarchismus erkannte. Er warf den Nietzsche-Anhängern vor, daß sie nicht sähen, »daß Nietzsche den bewußten Menschen mit dem unbewußten verwechselt.« Zwar unterstützte auch Nordau das Konzept einer aristokratisch organisierten Gesellschaft, doch wandte er sich gegen Nietzsches »Übermenschen«, in dem er »ein blutlechzendes, prachtvolles Raubtier« erkannte (ebd., S. 394f.).

Vor diesem Hintergrund bekämpfte Nordau nun den »Ibsenismus« als die den geselllschaftlichen Organismus zerstörende Position des Individualismus. Er identifiziert Ibsens Individualismus dabei mit der Vergötterung des starken Einzelnen bei Nietzsche. Der Freiheit des Individuums, die er als Zügellosigkeit und Ichsucht des triebhaften Menschen begreift, stellte Nordau seine »Philosophie der Selbstzügelung« entgegen, die »aber nur gesunden Menschen gepredigt werden« könne (s. Dok. 98).

Während sich Nordau so entschieden gegen den »Ibsenismus« als einem vermeintlichen Anarchismus wandte und auch die naturalistischen Autoren als »Bande« beschimpfte, hielt er gleichzeitig freundschaftlichen Kontakt zu Bertha v. Suttner, die er 1887 in Paris kennengelernt hatte. Anläßlich des Erscheinens von *Die Waffen nieder!* schrieb er 1891 aus Paris an B. v. Suttner: »Sie zweifeln nicht daran, daß ich im

Herzen mit Ihnen bin und Ihren Bestrebungen zur Verbreitung von Gedanken des Friedens, der Versöhnung, der gesitteten Rechtsformen auch in den Beziehungen von Volk zu Volk die wärmste Teilnahme und Zustimmung entgegenbringe. [...] Schreiben und reden wir also unverdrossen gegen den Kriegsgreuel! Semper aliquid haeret, und allmählich werden wir die Regierungen und Völker doch von Barbaren zu Menschen bekehren.« (zit. nach: Bertha v. Suttner, *Lebenserinnerungen*, 3. Aufl. Berlin/DDR 1970, S. 241).

Nordaus *Entartungs*-Schrift hatte im übrigen, kurzzeitig mindestens, Einfluß weit über die Grenzen Deutschlands hinaus. U.d.T. »Degeneration« wurde das Buch auch in England und den USA verbreitet. Bernard Shaw berichtet, daß Nordau 1895 »das Feld beherrschte und die Zeitungshelden der modernen Literatur und Kunst weinend vor ihm auf den Knien lagen.« Gegen diesen »Entartungshumbug« schrieb Shaw eine umfangreiche, kritische Besprechung von Nordaus Buch. Er bezeichnete es als seine Pflicht, in der Öffentlichkeit Nordaus »zunehmend anerkannte Autorität« zu »demolieren« (s. Bernard Shaw, *Wie Shaw den Nordau vernichtete*. In: Bernard Shaw, *Sozialismus für Millionäre. Drei Essays*. Frankfurt a.M. 1979, S. 95, 96 u. 166).

99
Emil Reich: *Ibsens Dramen. Sechzehn Vorlesungen*. Dresden u. Leipzig (E. Pierson's) 1894, S. 267–288; hier: 277–280, 280–282, 282–284, 284–285.

[...]

Ibsens Absicht war, der Shakespeareschen Definition im »Hamlet« entsprechend, seiner Generation einen Spiegel vorzuhalten, dem Jahrhundert und Körper der Zeit den Abdruck seiner Gestalt zu zeigen, darum wählte er moderne Stoffe und weil er die Fehler und Gebrechen unverhüllt darthun wollte, weil es ihm darauf ankam, den Eindruck vollster Wahrhaftigkeit durch kein Bedenken zu stören, mußte er seinen an den Übeln der Zeit krankenden Personen auch die wirkliche Sprache dieser Zeit als Äußerungsform geben. Ein Drama, das nichts beschönigen will, darf auch die Redeweise der Leute nicht verschönern. Sie müssen handeln und sich gebärden wie wir dies Tag aus, Tag ein gewohnt sind; wir sollen uns selbst auf der Bühne sehen, damit wir lernen uns vor uns selbst zu entsetzen. Die absichtlich oft bis zum Vulgären herabsteigende Art der Sprachbehandlung wäre also nicht zu bemäkeln; Ibsen wünscht ja nicht durch seine Stücke unseren Sprachschatz zu bereichern, unsere Ausdrucksweise zu verfeinern, er will, daß uns dabei die Entrüstung über die verrotteten Zustände der modernen Gesellschaft überkomme, die ihn erfüllte, als er dies niederschrieb. Der Gesinnungs-Idealist bedient sich naturalistischer Form, um seine Absichten besser zu erreichen; auch im »Baumeister Solneß«, den manche dem kaum entstanden auch schon vergehenden Neo-Mysticismus, der sich fälschlich Symbolismus benennt, zurechnen wollten, bleibt die Sprache streng realistisch, selbst in jenen Scenen, wo scheinbar hypnotische Experimente vorliegen, denen jedoch, wie schon bemerkt, keine solche Auslegung Not thut. Ibsen verneint das Bestehende am schärfsten durch naturgetreue Wiedergabe.

Diesem Streben nach dramatischer Wahrheit fällt jedoch leider oft die theatralische Klarheit zum Opfer. Hierin geht Ibsen bereits bis an die äußerste Grenze des Bühnen-Möglichen, jeder Schritt weiter wäre ein solcher aus der Kunst heraus. Es bliebe denn doch ein höchst sonderbarer Triumph des unbedingten Natürlichkeitsprinzips, die Dinge auf dem Theater endlich so naturwahr darzustellen, daß der Zuschauer nur noch stellenweise mühsam erraten könnte, was eigentlich vorgehe. Die Verständlichkeit muß sicherlich berücksichtigt werden und die Äußerungsform doch begreiflich sein, obschon die Sprache der Handelnden nicht zu idealisieren ist, darum erweist sich z.B. ein wenig bekannter Dialekt bühnentechnisch unbrauchbar, es geht aber ebenso wenig an Gefühlsäußerungen in Worte und Gesten zu kleiden, die dem Zuschauer und selbst dem Leser rätselhaft erscheinen müssen. Dahin gehört unter anderem die im »Baumeister Solneß« wiederholt vorkommende Vorschrift, Hilde spreche »mit einem unbestimmbaren Ausdruck in den Augen«, während es doch gerade die Aufgabe des Dramatikers ist, die inneren Regungen durch äußere Zeichen zu veranschaulichen, die Rätsel des Lebens erhellend zu verdeutlichen, nicht sie zu verdunkeln. Man muß eingestehen, dass Ibsen die selbstgestellte schwere Aufgabe, eine neue Form des Dramas zu schaffen, die den Eindruck untadelhaftester Naturwahrheit machen sollte, nicht völlig zu lösen vermochte. Jeder Satz, den seine Figuren sprechen, ist bedeutungsvoll, enthält irgend einen charakterisierenden Zug, ist also insoweit doch stylisiert, dass eben nur das Notwendige, nicht das Zufällige, dessen Wegschneidung die dramatische Kunst unerbittlich fordert, gesprochen wird, aber die Art, wie dies Erforderliche zum Ausdruck kommt, verfällt häufig, in dem Bestreben nach gewichtiger Kürze und lebensgetreuer Wiedergabe zugleich, doppeldeutiger Unklarheit. Streng verpönt wird in Ibsens modernen Dramen der Monolog, doch ist es noch sehr fraglich, ob dieser die Natürlichkeit mehr stört als sein gänzliches Wegfallen die Verständlichkeit schädigt. In gewissen Situationen, deren Erregtheit dies erklärt, sollten kurze Monologe jedenfalls geduldet werden. Ein paar Worte, gleichsam unwillkürlich herausgestoßen, was ja auch im Leben (förmlich zur Erleichterung) oft genug geschieht, können verwikkelte Sachlagen mit einem Schlage klarmachen, wie wichtig wäre es z.B. Rebekka, im ersten Akt von »Rosmersholm«, alleingeblieben, auch nur einen leisen Aufschrei innerer Qual zu verstatten. In »Hedda Gabler«, wo übrigens, wie auch im »Baumeister Solneß«, die Manie manche Aktschlüsse demonstrativ unwirksam zu gestalten, wogegen schon in der »Frau vom Meere« ein gesunder Rückschlag eintrat, aufgegeben wurde, liefert Ibsen selbst ein treffendes Beispiel hierfür; schon im ersten Akt gewährt er der Heldin mindestens einen stummen Wutausbruch, während Jörgen Tante Julle hinausbegleitet und der dritte Akt schliesst höchst wirkungsvoll mit dem scharf abgehackten Geflüster Heddas beim Verbrennen des Manuskriptes. Sogar die zwei Worte »entsetzlich spannend«, mit denen Hilde den zweiten Akt des »Baumeister Solneß« endet, sind zwar gar zu karg bemessen, wie denn hier die Unklarheit geradezu beabsichtigt erscheint, erklären ihr Wesen aber doch besser als ihre Äußerungen im Dialog. Der heutige extreme Naturalismus der Form entstand als begriffliche Reaktion wider akademische Verknöcherung, konventionelle Erstarrung des Stils, nützlich und förderlich wäre er aber am meisten als Vorstufe für das Erblühen einer jungen, lebendigen Kunst. Ibsen ist der Prophet dieser neuen Zeit, er geht ihr voraus, doch er lebt noch nicht in ihr, wie Moses erblickt er das gelobte Land von seinem hohen Berge aus nur von ferne, weist die darauf hin, die ihm folgten, kann es aber selbst nicht betreten. Als vorherrschend negierender Geist, sind auch seine Verdienste großenteils negativer Natur. Sein Ruhm besteht darin niedergerissen zu haben, für den dringlichen Aufbau steuert er eher flüchtige Skizzen als wohlausgearbeitete Baupläne bei. Er wollte zum Sturm gegen die übliche Moral und Lebens- auffassung ermuntern, das erreichte er und damit that er als Dichter genug; in den allgemein- sten Umrissen enthalten besonders »Rosmersholm« und die »Frau vom Meere« ja auch die Grundzüge neuer Sittlichkeit, und indirekt feiern selbst »Hedda Gabler« und »Baumeister Solneß« den Mutualismus als wahres Moralprinzip, wie ihn die Besten aller Zeiten, oft freilich zu absolutem Altruismus überspannt, lehrten. Und doch ist er der Baumeister, der nicht so hoch steigen kann, als er selbst gebaut. Die Unklarheit so vieler Dramen Ibsens hat vielleicht ihren letzten Grund nicht in technischen Mängeln, sondern in der eigenen Verwor- renheit, dem zwiespältigen Schwanken des Meisters selbst, dem es nicht gelang, die in ihm wühlenden Gegensätze zu widerspruchsloser Harmonie zu vereinigen. Die Mißverständnisse spielen eine große, noch viel zu wenig gewürdigte Rolle in Ibsens Technik, gelegentlich scheint es jedoch, als hätte er sich selbst mißverstanden.

[...]

Die modernen Gesellschaftsdramen enthüllen alle das ungeheure Mißverhältnis zwischen der Geltung eines Menschen oder einer Sache und ihrem wirklichen Wert. Konsul Bernick, dessen Egoismus in manchen Zügen bei Halvard Solneß wiederkehrt, verdankt sein Ansehen als »Stütze der Gesellschaft« grober Irreführung, Noras langjähriges Zusammenleben mit Helmer beruhte auf ihrer unrichtigen Hochschätzung seines Charakters und auf seiner ver- kehrten Anschauung über Zweck und Bedeutung der Ehe. Mißverstandenes Pflichtgefühl verschuldet alles Unheil in den »Gespenstern«, die Befolgung konventionell eingeprägter Lehren, durch welche Helene und Manders ihre wahren Pflichten gegen sich und andere verkannten und mit Füßen traten, rächt sich. Der »Volksfeind« zeigt vollends, wie die Grund- sätze unseres öffentlichen wie des privaten Lebens bloß Mißverständnisse, verrenkte durch diese Verzerrung unwahr gewordene Wahrheiten sind. In der »Wildente« führt die tragikomi- sche Verkennung von Hjalmars Charakter durch Gregers, dessen individuell begründeter Hyper-Idealismus, zu tragischem Ausgang. Mehr noch als auf dem Irrtum Rebekkas über Rosmers Charakter, aller über den ihren, beruht »Rosmersholm« auf der schlimmeren Täu- schung über das, was die neu anbrechende Zeit bringen soll, wodurch mißverständliches, schrankenloses, selbstsüchtiges Freiheitsstreben bei den »Freigewordenen« erzeugt wurde. Die »Frau vom Meere« wimmelt von Mißverständnissen im grob Thatsächlichen, wie im kompliziert Psychischen. Arnholm faßte Wangels Brief ebenso falsch auf als dann Bolette sein Anerbieten, die Lyngstrands auf Hildens zweideutigen Ausspruch, man feiere Mamas Ge- burtstag, basierten Irrtum, erfährt Ellida diesen Vorgang. Der Bildhauer verkennt Bolettens Teilnahme, die nur dem sich gesund wähnenden Todkranken gilt. Weil Wangel sich über seine Gattin täuschte, rief er Arnholm herbei, Ellida mißverstand endlich das Freiheitsstreben in ihr, es bald als Sehnsucht nach dem Meer, bald als Verlangen nach dem fremden Manne deutend. Hedda Gablers Heirat entsprang dem vom Dichter am grimmigsten befehdeten Grundirrtum als sei die Konvention das Wichtigste, das wirkliche Empfinden dagegen als bedeutungslos nicht weiter zu berücksichtigen. Baumeister Solneß und Hilde unterliegen (wie zum Teil auch Eilert Lövborg) dem Irrwahn der Freien, die sich selbst treu zu sein glauben, wenn sie sich selbst genug lediglich das eigene Glück rücksichtslos zu erhaschen trachten.

Der klaffende Widerspruch zwischen Schein und Sein, welchen die moderne Gesellschaft mit so gutem Grund ängstlich zu verbergen trachtet, der vollendete Gegensatz zwischen Lehre und Übung mußte, so schroff und herausfordernd vor Augen gestellt, wie dies bei Ibsen geschah, auf die Angehörigen der herrschenden Gesellschaftsklassen einen peinlichen, ja marternd widerwärtigen Eindruck machen. Der Dichter wollte das. Um die Hohlheit und Nichtigkeit der geltenden Sitte, ihre feindselige Haltung wahrer Sittlichkeit gegenüber nachzuweisen, schreckte er nicht davor zurück, die durch sie hervorgerufenen Übelstände bis in ihre äußersten Konsequenzen zu verfolgen und mit rauher Hand bloßzulegen. Dies trägt sehr dazu bei, den hohen Grad von Unheimlichkeit zu erklären, den solche vor keiner Schranke Scheu hegende Kritik bei schwächeren Geistern hervorbringen muß und der nicht allein mit Ibsens weltfremd in sich zurückgezogener Natur begründet werden darf, obzwar auch dieses Einsiedlerleben zweifellos tiefe Spuren in seinen Werken zurückließ. [...]

Es wird jedenfalls höchst merkwürdig bleiben, daß unter jenen drei Männern, welche in den letzten zwanzig Jahren die tiefgehendsten Wirkungen auf das europäische Geistesleben ausübten, neben einem Musiker von poetischer und philosophischer Begabung ein man möchte sagen mißverständlich als Philosoph betrachteter Dichter (Nietzsche) und ein irrtümlich als Poet aufgefaßter Philosoph (Ibsen) sich befand. Richtiger ausgedrückt würde dies beweisen, daß ein von poetischer Glut erfüllter Denker und ein von philosophischer Kühle durchschauerter Dichter durch die eigenartige Vereinigung sonst getrennter Begabungen zu dem mächtigen Einfluß sich emporschwangen, den sie gegenwärtig genießen. So originelle Charakterköpfe wie Niezetsche und Ibsen, in denen (wie bei Richard Wagner) das Gegensätzliche neue, vorher unbekannte Verbindungen schließt, sind dadurch auserkoren, hochragenden Warttürmen gleich sich über die Niederungen der Menschheit zu erheben, neue Bahnen in ihrer Weise zu eröffnen, aber sie vermögen keine Schulen zu bilden, weil sie einzigartig sind. Auf die Einsamkeit angewiesen, individuell durch und durch, können sie gar nicht anders als im Individualismus, in schroffster Ausprägung des eigenen Ich das Heil erblicken. Sie erfüllen ihre Pflichten gegen die Menschheit am besten, wenn sie diese Pflichten vernachlässigend nur an dem Ausbau ihrer Persönlichkeit arbeiten, denn durch ihr Schaffen allein, gleichgültig welche Richtung es einschlägt, werfen sie Gärungsfermente in die sonst leicht stockende geistige Bewegung, die, aufgenommen und verarbeitet, neues Leben zeugen und schließlich, sei es selbst wider die Absicht ihrer Urheber, den Entwicklungsgang der Menschheit beschleunigend, die Ziele echten Menschentums fördern. Die starke Energie des Wollens an sich ist etwas wertvolles der gewöhnlichen, halbschlächtigen Mattherzigkeit gegenüber; es ist leichter einmal geweckte Thatkraft in die rechte Bahn zu lenken, als schlaffer, mit dem Strome treibender Trägheit trotzigen Willensentschluß einzuflößen. Die Welt bedarf des bewußt eingreifenden Wollens der Menschen, um rascher die notwendigen Entwicklungsstufen zu erklimmen. Die beiden großen Individualisten Ibsen und Nietzsche, welche den Einzelnen zur Empörung wider die Gesammheit aufrufen, werden schließlich jenem Endzweck dienen, wie ihn einer der edelsten und tüchtigsten englischen Sozialreformer, der früh verstorbene Arnold Toynbee, in einem Schlagsatz von höchster ethischer Bedeutung zusammenfaßte: »Das Individuum überhaupt wird um deswillen von der Herrschaft der Gemeinschaft befreit, daß es in bewußter Weise sich hingeben kann zu einer innerlichen Einheit mit der Gemeinschaft.«

Ibsen und Nietzsche traten in einer verflachenden Zeit auf und predigten das Evangelium der freien Einzelpersönlichkeit, damit schufen sie ein sehr notwendiges Gegengewicht gegen die vom Militärstaat wie von der üblichen Sozialdemokratie in gleicher Weise und mit gleicher Berechtigung angestrebte Vernichtung des Individuums zum Vorteil der Gesammtheit, gegen eine schablonenhafte Zustutzung zu Normalmenschen, die letzten Endes auch zum Nachteil der Gesammtheit ausschlagen müßte. Der zahm gewordene Liberalismus war gegen diese bedenkliche Wendung der Dinge ohnmächtig, in ihm lag nichts Begeisterndes mehr, der wilde Radikalismus der Aristokraten Ibsen und Nietzsche mußte erscheinen, mit all seinen Übertreibungen, um die Blinden sehend, die Tauben hörend zu machen, die Gefahr zu offenbaren. Mag dabei auch mancher Unselbständige dem neuen, lockenden Ruf unbedacht folgend aus der Charybdis undenkbarer völliger, mechanischer Gleichmacherei in die Scylla frevelhaft rücksichtslosen, unbedingten Eigenstrebens geraten, die Position mußte ihre vollständige Negation finden, damit die Zukunft uns die höhere Synthese aus diesen Extremen bescheren kann.

In dem Hauptpunkt, der Betonung des Einzelwillens, einig, schlagen jedoch Nietzsche und Ibsen weiterhin getrennte Pfade ein, Nietzsche verrannte sich mit Behagen in die äußersten Konsequenzen des in solcher Unbedingtheit irreleitenden Prinzips, Ibsen suchte nach einem Ausweg aus dem Labyrinth. Die Wesensverschiedenheit der beiden Männer bei aller scheinbaren Gleichheit dokumentiert sich am schärfsten in dem, was sie am höchsten feiern, dies aber ist für Ibsen die *Macht des Willens*, für Nietzsche der *Wille zur Macht*. Dürfte Nietzsche sich immer mehr als »ein Teil von jener Kraft« erweisen, die Böses wollend wider ihre Absicht das Gute schafft, so trachtet Ibsen selber danach, zur Verwirklichung des Erstrebenswerten beizutragen. In seinem eigenen Leben sind jene drei Perioden, welche die Menschheit durchwandern muß, wie in einem Mikrokosmos unterscheidbar: Unterwerfung unter die Autorität (in den Fünfziger Jahren seiner norwegischen Phase), Losreißung von der Autorität (die Dramen von »Brand« bis zum »Volksfeind«), endlich freiwilliger Entschluß, sich einem neuen Ideal dienstlich zu eigen zu geben (»Rosmersholm« und die folgenden Schauspiele). [...]

[...] Henrik Ibsen fühlte stets den Trieb nach unbeschränkter umfassendster Unabhängigkeit in sich, mit leidenschaftlicher Heftigkeit vertrat er lange die Anschauung, volle Ungebundenheit, gänzliche Loslösung des Individuums von jeder hemmenden Fessel sei das einzig erstrebenswerte Ziel. Dieses Ideal der absoluten Freiheit war ein Erbstück von 1789 und 1848, heute ist es von den vorwärts strebenden Geistern als ein ebenso lockender als gefährlicher Irrtum erkannt, der mit innerer Notwendigkeit zu jenen Schlußfolgerungen drängt, welche Max Stirner und Friedrich Nietzsche hieraus zogen. Die unnatürliche Gebundenheit der Menschen im vorigen Jahrhundert ließ sie die Ketten brechend ins tollste Extrem flüchten, wie man stets dazu neigt, um ein Übel recht mit der Wurzel auszurotten, das gerade Gegenteil des bisherigen Zustandes zu wünschen, was, lange als Ideal gepriesen, sich dann, endlich erreicht, nicht minder drückend erweist. In Ibsens Auftreten als Vorkämpfer der Frauenbewegung wird eine spätere Zeit vielleicht sein Hauptverdienst und seine unvergängliche Bedeutung erblicken, hier war er der unleugbar Bahnbrechende, sein »Puppenheim« ist das dramatische Evangelium in diesem Streit und eben hier ließ er seine Nora mit einseitigster Betonung des Rechtes auf Persönlichkeit, unbeirrt von jeder anderen Pflichtidee vorgehen. Ebenso scheut Frau Alving vor keiner Konsequenz ihrer freigewordenen Anschauung zurück, dann aber wird in »Rosmersholm« erschreckend klar gezeigt, wohin solche unbedingte Selbstbehauptung führt. Im schonungslosen Kampf wider die Lüge in allen ihren Formen, gelangte der Dichter zuerst dazu, auch für die Jahrtausende hindurch am ärgsten unterdrückte und vernachlässigte Hälfte des Menschengeschlechtes Freiheit und Gleichheit zu fordern, sodann aber lernte er ebenso die Lüge der Aufklärung zu durchschauen, zu begreifen, wie wertlos, ja schädlich für die Menschheitsentwicklung selbstisch verwendetes Wissen sei, das sich keinem ethischen Glauben paart. Lange genug bloß bestrebt die Schranken niederzureißen, welche das Individuum hindern, ganz es selbst zu sein, weil er die Erfüllung der Pflichten gegen sich selbst als Wichtigstes ansah, bekennt Ibsen in »Rosmersholm« und in der »Frau vom Meere« laut und entschieden, es gebe noch ein Höheres als diese Befreiung der Einzelpersönlichkeit: die freiwillige Hingabe des Individuums an ein Wesen oder eine Idee, wodurch der Einzelne die Form zerbrechend, in welche die Selbstsucht ihn bannte, sich dem Dienst eines außer ihm Befindlichen ergiebt »in Freiwilligkeit und unter eigener Verantwortung«. Diese Lösung stimmt auch in der Frauenfrage ganz mit Toynbees Ansicht überein, das Weib werde deshalb von der Obherrschaft des Mannes befreit, damit beide sich wieder zu einer höheren Gemeinschaft ihres Lebens und ihrer Bestrebungen vereinigen. Das Freiwerden des Individuums ist also (allgemeiner gefaßt) nicht Selbstzweck, sondern Mittel zum Zweck freiwilliger Einordnung und Unterordnung des Einzelnen in ein größeres Ganzes. [...]

[...]

Bereits 1891 begann Emil Reich (geb. 1864, Literaturwissenschaftler) eine Vorlesungsreihe über Ibsen an der Universität in Wien, die 1894 als Buch veröffentlicht wurde und danach noch in mehreren erweiterten Auflagen erschien. Reich widmete sich primär dem dramatischen Schaffen Ibsens von der *Komödie der Liebe* bis zur *Frau vom Meere*, einer Periode, die er als »durch und durch gesellschaftskritisch und polemisch« bezeichnete. Für Reich lag Ibsens Ruhm auch vor allem darin begründet, »niedergerissen zu haben« und darin, daß es ihm gelang, »zum Sturm gegen die übliche Moral und Lebensauffassung« zu ermuntern (s. Dok. 99).

Damit setzte sich Reich für den Teil in Ibsens Schaffen ein, für den es nach 1890 nur noch im Umkreis der Sozialdemokratie Interesse gab, wie die Arbeiten von Franz Mehring oder Clara Zetkin zeigen. In Berlin wurden z.B. die *Stützen der Gesellschaft* zwischen 1889 und 1900 nur noch 1890 und 1894 von der Freien Volksbühne aufgeführt. Anläßlich der Aufführungen von *Baumeister Solneß* (Jan. 1893) und *Klein*

Eyolf (Jan. 1895) kam es dagegen erneut zum Streit um Ibsen, der nun beschimpft wurde mit Worten wie »Mystik, Hysterie, Hypnotismus, Telepathie und ganz allgemeiner Aberglaube«. Man fragte, ob Ibsen überhaupt noch ernst zu nehmen sei, ein Kritiker konstatierte sogar den dichterischen und geistigen Bankrott Ibsens in Anbetracht von *Baumeister Solneß*, das auch als »Entartungshymne« bezeichnet wurde (vgl. P. Stein, *Ibsen auf den Berliner Bühnen 1876/1900.* In: *Bühne und Welt*, 1900/1901, S. 492). *Klein Eyolf* schließlich wurde als Ausgeburt einer krankhaften Phantasie beurteilt, als ein »Mystifikationsdrama« von »innerer Hohlheit und Dürftigkeit« (vgl. P. Stein, *Ibsen*, S. 494).

Ähnlich wie »Zolaismus« in den 80er Jahren wurde nun »Ibsenismus« (s. Dok. 98) zum Schimpfwort für alles, was als das Zerstörerische, Anarchistisch-Individualistische, krankhaft Abnorme diskreditiert werden sollte. Andererseits gab es aber auch, wie ein Aufsatz von Hugo von Hofmannsthal von 1893 zeigt, bereits Bemühungen, Ibsen für die neue, sich auf das Seelenleben konzentrierende Literatur zu reklamieren. Hofmannsthal entwickelt in seinem in der *Wiener Literaturzeitung* erschienenen Essay von Ibsen das Bild eines Dichters des Fin de siècle, dessen Figuren alle »ein schattenhaftes Leben [leben]; sie erleben fast keine Taten und Dinge, fast ausschließlich Gedanken, Stimmungen, Verstimmungen [...] sie denken übers Denken, fühlen sich fühlen und treiben Autopsychologie [...] Alle Ibsenschen Menschen repräsentieren nichts anderes als eine Leiter von Seelenzuständen« (H. v. Hofmannsthal, *Die Menschen in Ibsens Dramen.* Zit. nach: ders., *Reden und Aufsätze* I. 1891–1913. Hrsg. v. B. Schoeller, Frankfurt a.M. 1979, S. 150 u. 156.).

100
Franz Mehring: *Henrik Ibsen.* In: *Der Wahre Jakob. Illustrierte satirisch-humoristische Zeitschrift.* Stuttgart (J. H. W. Dietz) 1900, Nr. 365, S. 3290–3292; hier: S. 3291–3292.

[...]

In das sechste Lebensjahrzehnt des Dichters, vom Ende der siebziger bis zum Ende der achtziger Jahre, fallen seine Meisterwerke.

Von ihnen gilt in erster Reihe, was Ibsen einem seiner Biographen gesagt hat: »Alles, was ich gedichtet habe, hängt aufs Genaueste mit dem zusammen, was ich durchgelebt, wenn auch nicht erlebt habe. Jede neue Dichtung hat für mich den Zweck gehabt, als ein geistiger Befreiungs- und Reinigungsprozeß zu dienen, denn man steht niemals ganz ohne Mitverantwortlichkeit und Mitschuld in der Gesellschaft, zu der man gehört.« Damit ist überaus treffend das Wesen dieser Dramen gekennzeichnet, nach der objektiven wie nach der subjektiven Seite. Der Dichter steht mitten in der Gesellschaft, deren Lebensfunktionen er bis zu ihren leisesten Pulsschlägen nachzuspüren weiß, was ihm unmöglich sein würde, wenn er über ihr stände, wenn er sich wirklich von ihr zu befreien und zu reinigen wüßte.

Es ist seine Größe wie sein Verhängniß. Nichts geht über die Lebenswahrheit der Gestalten, die Ibsen nunmehr auf die Bühne zu stellen weiß; man sieht sie gehen und stehen, man hört sie sprechen, als bewegten sie sich im Leben selbst. Der Dialog ist frei von jeder geistreichen Mache; man möchte fast sagen, er sei trivial. So klingt er wenigstens dem, der sich unbefangen dem Genusse dieser Dichtungen hingiebt. Wer dem alten Zauberer genau auf die Hände sieht, wird freilich hierin eine gipfelnde Leistung seiner Kunst entdecken; jedes dieser scheinbar so nachlässig und zufällig hingeworfenen Worte ist wohl erwogen, ist fest vernietet im ganzen Bau des Dramas. Immer aber geht diese meisterhafte Technik ohne Rest in dem dichterischen Vermögen auf, ganz nach dem Lessingschen Worte: Kunst und Natur sei auf der Bühne eines nur; wenn Kunst sich in Natur verwandelt, so hat Natur mit Kunst gehandelt.

Jedoch indem der Dichter in und mit seinen Geschöpfen lebt, kommt er auch nicht über die Schranken ihres Lebens hinaus. Er kann mit ihnen grollen und hadern, aber befreien kann er sie nicht. Hierin liegt die Wurzel von Ibsens viel berufenem Pessimismus. An und für sich ist mit diesem Schlagworte so wenig gesagt wie mit irgend einem anderen Schlagwort; wirklichen Inhalt und Sinn gewinnt es erst durch seinen sozialen Untergrund. In allen untergehenden Klassen greift der Pessimismus um sich, aber im einzelnen Falle kommt es immer darauf an, *welche* Klasse und *wie* sie untergeht. Der Pessimismus des deutschen Spießbürgers Schopenhauer ist ganz etwas anderes als der Pessimismus des norwegischen Kleinbürgers Ibsen; jener duckt sich und duldet, während dieser sich empört und kämpft; eben dieses Kampfelement giebt den Meisterdramen Ibsens eine so mächtige dramatische Spannung. Allein mit dem Siege wird der Kampf niemals gekrönt; Ibsen verkündet die »neue Zeit«, aber ihre Pforten vermag er nicht zu sprengen; so verläuft seine dramatische Gesellschaftskritik im Sande.

Gleich in den »Stützen der Gesellschaft«, die 1877 erschienen, setzt sich die Tugend zu Tische, nachdem sich das Laster erbrochen hat: der profitwüthige Kapitalist bekehrt sich nach allen möglichen gelungenen oder versuchten Schandthaten zu den ehrenfesten Sitten des Kleinbürgerthums – mit Worten nämlich. Er verkündet, daß mit dem »heutigen Tage«, nämlich mit dem Tage, wo ihm seine Schwindeleien nicht mehr gelingen, eine »neue Zeit« anbrechen, die alte Zeit »mit ihrer Schminke, ihrer Heuchelei und Hohlheit, ihrer verlogenen Wohlanständigkeit und elenden Rücksichtnahme, nur noch als Museum, zu Jedermanns Belehrung geöffnet«, fortdauern solle. Freiheit und Wahrheit sind die wahren Stützen der Gesellschaft: mit so wohlfeiler Weisheit wird der Hörer entlassen, den eben ein lebensvolles Bild der kapitalistischen Korruption bis ins Innerste ergriffen hat. Dies Bild war lebensvoll genug, um den tiefen Ingrimm der »guten Gesellschaft« zu erregen und den Dichter vor dem Verdacht zu schützen, als habe er mit dem »versöhnenden Schlusse« etwa einen Nebenzweck verfolgt, der seiner durch und durch wahrhaftigen Natur ganz fern lag. Die psychologische Unwahrheit, worin das Gedicht endete, hatte ihre einzige Wurzel in der soziologischen Unklarheit, worin der Dichter lebte und webte.

Ehrlich und kräftig genug aber hat er sie zu überwinden gesucht, wovon gleich seine nächsten Dramen wundervolle Zeugnisse ablegten: »Nora« aus dem Jahre 1879 und die »Gespenster« aus dem Jahre 1881. Hier schleudert Ibsen seine Fackel in das »gemüthliche Heim« des Philisters und stellt die innere Verlogenheit der bürgerlichen Kaufehe an den Pranger. Hier verschleiert Ibsen nicht mehr die herbe Wahrheit. Sieht er keinen rettenden Ausweg, so sieht er doch den Bann, worin die bürgerliche Gesellschaft lebt; versteht er noch nicht den Kampf für die unterdrückte Klasse, so versteht er doch schon den Kampf für das unterdrückte Geschlecht. Nora ist die gehätschelte Puppe, die mit dem Leben spielt und nicht viel mehr als eine Puppe vom Leben weiß, bis sie in hartem Zusammenstoß mit diesem Leben seine brutale Roheit erkennt und entschlossen das ganze Lügengespinst zerreißt, das sie mit seiner entnervenden Weichheit umsponnen hat. Den gleichen Entschluß hat Frau Alving in der entscheidenden Stunde ihres Lebens nicht gefunden; sie hat ihre Ehe nicht zerrissen, als sie erkannte, daß diese Ehe nur eine Lüge war; »ich hatte nicht Mut zu etwas anderem – um meiner selbst willen nicht; ich war so feige«. So büßt sie furchtbar, da die Gespenster ihrer Jugend wiederkehren; sie muß dem einzigen Sohne, der sich in den fürchterlichen, ihm vom siechen Vater vererbten Körperqualen windet, das erlösende Gift reichen. Frau Alving ist die Heldin des erschütternden Dramas, nicht aber der Sohn, an dem sich die Sünden des Vaters rächen. Legt das Vererbungsmotiv immer die Gefahr nahe, durch das angebliche Wirken eines Naturgesetzes die sozialen Zusammenhänge der Dinge zu verdunkeln, so wird es von Ibsen doch ungleich freier behandelt als von seinen geistlosen Nachbetern, die es zur reaktionärsten Fratze entstellen und dabei noch Wunder was für Revolutionäre sein wollen.

»Nora« und die »Gespenster« werden Ibsens Namen wohl am Längsten erhalten; mit dem 1882 veröffentlichten »Volksfeind« steigt er bereits eine Stufe von der Höhe herab. Er antwortet darin auf die heftigen Entrüstungsstürme, die jene beiden Frauentragödien entfesselt haben; sein »Volksfeind« ist der ehrliche Mann, der nicht heuchelt und nicht lügt und sich nicht schrecken läßt, wo es die Wahrheit zu vertreten gilt, aber der eben deshalb von der »kompakten Majorität« brotlos gemacht und verfemt wird, bis er sich mit der Erkenntniß tröstet, daß der stärkste Mann der Welt derjenige sei, der allein stehe. Reich an treffender Satire, leidet dies Drama doch an seinem Helden, der schließlich bei aller Ehrlichkeit und Rücksichtslosigkeit ein etwas wunderlicher Kauz ist, mehr ein eigensinniger Querkopf als ein geistiger Vorkämpfer, wie er denn mit der Devise, die er zuletzt verkündet, sich zum Tode durch Hunger verurteilt. Wahr ist auch diese Figur; die bornierte Ehrlichkeit, die sich gegen die Symptome des sozialen Übels erhitzt, ohne doch sein Wesen zu verstehen, fordert in der bürgerlichen Gesellschaft unausgesetzt ihre Opfer, aber tragische Gestalten sind solche Opfer nicht. Sie erregen Mitleid, doch dies Mitleid paart sich nicht mit Furcht, sondern mit ein wenig Heiterkeit und selbst mit ein wenig Verachtung.

Streifte die Lösung des dramatischen Problems im »Volksfeind« hart ans unfreiwillig Komische, so schuf Ibsen im Jahre 1884 in der »Wildente« eine Komödie im höchsten Sinne des Wortes, deren Held Hjalmar Ekdal wohl an Falstaff oder Don Quichotte erinnern darf. Der Kämpfer, der die aus den Fugen geratene Welt mit seiner »idealen Forderung« wieder einrenken will, wird hier zum Narren, der nichts als Unheil anrichtet; ihm gegenüber steht der trockene Zyniker mit seiner praktischen Weisheit: »Nehmen Sie einem Durchschnittsmenschen die Lebenslüge, und Sie nehmen ihm zu gleicher Zeit sein Glück«; zwischen beiden taumelt Hjalmar Ekdal, das arme Menschenkind, das, nicht besser und nicht schlechter als seines Gleichen zu sein pflegt, sich krampfhaft bemüht, der »idealen Forderung« gerecht zu werden und immer wieder in die alte, bequeme, zur anderen Natur gewordenen Lebenslüge zurückfällt. Es war falsch, in dieser Wendung des Dichters eine mildere Stimmung zu sehen; eben jetzt wandte er sich zur Tragödie in ihrer strengsten Form; im Jahre 1886 veröffentlichte er »Rosmersholm«, worin Beide den gemeinsamen Tod suchen und finden, der schwache Mann, der nicht kämpfen kann und will, wie das dämonische Weib, das ihn vergebens auf ihre steilen Bahnen mit sich zu reißen versucht.

Düsterer vielmehr sah dieser Dichter seine Welt an, je mehr sie in den Schatten der Sünden verschwand, die mit der kapitalistischen Sintfluth unaufhaltsam über sie hereinbrachen, und je mehr ihm selbst die Last der Jahre die Hoffnung raubte, ein neues Morgenroth dämmern zu sehen. Ungefähr um sein sechzigstes Lebensjahr wandelte sich Ibsens kampffreudiger Pessimismus in einen visionären Pessimismus um. Es kam die Zeit, wo die satten Geldsäcke und ihre literarischen Soldschreiber zu sagen pflegten, daß Ibsen immer verrückter werde, unfähig, wie sie waren, zu begreifen, wie entsetzlich der Verwesungshauch einer untergehenden Gesellschaft auf die tausend feinen Nerven eines großen Dichters fällt.

Ibsens Altersdichtung zählt noch ebenso viele Dramen auf, wie die Zeit seiner Meisterwerke, und mit haarscharfer Bestimmtheit läßt sich die Grenze nicht ziehen. In »Rosmersholm« spielen schon mystische Elemente mit, während in der »Frau vom Meere« und »Hedda Gabler« die dramatische Psychologie noch nicht gänzlich von dem dunklen Walten eines dunklen Schicksals verschlungen wird. Ganz rätselhaft wird Ibsen erst vom »Baumeister Solneß« an. Immerhin, soweit sich eine Grenze ziehen läßt, liegt sie zwischen »Rosmersholm« und der »Frau vom Meere«. Von diesem Drama an werden Gedanken und Sprache des Dichters immer runenhafter; »Baumeister Solneß«, »Klein Eyolf«, »John Gabriel Borkmann« und »Wenn wir Todten erwachen« sind dramatische Räthsel, die jeder lösen kann, wie ihm gefällt, nur daß Keiner je den Anspruch erheben darf, sie richtig gelöst zu haben.

In seinem »Dramatischen Epilog«, wie Ibsen sein neuestes Drama: Wenn wir Todten erwachen, selbst nennt, läßt er den Helden, einen Künstler, unwirsch klagen, daß die »ganze Welt« an seinen Werken immer verzückt preise, was zu schaffen ihm nie im Sinne gelegen habe; es sei nicht der Mühe wert, sich immer so abzunutzen für den Mob und die Masse. Unschwer ist darin eine Klage des Dichters selbst zu erkennen, und wer möchte leugnen, daß in Kommentaren über seine Alterswerke unmäßig viel geleistet worden ist. Allein der tragische Dichter verfällt selbst einem tragischen Lose, wenn er nur zu erwachen glaubt, um zu erkennen, daß er nie gelebt habe. Ibsen hat gelebt und wird leben, aber freilich nur in den Dichtungen, die das Leben mit genialer Hand zu ergreifen und zu gestalten gewußt haben. Seitdem ihm die gesellschaftliche Entwicklung über den Kopf gewachsen ist, seitdem er das, was ein ökonomischer Prozeß verschuldet, den er nicht versteht und nicht verstehen kann, unerforschlichen Gewalten zuschreibt, die den Menschen zum Spielball ihrer Launen machen, seitdem hat er die Fühlung mit dem wirklichen Leben verloren, und alle Spuren des Genius, die seine Alterswerke noch in reicher Fülle aufweisen, werden ihnen nicht die Unsterblichkeit sichern.

Ibsen ist kein Grübler, sondern ein Dichter; in Jammer und Noth und Schmerzen mag er die Dramen schaffen, worin er mit unverständlichen Lauten vom Untergang einer Welt raunt, aus deren Bann er sich doch nicht zu lösen vermag, und so erklärt sich wohl seine bittere Ungeduld über die »Verzückungen«, womit Unberufene weit mehr als Berufene sich an seinen neuesten Dramen versündigen. Aber sonst hat er keinen Grund, einen bitteren Epilog zu schreiben zu seinem schöpferischen Wirken, das ihn in die gleiche Reihe mit den ersten Dichtern seines Jahrhunderts gestellt und so viel dazu beigetragen hat, auch in der modernen Arbeiterklasse die Freude an der dramatischen Kunst zu erwecken.

Seinem Genius gereicht es bei alledem zum Ruhme, daß der greise Dichter sich nicht einlullen läßt durch das weiche Lager, auf das kleinere Poeten sich behaglich strecken würden. Was ihm die Jugend schuldig blieb, das hat ihm das Alter in Fülle gegeben. Seit zehn Jahren lebt Ibsen in Christiania, mit Orden geschmückt und mit Schätzen beladen, der gefeiertste Dichter seiner Nation und im Glanze eines europäischen Ruhmes. Umspielt von dem schmeichelnden Athem der Mitwelt, sich den prometheischen Trotz zu bewahren, ist die Sache des echten Genies.

Franz Mehring (vgl. auch die Dok. 86, 87, 91, 100, 113, 119) greift in dem ob. dok. Aufsatz zahlreiche Gedanken und Urteile wieder auf, die er in Artikeln der *Neuen Zeit* bzw. der *Freien Volksbühne* über Ibsens Dramen seit 1893 veröffentlicht hatte. Obwohl sich Franz Mehring zumindest über die kritisch-realistischen Dramen von Ibsen stets sehr positiv äußerte, wurde unter seiner Leitung der Freien Volksbühne jedoch nur ein Drama Ibsens, die *Stützen der Gesellschaft*, 1894 in sieben Aufführungen gegeben. Im Vergleich dazu kamen durch die Freie Volksbühne Hamburg-Altona in den Jahren 1893–1896 allein sechs Stücke von Ibsen zur Aufführung. Mehrings Ibsen-Rezeption scheint deutlich durch Engels *Antwort an Paul Ernst* im Berliner Volksblatt (5. 10. 1890, vgl. Komm./Dok. 96) mit geprägt worden zu sein. Bereits in seinem ersten Aufsatz zur Aufführung von Ibsens *Baumeister Solneß* zitiert Mehring aus diesem Artikel von Engels. Allerdings geht Mehring dabei auch deutlich über Engels Ausführungen zur historischen Entwicklung des Kleinbürgertums in Norwegen hinaus. Die besondere ökonomische Entwicklung Norwegens und die besondere Rolle des norwegischen Kleinbürgertums gilt ihm als Grund dafür, daß sich »in Norwegen und den skandinavischen Ländern überhaupt [...] eine letzte, in ihrer Art klassische Periode der bürgerlichen Literatur entfaltet hat« (F. Mehring, *Ibsens »Baumeister Solneß«*, zit. nach: F. Mehring, *Gesammelte Schriften*. Hrsg. v. Thomas Höhle. Bd. 12, 2. Aufl., Berlin 1976, S. 83). Diese Erklärung ist insofern bedeutsam, als Mehring im übrigen in der bürgerlichen Gesellschaft, die sich seiner Meinung nach im Stadium des direkten Niedergangs befand, auch keine literarischen Hochleistungen mehr für möglich hielt. Engels Ausführungen zur besonderen ökonomischen Entwicklung Norwegens übersetzte Mehring in den literarischen Bereich mit der These von der »letzten [...] klassischen Periode der bürgerlichen Literatur«. Ein Fortschritt *innerhalb* der bürgerlichen Literatur war für Mehring aufgrund seiner Vorstellung von einem nahe bevorstehenden, direkten Verfall der bürgerlichen Gesellschaft und einer mechanistischen Abbildtheorie, in der er das Verhältnis Ökonomie-Literatur zu fassen versuchte, zu diesem Zeitpunkt nicht denkbar.

So erschien Ibsen als bürgerlicher Schriftsteller Mehring für die Arbeiterklasse auch nach demselben Denkmodell bedeutsam, nach dem er dieser auch Werke der bürgerlichen Klassik besonders empfahl. Wesentlich war dabei das »Kampfelement«, wie Mehring es in dem ob. dok. Artikel nennt. Da Mehring nicht nur von einem direkten Abbildverhältnis von Ökonomie und Literatur, sondern ebenso von objektiver Klassenlage und subjektivem Bewußtsein bzw. künstlerischem Bedürfnis ausging, schien ihm *die* Literatur für das Proletariat wichtig und Genuß versprechend, die seiner objektiven Lage entsprach. In dem »Kampfelement« erkannte Mehring solch ein zentrales gemeinsames Wesensmerkmal zwischen der bürgerlichen Ibsenschen Dramatik und dem Proletariat.

Das besondere Verdienst von Mehrings Aufsatz liegt aber vor allem darin, daß er zu einem Zeitpunkt, wo »die satten Geldsäcke und ihre literarischen Soldschreiber zu sagen pflegten, daß Ibsen immer verrückter werde« (s. Dok. 100), die dichterische und gesellschaftliche Bedeutung Ibsens würdigte.

Interessant im Vergleich zu Mehrings Umgang mit Ibsen erscheint Clara Zetkins Nachruf auf Ibsen, den sie 1906 in der *Gleichheit* veröffentlichte. Während Mehrings Vorstellungen einer proletarischen Ästhetik noch stark einem statischen Entsprechungs-Schema von ökonomisch bestimmtem Wesen und subjektivem Abbild verpflichtet waren, beurteilte Zetkin Ibsens Dramatik aufgrund ihrer konkreten

Wirkung und Funktion in einer bestimmten historischen Situation. Sie rühmte Ibsen als »Empörer«, »Revolutionär« gegen die »Institutionen und Dogmen der bürgerlichen Ordnung« (zit. nach: C. Zetkin, *Kunst und Proletariat*. Berlin/DDR 1979, S. 262). Sie sah die »verbindenden Fäden zwischen Ibsen und dem Proletariat« in dessen »inbrünstiger Sehnsucht nach einer neuen Welt der Wahrheit, Schönheit, Freiheit« (ebd.). In ihrer funktionalen Betrachtungsweise unterschied sie sich deutlich von Franz Mehring: »Ibsens Kunst scheuchte in den bürgerlichen Kreisen die Gewissen vom Ruhepfühle träger Gedankenlosigkeit und stellte sie vor Probleme, welche den moralischen Lebenslügen der heutigen Gesellschaftsordnung den verhüllenden Schleier abreißen. Mit der Explosivkraft des Dynamits wirkte sie besonders in der bürgerlichen Intelligenz, welche die geistige Schutztruppe des Kapitalismus stellt. [...] Sie löste aber auch Proletarier aus dem Bann, den verlogene bürgerliche Ideologien um sie gesponnen. Sie schärfte den Blick für die Gebresten und Verbrechen der bürgerlichen Ordnung und gab der Kritik und dem Haß gegen sie Nahrung.« Clara Zetkin bezog hier in ihre Betrachtung nachdrücklich die Wirkung Ibsenscher Kunst auch auf andere soziale Schichten mit ein und erkannte gerade darin seine Bedeutung auch für den Emanzipationsprozeß der Arbeiterklasse. Sie geht sogar soweit, daß sie den von bürgerlicher Seite als Anarchismus verurteilten Individualismus als Bereicherung für den Entwicklungsprozeß der Arbeiterklasse bezeichnet: »Das Proletariat kann für seine Kämpfe und seine Siege am wenigsten der Persönlichkeit entraten, die das Recht der Selbstbehauptung mit der Pflicht der Selbstverleugnung vereinigt. Der erzieherische Wert der Ibsenschen Kunst für das Proletariat wird mit den steigenden Aufgaben des Emanzipationskampfes und dem aufblühenden Kulturleben der Massen wachsen. Ibsen, der Empörer, wird leben, solange es noch eine bürgerliche Gesellschaft gibt, Ibsen, der Künstler, der Erzieher wird deren Existenz überdauern« (ebd., S. 267).

101
Ludwig Pfau: *Emile Zola.* In: *Nord und Süd. Eine deutsche Wochenschrift.* Hrsg. v. Paul Lindau. Bd. 13, Breslau (Schottländer) 1880, S. 32–81; hier: S. 34–36, 63–67, 69–71.

[...]

Nachdem wir die Geschichte des Schriftstellers, soweit nöthig, kennen gelernt, müssen wir nun dessen Hauptwerk etwas näher betrachten. Er selbst sagt in der Vorrede des ersten Bandes – die sich mehr durch Kürze, als durch Klarheit auszeichnet – er wolle zeigen, wie eine Familie in der Gesellschaft sich verhalte, indem sie sich zu einer kleinen Gruppe von Geschöpfen entwickle, deren innige Zusammengehörigkeit, trotz dem Anscheine gründlicher Verschiedenheit, vermittelst der Analyse zu Tag komme. Er werde, durch Lösung der doppelten Frage des angeborenen Temperaments und der umgebenden Mitte, den Faden zu verfolgen suchen, der mit mathematischer Genauigkeit von einem Menschen zu einem andern Menschen führte. Die Erblichkeit habe ihre Gesetze wie die Schwerkraft. »Die Rougon-Macquart« – fährt der Verfasser fort – »die Gruppe, die Familie, welche ich zu studiren gedenke, hat zum Charakteristicum die Schrankenlosigkeit der Begierden, jene sinnliche Sturmfluth unserer Zeit, die sich auf die Genüsse stürzt. Physiologisch betrachtet, sind sie die langsame Folge der Zufälle im Blut- und Nervenleben, die sich aus einer ersten organischen Verletzung in einer Rasse entwickeln, und welche, je nach der umgebenden Mitte, bei jedem Individuum dieser Rasse die Gefühle, die Triebe, die Leidenschaften, alle die natürlichen und instinctiven Kundgebungen des Menschen bestimmen, deren Ergebnisse man Tugenden und Laster zu nennen pflegt. Historisch betrachtet, gehen sie vom Volk aus und verbreiten sich in die ganze zeitgenössische Gesellschaft; sie steigen vermöge jenes wesentlich modernen Impulses, den die unteren Klassen auf ihrem Wege durch den gesellschaftlichen Körper empfangen, zu allen Stellungen empor, und sie erzählen so, mit Hilfe ihrer individuellen Lebensdramen, die Geschichte des zweiten Kaiserreiches, von der Hinterlist des Staatsstreichs an bis zum Verrath von Sedan«. Die Genealogie der »physiologisch-socialen« Sippe, sowie die Rollen der einzelnen Glieder werden nun gleich beim Beginn der Arbeit vermittelst eines regelrechten Stammbaumes festgestellt.

Das Unternehmen, die socialen Zustände des zweiten Kaiserreiches in einer Reihe von Romanen zur Darstellung zu bringen, hat ohne Zweifel seine Berechtigung. Auch gegen den Plan, die verschiedenen Episoden dieser Reichsgeschichte durch das Familienband der einzelnen Helden zu einem epischen Ganzen zu verknüpfen, ist offenbar nichts einzuwenden, wenn auch, selbst bei der geschicktesten Composition, die Einheit der Verwandtschaft meistens nur einen äußerlichen Zusammenhang herzustellen vermag. Aber diesen Mangel der inneren Verbindung durch eine Naturgeschichte der Erblichkeit ersetzen zu wollen, ist eine starke Prätention. Es ist dies ein toll gewordener Darwinismus, der die Physiologie der Fortpflanzung in die Phantasmagorie der Romantik übersetzt und sich einbildet, einen wissenschaftlichen Realismus zu treiben, wenn er die Gesetze der Entwickelung, die sich nur aus dem Facit tausender von Generationen und ihrer Mischungen ergeben können, willkürlich erfindend, für die enge Zufälligkeit einer Familiengeschichte klein hackt. Die Thatsachen des Naturforschers beweisen etwas, die Phantasien das Fabulisten aber beweisen nichts; und die genaueste Protokollirung der Abstammungen, Temperamente und Verhältnisse begründet noch lange nicht die Nothwendigkeit, daß ein Individuum gerade so beschaffen sein muß und nicht anders. Jedes Gesetz beruht auf großen, allgemeinen Principien, läßt aber den kleinen Besonderheiten einen gewissen Spielraum, den man Zufall nennt; sonst müßten die Krystalle eines Stoffes alle congruent sein, und die Blätter eines Baumes sich absolut ähnlich sehen, was sehr langweilig wäre. Ohne Zweifel werden auch die Geheimnisse der Procreation mehr und mehr entschleiert werden; aber bis die Gesetze der Erblichkeit in einer Weise »analysirt« und festgestellt sind, welche der Synthese erlaubt, dieselben mit »mathematischer« Sicherheit dichtend aufzubauen, werden wohl noch verschiedene Generationen Zolas den Weg alles Fleisches gehen.

[. . .]

Denn das Widerwärtigste an Zolas Manier ist die überladene Verschwendung der Mittel. Wo ein ordentlicher Darsteller mit einem festen, wohlgeführten Pinselstrich ausreicht, leert er einen ganzen Farbenkübel. Er hat keinen Begriff davon, daß unter Umständen das Wenigere das Mehr ist, und kann sich nimmer genug thun. Die Andeutung ist ihm eine unbekannte Größe und zwischen den Zeilen zu lesen muthet er Niemand zu. Sein Leitfaden ist ein Strick. Er übertreibt noch das Uebertriebene und verzerrt noch das Verzerrte. Man hat bei ihm das Gefühl, hinter einem Sonnenmikroskop zu sitzen, wo in einem Wassertropfen die Infusorien als Seekälber umherschwimmen. Seine durch Ausführlichkeit ermüdenden Beschreibungen sind wahre Inventare des Auspfänders und tragen die ernste Miene des Amtseifers. Nie eine Spur von Geist oder Witz, von Humor oder Laune. Die Gespräche und Herzensergüsse seiner Tröpfe, in all ihrer Gewöhnlichkeit und Geistesarmuth wiedergegeben, schmecken nach dem Protokoll des Untersuchungsrichters. Alle Gegenstände sind gleich vor seiner Feder. Er schildert eine Waschküche mit einem Aufwand, als ob er das Museum des Louvre vor sich hätte, und behandelt einen Kraut- oder Rübenhaufen mit derselben Wichtigkeit, wie den Montblanc. Seine Personen werden von der Decoration verschlungen; seine Figuren schwimmen in ihrem Medium wie die Mücke in der Milchschüssel. Den Gemälden gewisser Maler nacheifernd, spaziert sein Pinsel mit einförmiger Genauigkeit über die ganze Leinwand. Alles liegt auf demselben Plane; da ist kein Vor und kein Zurück, keine Raum- und keine Luftperspective, kein Lichtglanz und kein Helldunkel; da regt sich nirgends ein Funke künstlerischen Sprühfeuers unter der gleichmäßigen Hülle.

Zolas Manier wird übrigens vollständig begreiflich, wenn man seine Methode kennt und weiß, daß er bei seinen Vorarbeiten den »Thatbestand« mit der Pünktlichkeit eines Polizeicommissärs herstellt. Vor Allem durchforscht er den Schauplatz, wo seine Handlung vor sich geht, auf's Genaueste. Er besucht die Straßen und Häuser, wo er seine Personen einlogirt, die Budiken und Werkstätten, wo er sie beschäftigt, die Restaurationen und Kneipen, wo er sie hinführt, und notirt die geringsten Einzelheiten der Oertlichkeit. So hat er zu seiner »Nana« das Variétés-Theater von der Versenkung bis unters Dach, vom Parterre bis zum Paradies, von der Bühne bis in die Garderobe durchstöbert und selber einen genauen Plan davon aufgenommen. Des Weiteren studirt er die Sitten, Gewohnheiten und Verhältnisse seiner Personen bis in ihre Familien, ihren Verkehr und ihren Gesellschaftskreis; und zu genauerer Kenntniß ihrer Profession, Verrichtung und Sprache zieht er die gedruckten Documente und die Schriften der Specialisten zu Rath. So z.B. für das »Assommoir«: »Le Sublime ou le Travailleur comme il est en 1870«, von Denis Poulot, und das »Dictionnaire d'Argot, von Lorédan Larchey. Zur Schilderung des Abbé Mouret studirte er die Werke höherer Frömmigkeit, wie »L'Abrégé du Catéchisme de persévérance« und »Le Rosaire de Mai«, als Mittel, die Sprache religiöser Ueberspannung mit ihrer sinnlich-mystischen Auffassung der christlichen Glaubenswunder sich einzuimpfen, seinen Helden nach allen Regeln des Ritus die Messe lesen zu lassen, nahm er die geistlichen Handbücher: »Cérémonial à l'usage des petites églises, und »Exposition des cérémonies de la messe basse« zu Hilfe; und seine endlose gottesdienstliche Beschreibung der Verrichtung, mit all ihren Kelchmanipulationen, Kreuzeszeichen und Knieebeugungen, ist eine fast wörtliche Wiederholung der dort gegebenen Vorschriften. Falls Zola seine Heldenbühne nächstens einmal aus dem Waschhaus in die Küche verpflanzen sollte, dann wird er ohne Zweifel der »Löfflerin Kochbuch« studiren und uns die ganze Schmor-, Brat- und Brozelgeschichte einer Mahlzeit von mindestens zehn Gängen zum Besten geben. Wenn nun das Material beisammen ist, dann gruppirt und etikettirt er seine »Documente«. Ein Roman enthält wenigstens zwanzig Hefte mit Ueberschriften, und, wie auf der Polizei, hat jede Person ihren Dossier. In diesem sind Alter, Signalement und Eigenschaften, ja selbst Einzelheiten verzeichnet, die nur zur Nachachtung des Verfassers, aber nicht zur Erbauung des Publikums bestimmt sind.

Nanas Dossier z.B. enthält folgendes Porträt: »Geboren 1851. Im Jahr 1867 (Jahresende, December) ist sie siebenzehn Jahre. Aber sie ist sehr stark, man würde ihr wenigstens zwanzig Jahre geben. Blond, rosig, Pariser Gesicht, sehr aufgeweckt, die Nase leicht gestülpt, der Mund klein und lächelnd, ein kleines Grübchen im Kinn, die Augen blau, sehr hell, mit goldenen Wimpern. Einige Sommerflecken, aber wenige, nur fünf oder sechs auf jeder Schläfe, wie Goldpünktchen. Der Nacken mit bernsteinfarbigem Anhauch und feinem Haargekräusel. Ein leichter Flaum auf den Wangen. Weib, sehr Weib. – Als moralischer Charakter: Gutes Mädchen, Eigenschaft, die dominirt. Ihrer Natur folgend, aber nie das Böse um des Bösen willen übend. Vogelköpfchen, das Hirn immer in Bewegung, mit den barocksten Launen. Das Morgen existirt nicht. Sehr zum Lachen aufgelegt, sehr lustig. Abergläubisch mit Furcht vor dem lieben Gott. Die Thiere und ihre Eltern liebend. In der ersten Zeit grob und haltungslos. Dann die Dame spielend und sich sehr in Acht nehmend. Schließlich den Mann als einen Gegenstand der Ausbeutung betrachtend, *eine Naturkraft werdend, ein Zerstörungsferment, aber ohne es zu wollen, einzig durch ihr Geschlecht und ihren mächtigen Geruch des Weibes.* – Nana ist die Fäulniß von unten, das »Assommoir«, das emporsteigt und die obern Klassen in Fäulniß setzt. Ihr laßt das Ferment entstehen, es steigt auf und desorganisirt euch«.

Die unterstrichene Stelle ist der Schlüssel zum ganzen Charakter.

So vorbereitet, macht sich Zola nun an die Arbeit und schreibt jeden Vormittag drei Seiten, bis das Buch vollendet ist. Seine Genauigkeit steht also über jedem Zweifel; aber was soll sie uns? Es genügt nicht, daß eine Sache der Wirklichkeit entnommen und treu wiedergegeben sei, um unser Interesse zu verdienen. Was nützt uns die unerbittlichste Schärfe der Beobachtung, was hilft uns alle darstellende Geschicklichkeit der Beschreibung, wenn der Gegenstand an sich weder Werth noch Reiz hat. Wenn ein Maler noch so viel Kunst verschwendet, um uns einen Kothhaufen zu malen – und technisches Verdienst kann ja dabei sein –, so werden wir ihm sein Bild heimschlagen, obwohl bei der bildenden Kunst die Mache eine größere Rolle spielt als bei der dichtenden. Zudem besteht alles künstlerische Schaffen nicht in der Häufung, sondern in der Sichtung des Materials, nicht in der Ausdehnung auf das Ueberflüssige, sondern in der Beschränkung auf das Nöthige. Je geringer die angewandten Mittel und je stärker die damit erzielte Wirkung, desto größer ist die Kunst. Den Meister erkennt man an der Mäßigung; den Stilisten an dem, was er *nicht* sagt. Aber Zola steht noch auf dem Standpunkt des Bauern Troll: »Spar' Er nur die Farben nicht, handhoch aufgetragen!«

Diese mehr formellen Gebrechen stehen in unmittelbarer Wechselwirkung mit den inhaltlichen, aus der Auffassungs- und Anschauungsweise des Verfassers hervorgehenden Mängeln. Dieselben lassen sich auf zwei Hauptquellen zurückführen: auf den ästhetischen Irrthum, welcher Wirklichkeit und Wahrheit, und auf den philosophischen, welcher Stoff und Kraft verwechselt. Der erste erzeugt die Vielmalerei, welche die äußere Erscheinung für das Wesentliche hält; der zweite die Schmutzmalerei, welche die geistige Kraft des Seelenlebens auf den stofflichen Lebensproceß des Organismus reducirt.

Was den ersten Punkt betrifft, so beweist in der Kunst so gut wie in der Wissenschaft die einzelne Thatsache, d.h. die brutale Wirklichkeit, gar nichts; nur die Resultante einer Reihe von Thatsachen, oder die Wahrheit, hat Werth. Die Wahrheit ist nichts als die Zusammenfassung einer Summe von Wirklichkeiten, d.h. die große, gesetzmäßige Wirklichkeit im Gegensatz zur kleinen, zufälligen. Der »Naturalismus«, weit entfernt also der Ausdruck der Realität zu sein, ist nur die kindische, dilettantenhafte, urtheilslose Auffassung derselben. Wie sehr die bloße Reproduction der Wirklichkeit zufälliger und willkürlicher Natur ist, das setzt die Photographie in's hellste Licht. Man darf nur ein Album betrachten, das ein halbes Dutzend verschiedenen Aufnahmen derselben Person enthält: kaum eine sieht der anderen vollkommen ähnlich; bei einzelnen der Porträts zweifelt man sogar, ob sie derselben Person angehören. Und doch sind sie sammt und sonders unmittelbare Wiedergaben der Natur. Aber nicht nur ist der Mensch selber, in Folge der Verschiedenheit seines physischen und moralischen

Befindens, jeden Tag ein anderer, auch die Einflüsse der Beleuchtung, welche das eine Mal diese, das andere Mal jene Form hervorheben oder verwischen, lassen ihn als einen verschiedenen erscheinen. Die Wirklichkeit giebt also jedesmal ein falsches Bild und das richtige Porträt könnte nur das Durchschnittsbild sein, das sich aus der Mischung all der Konterfeis als die allen gemeinsame Wahrheit ergäbe. Eine solche Arbeit des Resumirens aber ist gerade die Aufgabe des Künstlers. Jedes Kunstwerk ist daher nothwendig ein Ideal, d.h. die Zusammenfassung einer Anzahl von Wirklichkeiten. Allerdings giebt es hier eine Stufenleiter, je nachdem das Ideal eine größere oder kleinere Summe von Realitäten enthält; aber wo die absolute Wirklichkeit anfängt, hört die Kunst auf.

In Beziehung auf den zweiten Punkt, ist die Verkehrtheit des »Naturalismus« mit einem Wort zu definiren: er setzt die Physiologie an die Stelle der Psychologie. Diese Einbildung, mehr zu geben, indem man weniger giebt und die Quantität der Materie für die Qualität des Geistes eintauscht, ist eine Frucht jener unreifen Halbbildung, die, wie das Sprichwort sagt, hat läuten hören und nicht weiß, in welchem Dorf. Zola laborirt an unverdauter Entwicklungstheorie und will den Geist darwinisiren. Er hat gelesen, daß das, was wir Seele nennen, nur eine Function des Gehirns ist – flugs scheert er alle Gehirnfunctionen über einen Kamm und behandelt die Anima als Animal. Ueberall rückt er das Stoffliche der Erscheinung, die organische Verrichtung in den Vordergrund, und sehr bezeichnend spielt unter allen Sinnen der Geruch die größte Rolle bei ihm. Seine Schilderungen enthalten ganze Abhandlungen über die Riechatmosphäre, welche seine Oertlich- und Persönlichkeiten umgiebt, und seine Weiber verdanken den größten Theil ihrer Unwiderstehlichkeit dem Fleischesduft, den sie verbreiten. Wenn die Hunde lesen könnten, würden sie Zola zu ihrem Shakespeare machen. Die feineren Schattirungen des Seelenlebens, die tieferen Empfindungen der Leidenschaft entgehen der brutalen Vergrößerung seiner mikroskopischen Betrachtung. In der geschlechtlichen Begeisterung des Menschen sieht er nur die Läufigkeit des Thieres. Die »zarte Sehnsucht«, das »süße Hoffen«, womit »das Auge den Himmel offen sieht, und das Herz in Seligkeit schwelgt«, sind Anwandlungen, von welchen seine Weiber verschont bleiben. Die keusche Idylle ist ihm eine unbekannte Gegend; sein Reich ist das Fleisch, seine Liebe ist der Augenblick der Paarung. Er kennt das Weib nur in seiner Geschlechtlichkeit, und, wie jenes Concil, versagt er ihm die Seele.

Ueberhaupt tritt bei Zola keine psychische Kraft als ethischer Factor auf; die Opfer seines Naturalismus gehen zu Grunde ohne Widerstand. Da ist keine Ahnung jener Willensanstrengungen und Seelenkämpfe, womit die denkende Creatur sich gegen ihr inneres und äußeres Schicksal zur Wehr setzt; keine Ahnung jener sittlichen Reaction, durch welche die ethische Krankheit von der medicinischen sich unterscheidet: der moralische Vorgang nimmt den Verlauf eines chemisches Processes – die Stofflichkeit zersetzt sich.

Zu diesem poetischen oder vielmehr unpoetischen Materialismus kommt noch die krankhafte Naturanlage der geschilderten Sippe, um ihm nicht einmal das Verdienst einer gemeingiltigen Darstellung normaler Organismen zu lassen. Die physische Grundlage der Familie Rougon-Macquart ist Nervenzerrüttung und Wahnsinn, die moralische ist unstillbare Gier nach Besitz und Genuß. Aus diesem lieblichen Urkeim entwickelte sich nun eine Brut von Irrenhaus- und Zuchthaus-Candidaten, deren jeder eine andere Familien-Erbsünde in sich ausreift, bis die Rasse, körperlich erschöpft und geistig verkommen, beim Cretinismus anlangt. Eine saubere Gesellschaft! Wahnsinn, Fanatismus, Trunksucht, Todtschlag, Blutschande, Ehebruch, Ehrgeiz, Habgier, Schwindsucht, Hysterie, Monomanie und Blödsinn – so heißt das Inventar ihres Familienschatzes. Was sollen denn all diese Personen beweisen, die, mit fixen Ideen oder Erbfehlern behaftet, eingeschlossen in ihre Verrücktheit, von jeder allgemein menschlichen Wahrheit sich absondern? Irgend ein moralischer Leibschaden, den sie mit auf die Welt gebracht, wird vom Verfasser genährt, gepflegt und großgezogen, daß er schwillt und schwärt und wuchert, bis endlich der Patient in seiner Haut verknallt. Und was nun?

[...]

Offenbar sind unter solchen Umständen die Bezeichnungen Realismus und Naturalismus nicht sehr geeignet, dem Haupte einer »neuen« Schule als Fahne zu dienen; Zola suchte daher nach einem weniger verbrauchten Namen und macht in einer glücklichen Stunde den Fund des »Roman expérimental«. Ein trefflicher Titel, der einen Geruch exacter Wissenschaft um sich verbreitet, wie ihn Zola seinen Bestrebungen längst zu geben suchte. Sein Verfahren ist ja das der strengen Beobachtung, der physiologischen Analyse, der Vorlegung »menschlicher Documente«. Da jedoch die Anwendung der wissenschaftlichen Methode auf den Roman einer soliden Basis bedarf, begiebt er sich unter die Fittige Claude Bernards und benützt dessen »Introduction à l'étude de la médecine expérimentale«, um auf dieser Grundlage eine Abhandlung über seine literarische Sendung, und zwar in fünf langen Artikeln, zu schreiben, die er im Journal »Le Voltaire« zugleich mit den ersten Capiteln seiner »Nana«, gleichsam als Ouvertüre, veröffentlicht. Der arme Claude Bernard hätte sich wohl nicht wenig über dieses unerwartete Pathenkind gewundert, wenn er noch gelebt hätte; todt aber, wie er war, konnte er die Gevatterschaft nicht ablehnen. Zola analysirt nun das medicinische Buch, giebt zahlreiche Auszüge aus demselben, setzt auseinander, in was die experimentale Methode bestehe, erklärt sich für einen Nacheiferer des berühmten Physiologen, und zieht eine enge Parallele zwischen dessen Arbeit und der seinigen. Er ist der Claude Bernard des Romans. Wie seine Abhandlung ausfallen mußte, das geht schon aus der einleitenden Bemerkung hervor, »er habe bei seiner Wiedergabe häufig nur das Wort Arzt mit dem Worte Romandichter zu vertauschen gehabt, um seinem Gedanken die Strenge der wissenschaftlichen Wahrheit zuzuführen«. Und wie sie in der That ausfiel, davon giebt das Heureka Zeugniß, in das er nach Verkündigung der neuen Botschaft über sich selbst erstaunt, ausbricht. »Auf diese Weise« – ruft er aus – »machen wir praktische Sociologie, und kommen mit unserem Schaffen den politischen und ökonomischen Wissenschaften zu Hilfe. Ich weiß keine Arbeit von edlerer Art und von größerer Tragweite. Herr des Guten und Bösen sein, die Gesellschaft reguliren, sämmtliche Probleme des Socialismus nach einander lösen, und vor allem, durch Beantwortung der Criminalitäts-Fragen vermittelst der Erfahrung, der Gerechtigkeit eine feste Grundlage geben, heißt das nicht, die nützlichsten und sittlichsten Arbeiter am menschlichen Werke sein?« – Wie all diesen schönen Dingen die »Nana« und das »Assommoir« uns näher bringen sollen, ist leider nicht zu ersehen. Denn das Einzige, was aus Zolas endlosem Gallimathias mit Evidenz hervorgeht, ist, daß er gar nicht weiß, um was es sich handelt, und zwölf Spalten lang mit Worten um sich wirft, deren Sinn ihm böhmische Dörfer sind.

Ueberhaupt geht dem Talente Zolas gerade die hauptsächlichste der Eigenschaften ab, welche den Schriftsteller von Beruf machen: das Verständniß für den logischen Werth und die exacte Bedeutung der Worte. Das ahnungsvolle Ungefähr, das zu Malung der Gefühlseindrücke zur Noth ausreichen mag, trägt er in die Denkoperation über und giebt die Scheidemünze der Sprache auf gut Glück aus, ohne ihr Gepräge untersucht zu haben. So auch mit dem Wort Experimental-Roman. Allerdings bedarf die künstlerische Darstellung so gut wie die wissenschaftliche der Beobachtung; aber die Beobachtung ist kein Experiment, das Leben ist kein Laboratorium, und der Dichter ist kein Medicus, der mit dem Individuum seines Studiums beliebige Versuche anstellen kann. Der Ausdruck Experimental-Roman enthält also schon an sich einen Widersinn. Der Dichter ist auf die Intuition seines Gedächtnisses angewiesen, er arbeitet mit seiner Gestaltungskraft, und diese bedarf der ahnungsvoll schauenden Phantasie. Der Forscher dagegen hat das Object der Untersuchung in seiner Gewalt, er arbeitet mit seiner Urtheilskraft, und diese bedient sich des kritisch zerlegenden Verstandes. Der erste giebt, mit Hilfe der Deduction, die ästhetische Synthese zu der logischen Analyse des zweiten, welche dieser, vermittelst der Induction, herzustellen hat. Der ganze experimental-belletristische Lärm Zolas ist daher nur das eitle, aus gutem Glauben und Marktschreierei vermischte Gebaren eines dialektisch ungeschickten Phrasenmachers, der die Aufgaben der Kunst und der Wissenschaft absolut verwechselt.

[...]

Im Unterschied zu Ibsen konnte Zola in Deutschland, noch ehe die Übersetzungen seiner Romane erschienen, in der Originalsprache rezipiert werden. 1873 wurde Zola erstmals in den *Blättern für literarische Unterhaltung* in einer kleinen Notiz erwähnt, ab 1877 erschienen bereits einige Besprechungen seiner Romane. Ein breiterer Publikumserfolg entwickelte sich für Zolas Romane ab 1880 mit dem Erscheinen der ersten Übersetzungen.

Bei den Aufsätzen, die sich vor 1880 mit dem französischen Romancier auseinandersetzten, überwogen die ablehnenden und diskriminierenden Urteile. Die ersten positiv würdigenden Stimmen zu Zola kamen dabei noch nicht aus den Reihen der sich vorsichtig zu Wort meldenden jungen Literatengeneration. Während die Brüder Hart in ihrem Aufsatz *Neue Welt* (1878, s. Dok. 2) Ibsen, Björnson, Turgenjew, Sacher-Masoch und Bret Harte als Vorbilder einer neuen, naturalistischen Dichtung erwähnten, fehlte der Name Zolas. Dagegen erschien in den *Deutschen Monatsblättern* ein Artikel über Taine von dem Taine-Übersetzer Leopold Katscher (vgl. Dok. 15). 1877 veröffentlichte Heinrich Hart zusammen mit Albert Giehrse in dem Organ *Deutsche Dichtung* allerdings einen Aufsatz von Alexander Jung: *Ueber die Gefahren, welche gegenwärtig der deutschen Dichtung drohen*, in dem dieser u.a. die »Affentheorie, die Herleitung des Menschen von einem Affen« ebenso anprangert wie den modernen »geistlosesten Materialismus« (in: *Deutsche Dichtung*, 1877, H. 2, S. 46). Jung erkennt in diesen Anschauungen die Grundlage des »heutigen Realismus«, über den er schreibt: »War der frühere Idealismus exaltiert gewesen, so wurde der heutige Realismus in seinen frechsten Behauptungen sogar verrückt. Er läugnete alle Selbständigkeit des Geistes, führte alles auf die bloße Gehirnfunktion zurück, und gab das alles für Wissenschaft aus, von der er keine Ahnung besaß. Der Materialismus verneinte die Persönlichkeit Gottes, die persönliche Unsterblichkeit des Menschen...«. Als Ergebnis dieser Denkrichtung sieht Jung eine sich mit

»rasender Schnelligkeit« ausbreitende »Krankheit«, »Epidemie, auch in der deutschen Literatur. Unter ihren heillosen Verwüstungen leiden wir noch in diesem Augenblick« (ebd.).
Ähnlich urteilte 1877 in der Zeitschrift *Nord und Süd* auch H. Breitinger, der »eine steigende Fluth des Materialismus überhaupt, in der Kunst, in der ästhetischen und metaphysischen Speculation« Frankreichs feststellte und Zola zusammen mit Balzac, Sue, Champfleury und Hugo als diejenigen Autoren charakterisierte, durch die ein bereits vorhandener »pathologischer Prozeß« in den »Specialdienst« eines »pessimistischen Socialismus« gezogen würde (H. Breitinger, *Die Entwicklung des Realismus in der französischen Dichtung des neunzehnten Jahrhunderts.* In: *Nord und Süd*, Jg. 3, 1877, S. 351).

Paul d'Abrest kommt in seiner Darstellung *Emile Zola* in der *Gegenwart* von 1877 zu einer äußerst scharfen Verurteilung von Zolas neuestem Roman *L'Assomoir*, den er als »literarischen Onanismus« kennzeichnete (a.a.O., S. 107). Er war außerdem überzeugt, daß es unmöglich sei, »auch nur *eine Seite* dieses Werkes laut vor anständigen Leuten vorzulesen« (ebd.). Zwei Jahre später erschien in dem Organ des Allg. Deutschen Schriftsteller-Verbandes ein Aufsatz von Gustav Wacht, *Emile Zola und der literarische Nihilismus.* Er nannte *L'Assomoir* geradeheraus ein »Schand-Opus« und fand es unverständlich, daß der Roman bereits 62 Auflagen erreicht hatte. Wacht formulierte hier bereits beispielhaft das Argumentationsmuster, mit dem der Naturalismus in den folgenden zwei Jahrzehnten bekämpft wurde: Naturalismus = Schmutz = Nihilismus = Sozialismus (vgl. auch Dok. 51, 59, 68, 69). So nannte er Zola den »Herrn und Meister« der »Naturalisten«, den »Begründer« einer Schule, die auf ihre Fahne den Kampf gegen den Idealismus geschrieben habe und gleichzeitig »Prostituierte«, »Tollhäusler« und »Trunkenbolde« zu ihren Helden mache. Gleichzeitig war Zola für ihn ein »literarischer Socialdemokrat, denn er versuchte, alles Höherstehende in den Sumpf zu ziehen...«. In dieser Literatur flossen seiner Meinung nach der »streng wissenschaftliche Pessimismus Schopenhauers«, »Darwins wissenschaftliche Lehren« und die Realisierung dieser Ideen in der Pariser Kommune zusammen. Sie sei ein »Mene tekel, das auf der dunkeln Wand der Zukunft mit blutigrothen Buchstaben geschrieben steht.« Wacht erblickte in der naturalistischen Literatur geradezu eine Gefahr für die Kulturmenschheit und bezeichnete es daher als »eine heilige Pflicht der besseren Geister der gebildeten Gesellschaft von ganz Europa« »gegen eine Schule zu protestieren, die den literarischen Nihilismus als alleinseligmachende Kirche zu constituieren trachtet, sich gegen eine Sumpfschlange zu wehren, die in unserer immer materieller werdenden Zeit den Rest von Geistes- und Gemüthsleben zu vergiften und völlig zu erwürgen trachtet« (in: *Allg. literarische Correspondenz f.d. gebildete Deutschland*, Bd. IV, 1877, S. 121–124).

Julius Rodenberg, der Herausgeber der *Deutschen Rundschau*, bezeichnete Zola als eine der »allermerkwürdigsten Erscheinungen«, erkannte auch die »Wahrheit« seiner »Lebensbilder« an, sprach aber dem Roman *L'Assomoir* jeglichen Kunstwert ab. Er erklärte: »Wenn Herr Zola Recht behalten sollte, so wird es bald keine Kunst mehr geben und an ihre Stelle tritt eine durch die Sünden der Civilisation verderbte Natur. Aber wir werden uns niemals entschließen, seinen Roman für ein Kunstwerk gelten zu lassen. Er ist das Product einer außerordentlichen Kraft und einer meisterhaften Technik, von welchem Alles ausgeschlossen ist, was die Welt schön und das Leben freundlich macht« (J. Rodenberg, *Der Verfasser des »Assomoir«.* In: *Deutsche Rundschau*, Bd. XX, 1879, S. 480f.).

Mit diesen Urteilen waren die Romane Zolas und der »naturalistischen Schule« im Grunde der strafrechtlichen Verfolgung empfohlen. Denn seit 1878 herrschte das Sozialistengesetz, das das Verbot von Druckschriften anordnete, »in welchen sozialdemokratische, sozialistische oder kommunistische [...] Bestrebungen in einer den öffentlichen Frieden gefährdenden Weise zu tage treten«. Für die Verbreitung verbotener Druckschriften drohten als Höchststrafe 1000 Mark oder 6 Monate Gefängnis. Darüber hinaus gab es aber auch den § 184 des Strafgesetzbuches gegen die Verbreitung »unzüchtiger Schriften«. Dieser bestimmte, daß, »wer solche verkauft, verteilt oder sonst verbreitet, oder an Orten, welche dem Publikum zugänglich sind, aufstellt, wird mit Geldstrafe bis zu dreihundert Mark oder mit Gefängnis bis zu sechs Monaten bestraft«. Vor diesen Paragraphen war die Literatur im allgemeinen nur solange geschützt, wie sie auch als Kunst anerkannt war. Dies wurde z.B. sehr deutlich in einem Prozeß gegen Spielhagen 1881. Zur Begründung der Anklage erklärte der Staatsanwalt: »Gewiss hat die Polizei wie die Rechtspflege sich im allgemeinen wenig um die Literatur zu kümmern, solange sie lediglich *Literatur* bleibt. [...] Ganz anders steht es aber mit Werken, welche auf die Formen verzichten, die in der *Literatur* gebräuchlich sind, – sich ein anderes Publikum suchen, als das ist, welches *Bücher* liest. [...] Mit dem Augenblick, wo ein Dichter, ein Romanschriftsteller zum Zeitungsschreiber wird«, vom Dichter zum

»ganz gewöhnlichen Journalisten herab[sinkt]«, müsse gehandelt werden. (vgl. *Stenographischer Bericht über die Gerichtsverhandlungen im Prozesse:* »*Angela*« *von Friedrich Spielhagen.* In: *Das Magazin für die Litteratur des In- und Auslandes,* Jg. 50, 1881, Bd. 100, S. 402). Tatsächlich kam es in den 80er und 90er Jahren zu Prozessen gegen naturalistische Literatur und Theater, in denen der angeklagten Literatur aufgrund des nicht zuerkannten Kunstcharakters Sittlichkeitsvergehen oder politisch staatsgefährdende Tendenzen (Sozialismus) vorgeworfen wurden (vgl. Dok. 74–77). Auch Romane Zolas wurden beschlagnahmt.

Neben den diskriminierenden Urteilen erschienen aber vor 1880 bereits im *Magazin für die Litteratur des Auslandes* Aufsätze, die Zola als Künstler ernst nahmen. So schrieb A. Chuquet 1878 nach der Lektüre von *Un Page d'Amour:* »Es ließe sich viel sagen gegen diesen Fatalismus, für den Zola Lanzen bricht. Aber der gewaltige Roman ›Les Rougon-Macquart‹ [...] gehört trotz alledem zu den Meisterwerken unserer Zeit; durch erschütternde Szenen, durch die Wahrheit der auf dem Pariser Hintergrund hervortretenden Personen und Zustände, durch die gleich vortrefflichen Schilderungen des Stilllebens wie der wilden Leidenschaft übt das Buch auf den Leser eine packende Gewalt« (s. a.a.O., S. 353). Eduard Engel hob anläßlich des Erscheinens von *Nana* in derselben Zeitschrift 1879 den »heilenden Einfluß« hervor, den er sich von Zolas »crassem, unverblümten Realismus« nicht nur »auf die französische Literatur in gewissen widerwärtigen Erscheinungen, sondern selbst auf die materiellen Auswüchse der modernen Großstadtentwickelung« versprach. »Besteht die Aufgabe des Schriftstellers darin, seinem Zeitalter einen Spiegel vorzuhalten, in dem es sich in seiner ganzen Nacktheit und unverfälschten Hässlichkeit erblicken und vor sich selber zurückschaudern kann, so ist diese von Zola planmäßig verfolgt worden…« (a.a.O., 1879, S. 667).

Eine nur mit den späteren Lobeshymnen Michael Georg Conrads vergleichbare tiefe Verehrung für Zola bekundet F.K. Petersen bereits 1877 in der Zeitschrift *Unsere Zeit.* In einer Artikelserie *Jüngere französische Romanschriftsteller* stellt er in der zweiten Folge Emile Zola in seinem literarischen und literaturkritischen Schaffen vor. Er rühmt ihn als »höchst talentvollen Romanschriftsteller«, sein »Bestreben, Reales, auch speciell Sinnlich-Reales in einem entsprechend eigenthümlichen Lichte erscheinen zu lassen« (a.a.O., S. 401). Den moralischen Vorwürfen gegen Zolas realistische Schilderungen hält Petersen entgegen: »… seine keckste Schilderung entfesselter niederer Leidenschaft wirkt sittlich veredelnd, weil sie in realistisch abschreckender Weise das Verwerfliche und Verderbliche des Handelns hervortreten läßt« (ebd.). Petersen hebt besonders auch Zolas »Methode« hervor, durch gründliche Studien und Materialsammlung seine Romane vorzubereiten; dies erkläre »das Gehaltvolle, Wesentliche, Gründliche seiner Werke« (ebd., S. 408). Der Romanzyklus *Die Rougon-Macquarts* ist für Petersen das »bedeutendste Werk«, das Zola geplant habe. »Das Großartige der Aufgabe«, die sich der Autor gestellt habe, sieht Petersen im »Verwerthen des Wesens und Handelns einer Gruppe Blutsverwandter zur Darlegung geschichtlicher Ereignisse und gesellschaftlicher Verhältnisse, im Erklären der moralischen und politischen Verkommenheit eines Volkes an wesentlich selbstsüchtig denkenden und handelnden Individuen« (ebd., S. 421).

Mit Ludwig Pfau nahm 1880 ein oppositioneller Lyriker des Vormärz Stellung zu Zola und seiner naturalistischen Literaturauffassung. Pfau (1821–1894) veröffentlichte vor 1848 sozialkritische und politische Freiheitsgedichte. 1848 wurde er in einen Hochverratsprozeß verwickelt und mußte in die Schweiz fliehen. 1852 ging er nach Paris, wo er u.a. in enger Verbindung zu Heinrich Heine stand. Pfau lebte danach noch in Brüssel, Antwerpen und London, ehe er nach 14jährigem Exil wieder nach Deutschland zurückkehren konnte. Er arbeitete als Redakteur und Mitarbeiter bei verschiedenen Zeitungen. Pfaus obdok. umfangreicher Zola-Essay ist die erste »ernstliche Studie«, die ein Zola-Gegner diesem Autor widmete. Pfau denunziert nicht moralisch, sondern er zeigt auf, wo die grundlegenden Unterschiede zwischen seiner weltanschaulichen und kunsttheoretischen Position und der Zolas liegen und arbeitet dabei Kernstücke der Zolaschen Kunstauffassung heraus. Wenn Pfau die von ihm konstatierten Mängel auf »zwei Hauptquellen« zurückführt, so trifft er damit die zentralen Grundlagen des literarischen Schaffens Zolas. Pfau nennt diese die Verwechslung von »Wirklichkeit und Wahrheit« und von »Stoff und Kraft«. Der erste Vorwurf bezieht sich auf die positivistische Wirklichkeitsauffassung, welche die »äußere Erscheinung für das Wesentliche hält«, bzw. nur physiologisch-materielle, naturwissenschaftlich feststellbare Tatsachen anerkennt. In dieser Wirklichkeitsauffassung sieht Pfau die Ursache der von ihm kritisierten »Vielmalerei«. Mit der Verwechslung von »Stoff und Kraft« meint Pfau die Ersetzung der Psychologie durch die Physiologie (s. Dok. 101), bzw. die Reduzierung der »geistigen Kraft des Seelenlebens auf den stofflichen Lebensproceß des Organismus« (s. ebd.). Pfau kritisiert hier die naturwissenschaftlich verkürzte Auffassung vom Menschen, die tatsächlich Kernstück der ästhetischen Auffassungen Zolas war (vgl. Dok. 16). Allerdings sieht er darin vor allem die »Schmutzmalerei« (s. Dok. 101) begründet und setzt so die Identifizierung von Naturalismus und »Schmutzliteratur« fort. Darüber hinaus macht Pfau die Leser auch mit Zolas Essay über den »Experimentalroman« bekannt, der erst 1879 in Frankreich erschienen war. Pfau kann Zolas Bemühungen um die theoretische Begründung einer Verwissenschaftlichung des Romans kein Verständnis entgegenbringen, sieht vielmehr hier eine weitere grundlegende Verwechslung, nämlich die zwischen »Kunst und Wissenschaft«. (s. ebd.)

102
Heinrich Hart und Julius Hart: *Für und gegen Zola.* In: *Kritische Waffengänge.* 2. Heft, Leipzig (O. Wigand) 1882, S. 44–55; hier: S. 45–47, 49–53.

[...]

[...] Die meisten Angriffe in diesem Streite (»betreff des sogenannten Naturalismus«) hat Emile Zola zu erleiden, da seine Romane die naturalistische Richtung am schärfsten zum Ausdruck bringen und durch ihre rücksichtslose Consequenz die tugendhaften Deutschen, welche bei allem, was sie schreiben, zunächst an die prüden Jungfrauen ihrer Bekanntschaft denken, zur Verzweiflung bringen. Jene Recensenten, welche Zola einfach einen »schmutzigen Gesellen« heißen, lasse ich hier ganz unberücksichtigt, die haben ihn gar nicht gelesen, – und mit bloßen Verleumdern ist nicht zu rechten, – aber es giebt eine andere Gesellschaft von Kritikern, welche das gewaltige Talent des Autors anerkennen, und welche nur bedauern, daß... Vielleicht daß er in übertriebener Weise charakterisirt, daß die Handlungen seiner Romane der künstlerischen Entwicklung und Concentration entbehren, daß seine Schilderungen mehr durch Quantität, als Qualität wirken? – nein, von dieser Art nichts. Sie bedauern, daß Zola, wenn er Menschen aus der Hefe des Volkes darstellt, diese nicht erst in ein irisches Bad schickt, sie nicht erst in Eau de Cologne taucht und dann in reine Wäsche und schwarzen Anzug steckt, sondern daß er sie vorführt, wie sie sind, und reden läßt, wie sie ohne Zweifel in ihren Höhlen reden. Und warum bedauern sie das? Weil es sich nun einmal nicht schickt, in anständiger Gesellschaft Wörter wie le derrière, merde u. s. w. zu gebrauchen, weil schmutzige und unsittliche Scenen überhaupt den Anstand beleidigen und weil unser Lesepublikum doch wohl zur anständigen Gesellschaft gerechnet werden muß. Halt! das ist der erste Fehler, den diese Leute begehen. Wendet sich der Dichter wirklich an den Leser als an den Gesellschaftsmenschen, als an ein in Vorurtheilen, Rücksichten und conventionellen Lügen eingeschnürtes Wesen, oder wendet er sich nicht vielmehr an den Menschen als solchen, losgelöst von den irdischen Gebrechen kleinlicher Thorheit und Befangenheit? Gewiß an den letzteren, denn andernfalls würde auch die Darstellung seelischer Reinheit und heiligen Friedens, also etwa die Goethe'sche Iphigenie oder eine Madonna Raphaels auf ihn keinen Eindruck machen, denn jene Reinheit steht eben so hoch über seinem »anständigen« Empfinden, wie die Darstellung des Gemeinen vielleicht unter demselben. Das ist ohne Frage ein entscheidendes Versehen und doch, was will es heißen gegen den ästhetischen Grundirrthum jener Kritiker, gegen die Verwechslung desjenigen, was in der Wirklichkeit gemein ist, mit dem künstlerisch Dargestellten und gegen die Aufstellung der Schicklichkeit als eines Marksteins des poetisch Zulässigen.

Als Gogol dereinst im »Revisor« und in den »Todten Seelen« die sozialen Mißstände Rußlands so düster, so entsetzensschwanger malte, wie er sie vor Augen sah, da rief die Kritik zürnend und höhnend ihr Anathem gegen den Ketzer, dessen Kunst einen grellen Aufschrei der Wirklichkeit bedeute, aber kein versöhnendes, harmonisches, verklärendes Gebilde. Nun, die Kritik hat längst nachgegeben. Gogol gehört zu den anerkannten Heiligen der russischen Literatur, aber gelernt hat die Kritik aus diesen und ähnlichen Fällen nichts. Noch immer wird ein Jeder, der in die hausbackene Anschauung, die Poesie habe nur das Vergnügen, höchstens das bildende Vergnügen zum Zweck, mit seinen Werken Bresche schießt, als Verräther an den hehren Idealen der Dichtkunst verschrieen. Dagegen aber rufe ich den Begriff zu Hülfe, den ich oben aus den hervorragendsten Schöpfungen der Poesie selbst abstrahirt habe, er beweist, daß die Poesie keine andere Aufgabe haben kann, als die gesammte Welt wiederzuspiegeln oder im Anschluß an die μίμησις des Aristoteles sie nach- und neuzuschaffen. *Was* der Dichter darstellt, ist ganz gleichgültig, es kommt allein darauf an, daß er *als Dichter* darstellt. Wohlverstanden, schon in der Stoffwahl kann sich des öfteren ein höheres oder niederes Talent beweisen, aber die Thatsache, daß kein Stoff, auch der unsittliche und gemeine nicht, an und für sich undichterisch ist, bleibt gleichwohl zu Recht bestehen. [...]

Was mich persönlich betrifft, so gestehe ich gern, daß es mir lieber ist, wenn die Nachtseiten des Lebens mit souverainem Humor behandelt werden, aber diese Vorliebe wird mich niemals hindern, die Eigenart eines Zola als vollberechtigte und mächtige anzuerkennen, und mich niemals veranlassen, einem »großen Talente« mit Schicklichkeits-Bedenken entgegenzutreten. Wie der Staatsmann verlangen kann, daß man ihn nach seinen Thaten und nicht nach dem Stil seiner Reden beurtheile, so erfasse man auch den Dichter nach seinem poetischen Können und nach den ästhetischen Wirkungen, die er ausübt. Und gerade bei Zola lohnt es besonders, die Fehler, durch welche er gegen den Geist der *Poesie* selbst verstößt, z.B. die Anhäufung schildernder Details, die Armuth an Erfindung und die Ueberwucherung des Nebensächlichen zu ergründen, weil sie auf einer ebenso originellen wie falschen Theorie des Autors beruhen.

Diese Theorie hat Zola in mehreren Abhandlungen wie »Le roman expérimental«, »Lettre à la Jeunesse«, »Du roman«, »De la Critique« und »Le naturalisme au theâtre« entwickelt und sie lautet in ihren Hauptsätzen wie folgt:

»Le retour à la nature, l'évolution naturaliste, qui emporte le siècle, pousse peu à peu toutes les manifestations de l'intelligence humaine dans une même vie scientifique.« Auch die

Literatur, vor allem der Roman, muß dieser Bewegung des Jahrhunderts folgen und sich *aus einer Kunst* zu *einer Wissenschaft* gestalten. Wie eine solche Entwicklung geschehen kann, das beweist der Vorgang der Medizin, welche gleichfalls bei vielen Aerzten und Laien für eine Kunst gilt, die aber durch das epochemachende Werk Claude Bernard's: »Introduction à l'étude de la médecine expérimentale« in die Bahn der Wissenschaft gelenkt worden ist. Die experimentelle Methode nämlich muß (nach Bernard) nicht nur gegenüber den anorganischen Körpern, wie es seitens der Chemie und Physik geschieht, sondern auch bei dem Studium der lebenden Körper, also in der Physiologie und Medicin, nicht minder aber (nach Zola) zur Erforschung der menschlichen Leidenschaften und Empfindungen, d.h. im Romane, ange-wendet werden. Zur Erläuterung dieses Satzes diene folgende Behauptung und folgendes Beispiel. Behauptung:

»Le romancier est fait d'un observateur et d'un expérimentateur. L'observateur chez lui donne les faits tels qu'il les a observés, pose le point de départ, établit le terrain solide sur lequel vont marcher les personnages et se développer les phénomènes. Puis, l'expérimentateur paraît et institue l'expérience je veux dire fait mouvoir les personnages dans une histoire particulière, pour y montrer que la succession des faits y sera telle que l'exige le déterminisme des phénomènes mis à l'étude.«

Beispiel: »Le Baron Hulot dans la »Cousine Bette« de Balzac. Le fait général observé par Balzac est le ravage, que la tempérament amoureux d'un homme amène chez lui, dans sa famille et dans la société. Puis il a institué son expérience en soumettant Hulot à une serie d'épreuves, en le faisant passer par certains milieux, pour montrer le fonctionnement du mécanisme de sa passion.«

Mit anderen Worten: Der Romanschriftsteller ist der Untersuchungsrichter (juge d'instruc-tion) im Gebiete der menschlichen Leidenschaften. Aber es ist zu erwarten, daß die experi-mentelle Methode nicht nur im Romane triumphiren wird, sondern auch im Drama, ja selbst in der Poesie, denn die experimentelle Literatur ist ebenso die Literatur unseres wissenschaft-lichen Zeitalters wie die romantische und klassische Dichtung einem Zeitalter der Scholastik und Theologie entsprochen hat.

Wirklich! es ist weiter nichts nöthig, als derartige Behauptungen zusammenzustellen, um den Ungrund des Zola'schen Systems, um dies Gewebe von Einseitigkeiten, falschen Voraus-setzungen, Entstellungen und halben Wahrheiten klar zu legen. Der Romandichter Zola ist immerhin ein Stern, der Theoretiker höchstens ein Nebelstern. Geschichtlich ist die Entste-hung des französischen Naturalismus leicht erfaßlich, er ist aus dem bewußten Widerstreben gegen die Romantik, gegen die Unwahrheit und den Schwulst der Viktor Hugo, Dumas, Sue hervorgegangen, aber die Reaktion ist so stark, daß die Literatur in Gefahr steht, unmittelbar in das entgegengesetzte System geworfen zu werden und auf diese Weise wiederum neue Lügen und statt des Schwulstes Flachheit zu gebären. Das ist auch ganz natürlich, wenn man, wie Zola, kaum eine Ahnung hat, daß auch andere Literaturen vorhanden sind, als die französische, wenn man Viktor Hugo ganz allgemein »le plus grand des poètes lyriques« nennt und in einem ästhetisch-literarischen Buche von 414 Seiten vielleicht zwei oder drei

Namen aufzählt, die einer andern, als der französischen Kulturgeschichte angehören. Aus solchem Mangel entspringt dann leicht die Einseitigkeit, daß man Roman und Poesie als zwei getrennte Gebiete betrachtet, daß man die Lyrik als idealistische, hohle Spielerei behandelt, daß man überhaupt es wagen kann, eine neue Aesthetik auf Principien zu basiren, welche der Beweise ebenso gewiß bedürften, wie sie ihrer ermangeln. Ob Emile Zola wohl jemals eines jener Goethe'schen Gedichte gelesen hat, die so naturalistisch sind, wie die Natur selbst! unmöglich, sonst würde sofort in seine wirren Anschauungen von der Poesie ein Licht gefallen sein, das all die trüben Nebel zerstreut. Köstlich ist es, wie Zola den Claude Bernard benutzt. Letzterer hat die Medicin aus einer Kunst zu einer Wissenschaft »erhoben«, – *also* muß auch der Roman eine Wissenschaft werden, *denn* Chemie und Physik beschäftigen sich mit den anorganischen Wesen, Medicin und Physiologie mit den organischen, es bleibt daher einer letzten Wissenschaft die Seele mit ihren Leidenschaften und Gefühlen vorbehalten. Diese Wissenschaft muß der experimentelle Roman bilden. Nein, lieber Herr, Sie vergessen ja ganz die *Psychologie*, die Stufenleiter ist sehr einfach: Physik, Physiologie, Psychologie. Der Roman hat da gar keinen Platz. Wohin also mit ihm? Natürlich zur Poesie. Claude Bernard sieht das auch wohl ein; er sagt ausdrücklich: »Pour les arts et les lettres la personnalité domine tout. Il s'agit là d'une *création* spontanée de l'esprit, et cela n'a plus rien de commun avec la constation des phénomènes naturels, dans les quels notre esprit *ne doit rien créer*.« Das ist ohne Frage eine wahre und tiefe Auffassung, die das leichte Gebäude Zola's leicht über den Haufen wirft. Die Wissenschaft erforscht, seciert, ergründet die Natur, aber die Poesie *schafft gleich* der Natur, schafft eine zweite Natur und bedarf der ersteren nur, wie der Handwerker seines Rohmaterials.

Der Wallenstein, den die Wissenschaft uns vor Augen führt, ist im besten Falle eine wohlerhaltene Leiche, der Wallenstein der Poesie ist jedoch ein vollständig neuer Mensch, ein lebendiges Wesen, das mit dem der Geschichte nicht viel mehr als den Rock, als das Aeußere gemeinsam hat. Wie verhält sich nun Zola zu der Bemerkung Claude Bernard's, der ihm im übrigen eine schier unfehlbare Autorität repräsentirt? Er meint etwas unwirsch: »Ich überrasche hier einen der hervorragendsten Gelehrten bei dem Bedürfniß, der Literatur den Eingang in die Domaine der Wissenschaft zu verwehren; ohne Zweifel, er denkt blos an die Lyrik, er würde jenen Satz nicht geschrieben haben, wenn er an den experimentellen Roman, an Balzac und Stendhal gedacht hätte.« Der Grund für diese Annahme? Zola's Wunsch, sonst nichts. Das Berechtigte an diesem Wunsche hat Zola, ohne es zu wollen, selbst in jenem Vergleiche zum Ausdruck gebracht, in dem er behauptet, daß der »Naturalismus« in der Literatur ebenso unserem wissenschaftlichen Zeitalter entspreche, wie Klassik und Romantik dem scholastischen und theologischen. Da nun klassische und romantische Poesie weder Scholastik noch Theologie *selbst* geworden sind, sondern nur von dem Geiste derselben einzelnes in sich aufgenommen haben, so ist die rechte Folgerung nur die, daß auch die Poesie der Gegenwart nicht selbst zur Naturwissenschaft werden, sondern blos an deren Geiste theilhaben muß. Das ist ein berechtigter Gedanke, jeder Schritt aber, der weiter herausgegangen wird, führt zu eben so kleinlichen Beschränkungen der Poesie, wie der falsche Idealismus der

Gegner Zola's. Mag man sich die Entwicklung des Romans auch noch so eigenartig denken, niemals wird er zu einem pathologischen Lehrbuche werden, wie es Zola möchte. Die Wissenschaft sucht das Allgemeine aus dem Individuellen heraus zu extrahiren und in Begriffe aufzulösen; der Roman und nicht minder die Poesie überhaupt sucht im Individuellen das Allgemeine darzustellen und in Formen zu verkörpern. Jean Paul fordert daher vom Dichter mit sinnvoller Unterscheidung, nicht *die* Natur nachzuahmen, sondern *der* Natur nachzuahmen. So verstanden ist es allerdings möglich, *aus* poetischen Werken zu lernen, aber nicht anders wie aus der Natur, während man *aus* der Wissenschaft nichts lernen kann, sondern nur *durch* die Wissenschaft. Die Poesie verhält sich eben nicht zur Wissenschaft wie kindliches Empfinden zu männlichem Denken, sondern beide sind coordinirte Gebiete wie Empfinden und Denken selbst, die mit einander wachsen und sich erweitern, ohne einander Eintrag zu thun. [...]

Obwohl die Brüder Hart bereits 1877 ihre erste Zeitschrift herausgaben und damit begannen, einer neuen naturalistischen, resp. realistischen Literatur den Weg zu ebnen, äußerten sie sich selbst zu Zola erstmals in den *Kritischen Waffengängen* (vgl. Komm./Dok. 101). Im Unterschied zu Spielhagen, Graf Schack oder Hugo Bürger widmeten sie Zola jedoch kein ganzes Heft, sondern lediglich einen Aufsatz von 11 Seiten (die anderen Essays haben einen Umfang von rd. 70 Seiten).
    Für die Harts war Zola nicht der »Großmeister des Naturalismus«, da seine Kunsttheorie und -praxis sich in wesentlichen Punkten von ihrer Kunstauffassung unterschied. Was sie bei Zola als das »einzige, freilich nicht genug zu preisende, Momemt« in seinen Theorien wie seinen Romanen anerkennen und »als ewig gültig entnehmen können, das ist die Betonung der Wahrheit« (s. Dok. 102). Sie wiesen auch die »Schicklichkeits-Bedenken« zurück, die in der deutschen Kritik sehr zahlreich gegen Zola ins Feld geführt wurden und distanzierten sich ausdrücklich von dem »Idealismus der Gottschall und Konsorten«, denen alles »Urwüchsige, Geniale [...] ein Schrecken« sei und deren größte Leistung sich auf die »Erfindung antiker Odenversmaße mit Reimen« beschränkte (s. *Kritische Waffengänge*, Heft 2, S. 49).
    Dennoch formulierten sie gegenüber Zola ihre grundsätzliche Kritik, da er gegen »den Geist der *Poesie*« verstoße. Ähnlich wie Ludwig Pfau (vgl. Dok. 101) sahen sie die Ursachen in Zolas »ebenso origineller wie falscher Theorie« (s. Dok. 102) begründet, da sie nicht bereit waren, aus dem Wahrheitspostulat oder der Bedeutung naturwissenschaftlicher Erkenntnisse auch zugleich die Ablösung grundlegender Prinzipien der idealistischen Ästhetik abzuleiten. So erklärten sie in dem *Prospekt* zu dem ersten Heft der *Waffengänge* (1882), daß sie beabsichtigten, »alle Bestrebungen, welche auf eine echt nationale, realistische und ideenstarke Dichtung gerichtet sind« zu fördern und »mit Entschiedenheit allem Cliquewesen, allem Reklamethum, allem Greisenhaften, allem Dilettantismus und aller Ideallosigkeit« entgegenzutreten. Daher bestanden die Brüder Hart gegenüber Zola auch auf der Aufrechterhaltung einer Trennung von Kunst und Wissenschaft und lehnten seine Theorie des Experimentalromans grundsätzlich ab. Wissenschaft und Kunst konnten ihrer Auffassung nach bestenfalls »miteinander wachsen und sich erweitern, ohne einander Eintrag zu tun« (s. Dok. 102). Die moderne Literatur sollte zwar am Geist der Naturwissenschaften teilhaben, sie mußte aber Poesie bleiben. Sie forderten »nicht nur Wahrheit wie bei Zola, sondern poesiegetränkte Wahrheit« wie bei dem jungen Goethe. Das »Genie« galt ihnen als der *Naturalismus* im höchsten Sinne des Begriffes«. Das »Höchste« erreichte die Poesie, wenn sie, »aus dem vollen Born der *Gegenwart* schöpfend ursprüngliche, individuell gefärbte *Natur* zum *Ideal*« verklärte (s. ebd.). In diesem Sinne erschienen den Brüdern Hart für die moderne Literatur Robert Hamerling und Gottfried Keller bedeutsamer als Zola.
    Anzumerken ist hierzu, daß der zuletzt zitierte Halbsatz aus dem Zola-Aufsatz sich wörtlich bereits in dem programmatischen Aufsatz von 1878 *Neue Welt* findet (vgl. Dok. 2). Die Erwähnung von Hamerling (österr. Schriftsteller, 1830–1889) neben Keller verweist auf die Anfang der 80er Jahre bei den oppositionellen Literaten stark ausgeprägte national-germanische Orientierung. In dem Essay *Friedrich Spielhagen und der Roman der Gegenwart* (s. *Kritische Waffengänge*, H. 6, 1884, vgl. Dok. 30) legten die

Brüder Hart ausführlich ihre eigene Romanauffassung dar und dabei wird deutlich, daß sie nicht wie Zola die Anforderungen an einen Roman des naturwissenschaftlichen Zeitalters problematisieren, sondern vielmehr die traditonelle Frage nach der Möglichkeit von Poesie in der Gattung des Romans wieder aufnehmen. Dementsprechend urteilen sie auch über Zola: »Der Roman der Zolaisten aber, der nicht mehr als Werk der Kunst, sondern als ein wissenschaftliches Experiment angesehen sein will, [...] ist nicht minder einseitig, nicht minder beschränkt als der idealistische Roman und er mag deshalb seinen Namen hernehmen, von wo er will, nur nicht von der Natur, der allumfassenden« (a. a. O., S. 55f.).

103
Gerhard von Amyntor: *Zur Orientierung über den Zolaismus.* In: *Das Magazin für die Litteratur des In- und Auslandes. Organ des Allgemeinen Deutschen Schriftstellerverbandes.* Hrsg. v. Franz Hirsch. 53. Jg. Leipzig (W. Friedrich) 1884, Nr. 22, S. 339–342 u. Nr. 23, S. 358–360; hier: S. 340, 341, 359, 360.

[...]

Wir erkennen bereitwillig die Ueberzeugungstreue und Folgerichtigkeit des Zolaschen Naturalismus an, gehören aber nicht zu denen, die diesem Begründer einer neuen Aera der Dichtkunst psalmierend Weihrauch anzünden; mit Schrecken sehen wir der ungeheuren Verbreitung seiner Schriften zu, und wir bedauern, dass wir nicht wie die Hindu der Mythenzeit, oder wie die Hellenen und Israeliten des vorchristlichen Altertums Schlagbäume an unsern Grenzen besitzen, welche den Import dieser neuen Kunstrichtung unmöglich machen.

[...]

Wir halten den Zolaismus für eine große Gefahr, weniger unseres Schrifttums, als vielmehr unseres Lesepublikums. Der Leser, der sich an die Mixedpickles Zolascher Romane gewöhnt hat, ist unfähig geworden, fernerhin deutsche Kost zu vertragen; für ihn werden sich selbst die lebenden Klassiker unserer Erzählkunst umsonst bemühen. Und welchen Verlust erleidet ein so zu Grunde gerichteter Leser! Man denke nur an die köstliche Weihe, an jenes wundervolle Gleichgewicht des befriedigten Kopfes und des entzückten Herzens, das uns allen die erste Lesung eines jener echten deutschen Musterromane bereitet hat; mit welchen Gefühlen jauchzenden Dankes und lohnender Begeisterung haben wir seinerzeit den Scheffelschen »Ekkehard« oder Fritz Reuters »Ut mine Stromtid« aus der Hand gelegt; eine so tiefe Versöhnung, eine so wonnevolle Sättigung unseres ganzen Seins, wie wir sie diesen beiden königlichen Dichtern verdankten, hat uns der prickelnde Pariser Romanzier mit keinem einzigen seiner vielen Werke verschaffen können, und dieses Eden wahrhaftiger Erlösung dürfte mehr oder minder jedem verloren gehen, der an Zolas neuesten Offenbarungen wirklich Geschmack zu finden anfängt.

Auch dürfte es immer deutlicher zu Tage treten, dass die Theorie von der Erblichkeit, welche der französische Romanzier seinem Programm gemäß dichterisch zur Anschauung bringen will, eigentlich nur ein Mäntelchen ist, das seinen Dreck- und Feuer-Schöpfungen ein vornehmeres, gewissermaßen wissenschaftliches Ansehen geben soll. Gewiss haben Genusssucht und Zügellosigkeit eine ebenso verderbliche Infektionskraft für die Nachkommen entarteter Eltern, als Sittlichkeit und Enthaltsamkeit im guten Sinne fortwirken können; in dem großen Roman-Rattenkönig der »Rougon-Macquart« verästelt sich aber der Stammbaum in so viele Zweige, dass es mit der Gesetzmäßigkeit der Erblichkeit nicht mehr weit her ist, und dass die Evolutionstheorie, die uns hier episch demonstriert werden soll, zum bloßen Aushängeschilde, zur Windbeutelei wird. Aus der Durcheinandermischung des Blutes, bis zu welcher die Personen des periodischen Romans bereits gediehen sind, lässt sich eben alles beweisen. [...]

Man vergisst immer, dass die höchste Kunstleistung die Darstellung des Menschen in seiner Totalität ist; der Mensch aber ist ein geistig-sinnliches Wesen. Wer den Menschen nur nach seiner geistigen Seite schildert, der fälscht die Natur und ist kein Künstler; wer nur die sinnliche Seite seines Helden hervorkehrt, ist wiederum ein kunstfeindlicher Naturfälscher. Wer aber den *ganzen* Menschen zur Darstellung bringt, so dass wir seinen leisesten Herzschlägen lauschen und seine geheimsten Gedanken verstehen können, der hat den Lorbeer errungen, und eines echten und rechten Künstlers Führung darf sich auch ein ängstlicher und zimperlicher Leser getrost überlassen. Geradezu albern ist es, vom Erzählungskünstler zu verlangen, dass er nur fehlerfreie, unwahre Tugendspiegel erfinden, dass er sich zur Zeichnung epischer Modenjournal-Figuren erniedrigen soll; mit Recht warnt Schopenhauer davor, dem Dichter vorschreiben zu wollen, dass er »edel und erhaben, moralisch, fromm, christlich oder dies und das« schildern soll; »er ist der Spiegel der Menschheit und bringt ihr, was sie fühlt und treibt, zum Bewusstsein.« Der Dichter stellt also »Reales« dar, aber er stellt es dar »im Lichte der Idee«. Dass Idee nicht mit Absicht, mit Tendenz, verwechselt werden darf, daran soll hier nur im Vorbeigehen erinnert werden. Die Idee muss eine *gesunde* sein, und, wie Keiter in seiner »Theorie des Romans« sehr richtig bemerkt, sie muss »dichterischer Behandlung fähig und würdig« sein. Hat der Dichter diese Bedingungen erfüllt (und ihre Erfüllung hängt nicht allein vom Willen ab; sie ist das Erzeugnis des dem Dichter von der Gottheit verliehenen Genies), dann darf er alles zur Darstellung bringen, was sich notwendig aus der gewählten oder ihn erfasst habenden Idee ergibt. Und enthüllt diese Darstellung dann Dinge, mit denen man besser die unreife Jugend noch nicht bekannt macht, so entziehe man das Werk den Blicken der Jugend; der Dichter ist aber trotzdem in seinem vollen sittlichen und künstlerischen Rechte, und nur Unverstand und Barbarei wird ihn eines Verstosses gegen das Gute, Wahre und Schöne bezichtigen können.

Das ist der entscheidende Punkt, der uns zur Verurteilung des »Zolaismus« nötigt; selbst wenn wir die Gesundheit der vom Pariser Romanzier gewählten Ideen bereitwillig zugeben, so sind sie dennoch teilweise unfähig, wahrhaft dichterisch behandelt zu werden, und einige seiner Ideen sind solcher Behandlung geradezu unwürdig.

[...]

Wir wissen, dass diese unsere Ansicht über den »Zolaismus« nicht überall geteilt werden wird; denn es gibt immer Deutsche, die sich für jede neue Mode, besonders wenn sie uns aus Frankreich kommt, aufrichtig begeistern. Der Pariser Naturalismus wird nach wie vor seine Camera obscura vor den hässlichsten und widerlichsten Dingen öffnen, um photographisch getreue Aufnahme zu gewinnen und aus solchen philiströsen »Protokollen« der Natur neue »Experimentalromane« zusammenleimen, und bewundernd werden viele deutsche Leser in diesen unsauberen Bilderbüchern blättern und die Größe und Originalität des Zola'schen Ingenium anstaunen. Wir getrösten uns aber des Erfahrungssatzes, dass Ideen, die sehr schnell ein breites Publikum erfassen und sich mit Windeseile über die Erde verbreiten, meist glänzende Lügen sind, denn das Gute und Echte tritt nur unter dem lauten und heftigen Widerspruch der Majorität in die Erscheinung und mühsam muss es kämpfen und ringen, bis es nach und nach die erleuchteten, ihrer Zeit vorangeeilten Köpfe erobert und so von oben nach unten langsam aber stetig durchdringt. Der Geist der Veden hat Jahrtausende gebraucht, bis sein Wehen die Menge bemerkte; der Monotheismus des Psalmisten ist von dem hochgebildeten Hellenentum auch ein Jahrtausend lang als finstrer, krasser Aberglaube verspottet und verlacht worden; sollte Zolas Naturalismus, der wenig über ein Dezennium alt ist und schon die Welt erobert, wirklich ein glaubwürdiges Evangelium, eine echte Offenbarung des Schönen sein? So wenig wir geneigt sind, dem Beispiele gewisser Kritiker zu folgen, die dem Meister des Naturalismus alle Qualitäten des Künstlers rundweg absprechen, – denn wir halten ihn in der That für einen großen Künstler und großen Philister, der sich auf einer falschen Bahn mit riesenhaftem Fleiße abmüht, – so tief begründet scheint uns unser Recht, jene Frage zu verneinen.

Gerhart v. Amyntor (d.i. Dagobert v. Gerhart, 1832–1910), Schriftsteller und Kritiker, schrieb in den 80er Jahren für *Das Magazin für die Litteratur des In- und Auslandes* und die *Gesellschaft.* Zwischen 1885 und 1889 erschienen acht Veröffentlichungen von ihm im Verlag Wilhelm Friedrich in Leipzig. Über seinen Roman *Vom Buchstaben zum Geiste. Roman aus der Gegenwart* (Leipzig 1886) urteilte Karl Bleibtreu: »Militärische Verhältnisse zu streifen und in seine Erzählungen zu verweben liebt auch *Gerhart von Amyntor*, der sich oft an starke Conflicte unerschrocken heranwagt. In seinem neuesten Roman [...] hat der ritterliche Mann jene humanen Tendenzen leuchtend ausgeprägt, welche das Ergebnis seines Ringens nach Wahrheit bieten« (s. Karl Bleibtreu, *Revolution der Litteratur.* 3. Aufl., Leipzig 1887, S. 34).

Wenn Amyntor den Zolaismus 1884 als eine »große Gefahr« für die deutschen Leser bezeichnet, so erscheint es sinnvoll, einmal die Auflagenzahlen der Zolaschen Romane in Deutschland mit denen in Frankreich zu vergleichen. 1880 waren zwei Übersetzungen von Zola erschienen, 1881 zwölf, 1882 sieben und 1883 drei (nur die literarischen Werke in Buchform gerechnet). Darunter waren Mehrfachübersetzungen sowie auch bereits Zweit- und Dritt-Auflagen z.B. von *L'Assomoir* und *Nana.* Diese Zahlen nehmen sich allerdings bescheiden aus gegenüber den Veröffentlichungen, die Zolas Romane nach 1877 in Frankreich erlebten. So erschien z.B. *L'Assomoir* hier allein in *einem* Jahr (1880) in 10 Auflagen (74.–83. Aufl.), *Nana* in 12 Auflagen (71.–82. Auflage, 149es Tausend), *Une Page d'amour* in 7 Auflagen (33.–39. Aufl., 49es Tausend) und zahlreiche andere Auflagen mehr. Eine annähernde Verbreitung fanden in dieser Zeit in Deutschland höchstens noch die *Gedichte* Geibels von 1840, die 1884 in der 100. Auflage erschienen.

Wenn Amyntor am liebsten »Schlagbäume« gegen die »ungeheure Verbreitung« von Zolas Schriften errichten möchte, so ergibt sich diese Einschätzung wohl vor dem Hintergrund der Situation der deutschen zeitgenössischen Romanliteratur in diesen Jahren und mit dem Blick auf die wahrhaftig »ungeheuren« Auflagenhöhen der Romane Zolas in Frankreich. Dabei bedeutet die Einführung des Begriffs

»Zolaismus« offenbar eine Steigerung, eine besondere Variante von Naturalismus, Zolascher Naturalismus = Zolaismus. So konnte Zola ausgegrenzt werden gegenüber anderen ausländischen Autoren, die der naturalistischen Richtung zugeordnet wurden, z. B. Dostojewski, Ibsen, Daudet u. a. Es zeigt sich, wie sich die gegen Zola vorgetragenen Argumente in verschiedenen Variationen wiederholen: Schmutzliteratur, keine Kunst, vorübergehende Modeerscheinung. Interessant sind dabei auch die Zirkelschlüsse, die in der Begründung zur Anwendung kommen. Ein Dichter darf »im Lichte der Idee« »alles zur Darstellung bringen«, ohne daß er dadurch eines »Verstosses gegen das Gute, Wahre und Schöne« bezichtigt werden kann. Gilt aber die »Idee« eines Werkes als unkünstlerisch, so ist nicht mehr alles erlaubt und darf offensichtlich als »Dreck- und Feuerschöpfung« (s. Dok. 103) beschimpft werden. Für die aus dem Kunstbereich ausgegrenzten Werke galten per definitione nicht mehr ästhetische sondern im wesentlichen moralische Maßstäbe der Bewertung.

104
Michael Georg Conrad: *Zola und Daudet*. (Geschrieben in Paris 1880). In: *Die Gesellschaft. Realistische Wochenschrift für Litteratur, Kunst und öffentliches Leben*. Hrsg. v. Michael Georg Conrad. 1. Jg. München (G. Franz) 1885, Nr. 40, S. 746–750 u. Nr. 43, S. 800–805; hier: Nr. 40, S. 746–749, 750, u. Nr. 43, S. 800–802.

[...]
Der einzig bedeutungsvolle, geistig dominierende Roman, dessen Gestalt und Methode im Einklange mit dem wissenschaftlichen Charakter unserer Epoche steht und den konventionellen Hirngespinnsten schlankweg den Rücken kehrt; dieser Roman, der auf den Ergebnissen der Beobachtung und Wissenschaft beruht und zunächst keine anderen künstlerischen Ansprüche macht, als für die Wahrheit der Sache den zutreffendsten, knappsten, lebendigsten Ausdruck zu finden, ohne idealisierende Flunkerei, ist der realistische oder naturalistische, *le roman expérimental*, wie ihn Emil Zola kunstgerecht nennt. Aber nur der wahre Künstler kann ihn leisten, nicht der – Photograph, wie unsere idealistischen Kritikschwätzer flunkern.

Der Typus, das Urbild dieses Romanes ist »Madame Bovary« von Gustav Flaubert. Die Hauptzüge der neuen Kunstlehre, wie sie aus der ästhetischen Analyse dieses Werkes resultiert, sind etwa folgende:

Treue Wiedergabe des Lebens unter strengem Ausschluß des romantischen, die Wahrscheinlichkeit der Erscheinung beeinträchtigenden Elementes; die Komposition hat ihren Schwerpunkt nicht mehr in der Erfindung und Führung einer mehr oder weniger spannenden, den blöden Leser in Atem erhaltenden Intrigue (Fabel), sondern in der Auswahl und logischen Folge der dem wirklichen Leben entnommenen Szenen, in deren Faktur und gesellschaftlicher Umrahmung die höchste Wahrheit als vollendete Kunst sich darzubieten hat; keine »Helden« mehr von Ueberlebensgröße, keine phantastischen Puppen in Riesenformat, sondern wirkliche Menschen, just so erhaben oder so erbärmlich, wie sie die Gesellschaft hervorbringt, also Wesen, deren Proportionen dem Maße der gemeinen Existenz entsprechen und die nicht wie Kolosse unter Zwergen, im Roman wie in einer Fabelwelt sich bewegen; die Schönheit des Werkes besteht nicht in der idealisierenden Vergrößerung im Rechten wie im Schlechten, sondern in der Harmonie und Wahrheit des Ganzen wie der Teile, in der höchstmöglichen Genauigkeit des »menschlichen Dokuments«, von Künstlerhand in unvergänglichen Marmor gegraben; der Verfasser verschwindet vollständig hinter der Handlung und stört weder mit seinem Lachen oder Weinen, weder mit seinen eingeschobenen Reflexionen oder Sentenzen, noch sonst mit einer merklichen persönlichen Teilnahme den Gang der Ereignisse, die Charakterentfaltung der handelnden Person; der Roman bewahrt durchaus seine unpersönliche, objektive Einheit, die conditio sine qua non jedes durch sich selbst wirkenden, sein eigenes Leben bezeugenden Kunstwerkes.

Eine einfache Vergleichung ergiebt die größten technischen Fortschritte, welche der naturalistische Roman seit Balzac gemacht hat, denn mit Ausnahme von zwei oder drei Werken hat dieser mächtige Autor sich nicht immer in den gewollten Kunstschranken zu halten vermocht; die Uebertreibungen und Abschweifungen sind zahlreich, die persönlichen Launen durchbrechen die organische Einheit, ja zuweilen nehmen ganze Kapitel die unstatthafte Form einer Plauderei des Schreibers mit dem Publikum an. Erst Flaubert und Zola haben die definitive Formel des naturalistischen Romans gefunden.

Ob letzterer diesem oder jenem Geschmack entgegenkommt, diesem oder jenem Publikum behagt, ist in diesem Augenblicke gleichgiltig. Die Hauptsache ist, daß sein Existenzgrund, seine Prinzipien und Absichten richtig erfaßt werden. Der Rest wird sich finden, d.i. die Trägheit des Geistes, die vor jedem neuen Schritte zittert, weil sie in jeder Veränderung nur Fallstricke, Abgründe, Dekadenz und dergleichen sieht, wird sich allmählich der naturalistischen Formel fügen, wie sie sich einst der klassischen und romantischen gefügt hat. Die Entwickelung der Ideenwelt spottet jeder fremden Schranke.

Emil Zola und Alphons Daudet repräsentieren heute in der französischen Litteratur die beiden Spitzen des naturalistischen Aufschwungs. Daher das Aufsehen, das die Hervorbringungen beider Männer in der Presse wie im Publikum begleitet. Tausend Hände heben sich zum enthusiastischen Beifall, und die journalistischen Aufwärter haben ihre liebe Not, nach allen Seiten hin die pikanten Einzelheiten des neuesten litterarischen Ereignisses brühwarm zu servieren. Die feindselige Kritik aber wetzt ihre Messer, um sich in bekannter Weise gütlich zu thun. Nicht Daudet gilt ihr Eifer, wohl aber Zola. Daudet hat fast keine Feinde, Zola eine ganze Legion.

Dieser Umstand hat verschiedene Ursachen. Daudet hat durch die goldene Pforte des Triumphes seinen Einzug in die französische Litteratur gehalten. Er ist ein Zauberer, ein »Charmeur«, der jede Feindseligkeit durch die unwiderstehliche Liebenswürdigkeit seines sieghaften Vorganges entwaffnet. Seine Dichternatur, unter dem sanften Himmel der Provence erblüht, ist mit den verführerischsten Reizen geschmückt; die gewinnende Anmut, das zärtliche Lächeln, der schelmische Blick, kurz alle glücklichen Gaben sind ihr Erbteil. Es ist etwas Orientalisch-Weibliches im Wesen Daudet's, das seiner persönlichen wie litterarischen Erscheinung eine wunderbare Anziehung verleiht und alle Kräfte in einem harmonisch ausgeglichenen Spiel erhält. Eine solche Individualität ist geradezu einzig in der zeitgenössischen Litteratur. Ihr Erfolg mußte ein unfehlbarer sein.

Anders Zola. Die Signatur seines Wesens ist nicht von den rosigen Fingern einer poetischen Fee gezeichnet worden. Er ist ganz Mann, ganz Kämpfer. Er verführt nicht, er bändigt. Wo die Schwierigkeiten am größten, das Vorurteil am hartnäckigsten, der Widerspruch am bereitesten, da findet er die lockendste Arbeit, da glüht seine Seele im mächtigsten Schöpfungsdrang. Die bösesten Seiten des sozialen Lebens, an die eine mittlere Kraft und ein halber Wille nicht rühren darf, ohne elend zu scheitern, sind die Domäne seines durchdringenden Geistes, seiner rücksichtslosen Gestaltungskraft, die das Zagen nicht gelernt.

Zola ist die personifizierte Aufrichtigkeit, der Freimut à outrance. Nicht zufrieden mit den tausend Schwierigkeiten der delikatesten sachlichen Probleme, tritt sein ungestümer Reformdrang auch an die empfindlichsten Personalfragen heran. Er kennt nur ein Heiliges und Unverletzliches: die Wahrheit. Die Pilatusfrage aber: »Was ist Wahrheit?« beantwortet er sich so: Es giebt keine Wahrheit außerhalb der Wissenschaft; ich stehe mit allen Kräften des Geistes und Gemütes in der Wissenschaft, folglich ist mein Wesen die Wahrheit.

Was er in einer seiner meisterhaften Litteraturstudien über H. Taine sagt, könnte Wort für Wort auf ihn selbst bezogen werden:

»Il n'a pour règle que l'excellence de ses yeux et la finesse de son intuition; il n'a pour enseignement que la simple exposition de ce qui a été et de ce qui est.«

In der Kritik anerkennt Zola, wie jeder schöpferische Geist, keinen andern Gott als sich selbst, im Roman keine andere Offenbarung, als die entgötterte, wissenschaftlich erfaßte Natur. Höchstpersönlich in der Kritik, zeigt er sich unpersönlich im Roman. Sein Roman ist, wie er selbst sagt, ein Protokoll, ein allgemein menschliches Dokument, dessen Autor nirgends sichtbar wird als in der Unterschrift. Die Diktion wächst deshalb aus der Sache selbst heraus und bringt zuweilen Wendungen und Worte von einer Urwüchsigkeit hervor, die kein Autor persönlich in guter Gesellschaft verantworten möchte. Zola verantwortet sie auch nicht; er wälzt jede Verantwortung auf das von seiner Person losgelöste Werk ab. Dies gilt hauptsächlich vom »Assomoir« und der »Nana«.

Ihr findet meine Phraseologie oft unpoetisch, roh, gemein? ruft er aus; eh bien, ist es meine Schuld, daß die behandelten Zustände und Menschen unpoetisch, roh, gemein sind? Ich habe nichts davon und nichts dazu gethan. Ich habe als Autor keine andere Verpflichtung, als der Wahrheit der Natur zu ihrem vollen Rechte zu verhelfen. Mein Roman erschreckt, entsetzt, beleidigt Euch? Bon, bringt Eure Lamentationen vor den Richterstuhl der Wahrheit, mich aber laßt ungeschoren, denn ich bin nur ihr auserwähltes Organ.

Zola ist die sittlichste Seele, der keuscheste Schriftsteller, aber einige Seiten seiner Werke wimmeln von Obszönitäten. Wem die Schuld?

»Dem Reinen ist alles rein«, bezeugt die Bibel.

Zola zählt zu den einschneidendsten Moralisten, die Frankreich je hervor gebracht. Aber er hütet sich, den Verlauf der Lebensgänge seiner Helden nach einem metaphysischen oder theologischen Sittengesetz pathetisch zu arrangieren. Der metaphysische oder theologische

Mensch existiert überhaupt nicht für ihn, sondern nur der physiologische; nur ihm vindiziert er faßbare Realität. Menschengeschichte ist ihm Naturgeschichte. Darum moralisiert er in seinen Romanen auch mit keiner einzigen Silbe; er bleibt kühl bis an's Herz, selbst wenn die Tugend schmählich unterläge und das Laster siegte. Stets siegt der Stärkere, lautet das Naturgesetz – allen Evangelien und Katechismen zum Trotz.

Wo bleibt die Moral? fragt der ängstliche Leser, wo die sittenstärkende Nutzanwendung?

– Sie liegt unausgesprochen im Vorgang selbst, – im Charakter und Schicksal der Helden, antwortet der Romanzier; so und nicht anders spielt sich das wirkliche Leben ab – richtet Euch nun danach ein! Das allein ist die Moral der Geschichte. Ihr erwartet eine andere? Dann geht in die Kirche, vor die Kanzel, in den Beichtstuhl, aber nicht zum Romanzier, der ein Werkmann der Wissenschaft und nicht ein Sachverwalter religiöser Gläubigkeit ist!

Diese Auffassung seiner schriftstellerischen Mission ist mit Zola's ganzem Wesen innigst verwachsen, ja, sie ist die Essenz seines Wesens, seiner persönlichen Bedeutung selbst. Bei allem Bewußtsein seiner Kraft und seiner reformatorischen Absichten handelt er vollkommen naiv. Er gehorcht keinem anderen Gebot als der Stimme seines Gewissens, dem Drang seines Geistes, dem Impuls seines Temperaments, folge daraus, was da wolle.

Was daraus folgen mußte, liegt auf der Hand: Feindschaft von allen Seiten. Man sagt der Welt nicht ungestraft die Wahrheit ins Gesicht. Der Unverstand, die Bosheit, der Neid machen gemeinsame Sache wider den kühnen Sprecher und suchen mit all' den schönen Mitteln, welche keine andere Heiligung als die des Zweckes für sich haben, ihm das Leben so sauer als möglich zu machen. Ich habe die Kampfgeschichte Zola's bereits in einem Buche »Parisiana«* ausführlich erzählt. Um Wiederholungen zu vermeiden, sei an dieser Stelle darauf verwiesen.

Viel Feind viel Ehr! Zola kann zufrieden sein.

Stellt sich uns in Zola hauptsächlich die streitende und wissenschaftliche Seite des Naturalismus dar (womit wir entfernt nicht an seine eminente künstlerische Begabnis als Stilist und Erzähler rühren wollen!), so erblicken wir in Alphons Daudet die versöhnende und poetische Seite der naturalistischen Romanform, dort den vorherrschend logisch operierenden, kühlen Kopf, hier das empfindsame, mitfühlende Herz der neuen Bewegung.

Verweilt Zola, dem Zwange seiner Natur gehorchend (und nicht aus berechnender Absicht, aus roher, verwegener Effekthascherei, verrückter Eitelkeit und dergleichen armseligen Motiven, wie Mißwollende aberwitzig genug behaupten), verweilt Zola bei den pessimistischen Bildern des Lebens und analysiert mit fast brutal berührender Objektivität die schmerzensreiche Irrsal menschlicher Leidenschaft, so betont Daudet mehr die erfreulichen Kräfte, die unseres Geschlechtes Schicksal weben. Auch er legt den Finger in gar manche entsetzliche Wunde, aber rasch findet sein poetischer Tiefsinn, sein im Grund optimistisches Gemüt eine tröstliche Wendung, die den Schauder bannt und das Herz mit milder Hoffnung erfüllt.

Wo uns Zola zuweilen nur das harte Brod der modernen physio- und soziologischen

---

* »Parisiana«, S. 171: Der Großmeister des Naturalismus. Breslau, Schottlaender, 1880.

Forschung vorschneidet (freilich in vollendet künstlerischer Darbietung), da fällt aus dem Borne Daudet'scher Intuition ein klarer Strahl erquickenden Wassers, und den Wermutkelch blasser Wahrheiten, deren herber Geschmack uns die Kehle zuschnüren müßte, kredenzt er uns mit einem Honigtropfen süßer Illusion. Auch er führt den Leser die rauhen Pfade peinlichster Beobachtung, die durch Herz und Nieren alles Lebendigen dringt, aber nicht ohne am Rande des Weges sinnige Blumen sprießen zu lassen, deren duftender Atem uns erfrischend ins Antlitz weht.

Daudet hat die Thräne, aber auch das Lächeln.

Durch die düstersten Seiten seiner Schriften hören wir die silbernen Glöckchen seines liebenswürdigen Humors klingen. Es ist der Humor des Weisen mit der Kindesseele, die süße Thorheit des erprobten Optimisten.

Er versöhnt uns mit der Tragik des Menschenschicksals durch das Hereinziehen von Anklängen gemütswarmer Komik, die sich wie schmeidigendes Oel auf das anstürmende Meer der Empfindungen legen... kurz, wir treffen überall auf die traute Spur persönlich optimistischen Dichtergefühls, auch da, wo uns Daudet hinausführt – eine seltene Exkursion allerdings – in die eisige Nacht eines sternenlosen Winterhimmels, in die Regionen wildverheerender Leidenschaftsmächte, zerstörungsträchtiger Schicksalstücken.

Was die Kunst der Darstellung anlangt, so sucht Daudet, wie Zola, mit den einfachsten Mitteln zu wirken und jede Figur mit scharfen Charakterstrichen aus dem verborgenen Kern ihres Wesens zu entwickeln. Wir begegnen derselben rücksichtslosen Wahrheitsliebe, derselben jedem Phrasendunst abholden Sprache. Bei Zola ist, wie bei Shakespeare alles furchtbar entschleiertes Geheimnis des Lebens, eherne Realität von schaudernder Unerbittlichkeit. Bei Daudet erhält die plastische Herausbildung der Typen zuweilen etwas Unruhiges, Flimmeriges durch ein Uebermaß von Ziselierarbeit, das Zola in seiner genialen Wucht mit überraschender Sicherheit zu vermeiden versteht.

Wenn der Verfasser des »Assomoir« seine Menschen sprechen läßt, wie ihnen der Schnabel gewachsen ist, (nebenei eine interessante philologische Seite der Zola'schen Schriften!) so thut das zwar Daudet auch, allein er ist dabei ängstlich besorgt, daß der Schnabel sich zuvor hinlänglich gereinigt hat, um allzuempfindliche Ohren nicht ohne Not zu beleidigen. Wie oft haben die »gros mots« herhalten müssen, um bei oberflächlichen Lesern den Zola'schen Naturalismus zu verdächtigen, ja die lächerliche Meinung zu erwecken, der Naturalismus sei überhaupt nichts anderes, als ein schmutziges Sammelsurium grober Ausdrücke, als Wühlen im populären Unrat, Schwelgen im Häßlichen u.s.w.

[...]

Zola sieht sich, trotz der kolossalen Verbreitung seiner Werke, mehr von der toleranteren Katholizität, von dem stärkeren Geschmacke der Slaven gewürdigt. Italien, Spanien, das lateinische Amerika, Rußland und die russophilen Nachbarn stellen ihm die meisten dankbaren Leser, die verständnisvollern Kritiker.

Merkwürdig, Frankreich, das sich sonst litterarischen Kühnheiten gegenüber wahrlich nicht verdutzt zu stellen pflegt, geizt diesmal nach der Ehre, die Häuptlingsrolle des Puritanismus zu spielen, eine Rolle, die ihm schlecht und unglaubwürdig genug zu Gesicht steht. Freilich hat der böse Zola, der deutsch-italienische Abkömmling, Sohn eines ursprünglich österreichischen Ingenieurs, der Gesellschaft seines Adoptivvaterlandes, die von ihren schönfärbenden Litteraten so gründlich verhätschelt worden ist, bittere Wahrheit zu kosten gegeben!

Die gekränkte Eitelkeit der koketten »großen Nation« hat ihm diesen unerwarteten Liebesdienst selbstverständlich sehr übel vermerkt...

Hiezu kommt ein Anderes. Zola hat vom Anfange seiner litterarischen Laufbahn an resolut auf der äußersten Linken der ästhetischen Opposition Platz genommen. In seiner »Sünden Maienblüte« hat er bereits jenen Radikalismus entfaltet, der zwar in der Politik und selbst in der Religion sich längst sein parlamentarisch und kirchlich respektiertes Existenzrecht erstritten, aber auf dem Gebiete der Litteratur und schönen Künste wie eine Ausgeburt der Hölle befehdet wird.

[...]

II.

Betrachten wir die Zola'sche Kunstweise etwas näher an einem seiner verrufensten Romane, der gleichzeitig mit Daudets »Königen im Exil« erschienen ist. Ich meine seine »Nana«, worin er die spezifisch Pariser Lebenskreise der sogenannten »demi-monde artistique« mit dem ganzen Schweif ihrer »vornehmen« Gefolgschaft behandelt. Hat er uns in seinem »Assommoir« die alkoholvergifteten Arbeiter-Generationen der Barrière analysiert, so führt er uns in seiner »Nana« (der zum Operettenstern emporgeschwindelten Tochter des am Säuferwahnsinn verendeten Assommoirhelden Coupeau) mitten in das Herz der vornehmen Weltstadt, auf die Boulevards mit ihren Theatern und Restaurants und – Venusbergen und entrollt in meisterhaften Schilderungen die verborgensten Seiten der eleganten Korruption. Mit kühner Hand reißt er den letzten Schleier von dem »Paris viveur« und zeigt mit seiner naturalistischen Leuchte hinein in die Abgründe, wo das vornehme Gesindel der Lebemänner mit seinen »Löwinnen« sich im Schlamme sittlicher Verkommenheit wälzt...

Wenn Daudet in seinen »Königen im Exil« sich begnügt, gelegentlich der Erzählung von den Ausschweifungen des entthronten Helden einfach zu konstatieren, daß zwar die Bezeichnung wechselt, was aber bleibt, das sind

»die berühmten Restaurants, wo die Sache selbst vor sich geht, die von Gold und Blumen strahlenden Säle, wo die gerade florierenden Mädchen eingeladen und empfangen werden; das ist die entnervende Gemeinheit der Lust, welche bis zur Orgie herabsinkt, ohne jedoch jemals neue Form annehmen zu können; was sich ferner niemals verändert, das ist die klassische Dummheit dieses Haufens von Wüstlingen und allergemeinsten Frauenzimmern, die Hohlheit ihres Rotwälsch und ihres Gelächters, ohne daß jemals eine Spur von Geist oder Originalität in dieses Leben sich einmischte, das unter seiner anscheinenden Tollheit genau so philiströs und abgemessen ist, wie das bürgerliche; hier herrscht die geregelte Unordnung, die programmmäßige Laune und im Hintergrunde die Langeweile, nichts als die gähnende, blödsinnigste Langeweile « – – –

so geht Zola in seiner experimentierenden Methode weiter: er läßt dieses zuchtlose Leben vor dem Beobachter sich abspielen; er läßt vor dem richtenden Blick alle diese unglaublichen, aber wahrhaftigen Phänomene des ekelhaften Daseins verirrter Menschen in logischer Folge entstehen, mit allen Einzelheiten auswachsen und sich organisch einfügen in den Kreislauf des sozialen Lebens; er sagt nicht: das ist so und so, sondern: schaut her und überzeugt euch selbst, wie es wird, weil es so werden muß. Es ist eine haarsträubende Geschichte, die der Naturalist dem Leser vorführt – ich wage nicht zu sagen *der Leserin*; denn bei der gegenwärtigen Beschaffenheit unserer öffentlichen Erziehung, welche die soziale Sittlichkeit mit dem Scheine absoluter Unwissenheit in geschlechtlichen Dingen – kopflos genug – zu befördern vermeint, wird man gemeint sein, Zola's letzte Romane, wie die Bibel in den Klöstern des Mittelalters, mit einer eisernen Kette an den Bücherschrank zu fesseln, damit sie Frauen und Töchtern von sittiger Gesinnung und feinem Gefühl nicht in die Hände fallen. Die verassekurierte Sittlichkeit unserer Feigenblatt-Pädagogik gestattet nur das lyrisch verblümte Phantasiespiel mit der Liebe und scheut vor der nackten Wahrheit zurück, weil das sozial-sittliche Ideal der Geschlechtsliebe nicht in die spröde Lastermoralität unserer angestammten Erziehungsweisheit paßt. So wie heute die Jugend erzogen wird, fehlt die Unschuld selbst da, wo die Jungfräulichkeit noch vorhanden ist. Alle halbe Kenntnis geschlechtlicher Verhältnisse ist ungleich gefährlicher, als die ganze. Allein die Halbheit paßt so wundervoll in das System unseres sozial-pädagogischen Versteckspiels, unserer schulmäßigen Vernunftverdunkelung!…

Die arme Nana hat weder Geist noch Herz, weder List noch Witz. Das unterscheidet sie von den litterarischen Kourtisanen. Sie hat nichts als die Reize ihrer Geschlechtlichkeit. Ihr schönes blondes Fleisch ist eine machine à volupté. Die Männer, die sich ihr nähern, werden von dem sexuellen Parfüm berauscht, der gleich dem tötlichen Duft einer Giftblume ihrem Wesen entströmt. Wie eine zerstörende Naturkraft, richtet diese »bête« Familie, Wohlstand, Geist, Charakter und Gesundheit der Männer und Jünglinge zu Grunde, die in ihre Zerreibungszone (militärisch gesprochen) geraten. Und die Zahl der vom Wahnsinn der Fleischeslust Erfaßten ist wahrlich nicht klein. Unter Ruinen von Gut und Leben stirbt schließlich das fatale Weib – an den Blattern. Unter den Fenstern des Hôtels, wo der verpestete Kadaver noch auf dem Bette liegt, zieht die Volksmenge »à Berlin! à Berlin!« heulend, auf und ab. Es ist im Juli 1870. Grandiose Persiflage der Hurenpolitik des letzten Napoleoniden! Am Todestage Nana's erklärt Frankreich dem König von Preußen den Krieg…

Das ist der Schluß des Romans, der mit einer zuchtlosen pièce à femmes im Variétés-Theater begonnen. Die Moral läßt sich mit Händen greifen, wenn man eine solche will.

Wie hat sich die Kritik, auch die deutsche, zu diesem Kunstwerk verhalten? Lächerlich. Nur wenige Proben: ein Herr Gustav Wacht hat sich in Berliner Zeitungen also vernehmen lassen: »Als schriftstellerische Arbeit ist »Nana« das beste, was Zola geschrieben hat. Wie Hogarth in seinen Zeichnungen verzerrt und sehr kraß aufzutragen liebte, so thut (!) es auch Zola; hätte er wie jener Maler die Absicht, durch die Erregung von Grauen und Entsetzen zu bessern, so wäre er eine wohlthätige Erscheinung am Horizonte der Weltlitteratur, aber die Gesinnung, die seine Prdodukte durchströmt, ist gemein, die wollüstige Freude am Laster, die überall durchklingt, wird sittlich feste Menschen mit Ekel und Abscheu erfüllen, in haltlosen Naturen Begierde erwecken und dem Laster die Thür öffnen…«

Erstaunlich, wie dieser Herr Wacht seinen Zola los hat! »Durchströmen der gemeinen Gesinnung«, »Durchklingen der wollüstigen Freude am Laster« – preiswürdige psychologische Funde! Weiter:

»Daß die französische Sittenpolizei das Buch ungehindert passieren ließ und läßt, beweist, wie weit die Korruption in geschlechtlicher Richtung in Frankreich gediehen ist.«

Trösten Sie sich, Herr Wacht, das heilige Rußland wenigstens hat den Beweis der Keuschheit erbracht und die »Nana« verboten. Der Biedermann schließt:

»Glücklicherweise sind die reichsten Blüten der Zola'schen Giftpflanze sehr schwer verständlich, im Normaldiktionnäre findet sich der Patois de voyous, der Cynisme de Bohême nicht vor, diese Idiome lassen sich überhaupt sehr schwer übersetzen, und zum eigentlichen Verständnis gelangen sie nur dem, der sie an Ort und Stelle studieren konnte. Das ist eine köstliche Eigenschaft, die Verbreitung der Schriften im Ausland wird dadurch wesentlich erschwert.«

Das steht hinfüro fest: nächst der Polizeispießmoral und dem Henkersbeil ist die Unwissenheit das köstlichste Ding für Regulierung des internationalen Litteraturverkehrs!

Wie schwer fällt es doch unsern Kulturphilistern, einen wahrhaften, ursprünglichen Schriftsteller zu begreifen und den Geist zu würdigen, der durch seine Werke weht!

Das sind freilich keine parfümierten Feuilletons à la »Figaro« und »Vie Parisienne«, die mit paradoxaler Geistreichigkeit die Chronik der Ausschweifung salonfähig und mit dem starken, geschickt gestreuten Gewürz raffinierter Bonmots den Aasgeruch des Lasters wohlduftend zu machen suchen. Das sind keine romantischen Phantasien à la Dumas und Konsorten, die eine fiktive Welt zusammenfabeln, das Laster idealisieren, ihm eine goldig strahlende Poetengloriole um das geschminkte und frisierte Haupt weben und mit sentimentalen Fiorituren und Rouladen auf die Emotionen der Maulaffen spekulieren. Das sind keine frivolen, mit appetitreizenden Zweideutigkeiten durchsetzten Tugendpredigten über verzuckerte Schmutzgeschichten im Stile der Boulevards-Moralisten und Alkoven-Aesthetiker à la… doch wer nennt die Namen dieser Braven alle! Wir haben diese noble Sorte ja auch in Deutschland…

Es sind ganz einfach Dokumente, Untersuchungsakten eines sozialen Prozesses, wie sie eben nur das richterliche Genie eines Naturalisten wie Emil Zola zu verfassen vermag – und die jedem Kritiker, der im Romane nicht die Wahrheit, sondern nur deren Surrogate nach den Schablonen der überlieferten Aesthetik sucht, zum Stein des Anstoßes gereichen müssen. [...]
[...]

M.G. Conrad (vgl. Dok. 6) wurde ab 1880 zum wichtigsten Propagandisten des Romanciers Zola in Deutschland. Conrad hatte Zola während seines Aufenthaltes in Paris persönlich kennengelernt. In seinem Buch *Parisiana. Plaudereien über die neueste Literatur und Kunst der Franzosen* (1880) stellte er den deutschen Lesern die »Kampfgeschichte Zola's« vor unter der Überschrift: »Der Großmeister des

Naturalismus. Emile Zola. »Die Anerkennung, die Conrad dem »Genie Zola« zollte, galt in erster Linie einem Autor, der »ganz Mann, ganz Kämpfer« war, der, als »naturalistischer Frevler« verschrieen, »den Einbruch in die feindseligen Bezirke der patentierten und unantastbaren schöngeistigen Literatur« gewagt hatte (s. a.a.O., S. 194). Zugleich verehrte er Zola als den Schriftsteller, der die Wahrheit zum obersten Prinzip seines dichterischen Schaffens erklärt hatte: »Die Wahrheit um jeden Preis, ohne jedweden Hintergedanken – ihr gilt jeder Schwertstreich des kühnen Helden.« Die Bedeutung, die Zola für Conrad und einige andere junge Literaten in Deutschland Anfang der 80er Jahre hatte, beschrieb Conrad 1890 rückblickend in der *Gesellschaft*. Er nannte ihn den »großen, genialen Mutmacher, weniger ein litterarisches, als vielmehr ein sittliches Vorbild« [...]. »Er hat uns das *Herz stark* gemacht, unserer mit allen Garantieen des Erfolgs und des pekuniären Vorteils ausgestatteten Familien-, richtiger Kinderstubenlitteratur, die allmählich ganz in Heuchelei und Leisetreterei und jämmerliche Ohnmacht versunken war, den Fehdehandschuh hinzuwerfen und das Banner der ehrlichen, freien, unabhängigen Litteratur, der männlichen, starken Kunst aufzupflanzen« (s. M.G. Conrad, *Professor Volkelt und der deutsche Realismus*. In: *Die Gesellschaft*, 6/1,1, Jg. 6, 1890, S. 321).

1881 veröffentlichte Conrad zwei Buchbesprechungen zu Zola im *Magazin für die Litteratur des In- und Auslandes*. In No. 9 beklagt er die Entstellung, die der Roman »Nana« in seiner Bearbeitung für das Theater erlitt. Zola, der »naturalistische Wundermann«, hätte sich nicht auf Kompromisse einlassen dürfen, denn »die wahre Kunst, die bahnbrechende, zielbewusste, die ihren Existenzgrund in der Selbstherrlichkeit ihrer Eigenart trägt, kennt keine Kompromisse« (a.a.O., S. 135). In No. 40 derselben Zeitschrift stellt Conrad *Zola als Kritiker* vor. Entgegen den Beschimpfungen, mit denen Zola und die naturalistische Literatur von Kritikern wie Hieronymus Lorm, Rudolf v. Gottschall oder Gustav Wacht überhäuft wurde, bekannte er sich »mit Offenheit« dazu, daß er die zwischen 1879 und 1881 erschienenen fünf Bände Zolascher Kritik »mit Eifer und Genuss studiert« habe (a.a.O., S. 586): »Zola der Kritiker ist Zola dem Romancier konform und gleichwertig. Er hat nur *eine* Liebe: die Wahrheit, nur *eine* Sorge: die Wahrhaftigkeit. Mit dem übermächtigen inneren Zwang und Drang, den Menschen und Dingen an die Wurzel zu kommen, verbindet er die seinem eingeborenen künstlerischen und wissenschaftlichen Bedürfnis entsprungene Absicht, in heissem schriftstellerischem Ringen sich eines Stücks wirklich geschauten Weltlebens im Sinne reinster Naturnachahmung zu bemächtigen und auf dem Grunde authentischer menschlicher Dokumente seine Kunstwesen aufzubauen« (ebd., S. 587).

Ausführlich würdigte Conrad Zolas literarisches und literaturkritisches Schaffen in dem 1883 erschienenen Band *Madame Lutetia! Neue Pariser Studien*. Der in Deutschland vielgeschmähte Roman *L'Assomoir* (vgl. Komm./Dok. 104) und der Essay *Le roman experimental* waren für Conrad besonders charakteristische Werke Zolas. Er bezeichnete *L'Assomoir* als das »vollendetste Muster des modernen naturalistischen Romans radikaler Observanz« (a.a.O., S. 30), als eine »litterarische Kunstschöpfung«, die »dem aufs Höchste gesteigerten Empfindungsleben eines edlen Mannes entsprungen« habe (ebd., S. 31).

Conrad begrüßte die naturalistische Kunstauffassung der Franzosen als »demokratischer und wissenschaftlicher« gegenüber der idealistischen Ästhetik. Statt wie diese durch »Schönheit zur Freiheit« wollten die Naturalisten »durch Wahrheit zur Freiheit!«, worin auch Conrad »den heute praktikabelsten Heilsweg für die Völker« sah. Charakteristisch für die Zola-Rezeption in Deutschland ist allerdings, daß im Grunde nur die Kritiker Zolas seine Konzeption des Experimentalromans korrekt wiedergaben, nämlich als den Versuch, den modernen Roman als Wissenschaft neu zu begründen. Zolas Anhänger reduzierten Zolas 1879 entwickelte Romantheorie dagegen auf die Forderung nach Einbeziehung naturwissenschaftlicher Erkenntnisse in das literarische Schaffen. So formulierte auch Conrad 1883: »Zola verlangt nichts anderes als die mit den Entdeckungen der Naturwissenschaften Schritt haltende ideegemäße Entwicklung des sozialen Romans« (ebd., S. 34). Gleichzeitig nennt Conrad die Bezeichnung »naturalistischer Roman« eine contradictio in adjecto, »sobald im Roman nicht mehr die Phantasie, die Erfindung, die romantische Fabulierlust, sondern die logische Methode, die Deduktion, die Beobachtung, das Experiment mit passionellen Zuständen, mit einem Wort der kritische Geist, gepaart mit schriftstellerischem Temperament und künstlerischer Kraft, die dominierende Rolle spielt« (ebd., S. 35). Die hier von Conrad aufgestellte Behauptung, daß Goethes *Wahlverwandtschaften* schon »das schönste Paradigma eines Experimentalromans in Zola'schem Sinne« seien, wird 1889 von Bölsche wieder aufgegriffen und in einem Aufsatz detailliert begründet (vgl. Dok. 34).

Besonders deutlich wird auch in dem ob. dok. Aufsatz die von Conrad vorgenommene Reduktion der

Konzeption des Experimentalromans auf eine Art dokumentarischen Roman. Der Experimentalroman implizierte bei Zola mehr als nur die Tatsache, daß ein Roman »auf den Ergebnissen der Beobachtung und Wissenschaft beruht« (s. Dok. 104). Nach Zola sollte der roman expérimental einen der modernen Zeit angemessenen Übergang der Kunst zur Wissenschaft, analog der Entwicklung in der Medizin, ermöglichen (vgl. Dok. 16). Somit war diese Bezeichnung auch weniger »kunstgerecht« (s. Dok. 104) als vielmehr der Wissenschaft angepaßt. Zolas Theorie des Experimentalromans suchte auch nicht »die höchste Wahrheit als vollendete Kunst« zu begründen, sondern die Möglichkeit der Verwissenschaftlichung der Kunst. Die von Conrad vorgenommene Reduktion tritt u.a. in folgender Formulierung deutlich hervor: »Sein Roman ist, wie er selbst sagt, ein Protokoll, ein allgemein menschliches Dokument, dessen Autor nirgends sichtbar wird als in der Unterschrift«. Den Roman *Nana* bezeichnet er als »ganz einfach Dokumente, Untersuchungsakten eines sozialen Prozesses, wie sie eben nur das richterliche Genie eines Naturalisten wie Emil Zola zu verfassen vermag« (s. ebd.).

Allerdings waren für Conrad ästhetische Fragen, Auseinandersetzungen mit traditionellen Kunstauffassungen eher zweitrangig. Entscheidend für Conrad waren Zolas uneingeschränkte, kompromißlose »Wahrheitsliebe«, seine Anerkennung allein der modernen naturwissenschaftlichen Erkenntnisse als Wahrheit und entgegen seinen Kritikern seine für ihn unzweifelhafte Moralität. So zählte er Zola zu den »einschneidensten Moralisten, die Frankreich hervorgebracht hat« (s. ebd.). Dies legitimierte für Conrad hinreichend die Neuartigkeit seines Romanschaffens, das sich vor einer traditionellen Ästhetik nicht zu rechtfertigen brauchte. Neben der Veröffentlichung des ob. dok. Aufsatzes setzte sich Conrad als Herausgeber der *Gesellschaft* (insbesondere im ersten Jahr ihres Erscheinens) für die Anerkennung des »Großmeisters des Naturalismus« durch die Veröffentlichung weiterer Aufsätze von Erdmann Gottreich Cristaller, Karl Bleibtreu, Eduard Engel, Oskar Welten und Zola-Übersetzungen ein.

105

Julius Hart: *Der Zolaismus in Deutschland.* In: *Die Gegenwart. Wochenschrift für Literatur und öffentliches Leben.* Hrsg. v. Theophil Zolling. 30. Bd., Berlin (G. Stilke) 1886, Nr. 40, S. 214–216.

In Zeiten, da sich ein neues Kunstideal emporringt, ein altes abstirbt, ist der literarische Ruhm wohlfeiler als zu anderen Zeiten. Wie viele »gottbegnadete« Poeten erschuf sich nicht die französische Romantik, die aber längst von der Welle des Tages verschlungen sind und deren Namen nur dem aufmerksamsten Literaturforscher in Zeitungen und Briefen aufstoßen. Die Kritik wird in solchen Tagen fast ganz Parteisache. Man sieht auf die gute Gesinnung, und wer ein dreister Parteigänger ist, darf getrost ein miserabler Poet sein: der Genietitel wird ihm von den Anhängern und Freunden gern zuerkannt. Zur Zeit des jungen Goethe, des jungen Victor Hugo war es leicht, begeistertes Lob zu ernten, wenn man nur in Shakespeare'schen Quibbles sprach und alle dramatischen Einheiten verspottete. Und so scheint es theilweise auch wieder heute zu sein. Nur daß diesmal ein Kreis deutscher Schriftsteller Zola zum Gott sich erkoren hat. Aber wie alle Nachahmung, so ist auch der deutsche Zolaismus zum großen Theil ein farbloser und verwaschener Abklatsch des Originals, dessen Fehler und Gebrechen er in noch ärgerer Vergrößerung und Verzerrung widergibt, während die Vorzüge fast ganz verloren gehen.

Es ist die ganz in Aueßerlichkeiten befangene, trockene und nüchterne Aesthetik des französischen Schriftstellers, welche uns mit einem Schwarm von Phrasen und leeren Begriffen überschwemmt hat. Wollte man nur näher diese Kunstanschauung in's Auge fassen und bedenken, was sie uns bringen muß, die Versandung und Verflachung, ja schließlich den Tod aller Poesie, so würde man doch in den Kreisen ihrer Verehrer ein wenig zusammenschrecken. Denn was uns aus ihr entgegenblickt, ist nichts weiter als der Geist des Gottschedianismus. Die Dichtung ist eine Wissenschaft! Dieser Kern der Zola'schen Aesthetik – wodurch unterscheidet er sich im Wesentlichen von den Nützlichkeitsanschauungen der Vorlessing'schen Zeit? Der Verstand macht nach ihm eigentlich alles in der Kunst; der Schriftsteller ist wesentlich Beobachter, Experimentator, das mit Fleiß zusammengestellte Notizenheft wird zur Bibel der Poesie. Ja, wenn die Dichtung Wissenschaft wäre! Fleiß, eifriges Studium, peinliche Beobachtungen und ganze Bände von Notizen werden für die Kleinwissenschaft stets einen brauchbaren Gelehrten zu Stande bringen... Aber alle Beobachtungen der Welt, Ahasverische Zeitalter hindurch fortgesetzt, machen auch noch nicht einen Gran Künstler aus.

Der andere große Hauptfehler des Zolaismus besteht in der Anerkennung der Natur und Wirklichkeit als unumschränkter Herrscherin in der Poesie. Letztere ist darnach nur ein Abklatsch, eine Wiedergabe der Außenwelt. Sie ist sclavisch an deren zufällige Erscheinungsformen gebunden. Damit wird das Subject des Künstlers einfach todtgeschlagen, und alles, was bis zum heutigen Tage für Kunst und Poesie gegolten hat, ist weder Kunst noch Poesie gewesen: oder aber die Zola'sche Aesthetik, welche zu der Erfahrung im nacktesten Widerspruche steht – die schärfste Verurtheilung für jede Wissenschaft! – ist auf ganz falscher Grundlage errichtet; daß sie es ist, beweisen nicht nur ihre Consequenzen, sondern auch die Unmöglichkeit, ein Kunstwerk darauf zu erbauen. Zola, der Dichter, schlägt Zola, dem Aesthetiker, in jedem Augenblick in's Gesicht.

Wie sehr diese falschen Tendenzen unsere Literatur auf Abwege bringen müssen, und die echte künstlerische Entwickelung unmöglich machen, zeigt das Beispiel Max Kretzer's, den man als den eigentlichen Führer und Hauptvertreter des deutschen Zolaismus bezeichnen muß. Er ist nicht nur das bedeutendste Talent in dieser Schriftstellergruppe, sondern man kann ihn wohl auch von allen den Einzigen nennen, welcher nicht auf dem Wege der reinen Nachahmung, des dilettantischen Nachäffens dem Zolaismus zutrieb, sondern durch eine ähnliche natürliche Beanlagung und seinen Entwickelungsgang, durch verwandtschaftliche Gefühle zu ihm sich hingezogen fühlte. Auch ohne Führerschaft des französischen Meisters wäre er wohl zu demselben Gebiete gekommen. Die dichterische Veranlagung tritt hinter die schriftstellerische entschieden zurück.

Der zeitgenössische Sittenroman ist das durchaus Zola'sche Ideal, welchem Kretzer nachstrebt. Die Darstellung des Lebens und Treibens der Gegenwart, unserer Sitten und Gewohnheiten ist seine Aufgabe. Der Dichter stellt sich an den Markt der Oeffentlichkeit und beobachtet mit scharfem Auge alles, was an ihm vorbei sich drängt: Arm und Reich, Hoch und Niedrig. Er ist kein Schönfärber, sondern gibt die Bilder, wie er sie gesehen hat, in ihrer vollen ganzen Wirklichkeit. Reformator und Agitator, Statistiker und Polizeimann, Gelehrter und Künstler: alles soll sich in seiner Person vereinigen. Dieses Programm enthält Wahres und Falsches zu gleicher Zeit. Die Darstellung zeitgenössischer Sitten, unseres kirchlichen, politischen und socialen Lebens, als eigentlichstes Ziel und wesentlichste Aufgabe einer Dichtung hingestellt, ist ein Tantalusapfel, nach dem vergebens der Poet seine Hände ausstreckt. Damit wird der Kunst der Zweck der Belehrung zugeschoben. Gerade die Vertreter des zeitgenössischen Sittenromans lieben es, unsere historischen und archäologischen Novellen und Erzählungen mit den Schalen ihres Spottes zu übergießen. Sie stehen aber ganz auf dem Boden derselben falschen künstlerischen Anschauung. Ist es keine Aufgabe des Dichters, uns geschichtliche und ähnliche Belehrungen über das alte Egypten zuzuführen, so hat er auch nicht den Zweck, den Gelehrten der Zukunft culturhistorisches Material über uns zu übermitteln. Er pfuscht dem Sittenschilderer, dem Politiker, dem Geschichtsschreiber in's Handwerk; aber eine statistische Broschüre von zehn Seiten wird mehr Licht über unsere Zustände ausbreiten können, als ein dreibändiger Roman. Längst hat die Aesthetik unwidersprechlich mit aller didaktischen Kunst aufgeräumt, keine Dichtung hat die Belehrung jemals auf's Schild gehoben, aus dem einfachen Lessing'schen Grund: man soll das Holz nicht mit dem Schlüssel spellen und die Thür nicht mit der Axt öffnen. Die Kunst steht an der Seite der Natur; die naive Anschauung, als sei jeder Baum, jedes Wesen und Ding als ein moralischer Warnungspfahl aufgepflanzt, die Ameise nur für den Müßiggänger als eine zum Fleiß ermahnende Lehrerin geschaffen, spukt doch nur noch in Kinderbüchern. Unsere Zolaischen Poeten haben diese Weisheit aber noch nicht abgestreift.

Der nüchterne Gottsched'sche Geist des Zolaismus zerreißt das Kunstwerk. Man braucht nur einen Blick auf die völlige Compositionslosigkeit der Romane Kretzer's zu werfen. Das dichterische Vermögen macht hier nur ganz unsichere Tastversuche. Die Empfindung wird angedeutet, aber nicht erschöpft, die Gefühle der Leidenschaft treten etwas gewaltsam, kreischend, zu Tage. Von einer seelischen Entwickelung, einer Psychologie, wittert man nur wenig. Der Charakter nicht nur, das ganze äußere Leben der Hauptfiguren steht am Ende ebendort wo am Anfang. Das Innerliche ist ganz todt geblieben. Kretzer gibt nur eine Aufeinanderfolge von Bildern und Scenen, die aber durch kein geistiges Band zusammengefügt sind. Gerade das, was den großen Dichter ausmacht, bleibt verkümmert. Seine Stoffe, welche an und für sich die stärksten dämonischen Elemente bergen, sind überall nur oberflächlich gestreift, es liegt weit mehr in ihnen, als der Verfasser irgendwie hervorgeholt hat. Besonders die Motivirung ist schwach. Von der *Wesenheit* des künstlerischen Realismus ist Kretzer noch ziemlich entfernt.

Sicherlich hätte er übrigens weit mehr und besseres geschafft, wenn er seine dichterische Aufgabe fest in's Auge gefaßt hätte. Zola'sche Anschauungen aber haben ihm einen argen Streich gespielt. In bösen Augenblicken erinnert er sich immer wieder daran, daß er zeitgenössische Sittenromane schreiben will, daß es seine Aufgabe ist, das Berlin der Gegenwart darzustellen. Hier tritt nun seine eigentliche natürliche Beanlagung in's hellste Licht. Kretzer ist ein Feuilletonist, oder sagen wir besser ein Sittenschilderer von der Art den Petrosius, der mit großer Anschaulichkeit weite und farbige Lebensbilder entwerfen kann. Betritt er dieses

Gebiet, so wird er ein ganz Anderer. Man verspürt eine ordentliche Lust bei ihm, wenn er einmal den Dichter, den Romanschriftsteller bei Seite werfen und ganz Ich sein kann. Die Darstellung von »Trink- und Saufgelagen«, des nächtlichen Treibens im Café National, des conservativen Clubs, satirische Randglossen zur Literatur des Tages u.s.w. überwuchern alles andere; sie nehmen schon an Umfang die erste Stelle ein. Freilich haben sie mit der Haupthandlung auch gar nichts zu thun; eine Fülle von Menschen tritt auf, die nirgendwo handelnd eingreifen; es ist eine Galerie von Charakterstudien, die ganz gut hätte wegbleiben können, aber ebenso gut um zehntausend noch durfte vermehrt werden. Das Werk geht aus Rand und Fugen.

Trotzdem erregt Kretzer seinen Zweck der zeitgenössischen Sittenschilderung nur zur Hälfte. Ist es wirklich sein Ziel, ein Bild des gegenwärtigen Berlins zu geben, so kann er dasselbe nur auf dem Wege des Geschichtsschreibers ohne Bruch und Abzug erreichen, indem er nicht wahllos einige Bilder herausgreift, sondern objectiv alle Erscheinungen nebeneinanderstellt. Daran scheitert ja alle didaktische Poesie, weil der Dichter immer nur einen Abschnitt aus dem Leben zu gestalten vermag. Unter dem Einfluß des pessimistischen Materialismus Zola's huldigt Kretzer im Wesentlichen einem trüben Menschenhaß, Verbitterung und Unzufriedenheit spricht aus seinen Werken. Diese Weltanschauung muß zu Tage treten, wenn er sich fälschlich *dichterischer* Formen bedient, um seine *historische* Aufgabe zu bewältigen. So darf denn ein Tissot ruhig nach der Lectüre dieser Romane ausrufen: »Was beschuldigt ihr Deutschen mich denn der Gehässigkeit? Ist das Bild, welches Euere eigenen Schriftsteller von Berlin und der Berliner Gesellschaft entwerfen, ein schmeichelhafteres, als das meine? Ihr bestätigt nur meine Anschauungen.«

Hier sieht man so recht, wohin die Befolgung der Zola'schen Lehren führen muß. Es ist eine Aesthetik, welche von dem wahren Wesen der Poesie keine Ahnung hat, und Wissenschaft und Kunst durcheinanderwirft, den Gelehrten, den Schriftsteller mit dem Dichter verwechselt. Kommt dazu nun die einseitige Weltanschauung Zola's, für die ja unsere Zeit vielfach Sympathien hat, eine Weltanschauung, welche aus Schopenhauer und Darwin nur das Gift zieht, und an den hochethischen Folgerungen derselben fast blind vorübergeht, welche mit Büchner und Moleschott nur ein Stoffliches, Leibliches und Sinnliches kennt und das Geistige verwirft: so kann man sich ein Bild von dem deutschen Zolaismus machen.

Der Naturalismus in unserer Literatur beweist schroff die Unmöglichkeit dieser die Kunst zur Wissenschaft, den Dichter zum Schriftsteller stempelnden Aesthetik. Wie Kretzer, so kommt auch *Karl Bleibtreu*, der übrigens als directer Nachahmer Kretzer's und nur indirecter Schüler Zola's betrachtet werden muß, in seinen »realistischen« Novellen zur vollen Compositionslosigkeit; von einer seelischen Vertiefung von einer folgerichtig sich entwickelnden Psychologie und Charakteristik, von tieferem Gemüths- und Geistesleben bekommen wir nichts zu sehen; aneinandergereihte Bilder geben nie und nimmer eine Dichtung, sondern eine Feuilletonsammlung. Gerade Bleibtreu ist auch ein Beweis, wie nur eine schwächliche, unproductive Nachahmungssucht den deutschen Zolaismus hervorgerufen hat. Jedes kräftig auftretende Talent schaart ja Schüler um sich, welche dem Meister nachahmen, wie er sich räuspert

und spukt. Ueber Bleibtreu als selbständigen Dichter läßt sich bis jetzt kaum etwas sagen, so
größenwahnsinnig er auch sein Froschtalent aufzublasen sucht. Was er geschrieben hat, weist
vielleicht Spuren einer gewissen lyrischen Begabung auf, ist aber als Ganzes stets völlig
verfehlt, und reich an Dilettantischem, weil er offenbar stets einen raschen Erfolg, statt eines
nachhaltigen, erstrebt und deshalb das Vielschaffen dem nur Bedeutendes Schaffen vorzieht.
Er ist bis jetzt immer nur in Vers und Prosa Eklektiker gewesen und hat seine Vorbilder meist
geradezu carikirt. Das Widersprechendste, wenn es nur augenblicklich an der Mode war,
ahmte er nach. Von der Byroncopie sprang er ab zur Nachahmung der nordischen Dichter,
und wenn er eben noch im Fahrwasser Björnson's trieb, warf er sich gleich darauf in die
Spuren von Dahn, Scheffel, Wolff, um in der »Nibelunge Noth« die Ausschreitungen des
historischen Romanes geradezu bis zum Absurden zu treiben. Dazwischen schrieb er novellistisch gefärbte Militaria, die offenbar auf Einflüsse Erckmann-Chatrians zurückweisen, aber
als poetische Werke gar nicht gelten können; es ist für den Aesthetiker interessant, Bleibtreu's
»Waffen in Spanien« mit Erckmann-Chatrian's »Erinnerungen eines Conscribirten« zu vergleichen, und die Grenzlinien zwischen Dilettantismus und Dichterthum festzustellen. Erckmann-Chatrian bleiben immer in den Grenzen der Kunst, über welche Bleibtreu in jedem
Augenblicke hinwegsetzt, um ein Feuilleton für ein militärisches Fachblatt zu liefern. Es ist
dieselbe trostlose Unreife und Abhängigkeit von anderen, welche auch der Kritiker Bleibtreu
zur Schau trägt. Auch nicht eine Ansicht steht da fest. Jeden Tag huldigt er neuen Anschauungen, wie sie ihm eben von anderer Seite zugetragen werden. Heute behauptet er gerade das
Gegentheil von dem, was er gestern sagte. Was er heute mit ernstestem Gesicht als unerschüt-
terlichste Wahrheit verkündet, verlästert er morgen als den ungeheuerlichsten Unsinn, wie es
ihm in seinen naiven Vertheidigungsreden pro domo gerade paßt. Eine Broschüre »Die
Revolution der Literatur« ist deshalb gar nicht ernst zu nehmen; mit ihrem erschrecklichen
Mangel an literarischen und ästhetischen Kenntnissen, mit ihren vielen völlig unlöslichen
Widersprüchen – bringt er es doch fertig, in einem Nachsatz das Gegentheil zu behaupten von
dem, was er im Vordersatz ausgesprochen – kann sie als die Arbeit eines beachtenswerthen
Schriftstellers nicht angesehen werden.

Mit Bleibetreu ist der Uebergang zu den Schriftstellern gemacht, welche in Zola vor allem
die »pikanten« Situationen gelesen haben, und sich als Realisten rühmen, wenn sie mit mehr
oder weniger Raffinement einige interessante geschlechtliche Nacktheiten schildern. Die Darstellung des Gemein-Sinnlichen wird um ihrer selbst willen betrieben. Man ärgert ein wenig
die Moralisten, weiter hat es keinen Zweck. In diesen Büchern liegt ebenso wenig Geist wie
Kunst. Vor allem ist da *Oskar Welten* zu nennen. Man geht mit der Erwartung an seine
Werke heran, die herben Tragödien eines Zola zu lesen, und geht wieder weg mit dem
erhebenden Gefühl, einen neuen Clauren angetroffen zu haben. Eine süßliche Lüsternheit, ein
faunisches Grinsen, halbverhüllte Andeutungen, pikante Scenchen, wie sie die »Mimili«
bringt… das ist der Charakter dieser nicht für Kinder geschriebenen Bücher der Unschuld
und »Erkenntniß«. Dabei verspürt man von Kunst nichts, noch viel weniger von Realismus.
Aehnlich verhält es sich mit denen, welche in besonderer Freude nur das Häßliche darstellen.

Auf die Schilderung einer Krankenstube läßt man sich mit allen Feinheiten ein, irgend eine viehische Rohheit wird in ausführlichsten Bildern geschildert... aber das Frische, das Gesunde, Erhebende und Erquickende wird kaum mit ein paar Zügen angedeutet, auch wenn die Dichtung es nothwendig verlangt. Man sieht eben das Wesen des Meisters allein in der Wiedergabe des Abschreckenden, Realismus glaubt man zu besitzen, sobald man einige Nacktheiten oder Rohheiten anbringt. Wenn unsere Kritik sich nicht immer durch das Wort »häßlich« bestimmen ließe und, was ihr »häßlich« erscheint, schon deshalb verwürfe, sondern vom reinen Kunststandpunkte aus diese Erzeugnisse untersuchte, so würde sie bald entdecken, daß die eigentliche dichterische Kraft dieser Zolaisten ebenso gering ist, wie die unserer sogenannten idealisirenden, d. h. der schönfärberischen Romanschriftsteller.

Dennoch ist diese Strömung, welche bis jetzt fast nur Verfehltes, Dilettantisches, Kindisches und Dummes an den Tag gefördert – die Kretzer'schen Romane können eben als eigentliche Dichtung nicht gelten, sondern, wie gesagt, nur als Sittenschilderung im großen Stile – aus unseren literarischen Zuständen heraus erklärlich. Und damit hat sie auch eine gewisse *geschichtliche* Berechtigung! Ich will das aus der Natur ihres kritischen Stimmenführers M. G. Conrad erläutern. Conrad, dessen Novellen allerdings ein eigentliches Dichtertalent nicht erweisen und darum auch über die bloße Nachahmung nicht hinaus kommen, – Conrad ist eine volle, ganz gesunde und kraftstrotzende Schriftstellernatur, vom derben Schlage der Scherr und Vischer, die immer erquicklich wirken, weil sie frisch von der Leber weg sagen, was sie fühlen und denken, kein Blatt vor den Mund nehmen, vor allem wahr sein wollen und am meisten die Heuchelei hassen. Alles Zärtliche und Verzärtelte, Engbrüstige, Conventionelle, alles Feigenblattwesen ist ihnen verhaßt. Dieser männliche Wahrheitssinn und Wahrheitsdrang, dieses burschikose unbekümmerte Wesen macht sie zu erfreulichen Erscheinungen, auch wenn das, was sie vertreten, völlig falsch ist; solche Naturen wirken angenehm, wäre selbst die Intelligenz nur schwach entwickelt. So ist denn auch Conrad zum Bannerträger des Zolaismus geworden, weil er hier den völligen Gegensatz sah zu der schwachen, lyrischen Empfindelei, der in die Brüche gehenden Romantik, wie sie in unserer Literatur nur zu sehr noch herrscht. Die rosige Schönfärberei unserer Romandichtung mit ihren herrlichen Helden und Heldinnen, den idealischen schönen Menschen, deren Heimat offenbar der Himmel ist, die Weltabgewandtheit unserer Literatur, die sich in allerhand Träumen einspinnt,... mußte zuletzt den Widerspruch wachrufen. Sie bietet gar zu viel Zucker und Bonbon,... da bekommt man plötzlich einmal Appetit auf einen derben Schluck Branntwein. Der Zolaismus ist solch eine Art Fuselcur.

Von langer Dauer wird er nicht sein. Ich glaube, seine Tage sind jetzt schon gezählt. Die Erzeugnisse der deutschen Zolaisten werden wenig gelesen, gar nicht gekauft, und ihre kritischen Organe erscheinen unter Ausschluß der Oeffentlichkeit. Man darf bereits die Zuversicht haben, daß unsere junge Dichterwelt wieder zu dem wahren Wesen der Kunst den Weg zurückfindet, ihr innerstes Sein erkennt. Wie der Gottschedianismus des vorigen Jahrhunderts die Entwickelung der Poesie nicht aufhalten konnte und sogar ein Heilsames im Gefolge hatte, so überwindet unsere Dichtung auch den Gottschedianismus des neunzehnten

Jahrhunderts: die formale, trockene »Wissenschaftlichkeit« der Zola'schen Aesthetik. Noch pulsirt in den Adern des deutschen Volkes ein kräftiges Leben; es ist nicht eine Nation des Niederganges, sondern des Emporstrebens. Und darin liegt die Bürgschaft, daß ein gesunder Idealismus den trüben pessimistischen Materialismus des französischen Schriftstellers zu Nichte macht, daß aus der Literatur des bloß Häßlichen und Erdrückenden eine wahrhaft realistische Literatur des Wirklichen, Großen und Erhebenden wird.

Schon in dem Zola-Artikel der Brüder Hart von 1882 (s. Dok. 102) waren die Unterschiede zwischen ihrer Naturalismus-Konzeption und der Michael Georg Conrads klar erkennbar. Der ob. dok. Aufsatz von 1886 verdeutlicht, wie kontrovers die Positionen innerhalb der naturalistischen Bewegung blieben, auch nachdem sich die Autoren mehr oder weniger als Gruppe auf dem literarischen Markt vorgestellt hatten, in der Lyrik-Anthologie *Moderne Dichter-Charaktere* und in der *Gesellschaft*, oder sich regelmäßig im Verein »Durch« trafen. 1884 erwähnten die Harts in ihrem Spielhagen-Essay (s. Dok. 30) noch Max Kretzer und Wolfgang Kirchbach in einer Reihe mit Karl Emil Franzos, Leopold v. Sacher-Masoch, Conrad Ferdinand Meyer, als Autoren, die die Gewähr dafür böten, daß »auch der heutige Roman einer Uebergangsperiode zur Höhe hin angehört« (s. *Kritische Waffengänge*, H. 6, 1884, S. 71f.). Von den beiden jüngeren Autoren erhofften sie eine Entwicklung, die ihren ästhetischen Vorstellungen entsprach: »Wol sind es mehr Feuilletonbilder, als Poesiegestaltungen, welche Max Kretzer in seinen Berliner Romanen bietet, und wol erliegen die Geschichten Wolfgang Kirchbachs, welche in seinen »Kindern des Reichs« vereinigt sind, dem Wust von Tendenz und unkünstlerischem Beiwerk, aber beide erweitern nicht nur stofflich die Kreise des Romans, sie suchen auch nach realistischer Tiefe und Körnigkeit. Es ist noch alles Gährung und viel Wüstheit in diesen Gebilden, aber diese Gährung verheißt mehr Zukunft, als das Stagnieren in alten Formen und Idealen« (ebd., S. 72). Diese »Zukunft« bedeutete für die Harts insbesondere auch, daß der »Roman wieder den Händen des Schriftstellers entwunden und zu einer Sache der Poesie wird« (ebd., S. 73).

In dieser Hoffnung sahen sich die Harts spätestens 1886 getäuscht. Sie griffen das Schlagwort der Zola-Gegner auf und faßten als »deutschen Zolaismus«, was sich von ihren literarischen Erneuerungsbestrebungen wesentlich unterschied. Dieser Begriff verdeckte allerdings, welchen Abwandlungen die Zolasche Position auch bei zustimmender Rezeption in der naturalistischen Bewegung unterworfen war. Insbesondere Zolas experimentelle Methode, seine Theorie von einem notwendigen Übergang des Romans als Kunst zu einer Wissenschaft, wurde im Kern von den oppositionellen Literaten und Kritikern in Deutschland generell abgelehnt, von den Zola-Anhängern auch, die die wissenschaftliche Methode auf eine dokumentarische verkürzten, wie z.B. Conrad (vgl. Dok. 104) oder Max Kretzer (vgl. Dok. 36). Karl Bleibtreus Verehrung für Zola wiederum galt dem Genie, dem literarischen »Herkules«, in keiner Weise dem Naturwissenschaftler (vgl. Dok. 8).

Oskar Welten, den Julius Hart hier ebenfalls erwähnt, zählte neben Conrad zu den ersten Zola-Verehrern in Deutschland. In demselben Jahr wie Conrads *Madame Lutetia!* (Leipzig 1883) erschien von ihm der Band *Zola-Abende bei Frau von S. Eine kritische Studie in Gesprächen* (Leipzig, 1883). In Form einer Unterhaltung stellte er Zola, entgegen der verunglimpfenden Kritik, als Schriftsteller einer neuen Zeit vor, als den »Lessing« des Naturalismus (a.a.O., S. 7). Allerdings unterzog auch er die naturalistische Position Zolas gleich in den ersten Abschnitten seines Buches einer wesentlichen Revision. Während für Zola »naturalisme« (von »naturaliste« = Naturwissenschaftler, naturwissenschaftlich) in erster Linie die literarisch-ästhetischen Konsequenzen aus der Entwicklung der modernen Naturwissenschaften beinhaltete, erklärte Welten den Naturalismus zu einem überzeitlichen Kunstprinzip: »Der Naturalismus in der Kunst nimmt also verschiedene *Formen* an in verschiedenen Zeiten und bei verschiedenen Völkern, er bleibt aber immer gleich in seinem *Wesen*, in der *Wiedergabe der Natur*: denn Naturalismus ist Natürlichkeit und ohne diese giebt es kein echtes, vollkommenes Kunstwerk« (ebd., S. 15). Und schließlich stellte er auch die experimentelle Methode als ein literarisches Prinzip dar, das bereits Goethe und Shakespeare angewandt hätten. Zolas Auffassung, daß die experimentelle Methode die Verwissenschaftlichung der Kunst ermögliche, erscheint bei ihm als »Zola'sche Meinung, daß die experimentale Methode in der Poesie die einzig richtige, die schönsten Werke schaffende« sei (ebd., S. 19).

106
Fritz Mauthner: *Daudet und Zola*. In: Fritz Mauthner: *Von Keller zu Zola. Kritische Aufsätze.* Leizpig (J. J. Heine), 1887, S. 111–143; hier: S. 132–139.

[...]

Ich will nur gestehen, daß mein lebhafter Zola-Haß wohl gegen seine deutschen Vertheidiger und seine französischen Nachahmer Stand hält, nicht aber immer gegen die Kraft des Meisters selbst. Jedesmal wirkt seine neue Schöpfung im Anfang überwältigend, und erst wenn der von allen Seiten niedersickernde Schmutz sich so verdichtet hat, daß man knöcheltief im Dreck zu waten genöthigt ist, erst dann zwingt Zola, seinen Weg zu verlassen, erst dann steigt langsam eine Ueblichkeit zu Herz und Kopf empor, die alle Bewunderung erstickt, wie die Seekrankheit uns unerbittlich um alle Schönheiten des bewegten Meeres bringt.

Sein großer Roman »Germinal« erregt diese Bewunderung und diese Seekrankheit in ganz besonders hohem Maße. Nachdem Zola in seinen letzten drei Romanen den Quark seiner widerlichen Stoffe bis zur Langweiligkeit breit getreten und wohl selbst sein treues Cocottenpublikum abgeschreckt hatte, faßte er diesmal wieder mit starker Hand einen bedeutenden Gegenstand wie in seinem »Assommoir« und bewies wieder seine unerhörte Fähigkeit, das tausendgestaltige Leben mit mikroskopischen Augen zu sehen und mit verblüffender Anschaulichkeit der Sprache zu schildern. »Germinal«, worin er mit äußerster Breite die Arbeitseinstellung in einem Kohlenbergwerke und ihre Folgen erzählt, hätte vielleicht der werthvollste unter den vielen Bänden werden können, denen der bessern Verkäuflichkeit wegen der immer wesenloser werdende Gesammttitel: »Les Rougon-Macquart« geblieben ist. Noch niemals war Zola so modern und keines seiner Bücher hätte eine größere Anwartschaft auf vieljährigen Ruhm, als dieses, wenn nicht wieder alles Herrliche und Mannhafte seiner ungeschwächten Kunst schließlich unterginge unter dem Morast seiner unfläthigen Bilder.

Die Frage ist nur: Aus welchem Grunde ist der Schmutz zum Kunstprinzipe Zolas erhoben worden? Ist seine große Ausschlachtung von Thierischem ein stiller Wahnsinn oder eine geschäftliche Spekulation? Ein großer Pariser Buchhändler versicherte mich des letztern, ein großer Pariser Dichter des ersteren.

Wenn man Zola selber über sich sprechen hört, so empfängt man natürlich den Eindruck, als ob er unbewußt von fünfmalhundert Säuen besessen wäre, als ob seine Netzhaut, wie die gleichgesinnter Maler, für reine Farben und für Schönheit erblindet wäre. Einmal hat er seine Thätigkeit in einem homerischen Bilde mit dem schweren Tritte des Ochsen verglichen, der unbekümmert um die Welt seinen Pflug zieht. Und so viel ist sicher, daß Zola ohne eine unbesiegbare natürliche Hinneigung zum Häßlichen seine Bücher niemals geschrieben hätte. Man kann aus Noth Kanalräumer werden; aber Vergnügen an dieser Arbeit empfindet doch nur ein Ausnahmemensch.

Zola freut sich ordentlich, wenn sein Fuß in die Jauche tritt. Keine Gestalt in seinem neuen Buche ist so kraftvoll und mit solcher Lust gezeichnet, wie die scheinbar unbeschreibliche

Mouquette, welche z.B. den selten schönen Kernspruch Götzens von Berlichingen unaufhörlich beinahe wie ein Kosewort im Munde führt. Er verzeichnet jede erotische Regung bei
Kindern, Erwachsenen und Greisen mit derselben feierlichen Regelmäßigkeit, mit welcher
Homer seine Helden die Begierde nach Trank und Speise befriedigen läßt; aber er begnügt
sich nicht, wie der Dichter, mit einem kurzen Verse, er verweilt so lange bei der an sich so
schönen Nothdurft der Natur, daß für die Kämpfe der Helden kein Raum und kein Athem
übrig bleibt. Vollends zur Besessenheit wird Zolas einseitige Theilnahme am Cynischen,
wenn er es auch außerhalb des Menschen sucht und darum natürlich ein Kaninchen poetischer findet, als eine Löwin. Das letzte Mal war es eine Katze, die uns durch zahlreiche
Nachkommenschaft erfreuen sollte; diesmal ist es ein Kaninchen; nächstens wird er den
Hasen zum Attribut seines Heros machen. So viel ist sicher: für den räthselhaften Aal kann
Zola nicht schwärmen; sein Liebling ist die Auster mit ihrer dämonischen Fruchtbarkeit.

Diese Besessenheit, also ein unbewußt geniales Wesen zugegeben, bleibt doch die Erscheinung Zolas unerklärt, wenn nicht sein geschäftliches Interesse an der Beliebtheit der Pornographie beachtet wird. Er ist nicht so betrügerisch, daß er ein Gebreste heuchelt, um dann zu
betteln; aber er ist schlau genug, um die wirklich vorhandene Krankheit vor den Augen der
Leute auszustellen.

Schon die erwähnte gewaltsame Verknüpfung der einzelnen Romane unter dem Gesammttitel ist nichts weiter als der Kunstgriff eines geldgierigen Buchhändlers, der eine »Kontinua-
tion« herstellen will. Und daß auch die Fabriksmarke der Unfläthigkeit oft nur dem Publikum
zu Liebe aufgedrückt ist, das ist daran zu sehen, daß namentlich im »Germinal« fast alles
Obscöne einfach gestrichen werden könnte, ohne daß das Buch als Kunstwerk das Mindeste
verlieren würde. Wie in der älteren Oper ab und zu die nackten Beine der Tänzerinnen den
einschlummernden Antheil der Zuschauer neu erregen mußten, so giebt auch Zola, der
»Reformator«, in jedem Kapitel ein paar Nacktheiten als Reizmittel. Und er ist in der Wahl
der Mittel nicht stolz; oder er ist in seinem Geschmack ein Greis geworden und rechnet auf
eine Leserschaft von Greisen.

Die geschäftliche Schlauheit, die ihn aus Straßenkoth Gold gewinnen läßt, äußert sich
übrigens auch in seiner künstlerischen Technik, die freilich so hoch steht, daß sie kaum von
einem der lebenden Schriftsteller erreicht wird. Er steigert seine Vorzüge bis zur Virtuosität,
aber er verwandelt selbst seine Armuth in einen Vorzug. Im Wesentlichen kann er nur
beschreiben, mit höchster Anschaulichkeit beschreiben, aber weder erfinden noch einen
Schimmer von Humor aufbringen. Den Mangel an Erfindung ersetzt er durch eine so fadendünne Handlung, daß die Schlichtheit eine schöne Absicht scheint; und den Mangel an
Humor verdeckt er durch Brutalität. Alle großen Humoristen haben starke Ausdrücke geliebt; und Zola wirft mit so klotzigen Ausdrücken umher, daß er dadurch wirklich ein wenig
an die schwachen Stunden großer Humoristen erinnert.

Die fadendünne Handlung, welche die breiten Beschreibungen in »Germinal« zusammenhält, ist ebenso unsauber als sie wenig naturalistisch ist. Der Arbeiter Etienne Lantier – er
muß irgendwie der Bruder von Nana sein –, der in einem Kohlenbergwerk Arbeit findet, lernt

im ersten Kapitel eine fünfzehnjährige Kärrnerin kennen und schätzen, und sie erwiedert seine Gefühle. Mitten in der sodomitischen Welt Zola's schmachten einander diese zwei seltsamen Liebesleute an und ehren ihre Gefühle dadurch, daß sie sich anderweitig in ganz gewöhnliche Liebschaften (wenn nicht auch dieses Wort noch für Zola zu »conventionell« wäre) einlassen. Im letzten Kapitel erst kommt es zu der von Beiden heiß ersehnten Umarmung. Ein Nihilist, dem der verpuffende Strike der Grubenarbeiter nicht gefällt, hat mit heroischer Selbstaufopferung die Verkeilungen der Schächte zerstört und das Bergwerk unter Wasser gesetzt. In einem Winkel unter der Erde kommen Etienne und seine Trine zusammen, beide dem sichern Hungertode preisgegeben. Und acht Tage haben sie's getragen, tragen's länger nicht; die Trine gesteht ihm am neunten Hungertage ihre Liebe, wird seine Frau nach dem Ritus des Naturalismus und stirbt nachher sofort an Entkräftung. Der junge Ehemann wird unmittelbar darauf gerettet.

Diese Erfindung hat alle Fehler Zolas, aber keinen seiner Vorzüge. Sentimental wie Ebers, schablonenhaft wie Marlitt sind diese Helden; und die Katastrophe vollends ist so künstlich, ja fast mathematisch nach einer Formel konstruiert, daß man fast glauben sollte, Zola habe zur Krönung des ganzen Buches einen Gegensatz zu seinem Naturalismus gesucht, er habe den Pferdedünger nur zerbröckelt, um Champignons zu pflanzen. Zola hat früher bewiesen, daß er auch für solche scheinbar entsagende, in Wirklichkeit aber krankhaft aufgeregte Liebesbeziehungen die Töne zu finden weiß. Hier aber, wo das Thier im Menschen allein beschrieben wird und wo die Helden selbst sich ganz vergnügt in dem allgemeinen Schlamme mitwälzen, hier wirkt die negative Lyrik der unbefriedigten Liebe nur mit unfreiwilliger Komik, und die Phantasie, welche eine Hochzeitsnacht der langsam Verhungernden ausgetiftelt hat, wird wohl auf gesunde Nerven wie der Traum eines Geisteskranken wirken. Mir wenigstens wäre eine naturalistische Ausmalung der Qualen des Hungertodes im Stile der Kolportage-Romane minder anstößig gewesen, als dieser greisenhafte Einfall, eine ganz neue Situation der Liebe zu beschreiben. Dem echten Dichter genügt die alte, ewig-dieselbe Liebe, um sie mit immer neuen Worten zu preisen.

Das Thier im Menschen zu sehen und sein Wirken zu schildern, das ist die Aufgabe Zolas, an welche er seine gewaltige Begabung und eine Art religiösen Eifers setzt. Dieses Thier säuft im »Assommoir«, frißt im »Ventre de Paris« und treibt sein Spiel in »Nana«, wenn die Thiere mir diesen letzten Vergleich gütigst gestatten wollen; und es ist kein Zufall, daß ein lächerlicher deutscher Nachahmer Zolas ihn noch zu übertreffen glaubte, als er zur großen Szene einer Novelle die Nacht machte, in der eine Hündin zwölf Junge wirft. Zola ist der Dichter des Thierischen im Menschen; und weil das Thier keine Romane lesen kann, sondern ohne wesentliche Rückerinnerung von der Hand in den Mund lebt und empfindet, darum fällt es diesem Thierdichter auch immer so schwer, für seine bewunderungswürdigen Einzelschilderungen den verbindenden Faden zu erfassen.

Ein Ochse auf der Weide hat eben nach menschlichen Begriffen keine Geschichte; und selbst eine Kuh bei der magersten Stallfütterung kann, wenn der Schlächter sich endlich ihrer erbarmt, wohl eine traurige, aber keine tragische Gestalt sein. Auch der Zola'sche Mensch, der als Heerdenvieh aufgefaßt wird, verliert die individuellen Züge, die ihn zu einem Gegenstande der Kunst machen konnten. Der Heerdenmensch ist für die Poesie verloren und nur, wie die Landschaftsmalerei etwa grasende Rinder oder Schafe im Gewitter nebenbei verwerthet, kann noch die beschreibende Kaninchenpoesie die menschliche Staffage gebrauchen. »Waldesdickicht mit liebenden Menschen«, »Stubeninneres mit fressenden Menschen«, »saufende Menschen am Flusse«, das wären die richtigen Ueberschriften für Zolas Viehmalerei.

Während nun das Thierische im Menschen ausgelöst und in den schwärzesten Farben geschildert wird, sucht Zola neuerdings sein gutes Kinderherz durch eine sentimentale, melodramatische Neigung zum wirklichen Thiere zu offenbaren. Während er den organisirten Hungertod der Grubenarbeiter mit der brutalsten Sachlichkeit ohne Schonung berichtet, findet er plötzlich für die Leiden der Pferde, die im Bergwerke arbeiten, die Flötentöne der konventionellen Poesie.

Wenn der Papst des Naturalismus anfängt, der alten Mähre seine Worte ins Pferdegehirn zu legen, so denkt man unwillkürlich an Scheffels Hiddigeigei und dessen ganze urdeutsche Ahnenreihe und sucht nach dem Zusammenhange.

Fritz Mauthner (1849–1923), Schriftsteller und Journalist, unterstützte bereits in den 70er Jahren eine realistische Entwicklung in der Literatur. 1875 machte er in der *Gegenwart* auf den »bis dahin in Deutschland weitgehend unbekannten Anzengruber« aufmerksam. Er hob hervor, daß Anzengruber »das Gift der Verdummung und Verdogmatisierung unseres Landvolkes in seiner allgegenwärtigen bald stärkern, bald schwächern Zerstörungswuth im Blute lebendiger, warm pulsirender Individuen« zeige. Mauthner stellt Anzengruber als einen Autor vor, der sich gegen Lüge und »Heuchelei« des Klerus wendet; im *Meineidbauer* trete das »Lieblingsmotiv« des Dichters am besten hervor: »es ist die furchtbare Desorganisation der Bauernsittlichkeit in Folge des kirchlichen Formenkrams« (F. Mauthner, *Ein österreichischer Dialektdichter. Ludwig Anzengruber*. In: *Die Gegenwart*, Bd. 7, 1875, S. 122 u. 123). 1878 begrüßte Mauthner Ibsen als Kämpfer gegen die »Lüge« (vgl. Komm./Dok. 93); 1878 findet man Mauthner auch unter den Autoren der von den Brüdern Hart herausgegebenen *Deutschen Monatsblätter*. In den 80er Jahren ist Mauthner auch unter den Autoren der Berlin-Romane: *Der neue Ahasver. Roman aus Jung-Berlin*. 2 Bde., Dresden, Minden 1883; *Berlin W. Drei Romane*. 3 Bde, Dresden, Minden 1886–1890. Schließlich zählte Mauthner mit zu den Begründern der Freien Bühne und gehörte zu dem 10er-Gremium der aktiven Mitglieder. Unstimmigkeiten mit Otto Brahm führten dazu, daß Mauthner sich schon 1890 wieder von dem Theaterverein distanzierte. Dagegen arbeitete Mauthner bei der Freien Volksbühne und der Neuen Freien Volksbühne mit. Er unterstützte Gerhart Hauptmann und wird später von ihm neben Otto Brahm und Paul Schlenther als einer seiner »Schirmherren« genannt (vgl. auch Dok. 117). 1889/90 gab Mauthner die Wochenschrift *Deutschland* heraus, die, ab 1891 mit dem *Magazin für Litteratur* vereinigt, von Mauthner und Oskar Neumann-Hofer bis 1897 herausgegeben wurde.
Mauthners »Zola-Haß« stand seine Anerkennung für Alphonse Daudet gegenüber, den er als »ersten Vertreter deutschen Humors in Paris« bezeichnete, der »recht gut neben unseren besten Humoristen stehen« könne: »Er schreibt wie Keller seine Sprache mit vollendeter Anmuth [...] er ist wie Keller am glücklichsten in der Erfindung beschränkter Geschichten« (s. Fritz Mauthner, *Von Keller zu Zola*. Leipzig 1887, S. 112). Mauthner kritisierte nicht das »Prinzip des Naturalismus«, fand aber, daß Zola diesem großen Schaden zufügte. Für ihn bewies »die Tollheit des Naturalismus nichts gegen den Realismus« (ebd., S. 121). Mauthner akzeptierte nicht einen Naturalismus, dem alles Erfreuliche und Anmuthige fehlte: »Gewiß der Koth bildet auf Erden die größere Masse. Aber die Natur, nach welcher der Naturalismus sich nennt, bedeckt ihn gnädig mit einem freundlichen Pflanzenwuchs. Andere Dichter sehen auf dem Mistbeet die Blume allein; Zola sackt säuberlich den Mist ein und läßt die Blume liegen« (ebd., S. 131). So wiederholt Mauthner in seiner Zola-Kritik all die moralischen Verurteilungen, die

bereits vielfach in der deutschen Kritik gegen Zola vorgebracht worden waren: »Schmutz« als »Kunstprinzip«, »Pornographie«, »Reizmittel«, »geschäftliche Schlauheit, die ihn aus Straßenkoth Gold gewinnen läßt«. Schließlich fällt hier auch bereits der Begriff des »Geisteskranken« (s. Dok. 106), der in den 90er Jahren zusammen mit dem Begriff der »Entartung« zu einem zentralen Kampfbegriff gegen den Naturalismus wird (vgl. auch die Dok. 59, 98).

107
Georg Brandes: *Emile Zola*. In: *Deutsche Rundschau*. Hrsg. v. Julius Rodenberg. 14. Jg. Berlin (Gebr. Paetels) 1888, Bd. 54, Heft 1, S. 27–44.

Als Prosaschriftsteller geht Zola von Taine aus. Sechsundzwanzig Jahre alt, sagt er von dem Verfasser der »Geschichte der englischen Literatur«, daß »die neue Wissenschaft, die aus Physiologie und Psychologie, Geschichte und Philosophie bestehe, ihre höchste Entfaltung in ihm gefunden habe.« Taine ist seiner damaligen Auffassung zufolge »die höchste Offenbarung unseres Wissensdranges, unseres Untersuchungsstrebens und unseres Hanges, Alles zu einem einfachen Mechanismus zurückzuführen, der zu den mathematischen Wissenschaften gehört«.

Taine war mit anderen Worten augenscheinlich der erste zeitgenössische Denker, den Zola las und verstand.

Es fand sich eine gewisse Uebereinstimmung zwischen den natürlichen Neigungen und den ursprünglichen Sympathien des älteren und des jüngeren Schriftstellers. Zola hatte wie Taine eine Vorliebe für das, was reich und breit ist, für das Kräftige und Derbe.

Taine war ein Jordaens, und Zola war ein Jordaens. Das Massive bei Taine, all' das Schwelgen in Farben und Formen, in Naturschauspielen, in Orgien und Gewaltthätigkeiten, gefiel Zola.

Sie liebten ferner alle Beide eine gewisse verständige Trockenheit und Einfachheit in dem Grundriß eines Buches und eine überströmende, bisweilen ermüdende Fülle in den Einzelnheiten, die von dem scharfen Rahmen umfaßt wurden. Sie waren Systematiker und Beschreiber alle Beide.

Daß bei Taine die Umgebungen so viel und der einzelne Mensch so wenig bedeutete, machte anfangs Zola stutzen und rief seinen jugendlichen und leidenschaftlichen Protest hervor. »So lange Taine dem Dichter und dem Maler ein wenig Menschlichkeit, ein wenig freien Willen und persönlichen Schwung einräumt, kann er sie nicht ganz zu mathematischen Regeln zurückführen.« Er behauptet die Souveränität des Genies dem Haufen gegenüber. Taine's Methode scheint ihm nur brauchbar bei Massenunternehmungen oder gemeinschaftlichen Werken, wie die Pyramiden Aegyptens und die großen Völker-Epopöen; sobald man die Persönlichkeit, den Flug und Schwung des freien und unregelmäßigen Menschen einführt, schnarren alle Federn, und die Maschine birst.

Doch wenige Jahre später schlägt er um, geht ganz in die mechanische Anschauung auf, eignet sich sogar Taine's Ausdrucksweise an und gebraucht mit Vorliebe dessen trotzigsten Jugendstil. Vor »Thérèse Raquin« setzt er als Motto die bekannten Worte, die seiner Zeit Taine so viele Unannehmlichkeiten verschafften: »Tugend und Laster sind Producte wie Vitriol und Zucker.« In der Vorrede seines großen Werkes »Les Rougon-Macquart« schreibt er einen Satz, der aussieht, als wäre er nach Taine copirt: »Die Erblichkeit hat ihre Gesetze wie die Schwere.« Wie die Schwere? Vielleicht. – Nur ist zu bemerken, daß wir die Gesetze der Schwere kennen, aber von den Gesetzen der Erblichkeit so gut wie gar nichts wissen.

Er spricht endlich hier mit einer Wendung, die dasselbe Vorbild verräth, von seinen Versuchen, den Faden zu finden, der mathematisch sicher von dem einen Menschen zu dem anderen führt. So vollständig ist er hier für die Lehre gewonnen, der er sich anfangs zu widersetzen strebte.

Nichts von dem, was Taine geschrieben, hatte solchen Eindruck auf ihn gemacht, wie der Aufsatz über Balzac, in dem er seinen zweiten großen Führer fand. Dieser Aufsatz, der damals für eine der verwegensten literarischen Handlungen galt, stellte mit einem herausfordernden und übertreibenden Vergleich einen noch umstrittenen Romanverfasser an die Seite Shakespeare's; aber er machte Epoche, und er führte in die Literatur einen neuen Ausdruck und einen neuen Maßstab für den Werth dichterischer und historischer Werke ein: Zeugnisse darüber, wie der Mensch ist.

Taine schloß nämlich folgendermaßen: »Mit Shakespeare und Saint-Simon ist Balzac das größte Magazin von Zeugnissen, das wir über die Beschaffenheit der menschlichen Natur besitzen« (documents sur la nature humaine).

Zola machte hieraus sein ungenaues Stichwort: documents humains.

Wiederum war es eine gewisse Aehnlichkeit in der Naturanlage, welche bewirkte, daß Balzac so mächtig in Zola einschlug. Ihn sprach das Unverdrossene an dem großen Arbeiter und das Colossale in seiner Arbeit an. Er fand bei ihm den Sinn für das Moderne: Balzac hatte als Dichter sein eigenes Zeitalter dargestellt; und den Sinn für das Wirkliche: Balzac hatte nicht verschönern wollen; endlich den Sinn für das Umfassende: die Idee, alle die einzelnen Romane zu einem großen Ganzen zu verbinden. Bei Taine sah Zola zum ersten Male Balzac nach Verdienst geschätzt, und diese Werthschätzung spornte natürlich seinen eigenen Muth und seine eigene Hoffnung an.

Außerdem fand er bei Taine eine Kunsttheorie, die ihn ganz befriedigte. Es war die alte, hier nur von aller Metaphysik befreite, Lehre der deutschen Aesthetik, daß das Ziel des Kunstwerkes das ist, irgend eine wesentliche oder hervorragende Eigenschaft, irgend eine wichtige Idee klarer und vollständiger zu offenbaren, als die wirklichen Gegenstände es thun. Diese Definition kam sowohl seinem Drange nach Wirklichkeit wie seinem Drange nach Persönlichkeit in der Kunst entgegen.

Und er drückte denselben Gedanken mit seinen eigenen Worten aus, indem er sagte: »Une œuvre d'art est un coin de la création vu à travers un tempérament.« Später, als er sich in das

Wort »Naturalismus« verliebt hatte, ersetzte er den theologischen Ausdruck »création« mit dem gottlosen Ausdruck »nature«.

I.

Diese Definition, daß das Kunstwerk ein Stück Natur ist, durch ein Temperament gesehen oder aufgefaßt, ist frisch und durch ihre Einfachheit ansprechend, aber durchaus nicht so bestimmt, daß sie zur Ausschließung all' der Kunst gebraucht werden kann, welche der Verfechter des Naturalismus verwirft oder verschmäht.

Schon das Wort »Temperament« ist unbestimmt; es heißt zunächst eine kräftige angeborene Eigenthümlichkeit. Es kann durch körperliche und sinnliche Beschaffenheit, durch Eigenthümlichkeit, durch Lebensanschauung übersetzt werden. – Ausdrücke, die verschiedene Möglichkeiten eröffnen. Temperament geht zunächst auf das Blut: leichtblütig, warmblütig, schwerblütig, kaltblütig. Taine sagt: Eigenschaft, Fähigkeit, Idee. Zola sagt: Blut. Er meint zunächst eine kräftige angeborene Eigenthümlichkeit.

Nun ist die Frage, inwiefern diese Eigenthümlichkeit das umformt, was zuerst »Schöpfung«, später »Natur« genannt wurde.

Denn der Nachdruck fällt auf dieses Glied. Zola nannte sich ja später »Naturalist« nach dem Gegenstande, nicht »Personalist« nach dem Temperament.

Die Frage ist also: Ist das von dem Temperament umgebildete Stück Natur noch Natur? Das heißt, Natur für die Anderen. Wann hört die umgeformte Natur auf, Natur zu sein?

Wenn ich eine nackte Mannesgestalt male, dann male ich Natur. Stelle ich die Berglandschaft dar, dann male ich Natur. Wenn ich (wie Böcklin) den gestraften Prometheus male, ungeheuer, hoch oben in dem Nebel über den Bergesgipfeln ausgestreckt, ist dies dann Natur oder nicht?

Wenn ich ein Skelett male, dann male ich Natur. Wenn ich den Tod als Skelett male, ist das noch Natur? Wenn ich (wie Max Klinger) den Tod als Skelett male, das früh Morgens mitten in einer blumenreichen Sommerlandschaft seine Nothdurft verrichtet, ist da die Natur vom Temperament getödtet?

Man sieht, wie leicht das Natürliche ins Phantastische hinübergleitet. Und wenn man liest, wie Zola seine Ansicht vertheidigt, entdeckt man auch, daß der Stachel seines Angriffes gegen die sogenannte historische Kunst gerichtet ist, während die phantastische außer Acht gelassen wird.

Zola hat nie die Art der Phantasiewirksamkeit präcisirt, welche er bekämpft. Aber das, worauf er's eigentlich abgesehen hat, ist das lose Erfinden der Einbildungskraft, welche über den Gegenständen und außerhalb der dargestellten Menschen schwebt.

Es war einst der Stolz der Dichter, daß sich ihre Phantasie frei zwischen dem Nordpol und Südpol bewegen konnte; aber man braucht nicht so weit nach der Natur zu reisen. Niemand kann ja doch Anderes schildern als das, was er mit seinen eigenen Augen sah oder in seinem eigenen Gemüth erlebte.

Zola will, wie schon angedeutet, besonders gegen die historische Richtung in der Kunst opponiren.

Er räsonnirt folgendermaßen: All' die alten Principien, das romantische Princip so gut wie das classische, wurden auf Arrangement der Natur, auf der systematischen Amputation der Wahrheit gegründet. Man ging davon aus, daß die Wahrheit an sich unwürdig sei, und daß Poesie nur dann entstehe, wenn man die Natur läutere und beschneide, vergrößere und verschönere. Die verschiedenen Schulen kämpften miteinander darüber, welche Verkleidung man der Wahrheit anlegen solle. Die Classiker hielten fest an dem antiken Costüm; die Romantiker machten eine poetische Revolution, um sie in Rittertracht und Harnisch zu stecken. Jetzt komme der Naturalismus und erkläre, daß die Wahrheit nackt gehen könne und keinerlei Draperie bedürfe.

Die Frage ist nur, ob nicht das, was jetzt das Temperament genannt wird, ganz wie das, was vorher der Geschmack, später die Phantasie genannt wurde, läutert und beschneidet, vergrößert und verschönert? Ob nicht das naturalistische Temperament gezwungen wird, seine Draperie über die Wahrheit zu werfen, gerade so wie der classische Geschmack und die romantische Phantasie es gethan haben.

Die Antwort muß lauten: daß auch nicht der Naturalismus jener Umbildung der Wirklichkeit entgehen kann, die sich aus dem Wesen der Kunst ergibt. Ihr Vorzug vor der historischen Kunst kann nicht auf diesem Punkte gesucht werden, sondern darin, daß diese Richtung reichliche Gelegenheit hat, Modelle zu benutzen, während der historische Dichter in der Regel die Wahl hat, in der alten Tracht einen Zeitgenossen oder eine Puppe darzustellen. Spielhagen hat treffend den modernen Künstler mit Odysseus in der Unterwelt verglichen. Als Odysseus den Schatten begegnet, muß er ihnen erst Blut zu trinken geben, bevor sie ihm Rede stehen können. Das Modell sei das Blut der Wirklichkeit, ohne welches das Geschöpf der Phantasie leblos bleibe.

Es gibt ein Modell, welches der Romandichter immer bei der Hand hat, das ist er selbst. Deshalb fängt er fast immer bewußt oder unbewußt mit Werken an, in denen er selbst dem Helden Modell gestanden hat.

Zola ist keine Ausnahme. In »La Confession de Claude« ist Hauptperson, Modell und Dichter eins. Daß das eigene Gemüth des Verfassers sich hier in der Wiedergabe mit Macht geltend machen muß, ist klar. Das schildernde und das geschilderte »Ich« haben hier allzu viele Berührungspunkte, um so mehr, da die Darstellung bis zum Aeußersten empfindsam ist. »Brüder«, sagt Claude, »mein armes Wesen wird unaufhörlich von dem Fieber der Sehnsucht und des Entbehrens geschüttelt.« Der stete Gegensatz hier ist der zwischen dem Heim der Kindheit und der Umgebung des Jünglings. Dort die Provence mit ihrer Sonne, hier Paris mit seinem Koth und seine Kammer mit ihrem Elend. Es offenbart sich bei dem Verfasser eine Art Schrecken über das Häßliche und Widerwärtige in dem wirklichen Leben, welcher doch so beschaffen ist, daß der Gegenstand, der den Menschen in ihm abstößt, den Künstler in ihm magisch anzieht. »Dieses ist«, ruft er den Genossen seiner frühesten Jugend zu, »eine Welt, die ihr nicht kennt. Das Studium derselben macht schwindlig... Ich möchte diese Herzen und

Seelen durchforschen, vielleicht würde ich nur Schlamm auf dem Grunde finden, aber ich möchte diesen Schlamm untersuchen.

Es wird hier unter dem Schluchzen der Seele eine Art pessimistischer Dogmatik verkündet. Die französischen Dichter, die, wie Musset und Murger, ein Bild von den Geliebten ihrer Jugend gegeben haben, als ehrbar, unschuldig leichtsinnig oder anmuthig leichtfertig, werden einer ausschmückenden Verlogenheit beschuldigt.

»Man nennt sie die Dichter der Jugend, diese Lügner, die gelitten und geweint, und die dann jenen Weibern, die ihre Jugend zerstörten, Flügel an die Schultern gegeben haben. Ihre Geliebten waren in Wirklichkeit infam; ihre Liebe führte all' das Grausige mit sich, das eine Liebe aus der Gosse erzeugt. Sie selbst wurden betrogen, verwundet, in den Schlamm gezogen, hernach haben sie dann ihre ungesunde Liebe beweint und eine Welt der Lüge aus jungen Sünderinnen geschaffen, die in ihrer Sorglosigkeit und Lebenslust reich an Liebreiz sind. Sie lügen, sie lügen, sie lügen.«

Zola war also im Voraus entschlossen, die Kehrseite zu schildern, der Dichter der Kehrseite zu werden.

Dieses Buch, das seine eigenen Erlebnisse behandelt, verräth denn auch mit aller wünschenswerthen Deutlichkeit eine der Richtungen, in welche er seine Gegenstände umbilden wird, indem es seinen frühentstandenen pessimistischen Hang offenbart und begründet.

Und wenn bei ihm, wie bei anderen Romandichtern, der Blick sich nach und nach immer mehr erweitert, so daß er nicht mehr nur sich selbst und sein Eigenes schildert, sondern eine Fülle von Gestalten, die von ihm selbst weit verschieden sind, außerdem Gebäude und Gegenden, Magazine und Fabriken, Gärten und Gruben, Land und See, die Welt der Thiere und der Pflanzen, »die ganze Arche Noäh« malt, dann müssen wir trotzdem in all' Diesem immer ihm selbst begegnen.

Indem er sich in seinen Gegenstand vertieft, theilt er ihm unwillkürlich und nothwendig einen großen Theil seines eigenen Wesens mit.

Welches ist nun nach Zola's eigener Auffassung sein Temperament beim Beginn seiner Laufbahn?

Er schreibt über »Germinie Lacerteux« von den Brüdern Goncourt: »Ich muß bekennen, daß mein ganzes Wesen, meine Sinne und mein Verstand mich zwingen, dies zum Aeußersten gehende und fieberhafte Werk zu bewundern. Ich finde darin alle die Fehler und alle die Vorzüge, die mich in Leidenschaft versetzen: eine unbezwingbare Energie, eine souveräne Verachtung vor dem Urtheil der Dummen und der Furchtsamen, eine große und stolze Kühnheit, eine außerordentliche Kraft in der Farbe und im Gedanken, endlich eine künstlerische Sorgfalt und Gewissenhaftigkeit, die in diesen Tagen der Pfuscherei eine große Seltenheit ist.«

Er gibt zu, daß sein Geschmack vielleicht verdorben ist, aber ihm schmecken stark gewürzte literarische Gerichte, die Decadence-Werke, in welchen eine krankhafte Empfindlichkeit die kräftige Gesundheit der classischen Zeitalter ersetzt hat.

Er hat sich gekannt, aber nicht ganz. Die Energie der Brüder Goncourt war von der scharfen Art, nicht von der breiten. Sie läßt sich nicht quantitativ, wie die seine, messen. Und er stand von Anfang an der Classicität und der Romantik viel näher als sie.

II.

Sehen wir das Temperament und die Wirklichkeit bei ihm einander gegenüber. Ich nehme einige Beispiele aus seinen Romanen der siebziger Jahre.

Zuerst aus dem ersten Roman der großen Romanfolge: »La fortune des Rougon«.

Es ist in den Tagen des Staatsstreiches, December 1851. Zwei verliebte Kinder, ein siebzehnjähriger Knabe und ein dreizehnjähriges Mädchen wandeln dort unten in der Provence des Nachts umher und hören aus der Ferne den Laut des Marsches und Gesanges der kommenden Insurgenten.

»Silvère lauschte, konnte aber durch den Sturm die Stimmen nicht auffassen, deren Schall durch die Höhen, die zwischen ihnen lagen, gedämpft wurde. Aber plötzlich zeigte sich eine schwarze Menge an der Biegung des Weges, und die Marseillaise, gesungen mit rachedürstiger Wuth, schwang sich gen Himmel empor, schreckenerregend.

»Die Schar zog den Hügel hinab im stolzen, unwiderstehlichen Schritt.

»Man konnte sich keinen großartigeren Anblick denken, als das Hervorbrechen dieser paar Tausend Menschen in die Todtenstille der Nacht. Der Weg war zum Strom geworden, der lebendige Wellen rollte, die nie enden zu wollen schienen, und unaufhörlich zeigten sich bei jeder Wendung des Weges neue schwarze Massen, deren Gesang die starken Stimmen dieses Menschenstromes mehr und mehr anschwellen ließ... Die Marseillaise erfüllte den Himmelsraum, als wäre sie von Riesenmunden hineingeblasen in ungeheure Trompeten, die mit den trockenen Tönen des Messings sie zitternd in alle Richtungen des Thales hinausschleuderten. Und die schlummernde Landschaft erwachte mit einem Schlage. Sie erzitterte von dem einen Ende bis zum anderen wie ein Trommelfell, wenn die Trommel gerührt wird; sie vernahm den Widerhall bis in ihr Innerstes und wiederholte mit mannigfachem Echo die brennend leidenschaftlichen Töne des Nationalgesanges.

»Und dann war es nicht nur die Menschenschar, welche sang, die Landschaft rief nach Rache und Freiheit während dieser Bewegung ihrer Luft und ihres Erdbodens.«

Die Landschaft hier ist also keine gewöhnliche nächtliche Landschaft, sie lebt wie ein menschliches Wesen; Felsen, Wiesen und Felder, jedes kleinste Gebüsch nimmt an dem ungeheueren Chorgesang Theil. Er ist in der Landschaft, Er, der sie malt. Das Temperament dringt in die Natur ein und bildet sie um. Sie wird von Zola umgestaltet, damit er den Eindruck erhöhe von der Entschlossenheit und Kraft der marschirenden Truppe.

Der muthige Knabe beschreibt die Schar, Gruppe für Gruppe, je nachdem sie an den Kindern vorbeiziehn. Er nennt jede Abtheilung und charakterisirt sie mit hoher Begeisterung. »Das sind die Holzhauer aus den Seillewäldern, die werden Sapeure sein... Das sind die Männer von La Palud... die Leute dort haben nur Sensen, aber die werden die Soldaten niedermachen, wie man Gras mäht... Saint-Eutropé! Mazet! Les Gardes! Marsanne! Der ganze nördliche Abhang der Seille! Das ganze Land ist mit uns!« Manchmal kommt es dem jungen Mädchen vor, »als ob die Leute gar nicht mehr marschiren, sondern die Marseillaise, dieser barsche Gesang, mit seinem schrecklichen Wohlklang sie mit sich fortrisse.«

Diese Stelle ist fast homerisch. Sie erinnert ein wenig an das Schiffsverzeichniß aus dem zweiten Gesange der Iliade. Zola hat diese Aehnlichkeit zu erreichen versucht; er sagt es gerade heraus, an einer Stelle, weiterhin, wo er den Faden wieder aufnimmt, nachdem er die schmutzigen, politischen Intriguen der Bewohner von Plassans geschildert hat:

»Die Schar der Empörer begann von Neuem ihren heldenmüthigen Marsch durch die kalte und klare Landschaft. Es war wie ein breiter Strom von Begeisterung. Jener Hauch *des Heldengedichts*, der Silvère und Miette mit sich fortriß, kreuzte mit seiner heiligen Großmuth die schändlichen Comödien der Familien Macquart und Rougon.«

Jedoch Arbeiter aus der Provence, in dem Lichte der Helden aus der Iliade gesehen, das ist der Antheil des Temperaments an der Sache, nicht der eigene Antheil der Natur. Das ist nicht nur Romantik, wie das frühere Beseelen der Landschaft. Es ist der klassische Stil.

Und dieses ist nicht die einzige Parallele mit der Dichtung des alten Griechenlands in »La fortune des Rougon«. Zola wollte, um einen Gegensatz zu haben zum blutigen Verbrechen des Staatsstreiches eine kindliche Liebesidylle schildern. Auf Kindheitserinnerungen gestützt, wollte er ein modernes Seitenstück zu der altgriechischen Novelle von Daphnis und Chloe ausführen. Man fühlt durch seine Erzählung hindurch das Vorbild, und er gesteht im Grunde selbst ein, daß er es gehabt hat. Beim Beginn seiner Darstellung sagt er, daß die jungen Menschen »eine jener Idyllen durchlebt hatten, die unter den Familien der arbeitenden Klasse entstehen, in denen man noch die primitiven Lebensverhältnisse *der alten griechischen Novellen* findet.« Und am Schlusse sagt er: »Ihre Idylle bewahrte ihre seltene Anmuth, die an eine *altgriechische Novelle* erinnerte.«

Aber so viel ist klar: zwei arme Kinder der Provence in unsern Tagen im Stile altgriechischer Hirtenerzählungen dargestellt, das ist nicht eben Abschreiben der Natur; die persönliche Eigenthümlichkeit, wie sie noch dazu von der Cultur bereichert und entwickelt worden (also nicht das Temperament allein), ist hier im höchsten Maße wirksam gewesen.

Der Reiz und das Pikante in jener alten hellenischen Erzählung ist bekanntlich, daß in den zwei Kindern langsam, ganz langsam die Liebe erwacht. Die Sehnsucht keimt, wächst und versteht sich nicht selbst. Chloe badet sich in den Quellen vor den Augen von Daphnis; sie schlafen nackt unter demselben Ziegenfell, ohne eine unwiderstehliche Anziehung an einander zu empfinden.

Zola gab der Idylle neue Anmuth, neuen Reiz und tragischen Ausgang; aber wir sehen seinen Silvère und seine Miette zusammen herumstreifen wie Daphnis und Chloe. Sie schwimmt des Nachts vor seinen Augen, und derselbe Mantel bedeckt sie alle Beide, wenn sie einschlafen.

Doch Zola hat sich nicht damit begnügt, einer classischen Inspiration nachzugehen, um eine moderne Wirklichkeit darzustellen. Er bedurfte des Symbols, des romantischen Symbols, ohne sich doch von der Wirklichkeit entfernen zu wollen. Der große Romantiker Delacroix hat das bekannte Bild »Die Freiheit auf den Barrikaden« gemalt: das junge Mädchen mit der rothen Haube und dem Säbel in der Hand, welches die Erinnerung an eine Göttin der Freiheit hervorruft, und an ihrer Seite den Knaben aus dem Volk mit dem festen drohenden Blick und dem Gewehr in der Hand.

Das scheint Zola vorgeschwebt zu haben. Er will auf irgend eine Weise Miette in dieser Richtung hin heben, sie umbilden. Sie hat sich erboten, die Fahne der Empörer zu tragen. Diese halten sie für zu schwach dazu. Sie zeigt ihnen dann ihre vollen weißen Arme. Und er schreibt:

»Wartet, sagte sie. Sie riß schnell ihren Mantel ab und zog ihn wieder an, nachdem sie das rothe Futter nach außen gekehrt hatte. Da stand sie nun in der weißen Helle des Mondenscheins, gekleidet in einen weiten Purpurmantel [er ist aus einfachem Kattun], der ihr ganz bis auf die Füße hinabfiel. Die Haube, die leicht auf ihrem Kopfe saß, schmückte sie wie eine phrygische Mütze [die Kapuze hat einer solchen vorher nicht geglichen; jetzt gleicht sie ihr]. Sie ergriff die Fahne, drückte deren Stange gegen ihre Brust und hielt sich gerade und schlank zwischen den Falten dieses blutigen Banners... In diesem Augenblick war sie die jungfräuliche Freiheit selbst.«

Punkt für Punkt, Zug um Zug fühlt man hier, wie das Temperament die Naturbeobachtung umformt, das Modell umdichtet. Zola will die Wirkung erreichen, daß dieses Kind, das mit der Kugel in der rechten Brust zusammensinkt, die vom Staatsstreich ermordete Freiheit selber ist.

Von Anfang an ist deshalb Lyrik in der Weise, wie er sie und den Jungen schildert. Wir sehen sie stets in der Verklärung, worin ihre Personen vor einander stehen.

Zuerst schauen Beide, jedes an seiner Seite des Brunnens, nichts mehr von einander, als das Spiegelbild im Wasser; selbst die Stimmen werden umgeformt, verschleiert durch das Echo im Brunnen. Und wenn sie sich später begegnen, erhebt sich die Sprache der Erzählung zu einer Schwärmerei, die an Victor Hugo erinnert. »Das Lächeln des Mädchens warf Licht über den Raum zwischen ihnen.« »Es war nun ein Gesang in ihrem Herzen, der das Geschrei ihrer Feinde übertäubte.« Der graue Nebel, der ihre Schläfen liebkoste, wird bezeichnet als »der duftende Schleier, der noch wie gesättigt war von der Wärme und dem Wohlgeruch der üppigen Schultern der Nacht.« Der Stil bereitet uns darauf vor, in ihr eine Verkörperung von Unschuld, Großmuth und rührender Jugend zu sehen, bis sie sich in der Todesstunde zum Symbol entfaltet.

So benimmt sich Zola, wenn er den Eindruck von etwas Erhabenem und Reinem hervorbringen will.

Auf verwandte Weise geht er zu Werk, wenn es ihm darauf ankommt, den Eindruck naiven Wohllebens hervorzubringen; eine jener künstlerischen Wirkungen, in denen Jordaens seine Stärke hatte.

Er schildert im »L'Assommoir« einen Mittagsschmaus bei einer Arbeiterfamilie, eine Mahlzeit, deren einziges Gericht eine Gans ist. Gervaise vermag nicht, mehr Gerichte zu geben; aber die Gans ist ein Luxusgericht; sich den Genuß derselben gestatten zu können, ist eine Ueppigkeit, deren man lange gedenkt.

Zola muß denn vor Allem die Gans groß machen. So steht sie also da: »ungeheuer, goldgelb, triefend von Saft«. An zwanzig Personen essen davon. Sie »sättigen ihre Gier« an der Gans. Alle essen, als hätten sie acht Tage gefastet, und Alle überladen sich den Magen an der einen Gans, so daß sie fast krank davon werden, und sich ihre Kleider aufknöpfen müssen.

Aber nicht genug damit, die Gans erfüllt die Straße, ja den ganzen Stadttheil.

»Unterdessen sah durch die offene Thür das ganze Quartier zu und nahm Theil an dem Schmaus – der Geruch der Gans erfreute und erquickte die Straße. Die Krämerlehrlinge gegenüber, auf dem Trottoir, bildeten sich ein, daß sie von dem Thiere mitäßen; die Frucht-händlerin und die Kaldaunenverkäuferin traten jeden Augenblick vor ihre Ladenthüren, um sich am Geruch zu laben und sich um den Mund zu lecken. So viel war gewiß, die ganze Straße war nahe daran, vor Magenüberladung zu platzen... Die Gefräßigkeit verpflanzte und verbreitete sich, bis das Quartier Goutte-d'or zuletzt ganz und gar nach Essen roch und sich den Bauch hielt in einem ganz verteufelten Bacchanal.«

Man kann nicht leugnen, das Künstlertemperament hat es hier verstanden, Wirkung aus der einen Gans zu ziehen. Man hätte nicht anders sprechen können, wäre ein ganzer Elephant angerichtet worden.

III.

Zola hat eine Vorliebe für die symbolische Behandlung kleiner wirklicher Züge.

Es ist kein Zufall, daß die Wohnstube der Familie Rougon in Plassans eine sonderbare gelbe Farbe angenommen hat. Möbel, Tapeten, Gardinen, selbst die Marmorplatten auf dem Kamin spielen ins Gelbe. Dieses Gelb ist die Farbe des Neides.

Es hat fernerhin eine schlechte Vorbedeutung für Coupeau's und Gervaise's Verheirathung, daß sie in einer Wolke von Kehricht getraut werden, während die Kirche gereinigt wird. Sie sind zu spät gekommen, und während der Küster fegt, gibt ihnen der verdrießliche Priester einen kurzen, nachlässigen Segen, als wären sie in der Zwischenzeit zwischen zwei richtigen Messen gekommen, um sich mit einander zu verheirathen, »während der Herrgott gerade ausgegangen war.«

In dem Hause, welches Gervaise bewohnt, befindet sich eine Färberei, und das Wasser, das aus der Färberei herausströmt, spiegelt unaufhörlich die Stimmung der Heldin ab. Als sie hineinzieht mit guten Hoffnungen für die Zukunft, ist das Wasser hellgrün (d'un vert pomme très tendre); sie schreitet lächelnd über den Rinnstein und sieht in der Farbe des Wassers eine glückliche Vorbedeutung. So lange es ihr gut geht, bekommen die drei Ellen Rinnstein vor ihrer Wohnung eine ungeheure Bedeutung für sie, erweitern sich zu einem großen Fluß, den sie gerne recht klar haben möchte, mitten in all dem schmutzigen Kehricht der Straße; ein sonderbarer und lebendiger Fluß, den die Färberei im Hause nach der Farbe ihrer zartesten Launen färbt. Als sie zuletzt zu Grunde gegangen ist, sich aus Hunger preisbietet, und eines Abends nach Hause kehrt, nachdem sie zu ihrer tiefen Beschämung Goujet, dem Manne, den sie geliebt hat, begegnet ist, da ist das Wasser in einen dampfenden Sumpf verwandelt, der sich einen schmutzigen Ablauf in die reinen Umgebungen eröffnet. Und Zola fügt zur noch größeren Deutlichkeit hinzu: »Dies Wasser hatte die Farbe ihrer Gedanken. Sie waren verronnen, die schönen Ströme von himmelblau und hellroth!«

Bisweilen haben diese symbolischen Züge bei Zola einen außerordentlichen Reiz. Als in »L'œuvre« der Maler Claude zum ersten Male ausstellt, und zwar in der Ausstellung der von der Jury verworfenen Bilder, wird sein Atelier am frühen Morgen des ersten Ausstellungstages so beschrieben: »Goldparzellen flogen umher, denn da er nicht Geld genug hatte, sich einen vergoldeten Rahmen zu kaufen, hatte er von einem Tischler vier Bretter zusammenschlagen lassen und diese selbst vergoldet.«

Wir erleben seine Niederlage, die durch die Rohheit und den Unverstand des Publicums herbei geführt wird. Nur Eine glaubt im Ernst an ihn, seine Freundin Christine. Er findet sie im Atelier wartend, da er, ganz gebrochen, spät Abends nach Hause kehrt. Sie hat ihm nie angehört, aber gerührt über sein Unglück, im weiblichen Drang zu trösten und aufzurichten, ergibt sie sich ihm jetzt in einem Sturm von Leidenschaft.

Doch Zola hat nicht jene Goldparzellen vergessen, deren er zwei Bogen vorher erwähnte. Ihre Bestimmung war es nicht allein, einen Rahmen zu vergolden. Nun kommen sie zur Anwendung wie eine Art Brautfackel. Im Dunkel der Nacht funkeln sie allein mit einem Rest vom Tageslicht, gleich einem schimmernden Sternengewimmel.

Bisweilen verwandeln sich diese kleinen halbsymbolischen Züge in eine durchgeführte Symbolik. Sie kann unglaubwürdig und deshalb störend wirken, wie in »Une page d'amour«, wo die Gestalt des alten Weibes, Mutter Fétu, die nur da ist, um den Untergang anzudeuten und vorher zu verkünden, ganz die Rolle spielt, wie in alten romantischen Büchern die Hexen.

Aber die Symbolik kann auch ihre Größe und ihre Kraft haben. So z.B. in »Nana«, einem Roman, der überhaupt nur in geringem Grad auf Beobachtung und Erfahrung beruht. Anfangs ist diese Nana ein zufälliges Individuum, ein loses unzüchtiges Wesen, in einem Hinterhause geboren. Doch wie sich der Roman entfaltet, steigt sie, wird größer und größer, bis sie zuletzt der Geist der Zügellosigkeit wird, der über dem Paris der Kaiserthums schwebt.

Bei den großen Wettrennen in Longchamps hat ein reicher Adliger seinem Pferde ihren Namen gegeben. Es besiegt im Wettkampfe ein englisches Pferd. Dadurch wird der Name des siegenden Pferdes etwas Französisches, Nationales, und deshalb kann es dazu kommen, daß der Name »Nana« unter stets wachsendem donnernden Jubelruf über die Menge dahinrollt.

Und es wirkt symbolisch, wenn mit wilder Begeisterung gerufen wird: »Es lebe Nana, lebe Frankreich!« Der Ruf erhebt sich in einem Nimbus von Sonnenglanz, bis er mit seinem Triumphklang über hunderttausend Menschen hinfährt und die kaiserliche Tribüne erreicht, wo die Kaiserin selbst in die Hände klatscht, bis die ganze Ebene den Widerhall des gefeierten Namens an Nana zurückwirft:

»Es war ihr Volk, das ihr huldigte, während sie, aufrecht stehend im Sonnenlicht, Alles beherrschte mit ihrem Sternenhaar und ihrem weißblauen Kleid, das die Farbe des Himmels hatte.« Sie ist hier etwas mehr als ein Mensch, ein gefallener Engel, ein schädlicher Genius.

Es ist schließlich ein ebenso unzweifelhaftes Symbol, wenn zuletzt, während das dumme Geschrei: »Nach Berlin! nach Berlin!« ununterbrochen aus der Straße emporsteigt, Nana, zu einem Klumpen eiternder Geschwüre verwandelt, wie das Kaiserreich, dessen Glanz sie war, in den letzten Zuckungen daliegt.

Und wie Nana durch ein französisches Pferd als Zwischenglied zum Kaiserthum verwandelt wird, so wird im »L'œuvre« das badende Weib auf Claude's Gemälde die Kunst, weil die Gestalt in den Gedanken Christinen's die künstlerische Vision symbolisirt – die verzehrende Vision, der ihr Leben als Frau hingegeben wird, um dieser Unwirklichkeit als Nahrung zu dienen. Zola hat in Claude's Hang zur Symbolik wahrscheinlich auf seinen eigenen Mangel an Fähigkeit hindeuten wollen, die Umgebung mit dem Naturalismus wiederzugeben, den er stets als Theoretiker predigt und in seiner Praxis so häufig überschreitet.

Keiner von Zola's Romanen ist jedoch von diesem Hange, die Hauptgestalten zu großen Symbolen zu machen, so durchdrungen, wie »La faute de l'abbé Mouret«.

Ein Landsitz in der Nähe seiner Geburtsstadt Aix scheint ihm den ersten Ansporn zu diesem Roman gegeben zu haben.

Seine Phantasie, die immer die Neigung hatte, die breite Lebensfülle auszumalen, wurde durch den folgenden Gegenstand in Bewegung gesetzt: einen Garten, in welchem hundert Jahre hindurch Alles aufgewachsen war, wie es wollte. Der Garten gab ihm den Eindruck eines unberührten Urwaldes unter einem Regen von Sonnenstrahlen.

Eines Tages hat er durch einen Zaun undeutlich einen ungeheueren Baum erblickt, voll von einem großen Vogelschwarm; er hat einen saftigen Rasen geschaut und den Geruch von einer solchen Fülle wild umher wuchernder Pflanzen eingeathmet, daß es ihm war, als stände der ganze Gesichtskreis um ihn her in Einem würzigen Blumenduft.

Und die Vorstellung von dem Garten des Paradieses hat sich in seinem Gemüth erhoben. Dieser Garten mit seiner geschützten Ueppigkeit ist ihm als eine herrliche Umgebung für junge Liebe in ihrem Entstehen und Wachsthum vorgekommen. Als er in dem sehr heißen Sommer des Jahres 1874 sich dieses Eindrucks von seinem achtzehnten Jahr erinnerte, fühlte er unter dem Verfolgen der Familieneigenschaften und Familienschicksale der Geschlechter Rougon-Macquart plötzlich Lust, sich selbst eine Schilderung vom Naturleben und der erwachenden Herrlichkeit der Liebe zu gönnen, die gar wenig mit dem Verderben und dem Verfall des zweiten Kaiserreiches zu schaffen hatte. Und er schrieb seine Variante der Paradieslegende, wie er schon seine Variante des althellenischen Schäferromans geschrieben hatte.

Für manchen alten Dichter und Maler ist der Garten des Paradieses vor Allem das Heim des Friedens gewesen, wo der Löwe an der Seite des Lammes graste.

Für Zola mit seinem Temperament war er die Heimstätte der freien Fruchtbarkeit, das Eden der unendlichen Naturfülle. Sein Ideal war, wie dasjenige des Romanschriftstellers Sandoz im »L'œuvre«, das große Ganze in dem vollen Strom des allgemeinen Lebens zu schildern (en pleine coulée de la vie universelle). Dieser Sandoz, in welchem Zola sich selbst geschildert hat, liebt vor Allem die mütterliche Erde. »O, du gute Erde«, ruft er aus, auf dem Rücken liegend, »du, die du unser Aller Mutter bist, des Lebens einzige Quelle! Du, die ewige, unsterbliche, deren Blutumlauf deine Durchrieselung von der Weltseele ist, deren Saft sogar in den Steinen da ist und die Bäume zu unsern großen festwurzelnden Brüdern macht! In dich will ich mich verlieren.«

Um die Natur in ihrer heidnischen Ueppigkeit und ihrem Erzeugungstrieb in sein modernes Werk einführen zu können, bedurfte es eines großen Gegensatzes. Aber zu der Natur als Macht bot sich kein anderer Contrast dar, als das Christenthum, als naturfeindliche Macht aufgefaßt. Zum Leben der Natur im Wachsen und Schwellen, in Begierde und Paarung gab es keinen so scharfen Contrast, als das Leben in strenger und unfruchtbarer Jungfräulichkeit, welches durch das katholische Klostergelübde erschaffen wird. Das heidnische Alterthum hatte das Symbol der irdischen Fruchtbarkeit geformt, die große Mutter Cybele, die in Asien durch Orgien angebetet wurde. Das christliche Mittelalter hatte dagegen das Symbol der himmlischen Keuschheit gestellt, die heilige Jungfrau Maria, die in Europa mit Askese verehrt ward.

Zola hat also seinen Helden, der von Anfang an ein kränklicher Madonnaanbeter ist, welcher das fruchtbare Naturleben haßt und nur wünscht, als Einsiedler in einer Wüste leben zu können, wo nichts Lebendiges, keine Pflanze, kein rinnendes Wasser seine frommen Betrachtungen störe.

Gegen Maria und den Mariacultus stellt Zola dann die Cybele und den Cybelecultus als symmetrischen Gegensatz.

Serge Mouret hat eine Schwester, deren Geist im Wachsthum stehen geblieben ist, deren Körper sich aber um so kräftiger entwickelt hat. Sie hat schwere Arme, eine mächtige Brust. Sie lebt und athmet nur, umgeben von dem reichen animalischen Leben im Hinterhof, zwischen Kaninchen, Enten und Hühnern, in der heißen Luft der Befruchtung und des Brütens.

Aus ihr macht er langsam eine Cybele. Die Haushälterin des Priesters sagt von ihr: »Finden· Sie nicht, daß sie der großen Dame aus Stein in der Kornhalle zu Plassans ähnlich sieht!« Und Zola erklärt: »Sie meinte eine Cybele, die auf einer Korngarbe ausgestreckt liegt, ein Werk von einem Schüler Puget's.« Und etwas weiter hin sagt er über sie: »Sie war ein Geschöpf für sich, weder Fräulein noch Bauernmädchen, eine Tochter der Erde, mit einer Schulterbreite und einer engen Stirn wie eine junge Göttin... Sie hatte die runde Taille, die sich frei herumdreht, und die starken Glieder, die gut am Körper sitzen, wie man sie an den antiken Bildwerken findet. Man hätte glauben können, sie sei aus der Erde des Hinterhofes emporgeschossen, und daß sie deren Saft durch ihre starken Beine einsöge, die weiß und fest wie junge Bäume waren [...] Sie fand ihre stete Befriedigung in dem Gewimmel um sie herum [...] Sie bewahrte dabei ihre Ruhe, die der eines schönen Thieres glich [...] Glücklich in dem Gefühl, wie ihre kleine Welt sich vermehrte, fühlte sie gleichsam dadurch ihren eigenen Körper wachsen. In dem Grade hatte sie das Gefühl, all' diesen Müttern gleich zu sein, daß sie sich vorkam, wie die gemeinsame Mutter Aller, die Mutter Natur, die ohne Gemüthsbewegung von ihren Fingern einen Schweiß der Erzeugung und Befruchtung tröpfeln ließ.«

So geht hier bei Zola, wie in einer Ovidischen Metamorphose, die Verwandlung des Menschen zur Göttin vor sich.

Sie lebt nur, wenn sie das Leben um sich herum vernimmt, mit den Daunen der Gänse und Enten an ihrer Brust. Und wenn der Bruder zu ihr hinüberkommt, wird ihm ganz übel; er fühlt, daß er dem Princip begegnet, das dem seinen widerspricht, und er ist einer Ohnmacht nahe: »Es schien ihm, als sei Désirée gewachsen, als seien ihre Hüften breiter geworden, als seien ihre Arme, wenn sie sie ausbreite, ungeheuer groß, und als fege sie mit ihren Röcken den überwältigenden Geruch der Erde entlang, der ihn zu betäuben drohe.«

Und nach und nach verwandelt sich die Stadt, in der sie wohnt, in ihr Ebenbild. »Des Nachts nahm diese glühende Landschaft ein Gepräge an, als wälze sie sich in seltsamer Leidenschaft. Da schlief sie aufgelöst sich windend, mit den Gliedern auseinander gestreckt, schwere heiße Seufzer ausstoßend, das kräftige Aroma des Schweißes der schlafenden Erde. Man hätte an irgend eine gewaltige Cybele glauben können, die auf den Rücken gefallen sei, mit dem Busen nach oben gewandt, den Bauch entblößt unter den Strahlen des Mondes, berauscht von der Sonnenhitze und von noch mehr Befruchtung träumend.«

Wir sind hier weit von der directen Wiedergabe der Wirklichkeit entfernt; wir haben das Gebiet der Mythenbildung betreten.

Weit mehr in allen Einzelheiten durchgeführt ist jedoch die Umformung der Wirklichkeit zur Legende in dem Abschnitt über Serge und Albine.

Um den jungen hysterischen Priester in einen Adam verwandeln zu können, muß Zola ihn auf einige Zeit zu einem neuen Menschen machen. Er läßt ihn in eine schwere Krankheit fallen, wohl ein Typhusfieber. Man fängt ja als Reconvalescent nach einem Typhus wie von Neuem an.

In seiner Krankheit vergißt Serge sein ganzes früheres Leben. Als er wieder zum Bewußtsein kommt, findet er das junge Mädchen an seinem Bette. »Lehre mich gehen«, sagt er ihr mit einer Replik, die zugleich symbolisch den Neugeschaffenen bezeichnet und charakteristisch für einen Typhuskranken ist, dem es vorkommt, als sei er nicht einfach zu schwach, um sich auf seinen Beinen zu halten, sondern als habe er das Gehen verlernt:

Schritt für Schritt wird nun die Wiederkehr zum Leben als eine Einführung in das Leben, gleich derjenigen des ersten Menschen, geschildert.

Die erste Berührung mit der Erde, sobald er seinen Fuß außerhalb seiner Kammer setzt, gibt ihm einen Stoß, eine Lebenserweckung, die bewirkt, daß er gerade steht, als fühlte er sich wachsen. Ihm entschlüpft ein Seufzer. Aber er ist noch nicht völlig zum Leben erwacht. Albine sagt daher: »Du gleichst einem gehenden Baum.« Und wie er ein Baum ist, so ist der Park Mensch geworden. Er sieht hinaus über den Park: »Der Garten war eine Kindheit... die Bäume sahen kindlich aus. Die Blumen hatten das rosige Fleisch kleiner Kinder*. Das heißt: es ist aller Tage Morgen. Er fühlt mit all seinen Sinnen, daß der erste Morgen kommt. »Er fühlte den Morgen in den lauen Lüften, schmeckte ihn in der gesunden Schärfe der frischen Luft, athmete ihn mit dem Wohlgeruch ein, den der sich nähernde Morgen um sich sammelte;

---

* C'était une enfance. Les verdures pâles se noyient d'un lait de jeunesse... les arbres restaient puérils, les fleurs avaient des chairs de bambin.

er hörte ihn im Flug und Gesang der Vögel; er sah ihn lächelnd und roth über der thauigen Ebene kommen. «

Und jetzt heißt es: »Serge wurde während dieser Kindheit des Gartens geboren, 25 Jahre alt geboren, mit plötzlich erwachten Sinnen. ›Wie schön Du bist!‹ ruft Albine aus, und sie flüstert: ›Nie zuvor habe ich Dich gesehen.‹ Gesundheit, Stärke und Macht ruhen auf seinem Antlitz; er lächelt nicht, sein Blick ist königlich. «

Warum königlich? Weil er jetzt Adam ist!

Auch seine Stimme findet Albine verändert. Ihr scheint, diese Stimme erfülle den Park mit mehr Milde, als der Gesang der Vögel, und mit mehr Ueberlegenheit, als der Sturm, der die Zweige beugt.

Warum diese Ueberlegenheit? Weil er Adam ist.

Aber er ist noch gefühllos. Er gleicht einem jungen gleichgültigen Gott. Dann fällt er in einen tiefen Schlaf unter blühenden Rosenbäumen. Als er dadurch geweckt wird, daß Albine eine Handvoll Rosen auf ihn wirft, da erwacht gleichzeitig sein Geschlecht in ihm. Und er sagt zu ihr: »Ich weiß es, Du bist meine Liebe, bist Fleisch von meinem Fleisch [...] von Dir habe ich geträumt [...] Du warst in meiner Brust, und ich gab Dir mein Blut, meine Muskeln, meine Knochen. Du nahmst die Hälfte meines Herzens, aber so milde, daß es eine Wollust war, es so mit Dir zu theilen [...] und ich erwachte dadurch, daß Du aus mir herausstiegst. «

Man sieht, dies ist eher Bibelauslegung, als Naturstudium zu nennen.

Sie läßt ihre schweren Haarflechten fallen. Die Haare hüllen sie bis an die Hüften wie ein Goldstoff ein. Die Locken, die ihr bis über die Brust hinabrollen, vollenden ihr königliches Gewand.

Warum königliches Gewand? Weil sie jetzt Eva heißt.

Sie ist »die Sonne der Schöpfung«. Sie ist die Sonne selbst: »Er küßte jede Locke, er verbrannte seine Lippen an den Strahlen einer untergehenden Sonne. « Nach und nach ist es, als würden sie Beide nur »ein einziges Wesen, königlich schön«. Und um mystisch das Zusammenschmelzen des Menschenpaares zu einem Wesen und ihre Herrschaft über die Allnatur zu bezeichnen, heißt es: »Die weiße Haut Albine's war nur der weiße Glanz von der braunen Haut Serge's. Sie gingen langsam, in Sonne gekleidet. Sie waren die Sonne selbst. Die sich verneigenden Blumen beteten sie an. « (Ils passaient lentement, vêtus de soleil; ils étaient le soleil lui-même. Les fleurs penchées les adoraient.)

Und so wird die Allegorie noch viele Hundert Seiten hindurch fortgesetzt und zwar mit so kleinlicher Genauigkeit, daß der Geistliche, der wie der Engel mit dem Flammenschwert sie aus dem Garten vertreibt, den Namen Archangias führt.

IV.

Das Eigenthümlichste für Zola als Symboliker ist indessen noch nicht diese Behandlungsweise der Hauptgestalten im einzelnen Roman, obgleich er sich hier auf ein Gebiet eingelassen hat, auf welchem er sich mit Dichtern vergleichen läßt, die einer himmelweit verschiedenen Poetik huldigten, wie Milton und Klopstock. Nein, am eigenthümlichsten ist seine durchgehende Personification eines unpersönlichen Gegenstandes, um welchen herum er Alles gruppirt.

In der Regel drehen sich seine Bücher um ein Stück Erde, ein Gebäude, eine Fabrik, ein Geschäft oder Aehnliches, dem er übermenschliches Leben verleiht und das dann als Symbol der Mächte dient, die über die Lebensweise und die Verhältnisse eines ganzen Standes oder einer ganzen Menschenklasse walten.

Bald wirken sie als bloße Sinnbilder, bald als überirdische gute oder böse Wesen, ungefähr wie die Götter in den Heldengedichten des Alterthums oder wie das unerbittliche Schicksal in der alten Tragödie.

So ist in »La faute de l'abbé Mouret« der Mittelpunkt jener Garten, der wie ein übernatürliches Wesen sein eigenes Leben lebt, lockt, überredet und belehrt*. Dieser Garten ist eine Liebesgottheit und wird als eine einzige große Liebkosung (une grande caresse) bezeichnet.

Und er ist, obgleich in Südfrankreich belegen, in vollem Ernst das Paradies. Er wird ausdrücklich als asiatisch bezeichnet; denn es heißt, daß in Vergleich mit diesem Garten alle Gärten Europa's abgeschmackt seien, daß »ein Duft von morgenländischer Liebe, der Duft von Sulamith's gemalten Lippen von seinen wohlriechenden Bäumen ausströme«. Deshalb heißt es von dem Baume in der Mitte des Gartens, wie von dem wirklichen Baume des Lebens: »Sein Saft hatte solche Stärke und war so reich, daß er hinab über die Rinde floß. Er badete den Baum in einem Dampf von Fruchtbarkeit; er machte den Baum zur männlichen Kraft der ganzen Erde.«

Was hier der Garten, das ist in »La fortune des Rougon« ein alter, seit unvordenklichen Zeiten verlassener Kirchhof, auf welchem sich die zwei einander liebenden Kinder treffen. Der Platz hat jetzt ein sehr gewöhnliches Aussehen, da er als Bretterniederlage verwendet wird. Für das gewöhnliche Auge ist er nichts Anderes. Aber Zola's eigene Melancholie und sein eigener rasender Schaffensdrang verwandeln den Platz. Er bedarf einer Grundstimmung von grenzenloser Traurigkeit und unterirdischer Begierde. Obschon Name und Bestimmung des Platzes verändert sind, fühlt er den Hauch des Todes und die Luft der Todten an diesem Orte herrschen. Und er verflicht das Todes- und Liebesmotiv mit einander.

Als der erste warme Kuß von Silvère auf Miette's Lippen brennt, ist es ihr, als müsse sie daran sterben. Sie weiß nicht warum, aber Zola weiß es. Es ist der Wille der Todten des Kirchhofs, daß diese Zwei sich lieben sollen. Ihr heißer Athem gleitet hin über die Stirnen der Kinder; die Todten hauchen ihnen ihre todten Leidenschaften ins Gesicht und erzählen von ihrer Brautnacht. Die weißen Gebeine unter der Erde sind voll von Zärtlichkeit für die Kinder. Die geborstenen Schädel erwärmen sich an den Flammen ihrer Jugend. Und wenn die Kinder sich entfernen, weint der alte Kirchhof. Das Gras hält ihre Füße fest.

Es ist in Wirklichkeit weder Silvère noch Miette, sondern Zola, der all' dieses hört und

---

* Ce coin de la nature *riait* discrètement des peurs d'Albine et de Serge; il se faisait plus attendri, déroulait sous leur pieds ses couches de gazon les plus molles, rapprochait les arbustes pour leur ménager des sentiers étroits. S'il ne les avait pas encore jetés aux bras l'un de l'autre, c'était qu'il se plaisait à promener leurs désirs.

fühlt. Denn die Kinder fahren fort in ihrer unbewußten Liebe auf diesem Erdreich zu leben, das so gebieterisch ihre Vereinigung verlangt.

Zola ist hier so romantisch, daß er Novalis ins Gedächtniß hervorruft. Niemand hat wohl Etwas geschrieben, das in dem Grade an die berühmten Verse von Novalis erinnert, in denen die Todten sagen:

> Süßer Reiz der Mitternächte,
> Stiller Kreis geheimer Kräfte,
> Wollust räthselhafter Spiele,
> Wir nur kennen euch;
> Leiser Wünsche süßes Plaudern
> Hören wir allein und schauen
> Immerdar in sel'ge Augen,
> Schmecken nichts als Mund und Kuß.

Wie hier der Kirchhof das Centrum und die verlockende Macht ist, so anderswo (»L'Assommoir«) eine Branntweinschenke, die ringsumher Verderben und Untergang ausspeit, oder eine großartige Modehandlung (»Au bonheur des dames«), die alle die kleinen Geschäfte in ihrer Nähe verzehrt, und sich mit unglaublicher Schnelligkeit erweitert, oder eine unterirdische Grube (»Germinal«), in welcher die Arbeiter ohne Ausbeute für sich selbst Sklavenarbeit verrichten, aber zugleich den von dem Capital beherrschten Grund und Boden unterminiren, oder ein Haus mit heuchlerischer Façade und heuchlerischer Vordertreppe (»Pot-Bouille«), das der Eleganz und dem Laster der es bewohnenden Mitglieder der Bourgeoisie entspricht.

Man glaube nur nicht, daß diese personificirende Anschauungsweise sich jedem phantasiebewegten Künstler darbieten würde, der Gegenstände wählte, die sich natürlich um eine Localität gruppiren. Man vergleiche nur die Nüchternheit, mit welcher Dostojewski das Zuchthaus in Sibirien und das Leben der Bewohner desselben geschildert hat, ohne jeglichen Anflug von Symbolisiren. Das Zuchthaus fängt Niemanden ein, martert Keinen, wird weder gehaßt noch verwünscht. Es ist ein todtes Ding. Alles Leben ist in den Personen der Gefangenen concentrirt, alles künstlerische Licht fällt auf sie.

Eines der schlagendsten Beispiele dieser Auffassungsweise bei Zola findet sich in »Le ventre de Paris«. Hier sind die Hallen von Paris wie ein Kessel gemalt, für die Verdauung eines ganzen Volks bestimmt; ein riesengroßer Metallbauch, das Symbol des Lebens der Wohlgenährten und Fetten. Die Bevölkerung, die sich um die Hallen gruppirt, sind lauter Fette, zu denen der Held als der einzige Magere den Gegensatz bildet.

Der ungeheure Metallbauch wiederholt sich und spiegelt sich nun überall ab. Die Frauen, welchen der Held begegnet, haben einen so runden und strammen Busen, daß derselbe einem Bauche ähnlich sieht. Ihre runden, rosenrothen Finger haben kleine Bäuche an den Fingerspitzen. Selbst die Häuser des Quartieres wärmen mit falscher Gutmüthigkeit ihre hervorspringenden Bäuche in den ersten Sonnenstrahlen.*

Nirgends hat man besser Gelegenheit, Zola's Grundansicht zu beobachten. Er ist als Dichter nicht vor Allem Psycholog, so wenig wie sein erster Lehrer Taine es war. Er schildert selten die Entwicklungsgeschichte des Individuums, vielmehr die Eigenthümlichkeit desselben als bleibend und fest. Und er ist besonders darauf angelegt, die Charakteristik großer Gruppen, großer Massen zu geben.

Schon Zola's Neigung, das Wesentliche zu schildern, das Allgemeingültige, das, was so wenig variabel wie möglich ist, treibt ihn dazu, aus dem Seelenleben das höchste Gefühlsleben, das feinste Gedankenleben herauszusondern, wie Etwas, das nicht für ihn liegt, und woran er kaum zu glauben scheint. Er hält sich am liebsten an die großen, einfachen Grundtriebe, an die einfachsten, seelischen Zustände.

Aber auch seine ursprüngliche Lebensanschauung, sein eingewurzelter pessimistischer Hang führte ihn in diese Richtung. Er wollte in seiner großen Romanreihe ein Zeitalter schildern, das seinen Abschluß und anscheinend sein Urtheil bei Sedan fand. Damit war Folgendes gegeben: Abscheulichkeiten und eine Nemesis. Einzelne Romane, die am längsten bei den Abscheulichkeiten verweilen, enthalten reinen, unvermischten Pessimismus. In denselben sieht der Verfasser nichts, das nicht schwarz oder schmutzig ist: »La curée«, »Le ventre de Paris«, »Eugène Rougon«, »Pot-Bouille«. Andere deuten die Nemesis in der Gestalt einer Art von Naturgerechtigkeit an: »La conquête de Plassans«, »Nana«, »Germinal«. Ein einzelner hat einen gewissen Optimismus von wenig glaubwürdiger und wenig geistreicher Art: »Au bonheur des dames«, ein anderer hat den Pessimismus als Thema und Problem: »La joie de vivre«. Die Lebensanschauung ist in den späteren Büchern umfassender als die ursprüngliche Rücksicht auf die Geschichte des Kaiserreiches es Anfangs zuließ; ganz philosophisch klar ist die Grundansicht aber nie. Zola folgt seiner Stimmung und seinem künstlerischen Bedürfniß, welches dasjenige ist, zu variiren. Doch ist die Lebensanschauung durchgehends äußerst düster. Man findet ein parti-pris, das Unglück in Allem und das Verwerfliche überall zu finden. Der moralische Maßstab wird mit um so größerer Sicherheit angelegt, weil Zola keiner höheren Moral bedarf als derjenigen, die gang und gäbe ist, und nie die Aussicht auf eine andere Gesellschaft als die bestehende eröffnet.

Der Pessimismus wirkt nun in seinem künstlerischen Streben in genauer Uebereinstimmung mit seinem Hang, das Allgemeingültige, Grundmenschliche zu schildern, d.h. er simplificirt und reducirt. Man lese »Une page d'amour«, und man sehe, was Zola aus der Liebe gemacht hat. Ein Grauen, eine Verrücktheit, halb Greuel, halb Dummheit. Man lese »L'œuvre« und sehe, was die Kunst demjenigen wird, der es ernst mit ihr meint: eine ewige Qual, eine einfache Manie.

---

* [...]. la poitrine arrondie, si muette et si tendue, qu'elle n'éveillait aucune pensée charnelle et qu'elle ressemblait à un *ventre* [...]. Leurs mains potelées, d'un rose vif, avaient une sorte de souplesse grasse, des doigts *ventrus* aux phalanges. [...]. Les maisons gardaient leur façade ensoleillée, leur air béat de bonne maison, se chauffant honnetement le ventre aux premiers rayons.

Es ist diese, aus verschiedenen Quellen genährte Neigung Zola's zum psychologischen Simplificiren, die ihn zum Repräsentativen führt. In dem einzelnen Arbeiter schildert er den Stand, in der einzelnen Courtisane die Courtisane.

Seine Hauptfähigkeit ist die, typische Züge und große Totalitäten aufzufassen und wiederzugeben. Er bringt mit Vorliebe die Wirkung von etwas Riesengroßem hervor. Er erreicht diese Wirkung nicht impressionistisch durch ein paar entscheidende Züge, sondern wie Victor Hugo durch hartnäckiges Wiederholen und durch das Aufzählen von einer Menge äußerer Einzelheiten; er zählt z. b. unzählige Namen von Pflanzen, von verschiedenen Arten Käse, von den Stoffen und Waaren eines Magazins auf.

Aber, um alle Einzelheiten zusammenzufassen und die einheitliche Wirkung, der er nachstrebt, hervorzubringen, nimmt er dann seine Zuflucht zum Symbol; zum großen Grundsymbol, wie z. B. den Hallen als dem Bauch von Paris, und dann stempelt er alle Einzelheiten mit dem Merkmale des Symbols, findet den Bauch in dem Busen der Frauen, in den Façaden der Häuser, an den Spitzen der Finger wieder.

So hat er sich als Romandichter zum leidenschaftlichen Verfechter einer rein mechanischen Psychologie entwickelt. Er führt all' das Menschliche zum rein Animalen zurück, schleift und entfernt das höchste Willensleben und das feinste Spiel der Intelligenz, stellt selbst die am vorzüglichsten ausgeprägte Persönlichkeit als eine fast unbewußte oder kraft einer Art Manie fungirende Maschine dar.

Aber all' die mehr als animale Kraft, all' die freie Selbständigkeit, den übermächtigen Willen, den er den Individuen raubt, ertheilt er kraft einer Eigenthümlichkeit seines Temperaments den unpersönlichen Schöpfungen, wie einem Terrain oder einem Gebäude, die dann eine rein abstracte Macht, wie die Liebe, die Industrie, den Großhandel, irgend ein Lebenselement personificiren.

Diese unpersönlichen Dinge schwellen dann an von der selbständigen Kraft, die er dem Individuum geraubt hat. Sie sind wie Verkörperungen jenes unwiderstehlichen Schicksals, das die Alten mächtiger als Menschen und Götter nannten.

Es ist, als ob seine eigene Machtbegierde und seine eigene Machtfreude sich daran labe, diese Schicksalsmacht zu besingen, welche die Individuen ohne Rücksicht und ohne Gnade gebraucht und vernichtet.

Seine große epische Dichtung »Les Rougon-Macquart« ist also eine Reihe von lose an einander geknüpften Gesängen über die verschiedenen Incarnationen dieser geheimnißvollen und fürchterlichen Gottheit, deren Dichter er ist.

Georg Brandes (1842–1927), dänischer Ästhetiker, Literaturkritiker und -historiker, wurde zum Vorkämpfer naturalistischer Literatur in Dänemark. Eine akademische Tätigkeit wurde ihm verwehrt. Brandes lebte ab 1877 in Berlin und ging 1883 zurück nach Dänemark, wo er die junge literarische Generation unterstützte. Brandes' Aufsatz leitete einen neuen Abschnitt in der Zola-Rezeption der 80er Jahre ein. Während bis dahin neben dem Schriftsteller der Theoretiker des »roman expérimental« im Mittelpunkt der Zola-Diskussion stand, wird nun der frühen Kunstdefinition Zolas mehr Beachtung geschenkt. Bereits drei Jahre vor Brandes erschienen Zolas Kunstdefinition in der Zeitschrift Nord und Süd, was in den von Heinrich Hart herausgegebenen Berliner Monatsheften für Litteratur, Kritik und Theater 1885 mit Verwunderung vermerkt wurde: »So äußert sich Zola überraschend, aber fragwürdig, wie es viele Aussprüche und Warnungen dieses Naturalistenhäuptlings sind, dahin: *L'œuvre d'art est un coin de la nature vue à travers un tempérament* (a.a.O., S. 413). Otto Brahm bezog sich 1886 in seinem Ibsen-Essay positiv auf diese Kunstauffassung als eine für Zola wie auch für Ibsen gültige ästhetische Grundkonzeption: »... und die Anschauung, welche der französische Dichter jüngst aussprach, gilt auch für den norwegischen: beiden ist das Kunstwerk ein Winkel der Natur, angeschaut durch ein ethisch-ästhetisches Temperament« (s. Otto Brahm, *Henrik Ibsen*. In: *Deutsche Rundschau*, Bd. 49, 1886, S. 270).

Zola entwickelte seine Kunstdefinition bereits erstmals 1864 in einem Brief an seinen Freund Valabrègue, wo er die Frage nach dem Verhältnis von Kunst, Natur und Künstlerpersönlichkeit aufwarf. Zola formulierte hier seine Theorie des Schirms als des Mediums, durch das die Natur in der Kunst wahrgenommen werde; dieses Medium ist die Subjektivität des Künstlers, die ihrerseits den Einflüssen von »race«, »milieu« und »moment« unterworfen sei: »Toute œuvre d'art est comme une fenêtre, ouverte sur la création; il y a, enchâssé dans l'embrasure de la fenêtre, une sorte d'écran transparent à travers lequel on aperçoit les objets plus ou moins déformés [...] Ces changements tiennent à la nature de l'écran. On n'a plus la création exacte et réelle, mais la création modifiée par le milieu où passe son image. Nous voyons la création dans une œuvre, à travers un homme, à travers un tempérament, une personnalité...« (s. E. Zola, *Œuvres complètes*. Edition établie sous la direction de Henri Mitterand, tome XIV, Paris 1970, S. 1310).

1866 taucht diese Kunstdefinition dann in einem seiner *Salon*-Artikel wieder auf, in denen er sich kritisch mit der im Traditionalismus erstarrten akademischen Kunst auseinandersetzte und für die jungen Maler des »plein air«, die »paysagistes« eintrat, wie Manet, Pissaro und Cézanne. Zola forderte »de la vérité [...], de la vie, mais surtout des chairs et des cœurs différants interprétant différemment la nature. La définition d'une œuvre d'art ne saurait être autre chose que celle-ci: une œuvre d'art est un coin de la création de vu à travers un tempérament« (E. Zola, *Œuvres complètes*, tome XII, S. 810).

Brandes übergeht in seinem Rekurs auf die frühe kunsttheoretische Auffassung Zolas dessen Entwicklung hinsichtlich der Rolle der Wissenschaft für die Zukunft der Kunst. Das Anliegen von Brandes war allerdings auch eine Umwertung Zolas vom wissenschaftlichen Experimentator zum Symbolisten und dabei die Herstellung einer Übereinstimmung zwischen dem Ästhetiker und dem Romanautor. Brandes' Aufsatz blieb nicht ohne Wirkung auf die deutsche Zola-Rezeption, wie die folgenden Dokumente zeigen. Auch Julius Harts Haltung gegenüber Zola änderte sich mit deutlichem Bezug auf die von Brandes dargelegte frühe kunsttheoretische Position Zolas, die für Hart wieder annehmbar war, weil sie deutlich im Rahmen traditioneller Kunstauffassungen verblieb. Die neu gewonnene Anerkennung Zolas kam in dem Vergleich mit Goethe zum Ausdruck: »... nach Goethe'scher Weisung nimmt der Dichter jeden *realen* Gegenstand auf und erhebt sich über seine Subjektivität. Wendet man die Zola'sche Begriffserläuterung an, so wird in der romantischen Poesie vor allem Gewicht auf das Temperament gelegt, durch welches des Stückchen Natur angeschaut wird, in der realistischen dagegen muß das Temperament vor der Natur zurücktreten« (s. J. Hart, *Phantasie und Wirklichkeit*, Dok. 30).

108
Maximilian Harden: *Zola und sein Menschenvieh.* In: *Die Gegenwart. Wochenschrift für Literatur und öffentliches Leben.* Hrsg. v. Theophil Zolling. 37. Bd., Berlin (G. Stilke) 1890, S. 216–218.

Der siebzehnte Band der »Rougon-Macquart« ist erschienen und die »Histoire naturelle et sociale d'une famille sous le second empire« hat damit die Auflageziffer von einer Million Exemplaren überschritten. So theilt uns die Firma Charpentier mit. Rechnet man zu dieser erstaunlichen Ziffer noch die Uebersetzungen und bedenkt man, daß diese siebzehn Romane sämmtlich vorher in Tagesblättern und Zeitschriften erschienen sind, so ist es erklärlich, wenn sich vor einem derartig kolossalen Erfolge nicht nur der Neid, sondern auch die gutartige Zweifelsucht in Wehr und Gewaffen erhebt. Man blättert im Katalog Charpentier und findet da bei Alfred de Musset recht bescheidene Auflageziffern; schnell fertig ist das Urtheil mit dem Schluß: nur unkünstlerische Waare kann so riesigen Absatz finden. Auch der geistvolle »Deutsche«, dem wir das jüngstbesprochene Buch »Rembrandt als Erzieher« verdanken, kommt zu diesem Ergebniß: er vergleicht die Werke Zola's mit der »Zuchthausarbeit«; er findet ihren geistigen Standpunkt billig und prophezeit ihnen einen frühen Tod, denn »Mode vergeht, Kunst besteht«.

Ob er Recht hat? Wenn ich die Voraussagung auf sich beruhen lasse, so glaube ich doch: Nein, er hat nicht Recht. Zola's Werke sind keine Zuchthausarbeit, sie sind nicht grob gezimmert, sondern sorgfältig und künstlerisch aufgebaut, nicht Resultate einer geschäftsmäßigen Schnellschreiberei, sondern Hervorbringungen einer ganz ungewöhnlichen Productionskraft, die auch heute, nachdem sie uns im Ganzen 35 Bände gespendet hat, noch nicht die mindeste Ermattung erkennen läßt. Wir sind heute so sehr an Dürftigkeit und Mühseligkeit gewöhnt, daß uns jede reiche Productivität bedenklich ist; und doch sollte man es einem Dichter oder, um das minder anspruchsvolle Wort zu gebrauchen, einem Schriftsteller nicht zum Vorwurf machen, wenn er uns häufig etwas zu sagen weiß. Zola kann sich auf erlauchte Vorgänger berufen: von Aeschylus bis auf die Spanier und Goethe waren recht viele Große und Größte nach heutiger Auffassung »Vielschreiber«; und selbst Paul Heyse, der Sechziger, ist dem französischen Romancier in der Bändezahl weiter voraus als im Lebensalter.

Eines der schlechtesten Bücher Zola's, das kaltsinnige Sinnlichkeitscpos »Nana«, verdankt den Absatz seiner 155000 Exemplare ohne Zweifel in erster Reihe den für Viele unendlich verlockenden Reizen seines Stoffes; eine Nana ist immer leicht verkäuflich. Aber es beweist doch Befangenheit oder mangelndes Verständniß, wenn man Zola deshalb kurz und schlecht einen Pornographen nennt. Wer sich bei der Familie Rougon-Macquart Befriedigung für allerlei verborgene Gelüste erhofft, der möchte arg enttäuscht werden: auch das schönste nackte Fleisch präsentirt sich da nur wie ein herrlicher Cadaver auf dem Sezirtisch; l'homme tout nu ist überhaupt nur selten dazu angethan, Begierden zu entzünden; und eines Feigenbaums Rauschen hat man in Zola's »Paradou« bisher noch nicht verspürt. Und die Bücher,

die an breiter Wirkung der Allbeherrscherin »Nana« am nächsten kommen: »L'Assommoir«
(127 Tausend), »Germinal« (83 Tausend), »Le Rêve« (77 Tausend), sie bilden ganz gewiß
keine Triumphe der Pornographie; vielmehr gehören sie – mit »La Terre« an der Spitze – der
mitleidigen Abschreckungsliteratur an, die in Tolstoi's »Macht der Finsterniß« ihren mächtigsten und zugleich abscheulichsten Ausdruck gefunden hat.

Ist es ein Unglück, daß Zola so viel gelesen wird? Wieder glaube ich sagen zu dürfen: Nein;
mag immerhin die Mode einen guten Theil des Massenerfolges erklären: ohne ein ganz
gewaltiges Talent kann uns ein Romancier nicht durch siebzehn starke Bände mit ehernen
Ketten festhalten. Seit der Mann von Tula zum verzückten Propheten der Primitivität geworden, ist der Mann von Médan ohne jeden Zweifel als der größte Epiker unserer Zeit anzuerkennen. Und darum sollte man, anstatt ihm für jeden ehrlich verdienten Tausendfrancschein
zehntausend unverdiente Unfreundlichkeiten zu sagen, ernstlich versuchen, den Schlüssel zum
Wesen des merkwürdigen Mannes zu finden, der, trotz seinen Millionen von Lesern, so
seltsamem Mißverstand begegnet.

Man thut Emile Zola gründlich Unrecht, wenn man ihn als einen »Realisten« beurtheilt
und ihn einen Vaterlandsverräther nennt, weil er das Volk von Frankreich gar so schwarz
gemalt hat. Ach nein, der Mann der »méthode scientifique et expérimentale« ist ganz gewiß
kein Realist; er hat seinen eigenen Fall haarscharf geschildert, als er – in »Le roman expérimental« – schrieb: »Que de romanciers croient voir la nature et ne l'aperçoivent qu'à travers
toutes sortes de déformations! Ils sont d'une bonne foi absolue, le plus souvent. Ils se
persuadent qu'ils ont tout mis dans un tableau, que l'œuvre est définitive et complète. Cela se
sent à la conviction avec laquelle ils ont entassé les erreurs de couleurs et de formes. *Leur
nature est une monstruosité*, qu'ils ont rapetissée ou grandie, en voulant en soigner le tableau.
Malgré leurs efforts, tout se délaie dans des teintes fausses, tout hurle et s'écrase. Ils pourront
peut-être écrire des poêmes épiques, mais jamais ils ne mettront debout une œuvre vraie,
parce que la lésion de ses yeux s'y oppose«. Das ist, in knappen Zeilen erschöpfend dargestellt, der Fall Zola; und wenn, in der Vorrede zu demselben Band (1880), der Schriftsteller
mit Scham zurückblickt auf die ungeheure Menge romantischen Ueberschwangs, den er
schon hinter sich hat, so constatiren wir 1890 vor seinem neuesten Roman, daß er nur immer
tiefer in romantische Mystik hineingerathen ist. Er theilt dieses Schicksal nicht nur mit Ibsen,
sondern mit allen unklaren Phantasten, die von Rousseau und Hamann bis auf Tolstoi uns so
beredt die »Rückkehr zur Natur« zu predigen wußten. Wo bleibt der Voltaire für die neuen
Rousseaus?

Einen Eisenbahnroman wollte Zola schreiben und einen bluttriefenden Mordroman hat er
uns gegeben. In »La bête humaine«* finden wir zwei blutige Abschlachtungen, einen Gift-
mord, einen Doppelmord, einen Selbstmord und einen Eisenbahnunfall, bei welchem etwa
20 Menschen um's Leben kommen. Wie mag der zielbewußte Dichter so vom Pfade abgekommen sein? Es wird erlaubt sein, sich dieses Phänomen zolaistisch zu erklären.

---

* Paris, Charpentier et Cie., éditeurs. »Die Bestie im Menschen.« Einzig autorisirte Uebersetzung von Alfred Ruhemann.
Budapest, G. Grimm.

Als Zola seine Eisenbahnstudien machte und die mechanische Welt des Eisenstranges mit scharfem Blick durchforschte, da fand er überall, wo dieses Reich rastloser Bewegung in's Stocken gerieth, das wegesperrende rothe Signallicht vor seinem Auge. Dieses »grand signal rouge qui tachait le jour pâle« blieb ihm haften im Gedächtniß; es ward ihm zum Symbol der Lebensstockung, zum Symbol der Tödtung. In Folge der eigenthümlichen Beschaffenheit seines Auges sah er die ganze Schienenwelt von nun an nur noch durch einen dicken, blutig rothen Nebel; und flug war auch der Contrast zur Stelle: auf der einen Seite die raffinirten Einrichtungen der Cultur, der tadellos functionirende mechanische Apparat; auf der anderen Seite die »unausrottbar thierische Natur des bétail humain, des Menschenviehs. Die Eisenbahn – »c'est une belle invention, il n'y a pas à dire. On va vite, on est plus savant... Mais les bêtes sauvages restent des bêtes sauvages, et on aura beau inventer des mécaniques meilleures encore, il y aura quand même des bêtes sauvages dessous.« Von dieser nicht besonders originellen These geht Zola aus.

La bête humaine – der deutsche Uebersetzer hätte vielleicht sagen sollen: das Menschengethier – spielte in der französischen Literatur schon vor sechzig Jahren eine wichtige Rolle. In der berühmten Programmvorrede zum »Cromwell« spricht Victor Hugo 1827: »Dans la poésie nouvelle, tandis que le sublime représentera l'âme telle qu'elle est, épurée par la morale chrétienne, le grotesque jouera le rôle de *la bête humaine.*« Ueber diese komische Eintheilung in Erhabenes und Groteskes ist Zola hinaus; von christlicher Sittenlehre will der Naturalist nichts wissen, und was die »sogenannte« Seele anbetrifft, so steht er auf dem Standpunkt jenes Arztes, der feierlich erklärte, nie habe er etwas wie eine Seele unter seinem Messer gehabt, folglich leugne er ihre Existenz und erwarte den Gegenbeweis. Hier scheidet sich von Hugo, dem Romantiker des Katholicismus, Zola, der Romantiker des Materialismus; das Erhabene verschwindet, das Gemeine bleibt. »Montons dans le soleil«, könnte Hugo gesagt haben; »descendons dans le milieu«, sagt Zola. La bête humaine soll also die unveränderliche Thiernatur im Menschen darstellen oder, wie Daudet – in »La lutte pour la vie« – in glücklicher Parodie des Zolastils gesagt hat: »Ce qui reste à quatre pattes dans le quadrupède redressé.«

Das Milieu war gegeben: die Eisenbahn; desgleichen das allbeherrschende Symbol: das blutrothe Licht. Und nachdem die gesammte Betriebsamkeit der mechanischen Welt sich noch in einer Lokomotive verkörpert hatte, waren dem Roman seine Helden geschenkt. Denn immer feiert Zola unpersönliche Helden; er ist der Epiker der großen, zeitbestimmenden Mächte, denen er alles feine und starke Leben verleiht, das er seinen Menschen raubt. Nicht die Menschen schaffen sich bei ihm die Umgebung; die Umgebung schafft und wandelt und bestimmt die Menschen...: Die Markthallen im »Ventre de Paris«; der Wundergarten in »La Faute de l'abbé Mouret«; der alte Kirchhof in »La Fortune des Rougon«; die Schnapskneipe in »L'Assommoir«; der Modebazar in »Au bonheur des dames«; das Bergwerk in »Germinal«; das Ackerland in »La Terre«; die Kirche von Beaumont in »Le rêve«. Es ist immer derselbe Prozeß. »Le milieu entrait dans sa vie«, diesen Satz wird man so oder ähnlich fast in jedem dieser Bücher finden. Und so dürfen wir auch nicht übermäßig erstaunt sein, wenn wir, inmitten einer Schreckensschaar von willensunfreien, geistig gebundenen und höchstens vom dunklen Trieb vorwärts gestoßenen Menschen, nur ein einziges Wesen finden, das sich des immerhin schätzbaren Besitzes einer Seele erfreut: La Lison, die Lokomotive. Neben ihr erscheint selbst die Glocke von »Notre-Dame de Paris«, das Dampfboot Durande aus den »Travailleurs de mer« wie todte stumpfe Masse: die Lison lebt, sie hat Hunger und Durst, sie hat einen Willen und Launen, hat alles, was Zola's Menschen fehlt, sie hat auch, was seine Menschen nicht haben sollen, eine wirkliche und wahrhaftige Seele. Die Menschenbestien sterben rein animalisch: drei Stöße, ein Blutstrom und alles ist vorbei. Die Lison gibt ihren Geist auf, wie ein Kind weint sie, in ihrem schwarzen Kohlenmeer, sich in den letzten Schlaf. Und ihr Führer glaubt gläubig an den Geist seiner Maschine, er weiß es: d'autres machines, identiquement construites, montées avec le même soin, ne montraient aucune de ses qualités. Il y avait l'âme, le mystère de la fabrication, ce quelque chose que le hazard du martelage ajoute au métal, que le tour de main de l'ouvrier monteur donne aux pièces: la personnalité de la machine, la vie.« Warum kann Emile Zola, der es als ouvrier monteur stets an dem »quelque chose« fehlen läßt, das die Theologen den göttlichen Odem nennen, nicht in die Schule gehen bei seinem Lokomotivführer Jacques Lantier?

Aber es wird Zeit, an den Stammbaum zu denken und an die Begebenheiten; denn diesmal haben wir's nicht nur mit den Einwirkungen des Milieu und mit erblicher Belastung, sondern mit einer Fülle von äußeren Vorgängen sensationellster Art zu thun.

Jacques ist der Sohn Lantier's und der Gervaise, die fünfzehnjährig seine Mutter ward. Wir kennen die braven Eltern aus dem »Assommoir«, den älteren Bruder Claude aus »L'Œuvre«, den jüngeren Etienne aus »Germinal« und wir wissen längst: »La Famille n'était guère d'aplomb, beaucoup avaient une fêlure.« Auch Jacques ist um sein Elterliches nicht betrogen, seine fêlure héréditaire ist sogar von ganz besonderer Art: er zählt zu seinen Vorfahren auch noch den Frauenmörder von Whitechapel, den mysteriösen Jack the Ripper. Nach ihm heißt er. Mit seinen Sinnen entzündet sich zugleich sein Blutdurst: ein Weib besitzen heißt ihm ein Weib tödten. Einmal, zehnmal widersteht er der blutigen Lust, endlich aber stößt er, der seinem Todfeind nichts zu Leide thun könnte, der Geliebten das Messer in die lockend weiße Brust. Und – wohlgemerkt! – der Autor, dessen angebliche Objectivität man hier wieder einmal belächeln mag, commentirt jedesmal die Wahnsinnsregung seines kranken Blutdürstlings: nicht Jacques Lantier, so sagt er, will tödten; die Hand, die nach dem Messer greift, gehört nicht ihm, es sind »des mains qui lui viendraient d'un autre, des mains léguées par quelque ancêtre, au temps où l'homme, dans les bois, étranglait des bêtes!« Also nicht nur einfache Heredität, sondern Fleisch und Blut gewordener Atavismus. Nicht Jacques: Zola selbst stellt die immer und regelmäßig wiederkehrende Frage nach dem Ursprung des bestialischen Gelüstes: »Cela venait-il donc de si loin, du mal que les femmes avaient fait à sa race, de la rancune amassée de mâle en mâle, depuis la première tromperie dans les cavernes?« Wenn das nicht scientifique et expérimental ist, dann ist Victor Hugo auch kein großer Philosoph und Sozialpolitiker.

Jacques der Atavist hat während einer seiner Sinnenkrisen den Mord mit angesehen, der zwischen Paris und Havre im Courierzug verübt ward und der – wir sind im Jahre 1869, kurz vor den letzten napoleonischen Wahlen – für einige Zeit die Neugier des erregten Landes aufwühlt. Der Präsident von Grandmorin, ein Intimer der Tuilerien, ist ermordet worden. Warum? Der würdige und correcte Herr hatte die Spielgefährtin seiner Tochter zu früher Lust für seine erschlafften Begierden auferzogen und sie dann, mit einer stattlichen Dankbarkeitsmitgift, verheirathet. Ein Zufall lehrt in einem meisterlich geführten Zwiegespräch Roubaud, den Ehemann, die Wahrheit kennen; er mißhandelt die zarte Séverine, eine echte und rechte »vierge de la boue«, er zwingt die schmutzigsten Details aus dem gequälten Weibe heraus und beschließt, den Schänder zu tödten. Wenige Stunden später ist Grandmorin eine Leiche. Die Spur die zu dem Mörder leitet, ist bald gefunden; aber die Regierung fürchtet den Skandal, das Wiederaufleben der ganzen unsauberen Praktiken, an denen der bei Hofe beliebte Eisenbahngewaltige sich in idyllischer Abgeschlossenheit ergötzte. Die Spur wird sorglich verscharrt, die Gerechtigkeit rückt ihre Binde dicht vor beide Augen. Sie will nicht sehen. Aber ein Zeuge lebt: Jacques Lantier. Wie blitzschnell auch der Zug vor ihm vorüberflog, er sah das Opfer, er sah den Mörder, er sah das Weib, auf des Präsidenten zuckenden Beinen zusammengekauert, eine schwärzlich verschwommene Masse. Ihn zu gewinnen, schleudert Roubaud selbst ihm sein sonst so eifersüchtig gehütetes Weib in die Arme. Jacques und Séverine finden sich, und da sie zum ersten Male entkleidet in seinen Armen ruht, flüstert sie ihm, im durchhitzten Liebesbette, das Geheimniß der Mordnacht in's Ohr. Die Scene, wohl das Gewagteste, was Zola bisher geschaffen, ist gräßlich schön; empfindlichen Nasen mag freilich diese blutige Brunst nicht angenehm duften. Und natürlich fehlt auch die tache ronde et sanglante nicht als Beleuchtungsaccompagnement; diesmal wirft der glührothe Ofen den Blutschein.

Roubaud's Willenskraft oder vielmehr: sein Raubthierinstinkt ist nach dem Mord gebrochen; er sinkt unaufhaltsam zum Spieler und zum Dieb herab und duldet gemüthsruhig den Liebhaber der Frau im ehelichen Gemach. Langsam keimt in Séverine der Haß empor, der Haß gegen diesen Mann, der sie in seine Blutschuld verstrickt hat, um sie sodann der eigenen Schwäche zu überlassen. Auch Roubaud muß sterben, das wird ihr zur fixen Idee; sie will ein neues Leben beginnen, ein Leben ohne Leidenschaften, ohne Glück vielleicht, aber in Ruhe. Vergebens versucht sie, instrument de plaisir, instrument de mort, Jacques zum Mordanschlag aufzustacheln: seine Nerven versagen im letzten Moment, wie die Mannbarkeit vor der Erfüllung. Und als er endlich nach dem Mordmesser greift, da sind es wiederum »des mains léguées par quelque ancêtre« – er tödtet die Geliebte, all' in ihrer rosigen Nacktheit. Endlich, endlich hat er's gewagt.

Ein Gewissen gehört nicht zur Habe des Zola'schen Menschenviehs; ruhig lebt Jacques fort, mit den geliehenen Händen, deren atavistische Regungen ihm noch manchen blutigen Streich spielen würden, wenn er nicht einer schlimmeren Bestie zum Opfer fiele. Doch sein Verhängniß ist nahe.

Auf einer neuen Lokomotive führt Jacques, im Juli 1870, einen Militärzug von achtzehn Waggons dem Rhein entgegen. Im Viehwagen sind die trunkenen Soldaten untergebracht, zusammengepfercht wie Rinder, die man zur Schlachtbank schleppt, und in die schwüle Gewitternacht hinein brüllt ihre trunkene Kehle patriotisches Geheule. Auch Pecqueux, der Heizer, sonst eine gutmüthige Bestie, hat diesmal einen bösen Rausch; er sinnt dem alten Gefährten Jacques, der ihm ein bequemes Liebchen abspenstig gemacht hat, schlimmen Untergang. Er feuert wie ein Unsinniger, und da Jacques den tollen Säufer hindern will, packt ihn der Heizer, ein wildes Ringen beginnt auf der Plattform des jagenden Zuges, und in unlösbarer Verknäulung stürzen beide Männer hinab: der vorsichtige Führer und der »fou furieux« von Heizer. Die in gräßlicher Wuth Umklammerten reißt das Geräder in Fleischfetzen.

Führerlos rast der Zug weiter. Lauter und immer lauter wird das Gebrüll der todgeweihten Troupiers. Entsetzt sieht man auf allen Stationen den mit vollem Dampf, doch ohne Führer vorwärts brausenden train fou die Nacht durchzittern. Sein Nahen kündet das Läuten des telegraphischen Apparats, in starrem Schrecken sucht man dem blind und toll stürmenden Phantom die Schienenwege frei zu halten – aber: »Qu'importaient les victimes que la machine écrasait en chemin! N'allait-elle pas quand-même à l'avenir, insoucieuse du sang répandu? Sans conducteur, au milieu des ténèbres, en bête aveugle et sourde qu'on aurait lâchée parmi la mort, elle roulait, elle roulait, chargée de cette chair à canon, de ces soldats hébétés de fatigues, et ivres, qui chantaient. «

Das zweite Kaiserreich jagt, von tollen Fanatikern und kranken Narren mißleitet und verlassen, Verderben drohend, eigenem Verderben zu. Und wie der Zug und wie das Reich, so rast auch des Menschengethier, willenlos in höchster Noth trotz seiner feinen Geistesmechanik, getrieben nur vom Dampf der brennenden Begier, jauchzend und unbewußt, über Trümmer und Blut und Fleisch, über Glück und Leichen hinweg, der Zukunft, dem hellen Morgen nach der Gewitternacht entgegen, unaufhaltsam, blind und toll, und doch von unbekannten Mächten dem rechten Ziele zugeführt.

Von welchen Mächten?

Zola, der Naturalist, antwortet: von der erzeugungskräftigen Natur. Sein Ebenbild Sandoz in »L'œuvre« ruft, im üppigen Grase liegend, aus: »O, du gute Erde, du, unser Aller Mutter, bist des Lebens einzige Quelle! Du, die ewige, unsterbliche, deren Blutumlauf deine Durchrieselung von der Weltseele ist, deren starker Saft sogar in den Steinen lebt und die Bäume uns zu großen festwurzelnden Brüdern macht – in dich will ich mich verlieren!« Zola hat sich in sie verloren·und in ihr sich selbst: der Naturalist ist ein moderner Fatalist geworden und ein romantischer Mystiker obendrein. Mit dickem Romantikerblut sind seine Adern vollgesogen, und wenn auch allerlei schnell erhaschte Wissenschaftssätze, allerlei positivistische und materialistische Säfte hinzutraten, es gilt darum doch auch von ihm, was er in seiner rücksichtslosen Kritik über Victor Hugo gesagt hat: »Nous ne sommes donc ici que dans un marivaudage de symbole, et non dans une peinture de la vérité. D'abord, une pensée fataliste domine l'œuvre... ensuite, nous entrons dans une série de tableaux symboliques... Dès lors, l'ensemble devient faux, tiraillé, arrangé, forcé. C'est de la nature corrigée et taillée, déviée de sa poussée naturelle. Qu'on taille les buis d'un jardin en boules classiques, ou qu'on leur donne à coups de ciseaux savants un échevèlement romantique, le résultat est le même: on mutile le jardin, on obtient une nature menteuse. Un bout d'étude sincère sur l'homme, une aventure vraie contée simplement, en dit plus que tout le fatras allégorique de Notre-Dame de Paris.« Et de la Bête humaine encore, möchten wir hinzufügen.

Eine Menschenstudie hat uns Zola auch diesmal nicht geboten; er konnte es nicht, denn, wie er keine höhere Sittlichkeit kennt als die Allen gemeine, anerkennt er auch nicht den Geist, das geheimnißvolle Etwas, das aus dem aufrecht schreitenden Zweibeiner erst den Menschen macht. Niemals und nirgends verfolgt Zola einen Gedankenprozeß, etwa nach der Art Dostojewsky's, dessen ungeheuerliches Genie gerade hier seine tiefste Wurzel hat; aus dem Instinkt, aus dumpfem Blutgebrause entspringen die Entschlüsse Zola'scher Menschen: nur das Milieu denkt, nur das Milieu lenkt. Nein: Zola ist vielleicht der stärkste Poet unter den Modernen und sicher der Modernste unter den echten Poeten; aber ein Realist ist er ganz gewiß nicht, der Schöpfer mystischer Heldenjungfrauen, der Erfinder fatalistischer Ahnfrauenmesser; es ergeht ihm wie seinem Jacques, von dem er commentirend sagt: »Et les choses, autour de Jacques, n'étaient plus que dans un rêve, car il les voyait à travers son idée fixe.« Wenn wir dem großen Dichter in seinen bestialischen Naturalismus nicht folgen können, mag er immerhin zürnen und grollen: wir grüßen ihn als den Romantiker der Sachen, den mächtigen Schlachtenmaler des animalischen Lebens, aber wir finden auch gerade in seiner kolossalen Begabung den stricten Beweis für die stolze Ueberzeugung, daß es unter dem Menschengethier denn doch noch entwickeltere Arten und Wesen gibt, als taumelnde Lustmörder, gierige Räuber und verthierte Dirnen. Emil Zola und Lew Tolstoi werden nicht siegen in ihrem mystisch erbitterten Kampf gegen die Geistgläubigkeit: sie tragen den Feind in der eigenen Brust, im eigenen, ungestümen Dichterherzen.

Maximilian Harden (vgl. Dok. 63) folgt in seiner Besprechung des Romans *La bête humaine*, der 1890 in der ersten deutschen Übersetzung erschien, der durch Brandes 1888 vollzogenen Umwertung Zolas. Während Brandes Zolas Schaffen auf der Basis seiner früheren kunsttheoretischen Äußerungen interpretierte, so als hätte die Auseinandersetzung Zolas mit der modernen Naturwissenschaft nie stattgefunden (vgl. Dok. 107), erklärt Harden, daß Zola sich gegen seine eigenen theoretischen Ansprüche an eine wissenschaftliche Methode in seinem Romanschaffen entwickelt habe: »... der Naturalist ist ein moderner Fatalist geworden und ein romantischer Mystiker obendrein« (s. Dok. 108). Harden nennt ihn auch einen »Romantiker der Sachen, den mächtigen Schlachtenmaler des animalischen Lebens« und stellt ihn als »Romantiker des Materialismus« an die Seite von Hugo, »dem Romantiker des Katholicismus«. Mit dieser Parallelisierung setzt Harden die von Georg Brandes eingeleitete Umorientierung der deutschen Zola-Rezeption fort. Bereits im 1. Jg. des *Kunstwart* (1887/88) nahm Harden Zola gegen den Vorwurf, daß er »ein gewissenloser Pornograph« sei, »der geschäftsschlau die niedersten Triebe auszubeuten weiß«, in Schutz. Er würdigte hier Zola insbesondere als einen der »großen Neuerer«: »Auf allen Kunstgebieten hat Zola für den Naturalismus geschaffen und gestritten, er hat den naturalistischen Roman zum glänzenden Siege geführt, der impressionistischen Bewegung in der Malerei Bahn gebrochen, indem er immer und immer auf die Mängel der akademischen Darstellung hinwies, nur im Drama ist sein Kampf erfolglos gewesen, weil ihm selbst die schöpferische Kraft des großen Dramatikers, der neue Formen schafft, nicht inne wohnt. Vergebens hat er durch Jahre unermüdlich gegen die handwerksmäßige Schablone, die sich auf französischen Bühnen breit macht, polemisiert, vergebens die Taschenspielerkünste der Großen und Größten entlarvt, die falsche, gleißnerische Moral der Modestücke gegeißelt, er hat höchstens dem kommenden Schöpfer die Wege geebnet« (M. Harden, *Die Wahrheit auf der Bühne*. In: *Der Kunstwart*, Jg. 1, 1887/88, S. 202).

109
Hermann Bahr: *Zola*. In: Hermann Bahr: *Die Überwindung des Naturalismus. Als zweite Reihe von »Zur Kritik der Moderne«.* Dresden u. Leipzig (E. Pierson's) 1891, S. 173–184; hier: S. 177–184. [...]

[...] Dieses ist das Verfahren Zolas.

Er hat es oft bekannt, daß er vom Milieu aus beginnt und auf das Milieu hin zielt, immer nur auf das Milieu. Irgend ein Segment des Lebens ist jedesmal sein Thema, sein »terrain«. Er sammelt seine Merkmale, in umständlicher, langwieriger, pedantischer Sorge de rassembler dans des notes, prises longuement, tout ce qu'il peut savoir sur ce monde qu'il veut peindre. Aus sich selbst, in unbeugsamem Drängen, als eine nimmer vermeidliche Folge, formen diese Noten mit Zwang ihre eigene Geschichte, welche er nur in Gehorsam aufzufangen hat: seine Charaktere, seine Handlung, den notwendigen Verlauf seines Werkes. Er ist nur Horcher und Merker seiner Dokumente. Une fois les documents complétés le roman s'établira de lui-même. Le romancier n'aura qu'a distribuer logiquement les faits. Le plan de l'œuvre est apporté par ces documents euxmêmes. So wächst ihm aus den Kohlenwerken der sozialistische Weltenbrand, aus dem Atelier die Tragödie der problematischen Natur, aus der Erde die Psychologie der Habsucht. Daran hat er sich in Theorie und Praxis immer gehalten.

Er wandert rastlos durch alle Bezirke des Lebens, in Höhen und Tiefen. Ein tüchtiges Stück war schon zurückgelegt, in diesen sechzehn Bänden der »Rougon-Macquart«. Aber die Eisenbahnen hatte er noch nicht »gemacht«. Also begann er seine grundsteinende Enquête nach den Dokumenten und eifrige Reporter, in Wort und Bild, haben dem ehrfürchtig lauschenden Europa die berühmte Fahrt auf der Lokomotive verkündet, die Fahrt nach den Noten, aus welchen die notwendige Geschichte sich forme, die Beichte der Eisenbahnen. Die Geschichte geht mit dreiundzwanzig Toten, einunddreißig Verwundeten und drei Morden aus und in grande vitesse führen sämtliche Züge geradewegs ins Kriminal; das weiß ich, daß ich nicht so bald wieder eine Reise mache.

Man kann von diesem Romane nicht sprechen, ohne sofort in die Blague hinabzurutschen. Es ist der geschämige Ärger, welcher sich rächt, der Ärger, sich aufgesessen, gefoppt und an der Nase genarrt zu ertappen. Denn die ganze »Bête humaine« ist nichts als eine große Fumisterie.

Das heißt, verstehen Sie mich recht! Ich könnte dies Werk zwei Stunden lang preisen und wir wären mit seinen Reizen und Wonnen immer noch lange nicht fertig. Wir begegneten immer noch in jedem neuen Blicke neuen, wichtigeren Verdiensten wieder, zu rühmen und zu bewundern, in schaurigen Taumeln vor so viel Größe und Gewalt. Es sind wieder köstliche Stücke darin, meisterlich gemeißelt in unnachahmlichen Würfen und für das eine Bild der Entgleisung allein gäbe ich willig meine sämtlichen Werke in Goldschnitt, was ich geschrieben und was ich noch schreiben werde, alles und die übrige deutsche Litteratur von heute noch obendrein. Mein Geschmack also schwelgt. Aber nur an seiner Theorie darf man's nicht messen, an seiner eigenen Theorie.

Das erste Milieu: Die Linie von der Gare St. Lazare nach dem Havre, mit allen schnauben-
den Manövern der Maschinen, der Bildung und Versorgung der Züge, den dumpfen Stößen
der Puffer, dem jähen Wechsel der bunten Signale, den eiligen Schreien der Lokomotiven, jetzt
in ungeduldig, beharrlich anklopfenden Rufen, wenn sie Bahnfreiheit heischen, und dann als
Antwort darauf in schrillen Pfiffen, ein einzigesmal grell in die Höhe, daß die Forderung
erhört und gewährt ist; dann das zweite Milieu der französischen Justiz, mit dem berufsmäßi-
gen Kretinismus aus Eitelkeit des Untersuchungsrichters, von Edgar Poe'schem Schnitt; die
Kriminalpsychologie des Willenslahmen, der das Gute liebt, gegen das Böse ringt, aber, aus
der Degeneration seiner Rasse, den Atavismus des Mordes im Blute trägt, eine anhältige
Befreiung, hoffentlich, von den jahrmarktbajazzisch ausgerenkten Mordphilosophen des
phantastischen Gefasels, mit welchem wir aus jenen russischen Kolportage-Romanen an-
gespeichelt werden; und endlich diese mit aller Zwingkraft des Erlebnisses bewehrte Madame
Séverine, so schlank, treuherzig, sanft, mit den schmalen, glitzernden Zähnen im starken
Munde, mit dem seltsamen blauen Blick unter den engen, schwarzen Locken, mit der wachsig
bildsamen Weichheit im milden, immer ins Böse hin nachgiebigen Sinn, der leer vom Moralischen und jeder Einwirkung bereit ist, um sich nur nicht aufzuregen, verbrecherisch aus
Faulheit, weil es bequemer ist, dieser typische Ausdruck der allgemeinen weiblichen Gemeinheit in der kleinbürgerlichen Besonderheit – dies alles ist musterhaft geschaut und musterhaft
gestaltet.

Ja, für meinen Genuß, wenn es sich nur um die Ergriffenheit meiner Sinne handelt, ist es
ein vortreffliches Buch, um alles in der Welt möcht' ich's nicht missen. Aber für seine Absicht,
wenn es sich um den Durchgriff seiner Grundsätze in's Wirkliche handelt, ist es ein jämmerli-
ches Buch, um alles in der Welt müßte er's wieder vernichten. Denn auf diesen ganzen langen
vierhundertundfünfzehn Seiten ist es ohne Pause nichts als in übermütigen Karrikaturen nur
ein verächtlicher Hohn auf seine Erneuerung der Litteratur, weil es in aller Führung der
Ereignisse und in der Bauart seiner Charaktere eine Verhöhnung seiner Ansicht vom Milieu
ist: das Milieu war in den anderen eine Methode gewesen, in diesem ist es bloß mehr eine
Rhetorik.

In den anderen ist das Milieu das pulsende Herz gewesen, die Regel der Bewegung und des
Lebens durch den ganzen Leib; hier ist es ein geckisch an den Steiß geflickter Fetzen, der
hinten nach, zu Firlefanz und bunter Blende, wedelt. In den anderen ist das Milieu die
bestimmende Heimat gewesen, aus welcher Handlungen und Gestalten als ihre natürliche
Bevölkerung wuchsen, unzertrennlich von ihr, unverständlich ohne ihren Begriff und ins
Welken verdorben, wenn man ihre fruchtenden Säfte abband, und in welche sie ihren Auflö-
sungen und Verwesungen sich wieder zurückgaben; hier ist es Fremdtum, zwanghaft an
Unverträgliches gekoppelt, zu Verdruß und Fehde. In den anderen ist das Milieu eine organische Notwendigkeit gewesen; hier ist es ein Capriccio der Willkür.

Es ist ein Rahmen, der, statt sich aus dem Bilde zu folgern und es dadurch zu bestätigen,
sich dem Bilde widersetzt und es aufhebt. Was hat die Eisenbahn mit der idée criminelle dans
l'humanité gemein, als daß sie sich auf dem Arbeits-Menu Zolas zusammenfanden? Wie

kommt die Lokomotive gerade zum Lustmord, warum denn nicht lieber zum Beispiel das Telephon? Und warum soll die Bestie im Menschen gerade nur mit Dampfbetrieb vorgeführt werden können? Papp- und Kleisterarbeit unverwandter Entwürfe, wie der Zufall sie im Skizzenbuch gesellte – nichts ist notwendig, nichts ist Zwang, nichts Zusammenhang.

Es wäre eine lustige Bosheit, an den Rand jedesmal jenes Gesetz aus seiner Theorie zu merken, gegen welches sich jede Seite verbricht. Und nicht etwa, wohlgemerkt, nicht etwa bloß gegen die theoretische Theorie seiner Lehrschriften, welche Mißverständnisse seiner selbst und widernatürliche Zwänge sein könnten, sondern gegen seine praktische Theorie gerade, wie sie von seinen anderen Werken abzulesen ist. Das würde eine *heitere Henkerei* mit munteren Episoden.

Z.B. gleich die Deskription. Ich gehöre nicht zu jenen Verwachsenen im Geschmacke, welche Zolas Beschreibungen langatmig und langweilig finden. Ich finde sie Schwelgereien und Wonnen. Ich kann mich ihrer gar nicht *ersättigen*. Was geht das mich an, ob sie »am Platze« sind, ob sie »hergehören«, ob sie den Fortschritt der Handlung verzögern, wenn sie nur schön sind, da sie doch schön sind, schön und durch ihre wildwüchsige Zeichnung, schön durch die feuerzauberische Farbe, schön durch die Markkraft ihrer strotzenden Rhythmen? Ich liebe die Beschreibung um der Beschreibung willen, in der Wollust der Worte und der Bilder, ohne einen anderen Zweck als eben sie selbst und darum liebe ich die Auschweifungen im Malerischen Zolas wie ich die »deskriptiven Orgien« Gautiers und Hugos liebe, weil sie mich entnüchtern und verträumen. Aber nur darf man dann nicht mit kathederlich rauhem Gebote die Beschreibung in die peinture nécessaire du milieu versperren, chaque fois qu'il complète ou qu'il explique le personnage, und dieser puritanerstrenge Grundsatz: dans un roman, dans une étude humaine je blâme absolument toute description qui n'est pas un état du milieu qui détermine et complète l'homme, diese maschenenge Regel ohne Ausschlupf vertilgt mit einem Streich zwei Drittel des neuen Romanes. Mindestens zwei Drittel, billig gerechnet. Ich will einen Preis aussetzen für den Beweis einer einzigen Beschreibung in ihm, einer einzigen in der üppigen Fülle, welche irgend einen Charakter erkläre oder ergänze.

Oder ein anderer Punkt: Zu einer Studie des Huysman'schen »Soeurs Vatard« hat Zola diese Losung des Naturalismus *geformelt*: on finira par donner de simples études, sans péripeties ni dénoûment, l'analyse d'une année d'existence, l'histoire d'une passion, la biographie d'un personnage, les notes prises sur la vie et logiquement classées, sans les relier par un arrangement quelconque. Nichts, übrigens, als die aus logischem Zwange unvermeidlich folgsame Entwickelung der wider die exotisierende Romantik reaktionären Begierde auf das vrai quotidien, le vrai que nous coudoyons, notwendig aus dem Umschlag, heilsam für den Fortschritt und vernünftig. Aber nur darf man bei also spröd verzichtender Entsagung des irgendwie Phantastischen, nur darf man dann keine solche Schauergeschichte zusammengruseln, wo alle fünf Minuten eine andere Bombe losknallt, mit dem Ambigu um die Wette, und was zuletzt der Herr Julius Löwy halt doch noch besser kann.

Und noch etwas. Fragen Sie einmal herum! Der eine: dieser Naturalismus ist schauderhaft; der andere: das schauderhafte ist, daß es überhaupt kein Naturalismus ist. Und jeder wird's

Ihnen wunderschön beweisen. Aber in diesem einzigen *Unzweifel* werden sich alle Hadernden dennoch versöhnen, in der Bewunderung seines gesuchten, geprüften und verarbeiteten Stiles, der keinen Tadel einläßt. Darin besteht seine zuerkannte Größe, an die kein Neid seine Bosheit wagt: in der verwegenen Gotik seiner akrobatischen Perioden, denen sich sein dédain de la rhétorique im stillen schämt, in eben jenen friandises d'art, épices de langue, fantaisies de dessin et de couleur, die, nach seinem Richtspruche, wohl reizen mögen, aber weder kräftig noch wahr noch gesund sind, in allen jenen raffinements d'écrivains nerveux, les heureuses trouvailles, les épithètes qui peignent, les phrases qui sonnent, welche er mit Hochmut verschmäht, als eine étrange sauce lyrique à laquelle nous accomodons la vérité.

Ein Pedant könnte diese Beispiele lange vermehren.

Und aus ihnen geschieht es, daß dieser Roman hinter und unter allen anderen des Zola ist, als Ausdruck seiner Absicht, und wieder aus ihnen geschieht es, daß er vor und über allen anderen ist, als Ausdruck seiner Natur. Niemals zuvor mißriet ihm jene so ganz, aber auch niemals zuvor gedieh ihm diese so voll. Je weiter er sich in ihm von seinem Plane entfernte, desto dichter gerade näherte er uns seinem Wesen in ihm.

Es kann kein beweiskräftigeres Zeugnis gedacht werden, leserlicher in lauteren Zeichen, verläßlichere Urkunde seiner Besonderheit, desjenigen gerade in ihm, welches sein Profil merkt und den Erfolg über uns wirkt: daß er mit naturalistischen Instinkten eine romantische Potenz ist, ein durch Selbsthaß aufgerührter Lyrismus. Der puissant visionnaire de Médan – das Wort stammt von Bergerat – ist sein Lebtag von der Hugo'schen Rasse gewesen, nur mit einer Stendhal'schen Revolte in der Seele. Zukunft atmen seine Begierden; aber seine Kräfte zu ihrem Dienste zieht er aus dem Vergangenen.

Er mag sich mit Flaubert und Ibsen trösten, welchen es nicht besser geht. Er ist nicht sein persönliches Laster. Es ist der Jammer dieser ganzen Zeit.

Dieser Artikel erschien erstmals u.d.T. *Von welschen Literaturen. I. ›La bête humaine‹* in der Zeitschrift *Moderne Dichtung*, H. 5, (Mai) 1890. Bahrs Frankreich-Aufenthalt vom November 1888 bis August 1889, in dessen Folge er zu einem bedeutenden Vermittler der französischen Décadence-Literatur wurde, lag bereits einige Monate zurück. Als dieser Aufsatz erstmals erschien, stand Bahr kurz vor der Abreise aus Österreich nach Berlin, nachdem der Verleger Samuel Fischer ihm über Arno Holz für die Mitarbeit an der *Freien Bühne* 150.– Mark monatl. angeboten hatte.

Der von Bahr besprochene Roman Zolas war 1890 in einer ersten Übersetzung als Buchausgabe herausgekommen und außerdem druckte die *Freie Bühne* ab Nr. 3 in mehreren Folgen Abschnitte aus dem Roman ab. 1890 wurde außerdem das Jahr, in dem die meisten Buchausgaben Zolascher Werke, insgesamt 23 verschiedene Titel, erschienen.

In seiner Tendenz knüpft dieser Aufsatz Bahrs an seinen Essay über Henrik Ibsen aus dem Jahr 1887 an (s. Dok. 95). Damals nannte er die »Synthese von Naturalismus und Romantik« die »gegenwärtige Aufgabe der Litteratur« und Henrik Ibsen galt ihm als »Vorkämpfer« dieser Entwicklung (s. ebd.). Er erwähnte hier auch bereits Zola, den er als den Höhepunkt der Gegenbewegung gegen die Romantik bezeichnete: »Die so lange vernachlässigte Wirklichkeit siegte auf der ganzen Linie: die Statistik wurde mit einem Schlage die Königin aller Wissenschaft, und ihre Methode zu gehorchen wetteiferte eine Disziplin mit der anderen; [...] Diese Wendung vom Denken zum Sein, vom Individuum zur Umwelt vollzog sich endlich auch in der Litteratur; Beyle, Mérimée und Balzac beginnen, Zola vollendet sie und stürmt über sie hinaus« (in: *Deutsche Worte*, 1887, H. 8 u. 9, S. 344f.).

1890 ist es ganz offensichtlich die »romantische Potenz«, die Bahr in Zolas neuestem Roman entdeckt

(s. Dok. 109) und zu einer respektvollen Würdigung veranlaßt. Er bezeichnete es als »vortreffliches Buch«, gerade weil er darin einen »verächtlichen Hohn« auf Zolas naturalistische Grundsätze sah. Seine eigene Position verdeutlicht sein drei Monate später in der *Modernen Dichtung* veröffentlichter Artikel *Die neue Psychologie*, indem er zustimmend aus Frankreich berichtet: »Die Wendung wieder zur Psychologie überhaupt – das pfeifen schon die Spatzen. Das immer nur: *états de choses*, die ewigen Sachenstände hat man satt, und gründlich; nach *états d'âmes*, nach Seelenständen, wird wieder verlangt« (a.a.O., Nr. 8, 1890, S. 507). Wiederum einen Monat später schreibt Bahr im *Magazin für die Litteratur des In- und Auslandes* über die *Krisis des französischen Naturalismus*, die sich in der Abkehr von Zola ausdrücke: »Zola steht auf der Ehrenliste des eben abgelaufenen Geistes, aber er genügt nicht mehr den Bedürfnissen von heute. Die treuesten Zolaisten verbourgetisieren sich mit jedem Tag mehr«, da dieser die »vom Zolaismus verschmähte und gekränkte Forderung einer neuen Psychologie« darstelle. Bahr selbst sieht allerdings auch in Bourget diese neue Psychologie noch nicht künstlerisch erfüllt. Er forderte vielmehr eine Psychologie, »welche der langen Gewohnheit des Naturalismus Rechnung trägt«, aber »durch den Naturalismus hindurch und über ihn hinaus gegangen ist« (s. Dok. 27).

110
Von einem Deutschen: Rembrandt als Erzieher. Leipzig (C.L. Hirschfeld) 7. Aufl. 1890, S. 42–43, 304–307, 309.

[...]

[...]

Der Schwerpunkt der Kunst liegt nicht in der Analyse, sondern in der Synthese. Homer Dante Shakespeare hatten scharfe Augen; aber sie haben das Leben nicht stückweise oder gar ellenweise beobachtet, wie die heutigen »Realisten«. Es macht einen ungemein kläglichen Eindruck, wenn diese mit ihrem neuen »Kunstprinzip« die gesammte künstlerische Vergangenheit übertrumpft zu haben glauben. Sie verachten, was sie nicht kennen – und nicht können. Das Bestreben, einen »wissenschaftlichen« Roman oder überhaupt irgend ein »wissenschaftliches« Kunstwerk herzustellen, beruht auf einem Denkfehler; und kann also nie zu etwas Gesundem führen. Zola, der zwar in Frankreich geboren, aber nach Namen Herkunft und Temperament ein reiner Italiener ist, gehört künstlerisch hierher; er ist seinen malenden Landsleuten durchaus verwandt; Brutalität, Sinnlichkeit und kalte Berechnung, gelegentlich mit ein wenig Sentimentalität und Romantik, untermischt, charakterisiren ihn. Alle diese Eigenschaften sind ausgesprochen italienisch und ausgesprochen antideutsch. »Lebendige, aber plumpe Empfindung« schreibt ein feiner Kunstkenner der altetruskischen Kunst zu; die neuitalienische Kunst hat dies Erbtheil beibehalten; und Zola ist ihr bester Repräsentant. Abtönung ist seine Sache nicht; gesunde und zugleich feine Empfindung sucht man bei ihm vergebens. Er zählt zu jenen brutalen italienischen Kraftnaturen, welche sich wie Napoleon, Gambetta und Andere an die Spitze der führungsbedürftigen Franzosen zu schwingen wissen. Er ist plebejisch, wie sie; er ist Keltoromane; und was er schreibt, könnte man hinzufügen, sind keltische Romane. Das Krasse und Wüste, was seinen Werken eigen ist; ihr Mangel an tieferer geistiger Architektonik; die Unruhe und der Pessimismus, welcher sie erfüllt; hier und da auch ein verzückter Blick nach oben, der dazwischen fällt: alles das sind gallische Züge. Ja, noch mehr. Durch ihre Beschränkung der künsterischen Freiheit, die Trostlosigkeit ihrer Gesinnung sowie durch die große »Billigkeit« ihres geistigen Standpunkts erinnert die Zola'-sche Arbeitsweise direkt und indirekt an die heutzutage kaufmännisch so beliebte »Zucht-hausarbeit«; bedeutende kaufmännische Erfolge sind auch jener ersteren beschieden gewesen; aber weniger auf Grund ihrer guten Eigenschaften, als weil sie an gewisse Instikte der Masse appellirt, die man hier lieber nicht nennt und die gleichfalls stark an Zuchthausatmosphäre gemahnen. In dieser kann die Kunst nicht gedeihen. Sicherlich giebt es Nichts, was dem Zolaismus mehr entgegengesetzt ist, als jener zarte und dabei doch so starke Geist, welcher in den Werken echt deutscher Künstler wie z.B. eines Walther von der Vogelweide Dürer Goethe Mozart lebt; und dieser Geist ist noch nicht todt; er ruht jetzt nur, wie er auch zwischen dem 12. und 18. Jahrhundert oftmals ruhte. Wer weiß, wie bald wieder eine Blüthe an dem grünenden Baume ausbricht! Jedenfalls werden die deutschen Nachahmer Zola's, in Literatur wie Malerei, sich nie dauernd halten können; die fremde Unpoesie wird verschwinden und die deutsche Poesie wird bleiben. Mode vergeht, Kunst besteht. Die deutsche Kunst hat es nicht nöthig, mit fremdem Kalbe zu pflügen.

[...]

[...] Durch gallo-romanischen Einfluß, der zurückzuschlagen war, ist das heutige deutsche Reich gegründet worden; durch gallo-romanischen Einfluß, wenn er zurückgeschlagen wird, läßt sich auch die neue deutsche Bildung gründen. Siegt deutsches über – im schlechten Sinne – französisches, innerliches über äußerliches Wesen so ist das Vaterland gerettet. Das lehrt die Berliner Bildung, das Berliner Museum, die Berliner Gigantomachie! Die Dämonen, welche die letztere uns vorführt, sind »ein Theil der Kraft, die stets das Böse will und stets das Gute schafft«. Giganten wälzen, Götter bilden; für Den, der das Göttliche in der menschlichen Natur zu schätzen weiß und zu pflegen gedenkt, ist es keine Frage, welcher der beiden Parteien er sich anschließen muß: derjenigen der Umwälzung oder derjenigen der Umbildung. Wie die Giganten mit tiefer Symbolik innerhalb der griechischen Kunst und Architektur vorzugsweise als tragende Kräfte verwandt werden; so wird auch die jetzige wissenschaftliche Allgemeinbildung der Deutschen, wenn sie vor der künftigen und künstlerischen Allgemein-bildung derselben unterlegen ist, immer noch als eine ja als die tragende Kraft innerhalb des Baues eines echt deutschen Geisteslebens dienen müssen. Der Ausgleich zwischen tragenden und getragenen Kräften ist das letzte Ziel einer jeden geistigen wie künstlerischen Auseinan-dersetzung; dieser Ausgleich ist für Deutschland erreicht, wenn seine wissenschaftliche Bil-dungsepoche nur als eine Vorbereitung für seine künstlerische Bildungsepoche angesehen wird; wenn auf das Piedestal die Statue zu stehen kommt. Der endliche Sieg der höheren über die niederen Mächte unseres nationalen Lebens ist dann gesichert. Und wann wird dieser Sieg erfolgen, wann wird sich die große Wandlung vollziehen? Am Allerdeutschentag.

Der Erbfeind.

Zunächst wird es nun darauf ankommen, daß die Deutschen ihre Feinde – zumal die im eigenen Lager hausenden – erkennen; zwei solcher typischen Feinde wurden schon vorhin genannt: Zola und Dubois-Reymond! Dieser italienische und dieser deutsche Halbfranzose haben viel mit einander gemein; der Eine will die Kunst z.B. des Romanschreibens »wissenschaftlich« ausüben; der Andere will das Kunstwerk z.B. des Goethe'schen Faust »wissenschaftlich« kritisiren; Beide verrathen dadurch Mißverstand, Dünkel und seelische Rohheit. Zola strebt neuerdings nach akademischen Würden, die Dubois-Reymond bereits inne hat; Dubois-Reymond hegt innerlich dieselben demokratisierenden Neigungen, auf welche sich Zola schon seit jeher versteifte. Unbildung und Ueberbildung begegnen sich und desavouiren sich – im Naturalismus. Das künstlerische wie das wissenschaftliche Proletariat des Geistes wandelt ganz die gleichen Wege; kann man von Zola als sein wollendem Akademiker sagen: jeune cocotte, vieille bigote; so kann man von Dubois-Reymond als sein wollendem Kunstrichter sagen: s'enfla si bien qu'il creva. Französische Dinge sprechen sich in französischer Sprache am besten aus. Zola im Palmenfrack und Dubois-Reymond als Korrektor Goethe's sind einander werth; als Personen sind sie gleichgültig aber als Gattungstypen wichtig; als solche muß man sie betrachten und als solche werden sie hier betrachtet. Sie sind Repräsentanten der Halbbildung; sie werden von dem großen Haufen verehrt; sie ahnen nicht, daß Seele in der Kultur Alles ist. Und darum werden sie nie der Kultur dienen. Gegen solche seelenlose Bildung vorzugehen, daß wäre der echte »Kulturkampf«. Wie das Gute so kann auch das Schlechte, wenn man es der Anschauung zugänglich machen will, nicht begrifflich sondern nur typisch aufgezeigt werden. Zu den Idealen gehören die Kontreideale; die einen sagen dem deutschen Menschen was er thun, die andern was er lassen soll. Keine Liebe ohne Haß; zu dem sanften gehört stets der strenge Christus; sonst ist das Bild nicht vollkommen. Mögen darum auch die jetzigen Deutschen lernen, zu hassen; wer Haß sät, kann Liebe ernten; und er wird sie ernten, wenn er jenen an die rechte Stelle sät. Zur Erziehung gehört die Ruthe! Die künstlerischen und wissenschaftlichen Vivisektoren von heute mögen sich also nicht beklagen, wenn man auch sie einmal vivisezirt; sie erfahren auf diese Weise selbst, was es heißt »objektiv« behandelt zu werden: da sie doch so besonders für Objektivität schwärmen. Es ergiebt sich dann freilich, daß bei ihnen der Kopf etwas flach und »Herz und Nieren« etwas schwach angelegt sind; ihr Geist reicht nicht in die Höhe und ihr Charakter nicht in die Tiefe; es fehlt ihnen an Dimension. Sie sind Minimalgrößen und halten sich für Maximalgrößen; an diesem Rechenfehler werden sie sterben.

Zola und Dubois-Reymond verkörpern Das, was einer echt deutschen Gesinnung am meisten zuwider ist: Brutalität des Fühlens und Hochmuth des Wissens. Die Scholastiker waren die Nachfolger der einstigen Pharisäer und die Vorgänger der heutigen Spezialisten; Paris war der Hauptsitz des mittelalterlichen Scholastizismus; seelenloser Spezialismus und wissensstolzer Pharisäismus begegnen sich in dem modernsten Scholastizismus – im Zolaismus. Was Ihering von dem römischen Recht rühmt, paßt auch auf jene neueste angebliche Kunstthätigkeit; sie ist »ein äußerer Mechanismus, den Jeder handhaben kann, der die

Konstruktion desselben kennt«; sie erscheint als ein geregeltes Handwerk: sie ist äußerlich romanisch demokratisch. Sie ist für die echte Kunst Das, was Scholastik für die echte Religion ist: ein tödtliches Gift; sie will Mechanik an Stelle von Organik setzen; das ist französisch und das ist undeutsch. Die betreffenden alten Bestrebungen wiederholen sich sogar ganz wörtlich; Scholastiker kommt von *schola*; auch jene Trugapostel reden stets von *l'école moderne*; von Persönlichkeit und Persönlichkeiten wird eigentlich garnicht gesprochen. Die Farbe bleibt, nur die Nuancen wechseln; Zola predigt theoretisch und aktiv viel von *milieu*; praktisch und passiv bestätigt er selbst seine Lehre. Die Geschichte ist freilich nicht sein Fach; und so weiß er von dem genannten Thatbestand nichts: dieser Lynkos ist blind. Die scheinbare Inkonsequenz Zola's, einen Sitz in der Akademie anzustreben, entpuppt sich mithin als reine Konsequenz; aus einem rohen wird er ein geleckter Schulmeister; aus einem Proletarier ein Pharisäer. Es ist der natürliche Gang der geistigen Krapüle; und dem natürlichen Gang – des Genie's – nach Golgatha gerade entgegengesetzt; es ist der Gang zum Synedrion! Die Genialität triumphirt, indem sie unterliegt und die Trivialität unterliegt, indem sie triumphirt. Auch hier überkreuzen sich die hellen und dunklen Bestrebungen wie Schicksale der Menschheit; sie runden sich stets ab; sie begleiten einander. Deutsches französisches mittelalterliches jüdisches Schulmeisterthum ist identisch; es ist, dem freien Menschenthum gegenüber, immer ordinär; der Schulmeister opfert seine Seele – einer Theorie einem Amt einer Eitelkeit; und gar zu gern möchte er auch andere Seelen opfern. Zola und Dubois-Reymond sind Schulmeister. Indeß ist ihr schädlicher Einfluß nur von vorübergehender Art; sie sind nicht die Erbfeinde der deutschen Nation; aber wohl zeigt der Erbfeind in ihnen seinen Pferdefuß. Man hat von einem »Gott der Deutschen« gesprochen; so giebt es auch einen »Teufel der Deutschen«; er wohnt in Paris und kehrt in Berlin gern ein. Läßt sich dieser Gast auch auf die Dauer nicht bannen, so ist es doch gut, wenn man ihn kennt; er heißt *Plebejerthum*; und äußert sich in der Kunst als Brutalismus, in der Wissenschaft als Spezialismus, in der Politik als Demokratismus, in Bildung als Doktrinarismus, gegenüber der »Menschheit« als Pharisäismus. »Der Weg des deutschen Professors ist mit Gemeinheit gepflastert« hat Dahlmann gesagt; dieser Weg muß verlassen werden; sonst führt er ins Verderben.

Es ist bezeichnend und vielleicht nicht genügend bekannt, daß das altjüdische Pharisäerthum einen durch und durch demokratischen Stand darstellte; er war Jedermann aus dem Volke zugänglich; er war ein Stand von hochmüthigen Parvenüs. Sie handelten also ganz konsequent, wenn sie die Hoheit des Geistes in Christus bekämpften; und dieser handelte ganz konsequent, wenn er die Gemeinheit des Geistes in ihnen bekämpfte. Auch sie machten aus der Religion einen »äußeren Mechanismus, den Jeder handhaben kann, der die Konstruktion desselben kennt«; sie entzogen ihr das innere Leben; sie machten sie zur mongolischen Gebetsmühle. Dazu darf die deutsche Wissenschaft, die deutsche Kunst, das deutsche Geistesleben nicht herabgewürdigt werden; das wäre eine plebejische Weltauffassung; einer solchen hat der geistige der sittliche der politische der körperliche Adel entgegenzutreten. Echtes und Unechtes, Adel und Pöbel, Wahrheit und Lüge stehen sich unversöhnlich gegenüber. Noch heute handelt es sich um ganz dieselbe Scheidung wie einstmals: in Paris regiert stets, auch wenn es anders scheint, der Pöbel; in Deutschland sollte stets, auch wenn es anders scheint, der Adel regieren. Alles Leben ist Kampf; so auch das Leben der Deutschen; es ist ein Kampf zwischen Volksthum und Plebejerthum.

Zola kokettirt mit der Gemeinheit wie Dubois-Reymond mit der Vornehmheit; es ist daher schwer zu entscheiden, welcher von ihnen der Bessere oder Schlechtere ist. Daß aber diese beiden unvornehmen Gestalten, diese zwei typischen Plebejer das gerade Gegentheil von Dem erreichen, was sie sich vorgesetzt haben: *ausschlaggebend* im geistigen Leben der Gegenwart mitzureden, stempelt sie schließlich noch zu einer Art von komischen Figuren. Sie betrügen sich selbst; sie sind eitel wie ihr Bemühen; sie sind durch und durch untragisch und erweisen sich somit auch hierin als die wahren Antipoden jener großen Künstlergestalten, welche sie direkt und indirekt bekämpfen. Sie erregen weder »Furcht« noch »Mitleid«, sie sind Spukgestalten, welche vor dem Licht des kommenden Tages verschwinden werden; und solche waren in der deutschen Geistesgeschichte schon öfters da. Zola und Dubois-Reymond finden sich zusammen in – Nicolai; wie Dieser auf seinen angeblichen Naturverstand pochen Jene auf ihre angebliche Naturwahrheit und Naturwissenschaft; sie spotten damit ihrer selbst wie der Natur. Sie gehören zu jenen »dummen Teufeln«, von denen die deutsche Sage so witzig zu melden weiß. Daß der Teufel zuletzt geprellt wird, ist eine ganz speziell deutsche Wahrheit und Weisheit; in solchem Glauben und solcher Thatsache triumphirt das innerste Gefühl der geistigen Gesundheit über gelegentliche Anwandlungen von geistiger Krankheit; ehrlich währt am längsten. Deutsche Ehrlichkeit ist mehr als französische Eitelkeit und deutscher Geist mehr als französischer Ungeist. Wenn »der Sinn für das Wesentliche« bei den Deutschen wieder häufig werden wird; wenn sie wieder zu Menschen geworden sein werden: dann werden sie über ihren jetzigen »wissenschaftlichen« Aberglauben lachen. Der trivial-modernen Bildung eines Dubois-Reymond und Zola wird eine genial-moderne Bildung der Rembrandt und Genossen folgen; man wird sich von dem und den Teufeln wieder zu Gott wenden; man wird wieder deutsch werden. Deutsch sein, heißt Mensch sein; wenigstens für den Deutschen; und vielfach auch für andere Völker. Denn es heißt, individuell sein; es heißt, ernst sein; es heißt, fromm sein; es heißt, Gott und dem Göttlichen dienen. Es heißt, leben.

[...]

Bescheidenheit Einsamkeit Ruhe Individualismus Aristokratismus Kunst – das sind die Heilmittel, welche der Deutsche auf sich anwenden muß, wenn er sich der geistigen Misere der Gegenwart entziehen will. Diese Güter lassen sich nicht ohne Kampf erringen; für die nächste Zukunft des deutschen Geisteslebens giebt es daher nur eine Losung. Bindet die Klingen!

Insbesondere werden Kunst und Wissenschaft sich darüber auseinandersetzen müssen, welcher von ihnen die Herrschaft im deutschen Geistesleben zukommt; der Streit muß ehrlich geführt werden; und das deutsche Volk wird über dessen Ausgang richten. Sein Wort entscheidet!

[...]

Julius Langbehn (1851–1907), der Verfasser der ob. dok. Schrift, zählt mit Paul de Lagarde und Houston St. Chamberlain zu den Wortführern eines agressiv-rassistischen Antisemitismus. In seinem außerordentlich erfolgreichen Buch *Rembrandt als Erzieher*, von dem in wenigen Monaten über 100.000 Exemplare verkauft wurden, formulierte Langbehn ein umfassendes Programm für eine reaktionär-chauvinistische geistig-kulturelle Neuorientierung. Rembrandt sollte hierfür die Symbolfigur in dem von Langbehn propagierten Feldzug gegen alle »gallo-romanischen Einflüsse«, gegen Demokratie, wissenschaftlichen Rationalismus, Plebejertum und für Artistokratismus werden. Als erklärter »Feind« dieser Germanisierung deutscher Kultur gilt Zola, als einer der »Repräsentanten der Halbbildung«, denen Langbehn den »›Kulturkampf‹« ansagt. Der teilweise blutrünstig vorgetragene Chauvinismus Langbehns wurde allerdings in der zeitgenössischen Rezeption kaum zur Kenntnis genommen. Langbehns Schrift bestach die Leser zunächst als Lehrbuch eines neuen Individualismus. Auch Georg Brandes schrieb 1890 eine ausführliche und wohlwollende Besprechung dieses Buches für die *Freie Bühne* und drückte über die nationalistische Haltung des Autors lediglich sein etwas verwundertes Erstaunen aus. Brandes hielt den anonymen Verfasser für bedeutsam, insbesondere als »Schriftsteller, der Individualismus predigt«. Er stellte ihn als einen »sehr kenntnisreichen und sehr geistreichen Mann« vor, »originell genug um immer zu interessieren« (a.a.O., S. 390). Der gerade gegen Zola agressiv zutagetretende Chauvinismus wird von Brandes nicht erwähnt. Brandes kritisiert nur, daß sich der Verfasser bei den »doch recht naiven Theorien Zola's vom ›experimentalen‹ Roman« überhaupt aufhält. Abschließend rühmt Brandes noch die »dichterische Sprache« und die »Leidenschaft und Begeisterung«, mit der der Autor seine »Lehre« predige: »Niemand wird bereuen mit diesem vornehmen Sonderling Bekanntschaft gestiftet zu haben.«

111

Paul Lafargue: »*Das Geld*« *von Zola*. In: *Die Neue Zeit. Revue des geistigen und öffentlichen Lebens*. Hrsg. v. Karl Kautsky. 10. Jg. Stuttgart (J.H.W. Dietz) 1891/92, Bd. 1, Nr. 1, S. 4–10, Nr. 2, S. 41–46, Nr. 3, S. 76–86, Nr. 4, S. 101–110; hier: S. 6–10, 42–46.

[...]

Auch Zola ist früher in den eben gekennzeichneten Fehler verfallen: er gab sich für den Schöpfer des *experimentalen Romans*, des *naturalistischen Romans* aus, und dies nach Sorel, dem Abbé Prevost und Balzac* in Frankreich, Fielding und Smollet in England, Quevedo, Cervantes und Mendoza, dem Verfasser des Lazarillo de Tormes, in Spanien. Zola selbst maß übrigens dem Titel, den er sich beilegte, keine Bedeutung bei, es war eine Kokarde, die er auf seinen Hut steckte, um die Blicke auf sich zu ziehen, nicht mehr. Heute, wo er die ihm anfangs entgegentretenden Schwierigkeiten siegreich überwunden hat, wo die Verbreitung seines Rufs über den ganzen Erdball ihm eine geradezu einzige Stellung unter den Schriftstellern der Gegenwart anweist, begnügt er sich damit, solche Romane zu schreiben, denen ein möglichst großer Erfolg – auch in klingender Münze – sicher ist; er denkt nur noch an seine Schule, wenn es sich darum handelt, den Schriftstellern, die sich an seine Rockschöße klammern, die Hand zu reichen.

Zola hat ebenso wenig wie die anderen »Meister« Schule gemacht – keine Schüler zu haben ist das charakteristische Merkmal der modernen Meister – indessen unterscheidet er sich von dem großen Haufen unserer Häupter literarischer Schulen, denn er hat in den Roman ein neues Moment eingeführt.

Die Romanschriftsteller möchten uns die Realität der von ihnen gezeichneten Personen glaubwürdig erscheinen lassen, und so taufen sie dieselben mit Namen, welche dem »Botin«** entlehnt sind, sie legen ihnen Worte in den Mund, schreiben ihnen Handlungen zu, welche sie rechts und links aus ihrer Umgebung, ganz besonders aber aus Zeitungen zu-

---

* Balzac, welcher ein Schüler des großen Naturforschers Geoffron de St. Hilaire war, und sich selbst »Doktor der Sozialwissenschaften« betitelte, spricht in der Vorrede zur »Comédie humaine« (menschlichen Komödie) von seinem Plan, »eine Naturgeschichte des Menschen« zu schreiben. – Am Ende des vorigen Jahrhunderts wollte der fruchtbare Romanschriftsteller Restif de la Bretonne »Buffon's Werk fortführen und eine Naturgeschichte schreiben.« Er sprach nicht blos vom experimentalen Roman, sondern stellte auch wirklich Experimente an. »Ich bin,« schrieb er, »manchmal dem Vergnügen nachgegangen, aber ich darf wohl behaupten, daß alle meine Ausgaben dafür als nützliche bezeichnet werden können. Um über gewisse Gegenstände schreiben zu könne, war ich gezwungen, mich zu belehren, und man kann sich nur durch die eigene Erfahrung vollständig belehren.« Restif trieb den Realismus so weit, daß er seinen Romanen ganze Liebesbriefe einfügte, Antworten auf zarte Episteln, die er eigens zu dem Zwecke geschrieben hatte, derartige »menschliche Dokumente,« wie sich die neue Schule ausdrückt, zu provoziren.

Bereits im achtzehnten Jahrhundert formulirte Crébillon die Theorie des experimentalen und naturalistischen Romans, welche Zola erfunden zu haben wähnt. Er sagt in »les Egarements du Coeur de l'Esprit« (die Verirrungen des Herzens und des Geistes): »Der von verständigen Personen – und zwar oft mit Recht – so verachtete Roman wäre vielleicht von allen literarischen Arten diejenige, die am nützlichsten werden könnte... wenn man, anstatt ihn mit unheimlichen, überspannten Situationen und mit Helden vollzupfropfen, deren Charaktere und Abenteuer stets unwahrscheinlich sind, wenn man ihn statt dessen zum Bild des menschlichen Lebens machte... Der Mensch würde dann den Menschen so sehen, wie er wirklich ist, man würde ihn weniger blenden, aber dafür mehr belehren.«

** Der »Botin« ist das Pariser Adreßbuch.

sammengetragen haben, die sie sorgfältig sammeln, zusammenstellen, vergleichen und gewissenhaft katalogiren. Trotz alledem rufen ihre Männlein und Fräulein nicht die Illusion hervor, daß sie gelebt haben, daß sie lebenswahr, Menschen von Fleisch und Blut sind. Sie leben nicht unser Leben, sie sprechen nicht von den Interessen, welche uns bewegen, sie huldigen nicht den Illusionen, welche wir nähren, sie leiden nicht durch die Begierden, die uns quälen. Sie machen den Eindruck von Hampelmännern, deren Inneres mit Kleie ausgestopft ist, und deren Drähte der Verfasser in der Hand hält, um sie mit Rücksicht auf die Handlung und den gewünschten Effekt manövriren zu lassen.

Die Viktors und die Julien, die in den Romanen geboren werden, leben, lieben und sterben, sie alle folgen nur ihrem Kopfe, ohne die zwingende Macht der Bedürfnisse ihres eigenen Organismus und den Einfluß des sie umgebenden sozialen Milieu zu erfahren; es sind außergewöhnliche Geschöpfe, die erhaben sind über die gewöhnliche Menschennatur und die den sozialen Ereignissen befehlen.

Die römischen Komödiendichter bedienten sich des »Deus ex machina«, des plötzlich von oben herabsteigenden Gottes, um die Lösung verwickelter Situationen herbeizuführen. Ihr so naiver, genügsam belächelter und bespöttelter Kunstgriff ist von den Romanschriftstellern benutzt und vervollkommnet worden: diese lassen nämlich ihre Helden und Heldinnen den ganzen Roman hindurch die Rolle solcher Götter spielen. Zola hat sich in lobenswerther Weise bestrebt, diese Art Hexenmeister aus dem Roman zu verbannen; zum mindesten hat er den Versuch gemacht, die im Roman vorkommenden Gestalten eines Theils ihrer Allmacht zu entkleiden und ihre Handlungen mit bestimmten Ursachen in Verbindung und Zusammenhang zu bringen, ja er geht in diesem seinem Bestreben oft so weit, die gezeichneten Personen ihres freien Willens zu berauben, sie unter die zwingende Gewalt eines doppelten Verhängnisses, eines inneren physiologischen und eines äußeren sozialen zu beugen.

Die Gestalten, welche uns Zola im Rahmen seiner Romane vorführt, werden von ihm in physiologischer Beziehung als erblich belastet dargestellt und dies in der Absicht, dadurch eine Erklärung für ihr gesammtes Thun und Lassen zu liefern. Manche seiner Helden sind Alkoholiker*, andere mit erblichem Wahnsinn Behaftete, in einigen Fällen werden sie durch einen Unfall aus dem Geleise gebracht, mehrere seiner Heldinnen werden für ihr ganzes Leben abnorme Geschöpfe, weil sie in brutaler Weise deflorirt worden sind. Die Ereignisse eines jeden seiner Romane sind nur zu dem Zwecke gruppirt und klassifizirt, um die Entwicklung des krankhaften Phänomens zu ermöglichen.**

Die pathologische Nothwendigkeit, der Zola's Gestalten unterworfen sind, bestimmt nicht

---

* »L'Assommoir« (Der Todtschläger) dreht sich um die Erblichkeit des Alkoholismus. Der Held des Romans, seines Zeichens Dachdecker, ist ein ausgezeichneter Arbeiter, ein ordentlicher Mensch, guter Gatte und Vater, aber der Hang zur Trunksucht schlummert in ihm. Er weiß dies und vermeidet mit äußerster Vorsicht jede Gelegenheit, welche die verhängnißvolle Neigung entwicken könnte: er besucht nie die Schenke, sein Leben ist mustergiltig. Da widerfährt ihm einer jener Unfälle, wie sie in seinem Gewerbe so häufig vorkommen: als er nach seinem Töchterchen schauen will, stürzt er vom Gerüst herab und renkt sich die Schulter aus. Während der unfreiwilligen Muße, die eine Folge seines Sturzes ist, fängt er an, um die Zeit todtzuschlagen, die Weinstube zu besuchen, und die in ihm schlummernde Leidenschaft entwickelt sich nun plötzlich mit rasender, unwiderstehlicher Gewalt: er wird zu einem Trunkenbold niedrigsten Schlages. Das ist etwas bei den Haaren herbeigezogen, allein es ist nicht unmöglich.

nur deren Charakter und Handlungen, sondern beeinflußt den Verfasser selbst. Sie macht ihn blind und hindert ihn zu sehen, wie sich die Dinge im wirklichen Leben zutragen und wie selbst die am tiefsten eingewurzelten erblichen Eigenschaften beständig durch das Milieu Veränderungen erfahren, in welchem sich das Individuum entwickelt. An Beispielen derartiger Veränderungen ist durchaus kein Mangel. Die geordnete Lebensführung und die Sparsamkeit, welche seit Generationen den Philister charakterisiren, solange er in den engen, kleinbürgerlichen Verhältnissen lebt, verwandeln sich binnen einer einzigen Generation und schlagen in Zügellosigkeit und wahnwitzige Verschwendung um, sobald sich derselbe Philister in den Kreisen des Großhandels und der hohen Finanz einen Platz erobert hat.

Da heutigen Tags die Naturwissenschaft in die Mode gekommen, so suchte Zola den Neuerungen, welche er in den Roman einführte, einen naturwissenschaftlichen Anstrich zu geben. Er erklärte sich für einen Schüler Claude Bernard's und machte den großen Physiologen für seine pathologisch-literarischen Phantasien verantwortlich. Der Entschuldigungsgrund, den Zola hierfür anrufen kann, ist seine absolute Unkenntniß der Theorien Claude Bernard's, welcher dem organischen Milieu einen entscheidenden Einfluß auf das Leben der physiologischen Elemente beimaß. Die Theorie, an welche sich Zola unbewußt hält, ist nicht die Claude Bernard's, sondern die Lombroso's, eine Theorie, die der letztere übrigens nicht selbst erfunden hat, die er aber ausbeutet, um sich, Dank der Unwissenheit der sogenannten gebildeten Leute, einen europäischen Ruf zu schaffen.

Wenn man sich aber auf den Beobachter hinausspielt, so hätte man eine andere Beobachtung machen müssen. Der Genuß des Alkohols ist für die moderne Arbeiterklasse zur Nothwendigkeit geworden; in den Industriezentren steigt sein Verbrauch Schritt für Schritt mit der industriellen Entwicklung. Die kapitalistische Produktion zwingt den Arbeiter geradezu, im Alkohol eine momentane künstliche Belebung und Stärkung seiner Kräfte zu suchen. Die Natur mancher Beschäftigungsarten bringt es mit sich, daß sich die Nothwendigkeit des Alkoholgenusses für die in ihnen thätigen Arbeiter ganz besonders stark fühlbar macht. Ein anderer Umstand treibt andere Kategorien von Arbeitern der Trunksucht in die Arme. Die Dachdecker, Buchdrucker, Zimmermaler z. B. werden bei uns nicht für die Woche, sondern für den Tag, den halben Tag oder sogar stundenweise eingestellt. Meist ist es ein glücklicher Zufall, der ihnen Beschäftigung bringt, und diesen glücklichen Zufall warten sie nothgedrungenerweise in gewissen Schänkwirthschaften ab, welche »pumpen,« d. h. welche ihnen Speisen und Getränke auf Kredit verabfolgen, ihnen wohl auch Geld vorschießen. Die unfreiwilligen Besuche, welche die Arbeiter der genannten Kategorien dem Kneipwirth abstatten müssen, liefern eine so triftige Erklärung dafür, wie sich bei einem von ihnen die Trunksucht entwickeln kann, daß man wahrhaftig nicht nöthig hat, hierbei einen Unfall eine entscheidende Rolle spielen zu lassen. Hätte Zola die Umstände, unter denen Dachdecker und andere Arbeiter Beschäftigung suchen müssen, unter denen sie angeworben werden, als äußeren, gelegentlichen Anlaß zur Trunksucht seines Helden hingestellt, so hätte er damit dem »Assommoir« eine soziale Tragweite verliehen, den das Werk jetzt ermangelt.

Doch mehr noch, »Assommoir« muß geradezu als eine schlechte That bezeichnet werden. Einige Jahre nach der Kommune, zur Zeit der schlimmsten Reaktion veröffentlicht, als der Bestand der republikanischen Staatsform noch in Frage gestellt war, wurde der Roman von den Reaktionären höchst beifällig aufgenommen. Sie ließen sich angelegen sein, seinen Erfolg zu sichern, denn sie waren überglücklich, die Arbeiterklasse, vor die sie gezittert hatten, durch die Gestalten widerlicher Säufer repräsentirt zu sehen. – Als Zola in seinem »Pot-bouille« (Am häuslichen Herde) den Schmutz der Bourgeoisiekreise auskramte, geriethen dieselben Elemente, welche »Assommoir« mit Jubel begrüßt hatten, in sittlich-ästhetische Entrüstung und zeterten in allen Tonarten, daß dieser Roman eine Entweihung der Kunst bedeute. Sie hatten sich mit innigem Wohlbehagen daran ergötzt, daß die Arbeiterklasse mit Schmutz beworfen worden, wollten aber natürlich nichts von einer wahrheitsgetreuen Schilderung der Sitten der Bourgeoisie wissen.

** Im »Assommoir« kann man die Art und Weise, wie Zola seine Romane komponirt, deutlich beobachten. Der Verfasser hat aus Zeitungen und verschiedenen Werken Redensarten zusammengetragen, die in den niederen Volksschichten im Schwange sind; und um sie verwerthen zu können, arrangiert er ganze Szenen. »Assommoir« ist nicht die Frucht unmittelbarer Beobachtungen; der Roman ist vielmehr komponirt, um die Sprache der Pariser Arbeiter ausgiebig anbringen zu könne.

Die Verbrechertheorie Lombroso's ist vulgär-fatalistisch. Wie der Held des »Assommoir« in Folge seiner erblichen Belastung unrettbar dem Alkoholismus verfallen mußte, so sind alle Verbrecher durch ihren Organismus für das Verbrechen prädestinirt. Mögen sie zehnmal in den verschiedensten Verhältnissen und Umständen leben, sie müssen mit Naturnothwendigkeit, ob sie es wollen oder nicht, Verbrechen begehen; die Gesellschaft muß sich folglich ihrer wie giftiger Schlangen oder reißender Thiere zu entledigen suchen. Offenbar führt diese fatalistische Theorie zu demselben Schlusse, wie die Theorie der Deisten vom freien Willen; die eine wie die andere macht das Individuum allein für seine Handlungen verantwortlich: beide sprechen der Gesellschaft das Recht zu, es bei Seite zu schaffen, ohne Gewissensbisse und ohne Untersuchung, ob ihr nicht selbst ein Theil der Verantwortlichkeit für jede verbrecherische That zufällt. Wie bekannt legte der große Statistiker Quetelet der Gesellschaft die Verbrechen zur Last, welche jahraus, jahrein mit fast mathematischer Regelmäßigkeit begangen werden. Lombroso's Verbrechertheorie ist aus der Lehre Darwin's abgeleitet, wie sie fälschlich von Häckel, Spencer, Galton und Genossen ausgelegt wird, die es fertig bringen, mit Berufung auf sie die hohe soziale Stellung der Kapitalisten durch deren erblich übertragenen, ausgezeichneten individuellen Eigenschaften zu erklären.

Zola hat die Verbrechertheorie trefflich auszunutzen verstanden, sie vereinfacht seine Aufgabe als Sittenschilderer bedeutend; sie verhilft ihm zu neuen Effekten, und enthebt ihn der Nothwendigkeit, die Aktion und Reaktion des sozialen Milieu, in dem seine Helden leben, zu studieren, denn diese unterliegen ja einer organischen Fatalität, welche zu einer neuen Art von »Deus ex machina« wird; und sie ermöglicht es ihm, von der psychologischen Analyse abzusehen, für welche er eine unverhohlene Verachtung an den Tag legt. »Psychologie treiben«, sagt er irgendwo, »das heißt Experimente mit dem Kopfe des Menschen anstellen«, und er selbst erhebt ja Anspruch darauf, »Experimente mit dem ganzen Menschen anzustellen.« Die Ideen Zola's darüber, was er unter einem Experiment und unter der Rolle des Kopfes im menschlichen Organismus versteht, sind äußerst verworren und unklar.*

---

* Zola sagt in dem Buch, das er über den »experimentalen Roman« geschrieben: »Die Romanschriftsteller haben zu beobachten und Experimente anzustellen, und ihre ganze Aufgabe erwächst aus dem Zweifel, in welchem sie sich angesichts wenig gekannter Wahrheiten so lange befinden, bis eine experimentale Idee plötzlich ihr Genie weckt und sie antreibt, ein Experiment zur Analysirung und Bemeisterung der Thatsachen vorzunehmen.« Dieser Satz enthält einen dreifachen Galimatias. Wie kann man sich im Angesichte einer Wahrheit befinden, die doch weder Kopf noch Schwanz, weder Vorn noch Hinten hat? Was mag wohl eine experimentale Idee sein? Vielleicht die Idee, ein Experiment anzustellen? Und welcher Romanschriftsteller hat je mit einem menschlichen Wesen ein Experiment vorgenommen? Höchstens Restif de la Bretonne, welcher mit sich selbst experimentierte, wovor sich Zola wohl gehütet hat, der das ruhigste und platteste Leben eines Spießbürgers führt, das man sich denken kann.

In seinem Roman »Das Geld« (l'argent) kritisirt einmal Zola mit Recht »die psychologischen Spielereien, welche das Piano und die Stickereien zu ersetzen drohen,« und die der schönfärbende Bourget, der Lieblingspsychologe der Damen der Bourgeoisie, in die Mode gebracht hat. »Frau Karoline,« heißt es an derselben Stelle des Romans, »war eine Frau von klarem, gesunden Menschenverstand, sie fand sich mit den Thatsachen des Lebens ab, ohne sich in dem Bemühen zu erschöpfen, sich ihre tausendfachen komplizirten Ursachen zu erkären. In ihren Augen war das endlose Durchhecheln der Gefühle und Gedanken, die bis zur Haarspalterei gesteigerte raffinirte Analyse von Herz und Hirn weiter nichts, als ein Zeitvertreib für müßige Salondamen, welche weder einen Haushalt zu führen, noch ein Kind zu lieben haben; ein Zeitvertreib für Damen, die ihren Geist Mätzchen und Kapriolen machen lassen, die Begierden des Fleisches maskiren, welche Herzoginnen ebenso empfinden, wie Kellnerinnen.« Zola legt hier Frau Karoline seine eigene Philosophie in den Mund. Wie er selbst, so verwechselt auch sie das sich für Psychologie ausgebende sentimentale Geschwätz der Salondamen über ihre angenehmen Schwächen mit der Erforschung der komplizirten Ursachen der Phänomene.

[...]

Zola behauptet, an Balzac anzuknüpfen, allein er unterscheidet sich von diesem durch Alles und Jedes: durch seine Philosophie, durch seine Sprache, durch die Art und Weise, wie er seine Beobachtungen macht, seine Romane ausarbeitet, seine Helden einführt und auftreten läßt und ihre Leidenschaften schildert. Ferner unterscheidet er sich von ihm durch ein seine Werke charakterisirendes neues Moment, das er zuerst in die Romanliteratur eingeführt hat, und das den Grund seiner unleugbaren Ueberlegenheit über die anderen modernen Romanschriftsteller bildet, obgleich er einigen von ihnen, wie Daudet an künstlerisch vollendeter Darstellung und Halévy an Geist und Feinheit der Beobachtung, nachsteht. Zola's Originalität beruht darin, daß er zeigt, wie der Mensch von einer sozialen Macht zu Boden gedrückt und zermalmt wird. Balzac hatte wohl, um mit Zola zu reden, »das ausgezeichnete Verdienst sich erworben, die ganze furchtbare Tragik, die mit dem Geld verwachsen ist, entfesselt zu haben«, allein Zola ist der einzige moderne Schriftsteller, der mit voller Absicht den Versuch gewagt hat, darzustellen, wie der Mensch von einer sozialen Nothwendigkeit überwältigt und vernichtet wird.

Zur Zeit als Balzac schrieb (er starb im Jahre 1850), war die riesige Konzentration der Kapitalien, welche unsere Epoche charakterisirt, noch in ihren Anfängen begriffen, auch in Frankreich. Man kannte damals noch nicht die Riesenmagazine, welche die Länge ihrer Gänge nach Kilometern messen, die Zahl ihrer Verkäufer und Verkäuferinnen nach Tausenden beziffern, jene Riesenmagazine, in denen alle möglichen Handelsobjekte zentralisirt sind und in besonderen Abtheilungen feilgehalten werden, so daß man in ihnen ebensowohl Schreibrequisiten und Parfumerien wie Hausrath, Hüte und Anzüge, Handschuhe, Schuhe, Wäsche und Sattlerwaaren findet. Damals gab es auch noch nicht Spinnereien, Webereien, Hüttenwerke und Hochöfen, die ein ganzes Volk von Arbeitern und Arbeiterinnen beschäftigen; man wußte ferner nichts von Finanzgesellschaften, die mit Zehnern und Hunderten von Millionen operiren. Wohl gab es einen Kampf ums Dasein, den es ja stets gegeben hat – wenngleich damals seine Theorie noch nicht formulirt und der jetzt gebräuchliche Ausdruck für die Thatsache noch nicht gefunden war – allein er zeigte eine andere Form und andere charakteristische Eigenthümlichkeiten als in unseren Tagen, wo er durch das Auftreten von ökonomischen Riesenorganismen, wie die, von denen die Rede gewesen, wesentlich modifizirt worden ist. Damals war der Kampf ums Dasein noch nicht demoralisirend; er degradirte den Menschen nicht, sondern entwickelte in ihm gewisse Vorzüge, wie Muth, Ausdauer, Klugheit, Vorsicht und Voraussicht, Ordnungssinn etc. Balzac beobachtete und schilderte folglich Menschen, welche mit ihren eigenen physischen oder geistigen Kräften gegen einander kämpfen. Der Kampf ums Dasein, den die Menschen in jenen Tagen führten, wies eine große Aehnlichkeit mit dem Kampf ums Dasein der Thiere auf, die einander im körperlichen Ringen mit Klauen und Zähnen, mit Gewandtheit und List zu überwinden suchen.

In unseren Tagen hat dagegen der Kampf ums Dasein einen anderen Charakter angenommen, der in dem Maße schärfer und ausgeprägter hervortritt, als sich die kapitalistische Zivilisation entwickelt. Der Kampf der einzelnen Menschen unter und miteinander wird durch den Kampf der ökonomischen Organismen (Banken, Fabriken, Minen, Riesenmagazine) unter einander abgelöst und beseitigt. Die Kraft und die Klugheit des Einzelnen verschwinden vor ihrer unwiderstehlichen Macht, die blind wie eine Naturkraft waltet. Der Mensch wird von ihrem Räderwerk ergriffen, in die Höhe gewirbelt, fortgeführt, wie ein Fangball hin und her geschleudert, heute auf den Gipfel alles irdischen Glückes angehoben, morgen aus seiner Höhe heruntergestürzt, einem armseligen Strohhalm gleich mit Füßen getreten, ohne daß er ihnen mit Aufbietung all' seiner Klugheit, mit Anspannung all' seiner Energie den geringsten Widerstand entgegenzusetzen vermöchte. Die ökonomische Nothwendigkeit tritt heutzutage dem Menschen übermächtig gegenüber. Die Kräfte, welche die Menschen zu Balzac's Zeit darauf verwendeten, dadurch in der Gesellschaft emporzukommen, daß sie auf die Schultern ihrer Konkurrenten kletterten, und über deren Leiber vorwärts marschirten, die müssen sie heute dransetzen, um elend und erbärmlich vegetiren zu können. Schritt für Schritt, wie sich der frühere Charakter des Kampfes ums Dasein der Menschen verloren, hat sich auch die Natur der Menschen selbst nothwendiger Weise verändert, sie ist niedriger, kleinlicher geworden.

Diese Verkrüppelung der verzwergten Menschen spiegelt sich in der modernen Romanliteratur wieder. Der Roman strotzt nicht mehr von tollen Abenteuern, in die sich der Held stürzt, wie ein wildes Thier in die Arena, um seine Kräfte an den wunderbarsten, ungewöhnlichsten Ereignissen siegreich zu erproben, zur großen Befriedigung des gefesselten Lesers, der im eigenen Innern die kühne Unerschrockenheit, die leidenschaftliche Gluth der ihm vorgezauberten Gestalten nachfühlt, welche vor keiner der anscheinend unüberwindlichen Schwierigkeiten zurückschrecken, mit denen ihr Weg absichtlich besät worden ist. Wenn die modernen Romanschriftsteller das Interesse befriedigen wollen, das die Leser gewisser Klassen den Wechselfällen des Kampfes eines Individuums entgegenbringen, so wählen sie ihre Helden aus der Welt der Gauner und Gaukler, in der man noch Verhältnisse findet, die den Menschen der Zivilisation zwingen, mit der Verschlagenheit, dem Muth und der Grausamkeit eines Wilden um sein Dasein zu kämpfen. In den übrigen Kreisen der Gesellschaft ist der Kampf so farblos und einförmig, daß er jedes packenden Interesses ermangelt. Die Romanschriftsteller, welche für die sogenannten höheren und gebildeten Klassen schreiben, sehen sich in die Nothwendigkeit versetzt, jede dramatische Situation aus ihren Werken zu verbannen; für die höchste Kunst der neuen Schule gilt es, auf die Handlung zu verzichten, und da ihre Jünger keinen Sinn für Kritik und Philosophie besitzen, so sind ihre Werke bloße Uebungen sprachlicher Akrobatik, sie sind vollendete Schüler der Rhetorik.*

---

* Ein belgischer Romanschriftsteller, Camille Lemonnier, der die französische Sprache mit besonderer Virtuosität mißhandelt, ausrenkt und verrenkt, hat soeben aus einem seiner Romane, »Le Mâle« (»Der Mann«), der einen großen literarischen Erfolg hatte, ein vieraktiges Drama gemacht. Dieser Roman erzählt die Liebesgeschichte eines Wilddiebes, und es muß dem Verfasse schwer angekommen sein, zum Helden einen outlaw, einen außerhalb des Gesetzes stehenden Menschen zu wählen, der von stürmischer Leidenschaft bewegt wird und einen erbitterten Kampf mit den Autoritäten und gegen das Eigenthum führt. Der Wilddieb symbolisiert die Erde. Um das Drama durch einen heiteren Ton zu beleben, fügte der Autor eine Szene aus Henry Monnier ein – die modernen Schriftsteller sind nämlich traurig wie orientalische Klageweiber – die darstellt, wie zwei Bauern einen Kuhhandel abschließen, mit einander um den Preis feilschen und sich gegenseitig übers Ohr hauen. Die Szene erregte Heiterkeit und Lachen. Die Folge davon war, daß

Als sich Zola's Talent voll entfaltet hatte, besaß er den Muth, sich an die großen sozialen Erscheinungen und Vorgänge des modernen Lebens heranzuwagen; er machte den Versuch, die Wirkung zu schildern, welche die ökonomischen Organismen auf die moderne Menschheit ausüben.

In seinem »Au Bonheur des Dames« (Zum Damenglück) führt uns der Verfasser in das Leben eines jener ökonomischen Ungeheuer, in ein Pariser Riesenmagazin ein. Er zeigt uns den Minotauros, wie er die kleinen, in seiner Nachbarschaft gelegenen Läden verzehrt, ihre Kundschaft verschlingt, ihre Besitzer aufsaugt, zu seinen Angestellten und Lohnarbeitern macht; wie er in seinen Unterthanen, den Kommis, Verkäufern und Verkäuferinnen Interessen, Leidenschaften und Rivalitäten weckt und entwickelt, welche in anderen Verhältnissen unbekannt sind; wie er ihnen in den Tagen der Saisonausstellungen das Fieber, um jeden Preis verkaufen zu wollen, einhaucht, gerade wie das Angriffssignal zu einem Seegefecht auf den Kriegsschiffen den Kampfesmuth entflammt.

In »Germinal« (Keimmonat, der siebente Monat des Kalenders der Revolution) tritt uns das Bergwerk, tritt uns das unter der Erde hausende Ungeheuer entgegen, das Menschen, Pferde, Maschinen einschluckt und Kohlen ausspeit; das die Natur verwandelt, rings um seinen gähnenden Rachen die Atmosphäre verdickt und verpestet und die Vegetation tödtet; das Menschen heerdenartig zusammendrängt, die früher vereinzelt als kleinbäuerliche Grundeigenthümer lebten; das sie ihres Fleckchens Eigenthum beraubt, sie dazu verurtheilt, das Licht des Tags nicht mehr zu schauen und bei der bleichen, zitternden Flamme eines Lämpchens inmitten von tausend Gefahren zu leben, denen sie tagaus tagein Trotz bieten, ohne sich auch nur ihres Muthes bewußt zu werden; in diesem Roman tritt uns das unter der Erde hausende Ungeheuer entgegen, das diese Menschen durch gemeinsames Leid und Elend, durch gemeinsame Qualen gegen den Kapitalisten eint, der wie der Gott Pascal's überall und nirgends ist und sie zu Strikes, zu blutigen Kämpfen, zum Verbrechen treibt.

Dem Roman mit der Schilderung und Analyse der ökonomischen Riesenorganismen der Neuzeit und ihrer Einwirkung auf den Charakter und das Schicksal der Menschen neue Bahnen zu weisen, das war ein kühnes Unterfangen; der bloße Versuch seiner Verwirklichung stempelt Zola zum Neuerer und weist ihm in unserer modernen Literatur einen hervorragenden Platz, eine Sonderstellung an.

Allein der Roman dieses Schlags stellt dem Verfasser eine bei Weitem schwierigere Aufgabe, als die Liebes- und Ehebruchsgeschichten, welche die Tagesliteraten erzählen, die wohl vollendete Stilisten sind, sich dagegen durch eine ganz phänomenale Unkenntniß der Erschei-

---

Lemonnier bedauerte, sie in sein Drama aufgenommen zu haben. Sein Protest gegen ihre Aufnahme durch das Publikum enthält eine für die neue literarische Schule charakteristische Stelle.

»Dies ist,« äußert er sich, »eine Konzession an die aktuelle Mode, an den Geschmack des Publikums für das Materielle, für die Handlung voller Bewegung und Lärm... Diese Handlung bleibt meines Erachtens der wunde Punkt des Stücks, denn sie stört die innige Harmonie zwischen der Erde und dem Geschöpf. Man mußte jedoch die Handlung dulden und sich mit der Hoffnung auf bessere Zeiten trösten, in denen es möglich sein wird, ein Stück ohne Handlung zu schreiben, das nur aus Nüancirungen, Bildern und schneller Entwicklung von Gefühlen und Gedanken besteht, ein Stück, welches das *einheitliche und einfache Leben* ohne die Verwicklungen darstellt, die wir darin anzubringen für nöthig erachten.«

nungen und Vorgänge des täglichen Lebens, das sie zu schildern behaupten, auszeichnen: abgesehen von ihrer Grammatik, ihrem Wörterbuch etlichen Klatschgeschichten, die auf den großen Boulevards oder von Salon zu Salon kolportirt werden, sowie den unter der Rubrik »Verschiedenes« in den Zeitungen stehenden Neuigkeiten und Polizeiberichten, wissen und kennen sie so wenig, daß man meinen sollte, sie wären soeben vom Monde gefallen. Um einen Roman der oben erwähnten Art so zu schreiben, wie er geschrieben sein sollte, müßte sein Verfasser in nächster Nähe eines dieser ökonomischen Ungeheuer gelebt, er müßte seine Natur, sein innerstes Wesen erfaßt und durchdrungen, er müßte in seinem eigenen Fleisch des Ungethüms Klauen und Zähne gefühlt, er müßte vor Zorn über die Greuel, deren Urheber es ist, gezittert haben. Ein derartiger Autor ist bis jetzt noch nicht aufgetreten, ja es scheint uns unmöglich, daß er auftritt. Die Menschen, welche dem Räderwerk, den Produktionsmechanismen einverleibt werden, sind durch Ueberarbeit und Elend auf eine so niedrige Stufe gesunken, so stumpfsinnig geworden, daß sie nur noch die Kraft besitzen, zu leiden, aber nicht die Fähigkeit, ihre Leiden zu erzählen. Die urwüchsigen Männer, welche die Iliade und andere Heldengedichte, die zu den schönsten Blüthen des menschlichen Geistes zählen, geschaffen haben, waren unwissend und ungebildet; unwissender und ungebildeter als die Proletarier unserer Tage, welche lesen und zuweilen sogar schreiben können, allein sie besaßen poetisches Genie: sie sangen von ihren Freuden und Leiden, von ihrer Liebe und ihrem Haß, von ihren Festen und Kämpfen. Dem zu einem Anhängsel des großindustriellen Produktionsmechanismus gewordenen Proletarier ist die glänzende Gabe des poetischen Darstellungsvermögens abhanden gekommen, eine Gabe, die den Wilden und Barbaren, ja sogar noch den nur halbzivilisirten Bauer der Bretagne auszeichnet. Die Sprache der modernen Lohnarbeiter ist in beklagenswerthester Weise derart verarmt, daß sie heutigen Tags nur noch einige hundert Worte enthält, mittelst derer die dringendsten Bedürfnisse und die einfachsten Gefühle zum Ausdruck gebracht werden. Seit dem sechzehnten Jahrhundert wird das Französisch des Volks wie der Literatur ärmer und ärmer an Worten und Ausdrücken; diese Thatsache ist ein charakteristisches Symptom für die zunehmende Verkümmerung der Menschen.

Der soziale Roman, wie wir ihn weiter oben gekennzeichnet, kann also nur von Jemand geschrieben werden, der dem Leben der Lohnarbeiter, das er schildern soll, fremd, unbetheiligt, als bloßer Beobachter gegenübersteht. Ein Gelehrter, welcher sich längere Zeit mit dem Studium des Getriebes der modernen ökonomischen Organismen beschäftigt, der beobachtet hat, welche furchtbaren Folgen sie für die Arbeitermasse zeitigen, könnte wohl an diese Aufgabe herantreten, wenn heutigen Tags die Gelehrten nicht in ihren wissenschaftlichen Spezialitäten gleichsam wie eingemauert wären und sich als unfähig erwiesen, ihren Forschungen zeitweilig den Rücken zu kehren, um die Phänomene des sozialen Lebens ihrer Zeit künstlerisch gestaltet darzustellen. Es ist mithin unvermeidlich, unausbleiblich, daß diese Aufgabe Belletristen zufällt, welche auf sie in Folge ihrer geringen praktischen Kenntnisse, der Art und Weise ihres Lebens und ihres Denkens in der Regel durchaus nicht vorbereitet sind. Es fehlt ihnen an Erfahrung, und sie beobachten die Menschen und Dinge der zu schildernden Welt nur oberflächlich. Obgleich sie sich damit brüsten, daß sie das wirkliche Leben malen, bleibt ihr Blick doch ausschließlich auf der Außenseite der Dinge haften, sie erfassen das sich vor ihnen abrollende Schauspiel des alltäglichen Lebens nur in seinen oberflächlichsten, äußerlichsten Momenten. Brunetière, der Kritiker der »Revue des Deux-Mondes«, sagt mit Recht von ihnen: »Ihr Auge und ihre Hand sind derart beschaffen, daß sie nur Das sehen, beobachten und wiedergeben, was sie für ganz besonders geeignet erachten, die Neugier des Publikums zu erregen, an das sie sich wenden.« – Leider muß konstatirt werden, daß Zola in der Beziehung keine Ausnahme von seinen Kollegen macht.

[...]

Paul Lafargue (1842–1911), Arzt, französischer Sozialist, Mitbegründer der französischen Arbeiterpartei, seit 1868 mit Marx' Tochter Laura verheiratet.

Während in der *Neuen Zeit* die Auseinandersetzung mit der deutschen oppositionellen Literaturbewegung erst 1890 einsetzte, erschienen bereits seit 1884 Aufsätze über Zola und seine naturalistische Literaturauffassung. Der erste Artikel stammt von Julie Zadek: *Emile Zola. Eine literarische Studie* (in: *Die Neue Zeit*, Jg. 1, 1883/84, S. 496–505). Zadek erklärte ihren Lesern gleich zu Beginn, daß »Naturalismus« und »Zolaismus« zwar oft als Synonyme verwendet würden, dennoch aber nicht deckungsgleich seien, daß der »Naturalismus sich nicht in der künstlerischen Persönlichkeit eines Zola « erschöpfe, »daß er weiter, umfassender ist, nach Form und Inhalt ein größeres künstlerisches Vermögen, reichere, vielseitige Fähigkeiten, eine durchgeistigtere, feinere, liebenswürdigere Form zuläßt« (ebd., S. 496). Zolas Werke sind nach Zadek auch »keine Romane in der gang und gäben Bedeutung des Worts, [...] keine kunstvoll geplante und durchgeführte Intrige, [...] es ist das Leben selbst, ein Winkel, der aus dem großen Ganzen herausgerissen, ohne jeden Kommentar, ohne Reflexion und hinten angehängte Moral, durch sein Dasein allein uns die erschütternde Tragik der menschlichen Komödie enthüllt« (ebd., S. 497). Im Unterschied zu Alfonse Daudet bezeichnet sie Zola nicht als »Dichter«: »Zola ist kein Dichter, er will auch keiner sein; [...] Ihm ist es vor allen Dingen um die Wahrheit zu tun. Er ist ein durchaus moderner, wissenschaftlicher Geist, dem die Erkenntnis das Höchste ist und der die Welt des schönen Scheins, jenen falschen Idealismus verachtet...« (ebd., S. 501). Abschließend forderte sie die Leser der *Neuen Zeit* auf, »dem französischen Romancier, der trotz der ihm anhaftenden, dem Mangel an Geschmack und künstlerischem Feingefühl entspringenden Fehler ist, größere Beachtung zu schenken...« (ebd., S. 505). Bereits 1885, als die *Neue Zeit* den fünften Artikel zu Zola innerhalb von zwei Jahren veröffentlicht (Robert Schweichel, *Germinal*), erscheint dieser mit einer Stellungnahme der Redaktion: »Die ›Neue Zeit‹ hat sich bisher mit Zola im Vergleich zu andern Schriftstellern außerordentlich viel beschäftigt [...], so daß ihm ein weiteres Eingehen in seine Werke wohl übertriebene Bedeutung beizumessen schiene. Mit Rücksicht darauf und auf den geringen uns zur Verfügung stehenden Raum haben wir die Absicht, von ferneren Veröffentlichungen über Zola bis auf Weiteres abzusehen und haben eine Reihe diesbezüglicher Einsendungen zurückgewiesen« (in: *Die Neue Zeit*, Jg. 3, 1885, S. 361). Auch Robert Schweichel gibt eine kritische Darstellung von Zolas dichterischen Fähigkeiten. Zwar hebt er die »Bedeutsamkeit der Idee« von *Germinal* hervor, aber über die Ausführung urteilt Schweichel: »Daß er dabei nicht das richtige Maß zu halten weiß, beruht ebenso auf seinem Mangel an künstlerischem Geschmack und auf der interessantesten Erscheinung der modernen Literaturauf seinem falschen Begriff von der Aufgabe der Dichtkunst überhaupt« (ebd., S. 362). Für Schweichel »sieht Zola die Aufgabe seiner Kunst [...] darin, das Leben [...] abzuschreiben« (ebd.), und er kritisiert, daß Zola, »je schärfer er das Häßliche, Widerwärtige, Ekelhafte hervorhebt«, nicht wahrer wird, sondern sich »gerade dadurch von der Wahrheit oder vielmehr von deren Schein [entfernt]«. *Germinal* erscheint Schweichel aber trotz aller Mängel ein für Sozialisten dennoch bedeutsames Werk, denn Zola habe »in ›Germinal‹ die Sache der Arbeiter mit einer Nachdrücklichkeit, wie kein anderer französischer Romanschriftsteller vor das Forum der Oeffentlichkeit seines Landes gebracht. Er deklamiert nicht, er macht keine Phrasen, sondern läßt mit vollkommener Objektivität nur die Thatsachen reden. Wenn das Werk als Roman nicht auf derselben Höhe steht, wie als Plaidoyer für die Nothwendigkeit einer Lösung der sozialen Frage, so liegt der Grund darin, daß der Verfasser in den Mitteln, um die sinnliche Deutlichkeit

zu erzeugen, welche die Dichtkunst fordert, nicht auf das Nothwendige sich zu beschränken weiß, und
daß er die Grenzen der Dichtkunst glaubt sprengen zu können, indem er sie auf das Gebiet der Wissenschaft hinüberzuziehen sucht« (ebd., S. 310).

Paul Lafargues Essay über Zola erschien zu einem Zeitpunkt, als Zola für die literarische Moderne in
Deutschland als Vorbild bereits abgelöst und von einer nationalistisch-reaktionären Kulturbewegung
(vgl. Julius Langbehn, Dok. 110) scharf bekämpft wurde. Sein Aufsatz bezieht darüberhinaus Stellung in
der Naturalismus-Auseinandersetzung der deutschen Sozialdemokratie, in der die Veröffentlichungen in
der *Neuen Zeit* eine zentrale Rolle spielten (vgl. die Dok. 79, 80, 81, 84). Lafargue unterstützte dabei die
Linie der sozialdemokratischen Parteiführung, indem er Zola zwar als wichtigen »Neuerer« charakterisiert, aber zugleich seine Romane wegen ihrer begrenzten Weltsicht kritisiert. Damit wurde in dem
offiziellen theoretischen Organ der Sozialdemokratie nun auch Zola abgesprochen, »die Sache der
Arbeiter« zu vertreten.

112
Eugen Wolff: *Der Experimentalroman.* In: Eugen Wolff: *Geschichte der Deutschen Literatur in der Gegenwart.* Leipzig (S. Hirzel) 1896, S. 245–251.

[...]

Nach einer Richtung freilich scheinen Zola's Romane seiner Theorie Ehre zu machen: in
der rohen Wiedergabe von obscönen und psychiatrischen Momenten. Aber darin schießt er
wieder nur über das Ziel hinaus. Eine unheimliche Witterung für das Gemeine und Krankhafte läßt ihn überall die Nachtseiten des Lebens sehen, gleich als ob sein Auge für die Sonne
blind wäre. Auch in diesem Sinne führt er die Eule im Wappen. So zeichnet er die menschlichen Leidenschaften nicht in fortreißender, erhebender, befreiender oder erschütternder
Höhe, sondern in Ausartung zu krankhafter Manie. Bald ist es der Dämon des Geldes, der die
Menschen in eine Art Wahnsinn verstrickt; bald ist es die Habgier, die bis zum Laster, bis zur
geistigen Krankheit gesteigert, in einem ganzen Lebenskreise herrscht; oder es ist (wie im
»Traum«) dargestellt, daß auch die religiöse Gesinnung in einen religiösen Wahn ausartet.
Aehnlich schildert Zola im Kunstroman nicht die bloße Begeisterung des Malers, sondern den
Kunst-Fanatismus – und so immer.

Wir werden uns nun klar sein müssen, daß in Wirklichkeit die Poesie aufhört, wo die
Manie, wo der Wahnsinn beginnt. Wenn der Wahnsinn poetisch verwendet wird, wie an
Gretchen in Goethe's »Faust«, an Ophelia in Shakespeare's »Hamlet« oder an König Lear, so
bildet das Eintreten des Wahnsinns einen Theil der Katastrophe. Ein Mensch aber, der von
vorn herein in Wahnsinn befangen oder doch von einer Manie besessen ist, kann nicht nach
den gewöhnlichen Gesetzen des Geistes beurtheilt werden: er hat aufgehört, von poetischem
Interesse, eine künstlerische Figur zu sein.

Aehnlich soll das Häßliche und Niedrige gewiß nicht aus dem Bezirk der Kunst völlig ausgewiesen sein.

»Das Was bedenke, mehr das Wie!«

Die Art, *wie* das Rohe von Zola dargestellt wird, erregt berechtigten Widerspruch. Ein gesunder Geschmack, ein reines Herz wird Heikles verständlich genug anzudeuten vermögen, ohne sich in der breiten Ausmalung schlüpfriger Scenen zu gefallen. Welche Frivolität wissen Conrad Ferdinand Meyer und Theodor Fontane darzustellen, ohne nur einen Moment in's Schlüpfrige zu sinken! Auerdem giebt es eine Art der Erzählung, welche objectiv genug bleibt, ohne Rohheiten wie etwas Selbstverständliches wiederzugeben. Schon im Leben werfen wir einem Erzähler zwar Mangel an Objectivität und an Sachlichkeit vor, wenn er seine individuelle Auffassung über Dinge einmischt, die sich gar verschieden beurtheilen lassen: wer aber Unanständigkeit schamhaft, Rohheit mit Abscheu, Bestialität mit Entsetzen wiedergiebt, stellt die Dinge durchaus in ihrer natürlichen Färbung dar, während eine nackte Thatsächlichkeit und platte Umständlichkeit eben als schamlos empfunden wird.

Und so denn auch allgemein wehrt sich unser Herz gegen jene *kalte* Objectivität, welche Zola von der Anatomie auf die Dichtung hinüberzerren will. Unser Herz erwartet von der Kunst, auch von der wirklichkeitstreuen, eine *warme* Objectivität, welche die Erscheinungen in Gestaltung und Handlung darstellt: aber eher wie der Vater liebend beim Schicksal seiner Kinder verweilt, jedenfalls mit liebevoller Versenkung – wie eben Herz am Herzen Antheil nimmt; und nicht kalt wie Stein oder rücksichtslos wie der Anatom gegenüber den Fleischtheilen einer Leiche.

Die Grenzen zwischen Kunst und Wissenschaft sind so klar gezeichnet, daß es kaum einer eingehenden Erörterung bedarf, wie weit Zola von vorn herein auf eine schiefe Ebene gerathen. Ist doch die Wissenschaft unbedingt an ihre Objecte gefesselt; hat sie doch die Dinge wiederzugeben, wie sie im Rohstoff sind, ohne jede Rücksicht, ohne jede Bearbeitung, ohne jedes Arrangement. *Dagegen beginnt die Kunst erst mit der freien Erhebung über die Gegenstände*: der Rohstoff ist noch nicht die künstlerisch herausgearbeitete Form. Wir sollen in der Kunst die Linien des Lebens überall hindurchscheinen sehen; aber sie sollen nicht nackt in ihrer krassen Blöße, mit dem Erdenstaub bedeckt, vor unser Auge treten, sondern in eine höhere Beleuchtung des ewigen Zusammenhanges der Dinge gerückt werden.

Zola und seine deutsche Schule lieben es gerade umgekehrt, die Handlung an einem beliebigen äußern Entwicklungspunkt abzubrechen, ohne des vollen Zusammenhanges der Dinge zu gedenken. In ihrer wesentlich materialistischen Tendenz suchen diese Dichter gar zu gern ihre Erzählung mit dem Triumph des Häßlichen und Bösen abzuschließen. Wir alle dagegen, die an sittliche Weltordnung glauben, wir wissen, daß trotz dem äußern Triumph des Bösewichtes in seiner Brust noch immer eine Stimme tönt, ein Gewissen wacht, das ihn nicht zum innern Frieden kommen läßt. Der Dichter darf sich darum mit nichten an der Flucht der *Erscheinung*, an dem äußern Triumph genügen lassen: er muß in das *Herz* des Sünders blicken – und wird den Wurm erkennen, der da im Innern nagt. So entpuppt sich

Zola's literarische Physiognomie als Geschöpf des veräußerlichenden, weil an der Materie haftenden Materialismus, während der Spiegel unverfälschter Kunst gerade das Innere des Menschen, sein Seelenleben, reflectirt. –

Der wesentlich materialistische Charakter der Zola'schen Kunst läßt es begreiflich erscheinen, daß sie am ehesten noch in der Technik vervollkommnend gewirkt hat. Trotzdem Zola über das Ziel hinausgeschossen, hat in manchem Sinne eine Bewegung auf dies Ziel hin fördernd in die Entwicklung des Romans eingewirkt. Es ließ sich von ihm zunächst für eine Verstärkung der Objectivität Gewinn ziehen – solange deutsches Gemüth sich unter diesem Einfluß nicht zu verleugnen, zu eliminiren strebt. Eine Gegenständlichkeit, nicht von kaltem Marmor, aber auch nicht von rohem Fleisch, sondern von warm pulsirendem, vergeistigtem Leben würde sich mit dem Zuge der deutschen Kunstentwicklung berühren.

Weniger bedingt darf sich unsere Anerkennung der tief eindringenden Charakteristik halten, die allein schon für Zola's ernste Künstlerschaft zeugt. Auch hier nicht als ob unserer deutschen Literatur eine neue Vollkommenheit von außen zugeführt wäre: wohl aber als anfeuerndes Beispiel, daß uns fremde Literaturen auf dem eigensten Gebiet germanischen Geistes, der Charakteristik, überflügeln, falls wir uns nicht auf uns selbst besinnen. Noch hat es freilich mit solcher Gefahr gute Wege: denn hinter der Individualisirungskunst der neudeutschen realistischen Meister steht Zola's verallgemeinernde Milieu-Herrschaft grundsätzlich zurück. Wichtig ward manche von ihm bewirkte Erweiterung des Stoffgebietes und seine Betonung vielfacher Zusammenhänge zwischen Psychologie und Physiologie.

Ein besonders bedeutsamer Ausfluß, sozusagen die letzte Consequenz des charakterisirenden Stils, ist Zola's Forderung »persönlicher Ausdrucksweise«. Jenen alten Stil, der in gleichmäßiger Glätte dahinfließt, lehnt er ab; statt dessen bekennt er sich zu einer Darstellungsweise, welche den dargestellten Objecten die Färbung des Lebens bewahrt. Zwar schreitet der Naturalist abermals bis zur rohen, ungeschliffenen Wiedergabe der Naturlaute vor; aber in der deutschen Dramatik wie Novellistik sehen wir dieselbe Kraft an der Arbeit: uns einen charakteristisch abgestuften Stil zu erringen – einen Stil, der von Fall zu Fall den Charakter der einzelnen Personen ausprägt und so zur Charakteristik mitwirkt. Nicht als Lehrmeister, wohl aber als Weggenossen, heißen wir deshalb selbst einen Zola auch nach dieser dritten Richtung willkommen. –

Bei alledem bleibt nach wie vor der Abstand zwischen romanischem und germanischem Literaturgeist so erheblich, daß wir uns nur zum Schaden unserer Eigenart in den Dienst des fremden Musters begeben können. Von je her erschien das poetische Hauptthema von der Liebe für die französische Literatur, wie schon Lessing hervorhob, in der veräußerlichenden Form der Galanterie. Mit dem Zerfall der alten heroischen Poesie und der Zersetzung des französischen Lebens wandelte bezw. ergänzte sich diese Galanterie bald in Piquanterie, bald in nervöse Wollust und Grausamkeit. War es da wirklich gut gethan, unsere reine, jedenfalls erheblich reinere Luft von der fremden Stickluft durchsetzen und zerfetzen zu lassen? Es ist einfach nicht Naturtreue und am wenigsten Naturalismus, wenn man, statt unser deutsches Leben in seiner noch immer seelenvolleren Art dichterisch zu gestalten, französische Lebens-

und Liebesformen in die deutsche Literatur übernimmt. Die blonde Bestie wäre doch nur für einen sehr beschränkten Kreis deutschen Lebens das Symbol: wir haben nicht nur Sumpf, unser Leben hat auch gesundes Ackerland. Wer über die Veilchen-Einfalt mancher literarischen Gewächse der letzten Jahrzehnte hinausgelangen will, dem bietet sich noch immer die Gluth der Rose dar, und sei es der dunkelrothen. –

Die literarische Jugend Deutschlands – das läßt sich nicht verkennen – hat sich trotz alledem um das Panier des französischen Naturalisten geschaart. Welche verblüffendere Thatsache ließe sich finden, als dies Gebaren? welch beschämenderes Zeugniß für deutsche Nichtachtung des Heimischen und Ueberschätzung des Fremden? Während eine stattliche Reihe alter Meister wetteifert, einen wirklichkeitstreuen, naturfrischen Stil aus deutschem Geiste organisch herauszubilden, jubelt der litterarische Nachwuchs dem Fremden zu als dem angeblichen Erlöser aus conventioneller Erstarrung und aus schönfärberischer Verzerrung! Es giebt nur eine Erklärung, nur eine Entschuldigung – die übrigens durch Thatsachen belegbar ist: man *kannte* theils die deutschen Realisten garnicht, theils wenigstens *erkannte* man sie nicht. Man fühlte nicht, wie diese Männer aus deutschem Geiste herausgeboren, wie ihr literarischer Charakter und ihre Technik geraden Weges auf das Ziel unserer Kunst-Entwicklung zuschritten: auf eine getreue Ausprägung deutschen Lebens.

Oder sollen wir der Jugend das Recht lassen, in Allem das Extreme zu ergreifen? Bot ihr ein künstlerischer Realismus nicht genug der Lebensfülle, daß sie zum platten Naturalismus überlief?

In einer der jüngstdeutschen Programmschriften (»Der moderne Realismus« von Conrad Alberti in den »Zeit- und Streitfragen«) werden die Forderungen der modernen Kunst einmal dahin formulirt: der Dichter dürfe nur darstellen, was »durch Erfahrung oder actenmäßig beglaubigt« ist und als dichterischer Stoff stehe »der Tod des größten Helden nicht höher als die Geburtswehen einer Kuh«!! Gut gebrüllt, Löwe! Das ist denn doch wenigstens »consequent«. Ob es freilich auch nur naturalistisch ist? Vollzieht »der größte Held« wirklich keine bedeutsameren Handlungen als die Kuh? Wir fürchten, diese Kuh wird an der jüngstdeutschen Poetik als erschreckendes Wahrzeichen haften bleiben.

[...]

Bereits in den vom Verein »Durch« 1886 veröffentlichten Thesen (als deren Verfasser gilt Eugen Wolff, vgl. Komm./Dok. 10) erscheint in These 5 eine nicht zu übersehende Abgrenzung gegenüber Zola: »Die moderne Dichtung soll den Menschen mit Fleisch und Blut und mit seinen Leidenschaften in unerbittlicher Wahrheit zeichnen, ohne dabei die durch das Kunstwerk sich selbst gezogene Grenze zu überschreiten, vielmehr um durch die Grösse der Naturwahrheit die ästhetische Wirkung zu erhöhen« (s. Dok. 10).1888 charakterisiert Wolff die »Moderne« als ein »vom modernen *Geiste* erfülltes Weib, [...] ein *arbeitendes* Weib, und doch zugleich ein *schönheitsdurchtränktes*, idealerfülltes Weib, [...] ein *wissendes*, aber *reines* Weib, wild bewegt wie der Geist der Zeit...« (Eugen Wolff, *Die jüngste deutsche Litteraturströmung*, 1888, S. 47). 1891 setzt sich Wolff in einer gesonderten Broschüre mit Zolas Theorie des Experimentalromans und seinem Romanschaffen auseinander (s. E. Wolff, *Zola und die Grenzen von Poesie und Wissenschaft*. Kiel und Leipzig 1891). Auch hier kommt er zu dem Ergebnis, daß Zola, der »Experimental-Naturalist«, seine Theorie in seinen eigenen Romanen nicht erfülle und »Dichtung, nicht Wissenschaft« biete. Dabei erkennt Wolff an, daß die Grenze zwischen Poesie und Wissenschaft »fließend« und »wesentlich im Vorrücken begriffen« sei, daß die naturalistische Literaturentwicklung »Erweiterungen« gebracht habe (a.a.O., S. 35). Dennoch markiert für Wolff Zolas Theorie des Experimentalromans eindeutig eine Grenze: »*Die volle Ausführung von Zolas Programm bedeutet den Tod der Poesie*« (ebd., S. 38).

In dem ob. dok. Abschnitt zum Experimentalroman erkennt Wolff Zola wiederum als »Dichter« an, »sich selbst zum Trotz«. Kennzeichen dafür sei sein dem Wissenschaftsanspruch entgegenwirkender »Symbolismus« (vgl. Georg Brandes, Dok. 107). Wolffs nationalistische Ablehnung Zolas, die Betonung des »Abstands zwischen romanischem und germanischem Literaturgeist«, die Aufforderung »unser deutsches Leben in seiner noch immer seelenvolleren Art dichterisch zu gestalten«, ist in dieser Form jedoch neu bei Wolff und erinnert deutlich an die von Langbehn geschürten anti-französischen Affekte (vgl. Dok. 110). Die von Wolff erwähnte Schrift C. Albertis erschien unter dem Titel: Conrad Alberti, *Der moderne Realismus in der deutschen Literatur und die Grenzen seiner Berechtigung.* Hamburg 1889. Alberti führte hier noch einmal die Gedanken seiner *Zwölf Artikel* (vgl. Dok. 9) aus.

113
Franz Mehring: *Emile Zola.* In: *Die Neue Zeit. Wochenschrift der deutschen Sozialdemokratie.* Hrsg. v. Karl Kautsky. 21. Jg. Stuttgart (J. H. W. Dietz) 1902/03, Bd. 1, Nr. 2 S. 33–36.

Der jähe Tod Zolas rief im ersten Augenblick ein peinliches Gefühl hervor, ein Gefühl der Ohnmacht, die ein an Arbeit und Kampf so reiches Leben einem kläglichen Zufall preisegegeben sah. Aber der Haß der Feinde, der uferlos schäumend über die Leiche des tapferen Mannes hereinbrach, noch ehe sie erkaltet war, gab den sicheren Trost, daß dieser Tote ein ruhmvolles Tagewerk vollbracht hatte. Wer nicht einmal durch die Majestät des Todes die lästernde Zunge bändigen läßt, der ist bis ins Herz getroffen. Je wüster sich der Haß der Besiegten geberdete, um so heller glänzte das Schwert auf der Bahre des Siegers.

Ein alter Philosoph hat von Apollo gesagt: »Bogenschütze ist der Gott und die Tonkunst Gott; ich liebe seine Harmonie, und ich fürchte seinen Bogen.« Damit ist schon eine Zweiheit des dichterischen Schaffens angedeutet, die sich seitdem durch alle Geschichte der Dichtung verfolgen läßt: der Dichter als Kämpfer und der Dichter als Künstler. Eine Zweiheit gewiß nicht in dem Sinne, als ob sich die beiden Elemente jemals völlig scheiden ließen. Ein Dichter, der eben nur Kämpfer wäre, würde dadurch aufhören, ein Dichter zu sein, und ein Dichter wie Goethe, der vielleicht unter allen Dichtern im höchsten Sinne ein Künstler gewesen ist, hat sich noch in seinen letzten Lebenstagen gerühmt, ein Kämpfer gewesen zu sein. Aber so verschieden die Art ist, wie sich die beiden Elemente in den einzelnen Dichtern mischen, je nach ihren Anlagen und den historischen Umständen, unter denen sie leben, so werden immer Kämpfernaturen auftauchen, in denen der Künstler, und Künstlernaturen, in denen der Kämpfer zu verschwinden scheint.

Wie sich in Zola diese Elemente mischten, erhellt auf den ersten Blick; er war so sehr eine Kämpfernatur, daß manche auch unter seinen Bewunderern ihm geradezu den Namen eines Dichters abgesprochen haben, wie ihn sich Lessing einst selbst in einem Augenblick leidenschaftlichen Kampfes absprach. Das war sicherlich übertrieben, denn man kann nicht schaffen, was Zola geschaffen hat, ohne große Gaben des Dichters in erstaunlichem Maße zu besitzen. Aber andere dieser Gaben fehlten ihm in nicht minder erstaunlichem Maße. Wenn er ein ungemein scharfsichtiger Beobachter, ein Sittenschilderer ersten Ranges, ein feiner und tiefer Psychologe war, so mangelten ihm ästhetischer Geschmack und Takt, Phantasie und Witz und das, was er selbst l'expression personelle nannte, das individuelle Dichterleben, die schöpferische Gestaltungskraft, die eine neue Welt aus dem Nichts schafft.

Er selbst war sich vollkommen klar, daß er eine Kämpfer- und keine Künstlernatur sei. Diese Klarheit tritt weniger hervor in dem meistzitierten Satze seiner Ästhetik: »Ein Kunstwerk ist ein Stück Natur, gesehen durch ein Temperament«, denn dieser Satz ist vieldeutig genug, um alle mögliche Ästhetik darin zu verpacken. Aber ein andermal sagt Zola: »Wir sind die geschäftigen Arbeiter, die das Gebäude sondieren, die morschen Balken, die inneren Risse, die losgelösten Steine, alle jene Schäden aufdecken, die von außen nicht gesehen werden und doch den Untergang des ganzen Gebäudes herbeiführen können. Ist das nicht eine nützlichere, ernsthaftere und würdigere Tätigkeit als sich, die Leyer in der Hand, auf einen erhöhten Standpunkt zu stellen und durch eine tönende Fanfare die Menschheit zu entflammen?« Hier lehnt Zola mit dürren Worten die Leyer ab und verlangt nur noch, wenn auch nicht den Bogen, so doch die Maurerhacke als sein Teil. Er verläßt den künstlerischen Boden und gerät in die bedenkliche Nachbarschaft jener biederen Manchesterleute, die ehedem nachzuweisen suchten, daß jeder brave Architekt oder auch jeder ehrliche Schweinezüchter ein nützlicheres Glied der menschlichen Gesellschaft sei, als Goethe mit seiner unproduktiven Versmacherei je habe sein können.

Man kommt darüber nicht hinweg, wenn man sagt, Zola sei zwar ein großer Dichter, aber ein schlechter Ästhetiker gewesen. Vielmehr stimmen der Ästhetiker und der Poet in Zola vollkommen zusammen. Seine Romane sind weit mehr reformatorische Mahn- und Wekkrufe, als reine Kunstwerke, wie sie der Dichter in seligem Genügen an seinem künstlerischen Schaffen aus sich herausspinnt. Das wäre vom ästhetischen Standpunkt aus ein hartes Urteil, wenn nur eben der ästhetische Standpunkt nicht auch dem historischen Wechsel unterworfen wäre. Sicherlich ist die Kunst ein ursprüngliches Vermögen der Menschheit und nimmt als solches ihre Gesetze nur von sich selbst. Aber in dem historischen Flusse der Dinge steht sie auch, und sie kann sich nicht entwickeln, ohne die revolutionären Erschütterungen, in denen es größere Ehre sein mag, ihre Altäre zu zerbrechen, als auf ihnen zu opfern.

Inmitten einer solchen revolutionären Erschütterung zu stehen, war Zolas Stolz. Er hat immer abgelehnt, den Naturalismus, der sich in erster Reihe an seinen Namen knüpfte, erfunden zu haben. »Ich habe die naturalistische Methode im achtzehnten Jahrhundert gefunden; sie datiert, wenn man will, vom Beginn der Welt. Ich habe gezeigt, wie in unserer nationalen Literatur Balzac und Stendhal sie in glänzender Weise angewandt haben; ich habe behauptet, daß unser gegenwärtiger Roman das Werk dieser Meister fortsetzt und habe in erster Reihe Gustave Flaubert, Jules und Edmond de Goncourt, Alphonse Daudet genannt. Wie hat man nur daraus schließen können, daß ich eine Theorie zu meinem Privatgebrauch erfunden habe? Welche Toren haben die sonderbare Idee gehabt, mich als einen Hochmütigen darzustellen, der seine Rhetorik der Welt aufzwingen und auf sein Werk Vergangenheit und Zukunft der französischen Literatur basieren will? Dies ist in Wirklichkeit der Gipfel der Verblendung und Böswilligkeit... Die Anwendung der naturalistischen Methode in unserer Literatur datiert von dem letzten Jahrhundert, von dem ersten Stammeln unserer modernen Wissenschaft. Die Anregung war gegeben, die Bewegung mußte allgemein werden. Wie oft schon habe ich die Geschichte dieser ungeheuren Bewegung gegeben, die uns der Zukunft entgegenführt. Sie hat die Geschichte und die Kritik umgestaltet, indem sie sie von der gedankenlosen Beobachtung der scholastischen Formen befreite; sie hat den Roman und das Drama verjüngt, von Diderot und Rousseau bis auf Balzac und seine Jünger. Kann man die Tatsache leugnen? Zeigen nicht die letzten Jahre unserer Geschichte den wissenschaftlichen Geist in der Vernichtung der schönen klassischen Regeln früherer Jahrhunderte, in dem Stammeln der romantischen Erhebung, in dem Triumph der naturalistischen Schriftsteller? Ich wiederhole es: der Naturalismus bin nicht ich. Er ist in jedem Schriftsteller, der bewußt oder unbewußt die wissenschaftliche Methode anwendet, das Studium der Welt in Angriff nimmt durch Beobachtung und Analyse, indem er das absolute, das geoffenbarte, mit dem Verstand nicht zu begreifende Ideal leugnet.« In diesen Sätzen offenbart sich wie Zolas Stärke, so auch seine Schwäche.

Der Naturalismus der Rousseau und der Diderot, wie der Balzac und der Zola hat gewiß eine gemeinsame Tendenz: es ist die Flucht der Kunst aus einem Zustand gesellschaftlicher Entartung, es ist ihre Rückkehr in die erlösenden Arme zur Natur. Allein diese Rückkehr zur Natur ist tatsächlich nur Fortschreiten in eine höher entwickelte Gesellschaftsordnung. Sie kann nichts anderes sein, da gesellschaftliche Leiden nur auf dem Boden der Gesellschaft, nicht auf dem Boden der Natur geheilt werden können. Hier aber ergeben sich sofort gewaltige Unterschiede zwischen den Rousseau und Diderot einer-, den Balzac und Zola andererseits. Jene retteten sich vor der gesellschaftlichen Fäulnis des Feudalismus zur Natur, will sagen zur bürgerlichen Gesellschaftsordnung, diese aber suchen die Rettung vor der gesellschaftlichen Fäulnis des Kapitalismus, ohne zu wissen, wo sie zu finden ist. So sind jene bei alledem Optimisten, diese aber Pessimisten, Balzac überhaupt, Zola wenigstens bis zu seinen letzten Romanen, in denen er einen utopischen Sozialismus predigt.

Bereits in einem seiner früheren Romane läßt Zola einen Lieblingsjünger von Karl Marx auftreten und so konfuse Reden führen, daß Zola bei aller experimentell-wissenschaftlichen Methode sich niemals mit dem wissenschaftlichen Sozialismus beschäftigt haben kann. Mit jener wunderlichen »Exaktheit«, die dann von den deutschen Nachbetern Zolas karikiert worden ist, stellt Zola fest, daß Marxens Hauptwerk in gotischen Lettern gedruckt sei, was bekanntlich nicht einmal wahr ist, aber von dem Inhalt dieses Werkes hat er nicht die entfernteste Ahnung. Man wird uns hoffentlich nicht mißverstehen in dem Sinne, den einmal ein naturalistischer Witzbold ausgetiftelt hat, als ob wir das Bekenntnis zum Erfurter Programm zum obersten ästhetischen Gesetz machen wollten, indem wir beklagen, daß der Naturalismus keinen Blick für den proletarischen Klassenkampf hat. Zola selbst, der seinen Stammbaum von den Diderot und Rousseau ableitete, der den Vorzug des experimentellen

Romans darin sah, den Zusammenhang einer Erscheinung mit ihren nächsten Ursachen aufzusuchen und die Bedingungen festzustellen, wodurch diese Erscheinung bestimmt wird, Zola stand turmhoch über seinem kleinen Nachwuchs in Deutschland, und sein dichterisches Schaffen würde unendlich beflügelt worden sein, wenn er die Theorie des proletarischen Klassenkampfes als Schlüssel zur Analyse gesellschaftlicher Erscheinungen besessen hätte, etwa statt des vulgären Fatalismus eines Lombroso, der ihn oft genug in die Irre geführt hat.

Ähnlich wie Zola zu Diderot und Rousseau steht, so steht er zu Voltaire. Zolas Eintreten für Dreyfus ist oft mit Voltaires Eintreten für die Calas verglichen; es ist gesagt worden, Zola habe größeres gewagt als Voltaire. Das ist vollkommen richtig; Zola setzte bei seinem mutigen und uneigennützigen Kampfe für den Verurteilten der Teufelsinsel ungleich mehr aufs Spiel, als Voltaire, da er die Sache der Hugenottenfamilie in Toulouse zur seinigen machte. Allein die historische Bedeutung der beiden Fälle war ganz verschieden, und diese Verschiedenheit fällt zu ungunsten Zolas. Voltaire führte einen vernichtenden Streich gegen die feudal-klerikale Justiz des Mittelalters, Zola hat im günstigsten Falle einen unschuldig verurteilten Mann gerettet, aber doch nur, bei aller Unsträflichkeit seiner persönlichen Beweggründe, im unbewußten Dienste einer Klasse, die in ihrer Art nicht minder verrottete Klassenjustiz treibt, als jene Militärjustiz, der Dreyfus zum Opfer fiel. Es war ein widerliches Schauspiel, zu sehen, wie dieselben Soldschreiber der Bourgeoisie, die bis dahin nicht genug über den »gemeinen« und »schmutzigen« Romanschreiber zetern konnten, der die Kühnheit gehabt hatte, den Schleier von den Geheimnissen der kapitalistischen Wirtschaft zu ziehen, nun auf einmal den unvergleichlichen »Geisteshelden« priesen, der mit dem Eintreten für Dreyfus den von ihnen vertretenen Interessen den mächtigen Vorspann seines großen Namens lieh.

Mehr, als durch diese interessierte Lobhudelei, wird Zolas Andenken geehrt durch die unversöhnlichen Wutschreie derer, die seine Hand mit unverwindlichem Schlage getroffen hat. Aber am meisten ehrt den Toten der Lorbeer, den die Arbeiter diesseits und jenseits der Vogesen an seinem Grabe niederlegen. Zola gehörte nicht zu ihnen, und er hat nicht einmal verstanden, was ihres Lebens besten Inhalt bildet, aber er war ein rüstiger Bahnbrecher der besseren Zeit, so wie er sie nun verstand, ein Denker, dem die tiefsten Geheimnisse der Zeit verschlossen blieben, ein Dichter, der am ästhetischen Maßstabe gemessen nur unvollkommen bestand, jedoch ein Kämpfer, der in seiner Fähigkeit und seinem Fleiß, in seiner Ehrlichkeit und seiner Tapferkeit wohl das Recht hatte, sich zur glorreichen Schar der Diderot und Lessing, der Rousseau und Voltaire zu gesellen.

Franz Mehrings (vgl. Dok. 86, 87, 91) posthume Würdigung Zolas die hält ausdrücklich fest an der auch in der *Neuen Zeit* in den 80er Jahren bereits mehrfach formulierten künstlerischen Kritik, wie Mangel an »ästhetischem Geschmack und Takt, Phantasie und Witz [...] schöpferische Gestaltungskraft« (s. Dok. 113). Das entscheidende Kriterium, das nunmehr Zola für Mehring als einen auch für die Arbeiterbewegung bedeutsamen Autor erscheinen läßt, ist, wie auch bei Ibsen (vgl. Dok. 100) seine »Kämpfernatur«. Dadurch wurde er zu einem »Bahnbrecher der besseren Zeit«, auch wenn ihm selbst noch nicht klar war, »wo die Rettung vor der gesellschaftlichen Fäulnis des Kapitalismus [...] zu finden ist« (s. Dok. 113). Das kämpferische Element spielte in Mehrings Kunstauffassung in den 90er Jahren eine zentrale Rolle für die Bestimmung des adäquaten Verhältnisses zwischen Arbeiterklasse und bürgerlicher Kunst. Hier sah er die entscheidende Begründung für die proletarische Aneignung bürgerlicher Kunst, da das »Kämpferische« eine objektive Entsprechung in der grundlegenden Wesensbestimmung des Proletariats habe.

i) Die Rezeption von Gerhart Hauptmanns Stück »Die Weber«

114

Wilhelm Bölsche: *Gerhart Hauptmanns Webertragödie.* In: *Freie Bühne für den Entwicklungskampf der Zeit.* Red.: Wilhelm Bölsche. 3. Jg. Berlin (S. Fischer) 1892, Bd. 1, S. 180–186; hier: S. 182–186.

Der Theaterruhm reist mit Siebenmeilenstiefeln. Der »bleiche Jüngling«, der sich verbeugte und nach der Versicherung ehrsamer Kritiker gar nicht so »verderbt« aussah, wie sein »Sonnenaufgang« erwarten ließ, ist zum »Gerhart Hauptmann« avanciert, ohne Herr, ohne Adjektivum. Manches Gute ist im Gefolge dieser Verwandlung über ihn geschrieben worden. Aber auch eine gewaltige Fülle von Wust. Von beiden geht ein Druck aus für den, der heute eine neue Arbeit des Dichters würdigen soll.

An Stelle der inneren, geistigen Würdigung, die dem »Sonnenaufgang« zu teil wurde, ist – vielleicht notwendiger Weise, aber jedenfalls mit einer gewissen Aufdringlichkeit – die Debatte über den reinen Coulissenwert der Stücke getreten. Ich will nicht durchaus mit den herben Stimmen rechnen, die im letzten Heft dieser Zeitschrift über unser ganzes Theaterwesen laut geworden sind. Aber eine Vertiefung der Kritik ist sicherlich nicht eingetreten, seitdem die Erweiterung des wirklichen Coulissenbesitzes für einige Arbeiten Hauptmanns stattgehabt hat. Die schönste Stelle der »Einsamen Menschen«, dort, wo das Lied gesungen wird, die Stelle, wo der Dichter für mein Gefühl auf der Höhe dessen stand, was seine ganze gegenwärtige Welterfahrung ihm gewährt, – sie ist verhallt, weil das bestehende Theater seiner ganzen Art nach keinen Raum für ihren Stimmungswert hat, und im Ueberschwall haben wir dafür die Debatte erhalten (auch im ungedruckten Privatgespräch), ob der Schluß des Stückes gut oder schlecht sei und sofort: die theatralische Effektfrage mit all' ihren Varianten.

Als eine unverhofft günstige Gelegenheit erachte ich es also, daß mit den »Wabern« nunmehr doch wieder dieser Bann – wenigstens für einen Moment – gebrochen ist. Der Dichter hat sein Werk in Buchform erscheinen lassen, ehe noch sicheres über die Aufführung feststand; inzwischen scheint es, als sollten die gewaltigen szenischen Schwierigkeiten doch überwindbar sein und für Berlin zu einer öffentlichen Vorführung wenigstens nicht der gute Wille fehlen. Aber ein Interregnum läuft so wenigstens vorher und durch einen Zufall äußerlichster Art ist Hauptmann denen einmal wieder gewonnen, die dem modernen Theater nicht schlechtweg verdammend, aber doch mit einer inneren Unlust gegenüber stehen, die sich nicht mit wohlfeilem Optimismus wegdisputieren läßt, – mit ähnlicher Empfindung habe ich

das Kunstwerk in mich aufnehmen dürfen, die einst einem kleinen Freundeskreise zu teil
wurde, als der Dichter seinen »Sonnenaufgang« uns vorlas, draußen bei Erkner im Kiefern-
wald, in Sommerstimmung und Naturhelle, ohne Lampenlicht, ohne den Sammetgeruch
engster Parkettsitze, ohne das Champagnergeprickel einer nächtlichen Nachsitzung hinter der
Premiere... Und ich kann mir nicht helfen: es gehört zu diesen »Wabern« ein Stimmungselement, das man mitbringen muß. Das Premierenpublikum wird's nicht haben, und wenn es
etwas hineinlegt, so wird es höchstens ein grobes Tendenzmotiv sein, das auch ein unvergleichlich viel geringeres Stück tragen könnte. Ich meine mit jenem Element nicht die Voreingenommenheit, daß man jetzt sicher weiß, welchen Rang Hauptmanns dichterische Begabung
einnimmt. Diese Begabung fühlte auch der Blindeste nach der Lektüre von ein paar Seiten –
und wäre ihm Hauptmann gänzlich unbekannt; die Sicherheit der Zeichnung schlägt durch,
auch wenn man nur einen Dialog gelesen hat, so gut wie sie damals bei »Sonnenaufgang«
durchschlug. Eine Feierstimmung ist es, die man mitbringen muß. Sie muß erwachsen aus
dem Titel gleichsam. Das historische Motiv jenes alten Weberaufstandes muß aus ihm als
vager, großer Umriß heraustreten, muß sich geistig verknüpfen mit gewaltigen, ringenden
Problemen der Menschheit. Mag sein, daß der Dichter mir antworten könnte, grade diese
assoziative Größe a priori wolle er gar nicht, man solle seine Gestalten nehmen wie man
Schillers Wallenstein nehmen würde, wenn vor Schiller der Name garnicht in der Welt
existiert hätte. Es könnte eine realistische Theorie geben, die so redete. Aber ich glaube
ernstlich nicht, daß Hauptmann sie in der Form vertreten würde. Schillers Wallenstein ist
gewiß nicht bloß groß, *weil* er im Glanz der *geschichtlichen* Größe wandelt. Aber diese Größe
war im Dichter, da er ihn schuf, doch selbst wieder nicht der geringste Ansporn, und auf jedes
Wort, das er seiner Gestalt gab, fällt thatsächlich doch etwas von jenem Glanz und es braucht
ihn, um ganz zu sein. Und so hat mich auch bei Hauptmann nirgendwo das sichere Gefühl
verlassen, daß eine gewisse assoziative Stimmung da sein muß und mitgehen muß, wenn man
jeden Zug recht fassen soll. Sie ist beim Dichter dagewesen. Er hat ihr nicht Konzessionen im
groben Sinne gemacht. Aber ideell ist sein ganzes Stück eine gewaltige Konzession an jene
Gesamtstimmung. Nur aus ihr erklären sich technische Merkwürdigkeiten. Nur mit ihr
kommt man über den schwierigen letzten Akt fort. Wird es jemals möglich sein, daß ein
größerer Zuhörerkreis einheitlich jener Stimmung unterthan ist, ehe noch der Vorhang aufgeht, – bloß auf Grund des Wörtchens »De Waber«? Schwerlich. Und kein noch so einzigarti-
ges Festspielhaus der Welt wäre vielleicht im Stande, diese Festspielstimmung über eine
vielköpfige Menge zu breiten. Denn es ist ja, wie gesagt, nicht grobes Tendenzgefühl, was ich
meine, – dem eine Menge zu finden, ist heute nicht schwer. Aber dafür brauchen wir keinen
Hauptmann. Die »Waber« sind kein soziales Drama in dem groben Sinne, den neuerdings
Streberei und Stümperei sich so gern als aktuellsten Deckmantel umhängen. Sie sind ein
Menschheitsstück – ein Stück aus der leidenden Menschheit allerdings. Die aber ist so alt wie
Prometheus und so jung, wie jedes Armenkind, das der heutige Tag in die Wiege legt. Grade
das grobe Tendenzstreben wird den fünften Akt dieses Stückes am wenigsten überwinden
können. Denn er giebt keine Lösung. Es ist kein Umschlag vom Leiden zum Glück, wenn eine

verzweifelte und doch, wie wir aus der Geschichte wissen und vom Dichter in einer Unzahl kleiner, feiner Züge uns im Werke selbst dargethan ist, im Innersten eben durch den langen Druck entkräftete und degenerierte Menge die Soldaten zum Teufel jagt, wie es hier geschieht. Und das erlösende Glück ist ebenso wenig bei dem alten Manne, der vor dem Webstuhl bleibt und mit Luther denkt: »Hier stehe ich, ich kann nicht anders!« der seinem Gott vertraut und die letzte Kugel des Straßenkampfs vor den Kopf bekommt. Ich nenne Tendenz, wenn in einem Kunstwerk ein bestimmter Weg klipp und klar als der allein seligmachende gepredigt wird, und *diese* Tendenz halte ich für ein Armutszeugnis des Dichters, das den Wert des Kunstwerks notwendig herabdrückt. Es gehört eben nach meiner Auffassung zur notwendigen Voraussetzung des ganz echten, großen Poeten, daß er der Welt nicht doktrinär, sondern *beobachtend* gegenübersteht. Der Beobachter muß einigermaßen immer über *alle* Parteien erhaben sein. Unser glänzendstes Beispiel in dieser Hinsicht ist Goethe. Soll der Dichter *praktisch* in groben Dingen, doch eine gewisse Partei im Leben, als handelnder Mensch vertreten, so wird es auch dann immer die sein, die am meisten Gewähr für volle Beobachter*freiheit* verspricht; aber das hat mit Tendenz in der Dichtung selbst nichts zu thun. Bei der großen begrifflichen Verworrenheit, die auf diesem Gebiete, wie auf den meisten ästhetischen, heute herrscht und (bei der Unterjochung der Kritik durch Streberspekulation und Dilettantentum) herrschen muß, schmeichle ich mir nicht, mit diesen paar Sätzen in den Kern eingedrungen zu sein, aber sie mögen hier stehen bleiben, da die »Waber« ganz gewiß von zwei Seiten heftige Angriffe zu erwarten haben: von Tendenzfanatikern, die den fünften Akt unbefriedigend finden müssen – und von Fanatikern der Objektivität, die in dem Ganzen ein Tendenzdrama schlimmster Sorte und, je nach dem eigenen Standpunkt, selbst höchst gefährlicher Tendenz sehen werden.

Die »Waber« sind ihrer Technik nach eins der merkwürdigsten Stücke, die überhaupt jemals geschrieben worden sind. Ein Drama ohne einen durch alle Akte durchgehenden Helden, ja nahezu ohne durchgehende Personen überhaupt. Ein Drama ohne erotischen Konflikt, – es sei denn, daß man den kurzen Vorgang zwischen dem zaudernden Weber Gottlieb und seiner dem Ausstand zujubelnden Frau dahin rechnen wollte; die Szene, wie in dieser Frau der Jammer über ihre im Elend verkommenen Kinder zum flammenden Empörerzorn wird, ist meiner Empfindung nach die großartigste der ganzen Tragödie, allein schon geeignet, das Werk als Blüte heiligsten künstlerischen Ringens erscheinen zu lassen und unerreicht in unserer *ganzen* zeitgenössischen Dramatik... aber diese Szene steht im fünften Akt und ihr Held wie ihre Heldin sind vorher überhaupt nicht aufgetreten. Und von einer über Akte sich dehnenden »Entwickelung« innerhalb eines Einzelcharakters ist im Gefolge dieser Umstände völlig abgesehen. Wäre das Drama ein »Programm-Drama«, das typische Erzeugnis einer »Schule«, – man müßte in ihm ein ausgesprochenes Todesurteil für das, was man bisher als dramatischen Nerv bezeichnet hat, erblicken. Ich glaube aber, daß Hauptmann nicht das Haupt und der Mann irgend einer klar formulierten Schule ist. Er hat, überwältigt von der Anziehungskraft des Stoffes, eine Form gewählt, die dem Einzelfall gerecht wurde, – besser gesagt: er hat nicht zwischen vorhandenen Formen »gewählt«, sondern er hat eine Form sich geschaffen. Von blindem Nachahmer auf einen anderen Stoff übertragen, würde diese Form ein Unding werden, und mit keinen Mitteln der Spekulation, scheint mir, könnte ein wirkliches Verdammungsurteil über die gangbare Form dramatischer Führung aus diesem genialen Spezialfall gefolgert werden, – so wenig wie etwa aus dem zweiten Teil des »Faust« für die fünfaktige Tragödie oder aus Heines »Atta Troll« für das Epos.

Jeder Akt des Hauptmannschen Dramas liefert ein in sich geschlossenes Bild. Akt I: die Webernot an der Wurzel, in ihrer Verknüpfung mit der allgemeinen wirtschaftlichen Lage der Zeit und des Landes. Die Bewegung ist faktisch angelegt, der Stein tritt ins Rollen. Aber noch ist das Bewußtsein von der Sache nicht klar da. Der Akt ist ein Muster übersichtlicher Massenbewegung. »Die« Weber, als ungeheure, im Elend einheitliche Masse, treten, Typus um Typus klar entworfen, an den Zahltisch, legen ihre Arbeit vor und bekommen als Lohn nicht soviel, um davon existieren zu können. Akt II zeichnet das Engere einer einzelnen, als Beispiel gewählten Familie, mit wachsendem Uebertreten der Sachlage ins Bewußtsein, – ein Prozeß, der sich notwendig erst daheim bei jedem Einzelnen ordentlich vollziehen kann. Vortrefflich ist in kleinen Zügen dargelegt, wie die Erkenntnis der absoluten Notwendigkeit einer Handlung sich als erste Frucht dieses Bewußtwerdens aufdrängt. Und der Akt gipfelt in dem Weberlied, das gleichsam rhythmisch die turmhoch emporgestiegene Sturmflut zum Wallen, zum Anprall wider den Damm treibt. Zahlreich eingeflochten sind allerdings kleine Züge, die darauf hinweisen, wie das innerste Seelen- und Knochenmark dieser armen Schlukker trotz des losgährenden Rauschs durch die Not selbst zermorscht ist. Der schwadronierende Soldat, der ein paar blanke Thaler und eine Schnapsflasche mitbringt, erscheint ihnen wie ein Gott, und man ahnt, daß diese weltfremden Märtyrer eines ihnen selbst eigentlich ganz unbekannten wirtschaftlichen Weltkonflikts zwar im Zorn des blinden Tieres, das verhungert, einen Trupp Soldaten aus dem Dorf treiben können, niemals aber einer entschlossenen, bewaffneten Autorität auf die Dauer werden trotzen können. Und wie ein Symbol erscheint es dem, der auch dieser Dinge achtet, wenn der alte Baumert das Stückchen Hundebraten, das diesen Armen gelegentlich als seltenes Festmahl zugefallen, nicht mehr verträgt und weinend ausruft: »Hoot ma siich amol was guudes dergattert, do kan man's ni amol meh bei siich behaln!« Keiner von denen da würde sie »bei siich behaln« – und hätt' er im höchsten Aufwallen des Zornes sich die Welt »dergattert«...

Ich leugne übrigens nicht, daß der Gang der Handlung in diesem und den beiden nächsten Akten ein so elementar fortreißender ist, daß man, zumal bei der ersten Lektüre, grade diese letzten Reflexionen nicht leicht in den Vordergrund schiebt: der Wille zur That und das Aufflammen selbst der That ziehen den Hörer so gewaltsam fort, daß er immer wieder das Kleinliche vergißt: man *glaubt* eine Weile an das absolute Gelingen des Ausstandes, an einen Zusammenbruch der alten Welt, loskrachend von dieser Hütte der Armut aus. Die Tragödie alten Stils würde voraussichtlich schon hier gedämpft haben durch die Person eines alten Intriguanten oder durch die sichtbare Schuld eines Hauptträgers. Hauptmann ging aller Wahrscheinlichkeit von der Vermutung aus, daß er diese groben Mittel nicht brauche, er wollte den Intriguanten und die Schuld ins Innerste seiner Leute selbst legen, durch diesen und jenen kleinen Zug nur verraten... ob es ihm ganz gelungen ist? Das Streben nach dieser Richtung ist jedenfalls echt modern. Ich fürchte nur, daß man bei der wirklichen Aufführung erst recht von der Wucht des Emporganges, von der Lichtseite gleichsam in diesen mittleren Akten des Stückes gepackt werden und das retardierende Element, die innere Kritik und Korrektur, auf denen geschichtlich das Ende des Weberaustandes mit seiner ganzen Tragik steht, überhaupt nicht merken wird. Akt III zeigt den Aufstand auf der Kippe. Einzelne Wogen spritzen schon über den Damm. Es ist der eigentliche Debatten-Akt, das Spielen mit der Handlung auf der Kante zwischen schärfstem Bewußtsein und Willensakt. Alles ist gegen Akt I unvergleichlich verschärft. Statt der affektierten Rede Dreißigers, des Ausbeuters, dem letzten Versuch einer geistigen Autorität, hier bereits die Autorität des bewaffneten Gensdarmen, die Anfang vom Ende besagt. Sehr angemessen ist diese Szene ins Wirtshaus verlegt. Es ist kein Wirtsaufstand, das lehren Akt I und Akt II. Aber in dieser debattierenden, im Wohlgefühl möchte ich sagen, der letzten Unentschiedenheit sich wiegenden Phase ist noch jede Revolution eine »Wirtshaus-Revolution« gewesen. Akt IV bringt die Katastrophe. Sie ist verhältnismäßig eine sanfte. Der Akt schildert die Vertreibung Dreißigers und die Demolierung seines Hauses... und doch kann man sich des Eindrucks nicht entschlagen, daß diese ärgsten Szenen stellenweise fast ans Lustspiel grenzen. Durch das ganze Stück geht ja ein offenbar gewollter Stich ins Tragikomische. Der deutsche Dichter ist hier, wo er äußerlich in eine sehr greifbare Rivalität mit dem Zola des »Germinal« tritt, schärfste Individualität. Er ist jeder Versuchung fern geblieben, dem Pathos die liebevoll erfaßte drollige Einzelheit zu opfern. So bietet das Stück hier und anderswo bemerkenswerte Dokumente zur Theorie des Tragikomischen, denn das fühlt man ja beim Lesen wenigstens greifbar deutlich grade in diesem Akt: wie die *Komik* dieser Einzelheiten, die sich in den offensten Ausbruch der Weberrevolution drängt, innerlich das integrierenste Moment der *Tragik* für das Ganze ist: die ganze Zwitterstellung dieser armen Vor-Sonnenaufgangs-Leute steckt wieder darin, – der innere Intriguant, die innere Schuld, das innere Verhängnis, daß sie, die da den Affektzorn zum Zerschlagen eines kostbaren Mobiliars und zum Verjagen eines Fabrikherrn, der selbst eine lächerliche Durchschnittsfigur ist, haben, daß sie nie und nimmer die innere Geisteskraft, den echten *produktiven* Zorn, die produktive Märtyrerkraft besitzen, die das Flammenscheit ihrer Augenblicksrache zu einem wirklichen Freiheitslicht umschaffen könnte. Und doch ist auch in diesem Akt die rein technische Steigerung so enorm, daß das Positive des Augenblicks momentan immer wieder den Hörer gleichsam mitzwingt. Die Handlung steht am Ende des Akts auf ihrem Gipfel. Daß diese wilde Rotte in ihrer Augenblicksverfassung eine unwiderstehliche Suggestionsmacht nun auch für andere, vorläufig der Sache noch ganz fern stehende, werden wird, ist selbstverständlich, – die Suggestion der geschehenen That ist die riesenhafteste von allen! Daß sie, vermehrt durch solche noch neu hinzugewonnenen Massen, zu einer letzten Steigerung sich hinreißen läßt, einem Kugelregen stand hält und – wenigstens im ersten Sturm und dem ersten, unklaren Militärwiderstand gegenüber – einen Haufen Soldaten sieghaft zurücktreibt, hat die höchste Wahrscheinlichkeit für sich. Und wenn Akt V uns bloß *das* noch zeigte, so würde ideell das Stück dadurch nicht eigentlich mehr bereichert. Er wüchse aus zu einer kurzen, logischen Handlungssteigerung des vierten Akts, die dramatisch noch höchst wirksam sein könnte, aber dann notwendig einen fünften, vielleicht auch sechsten Akt zur *ideellen* Lösung voraussetzte. Der Grundstock des höchsteigenartigen, nicht leicht zu zergliedernden fünften Akts der »Waber« beschränkt sich allerdings auf diese nächste, kurze Steigerung. Sie wird in einer höchst künstlerischen, prachtvoll knapp sich auslebenden Handlung zwischen einem noch zögernden jungen Weber und seinem schon fortgerissenen Weibe – der wie schon gesagt, wohl großartigsten dramatischen Szene des ganzen Stücks – wiedergespiegelt und schließt mit der Vertreibung des Militärs. Aber statt eines noch nachfolgenden, ideell lösenden Aktes hat sich Hauptmann die Riesenaufgabe gestellt, *symbolisch* innerhalb dieser äußersten Steigerung der positiven, aufstrebenden Handlung auch jene so sorgsam angelegten inneren Sturz-Ursachen zum Klappen zu bringen und dem Hörer so deutlich zu machen, daß er im selben Moment, da die Schüsse fallen, die Weber aber Hurrah schreien und das Militär flieht, klar im Bewußtsein hat: in Wahrheit *sind* diese Weber da den Schüssen doch erlegen und dieser äußerste Sieg ist zugleich ihr endgiltiger Fall.

Der ganze Akt, wie er da steht, ist im Innersten Produkt dieses kühnsten Wagnisses. Aber die Meinungen darüber werden weit auseinandergehen, in wie weit das Ziel erreicht ist und ob nicht das Wagnis auch für diese Kraft ersten Ranges zu schwer war. Worüber kein Zweifel sein kann, ist, daß wir dem Versuch jener symbolischen Lösung die vielleicht magischste, wirkungsvollste Gestalt des vielgestaltigen Dramas verdanken: den alten Hilse, – wie ich denn bereits mehrfach betont habe, daß dieser letzte, sphinxhaftesten Akt die höchste charakterisierende Kraftleistung des Ganzen in sich schließt, trotz seiner gedanklichen Sphinxnatur. Daß der alte Hilse in gewissem Sinne sehr deutlich den Chor des endenden Stückes bildet und in der Idee das letzte Wort hat, erhellt wohl sicher aus der Stelle, wo er mitten in die äußerste Siegeszuversicht die Prophezeihung wirft, die de facto das Ende der Weberbewegung erschöpft: »Zweee jat'r naus, zahne kumma r wiedr rei.« Er meint nämlich das Militär, das sich eben zur Salve rüstet.

Mein erster und mein letzter Eindruck der Konzentrierung des symbolischen Schlußmotivs grade auf diese Gestalt aber ist gewesen: das Gefährliche, das Schwerzufassende, das Unklare, um den schärfsten Ausdruck nicht zu scheuen, entspringt daraus, daß Hauptmann in ihr jetzt erst, im letzten Akt, ein *absolut neues* Motiv jenes inneren Fatums, jenes immanenten tragischen Moments aller voraufgehenden Siegeshandlung anschlägt: das *religiöse*. In der Person des alten Hilse scheitert ja thatsächlich der Weberausstand nicht an der innerlichen Degeneration infolge des Hungers und der Armut, an der Sklavennatur, die die Kette bricht, aber Sklavennatur bleibt, – hier scheitert er am Kampfe zweier Weltanschauungen, zwischen denen seit Jahrtausenden der Kampf tobt: irdisches Begehren nach Glück, – und christliches Entsagen auf Erden zu gunsten eines idealen Jenseits. Ich bin mir wohl bewußt, daß man mit Nietzsche allerdings grade sagen könnte: nun, diese Weltanschauung des alten Hilse ist eben wirklich nur die schließliche, starre Bewußtseinsform eben jenes innersten Sklaventums, es ist die Sklavenmoral, die sich hier in höchster Potenz verewigt: nämlich zum Bewußtseinsfaktor gemacht hat, die ihren Trotz darin sucht zu bekennen: wir *wollen* verhungern auf Erden, – – und von der aus denn allerdings auch die letzte Möglichkeit eines sieghaften Aufstandes zu gunsten der Hungernden innerlich negiert ist, sobald sie einer Generation einmal in Fleisch und Blut übergegangen ist. Wenn das richtig ist, so erklärt es aber nur, was ich als solches auch gar nicht bezweifle: daß die Gesinnung des alten Hilse auch ein Motiv aus jenem inneren Verhängnis dieser armen Weber ist. Was ich aber zum bedingten Vorwurf mache, ist, daß dieses Motiv nicht in den früheren Akten schon stärker anklingt. Durch die Stellung im Zentrum des letzten Akts grade meint man fast, der Dichter habe es selbst für das wichtigste gehalten. Dann mußte es doch aber erst recht schon vorher durch das ganze Gewebe schimmern.

»Es mußte«, sagte ich. Ich will bei diesem Wörtchen mir selbst Halt zurufen in diesen aphoristischen Notizen. Nicht was sein müßte hat ja der Kritiker dem Dichter zu konstruieren. Meine Aufgabe ist damit erfüllt, daß ich ein Bedenken, das mir gekommen, ein Gefühl der Unsicherheit, das ich an einer Stelle in einem sonst höchst kunstvollen Drama empfunden, notdürftig angedeutet habe. Meine hohe Bewunderung vor dem Ganzen brauche ich nicht zu wiederholen. Hauptmann bedarf keiner Lärmtrommeln mehr.

Wilhelm Bölsche (vgl. die Dok. 17 und 34) gehörte zu den ersten, die über das neue Stück von Hauptmann berichteten. *Die Weber* waren, ebenso wie bereits *Vor Sonnenaufgang*, 1892 zuerst im Buchhandel erschienen. Hauptmann beschritt damit wiederum einen für einen Dramatiker ungewöhnlichen Weg, durch den er aber entgegen allen Verbotsverfügungen für eine öffentliche Theateraufführung seinem Stück eine gewisse Öffentlichkeit sicherte. Bölsches Verständnis der *Weber* als »Menschheitsstück« reflektiert deutlich den ethischen Sozialismus, der sich in dem Friedrichshagener Kreis aus der Verbindung von antibürgerlichem Protest und den Sozialismusvorstellungen der linksoppositionellen Sozialdemokraten entwickelte. Bölsche erkannte daher auch in dem »historischen Motiv« des Stücks keine Klassenauseinandersetzung (wie z.B. die Polizeibehörde vgl. die Dok. 76 u. 77), sondern die Darstellung »gewaltiger, ringender Probleme der Menschheit« (s. Dok. 114). Die »Feierstimmung«, die Bölsche als Grundhaltung für eine adäquate Rezeption des Theaterstücks verlangte, entsprach dieser Umwandlung von Klassenkonflikten in Menschheitsprobleme, der Vergeistung materiell-sozialer Widersprüche. Wenn Bölsche für das Stück den Tendenzvorwurf im Vorwege zurückwies, drückt sich darin wahrscheinlich weniger eine Taktik gegenüber der bei Theaterfragen immer mit zu berücksichtigenden Polizeibehörde aus. Vielmehr war dies die logische Schlußfolgerung daraus, daß er die soziale Problematik im umfassenden Sinn als Menschheitsangelegenheit verstanden wissen wollte.

Ähnlich wie Bölsche enthob auch Julius Hart das Stück dem historischen Rahmen der Klassenauseinandersetzungen. Julius Hart schrieb nach der Premiere des Stücks in der Freien Bühne sehr widersprüchlich zunächst von einem »revolutionären Geist«, der in dem Stück »athmet«, erkannte darin den »sozialdemokratischen Ingrimm unserer Zeit«, um dann nach wenigen Zeilen dennoch dem Stück und der Aufführung zu bescheinigen: »Alles Politische und Sozialistische hat sich hier abgeklärt zu reinster künstlerischer Bildung und über dem nackten Interesse schwebender Menschlichkeit. Der ästhetische Naturalismus offenbart in den ›Webern‹ seine schärfste und reinste Ausbildung...« (zit. nach: *Gerhart Hauptmanns »Weber«. Eine Dokumentation*. Hrsg. v. Helmut Praschek, Berlin/DDR 1981, 141 f.).

Die erste Verbotsverfügung gegen die *Weber* erging von der Berliner Polizeibehörde am 3. 3. 1892, nachdem das Deutsche Theater eine Aufführungsgenehmigung beantragt hatte. Der Prozeß um diese eine Aufführungsgenehmigung dauerte über ein Jahr. Am 2. 10. 1893 entschied das Preußische Oberverwaltungsgericht gegen die Berliner Polizeibehörde und gab das Stück zur öffentlichen Aufführung am Deutschen Theater frei. Die Premiere fand dort am 25. 9. 1894 statt (zum Prozeß vgl. die Dok. 76, 77). 1893 gab es aber bereits mehrere nicht-öffentliche Aufführungen der *Weber* durch die verschiedenen

Theatervereine. Am 26. 2. 1893 war Premiere in der Freien Bühne. Nach der Verbotsaufhebung durch das Oberverwaltungsgericht gab Hauptmann sein Stück auch für die Volksbühnen frei. Die Premiere der Neuen Freien Volksbühne fand am 15. 10. 1893 statt, die der Freien Volksbühne am 3. 12. 1893 (zu den Theatervereinen vgl. die Dok. 50, 52, 53). Bruno Wille, Leiter der Neuen Freien Volksbühne und 1890/91 einer der Führer der linksoppositionellen Sozialdemokraten in Berlin, stellte in einer Broschüre die *Weber* dem Publikum der Neuen Freien Volksbühne vor. Auch er erklärt, daß in dem *Weber*-Prozeß Hauptmanns »rein künstlerische Absicht [...] in eine politische« verkehrt worden sei. »Hauptmann wollte einfach gestalten, was sein Inneres bewegte, wollte mit den Mitteln der Dichtung, der Bühnenkunst den Zuschauer oder Leser dazu bringen, mit seinem Auge, seinem Herzschlag den Weberaufstand zu empfinden. Freilich die Art, wie er innerlich schaute und fühlte, ist stark beeinflußt worden, von den sozialen, politischen, theoretischen und praktischen Tendenzen unserer Zeit. Der Dichter ist eben ein Kind seiner Zeit.« Ähnliche wie Bölsche oder Hart entrückt auch B. Wille in seiner Darstellung das Stück aus dem sozialpolitischen Kontext und empfiehlt das Kunstwerk gerade in seiner »Wahrhaftigkeit« dem ästhetischen Genuß, das »Erhebende, Erbauliche, Befreiende [...] die Hoheit der Poesie [...], welche es verschmäht zu idealisieren und gerade dadurch im idealen Sinne wirkt.« Bruno Wille vermittelt dem proletarischen Publikum, für das seine Ausführungen in erster Linie bestimmt waren, darüber hinaus auch nicht die Differenz zwischen sozialistischem Verständnis des Weberaufstandes und Hauptmanns Darstellungsweise, sondern erklärt die *Weber* zustimmend als die Darstellung eines Abschnittes des allgemeinen Befreiungskampfes der Menschheit: »Das schwankende Empor zwischen Sieg und Niederlage, bei dem der Dichter uns stehen läßt, erinnert uns daran, daß der vorgeführte Kampf *fortdauert*, daß wir es hier eigentlich nur mit einem *Gefechte* zu thun haben, dem kleinen Theile eines langen Krieges, des *großen Freiheitskampfes* der unterdrückten *Menschheit*« (zit. nach: *Gerhart Hauptmanns »Weber«*, S. 176 u. 178).

115

Otto Brahm: *Hauptmann's Weber.* In: *Die Nation. Wochenschrift für Politik, Volkswirthschaft und Litteratur.* Hrsg. von Theodor Barth. 9. Jg. Berlin (H. S. Herrmann) 1892/93, Nr. 29 (16. April 1892), S. 446–447.

Als neulich Gerhart Hauptmann einem vertrauen Kreise sein Schauspiel »Die Weber« vorgelesen hatte und die Frage nach der Bühnenfähigkeit des personenreichen, eigengearteten Werkes eifrig erörtert ward, rief einer der Anwesenden mit der Bestimmtheit des Theaterleiters aus: »Das Stück schreit nach der Bühne!« Es war Direktor Adolph L'Arronge, der sich sofort bereit erklärte, diese Meinung in die Praxis überzuführen, und der die Zustimmung des Dichters für eine Aufführung auf dem Deutschen Theater erwarb. Aber er hatte die Rechnung ohne die Polizei gemacht: so löblicher Absicht schob sie den Riegel vor, und fügte auch dieses Werk der langen Liste verbotener Dichtungen ein, die gegenwärtig am Alexanderplatz angefertigt wird. »Aus ordnungspolitischen Gründen« ist die öffentliche Aufführung der »Weber« in Berlin bis auf weiteres untersagt; und nur aus der Lektüre ist die Kenntniß eines Schauspiels zu gewinnen, das in jeder Scene nach der Bühne in Wahrheit »schreit«. In zwei Fassungen hat der Dichter es dem Publikum vorgelegt; der Dialektausgabe, welche er vor einigen Wochen erscheinen ließ, ist soeben eine neue Form gefolgt, welche die schlesische

Mundart der ersten nur noch in andeutender Weise wiedergibt und dem Verständniß keinerlei Schwierigkeiten bietet: zwischen »De Waber« und »Die Weber« können die Leser wählen.

Die Censur, wenn ich recht berichtet bin, ist zu ihrem Verbot durch die Ansicht geführt worden, daß hier das Werk einer bestimmten Tendenz vorliege, und daß dieser Tendenz das Wort auf der Bühne nicht gestattet werden dürfe – »aus ordnungspolizeilichen Gründen«. Ich halte die Ansicht für grundfalsch und glaube vielmehr: daß die »Weber« eine Dichtung von künstlerischer Objektivität sind, deren Wirkungen gerade in der sachlich-schlichten Wahrheit ihrer Schilderung gründen, in der von jeder Tendenzmacherei entfernten, ruhigen Gerechtigkeit der Darstellung. Ein historischer Vorgang ist aufgefaßt, frei von parteimäßiger Voreingenommenheit; und wer die »Weber« als ein starkes Tendenzstück verbietet, der mag nur gleich den »Tell« und jede andere poetische Schilderung von Revolution und Befreiungsdrang mit untersagen. Daß das Stück ein tiefes Mitleid mit seinen Helden wecken kann, daß es zu heißer Erregung, zu erschütterter Teilnahme fortreißen kann, das ändert an diesem Grundzuge künstlerischer Sachlichkeit nichts; denn dies ist die schöne Folge seiner ehrlichen Kraft und Wahrheit, nicht das Resultat unpoetischer Politisiererei.

Aus den Tiefen der Jugenderinnerungen ist dem Dichter sein Stoff aufgestiegen: er hat ihn nicht in Geschichtsbüchern gesucht, er hat ihn gefunden in Eindrücken der Kindheit, und die Innigkeit der Schilderung entstammt von da. Weil sein eigener Großvater, ein armer Weber, hinter dem Webstuhl gesessen (so erzählt die Widmung), und weil Berichte der Nächsten, von den Schicksalen des Einzelnen und dem großen Erlebnis der Gesammtheit im Nothjahr 1844, ihm früh ein anschauliches Bild von den Kämpfen der Webersleute gegeben, ist sein Thema, halb ein historisches und halb ein gegenwärtiges, ihm vertraut geworden; und auf mannigfachen Gängen ins Eulengebirge, in Studientagen zu Peterswaldau und Langenbielau, hat er aus dem Munde der Alten, in lebendig fortwirkender Tradition, seine Anschauung bereichert und vertieft. So scheint sein Drama, obgleich ein geschichtliches Schauspiel, das zwei Jahrzehnte vor der Geburt des Dichters spielt, dennoch aus der unmittelbarsten Wirklichkeit abgeschöpft, es ist naturalistisch im besten Sinne des Wortes, und eine Fülle realer Eindrücke spiegelt es wieder, deren schlagende Richtigkeit sich so sicher durchfühlt wie die Aehnlichkeit eines Porträts auch dort, wo wir das Urbild nicht kennen. So, empfinden wir, müssen diese armen Geschöpfe des Webstuhls reden, genau so; mit diesem treuherzigen Stammeln, diesem rührenden Tasten nach Wort und Sinn, diesem spärlich aufleuchtenden Humor. Wie sie »keinen Staat mit ihrer Noth machen«, so machen sie auch keine schönen Redensarten, sie kennen keine Phrase und kein Pathos; aber ihr unbeholfenes Greifen und Haschen nach dem nächsten Ausdruck schlichter Empfindung – wie packt es uns im Innern, tiefer als jede Deklamation historischer Rhetorik. Wenn der Lumpensammler Hornig erklärend ruft, da die armen Knechte sich zur Empörung in Wahrheit emporraffen: »A jeder Mensch hoat halt an'n Sahnsucht!«, wenn der alte Vater Baumert, aus dem Taumel zur Besinnung wiederkehrend, es als den letzten Grund der Bewegung ausspricht, daß der Mensch doch ein einziges Mal einen Augenblick Luft kriegen muß – so blickt aus der Einfachheit des Wortes die ganze Innigkeit deutschen Volksgefühls uns ergreifend an. Es ist, wie wenn in einem unscheinbaren Antlitz ein seelenvolles Augenpaar sich plötzlich aufschlägt, und wir in unerklärliche Tiefen schauen, wo die Empfindungen werden.

Nicht die Stimmung des Einzelnen ist es, welche der Dichter also sicher auffaßt – er gibt Psychologie der Massen; eine ganze Volksschicht schildert er, in der der Mensch sich vom Menschen noch wenig differenziert hat und jeder mit jedem empfindet. Sein Held heißt »Die Weber«; und wenn etwa Schiller im »Tell« die Erhebung eines ganzen Volkes noch zusammengefaßt hat in dem Bilde überragender Führer, so hat Hauptmann in voller Kunstabsicht die Sprecher seiner »Weber« frei durcheinanderwogen lassen, und jeder der großen fünf Akte bringt neue Gestalten auf die Bühne und schiebt die alten zurück oder zur Seite. So völlig das abweicht von der üblichen dramatischen Komposition, so ganz scheint es den besonderen poetischen Bedingungen des Stoffes zu entsprechen, und ich glaube, daß es auch auf der Bühne sich bewähren wird – wenn wir nämlich das Massendrama auf den Brettern erst sehen dürfen.

Nun ist es aber merkwürdig zu beobachten, wie der Dichter, bei aller durchlaufenden Charaktereinheit des mächtigen Chores »Die Weber«, dennoch gewußt hat, mit jenem scharfen, gestaltenden Sinn, der sein Eigenthum, aus der Masse die Individuen auszulösen: und gerade dieses zugleich Typische und zugleich Persönliche der Gestalten gibt ihnen, für mein Empfinden, den eigenthümlichsten Reiz. Mit ein paar Strichen, in einer einzigen, festgegriffenen Situation weiß Hauptmann Menschen vor uns hinzustellen: ob er nun, im ersten Akt, in die Expeditionsstube des Fabrikanten Dreißiger führt, wo die Webersleute sich aufgeregt zur Abrechnung drängen, »gleich Menschen, die vor die Schranken des Gerichts gestellt sind«, ob er, im zweiten Akt, das Heim des Vater Baumert schildert, wo das typische Innere einer Weberhütte, mit seiner Fülle des Leidens und der Armut, sich uns erschütternd aufschließt und das »Weberlied«, zornig klagend, an den Seelen rüttelt, ob sich die Handlung im dritten Akt erweitert zum farbenreichen, kecken Bilde der Dorfwelt im Wirtshaus, ob sie, mit dem vierten Aufzug, eindringt in Dreißigers Prachträume, wo die zerstörenden Mächte sich entfesseln, sinnlos, verderblich, ob sie endlich im ergreifenden letzten Akte sich gipfelt in der Prachtfigur des alten Hilse und mit packenden Zügen bald darstellt und bald ahnen läßt, wie der wüthend emporgeschwollene Strom sinken wird und ebben, schon im Moment scheinbaren Sieges – überall und überall stehen Menschen vor uns von innerster Wahrheit und Lebendigkeit, individuell bis in die zufällige Geberde hinein, vom erdfrischen Hauch der Wirklichkeit umweht; und erst, wenn man neben diese Gestalten die blutleeren Schemen der historischen Epigonendramen in Gedanken stellt, ermißt man ganz die poetische Bedeutung der »Weber« für unsere deutsche Bühne: jede ästhetische Polizei muß ihre Aufführung ebenso lebhaft wünschen, als die »ordnungspolizeilichen« Gründe sie untersagen.

Aus der Fülle der Gestalten, die der Dichter gefunden und geschaut, tritt im letzten Akt Vater Hilse gewaltig hervor; und wie die Figur, die den Aufzug beherrscht, so ist auch dieser ganze Schlußakt der Betrachtung und Bewunderung, unter so viel Packendem, vor allem werth. Wer viel Trauerspiele sieht und liest, wird leicht inne, wie die schwerste Probe für den Dramatiker am Ende seines Werkes liegt, in der Katastrophe: eine tüchtige Exposition, diese und jene spannende Szene und einen kräftigen »Aktschluß« vermag mancher zu bauen, aber der Prüfstein in aller Kunst bleibt doch der Ausgang: Ende gut, alles gut. Das Innerste der Dichtung, Herz und Eingeweide, legen sich hier bloß, und der erst ist der Meister, bei dem der Schluß das Werk krönt. Bei Gerhart Hauptmann nun, wenn man seine Dramen der Reihe nach verfolgt, tritt das unmittelbar Ergreifende der Katastrophen stark hervor. Als ich »Vor Sonnenaufgang« zuerst las, hat mich nichts gewisser von der Bedeutung der Dichtung überzeugt als der eigenartige letzte Akt mit seiner einfachen Größe von Helene Krause's Tod. Wie viel tragische Stimmung dann, wie viel Tiefe im Ende der »Einsamen Menschen«; wie viel innige Heiterkeit im Ausgang des »Kollegen Crampton«. Und nichts Wichtigeres hat der Dichter geschaffen, als nun das Ende der »Weber«, das mit seiner herben Zufallstragik aller Regel der Ästhetik zu spotten scheint und das doch, ich bin dessen gewiß, in der Darstellung die tiefsten Wirkungen heraufbringen muß.

In seiner Hütte zu Langen-Bielau sitzt Vater Hilse und betet zu seinem lieben Herrgott. Dem starkknochigen, von Alter, Krankheit und Strapazen gebeugten Manne, der im Kriege für den König einen Arm verloren und aus dessen verhungertem Antlitz die »gleichsam wunden« Weberaugen gerührt zum Himmel blicken, lauschen Frau, Sohn und Schwiegertochter: die Frau, eine blinde und sieche Alte am Webstuhl, mit andächtiger Bewunderung. – »Nee, Vaterle«, spricht sie, »Du machst a zu a schön Gebaate machst Du immer« – die Schwiegertochter, Luise, in verhaltenem Zorn über die Ergebung ohne Ende, stumpfsinnig der Sohn Gottlieb, der zwischen dem strengen Vater und der erregten Frau nicht zu wählen weiß. Mit wenig Worten vermag der Dichter dieses ganze Innere der Weberfamilie uns zu offenbaren, und wir ahnen schnell die Konflikte, welche die Kunde von dem Aufstande der Peterswaldauer ins Haus des alten Hilse tragen wird. Hornig, der Lumpensammler, kommt, ein Erzähler von Schnurren und ein Stückchen Eulenspiegel, der aber diesmal Wahrheit bringt statt Erfindung; wie die Weber beim Dreißiger gewüthet haben, erzählt er den ungläubig Aufhorchenden, wie sie Alles, Waare und Möbel, in sinnloser Wut zerrissen und zerschlissen, zerschnitten und zerschmissen, zertreten und zerhackt – »nee verpecht, kanst's gleba, schlimmer wie im Kriege«. Nichts ist hier todter Bericht, alles vielmehr lebendige individuelle Darstellung, die sich spiegelt in den Seelen der Hörer; und die Kunst ist bewunderungswürdig, mit der sich dem Dichter der auseinanderstrebende, vielgestaltige Stoff wie von selbst zur Einheit gestaltet, die in die enge Weberhütte ein Jedes reflektieren läßt, Geschehen und typisches Empfinden. Der Gegensatz zwischen Alt und Jung, zwischen der auf's Jenseits vertrauenden Ergebung des Hilse, die »an'n Gewißheet« hat, und der zur Empörung aufflammenden Luise, die nicht beten will, sondern Brot fordert für ihre Kleinen, steigert sich und schärft sich zu voller Höhe, und maaßlos, wie in Raserei der Mutterliebe, bricht Luise aus:

»Miit eura bigotta Räda… da der vone do iis mer o no ni amool a Kind sat geworn. Do ward no ni amal a enzichte Winderla trencke. Iich will an Mutter sein, daß weßt! und derwegen, daß weßt, wensch i a Fabrikanta de Helle und die Pest er a Racha nei… Ihr hatt gebatt und gesunga, und iich ha mir de Fisse bluttich gelaufa nooch an enzichten Neegeln Puttermilch. Wie viel hundert Nächte ha ich mer a Kupp zerklaubt, wie iich ock und iich kende a su a Kindla ock a anzich mol im a Kerchhoof rimpascha (herumpaschen). Was hoot a su a Kindla verbrocha, hü? und muß a su a elendigliches Ende naahma – driba bei Dittricha, do wern se in Wein gebadt und mit Milch gewascha. Nee, nee! wenn's *hie* lusgiht – ni zehn Faare sulln miich zuricke haaln. Und da sa iich: sterma se Dittrichas Gebäude – iich biin de Irschte und Gnade jeden, dar miich wiil abhaaln.«

Genau so überzeugend aber, wie der Dichter die aufgestachelte Leidenschaft reden läßt aus der Seele der Mutter, genau so überzeugend stellt er ihren Gegenpart hin, den grandiosen alten Hilse mit seiner Gottesfurcht und Pietät, an der die wilden Wogen der Empörung, als sie nun unmittelbar in sein Haus schlagen, branden und zerschellen: ein Fels steht er da inmitten des aufgewühlten Elementes, und wenn der Veteran, der den einen Arm im Felde gelassen, den Kampf nicht mitkämpfen will, so ist es nicht Mutlosigkeit, sondern seelische Stärke und fromme Zuversicht:

»Ferchta? Ich und miich ferchta? Vor was denn ferchta, sa mir a eenzichte mool. Na und wenn's gar schlimm käm? O viel zu gerne, viel zu gerne thät iich Feierobend machen. Zum Starba ließ iich miich gewiß ni lang bitta. Nee, nee. Aber dunn, Gootlieb! dunn kimmt was – und wenn ma sich dus au no verscherzt – ich sa d'rsch. Gootlieb, zweifle ni a dann Enzichta, was mir arma Mensche han. Ees ist uns verheßen. Gericht werd gehalten: aber nit mir sein Richter, sundern: mein iis die Racha, spricht der Herr, inse Gott.«

Mit der gleichen künstlerischen Objektivität, mit der gleichen dichterischen Liebe umfaßt das Werk diese Gestalt wie jene, und es stellt nicht nur die Leiden der Armen, es stellt auch den braven Herrn Pastor in einfachen, schlichten Linien dar, es entwickelt die naive Protzenhaftigkeit des Fabrikanten, die erstaunt fragt: »Bin ich denn ein Tyrann, bin ich denn ein Menschenschinder?« ohne jede karikierende Übertreibung, und läßt auf der anderen Seite das Sinnlose der Empörung, die »freche Heiterkeit«, die Maßlosigkeit der Revolutionäre deutlich und unparteiisch anschauen. Es verherrlicht nicht, es schildert, einfach und groß: und darum werden, früher oder später, die »ordnungspolizeilichen Gründe« fallen müssen, und die »Weber« werden als dasjenige vor aller Augen dastehen, was sie sind: ein echtes Kunstwerk.

Otto Brahms Besprechung erschien nach dem ersten ordnungspolizeilichen Aufführungsverbot für das Stück am 7. März 1892. Die Beziehung Hauptmann/Brahm, die 1889 damit begann, daß Hauptmann Brahm sein Stück *Vor Sonnenaufgang* vorstellte, hatte sich für beide Seiten in weniger als drei Jahren bereits als sehr produktiv erwiesen. Durch Brahm als dem Vorsitzenden des Theatervereins »Freie Bühne« hatte Hauptmann Zugang zur Bühne, wie vor ihm kein anderer naturalistischer Autor und umgekehrt gewann die »Freie Bühne« die besondere Attraktivität in den ersten zwei Jahren ihres Bestehens besonders auch durch die Stücke Gerhart Hauptmanns. Unter der Leitung von Otto Brahm kamen durch die »Freie Bühne« von Gerhart Hauptmann zur Uraufführung: *Vor Sonnenaufgang* (20. 10. 1889), *Das Friedensfest* (1. 6. 1890), *Einsame Menschen* (11. 1. 1891), *Kollege Crampton* (16. 1. 1892), *Die Weber* (26. 2. 1893).

Unter der Direktion von Otto Brahm wurden die *Weber* nach der Aufhebung des Zensurverbotes 1894 auch erstmals »öffentlich« im Deutschen Theater gegeben. In einem Brief zu Hauptmanns 50. Geburtstag erinnert Brahm an diese langjährige Zusammenarbeit und daran, daß er seit 1889 fast jedes Werk von Hauptmann habe »zuerst auf die Bühne stellen dürfen; [...] und dieses Tauf- und Ehrenamt empfinde ich als das größte Glück, das in meinem Berufsleben mir zuteil ward« (zit. nach: Otto Brahm, *Kritiken und Essays*. Ausgewählt, eingel. u. erläut. v. Fritz Martini. Stuttgart u. Zürich 1964, S. 529). In seinem

Engagement für Hauptmann hatte Brahm sich von Anfang an entschieden gegen die traditionalistische Literaturkritik gestellt und im Fall der *Weber* auch der politischen Verurteilung Widerstand entgegengesetzt. Schon nach dem Skandal, den die Aufführung von *Vor Sonnenaufgang* für die »Kunstphilister« bedeutete, stellte sich Brahm vor Hauptmann: »Aber es scheint mir nicht die Aufgabe einer lebensvollen Kritik, die natürlichen Mängel eines Erstlingswerkes, seine jugendlichen Auswüchse und Unreifheiten mit breiter Selbstbehaglichkeit zu zergliedern und seine eminenten Vorzüge leicht beiseite zu schieben. Bei mir wenigstens überwiegt, wie nach der ersten Lektüre so auch nach der ersten Aufführung, die helle Freude über dieses große, über Nacht uns erstandene Talent alle Bedenklichkeiten, und ich vertraue: der Weg einer so mächtig und voll einsetzenden Begabung werde zu den höchsten Höhen der Kunst emporleiten« (in: *Die Nation*, 26. 10. 1889, zit. nach: Otto Brahm, *Kritiken*, S. 301).

Brahms Darstellung der *Weber* in dem ob. dok. Aufsatz ist dadurch gekennzeichnet, daß er das Stück als »echtes Kunstwerk« zu vermitteln sucht, als »naturalistisch im besten Sinne des Wortes«, »überall stehen Menschen vor uns von innerster Wahrheit und Lebendigkeit« (s. Dok. 115). Die ungewöhnliche »dramatische Komposition« bringt Brahm, zunächst noch vorsichtig, in einen funktionalen Zusammenhang mit dem besonderen Stoff. Entgegen Brahms Auffassung von den *Webern* als »einer Dichtung von künstlerischer Objektivität« nicht von politischer Tendenz verlief die Rezeption, wohl verstärkt durch das Verbot, auf einer sehr politischen Ebene. In den politischen Kampf um dieses Stück wurde Brahm mit hineingezogen, als das Stück 1894 unter seiner Direktion am Deutschen Theater öffentlich aufgeführt wurde. Obwohl Brahm mit der Förderung des naturalistischen Theaters und auch der *Weber* keinerlei politische sondern rein ästhetische Ziele verfolgte, geriet sein Theater durch die *Weber*-Aufführung ins Schußfeld der konservativen Presse, die die Aufführung als Unterstützung der »Umsturzparteien« trotz gerichtlicher Genehmigung zu kippen versuchten. Bereits seit Anfang der 90er Jahre wurde Brahm persönlich Zielscheibe antisemitisch-nationalistischer Hetzschriften, die den Naturalismus als semitisch-internationalistisch-anarchistisch-undeutsch bekämpften und eine antidemokratisch-nationalistische Literaturentwicklung propagierten. Die Premiere im Deutschen Theater war z.B. dem *Reichsboten* willkommener Anlaß, gegen die »Übermacht des Judentums, seiner Beherrschung der öffentlichen Meinung, der Kunst und Litteratur, durch den jüdischen Geist« kleinbürgerliche Ängste zu schüren. Die Aufführung der *Weber* zu dem Zeitpunkt, »wo der Kaiser den Kampf gegen den Umsturz proklamiert«, wurde als »Schmach« für die Deutschen bezeichnet, und die Zeitung rief dazu auf, »sich aufzuraffen, um dieses Joch abzuschütteln« (dieses u.d. folg. Beispiele zur Rezeption der *Weber*-Aufführung am Deutschen Theater 1894 zit. nach: *Gerhart Hauptmanns »Weber«. Eine Dokumentation*. Hrsg. v. Helmut Praschek. Berlin/DDR 1982). In diesem Beispiel präfaschistischer Haßpropaganda wurde Brahm nicht persönlich genannt. Dafür denunzierte die *Germania*, Zeitung des Zentrums, einen Tag später Brahm als Juden und alles als »jüdisch«, was sich nicht von diesem Stück distanzierte. Das »Judentum« sollte als nationale Gefahr begriffen werden, weil es Amüsement (»Wir tanzen auf dem Vulkan«) biete, »wo alle gewissenhaften Menschen [...] den immer näher drohenden Sieg neuer moderner Barbarei aufzuhalten« suchten. Tatsächlich versuchte die konservative Presse zum Teil eine Art Pogrom-Stimmung gegen Brahm und sein Theater zu erzeugen. *Das kleine Journal* rief nach der Premiere zum Boykott gegen das Theater auf: »Möge [...] Herrn Brahm die Tragödie des Hungerns zur Tragödie der leeren Bänke werden« (26. Sept. 1894). Massiven finanziellen Druck auf das Theater übte schließlich der Kaiser aus, der im April 1895 die Kaiserloge kündigen ließ, was für das Theater eine Einbuße von jährl. 4000,– M bedeutete. Dennoch wurden die *Weber* im Deutschen Theater zwischen 1894 und 1896 über 200(!)mal gespielt.

116

M.[aximilian] H.[arden]: *Soziale Dramen*. In: *Die Gegenwart.*
Wochenschrift für Literaur, Kunst und öffentliches Leben. Hrsg. v.
Theophil Zolling. 41. Bd., Berlin (Verlag der Gegenwart) 1892,
Nr. 5, S. 77–78.

Der Verein »Freie Volksbühne« ist unter Polizeiaufsicht gestellt worden, weil er, nach dem
Urtheile des Polizei-Präsidenten und des Ober-Verwaltungsgerichtes, »eine Einwirkung auf
öffentliche Angelegenheiten bezweckt«. Diese Absicht soll zunächst aus der »tendenziösen
Auswahl der vorgeführten Dramen«, dann aber auch aus den »in den Vereinsversammlungen
vorgetragenen Erläuterungen« hervorgehen. Also zu lesen im »Reichsanzeiger« vom 12. Januar 1892. Als Beispiel der »tendenziösen Auswahl« sind angeführt: Ibsen's »Stützen der
Gesellschaft« – Repertoirestück der Hoftheater in Kopenhagen, München, Dresden u. s. w. –,
Sudermann's »Ehre« – Liebingsstück jeder behaglichen Bourgeoisie –, Pisemky's »Leibeige-
ner« – Repertoirestück der russischen Hoftheater –, Hauptmann's »Vor Sonnenaufgang« –
worin ein sozialdemokratischer Agitator eine lächerliche und verächtliche Rolle spielt –,
endlich »Kabale und Liebe« vom Hofrath Schiller. Was denn beweist, daß man im »neuen
Kurs« recht leicht unter Polizeiaufsicht gelangen kann.

Mit Kleinigkeiten brauchen wir uns hier nicht abzugeben. Wenn ein vacirender Schillerbio-
graph, wie es in den Motiven heißt, in einem *Vortrage* über »Kabale und Liebe« »dem
Proletariat Hoffnung auf Verwirklichung des sozialitischen Staates gegeben« hat, so ist das
natürlich nur spaßhaft zu nehmen; dergleichen Herrchen könnten auf Wunsch auch durchaus
nationalliberal oder freisinnig reden und schreiben, je nachdem das Geschäft es gerade
verlangt, und ihr revolutionäres Bramarbasiren erregt den verständigen Arbeitern höchstens
ein heiteres Schmunzeln. Auch bekümmert es uns an dieser Stelle nicht weiter, daß heute noch
in gänzlich veränderter Zeit, nach einem Vereinsgesetze aus dem Jahre 1850 Recht gesprochen
wird. Wichtig und interessant aber erscheint mir die Thatsache, daß Polizeiaufsicht für nöthig
erklärt wird, wo die dramatische Kunst dazu dient, »auf Aenderung der bestehenden Gesellschaftsordnung hinzuwirken«. Das ist der erste Schritt zu einem Gesetz gegen die gemeingefährlichen Bestrebungen der Sozialdramatik, deren Zweck immer nur war, ist und sein kann,
»eine Einwirkung auf öffentliche Angelegenheiten« zu üben.

Diese Sozialdramatik steht vor der Thür und übermorgen wird sie im ängstlich verwahrten
Zimmer sein. Es mußte so kommen. Der General-Reichskanzler meint zwar, unsere politischen Parteien beschränkten sich zu sehr auf die Vertretung wirthschaftlicher Interessen, er
wird es aber nicht übel nehmen, wenn weniger hochgestellte Leute im Gegentheil der Ansicht
sind, daß die formale Politik mehr und mehr an Bedeutung verliert und daß heute schon für
die gesammte Weltanschauung beinahe nur noch die Auffassung der wirthschaftlichen Verhältnisse maßgebend ist. Selbstverständlich meine ich damit nicht nur die Schutzzölle, bei
denen, in verranntem Doctrinarismus, die Mehrzahl der Liberalen noch immer sich aufhält,
sondern die ökonomische Gesammtlage, zu der ein Jeder jetzt, mag er nun Abgeordneter,

Pelzhändler oder Kunstkritiker sein, Stellung nehmen muß. In der Literatur läßt sich dieses Ueberwiegen sozialer Momente leicht beweisen: ein gläubiger Anhänger des frommen Absolutismus, Dostojewsky meinetwegen, steht dem modernen Empfinden ungleich näher als etwa der nationalliberale Wildenbruch der Karolinger. Die Zeit ist eben vorbei, wo man für rein politische Ideale sich begeisterte; ein Schulgesetz, ein Censurstückchen facht wohl mitunter noch ein Flackerfeuer an, das aber bald dann wieder verglimmt. Die entscheidenden Schlachten werden längst schon auf wirthschaftlichem Gebiete geschlagen, seit die Unterjochung des Menschen durch den Menschen nicht mehr durch Eisen und Blei bewirkt wird, sondern durch Silber und Gold. Im Sinne der angeblich liberalen Weltanschauung bedeutet dieser Uebergang vom unedeln zum edeln Metall auch die Veredelung der Sittlichkeit.

Der Stimmungswechsel mußte auch in der Kunst endlich zum Ausdruck kommen. Das junge Deutschland hatte dem liberalen Bürgerthum revolutionäre Kampflieder gesungen; dem jüngstem Deutschland konnte, wenn es durch eine neue Note sein Lebensrecht erweisen wollte, die gleiche Pflicht gegen das Proletariat nicht erspart bleiben, das heute um seine Emancipation ringt. Der flüchtigste Blick auf unsere Parlamente und in unsere Publizistik beweist, daß für den sogenannten entschiedenen Liberalismus ein Nachwuchs gar nicht oder nur in ganz spärlichen und deshalb eifrig aufgelobten Exemplaren vorhanden ist. Das junge Geschlecht will von dem »freien Spiel der Kräfte«, und wie die andern manchesterlichen Redensarten heißen mögen, nichts wissen und steht zaudernd höchstens noch zwischen dem regierungsfähigen Kathedersozialismus und der Sozialdemokratie, zwischen Lujo Brentano und Bebel. Die jungen Dichter aber, die zuerst bei den Deklassirten, den Kellnerinnen und Dirnen, sich's wohl sein ließen, die basteln und bohren heute an der sozialen Frage herum, daß es nur so eine Unlust ist, dem schwitzenden Unverstand zuzusehen. Da bringt Einer einen hübsch aufgeputzten Strike nebst einem halben Dutzend humaner Phrasen; dort macht ein Zweiter bei der Ehefrage ein Löchelchen und führt, ein allzu weiblicher Mann, in Freiheit dressirte Sklavinnen vor, während ein Dritter wieder über die verschiedenen Ehrbegriffe in Vorder- und Hinterhäusern höchst schmeichelhaft dozirt. Ein Neues aber, ein modernes Ideal, will noch immer nicht werden, und wenn uns auch hoffentlich die Revolution erspart bleibt, so scheint doch unsere Literatur ihr 1784 erreicht zu haben: auf Beaumarchais, den öffentlichen Ankläger der Aristokratie, ist Ibsen gefolgt, der Ankläger bourgeoiser Verrottung, auf den bei allem Ingrimm lachlustigen Kavalier der finstere Individualist, der selten nur, mit gekniffener Lippe, lächelt. Mit frecher Grazie, fidel und elegant, ging die alte Aristokratie dem Untergange entgegen; die Corruption zwar, aber nicht die guten Manieren können die Protzen von heute ihr nachmachen. Ist es da ein Wunder, wenn auch die Dichter beider Jahrhundertwenden so grundverschiedene Züge zeigen?

Noch einen gewaltigen Vorzug hatten die Leute des ancien régime: sie waren duldsam, während der richtige Liberale unduldsam bis zum Fanatismus ist. Jeder anders Denkende ist für ihn entweder ein beschränkter Zelot, oder ein kriechender Heuchler, ein abhängiger Beamter oder ein gewinnsüchtiger Agrarier, im günstigsten Falle aber ein unreifer Schwärmer. Wer's nicht glaubt, mag täglich den Moniteur des Herrn Richter oder auch die beschämenden

Nachrufe lesen, mit denen von liberalen Blättern Paul de Lagarde bedacht wurde: fünf Zeilen, von oben herab, aber drei Spalten mindestens für Albert Träger, den Lyriker, und für Herrn von Forckenbeck, den Allverwalter, den Allerhalter von Berlin. Wo solche Gesinnung herrscht, da würden die neuen Edeldamen nicht die Susanne oder die Gräfin Almaviva spielen, da würde, wer wirklich mit festem Griff an die Schäden der Zeit rühren möchte, bald ein mundtodter Mann sein, nicht von Polizei wegen, sondern von Publikums wegen, das in unseren Theatern wie in unserer Presse die Gesetze macht. Und schon Lassalle hat es gesagt: »O, unsere Polizei ist, man sage was man will, noch immer ein viel liberaleres Institut, als unsere Presse.«

Vor mir liegen da zwei neue Dramen: »*Die Weber*« von *Gerhart Hauptmann* und »*Der freie Wille*« von *Hermann Faber*. Beide sind ungewöhnlich charakteristisch für die Stimmung der jungen Generation; Beide sind, bewußt oder unbewußt, aus sozialistischen Anschauungen geboren. Die Weber haben höchstens die Polizei zu fürchten, die aber hoffentlich sich erinnern wird, daß preußische Könige selbst schon den schlesischen Webern im Kampfe mit gewissenlosen Ausbeutern beigestanden sind; dem freien Willen scheinen auch in der Bretterwelt unüberwindliche Hindernisse sich entgegen zu stellen. Das Schauspiel hat auf zwei großen Bühnen Beifall gefunden, in Berlin scheint ihm aber, trotz der Theaternoth, eine Unterstatt nicht vergönnt zu sein. –

> »Ein Fluch dem König, dem König der Reichen,
> Den unser Elend nicht konnte erweichen,
> Der den letzten Groschen von uns erpreßt,
> Und uns wie Hunde erschießen läßt –
> Wir weben, wir weben!«

So ließ 1847, aus der politischen Empörung heraus, Heine die schlesischen Weber sprechen, falsch, aber packend. Herr Hauptmann greift den dankbaren und bequem sich gliedernden Stoff als ein moderner Sozialist und stellt die Ausgebeuteten den Ausbeutern gegenüber, hier tiefster Schatten, dort hellstes Licht. Alle politischen Momente läßt er aus dem Spiel. Georg Brandes erzählt in seinem Buche über »das junge Deutschland« vom Jahre 1848: »In Preußen hatte gerade die bureaukratische Mißregierung in einer einzelnen Provinz schreckliche Folgen gehabt. Monate hindurch hatte der Hungerthypus in der erbärmlich gestellten Arbeiterbevölkerung Schlesiens gewüthet, ohne daß man von oben herab helfend eingeschritten war. Den Landstraßen entlang lagen Todte und Sterbende zu Hunderten und verwesten. In den Hütten lagen in der Januarkälte verlassene Menschen, den Hungertod sterbend, und nackte Kinder, die über den Leichen der Eltern langsam verschmachteten; denn wurde jemand von der Krankheit ergriffen, so war an Hilfe nicht zu denken, weil es von den völlig unwissenden Kommunalvorständen verboten war, in ein von der Ansteckung befallenes Haus einzutreten, damit sich die Ansteckung nicht verbreite. Inzwischen ließen sich die Beamten nur sehen, um mit Härte die Abgaben einzufordern, und als der Oberpräsident daraufhin angegriffen wurde, daß von Augsut 1847 bis Ende Januar 1848 nichts, um die Noth zu lindern, geschehen sei, gab er zur Antwort, daß Niemand formell um Hilfe nachgesucht habe. Unter solchen Verhältnissen wurde es den politischen Führern des Bürgerstandes leicht, ihre Standesgenossen mit sich fortzureißen, und in der Hoffnung auf bessere Zustände und im Haß gegen die herrschende Polizeiwillkür traten die Arbeiter überall in die Spuren des Bürgerstandes.«

Aus dieser vormärzlichen Stimmung weht in des Herrn Hauptmann historische Bilderreihe kein Hauch hinein. Das leicht aufführbare und theatralisch wirksame Stück, ein in's Proletarische übersetzter »Neuer Herr«, wird später auf seinen Kunstwerth zu prüfen sein. Hier und heute ist mir nur die soziale Seite interessant. In tausend kleinen und kleinsten Zügen, die oft sehr glücklich, mitunter fein, häufig aber auch ermüdend wirken, zieht die Webernoth dem vertrauten Blick vorüber und das ganz modern und sozialkritisch angeschaute Protzenthum der Fabrikanten. Ein in die Heimath rückkehrender Reservist weckt und schürt die Empörung, der Aufstand bricht los, die Fabriken werden gestürmt, und während die Revoltirenden mit Steinwürfen die Soldaten aus dem Dorfe jagen, bleibt nur ein uralter und frommer Weber an seinem Stuhl: »Hier hat mich mein himmlischer Vater hergesetzt, hier bleiben wir sitzen und thun, was wir schuldig sind, und wenn der ganze Schnee verbrennt.« Da trifft den Arbeitenden die tödtliche Kugel. Ob damit die antirevolutionäre Gesinnung der wahrhaft Frommen zum Ueberfluß anerkannt, ob den Motiven zum Volksschulgesetz des Grafen Zedlitz durch dieses Musterbeispiel konfessioneller Erziehung eine zeitgemäße Verstärkung gegeben werden soll, das wage ich nicht zu entscheiden.

Sicher aber scheint mir, daß der achtundvierziger Geist nicht getreulich wiedergegeben ist. So »klassenbewußt«, so der proletarischen Selbsthilfe vertrauend waren die Arbeiter gewiß nicht, zwanzig Jahre fast vor dem Auftreten Lassalles, so heuchlerisch »human« nicht die Arbeitgeber, so großstadtlustig und zeitunggebildet nicht die Reisenden in Parchend und Leinen. Man merkt, daß Herr Hauptmann die Studien zu seinen nicht tiefgründigen, aber beinahe überraschend effektvollen Theaterbildern im Jahre 1890 gemacht hat, als wieder der Weberjammer gräßlich durch das Eulengebirge heulte. Wir haben so oft bisher Arbeiterstücke gesehen, in denen die Proletarier pathetisch, wie die Universitätsrevolutionäre von achtundvierzig, einherstolzirten: Hier ist zum ersten Male ein dramatischer Versuch, der aus proletarischem Empfinden herausgewachsen scheint, und der gerade muß uns in die vierziger Jahre zurückführen. Wird bei Wildenbruch die Schlacht von Sedan und das Arbeiterschutzgesetz prophezeit, so haben bei Hauptmann namentlich die jungen Weber und Weberinnen bereits fleißig Marx und Engels gelesen.

Trotzdem beunruhigt mich die Aufnahme der Weber beim Publikum unserer Geldtheater nicht. Geldborger und Goldberger werden begeistert klatschen, denn den Parchendfabrikanten sehen sie ja gar nicht ähnlich und die Webernoth muß doch am Ende selbst einen Stein erbarmen. Alle sechs Monate einen gebratenen Hund, sonst, wenn's Glück gut ist, Kartoffelschalen —: empörend! Wenn am Premièreabend gesammelt würde, eine hübsche Summe käme sicher zusammen; denn das sind so die Dinge, die den Wohlthätigkeitssinn anregen und wohlthätig sind sie Alle, auch die noch nicht in Moabit das Winterquartier bezogen haben.

Und »eine Einwirkung auf öffentliche Angelegenheiten« bezweckt doch Herr Hauptmann nicht; was er vorführt, ist ja doch schließlich »historisch«.
[...]
Maximilian Harden (vgl. die Dok. 63 u. 107), Mitinitiator der Freien Bühne und Mitbegründer der Freien Volksbühne (vgl. Dok. 50), bezieht in seinem Aufsatz Stellung gegen die auch nach Aufhebung des Sozialistengesetzes fortgesetzten Versuche, mit Hilfe polizeistaatlicher Maßnahmen der Theaterkunst bestimmte Inhalte zu verbieten. In dem Vorgehen der Polizei gegen die Freie Volksbühne (vgl. dazu auch Dok. 53) sah Harden nicht so sehr eine Maßnahme zur Unterdrückung einer kulturellen Institution der Sozialdemokratie, sondern vielmehr einen neuen Angriff gegen eine bestimmte Richtung der Kunstentwicklung. Harden befürchtete, daß sich in dieser Maßnahme weitere Verschärfungen staatlicher Kontrolle ankündigen, als Teil des »Neuen Kurses«, wie der Bismarck-Nachfolger Caprivi seine Politik zum Ausbau des bourgeois-junkerlichen Bündnisses bezeichnete. In der Verhängung der Polizeiaufsicht über die Freie Volksbühne und deren Begründung sah Harden die Vorboten für eine Art »Sozialistengesetz« gegen die »Socialdramatik«. Vor der Nutzlosigkeit solcher staatlicher Unterdrückungsmaßnahmen warnte Harden, indem er die literarische Auseinandersetzung mit der sozialen Frage als eine Zeiterscheinung erklärte, in der sich die allgemeine Ablösung des politischen Liberalismus durch die Dominanz ökonomischer Fragestellungen reflektierte.

Die Vorgänge um den *Weber*-Prozeß (vgl. die Dok. 76 u. 77), die Umsturz-Vorlage von 1894, sowie die weiteren Bedrohungen der Volksbühne bis zu ihrer vorläufigen Zerstörung 1896 zeigten, daß Harden die Gefahr weiterer staatlicher Unterdrückungsmaßnahmen richtig einschätzte. Die *Weber* waren für Harden ein neuerliches Beispiel einer bestimmten inhaltlichen Tendenz der modernen Literatur, der »Sozialdramatik«, wie er sie beschrieben hatte. Allerdings verwischte sich auch bei ihm die inhaltliche Abgrenzung von »sozial« und »sozialistisch«. Er charakterisierte Hauptmann als »modernen Sozialisten«, die Weber im Stück erschienen ihm klassenbewußter als der historische Stoff erlaube und dennoch prophezeite er eine Wirkung nicht zum öffentlichen Aufruhr sondern den »Wohlthätigkeitssinn« anregend.

Auch nach der Aufführung der *Weber* durch die Freie Bühne sah Harden in dem Stück keine Bedrohung der öffentlichen Ordnung, vielmehr war er »überzeugt, daß die vereinigte Plutokratie von Berlin eines Tages noch diesen illuminierten Freskobildern tobenden Beifall klatschen wird. Es ist ja so angenehm aufregend, die entfesselte Bestie ihr Rachewerk beginnen zu sehen, so behaglich, sich als der bessere Mensch zu fühlen, und so tröstlich, wenn am Ende doch die Stützen der Gesellschaft von der Polizei und dem Militär in ihre angestammtenRechte wieder eingesetzt werden« (in: *Die Zukunft*, Jg. 2, 1893 (11. 3. 1893), S. 467–470, zit. nach: *Gerhart Hauptmanns »Die Weber«. Eine Dokumentation*. Hrsg. v. Helmut Praschek, Berlin/DDR 1981, S. 165–169). Nach der Aufführung im »Deutschen Theater« 1894 wurde Hardens Urteil nicht versöhnlicher. Verärgert konstatierte er, daß man »in der Hölle von Kunst eigentlich gar nicht mehr reden [kann]«, und er meinte damit die auf der Bühne vorgeführte »Weberhölle«. Er war auch nach wie vor mit der Form des Stückes nicht einverstanden. Er gestand Hauptmann zwar »saubere und sorgsame Künstlerarbeit« zu, erkannte aber »diese locker aneinander gereihten Bilder, die beliebig unterbrochen und fortgesetzt werden könnten« nicht einmal mehr als »Drama« an (in: *Die Zukunft*, Jg. 3, 1894 (6. 10. 1894), S. 45–47, zit. nach: *Gerhart Hauptmanns »Die Weber«*, S. 241–243).

Demgegenüber hob Harden die Bedeutung von Fabers Stück hervor (Hermann Faber, d.i. Hermann Goldschmidt, geb. 1860). In seiner »anspruchslosen Schlichtheit« sei es »vielleicht das sozial bedeutsamste Drama«, da es »ohne aufdringliche Tendenz«, auf »die verknoteten Wurzeln der wichtigen Beziehung zwischen Kapital auf der einen, Kunst und Presse auf der anderen Seite« deute. Kein Theaterleiter wage sich an das Stück heran. Diese sorgten vielmehr dafür, daß nur »soziale Spielereien sich die Bühne (erobern)« (in: *Die Gegenwart*, Bd. 41, 1892, Nr. 5, S. 78)

117

Fritz Mauthner: *Freie Bühne. Die Weber.* In: *Die Nation.*
Wochenschrift für Politik, Volkswirthschaft und Litteratur. Hrsg. v.
Theodor Barth. 10. Jg. Berlin (H.S. Herrmann) 1892/93, Nr. 23
(4. März 1893), S. 355–356.

Am letzten Sonntag des Februar wurde vom Verein Freie Bühne (im Neuen Theater) Gerhart
Hauptmann's jung-historisches Drama, »Die Weber«, aufgeführt. Mit großem Erfolge. Der
Beifall war nicht immer gleich laut und stürmisch, aber eine ernste Bewunderung für das
Werk blieb sich gleich bis zu dem mächtigen Schluß. Für die Freie Bühne war es kein Kampf
mehr zu nennen, und darum vielleicht auch kein Sieg mehr. Es war eine friedliche, glückliche
Ernte. Aber vielleicht haben die eigentlichen produzirenden und kritisirenden Hausgeister der
Freien Bühne an diesem Frühlingssonntag erkannt, daß die ganze Bewegung, die vor drei
Jahren so stürmisch begann, von einigen unter ihnen falsch oder mindestens einseitig aufge-
faßt worden ist. Auf einer Nebensache, auf einer technischen Frage, ritt die Aesthetik prinzi-
pientreu herum: und nun stellt sich heraus, daß es sich um eine Geistesfrage, um eine
Freiheitsfrage gehandelt hat. Wir haben jetzt in Berlin etwa ein halbes Dutzend Vereine,
welche in ähnlicher Weise sich gebildet haben, um innerhalb eines geschlossenen Kreises, sich
vor der Censur und jeder anderen Bevormundung zu schützen. Es ist möglich, daß diese
Aufgabe der Freien Litterarischen Gesellschaften einmal historisch wichtig sein wird. Und
dann wird man nicht ohne Fröhlichkeit zu beachten haben, daß die ganze Taktik von dem
republikanischen Frankreich ausgegangen ist.

Die Sache steht so. Vor hundert Jahren schien eine freie Litteratur für Kirche und Staat
ebenso bedenklich wie heute. Die Litteratoren hätten sich gefügt, damals wie heute. Aber die
Genies hatten Lust und Kraft, ihre Persönlichkeit durchzusetzen, und so verbündeten sie sich
mit dem aufgeklärten Despotismus gegen die Gesetze von Kirche und Staat. Voltaire und
Goethe haben beide vor hundert und mehr Jahren Dinge geschrieben, die heute noch von der
Landenge von Panama bis zum Lande der Beamtenbestechung höchstens auf dem atlanti-
schen Ozean straffrei wären. Doch aufgeklärte Hofgesellschaften bildeten Freie Litterarische
Gesellschaften, in denen die großen Geister censurfrei waren. Eigentlich schrieben Voltaire
und Goethe vieles nur für diese hohen Gesellschaften und drangen erst nachher ins Volk.

Wir besitzen heutzutage wenig Despotismus mehr und wenig Aufklärung. Der Staat mit
seinen geschriebenen Paragraphen ist so ziemlich überall Herrscher geworden, und die freien
Gesellschaften müssen sich an die Paragraphen halten, wenn sie ungestört die Schöpfungen
ihrer Lieblingsdichter genießen wollen. Die Mitglieder gehören auch nicht mehr den Höfen
an. Es ist unter uns kaum mehr vorzustellen, daß Goethe's Faust, daß Voltaire's und Diderot's zermalmendste Schriften zuerst handschriftlich in freien Hofgesellschaften verbreitet
waren. Unsere Dichter vom Sturm und Drang werden von freisinnigen Bürgern und von
sozialistischen Arbeitern gehalten. Und vielleicht kommt es daher, daß auf Witz und schöne
Form weniger Werth gelegt wird. Bürgerliche Litteraturfreunde verlangen von der neuen

Bewegung eine neue heldenlose Technik, die Arbeiterführer hoffen gewaltige Darstellung
einer neuen autoritätslosen Moral. Und nur diese Bestrebungen waren den deutschen Begründern der Freien Bühnen klar und gegenwärtig.

Auch Gerhart Hauptmann ist, so weit es ihm damals bewußt war, von solchen Erwägungen ausgegangen. Aesthetische und ethische Pfaffen beschimpften denn auch sein erstes
Auftreten. Sein Erstlingswerk war jugendlich unreif; aber eins hätte auch der Widerstrebende
erkennen müssen, daß nämlich trotz ästhetischen Schrullen und trotz vorlauten Verbesse-
rungsideen unbedingte und leidenschaftliche Ehrlichkeit aus diesem Naturalisten sprach.
Konsequenten Naturalismus taufte er selbst die neue dramatische Technik, deren Schüler er
war, und deren Meister er glücklicherweise gar nicht geworden ist. Pedanten hatten die Sache
aufgebracht, und der junge Hauptmann hielt sich nur streng an die gelernte Lehre, die wohl
freilich mit den besten Zügen seines Wesens übereinstimmte. Einseitig und unfrei war die
Lehre. Gerhart Hauptmann aber entwickelte sich frei und umfassend zu dem, was uns Noth
that, zu einem modernen Dichter. Es ist vorläufig gar nicht erforderlich, aus Anlaß von
Hauptmann's Webern über alte und neue Technik zu streiten. Selbstverständlich hat er die
ausgetretenen Wege verlassen, selbstverständlich schreibt er nach Ibsen, Zola und Tolstoi
nicht wie Oehlenschläger, Dumas und Gogol. Aber von Konsequenz, von der äußerlichen
pedantischen Konsequenz der Schule, ist keine Rede mehr. Nur die konsequente Persönlichkeit ist geblieben, das ist ein ganzer Kerl, ein ganzer Dichter, dessen bisherige Leistungen ihm
schon eine merkwürdige Stelle in der Litteraturgeschichte sichern würden, und der gerade mit
seinen Webern zum ersten Male auch über die litterarhistorische Betrachtung hinaus, ein
dauerndes Drama geschaffen hat. In dieser Beziehung dürfte sein »Kollege Crampton« ein
Rückschritt zu nennen sein, oder, wir wollen's hoffen, ein Schritt zurück zu neuem Anlauf.

»Die Weber« sind als Buch an dieser Stelle vom berufensten Hauptmanngelehrten gründlich gewürdigt worden;* und da meine Verehrung für Hauptmann keine geringere ist, liegt
wohl kein Anlaß vor, über die bewußten Gründe dieser Verehrung vor den Lesern zu debatti-
ren. Große Worte und große Vergleiche scheinen mir gefährlich, besonders wenn der geniale
Dichter trotz alledem noch im Beginn seiner Laufbahn steht. Große Worte und große Vergleiche gehören in einen Nekrolog; und den werden wir dem jungen Manne nicht schreiben.
Wenn er nur noch ein paar Jahre sich weiter so auslebt, so wird er uns alle begraben, nicht
nur seine bezopften Gottsche, sondern auch seine furchtbar zahlreichen Lessinge. Sollte er
aber doch noch Dummheiten machen und auf den Markt gehen, so werde ich mich nur in
seiner Personlichkeit geirrt haben, nicht in seiner Schulmeinung.

Sein Schauspiel »Die Weber« ist ein historisches Revolutionsdrama ohne Helden. Etwa
fünfzig Personen spielen mit. Im ersten Akt sehen wir die Weber im Expeditionsraum des
Parchentfabrikanten Dreißiger um blutige Hungerlöhne auch noch betteln. Jede Person wird
charakterisirt aber kaum einer, der rothe Bäcker, tritt dramatisch hervor. Im zweiten Akt
fühlen und riechen wir beinahe den Hunger in einer einzelnen Weberfamilie. Man wird auf

---

* Vergl. »Nation« Jahrg. IX. Nr. 29 S. 446.

zwei neue Gestalten aufmerksam; ein Prahlhans liest das aufreizende Weberlied vor, und ein alter Korbflechter fängt zu brummen an. Im dritten Akt, wo das Lied schon laut gesungen wird, und der Aufstand sich vorbereitet, scheint ein Schmiedemeister an die Spitze der Verzweifelten zu treten. Im vierten Akt wird das Haus Dreißiger's erstürmt, die Aufrührer wirken wieder nur als Masse, aber im Hause des Fabrikanten entdeckt sich episodisch ein Freund der armen Weber. »Einer aus guter Familie«, sagt erstaunt die Frau Pastorin. Und im letzten Akte endlich, da der Säbel haut, und die Flinte schießt, gehen die Arbeiterführer nur einmal über die Bühne, ganz neue Gestalten treten auf, und ein frommer, in seinem Elend geduldig das Himmelreich erwartender Weber, wird erschossen.

Nun war es schon beim Lesen des Buches vollkommen klar, daß Hauptmann diesen Verzicht auf durchgehende persönliche Handlung mit voller Absicht und mit großer Kunst durchgeführt hatte. Es wäre eine abscheuliche Lüge, ihm Unvermögen vorzuwerfen, wo er sich die schwierigste Aufgabe stellte. Ich habe aber damals schon daran erinnern müssen, daß auch in dieser Unpersönlichkeit ein Arrangement liege, daß der Anführer in einer Revolte doch wohl auch mitunter erschossen werde, daß die seit Buckle Mode gewordene heldenlose Geschichtsschreibung ihrerseits nicht ganz ehrlich sei, daß auch die Historie Helden kannte, solange Dichter Geschichte schrieben. Nun kommt es aber darauf an, ob dem Neuerer seine Absicht gelungen ist, und da muß ich bekennen, daß die anderweitigen Bedenken gegen einige krasse Motive durch die Aufführung vollständig besiegt wurden, die Bedenken gegen die Heldenlosigkeit fast vollständig.

Als die Freie Bühne »Vor Sonnenaufgang« aufzuführen versprach, hatten Viele das Stück gelesen und bewaffneten sich namentlich für die Entbindungsszene, theils mit musikalischen, theils mit geburtsärztlichen Instrumenten. Es gab bekanntlich einen selten erhörten Theaterskandal. Auch die »Weber«, das reife Werk desselben Geistes, enthalten eine gewagte Geschichte. Ein braver, armer Teufel hat ein zugelaufenes nettes Hündchen schlachten lassen, um nach zwei Jahren wieder einmal ein Stück Fleisch zu essen; aber sein Magen kann Fleischkost nicht mehr vertragen. Auf der Bühne wird der Hund gebraten und gegessen, auf der Bühne wird dem Manne übel davon. Auch dem Leser wurde übel. Das Wagniß schien für die Bühne unmöglich. Und nun muß ich gestehen, daß die Aufführung dem Dichter Recht gab. Es saßen nicht die ersten Besten in meiner Nähe, und in allen rührte sich bei dem entsetzlichen Vorgang nichts als namenloses Mitleid mit dem Weberelend. Und ich mußte an eine kürzlich gelesene Zeitungsnotiz denken. Auf einem Wrack hätten einige Matrosen im letzten Wahnsinn der Hungersnoth einen Genossen aufgegessen und wären nach ihrer Rettung verhaftet und angeklagt worden. Jawohl, der ganze Mensch erschaudert, aber nicht über den Hundegourmand und nicht über die ärmsten Matrosen.

Auch mit dem kühnen Verzicht auf bestimmte Träger der Handlung hat der Dichter in der Hauptsache Recht behalten. Zwar scheint ihn einmal die Sicherheit der Hand bei der Zeichnung verlassen zu haben. Es wird nicht klar, warum der heimgekehrte Soldat, der Geld in der Tasche hat und ein Philister ist, sich mit an die Spitze der Aufrührer stellt. Da fehlen ein paar kleine Züge. Auch in der Kette, die den Schmiedemeister mit den Webern verbindet, sind nicht alle Glieder fest gerathen. Und doch wächst die Handlung vor unseren Augen einheitlich auf, und doch hat Gerhart Hauptmann als Kunstwerk vollendet, was Otto Ludwig und Georg Büchner gesucht haben. Selbst der völlig losgelöste letzte Akt war eine Steigerung, und da konnte der Freund Hauptmann's eine besondere Freude empfinden, der Gegner jeder Schulmeinung sogar eine diabolische Freude.

Hauptmann hat alle Personen mit meisterhafter Einfachheit charakterisirt. Ohne die alten Befehle hat er nur durch wahrhafte Menschen wirken wollen, und mit vollendeter Sicherheit hat er jedes Mal sein Ziel getroffen. Der schlichte Realismus gibt die Einheit und von Zeit zu Zeit erschreckt fast ein Wort von dichterischer Größe, das doch wieder aus der bescheidenen Einfalt des Tons nicht herausfällt. Nun aber brauchte der Dichter für den letzten Akt eine Steigerung dieser Wirkungen, und hat diese Steigerung, wenn auch im selben Stil, so doch mit Hilfe von bekannten Theaterkünsten zu erreichen gesucht. Der letzte Akt ist mehr gemacht als alles Uebrige. Antithesen werden benützt und mit einer vorzüglichen Kinderfigur wird ein Schlußeffekt erzielt. Jawohl, ein Effekt. Wer den Dichter der Weber als einen Mann im Mond anstaunen will, der mag sich an dem Ausdruck oder lieber an dem Effekt selbst stoßen. Wir aber wollen uns freuen, daß Hauptmann immer das kann, was er will. Er hat mit diesem hinreißenden Schluß bewiesen, daß er gelernt hat, was er als Anhänger von Holz und Schlaf noch nicht verstand; seinem Bilde einen wirkungsvollen Rahmen zu geben. Es ist nicht die reinste Kunst mehr, aber es ist meisterliches Handwerk und bewußte Kraft im Dienst der reinen Kunst. Und für die Aussichten des Dichters beim Publikum sind diese theatralischen Künste von Werth.

Die Darstellung war ungleich, sie wäre aber an irgend einer festen Bühne kaum besser, in der Hauptsache schwerlich so gut gewesen. Von den fünfzig Rollen waren nur etwa fünf mangelhaft besetzt. Hervorragend gut waren Herr P. Pauli und Fräulein Bertens. In der Stimmung war nur die Szene im Hause Dreißiger's mißlungen; die Fabrikantenfamilie zeigte so wenig Angst, als ob sie gewußt hätte, wie zahm nachher die Rebellen sein würden.

Merkwürdig war übrigens im letzten Akt der fromme Weber. Der Darsteller hatte etas zu viel Pathos und Komödie in die Rolle hineingelegt. Der Dichter hatte offenbar nur kindlichsten Köhlerglauben zeigen wollen. Aber durch Schuld des Schauspielers kam ein Zug von Ironie in diesen Akt, der dem Gesammteindruck nicht schadete. Wenn der Glaube ans Jenseits kein ganz kindlicher ist, wenn der Frömmigkeit die Heuchelei nicht fehlt, dann erlischt auch das letzte Licht in der grausigen Nacht dieses Weberelends, dann ist das grauenvolle Gemälde erst bis auf den letzten Strich vollendet. Aber auch ohne diesen letzten Strich ist das Werk ein Drama großen Stils, und wenn es von der Censur für die öffentlichen Bühnen nicht frei gegeben werden sollte, so würde die Censur nur wieder einmal gegen sich selbst entschieden haben.

Mit Fritz Mauthner (vgl. Dok. 106) bezog ein Literaturkritiker und Schriftsteller zu der *Weber*-Aufführung Stellung, der selbst Mitbegründer der Freien Bühne war und auch im Vorstand der Freien Volksbühne und der Neuen Freien Volksbühne mitarbeitete. Mauthner nahm die *Weber*-Aufführung neben der Bewunderung für Autor und Stück zugleich zum Anlaß, sich kritisch mit technizistisch-ästhetizistischen

Entwicklungslinien des Naturalismus auseinanderzusetzen. Die *Weber* sind für Mauthner der Beweis, »daß die ganze Bewegung« von einigen der »produzierenden und kritisierenden Hausgeister der Freien Bühne« in den vergangenen Jahren »falsch oder mindestens zu einseitig aufgefaßt worden ist« (s. Dok. 117). Mauthner verwies demgegenüber auf den ursprünglich weltanschaulichen Gehalt der naturalistischen Bewegung, den er als »Geistesfrage«, als »Freiheitsfrage« verstand. Gehalten wurde diese literarische Bewegung ⸱nach Meinung Mauthners »von freisinnigen Bürgern und von sozialistischen Arbeitern«, wobei »freisinnig« hier nicht allgemein eine geistige Haltung, sondern eine spezifische politische Richtung bezeichnete: Zwischen 1884 und 1893 existierte die Deutsche Freisinnige Partei als Organisation eines Teils der Großbourgeoisie, mittlerer und kleinerer Kapitalisten. *Die Nation*, deren Herausgeber im Führungsgremium dieser Partei saß, unterstützte deren politische Richtung. Diese Festlegung des Naturalismus bzw. seines Publikums auf das politische Programm des Wirtschaftsliberalismus einer liberalen Partei übersah allerdings, daß sich die naturalistische Opposition u.a. gerade auch an dem geistigen Bankrott des Liberalismus entzündete, der zu den sozialen Problemen des modernen Kapitalismus nach 1870 keine überzeugenden Positionen mehr entwickelt hatte.

Mauthners Kritik setzte deutlich andere Akzente als die Buchbesprechung des »berufensten Hauptmanngelehrten« (d.i. Otto Brahm). Brahm verteidigte in den *Webern* zu allererst das »echte Kunstwerk«, wie er überhaupt »den Naturalismus mehr im künstlerischen Ausdruck [...] denn in der ungenirten Stoffwahl« (in: *Freie Bühne*, Jg. 2, 1891, S. 292) sah. Die Entwicklung der Dichtung zielte für ihn darauf ab, »immer mehr Natur in die Kunst aufzunehmen, poetisches neues Land dem Leben abzugewinnen« (s. Dok. 94). Auch 1894, nach der öffentlichen Aufführung der *Weber* am Deutschen Theater unterstrich Mauthner seine Gegnerschaft gegen das ästhetizistische Kunstverständnis der Scherer-Schüler, wie er es sah, und hoffte darüber hinaus, daß der Erfolg der *Weber* ein Ende dieses Ästhetizismus ankündigte: »Heute ist – oder bis heute war – die ganze Schülerschaft von Wilhelm Scherer darüber einig, daß an der Poesie einzig und allein die Form interessieren dürfe, daß der Stoff gleichgültig sei, daß Schönheit oder Peinlichkeit der Handlung nicht in Betracht gezogen werden dürfe. Und gerade als vor jetzt fünf Jahren Gerhart Hauptmann als Auch Einer begrüßt wurde, trat diese Theorie mit besonderer Wucht auf. [...] Und jetzt? Die Form fängt an im Kurse zu sinken. Wir halten das Peinliche aus, wir suchen es auf, weil wir auch die Poesie in den Dienst der Weltverbesserungsideen stellen wollen, die nun einmal die Welt bewegen. [...] Es ist vorbei mit dem alten poetischen Wettkampf um den klassischen Lorbeer: das lebende Geschlecht wenigstens fühlt sich nicht als Engelskopf mit Flügeln ohne Leib, es will nichts wissen von den reinen Formen, nichts von reiner Erkenntniß, es will – [...] – den alten Pegasus wieder einmal in das Joch der Weltverbesserung spannen. Eine resignierte Zeit erst wird wieder zur Sehnsucht nach Form und Erkenntniß zurückkehren« (in: *Die Nation*, 29. Sept. 1894, zit. nach: *Gerhart Hauptmanns »Weber«. Eine Dokumentation*. Hrsg. v. Helmut Praschek. Berlin/DDR 1981, S. 234).

118

[Anonym]: *Die Weber. Schauspiel aus den vierziger Jahren von Gerhart Hauptmann* (Verein Freie Bühne). In: *Die Gegenwart. Wochenschrift für Literatur, Kunst und öffentliches Leben*. Hrsg. v. Theophil Zolling. 41. Bd., Berlin (Verlag der Gegewart) 1893, Nr. 10, S. 157–159; hier: S. 158–159.

[...]

Die Weber sind das gefährlichste und aufreizendste Schauspiel, das je in deutscher Sprache gedichtet worden ist. Hinter sieben Thüren und sieben Schlössern müßte es eine besonnene und staatskluge Censur verwahren. Ein Mann hat dies Stück ersonnen, dessen Herz, ihm selbst vielleicht unbewußt, heißer für die Armen der Niederung, die Bedrängten und Schwachen schlägt, als die respectiven Herzen des ehrsüchtigen Poseure Lassalle, Singer und Stadthagen zusammengenommen. Thurmhoch überragt dieser Mann die armseligen Schreiber, denen die gespenstische soziale Frage gerade gut genug dünkt, ihre Benedixiaden und Birchpfeiffereien zeitgemäß damit aufzuputzen und interessant zu machen. Diesem Manne drückte nicht Ruhmsucht und Geldgier die Feder in die Hand, er schreibt aus dem grenzenlosen Mitleid und der flammenden Wuth heraus, schreibt, weil der Geist ihn zwingt, weil er der einzige zukunftkündende Poet unseres Landes ist. Mit Donnerstimme will dieser Mann die Gewissen aus langem Schlafe wecken. Das ist sein einziger Zweck, nichts anderes will er. Ein wahrhaftiger Dichter, sprengt er alle Schranken, kümmert sich um keine Regel; seine einzige Sorge ist, den passendsten Ausdruck zu finden für das, was er so gern in alle Welt hinaus schreien, schreien, schreien möchte, und wenn er die beste Form gefunden zu haben meint, gilt es ihm gleich, ob sie gegen alle Technik des Dramas verstößt. Was er mit dem Herzen ersonnen und geschrieben, das wird Tausende entflammen, wir flackernde Begeisterung in tausend andere Herzen gießen. Und keines wird erschreckt zurückfahren, weil der Poet sich um die aristotelischen Einheiten wenig kümmerte und wenig um die Bühnenwirksamkeit, die Aufführbarkeit seiner Schöpfung. Und Keinem wird das Geschwätz derer auch nur ein höhnisches Gelächter entlocken, die dem Gerhart Hauptmann rathen, sich doch um Gottes Willen auf die tendenzlose Dichtung zu beschränken, die reine und ewig unfruchtbare, und sich mit der gräßlichen Sphinx des Jahrhunderts nicht gar zu tief einzulassen.

Ein haß- und zornerfüllter Fehdebrief, gegen dessen Feuerworte Karl Marx' fürchterliche Anschuldigungen fast idyllisch anmuthen, das sollen uns Hauptmann's Weber sein. Rein zufällig, vielleicht nur, weil die Knappheit des Ausdrucks ihre unheimliche Wucht verstärkt, hat der Poet für seine Anklageschrift die dramatische Form gewählt. Man weiß, daß er diese Form trotz seines offenbar epischen Talentes meisterhaft beherrscht, hierin Herrn Sudermann auffallend ähnelnd, und er hat deshalb recht daran gethan, sie bei seinen großen Aktionen anzuwenden. Er erhöht ihren Eindruck dadurch und ihre Gewalt. Und gleichzeitig täuscht er dadurch leichter diejenigen, welche Angriffe auf die Wirthschaftsordnung von heute prinzipiell nicht lesen, und erzwingt sich Gehör.

»Mit euch Jungens wird man doch nicht fertig werden«, sagt der ganz moderne Parchentfabrikant Dreißiger, der den Directoren unserer Actienspinnereien und Webereien wie aus dem Gesicht geschnitten ist. »Ich bin doch schon mit ganz anderen Leuten fertig geworden.« – »Nu, das will ich globen«, erwidert ihm ein Arbeiter. »A so a richtiger Fabrikante, der wird mit zwee-, dreihundert Webern fertig, ehe man sich umsieht. Da läßt a och noch ni a par morsche Knochen übrig. A so eener der hat vier Magen wie ne Kuh und a Gebiß wie a Wolf. Nee nee, da hat's nischt.« Man sieht, das ist eine von den heute gäng und gäben proletarischen Anschauungen. Alle, die Arbeiterverhältnisse kennen, wissen, daß die Weber der sozialen Bewegung am fernsten stehen; diese Bewegung ist nur für Leute, die noch nicht alle Widerstandskraft verloren und noch Blut in den Adern haben. »Es verlangt dem Weber«, schrieb man im vorigen Jahr aus Neuendorf, »und das scheint mir das Gräßlichste, kaum nach einer Besserung seiner Lage; stumpf und theilnahmlos dämmert er sein Pflanzendasein hin.« Bedenkt man nun, daß vor fünfzig Jahren auch die stolzesten und selbstbewußtesten deutschen Werkleute, geschweige denn diese Armen, noch nicht um wirthschaftliche Befreiung rangen, daß damals noch Niemand an Sozialdemokratie dachte, sondern die Arbeiterschaft den entschieden liberalen, guten Revolutionären Vorspanndienste leistete, so ist es evident, was der Dichter mit seinem »historischen« Stücke sagen will. Seine proletarischen Männer haben nichts von der feigen, fatalistischen Ergebenheit vormärzlicher Fabrikhöriger und Dagewarte. Mit aller erforderlichen »Zielbewußtheit« treten sie in den Klassenkampf ein. Und zwar in echten, nicht in sorgsam zusammengeflickten Theaterlumpen; keine aufgeputzte Bühnenphrase, kein falscher Ton wird laut, wie sie in Menge kakophonisch durch die »Sozialdramen« Fulda's, Sudermann's und – last not least – Lubliners schrillen. Hier entspringt jedes Wort der Situation, jeder Gedanke ist gleichsam miterlebt. Eher zuviel kleine Züge, zu viel kleine Wahrheiten und zu wenig in der Tiefe lodernde, in die Tiefe bohrende Idee.

Wie die jungen Webersleute, so hat in bewußter Absicht Hauptmann den »Arbeitgeber« Dreißiger ganz modern gestaltet und mit ganz modernen Zügen ausgestattet. Nichts von jener patriarchalischen Gesinnung à la Stumm, welche 1840 in Deutschland wenigstens den Fabrikherren noch sämmtlich gut zu Gesichte stand. Ein rücksichtsloser Profitmacher, der kaum ganz oberflächlich die Dehors wahrt, ein Leuteschinder, feig und brutal dabei, ein waschechter »Unternehmer« von heut. Und auch von Seiten der übrigen Personen fällt manches Wort, das sich wie eine grimmige Satire auf heutige Theorien anhört. »Ihr macht ja a schauderhaftes Gelammetiere dahier. Was da d'r Himmel schickt, das miss' mir uns alle gefalln lassen. Und wenn's euch sonst nich zum Besten geht, wer is denn Schuld, wie Ihr selber? Wie's Geschäft gutt ging, was habt'r gemacht? Alles verspielt und versoffen habt'r. *Hätt' Ihr euch dazemal was derspart, da wär jetzt a Nothpfennig da sein*, da braucht'r kee Garn und kee Holz stehln.« Wenn Eugen Richter ebenso schlecht spräche wie er schreibt, man sollte meinen, die Sparrede hätt' er bei der letzten Sozialistendebatte gehalten. Der zweite Satz würde sich freilich im Munde des frommen Herrn Bachem besser ausgenommen haben...

Da ist das thatsächliche Elend immer am grausigsten, wächst am schnellsten, wo die Sinne der Armen abgestumpft genug sind, es nicht mehr in seiner ganzen quälenden Scheußlichkeit zu empfinden. Jedes Volk hat die Noth, welche es verdient. Die Weber im Eulengebirge waren auf dem Standpunkt einer verwahrlosten Nation angelangt; sie hungerten gewohnheitsmäßig und nur die plötzlich hereinbrechende Gefahr des Verhungerns ließ sie die letzte Kraft zusammennehmen und zur Axt greifen. Ihre Leiden hätten auf einen so hohen Gipfel nicht steigen können, wenn sie nicht geduldig wie das Vieh das Schlimmste ertragen, wenn sie das Klassenbewußtsein unserer heutigen Arbeiter besessen hätten. Hauptmann verleiht ihnen dies Bewußtsein. Durch diese poetische Freiheit nehmen in seinem Werk die Vorgänge von 1844 eine relativ gräßlichere Gestalt an, als sie in Wahrheit hatten. Um es zu sagen, langjähriger Hunger, langjährige Krankheiten und die daraus folgenden Verbrechen und Laster hatten den Weber des Eulengebirges zu einem halbempfindungslosen Thiere gemacht; Hauptmann aber stellt in die schrecklichen Geschehnisse feinfühlige Menschen hinein, mit den zart differenzirten Nerven des heutigen, grübelnden Proletariers. Wo er Weber schildert, wie sie damals wirklich waren und dachten, erscheinen sie in ihrer aufgeklärten Umgebung wie lebendige Petrefacten.

Wir erkennen, Buchstaben von Feuer will der Dichter mit Riesenhand auf die Wolken schreiben; ein Mene tekel upharsin schreit er der Gesellschaft zu. Und darum – eine Verbeugung vor dem Censor, dem einsichtsvollen Schutzmanne. Auf die Klugheit und die scharfsinnige Wachsamkeit unserer Polizei verlassen wir und stützen wir uns.

Als staats- und gesellschaftsgefährlich, als geeignet, die öffentliche Ordnung zu stören und Klassen der Bevölkerung wider einander aufzureizen (§ 193 des Strafgesetzbuches) sind die Weber aus dem Bereiche des Lampenlichtes verbannt. Und das gereicht mir zur besonderen Freude. Gerhart Hauptmann's bestes Werk ist zugleich sein schlechtestes Drama. Es besteht aus lauter Episoden und Kleinmalereien; dem Poeten liegt gar nicht daran, die Handlung weiter zu schieben, nur Stimmungen will er geben, nur die Herzen rühren und schrecken. Als Dichtwerk an sich betrachtet, darf kein Wort der köstlichen Schöpfung fehlen; wollte man das *Drama* kritisiren, man könnte einen ganzen Akt als überflüssig, ganze Scenen als im höchsten Grade undramatisch, prächtige Details als nebensächlich und störend hinstellen. Gerhart Hauptmam's Weber sind für den *Leser* geschrieben. Sie sind zu gut, viel zu gut dafür, müde Protzen und ihre Damen über die Langeweile eines Theater-Abends hinweg zu täuschen, ihnen als Nervenkitzel zu dienen. Sie sollen da wirken und ernste Arbeit thun, wo sie es mit Aussicht auf Erfolg vermögen: in stillen Weihestunden bei großen, jungen Seelen.

Die ob. dok. Besprechung der Freien-Bühne-Aufführung ist ein Beispiel für die hysterische Aufregung, die die *Weber* im konservativen Lager provozierten. Kernpunkt der Kritik ist die »gefährliche Sphinx des Jahrhunderts«, d.i. die Arbeiterbewegung, der Klassenkampf, der in diesem Stück in Erscheinung trete. Ging es dem Kritiker der *Gegenwart* bei seiner Charakterisierung der *Weber* als dem »gefährlichsten und aufreizendsten Schauspiel, das je in deutscher Sprache gedichtet worden ist«, offenbar um die Unterstützung des Aufführungsverbotes, so entfacht die konservative Presse nach der Premiere im Deutschen Theater ein wahres »*Kesseltreiben*« gegen das Stück, den Autor und das Theater unter der Direktion von O. Brahm. Der *Vorwärts* bezeichnete es als eine »Art *Probe-Mobilmachung* der Streitkräfte [...] die in dem großen Kampf wider ›die Umsturzparteien‹ und für ›Ordnung, Sitte und Religion‹ verwandt werden sollen. Auf der ganzen Linie tönt in wüstem Durcheinander: Hepp, Hepp! Kreuziget, Kreuziget! Auf den Scheiterhaufen im Namen Gottes und der Liebe und – des goldenen Kalbes!« (30. 9. 1894). Selbst der liberale *Berliner Börsen-Courier* sah in der Hetzkampagne gegen das Stück, das in seiner politischen Intention fast durchgängig mit der der »Umsturzparteien« identifiziert wurde, das über den Anlaß hinausgehende Bestreben, »auch vom ästhetischen Gebiete aus Unterstützung zu gewinnen für die Forderung nach Ausnahmegesetzen« (27. 9. 1894). Tatsächlich wurde im Dezember 1894 im Reichstag die sog. »Umsturzvorlage« eingebracht, die ein noch schärferes Vorgehen auch gegen oppostionelle Künstler bezweckte (s. dazu auch Dok. 54). Bemerkenswert erscheint darüber hinaus, daß die konservative Presse auch den Einfluß des Stückes auf das bürgerliche Publikum durch die Denunziation als »sozialistisches« Tendenzstück einzudämmen suchte. So ereiferten sich konservative Kritiker über das Publikum, das mit den Sozialdemokraten »fraternisierte« und dem »Sinnenkitzel der Sensation jede ernste Rücksicht geopfert« habe (*Berliner Politische Nachrichten*, 26. 9. 1894). Der Kritiker des *Kleinen Journals* ging sogar soweit, daß er allen, die mit den »Rothen Brüderschaft« klatschten, »Feigheit«, »Unkenntniß«, ja sogar »geistige Inferiorität« bescheinigte (26. 9. 1894). (Die Pressestimmen zur Aufführung der *Weber* am »Deutschen Theater« wurden zit. nach: *Gerhart Hauptmanns »Weber«. Eine Dokumentation.* Hrsg. v. Helmut Praschek. Berlin/DDR 1981.)

119
Franz Mehring: *Gerhart Hauptmanns »Weber«.* In: *Die Neue Zeit. Revue des geistigen und öffentlichen Leben.* Hrsg. v. Karl Kautsky. 11. Jg. Stuttgart (J. H. W. Dietz) 1892/93, Bd. 1, Nr. 24, S. 769–774; hier: S. 769, 771–774.

Am 26. Februar brachte der Verein Freie Bühne, der für diesen Zweck von den Todten auferstanden war, im Neuen Theater das Weber-Schaupsiel von Gerhart Hauptmann zur ersten Aufführung. Die Darstellung des Stückes auf einer öffentlichen Bühne ist bekanntlich durch die hiesige Polizei verboten worden, von ihrem Standpunkt aus nicht unberechtigter, aber deshalb doch überflüssiger Weise. Die bürgerlichen Kritiken in den heutigen Morgenblättern werden sie belehrt haben, daß sie es getrost der Bourgeoispresse hätte überlassen können, die »Weber« langsam, aber sicher abzuwürgen. Indessen wollen wir nicht mit den heiteren Knaben rechten, die im »Berliner Tageblatt« und der »National-Zeitung« das kritische Richtschwert schwingen; heut winkt uns eine höhere Jagd, nämlich jener Musenhof am Müggelsee, der angeblich Gerhart Hauptmann »entdeckt« hat und nun durch Herrn Julius Hart in der »Täglichen Rundschau« verkünden läßt, die »Weber« athmeten »revolutionären Geist«, »sozialdemokratischen Ingrimm«, »Echtheit und Entscheidenheit der Gesinnung«, aber was zu stürmischem Beifall hinreiße, sei nicht die »revolutionäre Rede eines Parteipolitikers, sondern nur die allgemeine große Menschlichkeit«; »alles Politische und Sozialistische habe sich hier abgeklärt zu reinster künstlerischer Bildung und über dem nackten Interesse schwebender Menschlichkeit«. Gerhart Hauptmann gehöre zu den ganz Wenigen in unserer Zeit, »die an ihren Schultern die echten Dichterflügel tragen und auf ihnen über den Dampf und Dunst alles Parteipolitischen sich hoch erheben und in jenen reineren Höhen wohnen, die sich nur dem Dichter, dem Philosophen und den wahrhaft religiösen Naturen erschließen.« Doch wir fürchten, daß unsere Leser von diesem Bombast genug und mehr als genug haben; wir haben ihnen dies Pröbchen auch nur vorgesetzt, um die trockene Bemerkung daran zu knüpfen, daß Herr Julius Hart aus den antiquarischen Bücherschätzen des Musenhofes am Müggelsee ebenso gut wie wir, und viel besser als das Bourgeoispublikum, das er durch das Klingeln seiner Schellenkappe ergötzt, darüber unterrichtet ist, wie tief die »Weber« im »Dampf und Dunst alles Parteipolitischen« stecken. Denn ihr Dichter hat sie nach dem Text eines unverfälschten Sozialdemokraten gearbeitet.

Im »Deutschen Bürgerbuch für 1845«, herausgegeben von H. Püttmann, schildert Wilhelm Wolff – es ist derselbe »kühne, treue, edle Vorkämpfer des Proletariats«, dem Marx den ersten Band des Kapitals gewidmet hat und dessen von Engels mit einer biographischen Einleitung herausgegebene »Schlesische Milliarde« unsern Lesern bekannt sein wird – »das Elend und den Aufruhr in Schlesien«. Er leitet darin den Bericht über die Unruhen in Peterswaldau und Langenbielau mit den Worten ein: »Wenden wir uns jetzt nach dem Eulengebirge, an dessen Fuße sich der erste blutige Akt, mindestens ein Vorspiel, in dem unaufhaltbaren Proletarier Drama, im Kampfe des niedergetretenen, von der Macht des Geldes und der schlauen Berechnung zur Maschine erniedrigten Menschen um Wiedergewinnung seiner Würde, im Kriege der Besitzlosen gegen die Tyrannei und Selbstsucht des Privateigenthums zu Anfang dieses Monats (Juni 1844) entwickelt hat.« Und Wilhelm Wolff schließt seinen Aufsatz mit den Worten: »Wer über die Natur des Privateigenthums und seine Konsequenzen ernstlich nachdenkt, wird von Dingen, die höchstens einige Zeit als kleines Palliativ wirken können, keine Radikalkur hoffen. Nur eine Reorganisation, eine Umgestaltung der Gesellschaft auf dem Prinzip der Solidarität, der Gegenseitigkeit und Gemeinschaftlichkeit, mit einem Worte der Gerechtigkeit, kann uns zum Frieden und zum Glücke führen.« Man ermesse den Schauder, womit die »wahrhaft religiöse Natur« des Herrn Julius Hart aus ihren »reineren Höhen« auf diesen »parteipolitischen Dampf und Dunst« herabblicken mag. Und doch – was zwischen den beiden eben zitirten Sätzen von Wilhelm Wolff liegt, ist nicht nur nach den trockenen Thatsachen, sondern auch der gedanklichen Auffassung nach der Inhalt der »Weber«.

[...]

Werfen wir nun einen Blick auf Hauptmann's »Weber«! Im ersten Akt ein Geschäftsraum des Barchent-Fabrikanten Dreißiger, wo die abliefernden Weber ihre Hungerlöhne unter schamlosen Prellereien des Expedienten ausgezahlt erhalten. Der Konflikt spinnt sich dadurch an, daß der noch junge, kräftige Weber Bäcker die 12½ Silbergroschen für »achtz'n Tage« Arbeit – Wolff spricht von acht Tagen – für »a schäbiges Almosen, aber kee Lohn« erklärt. Der herbeigerufene Dreißiger wirft ihn hinaus; er predigt den Webern die Entsagungen und Leiden des Kapitalisten mit Worten, die beiläufig mehr nach den achtziger, als nach den vierziger Jahren riechen, will ihnen aber seinen guten Willen zeigen und noch 200 Weber so beschäftigen, daß sie wenigstens eine Kleinigkeit verdienen: »Ich denke mir halt, wenn sich ein Mensch täglich 'ne Quarkschnitte erarbeiten kann, so ist doch das immer besser, als wenn er überhaupt hungern muß.« Sein Expedient soll das Nähere den Webern auseinandersetzen und der erklärt, nachdem Dreißiger den Raum verlassen hat: »Für's Webe zehn Silbergroschen«, worauf der Vorhang unter »Flüstern und Murren« der Weber fällt.

Der zweite Akt beginnt mit breitem, genrehaften Ausmalen des Elends in einem Weberhäuschen. Ein aus seinem Militärdienste heimkehrender Weber bringt das Weberlied mit; Hauptmann theilt nur 7 von den 25 Strophen mit, was sich leicht erklären läßt, dagegen ist schwer abzusehen, weshalb er an dem Wortlaut seiner 7 Strophen kleine Aenderungen vornimmt, die jedenfalls keine Verbesserungen sind. Andere Strophen löst Hauptmann in Reden des Reservisten auf. Der ganze Akt steht unter der erschütternden Gewalt des Weberliedes und gewinnt durch sie eine mächtige Wirkung. Der dritte Akt spielt im Kretscham von Peterswaldau. Heulende Noth treibt eine Masse Weber zusammen, die auch auf den Zehngroschenlohn Dreißiger's eingehen wollen. Bäcker und der Reservist schüren. Im Kretscham wächst die Leidenschaft mächtig an; ein naseweiser Handlungsdiener wird, wie Wolff's Kommis, unsanft hinausgeleitet; ein Bauer poltert in gehässig roher Weise gegen die Weber; das Erscheinen eines Försters bietet den Anlaß, auf die Schutzgelder, Spinngelder, Hoftage der Weber zu kommen; »'s is halt a so, was uns d'r Fabrikant ibrich läßt, das holt uns d'r Edelmann vollens aus d'r Tasche«, ein von Wolff in der Einleitung seines Aufsatzes ausgiebig erörtertes Thema. Schließlich läßt der Polizeiverweser – bei Wolff heißt er Christ, bei Hauptmann Heide – durch den Gensdarmen den Webern das Singen ihres Liedes verbieten, und da fließt der Becher über. Die Weber stürmen aus dem Kretscham zum Hause Dreißiger's. In ihm eröffnet sich der vierte Akt. Dreißiger und sein Pastor variiren das anmuthige Thema, daß die Humanitätsdusler aus Lämmern über Nacht buchstäblich Wölfe gemacht haben. Der Reservist wird von Fabrikknechten eingebracht; der Polizeiverweser verhört ihn und will ihn mit dem Gensdarmen ins Gefängniß schleppen, aber kaum sind sie draußen, als die Weber den Gefangenen befreien. Der Pfaff, der die Menge beruhigen will, wird von ihr mißhandelt. Dreißiger flieht, und die Weber stürmen das Haus. »Wo is der Menschenschinder?« »Könn' mir Gras fressen, frißt Du Sägespäne.« »Wenn mersch o ni kriegen, das Dreißigerviehch…, arm soll a wer'n.« Aber indem sie das Haus zu plündern beginnen, beschließen die Weber, dem Fabrikanten Dittrich in Langenbielau – Dierig bei Wolff – dasselbe Schicksal zu bereiten.

Das Häuschen des alten Webers Hilse in Bielau ist der Schauplatz des fünften Akts. Im Kommen und Gehen, im Hören und Schauen, im Berichten und Streiten der einzelnen Personen spiegelt sich die Revolte in Bielau genau so, wie Wolff sie geschildert hat. Noch einmal zündet Dreißiger's Wort, die Weber könnten ja Gras fressen, wenn sie hungerten; der Vorschlag, die Gebäude der Fabrikanten anzuzünden, wird durch den Hinweis auf die Feuerversicherungsgelder abgelehnt, und die Mahnung des alten Hilse an das Zuchthaus beantwortet der rohte Bäcker wild lachend: »Das wär mir schonn lange recht. Da kriegt ma wenigstens satt Brot, Vater Hilse!« Der alte Hilse hält in aller Gottseligkeit und Ehrbarkeit an seinem Gott und seinem König fest. Aber alle seine Kameraden verlassen ihm zum Kampfe mit dem Militär, zuletzt auch sein eigener Sohn; er bleibt mit seinem tauben Weibe und einem unmündigen Enkelkinde allein zurück. Da endet eine verirrte Kugel sein Leben und damit das Schauspiel.

Man sieht aus dieser kurzen Gegenüberstellung wohl zur Genüge, in wie umfangreichem Maße die Darstellung Wolff's zum Knochenbau von Hauptmann's Drama geworden ist. Wir sagen das nicht zu Hauptmann's Unehre, im Gegentheil – wir kommen gleich darauf zurück – aber jener einfache Sachverhalt sollte das schwatzschweifige Gerede von der »Abklärung alles Politischen und Sozialistischen« u. s. w. wirklich unmöglich machen. Die ungeschminkte Bourgeoisie hat in ihrer Weise und von ihrem Standpunkt aus ganz recht, wenn sie sagt: die »Weber« sind ein sozialistisches Tendenzstück und damit basta! Darin liegt eine gewisse Berserkerlogik, mit der sich leben läßt. Nur von den »genialen« Kritikern der »Moderne«, die gern mit sozialen Redensarten um sich werfen, aber vor Allem mit dem Kapitalismus gut Freund bleiben möchten, wollen wir uns eine bedeutende Dichtung doch lieber nicht in »reinere Regionen« entrücken lassen.

Und eine bedeutende Dichtung sind die »Weber«. Es ist das gute Recht des Dramatikers, seinen Stoff zu nehmen, wo er ihn findet, und Hauptmann hat gewiß nicht seine Beziehungen zu Wolff zu verwischen beabsichtigt, wenn er in der Widmung an seinen Vater Familienerzählungen – er ist der Enkel eines schlesischen Webers – als den »Keim« seiner Dichtung nennt. Was an Hauptmann noch mehr erfreut, als sein schönes Talent, das ist die ehrliche Selbstkritik. Vor kaum vier Jahren priesen »geniale« Kritiker seinen dramatisch so ziemlich und sozial gänzlich mißglückten Erstling »Vor Sonnenaufgang« über den Schellendaus, und diese fade Reklame hätte einen noch sehr jungen Dichter wohl berauschen können. Aber Hauptmann ist ruhig seinen Weg weiter gegangen, und daß er kaum drei Jahre später schon aus dem Born eines echten Sozialismus zu schöpfen verstanden hat, das stellt ihm nur ein ehrendes Zeugniß aus.

Mit wie sicherer und tapferer Hand der Dichter den Stoff im Einzelnen gestaltet hat, läßt sich aus unserer flüchtigen, nur für einen beschränkten Zweck entworfenen Skizzirung des Schauspiels natürlich nicht entnehmen. Gerade das Fernhalten aller bürgerlichen Romantik und das Festhalten an dem historischen Verlauf der Dinge machte die Aufgabe des Dichters um so schwieriger und macht ihre gelungene Lösung um so erfreulicher. So wie Hauptmann den gegebenen Stoff nahm, mußte er die Massen selbst in dramatische Bewegung setzen und noch dazu in einer mit episodenhafter Breite sich langsam fortschiebenden Handlung, ohne die auf und absteigende Bewegung um einen beherrschenden Mittelpunkt. Es war bis zu einem gewissen Grade ein Bruch mit aller bisherigen Bühnentechnik, den Hauptmann unternahm, und das kecke Wagniß ist ihm in hohem Grade gelungen. In hohem Grade, denn an manchen Einzelheiten mag man mit Recht oder Unrecht mäkeln. Aber jeder neue Wurf hat das gute Recht, aufs Ganze und Große hin geprüft zu werden, und da gebührt dem Dichter der »Weber« ein kräftiges Glückauf!

Keine dichterische Leistung des deutschen Naturalismus kann sich nur entfernt mit den »Webern« messen; eben deshalb machen sie aber auch der großmäuligen Spielart des Naturalismus den Garaus. Sie stehen in schärfstem Gegensatze zu jener »genialen« Kleckserei, die irgend ein beliebiges Stück banaler und brutaler Wirklichkeit mit photographischer Treue abkonterfeit und damit wunder was erreicht zu haben glaubt. Die »Weber« quellen über von echtestem Leben, aber nur, weil sie mit dem angestrengten Fleiße eines feinen Kunstverstandes gearbeitet sind. Eine wie sorgfältige Abtönung und Abwägung war nothwendig, um einem bunten Mosaik genrehafter Szenen dramatische Spannung zu geben! Welch ernstes Nachdenken gehört dazu, jene Fülle lebendiger, meist trefflich und mitunter ganz meisterhaft gerathener Gestalten zu schaffen, aus denen die handelnden Massen bestehen mußten, wenn sie wirklich in dramatische Bewegung gesetzt werden sollten. Hauptmann weiß sehr wohl, daß der Fleiß heutzutage mehr denn je die bessere Hälfte des Talents ist.

Nach alledem mußte man der ersten Aufführung der »Weber« mit besonderer Spannung entgegensehen. Sie war in der That sehr interessant, wenn auch die beifällige Aufnahme des Schauspiels durch das Publikum der Freien Bühne nichts entscheiden konnte. Dies Publikum gehört durchweg der Bourgeoisie, aber nicht durchweg den erlesensten Schichten der Bourgeoisie an. Börse und Presse – das sagt genug. Aber die Vorstellung ließ gar keinen Zweifel an der mächtigen revolutionären Wirkung, die das Schauspiel auf ein empfängliches und genußfähiges Publikum haben müßte, und wenn Hauptmann noch Hoffnungen auf die Freigabe seines Stückes für die öffentliche Aufführung gehabt haben sollte, so mag er sie nunmehr nur begraben. Noblesse oblige – und den »Webern« steht es besser an, sich mit Würde in – die preußische Polizei zu fügen, als im Verwaltungs-Streitverfahren darum zu hadern, daß sie »historische« Zustände schildern und nicht politische. Seien wir doch ehrlich: sie sind revolutionär und höchst »aktuell«. Doch, um nochmals auf die Vorstellung der Freien Bühne zu kommen, so zeigte sie in lehrreicher Weise, wie eine gesunde Neuerung gleich andere gesunde Neuerungen nach sich zieht. Mit dem dramatischen Einzelhelden schwindet auch der schauspielerische Virtuose. Es waren meist ganz unbekannte, von einem halben Dutzend Theater vorwiegend zweiten oder dritten Ranges zusammengeholte Mimen, welche die »Weber« im Neuen Theater spielten, aber – wiederum von manchen Einzelheiten abgesehen – die Darstellung war wie aus einem Guß, und keine der fünfzig sprechenden Personen ließ es ganz an sich fehlen. Freilich hatte Hauptmann auch das Glück gehabt, in Cord Hachmann[1] einen kongenialen Regisseur zu finden.

Fragen wir schließlich: wird die eine Schwalbe einen Sommer machen? Wird auch nur Hauptmann sich auf der Höhe halten, die er mit den »Webern« erreicht hat, so ist die Antwort ein Achselzucken. Die Thatsachen warnen etwaige Illusionäre zu eindringlich. Die Polizei verbietet die öffentliche Aufführung der »Weber«; die Bourgeoisie, die durch dies Verbot gegen unliebsame Erfahrungen geschützt werden soll, läßt sich das Stück eines schönen Sonntags zwischen Lunch und Dinner als heimlichen Leckerbissen servieren; die Massen aber, denen dies Massenschauspiel gehört, können aus ökonomischen Gründen gar nicht daran denken, es anders als höchstens einmal in sehr unvollkommener Aufführung zu sehen. Unter solchen Umständen – wie soll sich eine dramatische Kunst entwickeln? Woher soll ein junger Dramatiker die Nerven von Stahl nehmen, um den ach! so sanft sich einschmeichelnden Lockungen der Bourgeoisie zu widerstehen? Aber freuen wir uns über die Schwalbe deshalb nicht weniger, weil sie wohl keinen Sommer machen wird.

Mehrings Besprechung des Stückes und der Theateraufführung erschien nur zwei Monate nach seinem Aufsatz *Der heutige Naturalismus* (Januar 1893). In diesem Aufsatz hatte Mehring sowohl das »Verdienst des heutigen Naturalismus« gewürdigt, »daß er den Mut und die Wahrheitsliebe gehabt hat, das Vergehende zu schildern, wie es ist«, gleichzeitig aber auch die naturalistischen Autoren zu »höherem Mut« und »höherer Wahrheitsliebe« aufgefordert, die darin bestehe, »auch das Entstehende zu schildern, wie es werden muß und täglich schon wird« (s. Dok. 87). Im Unterschied zu Wilhelm Liebknecht (s. die Dok. 80 u. 81) ging Mehring – er war seit Ende 1892 Leiter der Freien Volksbühne – 1892/93 noch von der Möglichkeit einer Weiterentwicklung des Naturalismus aus, die diese literarische Richtung näher an die Arbeiterbewegung heranführen würde. In Mehrings positiver Beurteilung der *Weber* schwingt offenbar ein Stück erfüllte Hoffnung mit, wie er sie in den vorhergehenden Aufsätzen zum Naturalismus als Perspektive umrissen hatte. Keinem anderen Werk eines naturalistischen Autors hatte Mehring bisher das Zeugnis ausgestellt, es sei »aus dem Born eines echten Sozialismus« geschöpft oder sogar, es sei »revolutionär« (s. Dok. 119). Damit reklamierte er die *Weber* für die sozialdemokratische Arbeiterbewegung und widersprach Stimmen aus dem Friedrichshagener Kreis. (Ähnlich wie Julius Hart hatte sich auch Wilhelm Bölsche geäußert: beide sahen in dem Stück eine allgemeine Menschheitsfrage thematisiert.) Mehring widersprach aber auch dem Urteil, das Gustav Landauer in der *Neuen Zeit* bereits im Februar 1892 über die *Weber* gefällt hatte. Landauer hatte viel Kritik an der künstlerischen Gestaltung geübt, er sprach von »unmöglichen Vorschriften für den Schauspieler«, kritisierte den episodischen Charakter des dritten und vierten Aktes, der Weberaufstand sei nicht »zwingend motiviert«, erscheine »wie etwas Zufälliges und Nebensächliches.« Landauer hob dagegen den fünften Akt besonders hervor, »der die tragische Idylle aufs stimmungsvollste beschließt« (s. G. Landauer, *Gerhart Hauptmann*, in: *Die Neue Zeit*, Jg. 10, 1891/92, S. 617ff.).

Die Redaktion der *Neuen Zeit* hatte zu diesem und einem bereits vorher erschienenen Aufsatz Landauers angemerkt, daß sie nicht mit allen Auffassungen des Verfassers übereinstimme: »Namentlich scheinen uns *Nietzsche* und *Hauptmann* erheblich überschätzt. Beide sind jetzt in der Mode. Aber man thut gut daran, ihnen gegenüber ruhig Blut zu bewahren. Die Tagesgrößen unserer Literatur pflegen ebenso über Nacht zu verschwinden, wie sie über Nacht berühmt geworden sind« (ebd., S. 614).

Eine Woche nach dem ob. dok. Aufsatz (und am Tag nach der Entscheidung des Berliner Bezirksausschusses über die von Grelling eingereichte Klage gegen den Polizeipräsidenten zur Aufhebung des Aufführungsverbotes) wandte sich Mehring am 8. März 1893 öffentlich direkt an Hauptmann und kritisierte die Argumentation seines Rechtsanwaltes in der Klage gegen das Aufführungsverbot. In dem Artikel *Entweder-Oder* (in: *Die Neue Zeit*, Jg. 11, 1892/93, Bd. 1, S. 777–782) versuchte Mehring, Hauptmann zu einer Verteidigung seiner *Weber* mitsamt ihres »revolutionären« Gehaltes zu bewegen, nachdem Grelling mit der Taktik des Leugnens gescheitert war.

Am 3. Dezember 1893 hatten die *Weber* Premiere in der Freien Volksbühne. Hierzu erschien im Dezemberheft der *Volksbühne* ein Aufsatz von F. Mehring. Ob aus Rücksicht auf die Bedrohung der Volksbühne durch die Polizeibehörden oder aus anderen Gründen, hier war im Zusammenhang mit dem Stück nicht mehr von Sozialismus die Rede. Mehring schreibt: »Die ›Weber‹ sind ein Massenschauspiel, das den Massen gehört und den Massen von selbst verständlich wird.« Deshalb gab er keine Analyse des Stücks sondern eine Darstellung der literarischen Quellen, auf denen das Stück basierte. Mehring würdigte die *Weber* besonders als Dichtung: »Keine dichterische Leistung des deutschen Naturalismus kann sich auch nur entfernt mit den Webern messen. [...] Die Weber stehen im schärfsten Gegensatz zu der ›genialen‹ Kleckserei, die irgendein beliebiges Stück banaler und brutaler Wirklichkeit mit photographischer Treue abkonterfeit. [...] Die Weber quellen über vom echtesten Leben, aber nur, weil sie mit dem angestrengten Bemühen eines feinen Kunstverstandes gearbeitet sind« (zit. nach: *Gerhart Hauptmanns »Weber«. Eine Dokumentation.* Hrsg. v. Helmut Praschek. Berlin/DDR 1981, S. 182 u. 183f.). 1898 klang Mehrings Stellungnahme zu den *Webern* noch zurückhaltender, der Begriff »sozialistisch« fiel in diesem Zusammenhang nicht mehr. Mehring sah die *Weber* zwar noch als eine Weiterentwicklung im dramatischen Schaffen Hauptmanns, aber doch im Unterschied zu 1893 nicht mehr als ein Kern sozialistisches Stück. Was Mehring nun hervorhob, waren künstlerische Qualitäten, wie die Darstellung der Gestalten »voll ergreifenden packenden Lebens in jeder Bewegung, in jedem Worte«, oder »ganz im Geiste der klassischen Ästhetik [...] die ästhetische Schönheit und Wahrheit« im letzten Akt des Stückes (vgl. Dok. 91).

Anders als Mehring 1893 beurteilten Kritiker im sozialdemokratischen *Vorwärts*, einem offiziellen Organ der Sozialdemokratie, die *Weber* in Artikeln, die nach der Premiere im Deutschen Theater 1894 erschienen. So wies ein Kritiker die Sozialismus-Vorwürfe gegen das Stück und seinen Autor entschieden zurück. Die *Weber* seien »kein revolutionäres Stück, und ebenso wenig sind sie ein sozialistisches Stück, wenn auch eine soziale Tragödie behandelnd. Wer vom Wesen des Sozialismus einen Begriff hat, erkennt auf den ersten Blick, daß ein Sozialist die ›Weber‹ nicht geschrieben haben kann« (zit. nach: *Gerhart Hauptmanns »Weber«*, S. 236). In einer früheren Ausgabe des *Vorwärts* hatte ein Kritiker der Weber-Aufführung auch deutlich formuliert, was er von einem sozialistischen Dichter erwartet hätte: »Ein sozialistischer und revolutionärer Dichter hätte, um die Leiden des Volkes zu zeigen, vermuthlich einen anderen Stoff gewählt, der auch die *Kraft* des Volkes besser zur Anschauung gebracht hätte – jedenfalls hätte er den Stoff anders bearbeitet« (zit. nach: *Gerhart Hauptmanns »Weber«*, S. 210).

1 Cord Hachmann (geb. 1848), Hamburger Arbeitersohn, widmete sich ab 1864 der Bühne, ohne je eine entsprechende Ausbildung erhalten zu haben. Er begann als Schauspieler in Hamburg, Flensburg, Halle, Bremerhaven u. a. 1890 kam er als Regisseur zur Freien Bühne nach Berlin, hier führte er Regie bei Hauptmanns *Einsamen Menschen* (1891), ebenso 1893 bei Hauptmanns *Webern*. 1893–1897 arbeitete er als Oberregisseur am Deutschen Theater, ab 1900 am Deutschen Schauspielhaus in Hamburg.

120
Friedrich Spielhagen: *Gerhart Hauptmanns »Die Weber«*. In: Friedrich Spielhagen: *Neue Beiträge zur Theorie und Technik der Epik und Dramatik*. Leipzig (L. Staackmann) 1898, S. 279–286.

> Heldlos erscheint euch das Stück?
> Wie denn? Durch sämtliche Akte,
> Wachsend in riesiges Maß,
> schreitet als Heldin die Not.

Als ich »Die Weber« nur erst aus der Lektüre kannte, sagte ich zu mir, im Sinne der alten Schule denkend: Sehr trefflich, durchweg bedeutsam, stellenweis großartig! aber, trotz alledem, dies ist doch keine Tragödie, nicht die Nachahmung einer Handlung, welche notwendig einen Mittelpunkt und Träger haben muß, den man den Helden nennt. Wer denn wäre hier der Held? Im ersten Akte könnte man vermuten, daß der »rote« Bäcker, der in seiner kraftvollen Opposition gegen den Fabrikanten über das verkommene Volk um ihn her um Haupteslänge hervorragt, sich in der Folge dazu qualifizieren werde. Aber im zweiten Akte schon, aus dem er verschwunden ist, scheint der entlassene Soldat Moritz Jäger an seine Stelle und an die Spitze der sich vorbereitenden Bewegung zu treten. Doch auch mit dieses jungen Mannes Heldenqualität steht es mißlich: man kann ihm weiterhin nur die Rolle eines der Rädelsführer zubilligen. Um im dritten Akt mit dem Helden herauszukommen, damit wäre es nun wohl allewege zu spät; aber auch der dritte Akt und die noch folgenden sind nach dieser Seite nicht ergiebiger, und so kam ich zu dem obigen Schluß, der dem Stücke den Helden absprach und mit dem Helden den Rang und die Würde einer vor Meistern und Gesellen gerechten Tragödie.

Aber, mußte ich mich weiter fragen, wer sagt dir denn, daß der Dichter überall eine solche gewollt hat? Ist es nicht ein Dogma der neuen Schule, daß dergleichen sogenannte regelrechte Kompositionen unweigerlich zur Verletzung der Bescheidenheit der Natur, zur Verschleierung und Verzerrung der Wahrheit führen? Wir aber wollen Natur, wollen Wahrheit. Die finden wir nur, wenn wir das Leben nehmen, wie es sich gibt: in seiner Zusammenhangslosigkeit, die sich am Augenblick und seiner zeugerischen Urkraft genügen läßt, ohne danach zu fragen, ob der nächste, nicht minder zeugungskräftige, dem vorangegangenen freundlich oder feindlich ist. So kann man denn wohl in einem Akt, besser noch in einer Scene Natur und Wahrheit zu Ehren bringen; und wenn ihr uns das von jedem, oder jeder unsrer aneinandergereihten Akte oder Scenen bestätigten müßt, so haben wir unsere dichterische Pflicht vollauf erfüllt.

Ich lasse die Berechtigung oder Nichtberechtigung dieser Ansicht dahingestellt; nur will mich bedünken, daß die Tendenz der Phantasie, ihre Gebilde möglichst um einen Mittelpunkt zu gruppieren, nach dem sie gravitieren, und von dem wieder eine Kraft ausstrahlt, die bis zu jedem Punkte der Peripherie zu dringen strebt, sich unweigerlich auch bei denen geltend macht, welche diesen Mittelpunkt in seiner ästhetischen Notwendigkeit leugnen, ja, in ihm den Krebsschaden alles künstlerischen Schaffens sehen.

Als ich »Die Weber« las, vermißte ich peinlich einen Helden; als ich das Stück aufführen sah, entdeckte ich zu meiner freudigen Überraschung etwas, das ich gern als Äquivalent des vermißten Helden gelten ließ: ich entdeckte eine Heldin.

Diese Heldin ist die Not.

Genauer gesprochen: die Not der schlesischen Weber; noch genauer zu sprechen: die Not der schlesischen Weber in den vierziger Jahren.

Respekt vor dieser Heldin! Sie nimmt es mit den Athleten der Heldensippe, mit einem Lear, Macbeth, Othello auf. Sie kommt nicht von der Bühne, auch im Salon des Fabrikanten nicht. Auch da steckt sie, ehe sie in voller Person erscheint, ihr bleiches Gesicht in die Reden der Herrschaften hinein. Und wie sie wächst und wächst! Wie das blutlose Geschöpf sich im ersten Akt vor den Augen des harten Herrn und vor sich selbst noch verstecken möchte! Wie es im zweiten ohne Scheu ihr Elend vor dir ausbreitet und die paar verhüllenden Lumpen von sich streift, daß der Jammer in seiner gräßlichen Nacktheit vor dir steht! Und immer wächst und wächst und die Knochenfinger um deinen Hals klammert und als fürchterlicher Alb auf deine Brust drückt, daß du nicht mehr atmen kannst und ersticken müßtest, wenn du dich nicht mit einem wilden Schrei befreitest, der zusammengellt mit dem Wutschrei der Heldin, die sich nun zu ihrer vollen Höhe und zu der That aufrafft, auf die alles und jedes in dieser ihrer seltsamen Tragödie mit unwiderstehlicher Kraft treibt und drängt: zur offenen Empörung gegen ihre Peiniger.

Von diesem Standpunkt gesehen – und, wie gesagt, ich habe ihn mir nicht gesucht, die Aufführung hat ihn mir gebieterisch angewiesen – ist das Stück von einer Einheitlichkeit und kraftvollen Konzentration, die nichts zu wünschen lassen, wenigstens nicht, solange man im vollen Banne des momentanen Eindrucks steht.

Dennoch, wie Großes auch Hauptmann hier geleistet, das Höchste ist es nicht, nicht im allgemein ästhetischen Sinn und nicht in der speciellen Beziehung auf ihn, der sicher noch Größeres zu leisten berufen und auserwählt ist. Und sehr würde ich beklagen, was nun leider unausbleiblich scheint: daß sein Vorgehen Nachfolger fände und »die Weber« Schule machten. Die Nachfolger möchten Nachtreter werden und die Schüler einer Rotte, über die der Magister, auf dessen Worte sie schwört, zuerst die Zuchtrute schwingen müßte. Quod licet Iovi – aber wehe, wenn sie losgelassen, frei, ohne seine machtvolle Gestaltungskraft, ohne seine eminente Gabe zu charakterisieren und zu individualisieren, sich auf verwandte Stoffe stürzen und uns die Not der Bergleute, der Nägelschmiede, der Cigarrendreher, der Leimsieder – was weiß ich – ad aures et oculos zu demonstrieren unternehmen! Es wäre damit, wie mit der schrecklichen Saat der blechernen Ritterstücke, die nach Goethes Götz von Berlichingen überall aus dem deutschen Boden wuchs.

Ich bin sicher nicht der einzige, dem bei Gerhart Hauptmanns »Webern« Goethes Götz wieder und wieder in Erinnerung kommt. Ich denke dabei an die erste Niederschrift aus dem Jahre 1771, nicht an die zweite, bald darauf erfolgte, bereits abgeschwächte, geschweige denn an die dritte, völlig verwässerte. Es wäre eine dankbarste Aufgabe, die Parallele, die sich ungesucht zwischen der »Geschichte Gottfriedens von Berlichingen mit der eisernen Hand, dramatisiert« und den »Webern« darbietet, genau durchzuführen; ich muß mich auf die Hervorhebung von ein paar in die Augen springenden Punkten beschränken.

Wie heute, so damals zitterte durch die ganze junge Generation die Ahnung einer Zukunft, die nur darum so zu heißen schien, weil sie notwendig kommen mußte. Damals war es die französische Revolution, deren Blutgeruch in der Luft schwebte; heute glaubt man den Namen des großen hereindrohenden Ereignisses schon zu wissen; man munkelt ihn sich schaudernd in die Ohren; man schreit ihn laut aus in tobenden Versammlungen von tausenden Brot- und Arbeitsloser. Damals waren die Propheten des erwarteten Messias: Voltaire, Rousseau und die Encyklopädisten, heute: Marx, Lassalle, Bebel und die Flut der Broschüren, von denen jede behauptet, daß es so nicht bleiben könne; jede den Weg, auf dem einzig und allein zum Heil zu gelangen ist, zu kennen glaubt. Und in der schriftstellerischen und künstlerischen Jugend der Ruf: Nieder mit den alten Perücken! weg mit Puder und Schminke! à bas die scheinheilige Dreieinigkeit und Handlung, Zeit und Raum! und hoch die Natur! und abermals: die Natur!

Nur daß die ästhetisch-revolutionäre Jugend eine deutsche damals war und heute ist, für welche die Natur aus erster Hand stets etwas Befremdliches hat und die sie darum aus zweiter Hand zu nehmen selten verschmäht. Damals hieß die zweite Hand: Shakespeare, heute heißt sie: Zola, Ibsen, Tolstoj.

Aber die heutige Generation ist in einer glücklicheren Lage, als die von damals. Die Wirklichkeit der Dinge umgibt sie zu dichtgedrängt; sie können sie nicht von sich weisen; und die kraftvollen Talente wollen es auch nicht, sondern lassen bald jene zweite Hand fahren und erfassen keck und trotzig die erste. Selbst ein Goethe mußte noch, um sich einen dramatischen Helden nach seinem Sinn zu schaffen, zweiundeinhalb Jahrhundert in das Mittelalter zurückgreifen; Hauptmann brauchte nach den Menschen, die er nötig hatte, nicht

so weit zu suchen. In dem an seinen Vater gerichteten Vorwort zu den »Webern« heißt es:
»Deine Erzählung vom Großvater, der in jungen Jahren, ein armer Weber, wie die geschilderten, hinterm Webstuhl gesessen, ist der Keim meiner Dichtung geworden.« Das ist denn
freilich etwas anderes, als die Lektüre von Götzens Geschichte, wenn der alte Haudegen sie
auch selbst mit seiner eisernen Hand geschrieben. Nun brauchte der Dichter allerdings nicht
zu fürchten, daß ihm die hinzufabulierte Gestalt einer Adelheid zu sehr ans Herz wüchse und
ihm das Concept verdürbe. Und noch weniger stand für ihn zu besorgen, es möchte ihn die
packende Wahrheit, mit der er die Not seiner Weber geschildert, hinterher gereuen, wie
seinen großen Vorgänger die ergreifenden Farben, in denen er ursprünglich das Elend seiner
gehudelten Bauern dargestellt. Hätte er, der große Vorgänger, diese Farben doch, wenn
möglich, noch brennender gemacht! Hätte er seinen Bauern, anstatt sie diplomatisch aus dem
Stück hinauszuweisen, in ihm einen noch breiteren, viel breiteren Raum gewährt! Vielleicht
wäre er dann doch auf den Gedanken gekommen, der so nahe zu liegen scheint: seinen Götz
nicht unfreiwillig, sondern aus Herzensdrang an die Spitze der Aufrührer treten und ihn, den
Helfer und Beschützer aller Armen und Elenden von jeher, schließlich als Vorkämpfer für die
»in den Kot getretenen« Rechte der Ärmsten und Elendesten fallen zu lassen. Da hätte er
freilich der Geschichte, wie er sie vorfand, Gewalt anthun müssen; aber zu einem wirklichen
Helden wäre er gekommen, und wir hätten heute eine wirkliche Tragödie mehr, anstatt einer
dramatisierten Geschichte.

Oder es wäre ihm wenigstens aus der Bauernnot eine Heldin für sein Stück erwachsen, wie
Hauptmann für das seine aus der Webernot.

Aber, wie damals, so heute brauchen die jungen Stürmer und Dränger keinen Helden und
keine Heldin. Sie wollen Natur und Wahrheit; was darüber ist, ist vom Übel.

Und so wäre denn wohl hier das Dogma der Schule, Wahrheit in der Dichtung zu bieten,
die ganze Wahrheit und nichts als die Wahrheit, zur großartigen That geworden. Ich bin
überzeugt, die Zuschauer, welche nach jener denkwürdigen Matinee der »Neuen Freien
Bühne« am 26. Februar 1893 in tiefster Seele erschüttert, das »Neue Theater« verließen,
werden geneigt gewesen sein, es buchstäblich zu unterschreiben. Ob ihnen nicht aber doch
nachträglich Zweifel daran aufgestiegen sind? Ob sie sich nicht gefragt haben: war dies
wirklich, wenn auch nichts als Wahrheit, die ganze Wahrheit? die Wahrheit, auf welche die
Wissenschaft es abgesehen hat, und die ans Licht zu bringen, sie auch allein in der Lage ist?
Würde sie sich bei ihrer Enquete damit begnügt haben, die Not dieser Unglücklichen zu
konstatieren? nicht nach den zureichenden Gründen geforscht und dabei vielleicht herausge-
bracht haben, daß mit nichten die Hartherzigkeit der Arbeitgeber die alleinige Ursache des
Weber-Elends in den vierziger Jahren war; daß dieses Elend, wären jene die humansten der
Menschen gewesen, entstehen mußte infolge schlimmer Handelskonjunkturen und des unauf-
haltsamen Umschwunges, der sich in eben jener Zeit in der Textilindustrie vollzog und
Maschinenarbeit anstatt der landläufigen Handarbeit gebieterisch forderte zum Verderben
derer, die der Forderung nicht nachkommen konnten oder oft, sehr oft, jedes ihnen zur
Verbesserung ihrer Lage entgegengetragene, aufgedrängte Auskunftsmittel stumpfsinnig von

sich weisend, nicht nachkommen wollten, und so freilich dem Elend rettungslos preisgegeben waren? Von dieser ruhig-objektiven Betrachtung der Dinge, die der Wissenschaft heilig ist, weiß Hauptmann in seinem Drama nichts. Ich gebe zu, hätte er davon gewußt oder wissen wollen und, wie die Not der Arbeiter, so die Hilflosigkeit der Arbeitgeber gegenüber Verhältnissen, die ihnen über den Kopf wuchsen, mit den entsprechenden kräftigen Farben geschildert, – der ungeheuren Wirkung, die sein Stück jetzt hat, würde es sicher ermangeln. Dann aber möchte ich den Naturalisten zurufen: wenn ihr, was euch ja kein Billigdenkender verübeln wird, Wirkung wollt, so gebt wenigstens zu, daß ihr sie nur auf Kosten der Wahrheit haben könnt, eben der Wahrheit, an welcher sich, wenn man euch hört, die Dichter der alten Schule so gröblich versündigen.

Nun, mögen die Anhänger der neuen walten! Nutz- und verdienstlos ist ihr heißes Bemühen, ihr ehrliches Streben sicher nicht. Und vielleicht findet doch einer oder der andere von ihnen heraus, daß reinste Natur und höchste Kunst nicht so feindlich sich gegenüberstehen, wie es ihnen heute scheint.

Friedrich Spielhagen, liberaler Romanautor (vgl. Dok. 49), war selbst bei diesem bedeutendsten Drama des deutschen Naturalismus nicht bereit, die Strukturveränderungen der naturalistischen Dramatik als »höchste Kunst« anzuerkennen. So wie er 1881 bereits Ibsens *Nora* den Titel »echtes Kunstwerk« versagt hatte (vgl. Komm./Dok. 49), so urteilte er auch über die *Weber*: »Dennoch, wie Großes auch Hauptmann hier geleistet, das Höchste ist es nicht, nicht im allgemeinen Sinn und nicht in der speziellen Beziehung auf ihn...« (s. Dok. 120). Spielhagen blieb der Vertreter einer von Gustav Freytag kanonisierten Dramaturgie. Interessanterweise fügte Spielhagen seiner Kritik, die erstmals 1893 im *Magazin für die Litteratur* erschienen war, für die Ausgabe 1898 einen Passus ein (Von: »Und so wäre denn wohl hier das Dogma der Schule...« bis »... die Dichter der alten Schule sich gröblich versündigen«). Mit diesem Abschnitt bekräftigt Spielhagen die Rechtfertigung seiner Kritik an der naturalistischen Formzertrümmerung, indem er gerade die »Wahrheit«, in deren Namen die Formveränderungen durchgesetzt werden, zu einem uneingelösten Postulat erklärte. Spielhagen blieb dabei, daß »reinste Natur« und »höchste Kunst« (in der von ihm verstandenen kanonisierten Form) zu vereinen seien. Selbst wenn Spielhagen Hauptmann höchstes künstlerisches Lob versagte, so ist seine Kritik doch insofern zu würdigen, als Spielhagen seiner liberalen Position treu blieb und nicht in die nationalistisch-chauvinistische Hetzkampagne gegen Hauptmann und seine Verteidiger einstimmte.

121

Theodor Fontane: *Hauptmann. Die Weber.* [1894] In: Theodor
Fontane: *Sämtliche Werke. Aufsätze Kritiken Erinnerungen.* 2. Bd.
Theaterkritiken. Hrsg. v. Siegmar Gerndt. München (Hanser) 1969,
S. 858–859. (Erster öffentlicher Abdruck: *Das literarische Echo.*
1. Jg. 1898/99, Heft 2).

Es ist ein Drama der Volksauflehnung, das sich dann wieder in seinem Ausgange, gegen diese
Auflehnung auflehnt, etwa nach dem altberlinischen Satze: Das kommt davon!

Was Gerhart Hauptmann für seinen Stoff begeisterte, das war zunächst wohl das Revolutionäre darin; aber nicht ein berechnender Politiker schrieb das Stück, sondern ein echter
Dichter, den einzig das Elementare, das Bild von Druck und Gegendruck reizte.

Die »Weber« wurden als Revolutionsdrama gefühlt, gedacht, und es wäre schöner und
wohl auch von unmittelbarer, noch mächtigerer Wirkung gewesen, wenn es sich ermöglicht
hätte, das Stück in dieser seiner Einheitlichkeit durchzuführen. Es ermöglichte sich aber *nicht*,
und Gerhart Hauptmann sah sich, und zwar durch sich selbst, in die Notwendigkeit versetzt,
das, was ursprünglich ein Revolutionsstück sein sollte, schließlich als Anti-Revolutionsstück
ausklingen zu lassen. Es ließ sich nicht anders tun, nicht bloß von Staats und Obrigkeits
sondern, wie schon angedeutet, auch von Kunst wegen. Todessühne, Zugrundegehen eines
Schuldigen, das ist ein Tragödienschluß, Radau mit Spiegelzertrümmerung nicht. Das ist
einerseits zu klein, andererseits die reine Negation. Wir wollen das Unrecht unterliegen, aber
zugleich auch das Recht (das kein absolutistisches zu sein braucht) triumphieren, sich als
rocher de bronce stabilisieren sehen. Was triumphiert, muß des Triumphes würdig sein. Hier
aber, am Schluß des vierten Aktes, hätte der abschließende, revolutionäre Sieg nichts bedeutet
als – was eben zu wenig ist – den Sieg nichts bedeutet hat – was eben zu wenig ist – den Sieg
der Rache. Das Einsehen davon schuf den 5. Akt. Auch in ihm – wiewohl er nicht bloß ein
Verstandes-, sondern sogar ein Widerspruchsprodukt ist – bewährt sich noch Gerhart Hauptmanns großes dichterisches Talent, aber doch mit der Einschränkung, die sich aus dem alten
»Gebt ihr euch einmal für Poeten, so kommandiert die Poesie!«, wie von selbst ergibt.

Der 5. Akt ist ein Notbehelf, ein Zwang, aber doch, was uns trösten muß, ein Zwang, der
nicht bloß in Klugheitserwägungen oder wohl gar in von außen kommenden Einflüssen,
sondern viel viel mehr in der eigenen Einsicht von der Unvermeidlichkeit einer solchen Zutat
wurzelt.

Daß dadurch etwas entstand, was revolutionär und antirevolutionär zugleich ist, müssen
wir hinnehmen und trotz des Gefühls einer darin liegenden Abschwächung doch schließlich
auch gutheißen. Es ist am besten so, denn das Stück erhält durch dieses Doppelgesicht auch
eine doppelte Mahnung, eine, die sich nach oben, und eine andere, die sich nach unten
wendet und beiden Parteien ins Gewissen spricht.

In einer gewissen Balancierkunst des 5. Aktes gegen die vier voraufgegangenen erinnert das
Stück an Schillers Tell.

Diese Besprechung Fontanes, seine letzte Theaterkritik, war für die *Vossische Zeitung* bestimmt, wurde aber erst 1898 im *Literarischen Echo* veröffentlicht. Der ob. dok. Text weicht ebenso wie der Abdruck in der Zeitung gering von der Handschrift ab, der die Veröffentlichung im Marbacher Ausstellungskatalog folgt (*Gerhart Hauptmann. Leben und Werk. Sonderausstellungen des Schiller-Nationalmuseums.* Katalog Nr. 10. Hrsg. v. Bernhard Zeller, Marbach 1962, S. 82f.). Ein Brief Fontanes an Otto Brahm vom 27. 9. 1894 gibt Aufschluß über die Entstehungszeit, nämlich einen Tag nach der Premiere der *Weber* im Deutschen Theater, und er zeigt auch den unmittelbaren Eindruck, den die Aufführung auf Fontane machte. Fontane beglückwünschte Brahm zu dem »großen Erfolg«, er nannte das Stück »vorzüglich, epochemachend« und bezeichnete Hauptmann als einen »liebenswürdigen Dichter, der mal wirklich einer ist und ein Mensch dazu.« Er schloß den Brief »mit dem Wunsche, daß, wie die deutsche Literatur ein Prachtstück, so das Deutsche Theater ein Zug- und Kassenstück gewonnen haben möge« (s. ebd., S. 83f.). Diesem euphorischen Lob der *Weber* durch den 75jährigen Fontane gehen bereits zahlreiche Äußerungen des Dichters zur naturalistischen Dramatik voraus, in denen er Hauptmann und auch Arno Holz/Johannes Schlaf in ihren literarischen Neuerungs-Bestrebungen ermutigte (vgl. Komm./Dok. 45).

Darüber hinaus erwartete Fontane in den 90er Jahren aber auch im gesellschaftlichen Bereich grundlegende Veränderungen. In einem Brief von 1895 benannte er die Veränderungen deutlich, an die er seine Hoffnungen knüpfte: »Ehe nicht die *Macht*verhältnisse zwischen alt und neu zugunsten von ›neu‹ sich ändern, ist all unser politisches Tun nichts als Redensartenkram und Spielerei. Existierte nicht die Sozialdemokratie und hätte nicht die Aufrichtung des Reiches dem alten Preußentum einige arge Schwierigkeiten eingebrockt, so wäre die Situation auf absehbare Zeit wohl hoffnungslos; so, wie's liegt, ist wenigstens die Möglichkeit der Änderung gegeben, freilich auch zum Schlimmeren« (Brief an Friedrich Stephany, Chefredakteur der »Vossischen Zeitung«, v. 23. 2. 1895, zit. nach: *Fontanes Briefe in zwei Bänden.* Ausgew. u. erl. v. Gotthart Erler, Bd. 2, Berlin u. Weimar 1968, S. 366). Vor dem Hintergrund solcher Äußerungen wird erkennbar, wieso Fontane in seiner Interpretation der Autorintention in seiner ob. dok. Aufführungsbesprechung Hauptmann aller Wahrscheinlichkeit nach – vergleicht man dessen eigene Äußerungen zu dem Stück, die über Jahrzehnte hinweg das Motiv christlicher Nächstenliebe betonen – doch überinterpretiert. Die Frage bleibt, ob Hauptmann »dieses Doppelgesicht«, das Fontane erkennt, wirklich beabsichtigte und fraglich ist auch, ob der fünfte Akt im wesentlichen »von Kunst wegen«, ein Ergebnis des »dichterischen Talentes« ist. (vgl. Äußerungen Hauptmanns zu den *Webern* aus Werken, Briefen und Gesprächen, dok. bei: *Gerhart Hauptmann's »Weber«. Eine Dokumentation.* Hrsg. v. Helmut Praschek. Berlin/DDR 1981, 316–334).

122
John Schikowski: »*Weber*«-Première im Deutschen Theater in Berlin. In: *Die Gesellschaft. Monatschrift für Litteratur, Kunst und Sozialpolitik.* Hrsg. v. Michael Georg Conrad. 10. Jg. Leipzig (W. Friedrich) 1894, Bd. 2, November-Heft, S. 1493–1495; hier: S. 1493–1494/1495.

Am 25. September fand im Deutschen Theater in Berlin die erste öffentliche Aufführung von Gerhart Hauptmanns »Webern« statt. Das Theater war – zum erstenmal unter der Direktion Brahm – bis auf den letzten Platz ausverkauft. Es ging im Foyer sogar das Gerücht, »die Sozialdemokraten« wären in hellen Haufen herangezogen, um vom hoh'n Olymp herab dem sozialistischen »Parteidichter« ihre Ovationen darzubringen: im Parkett bemerkte man die Fraktionshäuptlinge Singer und Liebknecht. Aber es war wahrhaftig nicht notwendig, sozialdemokratische Hilfstruppen zu kommandieren, denn noch nie habe ich bei einer Première einen so einstimmigen, gewaltigen, geradezu rasenden Beifallsturm erlebt, wie am Abend des 25. September im Deutschen Theater. Auch nicht an einer einzigen Stelle wurde die geringste Opposition laut. Und das will bei der Première eines modern realistischen Dramas etwas bedeuten. Wenn ich an den Empfang denke, den man 1889 hier dem Erstlingsdrama Hauptmanns angedeihen ließ, wenn ich mich der schmachvollen Première der »Einsamen Menschen« und des bodenlosen Unverständnisses erinnere, das Zuschauer, Regie und Darsteller diesem Meisterwerke entgegenbrachten, dann kann ich nur konstatieren: Das Berliner Publikum hat in den letzten fünf Jahren Fortschritte gemacht. Die schnoddrigen Witze aus Blumenthals witzreichem Munde und die moralische Entrüstung des tugendhaften Lindau haben die neue Kunst nicht tot machen können – das hat der Beifall am 25. bewiesen. Das Publikum hat Fortschritte gemacht, und die Mimen auf hohem Kothurn haben ebenfalls zu- und umgelernt. Und das war allerdings notwendig. Sie sahen sich plötzlich einer Dichtkunst gegenüber, die ihnen keine »Rollen« bietet, sondern die Aufgabe, handelnde Menschen darzustellen, einer Kunst, die keine »Schauspieler« brauchen kann, sondern Menschendarsteller verlangt. Da war denn freilich die Not zuerst groß, und mancher herrliche Histrione, der sich daran gewöhnt hatte, mit wollüstigem Tremolo und schwellenden Beinmuskeln dem keuschen Backfisch im Parkett Verständnis und Schwärmerei für »die Kunst« beizubringen, mußte vor der neuen Dichtung die stolz geblähten Segel streichen. [...]

[...]

Alles in allem: Für die moderne Kunst reicht die alte Bühne nicht mehr aus, das bewies die »Weber«-Aufführung von neuem. Ich habe von Hauptmanns Dramen bisher »Vor Sonnenaufgang«, »Einsame Menschen«, »Kollege Crampton« und jetzt die »Weber« auf der Bühne gesehen – bei allen vieren war der Eindruck der gleiche: die eigentlichen Theatereffekte, der Roheit des Publikums zu Liebe von den Komödianten noch dreimal dick unterstrichen, traten grell hervor: die zierlichen Feinheiten im Detail, die kleinen Mosaikstückchen, aus denen sich bei Hauptmann alles zusammensetzt, von denen jedes charakteristisch und notwendig ist zum vollen Verständnis der Charaktere und der Stimmungen, und bei denen es auf jede Einzelheit ankommt, auf die Jahreszeit, auf die Tageszeit, auf das Wetter u.s.w. u.s.w. – alles, alles geht unter und ist rettungslos verloren. Ich bedaure die Leute geradezu, die heutzutage noch an die Bühne glauben und in diesem Glauben sich damit begnügen, die Hauptmannschen Dramen zu »sehen«, und nicht zu lesen. Aber – Schwamm druber! – wir müssen schon vorläufig die frommen Wünsche zu Hause lassen und uns seufzend mit dem begnügen, was die heutige Bühnenkunst zu bieten imstande ist. Da können wir zugestehen: das deutsche Theater hat alles menschenmögliche geleistet, und Herr Brahm verdiente wohl mehr Dank, als ihm von gewisser Seite zu teil geworden ist. Denn ich muß zum Schluß noch eins bemerken. Das Berliner Publikum und die Berliner Schauspieler haben in ihrem Verständnis für die moderne Kunst Fortschritte gemacht. Die einzigen, die nichts zugelernt und aus naheliegenden Gründen auch nichts vergessen haben, waren die Berliner Kritiker! Einige Blätter hatten die Schamlosigkeit, dem Dichter vorzuwerfen, daß er, »aller künstlerischen

Bestrebungen bar«, mit seinen »Webern« lediglich die sozialdemokratische Propaganda bezwecke; Schauspieler, hieß es, die es fertig brächten, dergleichen Scheußlichkeiten darzustellen, verdienten nicht, Künstler genannt zu werden u. s. w. Selbst das Publikum bekam was weg und wurde in der »Post« wegen seines begeisterten Beifalls »destruktiver Tendenzen« bezichtigt. Nun, ich bin nicht in Sorge: wenn sich der Geschmack des Publikums erst gründlich geändert hat, werden diese kunstrichtenden »Tintenkulis«, wie sie von einem der scherzhaftesten unter ihren eigenen Genossen selbst genannt zu werden pflegen, ihr ästhetisches Glaubensbekenntnis nolens volens ebenfalls ändern müssen. Sonst entziehen ihnen ihre Brotherren die Arbeit. –

Die Hofloge im Deutschen Theater soll übrigens, wie die Zeitungen soeben melden, wegen der »Weber«-Aufführung gekündigt worden sein. Es lebe »Charleys Tante!«

Die zugespitzte politische Auseinandersetzung um die ersten *Weber*-Aufführungen verdrängte die Frage nach dem Verhältnis von naturalistischer Dramaturgie und Schauspielkunst in den Aufführungsbesprechungen dieses Stückes zwischen 1893 und 1894 fast durchweg (zur Diskussion um die veränderten Anforderungen an die Schauspielkunst ab 1882 vgl. Dok. 43). Auch das Verhältnis Text-Inszenierung war nicht der eigentliche Gegenstand der Diskussion, die sich mehr auf den gesellschaftlich-weltanschaulichen Gehalt einerseits und die Publikumsreaktionen andererseits konzentrierte. Lediglich Julius Hart konstatierte in seiner Besprechung der Aufführung am Deutschen Theater ähnlich wie Schikowski eine Vergröberung in der Inszenierung gegenüber dem Text. Während bei der Aufführung der Freien Bühne der »*Dichter* Hauptmann zur Geltung« gekommen sei, so habe bei der Premiere am Deutschen Theater der Beifall dem »*Menschen* [...], dem Politiker, dem Sozialisten, dem Revolutionär« gegolten. Nach Meinung Harts hatte daran auch die Regie einen entscheidenden Anteil, die »das Theatralische auf Kosten des Dichterischen heraus[kehrte] [...] der Rothstift wüthete unbarmherzig im Texte, damit nur gar keine ›Längen‹ übrig blieben. Mit den Längen wurden aber auch alle Feinheiten und Eigenarten ausgemerzt. Alles gewann einen gröberen und roheren Charakter. Der melancholischen, grauen und trüben Stimmung, die in der Hauptmannschen Dichtung über so großen Theilen ausgebreitet liegt, ist man weniger gerecht geworden, als den äußerlich wirksameren, lauteren Szenen der Volkserregung und der Volkswuth. An feiner Stimmung, an echter künstlerischer Haltung erreichte die Aufführung des ›Deutschen Theaters‹ bei weitem nicht die der ›Freien Bühne‹« (zit. nach: *Gerhart Hauptmanns »Weber«. Eine Dokumentation.* Hrsg. v. Helmut Praschek. Berlin/DDR 1981, S. 216).

123

L.[udwig] Z.[abel]: *Die Stellung des Staats und der Gebildeten zu Hauptmanns »Webern«.* In: *Die Gesellschaft. Monatsschrift für Litteratur,Kunst und Sozialolitik.* Verantw. Leitung: Hans Merian. 11. Jg. Leipzig (W. Friedrich) 1895, Bd. 2, August-Heft, S. 1097–1104.

Dreiviertel Jahre sind vergangen, seitdem Hauptmanns »Weber« zum ersten Male über die Bühne des deutschen Theaters gegangen sind, zur großen Genugthuung aller derer, die ein polizeiliches Verbot nicht nur als dem Geiste des neunzehnten Jahrhunderts widersprechend, sondern gerade auch gegen das wahre Interesse von Staat und Monarchie verstoßend angesehen hätten.

Vielleicht bleibt diesen die Enttäuschung nicht erspart, die hinterherkommend um so herber wirken muß. Der Minister des Innern, Herr von Köller, hat jüngst im Abgeordnetenhaus sein Bedauern über den die Aufführung freigebenden Entscheid des Oberverwaltungsgerichts geäußert, und – wer weiß, was daraus noch folgt! Bereits ist vor einigen Tagen in Brandenburg eine Aufführung des Stückes untersagt worden. Vielleicht kommt bald der Tag, wo Herr von Stumm und Genossen sich beruhigt abends schlafen legen können, ohne fürchten zu müssen, daß wieder einer neuen Schar das traurige Bild von der Not einer armen Volksklasse in die Seele gedrungen ist.

Doch schweigen wir von Herrn von Stumm. Thatsache ist, auch in wirklich gebildeten und nicht in kapitalistischen Interessen befangenen Kreisen findet man Leute, die unverhohlen ihre Abneigung gegen Hauptmanns »Weber« bekennen und einem Verbote mindestens keine Thräne nachweinen, vielleicht ganz gern ein solches sehen würden. Als Grund ihrer Abneigung geben sie gewöhnlich dann den an, den man überhaupt den Werken unsrer neueren Dichter gegenüber öfters hört: was da geschildert werde und vor sich gehe, gehöre nicht in den Bereich der »reinen«, »edlen« etc. Kunst. Es sei bedauerlich genug, daß die Wirklichkeit vielerwärts so traurig aussehe, das Reich der Kunst müsse damit verschont bleiben; kurz, die »Weber« seien kein wahres, reines Kunstwerk, sondern nichts weiter als ein soziales, manche sagen geradezu ein sozialdemokratisches Tendenzstück. Und in letzterem Ausdruck verbirgt sich auch der Grund, der in Wahrheit, bei den meisten wenigstens, oft vielleicht unbewußt, für ihre Stellungnahme entscheidend mitwirkt. Das ist es nämlich: den Leuten ist das Stück wegen des sozialen Inhalts unbequem. Da wird geredet von sozialer Not und arger, verzweifelter That, die daraus folgt; da erscheint das Elend handgreiflich auf der Bühne und spricht seine verständliche und drohende Sprache. Und sie, im vollen Genuß der materiellen und geistigen Güter unsrer Kultur, sie fühlen sich, auch wenn sie nicht wie andere mitschuldig sind an dem, was sie sehen, doch unbehaglich zu Mute, sie sehen und hören etwas, was sie wünschten, nie hören und sehen zu müssen. Geht es doch vielen, sehr vielen unsrer Gebildeten so: sie wissen im Innersten wohl, wie groß die soziale Not ist und wie groß die Gefahr, die von ihr droht. Aber unfähig, daran etwas zu ändern und keinen Ausweg zur Rettung sehend, schließen sie die Augen vor der Gefahr, die sie doch nicht bannen können, gehen fatalistisch ihren alten Weg weiter, ängstlich nur darauf bedacht, daß nichts sie in ihrer Ruhe und im Genuß jener Güter störe, und alles meidend, was sie an die drohende Gefahr erinnern könnte. Nach ihrem eigenen Willen gilt für sie der Spruch: sie hören mit hörenden Ohren nicht und sehen mit sehenden Augen nicht. Mögen sie sich aber auch dann nicht wundern, wenn das, was sie nicht sehen wollen, einst wie der Dieb in der Nacht über sie kommt.

Auch vergessen diejenigen, die Hauptmanns »Webern« wegen seines Inhaltes den Rang eines Kunstwerks streitig machen, vollständig, daß sie dann denselben Vorwurf gegen eine ganze Reihe anderer hochangesehener Dramen erheben müßten, wo es ihnen gar nicht einfällt. Gilt der Maßstab, den sie an die »Weber« anlegen, dann sind auch Schillers »Räuber« und »Kabale und Liebe« soziale Tendenzstücke, dann gehören auch die Verhältnisse, die in diesen Stücken geschildert werden, nicht in den Bereich der Kunst. Auch diese, vor allem »Kabale und Liebe« sind ganz auf den traurigen sozialen Verhältnissen der Zeit basiert, aus ihnen spricht geradezu ein sozial und politisch revolutionärer Geist. Wir empfinden das heute nicht mehr so, denn die Verhältnisse, die Schiller im Auge hat, existieren nicht mehr, gehören der Vergangenheit an. Aber die Zeit, in der und für die Schiller geschrieben hat, die hat es empfunden, und eben darum hat er so gewaltig auf sie gewirkt. Selbst Goethes »Götz von Berlichingen« und die ungeheure Wirkung, die er ausübte, ist von diesem Gesichtspunkt aus zu beurteilen und nur von diesem aus ganz zu verstehen. Oder glaubt man etwa, daß Goethe in der Scene z. B., wo Götz mit seiner Faust die perückengeschmückten Ratsherrn und Richter auseinanderscheucht, bloß harmlos an die Heilbronner Ratsherren des XVI. Jahrhunderts gedacht hat, und daß er nicht, selbst ein zweiter Götz, die Zöpfe und Perücken seiner Zeit am heiligen römisch-deutschen Reichskammergericht mit kräftigem Schlage treffen wollte? Daß nicht seine Zeitgenossen ihn verstanden und ihm deshalb noch ganz anders zujubelten als wir heute? Das pflegt man doch bereits in der Schule zu lernen. Man könnte aber daran zweifeln, wenn man heute ganz gelehrte Leute über moderne Stücke reden hört. »Kabale und Liebe« läßt man als Kunstwerk gelten. Und doch hat Schiller hier nichts anderes gethan, als in grellen Zügen ein Bild von der Unterdrückung des Bürgertums entworfen, gesprochen zu seiner Zeit von dem Unrecht dieser Zeit, von dem Unrecht, das damals die Bürger von despotischen Höfen zu dulden hatten. Und damals, wie heute noch, strömte das Bürgerthum in das Theater und begeisterte sich an diesem Protest gegen despotische Eingriffe in seine Freiheit und sein Recht. Aber wenn heute, nach hundert Jahren, ein Dichter von der Not und dem Unrecht seiner Zeit, den Leiden des vierten Standes spricht, dann zuckt mißvergnügt dasselbe Bürgertum die Achseln und sagt, das gehöre nicht in das Reich der Kunst, das sei kein wahres Kunstwerk.

Doch solange uns noch nicht eine objektive Definition des Begriffes »Kunst« gegeben worden ist, ist es, im Grunde genommen, überflüssig, über die Frage, ob »Die Weber« ein Kunstwerk sind oder nicht, zu streiten. Es ist ja ganz bequem, aber unwissenschaftlich und dünkelhaft, das eigene subjektive Empfinden für allein maßgebend zu erklären und alles dem Widersprechende als nicht vorhanden, nicht kunstgerecht abzuthun. In Wahrheit gilt – wenigstens solange jene objektive Norm nicht gefunden ist – daß jede Gattung von Kunst aus ihrem Dasein auch das Recht zum Dasein herleiten kann. Im andern Falle ist ja doch nie zum Schlusse zu kommen. Denn giebt man selbst einmal irgend eine Definition zu, so werden eben doch wieder im einzelnen Falle die Ansichten darüber, ob sie nun zutrifft oder nicht, verschieden sein.

Ein Kunstwerk soll erhebend wirken. Gut! Aber wann wirkt es erhebend? Gerade von den Webern behaupten viele, das Stück wirke auf sie nicht nur nicht erhebend, sondern geradezu abstoßend. Nun, die Empfindungen sind eben subjektiv verschieden. Auf mich haben die »Weber« erhebend gewirkt, erhebender als manches andere, hochgerühmte Kunstwerk. Denn nicht nur das Lied von Schuld und Sühne, auch das Lied von der Not, selbst ungesühnter Not, kann erhebend wirken. Es kommt nur auf den Menschen an, der es vernimmt. Wohl sind es rauhe, ja oft beinah' rohe Töne, die in den »Webern« an unser Ohr dringen. Aber aus ihnen heraus, aus dem Schrei der Not und der Verzweiflung heraus klingt wie von Ferne die harmonische Weise einer besseren Zeit, die die Erlösung von dieser Not und Verzweiflung bringt, nicht durch neue, gewaltthätige Schuld, sondern durch Recht und Gerechtigkeit. Aus dem traurigen Bilde, das sich da vor unserm leiblichen Auge entrollte, stieg vor meiner Seele das Bild eines großen Zieles auf, um das es den höchsten Kampf gilt, der vielleicht je bis jetzt gekämpft worden ist, an dessen Erreichung ein jeder nach seiner Kraft arbeiten sollte. Im Strudel des alltäglichen Lebens mit seinen Enttäuschungen und kleinlichen Sorgen kann es wohl sein, daß uns für Augenblicke jenes Ziel entschwindet und Kleinmut unsere Seele faßt. Dann sind wir dankbar jedem Rufer im Streit, der uns den Nebel vor den Augen wieder verscheucht und uns das Ziel aufs neue im hellen Glanz der Sonne erblicken läßt und die alte Begeisterung wieder entfacht. Das thut auch Gerhart Hauptmann in seinen »Webern«, so hat er auf mich auch erhebend gewirkt.

Freilich, »Die Weber« wirken nicht nur als Kunstwerk, sie sind mehr als ein bloßes Kunstwerk. Wie schon aus den vorigen Zeilen sich ergiebt, wirken sie auf den dafür Empfänglichen auch durch ihren unmittelbaren sozialen Inhalt. Um es kurz zu sagen, Hauptmanns »Weber« sind eine soziale That. Ich wüßte wenigstens niemand, der es bisher gewagt hätte, das soziale Elend und seine Folgen in solcher Weise, so schroff und unverhüllt, auf die Bühne zu bringen und damit in so furchtbar deutlicher Weise der modernen Gesellschaft ins Gewissen zu reden. Am Schluß des vierten Aktes dringen die aufrührerischen Weber in den Salon des Fabrikanten Dreißiger ein. Zuerst bleiben sie, wie eingeschüchtert von dem sie plötzlich umgebenden Glanze, unschlüssig und zaudernd stehen. Da kommt einem von ihnen, dem alten Ansorge, die Erinnerung an sein armes, elendes »Häusl«, das er nächstens, weil er den Hauszins nicht mehr zahlen kann, verlassen muß. Er ist darin geboren, er hat es von seinem Vater geerbt, der vierzig Jahre darin am Webstuhl gesessen und für seinen Besitz die Nächte durchgewacht und gar oft trocken Brot gegessen hat. So ist sein Besitz dem Sohne heilig, es ist ihm, so ärmlich es ist, ans Herz gewachsen. Und doch muß er daraus fort. Daran denkt er jetzt, er denkt daran, daß alles, was er im bittern Schweiße seines Angesichts gearbeitet hat, nur dazu gedient, die Pracht, die ihn hier umgiebt, mit zu begründen, und daß er sich selbst damit nicht einmal seine elende Hütte erhalten kann. Und da übermannt es ihn, in rasender Wut schreit er: »Nimmst Du mir mein Haus, nehm ich Dir Dein Haus. Drauf!« und giebt damit den andern das Zeichen, alles kurz und klein zu schlagen. Wohl ist es kühn, einen solchen Vorgang auf die Bühne zu bringen, aber in dieser Kühnheit ist die Scene von erschütternder Wirkung. Nicht abstoßend und häßlich wirkt sie, nein, Mitleid, tiefes Mitleid empfinden wir selbst da, und freilich Furcht, jene bange, den Atem raubende Furcht, die uns erfaßt, wenn wir ein furchtbares Ereignis, das wir hindern möchten, aber nicht hindern können, seinen verderblichen Lauf vollenden sehen. Wer nicht weiß, was Aristoteles unter Furcht und Mitleid verstand, der gehe in »Die Weber«, da wird er es lernen!

Gewiß, Gerhart Hauptmann redet eine deutliche Sprache, und die Eindrücke, die ich von der Aufführung empfing, bewiesen mir, daß die Zuschauer ihn verstanden. Oben im Theater, auf den Galerien und dem zweiten Rang, da ertönte nach jedem Aktschluß stürmischer Beifall, unten, im Parkett, dem ersten Rang u. s. w., war es still, sehr still, und nur vereinzelt hörte man hier und da klatschen, hier und da zischen. Das ist die Illustration zu dem, was ich über die Bedeutung des Stückes als einer sozialen That sagte. Der Beifall oben gilt nicht nur dem Kunstwerk an sich, sondern vor allem auch dem Dichter, der die Sache der Armen so warm da auf der Bühne vertritt; das Stillschweigen und Zischen unten gilt auch nicht etwa vorhandenen künstlerischen Mängeln, sondern dem, der in so rücksichtsloser Weise es wagt, die herrschende Gesellschaft an das von ihr geduldete, wenn nicht gar verschuldete Elend zu erinnern. Man kann gar nicht verlangen, daß jene Leute unten klatschen. Denn die meisten von ihnen sind ja selbst wie jener Dreißiger, dem auf der Bühne das Urteil gesprochen wird. Wohlgemerkt, um Mißverständnissen vorzubeugen: das Urteil trifft diesen Dreißiger nicht etwa als Person an und für sich, sondern als Glied seines Standes, nur das System in der Person. Es ist Hauptmann künstlerisch hoch anzurechnen, daß er es verschmäht hat, uns diesen Fabrikanten durch persönliche Untugenden unsympathisch zu machen, ihn uns etwa als besonders brutal und geldgierig, als besonders schlimm darzustellen. Durchaus nicht. Dreißiger thut nur, was alle andern Fabrikanten auch thun. Er ist nicht persönlich schlecht, sondern schlecht ist das System, das, weil es einmal das herrschende ist, auch er befolgt, ohne sich der Schlechtigkeit desselben voll bewußt zu sein. Und diesem System, dem auch der erste Rang und das Parkett huldigt, wird das Urteil gesprochen.

Ebensowenig sind etwa die Weber als besonders vortreffliche, engelsgleiche Menschen dargestellt. Im Gegenteil, ihre Führer, wie der rote Bäcker und Jäger sind recht wenig sympathische Gestalten. Hauptmann hat den großen Fehler, den Sudermann in die »Ehre« begeht – der Verfasser von »Sodoms Ende« und der »Heimat« kann schon eine solche Kritik seines Erstlingsdramas vertragen –, wo Graf Trast schön, ritterlich, ungeheuer reich, begabt, edelmütig, kurz ein wahrer Engel von Mensch ist, und die eigentlichen, konsequenten Vertreter der konventionellen Ehre höchst bedenkliche Individuen, und so Schatten und Licht von vornherein sehr ungleich verteilt sind, Hauptmann hat diesen Fehler vermieden, und so einem Vorwurf, der sich gerade gegen solche Werke sozialen Inhalts leicht und oft erheben läßt, die Spitze abgebrochen: mag er auch bestrebt gewesen sein, durch seine »Weber« für die

Sache der Arbeit, die Sache der Armen und Elenden überhaupt eine Lanze zu brechen, mag also meinetwegen eine soziale Tendenz dem Stück innewohnen, so hat er doch keineswegs durch tendenziöse Zeichnung der Personen und Charaktere seinen Zweck zu erreichen gesucht, wirklich tendenziös ist das Werk nicht geschrieben.

Vollends falsch nun ist es, zu behaupten, »Die Weber« seien ein sozialdemokratisches Tendenzstück. Einen solchen Vorwurf sollte doch billigerweise schon die Figur des alten Hilse unmöglich machen, dieser Typus eines ruhigen, jeder überlieferten Autorität willig sich fügenden Arbeiters. Denn er ist keineswegs, wie es leicht möglich gewesen wäre und einem von sozialdemokratischer Tendenz geleiteten Dichter ja nahe gelegen hätte, mißgünstig oder gar karikiert gezeichnet. Im Gegenteil, der alte Hilse ist vielleicht die sympathischste Gestalt des ganzen Dramas und diejenige, deren Geschick am tragischsten wirkt. So konnte auch ein Blick in den Zuschauerraum den Beobachter belehren, wie dieselben, die vorher den Reden und Thaten der verzweifelten Weber zugejubelt hatten, jetzt auch wie gebannt seinen Worten lauschten, welchen Eindruck auf sie auch seine Persönlichkeit machte. Wie Hilse vom Könige spricht, es mit als das Höchste, was ihm widerfahren kann, nennt, daß der König von Preußen seine Schwelle betritt, wie er mit Stolz ruft, daß er für den König geblutet hat, da regte sich kein Laut, keine Miene verzog sich, so weit ich sehen konnte. In der Zuhörerschaft eines sozialdemokratischen Tendenzstückes sollte, meine ich, eine andere Stimmung herrschen.

Ich fürchte beinahe, nur deshalb gilt vielen das Stück für sozialdemokratisch und umstürzlerisch, weil daraus ein Geist spricht, der den Arbeitern freundlich und dem Kapitalismus feindlich ist, weil Gerhart Hauptmann darin als Anwalt der Armen auftritt. Wenn das schon genügt, um als sozialdemokratisch verschrieen zu werden, dann wäre ich es auch. Ich bin es aber nicht. Ich bin Royalist vom Scheitel bis zur Zehe, und weiß damit sehr gut meine soziale Gesinnung in Einklang zu bringen. Mich läßt es also kalt, wenn man sie als sozialdemokratisch bezeichnen sollte, und ein derartiger Vorwurf hat mich noch nie in Gewissenszweifel versetzt. Aber man sollte doch mit der Bezeichnung »sozialdemokratisch« vorsichtiger und nicht so rasch damit zur Hand sein. In einem der besten Artikel, den je die Kreuzzeitung gebracht, 1889 zur Zeit ihres Kampfes gegen das Kartell, warnte sie vor der Bezeichnung »Reichsfeind« als einem Spiel mit dem Feuer und erinnerte daran, daß schon manche Menschen zu Verbrechern wurden, weil die Welt mit unbegründeter Hartnäckigkeit fortdauernd an ihrer Ehrlichkeit zweifelte. Etwas ähnliches gilt auch in Bezug auf das Wort »sozialdemokratisch«, welchem zudem schon sowieso eine ziemliche Kraft der Propaganda innewohnt. Es giebt Hunderte, die werden »Die Weber« lesen oder sehen und sich daran für die Sache der Arbeiter begeistern, ohne deshalb Sozialdemokraten zu sein. Aber wenn dann solche Leute in einem fort hören, das Stück sei umstürzlerisch und sozialdemokratisch, dasselbe Stück, das sie so begeistert, und das ihnen so aus der Seele gesprochen hat, dann werden sie, die zum größten Teile nicht imstande sind zu beurteilen, was an dieser Kritik richtig oder falsch ist, und die über ihre politische Anschauung nicht so mit sich im Reinen sind, es schließlich glauben und die Konsequenz daraus ziehen, daß die Sozialdemokratie doch etwas sehr Gutes sein müsse, und bereitwillig ihrer Fahne folgen. Dann hat sie aber nicht die Tragödie der

»Weber«, sondern das unverständige Geschrei der Leute der Sozialdemokratie in die Arme getrieben. Herr von Köller kann überzeugt sein, daß er mit einem Verbot dieser nur einen Gefallen erweisen wird. Ich höre schon, wie ihre Redner dann in die Versammlungen hineinrufen werden: »Die Regierung will arbeiterfreundlich sein und verbietet ein Stück, das sich der Sache der Arbeiter annimmt?! Da seht Ihr, was Ihr von ihren Beteuerungen zu halten habt!«

Ohne Zweifel geschieht ja dieses Zusammenwerfen von sozialdemokratisch und arbeiterfreundlich von manchen Seiten mit vollem Bewußtsein und absichtlich, und wenn Herr von Stumm und Genossen das thun, so ist es zu verstehen: sie wissen, warum sie es thun. Aber unbegreiflich ist es, daß man oben, von Seiten der Regierung, dieselbe Methode befolgt. Man spielt da ein sehr gewagtes Spiel, vielmehr ein Spiel, das von vornherein verloren ist. Noch ist es nicht entschieden, welchen Lauf die soziale Bewegung nehmen wird. Allein, stellt man sich fortdauernd von Seiten des Staates ihr feindlich gegenüber und verfolgt jede ihrer Äußerungen gleich als gegen Staat und Monarchie gerichtet, als sozialdemokratisch, dann wird man sie allerdings wirklich in sozialdemokratisches Fahrwasser leiten und damit definitiv der Sozialdemokratie zum Siege verhelfen. Denn jener Bewegung gehört die Zukunft, und es gilt, sie in die richtigen Bahnen zu lenken, nicht sie künstlich zu unterdrücken und einzudämmen zu suchen. Auf die Dauer wird der Damm dem Andrang doch nicht widerstehen können, und wehe! wenn sich ersteinmal mit Gewalt die Fluten Bahn gebrochen haben: dann werden sie mit dem Damm auch alles, was er schützen sollte, vernichten!

Auch die Regierung muß wissen, daß diese Bewegung nicht künstlich geschaffen ist, sondern daß in der That unsere sozialen Zustände recht bedenklich sind, und die unteren Klassen mit vollem Rechte eine Änderung und Besserung derselben erstreben. Gewiß birgt eine solche Bewegung Gefahren in sich. Um so mehr gilt es, sich an die Spitze derselben zu stellen und die Führung in dem großen sozialen Kampfe zu übernehmen. Und gerade die Monarchie ist dazu berufen, vor allem das preußische Königtum, dessen größter Vertreter das stolze Wort gesprochen hat: »Quand je serai roi, je serai un vrai roi des gueux!« Auf die Dauer könnte es sich doch nie auf Herrn von Stumm und Genossen stützen. Sein Wohl ist bedingt durch das Wohl der großen Masse des Volks, das in diesen Leuten seinen größten Feind mit Recht sieht. Heute richtet sich der Haß des Volkes nur erst gegen sie; aber wenn es sie je dauernd mit dem Königtum in Verbindung sehen sollte, dann würde schließlich der Haß auch dieses selbst treffen. Daß es je dahin kommt, daß wirklich das preußische Königtum so verkennen könnte, was die Gerechtigkeit und sein eigenes Interesse von ihm verlangt, kann ich nicht glauben. Dazu bin ich zu sehr Royalist. Ich glaube an den Beruf des Königtums, und daß es diesen Beruf erfüllen wird, glaube fest, daß es wirklich einst die Führung im sozialen Kampfe übernehmen und dadurch, durch seine Macht und Autorität, die Möglichkeit für eine friedliche und gesetzliche Entwicklung schaffen wird.

Ist es aber soweit, dann wird man auch Hauptmanns Drama nicht mehr feindlich betrachten, sondern freudig den Geist, der daraus spricht, als Bundesgenossen begrüßen, dann wird man nicht mehr die Aufführung der »Weber« verbieten, wohl aber verbieten, daß Diener der Krone solche Reden halten, wie sie jüngst Herr von Köller gehalten hat.

Aufgrund der Aktualität des historischen Stücks *Die Weber* war seine Rezeption eine ungemein politische und spiegelt sehr deutlich und direkt die unterschiedlichen sozialpolitischen Positionen der Kritiker wieder. Dabei kommt es zu überraschenden Übereinstimmungen bei der Beurteilung der politischen Tendenz des Stückes von sehr divergierenden Ausgangspositionen aus. So stimmt der Royalist Zabel hinsichtlich der Frage »sozial« oder »sozialistisch« durchaus mit den sozialdemokratischen Kritikern im *Vorwärts* überein und auch mit dem Kritiker des politisch auf der Seite des Kapitals stehenden liberalen *Berliner Börsen-Courier*. Darin zeigt sich wohl weniger die Beliebigkeit der Rezeption oder deren Unabhängigkeit von der Rezeptionsvorgabe, als vielmehr die Möglichkeit durchaus individueller Wahrnehmungsweisen innerhalb politischer Hauptströmungen, die bei der Vielschichtigkeit eines Kunstwerkes auch zu eigenständigen Ergebnissen führten. So auch bei Zabel, der seiner politischen Einstellung nach im Lager derer stand, die eine publizistische Hetzkampagne gegen die *Weber* als sozialistisches Tendenzstück entfachten, zum einen zur Unterstützung ordnungspolizeilicher Maßnahmen, zum andern, um einem Erfolg des Stückes in bürgerlichen Kreisen und einem damit verbundenen möglichen Solidarisierungseffekt entgegenzuwirken. Zabel war der Meinung, daß gerade in diesem Punkt möglicherweise eine gegenteilige Wirkung durch die Verhetzung des Stückes als »sozialistisch« erreicht werde. Wenn Zabel sich als Royalist bezeichnete, so stand er 1895 auf seiten der Junker, die ein verschärftes Vorgehen gegen die Sozialdemokraten gerade durch die Umsturzvorlage propagiert hatten. Dennoch plädierte er für eine besonnenere Betrachtung des Stückes, die ihm die Kampagne von rechts gegen das Stück als den politischen Zielen unangemessen erscheinen ließ.

Bibliographie (Auswahl)

A Textsammlungen, Neudrucke
B Forschungsberichte
C Sekundärliteratur
   zu I – Programmatik und Kunsttheorie
   zu II – Gattungen
   zu III – Rezeption

A   Textsammlungen, Neudrucke

Hermann Bahr, Zur Überwindung des Naturalismus. Theoretische Schriften 1887–1904. Ausgew., eingel. u. erläutert v. Gotthart Wunberg. Stuttgart, Köln, Berlin, Mainz 1968.

Carl Bleibtreu, Revolution der Literatur. Mit erläuternden Anmerkungen und einem Nachwort neu herausgegeben v. Johannes J. Braakenburg. Tübingen 1973.

Wilhelm Bölsche, Die naturwissenschaftlichen Grundlagen der Poesie. Prolegomena einer realistischen Ästhetik. Mit zeitgenöss. Rezensionen u. einer Bibliographie d. Schriften Bölsches neu hrsg. v. Johannes J. Braakenburg. Tübingen 1976.

Otto Brahm, Kritiken und Essays. Ausgew., eingel. u. erl. v. Fritz Martini. Zürich und Stuttgart 1964.

Otto Brahm, Gerhart Hauptmann. Briefwechsel 1889–1912 Herausgegeben von Peter Sprengel. Tübingen 1985.

Hermann Conradi, Ich bin der Sohn der Zeit. Ausgewählte Schriften. Hrsg. v. Rüdiger Bernhardt. Leipzig u. Weimar 1983.

Das Junge Wien. Ausgew., eingel. u. hrsg. v. Gotthart Wunberg. 2 Bde. Tübingen 1976.

Die Gesellschaft. Realistische Wochenschrift für Literatur, Kunst und öffentliches Leben. Hrsg. v. Michael Georg Conrad. 1885 ff. (Vollständiger Nachdruck: Nendeln/Liechtenstein 1970).

Die literarische Moderne. Dokumente zum Selbstverständnis der Literatur um die Jahrhundertwende. Ausgew. u. mit e. Nachwort hrsg. v. Gotthart Wunberg. Frankfurt a.M. 1971.

Gerhart Hauptmanns »Weber«. Eine Dokumentation. Hrsg. v. Helmut Praschek, mit e. Einleitg. v. Peter Wruck. Berlin/DDR 1981.

Heinrich und Julius Hart, Kritische Waffengänge. 6 Hefte. Leipzig 1882–1884 (Vollst. Nachdruck m. e. Einführung v. Mark Boulby. New York/London 1969).

Ibsen auf der deutschen Bühne. Texte zur Rezeption. Ausgew., eingel. u. hrsg. v. Wilhelm Friese. Tübingen 1976.

Literarische Manifeste des Naturalismus 1880–1892. Hrsg. v. Erich Ruprecht. Stuttgart 1962.

Manifeste und Dokumente zur deutschen Literatur 1890–1910. Hrsg. v. Erich Ruprecht u. Dieter Bänsch. Stuttgart 1970.

Franz Mehring, Aufsätze zur deutschen Literatur von Hebbel bis Schweichel. Berlin 1961. (= F.M., Gesammelte Schriften. Hrsg. v. Thomas Höhle, Hans Koch u. Josef Schleifstein. Bd. 11).

ders., Aufsätze zur ausländischen Literatur. Vermischte Schriften. Berlin 1963. (= F.M., Gesammelte Schriften. Bd. 12).

Naturalismus-Debatte 1890–1896. Dokumente zur Literaturtheorie und Literaturkritik der revolutionären deutschen Sozialdemokratie. Hrsg. v. H. Rothe. Berlin/DDR 1986.

Realismus und Gründerzeit. Manifeste und Dokumente zur deutschen Literatur 1848–1880. Mit e. Einführung in d. Problemkreis u. einer Quellenbibliographie. Hrsg. v. Max Bucher, Werner Hahl, Georg Jäger u. Reinhard Wittmann. 2 Bde. Stuttgart 1976.

Romanpoetik in Deutschland. Von Hegel bis Fontane. Hrsg. v. Hartmut Steinecke. Tübingen 1984.
Romantheorie. Dokumentation ihrer Geschichte in Deutschland seit 1880. Hrsg. v. Eberhard Lämmert u. a. Köln 1975.
Theorie des Naturalismus. Hrsg. v. Theo Meyer. Stuttgart 1980.
Verein Durch. Faksimile der Protokolle 1887. Aus der Wendezeit des deutschen Naturalismus. Hrsg. v. Institut für Literatur- und Theaterwissenschaft zu Kiel. Kiel 1932 (Nachwort v. Wolfgang Liepe).

B   Forschungsberichte

Deutsche Literatur des 19. Jahrhunderts (1830–1895) von Gotthart Wunberg in Zusammenarbeit mit Rainer Funke. Bericht 1. 1960/75. Bern, Frankfurt a.M., Las Vegas 1980. (= Jahrbuch f. Internationale Germanistik. Reihe C, Forschungsberichte. Bd. 1).
Sigfrid Hoefert, Naturalism as an international phenomenon: the state of research. In: Yearbook of comparative and general literature. 27 (1978), S. 84–93.
ders., Zum Stand der Naturalismusforschung. In: Akten des V. Internationalen Germanisten-Kongresses Cambridge 1975. H. 3. Hrsg. v. H.- Gert Roloff (= Jahrbuch für Internationale Germanistik. Reihe A. Kongreßberichte. Bd. 2) Bern, Frankfurt a.M. 1976, S. 300–308.
Alan Marshall, Recent Trends in naturalist research. In: German Life and Letters 33 (1979/80), S. 276–290.
Renate Werner, Das Wilhelminische Zeitalter als literarhistorische Epoche. Ein Forschungsbericht. In: Wege der Literaturwissenschaft. Hrsg. v. Jutta Kolkenbrock-Netz, Gerhard Plumpe und Hans Joachim Schrimpf. Bonn 1985, S. 211–231.

C   Sekundärliteratur

I – Programmatik und Kunsttheorie

Bibliographien:
Penrith Goff, Wilhelminisches Zeitalter. Handbuch der deutschen Literaturgeschichte. Zweite Abteilung Bibliographien. Bd. 10. Bern, München 1970.
Fritz Schlawe, Literarische Zeitschriften. Teil 1, 1885–1910. 2. durchges. u. erg. Aufl., Stuttgart 1965.

Rüdiger Bernhardt, Die literarische Opposition und die Pariser Kommune. In: Weimarer Beiträge 18 (1972), H. 4, S. 116–143.
ders., Die Programmschriften des frühen Naturalismus. In: Weimarer Beiträge 28 (1982), H. 7, S. 5-34.
Felix Bertaux, Die naturalistische Revolution in Berlin und München. Die Jugend auf der Suche nach einer deutschen Kultur der Moderne. In: Literatur und Theater im Wilhelminischen Zeitalter. Hrsg. v. Hans-Peter Bayerdörfer, Karl Otto Conrady u. Helmut Schanze. Tübingen 1978, S. 436–453.
Klaus-Michael Bogdal, »Schaurige Bilder«. Der Arbeiter im Blick des Bürgers am Beispiel des Naturalismus. Frankfurt a.M. 1978.

Dieter Borchmeyer, Der Naturalismus und seine Ausläufer. In: Geschichte der deutschen Literatur vom 18. Jahrhundert bis zur Gegenwart. Hrsg. v. Victor Zmegač. Bd. II, 1. Königstein/Ts. 1980, S. 153–233.

Mark Boulby, Optimism and Pessimism in German Naturalist Writers. Diss. Leads 1951.

Albrecht Bürkle, Die Zeitschrift »Freie Bühne« und ihr Verhältnis zur literarischen Bewegung des deutschen Naturalismus. Diss. Heidelberg 1945.

William Richard Cantwell, The Friedrichshagener Dichterkreis. A Study of Change and Continuity in the German Literature of the Jahrhundertwende. Diss. Univ. of Wisconsin 1967.

Horst Claus, Studien zur Geschichte des Frühnaturalismus. Die deutsche Literatur von 1880–1890. Halle 1933.

Roy C. Cowen, Der Naturalismus. Kommentar zu einer Epoche. 3. erw. Aufl., München 1982.

Deutsche Schriftsteller im Portrait. Bd. 5: Jahrhundertwende. Hrsg. v. Hans-Otto Hügel. München 1983.

Gustav Faber, Carl Bleibtreu als Literaturkritiker. Berlin 1936. (Nachdruck: Nendeln/Liechtenstein 1967).

Karin Gafert, Die soziale Frage in Literatur und Kunst des 19. Jahrhunderts. Ästhetische Politisierung des Weberstoffes. 2 Bde. Kronberg/Ts. 1973.

W.R. Gaede, Zur geistesgeschichtlichen Deutung des Frühnaturalismus. In: Germanic Review 11 (1936), S. 196–206.

Geschichte der deutschen Literatur. Von 1830 bis zum Ausgang des 19. Jahrhunderts. Von einem Autorenkollektiv. Leitung u. Gesamtbearbeitung Kurt Böttcher. Berlin 1975, Bd. 8/ 2, S. 1000–1102.

Wolfgang Grothe, Die Neue Rundschau des Verlages S. Fischer. In: Börsenblatt für den deutschen Buchhandel. Archiv für Geschichte des Buchwesens. XXVIII, 17. Jg., 14. Dez. 1961, Frankfurter Ausg. 99a, S. 2172 ff.

Katharina Günther, Literarische Gruppenbildung im Berliner Naturalismus. Bonn 1972.

Richard Hamann/Jost Hermand, Naturalismus. Frankfurt a.M. 1977 (= Epochen deutscher Kultur von 1870 bis zur Gegenwart. Bd. 2).

Manfred Hellge, Der Verleger Wilhelm Friedrich und »Das Magazin für die Litteratur des In- und Auslandes«. In: Archiv für die Geschichte des Buchwesens. Bd. XVI, 1976, Sp. 791–1216.

Jost Hermand, Der verdrängte Naturalismus. In: J.H., Der Schein des schönen Lebens. Studien zur Jahrhundertwende. Frankfurt a.M. 1972, S. 26–38.

Helmut Hlauschek, Der Entwicklungsbegriff in den theoretisch-programmatischen Schriften des frühen Naturalismus. Diss. München 1941.

Sigfrid Hoefert, Realism and Naturalism. In: The Challenge of German Literature. Ed. by Horst S. Daemmrich and Dieter H. Haenicke. Detroit 1971, S. 232–270.

M.E. Humble, Zarathustra's Return: two Novels by Michael Georg Conrad und Carl Bleibtreu and the Contemporary Reception of Nietzsche. In: German Life and Letters 33 (1980), H. 3, S. 209–219.

Josef Hundt, Das Proletariat und die soziale Frage im Spiegel der naturalistischen Dichtung (1884–1890). Diss. Rostock 1931.

Jahrhundertwende: Vom Naturalismus zum Expressionismus 1880–1918. Hrsg. v. Frank Trommler. Reinbek b. Hamburg 1982. (= Deutsche Literatur. Eine Sozialgeschichte. Hrsg. v. Horst Albert Glaser, Bd. 8).

Ernst Johann, Die deutschen Buchverlage des Naturalismus und der Neuromantik. Weimar 1935.

Klaus Günther Just, Von der Gründerzeit zur Gegenwart. Geschichte der deutschen Literatur seit 1871. Bern, München 1973.

Wolfgang Kayser, Die Wahrheit der Dichter. Wandlungen eines Begriffs in der Literatur. Hamburg 1959.

Erich Kalisch, Der Gegensatz der Generationen in der Streitschriftenliteratur des deutschen Naturalismus. Diss. Humboldt-Universität Berlin 1947.

Dieter Kimpel, Historismus, Realismus und Naturalismus in Deutschland. In: Propyläen Geschichte der Literatur. Bd. 5: Das bürgerliche Zeitalter 1830–1914. Berlin 1984, S. 303–304.

Udo Köster, Die Überwindung des Naturalismus. Begriffe, Theorien und Interpretationen zur deutschen Literatur um 1900. Hollfeld 1979.

Jutta Kolckenbrock-Netz, Fabrikation – Experiment – Schöpfung. Strategien ästhetischer Legitimation im Naturalismus. Heidelberg 1981.

Helmut Koopmann, Die Klassizität der »Moderne«. Bemerkungen zur naturalistischen Literaturtheorie in Deutschland. In: Beiträge zur Theorie der Künste im 19. Jahrhundert. Hrsg. v. Helmut Koopmann, J. Adolf Schmoll gen. Eisenwerth. Bd. 2, Frankfurt a. M. 1972, S. 132–148.

Norbert Kreer, Der Aufstieg des Proletariats in der Prosa der Zeitschrift »Die Gesellschaft«. Diss. Univ. of Michigan 1971.

Helmut Kreuzer, Die Bohème. Beiträge zu ihrer Beschreibung. Stuttgart 1968.

Heinz Linduschka, Die Auffassung vom Dichterberuf im deutschen Naturalismus. Frankfurt a. M., Bern, Las Vegas 1978.

Literatur und Theater im Wilhelminischen Zeitalter. Hrsg. v. Hans-Peter Bayerdörfer, Karl Otto Conrady und Helmut Schanze. Tübingen 1978.

Georg Lukács, Deutsche Literatur im Zeitalter des Imperialismus. Eine Übersicht ihrer Hauptströmungen. Berlin 1945.

James W. McFarlane, Berlin and the Rise of Modernism, 1886–1896. In: Modernism, 1890–1930. Ed. by M. Bradbury and J. W. McFarlane, Harmondsworth 1976, S. 105–119.

Rolf Magnus, Wilhelm Bölsche. Ein biographisch-kritischer Beitrag zur modernen Weltanschauung. Berlin 1909.

Günther Mahal, Naturalismus. München 1975.

Bruno Markwardt, Geschichte der deutschen Poetik. Bd. V, Berlin 1967, S. 1–133, S. 707–715.

Alan Marshall, Naturalism and Nationalism. In: German Life and Letters 37 (1983/84), S. 91–104.

Hans Miehle, Der Münchener Pseudonaturalismus der achtziger Jahre. Diss. München 1947.

Charles V. Miller, »Weltschmerz« in the writings of Carl Bleibtreu and Hermann Conradi. Diss. Univ. of Indiana 1979.

Hanno Möbius, Der Naturalismus. Epochendarstellung und Werkanalyse. Heidelberg 1982.

Ursula Münchow, Deutscher Naturalismus. Berlin 1968.

Naturalismus/Ästhetizismus. Beiträge v. Peter Bürger, Hans Sanders, Onno Frels, Lothar Paul, Wilfried Grauert, Gerhard Goebel, Inge Degenhardt, Gert Sautermeister, Andreas Huyssen. Hrsg. v. Christa Bürger, Jochen Schulte-Sasse. Frankfurt a. M. 1979.

Naturalismus. Bürgerliche Dichtung und soziales Engagement. Hrsg. v. Helmut Scheuer. Stuttgart, Berlin, Köln u. Mainz 1974.

Roy Pascal, From Naturalism to Expressionism. German Literature and Society 1890–1918. London 1973.

Werner Poscharnigg, Hermann Conradi (1862–1890). Ein Vertreter der literarischen Moderne von 1884–1890. Diss. Graz 1980.

Ernst Ribbat, Propheten der Unmittelbarkeit. Bemerkungen zu Heinrich und Julius Hart. In: Wissenschaft als Dialog. Studien zur Literatur und Kunst seit der Jahrhundertwende. Hrsg. v. Renate v. Heydebrand u. Klaus G. Just. Stuttgart 1969, S. 59–82.

Karl Riha, Naturalismus und Antinaturalismus. In: Annalen der deutschen Literatur. Hrsg. v. Heinz-Otto Burger. 2. überarb. Auflage, Stuttgart 1971, S. 719–760.

Winthrop H. Root, German Naturalism and the »Aesthetic Attitude«. In: Germanic Review 16 (1941), S. 203–215.

ders., The Naturalist Attitude toward Aesthetics. In: Germanic Review 13 (1938), S. 56–64.

Helmut Scheuer, Der deutsche Naturalismus. In: Jahrhundertende – Jahrhundertwende. I. Tl. Hrsg. v. Helmut Kreuzer. Wiesbaden 1976, S. 153–183. (= Neues Handbuch der Literaturwissenschaft. Hrsg. v. Klaus von See. Bd. 18).

Gerhard Schulz, Naturalism. In: Periods in German Literature. Ed. by James M. Ritchie. London 1966, S. 199–225.

Hans Schwerte, Die Literatur im Wilhelminischen Zeitalter. In: Wirkendes Wort 14 (1964), S. 254 ff.

Albert Soergel u. Curt Hohoff, Dichtung und Dichter der Zeit. Vom Naturalismus bis zur Gegenwart. (Neubearbeitung) Bd. 1, Düsseldorf 1961.

Kurt Sollmann, Literarische Intelligenz vor 1900. Köln 1982.

Wilhelm Spohr, O, ihr Tage von Friedrichshagen. Berlin 1946.

Agnes Strieder, »Die Gesellschaft«. Eine kritische Auseinandersetzung mit der Zeitschrift der frühen Naturalisten. Frankfurt, New York 1985.

Curt Tillmann, Die Zeitschriften der Gebrüder Hart. Diss. München 1923.

Emil Utitz, Naturalistische Kunsttheorie. In: Zeitschrift für Ästhetik 5 (1910), S. 87–91.

Ludwig E. Václavek, Einheitlichkeit oder Widerspruch? Naturalismus und Moderne in der deutschsprachigen Literatur um 1900. In: Neohelicon 9 (1982), H. 1, S. 131–144.

Gerd Voswinkel, Der literarische Naturalismus in Deutschland. Eine Betrachtung der theoretischen Auseinandersetzungen unter besonderer Berücksichtigung der zeitgenössischen Zeitschriften. Diss. Berlin 1970.

Annemarie Wettley, Entartung und Erbsünde. Der Einfluß des medizinischen Entartungsbegriffs auf den literarischen Naturalismus. In: Hochland 5 (1958/59), S. 348–358.

Leo Hans Wolf, Die ästhetische Grundlage der Literaturrevolution der 80er Jahre. Diss. Berlin 1921.

zu Zola:

Ronald Daus, Zola und der französische Naturalismus. Stuttgart 1976.

Frederic W. J. Hemmings, Emile Zola. Chronist und Ankläger seiner Zeit. Biographie. München 1979.

ders., The Origins of the Terms »naturalisme«, »naturalist«. In: French studies 8 (1954), S. 109–121.

John Clarke Lapp, Les racines du naturalisme. Zola avant les Rougon-Macquart. Paris, Brüssel, Montreal 1972.

Peter Müller, Die Bedeutung der Wissenschaft im Denken Zolas und ihr Einfluß auf die Entfaltung einer originellen Weltsicht in seinen Romanen. In: Französische Literatur in Einzeldarstellungen. Hrsg. v. Peter Brockmeier und Hermann H. Wetzel. Bd. 2: Von Stendhal bis Zola. Stuttgart 1982, S. 209–244.

Peter Müller, Emile Zola – der Autor im Spannungsfeld seiner Epoche. Apologie, Gesellschaftskritik und soziales Sendungsbewußtsein in seinem Denken und literarischem Werk. Stuttgart 1981.

Hans-Jörg Neuschäfer, Der Naturalismus in der Romania. Wiesbaden 1978.

Boris Reizov, L'Esthetique de Zola. In: Europe, Avril–mai 1968, S. 372–385.

Fritz Schalk, Zur Romantheorie und Praxis von Emile Zola. In: Beiträge zur Theorie der Künste im 19. Jahrhundert. Bd. 1, Frankfurt a.M. 1971, S. 337–351.

Rita Schober, Emile Zolas Theorie des naturalistischen Romans und das Problem des Realismus. Habil. schr. Berlin/DDR 1953.

diess., Von der wirklichen Welt in der Dichtung. Aufsätze zur Theorie und Praxis in der französischen Literatur. Berlin und Weimar 1970.

Halina Suwała, Naissance d'une doctrine. Formation des idées littéraires et esthétiques de Zola (1859–1865). Warszawa 1976.

F. Wolfzettel, Zwei Jahrzehnte Zola-Forschung. In: Romanistisches Jahrbuch XXI (1970), S. 152–180.

zu Taine:

Dirk Hoeges, Literatur und Evolution. Studien zur französischen Literaturkritik im 19. Jahrhundert. Taine – Brunetière – Hennequin – Guyan. Heidelberg 1980.

Fritz Schalk, Zu Taines Theorie und Praxis. In: Beiträge zur Theorie der Künste im 19. Jahrhundert. Hrsg. v. Helmut Koopmann und J. Adolf Schmoll gen. Eisenwerth. Bd. 1, Frankfurt 1971, S. 352–359.

Leo Weinstein, Hippolyte Taine. New York 1972.

René Wellek, Geschichte der Literaturkritik 1750–1950. Bd. 3. Darmstadt 1977, S. 26–54.

zu Holz:

Heinz-Georg Brands, Theorie und Stil des sog. »konsequenten Naturalismus« von Arno Holz und Johannes Schlaf. Kritische Analyse der Forschungsergebnisse und Versuch einer Neubestimmung. Bonn 1978.

R. A. Burns, Arno Holz and Modern German Literature. Ph. D. Diss. Warwich 1978.

Wilhelm Emrich, Arno Holz und die moderne Kunst. In: W.E., Protest und Verheißung. Studien zur klassischen und modernen Dichtung. Frankfurt, Bonn 1960, S. 155–168.

Onno Frels, Zum Verhältnis von Wirklichkeit und künstlerischer Form bei Arno Holz. In: Naturalismus/Ästhetizismus. Beiträge v. Peter Bürger u.a. Hrsg. v. Christa Bürger u. Jochen Schulte-Sasse, Frankfurt a.M. 1979, S. 103–138.

Hanno Möbius, Der Positivismus in der Literatur des Naturalismus. Wissenschaft, Kunst und soziale Frage bei Arno Holz. München 1980.

Josefine Nettesheim, Poeta Doctus oder Die Poetisierung der Wissenschaft von Musäus bis Benn. Berlin 1975.

Helmut Motekat, Arno Holz und die Moderne in der deutschen Literatur. In: Germanica Wratislawiensia 30 (1977), S. 49–66.

Wilhelm Heinrich Pott, Literarische Produktivität. Untersuchungen zum ästhetischen Verfahren bei Arno Holz, Alfred Döblin, Bertolt Brecht und Alexander Kluge. Frankfurt a.M., Bern, New York u. Nancy 1984.

Klaus R. Scherpe, Der Fall Arno Holz. Zur sozialen und ideologischen Motivation der naturalistischen Literaturrevolution. In: Positionen der literarischen Intelligenz zwischen bürgerlicher Reaktion und Imperialismus. Kronberg/Ts. 1973, S. 121–178. (= Literatur im historischen Prozeß. Ansätze materialistischer Literaturwissenschaft. Analysen, Materialien, Studienmodelle, Bd. 2)

Helmut Scheuer, Arno Holz im literarischen Leben des ausgehenden 19. Jahrhunderts (1883–1895). Eine biographische Studie. München 1971.

Dieter Schickling, Interpretationen und Studien zur Entwicklung und geistesgeschichtlichen Stellung des Werkes von Arno Holz. Diss. Tübingen 1965.

Paul Schroeder, Arno Holz »Die Kunst« and the Problem of »Isms«. In: Modern Language Notes 66 (1951), S. 217–224.

Gerhard Schulz, Arno Holz. Dilemma eines bürgerlichen Dichterlebens. München 1974.

zu Bahr:

Andrew W. Barker, »Der große Überwinder«. Hermann Bahr and the rejection of naturalism. In: The Modern Language Review 78 (1983), S. 617–630.

Donald G. Daviau, Hermann Bahr and the Radical Politics of Austria in the 1880s. In: German Studies Review 5 (1982), S. 163–185.

ders., Der Mann von Übermorgen. Hermann Bahr 1863–1934. Übers. aus d. Amerik. v. Helga Zoglmann. Wien 1984.

Jens Rieckmann, Der Aufbruch in die Moderne. Die Anfänge des Jungen Wien. Österreichische Literatur und Kritik im Fin de siècle. Köln 1985.

II – Gattungen

zu a) – Der naturalistische Roman

Pierre Angel, Max Kretzer. Peintre de la société Berlinoise de son temps. Le romancier et ses romans (1880–1900). Paris 1966.

Rüdiger Bernhardt, Goethe und der deutsche Naturalismus. In: Wissenschaftliche Zeitschrift der Martin-Luther-Univ. Halle-Wittenberg. Ges.- u. sprachw. Reihe. 18 (1969), S. 213–221.

Keith Bullivant, Naturalistische Prosa und Lyrik. In: Jahrhundertwende: Vom Naturalismus zum Expressionismus 1880–1918. Hrsg. v. Frank Trommler. Reinbek b. Hamburg 1982, S. 169–187.

Kurt Haase, Die Zeit- und Gesellschaftskritik in den sozialen Romanen von Max Kretzer. Diss. Würzburg 1954.

Irene Maria Huber, Die soziale Stellung der Frau im deutschen naturalistischen Roman. Stanford Univ. Diss. 1942.

Günther Keil, A Study in German Naturalism. Columbia University Germanic Studies. New York 1928. (Neudruck: New York 1966).

Karl Mehle, Die soziale Frage im deutschen Roman während der zweiten Hälfte des 19. Jahrhunderts. Diss. Halle 1924.

Roy Pascal, Arno Holz. Der erste Schultag. The Prose Style of Naturalism. In: Erfahrung und Überlieferung. Festschrift for C.P. Magill. Ed. by H. Siefken, A. Robinson. Cardiff 1974, S. 151–165.

Karl Konrad Pohlheim, Paul Ernst und die Novelle. In: Zeitschrift für deutsche Philologie 103 (1984), S. 520–538.

Josef Polácek, Zum »hyperbolischen« Roman bei Conradi, Conrad und Hollaender. In: Naturalismus. Bürgerliche Dichtung und soziales Engagement. Hrsg. v. Helmut Scheuer. Stuttgart, Berlin, Köln, Mainz 1974, S. 68–92.

ders., Zum Thema der bürgerlich-individualistischen Revolte in der deutschen pseudosozialen Prosa. In: Philologica Pragensia 7 (1964), S. 1–14.

ders., Zur Problematik des deutschen Abkehrromans (Felix Hollaender, Wilhelm Hegeler, Adele Gerhard). In: Philogica Pragensia 14 (1971), S. 16–29.

Katherine Larson Roper, Conrad Albertis »Kampf ums Dasein«. The Writer in Imperial Berlin. In: German Studies Review 7 (1984), S. 65–88.

diess., Naturalism and Supernatural: A Fresh Look at Religious Issues in two German Novels of the 1890s. In: Journal of European Studies 12 (1982), S. 249–259. (Über Max Kretzer »Bergpredigt« u. Wilhelm Bölsche »Mittagsgöttin«).

Helmut Schanze, Der Experimentalroman des deutschen Naturalismus. Zur Theorie der Prosa um 1890. In: Handbuch des deutschen Romans. Hrsg. v. Helmut Koopmann. Düsseldorf 1983, S. 460–469.

Dietrich Scheunemann, Romankrise: Die Entstehungsgeschichte der modernen Romanpoetik in Deutschland. Heidelberg 1978, insbes. S. 21–60.

Harmut Steinecke, Romanpoetik in Deutschland. Von Hegel bis Fontane. Tübingen 1984.

Mary E. Stewart, Max Kretzer: Some Aspects of his Realism. In: German Life and Letters 32 (1978/79), S. 10–18.

Barbara Voigt, Programmatische Positionen zum Roman im deutschen Naturalismus. Die Auseinandersetzungen um Zolas Romantheorie. Diss. Berlin/DDR 1983.

Helga Watzke, Die soziologische Problematik bei Max Kretzer. Diss. Wien 1958.

D. Wendelberger, Das epische Werk Wilhelm Walloths. Ein Beitrag zur Geschichte des Frühnaturalismus. Diss. München 1983.

zu b) – Drama

Walter Ackermann, Die zeitgenössische Kritik an den deutschen naturalistischen Dramen (Hauptmann, Holz, Schlaf). Diss. München 1965.

Lorelei Allan, Naturalists and the Woman Question: Images of Middle-Class »Emanzipierte« in German and Scandinavian Drama. Diss. Univ. of Brown 1982.

Ludwig Bäte u. Kurt Meyer-Rotermund, Johannes Schlaf. Leben und Werk. Querfurt 1933.

Rüdiger Bernhardt, Gerhart Hauptmanns »Vor Sonnenaufgang«. In: Weimarer Beiträge 30 (1984), S. 971–987.

ders., Die Herausbildung des naturalistischen deutschen Dramas bis 1890 und der Einfluß Henrik Ibsens. Phil. Diss. Martin-Luther-Univ. Halle/Saale 1968.

H.E. Bleich, Der Bote aus der Fremde als formbedingender Kompositionsfaktor im Drama des deutschen Naturalismus. Diss. Greifswald 1936.

Klaus-Michael Bogdal, Das naturalistische Theater und der Krieg. In: Wege der Literaturwissenschaft. Hrsg. v. Jutta Kolkenbrock-Netz, Gerhard Plumpe, Hans Joachim Schrimpf. Bonn 1985, S. 232–239.

Paul A. Brandt, Das deutsche Drama am Ende des 19. Jahrhunderts im Spiegel der Kritik. Diss. Leipzig 1932.

Y.M. Burgess, Realism, anti-realism and persuasion in German naturalist and expressionist drama. Diss. Univ. of Strathclyde 1981.

Otto Doell, Die Entwicklung der naturalistischen Form im jüngstdeutschen Drama. Halle a.S. 1910.

Elise Dosenheimer, Das deutsche soziale Drama von Lessing bis Sternheim. Konstanz 1949.

Lore Fischer, Der Kampf um den Naturalismus (1889–1899). Diss. Rostock 1930.

Norbert Fürst, Paul Ernst. Der Haudegen des Geistes. München 1985.

Horst A. Glaser, Naturalistisches Drama. In: Jahrhundertwende: Vom Naturalismus zum Expressionismus 1880–1918. Hrsg. v. Frank Trommler. Reinbek b. Hamburg 1982, S. 188–204.

Reinhold Grimm, Naturalismus und episches Drama. In: Episches Theater. Hrsg. v. Reinhold Grimm. Köln, Berlin 1966, S. 13–35.

René Hartogs, Die Theorie des Dramas im deutschen Naturalismus. Teildr. Dillingen a.D. 1931.

Sigfrid Hoefert, Das Drama des Naturalismus. 3. durchges. u. erg. Aufl., Stuttgart 1979.

Dieter Kafitz, Struktur und Menschenbild naturalistischer Dramatik. In: Zeitschrift für deutsche Philologie 97 (1978), S. 225 ff.

ders., Grundzüge einer Geschichte des deutschen Dramas von Lessing bis zum Naturalismus. Bd. 2. Königstein/Ts. 1982, insbes. S. 288–326.

Wolfgang Kayser, Zur Dramaturgie des naturalistischen Dramas. In: W.K., Vortragsreise. Studien zur Literatur. Bern 1958, S. 214–231.

Alfred Kerr, Technik des realistischen Dramas. In: A.K., Das neue Drama. 2. Aufl. Berlin 1907, S. 295–309.

W. Kleine, Max Halbes Stellung zum Naturalismus 1887–1900. Diss. München 1937.

Gerhard Kluge, Das verfehlte Soziale. Sentimentalität und Gefühlskitsch im Drama des deutschen Naturalismus. In: Zeitschrift für deutsche Philologie 96 (1977), S. 195–234.

Carter B. Kniffler, Die »sozialen« Dramen der achtziger und neunziger Jahre des 19. Jahrhunderts und der Sozialismus. Diss. Frankfurt a. M. 1929.

Helmut Koopmann, Naturalismus und Sentimentalität. Zum Aufkommen der Trivialsymbolik unter dem Programm des konsequenten Naturalismus. In: Literatur und Theater im Wilhelminischen Zeitalter. Hrsg. v. Hans-Peter Bayerdörfer, Karl Otto Conrady, Helmut Schanze. Tübingen 1978, S. 166–182.

Ladislaus Löb, From Lessing to Hauptmann. Studies in German Drama. London 1974.

Martin Machatzke, Geschichtliche Bedingungen des sozialen Dramas in Deutschland um 1890. In: Michigan Germanic Studies 1 (1975), S. 283–300.

Allan Marshall, The German Naturalists and Gerhart Hauptmann. Reception and Influence. Frankfurt a.M., Bern 1982.

Edward McInnes, Das deutsche Drama des 19. Jahrhunderts. Berlin 1983, insbes. S. 120–198.

ders., Die naturalistische Dramentheorie und die dramaturgische Tradition. In: Zeitschrift für deutsche Philologie 93 (1974), H. 2, S. 161–186.

Klaus Müller-Salget, Autorität und Familie im naturalistischen Drama. In: Zeitschrift für deutsche Philologie 103 (1984), S. 502–519.

W. Kauermann, Das Vererbungsproblem im Drama des Naturalismus. Diss. Kiel 1933.

G.F. Megow, Die geistige Entwicklung Paul Ernsts in seinen theoretischen Schriften von den Anfängen bis 1918. Diss. Univ. of Indiana 1959.

Wilhelm Meincke, Die Szenenanweisungen im deutschen naturalistischen Drama. Schwerin 1930.

Horst Meixner, Naturalistische Natur. Bild und Begriff der Natur im naturalistischen Drama. Diss. Freiburg 1961.

John Osborne, Naturalism and the Dramaturgy of the Open Drama. In: German Life and Letters 23 (1969/70), S. 119–128.

ders., The Naturalist Drama in Germany. Manchester 1971.

Helmut Praschek, Das Verhältnis von Kunsttheorie und Kunstschaffen im Bereich der deutschen naturalistischen Dramatik. Diss. Greifswald 1957.

ders., Zum Zerfall des naturalistischen Stils. In: Worte und Werte. Festschrift Bruno Markwardt. Berlin 1961, S. 315–321.

Winthrop H. Root, The Past as an Element in Naturalistic Tragedy. In: The Germanic Review 1937, S. 177 ff.

Ernst Sander, Johannes Schlaf und das naturalistische Drama. Leipzig 1922.

Gerhard Schulz, Zur Theorie des Dramas im deutschen Naturalismus. In: Deutsche Dramentheorien. Beiträge zu einer historischen Poetik des Dramas in Deutschland. Hrsg. u. eingel. v. Reinhold Grimm. Frankfurt a.M. 1971 (3. verb. Aufl., Wiesbaden 1981).

Edgar Steiger, Das Werden des neuen Dramas. 2. Teil: Von Hauptmann bis Maeterlinck. Berlin 1898.

Hans Peter Stolberg-Wernigerode, Paul Ernsts Ansichten über das Drama. Diss. München 1952.

Peter Szondi, Theorie des modernen Dramas. Frankfurt a.M. 1959.

Andreas Wöhrmann, Das Programm der Neuklassik. Die Konzeption einer modernen Tragödie bei Paul Ernst, Wilhelm v. Scholz und Samuel Lublinski. Frankfurt a.M., Bern 1979.

zu b) – Theater

Lee Baxandall, The Naturalist Innovation on the German Stage: the »Freie Bühne« and its Influence. In: Modern Drama 5 (1963), S. 454–476.

Helmut Braulich, Die Volksbühne: Theater und Politik in der deutschen Volksbühnenbewegung. Berlin 1976.

Manfred Brauneck, Literatur und Öffentlichkeit im ausgehenden 19. Jahrhundert. Studien zur Rezeption des naturalistischen Theaters in Deutschland. Stuttgart 1974.

Anette Delius, Intimes Theater. Untersuchungen zu Programmatik und Dramaturgie einer bevorzugten Theaterform der Jahrhundertwende. Kronberg/Ts. 1976.

Horst Claus, The Theatre Director Otto Brahm. Diss. Univ. of Kansas 1968. (Michigan 1981)

Cecil W. Davies, Theatre for the People. The Story of the Volksbühne. Manchester 1977.

K. Faber, Der schauspielerische Sprechstil des Naturalismus. Diss. Köln 1951.

Siegfrid Fischer, Die Aufnahme des naturalistischen Theaters in der deutschen Zeitschriften-Presse (1887–1893). Diss. Berlin 1953.

Rainer Hartl, Aufbruch zur Moderne. Naturalistisches Theater in München. 2 Bde. München 1976.

Norbert Jaron, Renate Möhrmann u. Hedwig Müller, Berlin-Theater der Jahrhundertwende. Bühnengeschichte der Reichshauptstadt im Spiegel der Kritik (1889–1914). Tübingen 1986.

Heinz Kindermann, Theatergeschichte Europas. Bd. VIII. Naturalismus und Impressionismus 1. Deutschland/Österreich/Schweiz. Salzburg 1968.

Hans Knudsen, Deutsche Theatergeschichte. Stuttgart 1959.

Oskar Koplowitz (d.i. Oskar Seidlin), Otto Brahm als Theaterkritiker. Mit besonderer Berücksichtigung seiner literarhistorischen Arbeiten. Zürich, Leipzig 1936. (auch u.d.T.: Oskar Seidlin, Der Theaterkritiker Otto Brahm. 2. Aufl., Bonn 1978).

Maria Liljeberg, Otto Brahm. Versuch einer kulturhistorischen Monographie. Bd. 1, 2. Diss. Berlin/DDR 1980.

Max Martersteig, Das deutsche Theater im 19. Jahrhundert. Leipzig 1904.

Winrich Meiszies, Volksbildung und Volksunterhaltung. Theater und Gesellschaftspolitik in der Programmatik der Volksbühne um 1890. Diss. Köln 1979.

Siegfrid Nestriepke, Geschichte der Volksbühne Berlin. 1. Teil: 1890 bis 1914. Berlin 1930.

Kurt Raeck, Das Deutsche Theater zu Berlin unter der Direktion Adolph L'Arronge. Beiträge zu seiner Geschichte und Charakteristik. Berlin 1928.

Helmut Schanze, Theater – Politik – Literatur. Zur Gründungskonstellation einer »Freien Bühne« zu Berlin 1889. In: Literatur und Theater im wilhelminischen Zeitalter. Hrsg. v. Hans-Peter Bayerdörfer, Karl Otto Conrady u. Helmut Schanze. Tübingen 1978, S. 275–291.

Paul Schlenther, Theater im 19. Jahrhundert. Ausgewählte theatergeschichtliche Aufsätze. Hrsg. v. Hans Knudsen. Berlin 1930.

Gernot Schley, Die Freie Bühne in Berlin. Der Vorläufer der Volksbühnenbewegung. Ein Beitrag zur Theatergeschichte in Deutschland. Berlin o.J. (1967).

Heinz Selo, Die »Freie Volksbühne« in Berlin. Diss. Erlangen 1911.

Heribert Wenig, Der Beitrag der akademisch-dramatischen Vereinigungen zur Entwicklung des deutschen Theaters von 1890–1914. Diss. München 1954.

J. Weno, Der Theaterstil des Naturalismus. Diss. Berlin 1951.

Rainer Zitta, Bühnenkostüm und Mode vom Naturalismus zum Expressionismus. Diss. Wien 1961.

zu c) – Lyrik

Venon Brown Kellett, Hermann Conradi. His Position in Early Naturalism, a Reinterpretation. Diss. Univ. of Michigan 1943.

Günther Mahal, Wirklich eine Revolution der Lyrik? Überlegungen zur literaturgeschichtlichen Einordnung der Anthologie »Moderne Dichtercharaktere«. In: Naturalismus. Hrsg. v. Helmut Scheuer. Stuttgart, Berlin, Köln u. Mainz 1974, S. 11–47.

Karl Riha, Naturalismus. In: Geschichte der deutschen Lyrik vom Mittelalter bis zur Gegenwart. Hrsg. v. Walter Hinderer. Stuttgart 1983.

Jürgen Schutte. Lyrik des deutschen Naturalismus 1885–1893. Stuttgart 1976.

III – Rezeption

Rainer Bachmann, Theodor Fontane und die deutschen Naturalisten. Vergleichende Studien zur Zeit- und Kunstkritik. Diss. München 1968.

H. Chatellier, Julius Langbehn: un reactionnaire à la mode en 1890. In: Revue d'Allemagne 14 (1982), H. 1, S. 55–70.

Nationalist and Racist Movements in Britain and Germany before 1914. Ed. by Paul Kennedy and Anthony Nicholls. London 1981.

Johannes Pankau, Wege zurück. Zur Entwicklungsgeschichte restaurativen Denkens im Kaiserreich. Eine Untersuchung kulturkritischer und deutschkundlicher Ideologiebildung. Frankfurt a.M., Bern, New York 1983.

Karlheinz Rossbacher, Heimatkunstbewegung und Heimatroman. Zu einer Literatursoziologie der Jahrhundertwende. Stuttgart 1975.

Werner Spies, Der literarische Geschmack im Ausgang des 19. Jahrhunderts im Spiegel der deutschen Zeitschriften. Diss. Bonn 1953.

Werner F. Striedieck, Wolfgang Kirchbach an the »Jüngstdeutschen«. In: The Germanic Review 22 (1947), S. 42–54.

Peter Zimmermann, Heimatkunst. In: Jahrhundertwende: Vom Naturalismus zum Expressionismus 1880–1918. Hrsg. v. Frank Trommler. Reinbek b. Hamburg 1982, S. 154–168.

zu e) – Naturalismus vor Gericht

Deutsche Kommunikationskontrolle des 15. bis 20. Jahrhunderts. Hrsg. v. Heinz-Dietrich Fischer. München, New York, London, Paris 1982, insbes. S. 131–184.

Ludwig Leiss, Kunst im Konflikt. Kunst und Künstler im Widerstreit mit der Obrigkeit. Berlin 1971.

Gerhard Schulz, Naturalismus und Zensur. In: Naturalismus. Hrsg. v. Helmut Scheuer. Stuttgart 1974, S. 93–121.

Sieghart Ott, Kunst und Staat. Der Künstler zwischen Freiheit und Zensur. München 1968.

zu f) – Naturalismus und Sozialdemokratie

Hans Manfred Bock, Geschichte des »linken« Radikalismus in Deutschland. Ein Versuch. Frankfurt a.M. 1976.

Georg Fülberth, Proletarische Partei und bürgerliche Literatur. Auseinandersetzungen in der deutschen Sozialdemokratie der II. Internationale über Möglichkeiten und Grenzen einer sozialistischen Literaturpolitik. Neuwied und Berlin 1972.

Andreas Huyssen, Nochmals zur Naturalismus-Debatte und Linksopposition. In: Naturalismus/Ästhetizismus. Beiträge v. Peter Bürger u.a. Hrsg. v. Christa Bürger u.a. Frankfurt a.M. 1979, S. 244–258.

Ursula Münchow, Naturalismus und Proletariat. Betrachtungen zur großen Literaturdiskussion der deutschen Arbeiterklasse vor der Jahrhundertwende. In: Weimarer Beiträge 10 (1964), H. 4, S. 599–617.

Dietger Pforte, Die deutsche Sozialdemokratie und die Naturalisten. In: Naturalismus. Hrsg. v. Helmut Scheuer. Stuttgart 1974, S. 175–205.

Herbert Scherer, Bürgerlich-oppositionelle Literaten und sozialdemokratische Arbeiterbewegung nach 1890. Die »Friedrichshagener« und ihr Einfluß auf die sozialdemokratische Kulturpolitik. Stuttgart 1974.

Helmut Scheuer, Zwischen Sozialismus und Individualismus – Zwischen Marx und Nietzsche. In: Naturalismus. Hrsg. v. Helmut Scheuer. Stuttgart 1974, S. 150–174.

Kurt Sollmann, Zur Ideologie intellektueller Opposition im beginnenden Imperialismus am Beispiel Bruno Willes. In: Positionen der literarischen Intelligenz zwischen bürgerlicher Reaktion und Imperialismus. Hrsg. v. Gert Mattenklott u. Klaus R. Scherpe. Kronberg/Ts. 1973, S. 179–209.

Robert James Wynne, Naturalism and Socialism in Germany. The Politics of Art and the Art of Politics 1880–1900. Ph. D. Diss. San Diego, California 1979.

zu g) – Ibsen-Rezeption – (Dok. 98–105)

Bibliographien zur Rezeption:

Robert Fallenstein u. Christian Hennig, Rezeption skandinavischer Literatur in Deutschland 1870 bis 1914. Quellenbibliographie. Neumünster 1977. (= Skandinavistische Studien, Bd. 7).

Barbara Gentikow, Skandinavische und deutsche Literatur. Bibliographie der Schriften zu den literarischen, historischen und kulturgeschichtlichen Wechselbeziehungen. Neumünster 1975. (= Skandinavistische Studien, Bd. 3).

W. Baumgartner, Triumph des Irrationalismus. Rezeption skandinavischer Literatur im ästhetischen Kontext Deutschlands 1860 bis 1910. Neumünster 1979.

Henriette Becker von Klenze, Paul Ernst and Henrik Ibsen. A Study in Dramatic Revolution. In: Germanic Review 16 (1941), S. 134–145.

Walter A. Berendsohn, Henrik Ibsen und die deutsche Geisteswelt. In: Deutsch-Nordisches Jahrbuch 1928, S. 1–13.

Rüdiger Bernhardt, Ibsens Polaritätsgedanke. Ein Beitrag zur Wirkungsgeschichte. In: Weimarer Beiträge 24 (1978), H. 6, S. 85–111.

ders., Die Herausbildung des naturalistischen deutschen Dramas bis 1890 und der Einfluß Henrik Ibsens. Diss. Halle 1968.

Georg Brandes, Henrik Ibsen und seine Schule in Deutschland. In: Georg Brandes, Deutsche Persönlichkeiten. München 1902, S. 37–69 (= G.B., Gesammelte Schriften, Bd. 1).

Ruth Dzulko, Ibsen und die deutsche Bühne. Habil-schr. Jena 1952.

Herbert A. Frenzel, Ibsens »Puppenheim« in Deutschland. Die Geschichte einer literarischen Sensation. Diss. Berlin 1942.

Barbara Gentikow, Skandinavien als präkapitalistische Idylle. Rezeption gesellschaftskritischer Literatur in deutschen Zeitschriften 1870 bis 1914. Neumünster 1978.

Michaela Giesing, Ibsens Nora und die wahre Emanzipation der Frau. Zum Frauenbild im wilhelminischen Zeitalter. Frankfurt a.M. 1984.

David E.R. George, Henrik Ibsen in Deutschland. Rezeption und Revision. Göttingen 1968.

G. Hurum, Henrik Ibsens Einfluß auf Gerhart Hauptmann. Diss. Oslo 1960.

Berthold Litzmann, Ibsens Dramen 1877–1900. Ein Beitrag zur Geschichte des deutschen Dramas im 19. Jahrhundert. Hamburg, Leipzig 1901.

L. Magon, Wegbereiter nordischer Dichtung in Deutschland. In: 100 Jahre Reclams Universalbibliothek. Hrsg. v. H. Marquardt, Leipzig 1967, S. 204–252.

James W. McFarlane, Hauptmann, Ibsen and the Concept of Naturalism. In: Hauptmann Centenary Lectures. Ed. by K.G. Knight and F. Norman. London 1964, S. 31–64.

Norbert Oellers, Spuren Ibsens in Gerhart Hauptmanns frühen Dramen. In: Teilnahme und Spiegelung. Festschrift für Horst Rüdiger. Hrsg. v. Beda Allemann u. Erwin Koeppen. Berlin, New York 1975, S. 397–414.

John Osborne, Zola, Ibsen and the Development of Naturalist Movement in Germany. In: arcadia. Zeitschrift für vergleichende Literaturwissenschaft. 2 (1967), S. 196–203.

Wolfgang Pasche, Skandinavische Dramatik in Deutschland. Björnsteme Björnson, Henrik Ibsen, August Strindberg auf der deutschen Bühne 1867–1932. Basel u. Stuttgart 1979.

Kurt K.T. Wais, Henrik Ibsen und das Problem des Vergangenen im Zusammenhang der gleichzeitigen Geistesgeschichte. Stuttgart 1931.

zu h) – Zola-Rezeption

Bibliographie zur Rezeption:
David Baguley, Bibliographie de la critique sur Emile Zola: 1864–1970. Toronto 1978.

W. Baumgartner, Georg Brandes' Zolaaufsatz in der »Deutschen Rundschau« 1888 als Beitrag zur Verkennung und Abwehr des Naturalismus. Eine rezeptionshistorische Analyse. In: The Activist Critic. A Symposium on the political ideas, literary methods and international reception of Georg Brandes. Hrsg. v. H. Hertel u. S. Møller, Krisensen. Kopenhagen 1980 (= Orbis litterarum Suppl. Nr. 5), S. 146–168.

Y. Chevrel, Les relations de Zola avec le monde germanique. In: Les cahiers naturalistes 19 (1973), S. 227–246.

Sigfrid Hoefert, Emile Zola dans la critique d'Otto Brahm. In: Les cahiers naturalistes 11 (1965), S. 145–152.

A.H. King, The Influence of French Literature on German Prose and the Drama between 1800 and 1890. Diss. London 1933.

Vera Ingunn Moe, Deutscher Naturalismus und ästhetische Literatur. Zur Rezeption der Werke von Zola, Ibsen und Dostojewski durch die naturalistische Bewegung (1880–1895). Frankfurt a.M. 1983.

Henry H. Remak, The German Reception of French Realism. In: Publications of the Modern Language Association of America 69 (1954), S. 410–431.

Winthrop H. Root, German Criticism of Zola 1875–1893, with Special Reference to the Rougon-Macquart Cycle and the roman expérimental. Columbia University Germanic Studies. New York 1931. (Neudruck New York 1966).

Günther Schmidt, Die literarische Rezeption des Darwinismus. Das Problem der Vererbung bei Emile Zola und im Drama des deutschen Naturalismus. Berlin/DDR 1974.

Rita Schober, Für oder wider Zola? Zum Verhältnis von Rezeption, Kritik und Bewertung. In: Weimarer Beiträge 23 (1977), H. 3, S. 5–43.

Kurt Wais, Zur Auswirkung des französischen naturalistischen Romans auf Deutschland. In:

K.W., An den Grenzen der Nationalliteraturen. Vergleichende Aufsätze. Berlin 1958,
S. 215–326.

zu i) – Hauptmann-Rezeption »Die Weber«

Roy C. Cowen, Hauptmann-Kommentar zum dramatischen Werk. München 1980. (Bibliogr.,
S. 273–320).
Klaus Hildebrand, Naturalistische Dramen Gerhart Hauptmanns: »Die Weber«, »Rose
Bernd«, »Die Ratten«. Thematik, Entstehung, Gestaltungsprinzipien, Struktur. München
1983.
Eberhard Hilscher, Neues von und über Gerhart Hauptmann. In: Weimarer Beiträge 29
(1983), S. 1294–1305.
Sigfrid Hoefert, Gerhart Hauptmann. 2. durchges. u. erg. Aufl. Stuttgart 1982.
Lutz Kroneberg, Die Weber. Schauspiel aus den vierziger Jahren von Gerhart Hauptmann. In:
Deutsche Dramen. Interpretationen zu Werken von der Aufklärung bis zur Gegenwart.
Bd. 2. Hrsg. v. Harro Müller-Michels. Königstein 1981, S. 3–25.
Walter Requardt u. Martin Machatzke, Gerhart Hauptmann und Erkner. Studien zum Berli-
ner Frühwerk. Berlin 1980.
William H. Rey, Der offene Schluß der »Weber«. Zur Aktualität Gerhart Hauptmanns in
unserer Zeit. In: The Germanic Quarterly 55 (1982), 2, S. 141–163.
Gerhard Schulz, Gerhart Hauptmanns dramatisches Werk. In: Handbuch des deutschen
Dramas. Hrsg. v. Walter Hinck. Düsseldorf 1980, S. 311–326.
Barbara Schumann, Untersuchungen zur Inszenierungs- und Wirkungsgeschichte von Gerhart
Hauptmanns »Die Weber«. Düsseldorf 1982.
Hans Schwab-Felisch, Gerhart Hauptmann. Die Weber. Frankfurt 1963.
Peter Sprengel, Gerhart Hauptmann: Epoche, Werk, Wirkung. München 1984.

Personenregister

Dieses Register enthält alle in dem Einleitungsessay, den Dokumenten, den Kommentaren und Namener-läuterungen erwähnten Personennamen. Kursiv gesetzte Seitenzahlen beziehen sich auf die Autoren der Dokumente oder auf biographische Erläuterungen.

Verlagsregister